JN219478

復刻版　文教時報（ぶんきょうじほう）　第2回配本
（第4巻〜第6巻）

2017年12月31日　第1刷発行

揃定価（本体69、000円＋税）

編・解説者　藤澤健一・近藤健一郎
発行者　小林淳子
発行所　不二出版
東京都文京区向丘1-2-12
TEL 03（3812）4433
印刷所　栄光
製本所　青木製本
乱丁・落丁はお取り替えいたします。

第6巻　ISBN978-4-8350-8072-7
第2回配本（全3冊 分売不可 セットISBN978-4-8350-8069-7）

文教時報

社会科 理科　學力調査のまとめ

NO.40

40

特集

1958

琉球　文教局研究調査課

社会科
理　科　全国學力調査

解説と問題別の成績

1958．4

文教局研究調査課

目　次

第１部　調査実施の概要

まえがき……1
一　調査の対象について……1
　第一表　調査対象数……2
二　調査の期日と時間……2
三　出題について……2

第２部　調査結果の概要

一　総合結果について……5
　第二表　学校種別、教科（科目）別にみた児童生徒の全国平均との比較……5
二　問題の構成と結果……7
　第三表　個人得点階級別の児童・生徒度数分布……23
　第四表　個人得点階級別の生徒度数分布……26
　第五表　学校平均点数階級別の学校度数分布……30
　第六表　高等学校の課程別にみた平均点の比較……33
む　す　び……33

第３部　問題別の成績

小学校　社会科……36
中学校　〃……48
高等学校　〃……62
小学校　理科……78
中学校　〃……91
高等学校　物理……101
〃　化学……113
〃　生物……123

第1部 調査実施の概要

まえがき

1. この調査は1957年9月27日，文部省が全国一齊に，公立小学校，中学校，高等学校（全日制，定時制）に対して，社会科，理科(高等学校では物理，化学，生物，地学)の二教科について実施したもので，沖縄でも本土と同様，同一条件のもとに実施したものである。

2. この資料は第一表に示す，学校数，児童，生徒数を対象として作成したもので，問題の領域（分類）別にそれぞれ本土との関係において考察できるようにした。

3. 勿論この調査から得た結果が，たゞちに沖縄の学力の水準を評定する資料となるか，否かについては，あらゆる角度から観て，妥当性を欠く点もあるが，一応沖縄の全般的な学力の傾向を，本土のそれとあわせて検討することは，あながち無意味ではなかろう。

4. もともと本調査は児童，生徒の評価，または，学校の評価を意図したものではないが………しかし調査の結果はつねに教育的に役立てるための資料として扱い，調査する側と，調査対象となつた側のそれぞれの立場において処理され活用されなければならないと思う。

5. 本調査の結果から，全国的な，または沖縄の全般的な，あるいは地域的な学力の傾向をみ出し，学力という観点から，学習指導上の長所，欠陥を反省し，教育条件の整備改善の参考資料として役立てゝもらいたい。

一，調査の対象について

1. 学校における調査対象となつた児童生徒は，小学校では第六学年の全児童，中学校では第三学年の全生徒，高等学校では（普通課程，職業課程を含む）全日制（24校）の第三学年の全生徒，定時制（4校）第四学年の全生徒について実施した。ただし高等学校の理科においては，原則として前学年に履修した科目によつて，生徒をわけてそれぞれに物理，化学，生物，地学のうち1科目を課するようになつているが，地学の該当者はいなかつた。

   ※ なお高等学校で，申込みがおくれたため，調査にもれた学校がある。

2. 調査結果の集計にあたつては，学校規模別に小学校，中学校とも，学校数の三分の一を無作為抽出によつて選定し，高等学校は普通課程，職業課程の参加校の全数についてまとめたものでその対象となつた学校数，児童，生徒数は次表のとおりである。

第一表　調査対象数（文教局研究調査課抽出による）

	学校数	児童生徒数					
		社会科	理科	物理	化学	生物	地学
合計	150校	14,264人	8,429人	465人	2,019人	3,051人	0
小学校	69校	3,433人	3,486人				
中学校	53校	4,898人	4,943人				
全日制高等学校	24校	5,705人		457人	1,972人	2,938人	0
定時制高等学校	4校	228人		8人	47人	113人	0

注，◎高等学校の学校数は課程数である。

二，調査の期日と時間

1. 期　　日…………1957年9月27日　(26日台風フエイ来襲)
2. 所要時間

△ 小学校　社会科　60分　理科　60分

△ 中学校　〃　60分　〃　60分

△ 高等学校　〃　70分　〃　90分　(物理，化学，生物，地学とも)

※ テスト実施と予想される結果

台風フエイの来襲によつて，個人的（教師，児童，生徒）にも，また学校としても甚大な被害をうけた。それにテスト延期の事前連絡がとれず，精神的な落付をみないうちに実施したことは調査結果に大きな影響を与えたことゝ思われる。

三，出題について

文部省調査局では問題のねらい，出題の範囲について，その意図した点について次のように述べている。

※　本調査は社会科および理科について，いろいろな角度からみた学力の実態を全国的規模においてあきらかにしようとした。

問題作成にあたつては，この種調査の性質上ペーパーテストによる客観テストの方法によつたがその範囲内では，できるだけ広い角度から学力がみられるように心がけた。その限りにおいて，各分野にわたつて各学校段階相当の知識をみるとともに，できるだけ観察，実習，生活経験などを通じて得た理解力，判断力，推理力，技能の程度もみられるように留意した。

以下，社会科および理科について問題がどのような意図で出題されたかをのべる。

1　社　会　科

社会科の各問題の作成に当つては，基礎的知識だけでなく，具体的な事実や資料に基いてどの程度，総合的な理解ができているか，また図や表を読みとる技能ができているかなど，いろいろな面の学力がみるられように努力した。

問題の程度は小，中学校では各学校の教育課程の進度の差異を考慮して概ね小学校では第5学年，中学校では第2学年修了程度とした。高等学校では現在の最高学年の全生徒が第一学年で必修した「一般社会」を中心として出題した。

2　理　科

理科についても，出題する問題の程度（学年段階による）等については，おおむね社会科におけると同一の方針によつたが，若干補足する点をあげればつぎのとおりである。

小，中学校においては，知識，理解，技能，思考力等の学力のいろいろの面についてできる限り広く見ることに努めるほか物理，化学，生物，地学等の諸分野についても出題があまり一方に偏らないようにつとめた。

高等学校においては，社会科のばあいと異り全生徒に対する共通必修の科目がないので，物理，化学，生物，地学の4つの科目について，それぞれ問題が作成されたが必ずしもそれぞれの科目固有の知識，理解等に限定することなく，理科的な問題に関する論理的思考力等をもためすように努めた。

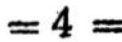

第2部　調査結果の概要

一　総合結果について

調査結果における総合成績は第二表に示すとおりで，小学校，中学校いずれも社会科，理科の教科間のひらきは，きわめて僅少である。

ところが学校種間における得点差は社会科で6.5点，理科で6.3点となり，中学校に比べて小学校が低位にある。

これを本土のそれとくらべると，小学校の社会科で平均点21.1点，理科で16.9点，中学校の社会科で14.6点，理科で8.8点という平均差がみられ，かなりのひらきをみせている。高等学校では，全日制，定時制とも両教科間および科目別にみて相当のムラがあり，本土と比較した場合，全日制で社会科が9.8点，定時制で7.7点の平均得点差がみられる。理科では，全日制が化学で僅かに本土の線を保持し，物理で10.5点，生物で5.1点の平均差があり，定時制では，物理，化学，生物とも3点～6点程度の平均差がある。

以上のことから小学校よりも，中学校，中学校よりも高等学校といった順に本土の線に僅かに近づきつつあることが認められる。

しかし調査結果においてあらわれた落差については，いろいろの角度から検討と反省を加える必要があろう。

第二表　学校種別，教科（科目）別にみた児童生徒の全国平均との比較

	小学校			中学校			全日制高等学校			定時制高等学校		
	全国		沖縄	全国		沖縄	全国		沖縄	全国		沖縄
	平均	最低		平均	最低		平均	最低		平均	最低	
社会科	54.9	43.1	34.6	54.8	46.5	41.1	47.9	42.3	38.8	37.9	28.9	31.0
理科	51.0	41.3	34.4	49.0	42.8	40.1						
物理							33.4	21.7	24.2	21.6	12.2	15.8
化学							39.4	28.1	41.3	27.0	15.2	25.4
生物							37.1	30.8	32.8	30.3	22.0	27.6
地学							40.4	29.9	—	34.8	22.1	—

全国学力調査結果・本土と沖縄の比較

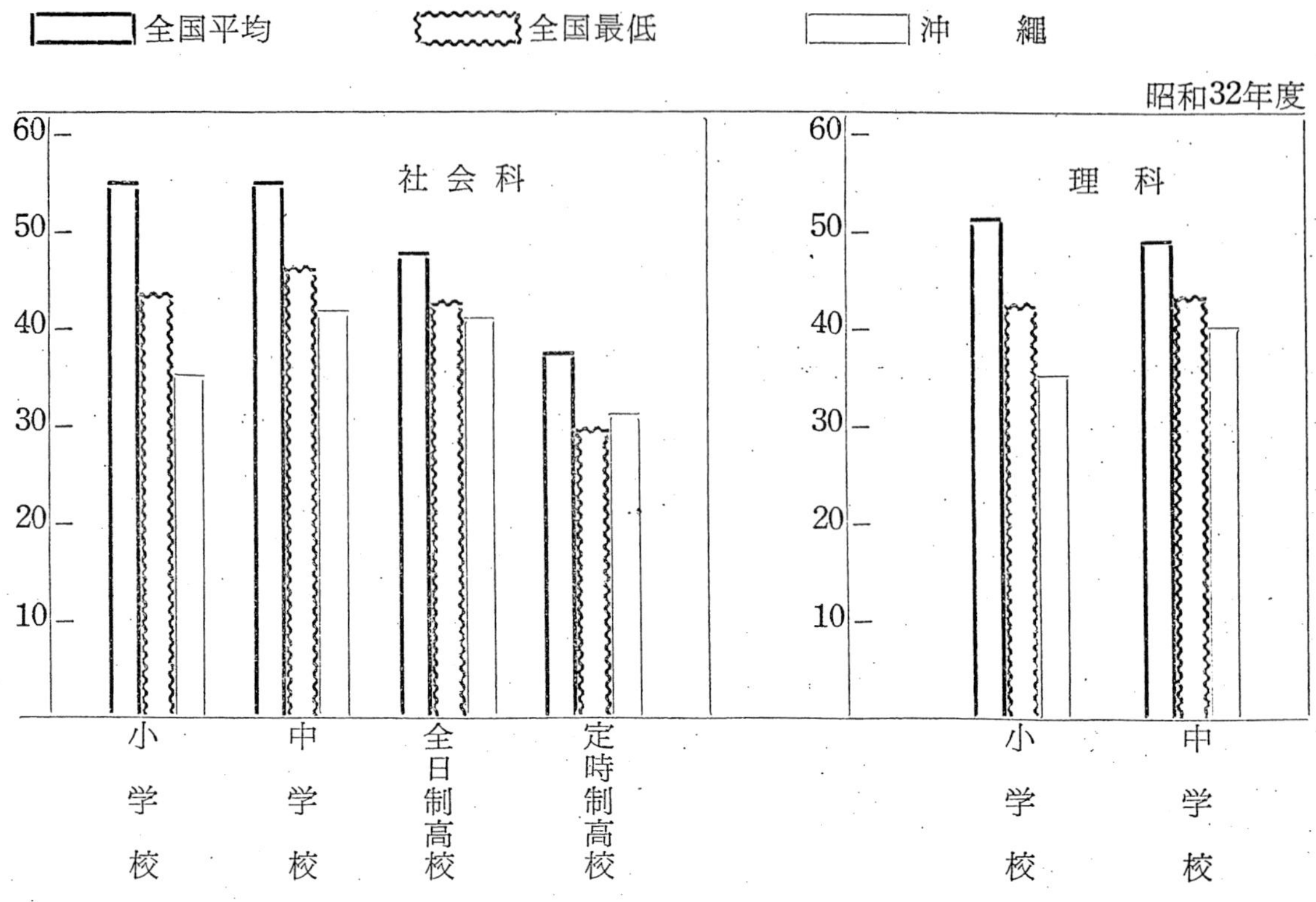

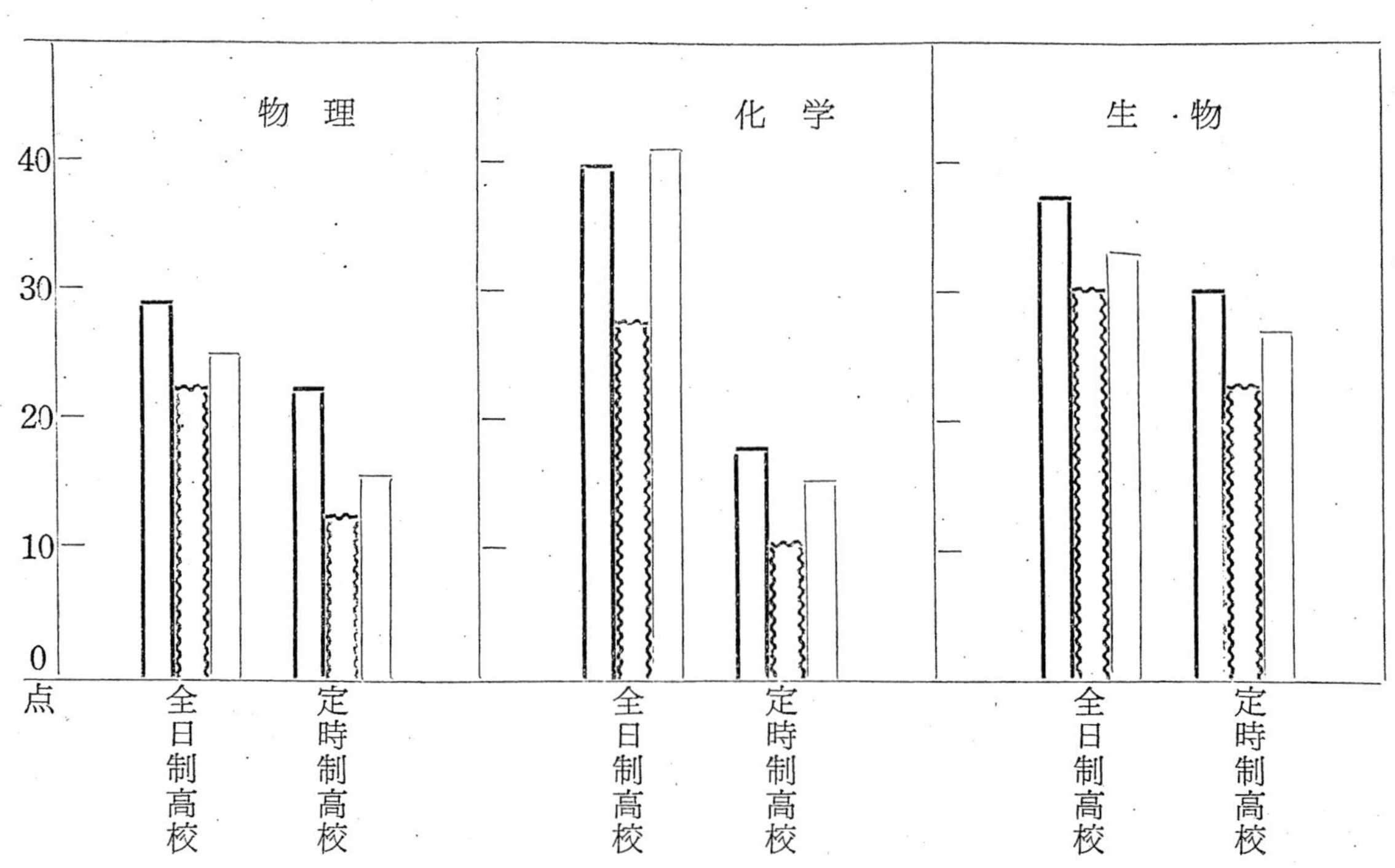

二、問題の構成と結果

(1) 社会科（小学校）

領域		問題番号	問題のねらい	正答率 本土	正答率 沖縄
生産	農業	〔4〕	日本各地の生産（主として農業）の特質について総合的な理解をもっているか。	% 42.3	20.6
		〔5〕	農業協同組合の機能について基礎的な理解をもっているか。	58.2	50.1
	工業	〔6〕(1)	工業地帯の位置，名称等についての基礎的知識，理解をもっているか。	64.2	26.3
		(2)	工業地帯の特質について総合的な理解をもっているか	54.2	26.5
		〔10〕	日本の石炭，重油の生産，消費，輸入の現状をグラフを用いて判断することができるか。	36.9	17.9
		〔14〕	機械生産の特質についての正しいとらえ方を見分けることができるか。	56.8	43.6
流通		〔11〕	需要供給の変化による商品価格の変動について基礎的な理解をもっているか。	75.9	64.4
		〔12〕	経済用語について基礎的な知識をもっているか。	43.4	28.4
交通		〔3〕(1)	おもな鉄道幹線の位置，名称について基礎的な知識をもっているか。	49.9	17.7
		(2)	おもな鉄道幹線の役割について基礎的理解をもっているか。	44.1	13.4
政治		〔13〕	各種の公共施設について基礎的な知識をもっているか。	65.7	59.0
道徳的判断		〔15〕	学校生活における規則についての正しい考え方や態度をもっているか。	66.1	51.6
地理的見方		〔1〕	地図における方位，記号をよみとる基礎的能力をもっているか。	53.9	39.0
		〔2〕	日本の自然環境の位置，名称について基礎的知識をもっているか。	57.3	22.4
		〔7〕	歴史用語について基礎的知識をもっているか。	65.8	39.8

領域	問題番号	問題のねらい	正答率 本土	正答率 沖縄
歴史的見方	〔8〕	日本の工場発達の条件について歴史的な理解をもっているか。	67.9	57.7
	〔9〕(1)	歴史事象の時代的順序の判断や各時代への位置づけが正しくできるか。	46.4	21.0
	(2)	歴史的事象を各時代に位置づけて把握することができるか。	58.9	27.3

(中学校)

領域		問題番号	問題のねらい	本土	沖縄
地理的内容に関する問題	農業	(1)	日本の主要農産物の分布図からその農産物名が理解できるか。	66.3	39,7
		(9)	日本の農業の耕地面積，農業人口，農家所得，兼業農家などの現状について具体的に理解しているか。	55.5	43.7
	工業	(3)	世界の主要工業地域名の特色について理解しているか。	46.1	31.8
		(2)	鉄工業の貿易生産状況をあらわすグラフをもとにして日本の工業の現状を正しく理解しているか。	50.9	36.3
	地図の読み方	(5)……(1)	方位を正しく読みとれるか。	61.6	51.3
		(3)	梯尺を使って地図上の距離を測定できるか。	75.2	61.2
		(2) (5) (6) (7) (8)	基礎的な記号を知っているか。	64.6	49.0
		(4) (9) (10)	等高線から地形の特色を判断できるか。	65.4	51.9
歴史的内容に関する問題		(4)	わが国の歴史における政治上，経済上の重要事項がどの時代のことであるかを理解しているか。	54.6	38.0
			各時代の基礎的事項を正しく理解しているか。		
		(6)	農業の発達に関して	55.4	36.0
		(7)	西洋における民主政治の発達に関して	40.6	30.3
		(8)	日本の民主政治の発達について，その歴史的な因果関係を正して判断することができるか。	58.0	51.0
道徳的内容に関する問題	民主政治における人間関係	〔10〕(1)	学校委員会で多数法できめられた結果に対するホームルーム委員の責任のといかたを理解できるか。	75.1	59.2
		(2)	市全体の発展計画をすすめていくときの個人の立場のいかしかたを正しく判断できるか。	52.4	46.7

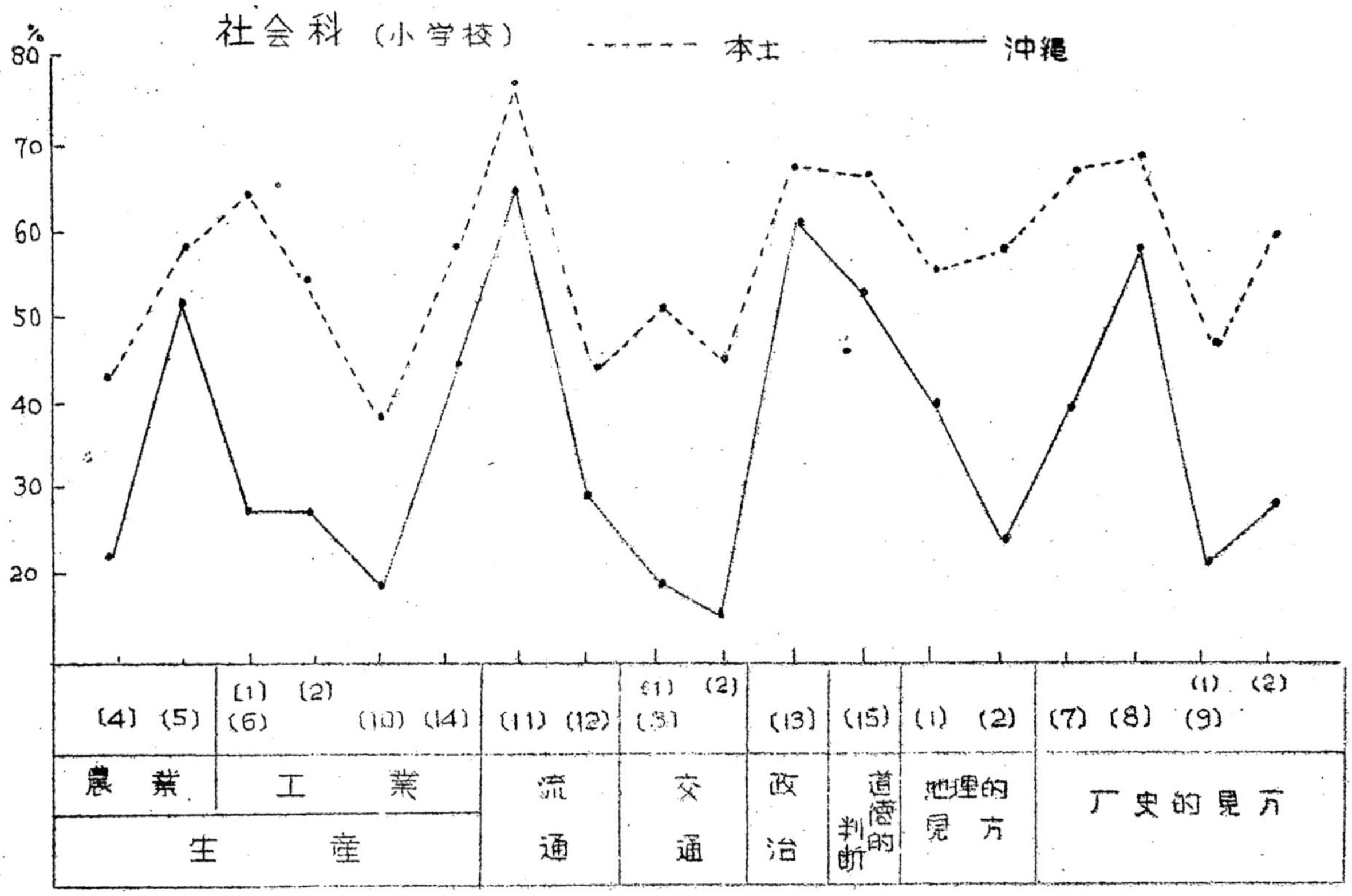

社会科（小学校）
本土
沖縄
%
80
70
60
50
40
30
20
(4) (5)
(1) (2) (6) (10) (14)
(11) (12)
(1) (2) (3)
(13)
(15)
(1) (2)
(7) (8) (1) (2) (9)
農業
工業
生産
流通
交通
政治
道徳的判断
地理的見方
歴史的見方

社会科（中学校）
本土
沖縄
%
80
70
60
50
40
30
(1) (9)
(3) (2) (1) (5)
(3)
(2) (7) (14) (5) (8) (9) (6) (10)
(4) (6) (7) (8)
(1) (2) (10)
農業
工業
地図のよみ方
地理的内容
歴史的内容
民主政治における人間関係

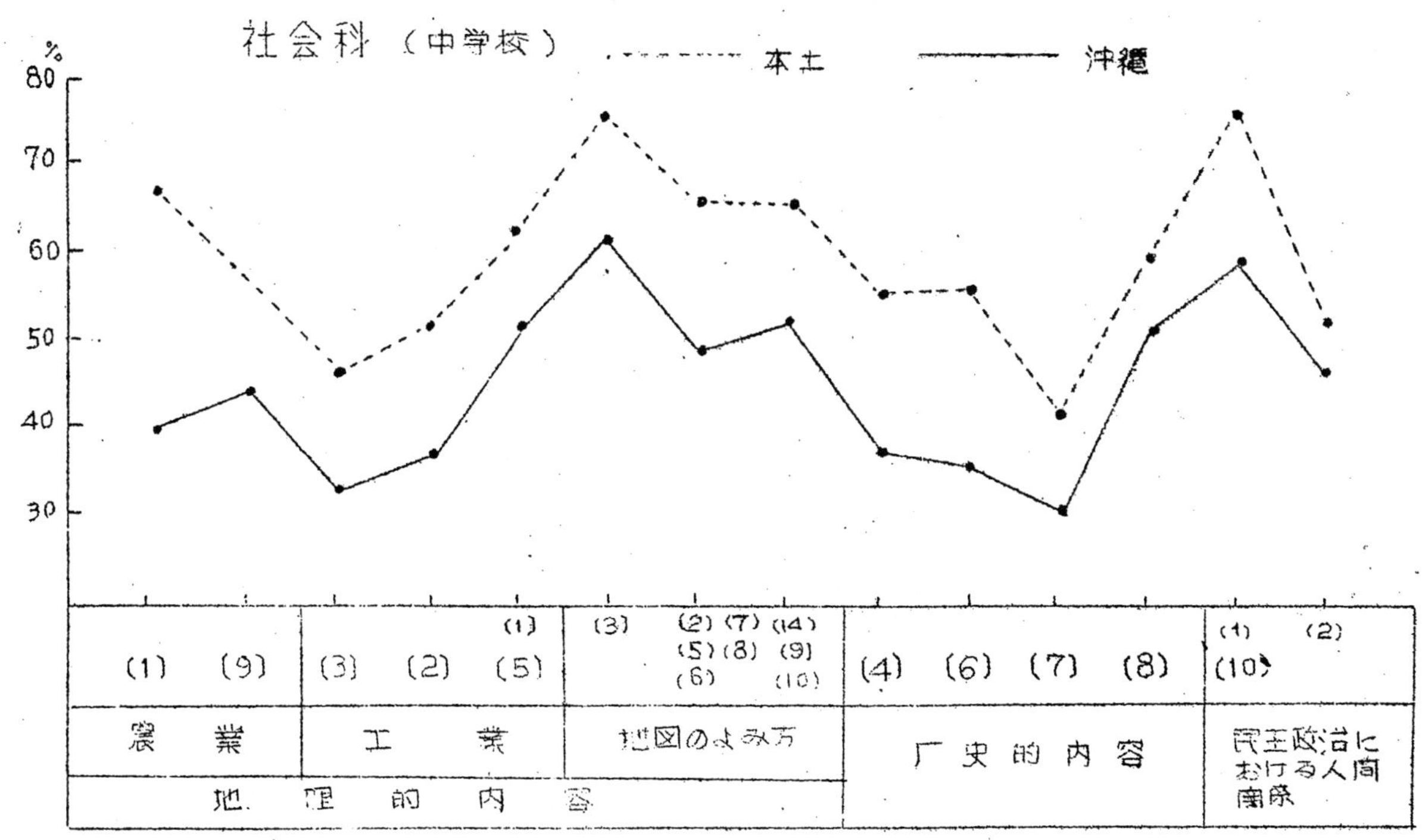

（高等学校）

分類	問題番号	問題のねらい	正答率 全日制 本土	全日制 沖縄	定時制 本土	定時制 沖縄
民主々義の生活と政治	〔1〕	日本国憲法に規定されている政治の形態について基礎的な理解	70,3	55,0	52,9	41,5
	〔6〕	民主的な家庭生活の法的規定について基礎的な理解をもつているか。	62,2	69.0	57.3	61,7
	〔9〕	主要諸図の政治上の出来事と政治形態についての基礎的理解	46,6	36,9	34,6	29,3
経済	〔5〕	経済現象および経済用語についての基礎的な理解	30,9	22.2	27.1	16,8
	〔2〕	基礎的な経済統計を理解し得るか。	43,1	29,3	35,9	23,1
労働	〔3〕	経済と労働の歴史における基本事実を理解しているか。	25,5	18,9	18,8	15,9
	〔10〕	民主的な労働組合のあり方について基礎的な理解と考え方をもつているか。	53,8	43.5	44,8	48.4
農（漁）村生活	〔4〕	日本の農業の特色についての基礎的理解をもつているか（統計に基く判断）	45,7	22,7	29.9	11,0
	〔8〕	日本の漁業の特色についての基礎的理解をもつているか（統計に基く判断）	67,2	53,6	59,4	46,8
文化	〔7〕	文化史上（日本および世界）の著名な人物の業蹟および時代についての基礎的な理解をもつているか。	40,8	30,5	26,1	19,8

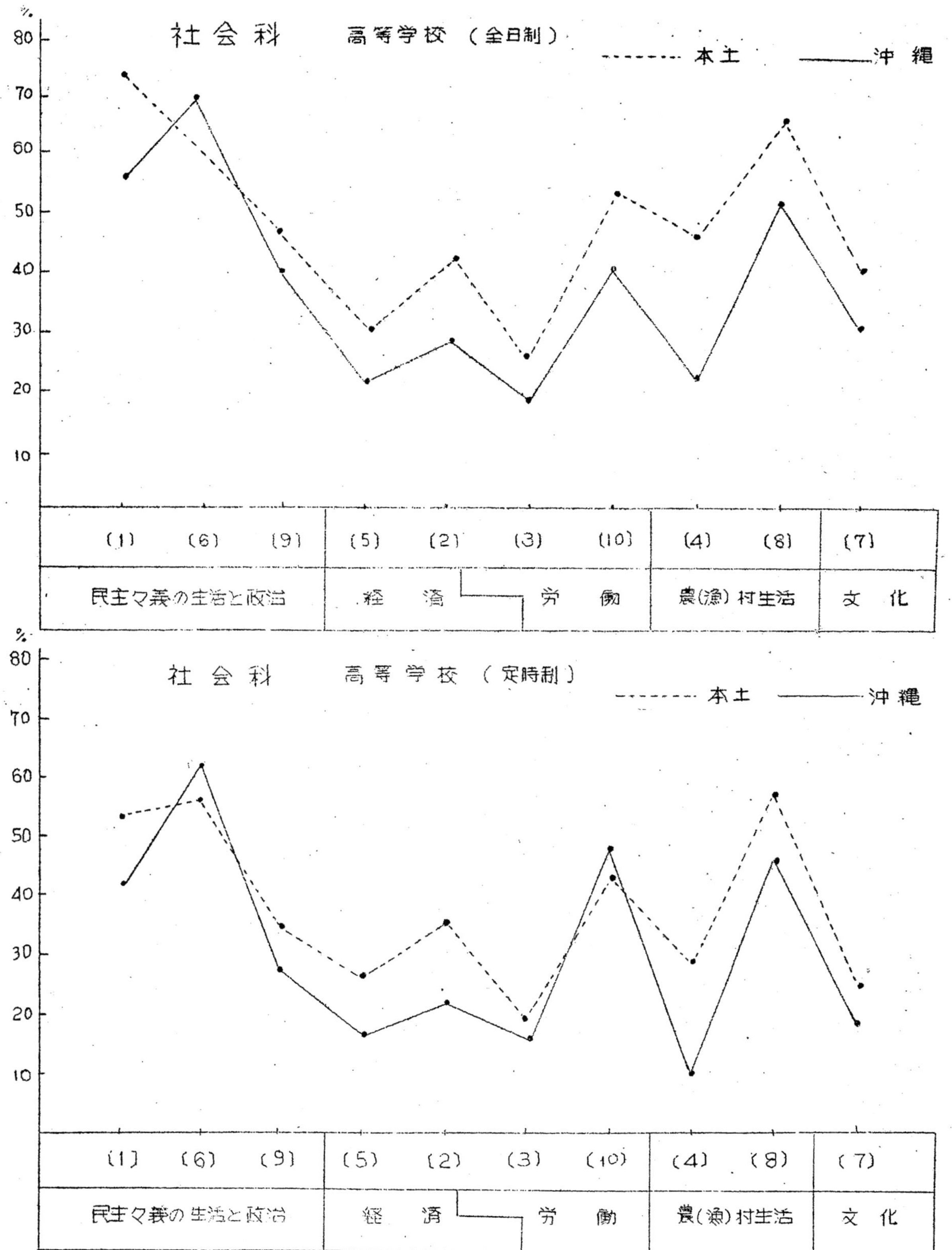

社会科　高等学校（全日制）
本土
沖縄
%
80
70
60
50
40
30
20
10
(1) (6) (9) (5) (2) (3) (10) (4) (8) (7)
民主々義の生活と政治
経済
労働
農(漁)村生活
文化
社会科　高等学校（定時制）
本土
沖縄
%
80
70
60
50
40
30
20
10
(1) (6) (9) (5) (2) (3) (10) (4) (8) (7)
民主々義の生活と政治
経済
労働
農(漁)村生活
文化

(2)理　科（小学校）

分　類	問題番号	問題のねらい	正答率 本土	正答率 沖縄
			%	%
知識	〔1〕	知識とそれに基く判断を「花のしくみ」についてみる。	45.0	41.7
	〔2〕	〃　〃「動物の体のしくみ」についてみる。	37.5	22.4
	〔3〕	「昆虫の成長」についての知識。	48.9	35.2
	〔4〕	「植物のふえ方」　〃　〃	57.7	40.7
	〔5〕	「種のちり方」　〃　〃	55.8	38.6
	〔6〕	「種物の呼吸の仕方」　〃　〃	71.1	62.3
	〔7〕	知識とそれに基く判断を「植物のめばえの形」についてみる。	61.8	50.8
	〔8〕	経験的知識と判断力を「汗と体温との関係」についてみる。	45.1	25.1
	〔10〕	「常緑樹と落葉樹」についての知識	78.3	51.7
技能の知識（技術・技）	〔14〕	「メスシリンダーの目盛りのよみ方」について	33.8	23.8
	〔15〕	「実験器具の選択」について	65.8	45.8
	〔21〕	「気温のはかり方」について	30.1	19.3
	〔35〕	「温度計の目盛のよみ方」について	57.9	33.9
理解	〔9〕	現象の現解を「植物の栽培」についてみる。	36.0	24.2
	〔12〕	原理の理解を「燃焼と空気との関係」についてみる。	62.7	50.9
	〔13〕	現象の理解を「流水のはたらき」についてみる。	54.6	35.3
	〔16〕	観測をとおした「大陽の運行」の理解	58.8	33.6
	〔17〕	「雨量のはかり方」の理解	64.8	29.3
	〔20〕	現象の現解を「月の運行」についてみる。	40.4	41.5
	〔22〕	原理の理解を「音の高低」についてみる。	39.4	26.2
	〔23〕	「音のつたわり方」の理解	78.5	62.7
	〔24〕	原理の理解を「光の進み方」についてみる。	47.9	26.0
	〔25〕	〃　を「光の屈折」についてみる。	45.7	27.0
	〔30〕	〃　〃「ふりこの性質」についてみる。	58.8	38.4
	〔31〕	〃　〃「てこの原理」についている。	43.5	30.8
	〔33〕	「電磁石の性質」の理解	26.0	19.2
	〔34〕	「乾電池のつなぎ方」の理解	50.8	36.7

分　類	問題番号	問　題　の　ね　ら　い	正答率	
			本土	沖縄
思考力	〔26〕	原理の理解とそれによる判断を「光の反射」についてみる。	46.2	27,3
	〔27〕	〃　〃　「水のあたたまり方」〃	45.5	20.7
	〔28〕	〃　〃　「熱による膨張」〃	52,3	27.3
	〔29〕	〃　〃　「ポンプのしくみとはたらき」〃	41.3	26.9
	〔32〕	すじ道を通して考える能力	41.4	35.5
	〔11〕	思考力を「炭酸ガスの検出」についてみる。	68.6	53.8
	〔18〕	図表から「気温と天気との関係」をよみとる能力	42,3	30.3
	〔19〕	影の方向から「大陽の位置」を考える能力	55.8	41.8
理科的関心	〔36〕		43.0	20.4

（中学校）

分　類	問題番号	問　題　の　ね　ら　い	正答率	
			本土	沖縄
知識	〔1〕	最も基礎的な知識単位（8小問）	77.4	65.7
	〔2〕	單純な知識　－生物（5小問）	29.1	26.3
	〔3〕	知識－生物（5小問のうち，d以外は理科本来の目的からいえば実験観察を通じて確実にされた知識をみようとするものである。たゞしbについてはアリジゴクの観察はしていてもウスバカゲロウの幼虫か，クサカゲロゥの幼虫かの思いちがいもあるので正答率は下るであろう。	47.3	45.8
	〔8〕	経験的な知識－（理解）とそれに基く判断－地学（3小問）	41.1	39.2
実　験	〔10〕	実験を通じて確実にされる知識－物理（1小問）	49.1	41.3
理解（判断）	〔5〕	原理の理解－物理（1小問）	45.7	35.1
	〔6〕	技能の加味された理解（応用）－物理（1小問）	40.2	33.3
	〔7〕	実験を通じて到達した理解とそれに基く判断－物理（3小問）	33.5	25.2
（応用）	〔11〕	原理の理解とその応用―物理（1小問）	12.0	8.0
理解と技能	〔13〕	理解と技能－物理（2小問）	37.5	23.9
理解と思考力	〔15〕	原理の理解と応用－物理（4小問）	45.2	33.5
技能（読図）	〔4〕	図を読む技能－地学（3小問）	62.6	51.2
技能（観察）	〔9〕	観察の技能－地学（5小問）	61.5	49.9
技能　グラフ	〔12〕	グラフをみる技能－化学（5小問）	62.3	44.5
思考力	〔14〕	論理的な思考力による理解と判断－化学（3小問）	14.4	10.4

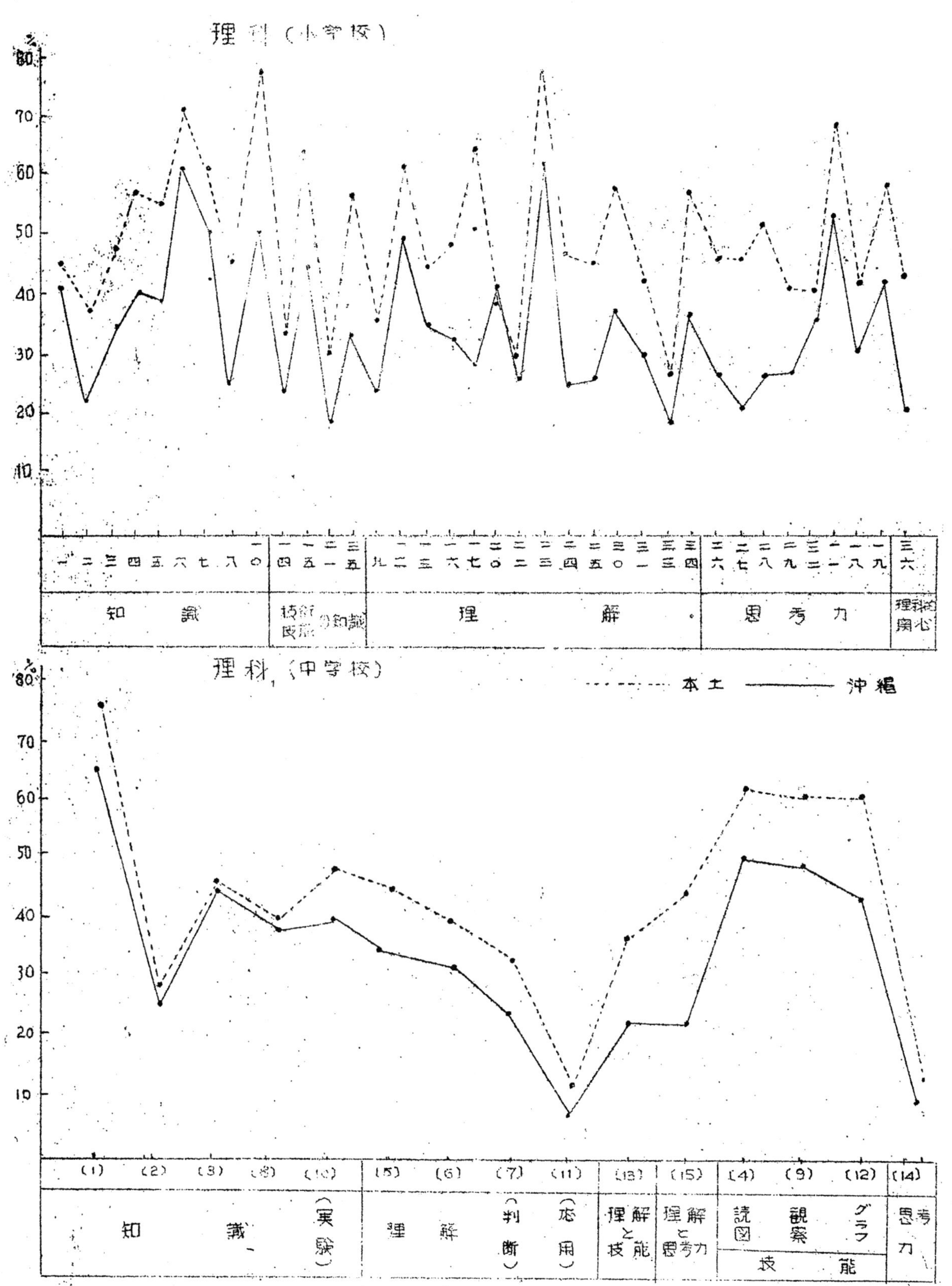

理科（小学校）
%
80
70
60
50
40
30
20
10
一 二 三 四 五 六 七 八 一〇
一四 一五 二一 三五
九 一二 一三 一六 一七 二〇 二二 二三 二四 二五 三〇 三一 三三 三四
二六 二七 二八 二九 三二 一一 一八 一九
三六
知識
技能の知識
理解
思考力
理科的関心
理科（中学校）
本土
沖縄
(1) (2) (3) (8) (10)
(5) (6) (7) (11)
(13) (15)
(4) (9) (12)
(14)
知識
（実験）
理解
（判断）
（応用）
理解と技能
理解と思考力
読図
観察
グラフ
技能
思考力

（高等学校）　物　理

分類	問題番号	問題のねらい	正答率 全日制 本土	正答率 全日制 沖縄	正答率 定時制 本土	正答率 定時制 沖縄
知識	〔1〕	実験を通して確実にされる知識－電流計，電圧計の使用法	42.4	35.7	30.3	12.5
	〔2〕(1)	〃　－光の屈折	69.4	62.8	60.7	25.0
	〔3〕(1)	極めて普通の基本原理の知識－法則・原理	61.1	45.7	46.0	37.5
	(5)	実験の基礎知識	30.1	26.0	28.3	62.5
	〔7〕(12)	單純な知識	18.9	8.9	5.6	0.0
知識・理解	〔5〕	基礎知識と物理量に関する理解・單位	46.8	36.0	33.7	17.5
理解	〔2〕(2)	基礎現象に関する推理および理解－検電器	17.8	13.0	7.9	12.5
	(3)	簡單な原理の理解－電気の抵抗	61.9	56.9	52,9	62.5
	〔4〕	やゝ復雑な現象の理解（本質的に分つているか）	20.1	16.1	14.8	12.5
	〔7〕	初歩的な現象，法則の量的な理解				
		(1)　照度	47.8	21.7	22.8	12.5
		(2)　レンズの像	58.4	35.9	30.5	6.3
		(3)　落体の法則	39.9	25.6	23.6	6.3
		(4)　仕事	44.1	22.1	26.9	0.0
	(5)	初歩的な現象，法則の量的な理解，推理力が加わつたもの－ばね	46.5	30.6	38.0	31.3
	(6)	基礎的な原理の理解－ボイル，シヤールの法則	32.4	15.2	15.3	0.0
	(7)	熱量の基礎理解	28.1	10.3	11.9	0.0
	(8)	法則（運動量の保存）の理解	33.9	19.7	22.1	12.5
	(9)	法則の応用	46.8	21.7	22.1	0.0
	(10)	直観的な理解力（または法則の応用）	31.9	30.9	29.4	12.5
	(11)	基本法則の理解－電気の抵抗	38.0	24.5	19.9	12.5
	(13)	実験を通してえられる現象の理解	31.4	32.2	21.9	25.0
	〔8〕(1)	法則の理解と応用	32.5	25.7	26.9	50.0
	(3)	物理量の定義の理解とその簡單な応用	30.7	11.2	17.6	8.3

分類	問題番号	問題のねらい	正答率			
			全日制		定時制	
			本土	沖縄	本土	沖縄
理解 技能	〔6〕(1)(3)	実験を計画する能力と現象の理解	21.8	15.0	10.6	0.0
	〔8〕(2)	基礎現象の理解および応用と図をよむ能力	19.1	6.5	7.8	0.0
推理（思考力）	〔2〕(4)	やゝ高度の推理力－電圧計，電流計，抵抗	25.7	20.6	14.4	3.1
	〔3〕(4)	理論的な思考力（推理力）	36.4	23.0	20.7	25.0
	〔8〕(4)	実験結果に対する推理，判断力	26.0	24.9	25.7	50.0
技能	〔3〕(2)	実験の基礎技能－目盛のよみ	48.3	24.9	35.9	37.5
	(3)	〃　（あわせて実験の際の注意力）	44.4	35.2	37.1	43.8

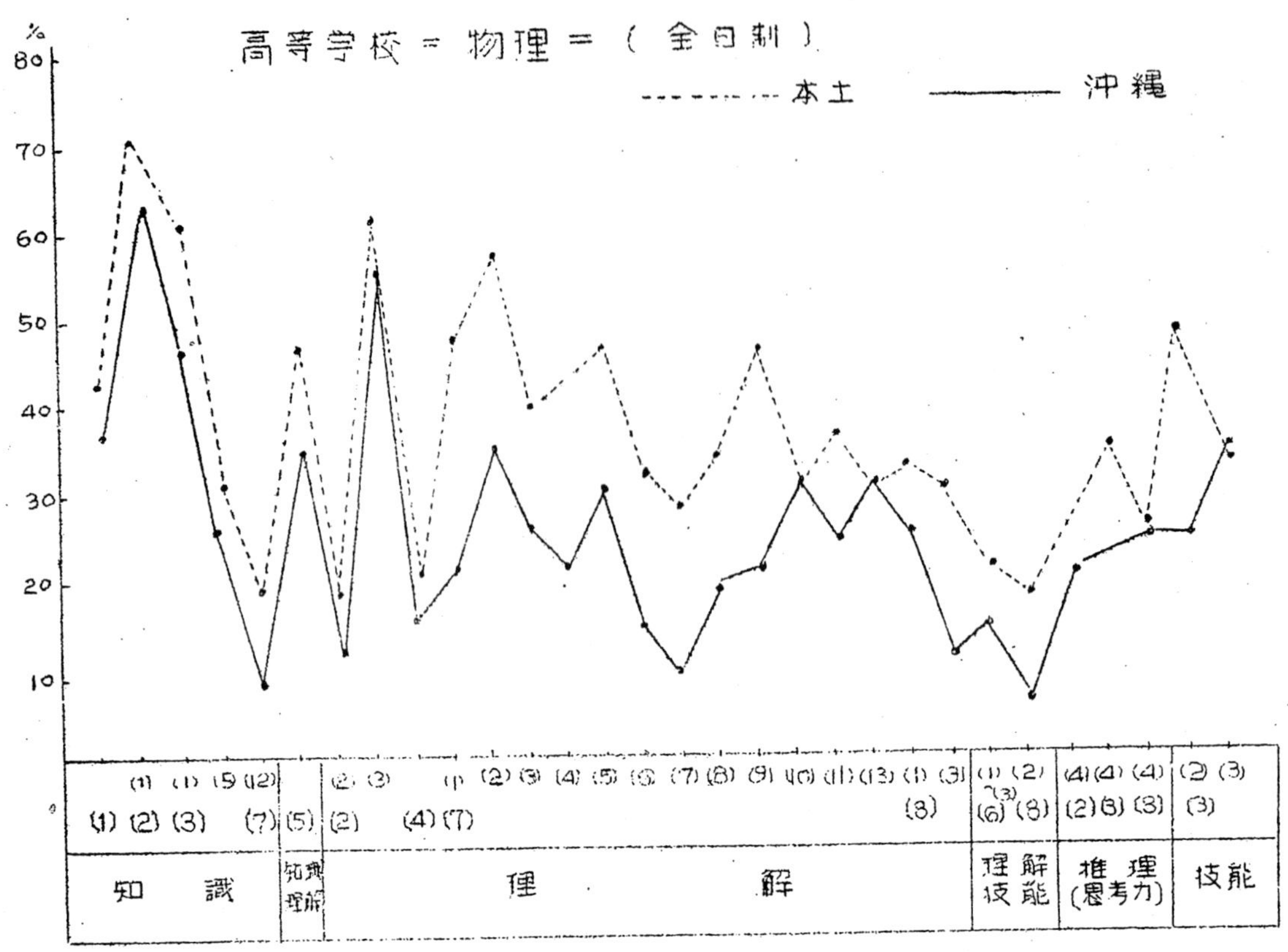
高等学校 = 物理 = (全日制)
本土
沖縄
知識
知識理解
理解
理解技能
推理(思考力)
技能

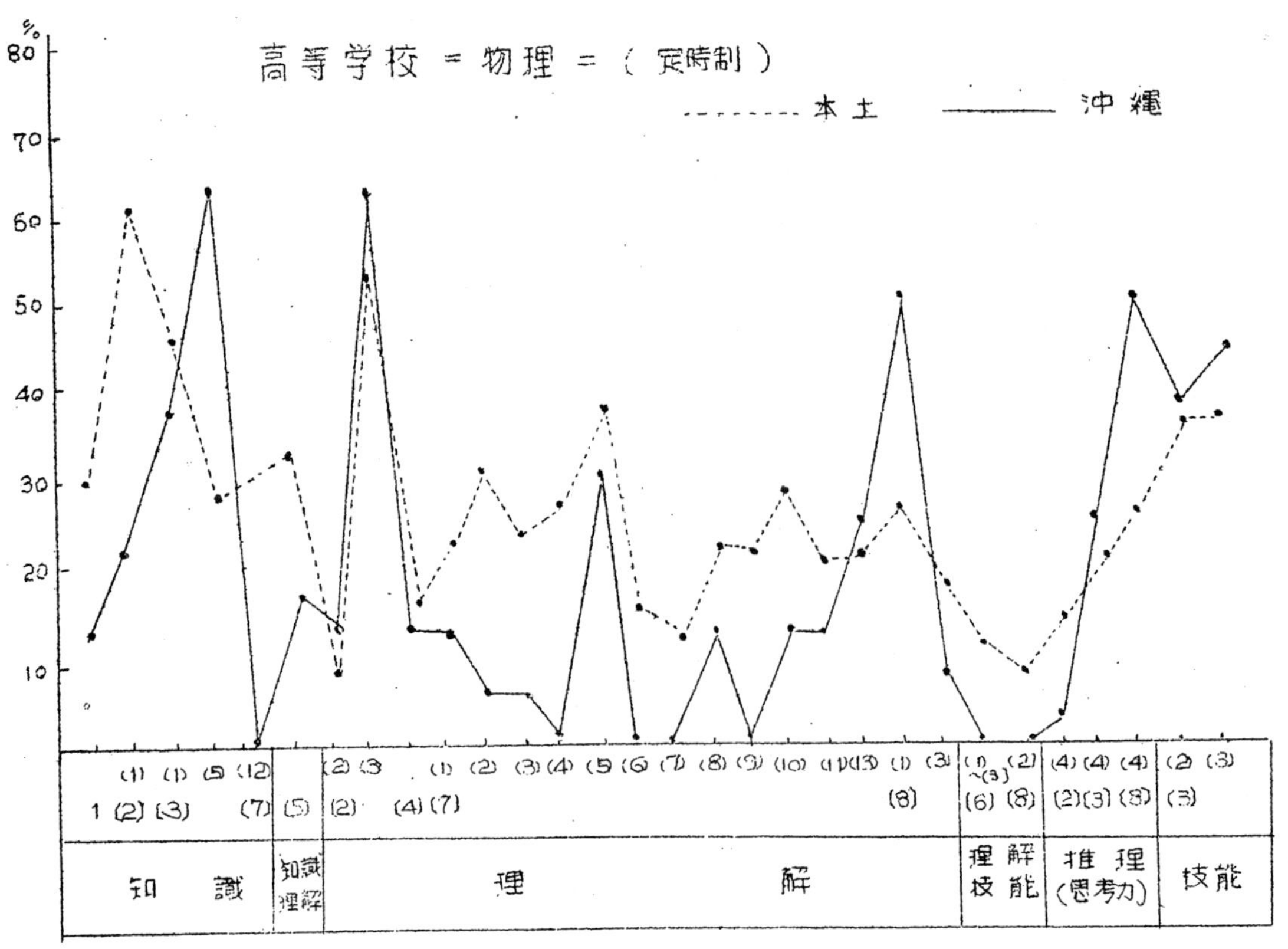
高等学校 = 物理 = (定時制)
本土
沖縄
知識
知識理解
理解
理解技能
推理(思考力)
技能

化　学

分類	問題番号	問題のねらい	正答率 全日制 本土	全日制 沖縄	定時制 本土	定時制 沖縄
			%	%	%	%
知識	〔1〕	化学式についての基本的な知識	47.8	50.1	36.6	37.2
	〔4〕	化学の基本量および基本的数値の知識	52.9	60.8	37.3	36.6
	〔7〕	日常生活に関連の深い物質の化学成分の知識（分類）	62.3	57.4	50.2	40.1
知識　理解	〔16〕	原子構造と放射能に関する知識と理解	31.9	30.8	23.8	19.9
理解	〔2〕	化学式のもつ意味の理解	60.8	54.7	39.5	37.2
	〔5〕	水溶液の性質の理解	43.1	45.7	35.9	38.3
	〔6〕	酸化，還元の理解	40.1	43.3	31.5	29.8
	〔8〕	有機化合物の相互関係の理解（分類の能力）	32.2	36.2	20.7	22.7
	〔9〕	化学用語の理解	41.3	44.9	31.0	27.7
	〔15〕(1)	気体の分子量のもつ意味の理解				
	(2)	実験式，分子式の意味の理解	25.9	29.6	11.2	6.1
	(3)	分子式のもつ意味の理解				
	〔18〕	週期律表の理解	39.3	41.5	29.9	26.2
知識・思考力	〔12〕	実験的知識と思考能力	30.1	34.5	28.6	28.7
理解・思考力	〔17〕(1)(2)	化学反応式の理解	27.5	27.2	13.4	8.5
	(3)	〃　〃　と応用能力	12.6	15.9	4.4	6.4
	〔14〕(1)	規定溶液の濃度に関する理解	16.2	21.6	9.4	4.3
	(2)	規定溶液の濃度に関する理解と思考能力	19.9	21.8	9.8	4.3
	〔3〕(1)	化学反応の表わし方の理解	49.4	51.4	30.5	36.2
	(2)	化学反応の表わし方の理解と思考力	16.4	17.6	6.8	2.1
思考力	〔13〕	イオン化傾向に関する思考能力	23.8	26.7	17.2	23.4
技能・思考力	〔10〕(1)(2)	図を読む能力	76.6	64.8	62.4	31.9
	(3)	〃　とそれに基く判断力	40.1	30.4	24.5	12.8
知識・技能思考力	〔11〕	実験的知識・技術と思考能力	25.0	27.1	21.3	16.3

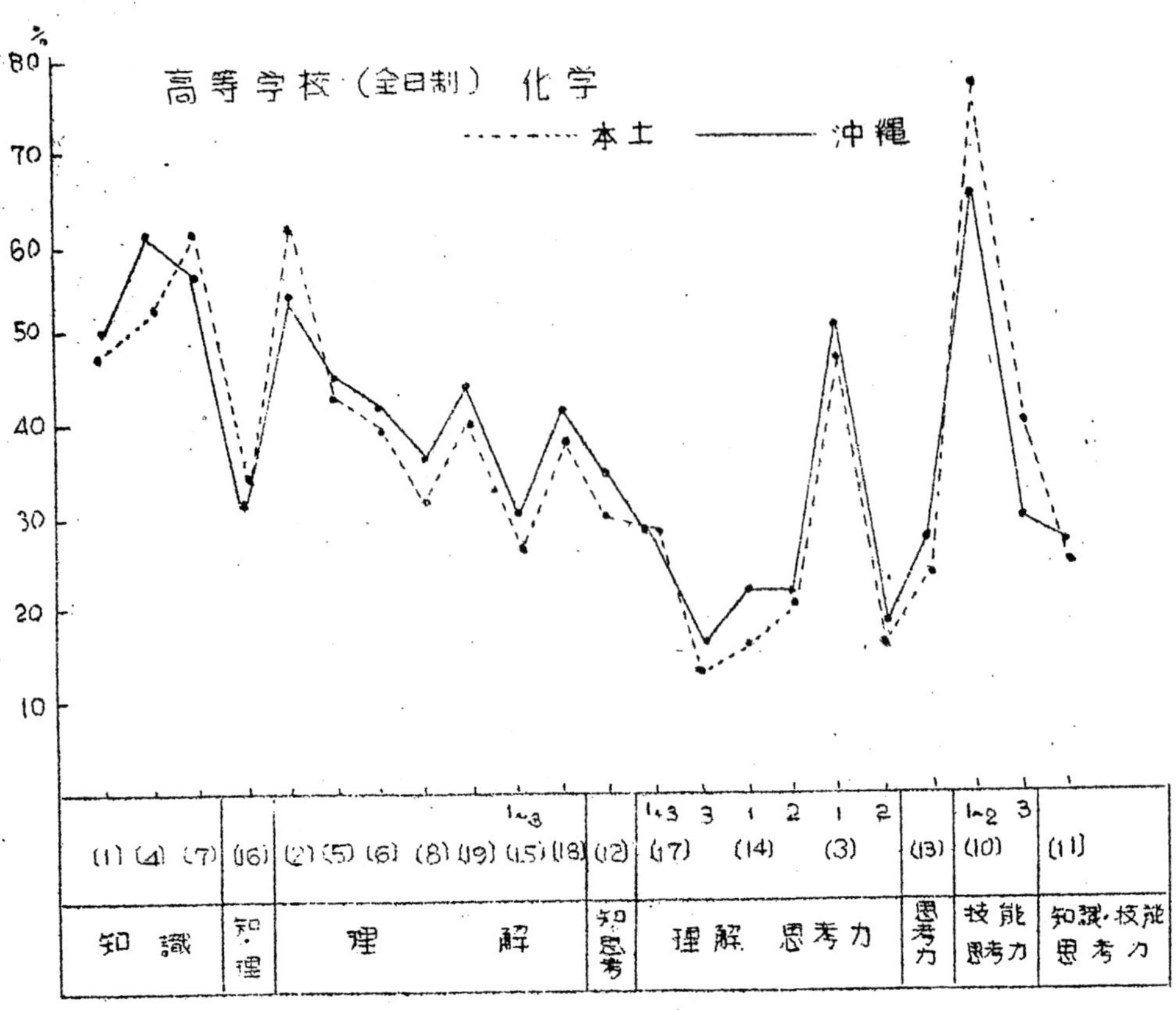

高等学校（全日制）化学
本土
沖縄
%
80
70
60
50
40
30
20
10
(1) (4) (7)
(16)
(2) (5) (6) (8) (19) (15) (18)
1〜3
(12)
1〜3 3 1 2 1 2
(17) (14) (3)
(13)
1〜2 3
(10)
(11)
知識
知・理
理解
知思考
理解 思考力
思考力
技能 思考力
知識・技能 思考力

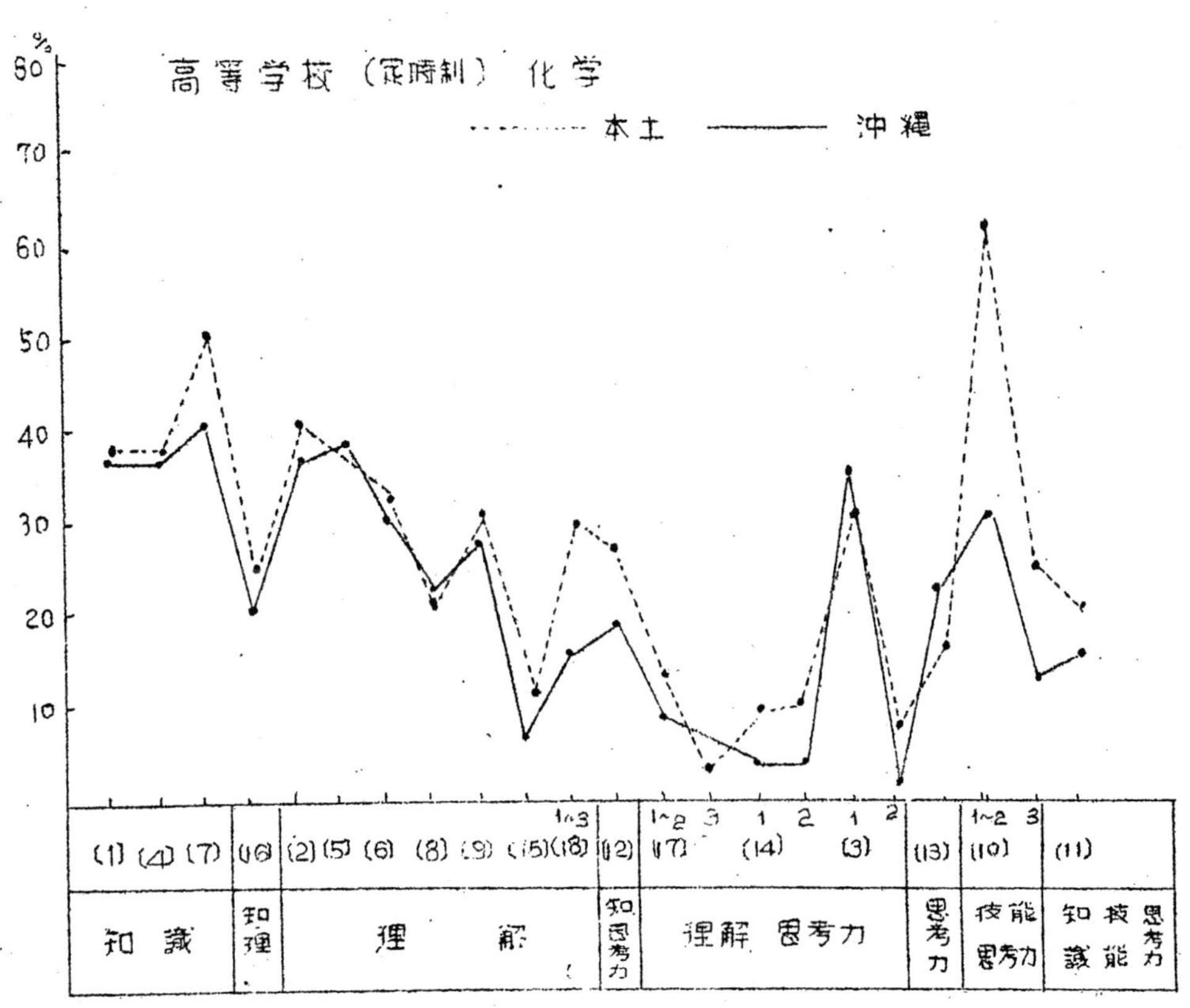

高等学校（定時制）化学
本土
沖縄
%
80
70
60
50
40
30
20
10
(1) (4) (7)
(16)
(2) (5) (6) (8) (9) (15) (18)
1〜3
(12)
1〜2 3 1 2 1 2
(17) (14) (3)
(13)
1〜2 3
(10)
(11)
知識
知理
理解
知思考力
理解 思考力
思考力
技能 思考力
知識 技能 思考力

生　物

分類	問題番号	問題のねらい	正答率 全日制 本土	正答率 全日制 沖縄	正答率 定時制 本土	正答率 定時制 沖縄
知識	〔1〕	生物の種類と分類的見方の基礎知識－記憶に頼る要素が多いので単純な知識ではあつてもなじみのうすいものは正答率が低くなる	% 34.8	% 31.7	% 29.5	% 41.7
	〔3〕	生物の基礎的知識－特に(1)(3)等については履修時期からの時間的経過の如何にかかわらずほぼ完全な正答を期待して出題した。	48.8	47.5	42.5	41.7
	〔7〕	初歩的な単純な知識－中学校と共通問題	50.9	41.2	44.4	29.2
理解	〔5〕(1)	構造と機能の関係の理解－眼球の構造と機能を通して，光学的なものが生物体の中で，どのようにあてはまつているかについて	41.3	36.0	36.2	32.3
	〔6〕	生殖と細胞に関する理解	32.4	26.2	26.2	29.5
	〔12〕	実験データーをみて正しい理解をする能力	21.2	9.5	14.8	8.0
知識・理解	〔2〕	生物体の構造，機能に関する正確な知識と理解－実験観察が行われていることを期待して出題，ただし(2)，(4)については専門用語の低抗があつて正答率が下るかも知れない。	31.2	26.5	24.3	17.9
	〔4〕	生物学史に関する知識と理解－遺伝と進化の領域について	26.4	22.1	20.2	18.1
	〔5〕(2)	遺伝に関する知識と理解	45.7	38.3	34.5	19.5
	〔8〕(1)(2)	血液型とそれに関連した遺伝法則に関する知識と理解	59.8	52.7	54.1	48.2
理解思考力	(3)	血液型とそれに関連した遺伝法則に関する理解とそれにもとづく判断	29.6	18.5	16.6	19.5
技能	〔9〕	基礎的な実験，実習の技能－顕微鏡を介して－全国的にみて顕微鏡実習が充分行われていなければ，正答率はかなり下るであろうが，生物の学習においては基礎的なものとして出題	17.1	14.7	16.2	13.7
思考力	〔10〕	実験，実習を通した論理的な思考力－植物の生長素について	35.1	26.2	28.5	24.3
	〔11〕	〃　〃　－炭酸同化について	37.2	31.3	31.9	26.7

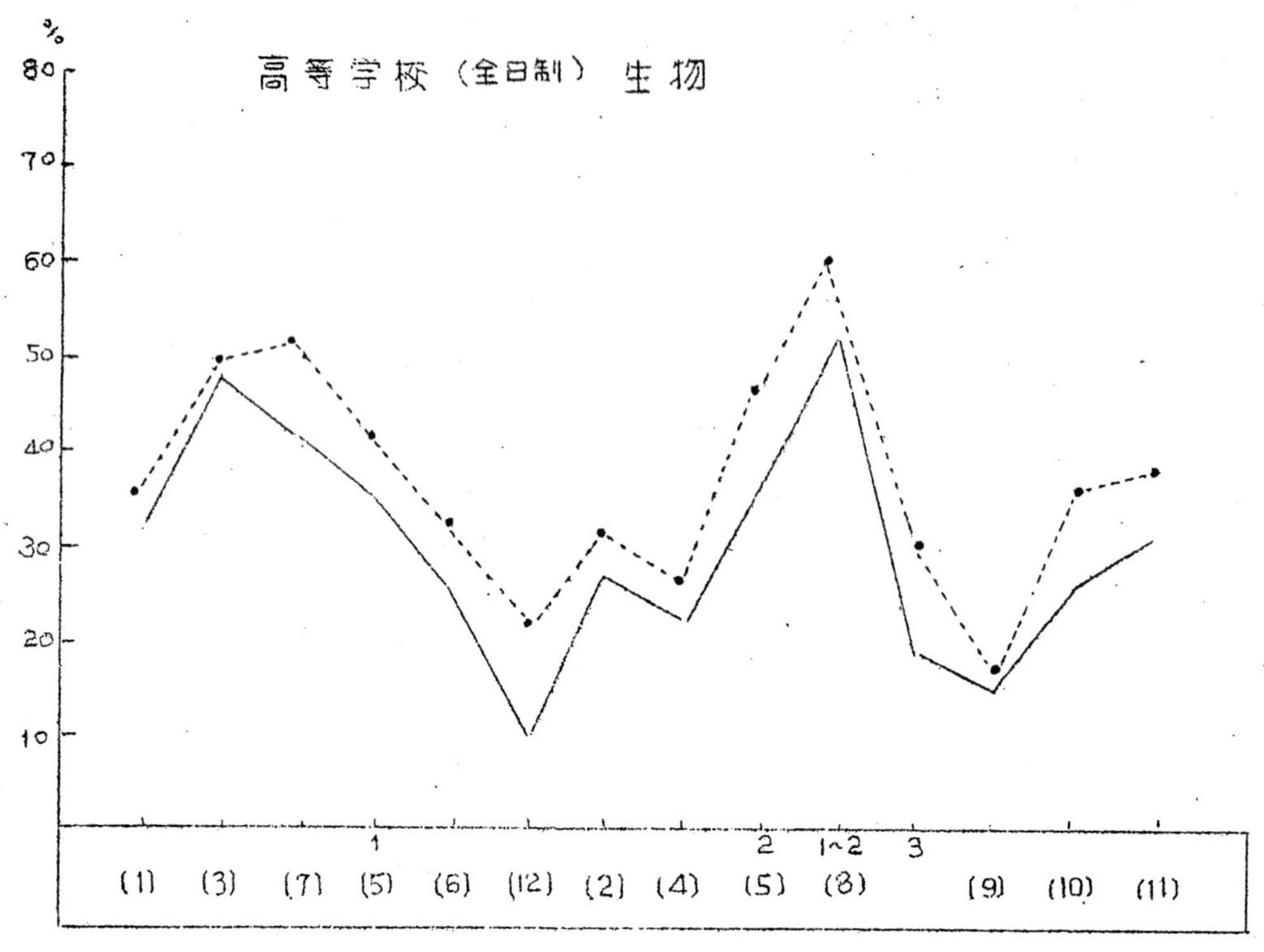
高等学校（全日制） 生物
%
80
70
60
50
40
30
20
10
(1) (3) (7) 1 (5) (6) (12) (2) (4) 2 (5) 1~2 (8) 3 (9) (10) (11)

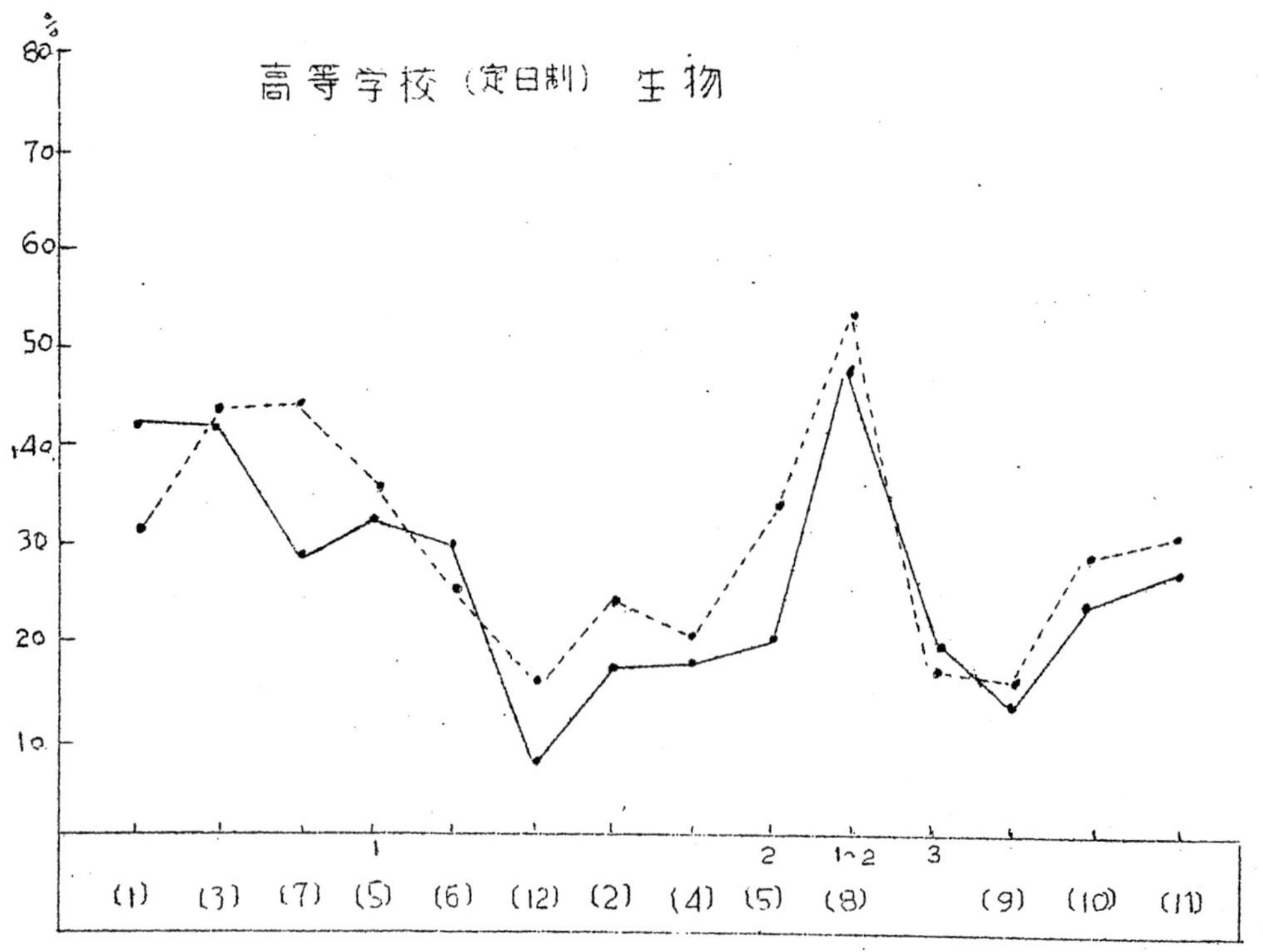
高等学校（定日制） 生物
%
80
70
60
50
40
30
20
10
(1) (3) (7) 1 (5) (6) (12) (2) (4) 2 (5) 1~2 (8) 3 (9) (10) (11)

第三表　　個人得点階級別の児童・生徒度数分布－小・中学校－

（小　学　校）

点数階級			合計	0点	0.5〜4.9	5.0〜9·9	10.0〜14.9	15,0〜19.9	20.0〜24.9	25.0〜29.9	30.0〜34.9	35.0〜39 9	40.0〜44.9	45.0〜49.9	50.0〜54.9	55.0〜54,9	60.0〜64.9	65.0〜69.9	70.0〜74.9	75.0〜79.9	80.0〜84.9	85.0〜89.9	90.0〜94.9	95.0〜99.5	100点
社会	本土	児童数	65.660	52	151	431	1,006	1,704	2,574	3,317	3,843	4,331	4,672	4,819	4,923	4,763	4,521	4,547	4,274	4,001	3,909	3,433	2,753	1,513	123
		百分比	100%	0.1	0.2	0.7	1.5	2.6	3.9	5.1	5.9	6.6	7.1	7.3	7.4	7.3	6.9	6.9	6.5	6.1	6.0	5.2	4.2	2.3	0.2
	沖縄	児童数	3,433	6	88	113	221	303	389	438	368	354	263	255	180	152	108	59	62	37	19	13	3	1	1
		百分比	100%	0.2	2.6	3.3	6.4	8.8	11.3	12.8	10.7	10.3	7.7	7.4	5.2	4.4	3.1	1.7	1.8	1.1	0.6	0.4	0.1	0.03	0.03
理科	本土	児童数	65,739	144	74	179	386	913	1,954	3,211	4,460	5,766	6,617	6,910	6,816	6,575	5,865	5,214	4,027	2,845	1,968	1,142	512	145	16
		百分比	100%	0.2	0.1	0.3	0.6	1.4	3.0	4.9	6.8	8 8	10.1	10.5	10.4	10,0	8.9	7.9	6.1	4.3	3.0	1,7	0.8	0.2	0.0
	沖縄	児童数	3,486	46	42	70	126	254	387	455	443	418	364	298	222	139	89	76	33	12	10	2	0	0	0
		百分比	100%	1.3	1.2	2.0	3.6	7.3	11.1	13.0	12.7	12.0	10.4	8.5	6.4	4.0	2.6	2.2	0.9	0.3	0.28	0.06	0.0	0.0	0.0

（中　学　校）

点数階級			合計	0点	0.5〜4.9	5.0〜9·9	10.0〜14.9	15,0〜19.9	20.0〜24.9	25.0〜29.9	30.0〜34.9	35.0〜39 9	40.0〜44.9	45.0〜49.9	50.0〜54.9	55.0〜54,9	60.0〜64.9	65.0〜69.9	70.0〜74.9	75.0〜79.9	80.0〜84.9	85.0〜89.9	90.0〜94.9	95.0〜99.5	100点
社会	本土	生徒数	83,251	25	53	137	388	981	2,228	3,646	5,368	6,526	7,390	7,838	7,786	7,180	6,659	5,835	5,159	4,595	3,990	3,472	2,561	1,325	109
		百分比	100%	0.0	0.1	0.2	0.5	1.2	2,7	4.4	6.4	7.8	8.9	9.4	9.3	8.6	8.0	7.0	6.2	5.5	4.8	4,2	3,1	1.6	0.1
	沖縄	生徒数	4,898	6	17	38	114	249	416	526	619	591	480	449	321	282	224	164	124	116	88	37	26	11	0
		百分比	100%	0.1	0.3	0.8	2.3	5.0	8.3	10.5	12.4	12.0	9.6	9.0	6.4	5.7	4.5	3.3	2.5	2.3	1.8	0.7	0.5	0.2	0.0
理科	本土	生徒数	83,221	47	107	241	814	937	2,293	2,629	6,177	5,948	11,620	9,156	13,706	8,035	9,085	4,408	4.183	1,707	1,420	416	242	45	5
		百分比	100%	0.0	0.1	0.3	1.0	1.1	2.8	3.2	7.4	7,0	14.0	11.0	16.5	9.7	11.0	5.3	5.0	2.1	1.7	0.5	0.3	0.0	0.0
	沖縄	生徒数	4,943	12	20	67	191	170	332	268	603	463	798	513	689	285	301	97	87	33	14	2	0	0	0
		百分比	100%	0.2	0.4	1.3	4.0	3.4	6.6	5.4	12.1	9.4	15.9	11.3	13.8	5.7	6.0	1.9	1.7	0.7	0.3	0.0	0.0	0.0	0.0

※個人得点別の分布の状態を図示すると次のようである。

図にみられるように，小学校，中学校，高等学校とも，それぞれ本土の分布の状態より，かなり低位にあることが認められる。これは，本土で40点－50点台を最高に正常分布の巾広い曲線をえがいているのに対して，沖縄では20点－30点を最高に分布していることによって，大きな落差のあることがはっきりとしており，一面個人差の大きいことを裏付けているといえよう。このことから個人におよぼす教育条件が相当左右しこいることがうかがわれる。

まず第一に本人自体の資質の問題としての知能の程度，学習に影響を与える身体的な諸条件，学習意欲と努力の傾注の度合などがあげられよう。さらに個人をとりまく家庭の環境，地域社会全体としての教育環境なども一応その要因として考えられよう。

このことから，児童，生徒指導のための教育調査が積極的にすすめられ，個人をとりまく，学校，家庭，社会が一体となって教育環境の整備，教育雰囲気の醸成に一層の努力が必要ではなかろうか。

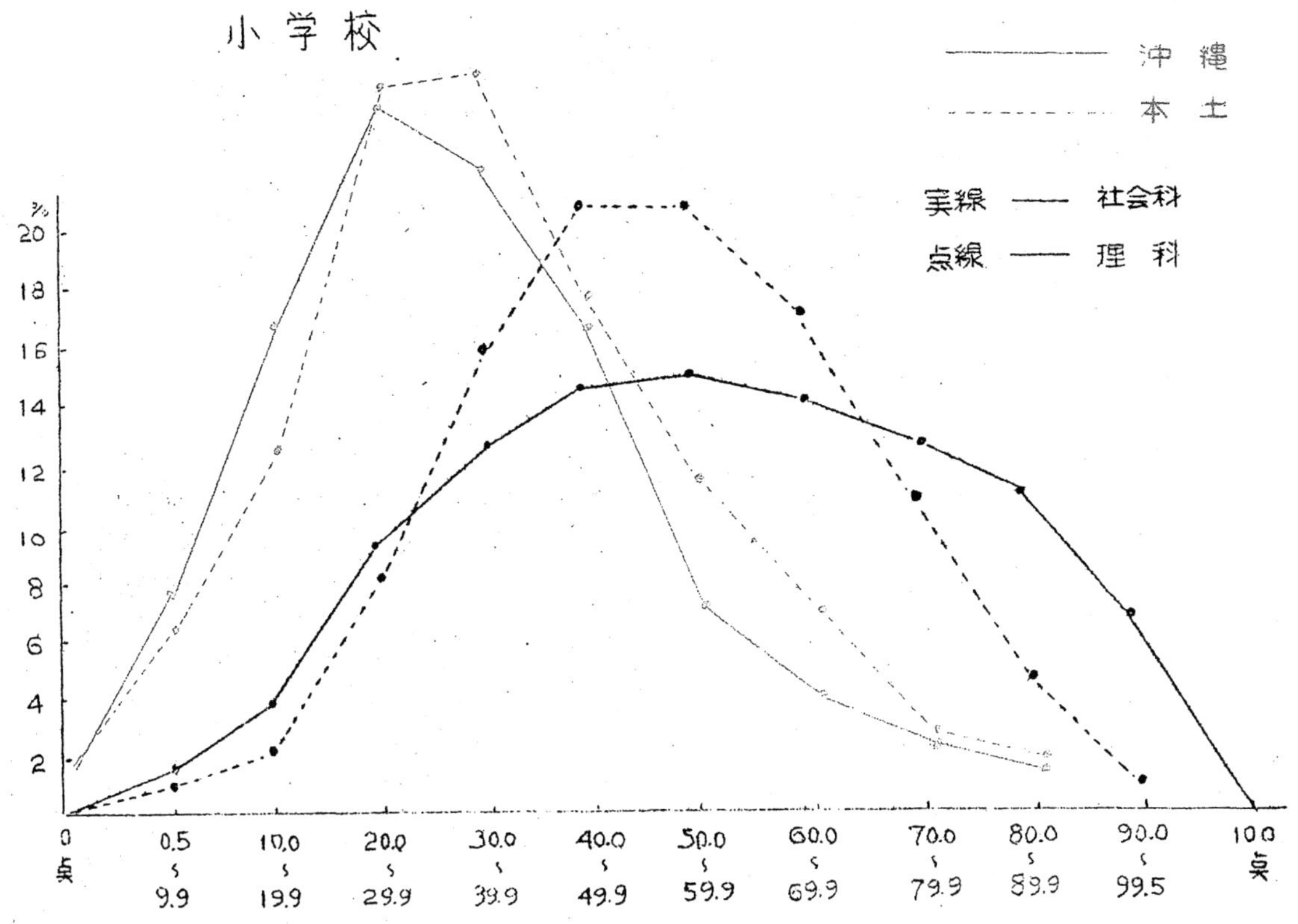
小学校
沖縄
本土
実線 —— 社会科
点線 —— 理科
%
20
18
16
14
12
10
8
6
4
2
0
点
0.5
9.9
10.0
19.9
20.0
29.9
30.0
39.9
40.0
49.9
50.0
59.9
60.0
69.9
70.0
79.9
80.0
89.9
90.0
99.5
100
点

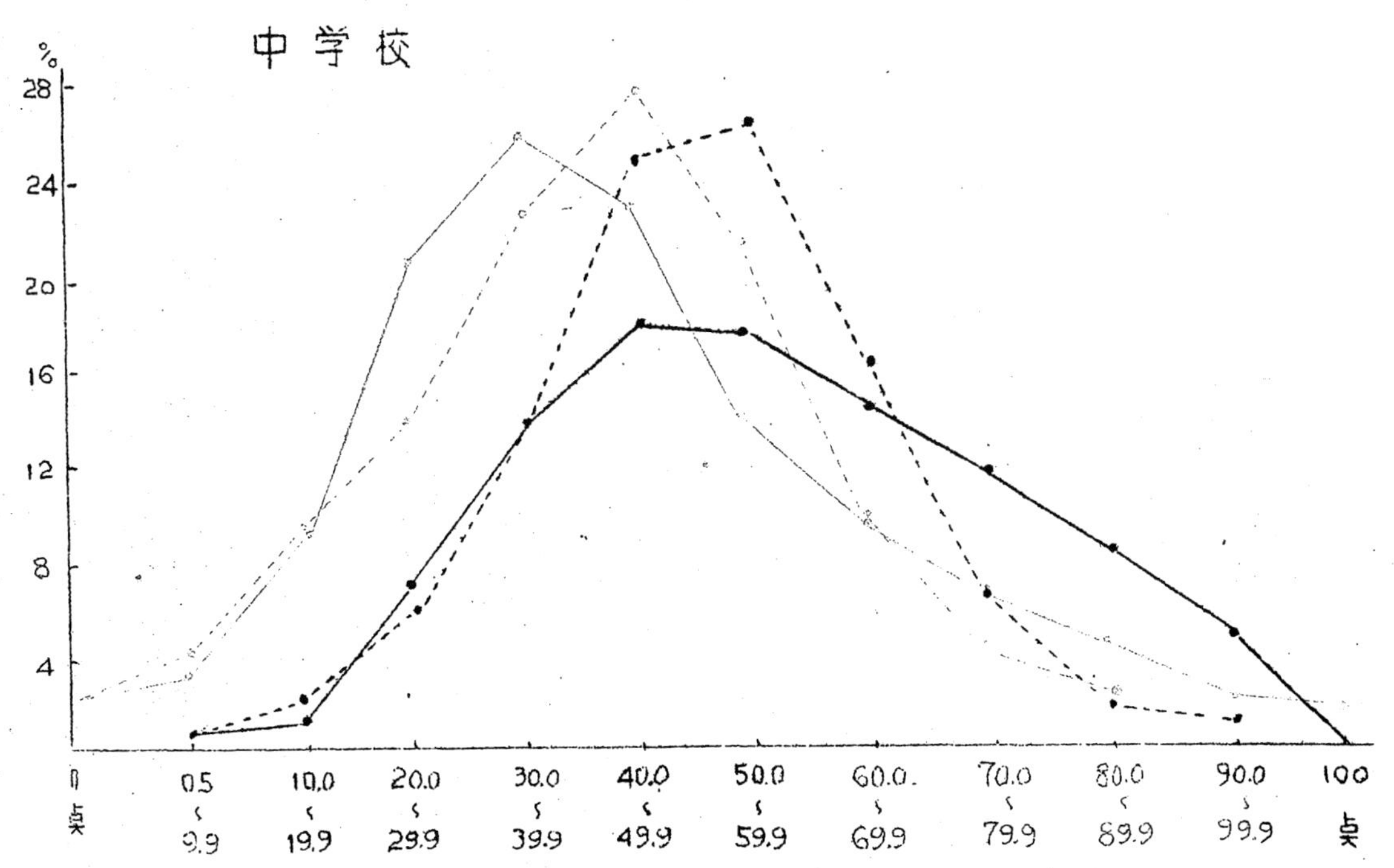
中学校
%
28
24
20
16
12
8
4
0
点
0.5
9.9
10.0
19.9
20.0
29.9
30.0
39.9
40.0
49.9
50.0
59.9
60.0
69.9
70.0
79.9
80.0
89.9
90.0
99.9
100
点

第四表　個人得点階級別の生徒度数分布－高等学校－

（全日制）

点数階級			合計	0点	0.5〜4.9	5.0〜9.9	10.0〜14.9	15.0〜19.9	20.0〜24.9	25.0〜29.9	30.0〜34.9	35.0〜39.9	40.0〜44.9	45.0〜49.9	50.0〜54.9	55.0〜59.9	60.0〜64.9	60.0〜69.9	70.0〜74.9	75.0〜79.9	80.0〜84.9	85.0〜89.9	90.0〜94.9	95.0〜99.5	100点
社会科	本土	生徒数	58,275	1	1	11	85	390	1.133	2,660	4,317	6,206	7,801	8,460	8,240	7,268	5,433	3,441	1,792	732	232	48	5	1	0
		百分比	100%	0.0	0.0	0.0	0.2	0.7	1.9	4.6	7·4	10.6	13.4	14.5	14.1	12.5	9.3	5.9	3.1	1.3	0.4	0.1	0.0	0.0	—
	沖縄	生徒数	5,705	1	0	9	36	153	441	719	993	975	775	646	390	271	149	81	44	15	4	2	1	0	0
		百分比	100%	0.02	—	0.2	0.6	2.7	7.7	12.6	17.4	17.1	13.6	11.3	6.8	4.8	2.6	1.4	0.8	0.3	0.07	0.03	0.01	—	—
物理	本土	生徒数	15,947	11	36	260	925	1,721	2,021	1,995	1,791	1,537	1,302	986	928	671	566	416	352	207	143	64	13	2	0
		百分比	100%	0.1	0.2	1.6	5.8	10.8	12.7	12.5	11.2	9.6	8.2	6.3	5.8	4.2	3.5	2.6	2.2	1.3	0.9	0.4	0.1	0.0	—
	沖縄	生徒数	457	1	6	33	70	94	75	50	33	33	21	14	7	10	6	1	2	0	0	1	0	0	0
		百分比	100%	0.2	1.3	7.2	15.3	20.6	16.4	10.9	7.2	7.2	9.6	3.1	1.5	2.2	1.3	0.2	0.4	—	—	0.2	—	—	—
化学	本土	生徒数	19,650	11	21	136	592	1,420	2,109	2,496	2,378	2,212	1,814	1,391	1,142	869	965	536	452	346	353	273	244	106	12
		百分比	100%	0.0	0.1	0.7	3.0	7.2	10.8	12.8	12.3	11.3	9.2	7.1	5.8	4.5	3.5	2.7	2.3	1.8	1.8	1.4	1.2	0.5	0.0
	沖縄	生徒数	1,972	0	2	19	96	167	207	206	216	185	170	135	92	73	65	60	96	46	60	45	39	16	4
		百分比	100%	—	0.1	0.9	4.9	8.5	10.5	10.5	10.9	9.4	8.6	6.8	4.7	3.7	3.3	3.0	3.5	2.3	1.8	2.3	2.0	0.8	0.2
生物	本土	生徒数	19,073	3	1	13	179	510	2,008	2,153	3,715	2,516	3,063	1,463	1,552	636	650	238	244	61	50	15	3	0	0
		百分比	100%	0.0	0.0	0.1	0.9	2.7	10.5	11.3	19.5	13.2	16.1	7.7	8.1	3.3	3.4	1.2	1.3	0.3	0.3	0.1	0.0	—	—
	沖縄	生徒数	2,938	0	0	10	59	171	510	476	648	349	328	131	127	46	35	20	17	6	4	1	0	0	0
		百分比	100%	—	—	0.3	2.0	5.8	17.4	16.0	22.1	11.9	11.2	4.5	4.0	1.6	1.2	0.7	0.6	0.2	0.1	0.03	—	—	—

（定　時　制）

点数階級			合計	0点	0.5～4.9	5.0～9.9	10.0～14.9	15.0～19.9	20.0～24.9	25.0～29.9	30.0～34.9	35.0～39.9	40.0～44.5	45.0～49.9	50.0～54.9	55.0～59.9	60.0～64.9	65.0～69.9	70.0～74.9	75.0～79.9	80.0～84.9	85.0～89.9	90.0～94.9	95.0～99.5	100点
社会科	本土	生徒数	8,418	4	2	20	120	346	728	1,020	1,227	1,221	1,083	908	709	471	290	143	74	35	14	2	0	1	0
		百分比	100%	0.0	0.0	0.2	1.4	4.1	8.6	12.1	14.8	14.5	12.9	10.8	8.4	5.6	3.4	1.7	0.9	0.4	0.2	0.0	—	0.0	—
	沖縄	生徒数	228	0	1	2	6	20	41	41	38	30	24	11	7	6	0	0	1	0	0	0	0	0	0
		百分比	100%	—	0.4	0.8	2.6	8.8	17.9	17.9	16.7	13.3	10.5	4.8	3.1	2.6	—	—	0.4	—	—	—	—	—	—
物理	本土	生徒数	2.961	7	61	250	491	568	490	361	254	173	102	69	53	29	21	18	4	6	0	3	1	0	0
		百分比	100%	0.2	2.1	8.5	16.6	19.3	16.5	12.2	8.6	5.8	3.4	2.3	1.8	1.0	0.7	0.6	0.1	0.2	—	0.1	0.0	—	—
	沖縄	生徒数	8	0	0	1	3	2	0	2															
		百分比	100%	—	—	12.5	37.5	25.0	—	25.0															
化学	本土	生徒数	2,544	4	13	83	274	415	433	362	254	225	122	97	63	59	39	25	22	19	19	6	10		
		百分比	100%	0.2	0.5	3.3	10.8	16.3	17.0	14.2	10.0	8.9	4.8	3.8	2.5	2.3	1.5	1.0	0.9	0.7	0.7	0.2	0.4		
	沖縄	生徒数	47	0	1	3	4	11	6	6	5	6	2	1	0	1	1								
		百分比	100%	—	2.1	6.4	8.5	23.4	12.3	12.3	10.6	12.8	4.2	2.1	—	2.1	2.1								
生物	本土	生徒数	2,283			9	90	178	440	366	424	263	224	106	96	29	26	21	3	4	2	2			
		百分比	100%			0.4	3.9	7.8	19.3	16.0	18.7	11.5	9.8	4.6	4.2	1.3	1.1	0.9	0.5	0.2	0.1	0.1			
	沖縄	生徒数	113				7	17	26	15	29	6	10	1		1				1					
		百分比	100%				6.2	15.0	23.0	13.3	25.7	5.3	8.8	0.9		0.9				0.9					

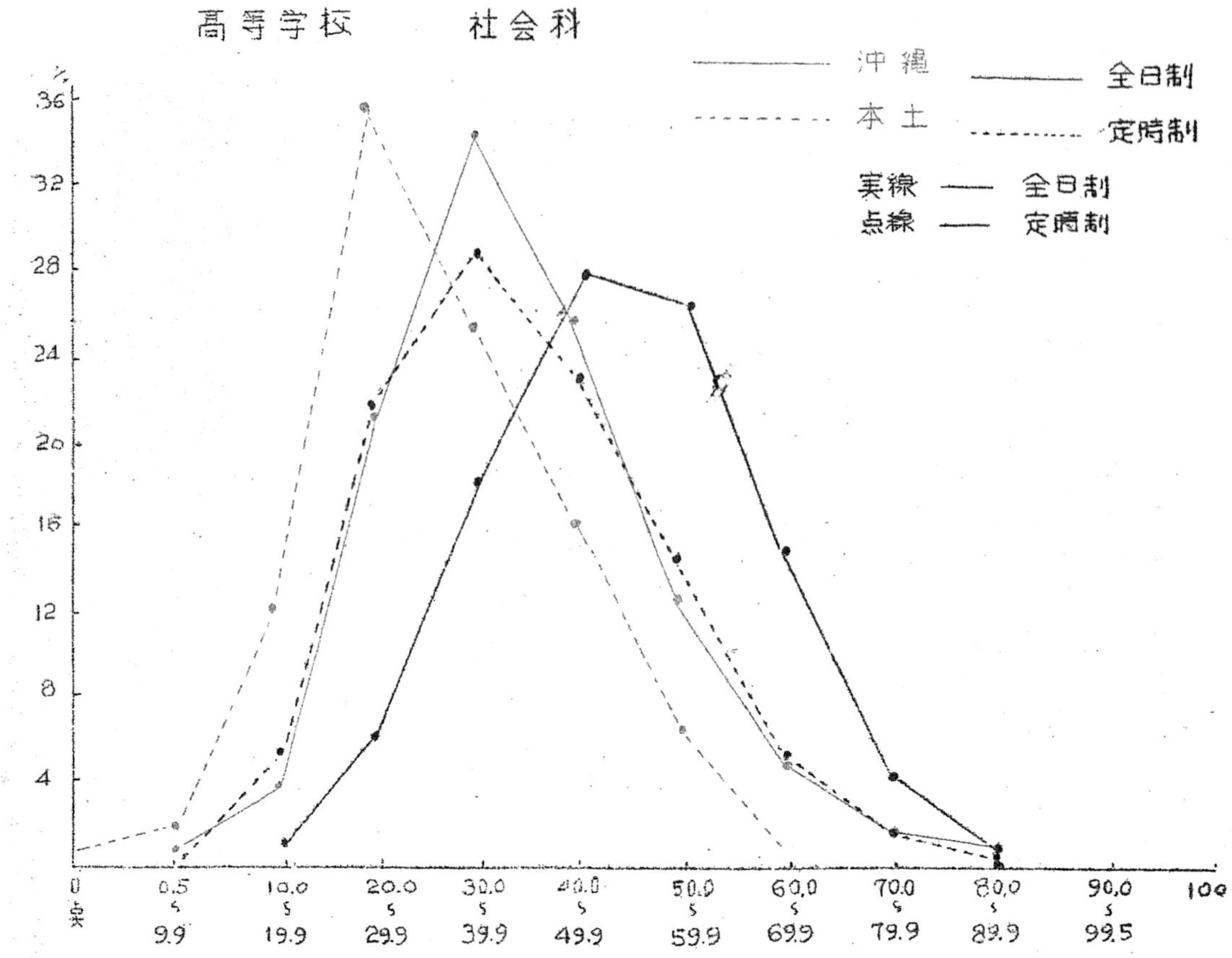

高等学校　社会科

沖縄 ——　全日制
本土 - - - -　定時制
実線 ——　全日制
点線 ——　定時制

%
36 32 28 24 20 16 12 8 4

0点 0.5〜9.9 10.0〜19.9 20.0〜29.9 30.0〜39.9 40.0〜49.9 50.0〜59.9 60.0〜69.9 70.0〜79.9 80.0〜89.9 90.0〜99.5 100

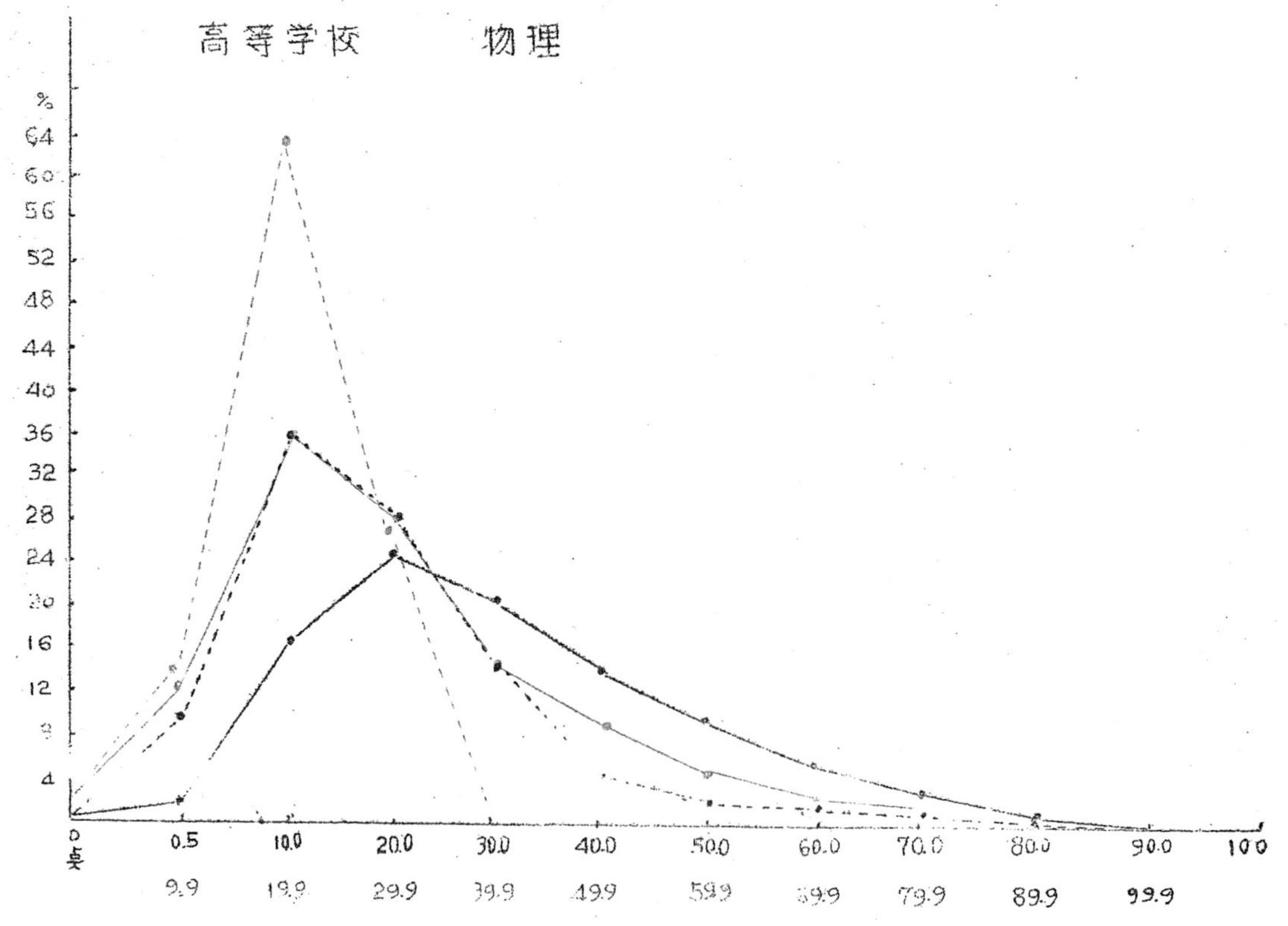

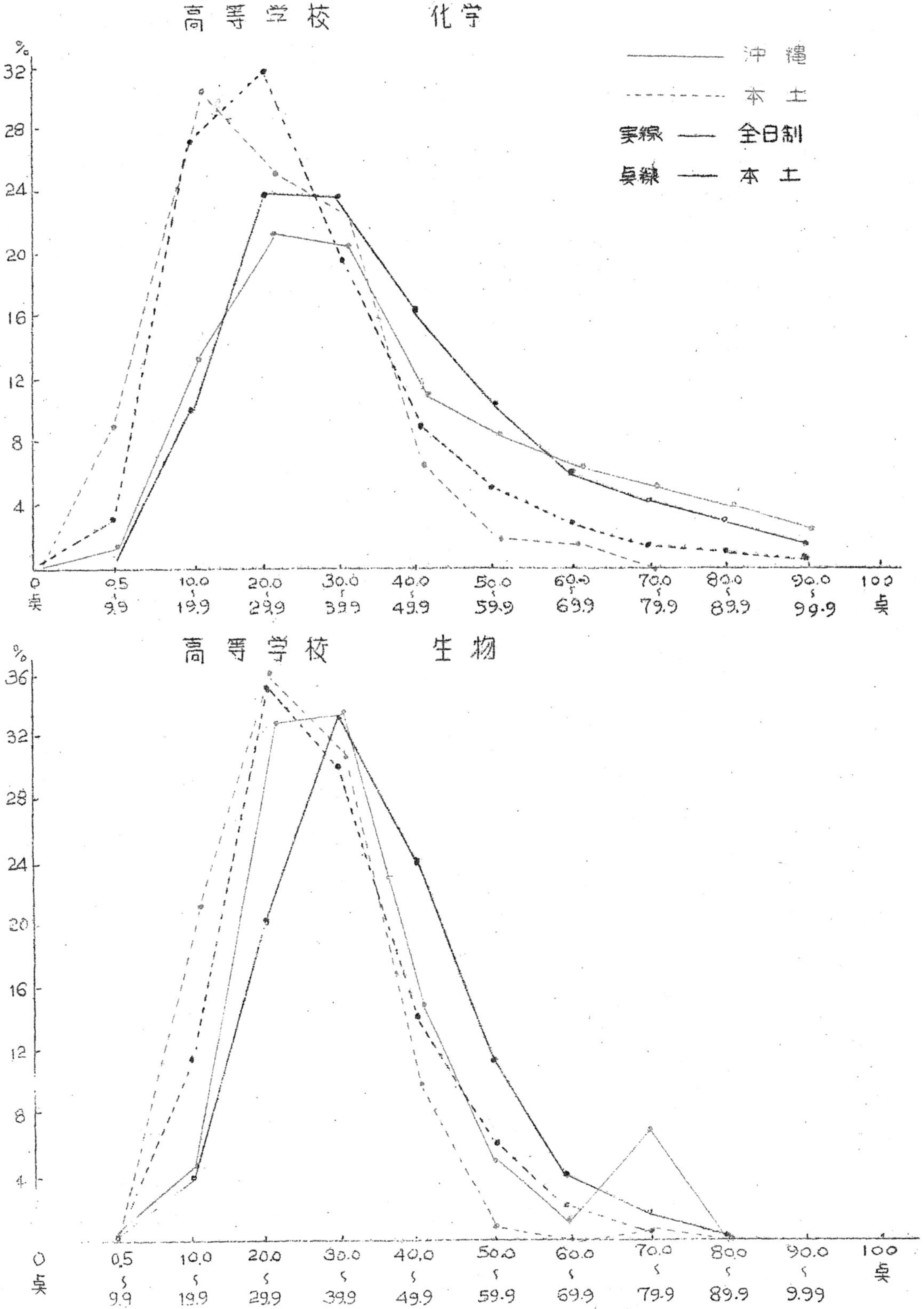

高等学校　　化学
沖縄
本土
実線 —— 全日制
点線 —— 本土
%
32
28
24
20
16
12
8
4
0 点
0.5 〜 9.9
10.0 〜 19.9
20.0 〜 29.9
30.0 〜 39.9
40.0 〜 49.9
50.0 〜 59.9
60.0 〜 69.9
70.0 〜 79.9
80.0 〜 89.9
90.0 〜 99.9
100 点
高等学校　　生物
%
36
32
28
24
20
16
12
8
4
0 点
0.5 〜 9.9
10.0 〜 19.9
20.0 〜 29.9
30.0 〜 39.9
40.0 〜 49.9
50.0 〜 59.9
60.0 〜 69.9
70.0 〜 79.9
80.0 〜 89.9
90.0 〜 9.99
100 点

第五表　学校平均点数階級別の学校度数分布－小・中学校－

小　学　校

教科	地域		合計	10.0～14.9	15.0～19.9	20.0～24.9	25.0～24.4	30.0～34.5	35.0～39.9	40.0～44.5	45.0～49.9	50.0～59.9	55.0～59.9	60.0～64.9	65.0～69.9	70.0～74.9	75.0～79.9	80.0～84.5	85.0～89.9
社会科	本土	学校数	1,083	4	3	11	18	35	74	125	175	193	205	124	75	30	10	1	
		百分比	100%	0.4	0.3	1.0	1.7	3.2	6.8	11.5	16.2	17.8	19.0	11.4	6.9	2.8	0.9	0.1	
	沖縄	学校数	69		1	11	16	19	12	7	2	0	1						
		百分比	100%		1.4	15.9	23.2	27.6	17.3	10 2	2.9	—	1.4						
理科	本土	学校数	1,083		2	0	9	30	79	179	246	267	170	70	22	4	3	1	1
		百分比	100%		0.2	—	0.8	2.8	7.3	16.5	22.7	24.6	15.7	6.5	2.0	0.4	0.3	0.1	0.1
	沖縄	学校数	69			2	14	21	19	91	1	2	1						
		百分比	100%			2.9	20.3	30.4	27.6	13.0	1.4	2.9	1.4						

中　学　校

教科	地域		合計	10.0～14.9	15.0～19.9	20.0～24.9	25.0～24.4	30.0～34.5	35.0～39.9	40.0～44.5	45.0～49.9	50.0～59.9	55.0～59.9	60.0～64.9	65.0～69.9	70.0～74.9	75.0～79.9	80.0～84.5	85.0～89.9
社会科	本土	学校数	580			1	6	21	34	67	120	155	94	55	21	3	2		1
		百分比	100%			0.2	1.0	3.6	5.9	11.6	20.7	26.7	16.2	9.5	3.6	0.5	0.3		0.2
	沖縄	学校数	53			2	5	10	17	9	5	2	3						
		百分比	100%			3.7	9.4	19.0	32.0	17.0	9.4	3.7	5.8						
理科	本土	学校数	580			1	4	12	54	125	190	151	34	3	3	2	1		
		百分比	100%			0.2	0.7	2.1	9.3	21.6	32.7	26.0	5.9	0.5	0.5	0.3	0.2		
	沖縄	学校数	53			1	1	11	17	15	5	2	1						
		百分比	100%			1.9	1.9	21.0	32.0	28.2	9.4	3.7	1.9						

※学校平均点別の分布の状態を図表でみると，小学校，中学校，いずれも，学校平均25点～30点台を最高に10点～60点の間に分散し，左よりに位置し，学校差のあることが認められる。

学力と教育条件の相関はいろいろな条件が，からみあつて，直接間接に影響を与えていると考えられる°

それらとしては，前にも述べたように，個人自体の問題があり，家庭や，社会の教育環境などの外に，学校自体の問題がある。

つまり，教師の資質や熱意と研究の度合い，学校（学級）規模や設備，備品の充実の状況，学校（学級）運営や教育計画の適否，教員組織と構成の適正化，校長の管理運営の合理性，指導性，信頼度など，ひいては学校全体の雰囲気等が学習環境に影響することは当然であろう。

特に社会科と理科は設備，備品を必要とし，その活用が学習効果に多少影響をおよぼす教科であるため，結果はおよそ予想されていた。

結果的にみて，本土と或程度のズレがあつたが，要するに学校自体の問題として，奈辺に盲点があるかをよく検討し，今后の教育計画ならびに指導上の資料として役立ててもらいたい。

学校平均点数階級別の学校度数分布.

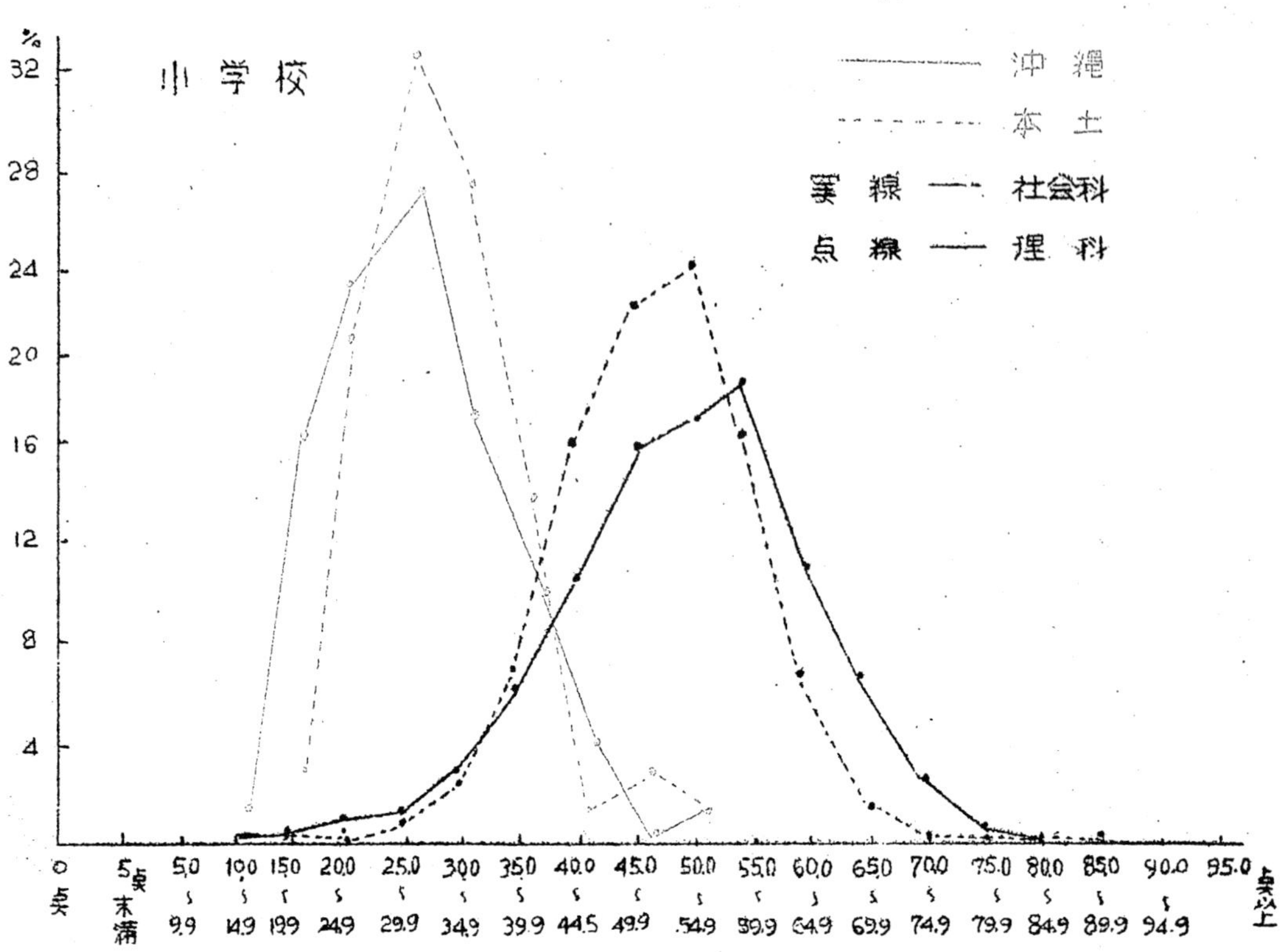

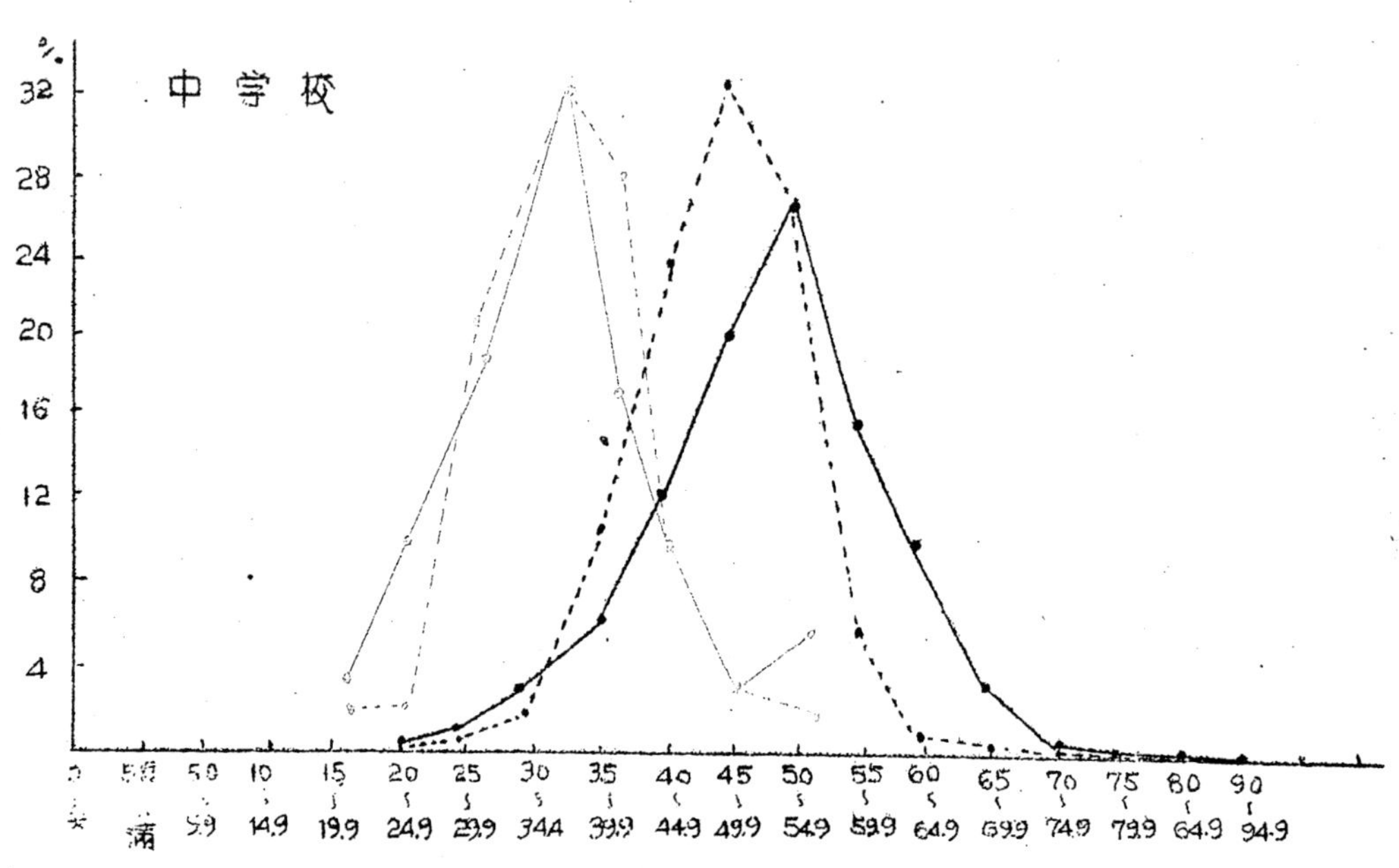

第六表　高等学校の課程別にみた平均点の比較

		社会科		物理		化学		生物		地学	
		本土	沖縄	本土	沖縄	本土	沖縄	本土	沖縄	本土	沖縄
全日制高校	普通課程	46.9	40.5	37.1	30.5	42.3	46.2	39.2	32.8	41.2	—
	農業〃〃	38.1	31.7	23.3	—	28.6	21.7	33.4	32.6	35.8	—
	工業〃〃	47.5	35.3	33.2	23.7	43.3	30.0	35.5	—	38.5	—
	商業〃〃	48.6	40.6	29.6	—	35.3	33.5	34.2	—	39.7	—
	水産〃〃	33.5	33.6	22.5	16.4	24.0	27.9	32.5	—	—	—
	家庭〃〃	36.4	—	27.0	—	29.1	—	32.1	—	33.5	—
定時制高校	普通課程	37.2	29.6	33.7	15.8	30.4	24.5	31.4	26.6	34.1	—
	農業〃〃	33.6	—	22.5	—	27.3	—	31.0	—	29.9	—
	工業〃〃	39.5	—	25.1	—	30.4	—	22.5	—	28.8	—
	商業〃〃	30.2	34.1	20.6	—	24.6	29.2	28.8	28.7	—	—
	水産〃〃	30.9	—	21.3	—	27.5	—	29.1	—	27.0	—
	家庭〃〃	31.5	—	—	—	28.1	—	—	—	—	—

※むすび

以上学力調査の結果を概観したのであるが，これを具体的に分析し，各地区別にみることは困難であるため，つとめて沖縄の全般的な傾向を集録した。

そこで各学校では，得点結果をもとにして，学校（または学級）の実態を分析し，検討を加えて，問題点を明確に知る必要があろう。

従来しばしば実施された調査が，調査のみに終って結果の分析，活用の面が，おろそかにされたうらみがある。この調査結果を本土との比較において考察を試みたのも，沖縄の実態をは握するための資料としたいためである。

おわりにこの資料が有効適切に生かされ，将来の指導計画に，あるいは，学校施設，設備の改善と充実のために一つの手がかりとなるよう期待してむすびとする。

第３部　問題別の成績

1. ここでは，問題の領域（分類），配点および正答，正答率を問題別にしめし，本土と比較ができるようにした。
2. 高等学校で全日制は「全」，定時制は「定」としてある。
3. 正答は便宜上，選択肢の番号，または符号を○でかこみ，あるいは □ の中に記入した。また（正答）と明示して配点欄にそう入したのもある。
4. 正答率は各問題別の正答者数とテストを受けた児童，生徒数との百分比である。
5. 高等学校で地学該当者がいないため，地学の問題は省略した。

小・社

小学校社会科学力調査問題

昭和32年度全国学力調査　（ふりがな省略）

領域	問題及び正答	配点	正答率 本土	正答率 沖縄
地理的見方	【1】 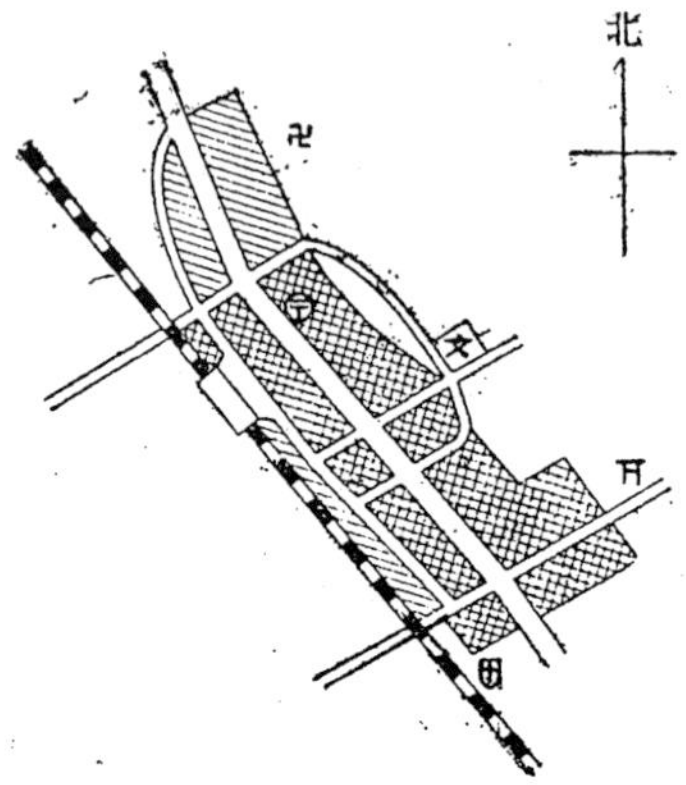		(53.9)	(39.0)
	上の地図をよく見て，下の文の{ }の中に書いてある方角のうち，正しいと思うものを**一つえらんで，その番号を○でかこみなさい。**			
	（あ）学校は，駅の{ 1 北 / ② 東 / 3 西 }にある。	1	61.6	47.4
	（い）郵便局は，寺院の{ ① 南 / 2 東 / 3 北 }にある。	1	52.8	38.9
	（う）神社は，学校の{ ① 南東 / 2 北東 / 3 南 }にある。	1	52.8	37.4
	（え）病院は、神社の{ 1 南 / 2 北東 / ② 南西 }にある。	1	57.4	45.6
	（お）鉄道は，(1){ 1 北 / 2 北東 / ③ 北西 }から(2){ 1 南 / ② 南東 / 3 南西 }の方向にはしっている。	1	45.7	25.8
	【2】下に書いてある海流，海峡，海，川，湖，平野などは，地図の番号のどれにあたるか。(　)の中に正しいと思う番		(57.3)	(22.4)

領域	問題及び正答	配点	正答率	
			本土	沖縄
地理的見方	号を書き入れなさい。			
	(あ) 千島海流 (2)	1	62.6	31.8
	(い) 下関(関門)海峡 (13)	1	66.2	21.2
	(う) 有明海 (14)	1	42.1	10.7
	(え) 北上川 (6)	1	55.8	19.1
	(お) 吉野川 (11)	1	36.6	10.6
	(か) 琵琶湖 (10)	1	73.8	38.1
	(き) 石狩平野 (3)	1	68.9	24.2
	(く) 関東平野 (8)	1	68.7	23.4
交通	【3】 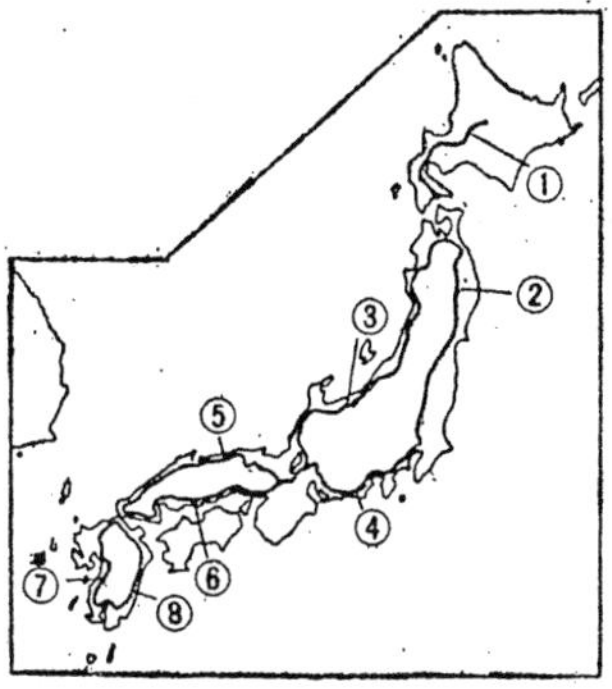 (1) 左の図を見て、つぎの鉄道本線にあてはまる番号を（ ）の中に書き入れなさい。		(49.9)	(17.7)
	(あ) 東海道本線 (4)	1	59.0	16.4
	(い) 東北本線 (2)	1	53.5	20.4
	(う) 鹿児島本線 (7)	1	48.0	21.7
	(え) 山陽本線 (6)	1	39.3	12.8
	(2) つぎの文は，下の □ の中のどの鉄道本線のことを説明したものですか。あてはまるものの番号を（ ）の中に書き入れなさい。		(44.1)	(13.4)
	(あ) 阪神工業地帯から瀬戸内海にそい、下関(関門)海峡を通り，鹿児島本線にれんらくしている鉄道 (5)	1	34.7	6.8
	(い) 日本の首府を起点として西にのび，六大都市をつないでいる交通量のもっとも多い鉄道 (7)	1	54.2	16.4
	(う) 関東平野を北上して仙台平野を通り，さらに本州の北端までのびて，北海道とのれんらくに重要な役目をはたしている鉄道 (1)	1	41.9	15.3
	(え) 北九州工業地帯から筑豊，三池等の炭田地帯を通り，九州の南のはしまで行く鉄道 (3)	1	45.7	17.2

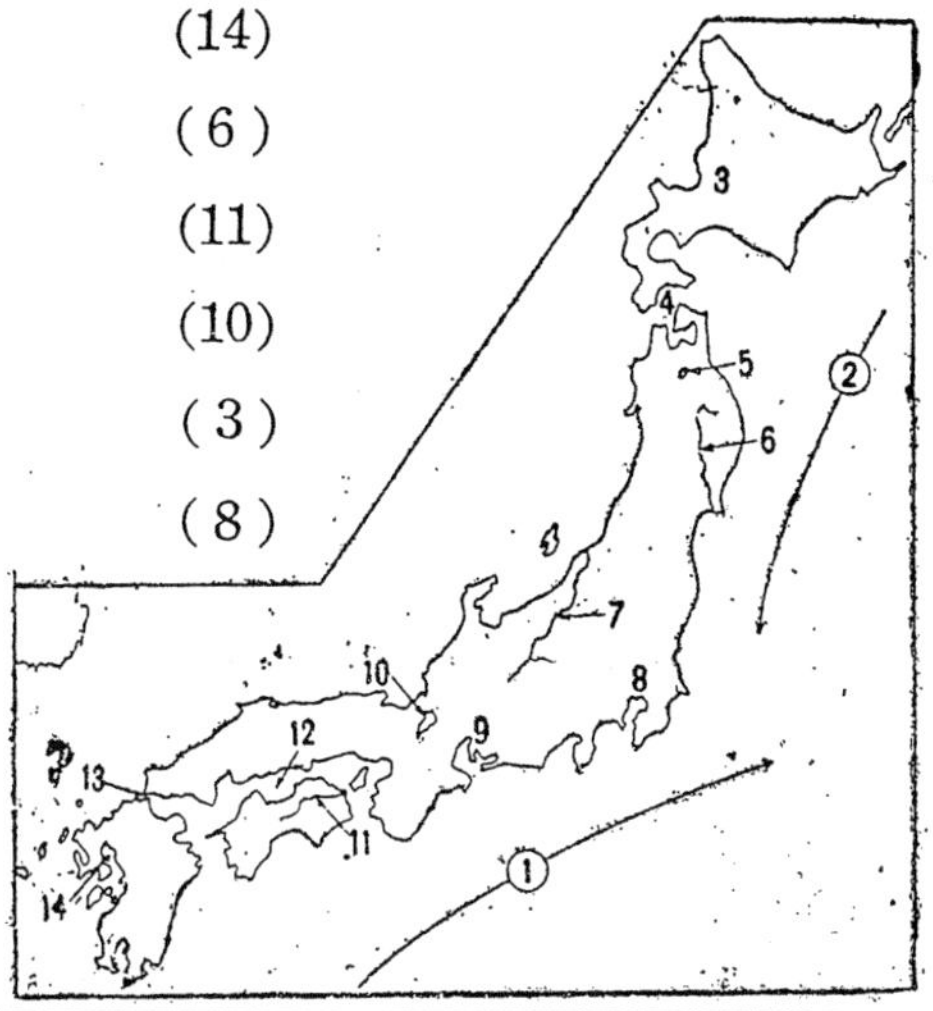

領域	問題及び正答	配点	正答率	
			本土	沖縄
交通	1 東北本線　2 北陸本線　3 鹿児島本線 4 函館本線　5 山陽本線　6 日豊本線 7 東海道本線　8 山陰本線			
生産（農業）	【4】つぎの四つの文は，日本各地の生産のようすを書いたものですが，それはどの地方のことをいっているのでしょうか。下の□の中から、あてはまるものをえらんで，（ ）の中に、**その番号を書き入なさい。**		(42.3)	(20.6)
	（あ）この地方に適する品種がつくられたので、稲作もしだいにさかんになった。酪農や水産業などもさかんである。しかし，まだ開発されない土地も，広く残っている。 (3)	2	46.2	21.3
	（い）雨量が少ないので、ため池を多く作って稲作をおこなっている。また、塩の生産もさかんである (1)	2	44.6	19.0
	（う）畑をできるだけうまく利用して、それぞれの季節にもうけの多い野菜を，何回も作っている。 (5)	2	35.7	27.7
	（え）昔から，米の産額の多い地方として名高いが，雪が多いので，冬はよその土地へ出かせぎに行く人が多い。 (2)	2	42.5	14.6
	1 四国北部の平野　2 越後平野　3 北海道地方 4 九州の太平洋沿岸　5 大都市に近い農村			
	【5】農村には，たいてい，農業協同組合があります。これはどんなはたらきをしているでしょうか。下の文の中から，正しいと思うものを，**二つだけえらんで，その番号を○でかこみなさい。**（三つ以上○でかこんではいけません。）		(58.2)	(50.1)
	1　同じ農村に住む人たちが，会費を出しあって，おたがいにお祝いやおくやみをしあう。 ②　各農家の産物をまとめて，少しでも有利に賣りさばきできるだけ多くの利益を得るようにする。 3　農村の生活をよくするために，村の道をなおしたり，橋をかけたりする。 4　土地によって，そこでとれる産物には，ちがいがある	2	52.3	42.7

領域	問題及び正答	配点	正答率	
			本土	沖縄
	ので，これをたがいにこうかんする。 ⑤　農業に必要な肥料や農具，たねものなどを，中間の商人の手をはぶいて，できるだけ安く買い入れる。	2	64.0	57.5
生産（工業）	**【6】**（1）左の図は，日本のおもな工業地帯をしめした地図です。  下に書いてある工業地帯はどれですか。地図に書いてある**番号を，（　）の中に書き入れなさい。**		(64.2)	(26.3)
	（あ）京浜工業地帯　(3)	1	61.1	26.3
	（い）北九州工業地帯　(8)	1	82.9	39.3
	（う）阪神工業地帯　(6)	1	54.2	19.5
	（え）名古屋（中京）工業地帯　(5)	1	58.7	20.1
	(2) つぎの文は，下の□の中にあるどの工業地帯のことを説明したものですか。あてはまるものの**番号を（　）の中に書き入れなさい**		(54.2)	(26.5)
	（あ）紡績工業や，陶器工業がさかんで，中部地方の水力発電を利用するのにつごうのよい地域にある工業地帯　(3)	1	51.2	26.4
	（い）炭田が近くにあり，大きな製鉄所などがあって，金属工業が特にさかんな工業地帯　(1)	1	63.5	26.7
	（う）広い平野と全国でもいちばん多い人口をもっている地域で，自動車・電気・造船などの機械工業や金属工業のほか印刷・製本工業もさかんな工業地帯　(4)	1	56.2	29.4
	（え）昔から商業・運送業のさかんな地域で，大きな貿易港を二つもっており，機械・金属・繊維工業が発達している工業地帯　(2)	1	46.2	23.5
	1　北九州工業地帯　2　阪神工業地帯 3　名古屋(中京)工業地帯　4　京浜工業地帯			

領域	問題及び正答	配点	正答率 本土	正答率 沖縄
歴史的，見方	【7】つぎの文を読んで，それぞれの文に関係のあることばを下の □ の中からえらんで，**その番号を( )の中に書き入れなさい。**		(65.8)	(39.8)
	(あ) 昔，武士が国の政治をおこなった役所のことです。 (11)	1	52.2	38.1
	(い) 昔，城を中心に発達した町です。 (4)	1	80.7	59.6
	(う) 名高い神社や寺があるので，発達した町です。 (7)	1	59.6	25.8
	(え) 昔，街道のだいじなところにあつて，そこを通る旅人を，いちいちしらべたところです。 (1)	1	68.9	37.4
	(お) 海や川の近くに住んでいた大昔の人々が，食物のからをすてた場所のことです。 (2)	1	77.8	42.1
	(か) 手紙や物をはこぶ人のことで，江戸時代にとくにさかんでした。 (13)	1	74.4	50.0
	(き) 昔，旅人のとまる宿が中心となって発達した町です。 (5)	1	70.2	47.6
	(く) 大名がとまるように，きめられた宿のことです (12)	1	42.4	17.7
	1 関所　2 貝塚　3 一里塚　4 城下町　5 宿場町　6 市場町　7 門前町　8 大名　9 町人　10 貴族　11 幕府　12 本陣　13 飛脚			
	【8】わが国では，明治時代になってから，新しい工業が，急に発達してきました。それにはいろいろなわけがありますが，下の文の中から**四つだけえらんで，その番号を○でかこみなさい。**(五つ以上○でかこんではいけません。)		(67.9)	(57.7)
	1 新聞がたくさん発行されるようになつた。			
	② 鎖国をやめて，外国とさかんに貿易をするようになつた。	2	71.9	57.0
	③ 外国のすすんだ科学や技術をとりいれ，政府が新しい設備のもはん工場をつくつた。	2	66.1	61.2
	4 飛脚の制度にかわつて，新しく郵便制度ができた。			
	⑤ 鉄道が発達し，道路もととのえられて，物の輸送が便利になつた。	2	67.6	53.9
	6 円や銭を単位とした，新しい貨幣制度がつくられた。			

領域	問題及び正答	配点	正答率 本土	正答率 沖縄
歴史的見方	⑦ 石炭や電気が，新しい動力として使われるようになった	1	65.8	58.7
	【9】			
	(1) 下に書いてある五つのことがらをよく読んで，古いものから順に1，2，3，4，5の番号を( )の中に書き入れなさい。		(46.4)	(21.0)
	(4) (あ) 鎖国のために，外国とのゆききや貿易がほとんどできなくなつた。 (2) (い) 狩や漁だけでなく，農耕もはじまつた。 (3) (う) 仏教がさかんになり，各地には寺がたてられ都には大仏もつくられた。 (5) (え) 汽船が発達し，外国とのゆききや貿易がさかんになつた。 (1) (お) 人びとは，たて穴式住居に住み，木の実や貝などをふだんの食物としていた。	5		
	(2) 下の表の縦に書いてある(あ)から(お)までのそれぞれのことがらは，横の四つの時代のうちのどの時代のことかを考えて，**あてはまるところに○を書き入れなさい。**		(58.9)	(27.3)

時代 / ことがら	大むかし	貴族の世の中 飛鳥・奈良・平安時代	武士の世の中 鎌倉・室町・江戸時代	新しい世の中 明治・大正・昭和時代	配点	本土	沖縄
(あ) わが国ではじめて銅銭がつくられた。		○			1	49.2	21.8
(い) わが国ではじめて鉄道がしかれた。				○	1	70.6	37.1
(う) わが国ではじめて稲つくりがおこなわれるようになった。	○				1	44.8	15.0
(え) 東海道に五十三次の宿場ができた。			○		1	66.0	29.5
(お) 豊田佐吉が自動織機を発明した。				○	1	63.9	33.1

領域	問　題　及　び　正　答	配点	正答率	
			本土	沖縄
生産（工業）	**【10】** つぎのページのグラフを見ながら下の（1）から（3）までの文の｛　｝の中から正しいと思うものをえらび，**その番号を○でかこみない。** また，それぞれの問題をとくために使った**グラフの番号も○でかこみな**さい。		(36.9)	(17.9)
	（1）わが国でもつとも多く石炭のとれる地方は （あ）｛1. 北海道　2. 本州西部　③ 九州｝で 全国の生産高のおよそ（い）｛① $\frac{1}{2}$　2. $\frac{1}{4}$　$\frac{1}{3}$｝をしめています。 この問題をとくために使ったグラフは（う）｛1　2　③　4｝です	3	39.8	17.2
	（2）石炭の使いみちは工業用に（あ）｛1. 約20％　② 約60％　3. 約90％｝が利用され， あとは公益事業，運輸などに利用されていますが，その 中では（い）｛① 電力　2. ガス　3. 鉄道｝にもつとも多く使われています。 この問題をとくために使ったグラフは（う）｛1　2　3　④｝です。	3	42.4	20.6
	（3）さいきん動力源として原油（石油）の消費量が （あ）｛1. へつて　② ふえて　3. なくなつて｝きましたが，わが国の原油 は，その（い）｛1. 半分　2. 一部分　③ 大部分｝を輸入しているありさまです。 この問題をとくために使ったグラフは（う）｛①　②　3　4｝の**二つ**です	3	28.5	16.1

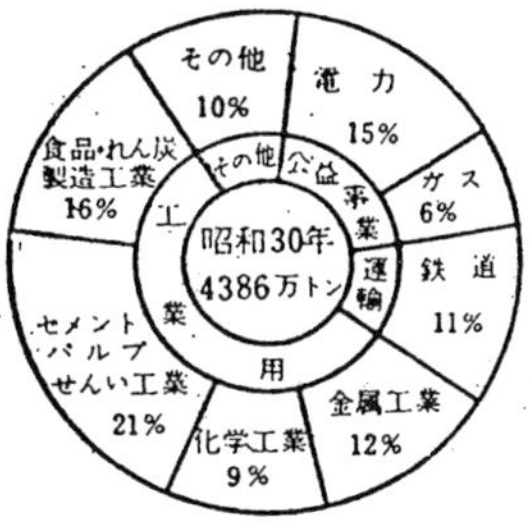

領域	問題及び正答	配点	正答率	
			本土	沖縄
	グラフ１ 原油(石油)の消費量 **グラフ２** 石炭と原油の生産と輸入 (昭和30年) **グラフ３** 地方別石炭生産高 **グラフ４** 石炭の使いみち			
流 通	**【11】** 商品のねだんについての話し合いの文が，下に，**四つ**書いてあります。よく考えて，それぞれの中の {1. 高く / 2. 安く} の**どちらかのことばの番号を○でかこみ**，正しい文にしなさい。		(75.9)	(64.4)
	(あ) 「あした，みかんを市場に出したいが，ねだんはどんなようすですか。」 「このところ毎日たくさん送られてくるので，あしたは {1. 高く / ② 安く} なるかもしれません。」	1	84.6	76.3
	(い) 「この織物は，どうして {1.高く / ②安く} 賣れないのですか。」 「なにしろ，機械で大量に生産するわけにいかない品物ですからね。」	1	55.5	43.2
	(う) 「戦争が終ったころ，物のねだんはどんなふうでした	1	84.0	68.9

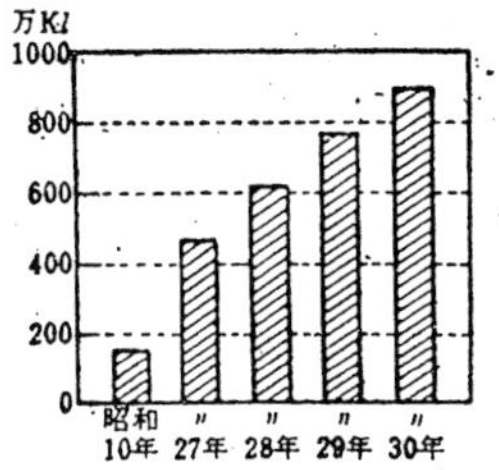

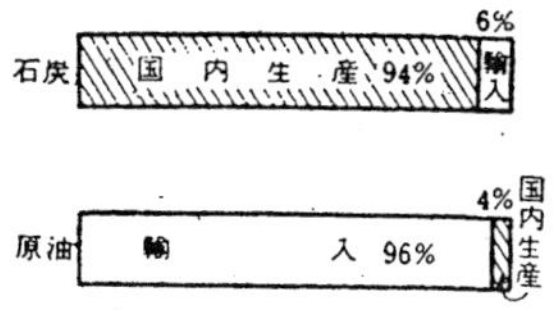

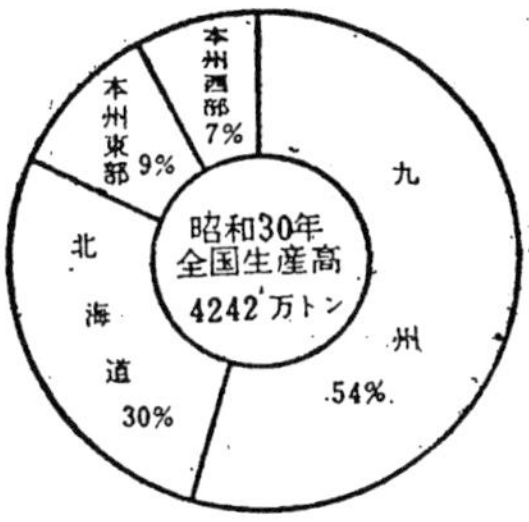

領域	問題及び正答	配点	正答率	
			本土	沖縄
流通	か。」 「なにしろ，工場はほとんど焼かれ，持物を失つた人も多かつたので，物のねだんはずいぶん{① 高く / 2. 安く}なりましたよ。」			
	(え)「ことしは，世界的に綿花が豊作なので，去年よりも大量の綿花が輸入されたそうですね。」 「そうすると，綿織物のねだんは，これから{1.高く / ②安く}なるでしようね。」	1	79.6	69.1
	【12】 つぎの(あ)から(え)までの文をを読んで，正しい文になるような適当なことばを，□の中からえらび，**その番号をそれぞれの文の(　)の中に書きれ入なさい。**		(43.4)	(28.4)
	(あ) 小賣商人が仕入れにくるので，(3)では，生産者からたくさんの商品を買い集めておきます。	1	60.3	34.2
	(い) 消費者は(7)をつくり，生産者から直接に品物を買つて，安く手に入れようとしています。	1	44.3	29.1
	(う) 株式会社は株券を発行して，多くの人から(4)を集めます。	1	25.1	25.5
	(え) 商人は自分の商品を少しでも多く賣ろうとして，(5)にかなりの費用をかけています。	1	44.0	24.9
	1工場　2預金　3問屋　4資本　5広告 6デパート　7消費組合　8出荷組合			
政治	**【13】** つぎの文を読んで，それぞれの文に関係のある公共施設を，**一つだけ**下の□の中からえらびだし，**その番号を，(　)の中に書き入れなさい。**(おなじ公共施設が何度でてもかまいません。)		(65.7)	(59.0)
	(あ) 国税を早く納めにいかなければならない。　(3.2.8)	1	79.1	56.7
	(い) 赤ちゃんが生まれたので，出生届を出さなければならない。　(2)	1	49.9	39.2

領域	問　題　及　び　正　答	配点	正答率 本土	正答率 沖縄
	(う) 伝染病の病人がでたので，白い上着を着た人が消毒にきました。 (2.5)	1	73.6	57.7
	(え) あの交さ点は自動車やトラックがたくさん通るので，たいへんあぶない。交通信号をつけてほしい。 (9)	1	75.9	51.9
	(お) 学校(公立)の屋根が大風でこわれた。なおす費用はどこで出すのだろう。 ( ) 1 消防署(消防団)　2 役場(区役所，市役所)　3 税務署　4 学校　5 保健所　6 駅　7 診療所　8 郵便局　9 警察署	1	50.2	89.7
生産(工業)	【14】あきらくんの組では，社会科の時間に，昔からおこなわれている手工業と，今の工場の機械生産と，どんなところがちがうかをしらべていました。そこで，あきらくんたちのはんが，今の工場の機械生産についてくわしくしらべるため，近くの大きな工場を見学にいきました。学校に帰ってから，見学してきたことがらをみんなに報告しました。 つぎの5人の報告のうちで，どれとどれがよいと思いますか。よいと思うものを**二つだけえらんで，その番号を○でかこみなさい。**(三つ以上○でかこんではいけません。)		(56.8)	(43.6)
	1　山田くん　工場の中には，鉄をけずったり穴をあけたりする，いろいろな機械がならんでいました。これは，工作機械というのだそうです。どの機械にも，それを作った会社の名まえと作られた年月とが書いてありました。			
	②　川西さん　配電室という電気を取り扱う部屋を見ました。ここでスイッチを入れると，それぞれの工場に電気が送られます。そして，ぜんぶの工作機械をいつでも動かすことができるようになっているのだそうです。	3	49.0	41.3

領域	問題及び正答	配点	正答率	
			本土	沖縄
	3　田中さん　工場の中にはいると，たくさんの工作機械が大きな音をたてて動いていました。どの機械のそばでも，いく人かの工員さんたちが，いつしようけんめいに働いていました。 4　大山くん　一つの建物の中では，いく人かの工員さんが，ぐあいの悪くなつた工作機械を修繕していました。工場の機械も，ときどきぐあいが悪くなつたり，こわれたりすることがあるということがわかりました。 ⑤　小川くん　工場の中には，いろいろな形の工作機械がじゆんじよよくならんでいました。そして，一方から材料が送られてくると，それらの工作機械でつぎつぎに加工されて，製品の形がしだいにできあがつていきました。	3	64.5	46.1
道徳的判断	**【15】** 前に，学級児童会で，学級図書の貸し出しのきまりを作りました。そのきまりは， ○貸し出しをする日は，毎週，月曜日と木曜日とする。 ○月曜日に借りた人は，その週の木曜日に返し，木曜日に借りた人は，つぎの週の月曜日に必ず返す。 というのでした。 ところが，木曜日に返すはずの人の中に，「うちで読む時間がたりなくて，読みきれない。」などといつて，期日までに返さない人がでてきました。そこで，こんどの児童会では，今までのきまりをどうしたらよいかということを話し合いました。いろいろな意見のうち，おもなものは，つぎの四つでした。 あなたは，これらの意見のうち，どれがいちばんよいと思いますか。**一つだけえらんで，その番号を○でかこみなさい。**（二つ以上○でかこんではいけません。） 1　児童会できめたきまりは，むりがあつても，かえるわ	5	(66.1)	(51.6)

領域	問題及び正答	配点	正答率	
			本土	沖縄
	けにはいかない。期日までに返さない人には，罰をあたえても，きまりを守らせるべきだ。 2　このきまりはやめて，借りたい時に借り，返したい時に返すようにしたらよい。 ③　前にきめたきまりは，やつてみて，かなりむりがあることがわかつた。これは，きめる時，みんなの考えがたりなかつたからだと思う。もういちどよく相談して，きまりをあらためたほうがよい。 4　貸し出しをするから，きまりが必要になる。これからは貸し出しはしないようにしたらよい。			

中・社

中学校社会科学力調査問題

昭和32年度全国学力調査　（※ふりがな省略）

領域	問題及び正答	配点	正答率	
			本土	沖縄
地理的内容に関する問題（農業）	【1】つぎのa－eの五つの地図は，下の□内にしるした六つの農産物の全国生産高に対する各都道府県の割合を示したものです。どの地図がどの農産物の分布を示したものか，下の農産物の中から選んで，その番号を□の中に書き入れなさい。 1 米　2 りんご　3 みかん 4 さつまいも（甘藷）　5 じゃがいも　6 まゆ 各図とも1点は1%を表わす		(66.3)	(39.7)
	a　2	2	90.2	65.3
	b　4	2	61.9	40.2

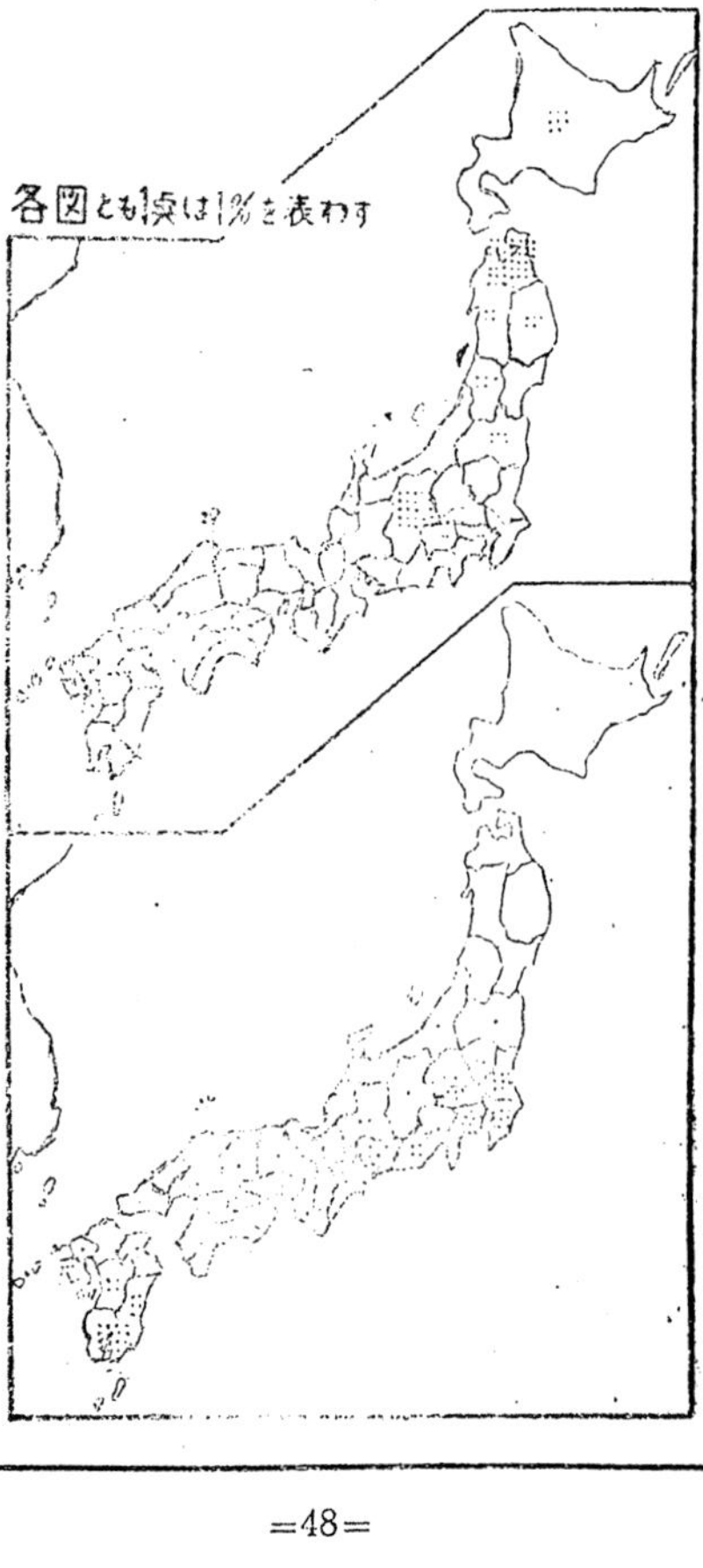

領域	問題及び正答	配点	正答率 本土	正答率 沖縄
	c 5	2	68.4	40.5
	d 3	2	60.8	27.2
	e 6	2	50・2	25.2
	【2】下のa－eの五つの文章は、それぞれつぎのページの六つのグラフのどれか二つをもとにして解釈したものです。それらの中には誤つた解釈もある。正しい解釈には○印を，誤つている解釈には×印を，解答欄の(1)に書き入れなさい。 また，これらの解釈はどのグラフをもとにしたものであ		(50.9)	(36.3)

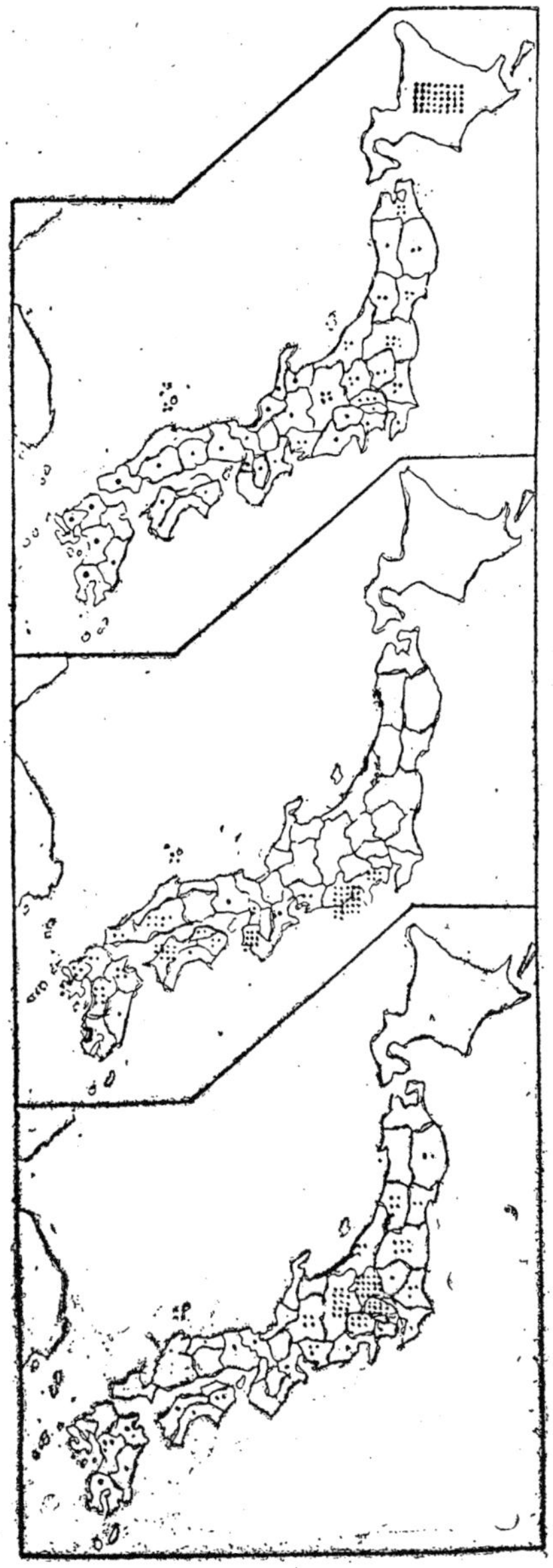

領域	問題及び正答	配点	正答率 本土	正答率 沖縄
地理的内容に関する問題（工業）	（下記）	問(1)・(2)のa・b・c・d・eとも配点は各々1点	（下記）	（下記）

るかを考えて，解答欄の(2)に、解釈に使ったグラフの番号を**それぞれ二つずつ**書き入れなさい。

a　第二次世界大戦の終つた直後には，わが国の鉄鉱石輸入はとだえ鋼生産量も戦前にくらべていちじるしく減少した。

b　戦後，わが国の鋼生産量は年々増加して，戦前の生産量をこえるようになつたが，世界的にみてもアジアの国々とくらべてみても，わが国はまだ有数の鋼生産国とはいえない。

c　わが国の鉄鋼業は、その主要原料である鉄鉱石を海外から輸入している。その輸入相手国およびそれの占める割合には、戦前と戦後で大きな変化がみられる。

d　日本の鉄鋼業にとつて，アジアの国々は原鉱の輸入においても製品の輸出においても，重要な地位を占めている。

e　わが国は世界第6位の鋼生産国であるから，わが国民1人当りの鉄鋼消費量も欧米諸国にくらべて劣つてはいない。

〔解答欄〕

	文章	a	b	c	d	e
(1)	解釈の正誤（○×を書く）	○	×	○	○	×
(2)	解釈に使った資料（グラフの番号を書く）	3	2	4	1	2
		5	3	5	4	6

正答率

		本土	沖縄
(1)	a	65.0	50.8
	b	31.8	30.4
	c	68.3	64.6
	d	64.3	53.1
	e	78·7	64.4
(2)	a	32.6	14.6
	b	45.5	24.8
	c	38.4	19.0
	d	37.7	17.2
	e	47.2	14.0

領域	問題及び正答	配点	正答率 本土	正答率 沖縄
地理的内容に関する問題（工業）	1 わが国の鉄鋼製品輸出先 2 世界の鋼生産量 3 わが国の鋼生産量 4 わが国の鉄鉱石の輸入量 5 わが国の鉄鉱石の生産量と輸入量 6 各国の1人当り鉄鋼消費量			

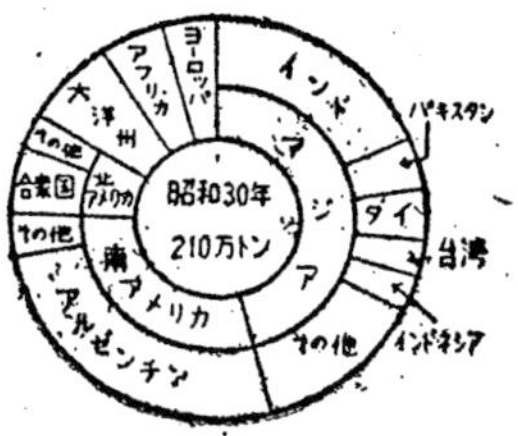

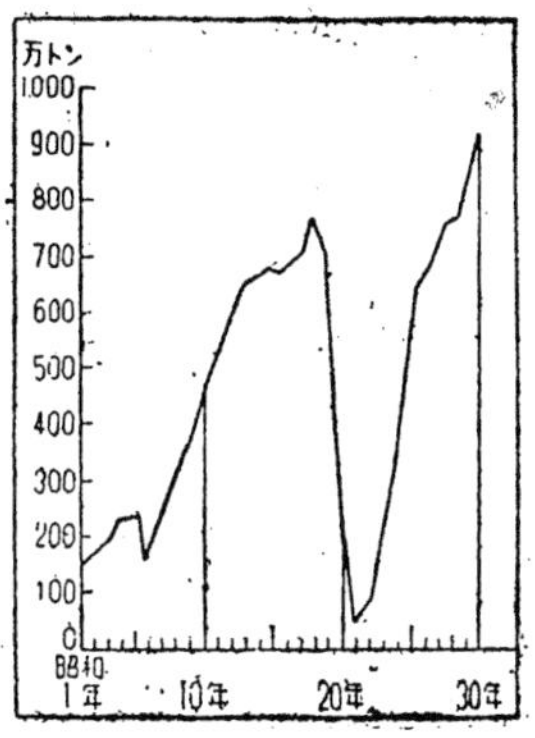

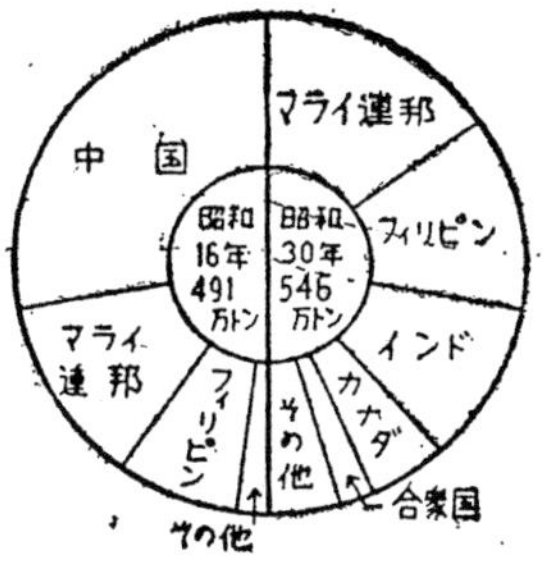

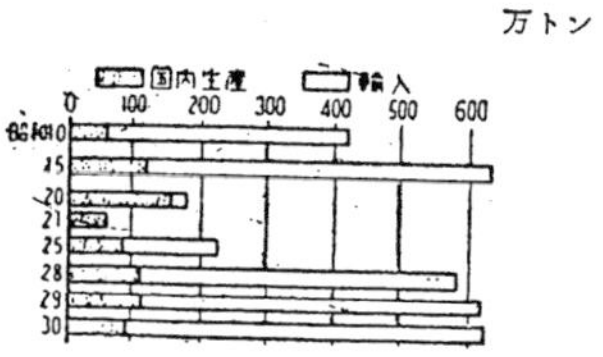

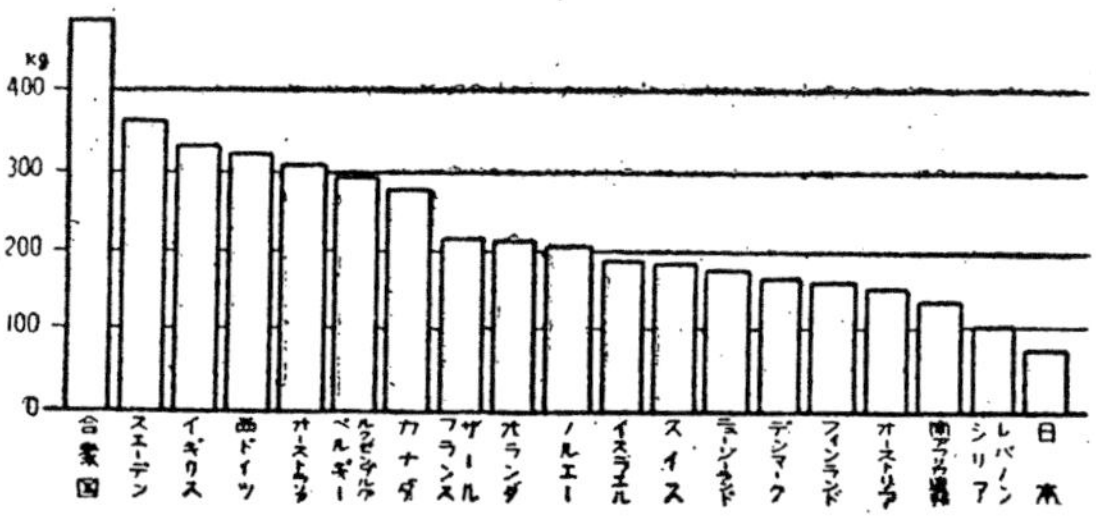

領域	問題及び正答	配点	正答率	
			本土	沖縄
地理的内容に関する問題(工業)	【3】 上の世界地図には，いくつかの工業の発達した地域を符号で示してある。図のⒶ，Ⓑ，Ⓒ，Ⓓ，Ⓔにあてはまる事項を下の1群（地域名）と2群（地域の特色）とから，**それぞれ一つずつ**選び，その**番号**を解答欄に書き入れなさい。 I 群（地域名） 1 スイス　2 ウラル山地　3 ボンベー付近 4 瀋陽付近　5 五大湖付近 6 ヨークシャーとランカシャー II 群（地域の特色） 1 内陸水路による多量の鉄鉱石の輸送によつて，製鉄，自動車，機械類などの重工業が発達している。また，豊かな農畜産物を原料とするかんづめ・バター・製粉などの食品加工業も盛んである。 2 第一次世界大戦ごろには，この地方でとれる綿花は本国およびその他の諸国へ輸出されていたが，その後しだいに綿工業が発達し，今日では綿製品を盛んに輸出するようになつてきた。 3 原料と動力資源とをうまく結びつけて計画的に工業生産を高めるしくみをつくり，この地域の鉄鉱石と約2,000km東にある炭田からの石炭を利用して，金属，機械などの重工業を発達させてきた。 4 山脈の東側では毛織物工業が，西側では綿織物工業が	ⒶⒷⒸⒹⒺについて一群、二群とも配点は各々1点	(46.1) I Ⓐ 41.3 Ⓑ 51.2 Ⓒ 57.3 Ⓓ 42.5 Ⓔ 65.1 II Ⓐ 52.4 Ⓑ 26.4 Ⓒ 48.5 Ⓓ 28.4 Ⓔ 47.7	(31.7) 25.6 34.2 39.0 27.9 49.7 31.4 18.1 31.8 20.7 38.9

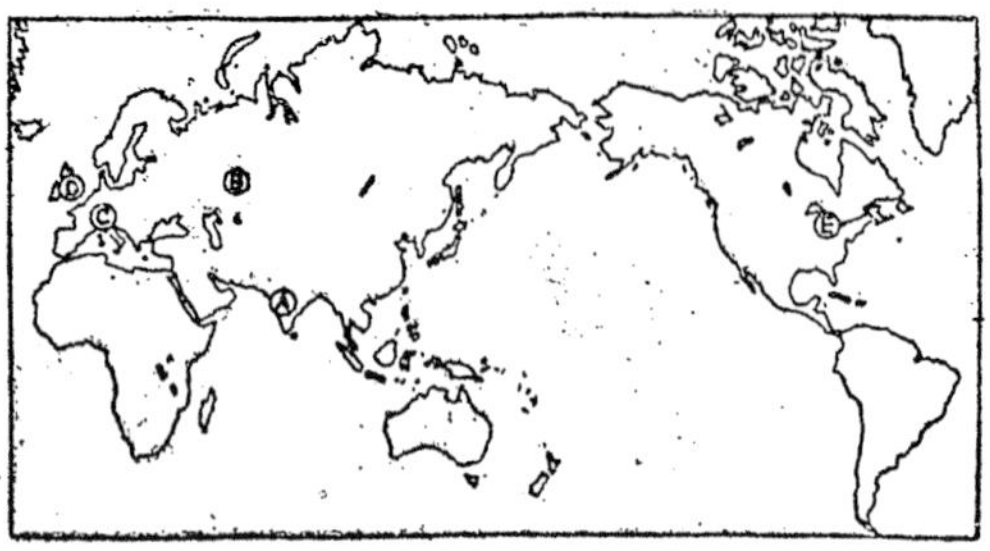

領域	問題及び正答	配点	正答率 本土	正答率 沖縄

盛んであるだけでなく，石炭，鉄鉱石などの資源を利用して造船，機械などの重工業も発達している。

5 この地方は大豆の栽培が盛んであるが，鉄鉱石の産地や露天掘りで知られる炭田もあり，この国の重要な工業地域となつている。

6 石炭や鉄鉱石をほとんど産しない山国であるが，豊富な水力の利用とすぐれた技術によつて精密機械工業を発達させている。

解答欄

	Ⓐ	Ⓑ	Ⓒ	Ⓓ	Ⓔ
I 群 （地 域 名）	3	2	1	6	5
II 群（地域の特色）	2	3	6	4	1

歴史的内容に関する問題

【4】 つぎの**1－10**の語群の中には，下のa－eの時代に関係のある事がらを**二つずつ**あげてある。どれがどの時代の事がらかを考えて，その**番号**を解答欄に書き入れなさい。

1 座の発達　**2** 廃藩置県　**3** 御成敗式目（貞永式目）
4 稲作の伝来　**5** 大化の改新　**9** 鎖　国
7 和同開珎　**8** 八幡製鉄所　**6** 銅　釈
10 株仲間

解答欄

	(イ)	(ロ)
a 原　始（縄文式，弥生式文化の時代）	4	9
b 古　代（大和，奈良，平安時代）	5	7
c 前期封建（鎌倉，室町時代）	1	3
d 後期封建（江戸時代）	6	10
e 近　代（明治，大正，昭和の時代）	2	8

配点		正答率 本土	正答率 沖縄
		(54.6)	(37.9)
a	(イ)	67.0	40.6
	(ロ)	67.1	43.4
b	(イ)	54.9	38.6
	(ロ)	49.7	34.3
c	(イ)	42.9	31.8
	(ロ)	43.1	26.3
d	(イ)	56.7	38.0
	(ロ)	39.4	31.4
e	(イ)	46.3	35.6
	(ロ)	79.1	52.8

各々1点

領域	問題及び正答	配点	正答率	
	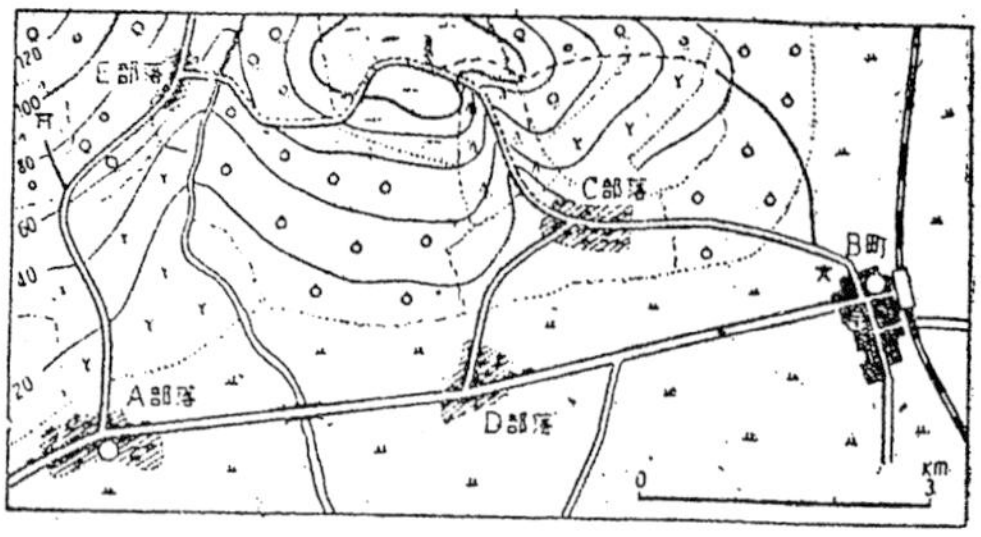		本土	沖縄
地理的内容に関する問題（地図の読み方）	【5】 上の地図を参照しながら下の文章を読み，{ }のなかの正しいものを**一つずつ**選んで，その**番号**を解答欄に書き入れなさい。 太郎が住むA部落は，鉄道の通っているB町の(1){1 東 2 西 3 北}にある。	問(1)から問(10)まで各〃一点	(1)61.6	51.3
	A部落にある村役場の前からB町の駅までは，ほとんどまっすぐな道が(2){1 水田 2 草地 3 桑畑}のなかを通っていて，その距		(2)88.5	71.0
	離は(3){1 約 4km 2 約 8km 3 約12km}ある。ある日，太郎は途中でE部落に住む次郎をさそってB町へ出てみた。A部落を出ると道		(3)75.2	61.2
	は(4){1 下 り 2 登 り 3 たいら}になり，		(4)70.9	53.1
	両側には(5){1 水 田 2 草 地 3 桑 畑}が広がっていたが，神社に行く道と分かれるあたりからは		(5)71.0	46.4
	(6){1 竹 林 2 広葉樹（濶葉樹）の林 3 針葉樹の林}になつた。E部落を出て橋		(6)47.9	39.0
	を渡ると，道の(7){1 右 側 2 左 側 3 両 側}はぶどう畑になつていた。		(7)45.0	35.3
	坂道を登りきつてみたら，そこは(8){1 針葉樹の林 2 竹 林 3 草 地}であつた。		(8)70.7	53.0
	一本松でひと休みしてから，ふたりは杉のはえている			

領域	問題及び正答	配点	正答率 本土	正答率 沖縄
	(9){1 傾斜の急な 2 傾斜のゆるやかな 3 たいらな} (10){1 谷合いの道 2 尾根道} を通り，C部落をへてB町に出た。		(9)73.2 (10)52.1	53.2 49.4

解答欄

	(1)	(2)	(3)	(4)	(5)	(6)	(7)	(8)	(9)	(10)
番号記入欄	2	1	2	2	3	2	1	3	1	1

領域	問題及び正答	配点	正答率 本土	正答率 沖縄
歴史的内容に関する問題	**【6】** つぎの□の中のことばは農民の生活に関係ある歴史上のことばです。それらの中から下のa～eの文にあてはまるものを**一つずつ**選び，その**番号**を解答欄に書き入れなさい。		(55.4)	(36.0)
	1 地租改正　2 防　人　3 班田収授の法 4 新田開発　5 農地改革　6 墾　田 7 荘　園　8 五人組　9 土一揆 10 高床式倉庫			
	a 地方の地主は自分の持っている土地を社寺や貴族に寄進し，国司がその土地に手を入れられないようにした。	2	52.9	25.4
	b 全国の土地の地価を定め，その100分の3を税として，地主から現金で納めさせるようにした。	2	49.7	31.1
	c 6歳以上の男子には田2反，女子にはその3分の2を口分田として国から分け与え，その広さに応じて税を納めさせた。	2	59.6	50.1
	d 江戸幕府は収入の増加をはかるため，さかんに耕地を広げさせたが，そのため米の生産は高まり，16世紀末に総石高1,850万石あまりであつたのが，17世紀末には約2,580万石にのぼるほどになつた。	2	43.4	26.3
	e 15世紀の終りに近いころ，山城国の農民たちはその地方の地主である武士を中心として団結し，守護大名の勢力を国内から追い払う運動を起した。	2	71.4	42.9

解答欄

文章	a	b	c	d	e
番号記入欄	7	1	3	4	9

領域	問題及び正答	配点	正答率	
			本土	沖縄
歴史的内容に関する問題	【7】つぎの1～7の文章には下の□内の語句に関係があるものと，ないものとがある。関係のあると思われるものについては，その番号を解答欄に書き入れなさい。 1 満州民族の建てた王朝が長く続いていたが，孫文の三民主義などに指導された革命運動が起り，漢民族の勢力を主にした共和国ができた。 2 専制政治を改めるには立法・行政・司法の三権が独立していなければならないことや，人間の自由と平等を重んじる考えを唱え，近代民主主義の確立に影響を与えた。 3 民主主義による政治を行うところもあつたが，そこでは市民だけが参政権を持つており，奴隷の参政権は認められなかつた。 4 第一次世界大戦のとき，労働者・農民・兵士らは団結して皇帝を倒し，社会主義の革命を起した。 5 西ヨーロツパにおけるローマ教会支配力のゆるみや，諸侯・騎士などの封建勢力の衰えに応じて，各国王は役人と軍隊の制度を固め，国内の商工業を奨励して国の富強をはかつた。これによつて国王の権威は高まり，中央集権的な政治のしくみがととのえられていつた。 6 議会はカトリツクを復活しようとする専制的な国王を廃して新しい国王を迎えた。新しい国王は議会の提出した権利の宣言を承認した。これ以後国民の権利は保障され，国の政治は議会を中心として行われるようになつた。 7 植民地の人々は，本国の議会に代表者を送ることができなければ納税の義務はないといつて，自治を要求した。しかしそれは許されず，かえつて武力でおさえられそうになつたので，植民地の自由を守る戦を起した。 a エリザベス女王・フイリツプ二世・ルイ十四世らの専制政治 b モンテスキュー・ルソーらの啓蒙思想 c ギリシアの都市国家 d アメリカ合衆国の独立戦争 e イギリスの名誉革命	a・b・c・d・e 各〃2点	(40.6) a 34.1 b 51.0 c 32.1 d 55.2 e 30.7	(30.3) a 21.9 b 43.5 c 29.0 d 37.9 e 19.2

領域	問題及び正答	配点	正答率 本土	正答率 沖縄
歴史的内容に関する問題	解答欄			

解答欄	a	b	c	d	e
番号記入欄	5	2	3	7	6

領域	問題及び正答	配点	本土	沖縄
歴史的内容に関する問題	**【8】** つぎの□の中に書いてある明治の初期の歴史の動きに対して特に関係の深い原因と思われるものを，下の11個の文の中から**五つ**選び出して，その**番号**を解答欄に書き入れなさい。		(50.8)	(51.0)
	1881年（明治14年）に，1890年(明治23年)には国会を開設するという詔勅が出された。一方，民間では国会開設にそなえて自由党や改進党が結成された。こうして新しい民主政治実現への動きが高まつていつた。			
	1 1877年，第1回内国勧業博覧会が開かれ，その後もしばしば政府の手によって博覧会が行われた。			
	2 板垣退助は同志を集めて愛国社という団体をつくつた。	2	74.9	70.6
	3 西南の役後，武力で争うよりも，言論の力で政府の方針を批判しようとする動きが強くなつてきた。	2	57.5	51.0
	4 外人技師を招いて，各種産業の指導に当らせた。			
	5 福沢諭吉は「西洋事情」「学問のすすめ」などの書物をあらわして，人間の自由と平等の思想を説いた。	2	68.8	54.4
	6 地租改正を実施し，地主は税金を現金で納めるようにした。			
	7 1871年，前島密らの努力により，これまでの飛脚に代つてポストや切手による新しい郵便制度が始められた。			
	8 フランスやイギリスの民主主義政治思想に関する著書がさかんにほん訳され，人々に読まれた。	2	53.3	46.0
	9 1872年にはじめて新橋，横浜間に鉄道が開通した。			
	10 1870年，日刊紙「横浜毎日新聞」が発行されて以来，新聞の種類も増加し，発行部数も増加していつた。	2	35.5	33.0
	11 1871年に大阪造幣局を建てて新しい貨幣を作り，円・銭・厘の十進法による貨幣制度をきめた。			
	解答欄 | 2 | 3 | 5 | 8 | 10 |			

領域	問題及び正答	配点	正答率 本土	正答率 沖縄
地理的内容に関する問題（農業）	【9】つぎの文を読んで｛　｝の中から正しいと思うものを**一つずつ**選んで，その**番号**を解答欄に書き入れなさい。		(55.5)	(43.7)
	わが国は国土が狭いわりに人口が多い。しかも耕地面積は国土面積の約 (a)｛1 45%　2 14%　3 7%｝で，農業に従事する人口は総人	2	49.1	44.1
	口の約 (b)｛1 75%　2 43%　3 12%｝を占めている。	2	47.5	34.8
	このため耕地1ヘクタール当りの農民の数を，イギリス，デンマークにくらべると (c)｛1 最も多い　2 イギリスに次いで多い　3 最も少ない｝。	2	55.6	31.9
	また農業に従事している者1人当りの収入を他の産業，特に工業に従事している者のそれにくらべると (d)｛1 多い　2 ほとんど同じである　3 少ない。｝。	2	65.9	50.8
	わが国では農業を行うかたわら，なんらかの形で他の産業に従事している農家が (e)｛1 ほとんどない　2 少ない　3 相当多い｝のも，ここに一つの原因がある。	2	59.4	46.8

解答欄

	(a)	(b)	(c)	(d)	(e)
番号記入欄	2	2	1	3	3

領域	問題及び正答	配点	正答率 本土	正答率 沖縄
	【10】		(75.1)	(59.2)
	(1) ある学校の生徒会で，秋の創立記念日の行事のすすめ方について，生徒の意見についても調査を行い，何回も討議した結果，最後に多数決で行事の計画が決められた。多数決の時，その計画にあくまで反対だつたクラス	5		

領域	問題及び正答	配点	正答率	
			本土	沖縄
道徳的内容に関する問題（民主政治における人間関係）	の代表者たちは，クラスに帰つてその事を報告する時の態度について，それぞれつぎのような考えを持つていた。あなたはこの四つの態度のうち，どの態度に賛成しますか。賛成する態度を**一つだけ**選んで，その**番号**を答の（　）の中に書き入れなさい。 第1の態度＝ たとえ多数決で決められたことでも，自分のクラスの提出した案とちがうのだから，クラス代表としてはクラスに帰つてもあくまで反対するように話すのがよいと思う。 第2の態度＝ 多数決で決ったことであるから，自分としては不本意であるがしかたがない。生徒会の決議の趣旨をクラスの者にわかるように説得するつもりだ。 第3の態度＝ 自分のクラスの案がいれられなかつたということは，クラスの代表者としての責任をじゆうぶんに果さなかつたことなのだから，代表者の資格をやめさせてもらうようにするつもりだ。 第4の態度＝ 生徒会の多数決で決まったのだから，いくら反対してもしかたがない。その決議をそのままクラスの者に伝えれば自分の役割は果せると思う。 解答欄　第（2）の態度に賛成です。			
	(2) しばしば大火にみまわれたある都市で，長い間，問題となつていた都市計画案がとりあげられた。市議会で何回も何回も討議し，一般市民の声もきいた上で，都市計画を実施することに決めた。実行委員会がつくられ，そこで道路の拡張，貯水池の増設，立ちのく人々についての補償など，細部の実施計画がたてられ，一般に発表された。	5	(52.4)	(46.7)

領域	問題及び正答	配点	正答率 本土	正答率 沖縄
	ところが，この実施計画で立ちのくことになる地域の一部の人々のあいだで，この実施案を検討してみると，どうしても自分たちにとってつごうがわるいということが明らかにされた。そこでこの実施計画を修正してもらおうではないかという要望が出された。この一部の人々の反対の態度をめぐっていろいろな意見が市民の間から出された。 あなたはつぎの四つの意見のうちどの意見に賛成ですか。賛成する意見を**一つだけ**選んで**番号**を解答欄の(　)の中に書き入れなさい。 第1の意見＝ この計画は，市全体の発展のことを考えてたてられたものであるが，細部の実施計画で，一部の人々につごうのわるい点があるのならば，市議会や実行委員会の人たちによく事情を話して，その点をもういちど考えてもらうように働きかけるべきだ。 第2の意見＝ 選挙によって選ばれた人々に，市の政治のことを考えてもらうようにしていくのが，民主主義の政治のルールだ。いまさらつごうがわるいといって強く反対するのは，代表者の仕事をやりにくくして気の毒だから，だまっているべきだ。 第3の意見＝ この市にとって大切なことは，大火から市を守ることだ。そのための都市計画なのだから，一部の人々はその不便をしのばなければならない。ましてその人々には補償もあるのだから，がまんしてもらうべきだ。 第4の意見＝ 市民から選ばれた市議会の人々が何回も会合し，多くの人々の意見をきいて決めたことだから，不公平なはずがない。一部の人々が自分たちにとってつごうがわるいから			

領域	問　題　及　び　正　答	配点	正答率	
			本土	沖縄
	といつて反対するのはわがままな態度だ。 解答欄　賛成するのは第(1)の意見です。			

高・社

高等学校社会科学力調査問題

昭和32年度全国学力調査

領域（單元）	問題及び正答	配点	正答率 本土	正答率 沖縄
民主々義の生活と政治	【1】つぎの文はいづれも日本国憲法にきめられている事がらであるが，空白となっている□の所にあてはまる正しい語句を，下欄の中から選び，その**番号**を書き入れなさい。 なお，同じ語句で2度以上使われているものもある。	配点各々1点（正答）↓	全90.3 定52.9	55.0 41.5
	a □は，国権の最高機関であつて，国の唯一の立法機関である。	a・5	全85.0 定67.9	73.4 53.5
	b 天皇は，国会の指名に基いて，□を任命する。	d・10	全79.1 定59.1	61.2 39.0
	c すべて国民は，健康で文化的な□を営む権利を有する。	c・6	全91.9 定78.1	87.2 73.7
	d 勤労者の□する権利及び団体交渉その他の団体行動をする権利は，これを保障する。	b・2	全78.9 定65.7	71.8 62.3
	e □は日本国の象徴であり，日本国民統合の象徴である。	e・4	全89.0 定74.2	78.8 61.0
	f この憲法が国民に保障する□は，侵すことのできない永久の権利として，現在及び将来の国民に与えられる。	f・13	全75.1 定56.9	62.0 46.5
	g 内閣は条約を締結するが，□の承認を経ることを必要とする。	g・5	全47.1 定31.2	26.7 18.9
	h 日本国憲法の改正は，各議院の，総議員の三分の二以上の賛成で，国会が，これを発議し□に提案しその承認を経なければならない。	h・1	全48.0 定24.2	20.2 9.2
	i 天皇の国事に関するすべての行為には，□の助言と承認を必要とする。	i・11	全54.7 定30.8	25.8 17.1

領域(單元)	問題及び正答	配点	正答率 本土	正答率 沖縄
	j　最高裁判所は一切の法律，命令，規則などが □ に適合するかしないかを決定する権限を有する終審裁判である。	j・17	全62.7 定40・9	42.7 34.2

1	国民	2	団結	3	衆議院議員
4	天皇	5	国会	6	最低限度の生活
7	国務大臣	8	参議院	9	最高裁判所長官
10	内閣総理大臣	11	内閣	12	立法権
13	基本的人権	14	司法権	15	社会保障
16	国会議員	17	憲法	18	国民審査
19	普通選挙	20	労働		

経・済

【2】 配点各々1点　全43.1 29.3　定35.9 23.1

列国の国民所得

	日本	アメリカ合衆国	イギリス	フランス	西ドイツ	イタリア
						(單位10億)
	円	ドル	ポンド	フラン	マルクドイツ	リラ
1938年	20	68	5	360		131
1952年	5027	291	14	10310	98	8268
1953年	5858	305	15	10490	103	8967
						(單位100億円)
1953年 円換算	586	10980	1492	1078	883	520
						(單位1000円)
1953年 国民1人当り	68	688	295	252	180	111

上の表を読んでつぎの文の □ に，下の語群から適当な語を選んで，その**番号**を記入しなさい。ただし同一語句の使用は1回だけとは限らない。

国民1人当りの国民所得についてみると，アメリカ合衆国は日本の約10倍，イギリスは4.3倍，フランスは3.7倍，(1) □ は2.6倍となつている。各国ともそれぞれの国の(2) □ が違うから，生活水準は上表の数値にそのまま比

(正答)	配点	本土	沖縄
(1)	8	全92.4 定82.6	76.2 54.8
(2)	4	全20.7 定16.5	12.1 9.5

領域(單元)	問題及び正答	配点	正答率 本土	沖縄
	例するとはいえない。 つぎに上の表についてわが国の戦前と戦後とを比較して考えてみよう。1953年のわが国の国民所得は，1938年のそれに比較して約(3)［　］倍に増加している。しかし実際の生活水準はやや向上しているにすぎない。国民所得と生活水準の関係を考えるためには，(4)［　］による貨幣価値の変動や(5)［　］の増減を考慮しなければならない。すなわち，上の表に示してある(6)［　］を(7)［　］で割つて(8)［　］を求め，さらにこれを(9)［　］で割つて，国民1人当りの(10)［　］を求めなければならない。 1 イタリア　2 名目国民所得　3 生産高　4 物価体系 5 人口　6 インフレーション　7 購買力 8 西ドイツ　9 290　10 実質国民所得 11 29　12 物価指数	(3) 9 (4) 9 (5) 5 (6) 2 (7) 12 (8) 10 (9) 5 (10) 10	全68.3 定56.4 全42.0 定35.6 全17.6 定16.7 全45.9 定34.8 全19.4 定15.4 全19.5 定16.0 全48.1 定36.5 全57.1 定48.1	45.5 35.5 24.8 22.8 13.5 13.2 27.3 18.9 13.7 11.8 13.7 11.0 33.4 27.2 32.7 28.5
労働「経済」	【3】つぎのaからdまでの文に内容の上で正しくつながると思われる事項を，それぞれの下の五つの文章の中から**二つ**だけ選び，解答欄にその**番号**を記入しなさい。 a　全国労働関係法（ワグナー法）アメリカ合衆国で制定されたが，これは労働者の権利を強く保護しているもので，これによつて労働組合の地位は著しく強化された。 (1)　これは経済安定と社会保障を計画したニューディール政策という大規模な公共事業を政府が行つたころのことである。 (2)　これは南北戦争によつて，奴隷が解放され，産業革命の完成とともに労働運動が発生したころのことである。 (3)　これは第二次大戦後のヨーロッパを援助する目的でマーシャルプランが実施されたころのことである。		全25.5 定18.8	18.9 15.9

領域(單元)	問　題　及　び　正　答	配点	正答率 本土	正答率 沖縄
労働「経済」	(4) これによつてアメリカ労動総同盟 (A.F.L.)という職業別組合が結成され，労使協調主義の態度がとられた。 (5) この法律に対して，第二次大戦後，議会は大統領の拒否権発動をおしきつて，タフト・ハートレー法を制定し，労働組合の活動に大きな制限を加える改正を行つた。　1　5	2.5	全11.2 定 8.5	9.0 5.7
	b 18世紀末に，イギリスに産業革命が起つた。それにより成立した近代資本主義が指導理念として掲げたものは自由競争と自由放任である。その結果つぎのようなことが起つた。 (1) 農奴の賦役が金納化され，農奴の代りに自営農民が生れた。 (2) 賃金労働者と資本家とがはつきり分れ，営利を目当てとした商品の市場生産が行われるようになつた。 (3) 経営規模の拡大とともに，小規模企業は圧迫されて企業の独占的傾向が強まつた。 (4) 貨幣そのものを富の基本的な形態と考えるようになり，各国とも輸出による富の増大をはかる政策をとりいわゆる重商主義時代が生れた。 (5) 世界の各植民地では民族の独立，自由解放をめざす民族主義運動が盛んになつてきた。　2　3	2.5	全43.9 定33.4	36.6 31.1
	c 日本では戦後，経済九原則のもとにドッジラインと呼ばれる経済政策がとられた。 (1) そして経済民主化のために財閥を解体し，独占企業の禁止をはかることが実施された。 (2) そして経済の再建をはかるための根本方策とし，思いきつたデフレーション政策をとつた。 (3) そして朝鮮動乱による「特需」がもたらしたインフレーションを抑制することに全力があげられた，			

<table>
<tr><th rowspan="2">領域(單元)</th><th rowspan="2">問題及び正答</th><th rowspan="2">配点</th><th colspan="2">正答率</th></tr>
<tr><th>本土</th><th>沖繩</th></tr>
<tr><td></td><td>(4) そして外国の援助を受けないで，経済的自立をはかるため赤字財政をなくし，輸出の増大に努めることが目標とされた。
(5) そしてサンフラスシコにおける講和条約締結により国際社会に仲間入りして新しい貿易政策をとつた。
[2 | 4]</td><td>2.5</td><td>全10.4
定10.9</td><td>9.0
4.8</td></tr>
<tr><td></td><td>d 日本は封建制と鎖国のために近代産業の発展がおくれていたので，貿易の発展のしかたには，著しい特色がみられる。
(1) その発展は国家の保護，奨励をうしろだてとして，市場を開拓するという形をとらなければならなかつた
(2) 安い商品を輸出するために低賃金と労働強化により国民の生活水準の向上が犠牲にされなければならなかつた。
(3) 企業形態の大部分の数を占める中小企業が貿易の中心となつたため，近代的な大企業による製品の輸出が妨げられた。
(4) 国内人口の急速な増加による労働力と購買力との増大を地盤として，貿易規模が拡大していた。
(5) ヨーロッパの先進資本主義の保護と援助によつて貿易が発展し，主としてヨーロッパ地域に市場を開拓した。
[1 | 2]</td><td>2.5</td><td>全39.4
定22.5</td><td>21.2
22.0</td></tr>
<tr><td>農(漁)村・生活</td><td>【4】つぎのaからeまでの文章は，日本の農業の特色についての説明である。これらの説明はそれぞれ以下の1から6までの図表を1ないし3図使つて述べているか，或は図表を使わないで述べている。図表を使つていると思われる場合はその図表の番号の全部を解答欄の中に記入しなさい。一つも使つていないと思われるときは「なし」と記入しなさい。同じ図表を2度以上使つている場合もある。</td><td></td><td>全45.7
定29.9</td><td>22.7
11.0</td></tr>
</table>

領域(單元)	問題及び正答	配点	正答率 本土	正答率 沖縄
農(漁)村生活	a 明治時代までの日本は，完全な農業国であつた。その後，近代工業が起つて工業国としても世界的な地位をしめるようになつたが，産業別人口比率では，農業人口が圧倒的に多い。 **ナ シ**	2	全44.6 定31.5	24.8 15.4
	b 西ヨーロッパ諸国の農業は食料作物のほか，飼料作物をとり入れた輪作経営の農業であるが，日本は主穀農業で，その中心は稲作にある。 **2．4**	2	全60.0 定34.6	27.4 15.4
	c 日本の農業の経済規模は零細なものが多く，労働面では集約度が高い。したがつて單位面積当りの生産力は非常に高いが，單位労働当りの生産力は極度に低くなつている。 **1．5．6**	2	全16.0 定 6.7	4.7 4.4
	d 現在日本の農家は自作が過半を占めるようになつており，自作地が圧倒的に多い。これは前後二回にわたる農地改革の結果，日本古来の封建的な小作制度が解消して，農村が民主化されたことを物語るといつてよいであろう。しかし，一方零細経営が多いこともいなめない事実である。 **3．5**	2	全35.4 定20.3	11.2 10.5
	e 日本の米作農家は，30％のものが全供出量の80％強を供出している。これはその他の農家が自家の飯米だけでは生活できず，配給米をもらう者が多かつたり，他の産業を兼業するものが多いことを裏付けるものである。 **ナ シ**	2	全72.7 定56.4	45.4 31.1
	1 主要国の耕地に対する農業労働人口 (1950～53) 日本 アメリカ イギリス フランス 1 km2 あたり人口 (1点5人) 日本 アメリカ イギリス フランス 355人 4人 15人 35人			

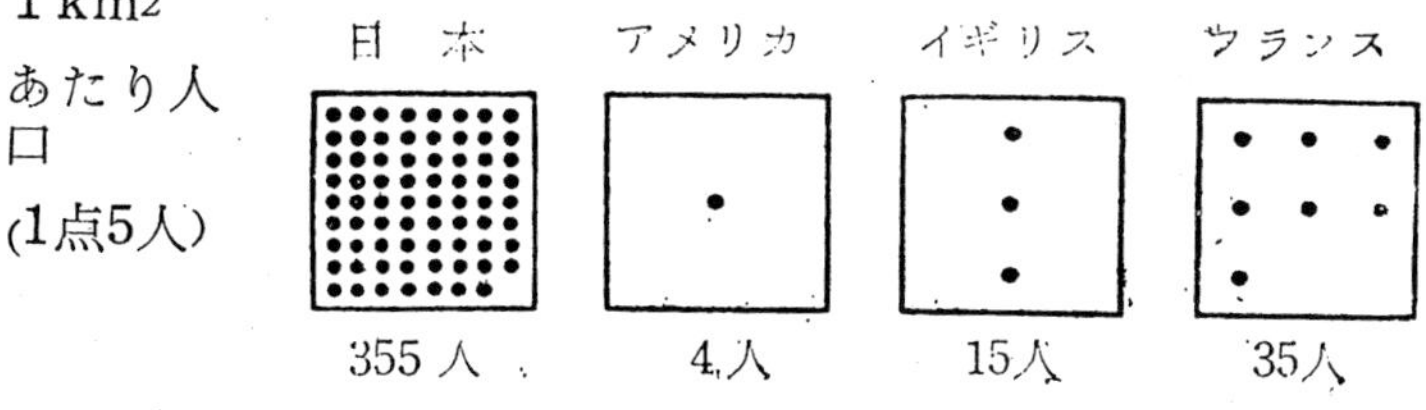

領域(單元)	問題及び正答	配点	正答率 本土	正答率 沖縄
農(漁)村生活	(下記 2～6)			

2 各国の作物分類別作付延面積の割合 (1947～49)

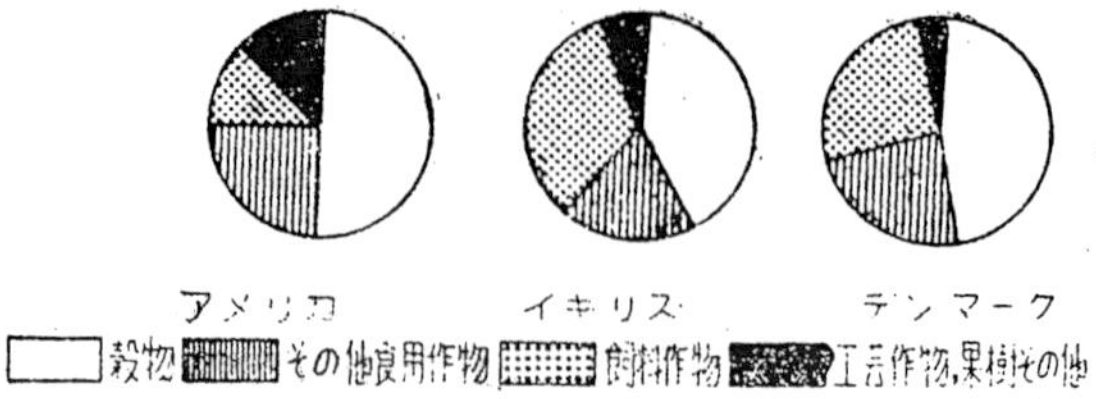

アメリカ　イギリス　デンマーク

穀物　その他食用作物　飼料作物　工芸作物,果樹その他

3 戦前と戦後の日本の自小作地・自小作農の割合

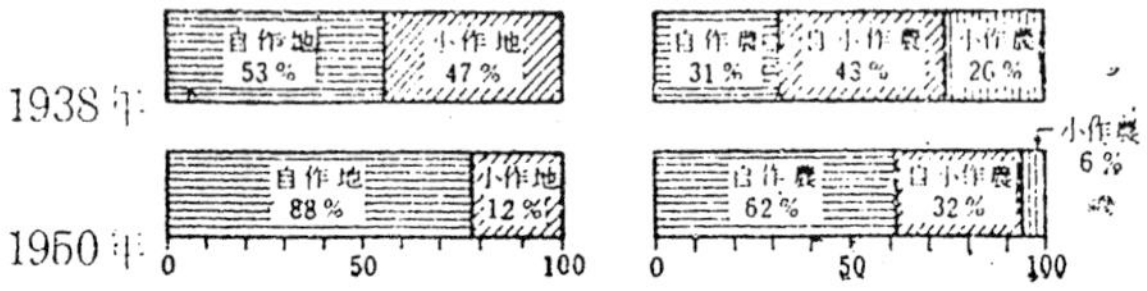

自作地と小作地

1938年　自作地 53%　小作地 47%

1950年　自作地 88%　小作地 12%

0　50　100

自作農と小作農

1938年　自作農 31%　自小作農 43%　小作農 26%

1950年　自作農 62%　自小作農 32%　小作農 6%

0　50　100

4 日本における作物の種類別作付延面積 (1954年)

稲 38.7%　麦 22.6%　いも 7.2%　豆 9.6%　やさい 5.5%　その他 16.4%

5 日本の経営耕地別に見た農家数 (1954年)

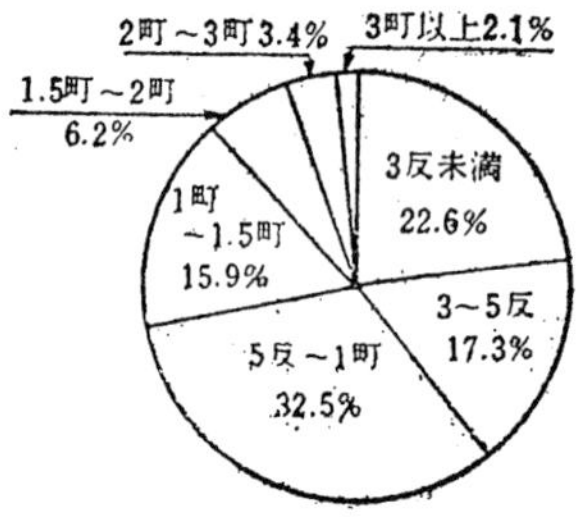

3反未満 22.6%　3～5反 17.3%　5反～1町 32.5%　1町～1.5町 15.9%　1.5町～2町 6.2%　2町～3町 3.4%　3町以上 2.1%

6 主要国の農業生産力の比較 (日本を100として)

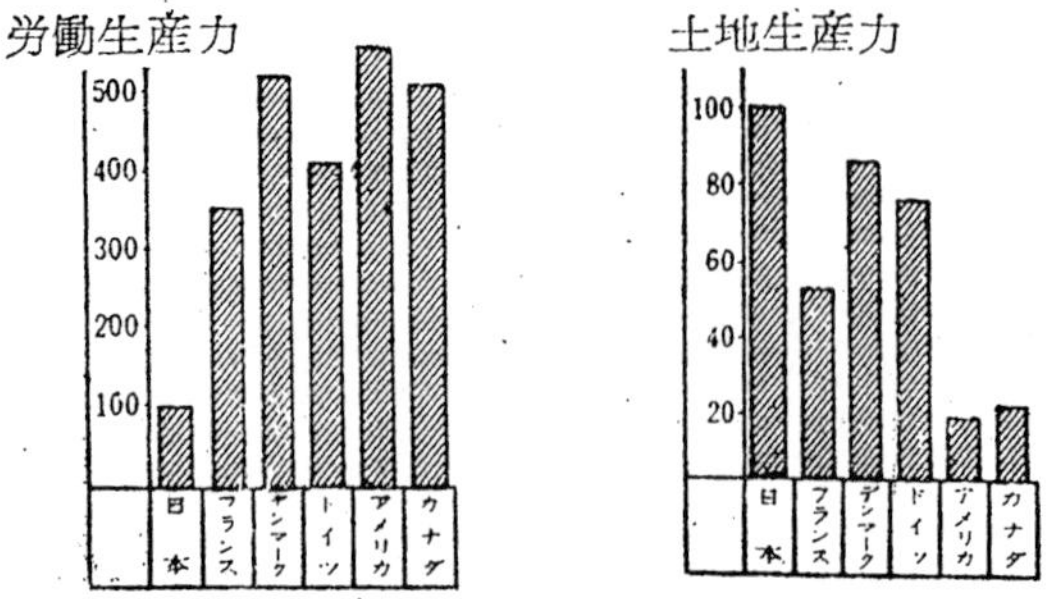

労働生産力

500　400　300　200　100

日本　フランス　デンマーク　ドイツ　アメリカ　カナダ

土地生産力

100　80　60　40　20

日本　フランス　デンマーク　ドイツ　アメリカ　カナダ

領域(單元)	問題及び正答	配点	正答率 本土	正答率 沖縄
経済	【5】つぎのaからeまでの文章に最も関係の深い語をつぎのページの欄の語群の中から選んでその**番号**を解答欄に記入しなさい。		全30.9 定27.1	22.2 16.8
	a 現金通貨はだれから受けとつても信用できるが，預金通貨の場合にはだれかが悪意をもつて使用することがあると，たいへんな損害を受ける人が出てくる。特に現代ではAからB，BからCというように支拂いが行われているので，ひとりの支拂不能が他に影響し，時には景気が変動して経済恐慌を起す原因になることがある。だからその使用は注意しなければならない。 7	2	全58.1 定55.7	48.3 35.1
	b 産業が発展するにつれて，企業の集中が行われると独占的な形態が発達し，消費者である一般国民が大きな不利益を受けることがある。わが国でもそういうことがないように，経済の民主化の目的で絶えず監視を行っている。 2	2	全19.7 定21.9	11.0 6.6
	c いま何かの原因で不景気になつて，滞貨が増大し，生産が縮小する。そして生産設備で遊んでいるものが多くなり，失業者がふえたとする。こういう場合に貨幣的需要をふやし，遊休設備を働かして生産をただちに増大させることができるような財政政策をとることも，一つの手段だと考えられている。 3	2	全20.6 定22.0	18.7 12.7
	d 物価水準は，普通貨幣数量の増加とともに騰貴し，その減少とともに低落するともいわれる。たとえば政府が公債を発行し，日銀がそれを引き受ける。日銀は公債発行額に相当する日本銀行券を政府に渡す。こうして通貨が増大していくと，物価は騰貴をはじめる。そこで日銀はこの引き受けた公債を賣りに出して，普通銀行に買つてもらう。そして増加した日銀券を回収しようとする。 6	2	全12.5 定 6.6	3.7 3.9

領域(單元)	問題及び正答	配点	正答率 本土	正答率 沖縄
経済	c ある産業においてそれを構成する有力な二，三の企業体が協定を結んで，製品の価格を決めて，相互にそれ以下の価格では販賣しないことにする。これはお互に安く賣る競争をして，共倒れにならないようにするためであるが，こういう協定は価格ばかりでなく，販路についても，生産高についても行われる。こうなると消費者はどうしても，その協定された価格で買うよりしかたがなくなるし，また一定の商品しか買えなくなることもある。［ 9 ］ 1 小切手 2 公正取引委員会 3 赤字公債政策 4 経済社会理事会 5 インフレーション 6 公開市場操作（オープンマーケツトオペレーション） 7 約束手形 8 中央銀行の金利政策 9 カルアル 10 トラスト	2	全43.7 定29.4	29.3 25.4
民主々義の生活と政治	【6】つぎの文について，正しいと思われるものには○印を，正しくないと思われるものには×印を，（　　）内に記入しなさい。		全62.2 定57.3	69.0 61.7
	a（○）夫と妻とは個人として平等であるから，法律上妻は自分の財産に対して自由に管理，処分することができる。	2	全60.4 定53.0	68.6 68.0
	b（×）兄弟姉妹は成年者となれば，すべて自分の生活には自由と責任をもつべきだから，法律上ではお互に扶養の義務はない。	2	全38.9 定35.7	54.0 44.3
	c（×）均分相続にすると，日本の農家の耕作面積は，ますます細分化されるから，農家だけは法律上單独相続が認められている。	2	全69.6 定66.6	75.7 69.7
	d（○）親が子を扶養するのも，子が親を扶養するのも，ともに法律上の義務である。	2	全60.7 定58.0	70.6 67.5
	e（×）家督相続や戸主権が廃止されたので，家族生活はなくなり，自由で独立な個人だけの生活となった	2	全81.3 定73.0	76.1 58.8

領域(單元)	問題及び正答	配点	正答率 本土	正答率 沖縄
文化	【7】つぎの(1)，(2)のa～eの文は，それぞれ下記の［　　］内の人々の中から選んで，その業績を書いたものである。それぞれがだれであるかを判断して，その人名についている番号をそれぞれ解答欄に書き入れなさい。またここに業績が書かれてある人々は，つぎのページの年表の空欄（1　10）のどこに位置するかを判断して，解答欄に年表内の番号を記入しなさい。		全40.8 定26.1	30.5 19.8
	(1) **日本人**			
	a　ルソーの著書を紹介し，国民の権利と自由のたいせつなことを強調し，政治思想の発達の上に大きな影響を与えた。①人名［2］　②年表［4］	0.5 0.5	①全38.8 定23.4 ②全40.7 定23.9	41.5 18.0 32.8 22.8
	b　オランダの解剖書を苦心の末飜訳し，わが国に西洋医学を導入するとともに，洋学発展の契機をつくった ①人名［5］　②年表［2］	0.5 0.5	①全74.9 定53.4 ②全27.4 定16.5	61.2 35.1 19.1 12.1
	c　長崎でシーボルトに学び，オランダの書物を多く飜訳し，また外国船の打拂いの不可を論じ，そのため獄に投ぜられた。 ①人名［6］　②年表［3］	0.5 0.5	①全18.8 定14.9 ②全29.4 定18.7	18.5 13.2 17.6 14.9
	d　民主主義（デモクラシー）を主張して，その普及に努め，当時の思想界に大きな影響を与えた。 ①人名［8］　②年表［5］	0.5 0.5	①全11.5 定 8.2 ②全51.3 定30.4	11.0 11.8 26.2 15.4
	e　布教のため日本に潜入したイタリア人の宣教師を取り調べたのちに，それを整理して書物を書き，外国に対する関心を示した。 ①人名［7］　②年表［1］	0.5 0.5	①全23.9 定15.6 ②全32.9 定18.4	18.0 10.1 16.2 16.7
	1 林　子平　2 中江兆民　3 新島　襄　4 平賀源内 5 杉田玄白　6 高野長英　7 新井白石　8 吉野作造			
化	(2) **ヨーロッパ人**			
	a　個人の生命，自由，財産は譲り渡すことができない権利であり，これらの権利を侵した政府を変更することは人民の当然の権利であるといつて，名誉革命を正当づけた。①人名［8］　②年表［7］	0.5 0.5	①全38.4 定19.6 ②全31.3 定16.8	29.6 19.7 17.0 13.6

領域(單元)	問題及び正答	配点	正答率 本土	正答率 沖縄
文化	b 綿工業の発達に乗じて大工場を経営したが，その間に労働者のみじめな境遇に同情し，その待遇改善や工場法の制定に努めた。空想的社会主義者と呼ばれる。 ①人名 4 ②年表 9	0.5 0.5	①全55.7 定34.2 ②全25.9 定16.4	40.0 18.9 17.7 12.7
	c 人格の尊厳と合理的な批判精神のたいせつなことを教えるとともに，世界平和論を唱えた。 ①人名 1 ②年表 8	0.5 0.5	①全48.6 定29.4 ②全22.1 定16.1	33.7 19,3 17.4 13.2
	d 大学で博物学を専攻し，卒業後世界探検隊に加わって，各地で生物学の資料を集めてきたが，のちに自然とうたと適者生存の原理によって，生物の種の起りを説明した。①人名 2 ②年表 10	0.5 0.5	①全55.7 定27.3 ②全68.5 定52.4	36.8 9.6 52.5 36.4
	e 史上最大の劇作家であり，詩人として現在でも世界的名声を博している。その37編の作品は史劇，悲劇，喜劇を含み，いずれも珠玉の名編といわれる。 ①人名 3 ②年表 6	0.5 0.5	①全82.8 定66.4 ②全36.7 定20.2	74.7 62.7 27.9 20.2

1	カント	2	ダーウイン	3	シエークスピア
4	ロバート＝オーウエン	5	ゲーテ		
6	グロチウス	7	メンデル	8	ジョン＝ロツク

年　表

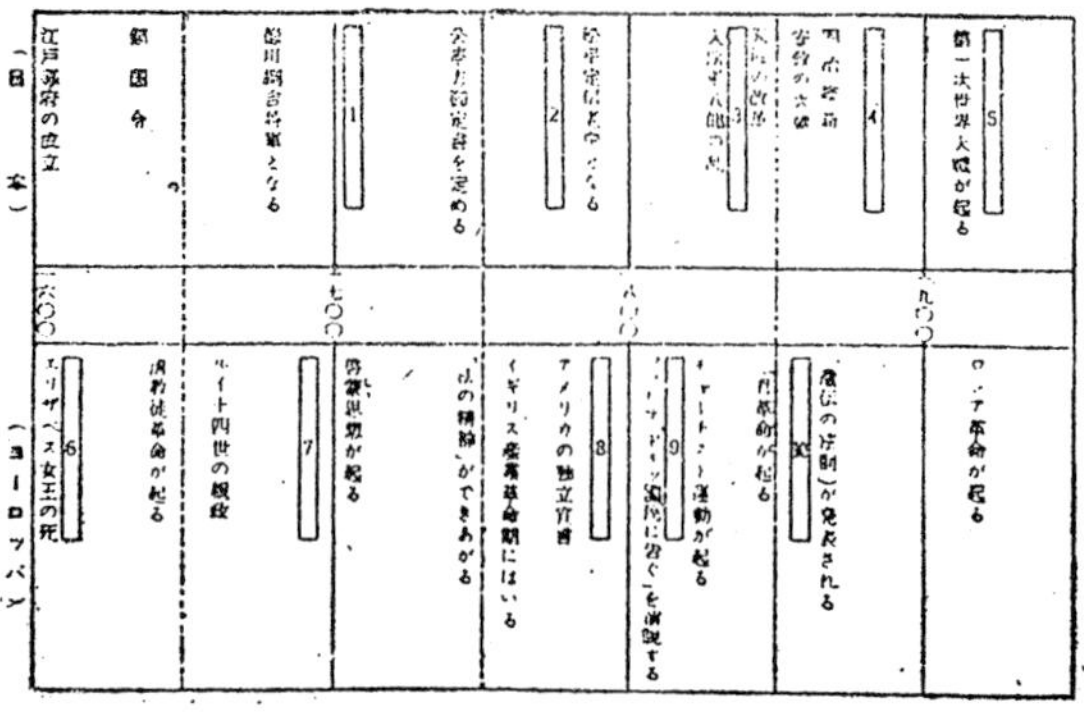

（日本）江戸幕府の成立／鎖国令／徳川綱吉将軍となる／1／公事方御定書を定める／2／3／4／5 第一次世界大戦が起る

一六〇〇　一七〇〇　一八〇〇　一九〇〇

（ヨーロッパ）6 エリザベス女王の死／清教徒革命が起る／7 ルイ十四世の親政／啓蒙思想が起る／「法の精神」ができあがる／イギリス産業革命期にはいる／8 アメリカの独立宣言／9 チャーチスト運動が起る／「ドイツ国民に告ぐ」を演説する／二月革命が起る／10「種の起原」が発表される／ロシア革命が起る

<table>
<tr><th rowspan="2">領域
(單元)</th><th rowspan="2">問　題　及　び　正　答</th><th rowspan="2">配点</th><th colspan="2">正答率</th></tr>
<tr><th>本土</th><th>沖縄</th></tr>
<tr><td rowspan="6">農
(漁)
村
生
活</td><td>【8】つぎの文章は，以下の二つの表をもとにして日本の漁業の性格を述べたものである。二つの表を参照して，表にもとづいて 正しく述べられていると思われるものには○印，誤りと思われるものには×印を，(　　)の中に記入しなさい。</td><td></td><td>全67.2
定59.4</td><td>53.6
46.8</td></tr>
<tr><td>a (　) 日本の漁業経営の特色は，農業と同様に，小規模のものが圧倒的に多く，主として家族による5人以下の集約的な労働にたよっている。これらの漁家では，所有している漁船のトン数も少なく，漁獲高の面では，日本漁業に大きな割合を占めているとはいえない。</td><td>2</td><td>全68.1
定64.3</td><td>54.5
46.9</td></tr>
<tr><td>b (　) 日本の漁業経営体は，やや規模の大きい共同組織や組合 組 織のものが過 半 数を占めている。これは戦後，漁業改革によって小規模なものを整理したからである。その結果，その漁獲高の点でも，全漁獲高の過半数を占めるようになった。</td><td>2</td><td>全83.3
定68.6</td><td>55.4
41.7</td></tr>
<tr><td>c (　) 会社経営のものは，すべて 100人以上の大規模なもので，漁船トン数も全体の3割以上を占めている。これは大型漁船による遠洋漁業を主体としていることを裏付けるものであって，漁獲高の点でも，日本漁業の過半数を占める。</td><td>2</td><td>全63.0
定51.0</td><td>47.4
38.2</td></tr>
<tr><td>d (　) 個人企業体の中には，5人未満の小規模のものが多いが，しかし規模は漁家よりも大きく，1企業体当りの漁船の所有数も非常に多い。漁獲高も漁家経営の2倍以上にのぼっている。漁家が沿岸漁業にたずさわっているのに対し，個人企業体は，主として沖合や，遠洋にまで進出していることが示されている。</td><td>2</td><td>全32.8
定32.6</td><td>35.1
40.0</td></tr>
<tr><td>e (　) 大資本による会社経営の経営体は，全体のわずか 0.4%にすぎないが，総トン数の多いことをみると，きわめて大型の漁船を使用していると考えられる。また全漁獲高の4分の1以上の漁獲高をあげていることを考えると経営体数の少ないのに比べて，その生産性は圧倒的に高いということができる。</td><td>2</td><td>全88.7
定80.4</td><td>75.8
67.5</td></tr>
</table>

領域(單元)	問題及び正答	配点	正答率 本土	正答率 沖縄

第1表　組織別にみた経営体数・漁獲額・漁船トン数の割合　(1954年)

	経営体数	漁獲額	漁船トン数
実数	251,747	億円 1,341	755,121
総数	100.0%	100.0%	100.0%
漁家	84.9	17.1	14.7
個人企業体	8.9	32.8	36.6
漁業共同組合	0.2	2.1	1.0
漁業生産組合	0.1	1.2	0.8
共同経営	5.5	19.2	11.3
会社経営	0.4	27.3	34.8
その他	0.0	0.3	0.8

第2表　従事者別の漁業経営体数　(1954年)

	実数	構成比
総数	251,747	100. %
1 ~ 5人	218,524	86.9
6 ~ 9	12,885	5.1
10 ~ 29	14,368	5.7
30 ~ 49	3,197	1.3
50 ~ 99	2,264	0.9
100 ~ 199	400	0.1
200人以上	109	0.0

(正答)→
a－○
b－×
c－×
d－×
e－○

領域(單元)	問題及び正答	配点	正答率 本土	正答率 沖縄
民主主義の生活と政治	【9】つぎにあげてある(1)歴史上のできごと，および(2)政治上の特色は，どこの国にあてはまるかを考え，下に示した国名の中から選び，その**番号**を解答欄に記入しなさい。		全46.6 定34.6	36.9 29.3
	1 日本 2 アメリカ合衆国 3 イギリス 4 フランス 5 ドイツ連邦共和国 6 中華人民共和国 7 ソビエト連邦 8 ブラジル 9 インド 10 スイス 11 エジプト 12 スエーデン			
	(1) **歴史上のできごと**			
	a 労働党が，1945年の総選挙に勝って政権を獲得した後，重要産業の国有化，社会保障制度を推し進め，戦後の復興に努めた。 [3]	1	全55.4 定41.0	40.4 30.3
	b 第二次大戦後，第四共和国としての新憲法を採択し，自由，平等，友愛の精神を再確認した。小さな政党が数多く存在し，連立内閣をとっているのが，現在でも特色をなしている。 [4]	1	全38.3 定23.0	21.5 18.4
	c 民主化がおくれ，多分に専制主義的な政治が行われていたが，第一次大戦中に革命が起って社会主義国家が成立した。 [7]	1	全35.1 定23.8	29.4 23.7
	d 第二次大戦に勝利を占めた数年後，新しく共和国を成立させ，人民民主主義のもとに社会主義制度の確立に努力している。 [6]	1	全40.8 定32.4	27.1 25.0
	e 国民会議派が中心となつて独立運動を続けてきたが，第二次大戦後共和国として独立し，二つの世界のいずれにも加担しないで中立の立場をとろうとしている。 [9]	1	全36.4 定26.7	30.3 28.1

領域(單元)	問題及び正答	配点	正答率 本土	正答率 沖縄
民主々義の生活の政治	**(2) 政治上の特色** a 立憲君主政体となつているが，国王は政治上の実権をもたず，実際上主権は議会の下院を通じて国民にある。憲法法典がなく，主として伝統，慣習，若干の基本的法律，さらには「健全な常識判断」などで政治の原則がささえられている。 [3]	1	全47.0 定33.7	37.1 28.1
	b 立法権と行政権とがはつきりと区分され，一方は議会に属し，他方については大統領が全責任を負つている。かなりはつきりとモンテスキューの説いた権力分立の原理を採用しているのが特色である。 [2]	1	全61.0 定45.1	50.9 37.7
	c 古くからの連邦共和国で，連邦議会，国民議会の両院を通過した法律も，国民の要求で国民の一般投票にかけて国民がこれを拒否できるという制度がとられている。 [10]	1	全18.5 定10.1	20.3 14.5
	d 権力集中制をとつている連邦国家で，憲法で認められた唯一の政党によつて実際の政治が運営されている。 [7]	1	全54.3 定44.5	44.1 34.2
	e 第二次大戦後，はじめて主権在民の憲法が制定され，この憲法では今まで議会よりも政府の権限が強かつたのを改めて議会に強い権限を与え，はつきりと議院内閣制を規定している。 [1]	1	全79.0 定65.9	67.6 53.5

領域(單元)	問題及び正答	配点	正答率 本土	正答率 沖縄
労働	【10】つぎの各項について検討し，労働組合のあり方として適当なものには○印を，適当でないと思われるものには×印を(　)の中に記入しなさい。必ずしも一方が正しく，一方が誤っているとは限らない。		全53.8 定44.8	43.5 48.8
	(1) 自主性の確保 a (○) 労働組合がその自主性を確保するためには，使用者側から組合活動上の資金の援助を受けてはならない。 b (○) 組合の規約は，使用者側の意見に無条件に従うことがなければ，事前に相談の上作成してもかまわない。	2.5	全15.5 定14.4	13.2 14.5
	(2) 労働協約の規定 a (×) 労働組合の自主性を守るためには，組合員が自分の望まない労働協約は無視して従わない自由をたもっていたほうがよい。 b (○) 労働協約は使用者と労働組合の結んだものであるから，組合員が個人の立場か使用者側とこれに反対の契約を結ぶことは，望ましいことではない。	2.5	全75.4 定64.8	65.4 77.6
	(3) 団体交渉権 a (○) 組合が正当な手続で団体交渉を申し入れても，使用者側が応じないことは不当労働行為となる。 b (○) 組合が団体交渉を申し入れても，代表者が正当な権限をもつてないときや，大勢の組合員が押しかけ，やかましくて団体交渉が行えないと認められたときは，使用者側はこれを拒んでもよい。	2.5	全50.5 定39.0	43.6 49.6
	(4) 争議の解決 a (×) 労働争議が長く続くと，事業が崩壊して労働者が路頭に迷うことになり，結局において労使双方に被害を与えるから，これを早急に解決するためには，裁判所が機能を発揮する必要がある。 b (○) 労働争議は双方ができるだけ自主的に解決しようと努力することが必要であるが，やむを得ない場合は公正な第三者のあつせんや調停が望ましい。	2.5	全73.9 定61.2	51.2 51.8

小・理

小学校理科学力調査問題

昭和32年度全国学力調査　（※ふりがな省略）

分類	問題及び正答	配点	正答率	
			本土	沖縄
知識	【1】つぎの花の中で，きくの花のしくみに，いちばんにているものを一つえらんでその番号を○でかこみなさい。 1　バラ　2　ホウセンカ　③　コスモス 4　アサガオ　5　チューリツプ	2.5	40.5	41.7
	【2】つぎの動物の中で，からだのしくみが，コオロギにいちばんにているものを一つえらんで，その番号を○でかこみなさい。 1　クモ　2　ムカデ　3　カメ　④　アリ 5　ヤドカリ	2.5	37.5	22.4
	【3】モンシロチョウの一生について，つぎの中から正しいものをえらんで，その番号を○でかこみなさい。 1　卵→あおむし→チョウ 2　卵→さなぎ→あおむし→チョウ ③　卵→あおむし→さなぎ→チョウ 4　さなぎ→あおむし→卵→チョウ 5　あおむし→卵→チョウ	2.5	48.9	35.2
	【4】シダは，花がさかないでふえます。シダのようなふえ方をするものを，つぎの中から一つえらん，その番号を○でかこみなさい。 1　ウメ　2　ヘチマ　3　アサガオ 4　タンポポ　⑤　ツクシ	2.5	57.7	47.7
	【5】草木のたねの散りかたには，いろいろな方法があります。ホウセンカのたねは，どんな方法でちりますか。ふつう見られる方法を一つえらんで，その番号を○でかこみなさい。	2.5	55.8	38.6

分類	問題及び正答	配点	正答率	
			本土	沖縄
知	1 水で，はこばれる。 2 人について，散らされる。 3 風によつて，散らされる。 ④ 実のわれるいきおいで，散らされる。 5 動物に食べられて，散らされる。			
	【6】つぎの動物のうち，肺をもつていて呼吸をするものを一つえらんで，その番号を○でかこみなさい。 1 ハマグリ 2 フナ 3 カニ 4 ドジョウ ⑤ カエル	2.5	71.7	62.3
	【7】つぎの図は，芽の出るようすをかいたものです。このうち，イネの芽の出かたに似ているものを一つえらんで，その番号を○でかこみなさい。 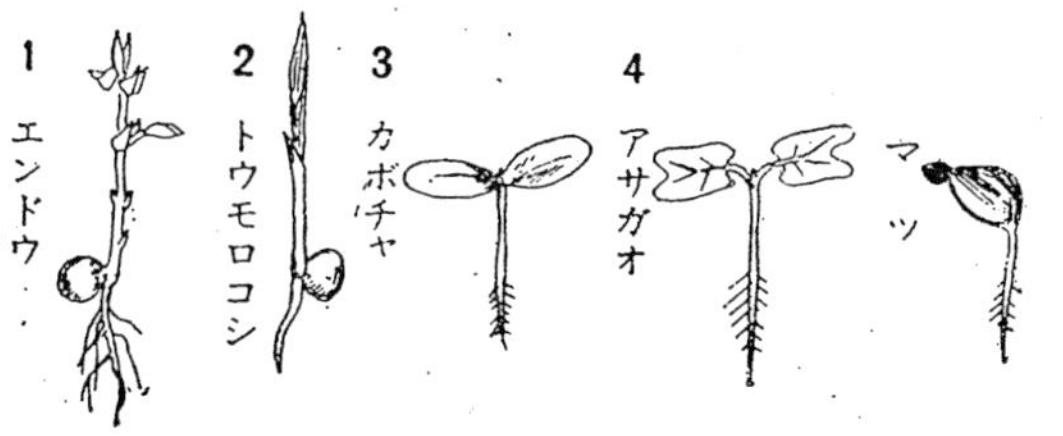 1 エンドウ 2 トウモロコシ 3 カボチャ 4 アサガオ マツ (正答) 2	2.5	61.8	50:8
識	【8】運動をすると，あせが出るのはなぜでしょう。つぎの1—5の中から正しいと思うものを一つえらんで，その番号を○でかこみなさい。 1 つかれをふせぐ。 2 ひふのよごれるのをふせぐ。 ③ 体温を一定にたもつ。 4 あまつた水分が出る。 5 よぶんの塩が出る。	2.5	45.1	25.1
理解	【9】つぎに，畑の雑草をとるわけをあげてあります。この中であまり関係がないと思うものを一つえらんで，その番号を○でかこみなさい。 1 雑草がしげると，さくもつのこやしをすう。 2 雑草がしげると，日かげになる。 3 雑草がしげると，風通しが悪くなる。 ④ 雑草がしげると，畑の土がくろくなる。 5 雑草がしげると，害虫がつきやすくなる。	2.5	36.0	24.2

分類	問題及び正答	配点	正答率	
			本土	沖縄
知識	【10】つぎの五つの植物の中に，冬でも葉が落ちてしまわないものが一つあります。その番号を○でかこみなさい。 1 イチョウ　2 ウメ　3 クリ 4 サクラ　⑤ スギ	2.5	78.3	51.7
思考力	【11】きれいにすんでいる石灰水に，はくいきをふきこんだら，白くにごりました。これから，どんなことがわかりますか。つぎの中から，正しいと思うものを一つえらんで，その番号を○でかこみなさい。 1 はくいきには，水じょうきがふくまれている。 2 はくいきの中には，さんそはふくまれていない。 3 はくいきとすういきは，同じものである。 ④ はくいきには，炭さんガスがふくまれている。 5 はくいきには，空気はふくまれていない。	2.5	68.6	53.8
理解	【12】図のように，水の上に，火のついたろうそくをうかせ，ガラスコップでろうそくをおおいます。ろうそくの火は，どうなりますか。つぎの1－5の中から正しいと思うものを一つえらんで，その番号を○でかこみなさい。 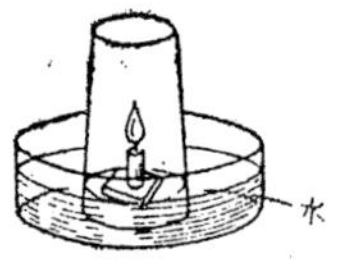 1 そのまま燃えつづける。 2 そのまま燃えつづけるが，ほのおの色が赤くなる。 ③ しばらくして消える。 4 ほのおが大きくなって，燃えつづける。 5 ほのおは小さくなるが，そのまま燃えつづける。	2.5	62.7	50.9
	【13】川の上流と下流のようすをくらべてみると，どんなことがちがいますか。つぎの1－5の中から，適当と思うものを一つえらんで，その番号を○でかこみなさい。 1 上流のかわらにある石にくらべて，下流のかわらにあ	2.5	54.6	35.3

分類	問題及び正答	配点	正答率 本土	正答率 沖縄
理解	る石は大きい。 ② 上流のかわらにある石より，下流のかわらにある石のほうがまるい。 3 上流の水の流れは，下流よりもおそい。 4 上流よりも下流のほうが川はばがせまい。 5 上流よりも下流のほうが水がきれいである。			
知識(技術、技能の知識)	【14】メスシリンダーで水をはかるとき，水の上面と目とを水平にしてみたら，水の上面が白く光つていて，図のように二重になつてみえました。正しいめもりの読み方を，つぎの中から一つえらんで，その番号を○でかこみなさい。 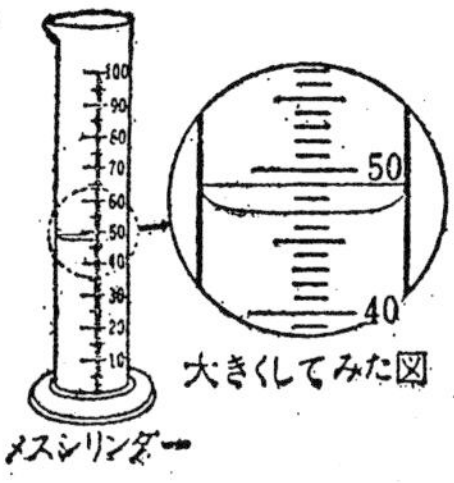 メスシリンダー　大きくしてみた図 1 50cm³　2 49cm³　3 48cm³　④ 47cm³　5 46cm³	2.5	33.8	23.8
	【15】湯をわかそうと思います。つぎの1－5の図の中から，これにあまりひつようでないと思うものを一つえらんで，その番号を○でかこみなさい。  1 ビーカー　2 アルコールランプ　3 広口びん　4 かなあみ　5 三脚 (正答) 3	2.5	65.8	45.8
理解	【16】日の出の太陽の位置を，十日おきぐらいに続けてはかると，どんなことがありますか。つぎの1－5の中から一つえらんで，その番号を○でかこみなさい。 1 昼と夜の長さの変りかた。 2 太陽の大きさの変りかた。 ③ 太陽の出る場所の変りかた。 4 太陽と地球とのきょりの変りかた。 5 太陽の明るさの変りかた。	2.5	58.8	33.6

<table>
<tr><th rowspan="2">分類</th><th rowspan="2">問題及び正答</th><th rowspan="2">配点</th><th colspan="2">正答率</th></tr>
<tr><th>本土</th><th>沖縄</th></tr>
<tr><td>理解</td><td>【17】雨量は，雨水を器にうけて，それにたまつた水の深さをはかります。雨水をうける器として，つぎの図の中で，どれが適当でしょうか。適当と思うものを一つえらんで，その番号を○でかこみなさい。 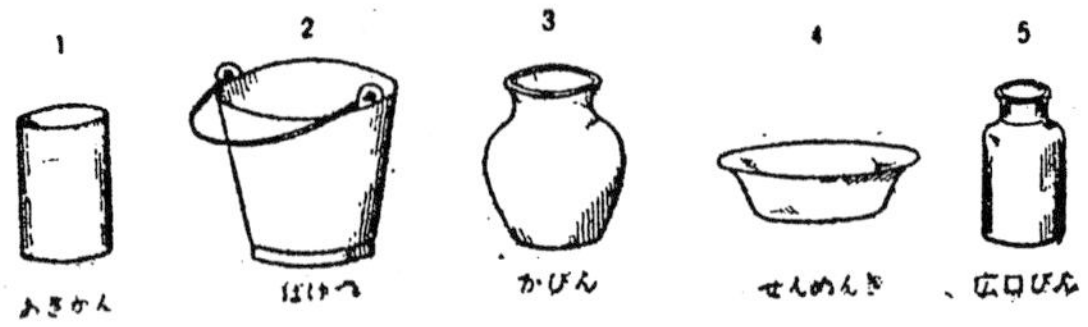
1 あきかん　2 ばけつ　3 かびん　4 せんめんき　5 広口びん
（正答）1</td><td>2.5</td><td>64.8</td><td>29.3</td></tr>
<tr><td rowspan="2">思考力</td><td>【18】天気と気温の関係を知ろうと思つて，記録をとつたら，つぎのようになりました。 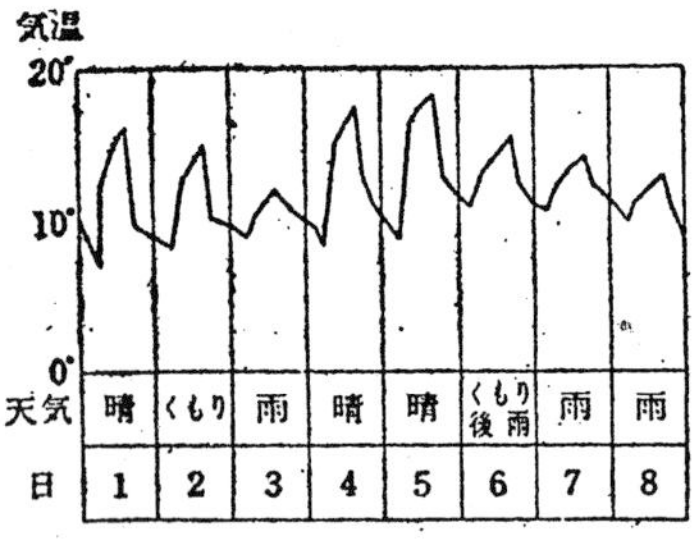
気温　20°　10°　0°
天気｜晴｜くもり｜雨｜晴｜晴｜くもり後雨｜雨｜雨
日｜1｜2｜3｜4｜5｜6｜7｜8
このグラフだけからわかる正しいと思うことを，つぎの1－5の中から一つえらんで，その番号を○でかこみなさい。
1　天気と気温の変化とは関係がない。
2　雨の日は，しめり気が多くむし暑い。
3　雨の日は，昼も夜も気温が低い。
4　晴の日は，昼も夜も気温が高い。
⑤　晴の日は，昼と夜の気温の差が大きい。</td><td>2.5</td><td>42.3</td><td>30.3</td></tr>
<tr><td>【19】太陽の光で，まつすぐに立てた「ぼう」のかげが，つぎの図のようにうつりました。この図では，太陽は，どの方向にあるのでしょう。つぎの1－5の中から，正しいと思うものを一つえらんで，その番号を○でかこみなさい。</td><td>2.5</td><td>58.5</td><td>41.8</td></tr>
</table>

分類	問題及び正答	配点	正答率	
			本土	沖縄
思考力	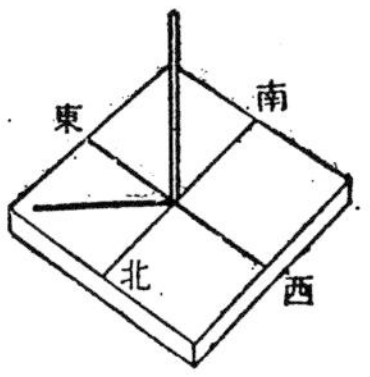 1　ま西 ②　南西 3　ま南 4　南東 5　ま東			
理解	【20】右は，ある日の夕方みた月の図です。この図から考えて，つぎの文のうち，もつとも適当と思うものを一つえらび，その番号を○でかこみなさい。 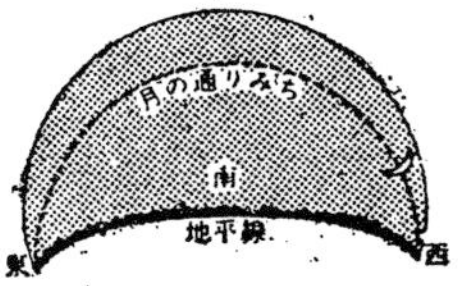 1　この月は，やがて南の空にのぼる。 2　この月は，ひとばんじゅう，だいたい同じ位置にある。 ③　この月は，やがて西の空にしずむ。 4　この月は，明け方東の空にしずむ。 5　この月は，ま夜中にま南にくる。	2.5	40.4	41.5
技術、技能の知識	【21】気温を正しくはかるには，どんな所ではかつたらよいでしょうか。つぎの1　5の中から一つえらんで，その番号を○でかこみなさい。 1　日なたで，風とおしのよい所。 ②　日かげで，風とおしのよい所。 3　日かげで，風のこない所。 4　日なたで，風のこない所。 5　日なたで，よくかわいた所。	2.5	30.1	19.3

分類	問題及び正答	配点	正答率	
			本土	沖縄
理解	**【22】** つぎの「こと」の糸は，どれも同じ強さで，はつてあります。糸の矢じるしのところをはじいたとき，いちばん高い音の出るものを一つえらんで，その番号を○でかこみなさい。 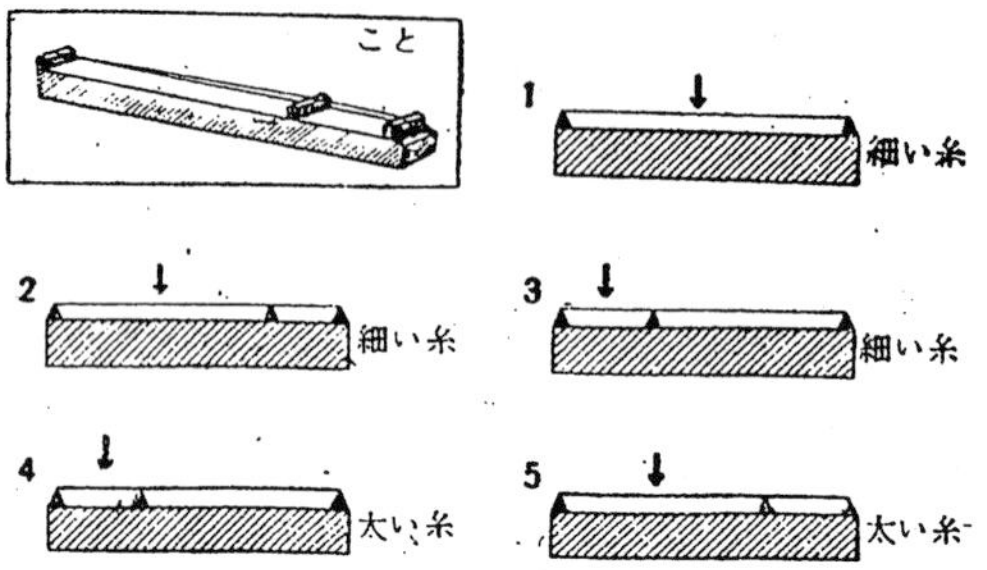 （正答）3	2.5	39.4	26.2
	【23】 まさおたちは，糸電話であそんでいます。花子が話をして，まさおとあきらが聞いています。まさおやあきらは，どのように聞こえるでしょうか。つぎの1−5の中から正しいと思うものを一つえらんで，その番号を○でかこみなさい。 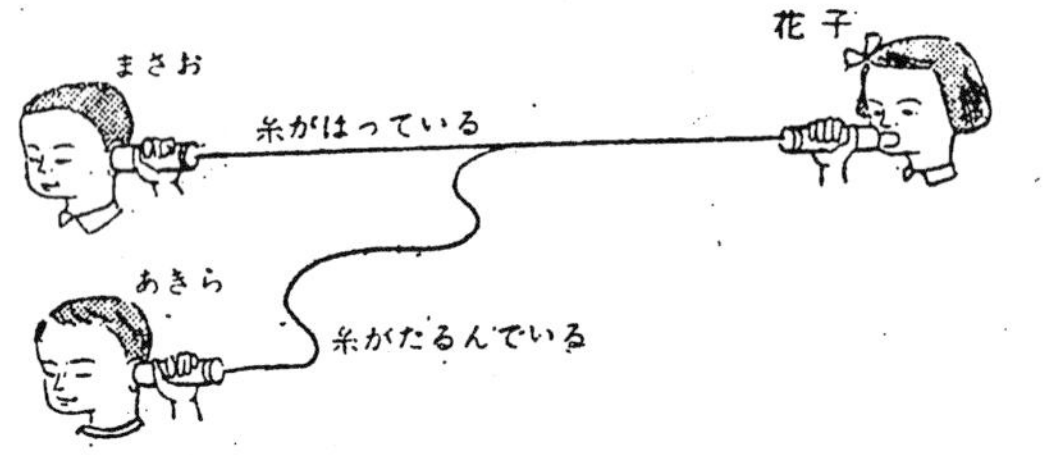 1　ふたりとも，同じように，はつきり聞こえる。 2　ふたりとも，聞こえない。 3　あきらだけはつきり聞こえる。 ④　まさおだけ，はつきり聞こえる。 5　ふたりとも，同じように，かすかに聞こえる。	2.5	78.5	62.7

分類	問題及び正答	配点	正答率	
			本土	沖縄
理解	【24】つぎのように，二つのあなをあけたはりあな写眞機で，1本のろうそくの火をうつすと，どのようにうつりますか。つぎの1−5の中から，正しいものを一つえらんで，その番号を○でかこみなさい。 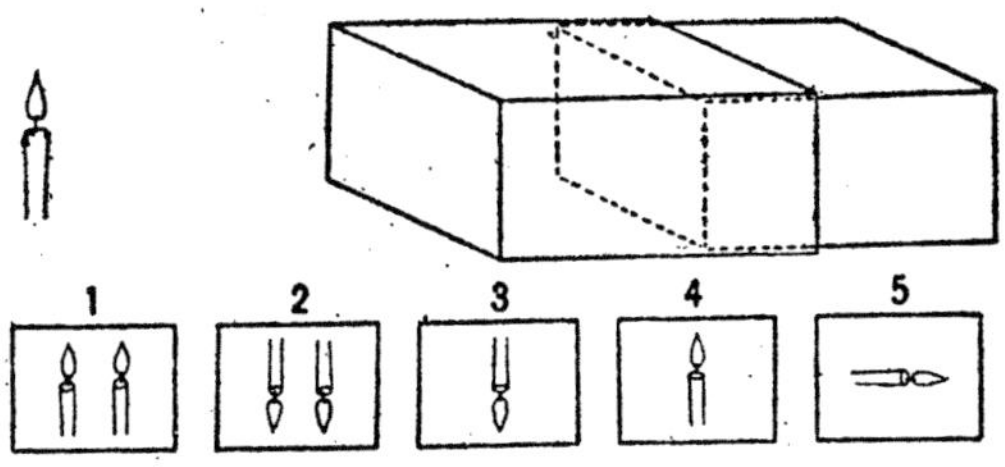 （正答）2	2.5	47.9	26.0
	【25】図のように，ちやわんに小石を入れ，小石がちやわんのふちで見えなくなるまでうしろにさがり，ちやわんに水を入れたところ，小石が見えました。 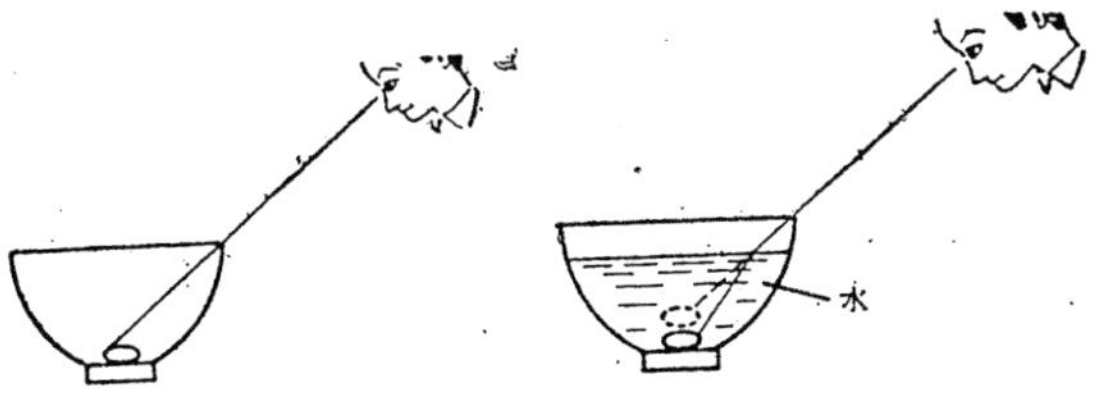 光について，これと同じようなことをしらべる実験は，つぎの1−5の中のどれでしよう。一つをえらんで番号を○でかこみなさい。 1　鏡に光をあてて，光の進み方をしらべる。 2　かげ絵あそびをして，かげのできかたをしらべる。 3　まがつた管と，まつすぐな管を使つて，それぞれでろうそくの火をのぞき，光の進み方をしらべる。 ④　空気中から水中へ光をさしこませて，光の進み方をしらべる。 5　表面を7色にぬりわけた色ごまをまわして，色の変りかたをしらべる。	2.5	45.7	27.0

分類	問題及び正答	配点	正答率	
			本土	沖縄
思考力	【26】かべにかけた鏡(イ)の前に，1から5までのこどもが立つています。（ア）の人が，鏡を見ると，何番のこどもがうつつて見えるでしょう。その番号を○でかこみなさい。 (イ) かがみ　1　2　3　4　5　(ア) （正答）2	2.5	46.2	27.3
	【27】試験管に水を入れて，(ア)のように下から熱すると，(イ)のように上のほうを熱するよりも，全体の水は早く熱くなりました。 つぎの1—5の中から，この実験にいちばん関係があると思うものを一つえらんで，その番号を○でかこみなさい。 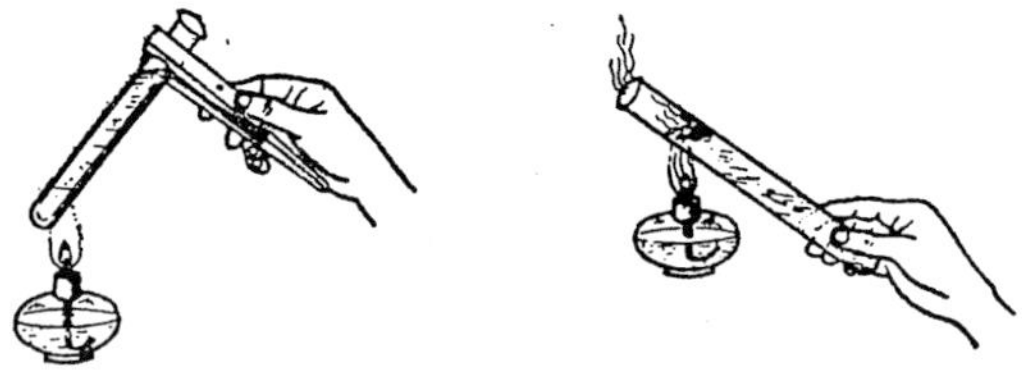 1　まほうびんの湯はさめにくい。 2　熱したとき，水はガラスよりも，よけいにふくれる。 3　やかんの水がふつとうすると，水じょうきの力で，ふたがもちあげられる。 ④　ふろの湯は，上のほうが早く熱くなる。 5　水を熱すると，早くじょうはつする。	2.5	45.5	20.7
	【28】いろいろな物は，温度が上ると，体積がふえます。これと関係のあることがらを，つぎの1--5の中から一つえらんで，その番号を○でかこみなさい。 1　海水がみちたり，ひいたりする。 2　豆を水につけておくと，ふくらむ。 3　さとうを水にとかすとき，あたためると，たくさんとける。 ④　へこんだゴムまりをあたためると，ふくらむ。 5　ゴムふうせんに空気を入れると，ふくらむ。	2.5	52.3	27.3

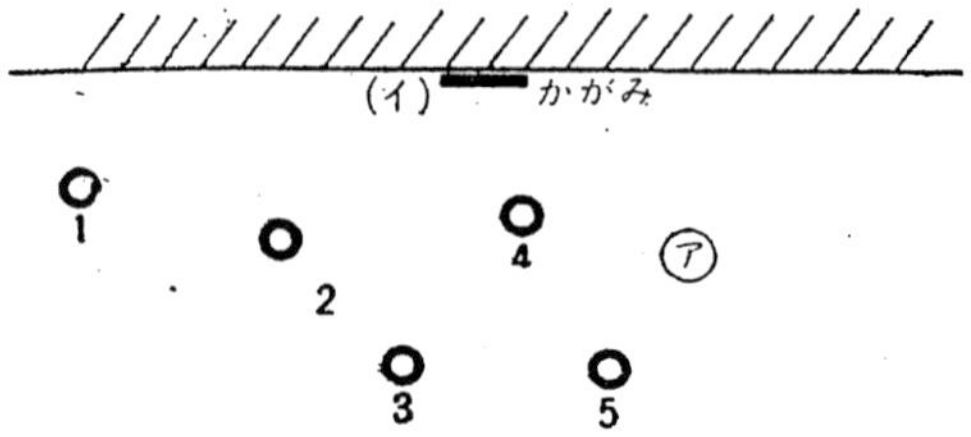

<table>
<tr><th rowspan="2">分類</th><th rowspan="2">問　題　及　び　正　答</th><th rowspan="2">配点</th><th colspan="2">正答率</th></tr>
<tr><th>本土</th><th>沖縄</th></tr>
<tr><td>思
考
力</td><td>【29】つぎのおしあげポンプの図の中で，正しくはたらくものを一つえらんで，その番号を○でかこみなさい。 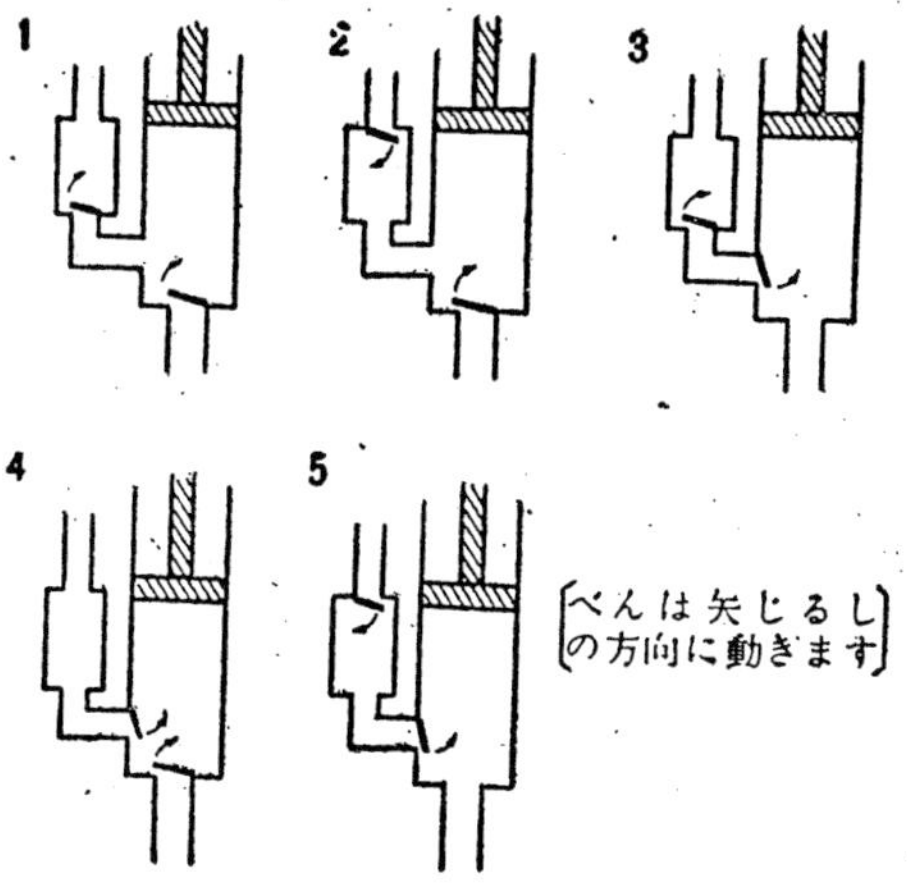

1　2　3　4　5
（べんは矢じるしの方向に動きます）

（正答）1</td><td>2.5</td><td>41.3</td><td>26.9</td></tr>
<tr><td>理
解</td><td>【30】糸の先におもりをつけて，ふりこの実験をしました。つぎは，その記録です。

<table><tr><th>糸の長さ</th><th>30秒間にふれる回数</th></tr><tr><td>1 m</td><td>15 回</td></tr><tr><td>50 cm</td><td>21 回</td></tr><tr><td>40 cm</td><td>23 回</td></tr><tr><td>25 cm</td><td>30 回</td></tr></table>
この記録から，ふりこが同じ時間にふれる回数について，どんなことがいえますか。つぎの1−5の中から，よいと思うものを一つえらんで，その番号を○でかこみなさい。
1　ふれる回数は，糸の長さに関係しない。
2　糸が長くなるほど，ふれる回数は多くなる。
③　糸が短かくなるほど，ふれる回数は多くなる。
4　おもりが大きいほど，ふれる回数は多くなる。
5　糸が太いほど，ふれる回数は多くなる。</td><td>2.5</td><td>58.8</td><td>38,4</td></tr>
</table>

分類	問題及び正答	配点	正答率	
			本土	沖縄
理解	【31】つぎの図で，右と左がつり合つて，さおが水平になると思うものを一つえらんで，その番号を○でかこみなさい。 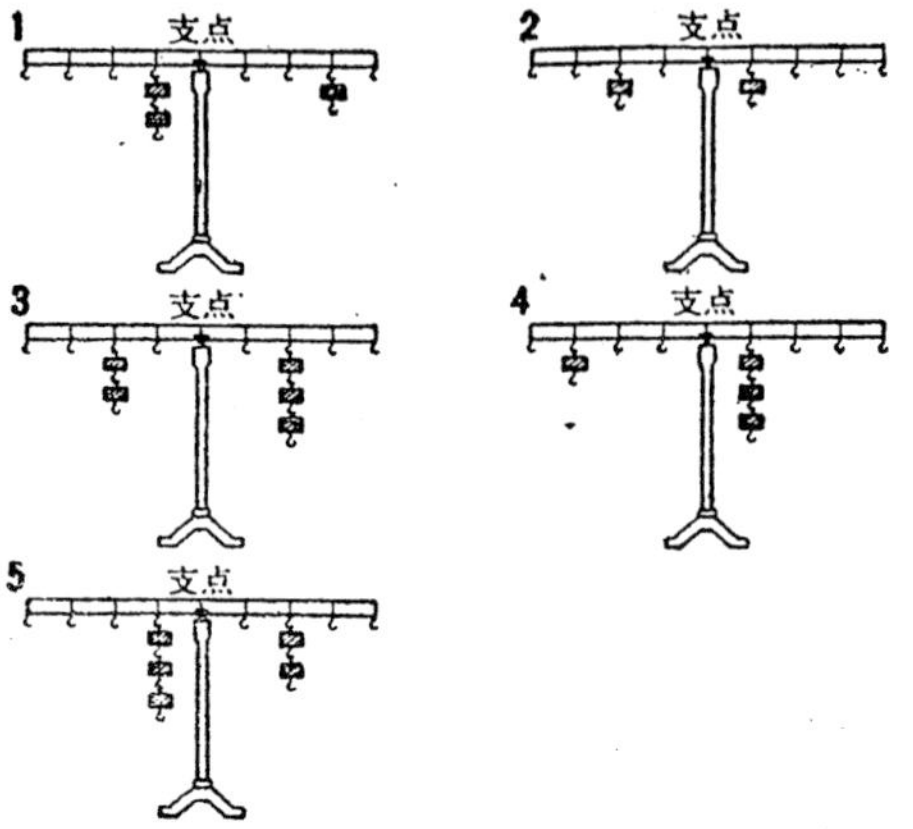 1 支点　2 支点　3 支点　4 支点　5 支点 （正答）4	2.5	43.5	30.8
思考力	【32】つぎの図の中で，まつすぐな管から水がふき出すと思うものを一つえらんで，その番号を○でかこみなさい。 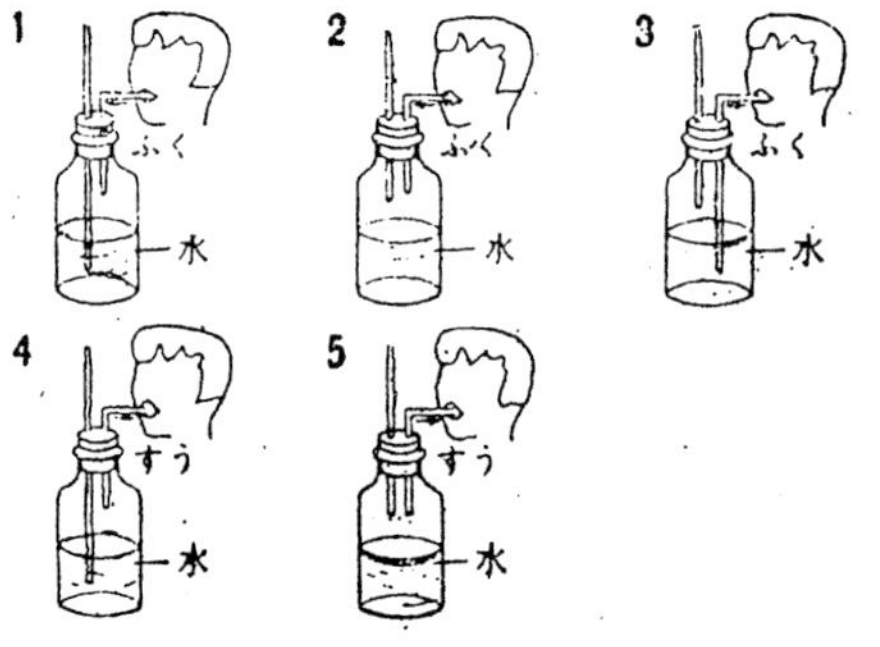 1 ふく 水　2 ふく 水　3 ふく 水　4 すう 水　5 すう 水 （正答）1	2.5	41.4	35.5
理解	【33】電信機に電磁石が使われるのは，つぎのどの性質を利用したのでしょうか。つぎの中から，よいと思うものを一つえらんで，その番号を○でかこみなさい。 1　電流の向きを変えると磁石の極が反対になる。 2　線のまき数をふやすと，磁石は強くなる。 ③　電流を通したときだけ，磁石になる。 4　電流が弱いと，磁石も弱くなる。 5　S極とN極とを近づけると引き合う。	2.5	20.6	19.2

分類	問題及び正答	配点	正答率	
			本土	沖縄
理解	【34】つぎの図の，乾電池と豆電球は，どれも，それぞれ同じものです。豆電球のいちばん明かるくつくのは，どのつなぎかたをしたときですか。一つえらんで，その番号を○でかこみなさい。 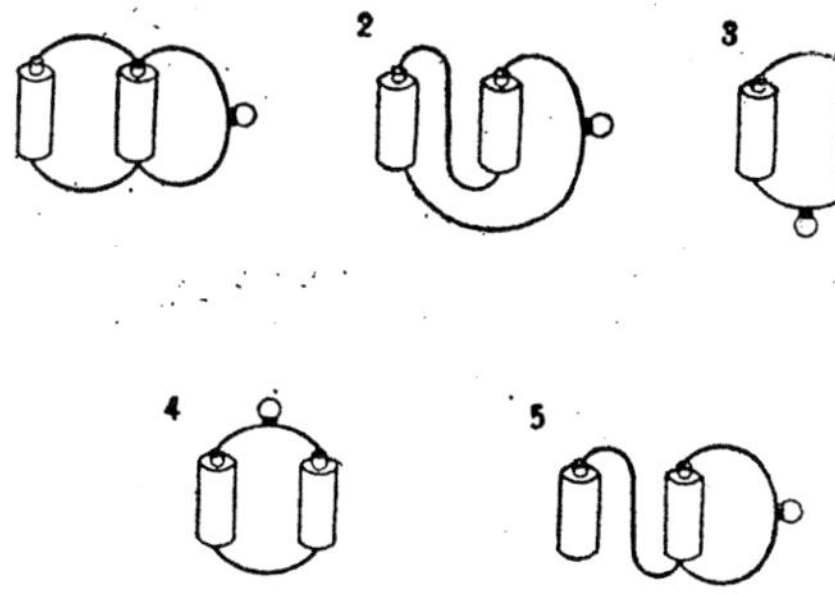 2　3　4　5 (正答) 2	2.5	50.8	36.7
技術、技能の知識	【35】つぎの図は，いろいろな場合の温度計の図です。その温度を読みとり，(　　　)の中に書きなさい。 (ア)かべかけ寒暖計　(イ)100°目盛棒温度計　(ウ)体温計　(エ)100°目盛棒温度計 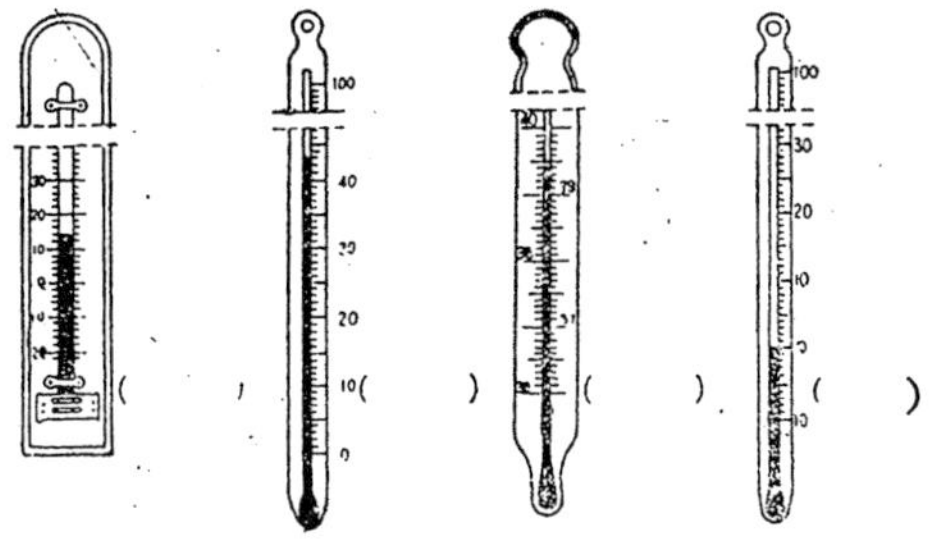 (14 °C)　(43 °C)　(39.5 °C)　(0 °C)	ア、イ、ウ、エ各2.5	(57.9) 46.6 62.2 62.7 60.2	(33.9) 18.4 48.4 34.8 33.9
理科的関心	【36】つぎの文を読んで，理科の研究としてしらべてみたいと思うことや，ふしぎに思うことを，下に気づいただけ書きなさい。六つ以上書いてもよろしい。 「けさはずいぶん寒い。空はまつさおにすみ，庭には霜柱が立つて，その上を歩くと，さくさくとくずれる。きのう，口まで水を入れて，ふたをおしておいたびんがわれている。池の面にも氷がはつて，その底のほうをフナやキンギョが泳いでいる。」		(43·0)	(20.4)

<table>
<tr><th rowspan="2">分類</th><th rowspan="2">問　題　及　び　正　答</th><th rowspan="2">配点</th><th colspan="2">正答率</th></tr>
<tr><th>本土</th><th>沖縄</th></tr>
<tr><td rowspan="7">理科的関心</td><td>採点するものの判定例</td><td></td><td></td><td></td></tr>
<tr><td>1（例　水がこおったときの体積の膨張に関するもの）</td><td>1</td><td>14.7</td><td>13.1</td></tr>
<tr><td>2（例　池の水の上下の温度の差に関するもの
又は水の性質（温度と密度）に関するもの）</td><td>1</td><td>15.4</td><td>13.6</td></tr>
<tr><td>3（例　しも柱に関すること，又は温度，寒さに関するもの）</td><td>1</td><td>14.7</td><td>10.3</td></tr>
<tr><td>4（例　「空の青さ」に関すること）</td><td>1</td><td>11.6</td><td>9.3</td></tr>
<tr><td>5（例　その他問題文から発展したもの）</td><td>1</td><td>15.8</td><td>5.8</td></tr>
<tr><td>（　）

※上記の解答欄に自由に記入されたもののうち理科的関心を示したもののみを正答とする。</td><td></td><td></td><td></td></tr>
</table>

中・理

中学校理科学力調査問題

昭和32年度全国学力調査

分類	問題及び正答	配点	正答率 本土	正答率 沖縄
知識	【1】下の左側に書いたものの量を表わす単位を，右側にあるものの中から一つ選んで，その番号を（　）の中に書き入れよ。		(77.4)	(65.7)
	a 重さ（4）　1 cm	2	93.6	84.7
	b 長さ（1）　2 cm^2	2	95.1	86.9
	c 時間（5）　3 cm^3	2	94.9	83.6
	d 面積（2）　4 g	2	86.7	71.8
	e 体積（3）　5 秒	2	83.2	65.8
	f 速さ（10）　6 g・cm	2	88.6	70.3
	g 圧力（8）　7 g／cm	2	33.3	28.7
	h 密度（9）　8 g／cm^2	2	43.7	33.7
	9 g／cm^3			
	10 cm／秒			
	【2】つぎのA列の事がらに最も関係の深い生物名をB列から選んで，その番号を（　）内に書き入れよ。		(29.1)	(26.2)
	A列　B列			
	a ジアスターゼ（5）　1 タラ	2	23.4	12.1
	b ちつそ肥料（6）　2 カエル	2	40.8	42.5
	c ビタミンA（1）　3 トカゲ	2	8.9	7.1
	d ビタミンB（4）　4 米ぬか	2	32.7	34.6
	e 皮膚呼吸（2）　5 ダイコン	2	39.4	34.9
	6 根りゆうバクテリア			
	7 キャベツ			

分類	問題及び正答	配点	正答率 本土	沖縄
			本土	沖縄
知識	【3】つぎの各問の1～4のうち，正しいものの番号を○でかこめ。		(47.3)	(45.8)
	a ヤゴは{1 ゲンゴロウ 2 セミ ③ トンボ 4 ミズスマシ}の幼虫である。	2	69.6	42.4
	b アリジゴクは{1 クサタゲロウ ② ウスバカゲロウ 3 シロアリ 4 カマキリ}の幼虫である。	2	27.9	27.7
	c ヤモリは{① トカゲ 2 イモリ 3 サンショウウオ 4 アサガエル}と同じなかま（類）の動物である。	2	29.0	51.7
	d 肥料の三要素は{1 酸素，ちつ素，水素 2 ちつ素，りん酸，鉄分 ③ ちつ素，カリ，りん酸 4 炭酸，りん酸，りゆう酸}である	2	71.6	70.3
	e カエルの心臓は{1 一心室一心房 ② 一心室二心房 3 二心室一心房 4 二心室二心房}からできている。	2	38.3	36.8
技能（読図）	【4】下の地形図をみて，つぎの問に答え，正しいと思うものの符号（ア，イ，……）を，それぞれの文の（ ）の中に書き入れよ。		(62.6)	(51.2)
	a 傾斜がたいへんに急なところは，どこか。（ア）	2	77.2	60.5
	b 谷になつているところは，どこか。（エ）	2	59.8	55.4
	c 馬のくらのようになつているところは，どこか（イ）	2	51.0	37.6

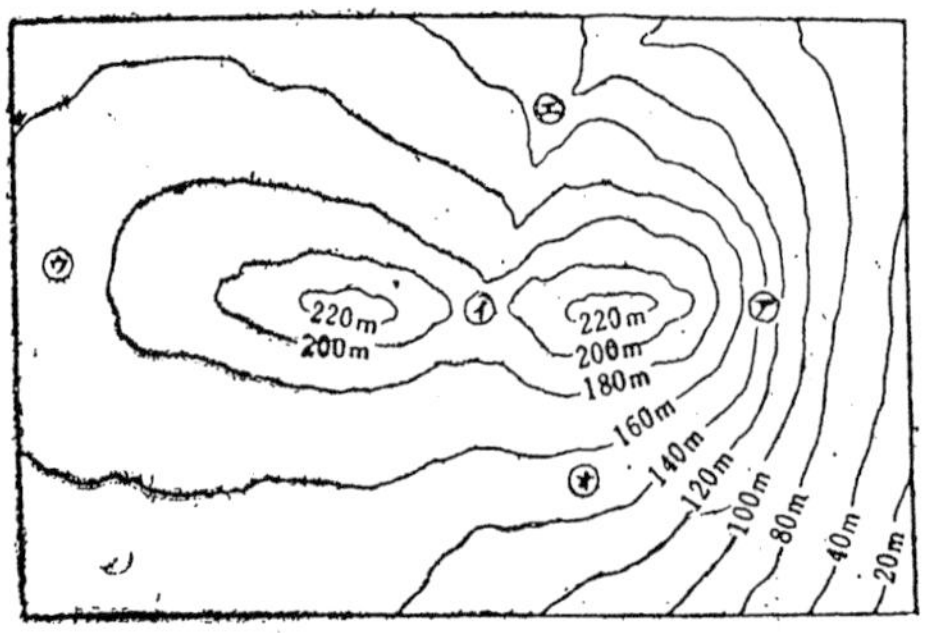

分類	問題及び正答	配点	正答率 本土	正答率 沖縄
理解	【5】歯車やベルトをかけた車を使つて，回転の**むき**や**速さ**を変えることができる。 つぎのベルトをかけた車のいろいろな組合せのうちで，左上の組合せ歯車と同じようにはたらくのは，どれか。その番号を○でかこめ。 1　4　2　5 (正答)→5	2	(45.7)	(35.0)
	【6】つぎのa，b，cは3個の等しい抵抗の，いろいろなつなぎ方を示したものである。両端に等しい電圧を与えたときに（ア）から(イ)へ流れる電流は，どれが大きいか。 大きさの順に，符号（a，b，c，）で，答の欄に書き入れよ。 a (ア) R R R (イ) b (ア) R R R (イ) c (ア) R R R (イ) 電流の大きさの順 大　b　c　a　小	2	(40.2)	(33.3)

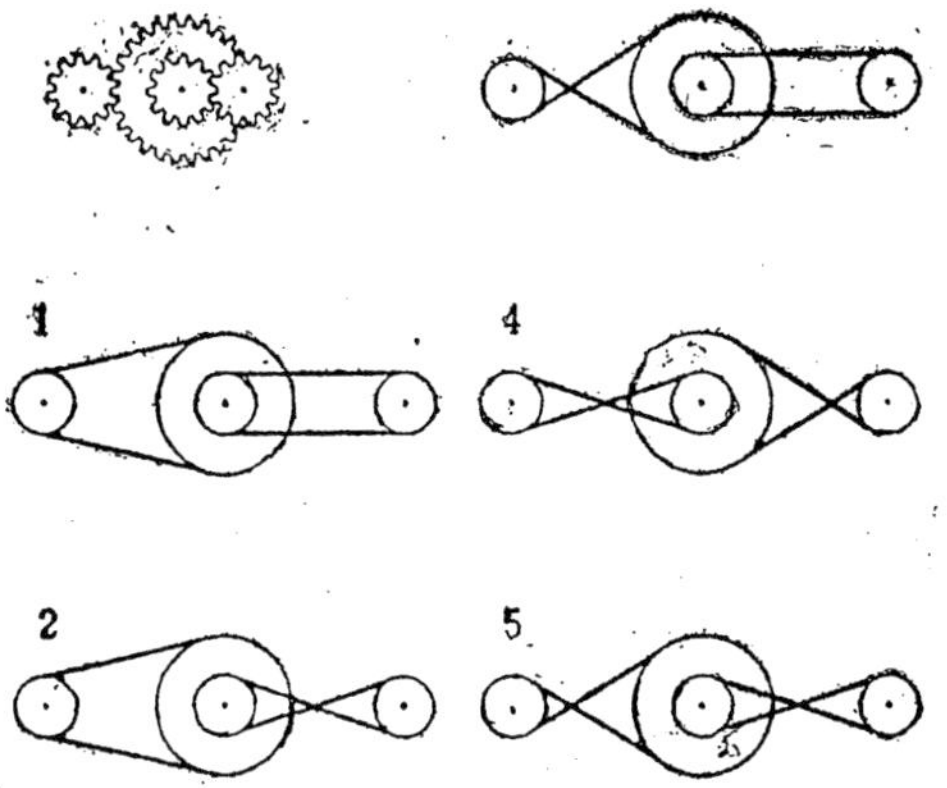

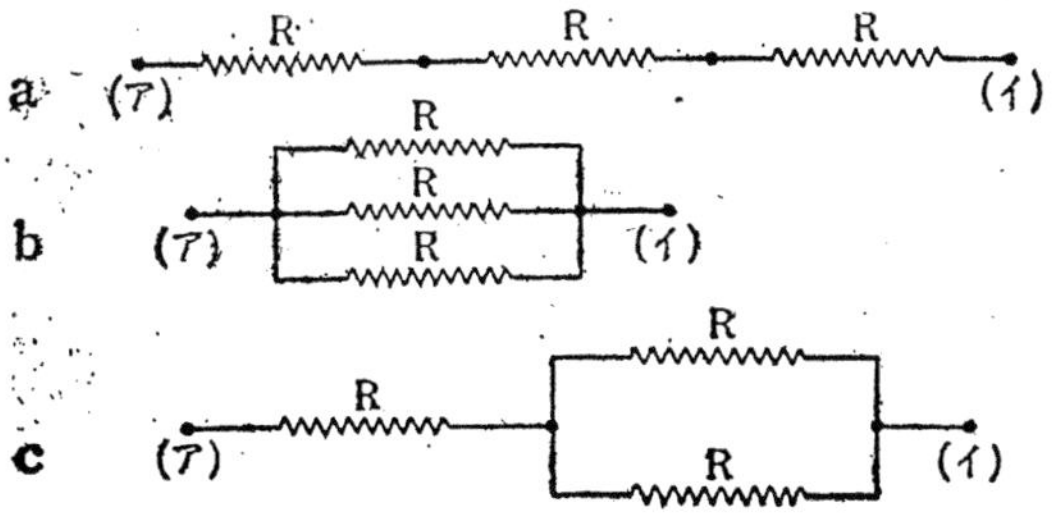

分類	問題及び正答	配点	正答率 本土	正答率 沖縄
理解(判断)	【7】しつかりとゴム栓がしめてある広口びんがある。この栓には，眞空ポンプに接続されたガラス管(イ)と，先端にゴム風船(ア)がしつかりとつけてあるガラス管(ウ)とが，固定されている。 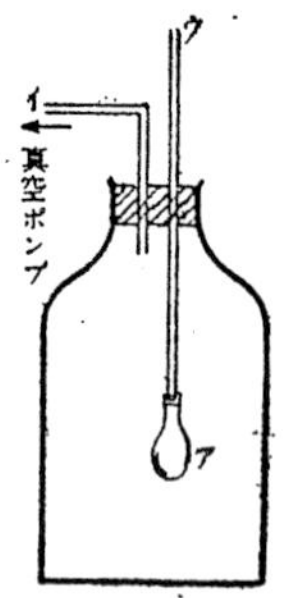		(33.5)	(25.2)
	a いま，眞空ポンプで，びん内の空気を抜くと，ゴム風船はどうなるか。正しいと思うものを一つえらんで，その番号を○でかこめ。 ① ふくらむ。 2 変らない。 3 ちぢむ。 4 ふくらんだり，ちぢんだりする。	2	45.3	31.2
	b つぎに(ウ)の口をしつかりゴム栓でとざし，前と同じように(イ)から眞空ポンプで，びん内の空気を抜くと，ゴム風船はどうなるか。正しいと思うものを一つ選んで，その番号を○でかこめ。 ① ふくらむ。 2 変らない。 3 ちぢむ。 4 ふくらんだり，ちぢんだりする。	2	21.5	20.9
	c また，眞空ポンプでびん内の空気を抜いているとき，ゴム栓はどちらの方向にひつぱられるか。正しいと思うものを一つ選らんで，その番号を○でかこめ。 1 びんの上側の方向。 ② びんの下側の方向。 3 どの方向にもひつぱられない。 4 びんの側面の方向。	2	33.8	23.5
	【8】下の図は，ある日の夕方見た月を示したものである。図から考えて，つぎの文のうち，最も適当と思うものを，一つ選んで，その番号を○でかこめ。		(41.1)	(39.2)
	 a 1 もう2,3日で新月になる月である。 ② 新月後2,3日たつた月である。 3 満月後6,7日たつた月である。 4 あと2,3日で下弦の半月になる月である 5 上弦の半月後2,3日たつた月である。	2	24.6	25.1

<table>
<tr><th rowspan="2">分類</th><th rowspan="2">問　題　及　び　正　答</th><th rowspan="2">配点</th><th colspan="2">正答率</th></tr>
<tr><th>本土</th><th>沖縄</th></tr>
<tr><td rowspan="2">知識(実験)</td><td>b ① この月は，やがて西の空に沈む。
2 この月は，やがて南天にのぼる。
3 この月は，一晩中，だいたい同じ位置にある。
4 この月は，明けがた東の空に沈む。
5 この月は，眞夜中に直南にくる。</td><td>2</td><td>44.9</td><td>45.0</td></tr>
<tr><td>c この月は明晩晴天ならば，同じ時刻に
1 同じ位置に見えるであろう。
2 もう沈んでいるであろう。
③ もう少し東によつて，高いところに見えるであろう。
4 まだ見えないであろう。
5 ずつと東側によつて見えるであろう。</td><td>2</td><td>53.7</td><td>47.5</td></tr>
<tr><td rowspan="6">技能(観察)</td><td>【9】川原にいつて，石ころを調べようと思う。
つぎのaからdまでのことがらを調べるのに，下の□の中の1から7までのどれを使つたらよいか，(　)の中にその番号を記入せよ。答は(　)一つにつき一つずつ書け。</td><td></td><td>(61.5)</td><td>(39.9)</td></tr>
<tr><td>a　石ころのかたさを調べるため。(6)</td><td>2</td><td>71.7</td><td>52.1</td></tr>
<tr><td>b　石灰分を多くふくむ石ころかどうかを調べるため。(7)</td><td>2</td><td>43.2</td><td>31.8</td></tr>
<tr><td>c　石ころがどこから流れてきたかを考えるため。(3)</td><td>2</td><td>77.7</td><td>65.5</td></tr>
<tr><td>d　石ころの新しい面を出して，そこのこまかい構造を調べるため。(5)(6)</td><td>2</td><td>81.9</td><td>33.0</td></tr>
<tr><td>1 磁石　2 ヨードチンキ
3 地図　4 アンモニア水
5 ルーペ(虫めがね)　6 ハンマー
7 うすい塩酸

○ 採点上の注意
問(c)きの場合(3)のほか1を加えたもの(3.1)も正答，ただし1のみでは誤答</td><td>2</td><td>49.1</td><td>41.3</td></tr>
</table>

分類	問題及び正答	配点	正答率	
			本土	沖縄
知識（実験）	【10】光が空気中から静かな水面に，図のように投射されたとき，水中にはいつた後の光線のおおよその進路はどうなるか。下の図に記入せよ。（正答） 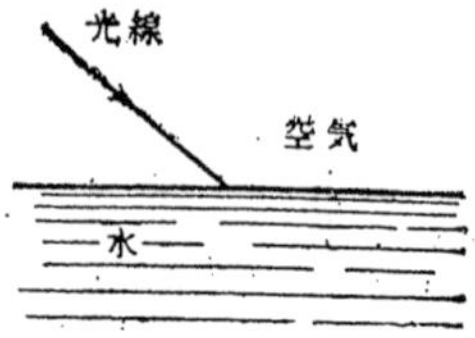 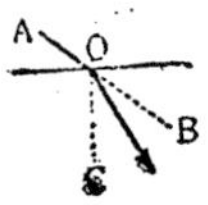 ○ 採点上の注意 {∠BOC内の直線はすべて正答とする。OB, OCに重なるものは誤答とする。	2	(49.1)	(41.3)
理解（応用）	【11】ひもの途中に，図のようにA，B，Cのおもりを結びつけた。重さは，Aは15g，Bは20g，Cは7gである。 A，Bの間のひもの張力はいくらか。答は□の中に書き入れよ。  27g重 ○ 採点上の注意 27，または27gも正答と認める	2	(12.0)	(7.9)
技能（グラフ）	【12】右の図は，食塩，塩化カリウム硝酸カリウムを，それぞれ100gの水に溶けるだけ溶かしたときの，濃度（こさ）と温度との関係を示したものである。この図を見て下の問に答えよ。答は□の中に書き入れよ。 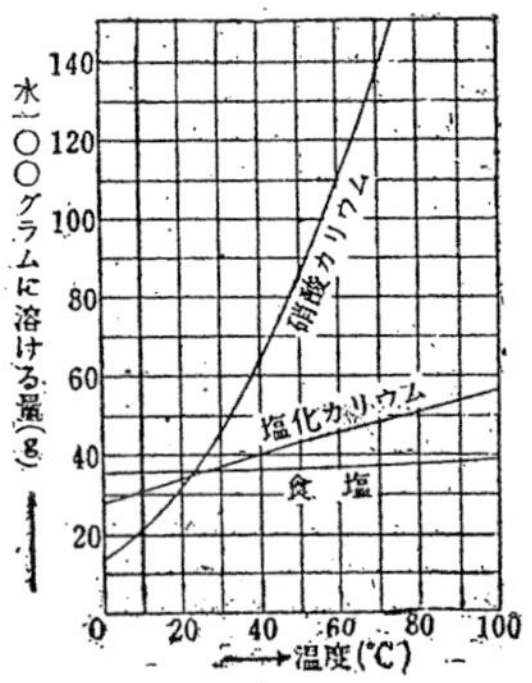		(62.8)	(44.4)
	a 水よりも湯のほうに，ずつとよく溶けるものは何か。 硝酸カリウム	2	64.7	47.9
	b 水でも湯でも，だいたい同じように溶けるものは何か 食　塩	2	70.0	51.8
	c 0°Cで最も溶けにくいものは何か。 硝酸カリウム	2	62.4	45.1

分類	問題及び正答	配点	正答率	
			本土	沖縄
	d　100°Cの湯の中では，食塩は何g溶けているか。 約　3　8　g	2	62.5	43.0
	e　硝酸カリウムの溶ける量と食塩の溶ける量とが等しくなるのは，約何度のときか。 約　2　3　°C	2	51.9	34.4
	○　採点上の注意＝{問dは37～40の範囲，問eは22　24の範囲は正答とする。			
理解と技能	【13】一定量の水の中にニクロム線を入れた。これに電池をつないで，一定時間電流を通す。ニクロム線で発生した熱によつて，水の温度が上がる。この実験で，ニクロム線で費した電力量と水の得た熱量とをはかつて，電力量と熱量との関係を知りたいと思う。		(37.5)	(23.9)
	a　ニクロム線，電池（─｜├─），電流計（Ⓐ），電圧計（Ⓥ）を，導線でどのようにつないだらいよか。 下の(ア)～(オ)のつなぎ方のうち，正しいものを一つ選んで，その符号を○でかこめ。 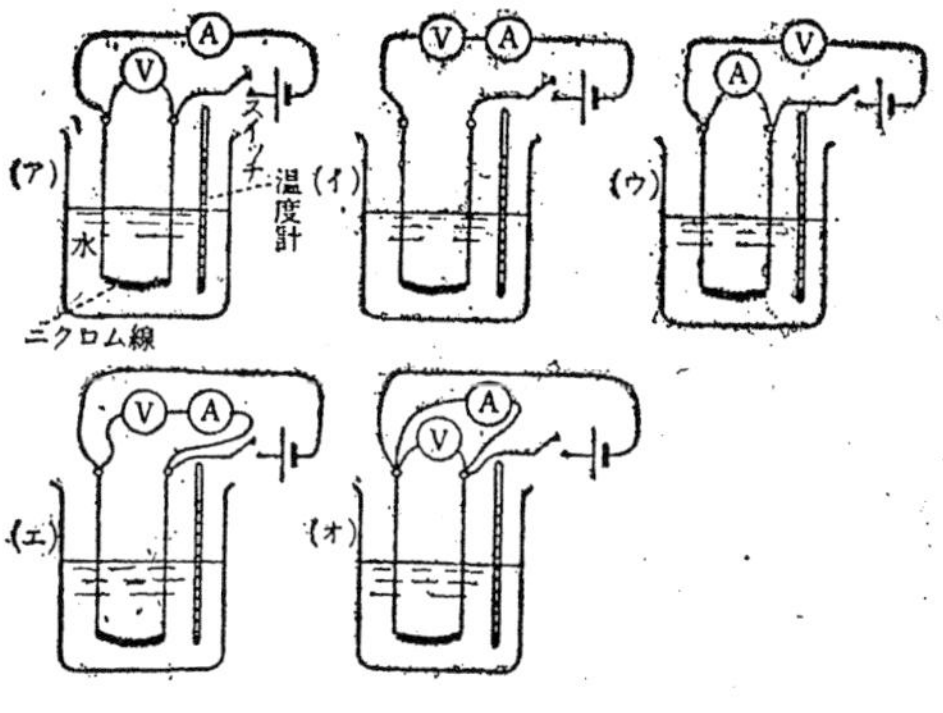 (ア)　(イ)　(ウ)　(エ)　(オ) スイッチ　温度計　水　ニクロム線 (正答)ア	2	25.8	17.3
	b　この実験で，水の温度をはかるには，つぎのどの方法が最もよいと思うか。一つ選んでその番号を○でかこめ。 1　温度計が動かないように，手でしつかりにぎつて，温度を読む。 2　温度計がこわれないように，なるべく太くてじょうぶな温度計を使つて，温度を読む。 3　温度計，なるべくニクロム線に近づけて温度を読む	2	49.2	30.4

分類	問題及び正答	配点	正答率	
			本土	沖縄
	④ 温度計をニクロム線からはなして，棒で水をかきまわしながら温度を読む。 5 温度計を読むときだけ，これを水の中に入れて，手早くそのときの温度を読む。			
思考力	【14】コウジカビは，でんぷんを糖分に変え，コウボキンは糖分をアルコールに変化させる力をもつている。これと同じように，いろいろのバクテリアには，それぞれ，ある物質からある物質をつくりだすはたらきがある。 いま，6個のフラスコA，B，C，D，E，F，に肉汁（牛肉を細かくきざんで煮出したもの）30ccずつ入れ，綿で栓をしてからじゆぶんに殺菌しておき，そのおのおのに，a，b，c 3種のバクテリアを，つぎのように組合せて植えつけた。 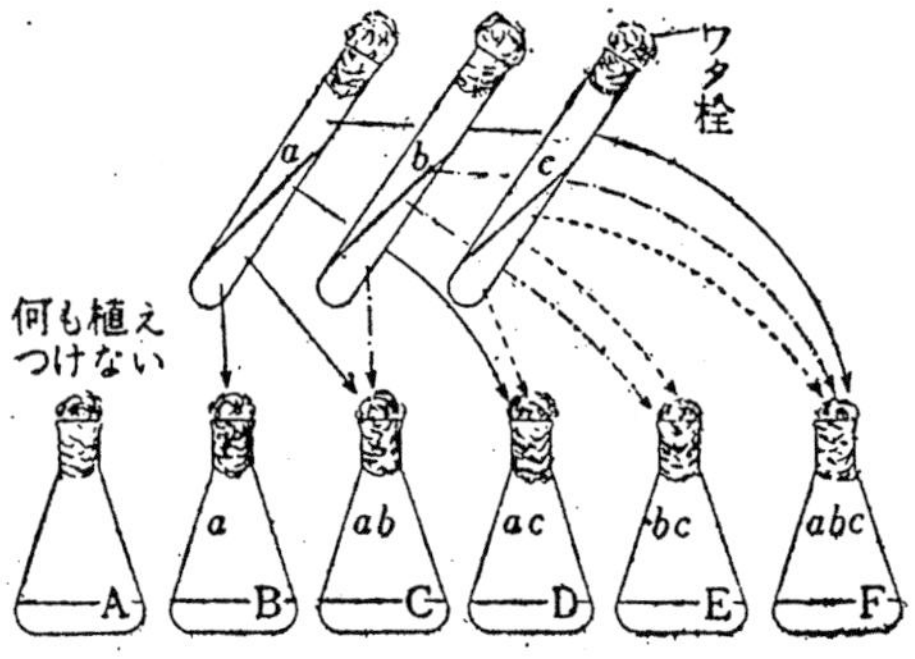 ワタ栓　何も植えつけない　a　ab　ac　bc　abc　A　B　C　D　E　F ○フラスコAには，何も植えつけてない。 ○フラスコBには，バクテリアaのみを植えつける。 ○フラスコCには，バクテリアaとbとを植えつける。 ○フラスコDには，バクテリアaとcとを植つける。 ○フラスフEには，バクテリアbとcとを植えつける。 ○フラスコFには，バクテリアaとbとcとを植えつける このようにした6個のフラスコを，暖かいところに2日間おいてから，中の液について，たんぱく質，アンモニウム化合物，亜硝酸化合物，硝酸化合物があるかないかについて調べたら，つぎのような結果を得た。		(14.4)	(10.3)

分類	問題及び正答	配点	正答率	
			本土	沖縄

○フラスコ Aには，たんぱく質だけがある。

○フラスコ Bには，たんぱく質とアンモニウム化合物とがある。

○フラスコ Cには，たんぱく質とアンモニウム化合物と亜硝酸化合物とがある。

○フラスコ Dには，たんぱく質とアンモニウム化合物がある。

○フラスコ Eには，たんぱく質だけがある。

○フラスコ Fには，たんぱく質とアンモニウム化合物と亜硝酸化合物と硝酸化合物とがある。

上の実験から，バクテリアa，b，c **にはそれぞれどんなはたらきがあるか。つぎの表の(1)から(6)までの中から選んでその欄に○印を入れよ。**

	バクテリア		
	a	b	c
(1) たんぱく質からアンモニウム化合物をつくる。	○		
(2) たんぱく質から亜硝酸化合物をつくる。			
(3) たんぱく質から硝酸化合物をつくる。			
(4) アンモニウム化合物から硝酸化合物をつくる。		○	
(5) アンモニウム化合物から硝酸化合物をつくる。			
(6) 亜硝酸化合物から硝酸化合物をつくる。			○

配点		本土	沖縄
a b c 各2点	(a)	24.2	17.2
	(b)	10.0	6.8
	(c)	9.1	7.0

※二つ以上の欄に○印を記入したものは誤答

<table>
<tr><th rowspan="2">分類</th><th rowspan="2">問　題　及　び　正　答</th><th rowspan="2">配点</th><th colspan="2">正答率</th></tr>
<tr><th>本土</th><th>沖縄</th></tr>
<tr><td>理解と思考力</td><td>【15】つぎの図に示す四とおりの滑車には，いずれも40 kgのおもりがついている。a，b，c，dにそれぞれ何kgの力を加えたらおもりとつりあうか。ただし，車や綱の重さは考えに入れないこととする。答は，下の □ の中に書き入れよ。

(正答)
<table><tr><th>a</th><th>b</th><th>c</th><th>d</th></tr><tr><td>40 kg</td><td>20 kg</td><td>20 kg</td><td>10 kg</td></tr></table></td><td>a
b
c
d
各2点</td><td>(45.2)

(a)
77.4
(b)
48.3
(c)
32.0
(d)
23.0</td><td>(33.5)

66.1

33.3

20.7

13.9</td></tr>
</table>

高・物

高等学校理科（物理）学力調査問題

昭和32年度全国学力調査

<table>
<tr><th rowspan="2">分類</th><th rowspan="2">問題及び正答</th><th rowspan="2">配点</th><th colspan="2">正答率</th></tr>
<tr><th>本土</th><th>沖縄</th></tr>
<tr><td>知識</td><td>【1】ビーカーにとつた一定量の水の中にニクロム線を入れたこれに電池をつないで一定時間電流を通すと，ニクロム線で発生した熱によつて水の温度が上がる。この実験で，ニクロム線で費した電力量と水の得た熱量との関係を知りたいと思う。ニクロム線，電池（─|ı─），電流計（Ⓐ），電圧計（Ⓥ）を導線でどのようにつないだらよいか。下のつなぎ方の中から，正しいものを選び，その符号（ア～オ を解答欄に記入せよ。 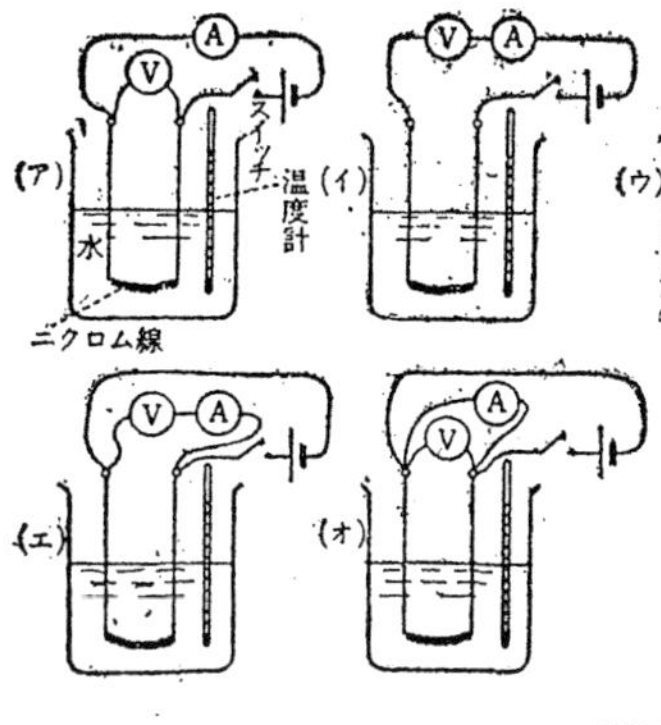
(ア) (イ) (ウ) (エ) (オ)
スイッチ　温度計　水　ニクロム線
ア

【2】つぎの各問に答えよ。
(1) 空気中から，静かな水面に図のように光線が投射されたとき，水中にはいつた後の光線のおおよその進路を，図に書き入れよ。　　(正答) 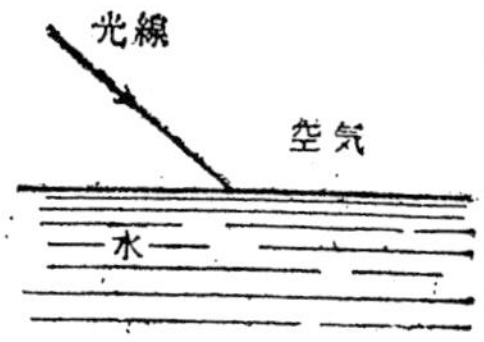 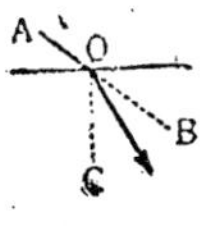
光線　空気　水
A O B C</td><td>2

2</td><td>全42.4
定30.3

全69.4
定60.7</td><td>35.7
12.5

62.8
25.0</td></tr>
</table>

分類	問題及び正答	配点	正答率 本土	正答率 沖縄
理解	(2) 図のように，帯電していない検電器の金属板 (P)に，負に帯電した，帯電棒 (R)，を近づけたときに誘起される電荷の分布状態の大要を，＋－の記号を用い下の(a)図に書き入れよ。また，このとき金属はくが開いているか，閉じているかも，はつきりとかき入れよ。 つぎに，帯電棒を近づけたまま金属板に指(F)を触れたときの，電荷の分布状態の大要と金属はくの開閉を(b)図にかき入れよ。 R　P　(A)　R　F　P　(B) (正答) (a) (b)	2 2	(a) 全25.3 定10.8 (b) 全10.2 定 4.9	 18.4 12.5 7.7 12.5
	(3) 3個のまつたく等しい抵抗Rを，つぎの(a)，(b)，(c)のようにつないだ場合，両端に等しい電圧を加えれば，(ア)から(イ)へ流れる電流の強さは，(a)，(b)，(c) のうち，どれがいちばん大きいか。電流の大きさの順序を解答欄に記入せよ。 (a) (ア) R R R (イ) (b) (ア) R R R (イ) (c) (ア) R R R (イ)	2	全61.9 定52.9	56.9 62.5

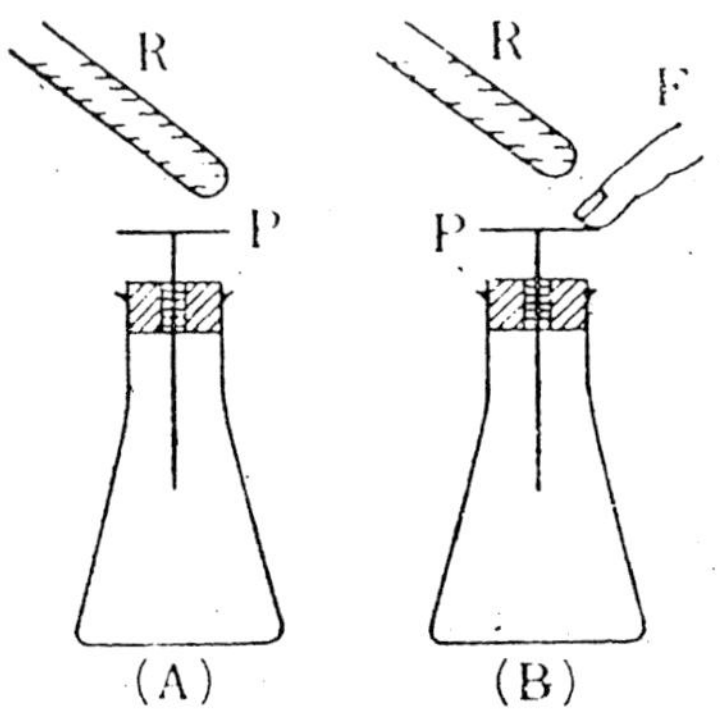

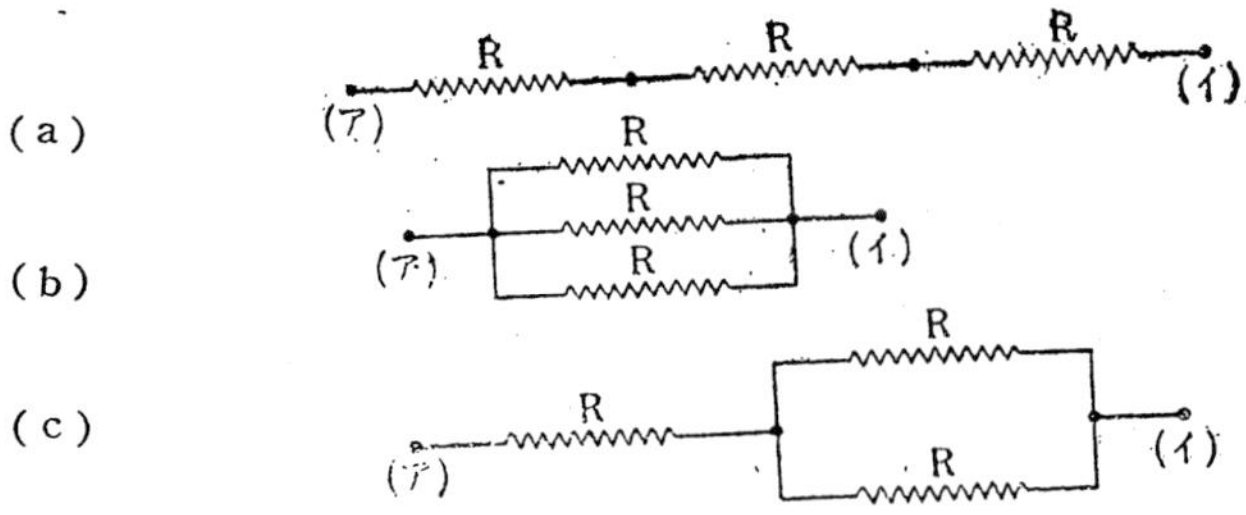

電流の大きさの順				
大	b	c	a	小

分類	問題及び正答	配点	正答率 本土	正答率 沖縄
推理（思考力）	(4) 電圧計Ⓥを図のようにつないだとき，その読みは，(a)，(b)の場合，それぞれいくらか。また，電圧計の代りに電流計をつないだときはどうか。ただし，電池および電流計の内部抵抗は非常に小さく，電圧計の内部抵抗は非常に大きいとする。	2	(a)－Ⓥ 全16.3	10.9
			定 8.7	0.0
		2	(a)－Ⓐ 全10.3	11.8
			定 6.1	0.0
		2	(b)－Ⓥ 全28.7	23.9
			定17.4	12.5
		2	(b)－Ⓐ 全47.4	35.9
			定25.3	0.0

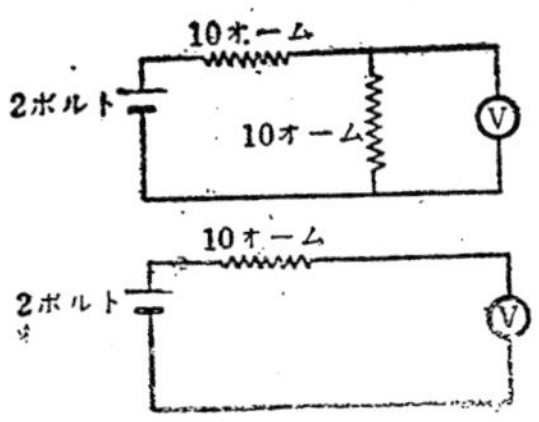

	電圧計をつないだとき	電流計をつないだとき
(a)	（正答）…1ボルトⓋ	（正答）0.2 アンペアⒶ
(b)	（正答）…2ボルトⓋ	（正答）0.2 アンペアⒶ

知識

【3】ある岩石の比重をはかろうと思い，適当な大きさの岩石をとり，図のようなばね秤を用いてつぎのような順序で測定した。

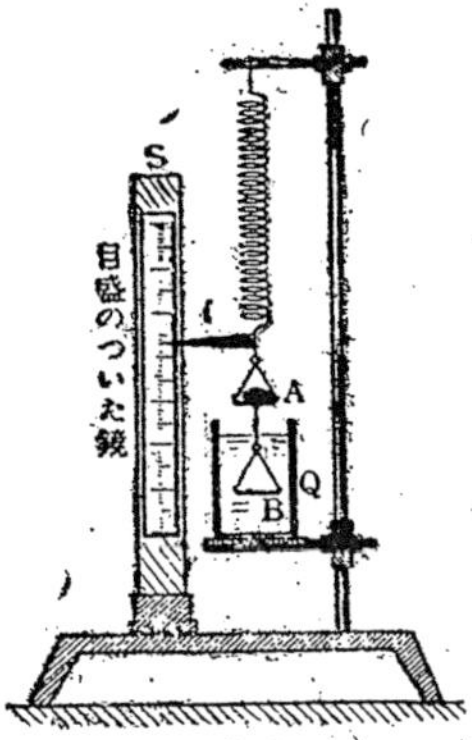

（装置）

ばね秤は鋼製のつるまきばねの下に図のようにA，B二つのさらが上下についており，岩石は，このどちらかのさらの上にのせて，ばねの伸びを見る。

下のさらBは，常に別のうででささえられた容器Qの中の水中にあるようにして測定する。また，ばねの下端には指標Iがついていて，鉛直に立てられた鏡Sの面をさしておりその面には1mm間隔の目盛がつけてある。

（測定）

(a) まず，さらには何ものせず，Bは水中にあるようにして，Iの示す目盛を見たら27.6mmであつた。

(b) つぎに，岩石をさらAの上にのせ，QはA，Bの降下に伴つて下げ，Bだけが水中にあるようにして，Iの示す目盛を見たら，36.9mmであつた，

<table>
<tr><th rowspan="2">分類</th><th rowspan="2">問　題　及　び　正　答</th><th rowspan="2">配点</th><th colspan="2">正答率</th></tr>
<tr><th>本土</th><th>沖縄</th></tr>
<tr><td rowspan="2">知
識</td><td>(c) つぎに，岩石をさらBに移し，岩石とBとは水中，Aは空中にあるようにして，Iの示す目盛を見たら，33.5 mmであつた。
問　題
この実験について，つぎの問の正しい答を(ア)，(イ)，(ウ)……の中から示されている数だけ選び出し，その符号を解答欄に記入せよ。
(1) この測定に使われている法則・原理を二つあげよ。
(ア) ボイルの法則　(イ) シャルルの法則
(ウ) フックの法則　(エ) ニュートンの運動法則
(オ) アルキメデスの原理　(カ) パスカルの原理
(キ) ホイヘンスの原理</td><td>1</td><td>全55.5
定42.5</td><td>47.0
12.5</td></tr>
<tr><td>ウ　オ</td><td>1</td><td>全67.6
定49.5</td><td>44.4
62.5</td></tr>
<tr><td>技
能</td><td>(2) 鏡の面に目盛をつけてある最も適切な理由を一つあげよ。
(ア) 鏡の面は，竹や木の面に比べてきわめて平らで，曲がることがない。
(イ) 鏡の面の目盛は，非常に見やすい。
(ウ) 鏡に目の像がうつるから，視差なく読みとれる。
(エ) 鏡はガラスであるから，温度によるのびちぢみが非常に小さい。
(オ) 鏡であると，鉛直か鉛直でないか確かめるのが容易である。
ウ
(3) 容器Qを上げたり下げたりするときに必要な注意を，つぎの中から二つあげよ。
(ア) 測定(a)，(b)，(c)の行われる間は，Bが絶対に水中から出ないようにする。
(イ) 測定(a)，(b)，(c)が行われる間は，Aが絶対に</td><td>2</td><td>全48.3
定35.9</td><td>24.9
37.5</td></tr>
</table>

分類	問題及び正答	配点	正答率	
			本土	沖縄
技能	水中にはいらないようにする。 (ウ) 測定(a), (d), (c)が行われるとき，水面がいつもBの同一点にくるようにする。 (エ) 測定(a), (b), (c)が行われるとき，水量が常に変化しないようにする。 (オ) 測定(c)でBに岩石をのせたとき，容器Qの水があふれては測定がまちがいとなるから，あふれないように水量を加減する。	1	全53.0 定47.3	43.3 50.0
	〔イ〕 〔ウ〕	1	全35.8 定26.8	27.1 37.5
推理(思考力)	(4) 上の測定結果から，岩石の比重dを計算するのに，次のような方法によつた。どれが正しいか。 (ア) $d=\dfrac{36.9}{36.9-27.6}$ (イ) $d=\dfrac{36.9}{33.5-27.6}$ (ウ) $d=\dfrac{36.9-27.6}{33.5-27.6}$ (エ) $d=\dfrac{36.9-27.6}{36.9-33.5}$ (オ) $d=\dfrac{33.5-27.6}{27.6}$ 〔エ〕	2	全36.4 定20.7	23.0 25.0
知識	(5) 上の式から得られた値の有効数字は，何けたか。 (ア) 1けた (イ) 2けた (ウ) 3けた (エ) 4けた (オ) 5けた以上 〔イ〕	2	全30.1 定28.3	26.0 62.5
理解	【4】 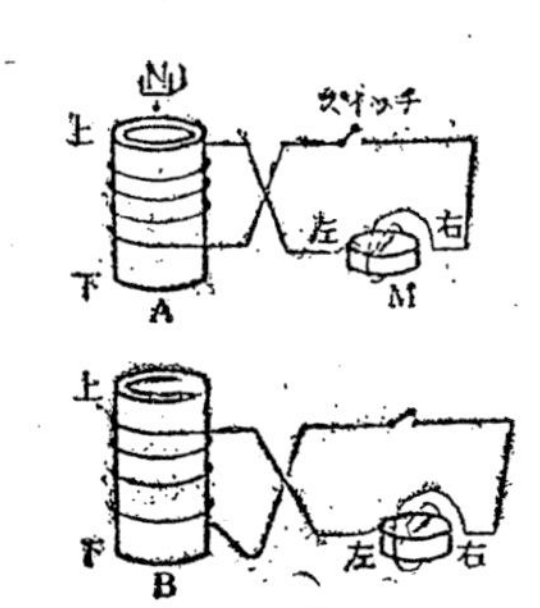 左上の図で，Aは巻き数千回ぐらいのコイルで，図で示したような巻き方をしてある。Mは，小磁針で，地磁気の子午面をコイル面とする百回巻きぐらいの小コイルの中心部に置いてある。これらを用いて電磁誘導を実験するために，図のようにつないで，スイ			

<table>
<tr><th rowspan="2">分類</th><th rowspan="2">問　題　及　び　正　答</th><th rowspan="2">配点</th><th colspan="2">正答率</th></tr>
<tr><th>本土</th><th>沖縄</th></tr>
<tr><td>理解</td><td>

ツチを入れてから，強い磁石のN極を図に示した方向から急にコイルに近づけた。

つぎの文の空所に，図に記入した方向を示す語，**上下，左右**を用いこれを完全な文とせよ。ただし答は解答欄に記入せよ。

このときの誘導電流の方向は，それによつて生ずる磁力線が，コイル内を[a]から[b]へ向くような方向であるから，小磁針の北極は[c]へ少し回る。もし，Aコイルの代りに，Aと巻き数が等しくて下側の図に示したような巻き方をしているコイルBを用い，図のようにつないで前と同じ実験を行うと，誘導電流の方向は，それによつて生ずる磁力線がコイル内を[d]から[e]へ向くような方向であるから，小磁針の北極は[f]へ少し回る。

図の磁針は棒磁石を近づけない場合の方向を示し，先端は北極をさしているものとする。

<table>
<tr><th>a</th><th>b</th><th>c</th><th>d</th><th>e</th><th>f</th></tr>
<tr><td>下</td><td>上</td><td>右</td><td>下</td><td>上</td><td>左</td></tr>
</table>

</td><td>(abc)で2点、(def)で2点</td><td>全19.2
定12.9

全21.1
定16.7</td><td>15.1
12.5

17.1
12.5</td></tr>
<tr><td>知識・理解</td><td>

【5】下のわくのなかに記入してある單位は，つぎのどの物理量の單位として使用することができるか。該当する物理量をこのうちから選び，(ア)　(シ)の符号でわく内の單位の下に一つずつ記入せよ。

(ア) 質量　(イ) 重量　(ウ) 密度　(エ)圧力の強さ
(オ) 摩擦係数　(カ) 線膨脹率　(キ) 仕事率　(ク)周期
(ケ) 周波数　(コ) 比熱　(サ) 熱容量　(シ) 体積

<table>
<tr><th>(a)
sec</th><th>(b)
g</th><th>(c)
cm^3</th><th>(d)
dyn</th><th>(e)
1/sec</th><th>(f)
1/°C</th><th>(g)
cal/°C</th><th>(h)
g/cm^3</th><th>(i)
dyn/cm^2</th><th>(j)
無名数</th></tr>
<tr><td>ク</td><td>ア</td><td>シ</td><td>イ</td><td>ケ</td><td>カ</td><td>サ</td><td>ウ</td><td>エ</td><td>オ</td></tr>
</table>

ただし，secは秒，dynはダイン，calはカロリーを示す。

</td><td>abcdefghij各々1点</td><td>全46.8
定33.7</td><td>全36.0
定17.5</td></tr>
</table>

<table>
<tr><th rowspan="2">分類</th><th rowspan="2">問　題　及　び　正　答</th><th rowspan="2">配点</th><th colspan="2">正答率</th></tr>
<tr><th>本土</th><th>沖縄</th></tr>
<tr><td>理解・技能</td><td>【6】下のわくのなかに記入してある器具と材料を用いて，つぎの(1)(2)(3)の実験を行いたい。それぞれの実験に最も必要と考えられる器具と材料を，それぞれ三つ，わくの中から選び出し，答の該当欄に符号（ア，イ，……コ）で記入せよ，ただし，必要ならば同じ符号を何回用いてもよい。
実験 (1) 固体の比熱の測定
(2) 湿度の測定
(3) 気柱の共鳴を利用して音波の振動数を求める実験

器具・材料
（ア）てんびん　（イ）ものさし　（ウ）時計　（エ）温度計
（オ）気圧計　（カ）太いガラス管　（キ）銅製の容器
（ク）ガラス製の小さい容器　（ケ）音さ(叉)　（コ）ガーゼ

<table>
<tr><th>実験番号</th><th colspan="3">答</th></tr>
<tr><td>(1)</td><td>ア</td><td>エ</td><td>キ</td></tr>
<tr><td>(2)</td><td>エ</td><td>ク</td><td>コ</td></tr>
<tr><td>(3)</td><td>イ</td><td>カ</td><td>ケ</td></tr>
</table>
</td><td>1
2
3
各2点</td><td>(1)
全21.6
定11.4

(2)
全30.1
定17.4

(3)
全13.5
定 3.1</td><td>
16.4
0.0

21.0
0.0

7.7
0.0</td></tr>
<tr><td>理解</td><td>【7】つぎの文の□内に適当な数値を，また（　）内には適当なことばを入れて，正しい文とせよ。ただし答は解答欄に記入せよ。
(1) 光度120カンデラ（cd）〔またはしょく（cp）〕の電燈から，2m離れて電燈に正対する面の照度は［a］ルクスである。

<table>
<tr><th>a</th></tr>
<tr><td>30又は30ルクス</td></tr>
</table>

(2) 焦点距離20cmの凸レンズを暗室に持っていって，レンズの軸上，レンズから40cm離れた所に，ろうそくの炎を置いた。このときできる像は（a）像で，像の位置はレンズから［b］cmの所である。</td><td>2

a
b
各2点</td><td>全47.8
定22.8

(a)
全63.9
定36.7</td><td>21.7
12.5

39.4
12.5</td></tr>
</table>

<table>
<tr><th rowspan="2">分類</th><th rowspan="2">問　題　及　び　正　答</th><th rowspan="2">配点</th><th colspan="2">正答率</th></tr>
<tr><th>本土</th><th>沖縄</th></tr>
<tr><td rowspan="4">理
解</td><td>

a	b
実(像)又は倒像，倒立(像)	40 (cm)

</td><td></td><td>(b)
全52.9
定24.2</td><td>
32.4
0.0</td></tr>
<tr><td>(3) 高い所から石を落したところ2 sec 後に地面に到達した。石を落した場所の高さは地上[a]mで，地面を打つ直前の石の速度は[b]m/sec である。ただし，空気の抵抗をないものとし，重力による加速度を$9.8\,m/sec^2$とする。

a	b
19.6 (m)	19.6 (m/sec)

</td><td>a
b
各2点</td><td>(a)
全45.6
定27.9
(b)
全34.1
定19.2</td><td>
32.8
0.0

18.4
12.5</td></tr>
<tr><td>(4) あるモーターで巻き上げ機械を働かしたところ，150 kgの物体を5sec間に10mの割合で巻き上げた。摩擦その他で仕事の損失がないとすると，このモーターの仕事率は[a]馬力である。ただし，ここでは1馬力は75 kg重m/secとしてある。

a
4 (馬力)

</td><td>2</td><td>全44.1
定26.9</td><td>22.1
0.0</td></tr>
<tr><td>(5) 長いつるまきばねがある。このばねから長さ10cmのものと，20cmのものとを切りとつて，図のようにおのおのの上端を固定した。10cmのばねに10gの分銅をつるしたら，長さが，12 cm になつた。そこで10cmばねに20gの分銅をつるせばばねの全長は[a]cm となり，20cm のばねに20gの分銅をつるせば，ばねの全長は[b]cmとなる。ただし，ばねの重量を無視する。

10cm
20cm

a	b
14 (cm)	28 (cm)

</td><td>a
b
各2点</td><td>(a)
全64.5
定54.7
(b)
全28.5
定21.2</td><td>
44.0
37.5

17.3
25.0</td></tr>
</table>

<table>
<tr><th rowspan="2">分類</th><th rowspan="2">問　題　及　び　正　答</th><th rowspan="2">配点</th><th colspan="2">正答率</th></tr>
<tr><th>本土</th><th>沖縄</th></tr>
<tr><td rowspan="5">理
解</td><td>(6) 温度0° C，圧力1気圧のとき10lの気体がある。これを温度を0° Cに保ったまま，圧力を4気圧にすると，体積は［ a ］l となる。つぎに，圧力をそのまま4気圧に保ちながら，温度を0°Cから546°Cに上げると体積は［ b ］l となる。
<table><tr><th>a</th><th>b</th></tr><tr><td>2.5 (l)</td><td>7.5 (l)</td></tr></table></td><td>a
d
各2点</td><td>(a)
全47.7
定26.0
(b)
全17.0
定 4.5</td><td>
25.0
0.0

5.5
0.0</td></tr>
<tr><td>(7) 100° C，100gの湯の中に20° Cの水を［ a ］g加えてまぜると，60° Cの湯が得られる。ただし，熱は他に逃げないものとする。
<table><tr><th>a</th></tr><tr><td>100 (g)</td></tr></table></td><td>2</td><td>全28.1
定11.9</td><td>10.3
0.0</td></tr>
<tr><td>(8) 質量100gの物体が3 m/secの速さで動いてきて，静止している質量200gの物体に衝突し，両者一体となつて動き出した。そのときの速さは［ a ］m/secである。
<table><tr><th>a</th></tr><tr><td>1 (m/sec)</td></tr></table></td><td>2</td><td>全33.9
定22.1</td><td>19.7
12.5</td></tr>
<tr><td>(9)
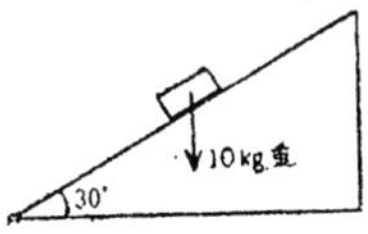
水平と30° の傾きをしている摩擦のない斜面に，重量10 kg重の物体がのせてある。斜面に平行な上向きの力でこれをささえるには［ a ］kg重の力がいる。
<table><tr><th>a</th></tr><tr><td>5 (kg重)</td></tr></table></td><td>2</td><td>全46.8
定22.1</td><td>21.7
0.0</td></tr>
<tr><td>(10) ひもの途中に図のようにA，B，Cのおもりを結びつけた。重さは，Aは15g重，Bは20g重，Cは7g重である。
手が静止しているときは，A，Bの間のひも
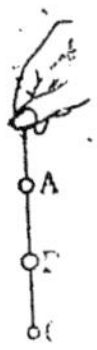</td><td>2</td><td>全31.9
定29.4</td><td>30.9
12.5</td></tr>
</table>

分類	問題及び正答	配点	正答率 本土	正答率 沖縄
理解	の張力は [a] g重である。 a: 27（g重） (11) 100Vの電源に使用すると，500Wの電力を消費する電気アイロンの使用中の抵抗は，[a] オームである。 a: 20（オーム）	2	全38.0 定19.9	24.5 12.5
知識	(12) ラドン（Rn）はα崩壊を行ってラジウムA（RaA）になる。Rnの原子番号は86，質量数は222であるから，RaAの原子番号は [a]，質量数は [b] である。ただし，ヘリウムの原子番号は2，質量数は4である。 a: 84　b: 218	a b 各に2点	(a) 全20.0 定 5.9 (b) 全17.8 定 5.3	 9.4 0.0 8.3 0.0
理解	(13) コンデンサー（蓄電器）C，および鉄心の上に導線を多数回巻いてつくったコイルLがある。 Cの両端に，等しい電圧の直流，または交流の電源をつないだときを比べると，（a）をつないだ場合のほうが大きな電流が流れる。 またLの両端に等しい電圧の直流，または交流をつないだ場合を比べると，（b）をつないだ場合のほうが大きな電流が流れる。 C コンデンサー　L コイル　鉄心 a: 交流　b: 直流	2	全31.4 定21.9	32.2 25.0

<table>
<tr><th rowspan="2">分類</th><th rowspan="2">問　題　及　び　正　答</th><th rowspan="2">配点</th><th colspan="2">正答率</th></tr>
<tr><th>本土</th><th>沖縄</th></tr>
<tr><td>理解</td><td>【8】つぎの各問の□の中に適当な数値を入れて，正しい文とせよ。ただし，答は解答欄に記入せよ。
(1)　小さいおもりを，軽い糸の一端に結びつけ，糸の他端を手に持つて等速円運動をさせた。この実験で，角速度を一定に保つて，糸の長さだけを2倍にすると，おもりに働く向心力（求心力）の大きさは［a］倍になる。また，糸の長さを一定にしておいて，角速度だけを2倍にすると，おもりに働く向心力の大きさは［b］倍になるただし，重力の影響は考えない。
<table><tr><th>a</th><th>b</th></tr><tr><td>2（倍）</td><td>4（倍）</td></tr></table></td><td>a
b
各々2点</td><td>(a)
全29.1
定28.2
(b)
全35.9
定25.5</td><td>
30.2
37.5

21.2
62.5</td></tr>
<tr><td>理解・技能</td><td>(2)
（ア）の図で示された状態の横波が、1/10 sec 後に(イ)の図で示された状態になつた。1波長以上のずれがないとし，縦軸，横軸の1目盛を 10cmとすると，図からこの波の速さは［a］cm/sec，振動数は1sec間［b］回であることがわかる。
<table><tr><th>a</th><th>b</th></tr><tr><td>200 (cm/sec)</td><td>2.5（回）</td></tr></table></td><td>a
b
各々2点</td><td>(a)
全23.6
定 9.3
(b)
全14.6
定 6.3</td><td>
9.4
0.0

3.5
0.0</td></tr>
<tr><td>理解</td><td>(3)
(A)　物体に5ダインの力を加えつづけて，これをその力の方向に 10cm 動かしたとき，力のなした仕事の量は［a］エルグである。
(B)　質量10gの物体が地上10cmの高さに置いてある。このとき，この物体の持つ重力による位置のエネルギーは，地面を基準としてはかれば［b］エルグであるこの物体をいまの所から自由落下させるとき，空気の</td><td>a
b
c
各々2点</td><td>(a)
全44.8
定29.2
(b)
全16.5
定 5.9</td><td>
24.1
25.0

5.0
0.0</td></tr>
</table>

<table>
<tr><th rowspan="2">分類</th><th rowspan="2">問題及び正答</th><th rowspan="2">配点</th><th colspan="2">正答率</th></tr>
<tr><th>本土</th><th>沖縄</th></tr>
<tr><td>理解</td><td>抵抗がないとすると地面に達したときの物体の持つ運動のエネルギーは [c] エルグとなる。
ただし，重力の加速度を 980cm/sec^{2}とする。

a: 50（エルグ）
b: 9.9×10^4（エルグ）
c: 9.8×10^4（エルグ）</td><td></td><td>(c)
全12.8
定 4.5</td><td>
5.0
0.0</td></tr>
<tr><td>推理（思考力）</td><td>(4) バイオリンの弦の振動数を調子笛の振動数に合わせようとして，両者を同時に鳴らしたところ，うなりが聞えた。弦の張力を少し増したら単位時間のうなりの回数が減った。振動数を完全に合わせるには，つぎの判断のどれがよいか，正しいものの符号を一つだけ解答欄に記入せよ。
（ア）弦の張力をもう少し増せばよい。
（イ）弦の張力をもう少し減らせばよい。
（ウ）上の結果だけでは，増してよいか減らしてよいかわからない。

[ウ]</td><td>2</td><td>全26.0
定25.7</td><td>24.9
50.0</td></tr>
</table>

高・化

高等学校理科(化学)学力調査問題

昭和32年度全国学力調査

分類	問題及び正答	配点	正答率	
			本土	沖縄
知識	以下の各問題を解くのに原子量が必要な場合には，つぎの値を用いよ。 C=**12**,　H=**1**,　N=**14**,　S=**32**,　Na=**23**			
	【1】 つぎの物質の分子式を書け。			
	(1) 水素　H_2	2	(1) 全47.5 定34.4	 51.4 34.0
	(2) メタン　CH_4	2	(2) 全26.0 定21.2	 42.0 21.3
	(3) 水　H_2O	2	(3) 全89.2 定77.6	 76.5 78.7
	(4) 炭酸カルシユウム　$CaCO^3$	2	(4) 全28.7 定13.2	 30.3 14.9
理解	**【2】** つぎの化学式で示される物質の分子量を計算し，□の中に書き入れよ。			
	(1) C_6H_6　78	2	(1) 全75.1 定53.2	 67.4 44.7
	(2) $(NH_4)_2SO_4$　132	2	(2) 全46.5 定25.8	 42.0 29.8
理解・思考力	**【3】** つぎに示す化学変化を，化学方程式で書け。			
	(1) 炭素を空気中で完全に燃焼させるとき。 $C+O_2=CO_2$　又は　$C+O_2 \rightarrow CO_2$	2	全49.4 定30.5	51.4 36.2
	(2) 塩素酸カリウム ($KClO_3$) を加熱分解して酸素をつくるとき。 $2KC1O_3=3O_2+2KCI$ 又は　$2KCIO_3 \rightarrow 3O^2+2KCI$	2	全16.4 定 6.8	17.6 2.1

<table>
<tr><th rowspan="2">分類</th><th rowspan="2">問　題　び　及　正　答</th><th rowspan="2">配点</th><th colspan="2">正答率</th></tr>
<tr><th>本土</th><th>沖縄</th></tr>
<tr><td rowspan="8">知識</td><td>【4】つぎの［　　］内に入れるべき数価を，下の(ア)～(コ)の数値の中から選び，その符号を解答欄に書け。</td><td></td><td></td><td></td></tr>
<tr><td>(1)　酸素の分子量は［ a ］である。</td><td>2</td><td>(1)
全33.9
定27.0</td><td>
49.1
27.7</td></tr>
<tr><td>(2)　標準状態(0°C,1気圧)で1モルの窒素は［ b ］lの体積を占める。</td><td>2</td><td>(2)
全75.8
定57.9</td><td>
75.3
63.8</td></tr>
<tr><td>(3)　二酸化炭素1モルの中には，およそ［ c ］個の分子が含まれる。これをアボガドロ数という。</td><td>2</td><td>(3)
全56.2
定33.4</td><td>
66.5
31.9</td></tr>
<tr><td>(4)　中性溶液のpHは［ d ］である。</td><td>2</td><td>(4)
全48.2
定32.0</td><td>
52.7
14.9</td></tr>
<tr><td>(5)　電気分解で物質1グラム当量を析出するのに必要な電気量は［ e ］クーロンである。</td><td>2</td><td>(5)
全50.2
定36.2</td><td>
60.4
44.7</td></tr>
<tr><td>(ア) 2　(イ) 4　(ウ) 7　(エ) 16
(オ) 32　(カ) 10^{-8}　(キ) 96500　(ク) 3×10^{10}
(ケ) 6×10^{23}　(コ) 22.4</td><td></td><td></td><td></td></tr>
<tr><td><table><tr><th>a</th><th>b</th><th>c</th><th>d</th><th>e</th></tr><tr><td>オ</td><td>コ</td><td>ケ</td><td>ウ</td><td>キ</td></tr></table></td><td></td><td></td><td></td></tr>
<tr><td rowspan="3">理解</td><td>【5】つぎの物質の中に，その水溶液がアルカリ性のものが二つある。下の(ア)～(キ)の中から選び，解答欄に符号で書け。
(ア)　塩化ナトリウム　(イ)　水酸化ナトリウム
(ウ)　硫酸銅　(エ)　硝酸カリウム
(オ)　硫酸ナトリウム　(カ)　硫酸アルミニウム
(キ)　炭酸ナトリウム</td><td></td><td></td><td></td></tr>
<tr><td>イ</td><td>2</td><td>全47.0
定39.3</td><td>49.8
34.0</td></tr>
<tr><td>キ</td><td>2</td><td>全39.2
定32.4</td><td>41.6
42.6</td></tr>
</table>

<table>
<tr><th rowspan="2">分類</th><th rowspan="2">問題及び正答</th><th rowspan="2">配点</th><th colspan="2">正答率</th></tr>
<tr><th>本土</th><th>沖縄</th></tr>
<tr><td>理解</td><td>【6】 つぎに示した左辺の物質が右辺の物質に変化したときに酸化されたものが二つある。
その反応を選び，解答欄に(ア)～(カ)の符号で書け。
(ア) $FeSO_4 \rightarrow Fe_2(SO_4)_3$
(イ) $KMnO_4 \rightarrow MnSO_4$
(ウ) $CuSO_4 \rightarrow Cu$
(エ) $HCl \rightarrow Cl_2$
(オ) $BaCl_2 \rightarrow BaSO_4$
(カ) $Cl_2 \rightarrow NaCl$

ア
エ</td><td>2
2</td><td>全52.2
定39.9
全28.0
定23.1</td><td>52.0
42.6
34.6
17.0</td></tr>
<tr><td>知識</td><td>【7】 つぎのA欄に示す分類に該当するものを，B欄に示す物質の中から二ずつ選び，解答欄に(ア)～(ク)の符号で書け

A (a) 炭水化物 (b) 炭化水素 (c) たんぱく質

B (ア) 羊 毛 (イ) ベンゼン (ウ) アニリン
(エ) パラフイン (オ) 木 綿 (カ) せつけん
(キ) 卵 白 (ク) でんぷん

① ②
(a) オ ク
(b) イ エ
(c) ア キ</td><td>1
1
1
1
1
1</td><td>(a)
①
全47.6
定36.7
②
全66.9
定44.6
(b)
①
全71.4
定62.1
②
全43.9
定40.6
(c)
①
全62.5
定43.7
②
全81.6
定73.4</td><td>

44.0
34.0

60.0
42.6

64.7
42.6

44.3
19.1

60.3
34.0

71.0
68.1</td></tr>
</table>

分類	問題及び正答	配点	正答率 本土	正答率 沖縄
理解	【8】 つぎのA欄に示す3種の化合物は総称して何というか。B欄のものの中から選び，解答欄に(ア)～(ク)の符号で書け。 A (a) CH_3OH, C_3H_7OH, C_4H_9OH (b) CH_3CHO, $HCHO$, C_6H_5CHO (c) $HCOOH$, CH_3COOH, C_6H_5COOH B (ア) ケトン (イ) カルボン酸 (ウ) エーテル (エ) アミノ酸 (オ) フェノール (カ) アルコール (キ) アルデヒド (ク) 炭水化物 (a) カ　(b) キ　(c) イ	2 2 2	(a) 全32.4 定20.8 (b) 全28.0 定17.0 (c) 全36.3 定24.3	37.8 21.3 34.9 19.1 36.5 27.7
	【9】 つぎのA欄に示す事項に該当するものを B欄中の物質から二つずつ選び，(ア)～(コ)の符号で書け。 A (a) 同位元素 (b) 同素体 (c) 異性体 B (ア) $^{35}_{17}Cl$ (イ) CH_4 (ウ) CH_3OCH_3 (エ) C_2H_4 (オ) C_2H_5OH (カ) C_3H_8 (キ) O_2 (ク) $^{37}_{17}Cl$ (ケ) $^{80}_{35}Br$ (コ) O_3 (a) ア ク (b) キ コ (c) ウ オ	2 2 2	(a) 全49.4 定34.0 (b) 全44.1 定35.3 (c) 全30.5 定23.7	51.9 29.8 46.9 27.7 36.0 25.5

分類	問題及び正答	配点	正答率	
			本土	沖縄
技能・思考力	**【10】** 左の図は，食塩，塩化カリウム，硝酸カリウムを，それぞれ100gの水に溶けるだけ溶かしたときの，濃度と温度との関係を示した溶解度曲線である。 この図をよく見て，下の問に答えよ (1) 水よりも湯のほうに，ずつとよく溶けるものは何か。 (2) 硝酸カリウムと食塩の溶ける量が等しくなるのは，約何度のときか。 (3) 50gの水に，60°Cで70gの硝酸カリウムを加えて，じゆうぶんにかきまわしたとき，何gが溶けないで残るか (1) 硝酸カリウム (2) 23（°C） (3) 15（g）	2 2 2	(1) 全81.1 定64.9 (2) 全72.0 定59.9 (3) 全40.1 定24.5	 67.2 40.4 62.4 23.4 全30.4 定12.8
知識・技能・思考力	**【11】** 実験でアンモニアを捕集する場合について，つぎの問に答えよ。 答は次ページの解答欄に(ア)～(オ)の符号で記入せよ。 (1) 試験管内に入れるべき薬品は，つぎの組合せのうちで，どれを選んだらよいか。 (ア) 硫酸アンモニウムに石灰石（炭酸カルシウム）。 (イ) 塩化アンモニウムに二酸化マンガン。 (ウ) 塩化ナトリウムに消石灰（水酸化カルシュム）。 (エ) 塩化アンモニウムに消石灰。	2	全27.0 定18.5	27.2 8.5

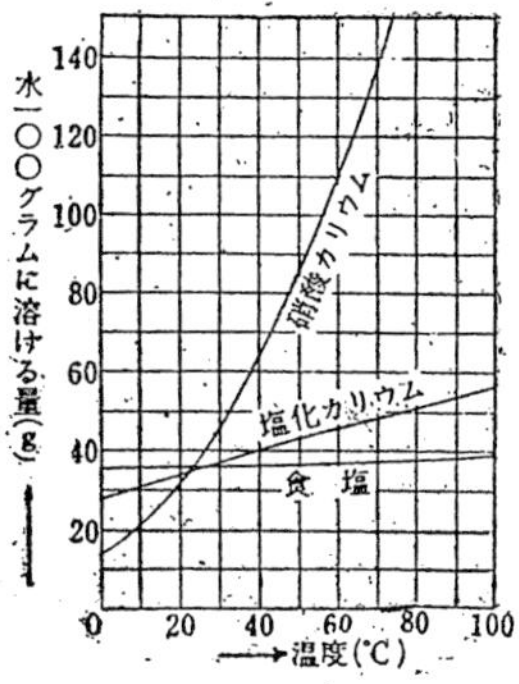

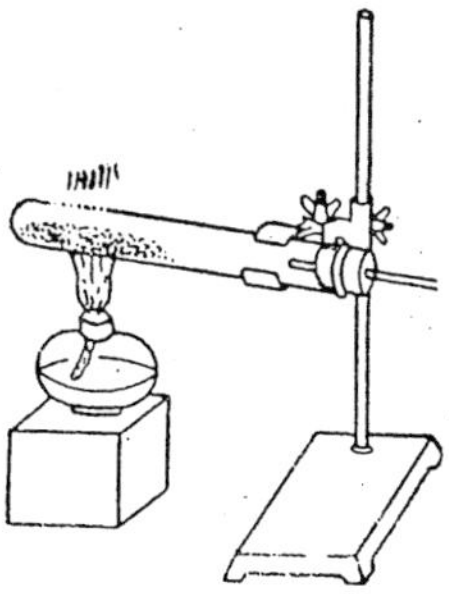

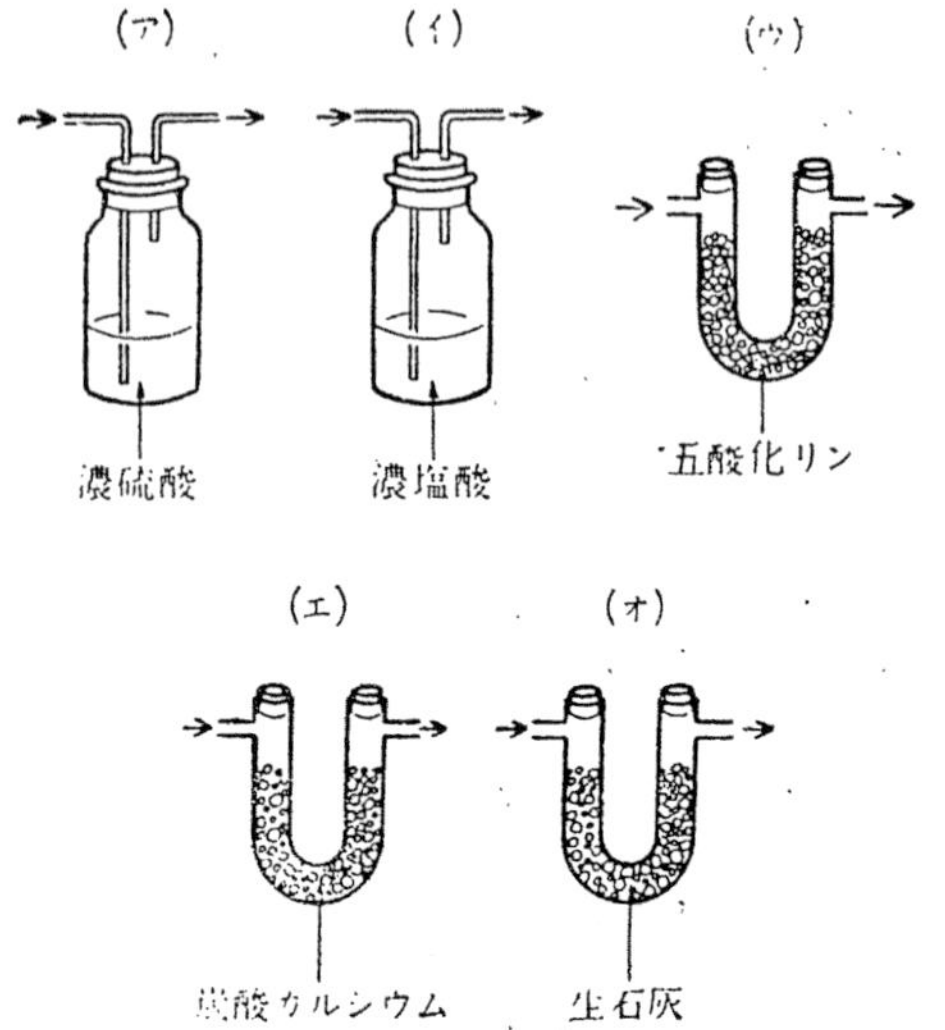

分領	問題及び正答	配点	正答率 本土	正答率 沖縄
	(オ) 塩化アンモニウムに濃硫酸。			
	(2) アンモニアを乾燥するには，つぎの装置のどれを選べばよいか。 (ア) 濃硫酸　(イ) 濃塩酸　(ウ) 五酸化リン (エ) 炭酸カルシウム　(オ) 生石灰	2	全28.3 定29.0	28.2 21.3
	(3) アンモニアを捕集するのには，つぎの装置のうちどれがよいか。 (ア)　(イ)　(ウ)　(エ)　(オ)	2	全19.7 定16.4	25.8 19.1

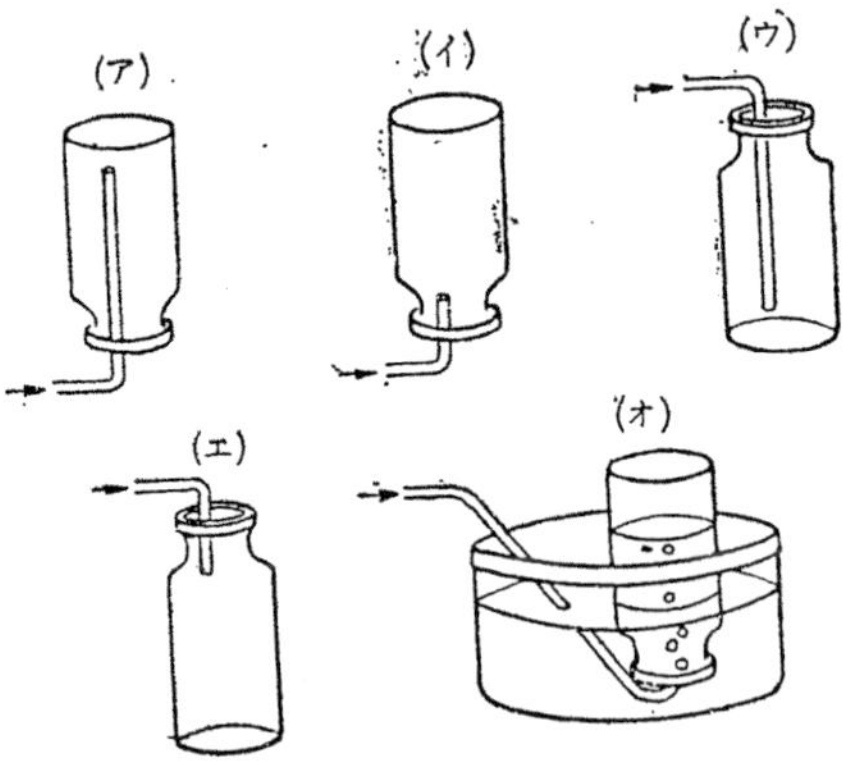

(1)	エ
(2)	オ
(3)	ア

分類	問題及び正答	配点	正答率	
			本土	沖縄
知識・思考力	【12】希硫酸と希塩酸のびんがある。そのレッテルがはがれてしまつたが，それぞれを検出するには，つぎのどの反応を使えば最も簡単にわかるか。それぞれの場合について，解答欄に(ア)～(オ)の符号で書け。 (ア) ネスラー試薬を加えると，赤かつ色の沈でんができる。 (イ) 塩化バリウムの水溶液を加えると，白色沈でんができる。 (ウ) フエーリング溶液を加えて熱すると，赤かつ色の沈でんができる。 (エ) 酢酸鉛の水溶液を加えると，黒かつ色の沈でんができる。 (オ) 硝酸銀水溶液を加えると白色沈でんができる。 (1) 希硫酸 | イ (2) 希塩酸 | オ	2 2	(1) 全22.1 定23.6 (2) 全38.0 定33.6	 28.1 27.7 40.9 30.1
思考力	【13】亜鉛，鉄，水素，銅，水銀のイオン化傾向を比較するとつぎのとおりである。 Zn>Ee>H>Cu>Hg これを参考にして，つぎの問に答えよ。答は下の解答欄に(ア)～(オ)の符号で記入せよ。 (1) つぎの物質の中で硫酸銅の水溶液中に入れると銅が析出するものはどれか。 (ア) 水　銀　(イ) 鉄　(ウ) 硫酸亜鉛水溶液 (エ) 昇こう水（塩化第二水銀水溶液） (オ) 硫酸第二鉄水溶液 (2) つぎのような2物質の組合せのうちで，水素を発生するものはどれか。	2 2	全25.9 定19.6 全21.7 定14.7	30.3 19.1 23.1 27.7

分類	問題及び正答	配点	正答率 本土	正答率 沖縄
	(ア) 硫酸第二鉄と希硫酸　(イ) 銅と希硫酸 (ウ) 水銀と希硫酸　(エ) 鉄と希硫酸 (オ) 硫酸銅と希硫酸 (1) イ (2) エ			
理解・思考力	【14】つぎの問題の解答欄に記入せよ (1) 0.1 規定の水酸化ナトリウム溶液をつくるには，水酸化ナトリウム何gを水に溶かして1 l にすればよいか。 (2) 上の溶液15ccを中和するのに，希硫酸10ccを要した。この希硫酸は何規定か。 (1) 4 g	2	全16.2 定 9.4	21.6 4.3
	(2) 0.15規定	2	全19.9 定 9.8	21.8 4.3
理解	【15】つぎの問題の答を解答欄に記入せよ。 (1) 常温で液体の，ある有機化合物を気体にして，同温・同圧の下でそれと同じ体積の酸素の重量と比較したら，酸素の1.44倍あった。この化合物の分子量はいくらか。 (2) ある有機化合物の実験式はCH_2Oで，分子量は 60であることがわかつた。この物質の分子式を書け。 (3) ブドウ糖$C_6H_{12}O_6$は何%の炭素を含んでいるか。 (1) 46，又は46.08	2	全16.9 定 8.2	20.6 4.3
	(2) $C_2H_4O_2$	2	全22.9 定 8.6	32.6 6.4
	(3) 40 %	2	全37.8 定16.6	35.6 6.4

分類	問題及び正答	配点	正答率 本土	正答率 沖縄
知識・理解	【16】ラジウム原子は，放射線を出して，つぎのようにラドンに変化する。 $^{226}_{88}Ra \rightarrow ^{222}_{86}Rn$ つぎの各問の答を(ア)～(オ)から選び，解答欄に符号で書き入れよ。 (1) この場合，でる放射線は，つぎのどれか。 (ア) α線 (イ) β線 (ウ) 中間子 (エ) 中性子 (オ) 陽子 (2) ラジウムの原子核に含まれる中性子の数はいくつか。 (ア) 44 (イ) 88 (ウ) 138 (エ) 226 (オ) 314 (3) ラドンの原子核に含まれる陽子の数はいくつか。 (ア) 43 (イ) 86 (ウ) 136 (エ) 222 (オ) 308 (1) ア (2) ウ (3) イ	 2 2 2	(1) 全29.6 定21.9 (2) 全30.0 定23.1 (3) 全36.2 定26.2	 27.0 14.9 29.0 14.9 36.4 30.1
理解・思考力	【17】アンモニアは，つぎの化学方程式に示されるような反応によつて合成される。 $N_2+3H_2=2NH_3$ この化学方程式からつぎの各問の答を計算し，解答欄に記入せよ。 (1) 窒素2 lから同温・同圧の下でアンモニアが何lできるか (2) 窒素28 gからアンモニアが何 g できるか。		(1) 全23.3 定12.7 (2) 全31.6 定14.1	 23.4 12.8 31.0 4.3

分類	問題及び正答	配点	正答率 本土	正答率 沖縄
理解	(3) 窒素28gから0°C，1気圧のアンモニアが何lできるか (1) 2 l　(2) 34 g (3) 44.8 l	2 2 2	(3) 全12.6 定 4.4	15.9 6.4
	【18】 （下表参照） 上の表は周期律表の一部を示すものとする。a, b, …p はそれぞれ元素記号をかりに表わしているものとする。これらについて，つぎの各問の解答欄に（ア）～（オ）の符号で書き入れよ。 (1) c と f とが化合したとすると，つぎの分子式のどれに相当する化合物をつくるか。 （ア）cf　（イ）cf_2　（ウ）cf_3 （エ）c_2f_3　（オ）c_3f_2 (2) pは常温でどのような状態で存在するか。 （ア）固体の化合物　（イ）液体の化合物 （ウ）気体の化合物　（エ）液体の単体 （オ）気体の単体 (3) つぎの元素のうち正の1価イオンになるものはどれか （ア）k　（イ）i　（ウ）l　（エ）b　（オ）h (1) エ (2) オ (3) イ	 2 2 2	(1) 全27.0 定21.3 (2) 全42.2 定30.7 (3) 全48.7 定37.8	 29.1 19.1 44.4 29.8 51.2 29.8

【18】の表：

	第1族	第2族	第3族	第4族	第5族	第6族	第7族	第0族
第二周期	a	b	c	d	e	f	g	h
第三周期	i	j	k	l	m	n	o	p

高・生

高等学校理科(生物)学力調査問題

昭和32年度全国学力調査

分類	問題及び正答	配点	正答率 本土	正答率 沖縄
知識	【1】つぎの動物または植物の分類群の特徴としてあげたa～eの事項のうち，まったく関係のないものが一つずつまじっている。その符号をそれぞれの［　　］の中に書き入れよ。		全34.8 定29.5	31.7 26.4
	(1) 原生動物 (a 収縮胞 b 食胞 c 細胞器官 d アラタ体 e 擬定) ［d］	2	全35.8 定31.6	39.4 32.7
	(2) 腔腸動物 (a 触手 b 外骨格 c 腔腸 d 刺細胞 e ポリプ) ［b］	2	全52.3 定43.8	43・9 34.5
	(3) 節足動物 (a 外骨格 b 閉鎖血管 c 脱皮 d マルピーギ管 e 複眼) ［b］	2	全26.6 定21.3	22.8 23.0
	(4) 軟体動物 (a 左右相称 b 外套膜 c 水管系 d えら e 吸盤) ［c］	2	全11.0 定13.6	14.6 19.5
	(5) 担子菌植物 (a きのこ b 胞子 c 寄生 d 菌糸 e 葉緑体) ［e］	2	全62.8 定52.6	54.7 41.6
	(6) 褐藻植物 (a 造胞体 b 配偶体 c 維管束 d 精子 e 褐藻素) ［c］	2	全35.0 定24.3	29.7 32.7
	(7) こけ植物 (a 造卵器 b 造精器 c 仮根 d 前葉体 e 胞子) ［d］	2	全25.9 定25.7	22.6 20.4

分類	問題及び正答	配点	正答率 本土	沖縄
知識	(8) しだ植物 (a 世代の交代 b 種子 c 胞子 d 根 e 精子 正答: b	2	全41.4 定29.8	29.8 14.2
	(9) 被子植物 (a 花被 b 形成層 c 重複受精 d 胚珠 e 精子) 正答: e	2	全22.2 定22.7	27.6 23.0
知識・理解	【2】つぎの各項は，それぞれ，ある事がらの順序を示したものであるが，この中には誤ったところが2か所ずつある。これを入れかえると正しいものになる。どれとどれを入れかえればよいか，入れかえるものの符号をそれぞれの［　　］の中に二つ並べて書き入れよ。 **例** a 核膜が消失する→b 染色体が現れる→c 染色体が赤道面上に並ぶ→d 縦裂した染色体が離れて両極に移動する→e 核膜が現れる 正答: a b		全31.2 定24.3	26.5 17.9
	(1) a 左心室→b 大動脈→c 毛細血管→d 大静脈→e 右心室→f 右心房→g 肺動脈 正答: e f	2	全44.0 定28.9	31.5 17.7
	(2) a 卵→b のう胚→c 胞胚→d 桑実胚→e オタマジヤクシ→f 成体 正答: b d	2	全11.9 定11.0	13.8 7.1
	(3) a 表皮→b 皮層→c 維管束→d 内皮→e 髄 正答: c d	2	全55.6 定49.1	48.7 35.4
	(4) a ひざの腱（槌で打つ）→b 知覚神経の興奮→c 後根→d 前根→e せき髄灰白質→f 運動神経→g 筋肉（収縮） 正答: d e	2	全11.5 定 8.3	12.1 11.5

分類	問題及び正答	配点	正答率 本土	 沖縄
	【3】つぎの文の（　　）の中に入れる適当なことばを，その下にあげてあるものから一つずつ選び，その番号を，本問末尾の解答欄の［　　］の中に書き入れよ。		全48.8 定42.5	47.5 41.7
知	(1) 生物は（a）と呼ばれる単位から構成されている。 1 細胞質 2 原形質 3 核 4 細胞 5 器官	2	(a) 全72.3 定62.6	 67.9 54.1
	(2) 動物は一般に（b）の過程により，食物中に含まれるエネルギーを取り出す。 1 炭酸同化 2 窒素同化 3 合成 4 酸化 5 還元	2	(b) 全27.9 定23.1	 25.8 16.8
	(3) 生物には，体の一部を失うと，失つた部分を新たに作る現象が存在する。この現象を（c）という。 1 分離 2 再生 3 補償 4 適応 5 発生	2	(c) 全90.1 定79.5	 81.1 77.9
	(4) 人体内で，ぶどう糖やアミノ酸等の一部分は，（d）でグリコーゲンに変えられて，たくわえられる。 1 かん臓 2 すい臓 3 じん臓 4 腸間膜 5 ひ臓	2	(d) 全53.2 定47.7	 57.4 47.0
	(5) （e）は左右両半球に分れ，皮膚その他の求心神経が集まつており，その刺激に応じて，体の運動調節をする。しかし，これが傷ついても，直接生命にかかわらない。 1 大脳 2 小脳 3 間脳 4 えん髄 5 せき髄	2	(e) 全29.2 定23.8	 26.0 26.5
	(6) プチアリンは（f）を分解する酵素である。 1 たんぱく質 2 脂肪 3 でんぷん 4 ぶどう糖 5 しょ糖	2	(f) 全34.9 定29.1	 40.0 40.7
識	(7) （g）は人体内で脂肪を分解する酵素である。 1 エレプシン 2 トリプシン 3 リパーゼ 4 マルターゼ 5 ラクターゼ	2	(g) 全39.7 定36.0	 41.2 34.5

<table>
<tr><th rowspan="2">分類</th><th rowspan="2">問題及び正答</th><th rowspan="2">配点</th><th colspan="2">正答率</th></tr>
<tr><th>本土</th><th>沖縄</th></tr>
<tr><td>知識</td><td>(8) チロキシンは(h)から分泌される。
1 脳下垂体前葉 2 甲状せん 3 すい臓
4 副じん皮質 5 胸せん
<table><tr><td>a</td><td>b</td><td>c</td><td>d</td><td>e</td><td>f</td><td>g</td><td>h</td></tr><tr><td>4</td><td>4</td><td>2</td><td>1</td><td>2</td><td>3</td><td>3</td><td>2</td></tr></table></td><td>2</td><td>(h)
全43.1
定38.2</td><td>40.8
36.3</td></tr>
<tr><td rowspan="5">知識理解</td><td>【4】つぎの各項の文を読んで，下にあげた学者の中で最も関係の深いものをひとりずつ選び，それぞれの［　］の中にa～gの符号で書き入れよ。</td><td></td><td>全26.4
定20.2</td><td>22.1
18.1</td></tr>
<tr><td>(1) 一代ごとに起る変異はわずかなものであるが，幾代も代を重ねると，ついには祖先と著しく違ったものになる。このようにして生物は進化する。
［b］</td><td>2</td><td>全43.3
定33.2</td><td>35.5
31.9</td></tr>
<tr><td>(2) 器官は，使えば発達し，使わなければ萎縮する。このようなことは，子孫に遺伝し，代を重ねるうちにしだいに蓄積し，祖先とは著しく違ったものになる。
［f］</td><td>2</td><td>全21.3
定16.0</td><td>13.7
4.4</td></tr>
<tr><td>(3) 生物の進化は，突然変異がくり返されることによつて起る。
［e］</td><td>2</td><td>全27.1
定17.1</td><td>22.7
15.9</td></tr>
<tr><td>(4) 変異の内容を吟味して，進化の考え方を前進させた。
［c］

a ワイズマン　b ダーウイン　c ヨハンゼン
d リンネ　e ドフリス　f ラマルク
g メンデル</td><td>2</td><td>全14.1
定14.3</td><td>16.7
20.1</td></tr>
</table>

分類	問題及び正答	配点	正答率 本土	沖縄
理解	【5】目について，つぎの（1）（2）に答えよ。		全41.3	36.0
	（1）ある人が5m前方の物体を見ている。この物体が自分のほうへ近づいてくるとき，それを明視するには，眼球のどの部分がどのように変化するか。つぎのA群，B群の中から正しいと思うものを一つずつ選び，その番号をそれぞれの［　　］の中に書き入れよ。 眼球の構造		定36.1	32.3
	A 群 1 毛様筋が伸びる。 2 毛様筋が収縮する。 3 どう孔が大きくなる。 4 網膜の組織に変化が起る。 ［ 2 ］	2	全37.9 定33.7	35.2 36.3
	B 群 1 角膜の前面が平たくなる。 2 レンズが厚味を増す。 3 レンズが薄くなる。 4 チン小体が伸びる。 ［ 2 ］	2	全44.6 定38.5	36.9 28.3

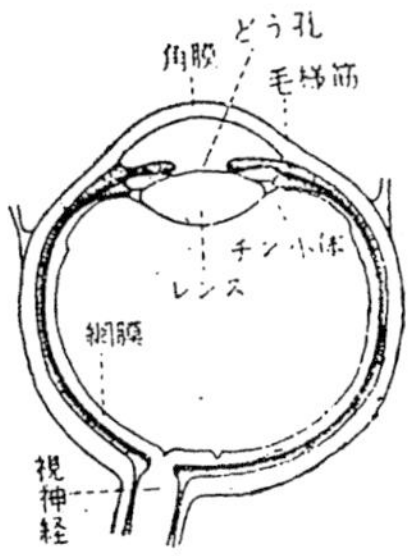

分類	問題及び正答	配点	正答率	
			本土	沖縄
知識と理解	（2）ある男生徒の色神を検査したところが，色盲（紅緑）であることがわかつた。男子が必ず色盲にあるのはどんな場合か。下の中から正しいと思うものを一つ選び，その番号を［　　］の中に書き入れよ。 1　父が色盲であるが，母が健常である。 2　父は健常，母は見かけ上健常であるが，色盲因子をもつている。 3　父が健常で，母が色盲である。 4　父は色盲因子をもつているが，見かけ上，健常で，母は健常である。 5　ビタミンAが欠乏している。 ［3］	2	全45.7 定34.5	38.3 19.5
理解	【6】つぎのそれぞれの答を［　　］の中に書き入れよ。		全32.4 定26.2	26.2 29.5
	（1）そらまめの根の染色体数は12である。花粉の染色体はいくつあるか。 ［6］	2	全21.4 定19.7	24.1 26.5
	（2）ミツバチの女王は，卵母細胞に32の染色体をもち，減数分裂を行つて卵をつくる。雄は單為生殖によつてつくられる。精子の染色体はいくつあるか。 ［16］	2	全31.1 定25.5	22.5 32.7
解	（3）体細胞に10の染色をもつ植物と，20の染色体をもつ植物とがある。もしこの植物の間に雑種ができたとすれば，F_1 の体細胞の染色体はいくつになるか。 ［15］	2	全44.8 定33.4	31.9 29.2

<table>
<tr><th>分類</th><th>問題及び正答</th><th>配点</th><th colspan="2">正答率</th></tr>
<tr><th></th><th></th><th></th><th>本土</th><th>沖縄</th></tr>
<tr><td>知識</td><td>【7】つぎのA列の事項に最も関係の深い生物またその部分の名称をB列から選び，その番号を解答欄に書き入れよ。
A列
(a) ジアスターゼ
(b) 窒素肥料
(c) 皮膚呼吸
(d) ビタミンA
(e) ビタミンB
B列
(1) タラ
(2) カエル
(3) トカゲ
(4) ダイコン
(5) 米ぬか
(6) 根りうバクテリア
(7) キャベツ

(a) 4 ／ (b) 6 ／ (c) 2 ／ (d) 1 ／ (e) 5</td><td>2
2
2
2
2</td><td>全50.9
定44.4
(a)
全54.3
定49.8
(b)
全70.5
定60.5
(c)
全54.8
定49.3
(d)
全13.4
定12.1
(e)
全61.8
定50.2</td><td>41.2
29.2

29.2
16.8

72.1
53.1

46.0
34.5

9.9
9.7

48.9
31.9</td></tr>
<tr><td>知識と理解</td><td>【8】血液型について，つぎの問題に答えよ。
(1) ある学校の生物実習でα血清（α凝集素を含む）とβ血清（β凝集素を含む）を使つて血液型を調べたところ，ある生徒の血液型はA型であつたという。それは，かれの血液がつぎのような凝集反応を示したからである。つぎの中で正しいと思うものを一つ選び，その番号を［　　］の中に書き入れよ。
1 α，βどちらでも凝集した。
2 αのほうだけで凝集した。
3 βのほうだけで凝集した。
4 α，βどちらでも凝集しなかつた。

［2］</td><td>

2</td><td>全59.8
定54.1

全37.7
定36.8</td><td>52.7
48.2

35.3
35.4</td></tr>
</table>

<table>
<tr><th rowspan="2">分類</th><th rowspan="2">問　題　及　び　正　答</th><th rowspan="2">配点</th><th colspan="2">正答率</th></tr>
<tr><th>本土</th><th>沖縄</th></tr>
<tr><td rowspan="2">理解と思考力</td><td>(2) この生徒が輸血を受けることのできる人の血液型は，つぎのどれであるか。正しいと思うものを一つ選び，その番号を［　　］の中に書き入れよ。
1　AB型とO型
2　A型とO型
3　B型とO型
4　O型だけ
［2］</td><td>2</td><td>全81.8
定71.4</td><td>70.2
61.1</td></tr>
<tr><td>(3) また，この生徒の両親の血液型は実父がO型，実母がA B型であったという。この生徒の兄弟（同じ両親から生まれた）の血液型について考えてみた場合，つぎの1～6の中で遺伝の法則からみて正しいと思うものを一つ選び，その番号を［　　］の中に書き入れよ。
1　この生徒の兄弟はA型かAB型であろう。
2　この生徒の兄弟はB型かAB型であろう。
3　この生徒の兄弟はO型かAB型であろう。
4　この生徒の兄弟はA型かB型であろう。
5　この生徒の兄弟はO型かA型であろう。
6　この生徒の兄弟はO型かB型であろう。
［4］</td><td>2</td><td>全29.6
定16.6</td><td>18.5
19.5</td></tr>
</table>

分類	問題及び正答	配点	正答率	
			本土	沖縄
技能	【9】顕微鏡を使う生物実習で，つぎのそれぞれの場合について答えよ。 （1）タマネギの表皮細胞を顕微鏡を使つて，まず60倍（接眼鏡×10，接物鏡は×6）にして見た。つぎにその一部（視野の中心からそれた部分）を400倍にして見るには，下の手順の段階a～dをどのような順序で行つたらよいか。手順の組合せの中から適当と思うものを一つ選び，その番号を［　　］の中に書き入れよ。 手順の段階（顕微鏡各部の名称は，下右の図を参照） a　接物鏡を×40にする。 b　のぞきながらプレパラートを動かして，目的の部分を視野の中心に移す。 c　横から見ながら鏡筒をプレパラートすれすれまで下げる。 d　大ネジまたは小ネジで，筒を上げながらピントを合わせる。 手順の組合せ（順序） 1　a→c→d→b 2　a→c→b→d 3　b→c→a→d 4　b→a→c→d 5　a→b→c→d		全17.1 定16.2	14.7 13.7
	［4］	2	全13.6 定13.4	14.2 10.6

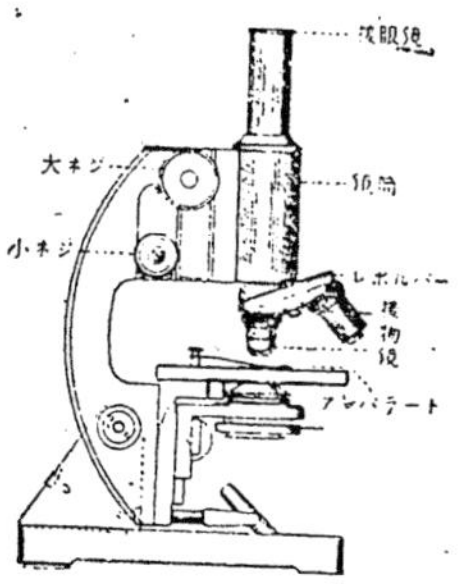

分類	問題及び正答	配点	正答率 本土	正答率 沖縄
	（2）最初60倍で見えた視野のようすを，簡単に次図に表わしてある。このAの部分を 400倍にして見るために，のぞきながらプレパラートを動かして視野の中心に移したい。どのように動かしたらよいだろうか。つぎの中で適当と思うものを一つ選び，その番号を □ の中に記入せよ。（下の文の右左は観察者の右手，左手の方向をそれぞれ示す。また，前方とは観察者の位置から遠い方向を示す。） A 1　プレパラートを初めに右に動かし，つぎに前方に動かす。 2　プレパラートを初めに左に動かし，つぎに手前に動かす。 3　プレパラートを初めに左に動かし，つぎに前方に動かす。 4　プレパラートを斜めに左前方に動かす。 5　プレパラートを斜めに右手前に動かす。 6　プレパラートを斜めに右前方に動かす。 ［5］	2	全20.7 定19.0	16.1 16.8

分類	問題及び正答	配点	正答率 本土	正答率 沖縄
思考力	【10】植物の生長素が，子葉鞘の先端でどのように移動するかを調べようとして，暗室内でつぎの実験をした。 実験　1　エンバク子葉鞘の先端を切りとり，その切りとつた頭部だけを水平にしておく。しばらくたつても，頭部を切りとられた子葉鞘は屈曲を起さなかつた（a）。その後ふたたび，この頭部を切口の上に置いて保ち（b），ある時間たつたら，（c）のような屈曲が起つた。 実験　2　上の1の実験で，切口の間に薄い寒天を入れても，同じような屈曲が起つた。 実験　3　子葉鞘を水平に保つて，その下側の先端からやや離れた部分に横に切込みをつけ，ここに雲母片をそう入しておいた。ある時間たつても，子葉鞘は屈曲を起さなかつた。		全35.1 定28.5	26.2 24.3

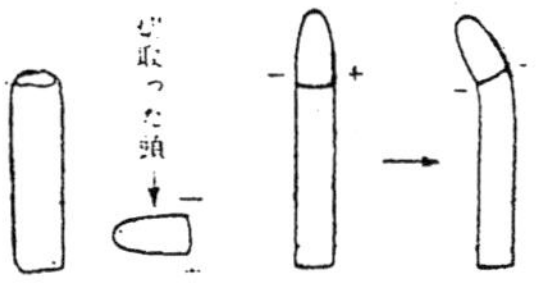

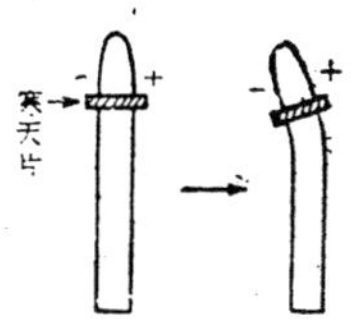

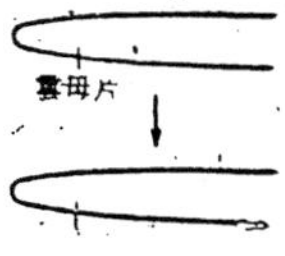

分類	問題及び・正答	配点	正答率 本土	正答率 沖縄
思考力	実験　4　前ページの3の実験で，切込みを上側につけて同様の実験をしたら，子葉鞘の屈曲が起った。 雲母片 (問)　以上の実験から，どのようなことが考えられるか。下のA，B のそれぞれの中からよいと思うものを一つずつ選び，その番号を［　　］の中に書き入れよ。 A　1　生長素の移動は光に関係がある。 2　生長素の移動は重力に関係がある。 3　生長素の移動は植物体内の水の移動に関係がある。 4　生長素の移動は葉緑素の有無に関係がある。 ［2］	2	全21.3 定16.2	16.7 10.6
	B　1　生長素は寒天中を移動することができない。 2　生長素は雲母の板を通して移動することができる。 3　生長素は，一度切断した所は合わせただけでは移動することができない。 4　生長素は頭部から基部に向かって移動することができる。 ［4］	2	全48.9 定40.9	35.7 38.1

分類	問題及び正答	配点	正答率 本土	正答率 沖縄
思考力	【11】(1) アオミドロと好気性のバクテリアを，水とともにA図のようにしてプレパラートを作り，アオミドロに白色光をプリズムで分光した光をあてておいたところ，赤や橙の部分にバクテリアが多く集まっていた (B)。 A図 プレパラートの装置 水・アオミドロ・バクテリア ワセリンを塗る B図 赤　橙　黄　緑　青　菫 上の実験に関して，つぎの五つの推定を考えたが，このうち，この実験からの推定として適当と思うものを一つ選び，その番号を［　　　］の中に書き入れよ。 1　バクテリアには赤や橙の光に対して正の走光性がある。 2　バクテリアはアオミドロから出る酸素に対して負の走化性を表わす。 3　バクテリアはアオミドロから出る炭酸ガスに対して負の走化性を表わす。 4　赤や橙の光は，青や菫の光よりもアオミドロの炭酸同化作用を盛んにする。 5　赤や橙の光は，青や菫の光よりもアオミドロの呼吸作用を盛んにする。		全37,2 定31,9	31,3 26,7
	［4］	2	全33.7 定30.4	32.9 29.2

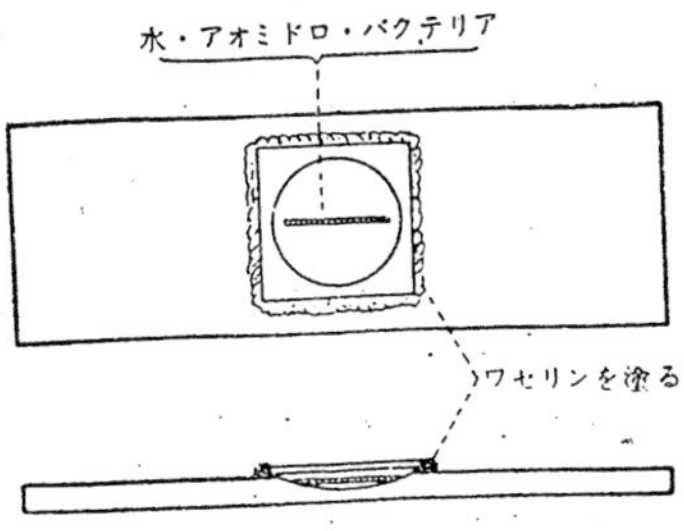

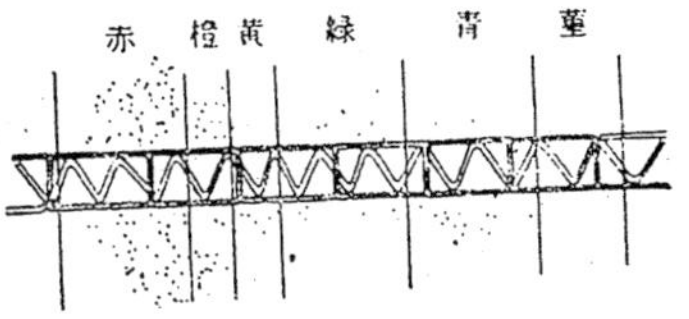

<table>
<tr><th rowspan="2">分類</th><th rowspan="2">問　題　及　び　正　答</th><th rowspan="2">配点</th><th colspan="2">正答率</th></tr>
<tr><th>本土</th><th>沖縄</th></tr>
<tr><td></td><td>(2) もつとくわしく調べようとして，つぎのa～dの実験をした。それぞれについて，どのような結果が得られると思うか。一つずつ選び，その番号を［　　］の中に書き入れよ。
a　前の実験でアオミドロの代りに髪の毛を入れて分光した光をあてた場合。
1　赤や橙の部分に，バクテリアがよく集まる。
2　青や緑の部分に，バクテリアがよく集まる。
3　バクテリアは，かみのの毛の周囲に集まる。
4　バクテリアは，特別にどの部分にも集まらない。
［4］</td><td>2</td><td>全37.3
定28.1</td><td>24.9
22.1</td></tr>
<tr><td></td><td>b　前の実験でオミドロと好気性バクテリアに白色光をあてた場合。
1　アオミドロには関係なく，バクテリアどうしが集まつて，かたまりを作る。
2　アオミドロには関係なく，バクテリアは一様に散らばる
3　バクテリアは，アオミドロの周囲に特によく集まる。
4　バクテリアは，アオミドロの周囲にところどころ塊状に集まる。
［3］</td><td>2</td><td>全32.3
定30.5</td><td>30.0
27.4</td></tr>
<tr><td></td><td>c　前の実験でアオミドロと好気性バクテリアを暗室の中に入れておいた場合。
1　アオミドロには関係なく，バクテリアどうしが集まつて，かたまりを作る。
2　アオミドロには関係なくバクテリアは一様に散らばる。
3　バクテリアは，アオミドロの周囲に特によく集まる。
4　バクテリアは，アオミドロの周囲にところどころ塊状に集まる。
［2］</td><td>2</td><td>全38.8
定32.8</td><td>30.1
28.3</td></tr>
<tr><td></td><td>d　前の実験で好気性バクテリアだけにしてプレパラートを作り，水の中に酸素のあわを入れておいた場合。
1　バクテリアは，酸素のあわのまわりに一様に集まる。
2　バクテリアは，酸素のあわから離れ，輪のように集まる。
3　バクテリアは，酸素のあわに関係なく一様に散らばる。
4　バクテリアは，酸素のあわのそばを除いて，一様に散らばる。
［1］</td><td>2</td><td>全44.3
定37.4</td><td>37.7
26.5</td></tr>
</table>

分類	問題及び正答	配点	正答率 本土	正答率 沖縄
理解	【12】B図は筋肉描写器（A図）を用いて描いた筋肉れん縮曲線である。またB図の下にある波形の曲線は，音叉によつて時間を記録したものである。（この音叉の振動数は，一秒間に1,000 振動である。）この図を見て，つぎの問に答えよ。		全21.2 定14.8	9.5 8.0
	（1）B図におけるつぎの符号は下のどの語に該当するか。それぞれの［　　］内にア，イ，ウ，エの符号を書き入れよ。 a——b ［イ］　b——c ［ウ］ c——d ［エ］　b——d ［ア］ （ア）れん縮持続期　（イ）潜伏期 （ウ）収縮期　（エ）し緩期	2	全25.7 定17.3	13.5 12.4
	（2）神経上の1から2までの間を，刺激が伝わるのに何秒かかるか。答を［　　］の中に書き入れよ。 ［$\frac{1}{500}$ 秒 又は0.002］ A図 描画円筒に紙をまいてススをぬる　筋肉　神経　刺激電極　オモリ　コンタクト　感応コイル　バネ B図 刺激　a　b　c　d　1　2	2	全25.7 定17.3	5.3 3.5

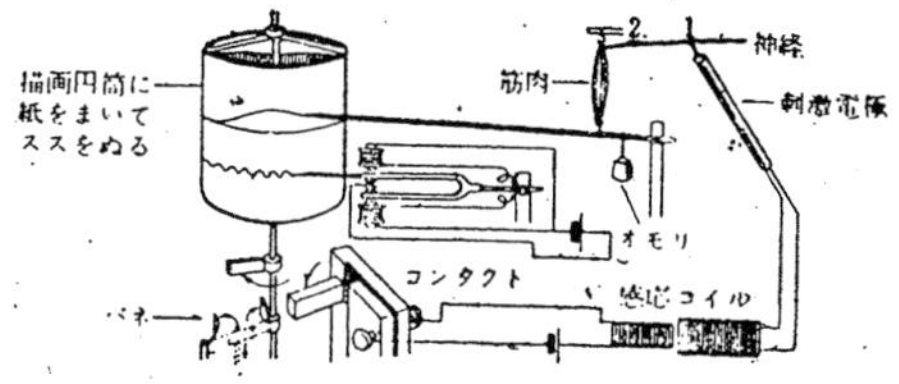

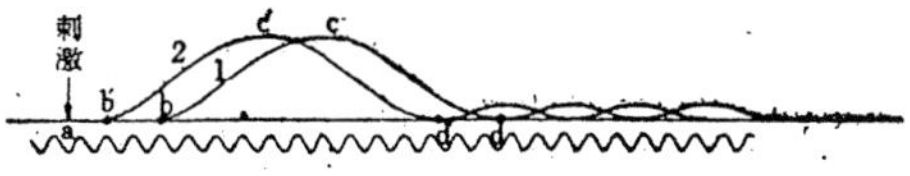

1958年3月25日　印刷
1958年4月19日　発行

文教時報特集号　(第40号)

社会科・理科 学力調査のまとめ

(非売品)

発行所　琉球政府文教局研究調査課

印刷所　旭　堂　印　刷　所

那覇市4区8組

電話655番

沖縄文教部／琉球政府文教局 発行

復刻版

文教時報

第6巻

第36号～第42号

（1957年11月～1958年6月）

編・解説者 藤澤健一・近藤健一郎

不二出版

『文教時報』第6巻（第36号〜第42号）復刻にあたって

一、本復刻版では琉球政府文教局によって一九五二年六月三〇日に創刊され一九七二年四月二〇日刊行の一二七号まで継続的に刊行された『文教時報』を「通常版」として仮に総称します。復刻版各巻、および別冊収載の総目次などでは、「通常版」の表記を省略しています。

一、第6巻の復刻にあたっては左記の各機関および個人に原本提供のご協力をいただきました。記して感謝申し上げます。

沖縄県公文書館、藤澤健一氏

一、原本サイズは、第36号から第42号までB5判です。

一、復刻版本文には、表紙類を含めてすべて墨一色刷り・本文共紙で掲載し、各号に号数インデックスを付しました。なお、表紙の一部をカラー口絵として巻頭に収録しました。また、白頁は適宜割愛しました。

一、史料の中に、人権の視点からみて、不適切な語句、表現、論、あるいは現在からみて明らかな学問上の誤りがある場合でも、歴史的史料の復刻という性質上そのままとしました。

（不二出版）

◎全巻収録内容

復刻版巻数	原本号数	原本発行年月日
第1巻	通牒版1〜8	1946年2月〜1950年2月
第2巻	1〜9	1952年6月〜1954年6月
第3巻	10〜17	1954年9月〜1955年9月
第4巻	18〜26	1955年10月〜1956年9月
第5巻	27〜35	1956年12月〜1957年10月
第6巻	36〜42	1957年11月〜1958年6月
第7巻	43〜51	1958年7月〜1959年2月
第8巻	52〜55	1959年3月〜1959年6月
第9巻	56〜65	1959年6月〜1960年3月
第10巻	66〜73／号外2	1960年4月〜1961年2月
第11巻	74〜79／号外4	1961年3月〜1962年6月
第12巻	80〜87／号外5〜8	1962年9月〜1964年6月
第13巻	88〜95／号外10	1964年6月〜1965年6月
第14巻	96〜101／号外11	1965年9月〜1966年7月
第15巻	102〜107／号外12、13	1966年8月〜1967年9月
第16巻	108〜115／号外14〜16	1967年10月〜1969年3月
第17巻	116〜120／号外17、18	1969年10月〜1970年11月
第18巻	121〜127／号外19	1971年2月〜1972年4月
付録	『琉球の教育』1957（推定）、1959／別冊＝『沖縄教育の概観』1〜8	1957年（推定）〜1972年
別冊	解説・総目次・索引	

〈第6巻収録内容〉

『文教時報』 琉球政府文教局 発行

号数	表紙記載誌名（奥付誌名）	発行年月日
第36号	琉球文教時報（文教時報）	一九五七年一一月一〇日
第37号	琉球文教時報（文教時報）	一九五八年 一 月三〇日
第38号	文教時報（文教時報）	一九五八年 二 月一九日
第39号	文教時報（文教時報）	一九五八年 三 月三〇日
第40号	文教時報（文教時報）	一九五八年 四 月一九日
第41号	文教時報（文教時報）	一九五八年 四 月三〇日
第42号	文教時報（文教時報）	一九五八年 六 月一〇日

＊第40号は巻末より収録

『文教時報』復刻刊行の辞

わたしたちは、沖縄現代史のあゆみをどこまで知っているだろうか。この問いを掲げつつ、第二次大戦後、米軍によって占領されていた時期（一九四五―一九七二年）、沖縄・宮古・八重山（一時期、奄美をふくむ）において、文教担当部局が刊行した『文教時報』を復刻する。

同誌は沖縄文教部、つづいて琉球政府文教局が刊行した。前者では示達事項を中心とした指導書であり、後者では教育行政にかかわる情報、教育についての調査・統計、教室での実践記録や公民館を中心とした社会教育関連記事など、盛り込まれた内容は幅広い。総じて教育広報誌といえる同誌は、発行期間の長さと継続性から、沖縄現代史を分析するうえで、もっとも基礎的な史料のひとつと目される。しかし、これまで同誌は全体像についての理解を欠いたまま、断片的に活用されるにとどまってきた。

その背景にはなにがあるのか。まず、発行が群島ごとに分割統治されていた時期から琉球政府期にいたるまで四半世紀におよび、雑誌としての性格が変容していることがある。くわえて多くの機関に分蔵されるとともに、附録類、号外や別冊など書誌的な体系が複雑に入り組みつかみにくい。このために本格的な調査が進まなかった。今回、わたしたちは所蔵関係にかかわる基礎調査をふまえ、添付書類までもふくめた全体像の把握に体系的に取り組んだ。その成果をこうして全一八巻、付録1に集約して復刻刊行する。解説のほか、総目次や執筆者索引などから構成される別冊をあわせて刊行する。今回の復刻により、教育行政側からみた沖縄現代史について、それを総覧できる史料的な環境がようやく整備されることになる。

統治者として君臨した、米国側との関係、また、沖縄教職員会をはじめとした教員団体との関係、さらに「復帰」に向けた日本政府や文部省との関係、さらに離島や村落の教育環境など、同誌は変動する沖縄現代史のダイナミズムを体現するかのような史料群となっている。沖縄の「復帰」からすでに四五年にいたるいま、沖縄研究者はもとより、教育史、占領史、政治史、行政史など複数の領域において、本復刻の成果が活用され、沖縄現代史にかかわる確かな理解が深まることを念じている。物事を判断するためには、うわついた言説に依るのではなく事実経過が知られなければならない。あらためて問いたい。沖縄現代史のあゆみははたしてどこまで知られているか。

（編集委員代表　藤澤健一）

18号

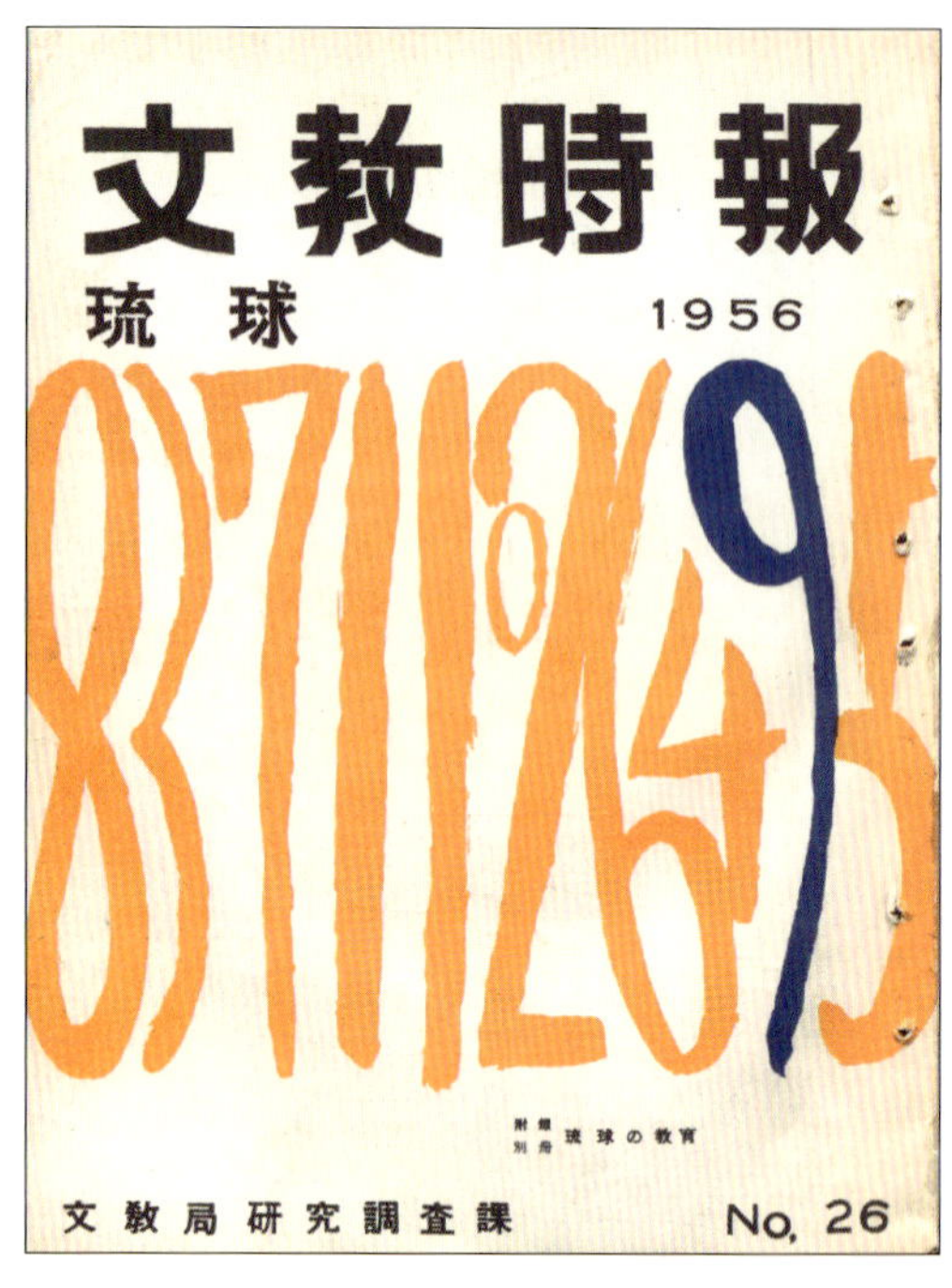

26号

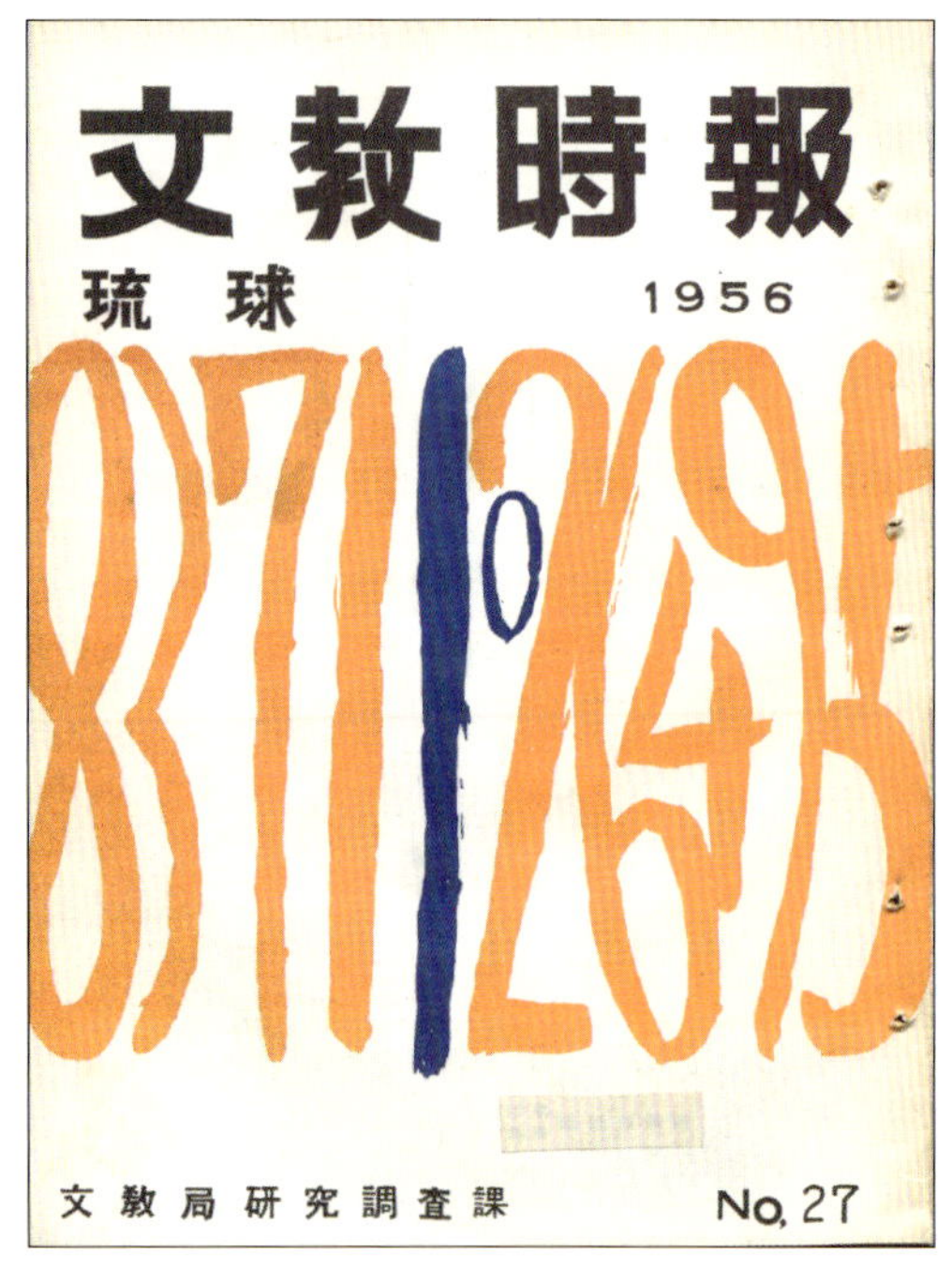

27号

文教時報
NO.38
1958
琉球
文敎局研究調査課

38号

36

文教時報

琉球　1957

特集號

「社会教育の現況」

文教局研究調査課　No.36

目次

社会教育の現況……4
1 青少年教育……5
2 婦人教育……11
3 成人教育……31
4 公民館……37
5 図書館……60
6 博物館……61
7 視聴覚教育……63
8 体育レクリエーション……74
9 新生活運動……79
10 関係法規抜萃……95

「社會教育特集號」によせて

社会教育課長　佐久本嗣善

教育の分野において、勤労青少年や一般成人の教育、即ち社会教育ほど困難なものはないといわれている。

　戦後十三年を迎えた今日でも戦災と天災（十数度の台風）から完全に立ち直っていない沖縄ではなおさらの感を深くする。

　しかしながら、この戦災と天災による筆舌につくし難い苦難の生活を乗越えて、子女の教育の拡充強化はもとより、自らを教育する意慾を燃して日進月歩の世運にふさわしい家庭人、社会人、職業人を目指して旺盛な学習活動を展開する姿はまことに頼もしい限りである。

　この間における地方の指導者、学校職員の涙ぐましい努力は、特筆大書されるべきことで、まことに感謝にたえない。本号の内容は、戦後十有余年の社会教育各般の歩みの記録であるが、社会教育活動の実績のあがつているところは、その地域の指導者の方々の指導と協力がバックをなしていることはいうまでもないことである。

　ともあれ社会教育は、「ごつた煮」「ごちやまぜ」といわれ、庶民教育と教育のかたすみに片づけられた時代もあつたが、社会教育なくして学校教育が存在しないと意義づけられ、且つ価値づけられた現在、学校の教育活動における対社会活動が強力に叫ばれている今日は、社会教育振興の絶好のチャンスだと信じている。

　われわれは、このときにあたり「ごちやまぜ教育」のなかから、

一　公民館の振興
二　勤労青少年教育の振興
三　婦人教育の拡充
四　児童生徒教育への関心の振興
五　社会教育施設の充実
六　視聴覚教育の振興
七　体育及びレクリエーションの普及
八　生活合理化の促進
九　職業教育の振興
十　プログラムの内容の充実、総合的な社会教育計画の展開

を取り上げ住民各位と共に強力にこれを実施したい念願である。

　本号は過去十二年の社会教育の歩みと現状をありのままに記録したのであるが、紙数に制限があり、また編集を急いだため充分とはいえない。

　皆様の今後の社会教育活動の推進の一助にもなれば望外の幸である。

✿　✿　✿　✿　✿

課内職務分掌一覧表

職務内容	主任	副主任
1、課長補佐 (1) 決裁文書の精査 (2) 課運営の企画 (3) 課員研修の企画 (4) 課長不在の場合の代行 2、公民館に関すること (1) 専門的技術的指導助言を行う (2) 職員の研修 (3) 資料の作成配布 (4) 研究公民館の設定 3、法案に関すること (1) 立法に基く規則案の作成 (2) 立法解釈書の発刊 (3) 研究会講習会の開催 4、社会教育総合計画に関すること (1) 総合研究会の開催 (2) 資料の作成配布	清村	宮里
1、青少年教育振興に関すること (1) 青少年団体及び青年学級育成のため専門的技術的指導助言を行う。 (2) 指導者の養成 (3) 資料テキストの作成配布 (4) 研究設定 (5) 関係団体との連絡調整 2、行事に関すること (1) 年中行事予定案の作成 (2) 月行事予定案の作成 3、各種学校に関すること 4、成人学級に関すること	大宜見	照屋

職務内容	主任	副主任
1、体育レクレーション (1) 団体育成のため専門的技術的指導助言を行う (2) 青年健康体力検定を行う (3) 指導者の養成を行う (4) 体育レクレーション大会を開催する (5) 資料の作成配布	屋良	山元
1、視聴覚教育に関すること (1) 視聴覚的方法について専門的技術的指導助言を行う (2) 指導者の養成 (3) フイルム選択並に貸出 (4) 自作スライドの奨励 2、演劇、映画、音楽、美術等の普及に関すること 3、主事研修に関すること		伊礼
1、新生活運動推進協議会に関すること (1) 委員召集事務に関すること (2) 議案に関すること (3) モデル設定に関すること (4) 啓蒙宣伝に関すること ○懸賞募集 ○アンケート (5) 資料作成配布 (6) 講座講習の開催及びその奨励を行う 2、宗教法人に関すること ○法人認可に関すること 3、課員福祉に関すること	嶺井	清村

職務内容	主任	副主任
1、婦人教育振興に関すること (1) 婦人団体育成のため専門的技術的指導助言を行う (2) 指導者の養成を行う (3) 資料の作成配布 (4) 研究設定 (5) 講座講習の開設 2、P・T・Aに関すること (1) P・T・A育成のため専門的技術的指導助言を行う (2) 指導者の養成を行う (3) 資料の作成配布 (4) 講座・講習の開催並にその奨励を行う。	山元	嶺井
1、出張、出勤、日誌に関すること 2、文書の収受発送に関すること 3、物品の請求、受領、保管に関すること	伊礼	宮里
1、図書館、博物館に関すること 2、予算執行に伴う手続きに関すること（諸給与に関する経理事務） 3、予算編成及び執行に関すること 4、庶務全般に関すること	宮里	屋良
1、職業教育及び産業に関する科学技術指導に関すること (1) 集会の開催並にその奨励 (2) テキスト資料の作成 2、生活の科学化の指導に関すること (1) 集会の開催並にその奨励 (2) 資料の作成	照屋	大宜見

一九五八年度重点目標

一、社会教育行財政の確立
二、公民館の振興
三、勤労青少年教育の振興
四、婦人教育の拡充
五、児童教育への関心の振起
六、社会教育施設の充実
七、視聴覚教育の振興
八、体育レクリエーションの振興
九、社会教育指導者の養成
一〇、生活合理化の促進

1958年度年中行事計画

	7月	8月	9月	10月	11月	12月	1月	2月	3月	4月	5月	6月
総合計画	年中行事計画		社会教育主事研修会			納税表彰すいせん		納税表彰決定 予算資料編成	第五回社会教育総合研修大会資料作成		社会主事研修会 社会教育総合研修大会	
成人学級		設置報告	運営費補助申請 訪問指導	……	……	……	……	……	……→			
青少年教育		研究指定 中央青年幹部研修会	地区別市町村別青年幹部研修会……	……	……	……	全国青年研修会派遣	……	……→ ←……	指定青年会研究発表……	……→	
婦人教育		研究指定	地区別市町村別婦人幹部研修会……	資料作成 婦人教育指導者会議派遣……	……→	……	……	……→ …… 婦人教育指導者会議派遣	→ ←……	指定婦人会研究発表……	……→	
P・T・A教育		研究指定……	……→	P・T・A指導者研修派遣	←……→ P・T・A指導者研修派遣 資料作成	地区別P・T・A指導者研修会……	……	→	←……	指定P・T・A研究発表……	……→	
体育レクリエーション		琉球舞踊講習 陸上競技講習	青年体育大会 (一日)	←…… 資料作製 国民体育大会派遣、全国青年大会派遣	…… 青年体力健康検査	……→		リクレーション指導者講習	←地区リクレーション大会……	……→全琉リクレーション大会		
公民館		公民館職員研修 研究指定(十館)		研修派遣 資料作成配布		公民館設置報告			公民館研究発表……	……→	地区別公民館大会	
新生活運動		新生活研究指定 新生活学級指定……	……→	資料作成				新生活大会代表派遣……	……→	新生活研究発表……	……	→
視聴覚教育		視聴覚器材 運営状況調査……	……→	資料作成 視聴覚教育技術者講習会……	……	……→						
職業教育			青少年職業技術講習会 婦人職業技術講習会……	……	……	……	……	……	……→			

社会教育の現況

社会教育の困難性はいづこも同じと思われるが、特殊事情下にある琉球の現実の中では、実に困難なものである。

確か四年前、社会教育は二階から目薬だという批評を受けたことがある。困難性を指摘した批評だろうがそれが二階から目薬でも、うまく目に入ると仲々効果のあるものであるということが、住民に少しづゝわかつてきたのである。

今日優良部落といわれているものは必ず何らかの方法で、社会教育が旺んに行われている部落であるということをわかり出したのである。

困難性の原因はいろいろあるが、その中でも。

1 反道徳的行為の増加
2 根強い封建性の残存
3 人口過剰
4 第一次産業から第三次産業への移動

の四点が大きいと思う。

こういう中で、社会教育がねらつた方針として

1 指導者の養成
2 公民館の設置促進
3 青少年及び婦人教育の振興
4 視聴覚教育の強化
5 体育レクリエーションの普及
6 新生活運動の推進強化

の六点を重点的に取り上げてきたのである。

一 指導者の養成

1 青年会、婦人会、PTA等の幹部研修会の実施
2 本土へ研修の為の派遣
3 社会教育主事の研修（連合委員会は十四あり、社会教育主事一～二人を配してある）を行つてきたのである。

二 公民館の設置促進

一九五五年始めて政府予算の裏付を得て本格的設置奨励にはいり、日浅きにもかゝわらず各市町村にまたがり、全部落数の三五％の設置を見ており、地域社会の文化のセンターとして、将又部落振興の底力を産み出す施設として、その価値は高く評価されている。

琉球の公民館の特殊性は、市町村単位でなく、部落単位であること、市町村公民館は連絡協議的性格であること、設置の主体が市町村教育委員会であることであろう。

部落公民館は従来部落の任意設置でしたが、一九五八年度から、布令第一六五号「教育法」により、市町村教育委員会の設置責任になるので、急速な増加数と一段の活動の活発化が期待される。

その他、各地区に一館づゝの実験公民館を設定し、育成してきたのである。

三 青少年及び婦人教育の振興

青少年に寄せられた、社会的期待は多きいものがある。それに応へる道は「よく仂きよく学ぶ」以外にないと思う。「仂く」こと、「学ぶ」ことは紙の裏表の関係にあり「仂く」ためには仂いていることに対する知性、技術、能力が絶えず向上されなければならない。

更に新民法が布かれ婦人の地位向上が約束されるようになつた。こういう観点から

1 学校施設や公民館を利用した講座、講習の活発化
2 青年会、婦人会、PTAの運営研究発表会の実施
3 優良団体の表彰を行つてきたのである。

四 視聴覚教育の充実

社会教育の特効薬は何かといえば視聴覚教育だといえよう。社会教育振興の動脈に値するものであるので

1 各地区毎に器材取扱講習会の開催
2 スライド自作技術講習会を開催すると共に、政府のフイルム、ライブラリーの充実に力を注いできたのである。

五 体育レクリエーションの普及

1 青年の体力健康検査の実施
2 青年体育大会の開催
3 レクリエーション講習
4 指導者の養成
5 国民体育大会、全国青年体育大会の派遣等を行う。

六　新生活運動推進

政府の政策にマッチするため、「新生活運動推進規程」の下に「生活の貧しきからの解放」「旧さからの解放」をめざして運動の推進をしてきたのであるが、地域社会に長い間続いてきた習慣や、生活感情、伝統というものは、一朝一夕に改変されるものでなく、たゆまざる努力と、それこそ地についた根強い実践活動が必要であつて、市町村実践協議会で一歩一歩成果を挙げつゝあるという事実は、本運動の奨来が期待されるものでよろこばしいことである。

最後に社会教育上当面する問題として

1　社会教育財政の確立である。

特に地方教育区の社会教育予算は、教育法に基いて新たに計上される義務が生じてきたのであるが、適正な教育税の賦課と適正な社会教育費の計上がほしいのである。

2　各市町村教育区に、社会教育主事を設置することである。

青少年及び婦人教育が、政府の力を入れる割合に伸びない理由は、身近なところに適当な専門的指導者がいないことである。生活改善グループ、4Hクラブが彼等を尻目に成長していくのは、市町村毎にこれらの指導者が、政府の補助を得て置かれているからであろう。

世論もすでに熟しており、速かに設置の必要がある。

3　職業教育及び産業の科学化に関する教育の振興である。

琉球における移民問題は、主要なポイントである。

よき移民の教育は彼等の成功を約束付けるものである。移民教育の中心は職業教育及び産業の科学化に関することである。

更に狭少な土地から、最高度の生産をあげるには科学的技術の向上と合理的運営による以外にない。

この面の教育活動の活発化は今後の重要ポイントである。

(一)　青少年教育

終戦後の不安定な社会環境と教育的空白の中に青少年期を迎え、心理的にも不安動揺を続けている時期に異常的社会現象を受けて、ややもすれば好ましくない方向へ走りがちな青少年の指導の問題が如何に重大であるかは言うまでもないことである。この指導の対象となるべき青少年は一九五四年十二月末現在の人口統計によつて一瞥すると満十六才から満二十五才までの男女青少年の数が約一五一、〇〇〇人となつて居り、その中高等学校在学生二〇、三〇〇人及び大学在学生（本土留学生も含む）数が四、八〇〇人で、これを差引いた残り約一二五、九〇〇人は所謂勤労青少年で、彼等の教育の機会を如何にして与えるかということが青少年教育の中心課題とならなければならない。

青少年団体

青少年団体は青年会、青少年赤十字団、ボーイスカウト及びガールスカウト等それぞれ掲げた目標に向つて可なり活発に活動しているが、中でも地域社会を基盤として組織されている市町村青年会及びその支部の部落青年会は、地域における社会活動の中核体となつて、次第に活発な運営活動を展開するようになつてきた。然しながら戦後の特殊事情からくる青少年の生活条件の複雑化によつて、彼等の職業が多様になり、興味や関心及び余暇利用の施設等も種々相異するようになつて、青少年仲間としてのまとまりが戦前のように容易でなくなつた。その結果地域青年会の運営も多くの困難な問題を背負うようになつて、運営の当事者はその解決に絶えず苦心している。特に都市地域における青年会の組織の強化と運営の合理化を図ることは青少年育成上の問題点である。

青年会は主として市町村単位に結成され、地域毎に連合体を持ち更に沖縄連合会を組織し日本青年団協議会に加盟している。

ところが一九五七年三月十二地区の連合組織体を国頭（旧国頭郡及び伊平屋、伊是名両村を含む）、中頭（旧中頭郡）、島尻（旧島尻郡及び仲里、具志川両村を含む）、都市（那覇、真和志、北大東、南大東）、宮古八重山の六都市地域に改組して区域の広域化によつて行事の整理統合を行い特に財政面における運営の合理化を図ることをねらいとしている。

青年会員数及び沖縄青年連合会加盟団体数は次のとおりである。

(1957.3.1現在)

地区名	会員数	団体数(市町村単位)
知念	3,247	7
糸満	3,168	10
那覇	3,148	5
コザ	4,855	8
前原	2,197	4
石川	1,168	2
宜野座	501	3
名護	2,115	10
辺土名	522	3
久米島	608	2
宮古	2,600	6
八重山	967	3
計	25,096	63

組織は殆んどの青年会は網羅組織で、会員は中学を終えた年令十六才以上二十五才迄の男子と、十六才以上二十三才迄の女子未婚者をもつて構成している。地域の実情によつては三十才（男子）のものも加入しているところもある。

構成員が義務教育終了者のみで結成されているところもあり、高校、大学卒業者が加入しているところもあつて一様ではないが、地域社会の振興を図り会活動をより活発にするための会員研修の強化と、会運営のための重点的、計画的、継続的、定例的な活動が必要であろう。

次に事業内容と各種行事との比率をみると次表のとおりである。

A表は各種行事を六種類に分類し、BからG表迄は前者六種類の行事を更に細く示したものでこれによつて青年会が年間行つている事業についての傾向をうかがうことができる。

A表＝事業内容

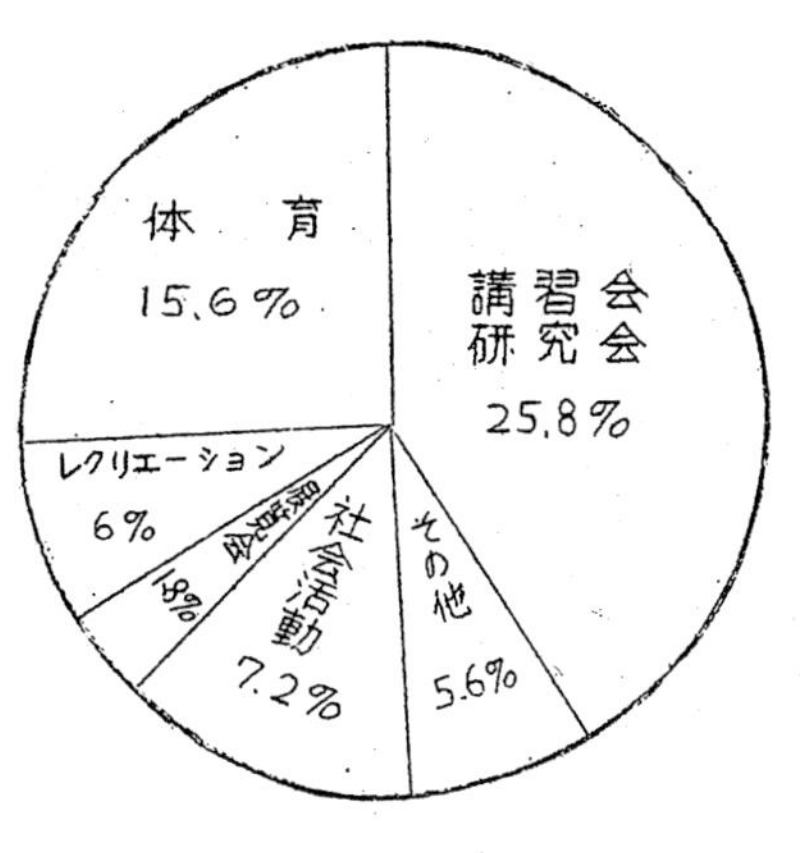

B　講習会、研究会

各種講習会	一五％
文化講座	一三％
討論会	八％
各種研究会	五％
弁論大会	二一％
幹部講習会	一七％
珠算競技会	八％
読書会	八％
研究発表	五％

C　体育関係

陸上競技	六〇％
各種球技大会	二七％
駅伝マラソン	一三％

D　レクリエーション

大会	三八％
演芸	六三％

E　社会活動

生活改善	二〇％
生産活動	二九％
植林、共同作業	五一％

F　展覧会、展示会

農産品評会展示会	一〇〇％

G　その他

各種視察見学	五三％
各種啓蒙運動	三七％
敬老会	一〇％

以上A表でみられるように講習会、研究会をとおしての教養の問題、体育の問題を中心として活動が盛んに行われていることがうかがわれる。最近社会活動としての生産活動、生活改善等に関心がむけられ次第に地域社会の問題解決と取組む方向に向いつつあることは喜ばしい現象である。

本年度中央青年会幹部研修会における共同学習の討議題として「会員としての自覚が足りない」「会員の出席率が悪い」「会運営に魅力がない」「女子活動が不活発である」等の問題点が取上げられ、真剣に討議されていたが、それは会員の青年活動に対する目的の把握、興味と要求によるプログラムの立案、定例会の充実強化、広報宣伝等についての反省と検討が一応考えられる。

それでその堅実な発達を助長するため今年度は次のような方針によつて指導育成に努めてきた。

㈠　青少年指導の目標

自主自立の精神に富む－
問題意識旺盛な－
人間完成に努力する－　｝勤労青少年の育成

㈡　指導の重点

1　青年会活動の育成
　△下部組織の強化
　△運営技術の指導
2　青年学級の設置奨励と運営の充実
3　幹部青年の養成
　△地区別、市町村別青年会幹部研修会の実施
　△本土における各種研修会へ代表派遣
4　文庫の設置奨励
5　研究青年会の設定及び優良青年会の表彰
6　堅実な青年運動の助長
　沖縄産業開発青年隊の育成援助長

㈢　事　　業

1 指導者の養成

青年団体を育成し、その活動を促進するには、指導者の養成が先決であるので、青年会幹部研修会を全琉各地区及び市町村単位に実施して幹部青年の資質の向上と指導力の強化を図つてきたがその状況を述べると、期間が一泊二日乃至二泊三日の宿泊研修で研修の内容は主として会運営技術に関するもので、会運営の状況についての相互発表や討議法の研究及びレクリエーションの研究実演等を中心に、産業、経済、時事問題、郷土史等に関する講演や映画鑑賞を取入れたもので、運営はすべて受講者の委員組織により民主的、自主的に行われている。各年度別におけるその受講者は次のとおりである。

一九五五年度　延六九九名
一九五六年度　延三九一名
一九五七年度

1　中央青年会幹部研修会
　場　所　中部農林高等学校
　期　間　四泊五日　受講者　一四五名

2　中央女子青年会幹部研修会
　場　所　沖縄会館
　期　間　二泊三日　受講者　六〇名

3　地区別青年会幹部研修会
　受講者　延四一五名

4　市町村別青年会幹部研修会
　受講者　延八五〇名

5　第五回全国青年大会派遣　九名

6　全国青年大集会派遣　六名

なお市町村単位青年会においても自主的に幹部研修会が実施され、その講習課目や内容も漸次地域社会の問題と直かにつながるものが多くなり、又研修方法が何れの青年会においても共同学習の形態をとるようになつたことは、青年の自主性と問題意識の向上を示すもので好ましい傾向である。

2 研究青年会の設定

次に地域社会の改善進歩の推進力をなす青年団体の運営の適否は地域の振興や民主化に直接間接に影響するものであるから、団体運営の望ましい在り方について研究せしめ、これを普及することは緊要なことなので、研究青年会を設定して各地区一ヶ所宛指定し、その成果の公開発表を行わせることにしたが各年度別における指定青年会は次の通りである。

△五五年度

糸満地区　糸満町青年会
　図書館を主体とした半都市的青年会運営
知念地区　南風原村兼城青年会
　教養を中心とした青年会運営
胡差地区　読谷村楚辺青年会
　部落組織による青年会運営同期生活動による自己研修
前原地区　美里村登川青年会
　農村における青年会運営
石川地区　恩納村南恩納青年会
　生産増強を中心とする青年会運営
宜野座地区　宜野座村漢那青年会
　農村における青年会運営
名護地区　今帰仁村与那嶺青年会
　生産を主体とした農村青年会運営
辺土名地区　大宜味村塩屋青年会
　農村における青年会運営
久米島地区　具志川村女子工芸学院
　郷土に即した女子職業教育の振興
宮古地区　平良市野原腰青年会
　教養を高めるための青年会活動
八重山地区　大浜町伊野田青年会
　移民地における青年会運営

△五六年度

糸満地区　渡嘉敷村渡嘉敷青年会
　節酒運動と生活改善を中心とした青年会活動
知念地区　玉城村親慶原青年会
　教養を中心とした青年会運営
前原地区　勝連村南原青年会
　教養活動を中心とした青年会運営
宜野座地区　久志村安部青年会
名護地区　伊是名村勢理客青年会
宮古地区　城辺町比嘉青年会
八重山地区　石垣市川平青年会

△五七年度

糸満地区　東風平村世名城青年会
　女子活動と4Hクラブを中心とした青年会運営
知念地区　南風原村神里青年会
　グループ活動を中心とした青年会運営
胡差地区　嘉手納村青年会
　基地における青年会運営
前原地区　具志川村前原青年会
　生活記録を中心とした青年会運営
宜野座地区　宜野座村惣慶青年会
　教養を中心とした青年会運営
名護地区　本部町伊豆味青年会
　青年会運営の在り方

辺土名地区　国頭村宜名真青年会
　生活記録と共同学習を中心とした青年会運営
久米島地区　具志川村西銘青年会
　生産を中心とした青年会運営
宮古地区　下地町上地青年会
　青年会運営における社会活動
八重山地区　与那国祖納青年会
　文化活動と生産活動を中心とした青年会運営

3 優良青年会の表彰

次に運営が着実優秀でそれぞれの特色を発揮し、表彰を受けた団体を年度別にあげれば次のとおりである。

△五五年度
胡差地区　読谷村楚辺青年会
名護地区　羽地青年会
八重山地区　石垣市川平青年会
△五六年度
糸満地区　渡嘉敷村渡嘉敷青年会
前原地区　勝連村南原青年会
宜野座地区　宜野座村漢那青年会
名護地区　今帰仁村与那嶺青年会

4 産業開発青年隊

次に最近になつて各種の青年運動の中で特に注目されるものは、青年の産業開発と移民事業推進への関心の現れとしての青年隊運動である。即ち沖縄青年連合会の発意と企画運営により、経済局農務課及び開拓課の指導援助の下で名護農事研究所構内に沖縄産業開発青年隊が創設運営されていることである。五五年の四月第一次青年隊が募集選抜され、二十五名の隊員が六ケ月に亘つて訓練を受け、それぞれに測量技術や建設機械操作の技術を習得して卒業した。この成果に鑑み、五五年十一月第二次青年隊（三十五名）、五六年七月第三次青年隊（三十名）、五七年一月第四次青年隊（三十名）、五七年六月第五次青年隊（二十名）が続いて募集され、訓練の後産業戦士として社会に送り出されたが、これ等教育終了者は大部分の者が移民青年隊として南米ブラジルに勇飛したが、現地では評判がよいようである。この事業の将来の成果については大きな期待がもたれるものである。

青年隊の教育課程は実技の訓練が主で、昼間は「建設機械班」と「土木測量班」の二班に分れてそれぞれ政府経済局施行現場で実習訓練を受け、夜間キャンプにおいて毎日二時間宛の一般教養講座を修めることになつている。

その内容は「経済振興計画に関すること」、「青年運動に関すること」、「時事解説」、「法律講座」、「労仂講座」、「農事講座」、「社会教育講座」、「移民講座」等になつていて、講師には沖青連の幹部の外に政府の関係局職員や新聞人、琉大講師及び海外協会職員等が委嘱されている。

隊内における隊員の生活は規律を尊び、自活会会則に基づいて組織される運営委員会の自治的活動によつて秩序よく営まれているが、次に掲げる生活綱領は青年隊生活の一端を物語るものといえよう。

一、私達は友愛と共励を信条として自主自立の精神を培うために団結します。
二、私達は苦しみを頒ち合い開拓精神を養います。
三、私達は知識を広め、技能を練磨し、自己の完成につとめます。
四、私達はよりよき明日の郷土建設に全力を傾注します。

5 沖縄青年連合会の動き

各市町青年会の連合組織体である沖縄青年連合会は、宮古、八重山の連合青年会をその組織の中に統合して以来、全琉組織の下に愈々その活動に堅実味を加えるようになつた。即ち単位団の育成につとめると共に横の連繋をとつて青少年問題の解決に音頭を取ることは勿論、産業の振興や社会福祉増進のための活動を展開したり、又他団体と協力して絶えず生起する幾多の社会問題に対処してその解決を促進する等その動きは一般の注目するところとなつている。その間、日青協の加盟団体として本土青年団との交流に意を用い青年大会や青年産業振興大会、青年問題研究集会及び幹部研修会等本土における青年集会や研修集会等にはつとめてその代表を派遣し、又本土の各地にある産業開発青年隊には再三に亘り青年代表を送り出す等青年共通の問題解決に同一の歩調をとることにつとめている。

次に沖青連としての大きな課題になつていることは、会運営の基礎となる財政面の充実を図ることであるが、そのために組織の強化による財政の確立が努力目標の一つにとり上げられ、その目的達成に努力が払われている。

因みに今年度沖青連の運営は次の基本目標に沿うて進められてきた。

㈠ 運動目標
一、青年の生活をよくしよう。
一、青年教育を青年の手で育てよう。
一、女性の地位を高めよう。

一、組織をつとめよう。
一、平和と民主々義を守ろう。

(二) 実践項目

△青年教育の確立
1 幹部研修会の開催
2 市町村研修会の開催促進及び役員の派遣
3 各種講座活動の促進及び講師の斡旋
4 青年学級の推進
5 共同学習、生活記録運動の促進
6 定時制高校設置の促進
7 レクリエーションの奨励
8 総合球技大会の開催
9 体育大会の開催
10 優秀映画の推薦

△組織活動の強化
1 青年会活動推進懇談会
2 執行部役員の研修
3 事務局の充実
4 仲間づくり運動の推進
5 オルグ活動の推進
6 グループ活動の奨励
7 各市町村青年会交流の奨励
8 財政の確立
9 青年問題研究集会の開催
10 実験青年会の設置
11 優良青年会の表彰
12 専門委員会の設置
13 青年祭の開催
14 青年会運営研究

△社会活動の推進
1 祖国復帰促進運動
2 各種週間行事への努力
3 社会福祉活動の展開
4 公明選挙運動の推進
5 駅伝競走の開催
6 新民法学習の展開
7 政治学習活動の展開
8 公民館運動の促進

△生産活動の拡充
1 生産学習活動
イ 共同研究並びに一人一研究活動の推進
ロ 研究発表会の開催
ハ 四Hクラブの育成
2 人口問題解決と青年隊運動の展開
イ 青年隊運動の実施
ロ 青年隊本土派遣
ハ 二三男対策
ニ 移民青年隊の推進
ホ 計画産児の奨励

△情報宣伝活動の徹底
1 機関紙の発刊
イ 編集委員会の設置
ロ 通信員の配置
2 機関紙活動研修会の開催
3 単位青年会機関紙活動の育成助言
4 調査研究
5 各種資料の発行配布
6 雑誌「青年団」の普及
7 報道機関との連絡提携

沖縄青年連合会機構図

沖縄青年連合会
最高決議機関
総会
(各加盟団体)
○代議員男女各一名
○理事
監事会
執行部
常任理事会
・会長
・副会長
・事務局長
・常任理事
総会に次ぐ決議機関
理事会
○各郡男女一名
○会員数累進率若干名
各種特別委員会
事務局
・総務
・企画
・編集
各郡会長
加盟団体

節酒運動を推進して実績をあげた
渡嘉敷区青年会の研究成果

一、はしがき

渡嘉敷部落は半農半漁を以つて生計を営み、世帯数一一七戸、人口八九六人の離島である。

特に鰹漁業は村の基本産業として五十有余年の歴史をもつて発展し、今日では漁村の性能や漁場の範囲においても戦前を凌駕するような状態にありながら漁業最大の経費とする燃料の値上りと、最近に至つては近海漁場が段々荒廃する一方で、鰹漁業の寿命といわれる餌の確保には極めて困難な状態に陥つており、漁民の経済は日々萎凋する現状である。

元より部落戸数の大半が日常生活を漁業団体の収入に依存されているため、その影響は大きく家庭経済にまでも反映し、鰹の副産物として盛んな養豚業の収入まで脅す状況である。

ところが昨年来豚価の下落と漁業不振に住民は追込まれ安閑と日々を過している事は将来に危険の迫ることを感じさせるので、離島という悪条件におかれて、他に新しい収入源を求めることは難しいことであり、その打開策として必然生活の合理化と諸行事の改善を研究し、冗費を節約しなければならない

二、動　機

当青年会では、部落内における諸行事の在方を検討して見ると、団体行事として行はれている各漁船の漁期終了祝等は年内の収入を顧ず各組合が競つて行う傾向があり又、家庭行事の冠婚葬祭においては招待客本意に義理的に行われる等幾多改善をなすべき点があることを痛感した。

殊に行事その他における酒の消費量が如何に年間莫大なものであるかを調査の結果知るに及んで、これの改善なくしては当部落の経済は益々貧困の一途を辿るのみか日進月歩の今日私達の部落は取残される虞があるので、私達は青年会活動を通じて諸行事の改善の中でも特に酒の問題をとり上げ、明るい住みよい理想郷健設をスローガンに乗出た次第である

三　経　過

一九五四年四月総会の議決を得て、酒年五十四石（金額五十四万円）の消費量を年二十五石（金額二十五万円）に節減する運動を展開することになり、二十日間に亘り資料の蒐集、世論調査を行い、婦人会との座談会を頻繁に催し、部落評議員会に諮つたところ全会一致の賛成を得たので、実施期日を六月一日から展開することに決定し、同時に各業者側の集会を五回催し節酒運動の趣旨を理解せしめ協力を求めた。

そこで業者側の自由仕入を廃止し、青年会の輸入計画によつて農業協同組合が一括購入することに決め一ヶ年間の輸入目標二十五石に対して月仕入高を二石に定め世帯割四合、成年者一人当り四合、晩酌者五合の割当をなし各世帯に酒購入カードを発行した。

約一ケ月程は順調に続いだが、割当量が少ない関係他市町村からの密輸入が多くなつてきたので密輸入取締の申合せの必要にせまられた。

そのため婦人会とも密接な連繋のもとに充分な資料を纒め、部落有志会や業者側とも検討した結果船舶入港毎に青年会役員をして輪番に船長の同意を得て密輸入酒の点検をなすとともに節酒に関する申合せ事項が必要だとの結論が出たので、社会事業部を中心に申合事項の案を錬り正案を得たので早速各団体及び業者側ともはかるとともにラジオや掲示等によつて消費者にうつたへ理解と協力を願い実施にうつした。

節酒に関する申合せ事項

一、輸入高目標二十五石六斗二升一合（二五六、二〇〇円）に定める。

1 各商店の自由仕入を廃し、青年の割当計画によつて農業協同組合が一括仕入する。
2 瓶詰酒を廃し、樽詰を仕入する。
3 カード制を廃し、キップ制に改める。
4 毎月の世帯割は家庭行事によつて割当する。
5 他市町村からの個人輸入は許さない。
6 小売店は酒の掛売をしてはいけない。
7 仕入の月日は旧暦に定める。
8 出産祝、満産祝、誕生祝には五合当を特配する。
9 晩酌者には五合当を特配する。
10 結婚祝及びその他大きな行事においては招待客一人に対し一合当を特配する。
11 住宅の本建築は一棟につき着工より落成祝までに二斗に定め、仮住宅建築は一斗に定める。
12 団体、個人が多量に使用せねばならない場合は他市町村からの仕入を許す。但し仕切書は農業協同組合を経由すること。
13 店が「キップ」無しの不正販売をなした場合は翌月の割当量より不正販売量を差引く。

二　密輸入の取締について

1 取締委員を青年会役員とする。
2 青年会の証明がない輸入酒は密輸入と看做す。
3 商店が酒の密輸入をした場合は酒の販売を停止する。
4 団体及び個人が酒の密輸入をした場合は量の如何を問はず現品を取上げる。
5 親戚や知人からの寄贈酒の場合は寄贈者の証明書がないものは密輸入と看做す。

密輸入の取締には個人的感情問題等いろいろ悩んだが現在では全部落民が申合せ事項をよく守り、協力してくれるので家庭経済に大きな成果をおさめつゝある。

三、結　果

　まず私達の節酒運動が家庭経済面にどのような結果となつて現われてきたか次の表から見ると

酒輸入高差額表

年度別	数量（石 斗 升 合）	金額	一世帯平均割（斗 升 合）
一九五四年	五四 二 三 五	五四二、三五〇円	二 四 七
一九五五年	二七 二 二 八	二七二、二八〇	一 二 四
差額	二七 〇 〇 七	二七〇、〇七〇	一 二 三

節酒によつて二七〇、〇七〇円の金額が家庭経済にプラスとなつてあらわれたのである。

　こうして出来たゆとりはどのような形であらわれて来たかを調査してみると、食生活面への向上が目立つのである。食生活の向上については、次の物資輸入額の統計によつてよくわかるように生活必需品の輸入が多くなつたことはそれだけ吾々の生活が向上した証左である。

物資輸入額調査表

品目	1954年	1955年	節酒後の増加
	円	円	円
米	482,350	576,585	94,235
素麺	136,000	154,521	18,521
茶	73,260	77,726	4,466
菓子類	122,600	139,798	17,198
食酢	2,206	2,766	560
醤油	21,920	27,565	5,644
食塩	27,440	83,756	46,316
肥料	238,639	251,621	12,982
計	**1,114,415**	**1,314,337**	**199,922**

四、反　省

　節酒後は、経済的にも社会的にも明るい文化村が築かれた感がする。節酒前では家庭及び部落の行事或は祝の場合は殆んど深酒が多く歌舞音曲等深夜に至ることが普通であつて、明日の生産にも影響する事例も相当あつたが現在では晩酌程度で済し午後十一時（ラジオの放送終了時間）には酔人の姿が見受けられない明るい社会になつている。

　次に経済面では節酒の影響として五四年度は、ビール、ジュースの輸入高が一三、九〇八円に対し、五五年度は四四、二八〇円と増加していることは遺憾に思う。その問題については将来の研究課題として解決したい。

　更に節酒によつて浮いた二七〇、〇七〇円は主に輸入物資に肩替りしているので、今後は輸入物資の輸入節減を図り、それによつて生活の合理化子弟の育英資金に振り向けるような方途を講じもつて部落の振興に協力していきたい。

婦人教育

(一) 婦人教育の現況

　一般成人に対して婦人の後進性をなくするための自己教育、相互教育への努力も婦人自体の燃え上る力と各方面の理解と協力、指導援助によつて向上の一途をたどりつゝある。即ち過去の封建的な社会制度ならびに家庭環境より来る婦人の消極性の解消と婦人に欠けている社会性の自覚を促すための婦人教育の必要性に応じて、従来の啓蒙的段階から一歩前進して、過去の反省とその基盤の上に立つて着々と教育活動がなされて来たのである。

　特に現実の生活の中における問題や地域社会の共同課題等の解決のために、自発的な学習意欲が旺盛となり、各種の研究集会が数多く開催され、その活動は活発になりつゝある。

　中でも婦人学級講座の開設や団体の講習会や研修会は年々活発に進展しつゝある。これと相まつて新民法が一九五七年一月一日を期して施行され、婦人の法的な地位が確立されたので、今後の婦人教育の振興に大きくプラスするであろう。

　しかしながら、いまだに一部においては婦人教育の育成をはばむ問題点が残されており、企画性と科学性の欠如から来る安易な教育計画におわるおそれもあり、今後この課題の解決に努力と検討が加えられなければならない。

1 目　標

(1) 自主性の確立

(2) 生活の科学化

(3) 家庭教育の振興
(4) 職業技術の強化

2 指導の重点

(1) 婦人の地位の向上と家庭社会の民主化
(2) 婦人会運営活動の強化促進
(3) 指導者の養成
(4) 婦人学級の振興
(5) 新生活運動の促進

3 婦人教育に関する年間事業

（自一九五六年七月至一九五七年六月）

(1) 地区別婦人会幹部講習会

○内　容
(イ) 婦人会運営活動に関すること
(ロ) 新生活運動に関すること
(ハ) 教養に関すること
(ニ) 職業教育に関すること
(ホ) レクリエーションに関すること
(ヘ) その他

○対　象
各市町村婦人会幹部

○受講者数　七二〇名

○実施場所　各地区十二ケ所

○評　価
(イ) デイスカツシヨンが活発で発言がよかつた
(ロ) 教養講座の内容が豊富でよかつた。
(ハ) 時間が足りなかつた。

(2) 市町村別婦人会幹部講習会

○内　容
(イ) 婦人会運営の問題点とその解決策
(ロ) 新生活運動の趣旨徹底
(ハ) 地域社会の問題について
(ニ) 職業教育に関するもの
(ホ) レクリエーション
(ヘ) その他

○対　象
部落婦人会幹部（一般会員を含む）

○受講者数　二、五〇〇名

○実施場所　各市町村六四ケ所

○評　価
(イ) 共同学習により問題解決の糸口ができた。
(ロ) 自主的運営により進められて効果的だつた。
(ハ) 共同学習の時間をもつともちたかつた。
(ニ) 会員意識が高められた。

(3) 婦人指導者研修会

○内　容
(イ) 教育法と婦人会活動について
(ロ) 社会活動の問題点
(ハ) 集団活動の問題
(ニ) 学習内容と方法の問題
(ホ) 婦人学級について

○対　象　市町村、部落の婦人指導者

○受 講 者　五〇〇名

○実施場所　本島内の各地区ならびに八重山地区

○評　価　問題点として次のことが上げられた。
(イ) 一般婦人の発言を活発にすること
(ロ) 時間励行と集会の督励につとめること
(ハ) 研修費の捻出

(4) 職業技術講習会

○内　容
毛糸編、ネクタイ編、袋物、ナイロン靴下の更生利用、大巾織、洋裁、和裁、染色

○対　象　一般婦人

○受講者数　四三〇名

○実施場所
沖縄本島　四ケ所
宮　古　一ケ所
八重山　一ケ所

(5) 研究婦人会の指定並びに発表会

(イ) 五四年度

地区名	会　名	研究題目
糸満地区	東風平村富盛区婦人会	生活の合理化を目指して
知念〃	知念村安座真区〃	生活改善をめざす明るい婦人会活動
那覇〃	那覇市高良区〃	特殊環境に於ける婦人会運営
前原〃	勝連村平敷屋区〃	
石川〃	恩納村恩納区〃	一人一研究を通しての婦人会活動
宜野座〃	久志村大浦区	
名護〃	屋我地村〃	一人一研究を主としての婦人会活動
辺土名〃	東村川田区〃	生活改善を主とした婦人会活動
久米島〃	具志川村山里区〃	〃
宮古〃	下地町狩俣区〃	生活改善を中心とした婦人会
八重山〃	大浜町平得区〃	宅地利用による副業の研究地域社会の改善明朗化をはかるには

五五年度

胡差地区	嘉手納村〃	半都市の婦人会運営

地区名	会名	研究題目
前原地区	具志川村上江洲区婦人会	われわれの婦人会運営
石川〃	石川市伊波区〃	生活改善を中心とした婦人会運営
宜野座〃	金武村伊芸区〃	明るい生活を目ざした婦人会運営
名護〃	本部町浦崎区〃	生活改善を主とした婦人会運営
久米島〃	仲里村宇江城区〃	
宮古〃	平良市池間区〃	家庭生活の合理化をめざす婦人会
五六年度		
糸満地区	三和村米須区婦人会	保健衛生を主とした婦人会活動
知念〃	南風原村喜屋武区〃	生活改善を指す婦人会活動
那覇〃	浦添村宮城区〃	保健衛生を主とした婦人会活動
胡差〃	宜野湾村宇地泊区〃	保健衛生を主とする婦人会運営
名護〃	羽地村仲尾次区〃	婦人会の運営について
宮古〃	平良市地盛区〃	1本会員の教養の向上をはかる 2部落の生活改善をはかる 3部落の生産増強をはかる
八重山〃	竹富町小浜区〃	
五七年度		
糸満地区	豊見城村豊見城区婦人会	（未発表）
那覇〃	真和志市与儀区〃	（未　定）
知念〃	佐敷村富祖崎区〃	子女教育を中心としての婦人会活動

地区名	会名	研究題目
胡差地区	コザ市コザ区婦人会	（未　定）
前原〃	具志川村川田区〃	私たちの教養の向上を目指して
宜野座〃	金武村屋嘉区〃	経済振興を図るための婦人会活動
名護〃	名護町城区	納税完納を通しての婦人会運営
宮古〃	平良市漲水内界〃	保健衛生活動の歩み
八重山〃	大浜町野底（多良間）〃	台所の改善と便所の改良

製作品展示会

(ロ)　指定婦人会運営研究発表の実例

△名護町城区婦人会　—一九五六年五月指定—

発表月日　一九五七年五月十九日

研究テーマ　「納税完納を通しての婦人会運営」

文教局指定運営　研究発表会（城区婦人会）

納税完納を通しての婦人会運営について

総務部　宮城　はる

一、研究指定を受けるまで

最近「婦人会」と申しますと、農村あたりでは生活改善の原動力をもつ力強いグループと、又一面顔の揃

つた、或は同じ目的を持つ一部分的な人々のグループとの二つに分けて考えることが出来ます。つまり前者を婦人会全員である網羅式婦人会というならば後者は同志的婦人会と言えましよう。では私たち城婦人会をこの二つに照らしてみますと、後者の同志的婦人会の方が正直に申して当つていたかも知れません。これについては次に申し上げますが、とかく一を言えば二、三を次ぐ三十余名の同志は、いつどんな時でも、どんなことでも出来る意気投合した理想的なグループであります。しかし私たちは決してこれに満足はいたして居りませんでした。この愉快なグループの気持を全二百の会員にも分けて上げたいという希望の裏には常にその運営の悩みはつきものでありました。この時にたま〳〵研究指定の話がありまして、及ばずながら先づやつてみようという皆の意見がまとまりましたので、冒険とは思いつつお引受けした様な次第であります。

二、区の実態調査

さて昨年の五月、文教局指定婦人会運営研究発表の大任をいたゞいて、果して何からどう始めようかとなりますと仲々莫然として掴みどころがない。それは半都市半農の形態である当区の会員は果して各々何を望み、何を考えているかということを知るために、先づ実態調査から始めることにしました。そこで家計の中心である収入から見た職業別調べでは、農業七四人(二八%)商業五八人(二〇%)事業二六人(九%)公務員三八人(一三%)其他の給料者五二人(一八%)動産不動産一三人(四%)救済二五人(八%)で、この業別割に事業を計画してみましたが、いづれもその利益に相反する面が出て却つて一つのトラブルを生ずる結果になるおそれすらありました。例えば農村のように消費経済の合理化から共同購入をしたいというと、直ちに商業から不満があり、又授産の面から内職の斡旋をしてみましたが、まだ名護よりは那覇の方が安くつく、つまりコストの面でつり合がとれぬというように仲々まとまりがつかない。そこで、いづれの職業を持つ家庭にも喜んで歓迎されるもの、そして値打のあるものという目標に上つたのが「教育」でありましたさてこの教育を振興させるためには先づ教育財政を豊かにしなければいけない。然らばその根本は何か、即ち納税を進んで実行する。教育税のみに止まらず、凡ゆる納税で町財政に協力するという立派な公約数を見出しまして、喜んでこの計画に手をつける事が出来ました。これは次の理由がありました。

名護町は文化の町を誇りながら教育税の納入成績がわるく新聞誌上にも、たたかれた頃でありまして、私たちは先づ「足もとを見つめよ」という目標でこの問題を採り上げたわけでありました。

三、納税と婦人の立場

さて納税は国民の三大義務とうたわれ、法治国民の一大義務であります。この大事な納税を果して婦人がやり得るかについて、各家庭へアンケートをしてみましたところ、主人側から「任された家計内でこの大事な仕事が出来るなら一人前だ、大いにやつてみなさい」と逆に激励を受けて、やはり女も認められたという大きな自信と抱負を以つて各々の決心は出来たのであります。以来会員一人〳〵の心は同くつぎ合わされ道で、市場で、又は畑の帰りにも「頑張りましよう」の合言葉で励まし合つたものでした。

四、納税組合結成と運営

こうして仕事の目標が決まりましたので次は組織の方法について具体的な研究に取りかゝりました。先づ問題に取り上げたことは、

1 納税模合式によるにはその人員と組織や区域をどうするか
2 各個人の税額調べ
3 各税種別の納期
4 其の他模合組織後の運営法等

考えてみると仲々多難な問題で何回も研究会を重ねている中に、やつとその目安もつき事務的な方まで話し合が進んでいる丁度そのとき、(八月下旬)町議会に於ては納税組合の結成を促進するとともに、その条例が立案されつつある話を聞き、会員は得たりとばかりの意気でその発表を待つていました。いよ〳〵町当局は各部落へその促進懇談会に乗り出すことになり、当区域は九月一日の佳い日でありました。張り切つた婦人会はそのお話を一言も聞きもらすまいと緊張して臨みました。おかげで研究するところまで行きつけていた私達にとつて、その条例と準則は一般に歓迎され、私たちが一ヶ月間悩みぬいた仕事を決定づけたも同然でした。気の早い第二班一組の浜端納税組合では、懇談会後、出席の主人方を集め、早速条例に則り組織の話し合い、明けて二日は全戸が集つて定款を定め、役員を決定し、三日は目出度くイの一番で名乗りをあげました。更に七日、十七日、二十日、二十八日、二十九日、十月一日、二五、九日、十一月一日と息もつかせず十二の組合が生れ組合員三一四人で当区納税義務者三四九人に対し、九〇%になつております。そこで婦人会はこの納税事業を趣旨の示す通り、福祉部の一大事業として十二の組合の総括的運営並びに納税に関する諸事務を同部に任すことになりました。爾来同部員

十六名は、その責の重大さを痛感すると共に大きな誇りを以つて着々仕事を進めてまいりました。

先づ組合未加入者の調査から始め、其の納得、勧誘並びに諸統計表作製など仲々多忙になりました。時には組合長会を催し、事務的な打合わせをしたり、その慰労をしたり、仕事が大きいだけに苦労いたしました。

これについて特筆いたしたいのは、当組合の役員で組合長一名、副組合長一名、書記兼会計一名の三名は全部婦人会員、監事二名は男子で事務会計の監査に当つています。こうしてお互に扶け合いつゝ育つ納税組合は、その歩みも確かで納税の成績は常に百%で、条例による百%奨励金を各税の納入毎に積み立てゝ居ります。詳しいことは福祉部の方から書いてもらうことにして省略致します。この貯金を楽しむ婦人は、各組合の運営費とても消耗品のギリ〳〵額で、毎月寄り合う会合に男なら酒の一合という処を、女ではお茶で沢山、一銭もくずさぬという工合に、各組とも積立て競争であります。

次に運営の方法でありますが、これは大体二つに分れています。その一は各個人一ヶ年の総額を十二ヶ月で割つた額を、定まつた日に組合に持ち寄るのと、他は納税令書を受けて後十日で税額だけ納入する組がありますが、これはいづれも組合員の希望に任せて居ります。結果に於ては今のところ同じであります。この問題に限り組合員の希望を尊重して決して強制的にしないこと、どこまでも民主的に運営することを第一主眼に置いてあります。従つてこの積立金の処分使途についても、今のところどの組合も分りません。今年度末の六月になれば楽しい組合の話し会でそれ〴〵はつきりしてまいりましょう。

五、区民の年間総所得と総税額

私達の納税運動の対照は政府税ではなく、自治体の租税であることは申すまでもありません。政府税と申しましても、直接税でありますが、当区内の勤労所得税や事業所得税、それから法人税とそれを一纒めにしても課税人員は総戸数の二分の一足らずで、しかも勤労所得税の場合は、源泉徴収の方法によりますので、別段納税組合に依存する必要はありません、所が地方税の場合は、町民税は、負担分任の建前から、広く住民に行渡つて賦課されますし、また固定資産税では、小さいながら皆が土地、家屋を所有して、納税人員は甚だ多いのであります。この両税を基準に賦課される教育税もその通りであります。

当区民の総所得は、役所の調査では、一千六百七十万四千円を押えていますが、これに対し町税総額は六十二万八千五百四十九円ですから、総所得に対し僅かにその三・八%にしか当りません。所が一方政府税では、区民総所得の五・五%も占めていますので、全体からすると決して小額ではありません。

町税の納付が不成績になる一つの理由として政府税がコントロールするからでもありましょう。しかし、町税は概して税額も少ないし、皆の自覚さえ高まれば必ずしも、重荷ではないから滞納など有り得べきことではなく、要は皆の心掛一つでどうにかなることゝ思われます。

六、納税と生活改善

こうして皆が一つ心になつて仂いて居ると、次第に納税に対する不平どころか、重荷であつた税金も後二回で五七年度もすみ、組合長の手もとにたまつた納税領収証と積立金を見ては皆にこ〳〵であります。

この納税の仕事から得た私達の大きな収穫は、やれば出来るという自信と、お互の生活に無駄があるならこの際思い切つて改めようという強い意気込みでありました。この二つの心構えが又私達に大きな仕事をさせて呉れました。

これは今年の生年祝を合同にもつて行つたことです。年の瀬も迫りますと先づ心配なのは、お正月の準備と引続き来るお祝の祝儀であります。時に折も折、今年は公民館の新築にあたり、十二月二十五日落成を控えて、区民は十四万五千円の大金を分担することになり、更に毎月の税金と来てはとても堪らない。ことに戦争未亡人の家庭は全く目もあてられない窮地に追い込まれました。そこでいづれを取り、いづれを考慮すべきかについて腹を決めた婦人は、勇敢に合同祝を力強く打ち出すことに話はきまりましたので、早速一月十日役員会を開き其の希望をまとめ十一日の晩は御当年の方々と懇談し、十三日の三日目は区の評議員、青年会との合同協議会を開いてゆつくり御相談いたしました。

この問題については三十年もの昔から改めようとして失敗をくり返している苦い経験をもつて居ますので相当の抵抗がありましたが、婦人会の熱意と綿密なる計画とにとう〳〵賛成して貰い、立派な具体的方法までこゝで練り上げ、四日目の晩は部落総会にかける事が出来ました。区民も事の経緯に納得行つたようで、却つて喜んで賛成する事になり、いよ〳〵明るい進んだよい生年合同祝をする事が出来ました。申しおくれたが、この合同祝の世話の一切は生活改善部に任しましたが、うまく区を動かし、全員全力をあげてこの行事を有意義に取り行い、御当年の方々も生きていてよ

かつたと喜ばれたことは、これ全く皆の誠心の然からしむる美しい情景でありました。合同祝が済むとすぐ之に対するアンケートをしてみましたが、そのねらいである祝儀の節約について確かな資料が得られましたことは誠に嬉しいことでした。先づ区全体の祝儀の実支出額は一五三、五〇〇円で、例年通りとした予想額二七五、七五〇円で差引一二二、二五〇円の節約ということになります。尚数字的な詳しい調査は生活改善部にゆずることにしまして、さし当り今までの婦人会の活動によつて産み出された金額の状況を考えて見たいと思います。

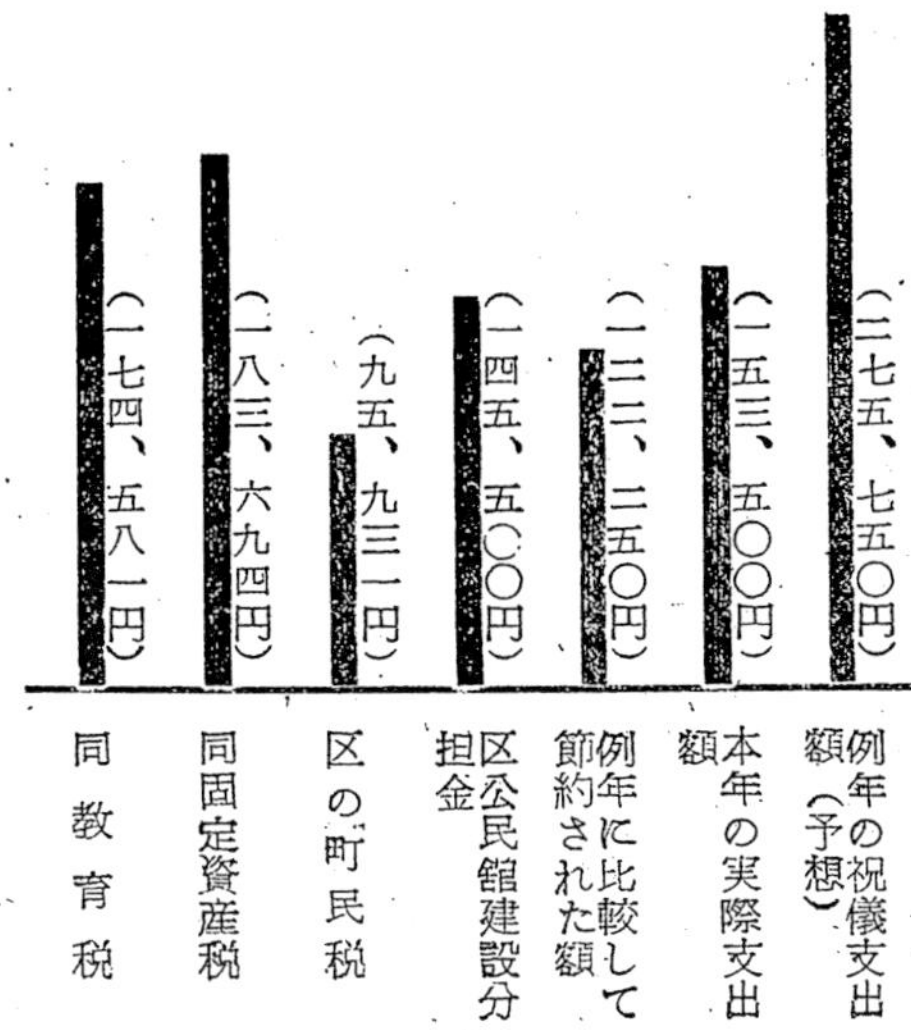

項目	金額
例年の祝儀支出額（予想）	（二七五、七五〇円）
本年の実際支出額	（一五三、五〇〇円）
例年に比較して節約された額	（一二二、二五〇円）
区公民館建設分担金	（一四五、五〇〇円）
区の町民税	（九五、九三一円）
同固定資産税	（一八三、六九四円）
同教育税	（一七四、五八一円）

只今合同祝の節約の一二二、二五〇円と納税組合の奨励金並に補助金で二四、九四一円で合計一四七、一九一円という大金がそのまゝ私たち生活の向上のためにすでに向上模合に代り、着々と台所、便所の改良乃至は生活備品の購入に、又は教養雑誌其の他台所のうるおいに還元されることは申すまでもありません。

七、婦人会の目的と納税

この点から私たちの事業を一歩退いて眺めてみましよう。夢中になつて納税の仕事をしている中に、三十年来失敗をくり返していた行事改善も出来、小さいながらも私達の誠心は地域社会の幸福のために役立ち、区民からも婦人の力を認めて下さるようになりました。こうなれば私たちもいよ〳〵励まねばなりません。早速の話が納税組合の役員三十六名は、いや応なしに納税に関する勉強や計算簿記等、主人に笑われぬように毎日〳〵の事務をとります。それから納付期日には役所に税金を払いこみますが、行けば何かを学ぶ。役所の人は喜んで各区の状況や税金の話、聞いた事のない予算の話などして呉れます。又自分の組合に税金の不当と思われる人があれば直ちに係りに聞いてみるとか、異議申立の手順とか、色々今まで主人まかせの仕事が今度は自分で自ら覚え、又事務の方法も教えてもらうなど、これまで台所に区切られた私達の視野を拡げて、役所の空気にふれるだけでもどんなに大きな収穫か、数えれば限りがありません。みんなの役所での明るい顔を見るだけでも私はどんなに嬉しいことか。値打のある仕事をするためには一段高い気性を必要とする。とかく仕事をすることによつて学ぶ。小さいながら今私たちはこの道を進みつつあると申しましても過言ではありません。

従つて教養部の活動部面がいよいよ重大で当区婦人会の発展のためのカギを握る同部の活動が期待されるわけであります。そこで毎日の講座や講習の内容なども広く皆の希望をとり入れようという民主的な考えに立脚してそれぞれ適当に行われています。

次に授産部におきましても、何しろ会員の生活状態が複雑なだけにやりにくい部面も多く、同部も自発的に動いていますが、全体として納税に重きを置く婦人会の力には限りがありましてそこまでは力が及びません。この納税事業が軌道にのりましたら次は是非この面にも主力を注がねばならないと考えております。しかし今度の予算に事業収益一千八百円を上げたのは同部のおかげでありました。

次にレクリエーション部でありますが、これは婦人会活動に於てのみの活動ばかりではなく私達の日常生活を和やかにする大事な部面をもつことは申すまでもありません。

当婦人会は多芸な者が多く、恒例の豊年踊りには舞踊劇、バレーなど常に一歩進んだ演出をして皆を驚かせ、町内でもその定評は高いのであります。そればかりでなくそれと並んで音楽の面にも関心深くすでに去る敬老会には婦人会のみの音楽部で結構間に合つたのであります。

こうして私達婦人会は今軌道にのつたばかりでこれからすべり出すところであります。そのレール即ち私たちの会則で二条の項に「本会は婦人の教養を高め会員相互の親睦をはかり、社会福祉を増進することを目的とする。」とうたつてあります通り私達の仂きはこの目的にすべて帰納されつゝあることを信じています。

八、婦人と婦人会員

次に婦人会運営についての大きな悩みは、何と申しましても指導者の問題であります。家庭人である婦人と婦人会の仕事との無理は、皆様よく御体験のことゝ存じます。殊に私たちがこうして対外的な仕事に全員を動かして行くために、どんな苦心をいたしました事か凡そ御想像はつくと思います。でもうちの役員はう

まくこれをやり抜けております。例えば或る部長さんは、一歩家から出る時、市場には勿論のこと、お買物袋の中には、きつと婦人会の書類が入つていて、ふと市場などで関係の人に出会うと「ちよつと、ちよつと、これはこれでよかつたかしら?」「あれはこう計画しました。これはプリントにしてくれ……。」と、ものの三分もあればその場で連絡や打合せができました。井戸端会議などの話ではありません。こうなると総務の方でも便利ですし、あらゆる機会を利用して寸暇を惜しんで利用する心構えがこの仕事をこれだけでかしたのではないかと感謝したい気持になります。これ即ち問題解決のカギとも言えましよう。

先程も申し上げました通り私たちの仕事は今軌道に乗つたばかりでありまして、真の活動はこれからであります。今後尚一層の御指導御鞭撻をお願い致しまして私の拙い発表に替えさせて戴きます。

A 実態調査

a 区の戸口、業態

人口 一、七二三人(男八四六人、女八七七人)

戸数 三一一戸

職業

業種	戸数	パーセント
農業	74	25.9
商工業	84	29.4
公務員 其他給料 生活者	90	31.5
其他	13	4.5
無職(公共の扶助受ける者)	25	8.7
計	286	

b 台所、便所等衛生施設(一九五七・四・十八現在)

区分	種類		数
竈	改良竈		九七
	在来土竈		七四
	石油コンド		一六八
便所	本便所		八七
	仮便所		一六一
	手洗		一三七
台所下水処理	溝管		五六
	もらし式		一六三
	溜		三〇
畜舎	豚舎	宅地内に設けたもの	四七
		野外にあるもの	一一
		計	五八
	鶏舎		八九

c 家庭娯楽その他の文化的諸施設の普及設置状況と家庭治療施設の状況

新聞 五三戸 雑誌 一一一戸

ラジオ 一二七戸 オルガン 二戸

扇風機 六戸 ミシン 四九戸

アイロン 一五三戸(内電気アイロン一五戸)

冷蔵庫 一四戸 電気ミキサー 三戸

電気洗濯機 一戸 救急常備薬 一〇九戸

体温計 九六戸 水枕 六二戸

d 婦人会に関する調査

○会員の年令別構成

年代	20代	30代	40代	50代	60代	計	未亡人 戦争	未亡人 其他	計
人員	二四	七二	七三	四〇	一三	二二二	一二	三五	四七

○会員の職業調

種別	農業養畜	商業及サービス業	給料生活者	家事	其他	計
人員	七六	六二	一四	六八	三	二二二

B 本年度努力目標

1 婦人教養の向上
2 納税完納
3 生活改善による行事の簡素化
4 環境の美化
5 授産

C 機構図

総会 — 役員会

会長 — 会計

副会長 — 部長 — 総務部 / 教養部 / 生活改善部 / 福祉部 / 授産部 / レクリエーション部 — 班長

会計監査

D 城婦人会会則

第一条・(名称) 本会は、城婦人会といい、事務所を城公民館内に置く。

第二条・(目的) 本会は婦人の教養をたかめ、会員

相互の親睦をはかり社会福祉を増進することを目的とする。

第三条・(事業) 本会は前条の目的を達するため左の事業を行う。

一 講習会、講演会等教養講座の開設
二 諸行事の簡素化と生活改善
三 授産施設
四 衛生および清掃日の実施
五 幼稚園その他社会福祉面への責任
六 敬老会、部落祭典、その他会員レクリエーションの開催

第四条・(会員) 本会の会員は名護町城区に居住し本会の目的に賛成する婦人は誰でも会員になることができる。

2 会員を分けて正会員、名誉会員とする。
正会員 既婚者及び年令二十五才以上の婦人
名誉会員 年令六十才以上の婦人

第五条・(役員) 本会に左の役員を置き、任期は一年とする。但し再任を妨げない。
会長 一名 副会長 二名(内一名書記兼任)
会計 一名
監査員 三名 部長 六名
班長 一四名

2 会長、副会長、会計および監査員は総会において会員中より選挙し、その他の役員は会長が推薦して、総会の承認を経るものとする。

第六条・(部の組織) 本会に左の部を置く。
総務部・教養部・生活改善部・福祉部・授産部・レクリエーション部

第七条・(役員の任務) 会長は会務を統べ、すべての会の議長となり本会を代表する。

2 副会長は会長を扶け、会長事故あるときはこれに代る。
3 書記は会長の指図に従い、庶務一切を掌る。
4 会計は会長の指示に従い現金の受払、会計諸帳簿の整理保管その他一切の出納事務を掌る。
5 監査員は本会の会計を監査する。
6 部長は部の事業を企画実施する。
7 班長は各班の連絡事項を示達し、会費の徴収その他班のすべての仕事に当る。

第八条・(会議) 会議を分つて総会および役員会とする。

2 総会は年一回七月に開催する。但し必要に応じ臨時総会を招集することができる。
3 総会の会議に附する主なる事項は左の通りである。
(イ)会則の改廃 (ロ)役員の選任 (ハ)予算及び決算の承認 (ニ)事業計画 (ホ)其他必要なる事項
4 役員会は会長、副会長、会計監査員部長及び班長をもつて組織し、月一回定例会を開く。但し会長は必要に応じ臨時役員会を招集することができる。
5 役員会において行う事項は左の通りとする。
(イ)予算立案 (ロ)事業計画案作成 (ハ)各部事業計画の調整 (ニ)其他必要な事項

第九条・(予算及び決算) 毎会計年度予算は役員会の審査を経て通常総会の議決を経なければならない。

第十条・毎会計年度決算書は監査員の審査を経て、その意見を附し、総会の承認を経なければならない。

第十一条・(会費) 本会の会費は一人につき一ヶ年金五十円とする。但し名誉会員の会費はこれを規定しない。

第十二条・(会計) 本会の会計年度は七月一日に始まり六月三十日に終る。

第十三条・本会の経費は会員の会費、事業収益金、補助金その他をもつてこれに充てる。

第十四条・(会則の改廃) 本会則は会員の過半が出席し、出席人員の三分の二以上の同意がなければ改廃することはできない。

附 則

本会則は一九五六年六月五日より実施する。

E 一九五七年度事業計画

月	事業	内容
七	婦人講座 映写会	婦人会運営について 計画産児
八	婦人講座 研究会	本土講師 納税模合組織について
九	婦人講座 納税組合結成 視察	新民法 優良部落視察(生活改善)
十	婦人講座 講習 運動会参加	新生活運動について(本庁主事) 料理・生花講習 団体遊ぎ練習
十一	家計簿の作り方 運動会バザー 開店 清潔検査	家計簿のつけ方について 全島陸上競技会場にて
十二	生花、料理講習 納税組合長会	納税組合事務打合せ懇談
一	婦人講座 研究会並懇談会・講習	会人会の在り方(本庁) 合同祝についての方法と当年方との懇談、ビニール講習

月	事業	内容
二	婦人講座 幻燈 生年（合同）祝 右反省会	日本の婦人会について
三	婦人講座 視察 懇談会	新生活運動（本庁） 社会見学、南部視察 幼稚園育成について
四	婦人講座 映写会 学事奨励会	新入生の取扱い方、生徒生活指導 視聴覚教育 育英会総会への協力

月	事業	内容
五	研究発表会 健康優良児表彰 児童生徒常欠督励 清潔検査（春）	文教局指定運営研究発表会子供の躾けについての懇談会健康優良児検査の奨励と表彰 学校と協力常欠児しらべ 保健衛生について
六	婦人講座 映写会 展示会 反省懇談会 決算事務	農事奨励会へ農産加工、手芸品並びに生花の展示 納税組合年度末反省会

F　区内婦人団で組織する十二納税組合の成績表（一九五七年四月二十日現在）

種目＼事項	賦課年額	納税済額	還付金 奨励金	還付金 補助金	還付金 計	納付状況
教育税	九九、二四六	六六、一七一	四、三四六 （六、五一九）			四月現在までの分完納
事業税	五六、五九五	三七、七三〇	二、一〇三 （三、一五四）			完納
固定資産税	六三、二二四	六三、二二四	三、六三八			〃
町民税	五九、三八五	五九、二八五	三、八二三			〃
自転車税	四、五〇〇	四、五〇〇	三二〇			〃
畜犬税	九〇〇	九〇〇	六五			〃
牛馬車税	三〇〇	三〇〇	一八			〃
不動産取得税	三七、一四五	（三七、一四五）	（一、九四〇）			
計	三二一、二九五	三三二、二一〇	一四、三八七 （一九、四八一）	五、六六〇	（二五、一四一）	

備考

第三期分未発行（　）は年度末収納予想

補助金は組合員一人に付二〇円の二八三人分

G　一九五七年度才入才出予算

才入　一金弐万六千参百壱円也

才出　一金弐万六千参百壱円也

才入、才出差引残金なし。

1　才入の部

科目	予算額	附記
会費	九、五〇〇円	会員一人五〇円の一九〇人分
補助金	一二、〇〇〇円	
事業収入	一、〇〇〇円	
基本金	三、八〇〇円	
寄附金	一円	
計	二六、三〇一円	

2　才出の部

款	項	目	予算額	説明
一款 人件費			二、五〇〇	
	旅費		一、〇〇〇	
		会長旅費	五〇〇	一回一〇〇円の五回
		役員旅費	五〇〇	一回五〇円の十回
	渉外費		一、五〇〇	
二款 事業費			一五、五〇〇	
	会議費		二、〇六〇	
		総会費	八六〇	総会費五〇〇円 月例会三〇円の十二ケ月分三六〇円
		役員会費	六〇〇	五〇円の十二ケ月分
		部長会費	六〇〇	五〇円の十二ケ月分
	各部事業費		一三、五〇〇	
		教養部	三、〇〇〇	講座費一、二〇〇円 生花講習其他八〇〇円 視察一、〇〇〇円
		生活改善部	二、五〇〇	講習一、〇〇〇円 視察五〇〇円 合同祝八〇〇円 其他二〇〇円

款	項	目	予算額	
二款 事業費		授産部	二、〇〇〇	講習費一、〇〇〇円 備品五〇〇円 其他五〇〇円
		福祉部	二、〇〇〇	納税組合五〇〇円 敬老会一〇〇〇円 其他五〇〇円
		レクリエーション	一、五〇〇	レコード一、〇〇〇円 其他五〇〇円
		総務部	一、〇〇〇	
	奨励費		一、五〇〇	育英会一、〇〇〇円 農事奨励五〇〇円
三款 需要費				
	備品費		[illegible]	書類箱三、〇〇〇円 織機一、五〇〇円
	事務費			
		消耗品費		
		通信費		
四款 分担金			四、〇〇〇	町と婦連への会費
五款 予備費			九四二	
計			二六、三〇二	

H　会誌の発刊　「くすく」　五〇〇部

△平良市漲水婦人会　（一九五六年十一月）

発表月日　一九五七年
研究テーマ　「保健衛生活動の歩み」

私達はこのように運営し活動してきた

会長　与座秀

私たちがモルデ婦人会を指定されましたのが去年の十一月でございました。それまで当婦人会の組織は平一学区の一内会としてのもので、すべては学区婦人会について行けばよかつたのです。それが急に指定を受けて一個の婦人団体として活動しなければならなくなり、組織運営の面にも非常な苦しみと努力を致しました。（中略）実際に研究をするために色々の計画が立てられ実行に移し初めました。各グループに分れ、それぞれの分野で一層深くほり下げて問題をとりあげ、その一つ〳〵の解決にあたることになり話し合いの会が重ねられて問題の焦点がそれぞれ定りました。

今まで私達が各自の家庭にあつて、一人で悩み、考え、そして古い習慣と忍従の女性の持つ弱さの中であえぎ続けたしこりがグループの会で取り出されて、一枚一枚の皮をみんなではぎとられてくると、まだ幾枚かの皮は残つていても、そこには希望が生れ、私達の理想とする家庭生活にやゝ近づいて来ます。

しかし、集会の場所では各自が一個の女性としての自覚をもち活発な意見の交換もあり、その会場で投げ出された問題に対する正しい批判もし、自分の中にしつかりとらえたつもりのもの、一歩会場を離れ自分の家庭へ入る場合、すでにそこには私達女性の上にのしかゝつている古い因習の世界が待つている場合が多いのではないかと思います。（中略）妻の座を守り母の座を守りながら女性に対する認識を男性に深めてもらうためには、それは唯単に与えられた権利の行使ではなく、私達が与えられた権利に値するだけのものになるために血の出るような努力をし、勉強をしなければならないと思われます。モデル活動もその一つの行程であると思います。成程、私達の間に取り上げられた問題は、男性に云わせば取るに足らぬものかも知れません。やれ事務分担、家族会議、家計簿記入、台所メモ板、料理講習等の家庭的雑事が多いのです。

しかし、その一つ一つの悩みが私達女性をしばり、身動き出来ないものにしていつの間にか男性との隔たりを大きくしていく障害ともなると思います。女性は男性と同等だと大きな声で云えるまでの位置をつくらなければいけないと思います。唯漫然と新民法の蔭にかくれて同権を叫ぶずるさはやめにしたい。（中略）

私達はこのような実情の中で女性が社会的活動をしようとする場合、どうしてもさけることの出来ない問題に捲き込まれて幾度の悲鳴をあげましたが、私達がどんなに強がつても男性の協力なくしてはこの会運営をスムースに運ぶことは出来ないと考え、あらゆる機会をねらつては内会の役員、各家庭の御主人方の協力をお願い致しました。私達のこうした切実な願いにも初めは一部から対岸の火事視されていましたが、時が経つにつれて深い理解によつて内会の総会を開いて下され、いろ〳〵話し合い、共通の悩みなど問題として取り上げられました。

まず、問題の解決をつけるためには自分をよく知ること、自分の地域社会の実態を知ることで、実態調査

を行い、それを基盤に計画がたてられました。(後略)

保健衛生活動の歩み

文教局のモデル婦人会の指定を受けて、私達は如何なる方面の研究に重点をおくかについて吟味討議を重ねた結果、衛生問題をとりあげたのであります。それはこの区が宮古の玄関口にあたり、旅の人も足跡の第一歩をここに印すのであり、最も衛生問題が重大であり、人類の幸福も先ず健康が大事であり、切実な地域の問題としてとりあげたわけです。(後略)

A 婦人会運営の方針

一、自主的運営を目的として計画を立て直ちに実践にうつす。
二、会員は総ての婦人会の活動に積極的に参加する
三、明るい家庭を建設し社会団体に協力する。
四、会員の親睦をはかり、よい地域社会をつくる力となる。
五、グループ活動を活発化して啓蒙し全員の増加をはかる。

B 一九五六年度の努力目標

a 環境衛生並に予防衛生の強化
b 教養向上のための婦人学級の推進
c 児童の校外指導と教育
d 食生活の改善

C 平良市張水婦人会々則

一、(名前) この会は、平良市張水婦人会といいます。
二、(会員) この会の会員は張水区内に住む婦人全部です。正会員は既婚者及び二十五才以上の婦人名誉会員は六十六才以上の婦人
三、(めあて) 会員おのおのが宮古の表玄関に住んでいるとの自覚を高め、お互いに仲良くしよい社会人よい家庭人となるように努めることをめあてとします。
四、(仕事)
1 この会のめあてを果すために次のようないろいろな仕事をします。
2 目　標
(イ) 暮しをゆたかにする。
(ロ) 明かるい家庭をつくる。
(ハ) 元気な心と体とを養う。
(ニ) 元気なよい子供に育てる。
(ホ) よい市民となる。
(ヘ) 平和な民主的な社会をつくる。
3 右の仕事は会員みんなでするものと、部でするもの、自分の家庭でするものとに分けてします。
五、(役員) 会員の中から次の役員を選びます。
1 会長一人、副会長二人、部長五人、書記二人会計二人、班長各班一人、副班長各班一人
2 会長、副会長は総会で会員の中から無記名投票で選びます。
3 班長は各班ですいせんし、書記、会計、部長は各班長のすいせんで会長が決めます。
4 各役員の任期は一ケ年で、重ねて選ばれてもよい。
六、(会の活動) 会員みんなが集つてこの会の進め方や、仕事について話し合い、みんなで力を合わせて活動します。
1 総会は年二回開き、会長が招集し会員から議長を選んで、その議長が司会します。
必要に応じ会長が臨時に総会を開くことも出来ます。
(イ) 総会で決めたことは役員会で変更したりやめたりすることはできません。
(ロ) 総会では次の事を決めます。
◎会長、副会長を選ぶ
◎会則その他のきまりを相談する。
◎その年の事業を決める。
◎予算をぎんみし決算をみとめる。
(ハ) 総会は半数以上の会員が集つてひらき、半数以上の賛成で決めます。
2 班長会は班長が会員になります。会長の相談役となります。会長が招集します。会計のかんさをします。
3 役員会は会長、副会長、部長、会計、書記が会員になります。
(イ) 会長が招集し、毎月二回集まります。臨時に開くことも出来ます。
(ロ) 総会で決めたことを会員のためになるように行います。
(ハ) 半数以上の会員が集まつて会を開き、半数以上の賛成で決めます。
4 次の部とグループをつくつて活動します。
(1) 教養部、産業部、社会部、生活改善部、レクリエーション部
(イ) 教養部は講座、講演、講習会、お話し会母と子供の会、レコードコンサート、映写会、鑑賞会、女性講座、視察
(ロ) 産業部は経営講習、内職、副業、展示会

(ハ) 社会部は敬老会、成人会、社会見学と施設の利用の方法、子供を守る、優良児、婦人団体の表彰

(ニ) 生活改善部は衣食住の改善、衛生保健、慣習の改善

(ホ) レクリエーション部は余暇の善用、娯楽生花

(2) グループ活動　グループの数はその年々に決めます。部の数も亦役員会で決めます。

5 会報活動

(イ) 決つたことや行つたことを会員に知らせ又親しみを深めるために年一回会報を発行します。

(ロ) 内容

1 きまつたことや行つたこと
2 各家庭生活の記録
3 会員の感想
4 会計のこと
5 その他会の目的にかなつたもの

(ハ) 経費のゆるす限り印刷します。

(ニ) 原稿を集めたり印刷にするかは副会長がします。

七、(会計) 仕事をするために入用なお金は次のものでまかないます。

1 会費
2 補助金又は寄附金
3 事業からの収入
4 その他の収入

会費は正会員は年に一〇円納め、名誉会員は納めません。会計年度は毎年七月一日から始まり六月末日に終ります。

八、(帳簿) この会には左の帳簿を備えていつも整理しておきます。

会則並に諸規定簿、沿革史、文書綴、出席簿、役員と会員名簿、会議録、予算決算書と金銭出納簿証憑書類、備品台帳、寄附金名簿、日誌

九、(つけたし)

(1) この会則は一九五五年七月以来の会のきまりを言葉で書き表わしたもので一九五六年十月から実施します。

(2) 漲水区内に三ヶ月以上住んでいる者は入会し退会する者は班長に届けます。

D 一九五六年度の年中行事

年度	月	行事
一九五六年度	七月	事業計画 料理講習 伝染病に関する講座
	八月	お盆(生活改善研究) 新生活運動の打合せ会 講習・栄養食の献立(七つの基礎食品)洗濯法(モノゲンの使用、ナイロン、アイロンのかけ方)
	九月	婦人週間 新民法講座
	十月	港祭りの参加 学校運動会参加(運動会ダンス講習)
	十一月	役員会(モデル婦人会運営に対する打合せ) 総会
	十二月	グループ編成 人会婦運営講座 総会 忘年会 過去一年の反省会　幹部講習会 正月料理の講習

年度	月	行事
一九五七年度	一月	家計簿の記入法　新生活運動 学区敬老会参加(踊りの講習) 総会(二回) 清潔検査　模合発会
	二月	老人との話し合い(内会敬老会) 料理講習 総会 清潔検査
	三月	終業式　美容講習 映写会(嫁と姑との話) 学事奨励会　清潔検査 フォークダンスの講習 実態調査 総会
	四月	地域衛生状況現場実態調査 清潔検査 三月節句(校外指導・ピクニック) 婦人のピクニック 新かなづかいの講座(学校参加) 総会(内会男女) 赤ちゃんコンクール参加 映画観賞会　ねずみ駆除 レクリエーション大会参加
	五月	手工芸講習 撒水(内会及び地域全体に及ぼすように呼びかける) 清掃運動　道路補修 DDT撒布　女中講座 ツベルクリン反応検便(集団検査) 港祭り参加 料理講習　漬物講習 母の日(子供演芸観賞) 子供の日 総会
	六月	社会見学(農高、水高、加工場見学) ねずみ駆除 夏の衛生講座 児童の校外生活指導(海水浴に対する注意 研究発表会 会報発行 清掃検査 総会

E 一九五六年度の予算

収入金	一九、七三〇円
会費	二、七二〇円
事業収入	二、〇〇〇
寄附金	三、〇〇〇
補助金	一二、〇〇〇
支出金	一九、七三〇円
運営費	一、八〇〇
旅費	五〇〇
渉外費	五〇〇
会議費	八〇〇
事業費	一一、五〇〇
教養部	三、〇〇〇（文集発行）
保健部	四、〇〇〇（フマキラーポンプ購入）
家庭部	一、二〇〇
栄養部	一、五〇〇
レクレイション	六〇〇
広報活動	一、二〇〇
需要費	二〇〇
事務費	一〇〇
消耗通信	一二〇
分担金	一、八二〇
宮婦連会へ	九一〇
発表会費	三、〇〇〇
雑費	三〇〇
予備費	九九〇

F 実態調査

区内の人口 七四五（男二八九・女四五六）

△一九五六年の出入人口 一五二、八九六

自転車往行	七三、〇六〇
入港船舶	一七九
出港〃	一七九
運搬船入港数	一、二五〇
〃出港数	一、二五〇

戸数 一五〇戸

瓦葺	一二六（平屋一五〇・二階建二一）
かや葺	七
自家	一三六
借家	七
間借	一七

宅地所有者別調

自己所有	一一七
市有地	一七
借地	一五
公有地	一

本籍地別世帯調

一、戦前から世帯	二五
二、戦後の転入世帯	
1 平良市北部から	五〇
2 沖縄から	二一
3 市の東部から	九
4 伊良部村から	九
5 多良間村から	九
6 市内南部から	一〇
7 城辺町から	七
8 池間から	六
9 下地町から	二
10 八重山から	二

文化の状況

新聞一九五、雑誌一二二、高校生三九、日留九、琉大二、米留一

△文化財―独乙建立の博愛記念碑

婦人会員

正会員九一人　二〇代七人、三〇代三四人
四〇代二四人、五〇代二〇人、六〇代六人

名誉会員　七人

△会員の学歴調

小学校卒六六　高女卒二一　無学四

職業別の戸数と会員の職業

	内会	会員
旅館	一四	一八
商業	二〇	九
食品製造	一六	八
食堂料亭	一一	六
製菓	一四	二
公務員	三一	三
仲買	二	二
和洋裁	四	一
理髪美容	六	一
畳屋	三	一
保姆	〇	一
家事	〇	三九
養豚	二七	〇
仲仕	七	〇
船員	六	〇
鉄工所	四	〇
大工	四	〇
鍛冶屋	二	〇
運輸	一	〇
農業	一	〇
医業	一	〇
牛乳屋	一	〇
其の他	三	〇

副業の有様

豚　七〇　山羊一三（内乳用九）
鶏三三八　兎二

清潔検査表

a　ボーフラ発生個所数

	四月	五月	六月
天水だめ	四二	〇	一
台所用水溜	六	一	四
屋敷内の下水	一一	七	三
屋敷外の下水	一二	四	三
池	二	二	二
屋敷外の不用水溜	九	六	六
不用な容器	一一	五	〇
古タイヤー	〇	〇	〇
空ビン、空罐	二二	一二	〇
肥尿溜	一	一	二
古井戸	〇	〇	〇
其の他	三	〇	一

b　屋敷内ボーフラ発生発所

	四月	五月	六月
便所池	一二	三	三
塵芥	一三	一一	〇
肥	四	四	四
畜舎	三	二	二

G　各グループの活動状況

保健衛生グループの活動

1　公衆衛生思想の普及
2　住居の衛生
3　蚊の駆除
4　蠅の駆除
5　ネズミ、油虫の駆除
6　薬品の調合とその使用法
7　健康診断（血圧、ツベルクリン反応、検便）

一九五六年
七月　夏の衛生（海水浴に対する注意、撒水）
八月　蚊と蠅の発生時期につきそれに対する駆除
九月　秋の衛生
十月　衛生講座（病気とその手当）
十一月　のみの駆除、DDTの撒布、共同便所設置を市に陳情
十二月　台所清掃

一九五七年
一月　衛生講座（百日咳と其の予防）清潔検査
二月　保健衛生講座（公衆衛生について）共同の電気洗濯機の配電陳情
三月　ねずみ駆除、清潔検査
四月　蠅の撲滅運動、蠅叩きの共同購入と配布、乳幼児審査参加、清潔検査、子供会の道路清掃チリ箱設置、毎週日曜日内会道路清掃、道路改修（区役員も協力して行う）
五月　検便及び健康診断、清潔検査実施（DDT撒布）
六月　撒水運動（ごみしずめラジオ放送）ツベルクリン反応、蠅取運動開始（平良市民に呼びかける、DDT撒布）夏の衛生講座（海水浴の指導）清潔検査（DDT撒布）口腔衛生講座事例研究。

H　資料の刊行

「母と子の作文集」
（教養グループ日記より）

△二月
女性として豊かな人間性や、理解力、そして知識を持つことが大切であることを話し合いました。おしやべり会でした。

△二月二十五日
今日はグループの今後の進み方について話し合いました。
1　グループの集りは毎週金曜午後三時より三時半まで。
2　集会所はくじを引き順番でグループ員の宅でする様にきめました。
3　部長、副部長
部長東浜世津子、副部長砂川ハル、仲間勝枝

△三月
これからは新しい方法をどし〱採り入れて私達の力で教養を高めて行こうと、話し合つた早々にお母さん綴方の文集を出したいと思い原稿を編集し小冊子を発行しようと話しがまとまり原稿用紙を配付す。

△三月
子供の躾け方について話し合いましたが、誰も遠慮なく意見も出せるようになつて来たことはお互いの親しみが深められ、グループ員が、がつちりとスクラムを組んで大きく目を開き、一歩一歩足並を揃えて歩いているという事を少なからず感じました。
1　子供との約束は必ず守つてやることによつて親を信頼し、お母さんのいう事も聞いてくれるようになり、いろいろな躾けも出来る。
2　子供をしつかり、おさえたりするよりは子供

を尊敬する態度をとる方が有効である。…相談をもちかけたり、協力を求めたりすることが躾け方の秘けつだ。

△三月
皆んなで「花」を合唱した後、入学児童を持つお母さんの心得について話し合いました。

1　勉強を特別に教えることをせず本人が知りたがる時に教える。
2　子供の性格に応じて教え方をきめる。（不正確なものの覚え方）（子供を過信してしまうのはよくない。
3　整理する習慣をつける。
4　学用品の準備

△三月
元気なよい子供に育てるため児童の学友会の計画等話し合いました。児童の校外指導として毎週日曜日各班の清掃を実行することに決つた。童話などもして情操教育も岡本福子先生にしていただく様話し合いました。

△四月
雨のためか集りが悪かつた。少ないながらもなごやかな雰囲気にひたり俳句会（夏）をいたしました。お母さん達が五、七、五と五本の指を折りつゝ鉛筆を動かしている姿は母像を思わせる一ポーズでした。

△四月
私達は女性であることよりもまず、現代の社会人たる知識や教養を高めようと映画観賞のことを話し合い午後三時半散会しました。

成長のあとがしのばれてうれしく思う。

△四月
女性のよさを失わないことが信頼される女性であり、好まれる女性ではなかろうかと、今日は喜納先生をお招きしまして茶道の講習をいたしました日本女性の奥ゆかしさとでもいいましようか、日本の〃静〃を味わつたような、何か人生にプラスする所があつた様に思いました。

△五月
今日は気楽なおしやべり会ということにして来る五日の子供の日に対し、子供の問題で、良い子に育てるには家庭教育の重要性を話合い、親達の振舞や躾けの仕方を改善する必要があるとの意見に達しました。子供は親の生活を反映する社会の子であるとの意味のポスターを区内の要所に張り出し社会福祉に協力しようと会を結びました。

標　語

○子は鏡である　親のすがたが子にうつる
○愛でつゝんで言葉でみちびけ
○手をつなごう子供とともに
○三度しかつて五度賞めよ
○明るい社会に元気な良い子
○みんなで守ろう社会の子供
○しかるより身をもつてしめせ

△五月
なごやかな家庭、そして美しい社会を建設するため、まず自己の完成に大いにつとめ、大いに努力しなければとお花の講習（坂井先生）をいたしました。

△五月
男女同権について話合いました。女性である私達は自覚し向上しつつありますが、男性はいつまでも頑固で、女性が集会に出るのもきらう封建性が根強く残つていると男性側への非難の声が多かつたので、正しい妻の座とはどんなものだろうかという意味で「お父さんとお母さんの会をもうけたらと」の意見で散会。

△五月
岡本福子さんの宅で例会をもつ。
とび石の向うに築山があり、池には太鼓橋がかけられ庭いつぱいに青々とした芝が生え季節をしらす花々が咲きみだれる園を前にして第二回俳句会を行う。

△五月
今日は発表も間近いので、お母さん綴方の原稿を集め編集にかかる。

家庭生活研究グループの活動

七月一日　家族会議（家庭の和と家庭の民主化）
〃　家計簿の記帳（講義・健全な家計の確立のため）
八月五日　小黒板、メモ（講義・家族の連絡其の日の買物用件）
九月六日　台所改善（明るい仂き良い台所にする）
九月十五日　貯蓄心を培う（釣銭箱の設置）
十月五日　子どもの小遣について（月の始めに子ども達の予算をきく）
十一月五日　子ども同志の喧嘩の裁きについて（討議）
十二月二日　家事分担一年の家計簿反省（家事分担表示・家計簿の決算・母と子の日記）
一九五七年
二月五日　家族会議（家族会議の開き方）

三月十日　衣生活（経済的能率的合理的な作り方共同購入法）
四月八日　家族計画
五月十三日　計量に対する知識（台所経済化と科学化）
六月五日　つけ物（日用品の共同購入・ニンニク・ラッキョー・パパヤ）

栄養改善グループ活動

一九五六年
七月　盆祭用の改善料理についての話合
八月　お月見にちなんだおはぎ二種の作り方実習
九月　季節の野菜南爪のミイートバインの作り方講習
十月　運動会用の子ども用弁当の作り方話合
十一月　キャベツのロール巻きの実習
十二月　安くて栄養のある正月料理講習
一九五七年
一月　十六日御供用むしまんじゅう類の実習
二月　季節の野菜、白菜のおいしい一夜漬の話し合い刺身の切り方、盛り方講習
三月　鶏肉の丸むし、豚肉の味付等講習
四月　安くて栄養のある料理についての講習
五月　ラッキョー及びニンニクの美味しい漬け方についての話し合い、カロリー表の作成と配布
六月　発表会に出すべき料理の実習

レクレーション部活動

一九五六年
九月　十五夜月見会おはぎ持ち寄りで催す
十月　漲水港祭の参加の踊練習
大坂音頭（全員）浜千鳥節、日本舞踊（部員）
十一月　港祭参加（全員）
十二月　琉舞講習、会水節・高砂、教育長事務所主催のレクレーション講習を受講
一九五七年
一月　学区敬老会演芸会参加、内会敬老会参加室内ゲーム伝達講習、婦連主催新民法施行祝賀大演芸会へ学区代表として内会より高砂、漲水節二高参加
二月　室内ゲーム指導
1　輪ゴム送り　2　ゴロゴロストン
3　ネクタイ送り　4　好きですか嫌いですか
三月　フオクダンス講習
1　山小屋の灯　2　青い山脈
3　カールスタートのブトウ会
社交ダンス講習、コーラス、花、砂山
四月　サニツピクニック（パイナガマ）
子ども会ピクニック、琉舞長山底講習
全郡レクレーション大会参加
五月　コーラス（里の小川、花、てんさぐの花）琉舞、よんだき講習
六月　団体ゲーム、俳句あて　寄書挨拶指導、漲水クイチャー練習、港祭参加、部員による舞踊四点
資料の刊行及び配布
○婦人会運営の手引
○婦人会のよろこび

(二)　婦人団体の概況

1　婦人会員数

那覇地区　一七、二二一　糸満地区　七、三四二
知念〃　六、七七七　胡差〃　一四、八五四
前原地区　七、四九〇　石川地区　二、九四八
宜野座〃　二、一七四　名護〃　不明
辺土名〃　二、六七九　久米島〃　不明
宮古〃　三、一一五　八重山〃　五、三六八
計　六九、九五九

団体の事業内容

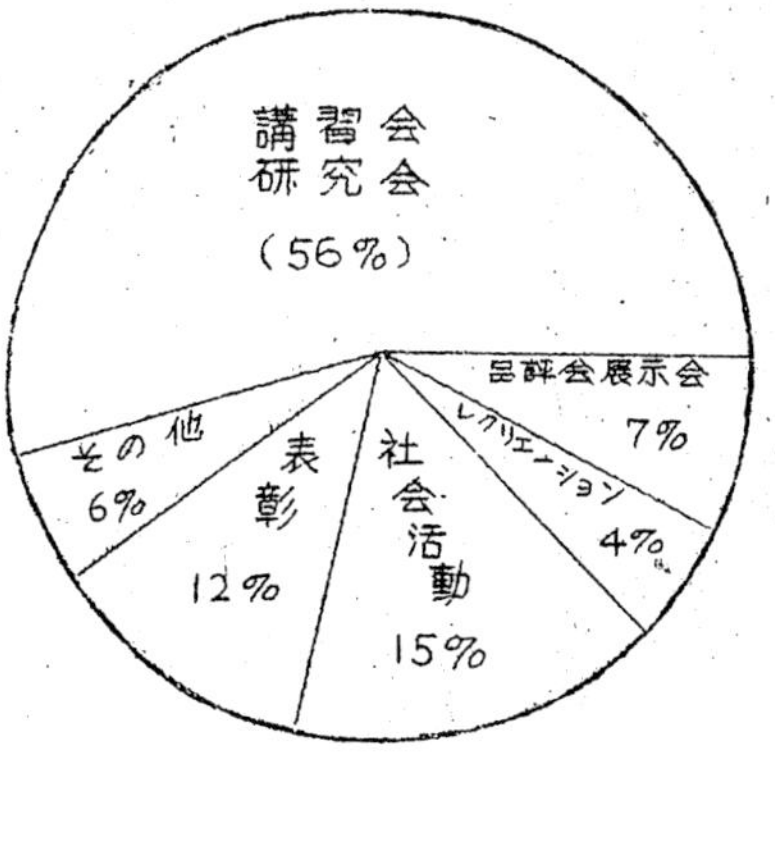

講習会・研究会（56%）
品評会展示会　7%
レクリエーション　4%
社会活動　15%
表彰　12%
その他　6%

2　連合婦人会の主なる活動状況

(1)　沖縄婦人連合会
(イ)　未亡人、母子家庭の実態調査ならびに統計
(ロ)　物価対策協議会
(ハ)　不良映画対策座談会
(ニ)　新民法施行記念婦連新聞発刊
(ホ)　赤ちゃんコンクール
(ヘ)　各種講習会
・手工芸講習会
・民法講習会

・家庭裁判についての講習会
・料理講習会
・地区別婦人幹部講習会
・婦人研修会

(ト) 手工芸品展示即売会

(チ) 婦人週間行事ならびに新民法施行祝賀会挙行
・民法改正功労者表彰
・優良婦人会表彰
・婦人功労者表彰

(リ) 法律相談＝地方出張所の開設

(2) 宮古婦人連合会

(イ) 宮古婦人連合会館建築

(ロ) 各村講習会
・地区別婦人幹部講習会
・市町村別婦人幹部講習会
・職業技術講習会
・料理講習会

(ハ) 新民法研究会

(ニ) 新民法施行祝賀会

(ホ) 婦人週間行事

(三) 婦人教育の課題

(1) 婦人学級婦人講座の振興
(2) 指導者の養成
(3) 新生活運動の推進
(4) 婦人会運営技術の修得

(四) 婦人教育指導者の研究派遣

○五四年度（全国婦人教育指導者会談―東京）

地区名	村婦人会名	氏名
沖縄婦人連合会		砂川フユ
沖縄婦人連合会		比嘉栄子
知念	与那原婦人会	識名優子
那覇	首里〃	嘉数ツル
那覇	真和志婦人会	島仲タツ
胡差	北谷〃	瑞慶覧ツル
〃	越来〃	仲宗根澄
名護	今帰仁〃	大城喜代
辺土名	大宜味〃	宮里悦
宮古	平良市〃	友利愛子

○五五年度（全国婦人教育指導者会議―東京）

地区名	村婦人会名	氏名
沖縄婦人連合会		竹野光子
文教局	玉城婦人会	嶺井百合子
那覇	〃	大宜味ツル
前原	具志川〃	安座間栄子
名護	名護〃	宮城淑子
宮古	平良〃	本永
八重山	石垣〃	吉野ナリ

○五六年度（関東地区婦人教育指導者会議―神奈川県）

地区名	村婦人会名	氏名
沖縄婦人連合会		吉田ツル
文教局	直和志婦人会	山元芙美子
糸満	兼城〃	金城マツ
胡差	嘉手納〃	比嘉康子
辺土名	国頭〃	金城ツル
久米島	具志川〃	吉永静
宮古	平良市〃	岡本福子

○五七年度

（西部地区婦人教育指導者会議―高知県―）

地区名	村婦人会名	氏名
知念	南風原婦人会	宮城妙子
宜野座	金武〃	岡村トヨ
名護地区教育長事務所		宮城盛雄

（全国婦人教育指導者会議―東京―）

地区名	村婦人会名	氏名
那覇	真和志婦人会	仲宗根郁子
〃	浦添〃	渡名喜藤子
胡差	〃	山川秀乃
辺土名地区教育長事務所	大宜味	平良景太郎
八重山	石垣	佐久真増

(五) 優良婦人会の表彰

○五四年度

知念地区	知念村安座真区婦人会
石川地区	恩納村恩納区婦人会
宜野座地区	宜野座村漢那区婦人会
久米島地区	具志川村山里区婦人会

○五五年度

前原地区	勝連村平敷屋区婦人会
宜野座地区	久志村大浦区婦人会
辺土名地区	東村川田区婦人会
宮古地区	平良市池間区婦人会

○五六年度

知念地区	南風原村喜屋武婦人会
石川地区	石川市伊波区婦人会
久米島地区	仲里村宇江城区婦人会
八重山地区	大浜町平得区婦人会

○五七年度

名護地区	本部町浦崎区婦人会
宜野座地区	金武村伊芸区〃
那覇地区	浦添村宮城区〃
糸満地区	三和村米須区〃
宮古地区	平良市地盛区〃

青年学級運営状況調査

一、名　称　勝連村南原青年学級

二、沿革の概要

年月日	事項
一九五〇年五月一日	青年会夜学開校す。開講科目（英語・珠算・社会科）
一九五一年五月二十九日	成人学級開校す。（青年学級）開設科目（英語・文学・社会科・珠算・家政科）
〃七月一日	文教局社会教育課指定成人学級となる。
一九五二年一月十日	文教局社会教育課指定成人学級協議会開催
〃十二月七日	漬物講習会開催（三日間）
一九五三年七月二十日	青年学級に琉舞研究の時間を特設す
〃八月九日	女子グループ刺繍講習会開催
〃十二月一日	出産祝自粛運動実践（酒五升、時間午後十時迄に制限）
一九五四年二月十日	冗費節約運動展開、生年祝を合同祝に改め、当日の余興として青年学級琉舞コースの発表会をなす。
〃五月十日	出産祝の撤廃を協議し、実践す。
〃十一月十四日	第四回読書週間において優良部落青年図書館として表彰される。
一九五六年一月二十三日	沖青連主催青年大会に於いて演劇入賞す。文教局指定青年学級研究発表会開催（テーマ図書館を中心とした青年会運営）

三、本区の実態

1

総人口	一、九三二人
総面積	四〇一、九〇〇坪
耕作面積	二二四、一九〇〃
山林	一六〇、六〇〇〃
原野	七〇、〇〇〇〃

2 作付反別

水稲	五〇、八〇〇坪
ビンゴイー	五〇〇〃
甘藷	六〇、五五二〃
甘蔗	五一、八六七〃
蔬菜	八、六八五〃
大豆	四四、九六四〃
其の他	六、八二二〃

3 産業別人口世帯数調

職種	世帯数	人口
農業	二一四	三一九
漁業	一七	三〇
商業	九	一五
其の他	八七	二四八
計	三二七	六一二

4 家畜頭数調

種別	頭数
牛	三五
馬	九
豚	三六二
山羊	二四〇
鶏	三二一

5 産業の概況

産業別年間所得推定額

種別	作付坪数	坪当年間所得額	所得推定額	備考
水稲	50,800坪	円 35	円 1,778,000	坪当年間所得額は村民税賦課基準による。
ビンゴイー	500〃	40	20,000	
甘藷	60,552〃	20	1,211,040	
甘蔗	51,867〃	36	1,867,212	
野菜	8,685〃	40	437,400	
大豆	44,946〃	15	674,600	
漁船	17隻	1隻 48,000	816,000	
其の他	248人	1戸 40,000	620,000	公務員、軍労務、日傭人夫等
商業	9戸	1人月 2,500	360,000	
計			7,784,112	

四、青年の動態

1　在区青年調

	一六才	一七	一八	一九	二〇	二一	二二	二三	二四	二五	計
男	五	五	八	五	五	七	八	六	一〇	四	六三
女	七	三	六	六	二	三	三				三〇
計	一二	八	一四	一一	七	一〇	一一	六	一〇	四	九三

2　青年会員学歴調

	初卒	中卒	高卒	計
男	一〇	三八	一五	六三
女		二八	二	三〇
計	一〇	六六	一七	九三

3　青年会員続柄調

	長男長女	次男次女	三男三女	四男四女	其の他	計
男	二六	二三	六	二	三	六三
女	一五	八	四	四	二	三〇
計	四一	三一	一〇	六	五	九三

4　中学卒業生動向調（一九五五年三月卒）

	進学	農業	家事	軍作業	女中	バスガール
男	一二	九	〇	二	〇	〇
女	五	〇	九	〇	一	一
計	一七	九	九	二	一	一

	看護婦	傍聴	漁業	計
男	〇	二	一	二六
女	一	〇	〇	一七
計	一	二	一	四三

一九五六年三月卒

	進学	農業	家事	軍作業	女中	漁業	其の他	計
男	八	一	〇	三	〇	一	一	一四
女	四	二	一	二	二	〇	〇	一一
計	一二	三	一	五	二	一	一	二五

5　青年学級生学習欲求調査

イ　調査方法　質問紙法（希望科目―教科記入）

ロ　学習欲求内容

教科別	社会	珠算	職業	家庭	舞踊	英語	其の他	計
希望者数	一五	一四	一八	二〇	一五	七	四	九三

五、青年学級の運営

1　教育の目標

自ら進んで自己の生活体験（職業的、社会、家庭、個人的生活経験）の中から研究課題を見つけ生活体験を通して研究し修練して、自己の教養を伸ばし深さと巾を拡めて人間完成に努める。

2　運営方針

○地域の生活課題を教育課題としてとり上げる。
○科目は青年の欲求を考慮して開設する。
○青年のしたしむ青年学級たらしめたい。

3　運営の実態

イ　開設期間　自一九五六年七月一日、至一九五七年六月三十日。

ロ　開設場所　南原小中学校

ハ　開講時期及び場所、時刻
毎週月、水、金（自午後八時―至午後十時）

ニ　講座対象　青年会、婦人会、一般成人、PTA

ホ　課程の編成

教科	時間数	講師
社会コース	月四時間	幸地長弘
家庭コース	〃	野島寛子
珠算コース	〃	親田勇
職業コース	〃	上江洲安吉
琉踊コース	〃	外間蒲助

学級生範囲　男一六才以上二五才迄、女一六才以上二二才迄の男女青年

科目の設定
一般教養（社会科、琉舞）……月八時間
職　業（農、珠）…………月八時間
家　庭…………………月四時間

4　学級生徒数調

	16才	17才	18才	19才	20才	21才	22才	23才	24才	25才	計
男	五	五	八	五	五	七	八	六	一〇	四	六三
女	七	三	六	六	二	三	三				三〇
計	一二	八	一四	一一	七	一〇	一一	六	一〇	四	九三

5　運営機関

学級長
- 講師
- 青年会正副会長
- 運営委員会　青年会評議員　男女各5名
  - 総務部―庶務、会計、備品、合図
  - 教養部―図書、演劇
  - 体育部―陸上、球技
  - 産業部―四Hクラブ　農林業
  - 企画部―諸企画

6 講師の組織

担当教科	氏名	本務	備考
社会科	幸地長弘	教務	南原中校勤務
家庭科	野島寛子	生徒指導	南原小校勤務
珠算科	親田勇	生活指導	〃
職業科	上江洲安吉	会計	〃
琉球舞踊	外間蒲助	村役所土地係	勝連村役所勤務

7 年間学習計画

コース別 月別	一般教養科				職業科				家庭	
	社会科	時数	琉球舞踊	時数	農業	時数	珠算科	時数	家庭科	時数
7月	政治の動き	4 (2)	基本歩法	4 (2)	村の産業	4 (2)	用語・累加法	4 (2)	衣服の使命	4 (2)
8月	新憲法の成立	4 (2)	基本舞踊 テンポの遅い	4 (2)	海外移民	4 (2)	逓減法	4 (2)	和服裁縫の基礎	4 (2)
9月	土地問題	4 (2)	かぎやで風	4 (2)	南米移民事情	4 (2)	五桁以内 加減混淆	4 (2)	和服一つ身 単衣	4 (2)
10月	代表民主主義の原理	4 (2)	花風	4 (2)	栽培 園芸作物	4 (2)	新頭乗法 積五桁以内	4 (2)	病人の世話むだのない生活	4 (2)
11月	主権在民の原理	4 (2)	坂原一式	4 (2)	飼育 豚・牛	4 (2)	商立除法 商二桁	4 (2)	家庭経済 家計の工夫	4 (2)
12月	平和憲法 戦争	4 (2)	松竹梅	4 (2)	飼育 馬・山羊	4 (2)	仮商の補正	4 (2)	食生活の工夫 食品加工	4 (2)
1月	企業の実態 国民生活	4 (2)	合同祝準備	4 (2)	養蚕	4 (2)	加減応用計算	4 (2)	育児 あみもの	4 (2)
2月	文化財 宗教	4 (2)	琉舞発表会	4 (2)	養蜂	4 (2)	現金出納帳の記入	4 (2)	育児 しつけ	4 (2)
3月	教育の諸問題	4 (2)	新舞踊 浦島	4 (2)	家畜の疾病	4 (2)	乗算応用計算	4 (2)	幼児食の調理	4 (2)
4月	家庭教育 人間形成	4 (2)	テンポの速い舞踊練習	4 (2)	モデル畜舎とその設計	4 (2)	日給計算 時給計算	4 (2)	季節と衣生活	4 (2)
5月	学校とPTAのつながり	4 (2)	谷茶前節	4 (2)	梅雨期の養豚	4 (2)	伝票算 三級程度	4 (2)	家庭衛生	4 (2)
6月	家庭教育と躾	4 (2)	加那よ 天川	4 (2)	副業としての養鶏	4 (2)	商業計算 初歩	4 (2)	ミシンの手入	4 (2)

六、反省と今後の問題

1 運営費皆無の為、教授用消耗品費の捻出に四苦八苦した。

2 農村においては、夜間講座になるため、光熱費ぐらいは十分に与えて貰いたい。

3 一般教養科目の時間数をへらして、職場、家庭に直結する講座にもつと時数をふやした方がよい。例へば英会話、農産加工、調理、簿記等。

4 各コースとも琉舞コースのようにコース発表会をもつ必要がある。

青年体力テスト

健康

二、青年学級

1 概況

終戦後学校教育制度が根本的に改革され、勤労青年に対する教育施設として、高等学校の定時制課程の設置、大学研究普及部の特別夜間講座等一連の措置がとられているがこれらの措置だけでは、まだ十分ではない。

義務教育を終了した青少年の約六〇％は高等学校に進学しない勤労青少年で、その数は凡そ十二万五千人の多数に上つている。幸いにして前記の教育制度や、措置は出来ても、これらの青少年は勉学の希望に燃えていながらも、経済上地理的其の他の理由から、直ちに職業につくか、家事労働に従事しなければならない現状である。この

大多数の青少年にとって利用し得る学習の施設は青年学級で、この施設の強化を図ることは勤労青少年教育上大きな課題である。

終戦後勤労青少年の会員相互、学校、市町村当局と協力して自主的に共同学習組織を作り、自然発生的に各地に開設されるようになつたが、運営して行く中に、主として経費の不足等から非常に困難な運営に陥つてきたので政府としてはこれを保護育成する為文教局社会教育費に予算を計上し、其の運営上の指導と経費を補助し運営の円滑を期して来たのであるが、なお将来の運営の面に問題を残している。

青年学級は、自然発生的に青年の間から生れたが、その開設の動機にはいくつかの相異が認められる。その例をあげると

1 青年学校の廃止により、市町村等において、これにかわる施設が、青年学級となつたもの。

2 青年たちの自発的、自主的な学習活動が青年学級の動機となる。

3 社会教育の講座、講習会などから青年学級にまで発展したもの。

4 成人学級から青年学級へ切替られたもの。

5 前項のいくつかの動機が、相重なつて開設の動機となつたもの。

青年学級がその基本方針として「青年学級は勤労青年の自主性を尊重し、かつ勤労青年の生活の実態及び地方の実状に応じて開設、運営しなければならない。」とうたわれているが、青年学級が非常に窮屈なわくにはまり、政府の統制を受けることでは全然なく、その運営が青年の自主性による発展を期している。

これらの青年学級の開設の動機や自主性の保障によつて、その運営、学習内容において自ら異つた形態をもつて発達し、それぞれの特色が認められる。現在開設される青年学級には、学校教育に近いような学習内容を持つた学校型、洋裁、機織、手芸又は珠算、簿記、英語を主とした補習若しくは職業学校型、教育委員会または公民館などで開催される社会教育の講座、講習会と異らない講座型、青年団等のクラブ、サークルのようなクラブ活動型等がある。

このようにして地域的に青年学級独自の教育形態を生み出し、自分達の課題を持ちより、共同の学習で解決するという。課題解決のための学習が青年学級の学習の中核になり、そのための実践的な努力が各地でなされている。

2 青年学級の現況

一 学級数

学級数	学級生徒数	備考
八〇	三、九六二	

二 開設形態

形態	学級数	備考
学校開放講座	三三	
公民館定期講座	一二	
青年会教養講座	三五	
計	八〇	

三 主事の職業別

職業別	員数	備考
学校職員	四八	
その他	三二	
計	八〇	

三、成人教育

成人学級講座

1 成人学級講座の発足

一九四九年八月軍直轄の琉球成人教育課時代に、沖縄群島（宮古、八重山両群島には未設置）には社会教育施設としての成人学校が三四校誕生し、翌一九五〇年に五六市町村に一七四校の設置をみた。

戦後の混沌たる社会情勢のもとに成人学校が組織的、継続的な成人教育の場として大きくとり上げられて来たことは、社会教育振興のために極めて喜ぶべきことである。

開設当初の出席状況は八十％以上の成績で盛況を極め、教育課程は英語を必修科目とし、社会科、家庭科、芸能科等の科目を選択科目として課され、編成は特に英語科においては、普通科、中等科、高等科の三クラスに別れ、当時の英語に対する成人の必要性を物語るものといえよう。

しかも備品、消耗品は勿論のこと照明用の油脂燃料等すべて無償で現物配給などの恩恵的方法で教育が進められて来た。

しかるに、数多くの非教育的な条件に生活している成人に対しての教育計画や方法が余りにも学校教

育的で、適切を欠く憾みがあつたので、一般成人層から次第に魅力を失うようになつた。

そこで一九五二年四月琉球政府の誕生とともに、従来の成人学校の在り方を反省して、組織的な運営、生活や生産に直結する体系的な研修内容、講義一辺倒を排する研修方法が指摘され、この要望に応えて現地に即したカリキユラムによつて、名称も成人学級講座として新しく発足した。成人学級講座は、開設市町村地域における一般成人の文化的教養の向上と、職業及び産業に関する知識技能の学習活動を通じて生活の向上に資するとともに郷土社会の発展に寄与することをめざすものである。

一九五七年三月二日教育法が公布、社会教育の章が設けられ、法的な裏付により益々社会教育活動が促進されるものと期待されている。

2 成人学級講座の目標

従来の実施報告書にあらわれたカリキユラムを総合してみると目標は次のとおりである。

(イ) 一般教養の向上　三八%
(ロ) 職業的知識技術の向上　二三%
(ハ) 生活の合理化　二〇%
(ニ) 郷土社会の改善　一九%

職業的知識技術の向上、生活の合理化、郷土社会の改善という日常生活に直結した実践的な課題が重視され、地域社会の要求、必要に基いて選択されている点は成人学級本来の使命、達成の上から喜ばしい傾向である。

3 形態

その運営の形態としては

(イ) 中央型一般コース
(ロ) 部落型一般コース
(ハ) 選択型
(ニ) その他

一般コースの中央型は、次第にその数は減じて同一市町村内において、集合の便を図つて利用率を高める部落型に移行しつゝある傾向にあることと、個人的要求を満たす選択コースが加味されつゝあることは喜ばしい傾向である。

4 開設状況

開設に当つては、六四教育区に対し「成人学級講座開設要項」の資料を提供し、開設についての勧奨をなすとゝもに、開設責任者である中央教育委員会は、区教育委員会に委嘱して、所管の小中学校に実施せしめるか、又は直轄学校（職業高等学校）その他職業技術教育を施すに適当な機関に委嘱して、実施させているが、その開設状況は次の通りである。

教育区別＼事項	市町村数	開設比率	開設学級数
糸満	一〇	一〇〇%	一六
知念	七	一〇〇%	一〇
那覇	七	一〇〇%	一四
コザ	八	一〇〇%	二一
前原	四	一〇〇%	七
石川	二	一〇〇%	五
宜野座	三	一〇〇%	一二
名護	一〇	一〇〇%	二五
辺土名	三	一〇〇%	一三
久米島	二	一〇〇%	三
宮古	六	一〇〇%	一七
八重山	四	一〇〇%	一五
計	六六		一五八

5 運営の主体

運営の主体は次の通りである。

主体	学級数	比率
小学校長	八二	五二%
中学校長	七五	四七・五%
その他	一	〇・五%
計	一五八	一〇〇%

5の表のように一五八学級のうち五十二%が小学校長、四十八%が中学校長でその主体責任がかゝつているが、学校教育という重大な任務をもつ小中学校長が本務のかたわら社会教育の重責を果している。従つて責任的にも時間的にも過重な負担をかけている現状にある。

対象別学級

対象＼群島別	沖縄	宮古	八重山	計
青年	七四	四	二	八〇
婦人	三三	一	一	三四
混成	二〇	一二	一二	四四
計	一二六	一七	一五	一五八

講師、受講者延数

事項 / 群島別	学級数	講師数	受講者数 男	女	計	講座回数
沖縄	126	3,760	133,324	245,288	378,612	9,388
宮古	17	672	5,262	23,644	28,906	456
八重山	15	336	4,036	5,048	9,084	240
計	158	4,768	142,622	273,980	416,602	10,084

イ　受講者の状況を男女別にみると、男三十四%女六十六%の割合になつて女子が遥に多い。受講者の職業は、その地域の職業構成によつて左右されるが、全体として農業従事者がその大半を占めている。一講座の月平均五回開講、一講座の受講者平均四十一人である。

ロ　講師の構成をみると、小中学校が最も多く、その外、高校の職員、医師、農業関係普及員、生活改善普及員、篤農家、官公庁職員等で、概ね開設市町村に多く求められている。

6　成人学級講座開設費（一九五七年度）

経費 / 地区別	割当額	学級数	一学級平均経費
糸満地区	65,949円	16	4,121円
那覇地区	65,917	10	6,591
知念地区	44,583	14	3,185
コザ地区	130,963	21	6,236
前原地区	55,045	7	7,864
石川地区	8,632	5	1,726
宜野座地区	40,296	12	3,358
名護地区	70,440	25	2,818
辺土名地区	26,505	13	1,808
久米島地区	57,495	3	19,165
宮古地区	120,000	17	7,059
八重山地区	72,000	15	4,800
計	757,825	158	4,796

7　成人学級講座の問題

成人学級講座の対象が複雑多様であり、その研究も不充分であり、方法技術も未開拓の分野が多い特に現状からみて今後の課題として次の諸点をあげることができる。

イ　地域社会における一般社会人の教育的意慾を喚起し、成人学級講座に対する認識を是正すること

ロ　成人学級講座の合理的で効果的な企画と運営方法に関する研究を促進すること。

ハ　現在成人学級講座最大の悩みは経費と指導者の不足による運営の行きづまりである。指導者については小中学校職員が本務のかたわらその重責を果している。従つて専任的の指導者が少いので社会教育行政上の措置としては、市町村に社会教育主事の設置、公民館等の設置促進が強く要望される。

一　職業教育

社会教育における職業教育は各種の社会教育活動の内において行われ、それらの各種の形態の方法が、職業教育の諸活動相互の連繋協力の体勢は未だ十分でない。

琉球における職業教育は、政府の経済振興五ケ年計画の趣旨にのつとり、社会教育内部の連繋はもとより広く学校、社会、職場にわたる総合的な視野に立つ施策により適確なる効果を挙げることが必要である。

ここでは社会教育活動として行われているものをあげてみることにする。

(1)　公民館

郷土民の生活の建設に寄与すること、実際に郷土生活に結びついた活動を行うことが、とくに要求されているので、各地の公民館事業の実例をみても職業教育の要素がきわめて多い。特に公民館が文化施設の恵まれない農村部に多く発達し、農業・家政教育が相当盛んに行われ、一般的教養とあわせて農業の技術的知識、技術を与え、また女子に対して手芸、裁縫、料理等の家政教育を行い相当大きな分野を占める。

(2)　講座、学級

成人学級講座の実態をみると、一般的教養・職業的技能の向上を図ることを目的とするものと、問題解決による人間形成を目的とするものがあるが、教育内容は勤労青年の生活に直結するものなることを

要するので、畜産・農産加工・耕種・和洋裁・料理など職業家庭科、時間が約四〇%を占める。なお当局の直轄事業として群島別に手芸・洋裁の講習会を実施している。

(3) 学校開放講座

特に五七年度は各地域、職域の要望と相待つて実施したが、これらの講座は職業家政技術を中心とした専問的、学術的なものを取扱う関係上、受講者の大半は各職域における中堅者が占める傾向にある。

学校開放講座した職業高等学校は左の通り、

学校	期間
中部農林高等学校	七日
南部農林高等学校	五日
沖縄水産高等学校	八日
那覇商業高等学校	三ケ月（一週三日）
宮古水産高等学校	十五日
宮古農林高等学校	十日
八重山農林高等学校	十日

(4) 他官庁で行うもの

労仂局で行う職業補導所、経済局の農村青年を対象とする4Hクラブ、婦人を対象とする生活改善グループや産業開発青年協会の行う産業開発青年隊活動があげられる。

二 今後の課題

最近軍雇用の技術労務者を全面的に琉球人に切替える米軍の方針により、軍においても各職場でタイプ、英会話、機械訓練などを実施しているので、之と併行して講座、講習会を拡充強化すると共に移民の促進とその資質向上、現産業の生産性の向上を計るためには

(1) 地域社会における総合的職業教育計画の樹立

(イ) そのための基礎調査

(ロ) 他の関係機関及び産業界と連絡、協調

(ハ) とくに労仂者教育、勤労青少年の職業教育の拡充、講座、学級の拡充

(2) 指導者の養成と施設の拡充

一 PTAの概況

新しい教育が児童生徒の経験と日常生活の中に学習の場と契機を持つようになつて、児童生徒の教育に対する責任が学校と同様、家庭及び社会においても増大してくると、必然的時代の要請に応えてPTA運動が起り、現在では全琉三一九校の大方にPTAが組織されるようになつた。

此の運動は、一九四八年の頃、アメリカや日本本土の示唆を受けて、当時の沖縄教育後援連合会並びに沖縄教育連合会（現在の沖縄PTA連合会並びに沖縄教職員会）によつて提唱されたのであるが、当初においては、戦災によつて皆無の状態になつていた学校の校舎やその他の基本的教育設備の復興が焦眉の急務とされ、各学校に学校後援会が組織されて、ひたすら校舎やその他の設備の建設整備に力が集中されたため、PTA運動に対する反響は極めて薄く、学校後援会が教育推進の支柱となつて活動を続けていたのである。

その後、学校教育の体制が整備され、一度投げかけられたPTAの問題に対する関心が次第に高まり、教育指導者によつて真剣に考慮されるようになつて、漸く学校後援会からPTAへ発展しようとする機運が醸成され、一九五〇年頃から新にPTAが結成されて、一九五二年十二月末の調査によると、約七十%の組織率を示すようになつた。

こうしてPTAは一応の発足はしたものの一般にそれに対する認識が浅く、多くは唯単に看板のぬりかえをしたにすぎなかつた。従つてその運営や活動は、後援的性格から脱皮しきれず、物質的乃至労力的援助に止まる傾向の多かつた事は否めない事実であつた。

これは校舎建築や諸設備の整備を当面の課題とし、又地方の教育財政の貧困のため、その補填の任務を余儀なく負わされたPTAとしては止むを得ない過程であつた。

校舎建築の進ちよくと学校備品の充実、教員待遇の改善が政府の補助によつて着々実現され、また教育法の施行によりPTAもこれにタイアツプしてその本来の姿において新しい教育の成果を一層能率的にあげるよう積極的活動を展開すべき時機に至つている。

一九五六年二月に調査した全琉PTAの実態調査により、いよ〳〵PTAの正しい運営のあり方が問題にされるようになつた。

PTAが結成されてから今年で八年を迎えた。その間、灰燼の中から再起し教育の再建に貢献すると共に児童生徒の福祉増進と教育環境の整備のために努力し多大の業績をあげつゝあることは世人のひとしく認めるところである。又従来問題にされているPTAのあり方についての理解も深まりつゝあり、本来の姿にかえすよう世論が高まつて来た事は喜ばしいことである。しかしながら未だに幾多の問題が未解決のまゝ山積されている現状であり、中でもPTAの公費補助の問題が最も大きくとりあげられている学校運営費の調達の安易さからPTAの補助を唯一の手段としている

ことは遺憾であり、この是正は急務である。

今、重要な問題点をとりあげてみると、

・会の目的がはつきりわからない。
・会費の適正額をつかんでいない。
・会員意識の向上と会員の研修が不足である。
・指導者の養成。

これらの問題を解決し、明朗なPTAの運営と活動を期するために次の事業を計画し実施している。

(一) PTA育成のための事業

(1) 地区別PTA指導者研修会

PTAの健全な発展をのぞむためには、その指導的立場にある者の活動にまたねばならない。正しい積極的な活動を期待し、運営技術の修得をはかるには指導者の資質の向上が必要である。そこで左記要項によるPTA指導者研修会を開催し、指導者の研修を行つた。

(イ) 研修内容
・PTAの運営組織について
・PTAの会費と予算について
・PTAの事業について
・会員の研修について
・全国PTA大会参加報告および本土視察の報告
・その他

(ロ) 会場　十二地区（三二ヶ所）

(ハ) 対象　PTA幹部、学校長および教職員、教育委員

(ニ) 受講者数　一、二二〇名

(2) PTA講座

単位PTAでは自主的な講座を定期的にあるいは不定期に開設しているがその数は少いその理由として

・研修費がPTA予算に考慮されていないこと
・会員意識のうすいこと
・指導者の問題

等があげられているが、母親学級開設の要望が高まりつゝあるので今後の活動が期待される。

(3) PTA運営発表会研究指定

○五六年度
名護地区羽地小学校PTA
糸満地区米須小学校PTA
○五七年度
石川地区山田中小学校PTA

(4) 瑞慶覧米人学校PTAの活動状況の見学

(イ) 期日　一九五七年二月十六日

(ロ) 参加者約六〇〇名

(ハ) 内容
・PTAの定例会
・施設の見学
・レクリエーション

この行事は沖縄本島九地区のPTA指導者が参加し、アメリカのPTAの運営方法、PTA会議の持ち方、或いはPTAのあり方などについて得るところがあつた。

(二) 実態調査（一九五六年四月現在）

※調査の対象は、幼稚園二、小学校九八校、小中併置校六二、中校五六校、普通高校十一校、定時制高校三校、職業高校二校で全PTAの六七％の回答の結果による。

(1) 会費及び予算

(イ) 会費

地方教育財政規模の不適正のため、学校教育費がPTAに依存しているところがかなり多いようである。月額調べは次表の通りである。

(ロ) 予算について

学校種別又は活動の規模、経済事情等により、会費負担額も一様でなく、従つて予算額も多様であつて、中には比較的高額の予算をもつPTAもある。その使途についても当然公費で賄われるべき学校基本施設への支出が最も多く、本来の児童の福祉と成人教育（両親教育）のための予算が割に少いことは上記のとおりである。

会費月額調

項目＼校種別	幼稚園	小校	小中校	中校	普通高校	定時制高校	職業高校	特殊学校	計
10円以下		70	42	25					137
11円～15		7	9	14					30
16～20	2	15	7	10	1	1			36
21～25		4	1	3					8
26～30		3	2	2	1	2			10
31～40		1	1		5		2		9
41～51					4				4
51以上									

才　出　(1955年度予算)　小　学　校

費目別	事務会合費	児童生徒福祉費	両親教育費	学校管理補助費	教員研究費	雑費	予備費	合計
金額	964,423	1,876,655	150,216	3,999,830	1,286,036	572,276	423,130	9,272,562
合計に対する百分比	10.40	20.23	1.62	43.14	13.86	6.17	4.57	100

才　出　(1955年度予算)　小　中　校

費目別	事務会合費	児童生徒福祉費	両親教育費	学校管理補助費	教員研究費	雑費	予備費	合計
金額	244,265	850,644	45,271	1,270,235	307,510	190,079	103,536	3,016,540
合計に対する百分比	8.12	28.21	1.53	42.13	10.22	6.32	3.47	100

才　出　(1955年度予算)　中　学　校

費目別	事務会合費	児童生徒福祉費	両親教育費	学校管理補助費	教員研究費	雑費	予備費	合計
金額	512,426	570,566	79,612	2,631,084	519,614	223,477	286,804	4,823,583
合計に対する百分比	10.5	11.84	1.8	54.54	10·77	4.63	5.92	100

才　出　(1955年度予算)　普　通　高　校

費目別	事務会合費	児童生徒福祉費	両親教育費	学校管理補助費	教員研究費	雑費	予備費	合計
金額	629,321	802,195	21,000	1,708,023	1,008,145	186,969	1,968,122	6,324,775
合計に対する百分比	9.96	12.69	0·34	27.0	15·94	2.96	31.11	100

才　出　(1955年度予算)　定　時　制　高　校

費目別	事務会合費	児童生徒福祉費	両親教育費	学校管理補助費	教員研究費	雑費	予備費	合計
金額	14,661	38,620		120,865	72,461	13,268	24,586	284,461
合計に対する百分比	5.10	13.60		42.50	25.50	4.70	8.60	100

才　出　(1955年度予算)　職　業　高　校

費目別	事務会合費	児童生徒福祉費	両親教育費	学校管理補助費	教員研究費	雑費	予備費	合計
金額	15,200	3,000		44,300	25,000	39,662	3,000	130,161
合計に対する百分比	11,68	2.5		34.03	19.21	30.48	2.30	100

即ち学校管理補助は小学校四三%、小中校四二%中学校五四%、普通高校二七%、定時制高校四二%職業高校三四%となつており、児童福祉の面では小学校二〇%、小中校二八%、中学校十二%、普通高校約十三%、定時制高校約十四%、職業高校においては僅かに二%となつている。

両親教育費は小学校、中学校、小中併置校においては一%強で普通高校では一%にも足らず、その他は零となつており、この問題は今後の研究課題として重要な点である。

(2) 役員及びその選出法

役員についてみると、その八三%が男子会員で女子はわずかに十七%にすぎない。役員選出も活動の実際に応じて、適材を適所に選出しなければならない。

選出の方法としては、総会において、会員の選挙によるのが最も民主的で望ましいのであるが、顔見知りでない会員の中から民主的方法による選出は困難のようで、大方の学校では推薦制になつているようである。

(三) PTA活動の最近の傾向

(1) よい面

(イ) 組織機構の改正

○形式的な組織から漸次学級PTA、学年PTA等の小グループ的な運営への仂きが強くなつてきた。

○部落PTA結成の気運が高まりつゝあり、地域社会のPTAへの認識も深くなつた。

(ロ) 児童生徒の校外た動の面に力をのれはじめた

(ハ) 集りがよくなつてきた。

(ニ) PTAの正しいあり方に関心を持つようになつた。

(2) 是正したい面

(イ) PTAがまだ財政後援的性格からぬけない。

(ロ) 運営が役員まかせである。

(ハ) PTAが自分たちの勉強のための会であるという自覚がうすい。

(四) 沖縄PTA連合会の活動状況

一九五六年度主要行事

(1) PTAの振興のために

(イ) 月刊「日本PTA誌」を取つぎPTAの指導啓蒙に当る。

(ロ) PTA指導者講習会を各地区で開催

(ハ) PTA運営研究会の開催

(ニ) 全沖縄PTA大会の開催

(ホ) 第四回全国PTA大会へ代表者派遣

(2) 児童福祉増進事業

(イ) 子供博物館の経営と内容充実

(ロ) 子供博物館の特別展示会

・五月(子供まつり)

・六月(童話コンクールの開催)

・十月(児童生徒の夏休み作品展示会開催)

・十二月(開館二周年記念展示会開催)

・三月(春まつり展示会開催)

(3) 実演童話集や学校選抜文集を刊行して童話作文教育の振興と童話講習会の開催

(4) 教育映画の実施巡回

(5) 全沖縄健康優良児審査ならびに表彰会の開催

公民館

公民館は一九五五年始めて政府予算に公民館振興費が計上され「村おこし」をめざす新しいタイプの教育機関としてすべりだしたのであるが、一九五七年度現在全部落数の三五%の設置数を見、「貧しさからの解放」「農村文化向上」の新しい標柱として高く評価されている。

(一) 設置状況(一九五七年度現在)

地区名	村名	部落数	公民館数	地区名	村名	部落数	公民館数
辺土名	国頭	20	8	糸満	豊見城	23	4
〃	大宜味	16	8	〃	糸満	8	1
〃	東	6	4	〃	兼城	10	2
名護	羽地	15	4	〃	三和	17	4
〃	屋我地	5	3	〃	高嶺	5	2
〃	今帰仁	20	12	〃	東風平	13	5
〃	上本部	9	3	〃	渡嘉敷	3	1
〃	本部	18	—	〃	座間味	5	1
〃	屋部	8	8	〃	粟国	3	—
〃	名護	15	3	〃	渡名喜	1	1
〃	伊江	8	2	知念	具志頭	10	1
〃	伊平屋	5	—	〃	玉城	18	6
〃	伊是名	5	1	〃	知念	11	—
石川	恩納	15	14	〃	佐敷	11	6
〃	石川	12	7	〃	与那原	11	2
宜野座	久志	12	11	〃	大里	18	5
〃	宜野座	6	5	〃	南風原	12	8
〃	金武	5	3	久米島	仲里	17	2
前原	美里	16	9	〃	具志川	15	4
〃	与那城	11	10	宮古	平良	14	7
〃	勝連	7	7	〃	城辺	10	5
〃	具志川	28	6	〃	下地	6	5
胡差	胡差	13	2	〃	上野	4	1
〃	読谷	22	12	〃	伊良部	7	3
〃	嘉手納	19	1	〃	多良間	3	5
〃	北谷	7	2	八重山	石垣	6	2
〃	北中城	12	1	〃	大浜	6	3
〃	中城	18	5	〃	竹富	14	2
〃	宜野湾	22	5	〃	与那国	4	1
〃	西原	25	1	〃	計	793	254
那覇	浦添	20	2				
〃	那覇	50	—	開拓地	石垣		3
〃	真和志	30	7	〃	大浜		13
〃	南大東	5	—	〃	竹富		4
〃	北大東	3	—		計		20

(二) 一九五七年度の指導目標として

1 三五%の設置促進

2 定期講座の活潑化

3 職員の資質向上

4 モデルの設定

5 啓蒙の強化……の五点にしぼつたのであるが、

○第一の三五%設置は予定どおり行はれている。然し公民館が部落の任意設置であり経費もほとんど区費のみでまかなはれており、活動も部落有志の奉仕に頼つているので大きく伸びないが、一九五八年度からは市町村教育委員会が設置の主体になるので今後急速に大きく発展するものと予想される。

○第二の定期講座は一般に散発的で計画性に欠けて

いるのが多かつたが「社会教育講座規則」に基き今後その活潑化が期待されている。

○第三の職員の資質向上のために各地区毎に研修会を開催し、関係法規並びに運営技術の向上に役立てゝきたのである。

○第四のモデルの設定は五七年度までに（各地区共三～四館）合計四三館を指定してある。各々独自な特色ある運営をなして地域社会の振興のために大きな効果を挙げモデル公民館としての貫録を示している。（その活動状況の例を末尾に附記す）

○第五の啓蒙の強化については、公民館に対する認識を深めるために各地区毎に公民館大会を開催し、なお全琉大会を社会教育総合研修大会で一緒に行い相当の成果を挙げている。

㈢ 公民館に対する政府予算

(1) 公民館振興費

年度	施設補助	運営補助	諸謝金	研究奨励費	印刷製本費	雑費	その他	計
1955年	0	0	84,000	0	2,400	0	1,600	52,000
1956年	0	0	190,000	72,000	40,000	0	30,200	332,200
1957年	1,300,000	520,000	23,000	122,000	30,000	7,000	38,200	2,040,200
1958年	1,950,000	780,000	38,600	220,000	30,000	7,000	38,200	3,063,800

(3) 1957年度社会教育予算の分野別比率

(2) 1957年度文教局予算の教育分野別比率

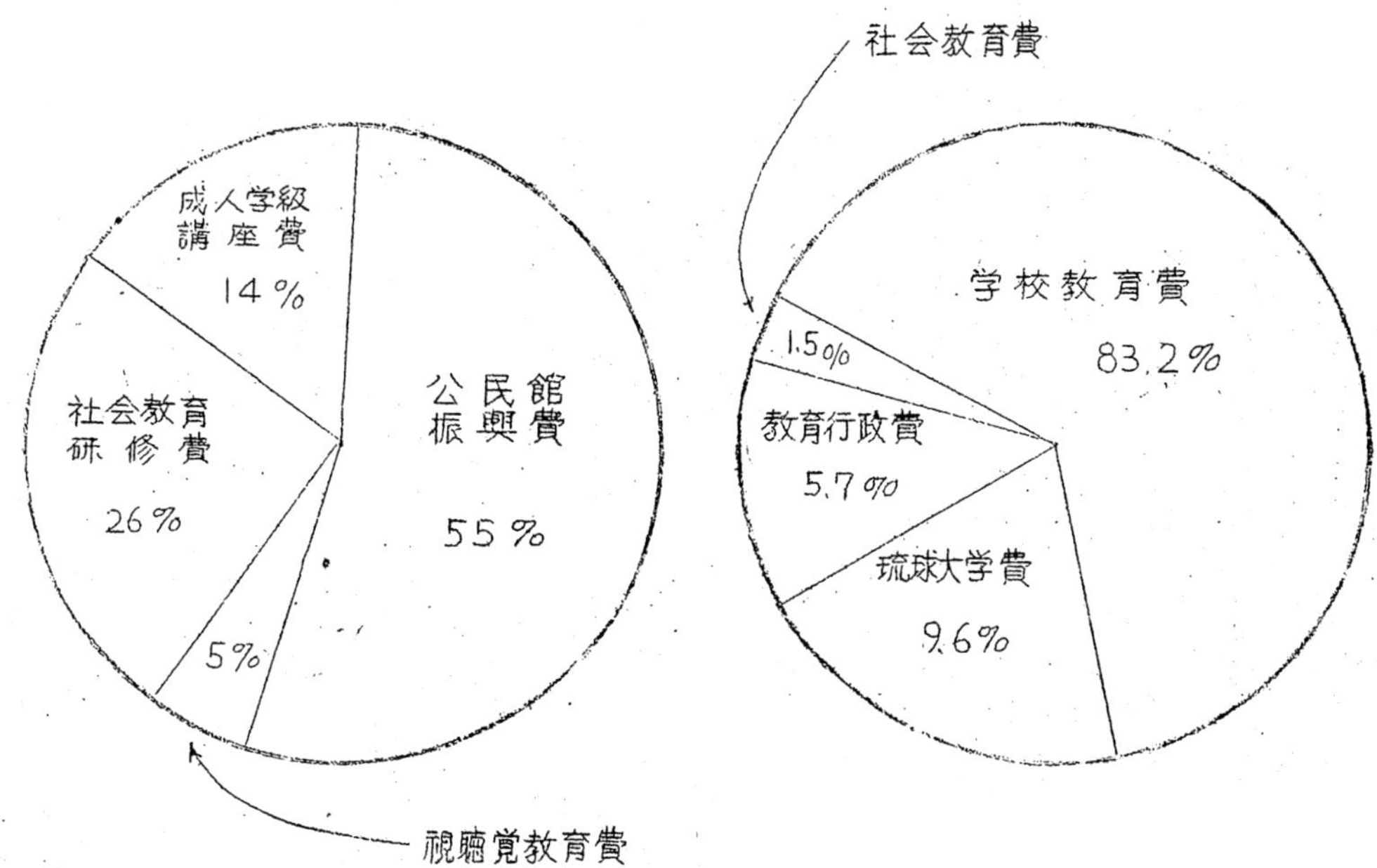

(四) 表彰公民館一覧（一九五七年度）

地区名	公民館名	特色
辺土名	大宜味村喜如嘉公民館	図書活動、産業振興
	国頭村伊地公民館	婦人学級、生活改善
	東村平良公民館	産業振興
名護	羽地村呉我公民館	運営一般、青年学級
	今帰仁村謝名公民館	産業振興
	今帰仁村崎山公民館	生産振興、図書活動
宜野座	宜野座村松田公民館	産業振興、各種講座
	久志村瀬嵩公民館	産業振興、図書活動
石川	恩納村名嘉真公民館	視聴覚教育、産業振興
	石川市東恩納公民館	運営一般
前原	美里村美里公民館	生活改善、運営一般
	与那城村平安座公民館	視聴覚教育、青年学級
	具志川村具志川公民館	視聴覚教育
胡差	読谷村長浜公民館	運営一般、婦人学級、図書活動
	同　村宇座公民館	青年学級、部落ずくり
	同　村波平公民館	図書活動、視聴覚教育
那覇	真和志市繁多川公民館	生産活動、図書活動
	浦添村屋冨祖公民館	運営一般、各種講座
	同　村沢岻公民館	産業振興、婦人学級
知念	大里村当間公民館	クラブ活動、生産活動

地区名	公民館名	特色
知念	具志頭村玻名城公民館	運営一般、成人教育
	与那原町当添公民館	新生活運動、婦人学級
糸満	三和村新垣公民館	保健衛生、青年学級
	東風平村世名城公民館	青年学級、図書活動
	同　村宜次公民館	職業指導、産業振興
宮古	下地町川満公民館	各種講座、青年学級
	城辺町保良公民館	青年学級、成人教育
八重山	大浜町宮良公民館	運営一般
久米島	仲里村比屋定公民館	運営一般
	具志川村具志川公民館	運営一般
	同　村　仲地公民館	運営一般

東村平良公民館

(一) 公民館所在地

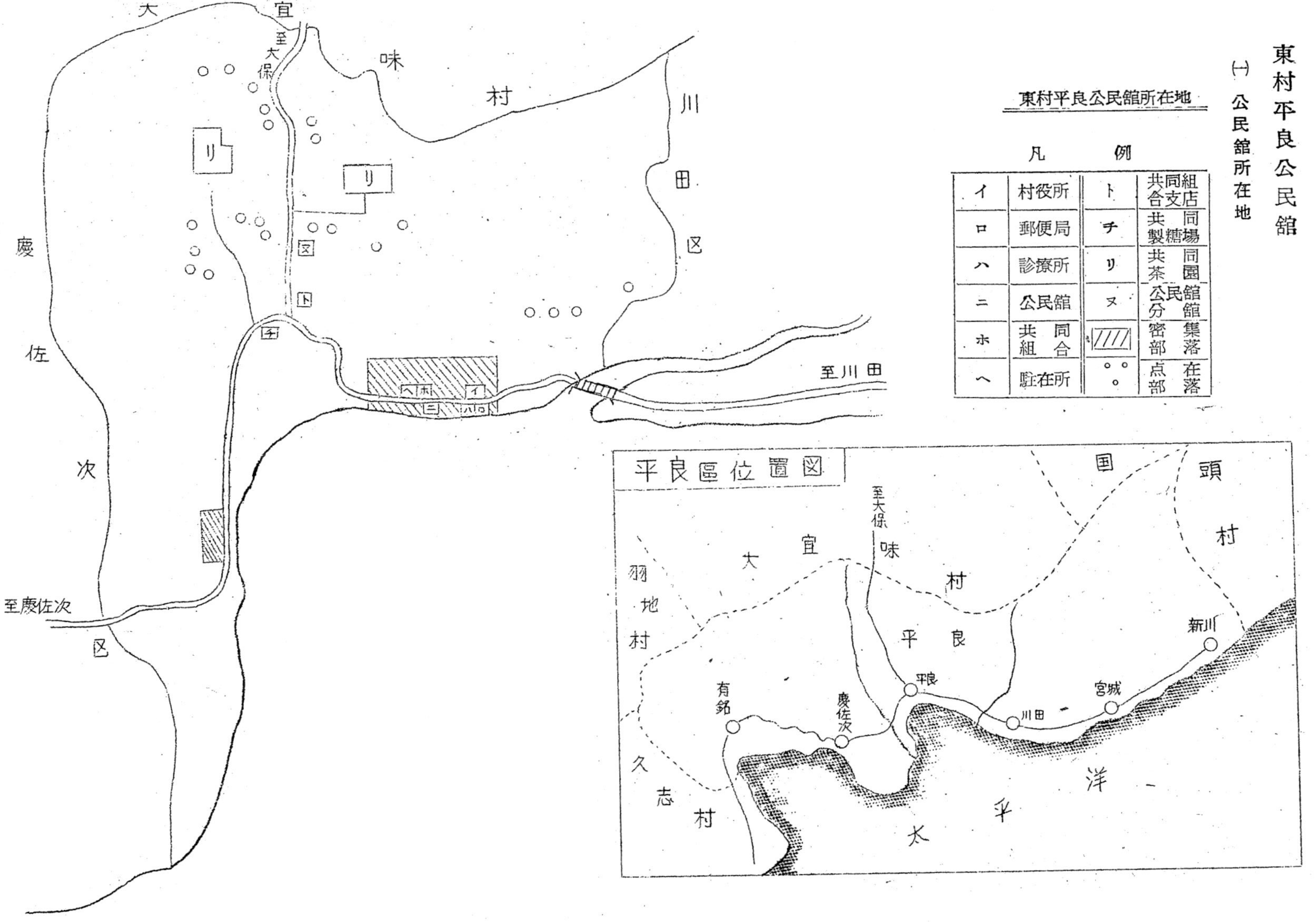

イ	村役所	ト	共同組合支店
ロ	郵便局	チ	共同製糖場
ハ	診療所	リ	共同茶園
ニ	公民館	ヌ	公民館分館
ホ	共同組合	▨	密集部落
ヘ	駐在所	○○○	点在部落

㈡ 沿革

期限	主なる事業
自一九四六、一、一五 至同 三、三一	一、大保平良間公道修理。二、衣料食料その他ガリオア物資配給
自同 四、一 至一九四七、三、三一	一、区事務所、売店、旧村役所、野呂拝所建設。二、区民規格住宅建築世話。三、仮校舎(小、実校)建築協力。四、水道復旧。五、土地調査。六、茶園復旧。七、本部落道路修理
自同 四、一 至一九四八、三、三一	一、家畜(牛豚)の導入。二、土地調査。三、規格住宅建築。四、農村娯楽(旧八月豊年祭)の復活
自同 四、一 至一九四九、三、三一	一、規格住宅の建築。二、貨幣切換(六月)。三、ウデナハ分館建築。四、診療所建築。五、第一回村総会共進会優勝
自同 四、一 至一九五〇、三、三一	一、耕地復興事業(上道橋御嶽農道)及本部落護岸平良原農道新設。二、巡査交番所建築(本部、ウデナハ)。三、第二回村共進会一等
自同 四、一 至一九五一、七、三一	一、共同組合設立。二、慰霊塔建立。三、水道改修。四、払下げ土地評価。五、茶園台刈更新。分制小作●六、駐在所敷地交換。七、電話架設協力。八、第一回学事奨励会。九、共進会一等。
自同 四、一 至一九五〇、九、三〇	一、共同作業場改築。二、製糖場建設及製糖開始。三、上道農道水門の改修。四、猪垣建設。五、経済委員会発足。六、第一回生年合同祝。
自同一〇、一 至一九五三、六、三〇	一、製糖場施設改善(圧搾機取替)二、会計年度切換。三、パイン栽培始る。
自同 七、一 至一九五四、五、三〇	一、トラック新車購入。二、共同組合株整理(平等株)。三、猪垣建設。四、パイン増殖。五、申川橋農道改修。六、振興会発足
自同 六、一 至一九五五、六、三〇	一、水道改設。二、猪垣建設三、〇〇〇米)。三、製糖場組合へ移管 四、越地原協和橋建設
一九五六	一、公民館設置。二、公民館運営研究指定文教局より

㈢ 平良区の実態

一、位置

平良区は東村のほゞ中央、平良湾(大平洋)の底部に位置し、東部は沖縄一の長流を誇る福地川を隔てゝ当村川田区、西南部は慶佐次区、北部は大宜味村大保区と押川区に境して大平洋に面している。当区にある村役所より名護町まで約二七、四粁、那覇市まで約九七、七粁を隔てゝ居る。

二、地勢

地形は東村及び北部三村の内でも比較的平地に恵まれて居るといつてよく本部落及び伊是名部落は海岸沖積層の砂地で主に住宅地帯をなし、ウデナハ原は古成層の国頭マージで農耕地と散在部落を形成して居る。本部落の北方に広がる北原は約十三町歩(十二町四反六畝)の水田地帯で当区稲作地帯の中心をなして居るが、灌漑排水の便が悪く、且台風、高潮時の潮害が多く尚その内約五町歩は泥炭田で生産力は至つて低い。

三、気象(東中学校気象観測統計による)1955年1月から12月まで

要素	年平均 ＼ 月平均	1	2	3	4	5	6	7	8	9	10	11	12
平均気温	22.3	14.6	14.5	17.6	21.2	23.5	25.6	28.6	29.3	28.4	24.4	20.9	19.4
最高気温	28.4	19.2	21.0	24.1	29.0	28.5	31.0	33.0	34.5	32.5	33.1	29.0	25.5
最低気温	15.4	8.0	7.8	8.8	9.6	17.5	23.0	23.4	23.3	22.4	21.3	10.6	9.5
雨天日数	合計 21.1	20	19	17	18	17	17	16	19	18	16	18	16
降雨量	合計 2,497.8	156.1	177.6	94.6	201.7	364.0	499.0	306.0	284.0	62.9	160.8	147.0	54.1

備考　沖縄の最低気温は大正7年2月20日の4度9分、最高は大正5年7月21日の35度5分、東中校での最低2月の7.8度、最高8月の34.5度。

四、面積、戸口

1、地目別土地面積

	田	畑	宅地	山林	原野	雑種地	沼地	墓地	拝所	保安林	公用地	計
平良	町 28.28	33.49	3.61	1009.26	103.51	2.78	—	2.86	0.05	2.60	—	1186.43
東村	74.0	167.5	20.6	6812.2	497.4	3	3.1	6.6	0.4	23.9	9.4	7618.1

(註) 田 2町48　畑0.74は区外の所有地である。

2、業態別戸口

	総数			農			林			水			商工			賃			公			大工		
	戸数	出稼	人口	戸数	出稼	人口	戸数	出稼	人口	戸数	出稼	人口	戸数	出稼	人口	戸数	出稼	人口	戸数	出稼	人口	戸数	出稼	人口
今年3月末	147	222	695	97	147	452	14	24	70	13	13	45	4	5	18	3	3	10	14	26	88	2	4	12
1954.6月末	144	176	697	105	81	519	27	62	135	3	3	12	3	3	8				5	27	23			

五、交通道路

平良区は与那原を起点とする十三号線道路と大保平良間の四号線道路の交叉点にして、東村への車輛は何れの道路を通るにしても、殆んど当区を通過して行くために交通は中南部都会地方とは比較にならないにしても、農山村としてはさして不便を極めているとはいえない。因みに定期バスの運行は左表の通りであるが、尚その他大保間往来可能な車輛は一日十数台と云われている。

	名護発	平良発
沖縄バス	午前 七時 午后 三時三十分	午前 九時 午后 五時
昭和バス	午前 七時 午后 二時	午前 八時三十分 午后 三時三十分

尚部落農道は十四本で、その延長約五、五〇〇米ありこれが完全開通をずれば耕地への人馬、車輛の往還にはさして支障を来たさないが、内五本の二、五〇〇米は殆んど農道本来の役目を果していない現状であるが、工事分量が大きく、過去数年前より政府並びに村の援助を要請しているが未だ実現されず農業経営に大きな支障を来たしている。更に新規に開設を要する箇所が三ケ所延長約二、〇〇〇米あるが、これも右と同じく未だその見通しさえもつかない。尚、政府道（戦前は県道）として認定されて居り乍ら戦争中に欠壊したまま放置された十三号線の椎原から平良本部落までの約百〇〇米、橋二ケ所は政府の振興計画第三年次で施行されるようになつている。

六、部落経営計画

部落経営を円滑にするために当区を六個班に分けて各班には班長、振興会支部長、婦人会班長各一人宛をおいている。

部落	班	戸数	人口
本部落	一班	35	154
	二班	35	164
ウデナハ部落	三班	21	96
	四班	21	98
	五班	18	100
伊是名	六班	17	83
計		147	695

七、産業経済

1・概観

当区の産業はその立地環境から見た場合、戦前から沖縄北部地区の縮図とも云える程多彩なものがあつた。

昭和九年頃経済振興計画の指定部落として県庁指導の下に目覚ましい発展を遂げて一応の基礎を確立したのであるが、戦災で烏有に帰してしまつた。因みに当時の事業を概観すると、共同茶園五町歩（内一町五反歩は現茶園）、共同果樹園（ビワミカン）、耕地整理（屋の北原）、開田開畑（内半分は現在耕用中）、農林道の開設、改良製糖場、共同茶工場、製米所、農業倉庫（現公民館）負債整理生活改善事業等実に現在では夢のような大事業を短期間にやり遂げたものである。このような積極進取の気性は当区々民の特性とも云えるもので、戦后はこれ等の復興の傍、更に新しい農業経営の研究が真剣になされて着々と実績を挙げつゝあり中には戦前には考えられなかつた新産業、事業も成績を挙げつゝある（パイン、トラック運送）因みに一九五四年六月末の調査と対象して見るに区民年間総所得中に占める割合は次のとおりである。

	農業所得	林業所得	畜産所得	計
一九五四年六月末	二七%	四四%	七%	七八%
一九五五年三月末	四三・四%	一四・三%	一一・三%	六九%

右表計の比率で減少しているのは給料生活者の増俸と恩給援護金等が激増したためである。

2、各種生産状況

作物名		収穫面積	反収	総収量	経済評価
		町			円
米	昨年一期	19.98	12斗	240石	1,240,000
	同 二期	9.65	8〃	77〃	
麦類		0.93	5〃	4.6〃	23,000
いも類		26.74	500〆	1,337,000〆	802,000
豆類		0.99	5斗	5石	25,000
やさい		1.15	500〆	57,500〆	575,000
きび		1.17		26,100斤	286,000
茶		1.87	400斤	7,480斤	374,000
パイン		0.61	600斤	36,600斤	256,000
ババナ		0.15	500〆	750〆	30,000
家畜					950,000
林産物					1,200,000
水産物					300,000
合計		63.24			6,061,000

3　日用雑貨購入状況（共同組合取扱の分）

品名	金額
米	724,121
麺類	198,265
メリケン粉	64,275
大豆	43,015
砂糖	75,487
味噌・醤油	94,201
塩	19,961
酒	445,391
その他飲物	84,605
煙草	299,995
肥料	269,250
その他	678,358
計	2,996,931

4、部落年間経済収支

(イ) 収入の部

項目	金額	摘要
農産物収入	3,337,000	きび、家畜以外の農産物の経済評価額も含む。
畜産物収入	960,000	豚販売実績
林産物収入	1,200,000	
水産物収入	300,000	
糖業収入	286,000	
商業収入	150,000	
工業収入	50,000	
運輸業収入	150,000	トラック営業による。
給料	950,000	俸職者27人の給料
補助金	100,000	村及び政府より
援護金	666,000	
扶助料	108,700	
送金	107,000	
その他	50,000	
計	8,404,700	

(ロ) 支出の部

項目	金額	摘要
施設費	600,000	住居・畜舎・便所・納屋・改良かまど、その他施設
肥料購入費	269,250	
その他生産資材	52,900	
食料費	4,800,000	自家生産品も含む。
衣料費	225,000	
酒	445,300	
煙草	300,000	
茶	86,850	自家生産品の消費
教育費	450,000	高校以上進学者の学費、その他小中校教育
文化娯楽費	300,000	
交通費	180,000	
衛生費	100,000	
公租公課	160,000	諸税、区費、PTA、青婦会費
その他	150,000	
計	8,119,300	

差引　二八五、四〇〇円収入過。

5　農作物作付現況（在園面積）一九五六年三月末現在

		作付面積	農家一戸平均
田	稲	59,640	455
	その他	3,240	25
	計	62,880	480
畑	い類も	32,040	245
	麦類	2,789	21
	豆類	2,421	19
	やさい	1,175	9
	きび	5,480	42
	パイン	3,764	29
	茶	10,921	83
	その他	2,336	18
	計	60,926	465
合計		123,806	945

（註）作付農家の一戸平均は「きび」六五戸で八五坪、パイン七五戸で五〇坪である。

6　畜産現況

			1954年6月末	1956年3月末
農家戸数			141	131
豚	繁殖豚		14	38
	肉用豚		139	122
	仔豚50斤以下		25	143
	計		178	363
	飼育農家	戸数	107	129
		平均	1.7	2.4
	全農家平均		1.3	2.3
山羊	総頭数		112	158
	飼育農家	戸数	40	47
		平均	2.8	3.4
	全農家平均		0.8	1.2
鶏	産卵中		62	224
	その他		169	186
	計		231	410
	飼育農家	戸数	39	55
		平均	5.9	6.0
	全農家平均		1.6	3.1

（註）
(1)　馬は三一頭飼育しているが、これは畜産上の価値目的よりも農機具としての比重が大きいので農機具の項に入れた。
(2)　一九五四年六月末調査と比較した場合各家畜とも飼育戸数頭数とも著しい向上を示している

が豚価下落によつて農家経済に占める比重は反つて減少していると考えられる。

(3) 養鶏も前の調査と較べた場合、飛躍的な発展を示しているが、未だに小規模な経営が多く農家食生活の向上にはなつているが経済面への影響は至つて微々たるものである。

7、特殊換金産業

(イ) 共同組合平良区は戦前産業組合が布かれると同時に部落産業組合を設立し総ての経済活動が産業組合を中心にして行われているので産業組合に対する区民の認識が深く、その経営にも長い経験をもつているので、戦後は一九五〇年食糧販売店の個人企業制となるや直ちにこれを共同組合組織して組合を設立したのが同年七月一日であつた。その後乱立せる小売商を逐次統合して現在区民の一切の経済行為の中心となつて居る因にその経過を概観すれば

1、組合設立一九五〇年七月一日
2、設立当初組合員数一三五人、出資総額一一六、二〇〇円
3、組合員持株整理（平等株）と増資一九五三年十月一日一五四、〇〇〇円
4、自動車購入一九五三年八月十八日
5、製糖工場組合移管一九五四年十二月一日
6、出資金増額一九五五年七月一日累計三〇六、〇〇〇円
7、共同製糖場施設改善一九五六年一月十日
8、第二次自動車購入一九五六年二月七日
9、現組合員数一三六人
10、年間取扱量
(イ) 購買　二九九万七千円
(ロ) 販売　一二〇万円
(ハ) 製糖量　二八六、五〇〇円（二六一担）
(ニ) 利益金　一八三、二五六円
11、利益配当方法
(イ) 出資金配当　三分の一
(ロ) 利用分量配当　三分の二

(ロ) 糖業は戦前年間平均面積七町歩七百担を生産して居たが、戦後は建築その他農家基本施設の整備に追われ或は糖価の不安定工場の不完備等が原因して、その復興が遅々として進まなかつたが、一九五一年政府補助による現工場が設立され一九五四年圧搾機の取替えを行い、更に今年度に於いてエンジン取替え、竈（バカス竈）の改善等をなし糖価もやゝ安定を見るに及んで農家の栽培意慾は次第に高まり、今期収穫面積約五、〇〇〇坪、産糖量二六一担で、昨年の収穫面積三、五〇〇坪、産糖量一七〇担に対して約五〇%の増であるが未期は面積約六、〇〇〇坪、産糖予想三〇〇担更に今夏作付計画は九、〇〇〇坪産糖予想四五〇担と漸進的な向上をみせているが、戦前に比較して未だ六四%の復興である。製糖場は前述の通り施設改善をした結果、圧搾率は一〇%を下らず製糖能率は一、四倍に増加し更にバカス竈の築造により生産コストの引下げが着々行われて農家の作付意慾の増進に拍車をかけて居る。当区公民館による産業振興計画によれば第一次計画第一年次に於いて面積四町五反、産糖量七〇〇担を達成して産糖量に於いて一〇〇%の復興を目標にし、更に第二次第三年次までに面積七町歩（一〇〇%）産糖量一、〇〇〇担（一四〇%）を目標にして着実な復興を進めつゝある。

(ハ) 茶業、当区茶業組合は、全区民を組合員として昭和九年に発足し、当初設置した茶園は五町歩と云われて居たが実際に収穫出来たのは一町五反歩であつた共同製茶工場を持ち年間三、〇〇〇斤程度の生産をあげていたが、戦争中放置した為にすつかり荒廃茶園になつてしまつた。戦後は一九四七年八月頃各班毎に管理させたのであるが過度の摘採が行われ手入やその他運営方が拙く危く廃園になる所を一九五〇年一斉に台刈更新を行い、更に経営を区民各戸割りにして小作をさせて現在に至つて居る当初一町五反を一四〇株に区割し区民全戸に一株づゝ平等に小作させたのであるが、毎年転出入が多く、又小作権を放棄移譲するのも出て現在では一人五株の持株を最高二、三株の小作者が相当居り一ケ年小作料一株一三〇円を区に納入して居る。（昨年までは一〇〇円）今年度から小作料を三〇円上げて年二回一斉管理の日に現地で肥料緑肥種子の現物支給（年五〇円程度）をして管理を強化した為に茶相は一変してよくなつた現在反当収量約四〇〇斤総生産量約七、五〇〇斤（個人茶園も含む）年間約三七万四千円の生産をあげて居り区内の茶自給を充たしてなお約五、八〇〇斤（約三十万円）の区外販売（個人売り）をなして居る製茶工場は、一九五四年精米所に併置した簡易工場が設置され更に今年機械施設を或程度改善して製茶にはさして不便は

して居ない。

今年度政府補助金を受けて、公有林を開墾して共同茶園一町歩、個人茶園七反歩の集団茶園を新設し、更に個人の分散茶園約五〇〇坪の新設をなして居るが発芽共伸育に良好である。

茶園面積合計三町六反四畝である。

共同茶園			個人茶園			合計		
成木	幼木	計	成木	幼木	計	成木	幼木	計
坪 4,500	3,000	7,500	1,121	2,300	3,421	5,621	5,300	10,912

今後の計画は、一九五六年度は七、五〇〇坪（二町五反）の新設をなし、一九五九年度までに、一〇町歩の経営を目標にして居る。一九五七年度中に共同製茶工場を新設し、一九六〇年度以降年間四万斤二百万円の生産を目標にして生産意慾の向上と資金面を計画している。

(二) 戦前顧られなかつたパイン栽培が東村に本格的に取上げられたのが一九五二年で今帰仁村から苗を約一、〇〇〇本購入栽培して成功したのがその発端である。全島的なパイン栽培意慾は政府及村当局の補助奨励策によつて急激に高まり当区のパイン栽培は既に軌道に乗り東村での九割以上の栽培と生産をあげて居り土質の適地と相俟つて果実の質に於いても賞讃されている。

今年度になつて特筆して注目すべき事は、パイン生産も企業的に行い一人で大面積の経営をしようという気運に向いて来た事である。当区出身の宮里松次氏が福岡県に定住していて、偶々帰郷してパイン栽培の有望性を見て帰り再度帰省してパイン栽培を始め既に約一万本の植付を完了し、更に植付予定の開墾地が昨年中に約五千坪完了植付を待つのみとなつている。その他にもこれに類する人がでて今後が注目されている。

栽培農家	二年生以上	以下	計	1955年生産量	同上金額
75戸	坪 1,800	坪 1.880	坪 3,710	斤 18,300	円 128,000
一戸平均	25	25	50	250	1,750

今後の計画としては作付において

1956年		1957年		累計		備考
作付農家	同面積	作付農家	同面積	作付農家	同面積	
50戸	坪 8,800	8戸	坪 13,600	75戸	坪 26,200	(8町10反)

尚パイン栽培の計画と相俟つて集荷販売栽培改善等を目的にした。パイン生産組合を設立すべく準備中である。又生果生産が計画通りに行われた場合、パイス加工場（罐詰）の建設についても検討が進められつゝある。

当公民館に於ける振興計画によれば、第二次計画（一九五七年度以降）の三年目までには十町歩の栽培面積と加工場の設置が計画されて居り、パイン生産意慾の向上に拍車をかけている。

8、林業

平良区の総面積一、一八六町歩の内山林原野（保安林を除く）は一、一一三町歩で総面積の約九四%に当る。

山林原野の所有別面積を村の総体と比較すると

所有別 ＼ 比較		平良	東村
総計	山林	町 1009.25	町 6513.52
	原野	103.51	497.43
	計	1112.76	7010.95
国有	山林	212.28	4401.48
	原野	—	0.63
	計	212.28	4402.11
公有	山林	796.97	1801.18
	原野	0.81	14.72
	計	797.78	1815.90
部落有	山林	—	52.47
	原野	34.19	204.23
	計	34.19	256.70
私有	山林	—	258.38
	原野	68.49	277.83
	計	68.49	536.21

即ち右表によつても察知出来るように人口は村総人口の約二五%を占めて居り乍ら山林面積は約十六%しかない。しかも最も山林資源の豊富な国有林に至つては村全体の僅か五%しかない。公有林は戦時中の乱伐暴採によつて殆んど荒廃し盡して利用可能量は誠に微たるものである。この点に於いて平良区の産業経済のあり方が村内他区に比較して特に進歩的であり、特異性を発揮しつゝある根本原因であると考えられる。即ち山林依存の産業構造改革の努力が他区に先んじて着々と実を結びつゝある。所以である。区民総所得中に占める林業所得の比率の変遷を見るに次表の通りである。

事項 ＼ 調査時期	1954年6月末	1956年3月末
総所得金額	7,516,500	1,450,000
林業所得金額	8,404,700	1,200,000
%	19.3	14.3
附記	総所得金額に於いて888,2000円、約12%増 林業所得減 250,000円、約17%減	

更に林業可仂者（山稼）の変遷について見るに、戸数に於いて約半分可仂者において約三分の一に減少していることからもその事が窺えると思う。林産物は薪が主であり共同組合を通じて販売される。

造林事業は、村の計画により毎年数町歩の天然林撫育造林が行われて居るがそれでも植伐相伴はない為に年々資源は減少している。山林の保護取締りについては、区に厳重な山林海産資源管当内規を設けて、その執行を公民舘長に一任しているが、未だ完全に守られて居るとは云い難い。

9、農家経営状況（一九五六年三月末日現在）

(イ) 専業、兼業別農家

				1戸平均	可仂者1人平均
総数		戸数	131戸		
		可仂者	222人		
		面積	58.6町	4.4反	2.6反
専業農家		戸数	34戸		
		可動者	42人	1.2人	
		面積	21.76町	6.4反	5.3反
兼業農家	農業を主とする	戸数	78戸		
		可仂者	147人	1.9人	
		面積	32.37町	4.2反	2.2反
	農業を従とする	戸数	19戸		
		可仂者	33人	1.7人	
		面積	4.47町	2.4反	1.4反
	計	戸数	97戸		
		可仂者	180人	1.8人	
		面積	36.84町	3.8反	2.0反

(註)
(1) 世帯員の中に自家の農業以外の業を営んで居るのは、兼業農家
(2) 農業を主とするか従とするかの決定は労仂量の大小によつた。
(3) この判定が困難な世帯は、収入の多寡によつて決定した。

(ロ) 自小作別農家戸数、人口、耕作面積

総数	戸数	131戸
	人口	695人
	面積	58.6町
自作	戸数	65戸
	人口	387人
	面積	29.3町
自小作	戸数	38戸
	人口	193人
	面積	23.0町
小作	戸数	16戸
	人口	65人
	面積	3.34町
小自作	戸数	9戸
	人口	45人
	面積	2.93町
その他	戸数	2戸
	人口	3人
	面積	

(註)
自作とは……自作地九割以上経営して居る農家
自小作とは…自作地五割以上九割未満
小作とは……自作地が一割未満
小自作とは…自作地一割以上五割未満
その他は……農業労仂（日傭）で耕作地を持たない農家

(ハ) 原因別荒廃地面積

		1954年6月	1956年4月1日
		坪	坪
合計	田	3,840	1,754
	畑	9,510	8,455
	計	13,350	10,209
潮水害	田	2,040	1,369
	畑	330	60
	計	2,370	1,429
猪虫害	田	480	—
	畑	4,380	2,220
	計	4,860	2,220
荒廃地	田	720	385
	畑	4,410	5,255
	計	5,130	5,640
その他	田	600	—
	畑	390	920
	計	990	920

(註) その他の原因とは地主不在のため、その管理責任が不明確のため荒廃になつた分である。

(ニ) 主要農機具使用状況

馬	頭数	31
	一頭当農家	4.2
荷車	台数	15
	一台当農家	8.7
すき	数	32
	一丁当農家	4.0
まぐわ	数	27
	一丁当農家	4.9
脱穀機	数	56
	一台当農家	2.3
除草機	数	65
	一戸平均	0.5
茶摘鋏	数	16
	一戸当農家	8.2

(ホ) 各戸基本施設復興状況

年度別＼項目	住居					納屋			畜舎			肥料小屋			改良便所	改良かまど	水道又は井戸	風呂	流し台
	瓦本建	かや本建	かり建	借家	計	本建築	仮建築	なし	瓦本建	かや本建	かり建	本建	仮建	露天					
1955年以前	18	57	40	8	123	12	15		15	23	53	38	53	55	50	11	11	7	5
1955年	5		2	1	8	2	1		15	1	11	16	11		6	3	4	1	8
1956年	6				6				13			13			13	9	3	14	8
計	29	57	42	9	137	14	16	101	43	24	64	67	64	20	69	23	18	22	21

（註） 住居の本建築復興率 約63％

(ヘ) 各戸食生活状況（一ケ年を通じての平均を調査した）

調査時期＼事項	主食				米			いも			やさい		めんるい			みそ		調査戸数
	三食米	二食米	一食米	米食なし	売る	自給	買う	売る	自給	買う	足りる	足りない	主食の足	主な副食	時々副食	自家製	主に買う	
今年3月末	18	93	36		1	41	105	4	113	30	98	49	36	9	102	82	65	147
1954年6月末	5	23	104	9	2	16	123	16	106	15	60	81	11	24	106	73	68	141

（註）

(1) 此の調査によれば二ケ年前に比べて米食家庭が二食、三食とも各々三倍以上に増して一食米が約二分の一減少し、米食なし家庭がまつたくなくなつている。米食が多くなつた事は大体に於て食生活が向上したと見てよいが、これは自給度の向上によるものでない事は此の表の他の調査でも伺う事が出来る。

(2) いもを買う世帯が二倍に増えている事は、漁業者が増えた分とその他特殊事情によるものである。

(3) この調査により反省しなければならない事は、農家でありながら野菜のたりない家庭が約三分の一「みそ」を買う家庭が四四％もあるということである。

10、教育文化

(一) 進学状況

学校別	男	女	計
普通高校	4	6	10
農林高校	7	2	9
商業高校	4	2	6
工業高校	1	—	1
洋裁	—	3	3
琉大	—	1	1
計	15	14	30

(二) 生徒児童就学状況

学校別		男	女	計
東中校	総数	56	68	124
	平良区	26	24	60
東小校	総数	146	129	275
	平良区	55	53	108
幼稚園	総数	35	38	73
	平良	12	16	28
	ウデナハ	16	16	32
	伊是名	7	6	13

(三) 新聞雑誌の購読状況

沖縄タイムス	16
琉球新報	1
明るい村	3
家の光	6
婦人雑誌	11
学生雑誌	23
文芸春秋	8
地上	5
その他月刊	18

(四) 各種団体調査

共同組合	136人
経済振興会	全区民
育英会	全区民
生改グループ	35戸57人
老興会	65人
成人会	74人
婦人会	102人
青年会	13人
生徒会	168人
自警団	55人

(五) 公共施設、文化、産業施設

村役所、公民館（分館一）、共同組合（支店一）、共同製糖場、診療所、郵便局、公看駐在所、幼稚園（三）、簡易水道（二）、製米、製材工場、蹄鉄所、発電放送施設、共同墓地、拝所（四）、慰霊塔（一）

11、社会事業

(一) 戦没者恩給年金等の受給調査
（自一九五六年一月、至同十二月）

受給種類		遺族年金	公務扶助料	弔慰金	計
東村	世帯数	39	32	87	158
	金額	854,219	627,088	395,065	1,876,372
平良区	世帯数	15	9	27	51
	金額	281,776	247,794	136,175	665,745
	1戸平均	18,785	27,532	5,046	13,054

㈡ 生活保護状況

区分	世帯	金額	1世帯平均	備考
生活扶助	14	100,591	7,185	政府扶助
教育扶助	3	5,077	1,692	
生活扶助	1	2,000	2,000	
住宅扶助	1	1,000	1,000	
計	19	108,668		

㈢ 戦没者調査

戦没者名簿	東村			平良			村総数に対する割合
	軍人	軍属	計	軍人	軍属	計	
戦死	人 189	26	215	45	13	58	31%
戦傷	18	—		3			

12、保健衛生

㈠ 各戸衛生施設調

施設別	戸数	数量	比率	備考
改良便所	戸 69	69	% 50.2	住居数 137戸
風呂	22	22	16.1	
蚊屋	147	247	16.7	
便所手洗器	24	24	17.5	
衛生戸棚	49	49	35.8	
蠅取器	28	28	20.4	蠅たゝきは全戸

㈡ 集団検診成績

検診種別	人員	結果		備考
ツベルクリン反応	人 143	陽性	人 156	63.2%幼稚園児は含まず。
X線間接撮映	273	(十一)	12	フイルムは異状
精密検査	9		1	肋膜炎
検便	40		24	(21人十二指腸虫)(3人蛔虫)

㈢ 共同防疫成績

種類	該当者	施行人員	施行率
ジフテリヤ予防注射	198	145	73.2%
百日咳予防注射	24	15	62.5

㈣ 病名別患者数及死因別死亡数

病別 \ 年令	1才~10	11~20	21~30	31~40	41~50	51~60	61~70	71~80	計	死亡
外科及外傷	16	7	3	1	1	2	1	—	31	—
胃腸病	14	3	2	4	2	1	—	—	26	2
気管支炎不明熱	12	3	3	1	2	3	—	—	24	1
神経系血管損傷	—	—	2	3	2	3	4	—	14	—
腎炎及ネフローゼ	5	1	2	2	1	—	—	—	11	—
肺炎	4	2	1	—	—	—	1	—	8	—
心臓の全疾患	2	1	1	—	—	—	—	—	4	—
全結核	1	2	—	—	—	—	—	—	3	1
ハブ咬傷	—	—	1	1	—	—	—	—	2	—
老衰	—	—	—	—	—	—	—	1	1	1
不慮の事故、中毒	—	—	—	—	—	—	—	—	0	—
計	54	19	15	12	8	9	6	1	122	5

13、その他

(一) 納税成績調（一九五六年四月末現在）

税目		調定額	納税済額	未納額	納税率
		円	円	円	%
村税	村民税	30,330	30,268	62	99.7
	固定資産税	35,443	34,560	883	97.5
	事業税	810	810	—	100.0
	特別所得税	360	360	—	100.0
	自転車税	1,100	600	500	54.5
	畜犬税	200	—	200	—
	教育税	67,514	67,018	496	99.2
	計	135,757	133,616	2,146	98.0
所得税		6,300	6,000	300	96.6

(二) 頼母子講状況（一九五六年四月末現在）

事項＼種別		入札制	互助制	計又は平均
総数	組	7	6	13
	人員	92	70	162
	月額	47,800	17,100	64,400
	総額	425,200	202,900	628,100
平均	1組人員	13	12	11.5
	1組月額	7,039	2,850	4,951
	1人月額	541	238	380
	1組総額	60,742	33,817	48,315
入札率	最高	0.45	利息0.10	
	最低	0.05	0.05	
	平均	0.22	0.085	

（註）

(1) 最高は一人月額の一、〇〇〇円、一組人員一七人、一組月額一、七〇〇〇円である。

(2) 入札制の入札率は掛金一に対する上げ高又は下げ高の比率で上げ高とは掛金の元金はその儘にしそれよりも上げて入札し、上げた分はそのまゝ送り金となる。下げ高とは元金よりも下げて入札し下げた分は加入者に払戻す。

(3) 互助制とは利息だけつけて話合により譲り合つてする方法をいう。

(4) 金融調整内規により入札制は一人月一、〇〇〇円以上を掛けてはならないことにしている。

(三) 平友会

中南部に於ける平良区出身者で、郷土出身者の連絡を緊密にして、その親睦を図り、共済互助活動を活発にして互に職業の紹介、斡旋等をなして郷関を出た初志を貫徹し、併せて出身郷土との連絡や相互扶助を目的にした平友会が地元の公民館運営研究会と機を一にして、去る五月一日に発足した。平友会とは平良区出身で同じく転出者の境遇にある儀保倉平氏の功労を讃えその業蹟をいつまでも顕彰する意味に於いて同氏の倉平の一字と平良の平の一字をとつてつけられた会の名稱である。その組織の大要は

(イ) 名稱　平友会　(ロ) 会員数　九〇人

(ハ) 会長　宮里時次　副会長　宮城林太郎

(ニ) 普天間支部　支部長　比嘉　稔

胡差支部　〃　金城東光

嘉手納支部　〃　宮城義松

(ホ) 顧問　儀保倉平

(四) 平良公民館運営機構図

系統機関官庁

主事 ← 館長 → 幹事

決定承認建策　提案諮問　執行　報告建策

運営審議会　世論の反映　執行部

具体的調査研究

専門部：総務部　経済部　文化部　生活部　厚生部

団体機関：班長会　経済振興会　育英会　生活改善グループ　老人会　婦人会　青年会　生徒会　その他団体

社会 ←—（新しい郷土建設）—→ 住民

(五) 平良公民館運営要項

第一　本公民館の運営を円滑にしその活動を活潑にするためこの要項を定める。

第二　公民館運営の基本方針を次の通り定める。

1　区内の各種集会場とし又日常生活の相談所話合い所として真に区民の茶の間的存在たらしめる。

2　従来の慣行的区自治体運営の中心であった区事務所事業を近代的な感覚のもとに公民館活動として合理的に組織化して、能率的且つ民主的な自治体の運営を行う。

3　地域内に設立された各種団体機関を公民館に有機的に組織し、それらの事業を総合的按配考慮して郷土振興の立場と計画との重複をさけ又利害を調整して相互協力の態勢を強化すると共に各々の特色を最大限に発揮させ以て地域社会の総べてのセンターとなる。

4　主要農作物、主要換金産業等の職業教育及び各種奨励事業に側面的に援助をするなど、区民の生活安定に直接役立つものを与えてやる。

5　生活医療扶助等の普及農事改良等の紹介、宣伝、科学講座、家庭生活環境衛生の向上、体育娯楽、自己研修としての読書の機会を与えてやる等区民が端的に望んで居るものを解決してやる。

6　公民教育を積極的に推進する。

7　地域内に温存する非科学的な慣習を検討し、弊風は破棄し良風は保存奨励する。

8　村当局その他上級機関と区民の媒介者としての役目を果し世論指導の中枢となる。

9　地域が比較的に分散して居る特殊性を考慮に入れて、分館活動を出来るだけ活発にする。

10　施設は漸を追って整備し住民の負担過重にならないようにする。但し費用が比較的に軽少な各種資料は一日も早く整備する。

11　恒久的な設備運営資金を確保するため、必要な財産を造成する。

第三　運営審議会の専門部はそれぞれ次の事項を担当する。

1　総　務　部

イ　公民館運営についての企画に関する事

ロ　各部各団体機関との連絡調整に関する事

ハ　公民館の基本施設に関する事

ニ　公民館の庶務会計に関する事

ホ　区自治行政の内法内規の制定に関する事

ヘ　その他他部に属さない一切の事

2　経　済　部

イ　経済振興計画の樹立と推進に関する事

ロ　区内各種産業経済団体の連絡調整とその育成強化に関する事

ハ　住民の基本財産の造成と農村金融経済についての調査研究に関する事

ニ　農村工業の調査研究とその普及奨励

ホ　産業奨励指導に必要な資料の蒐集、展示及必要な器具機械の整備と利用に関する事

ヘ　産業上の各種普及奨励に関する事

ト　土地の交換分合その他土地利用度の向上に関する事

3　文　化　部

イ　区内の奨学育英事業に関する事

ロ　青年学級、婦人学級、成人学級その他の講座開設並びに視聴覚教育に関すること

ハ　公民館図書室に関すること

ニ　区民の建全娯楽の研究普及に関すること

ホ　顕彰事業を行う

ヘ　郷土資料町村、政治、産業、教育等の公民教育に必要な各種資料の整備展示に関すること

4　生　活　部

イ　衣食住、冠婚葬祭その他年中行事を合理化し生活改善を行うこと

ロ　農村生活の能率化、美化衛生化、経済化に関すること

5　厚　生　部

イ　区民の保健衛生に関する計画調査研究に関すること

ロ　一般体育並に運動競技に関する施設用具の設備利用及び指導奨励に関すること

ハ　健全娯楽体育行事の研究と普及に関すること

ニ　共同浴場の設置環境衛生の向上に関すること

第四　運営審議会の運営については、左の方法による。

1　館長は審議会の議長となり、主事は書記となる。但し館長主事は審議会に於て議長書記として自己の意見を述べることが出来る。

2　審議委員は、審議会に於て各個で提案することが出来る。但し之を審議に附すか否かは議長の判断による。

3 審議会に於て専門部が独自の提案又は意見を述べるときは、部長又はその代表者が議長の承認を得てする。

第五 本公民館の立案、審議、執行の過程は、概ね次の通りとする。

1 執行部の各種団体機関ば、年度始めに年度計画を館長に報告しなければならない。

2 館長は、前項の各事業計画に基いて公民館の事業を総合的に立案し、審議会の全体会議に提案し又は専門部にその審議を附託する。

3 審議会は、提案又は附託された事業計画に基いて調査研究して審議決定する。

4 審議会で審議決定された事業は、館長を通じて執行部の各団体機関又は個人によつて執行される。但し館長は、専門部にその執行を附託することが出来る。

5 臨時的な事業緊急を要する事業等については右の過程を経ず館長判断により実施することが出来る。

第六 公民館予算の編成と執行については、区予算と一元化して行う。

第七 図書室経営等常任を要する事業については、館長が実行員を委嘱することが出来る。

第八 執行部及び専門部は、一人で各々二つまでは兼ねる事が出来る。

今年度の重点目標

1 公民館の機構と設備と機構の整備強化
2 産業振興計画第一次第二年度事業の推進
3 図書室の設備内容の充実と利用促進
4 各種講座の実施強化
5 幼稚園、公民館体育広場の施設整備
6 発電放送施設の設備
7 生活改善グループの活動促進
8 伊是名部落の水道開設
9 集団健康診断と共同防疫環境衛生の向上
10 公民館運営研究会

(六) 平良公民館使用規定

第一条 この規定において公民館とは、備品、広場建物をいう。但し事務所、団體室は除く。

第二条 この公民館を使用せんとする者は、前もつてその目的、内容、日時を口頭又は文書でもつて館長に知らして、その許可を得なければならない。

第三条 この公民館を使用する者は、左記により使用料を納入しなければならない。但し一回の使用時間は、六時間以内とし夜間は午後十一時までとする。

1 区民の教育、慈善の事業は無料とする。

2 前項の目的にそうものにして会費、料金等を徴収し、利益をあげる目的の時は百円

3 前二項以外のものは、三百円以上

但し夜間使用の時は五割以内を増徴する事業が出来る外、館長に於いて減免する事が出来る。

第四条 館長は、公民館使用につき、その内容等について随時立会いする事が出来る。

第五条 運営方針に反する者は、使用停止を命じ、尚違反者は法に基いて告発する事が出来る。規定第四条の立会いを拒んだ時も同じ。

第六条 使用中に建物備品、その他の館物品をこわしたり、汚したり、なくしたゝりした時は、誰がしても使用を申請した者が責任をもたなければならない。

第七条 使用者は使用を終つたときは、清潔に掃除をなし、器具を整頓して責任者へ引継ぐこと。

第八条 公民館の使用を許可した後で、館もしくは区内に於いて特に必要が生じた時は、いつでもその許可を取消すことが出来る。

第九条 公民館の備品、その他の物品を許可なく館外に持出した者は、それを返す、返さないにかゝはらずその代価を弁償させることが出来る。

(七) 役職員

(一) 職員

職名	氏名	報酬
館長	宮城昇	月俸 三、二〇〇円
主事	宮城良則	区教育委員会計
幹事	宮城一秀	月俸 二、〇〇〇円
保母兼書記	金城久子	〃 一、〇〇〇円
〃	宮城芳子	〃 一、〇〇〇円

(二) 運営審議委員

所属部	氏名	役名	職業
総務	金城蔵一	部員	農業
〃	宮城俊雄	〃	郵便局
経済	宮里那三郎	部長村議	農業
〃	親泊康治	副部長	組合専務
〃	照屋林善	部員	農業
〃	宮里嘉助	〃	村産業課長
〃	池原伸明	〃	普及員

所属部	氏名	役名	職業
文化部	伊集盛安	部長	農業
〃	宮城良則	副部長	村吏
〃	宮城定吉	部員	農業
〃	金城勇栄	〃	〃
〃	宮城一秀	〃	公民館幹事
〃	宮里信	〃	区教育委員
〃	前田貞	〃	農業
〃	宮城まつ	〃	〃
〃	大城恵子	〃	村吏
〃	宮城一雄	部員	郵便局長
〃	宮城美子	〃	〃
生活部	金城藏吉	部長	村議農業
〃	前田正博	副部長	村吏員
〃	金城樽吉	部員	農業
〃	金城珍信	〃	農業
〃	金城久子	〃	保母
〃	前田美枝	〃	生活改善部会長
〃	金城つる	〃	農業
〃	宮城光	〃	婦人会長
〃	宮城さよ	部員	農業
厚生部	比嘉武男	部長	医師
〃	宮城幸	副部長	公務員
〃	池原清	部員	農業
〃	池原光秀	〃	〃
〃	前田弘和	〃	青年会長
〃	宮城秀子	〃	村吏員
〃	大城安	〃	農業
〃	池原信	〃	農業
〃	渡嘉敷光子	〃	農業

(八) 公民館の運営方針

(一) 平良区民の信条（常時公民館に掲示）

一、民主自由の平良　二、共存共栄の平良
三、一致協力の平良　四、明朗平和の平良
五、健康裕福の平良

(二) 実践指表（常時公民館に掲示）

一、立派な集会を多くしましょう
1 みんな集りましょう
2 時間を守りましょう
3 みんな充分に話しましょう
4 きまつた事は必ず実行しましょう

二、産業を大いにおこしましょう
三、教育を盛んにし文化をおこしましょう
四、家庭や社会から不合理をなくしましょう
五、明るい清潔な郷土を作りましょう

(三) 区民のモットー（常時公民館に掲示）

食なき人生に屈辱あり　団結なき社会に破滅あり

(九) 今年度（一九五五年度）の主な事業

(一) 運営審議会の主な審議研究事項

部	審議研究事項
総務部	一、公民館の機構改革及び設備充実について 二、各部審議研究事項の原案提出 三、部落内法内規の審議研究 四、予算案の審議 五、実態調査の計画とその結果の審議 六、公民館研究発表会に関する諸事項 七、各種上級機関委託業務の処理方法について

部	審議研究事項
経済部	一、振興計画第一次第二年度事業の検討と推進方について 1 既設共同茶園の管理改善方 2 茶園増殖について 3 パイン増殖について 4 甘蔗増植について 5 製糖場施設改善について 6 共同組合増資について 7 トラック購入について 8 猪垣延長新設について 9 造林事業について 10 部落産業共進会について 11 既設農林道の完全開通について 12 振興会の活動強化について 二、区内経済状況調査について 三、家畜（豚）農産物（パイン、砂糖、茶）の共同販売について 四、製糖事業運輸事業について 五、基本財産造成模合について 六、農事視察について
文化部	一、各種講座の開設計画について 1 青年講座月平均三回　延月平均四五人 2 婦人講座月平均二同　延月平均一二〇人 3 一般講座月平均一回　延月平均一〇〇人 二、各種講習、講演、映写、演劇会の方法計画について 1 講習会年八回　延二五〇人 2 講演会年五回　延七〇〇人 三、学事奨励会について 四、育英事業について 五、農村リクリエーションの研究企画 六、図書室設備、図書の充実利用について 七、幼稚園施設について 八、発電放送施設について
生活部	一、年中行事冠婚葬祭等の行事改善内規の再検討 二、生活改善グループの諸事業の推進協力 三、生年合同祝の企画 四、生活改善に関する各種講習会の企画審議 五、各戸施設状況の調査計画と結果の検討

部	審議研究事項
厚生部	一、公民館体育広場その他体育施設の整備について 二、伊是名水道開設仮水道の管理保全増設について 三、集団健康診断、共同防疫環境衛生向上について 四、育児クラブの結成指導について 五、各戸衛生施設状況調査とその結果の検討

(十) 執行部の主な活動状況

団体機関	主な事業
班長会	一、公民館予算案の編成と執行 二、内法、内規の執行 三、公民館関係各種集会の連絡と主催 四、各種実態調査の実施 五、上級諸機関と区民の連絡 六、各種納税事業
振興会	一、振興計画第一次第二年度事業の実施 二、運営審議会で審議決定された経済部関係諸事業の実施
育英会	一、学事奨励会の実施 二、教育映写会の実施（年八回） 三、進学奨励（中校三年生） 四、定時制高校生アルバイト斡旋（二人） 五、教育関係法規の研究と紹介 六、新教育の研究紹介と教育税の納税督励 七、生徒家庭学習施設の調査と督励
生活改善グループ	一、施設改善（便所、かまど、風呂、流し台、水屋、水道、井戸） 二、年中行事、冠婚葬祭の改善実施 三、味噌、野菜の自給を目指しての種苗斡旋 四、作業服の共同製作 五、料理、副業講習会の実施 六、家計簿記入節酒運動の推進 七、会誌「暁の鐘」発行
老興会	一、社会見学旅行（年一回） 二、定期総会（年二回） 三、他団体の指導
成人会	一、運動会、演劇会、各種共進会への参加協力 二、区内各種事業への奉仕作業 四、定期講座の開設（月一回） 五、定期総会（年二回）
婦人会	一、部落内衛生検査 二、水道、拝所の定期清掃（月一回） 三、婦人リクリエーション、郷土芸能の研究保存 四、村婦人会 五、生活改善グループその他福祉団体への協力 六、敬老会の行事主催 七、村部落共進会への参加協力 八、不幸家庭への互助活動 九、婦人学級（月二回）定期総会（月一回）
年青会	一、献本運動の実施、公民館図書室の運営 二、青年リクリエーション、郷土芸能の研究保存 三、弁論会（年一回）各種体育会、青年会映写会討論会等の開催 四、珠算クラブ、読書会、修養会、青年学級の開設 五、区事業への奉仕作業、清掃作業 六、公民館体育広場の整理、区内道路の保全作業 七、不幸家庭への互助活動
生徒会	一、区内道路清掃（週三回） 二、登校時報 三、公民館体育広場の整理、区内道路保全への作業協力
自警団	一、区内治安、風紀秩序維持活動 二、区内法内規及び申合事項の実行督励 三、緊急災害への労務奉仕

(十一) 月別行事計画と経過

月	全琉行事	村内行事	公民館の主なる行事々業の経過
七月		村共進会	1、今年度予算案編成並に事業計画 2、前年度会計監査 3、公民館機構改革 4、運営審議会（二回）班長、支部長会（三回） 5、農道修理作業 6、水稲一期作坪刈審査 7、部落産業共進会 8、種籾交換、消毒 9、税務懇談会 10、青年会道路修理 11、青年会珠算クラブ、修養会、婦人の集り
八月	盆	区長会（二） 9 組合総会	1、運営審議会（四回）班長、支部長会（数回） 2、区民総会（一回） 3、マレッキー送別会 4、海神祭（爬龍船） 5、水田薬剤散布 6、区内土地等級再査定 7、村民税共同申告 8、パイン販売斡旋 9、甘藷増植運動
九月	秋分の日 敬老の日	区長会 PTA役員会	1、公民館、水道、区内道路、体育広場修理 2、区民総会（二回）運営審議会（二回）班長、支部長会 3、幼稚園施設 4、教育映写会 5、豊年祭、敬老会 6、振興会総会 7、米寿祝
十月	文化の日 赤い羽運動	小中校運動会 村陸競会 PTA役員会 区長会	1、区民総会（一回）運審会（二回）班長、支部長会 2、村陸上競技会出場準備 3、茶園一斉手入 4、結核予防映写会

月	全琉行事	村内行事	公民館の主なる事業の経過
			5、家畜調査 6、生活改善グループ役員改選 7、青年会弁論会
十一月	勤労感謝の日 読書週間	区長会 PTA役員会	1、区民総会(一回)運審会(一回)班長、支部長会数回 2、新設茶園開墾始める 3、研究会 4、堆肥積込運動 5、農道修理
十二月	クリスマス 島産愛用週間	区長会 団体長会 村議会	1、区民総会(一回)運審会(二回)班長、支部長会 2、畜力利用講習会 3、新設茶園開墾 4、既設茶園縁肥播種 5、パイン販売斡旋 6、滞納税整理 7、振興会、豚肥育競争 8、託児所開設(婦人会) 9、育児講演会。 10、製糖場エンジン購入、竈改善
一月	正月 成人の日	PTA役員会	1、茶園播種(初作業) 2、区民総会(二回)運審会(二回)班長、支部長会 3、共同組合総会 4、河川愛護デー 5、製糖開始 6、衛生講習 7、伊是名水道着工 8、三槽式便所講習会 9、生改グループ施設改善 10、婦人講座一般講座始める 11、婦人会リクリエーション研究会 12、教育映写会 13、村婦人会代議員会 14、清村主事講話 15、料理講習会 16、各戸甘藷坪掘

月	全琉行事	村内行事	公民館の主なる事業の経過
二月	旧正月 愛林週間	村議会	1、区民総会(一回)運審会(二回)班長、支部長会 2、旧年末美化清掃運動 3、茶園農道開設 4、生年合同祝 5、公有林造林作業始まる 6、集団健診 7、トラック新車購入 8、波平公民館発表会へ五名出席
三月	入学試験 卒業式	小中校卒業式 教育委員選挙	1、区民総会(一回)運審会(一回)班長、支部長会 2、猪垣作業 3、護岸工事 4、農道橋改修及び延長六ケ所 5、公民館移転・ 6、献本運動 7、青年会入会式 8、荒廃地調査 9、定期講座
四月	政府創立記念	小中校始業式	1、区民総会(一回)運審会(四回)部長連絡会(四回) 2、第二回実態調査 3、映写会 4、農事視察 5、共同組合増資 6、茶園一斉手入 7、ノド自慢大会 8、体育広場整理(青年会) 9、リクリエーション研究会 10、沖縄茶業協会へ加入 11、公民館各部研究会 12、定期講座
五月	子供の日 母の日 村婦人総会 畦払	区長会 団体長会 村婦人総会 畦払 夏季清掃週間	1、区民総会(二回)運審会(二回)部長連絡会 2、班長、支部長会 3、公民館各部々員研究会 4、集団健診(X線検便検診) 5、優良児表彰

月	全琉行事	村内行事	公民館の主なる事業の経過
			6、発電放送施設の整備 7、共民館運営研究発表会 8、夏季清掃運動 9、学事奨励会 10、定期講座
六月	戦没慰霊祭	村共進会	1、区民総会 2、運営会 3、部長連絡会 4、農事視察 5、ウデナハ分館改築 6、部落産業共進会 7、公民館役職員改選 8、定期講座

㈷ 公民館の財産、施設備品その他

㈠ 建物本館 (建坪四八坪)コンクリート平屋瓦葺

同便所、(建坪二坪)コンクリート三槽式モデル便所

ウデナハ分館(幼稚園、建坪三二坪)木造平屋瓦葺

平良幼稚園(建坪二三坪)木造平屋かや葺

発電室(二坪)

㈡ 本館八〇坪 ウデナハ分館五〇坪 平良幼稚園四二坪

㈢ 施設

1 公民館体育広場

敷地三七九坪、百米直線コース、百米トラックバレーコート、鉄棒(三)、砂場(一)

2 子供遊場

平良幼稚園 敷地一八一坪、スベリ台(一)、シーソー(二)

ウデナハ幼稚園 敷地八五坪、スベリ台(一)、シーソー(二)、

伊是名幼稚園　敷地三〇坪、シーソー(一)
3　発電放送施設　一式
4　図書室（本館内）五五坪

(四) 設備、備品

(イ) 視聴覚用具
発電機、十五馬力ヤンマーデイーゼルダイナモ(出力五キロ)、マイクアンプスピーカー、その他附属品一式、ラヂオ、蓄音器、レコード一式時計

(ロ) 講座用具
長椅子(六尺)二五脚、長机(六尺)三脚、テーブル五、椅子七、黒板一、電燈

(ハ) 図書室用具
図書棚、図書約四〇〇冊、読書用低机五脚、呉座十枚、小黒板一、時計、電灯、新聞綴

(ニ) 体育娯楽用具
バレー用具一式、ピンポン用具一式、走高飛台一、スパイク七組、円盤一個、砲丸一個、碁盤一式、ショーギ一式、力石五個、舞台装置一式舞衣裳一式、太鼓（大二、中一、小二）幕二帳

(ホ) 集会、事務用具
テーブル四脚、椅子四脚、謄写板、ヤスリ板各一、定規二、算盤二、硯二、紙鋏五、行事表黒板一、小黒板一、黒板フキ二、書類棚、毛布二石油コンロ二、計器

(ヘ) 産業用具
棹計り(大)一、開墾用鶴嘴六、大鎌十、噴霧機二、撒粉機二、セメント錬板一、鉄スコップ二、三段式便枠板一式、コンクリート枠板資材約十坪、万力

(ト) 掲示資料
村勢・区勢資料五枚、協業関係十枚、公民館運営資料十二枚、賞状二五枚

(五) その他基本財産共同施設
1　共同組合出資金　七百株　七万円
2　自動車出資金　十七万円
3　共同茶園　二町五反歩
4　簡易上水道　二箇所
5　拝所　四箇所
6　慰霊塔　一
7　共同墓地、葬具一式
8　養殖海人草　約三十町歩
9　猪垣　五、五〇〇米
10　部落有原野　三四町一反九畝
11　部落宅地　八二六坪
12　部落雑種地　八、三四〇坪
13　養漁池　二六四坪

(十三) 1956年度才入才出予算書（平良区）

才　入

科			目	本年度予算額	前年度予算額	比較増減(△)	附記
款	項	目	名称				
1			財産収入	62,249			
	1		山林収入	39,002			
		1	林産物収入	37,000	37,000		
		2	立木売却代金	1			
		3	土地売却代金	1			
		4	保護林収入	2,000			
	2		土地収入				
		1	茶園収入	16,900	13,000		茶園小作料 1株 130円
		2	貸地料	1,344	1,344		
		3	土地売却代金	1			
	3		配当金	4,000			
		1	共同組合配当金	1,000	1,500		
		2	製糖場配当金	3,000			

科			目	本年度予算額	前年度予算額	比較増減(△)	摘記
款	項	目	名称				
	4		施設収入	1,001			
		1	公民館使用料	500			
		2	水道使用料	1			
		3	備品使用料	500			
	5		海産収入	1			
		1	海人草収入	1			
2			上級機関支給金	106,700			
	1		村支給金	58,900			
		1	区長給料	26,400	26,400		
		2	保姆給料	12,000	6,000		
		3	奨励褒賞金	500			55年度産業共進会褒賞金
		4	公民館補助金	5,000			
		5	基本施設補助金	15,000			
	2		政府支給金	47,800			
		1	猪垣構築補助金	30,000			
		2	造林補助金	10,000			
		3	公民館補助金	7,800			
3			区事業益金	1			
	1		区事業益金	1			
		1	区事業益金	1			
4			寄附金	69,251			
	1		区内寄附金	69,250			
		1	共同組合寄附金	13,000	13,000		
		2	公職者寄附金	6,000	5,000		
		3	在留者寄附金	5,000			
		4	転出者寄附金	28,000			
		5	幼稚園分担金	11,400			
		6	現物寄附金	5,850			一期米坪刈2,600、二期米坪刈1,300 いも坪掘1,900
	2		区外寄附金	1			
		1	区外寄附金	1			
5			手数料	18,000			
	1		豚手数料	17,000			
		1	購買手数料	8,000			肉豚購買者から一頭100円
		2	販売手数料	9,000			販売者から百斤以上80円 百斤以内60円
	2		証明手数料	1,000			
		1	証明手数料	1,000			死亡届を除く各証明及び届出一件に付き30円
6			繰越繰入金	9,946			
	1		前年度繰越金	2,078			
		1	一般会計繰越金	2,078			
	2		繰入金	7,868			
		1	特別会計繰入金	2,218			
		2	山代繰入金	5,650			
7			雑収入	24,687			
	1		物品売却代金	1			
		1	物品売却代金	1			

款	項	目	名稱	本年度予算額	前年度予算額	比較増減(△)	附記
	2		過年度収入	23,684			
		1	一般会計過年度収入	5,300			
		2	特別会計過年度収入	8,000			
		3	山代未徴収金	6,400			
		4	自動資金未収金	3,984			
	3		雑収入	1,002			
		1	過料	1			
		2	転入金	1,000			
		3	雑入	1			
			才入合計	290,834			

才　　出

款	項	目	名稱	本年度予算額	前年度予算額	比較増減(△)	附記
1			行政費	114,402			
	1		事務所費	110,400			
		1	職員給	86,400			区長1人月3,200，保姆2人2,000 書記1人月2,000
		2	旅費	3,000			班長 6人月50円　支部長 6人月50円
		3	諸手当	7,200			
		4	需要費	11,800			
		5	渉外費	2,000			
	2		営繕費	2			
		1	備品費	1			
		2	施設費	1			
	3		諸費	2,000			
		1	退職給与金	2,000			前区長1,000　前書記 2人各500円
	4		委員会費	2,000			
		1	委員会費	2,000			予算、監査委員費弁償及雑費
2			施設費	40,003			
	1		公民館費	25,000			
		1	ウデナハ分館改修費	15,000			
		2	本館修理費	10,000			
	2		耕地基本施設費	15,001			
		1	農道橋梁護岸費	1			
		2	耕地基本施設費	15,000			
	3		水道費	2			
		1	修理費	1			
		2	設備費	1			
	4		保健衛生費	4			
		1	共同浴場費	1			
		2	下水道費	1			
		3	汚物清掃費	1			
		4	理髪所費	1			

科目				本年度予算額	前年度予算額	比較増減(△)	附記
款	項	目	名称				
3			振興会費	60,400			
	1		産業経済費	58,400			
		1	共進会費	6,400			審査費 2,400 褒賞費 3,000
		2	奨励費	7,000			茶業其の他金肥代金
		3	病害虫防除費	5,000			撒粉器、噴霧器3,000 薬品購入2,000
		4	猪垣構築費	30,000			
		2	造林費	10,000			
	2		公課納入奨励費	2,000			
		1	納税奨励費	1,000			
		2	区費納入奨励費	1,000			
4			文化費	37,001			
	1		施設費	26,000			
		1	幼稚園施設費	2,000			
		2	図書室費	4,000			
		3	発電放送施設費	20,000			
	2		奨学費	6,001			
		1	学事奨励費	6,000			
		2	育英費	1			
	3		講座費	5,000			
		1	図書購入費	2,000			
		2	成人教育費	3,000			
5			公租公課	20,401			人件費1,000 講習、講話費 2,000
	1		村税	17,400			
		1	固定資産税	400			
		2	立木払下代金	16,000			
		3	屠畜税	1,000			
	2		割当金	3,001			
		1	寄附金	3,000			
		2	分担金	1			
6			財産費	4,803			
	1		投資費	4,800			
		1	自動車未払込出資金	4,800			
	2		積立金	3			
		1	積立金	1			
		2	水道積立金	1			
		3	育英積立金	1			
7			諸支出金	5,001			
	1		行事費	2,000			
		1	年中行事費	2,000			
	2		体育費	3,000			
		1	体育奨励費	3,000			
	3		過年度支出	1			
		1	過年度支出	1			
8			予備費	8,823			
	1		予備費	8,823			
		1	予備費	8,823			
			合計	290,834			

㈥ 諸帳簿の種類

1 日誌（講座まで含む）　2 件名簿
3 各種会議出欠簿　4 賦役出役簿
5 会議録　6 世帯名簿
7 産業経済書類　8 財務書類
9 教育関係書類　10 社会事業書類
11 公民館運営関係書類　12 定期報告書類
13 諸届証明書類　14 例規書綴
15 予算決算書　16 雑書類
17 諸事業経理書類　18 区納入整理簿
19 現金出納簿　20 元ノ帳
21 畜籍簿　22 茶園台帳
23 財産備品台帳　24 土地一筆限帳
25 土地名寄帳　26 予算外諸費徴収簿
27 契約書類その他一般

平良公民館小唄

一、村おこせ、村おこせのごいけんなれどョイヨイ
　みんながみんなゆたかにならずに
　　村おこされましよか　ダガネ
　びんぼうたいじは公民館うんどうョイヨイ
　あなたも私も力をあわせて村おこし
　　トコ皆さん集つてこい

二、年から年中手から口えの生活なればョイヨイ
　これも金故仕方がないと
　　あきらめようか　ダガネ
　金のなる木は山ほどあるものよョイヨイ
　お茶にパインにバナナにミカンにサトウキビ
　　トコ皆さん作りましよう

三、畑からほりだしたるドロンコさつまいもョイヨイ
　あらつてにたてゝフカ〳〵
　　おいしいサツマイ　モダガネ
　あなたも私もどろんこサツマイモョイヨイ
　公民館であらつてみがいておけしようして
　　トコ皆さん集つてこい

四、酒はのみたしラクはしたいしお金はためたいし、ヨイヨイ
　ママにならない生活改善家計簿ダガネ
　冠婚葬祭ひきしめてョイヨイ
　改善カマドに水道水屋に風呂流し
　　トコ皆さん作りましよう

五、みんなそろつて健康第一しあわせのもとョイヨイ
　仕事にせい出し明るいスポーツ
　すこやかにダガネ
　やまいけいつでもだれにもくるものよョイヨイ
　せいけつせいとんけんこうしんだんはげみましよ
　　トコ皆さん集つてこい

平良音頭

一、平良よいとこ　ヨッサコラサ
　平良よいとこ住みよい里よ
　邑に人情のトコ　人情の風かおる
　サッサ　キタサノヨッサコラサ

二、前の白浜　ヨッサコラサ
　前の白浜　白銀の波の花
　大猟られしや　トコうれしや浜の幸
　サッサ　キタサノヨッサコラサ
　　〳〵

三、黄金波打つ　ヨッサコラサ
　黄金波打つみづほの稲田
　実り豊なとこ　豊な米の倉
　サッサ　キタサノヨッサコラサ
　　〳〵

四、永久に緑の　ヨッサコラサ
　永久に緑のあの老松は
　村の栄えの　トコ栄えの象なり
　サッサ　キタサノヨッサコラサ
　　〳〵

平良共同組合歌

一、腕にすじ金　田畑にこがね
　きりゝ鉢巻　べにだすき
　サッサ此の世は仂くところ
　ほんに組合わしらの守り
　　ヨイショ　ヨイ　ヨイ

二、山にツツジよ　平良の日の出
　お茶にパインに砂糖きび
　サッサ此の里　共同で栄え
　ほんに組合わしらの守り
　　ヨイショ　ヨイ　ヨイ

三、空は青空　なびくよ組合旗
　貯金貸出し今日も又
　サッサ此の節かき入れ時よ
　ほんに組合わしらの守り
　　ヨイショ　ヨイ　ヨイ

四、花よ咲け咲け組合乙女
　多く仕入れて安く買う
　サッサ此の店みんなの店よ

ほんに組合わしらの守り
ヨイショ ヨイ ヨイ

五、くもか かすみか工場の煙
汗の結晶 黒砂糖
サツサ共同出荷も組合車
ほんに組合わしらの守り
ヨイショ ヨイ ヨイ

お黒さん

一、出船 入船 黒砂糖つんで
今日も出て行く 那覇港
売れる筈だよ 黒砂糖
今じや内地でなくてならない
おれも〳〵と黒砂糖
エッサホー ドルカセギ

二、夏植 春植 砂糖キビ作り
あけて刈りとりや 増産だ
みんなニコ〳〵笑い顔
今じや家中 力合せて
おれも〳〵とキビ作り
エッサホー 家起し

三、朝も早くから ウナリを立てる
製糖工場の白煙り
甘い筈だよ お黒さん
特等砂糖の本場ものだよ
山と積まれた砂糖樽
エッサホー 笑い顔

四、今日も出て行く われらのトラック
組合マークも勇ましく
砂糖運搬ホクホクと
今ぢや村中が砂糖景気だ
作れ作れよ黒砂糖
エッサホー 村起し

圖書館

1 沿革

戦前三万冊の図書を有し、郷土の読書子に親しまれ沖縄文化の向上推進に大きな役割を果していた沖縄立図書館が、戦禍を被つて烏有に帰した後は、政府立図書館の復興は至つて遅々たるもので、其の設備施設等はいまだ充分とはいえない現状にある。

戦後における図書館の歩みを辿つてみると沖縄本島では、終戦当時の米国海軍軍政府文教隊長ハンナ少佐が上海から図書一、〇〇〇余冊を持ち帰り、又台湾在住沖縄同郷会や福岡所在沖縄県事務所からも図書の寄贈があつたのを機会に、更に軍政府から洋書の寄贈をうけて、石川市に図書館を再興したのが戦後における図書館の新しい発足であつた。これに続いて、那覇、首里、名護にも開館するようになつて図書館は一応の形が整えられ、貧しいながらも戦後読物に飢えていた読書人の要望に応えるようになつた。

其の後、米国民政府でもに図書館を兼ねたインホメーション・センター設置の計画が進められ、一九五一年那覇、石川、名護に琉米文化会館としてその設置をみて以来、図書館奉仕や郷土文化の昂揚及び米琉文化の交流等に貢献しているが、これと同時に那覇、石川、名護の図書館は統合廃止され、首里図書館だけが群島政府に移管された。

次に宮古、八重山の両群島にも戦前郡教育会設立の図書館があつて、矢張り戦争のため自然消滅の状態になつていたのを、両群島政府の手によつてそれぞれ再興され、平良市、石垣市において開館するようになつた。

間もなく各群島政府が統合されて、一九五二年四月全琉を一円とした琉球政府が創立されると、これら各群島政府立図書館はそのまま琉球政府立図書館として移管され運営が続けられて来たが、種々の条件による制約をうけて、その内容の充実がまだ充分でないのは誠に遺憾である。

2 藏書一覧表

分類別＼図書館別	首里図書館	宮古図書館	八重山図書館	計
総記	245	30	693	968
哲学	107	107	227	441
歴史	172	91	162	425
社会科学	411	292	358	1,061
自然科学	112	60	135	307
工業	71	24	94	189
産業	93	46	67	206
芸術	228	80	90	398
語学	36	16	85	137
文学	878	566	900	2,344
児童読物	200	34	455	689
学習参考書	38			38
洋書	789	186	2	977
その他	570			570
合計	3,380	2,102	3,268	8,750

3 利用者一覧表

館名 / 職業別	首里図書館		宮古図書館		八重山図書館		計			利用率
	男	女	男	女	男	女	男	女	計	
公務員	383	125	1,342	608	1,609	975	3,334	1,708	5,042	7.4%
教職員	75	11	704	244	601	495	1,380	720	2,100	3.1
農業	12	—	404	11	396	146	812	157	969	1.4
商業	79	—	260	85	828	519	1,167	—	1,771	2.4
工業	—	—	132	—	254	—	386	604	386	0.6
児童生徒	7,371	3,780	13,142	9,379	10,575	7,622	31,088	20,781	51,869	75.9
その他	903	127	1,780	428	2,066	877	4,749	1,432	6,181	9.2
合計	8,823	4,043	17,764	10,755	16,329	10,604	42,916	25,402	68,318	100.0
	12,866		28,519		26,913		68,318			
開館日数	304日		300日		308日		912日			
一日平均閲覧人員	42人		95人		87人		75人			

博物館

1 沿革

戦前首里城内の郷土博物館に絢爛たる沖縄文化を誇つていた、幾多貴重な文化財は、戦災のために、殆んど烏有に帰した。

終戦後郷土文化の保存を痛感した人々の努力と沖縄文化に深い理解と同情を寄せられた当時の軍政府教育隊長ハンナ少佐の援助により、再び郷土博物館を開設することになり、一九四五年の秋、東恩納の残存家屋を改修して仏像、仏具、梵鐘、書画、骨董を収集、陳列した。その後一九四六年三月首里市豊平良顕氏が市の後援の下に古文化財を収集して、首里博物館を開設したが同年四月民政府に移管した。其の後首里博物館は一九四七年原田貞吉氏が館長に就任され、氏の文化愛好の熱情と心血を注いで奔走された懸命の努力は酬いられて、漸次内容の充実が実現されつつあるが、更に米国民政府の協力によつて、遠く米本国に流出されていた貴重な文化財が返還され、なお京都の老舗、長田氏の積極的協力によつて、多数の織物を収蔵することができた。

一九五三年五月、首里博物館が往古の琉球国学の跡に移転し、ペルリ来琉百年記念館の創建と共に、東恩納博物館の統合か実現し、資料も増加したが、これらは古文化財が主であつて、博物館資料の一部門にすぎず。それとても散在する貴重な古文化財がまだ多数あつて、これらの収集もゆるがせにできないし、更に、歴史、民俗、産業、自然科学等に関する資料の収集は博物館本来の使命にかんがみて喫緊の急務でありなお現在の敷地は狭隘でその移転も考慮せねばならずまことに博物館の整備充実は前途多事である。

2 概況

十月に日本本土から文化財二十二種、五百数十点を収集した。主に書画、漆器類に重点をおいたため前年度に比して種類は少いが質においては優秀である。蒐集品の主なるものを挙げると、黒塗青貝喰籠、ため塗提茶箱、尚敬王書簡巻物、琉球虎の絵、紅型紙等がある。

是等の品物は只優秀で逸品であるというばかりでなく、その製作や技法の点に琉球文化史を知る資料が得られる意味においても貴重である。特に琉球虎の絵の如きは今までにかつて見られなかつたもので、慶長以前の琉球絵画の高さを示す唯一の資料といえる。

東京財団法人啓明会から紅型型紙五百五十枚、東恩納寛淳教授から殷元良の絵の寄贈をうけたことも本年度の特記すべきことである。

九月から博物館の修理工事を開始し、十二月下旬に完了した。其の間収蔵品中重要文化財に指定さるべきものの調査審議がなされ、放生池の石橋外十五点が重要文化財として指定を受けた。

一月上旬から是等の文化財を今般陳列し、約四十日間に亘つて特別展示会を開催した。戦後十年ぶりの展示会であるため、展示期間中内外の知名士が多数観覧し連日盛況を極めた。

三月に河井寛次郎氏を団長とする京都民芸協会一行が来島し琉球文学を調査した。博物館陳列品の中で特に赤塗盆や、ため茶箱等は詳細に調査記録撮影した。

前年度に較べて舘内の光彩や防湿の設備が格段と整備され、その上に陳列品も優秀品ばかり陳列したため最近益々一般の関心を集めるようになつた。だが建物の狭隘は年々いろいろの支障を生じて来るので一日も早くこの対策を講ずべきである。

3 参観人員調

種別／性別	普通	団体	学校関係	特別外人観光人その他	資料閲覧	合計
男	10,404	2,885	13,043	6,931	177	33,440
女	7,545	3,642	11,987	1,851	35	25,060
計	17,949	6,527	25,030	8,782	212	58,500
一日平均	54	19	75	26		174

4 主なる収蔵品

① 特別重要文化財と思われるもの

○元円覚寺放生池石橋　（元国宝）
○おもろさうし　二十二巻
○中山世譜　十九巻
○首里城正殿懸吊梵鐘　一
○中山世鑑　六巻
○霊御殿石獅子　二体
○石　燈　二

② 重要文化財と思われるもの

○首里城正殿模型　一
○世持橋石欄羽目　数点
○切支丹石燈籠　一
○鄭乗哲厨子かめ　一
○瓢箪型黒流釉酒入　一
○黒釉獅子置物　一
○琉球赤絵対瓶　三
○三島手筒花活　一
○紅　型　五
○守礼門　一
○彫刻双龍珠取位牌　一
○円覚寺礎盤　上下二〇対
○鄭嘉訓厨子かめ　一
○三島手豆粉入壺物　一
○勾　玉　一〇
○琉球赤絵花活　二
○織　物　一〇

5 収蔵品の説明

① 石造美術

戦後殆ど破壊され壽したうちで聊か原形を残したのが石造彫刻である。沖縄においては木彫その他の彫刻では見るべき傑作は少ないが、石造美術は断然素晴しい大作が多かつた。

今現に破損されているけれど石燈籠（玉陵）の石獅子、円覚寺の放生橋、世持橋の欄干その他優秀なるものを収蔵している。

② 織物と紅型

沖縄の織物、紅型は戦前その美しく強い独特のもので有名であつた。特にその精緻巧妙なる絣は世界に比類なく、紺地、色絣等すべて「手結び」の手法が用いられ種類の多いことも驚異であつた。紅型はその特異なる手法と綺爛目をうばう色彩に名を得た。

近時離島、日本等より収集特に昨年京都「えり万」永田万蔵氏寄贈の染織類を得て全収蔵品中完全優秀なるものを展示することが出来るようになつた。

③ 陶　器

沖縄の陶器は陶土、釉薬、手法等の関係で他の地方の陶磁器と趣好を異にするより独特の存在を示しその道の専門家の称讃を博した。戦前幾多の優秀品を博物舘或は個人において収藏されていたが、この戦争において殆ど消滅した。戦後宮古、八重山、東京、京都、鹿児島等により移入せられて、その数は多いが重要にして完全なるものは少ない。それは古墳より出土したものが多いからである。それでも収藏品中出色のものは石彫刻、染織類と陶器であろう。その外沖縄のものとして漆器、書画、拓本等を有するが特に価値の高いものは少ない。

視聽覺教育

一　視聴覚教育

社会教育を推進するためには社会教育活動全般の場において視聴覚的教育方法によることが肝要である。そのためには、第一に各種教育機関並びに社会教育関係団体等各種の学級、講座において、いつでも利用できるように地域視聴覚ライブラリーの設置が必要であるが、政府予算の関係で、それがまだ実現できない。第二に、指導者並びに技術者の養成が急務であるので次の事項に重点をおいた。

1　視聴覚教育技術者講習会の実施
2　映画討論会による観覧後の感想発表並びに正しい知識の習得
3　不良映画の防止策
4　琉球放送と協力の上政府の時間を利用して成人婦人、青年に対する放送
5　公民館、青年会館等公共施設に平面的視覚教材の掲示奨励

二　事業のあらまし

1　視聴覚教育技術者講習会
(イ)　映写機、発電機の取扱いについて
(ロ)　教育映画の利用
(ハ)　ラジオの組立、分解
(ニ)　放送施設の技術
(ホ)　写真、撮影とスライドの自作について

2　映写会の実施
(イ)　各教育長事務所並びに本庁にある映写機を利用して映写討論会
(ロ)　教育映画の上映

三　視聴覚用教材、器具の状況

(イ)　映写機　四一台　配置状況別紙の通り（地図参照）
(ロ)　幻灯機　一〇台　〃　（地図参照）
(ハ)　その他、紙芝居テープコーダー、写真機械、電蓄等
(ニ)　映画フイルム　五四本　（目録別冊参照）
(ホ)　幻灯フイルム　一二七本　〃

四　利用状況（一九五七年度）

上映回数　延　四八二回
上映フイルム　〃　三、〇七九本
観覧者数　〃　四〇三、六七五人

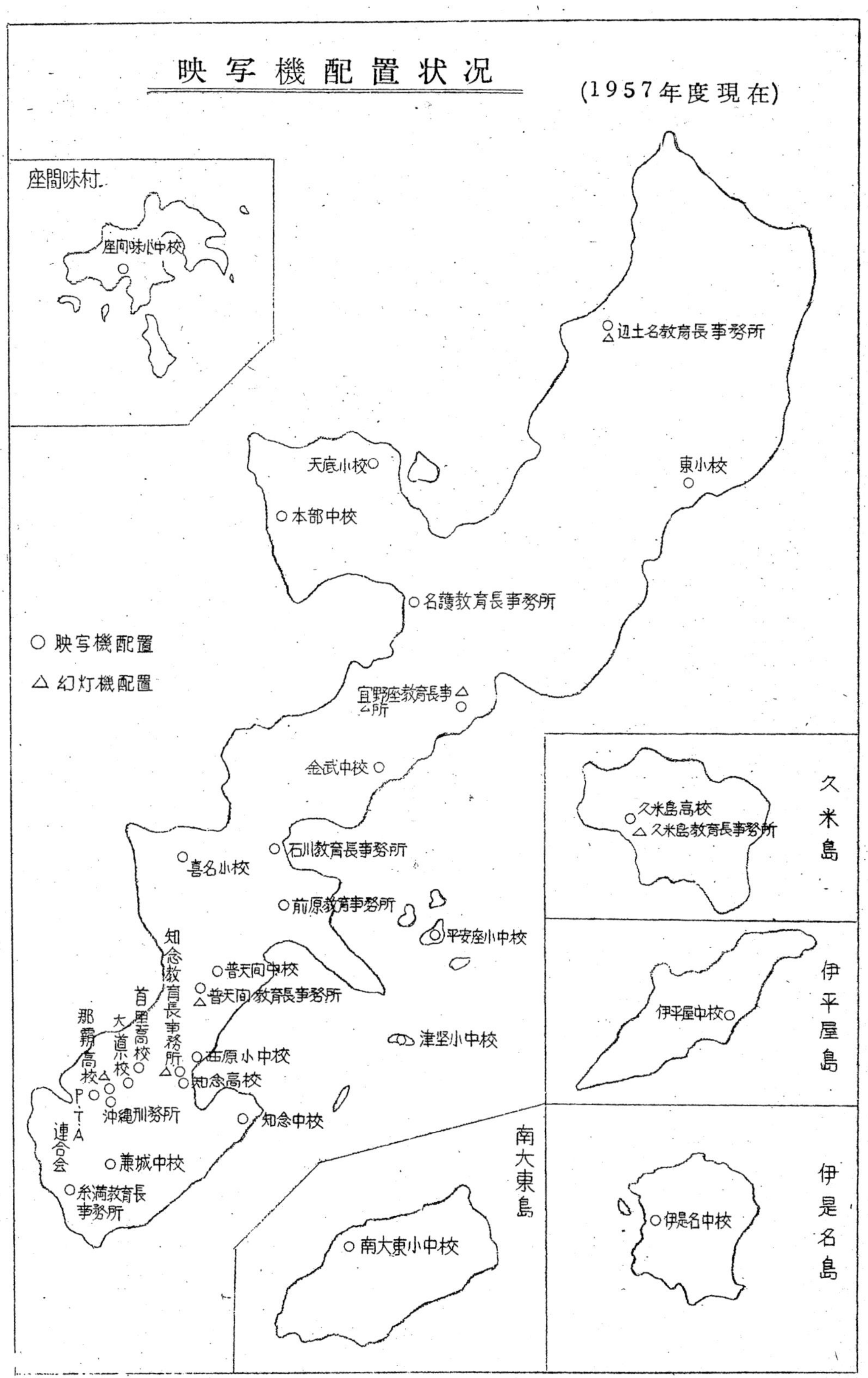
映写機配置状況
(1957年度現在)
座間味村
座間味小中校
辺土名教育長事務所
天底小校
東小校
本部中校
名護教育長事務所
○ 映写機配置
△ 幻灯機配置
宜野座教育長事務所
金武中校
久米島
久米島高校
久米島教育長事務所
石川教育長事務所
喜名小校
前原教育事務所
平安座小中校
知念教育長事務所
普天間中校
普天間教育長事務所
伊平屋島
伊平屋中校
首里高校
那覇高校
大道小校
津堅小中校
西原小中校
知念高校
P.T.A連合会
沖縄刑務所
知念中校
南大東島
兼城中校
糸満教育長事務所
伊是名島
伊是名中校
南大東小中校

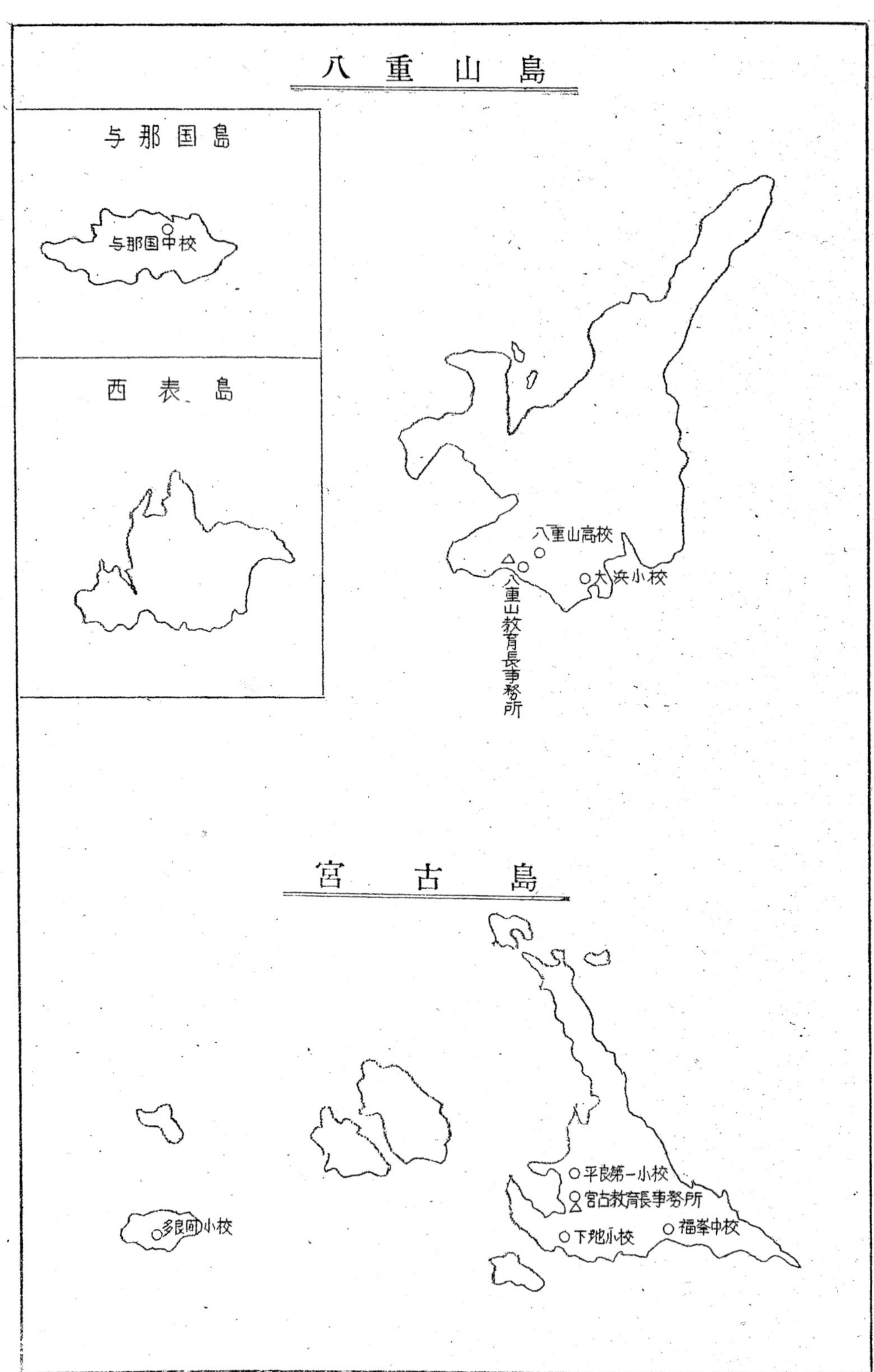
八重山島
与那国島
与那国中校
西表島
八重山高校
大浜小校
八重山教育長事務所
宮古島
平良第一小校
宮古教育長事務所
下地小校
福嶺中校
多良間小校

目録別冊

映画フイルムの部

分類	題名	巻数	上映時間	内容
10 公民館	公民館物語	二	二三	公民館の仂きについて(1)地域社会の課題と公民館(2改善される公民館活動等、大衆と取組む公民館の奮斗努力する物語。
10 新生活	新生活への歩み	一	十七	大分県が新生活運動を展開してから着々実行するまでの運動を描いたもの。
10 新生活	新生活の村	三	二四	新生活モデル町村コンクールで総理大臣賞を得た、山梨県影井部落の実態を描いた部落民の努力を描く。
10 青年	青年学級	二	一九	山形県における農村青年の向学心を描いたもので、単なる文化活動から各層の協力を得て自已練磨に精進する姿を描く。
10 青年	山狭の青年達	二	二〇	戦後十年間の苦難の道を拓き新しい生活にふみ出した青年団の記録。
10 青年	マッチのいらなくなる日	二	十九	青年学級開設をめぐつて展開される若人の要求を取上げたもの。
10 青年	都会と田舎	二	三〇	青年学級の仕事が青少年の文化に如何に影響するかを描く。
10 婦人	女の手帳	二	二二	婦人と政治、何かにつけて民主々義や自由をはきちがえた若い女性が正しい政治の在り方、選挙の在り方を学びとるまでの物語。
10 婦人	仂く女性の為に	二	十八	婦人の労仂と衛生について。
10 婦人	百人の陽気な女房たち	三	二八	都市の主婦たちが環境衛生のために実践する姿を描く。
10 婦人	本を読むお母さん	二	二〇	農村の母親達が如何にして本を読む時間を作り出すかについて実例を示す。
10 婦人	赤ちゃんの泣声	二		赤ちゃんは泣くことによつていろいろなことを話しているのです。赤ちゃんの泣声を聞きわけて正しく丈夫に育てるように心掛けましよう。
10 衛生	純血への道	二	二〇	性病予防について。
10 衛生	住みよい町	二	二二	長野県彼杵町ソノギが県からモデル衛生地区として指定を受けるまでの科学的、計画的な環境衛生の向上を図る町民の一致協力した記録。
10 生活改善	嫁の願い	三	三〇	農村の嫁の台所生活を通しての封建思想を駆逐する筋でカマド改善と、結婚改善をテーマにする。
10 生活改善	時間のある村	二	二〇	時間の有効な使い方を劇的に描き、生活の合理化を図る青年達の生活改善運動を農村に例をとつたもの。
10 生活改善	夕餉も楽し	二	十九	栄養と日常生活について片寄り勝ちな食生活の改善について。
10 生活改善	心の晴着	四	三七	結婚改善と家族計画の問題を描いた物語りで、その必要はよく解つていながら実際に直面するとちゆうちよされがちな問題。
10 労仂	仂きながら学ぶ			勤労青少年。

10	労仂	疲労と能率			労仂と休養を合理的に説明する。
10	労仂	仂く少年少女を守れ	一	七	労仂基準法による十八才未満者の労仂について。
10	純潔教育	あやまち	三	二七	一少女の自殺未遂事件から社会、学校、家庭における純潔教育の在り方を解く。
10	純潔教育	若い世代	二	二二	青年男女の正しい交際について学校、工場、地方農村と種々の観点から描いたもので「男女の交際と礼儀」を脚本化したもの。
10	防犯	犯罪は生きている	二	十九	犯罪はどのようにして行われるかを描く。
10	防犯	愛の手綱	五	三五	青少年の不良化をどのようにして防ぐかを説く。
10	人権擁護	あなたは守られている	三	二八	人身売買や村八分の例を上げて人権擁護を解く。
10	人権擁護	鯖二匹	二	二二	法律に触れる人権侵害の外に法律にふれなくてもひどい人権侵害があることそれがどんな結果を生むかをあらゆる村の出来事によって明らかにしてある。
10	体育	五人の選手団	二	二一	第十五回ヘルシンキオリンピック大会で活躍したわが体操選手のめざましい流動美を描いたスポーツ映画。
10	体育	千五百米決勝	五	四五	子供の要求を満たすのは父兄の理解にある。一中学生のスポーツを通して家庭の在り方、又先生友人の暖かい思いやりについての物語。
10	P・T・A	未成年	五	四六	成人になろうとする中学生の心理的変化に母親の無理解によって不良化していくのを学校や教師、学友の暖かい愛情によって更生する物語り。
10	P・T・A	腕白日記	二	二〇	子供はそれぞれの年令に応じて絶えず発達している。これを理解せずに親の立場で躾を強制することは子供を反抗的にする。母子の生活を描いて多くの問題をなげている。
10	P・T・A	三つの環	二	二一	P・T・Aの在り方が父兄にも理解されずにいるのを紙芝居の影響から活動を開始し、児童教育に大きな効果をもたらすというP・T・Aの在り方について。
10	P・T・A	遠足	二	二〇	新教育にあつて両親は子供に対する愛情を如何にすべきか、学校教育との結びつきは、遠足をとおして解く。
10	P・T・A	まこと君の家	二	十八	子供の躾について家族はどうあるべきか基本的なものを示す。
10	P・T・A	教室の子供達	三	二六	子供達は教室にあつてどんなことをしているか、学校教育に対する理解と協力を解く。
10	P・T・A	わが子の職業	二	二〇	それぞれ異なつた性格や能力を持ち、又異なつた環境におかれている青少年少女の職業の選び方について一般成人特に両親や教師を対象に描く。
10	教養	暁の塔	二	十八	法律の出来るまで一般成人の知識として解り安く解く。
10	教養	あなたの議会	二	二一	議会政治の在り方を通し国民の政治的自覚を解く。
10	教養	お父さん	二	二〇	地方税の納税宣伝、納税は自分自身のためになることを興味深く描く。
10	教養	子供は見ている	二	二〇	子供の目をかりて、まだまだ民主化し切れない成人社会の（ヒューマニズムの欠除から来る）利己的表面的な対人関係をつく。
10	産業	新しき村づくり	二	十八	第二次農地改革法の解説、民主化される農村、農地改革についての早わかり。

10 産業	育ちゆく村	三	二六	一人の頑固な老人を中心に、これからの世代を担う青年達をめぐつて共済組合の重要性を解し、家畜保険をテーマにして。
10 産業	新漁場	二	二〇	漁業経営改革の解説。
10 生活改善	風の天使	三	二八	今まで苗木を植えて成功したことのない部落民は、この村で苗木は育たないという迷信を持つていた。これを子供が村人のチョウ笑を受け乍ら成功し、封建的な考えを改め新しい苗木の作り方を学ぶ。
20 クラブ活動	わたし達のクラブ活動	一	九	小学校に於ける上級生のクラブ活動で、人形クラブをモデルにその在り方を描き、学校に於けるクラブ活動を理解する上からP・T・Aに参考になる。
20 社会科	僕等の教室	二	二四	社会科の勉強のため各班に分れて駅の仕事を調査する学習の在り方を教えたもの。
20 社会科	交通教室	一		都会に住む人達は交通機関になれて交通道徳を忘れがちである。そのいろいろの実際を見せて正しい交通道徳を知らすのを目的とする。
20 社会科	子供の予算生活	二	二一	実際に予算生活を行つている岐阜県有知校の子供たちの実践のあとと、現在の姿を記録映画的に描き、予算生活の意義と内容を解く。
30 短劇	空気のなくなる日	五	五〇	ハレー慧星が地球に近づいたときの話を諷刺劇として描く。
30 短劇	彥市ばなし	二	二一	熊本地方の民話で嘘つき大人の彥市ばなし。
30 短劇	馬	四	四一	山本嘉次郎演出、高峰秀子主演の「馬」を子供向きに改篇したもので、馬を愛する一少年をめぐつて隣人愛とひたむきな少年と馬の愛情記録。
30 影絵	親指姫	二	二〇	アンデルセン童話から「白鳥の湖」を影絵映画にしたもの。
30 漫画	お天気学校	二	十六	最低の気象知識を絵と漫画で知らす。
70 短劇	努力賞	二	二〇	学校の成績よりも自己の努力によつて立派な人間になり得る或る少年が、毎日々々を真面目に仂いて社会の人々から認められ、一人前になるまでの涙ぐましい物語り。

幻灯フィルムの部

分類番号	題名	駒数	対象	色彩	内容
20~1	リンカーン	三〇	学校一般	白黒	アメリカの父リンカーンの生涯をドラマチックに描く。
2	皇太子殿下	三〇	〃	〃	皇太子殿下の誕生より立太子まで。
3	エヂソン伝	二五	〃	彩色	発明王エヂソンの苦斗の生涯をまとめたもの。
4	人間の歴史(上下各)	二六	〃	〃	人間進化についてその証拠をさぐり児童にも分り易いように説明する。
5	ペルリ来航記	三六	〃	〃	ペルリ来航と当時の世界列強の東洋進出について世界的視野の下に描く。
6	農業のうつりかわり(石の鍬)	二七	〃	〃	日本の農耕の変遷を写真や風俗史で紹介。
7	大昔の人々(1)	二五	〃	〃	人類の原始時代の生活を描写。

20~8	大昔の人々 (2)	二五	学校一般	彩色	第一と対象させ乍ら日本の古代文化生活の解説。
30~1	まだある迷信	三五	一般	彩色	迷信打開をするには知識水準の向上と科学的解決が必要である。或る農家の家族の話合いの中にこれらの問題を検討する。
2	我が家の会議	三二	〃	白黒	親が子を愛し立派に育てようとすることは誰もが持っている。然し家内にいざこざが絶えない原因は
3	農村の生活改善	三一	〃	彩色	農村の生活改善の様相を各地の現地撮影によつてとらえる。
4	新しい結婚	二九	〃	〃	家産を傾ける程の結婚風習をその改善に成功した具体例
5	たち上る青年団	二八	〃	〃	農村青年活動に於ける生産教育、民主的青年会の在り方、郷土振興の責務等を説く。
6	新しい村新しい町	二六	〃	〃	公民館の正しい運営と理想的運営法の実例
7	青果市場	三五	〃	白黒	生産された青果が消費者の手に渡るまでの説明
8	安産のために	三二	〃	彩色	農村に於ける妊婦のくらし方、はたらき方を説く。
9	トラホーム	二四	〃	白黒	トラホームの感染経路から病状、治療と一般的眼の衛生を説く。
10	農村衣生活の改善（フクさん一家の衣生活）	二七	〃	彩色	衣服の経済的で便利な仕立方を洗濯、整理、下着と衛生等について写真で要点を示す。
11	婦人のあしあと	二五	〃	〃	ある婦人会の意見交換をとおして家庭の民主化、生活の計画、合理化、協同化に婦人と社会福祉活教育の問題をとく。
12	正しい受胎調節	三三	〃	〃	受胎調節はどういう人に必要か、その実行について具体化に示す。
13	人権宣言	三二	〃	〃	近藤日出造画、人権が確立するまで昔からどんな努力をしてきたか。
14	私たちのエチケット（上）（男女交際篇）	三〇	中、高校一般	〃	若い青年男女の交際はどうあるべきか。
15	〃（下）（公衆道徳篇）	二九	〃	〃	日常守らねばならない公衆道徳のエチケットについて。
16	東京の交通	三三	〃	白黒	東京の交通状態を実写によつて紹介し、地方との比較、自然の被害等を描く。
17	かまどの改良	二四	一般	彩色	非衛生で不経済なカマドの改良の要点を図解して説明する。
18	火事の話	二〇	〃	〃	数年間の火事の数度、損害、原因、対策等について。
19	受胎調節	五四	〃	白黒	受胎調節は産児制限ではない。妊娠以外の処理について計画的出産の要点について。
20	東京の観光	二八	学校一般	彩色	首都東京の観光案内
21	明るい村の建設	二八	〃	〃	引揚者、芳江一家がボスや村八分で苦しむのを学友の援助で不成功に終り、改心して村の民主化を実現する話。
22	会議の運び方	二三	〃	白黒	組合会議をモデルにもつて正しい会議の進め方を分り易く説明。

30~23	東京の教育	二五	学校一般	白黒	東京の教育について、都市の学校を中心にしての教育活動。
24	婦人と政治	二六	一般	彩色	政治は台所に直結している。婦人の政治への十分な認識と理解を深める。
25	東京の消防	二五	〃	白黒	東京の消防を中心に都市の消防機構を描く。
26	公民館のはたらき	二六	〃	彩色	カマドの改善を公民館の仕事として成功した村の例をとり上げ、その具体的な方法について物語り形式により紹介。
27	食物のたくわえ方	二六	〃	〃	食べ物の貯え方のいろいろの方法を解り易く解く。
28	東京の水道	二五	学校一般	白黒	東京の水源地、水道等便利な都市の水道施設を描く。
29	水と私たちの生活	三〇	〃	彩色	流れる水を如何に利用し、生活文化の向上に役立たせるかを描く。
30	ゆるぎなき村	三〇	一般	白黒	貧しい農村が工業化でどうして更生したか。
31	東京の保健衛生	二五	〃	〃	都市の保健衛生について。
32	少年の危機	三〇	〃	彩色	警視庁少年課監修、少年不良化の実態と防止について。
33	税のはなし	二五	〃	白黒	東京を中心に税金の使途、税金賦課の理由を解く。
34	とんち教室	二九	〃	彩色	成人学校のねらい、教科課程、利用する人の障害になるのは何か。その解決等について。
35	私達と法律		〃	白黒	よい社会生活をするには法律が必要である。法律とは如何なるものであるかを漫画で説く。
36	赤痢	二六	学校一般	〃	赤痢の徹底的予防法の解説。
37	明るい顔	二八	〃	彩色	公明選挙により明るい社会、明るい政治を行う公明選挙物語。
38	百日せき	二四	〃	白黒	幼い生命をおびやかす百日せきの集団発生について、これが徹底的予防法を説明。
39	一年のくらし	二九	一般	彩色	生活の合理化、作業の機械化を中農の家庭の生活を中心に記録風に新しい生活設計ごよみ。
40	農村の明るい住い	二七	〃	〃	農村の住宅改善を実行した人に実例を挙げて反省を求めたもの。
41	清潔なからだ	二八	学校一般	〃	体は何のためによごれるか、よごれた体はどんな病気を起すか、体をきれいにするにはどうすればよいか。
42	東京の食料	二五	一般	白黒	東京の食料はどこから如何なる方法で運ばれ消費されるか。
43	東京の人口	三〇	〃	〃	東京の人人人、人口過剰の都市の生態。
44	東京の住宅	二五	〃	〃	東京の住宅を中心に都市の保健的な住宅について。
45	美しき日本	二〇	学校一般	彩色	富士、日光、奈良、京都をはじめ日本の名所紹介。

番号	題名	巻数	対象	色別	内容
30〜46	栄養と消化	二七	一般学校	彩色	私達の食べる食物はどのように消化、吸収されるか。
47	目の衛生	二〇	〃	白黒	近視とトラホームの予防衛生について、学校衛生の立場から取扱っているその他目についての必要事項。
48	光への道	二七	〃	彩色	児童愛護班の活動をテーマに、青少年不良化、犯罪の防止とその対策について広く世論に訴える。
49	くさらない食物	二六	一般	〃	生で食べる食物の貯蔵法、加工食品の種類と、その製造法について、食生活に対する関心を高める。
50	火災	二五	〃	〃	火事の原因、火事と気象との関係から火災予防、避難の心得、火災警報等について火災知識の普及について。
51	東京港	二五	〃	白黒	日本の玄関、東京港について。
52	笑顔の山村	二六	〃	〃	土のやせた山村でも村民一致の協力で豊かな村になった一例。
53	私の一日	二七	学校	彩色	よい子の一日の描写で、よい習慣は学校の指導と家庭の躾と子供の納得がどうしても必要である。
54	美しい姿勢	二四	〃	白黒	成長、健康に重要な関係を持つ正しい姿勢の指導法。
55	職場と健康	四八	一般	〃	仕事は心身の健康に影響する。健康で能率的に働く方法について。
56	私達の新聞教室	三〇	学校	彩色	毎日の新聞を学習に取入れ、効果的学校教育に生かす新聞教室の在り方と実際を示す。
57	応急手当（外科篇）	二五	一般学校	〃	災難や病気に罹った場合の応急手当についての解説。
58	食物と栄養	二六	〃	〃	食物はどんな役割を果すか。栄養素の役割と食物。
59	保健体操	二八	〃	白黒	健康で暮す為の毎日やるべき体操の量と種類。
60	嫁の座	三六	一般	彩色	農村家庭に於ける嫁の座を農家の記録から作られたもの。
61	子供会をやるには（運営篇）	二八	学校	〃	子供会の実際の活動や組織の方法等について。
70	お母さんの仕事	三〇	一般学校	白黒	家庭におけるお母さんの仕事が如何に忙しいものであるか、千手観音の母は如何に家庭のきりもりをしているかについて反省すべきである。
71	台所の改善	二九	一般	〃	農家の台所で不合理な所を、日常見過ごされている点について反省し、改善の糸口を見出す。
72	結核とのたゝかい	二八	一般	彩色	むつかしい結核の自宅療法と家族の人達の心得について。
73	農村の読書運動	二八	〃	〃	農村読書運動について、面白い本を会話で説明し、農協文庫の必要を説く。
62	あかるい日々へ	二五	〃	〃	平凡な日常生活に求めた社会道義昂揚。
63	食物と栄養	三〇	〃	〃	食生活について、何を、どれだけ、どのように食べたらよいか、食品の種類等、栄養素と成分について合理的食生活について。
64	新しい村の幼児	三二	〃	〃	農村のお母さんと幼児について、今までの考えから脱けて新しい行き方は？。

65	生命はどのように守られて来たか	三三	一般	彩色	生物学と医学のめざましい発展の歴史。
66	迷信打破		〃	白黒	根深い迷信を打破するには知識水準の向上と科学的解決が必要である具体例によつて示す。
67	今の東京	三一	〃	〃	最近の東京について都市の実態を描く。
68	夏の衛生	二八	一般学校	彩色	夏に起り易い伝染病に対する予防について。
69	土と共に	四一	〃	〃	埼玉県種足青年会の製作で農村読書運動を成功させた物語。
40〜1	骨の役目	二四	一般学校	彩色	体を支える骨の仕組について。
2	心臓と血液	二五	〃	〃	血液の役目とそれを全身にまわす心臓の仂きについて。
3	運動と健康	二六	〃	白黒	運動と体の関係運動の種類と体に及ぼす影響を説く。
4	ヴイタミン物語	二六	〃	彩色	栄養上不可欠のヴイタミンA・B・B2・C・Dについて、漫画風に解り易く説明する、
5	呼吸と病気	二五	〃	白黒	呼吸器管の各部の微妙な仂きと呼吸器病の関係。
6	ミシンの原理	三三	〃	彩色	ミシンは何故縫えるか、上糸、下糸の縫い合いする原理とすき溝の解説について。
7	遺伝の話	三〇	〃	富士カラー	遺伝の法側、メンデルの法則等について身近かな実例について実験を通して説明したもの。
7	筋肉と運動	二五	〃	彩色	運動するのに筋肉はどんな役目をしているか、筋肉と運動の関係。
9	乗物はこうして動く(自動車篇)	二五	〃	白黒	自動車の構造と動く原理について図解で説明。
40〜01	汗の出るわけ	二三	一般学校	白黒	汗はどこから、何のために、どの位出るか。
11	電気	二四	〃	〃	電気の正しい知識とその利用法の解説。
12	蛔虫	二四	〃	〃	蛔虫の生活、人体内の活動、症状及び駆除について。
13	生産はどの様にして発達して来たか	三三	〃	彩色	自然化学と工業の発達との深い関係について。
14	火山	一〇 一駒	〃	フジカラー	三原山の火山について、カラーフイルムで捕えたもの。
60〜1	豚の上手な飼い方	四四	一般	白黒	養豚の知識や共同出荷まで親切に解説する。
2	鶏の上手な飼い方	四六	〃	〃	農家経営合理化の見地から飼育、管理及び出荷までの指導。
3	水田の養魚	二八	〃	彩色	農家の蛋白質補給源に水田養魚の方法を説く。
4	キウリの半速成栽培法	四三	〃	白黒	早出し野菜としてのキウリの半速成栽培のカンドコロを苗床から移、植管理、開花、そして出荷までを解説する。

60~5	硫安はふか肥で	二九	〃	彩色	硫安の正しい使い方と理論を物語り風に描く。
6	尿素のきゝめと使い方	三二	〃	〃	新肥料の尿素の使い方の要点を解く。
7	稲の病氣（いもち）	一駒一五	〃	天然色	稲の病気「いもち病」をカラーフイルムで捕えて防止を説く。
8	〃（ずいむし）	〃一五	〃	〃	〃「ずい虫」〃
9	害虫	二四	〃	彩色	果樹害虫の生態を描き、その駆除法について。
10	デンマークの農村	三〇	一般学校	〃	乳と蜜の流れる理想郷、文化生活を楽しんでいるデンマークの農村の実態を説いたものでデンマーク復興の歴史にならつて祖国を地上の楽園としよう。
11	山と水害	二七	〃	〃	水害を防ぐには山を造る必要がある。山と水の関係について。
12	苗つくりのこつ	四一	一般	白黒	蔬菜苗床のつくり方と理論を説く。
13	牛飼う村	三七	〃	彩色	農業経営上酪農が農家にもたらす利益について。
14	下肥の化学	二八	〃	彩色	下肥の成分と作り方を三大物語りで解く。
15	こども話の泉（植物篇）	二二	一般学校	〃	麦踏、黒穂病等九種目について解説。
16	増産かぎの加里肥料	二六	〃	〃	カリカリ姫さんと抜作さんの物語りで加里肥料の大切な点を解く。
70~1	奈良	二八	一般学校	白黒	天平仏の傑作の数々、春日神社の鹿の群、大仏、正倉院法隆寺の壁画の五重塔の全貌を集録したもの。
2	奈良の文化	二八	〃	〃	飛鳥文化を代表する奈良の仏像を中心に古文化財の種々を写す。
3	栄冠吾らにあり	二六	〃	彩色	対抗野球大会に於ける選手達の猛練習をつづける話。
80~1	鐘の鳴る丘 一、二、三	各三五	一般学校	彩色	浮浪児は信州の丘の上に立派な家を建てた。
2	風の子（前）	二八	〃	〃	山田一家は疎開に苦労するが朗らかだつた。
3	〃（後）	三〇	〃	〃	
4	母なれば	三五	〃	〃	世間と愛情の板ばさみに悩み遂に娘の幸福を祈りつゝ家を去つて行く悲しい母の愛。
5	異国の丘	二八	〃	〃	ソ連抑留画家と帰還者の手記による肉親の愛情を綴る。
6	白鳥の湖	二七	〃	サクラカラー	バレー白鳥の湖をスライド化したもの。
7	思い出の記	三一	〃	彩色	徳富蘆花の傑作、明治初年を舞台にした物語りで日本人の郷愁をさそう。

体育レクリエーション

一　概　況

スポーツ本来の姿から軍国調の一色に塗りつぶされたスポーツ界も、終戦により本然の姿に立ち帰り他に

第十一回国民体育大会（沖縄選手団入場）
於兵庫県王子競技場

先んじて復興の緒につき沖縄各地に散在する住民の集結地において野球、相撲、陸上競技等が行われ、光明を失つた若人達に希望を与え各種体育行事が盛んに行われるようになり、又進駐軍との間でも親善体育行事が行われた。しかし一九四八年までは海外よりの用具の輸送がなかつたので、比較的用具を必要としない前記のような種目のみが行われていたが、一九四九年以後、少しながらも各種用具が貿易庁を通じ輸入されたので、漸次各種スポーツが復興し貿易が民間の手に移つた後は、一九五一年にはじめてスポーツ専門店が一つ出来、現在では多数のスポーツ店があつて用具は、何不自由なく民衆にゆき渡つているので、若人は自由にスポーツを楽しめるようになつた。

又終戦後沖縄スポーツ界は、本土より隔離されていたのでスポーツの本土との交流は全くなかつたが、スポーツ人の熱烈な希望と弛まない努力により、一九五三年にはじめて、宮城県で開催された第七回国民体育大会に沖縄選手団を派遣することになり、その後毎年各種体育大会に多数の選手団を派遣している。なお多数の本土の選手団が来島して交歓競技を実施するようになつた。

二　体育行政

終戦直後、沖縄民政府が一九四六年に創立されて文教部、文化部が教育文化の管理指導に当つたので、体育面は二つに分れ学校体育は文教部に、社会体育は文化部の管轄になつた。スポーツ行事は文教部、文化部沖縄体育協会共同主催で行われていた。一九四八年文化部の解消と共に社会体育は琉球成人教育課に移管された。（一九四九年四月に文教局成人教育課、一九五〇年十一月に群島政府社会教育課）一九五二年琉球政府創立の際、文教局に健康教育課が設置されて学校体育、社会体育も一轄されるようになつたが、一九五三年四月機構の改正により健康教育課は解消されたので、又体育行政は分散され、学校体育は指導課と学務課に、社会体育は社会教育課に移管されたが、その後体育行政の重要性が再認識されたので、本年九月の中教委で保健体育課が設置されることに決定した。

三　体育施設

戦災により全体育施設が灰燼に帰して体育行事の開催に支障を来たしていたが、住民の体育に対する理解と熱意により各地に競技場が建設されつゝあるが未だ正規のものとしては不完全で目下永年計画で整備中である。特に総合競技場が未だに実現をみないのは沖縄スポーツの発展上大きな支障を来たしているので、政府直営の総合競技場の建設の気運が台頭しつゝある。又政府では、既設競技場の整備をはかるため本年からはじめて次の競技場建設に補助金の交付をした。

名護陸上競技場	八〇〇、〇〇〇円
那覇高校競技場	八〇〇、〇〇〇
普天間競技場	二五〇、〇〇〇
嘉手納競技場	一五〇、〇〇〇

四　体育レクリエーションの研修

琉球政府創立までは各群島政府において夫々講習会研究会等の経費を政府予算に計上して各種研修を行つていたが、文教局に保健教育課が設置されると共に学校体育に重点を傾注し社会体育費は微々たる予算であ

うたゝめ充分な研修行事をもつことが出来なかつた。

一九五四年までは体育レクリエーションは青年会婦人会等の講習会の一種目として指導するにすぎなかつたが、その後研修費も予算に計上することになり一九五七年（会計年度）は次のような事業を行つている。

1　レクリエーション指導者講習会

青年会、婦人会を対象にレクリエーション指導者講習会を左記のとおり実施した。

期日	会場	内容	受講人員
二月十九日	那覇文化会館	民謡 ホークダンス 民踊 （三会場同一講師）	六五人
二月十六・十七日	石川文化会館		一九七人
二月二三・二四日	名護文化会館		一七三人
三月二四・二五日	宮古文化会館	うた、おどり演劇室内ゲーム、ホークダンス	一〇二人
計	－		五三七人

レコード、八〇枚各市町村配布

愛唱歌集を編冊し、一千部配布

2　体育総合講習会

体育指導者の指導技術の向上と体育団体の下部組識の強化をはかるため沖縄体育協会、地区体育協会共催により体育指導者講習会を実施した。

期日	会場	課目
五月六日	那覇、具志川 名護	野球（長崎大洋チーム来島のとき）
五月十二日	野嵩高校	陸上、排球、籠球、卓球、剣道、柔道、庭球
五月廿六日	石川高校	排球、籠球、卓球、柔道
六月二日	名護高校	陸上、排球、卓球、剣道、庭球、柔道
六月九日	知念高校	陸上、籠球、剣道
六月十六日	糸満高校	陸上、排球、籠球、卓球、剣道、柔道、庭球
六月廿二日〜廿三日	首里プール	水泳

3　民踊講習会

東京舞踊学校長榊原帰逸、同校教師榊原瑛子、を招聘して、琉球民踊の講習会を左記の通り実施した。

期日	会場	種目	受講人員
八月廿六・廿七日	名護小校	沖縄おどり ヒヤミカチ節	九〇名
八月廿九・三十日	教職員会館	〃	一五〇名
九月二・三日	石川中校	〃	二八〇名

五　体育レクリーシエヨン行事

戦後住民の生活態度の変化に伴い体育レクリエーションが家庭、社会に取り入れられるようになり、余暇を利用してスポーツ団体はじめ、各文化団体、各職場、各部落において盛んに行わている。

全島的な体育行事は沖縄体育協会を主幹として各競技団体が参画し、青年会は会自体で排球、野球、籠球駅伝等の競技会を催しているので、文教局はこれが円

〃月見おどり会〃
（一九五七年六月七日、上の山中校々庭）

滑に実施出来るように助言指導し又援助している。

（恒例の主な体育行事は別表のとおりである）

レクリエーション活動は各地区では青年会、婦人会が中心になり、都市地区においては文化団体職場が中心となつて盛んに行われ、その内容も地方的色彩のものを取入れている。

1 本年における文教局主催の体育レクリエーション行事は次のとおりである。

行　事	期　日	摘　要
石川地区レクリエーション大会	四月十四日	八チーム参加
宜野座地区 〃	〃	一〇チーム参加
前原地区 〃	〃	九チーム参加
胡差地区 〃	〃	十八チーム参加
名護地区 〃	四月二十一日	八チーム参加
那覇地区 〃	〃	十一チーム参加
知念地区 〃	〃	七チーム参加
宮古地区 〃	〃	三二チーム参加
八重山地区 〃	五月二日	一九チーム参加
全　琉 〃	四月廿九日	二一チーム参加
青年陸上競技大会	九月八日	一一二名参加

○ 今回のレクリエーション大会よりなるべく野外で開催するようにして、みんなでたのしめる合唱と群舞を種目に取入れた。

○ 全琉レクリエーション大会は今回から会場を中城公園に移したので約一万人が参加して極めて盛大であつた。

○ 今回までのレクリエーション大会は青年会、婦人会を対象にしていたが、これに職域関係も参加させたら一層盛大になりレクリエーション活動の進展が期待される。

2 スポーツの本土交流

終戦後全く杜絶していたスポーツ団体の本土派遣も一九五三年宮城県で開催された第七回国民体育大会に、はじめて参加出来るようになり、その後毎年各種大会に多数の選手が派遣されている。

なお本土で開催される国民体育大会はじめ各種大会に、参加する選手団に対し政府より次のような援助をなしている。

	国民体育大会	全国青年大会	教員バレーボール大会	都市対抗野球大会
一九五三年	一五〇,〇〇〇	一五〇,〇〇〇		一〇,〇〇〇
一九五四年	三〇〇,〇〇〇	一〇〇,〇〇〇		一〇,〇〇〇
一九五五年	三三〇,〇〇〇	七〇,〇〇〇	五〇,〇〇〇	一〇,〇〇〇
一九五六年	三三〇,〇〇〇	八〇,〇〇〇	五〇,〇〇〇	一〇,〇〇〇
一九五七年	三三〇,〇〇〇		五〇,〇〇〇	一〇,〇〇〇

なおスポーツの普及奨励をはかるため、各競技団体では管外からスポーツ選手団を招聘して、大きな成果をあげている。

本年の来島選手団は次のとおりである。

招聘チーム	月	招聘団体	人員	摘　要
鹿商柔道部	一月	柔道連盟	十三	那覇、胡差、名護で数回交歓試合をした
長崎大洋クラブ	五月	野球連盟	十八	オール沖縄、在沖米軍と試合をする外中南北で指導をした
鹿児島高校庭球チーム	八月	庭球連盟	七	那覇、嘉手納、名護で交歓試合をした
全国高校選抜陸上競技チーム	八月	高体連陸上競技協会	三十四	那覇、嘉手納、名護で交歓競技会を行う外講演会、講習会を実施した

青年体力テスト

健康

六 青年体力健康検査

青年期における健康の重要性に鑑み、健康に対する理解と自覚を促し、心身共に健全な青年の育成を目ざして、一九五五年より左記のとおり青年体力健康検査を実施している。

年度	実施青年会
一九五五年	南風原村兼城、那覇市開南、読谷村楚辺、美里村登川、恩納村南恩納、宜野座村漢那、今帰仁村与那嶺、大宜味村塩屋、宮古野原腰、八重山伊野田
一九五六年	八重山白保、羽地村稲田、国頭村辺土名、具志川村金武湾、宜野座村、宮古西辺、宜野湾村大山、兼城村
一九五七年	東風平校区、久志村、具志川村南原、読谷校区、東村、宮古上地、川満

（本年より健康バッヂを授与した）

◎青年体力健康検査実施要項

一、趣　旨

若人が心身共に健康で優秀な体力を保持することは個人は勿論、健全明朗な社会の建設のためにも最も重要なことである。その重要なことを青年に自覚させ、益々体位の向上をはかり、優秀な体力を有する若人を養成しようとするものである。

二、主　催　指定する教育委員会

三、受検該当者

満二十五才未満の男子と満二十才未満の女子＝検査日当日（一九五八年一月十五日成人式を迎えるものは全員受検するようつとめること）

四、検査実施時間

十月～十二月

五、指定及び検査実施教育委員会数

A 指　定

左記条件により教育長から推せんされた教育委員会のうちより文教局長が指定する。

記

1 検査が市町村単位に実施出来るところ。
2 百名以上受検し得るところ。
3 過去において検査したことのないところ。
4 検査結果報告書と検査票を文教局に提出し得るところ。

B 実施教育委員会数　九

六、検査項目

A 体格測定
身長　体重　胸囲

B 健康検査
1 栄養状況
2 胸廓背柱の状況
3 眼、耳、鼻、咽喉、皮膚、歯牙の疾病及び異常検査
4 呼吸器、循環器、消化器の疾病及び異常検査
5 ツベルクリン反応検査
6 レントゲン間接検査

C 体力検査
1 五〇米疾走　2 立巾跳
3 ソフトボール投　4 懸　垂
5 バーピーテスト

七、経　費

文教局より左記のとおり補助する。

検査員手当　四〇〇〇円
内訳　体力体格検査員手当　一人二百円の十人分
医師手当　一人五百円の二人分
レントゲン技術員手当　一人二百円の二人分
看護婦手当　一人二百円の三人分

八、検査実施報告

実施教育委員会は検査票(別紙様式)と検査結果表一部を検査終了後一ケ月以内に文教局に提出すること

九、その他

1 全種目の検査を受けたものには健康バッチを授与し検査票を交付する。
2 検査票（受検者一名に付き二枚）と報告用紙は文教局より実施教育委員会に送付する。
3 健康バッチは検査終了までに実施教育委員会に送付する。

七　スポーツ団体の現況

一九四七年七月に沖縄体育協会が現在のように組織強化され、その後各競技団体、各地区体育協会、各市町村体育協会が結成された。沖縄の各種スポーツ行事は沖縄体育協会を中核としたこれらのスポーツ団体が主として催している。

本年において沖縄空手道連盟、沖縄体操協会、沖縄高等学校野球連盟が夫々結成されたので益々スポーツ団体は充実した。しかも競技団体並地区体協の充実をはかるために各競技団体では各地区に支部を結成中である。

沖縄体育協会に加盟している競技団体は左記のとおりである。

沖縄体育協会長　当間重剛
〃　副会長　小橋川寛
〃　〃　渡嘉敷真睦
〃　理事長　与那嶺亘雄
〃　常務理事　屋良朝晴

◎地区体育協会　会長名

地区体育協会	会長名
糸満地区体育協会	神谷仁清
知念〃	比嘉定盛
那覇〃	翁長助静
胡差〃	比嘉永俊
前原〃	安田繁史
石川〃	
宜野座〃	浦崎康祐
名護〃	幸地新松
辺土名〃	平良仲興
宮古〃	池村恵信
八重山〃	糸数用著

◎各競技団体

各競技団体	会長名	副会長名
沖縄陸上協技会	国場幸昌	比嘉徳政　名嘉賀昌
沖縄庭球連盟	当山堅一	本　恵三
沖縄排球協会	与那嶺辰雄	大城　実
沖縄剣道連盟	松川久仁男	古堅宗煌
沖縄角力協会	金城正幸	久志助恵
沖縄高校体育連盟	阿波根直成	照屋実太郎　新屋敷文太郎
沖縄籠球協会	小橋川寛	上原敏雄　与那覇政男
沖縄卓球協会	具志頭得助	町田宗永
沖縄柔道連盟	玉城盛源	糸嶺篤温
沖縄水泳連盟	城間恒雄	西平守盛　宮城正昭
沖縄野球連盟	石川逢篤	伊波興光　千原成悟
沖縄体操協会	小橋川寛	与那嶺辰雄　照屋実太郎
沖縄空手道連盟	知花朝信	長嶺将真　比嘉世幸

沖縄体育行事

体操	剣道	相撲	籠球	排球	卓球	水泳	庭球	柔道	陸上	野球	月
			・全琉選手権大会		・個人団体選手権大会(硬式)		・高校新人戦	・寒稽古及昇段試験	・十哩ロードレース	・職域選抜	1月
			・下旬米琉親善大会				・百才会夫婦親子大会		・マラソン ・投てき競技	・春の社会人リーグ戦	2月
	・職域大会		・高校新人大会	・春季職域大会	・高校新人及職域大会	・新人強化訓練	・学生赤M選手権		・跳躍	・春季職域大会 ・米沖学生リーグ ・春季高校大会	3月
	・全日本剣道大会選手権大会	・沖識名杯	・春季職域大会	・教員団大会(学校単位)			・教職員大会 ・四地区対抗		・リレーカーニバル		4月
			・春季一般選手権	・春季総合大会	・職域(団体個人)選手権大会(軟式)		・天沼杯争奪		・実業団対抗選手権大会	・九州社会人チーム招聘	5月
・高校選手権			・上旬講習会 ・下旬青年大会	・高体選手権	・高校選手権	・指導者講習会	・高校選手権	・職域柔道大会 ・高校選手権	・一般対学生 ・高体選手権	・都市対抗派遣	6月
	・暑中稽古並段級審査会		・青年大会	・教員団体村対抗大会 ・夏季職域大会 ・青年大会 ・中校選手権大会	・選手権大会	・初心者講習 ・強化合宿訓練	・中校選手権		・東西対抗競技	・夏季職域大会 ・青年大会	7月
	・選手権大会		・地区対抗	・地区対抗		・少年大会 ・選手権大会 ・勤労者大会 ・全国水泳放送競技	・全島庭球選手権大会	・暑中稽古及昇段試験 ・選手権大会	・全国中校放送競技 ・陸上競技巡回コーチ	・職域大会トーナメント	8月
				・秋季職域大会	・年令別卓球選手権大会(軟式) ・中校大会	・那覇地区小中校大会	・中校対抗	・高校柔道大会	・青年陸上競技大会		9月
	・全日本剣道選手権大会選手派遣					・高校大会 ・中校大会			・巡回コーチ ・高校駅伝	・秋季職域大会	10月
・沖縄選手権		・地区対抗				・最終記録会	・職域大会		・地区対抗 ・高校大会 ・青年駅伝		11月
・高校大会	・寒稽古	・高校相撲大会	・中校大会 ・秋季職域大会 ・秋季一般選手権 ・高校大会	・秋季総合大会	・ダブルス混合ダブルス選手権大会		・一般対学生	・中校柔道大会 ・高校大会	・中長距離強化講習	・高校新人野球大会	12月

一 趣旨

新生活運動が提唱されてから一年有半この間本運動推進の方法として、一つには新生活運動の趣旨について、住民の理解を深めるとともにこれを推進するための組織の確立と強化に力を注いできた。

幸い新生活運動に対する関心も次第に高まり市町村の実践組織も漸次結成され、「住みよい社会の建設」をめざして、生活の刷新、生産の向上を中心に地域の実情に即した、問題をとりあげその解決にあたつている。

従来この種の運動は、婦人中心特定の人まかせに進められている傾向にあつたが、このたびの新生活運動は、地域社会全体の協力と理解により、実践体制が整えられつつあり将来に大きな期待が寄せられている。

二 規程

(設置)

第一条　新生活運動を推進するため、琉球政府に新生活運動推進協議会（以下「協議会」という。）を置く。

(職務)

第二条　協議会は次の事務を行う。

一　新生活運動推進に関する総合的施策の樹立につき必要な事項を調査審議すること。

二　新生活運動推進に関する総合的施策の適正な実施を期するため、必要な関係各機関、団体相互の連絡調整を図ること。

三　その他必要な事項

2　協議会は、前項に規定する事項に関し、行政主席の諮問に答申し必要がある場合は行政主席に対し建議することができる。

(組織)

第三条　協議会は、会長一人、副会長二人及び委員若干人をもつて組織する。

2　会長は、副主席をこれに充て、副会長は、その一人を文教局長とし、他の一人を政府職員以外の委員の中から互選する。

(委員の任命及び委嘱)

第四条　委員は次の各号に掲げる者について行政主席が任命又は委嘱する。

一　行政副主席、行政主席官房長

二　各関係団体の代表者

三　学識経験者

2　前項第一号及び第二号の委員の任期は二年とする。但し、第三号の委員に欠員が生じた場合における補充委員の任期は、前任者の残任期間とする。

3　前項の委員は、再任されることができる。

(専門委員)

第五条　協議会に専門委員会若干人を置く。

2　専門委員は、次の事務を行う。

一　協議会において必要と認めた専門的事項に関する調査研究

二　新生活に対する専門的技術的援助

三　その他必要な事項

3　専門委員は、関係行政職員及び学識経験者のうちから会長が任命又は委嘱する。

(会長及び副会長)

第六条　会長は、協議会の会務を総理し、議長となり議事を整理する。

2　副会長は、会長を補佐し、会長に事故あるときは、互選された副会長がその職務を代理する。

(委員及び専門委員の費用弁償)

第七条　委員及び専門委員は非常勤とする。

2　政府職員以外の委員及び専門委員には、手当及びその職務を行うために要する費用を支給する。

(会議)

第八条　協議会は、隔日に一回定例会議を開く外、必要に応じて会議を開くものとする。

2　会議は、会長が招集する。

(幹事)

第九条　協議会に幹事若干人を置く。

2　幹事は、関係局の職員から会長が任命する。

3　幹事は、協議会の所掌事務の企画にあたる。

(支部設置)

第十条　協議会は、その施策の徹底を期するため宮古及び八重山に支部を置く。各関係団体及び機関の代表者並びに学識経験者の中から支部長の推薦した者を会長が任命又は委嘱する。

3　支部には支部長、副支部長各一人を置き、支部長は、地方庁長をもつてあて副支部長は、委員の互選による。

4　支部長は、支部における会務を総理し、副支部長は、部長が事故あるときにその職務を代理する。

5　支部に関するその他の事項については、中央の協議会に準ずる。

（庶務）

第十一条・協議会の庶務は、文教局長において処理する。

（雑則）

第十二条　この規定に定めるものの外、協議会の運営その他に関し必要な事項については、協議会がこれを定める。

（附　則）

この規程は公布の日から施行する。

(三)　組織機構

- 新生活運動推進協議会
  - 宮古八重山支部
    - 推進協議会委員
      - 沖縄　三五人
      - 宮古支部　三三人
      - 八重山支部　三四人
  - 会長（副主席）
    - 副会長（二人～文教局長、一人互選）
      - 事務局（文教局）
  - 専門委員会
    - 第一専門委員会委員　八人
    - 第二〃　九人
    - 第三〃　八人
    - 第四〃　八人
    - 第五〃　七人
    - 第六〃　十二人
    - 第七〃　七人
    - 第八〃　七人
    - 計六六人

(四)　指導の重点

五七年度においては

1　趣旨の徹底と組織の強化
2　関係する機関や団体の連絡調整
3　専門的技術の提供及び助言
4　資材の作成頒布

に重点をおいてきたが、

今年度は

一　趣旨の徹底をはかる
(1)　資料（手引、事例集）を作成し配布する。
(2)　市町村、部落、団体等で懇談会をもつ。
(3)　映画、スライドによる広報活動を旺んにする。
(4)　新聞、ラヂオを通じて趣旨徹底に力を入れる。

二　組織の強化をはかる
(1)　市町村実践協議会の結成を促進する。
(2)　支部の強化をはかる。

三　事業の活発化をはかる
(1)　実践項目及び実践方法の研究会、講習会等を行う。
(2)　新生活学級を育成する。
(3)　モデルを育成する。
(4)　本土に研修のための指導者を派遣する。
(5)　優良新生活部落の表彰を行う。

等に指導の重点をおいた。

(五)　五八年度行事計画

月	行事名	説明
七月	資料作成配布	
八月	重点目標実践状況調査	各市町村実践協議会
九月	新生活研究指定 新生活学級指定 委員会開催	全琉（市町村部落）三ケ所 各連合教育地区一ケ所（十四ケ所）
十月	資料作成配布 横断幕作成配布	新生活運動の手引（生年祝事例集）
十一月	委員会開催	
十二月	資料作成配布	ポスター
一月	委員会開催	

月	行事名	説明
二月	新生活研修会指導者派遣（日本） 新生活研修会	指導者二人 対象 市町村部落の幹部
三月	新生活研修会 委員会開催	対象 市町村部落の幹部
四月	新生活研修会 資料作成配布 新生活研究発表会	対象 市町村部落の幹部 ポスター
五月	資料作成配布 委員会開催	新生活運動の手引（新生活事例集） 五九年度行事計画
六月	資料作成配布（盆行事）	リーフレット

備考 実践方法の研究集会や映写、スライドによる広報活動は随意行う。

(六) 重点的に推進した目標

新生活運動の内容は人間生活の全領域に亘つているが、この運動を展開するにあたつて推進協議会では五七年度における推進目標を全琉共通の問題として次の項目

1 時間生活の実行
2 各種会合及び諸行事の簡素化
3 交通道徳の確立

をかゝげて実践を奨励してきたが、今年度もこれと大差なく「家庭の民主化」の一項目を加えて実践を奨励することにした。

(七) 事業のあらまし

五七年度に行つた事業

1 新生活運動地区別懇談会開催
2 新生活研究指定

(イ)

地区名	指定したところ	研究テーマ
糸満地区	東風平村	農村振興を目指す生活の合理化
胡差 〃	北中城村喜舎場区	基地部落における経済振興
久米島 〃	具志川村仲地区	新生活実践の基礎としての生産振興
宮古 〃	平良市大浦区	古い習慣を改めて文化的生活を営みましょう

(ロ) 新生活事例

北中城村喜舎場区研究テーマ
「基地部落における経済振興」

喜舎場区における発表会場
（1957年5月26日）

養鶏と園芸で村興し

称賛浴びる喜舎場区研究発表会

（琉球新報より転載）

基地部落における経済振興をテーマに北中城村喜舎場区（区長宮里永光氏）の研究発表会は二十六日ひる二時から北中城中校で真栄田文教局長、佐久本社会教育課長ほか数名の指導主事、経済局赤嶺生活改善係を来賓に、遠く北部の羽地、名護、金武、南部は糸満、三和村など全島から四百名近くの参観者を集めて盛大に行われた。婦人会長当間秋子さんから同区（百三十一戸、六百二十九名）の外容が説明され、研究テーマについて振興会長安里常太郎氏が発表した。今年四月二日文教局から指定され、発表までわずか四ヶ月間だが、同区では三年程も前からすでに養鶏、清浄蔬菜栽培で基地経済振興に拍車をかけて来た。区総面積二十七万二千六百十七坪中、十七万四千五十七坪約四割が軍に使用され、残されたわずかの土地をいかにして高度の利用を図るかということから養鶏と清浄蔬菜栽培が強く打出された。五五年養鶏組合、園芸組合を組織現在では年間軍向け六十万円相当の蔬菜を出荷、養鶏では五六年に二十二万一千五百二十九個の卵を出荷、百二十二万五千四百三十二円という莫大な売上げを見て全参観者をアットいわせた。芋作は九ヶ月で坪平均四斤十二円だが蔬菜アメチサの場合は三ヶ月一坪二十四本で二百四十円、これが三回取れるので芋の六十倍の利益があるという。

鶏舎は産卵式バタリーで一坪二十五羽平均、六〇％の産卵率として一ヶ月に四百五十個で二千二百五十円一羽一ヶ月飼料代四十五円、二十五羽で一千百二十五

円でその差引いた一千百二十五円が坪当りの利潤となる。

養鶏の指導にはその権威者仲村長康氏、屋宜清永氏らがあたり、卵の販売はすべて屋宜氏が引受け、組合員は月初めに必要な飼料を組合から受取り、卵一日おきに組合におさめ翌七日に卵代金から飼料代を差引いて残つた金を利潤としてもらつている。

九月以降は一月六千個の卵の出荷が可能という。今年グアム島から卵一月十八万個の契約をしてくれと来ているが、とおてい応じきれないとことわつた程で販路には心配ないという。本土から年間一億一千万個の卵が輸入されており、これを駆逐すると頑張つている。組合運営費にあてるため、卵一個につき五十銭の積立をし、現在二十万円に達しているが、来年七月の予算決算までには百万円を突破する見通しだという。鶏糞は蔬菜の肥料にあて、野菜の下葉は養鶏緑飼料として寄生虫を防ぎ、鶏卵は食前を賑わして健康を保持して行き、単に基地経済の振興にとどまらず新生活の最高を行くものとして大きく称賛された。なお研究発表の後討議、綱引踊りなどのレクリエーションがあり研究会の発表は幕を閉じた。

△部落の実態

1 自然環境

(1) 位置

北中城村は東は中城湾に面し西は北谷、北はコザ市、南は宜野湾村に接しています。

喜舎場は北中城村十二ヶ部落の中央に位し村役所、郵便局、小中学校の所在地で那覇より十六粁普天間より二粁、中城公園より三粁の地点にあつて三十五号線に沿つています。

(2) 地勢

喜舎場嶽を北背にして盆地になつています。南が三十五号線附近は平地になり遠く離れて台城（中城公園）の山々が望見出来、東は仲順を経て西は家族部隊を経て平地となり海に至つています。

(3) 面積

総面積　二七二、六一七坪
軍使用地　一七四、〇五七坪
民使用地　九六、五六〇坪

地目別面積（坪）

田	七、九三九	池	一三五
宅	三二、四〇六	保安林	一五〇
畑	一三三、五五三	墓	一六、七七六
山林	一五、三〇九	学校敷地	六、一三〇
溜池	四四八	雑	一、六九七
拝所	七五五		

(4) 戸数

総戸数　131戸

内訳（戸主の生業別）

生業別	農業	軍作業	会社員	公務員	大工	商業	日傭	左官	無職	合計
戸数	56	24	14	9	5	3	2	1	17	131
全戸数を100%としたパーセント	40	19	11	7	4	3	2	1	13	% 100

(5) 人口

総人口　629名
男子　291名
女子　338名

階段別		70以上	69−60	59−50	49−40	39−30	29−20	19−10	10以下	合計
人員	男	12	9	29	25	21	61	73	75	291
	女	32	15	15	36	37	43	63	83	338

職業別人口

職業別		農業	家事	軍作業	会社員	官公吏	大工	教員	民作業	商業	左官	養鶏
男女別人口	男	51	0	26	19	10	11	1	3	3	1	1
	女	24	79	25	1	0	0	5	3	1	0	1
合計		75	79	51	20	10	11	6	6	4	1	2

2 産業

(1) 農業

(イ) 農業戸数　八九戸　総戸数　六九%

(ロ) 耕地面積

	総面積	農家一戸当耕作面積
畑	一一三反	一・二九反
田	二〇反	〇・二二反
合計	一三三反	一・五一反

(ハ) 自小作別農家戸数面積

農家形態	自作農	自小作農	小作農	合計
戸数	三二	三二	二七	八九

田畑別 \ 自小作別	自作	小作	合計
田	二、四七〇坪	三、六三九坪	六、一〇九坪
畑	一七、二三九坪	一六、八二四坪	三四、〇六三坪

(ニ) 主要作物の生産状況 (農家一戸当平均一〇、一八四円)

品名	生産高	売上金
米	一三、九〇九合	六三、七一五円
芋	七七、九〇七斤	一一四、六六六
とまと	一一、一七〇斤	七二、七六〇
玉チシャ	一五、八五〇斤	一三三、〇六〇
人蔘	一〇、〇三三斤	二二、六八七
セロリー	四、〇七〇斤	三二、七四〇
タマナ	一七、八二〇斤	四二、八八〇
胡瓜	四、一一〇斤	一三、一一〇
廿日大根	八、二一〇斤	三六、一四〇
大根	三、八三七斤	一三、三九〇
その他	四、六〇〇斤	二一、〇〇〇
合計	一七一、五一六	五七〇、一四八円

(2) 畜産業

家畜名	頭数	一戸当平均	備考
牛	三	〇・〇三	
馬	一	〇・〇一	
豚	三七	〇・二八	
成鶏	一、九五〇	一五・〇〇	
ヒナ	三、〇八三	二三・〇〇	現在約一万羽
アヒル	七	〇・〇五	
山羊	三三	〇・二五	

喜舎場区清浄野菜畑

(イ) 鶏卵収入(五六年)

月別	鶏卵個数	売上金額
一月	一〇、二三五	五六、二七二
二月	一二、九二七	七一、四九八
三月	一四、五六五	七二、八二五
四月	一四、〇九〇	七〇、四五〇
五月	一三、四三七	六七、三七五
六月	一一、九八五	六五、九二二
七月	一一、五九一	六三、七五〇
八月	一七、〇七〇	九三、八八五
九月	二六、三九八	一五八、三八八
十月	二七、二九四	一六三、七一四
十一月	二七、五四二	一五二、五八一
十二月	三四、三九五	一八九、一七二
合計	二二一、五二九	一、二二五、四三二

喜舎場区養鶏組合鶏舎の一部

3 喜舎場の経済状態（年間）

1 所得　六、六三一、四七八円

一戸平均　五〇、六二二円

(イ) 農業収入　六〇〇、二六八円

(ロ) 畜産収入　四五二、五一〇円

(ハ) 俸給　三、四七七、二四〇円

(ニ) その他　一、九〇一、四六〇円

2 支出　五、五七八、〇〇九円

(イ) 公課及び諸負担費　一八二、二八九円

(ロ) 産業振興費　一六、六〇〇円

(ハ) 教育文化費　九五、五二〇円

(ニ) 生活費　五、二八三、六〇〇円

3 収支差引額　一、〇五三、四六九円

一戸当平均（年）　八、〇四一円

4 貯蓄状況

信協　五九、七〇〇円

琉銀、郵便局は未調査

4 文化状況

(1) 学校教育

学校別／男女別	米留学	琉大	日留	高校	中校	小校
男子	一	二	六	二〇	二四	五五
女子			二	九	三〇	五〇
合計	一	二	八	二九	五四	一〇五

(2) 社会教育

イ 婦人会員数　一一二名

ロ 自警団員数　一〇三名

ハ 青年会員数　七二名

ニ 養鶏組合員　五四名

ホ 園芸組合員　四〇名

ヘ 生活改善（第一グループ）　三三世帯

ト 〃 （第二グループ）

(3) 文化施設

(イ) 公民館の状況（計画中）

(ロ) 部落図書館の状況（計画中）

(ハ) 体育リクレーション状況

旧六月十四日　綱引

旧九月十八日　喜舎場公例祭

旧七月十七日　獅子舞

(4) 文化形態施設

品名	台数	一戸当
ミシン	一四	〇・一〇
改良便所	六〇	〇・四五
アイロン	七二	〇・五四
タンク	五三	〇・四〇
風呂場	一九	〇・一四
流し	二四	〇・一八
台所	八五	〇・六五
水屋	七四	〇・五五
石油コンロ	四五	〇・三二
在来カマド	一〇五	〇・八〇
改良カマド	三一	〇・一〇
時計	九七	〇・七四
蓄音器	九	〇・〇七
三味線	二〇	〇・一五
ラジオ	七三	〇・五五
雑誌	二七	〇・一〇
新聞	三七	〇・二八

5 生活の状況

(イ) 家屋状況（一人当二・二坪）

構造別	棟数	延坪数	一棟平均坪数
トタン葺	六八	六五八	九・六
瓦葺	二八	五二〇	一八・六
茅葺	三三	二三九	七・五
ブロック	一	一二	一・二
合計	一二九	一、四二九	

(ロ) 年中行事（部落）

月別	行事名
一月	部落の年中行事の計画 一ヶ年間に生れた子供の誕生祝（合同）
二月	七三才、八五才の生年祝（合同）
三月	部落振興共進会
四月	学事奨励会、新入生の入学祝
五月	定期清潔検査
六月	年度中間決算
七月	豊年祭（綱引）青年体育会
八月	七夕、お盆、獅子舞
九月	道路修理
十月	部落例祭、ノド自慢、演芸コンクール
十一月	定期清潔検査
十二月	年度末決算、反省会、忘年会

(八) 月行事

月別	行事名
五日	生活改善グループ(四)の模合(便所、台所改善並びに家具購入の為)
七日	養鶏組合(第一)技術研究
十日	〃 (第二) 〃
十五日	園芸組合　技術研究
三十日	養鶏組合(第二)技術研究

(二) 迷信因習その他状況

ある程度迷信はありますが社会的悪影響はない。

6　新生活運動実践規約

総　則

第一条　本会は喜舎場新生活実践協議会と称す。

第二条　本会の事務所を喜舎場倶楽部内に置く。

第三条　本会は生活の合理化科学性を計り生産性を高め健全明朗な民主的生活を確立するを目的とする。

第四条　本会は第三条の目的を達成するため左の事務を行う。

一　新生活実践目標の設定

二　新生活に関する専門的技術的指導援助

三　その他目的達成に必要な事項

組　織

第五条　本会は委員を以つて組織する。

委員は左の各号のうちから振興会長が任命又は委嘱する。

一　振興会役員

二　学識経験者

第六条　委員の任期は前条一号委員は在職期間とし、二号委員は二カ年とし欠員に依る補充委員は前任者の残任期間とする。但し再任を妨げない。

役　員

第七条　本会は左の役員を置く。

一　会　長　一名

二　副会長　二名

会長は振興会長とし、副会長一名は振興会副会長を充て他の一名は区長とする。

第八条　新生活実践推進のため左の専門委員を置く。

一　総務係　若干名

二　指導係　若干名

前項の係は会長が任命又は委嘱する。

第九条　会長は本会を代表し、会議の議長となる副会長は会長を補佐し、会長事故ある時は之を代理する総務係は調査研究企画その他庶務一切を掌る。指導係は専門的技術的指導援助を行う。

第十条　役員の任期は第六条に準ずる。

会　議

第十一条　本会は会議を定例会及び臨時会とし会長これを招集する。

定例会は左の通りとする。

一　指導会　二　委員会　三　総務会

臨時会は会長必要に応じこれを招集する。

第十二条　議事は委員の半数以上の出席を以つて成立決議は多数決に依る。

経　費

第十三条　経費は補助金、寄附金その他の収入を以つて充当する。

第十四条　本会の会計年度は字の会計年度に準ずる。

第十五条　本会は委員中から互選された監査員三名を以つて毎年二回会計の事務監査を行う。

附　則

本則は一九五七年四月二日より施行する。

7　経　費

収入の部

一　会　費　一〇、〇〇〇円

二　補助金

1　政府補助金　一〇、〇〇〇円

2　村費より補助　五、〇〇〇円

三　寄附金(一般寄附)　五、〇〇〇円

計　三〇、〇〇〇円

支出の部

人件費　一、二〇〇円

会議費　一、〇〇〇円

施設費　一八、〇〇〇円

事業費　六、三〇〇円

事務費　五〇〇円

印刷費　二、〇〇〇円

予備費　一、〇〇〇円

計　三、〇〇〇〇円

基地部落に於ける経済振興

振興会長　安里常太郎

挨　拶

本日ここに来賓参会者多数を御迎え致し、喜舎場新生活実践協議会研究発表会を開催致すことが出来ました事は当部落の最も光栄とするところであります。永年の歴史を秘める喜舎場が発表会の名のもとに我々が常に考え実践して来た事実を述べて、皆様方の御指導御批判を仰ぎこの発表会を通じて更に明るい住みよい

喜舎場になる様、私は冒頭において念願致す次第であります。

基地部落の発祥

さて部落の歩みを一八〇度に転換致しましたことは私達が未だ夢想だにしなかつた敗戦であります。焼野原と化した部落、杖とも柱とも頼る良人子供を失い虚脱状態から部落に帰れとの光明を与えられましたのは、四六年三月六日建設隊の槌音も高く部落民が同年四月二十日故郷に帰つて参りました。既に周辺は軍使用地にとり囲まれた私達はこの日から基地における部落の生活が初まつたのであります。

戦後の自守団体

初代区長が任命され戦前の向上会と同じ機能を持つ振興会や婦人会、青年会が結成され、自警団の誕生を見ました。

自分達の手で部落を守ろう、自分自身の心の則を越えない様に自肅自戒して行うという事が、自警団の目的で十六才より四十五才の男子を以つて組織されました。当時戦勝気分に酔いしれた非常識者が常に婦女子をおびやかしていましたが、二、三回程度の警鐘で難をさけ得たのであります。

自守団体の活動

振興会は産業道路三本を修築して産業の振興を図り又ハワイの比嘉次郎氏を中心とする喜舎場出身者、ブラジル、アルゼンチン、ペルー同胞に呼びかけて物資の援助を受けその不足を補い、学経費を等級別二十階段に分けて能力別に分担をせしめ民心の安定と産業振興を図りました。

この間、自警団は常に部落の推進体となり農作物の監視又校舎建築の材木運搬、コンセット骨組運搬等、全部落民作業を引受けて早起作業により短時間で作業を遂行しました。その他毎月部落から支給される一〇〇円の手当と個人が五円づつ会費を出し合つて学事奨励会を四十七年他部落に魁けて行う等この様な活動は枚挙にいとまのない程であります。

園芸組合結成と清浄野菜

北中城村は戦前、黒砂糖の産地として有名であり当部落も発動機製糖場を持つ主産地でありましたが、耕地の大半を失つた私達が新興都市たるコザ市場へ野菜を供給し、近郊農業形態として当然のことでありましたが最初十一名の組合員で組合が結成されました。初代組合長屋宜清栄氏はハワイでの軍納蔬菜の経験者であり喜舎場の産業振興は清浄蔬菜でなければならぬ、ぜひ実現しドルを獲得しなければならぬと力説され、芋の作付と比較対照致しますと芋の在圃は九ケ月で坪当り四斤で一斤三円として十二円の収益しかありませんが、玉チシャの場合在圃期間三ケ月で一坪二十四本一本一〇円と致しまして二四〇円、期間的にも芋一回が玉チシャ三回出来ることになりますので約六〇倍の収益があり、その半分と計算致しましても野菜の利あることがわかり、芋を植えて芋を食べるよりは野菜を植えて米を食した方が好いと奨めた結果六十名の組合員になりました。而しここに大きな問題がありました。金肥だけでは畑は荒れ、やがて畑はやせて捨てると云う噂さが当時誠しやかに流布され、一方軍検査官は「圃場近くの溜池は埋めたてろ」「この附近一帯に下肥をかけるな」それを実行しなければ圃場を取消されるということになりました。私達は部落全組合員の立前、解決策を取らんと考え、組合員以外の方方もこの一大転換を持つ仕事によく理解して戴き部落一致、軍の条件を受け入れた為現在コザ市場でも喜舎場の野菜は清浄野菜であると好成績の売行を示しています。現在軍向、民向けを合せて年間約六〇万円の売上げとなつています。

野菜の販売面

当時、販売業者も一カ所しかありませんでしたが現在は三カ所となり昨年は朝鮮、今年はグアム島と出荷し飛躍的な販路の拡張はやがて部落民の懐を温くするのでありましよう。

一日と十五日月二回に亘り組合会議が開かれ一方的作付により生ずる生産過剰を防ぐため、圃場作付管理を致し又技術的研究会も同時に催されています。

衛生面への発展

当部落が軍施設に接近しているのと、軍へ蔬菜を供給しているため、衛生を重視する米人が万一不衛生を理由に立退を命ぜられ、或は指定圃場を取消される心配もありますので部落民を挙げて衛生の向上に努めました。旧部落内の石垣樹木に囲まれた下草下枝の伐採は暴風林関係がありましたため、ある程度問題になりましたが、蚊の発生を防ぐにはどうしてもやらねばならないし、又立退より樹木下草下枝伐採がよろしいと徹底的に行い青年会が伐採に協力致しましたので、村においては毎年一等賞を獲得致しコザ地区でも表彰されました。お蔭で道も明るく昨年の不明熱の場合も病人の少いのは衛生向上のお蔭と医師からもほめられましたが、これは婦人会を主体として毎月二回の清潔検査を実施し常時清潔を心掛けた結果によるものと思います。

衛生面では便所改善が行われ全部落が三段、二段式の改良便所を月掛二〇〇円模合で昨年より二カ年計画

で行われ大半出来上りました。引続き改良カマドに移ることが決議されている状況で、後一年ではコンロ使用者以外は改良カマドができ、風呂場も施設されるものと信じます。特に五三年七月に龕をつくりましたが、他日必ず火葬になる予想を致し、赤い龕では体裁が悪い、霊柩車は黒であると云う意味合で黒塗の龕が出来、長さもトラックの長さにして、火葬場まではこべる様にしてあります。洗骨は非衛生的な見地から今全部落が火葬になつています。これは別に奨励したからでなく龕を作つた時の意味が部落民に反映した結果だと思います。

諸行事の簡素化

基地近くにいますと自然平素の衣食はだんだん向上して来ますが、自給自足することは出来ません。一にも金、二にも金であります。

自分自身の文化向上をはかるためにはどうしても無駄な消費を省き、合理的生活を考えなければなりません。そこで婦人会が主体となり行事の簡素化を図つています。

養鶏組合への結成

次に私達は産業の新興により収入を豊かにして文化生活をするために考えてみました。

畑の大半を失つたが屋敷を利用することを考え、一戸平均約一六〇坪の屋敷に最初果樹という計画を樹てていましたが、養鶏事業の先鞭をつくつた仲村長康氏屋宜清栄氏の養鶏の経営方法の発表によつて日本品に比較して沖縄鶏卵は鮮度がよく商品価値も高く米人は好んで購入するし、沖縄には年間一億一千万円の日本鶏卵が輸入されていますのでこれを阻止する意味からも経営は成り立つと考えました。屋宜氏は鶏舎五〇坪の杉材セメント瓦葺でこれだけの経費を掛けても採算がとれるという実業家としての実際を見せ、仲村長康氏も日本より種鶏を取り寄せ、育雛より産卵までの状況を店先において機会あるたびに各人に普及したために、一昨々年十月に組合が結成されました。

養鶏組合の仕組

販売面では屋宜氏が全部引受けて下さいましたので組合員は月初めに必要の飼料を組合から受取り、鶏卵を隔日置に組合におさめますと、翌月の七日には鶏卵代金から飼料代を差引いて残金利潤金を貰うために皆集まりますので、一カ月の実績がその時に如実に現われるのでお互が競争するようになり、お互に経験談を話し合つて研究しています。

飼料の協同購入、協同出荷により時間と労力の無駄を省いています。現在組合員数五十四戸、成鶏と雛とで一万二千羽で現在一日約一、二〇〇個の出荷をしています。

五五年度売上げは、四十五万四千六百四十九円であり、五六年度は百二十二万五千五百二十九円で約三倍の飛躍であります。三段式バタリーは一坪二五羽程度飼育することができ、産卵率六〇%とみた場合一カ月産卵個数四五〇個、金額二、二五〇円、一羽一カ月飼料四五円として二五羽分一、一二五円になり差引一、一二五円坪当り利潤が出ることになり面積の狭い基地部落においては蔬菜も養鶏共に坪当り生産利益は大なるものであります。九月以降は一日六、〇〇〇個で出荷可能であります。鶏舎建築費が坪当六、〇〇〇円乃至九、〇〇〇円となつていますので九月には概算鶏舎と鶏で八〇〇万円位の養鶏事業になります。また私達は組合の運営費に当てるため卵一個五〇銭の積立を致していますが積立金が現在二〇万円あり来年七月決算までには百万円を突破すると考えています。

時間と産業

蔬菜も養鶏も水を与えるには早起は必然的であり、早寝は体力的に当然であります。また成鶏に餌を与えるには一日三回であり餌のやり方により産卵に関係しますので自然餌をやる時間が決まります。

私達が時間生活の実行を実践目標におき、時間を大切にしなければならぬ理由が産業と大なる関係があります。

研究発表会をもつたための効果

私達は発表会を引受ける場合にお偉い方方が毎日程来られると考えて初めは恐れをなしていましたが、引受けて種々の御指導を受けてみると発表会をもつてよかつたと部落民はよろこんでいます。その理由はお偉い方々と直接膝を交えて話ができる。もし何かの用で会いに行つても留守の場合無駄足を踏み、或は経費をついやすが向うから来られるのでその必要もなくその方方ととつくんで話ができるのであります。

今一つ心のもち方考え方が新生活実践協議会をもつたために非常に変つた。その例として部落視察に来られた方々は御存知のことと思いますが、屋敷の角が自動車も入れるように切られています。これは、一年前からの計画でしたが個人の土地を無償で提供して貰うことはなかなか難しいものであり、しかも軍用地に土地を取られてこれ以上少くしたくないという考えもありましたが、建築その他いろいろトラックを使用しなければならない時に、もし自分の門までトラックが入つたら木材、ブロック、砂等がすぐ利用できるのを運搬作業による無駄な時間と労力を省くことができると

いうことで、皆喜んで作業に従事し、今では全戸の門にトラックを横づけすることができました。

部落共同作業も今まで全員集合点呼をやるため一時間以上かかりましたが、これを各四組に作業の責任をもたし各組は一つの作業場に四、五戸の人員を割当てその人達の時間の都合で始めるようにしましたら、三日以上掛かると予定した作業が、一日足らずでできあがり、時間的にも経済になりました。またスピーカーを購入し、納税集金に役立て、時間生活にも大いに効果をあげています。私達はやつてみなくてはわからぬ、まづやつてみようという気が大切であります。養鶏で今まで成功した人はいないという考え方を、やつてみることによつて現状より一歩前進するのだという努力の結果が中部地区部落共進会において一等賞を得たのであります。

む す び

今まで金肥だけでは畑は駄目になるという考え方から一歩前進して、清浄野菜をつくり、害虫による被害を「ユードヤル」という非科学的な見解を農薬使用によつてこれを解決せしめ、せまい畑や空屋敷の高度利用と清浄野菜や養鶏によるドル獲得によつて始めて沖縄の経済にも寄与することができると思います。

清浄野菜を食して寄生虫を防ぎ、ワレ卵は食善をにぎわせ健康を保持することによつて住みよい喜舎場ができると確信致します。

資料の作成配布及び広報活動

(一) 新生活運動のしおり、愛唱歌集の作成

(二) チラシ

みんなで始めよう
新 生 活 運 動

新生活運動は世の中の政治経済、教育文化などのはたらきに目を開き、自己の身辺をかえり見ることから始まる。

◎土地がせまくて生きられん。
◎その日暮しじや希望がない。
◎蚊やハエが多すぎてやりきれん。
◎交通事故が多くて動けない。
◎時間励行されないので始められん。
◎人間が多すぎて食つていけない。
◎お客中心の住いで家族はやりきれん。
◎食事は量だけで質は考えられない。
◎みえや、しきたりにくくられて身動きがとれん。
◎自分の生活に立入られて不自由だ。
◎こんなことはまだまだたくさんある。

「これではいけない。なんとかしなければならない。」

これは一人々々の勇気、熱意でできる。一人でできるものは一人でやり、みんなの力のいるものは、みんなでやる。暮しの辛さは工夫の足りなさ心の弱さからくる。

さあ自分の生活をしつかりみつめよう。新しい工夫と勇気をもつて、私たちのくらしをよくするために、力強く運動を始めよう。

(三) スライド

新生活推進協議会
新生活で住みよい社会

(四) 横 断 幕

標語「新生活で住みよい社会」

(五) リーフレット

(1) こうすれば時間励行ができる

一寸の糸、一寸の布片はおしむが時間を大切にすることはあまりしない。時間は人間のいのちである。時間を守らない人は自分のいのちをムダにし他人のいのちをうばうものである。

時間を守るためには勇気と熱意とそうしてたゆまざる努力がいる。

みんなが時間を守るためには

1 家 庭 で は

1 各家庭に時計をそなえましょう
2 毎日のくらしの時間割をつくりましょう
3 仂く時間と休む時間をはつきりしましょう
4 ノートや小黒板を備えて要件時間をメモし

ましよう

5　整理整頓で物さがしの時間をなくしましよう

2　社会では

1　自分の都合で他人の時間を無駄にしないようにしましよう

○食事時間、出勤時間、夜おそくからの訪問はやめましよう

○訪問は連絡をするようにしましよう

○訪問には長居をさけましよう

2　各団体、職場では具体的に計画をたて時間励行のお手本を示しましよう

3　集会では

1　前もつて充分な計画と準備をしましよう

2　プログラムは各項目ごとに時間を割当てる

3　集会時刻はみんなが守れる時刻にしましよう

4　開会は遅れるものを待たないで時間がきたらすぐ始めましよう。

5　あいさつや祝辞はかんたんにして割当時間を守りましよう。

6　夜の集会は冬は十時、夏は十一時に終るようにつとめましよう。

7　案内状や通知状には必ず始めと終りの時間を入れましよう。

8　多人数の時間をあづかる司会者は開会、進行閉会について責任をもちましよう

9　共進会等の行事には時間励行の成績も入れましよう。

4　宴会では

1　始まる時間と終る時間をはつきりしましよう

2　会の趣旨は充分にいかすようにしましよう

3　経費はかるくすむようにしましよう

4　のみ過ぎて醜態をえんじたり会場をみださぬようにしましよう

(2)　こうすれば各種会合や行事の簡素化ができる

これまでの会合や行事は物心両面に無駄な負担が多い。それを簡素化にし単純素朴の中にも美しさをつくり出す工夫をして浮いた費用は日常にふりむけ生活を豊かにすべきである。

そのためには「ミエや悪い習慣をなくする」ことから始めなければならない。

ミエや悪い習慣をやめるには

1　会合や行事は形式よりも精神をいかしましよう。

2　お祝儀は申合せか分相応にいたしましよう

3　料理は簡素にしましよう

4　招待は小範囲にとどめましよう

5　生年祝は合同でやりましよう

6　あいさつや祝辞は簡単にしましよう

7　さかづきのやりとりや無理強いはやめましよう

8　正月は家庭中心にやりましよう

(3)　よい正月のやり方（みんなそろつてよいお正月をむかえましよう）

家庭ではみんなたのしい正月にしましよう

1　家庭内外の美化清掃に心がけたのしい雰囲気をつくりましよう

2　門松は廃止しましよう

3　虚礼的な贈答はやめましよう

4　お供え物や料理、のみものは簡素にし、つとめて島産品で間に合わしましよう

5　神社、仏閣、教会等への初参りを家族そろつていたしましよう

6　服装は華美に流れないよう質素にいたしましよう

職場や地域ではなごやかな正月にいたしましよう

1　年始会又は名刺交換会等は簡素にしましよう

2　回礼は廃止しましよう

3　レクリエーションでよい正月にしましよう（カルタ会、囲碁会、ハネツキ会、スポーツ等）

4　事故防止に万全を期しましよう（火災、盗難交通事故、傷害等）

(4)　生年祝（見えやムダをなくしてたのしい生年祝）

生年祝はあまりに見えや形式にとらわれているが本来の精神はあくまで本人の幸福を願うためのものであるから、お祝に莫大な費用をかけるよりも出来るだけ節約して、本人の将来並に社会に役立つようにしたいのである。

や り 方

お祝は合同祝でするか、家庭内で

1　合同の場合は

イ　本人への記念品や記念撮影を考えましよう

ロ　たのしいふん囲気をつくるためにレクリエーションを考えましよう

ハ　服装は質素にしましよう

ニ　料理は簡素にしつとめて島産品をつかいましよう

ホ　あいさつや祝辞は簡単にしましよう

ヘ　さかづきのやりとりや無理強いはやめましよう

ト　始まる時間と終る時間を守りましょう

チ　合同祝の終了後家庭におしかけることをやめましょう

2　家庭祝の場合は

イ　招待は小範囲にとどめましょう

ロ　案内のない人は遠慮しましょう

ハ　服装は質素にしましょう

ニ　料理は簡素にしおみやげやくばり物はやめましょう

3　将来のもち方

生年祝は将来誕生日にしましょう

(六)　よいお盆のやり方

一、お盆はなんのためにするのか

お盆は家族や親戚の人々と共に、亡くなつた人々を心からしのびその冥福を祈るのが中心で、このほかに現在の父母への孝養と世の中の人々にほどこしを行う日として、お釈迦さまの教えられた行事であります。印度の言葉では、ウランバナーというのが支那に伝わつたときにウラボンとなつたようです。ウラボンというのはさかさまにつり下げられている者を救つてやるという意味で、生前に犯した悪業の報いを受けて苦しんでいる人を助けて、極楽に送りとどけてあげるというのであります。つまり地獄の霊を救うためには仏壇に供物を供えるだけでなく、善いことを行つてその陰徳で助けるのですから、お盆というものは慈善を行う日ということになります。

二、なぜ盆踊りをするのか

お釈迦さまの弟子の一人目蓮という人がいたがこの人は修業をつんで遂に神通力を得ることができましたので、最初に亡き母があの世でどうして暮しているか見ることにしました。亡母は地獄におちて骨と皮ばかりになつて苦しんでいました。この母に御馳走を送りとどけましたところ、母が食べようとすると火になつて燃えてしまつて食べることができません。目蓮は驚き悲しんでお釈迦さまにそれを救うにはどうしたらよいかと教えを乞いました。

「お前の母は生きている時に慈愛の心がけがなくけちな人であつた。その報いを受けて地獄に苦しんでいるのだから、その母を助けるにはお前が母の分までも慈善の行をしなければならない。来る七月十五日には今まで修業をつづけていた坊さん達に、沢山の御馳走や施し物をさしあげた方がよい。その善事の報いが母の方にあらわれて苦しみから救われ極楽にいくことができる」と教えてくれました。目蓮は早速そのとおり実行しましたので母は救われました。母が地獄から極楽へ向つてうれしそうに踊りをおどるような足どりで進んでいくのを見て目蓮も余りのうれしさに手の舞い足のふむところを知りません。それがもとになつて今日盆踊りというものが行われるようになつたということであります。

三、お供えのやり方

仏前は荘厳に飾りお供物も次の五つが揃えばよいのであります。

1　燈明……ロートソク等

2　お花……トゲのない生き〳〵としたもの

3　お香……香のよいもの

4　お水……湯茶、水等

5　食物……菓子、果物、御飯等

(1)　お燈明……仏の智慧を表わすもので、光明が一切の闇をなくするように仏の智慧の光明で心の迷いを除いて、一切の苦しみの原因である悪を滅することを示したものであります。

(2)　お花……怒りの心をなくして何事にも耐え忍べということで、ふくいくな花の香りは怒の心をやわらげるものであります。

(3)　お香……清浄な香りで乱れた心を静め一切の臭気を除いて、身心共に正しい心を持つて礼拝するためのものであり又立ち昇る煙は人々の精進努力の心を表わすものであつて、決して亡くなつた人のために用いているのではないのであります。それでなるべく香りの高いものがよく、その本数や回数も一本や一回でよいのであります。敬虔な気持で香をたき正しい心で礼拝することが大切であります。

(4)　お水……万物をうるおし育成するものであつて博愛の心を表わしているとともに、多くの汚れや心の垢を洗い清めるものであります。

(5)　食物……生き物の生命を保ち力を与えるものであるので、これを捧げて諸仏の守護をお願いし、又飢餓に苦しむ者にほどこすという意味であります。

四、ほどこしのやり方

ほどこしの行いをすることによつて、祖先の霊を極楽へ往生させることがお盆の重要な意味でありますが、ではほどこしとは一体どんなことをすればよいでしょうか。

○物質的なほどこしとして

食べ物や衣類または住居、お金など、いろいろの品物を貧しい人々、気の毒な人々に分ちあたえることであります。

○精神的なほどこしとして

いろいろの問題で悩んでいる人、悲しんでいる人、苦しんでいる人達をなぐさめたり、力づけたり、解決の方法を教えてあげたりすることであります。

○肉体的ほどこしとして

力をかしてあげたり、何か手伝つてあげることであります。

右の三つのほどこしの中、自分のやりやすいものから実行に移せばよいわけであります。七月十三日から十五日まで盆まつりが行われているが、この期間内にほどこしを行うことです。こうしてお盆はほんとうに有意義となりまた仏も救われていくことでありましょう。

五、お盆を迎える心がまえ

○お墓や仏壇、家屋内外をきれいにしてお迎えをしましょう。

○虚礼的な贈答はやめましょう。

○供物は無理をしないでミエやしきたりはやめましょう。

○たべものはくされやすくないものにしましょう

○盆踊りで風紀を乱したり夜ふかしをしないようにしましょう。

○お送りは十時以内に終りましょう。

○お盆中は特に火の用心と子どもの食べ過ぎがないよう注意しましょう。

(四) 結婚改善のしおり

結婚は輝やかしい人生のスタートであり、将来の生活設計の第一歩でありますから、厳粛な式と意義ある祝宴を行いたいものです。いままではあまり見栄や外聞にとらわれて無駄な経費をつかい大きな負担となつていましたが、新生活運動が唱えられている今日、私共はぜひともこれが改善に努力しようではありませんか。

一、結婚までの準備

1 結婚に先だつて当人相互に健康診断書を交換する。

2 婚礼の日取りは迷信にとらわれないようにする。

3 過分な結納は廃止する。

4 調度品は見栄にとらわれず実質的なものにする。

5 式服はなるべく洋裁にし後日実用のきくものにする。

二、結婚式の挙げ方

1 神社、寺院、教会でやるのが最もよい。

2 家庭でやる場合は左の順序で式を挙げた方がよい。

(1) 開式のことば
(2) 夫婦契りの盃事（三三九度盃）
(3) 誓のことば　(4) 親子兄弟の盃事
(5) 媒酌人あいさつ　(6) 霊前報告
(7) 祝宴

○誓のことば例

縁あつてここに婚姻を結びました上は真実をもつて敬愛し終生和合して暮しを共にすることを誓います

年　月　日

新郎
新婦
媒酌人

○披露宴のしかた

1 披露宴は両家合同で行うか、友人等で発起して行うようにする。

2 両家合同の場合は双方連名で招待状を出し、発起人でやる場合は会費制度の案内状とする。

3 双方合同の場合は親戚兄弟の外ごく親しい先輩や友人にとどめる。

4 お祝儀は分相応でやり会費の場合は百円以内とする。

5 友人等が発起人である場合は会費制度にする

6 披露宴はなるべく公民館を利用する。

7 料理はかんそにしてお土産は廃止する。

8 酒は乾杯程度にとどめ、盃のやりとりや無理強いはやめる。

9 受付という文字を廃止して案内係に改める。

10 新家庭の記念となる参会者の署名簿を準備するのが望ましい。

11 記念の写真を数多く撮り新婚旅行もやつた方がよい。

時間生活の歌

新生活専門委員会 作詞
比嘉盛仁 作曲

𝄋 早くならないで

（前奏、間奏、後奏）

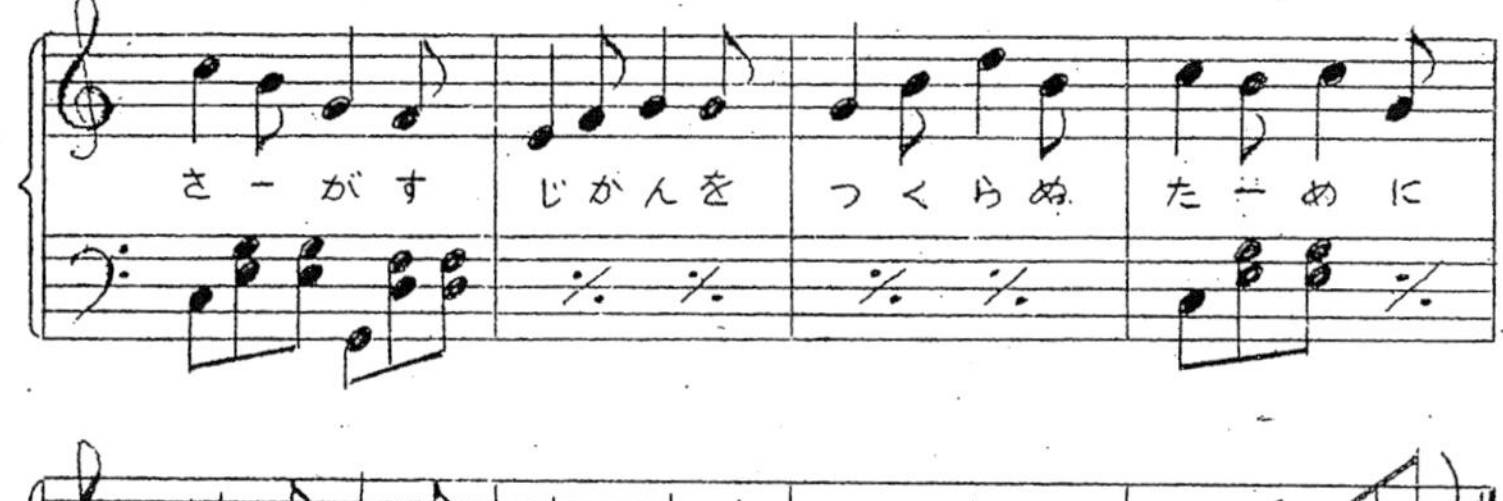

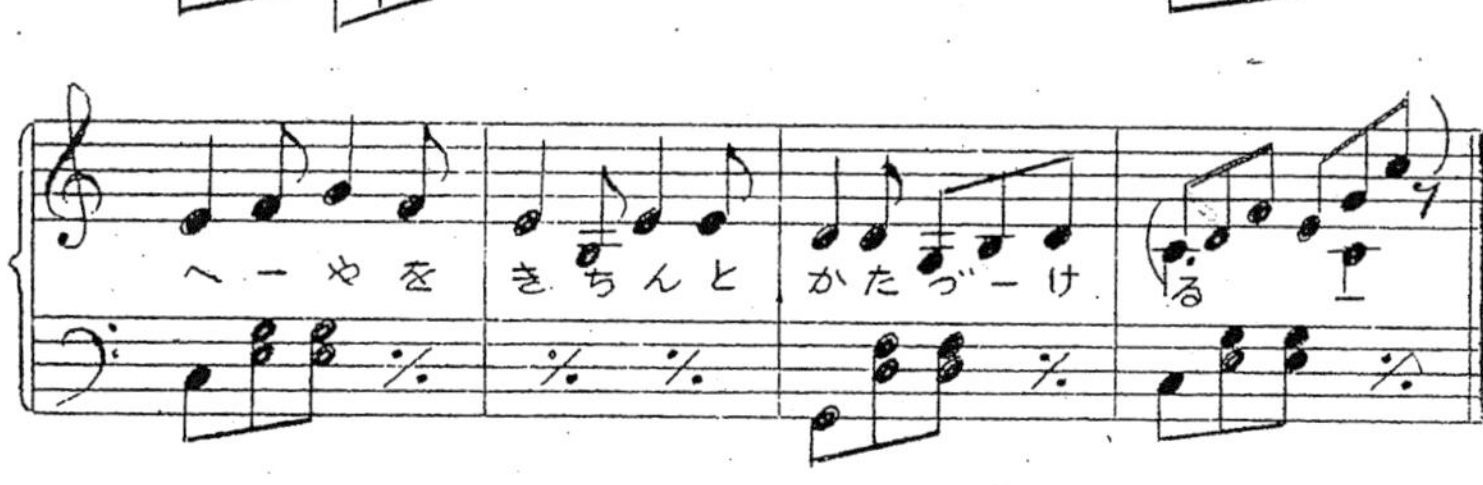

せいかつ よていは かならーず つくり

さーがす じかんを つくらぬ たーめに

へーやを きちんと かたづーけ る

時間生活の歌

家庭

生活予定は　必ずつくり
さがす時間を　作らぬ為に
部屋をきちんと　かたづける

訪問

訪ねる前に　先づ連絡し
食事 出勤　夜分はえんりよ
時に長居は　やめましょう

集会

遅刻 欠席　必ずとどけ
おくれる人を　待たずに始め
あいさつ 祝辞は　かんたんに

生活時間の歌

浜川順子 振付

振付解説

(1) 前奏……

二人一組全員円陣を作り手をつないで踵を軽く上下に動かす（前もって全員１２の番号又は男女別で女(1)男(2)と決める）

一、生活予定は必ずつくり……（左図参照）

(イ) (ロ) (ハ) (ニ)

両手をつないだまま上え上げ、同時に右足を右横に出し (イ)図次に両手を下に下ろし左足先を右踵に打つ (ロ)図次に同じ動作を左側に行う……かならず………で両手をはなして下前に組み (ハ)図その手を組んだまま上え上げ左右肩の高さまで下げる。その動作と同時に右廻りを一回行う (ニ)図

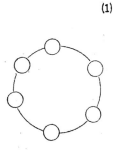

探す時間を作らぬために……

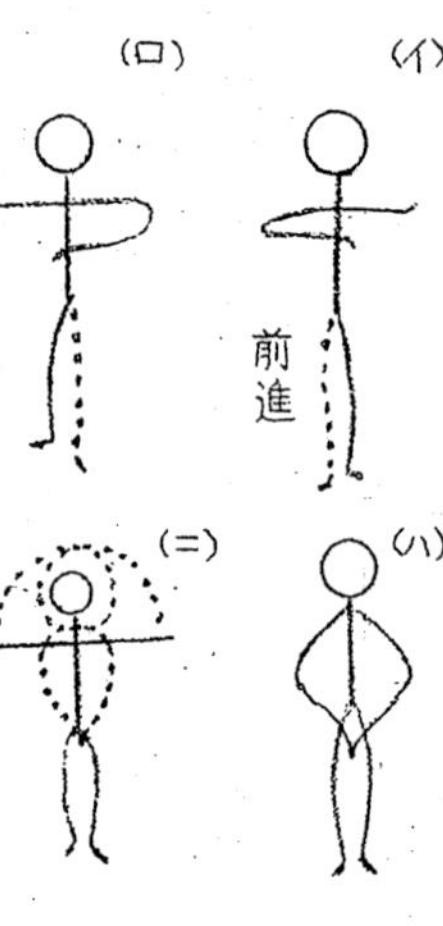

左右肩の高さまでおろした手を右手より胸元え持つて行き、それを右手右足同時に前え出す。(イ)(ロ)図（ワルツステップで前進）その動作を右左交互に四回行う次に……かならず作り……の動作を同様に行うしかし廻らず後退する。(ハ)(ニ)図（掌上向）

部屋をきちんとかたづける……

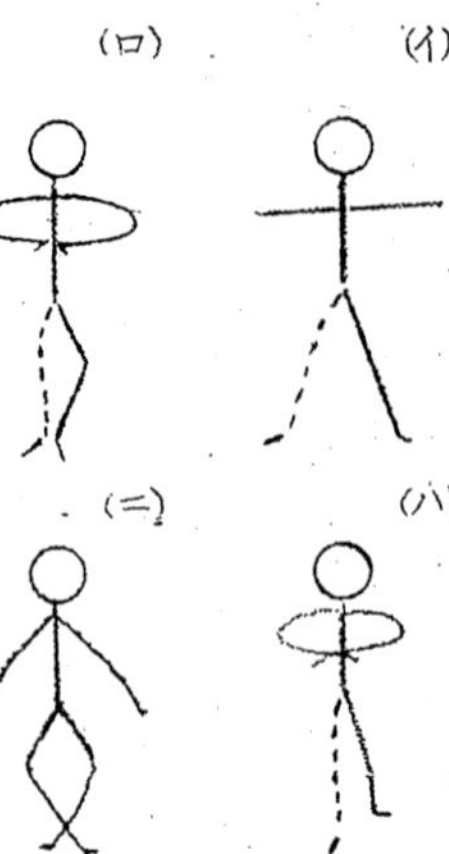

左右肩の高さまでおろした手をそのままで右足右横に出し　(イ)図次に両手を胸元まで持つて行き（掌下向き）同時に左足先を右踵えうつ　(ロ)図同じ動作を反対側に行う……かたづける……で右足前に出し胸元まで持つて行つた両手を上え上げ左右に開き斜下で止め膝を少し曲げる。(ハ)(ニ)図

二人互向き合い右手を取つてワルツステップを踏みつつ一廻りする。(イ)次に(内側に向つて)右の人が男女別で女1２の番号の場合1の人が二重円を作る時の円内に入る様二重円陣を作り向き合つたまま両足踵を軽く上下に動す　(ロ)図

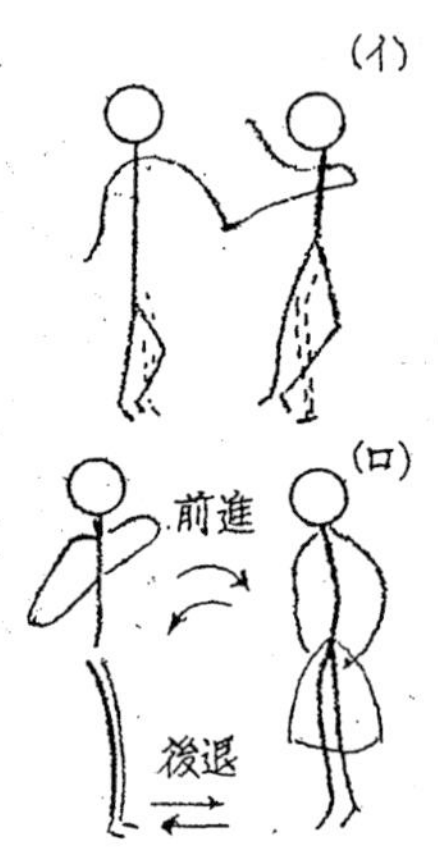

二、訪ねる前に先ず連絡し……

お互いに左手を取り右足横に出し左足先を右踵に打つ(イ)図　次に右手を取り反対側に前と同じ動作を行う……

先ず連絡……で前進して互いに背中合わせをし入れかわつて後退する　その場合女スカートをつかみ男軽く腕組みする　(ロ)図

(2)

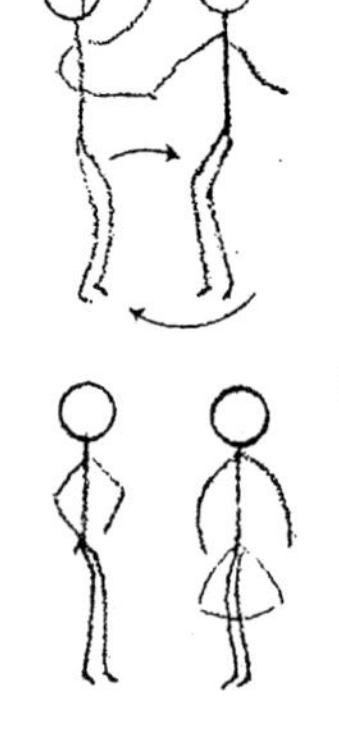

食事、出勤夜分はえんりよ……

両手を口にあて（人差指と親指で○を作る）右足を　(イ)図後方に引き次に両手を口元より前方に伸す（掌下向）(ロ)図次に左足を引き前と同じ動作を行う……夜分は……で右足より右横に両手も同時に右斜上え上げ三歩前進両手同時に前後に動かす(ハ)図　四歩目の左足先を右踵に打つ(ニ)図

特に長居はやめましよう……

夜分は遠慮……と同じ動作を左側に行い……(イ)(ロ)図やめましよう……は左足先を前に伸ばし前方より後方え(ハ)図半円をえがく様に持つて行き膝を曲げておじぎする(ニ)図

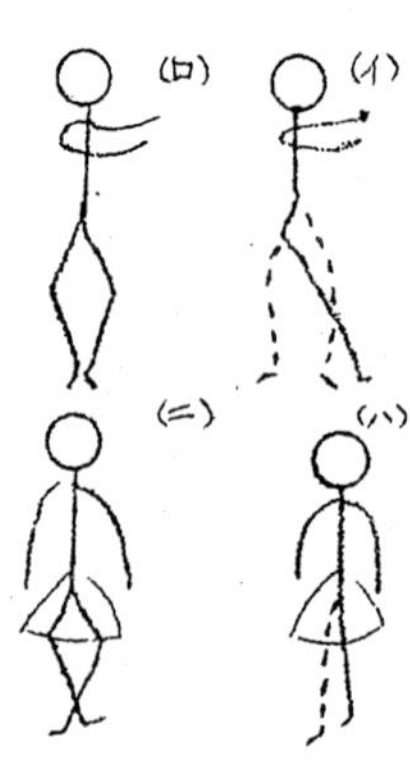

……外円の人は左二回右二回と手をたたきそのまま待つ　円内の人は左手右足を前え出し右膝をまげ右手を口元へあてるその動作を左右と一回づつ行い(イ)(ロ)図　次に後方に左右と前と同じ動作を行う(ハ)(ニ)図変つて円内の人が手をたたき外円の人は左より前者同様の動作を行う。

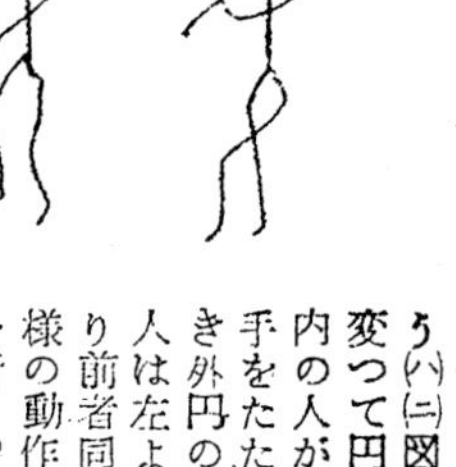

三、遅刻欠席必ずとゞけ……

(3)

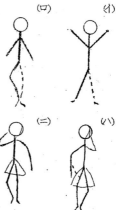

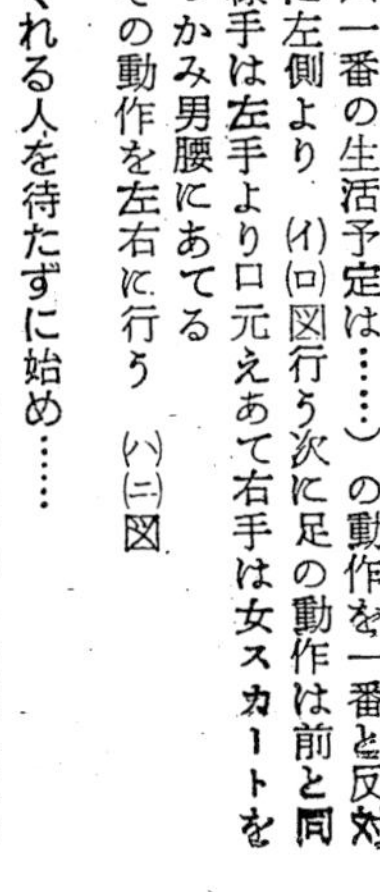

（一番の生活予定は……）の動作を一番と反対に左側より（イ）（ロ）図行う次に足の動作は前と同様手は左手より口元えあて右手は女スカートをつかみ男腰にあてるその動作を左右に行う（ハ）（ニ）図

おくれる人を待たずに始め……

左右両手を肩の高さまで持つて行き前進してお互いに両手を取つて左廻り一回行い（イ）図（前奏の時の円陣で内側向つて右の方に向い）前者の両肩に両手をおき右足右横に出し左足先を右踵に打ち次に同じ動作を左側に行う（ロ）図

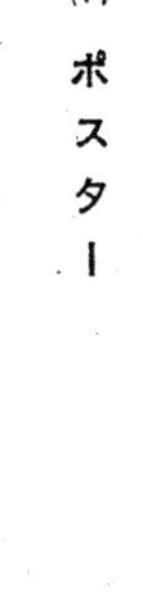

あいさつ祝辞はかんたんに……

全員内側に向い左足を左横に出し右足を左踵まで引きつける両手は右下より上へ上より左下へと半円をえがくように行う（イ）図その動作を左横に二回次に右横に二回行う（ロ）図

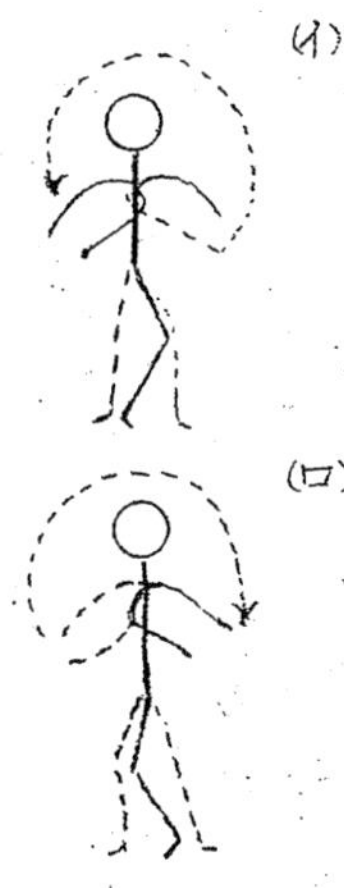
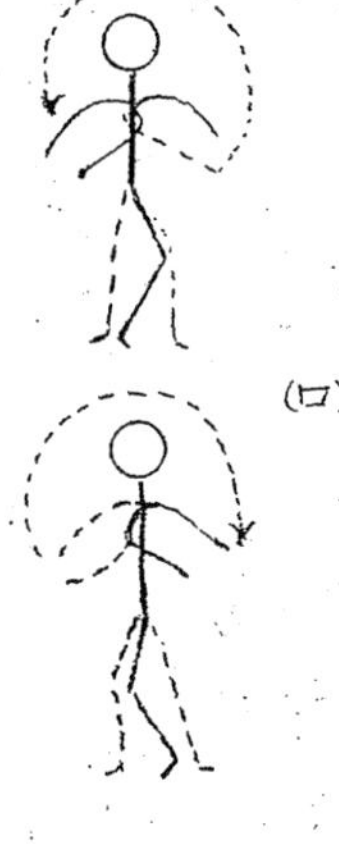

後奏……左足を左斜め前に出し次に右足を左足前に組むようにおき両膝を曲げ両手を腰におき頭を（イ）図左より左右に一回づつまげ次に左廻りを一回行い内側に向つて左足を前へ伸ばし右膝をまげ女スカートをつかみ男前後腰におきおじぎをする（ロ）図

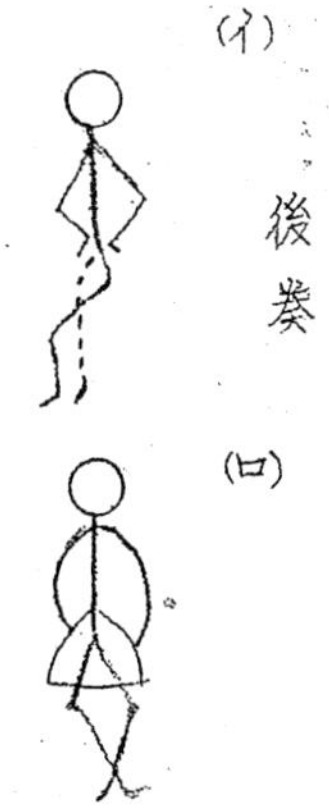

(7) ポスター

時間は あなたの だいじないのち

(八) 市町村実践協議会の状況

(一) 市町村実践協議会の結成状況

地区名	結成された市町村数	地区名	結成された市町村数
糸満地区	三	石川地区	一
那覇〃	〇	名護〃	一
知念〃	三	辺土名〃	一
胡差〃	八	久米島〃	一
前原〃	三	宮古〃	六
宜野座〃	三	八重山〃	二
計	三二		

(二) 市町村実践協議会でとりあげられた実践事項は、凡そ次のとおりである。

(1) 時間励行
(2) 年中行事及び冠婚葬祭の簡素化
(3) 迷信打破
(4) 献酬の廃止及び節酒
(5) 清掃の励行
(6) 便所改善
(7) ねずみ、蚊、蝿の駆除
(8) 火葬場の設置
(9) 家庭の民主化
(10) 社会道義の高揚
(11) 青少年の善導
(12) 共通語の奨励
(13) 生産と貯蓄の増強
(14) 職場生活の健全化及び明朗化
(15) 交通道徳の確立
(16) 友愛精神の高揚
(17) レクリエーションの健全化

この実践状況については、市町村部落及び団体においてこれらの目標をとりあげ、強力に推進している。特に時間励行は市町村の公的な集会、その他婦人会、青年会、公民館等の諸集会等において実行されつゝあり、諸行事の簡素化の面では生年祝や米寿の祝等の合同祝、結婚披露宴における会費制、その他の年中行事のあり方等も合理化されつゝある。

(九) 表彰

北中城村喜舎場区
平良市大浦区

關係法規拔萃

○教育法抜萃
○公民館設置規則
○公民館学校施設使用講座等補助基準
○社会教育補助金割当方式
○各種学校設置規則
○社会教育講座運営規則

◎琉球列島民政府布令第一六五号

教教法抜萃

第十四章 社会教育

第一節 定義

社会教育とは、公的に、組織、管理、奨励される建前で、人々が、正規の学校教育以外の一般教養、職業教育、体育、実習を学ぶために設けられる教育的活動をいう。かかる活動には、講演、教室形式の授業、討論会、演劇、音楽、文学、舞踊等の実演、文化的職業的展示会（美術、歴史、産業、趣味等の運動会又はこれに相当する公開の催し、公共図書館、

博物館の管理維持、青年及び婦人団体に対する社会教育講座、及び上記定義の範囲に含まれるその他の活動を含む。）

第二節　社会教育の責任

イ　社会教育の振興と運営の責任は、当該地方教育委員会、政府のレベルにおいては、中央委員会がこれを負う。

ロ　このような責任は、地方教育委員は、この布令に規定のない限り上層の教育機関によつて干渉や支配を受けることなしに果さなければならない。

ハ　政府は、かかる目的のため、地方教育区に、補助金を交付することにより、市町村教育の社会教育活動を援助することができる。

第三節　地方教育区の権限

地方教育区は

(1)　この章の第一節に定義された社会教育活動を、監督及びまた管理することができる。

(2)　公民館の建設、運営、維持をすることができるし、またそのために特別会計を設けることができる。ただし、これは、連合教育区には適用されない。

(3)　当該地方教育において要望され、または必要と思われる社会教育の目的を達成するに要する器材、器具を、法律にしたがつて購入、賃借、寄附その他の方法により取得することができる。このように取得されるものは、聴視覚、音楽、美術、演劇、職業、体育、団体娯楽、図書館、博物館用の備品にまで及ぶけれどもまたそれだけに限るものではない。

(4)　定義された社会教育の範囲で地域の運動会、職業技術の競技会、娯楽及びその他の活動を、財政的の援助、直接の監督、その他の法により奨励することができる。

(5)　市町村教育区の社会教育諮詢委員を任命することができる。

(6)　管内の学校及び学校施設を、正規の学生の学校教育活動に支障をきたさない範囲内において、社会教育の目的に使用することができる。

(7)　適当と認める社会教育資料の出版配布をすることができる。

第四節　中央委員会の権限

中央委員会は

(1)　政府のレベルにおいて地方教育委員会に与えられたのと同様の権限を有する。ただし、中央委員会は、公民館の建築、運営、維持は、これをなすことはできない。

(2)　社会教育関係職員の訓練に必要な施設の設置、運営維持をなすことができる。

(3)　社会教育の教授用具の準備及びその配布をすることができる。

この配布は政府の教育施設に限らずこれを望む地方教育区またはその教育施設にも及ぶものとし、その配布は、文教局が行う。

第五節　地域社会の協力

市町村長または政府職員の要請に応じ、適当な場合は、地方教育委員は、公益のための広報活動に要する聴視覚教具及びその他の広報施設の使用を許可することができる。

第六節　社会教育諮詢委員会

イ　地方教育区の社会教育諮詢委員は、左記のグループより、教育長によつて推せんされた者の中から選ぶことができる。

(1)　同地方教育区内の学校長

(2)　ここに規定された同地方教育区内の社会教育団体の代表者。

この代表者は、当該団体によりその望む方法で選出しなければならない。

(3)　学識経験者

ロ　公民館を有する市町村教育区においては、この委員会は公民館の委員によつて構成することができる。

ハ　この委員は、市町村教育委員会の審議中の社会教育関係事項の討議に参加することができる。

ニ　この委員は、教育長を通じ、当該地方教育委員会の社会教育に関する事項について援助及び進言するために、左の職務を行うことができる。

(1)　社会教育計画を立案すること。

(2)　必要な調査研究を行うこと。

(3)　教育委員会の質疑に答え、または進言するため、定例または特別の委員会を開催すること。

ホ　この委員の数、任期、その他の関係事項については、地方教育委員会の規則によつて定めなければならない。

第七節　学校活動と社会教育

イ　教育委員会は、当該管轄内の学校に、社会教育のための特定の講座を行うように命ずることができる。これらの講座は、学校施設内で行われる更新再教育講座、特別または一般教養講座、社会学級、成人学級及び、その他必要なもの等の形をとることができる。

ロ　このような講座の講師及び教師に要する経費は、関係機関相互の間に異議がない場合には、講師及び教師を提供する機関が負担しなければならない。

第八節　社会教育指導職員

イ　文教局及び地方教育委員会は、社会教育主事及び主事補を置くことができる。

ロ　前項の両者は、社会教育に直接従事する職員に対し、支配、監督をしてはならず、その職務は全く諮詢的のものでなければならない。

第九節　社会教育団体

イ　社会教育活動は、私的団体またはグループによつて育成されることができるので、かかる団体及びグループは、社会教育の技術、及び必要な資料の取得について文教局の専門的指導及び援助を要請し、それを受けることができる。かかる援助要請に関連して文教局長は、要請者に対し、社会教育の指導用資料の作成及び社会教育の研究上必要または有益とみなされる報告書の作製及び提出を求めることができる。

ロ　政府、市町村及び地方教育区の機関から、社会教育の援助を受けることによつて、私的の社会教育団体が、この法や他の法に規定された以上の支配、監督を前項の機関またはその雇用者から受けることはない。

ハ　補助金、サービス、資料及びその他の政府の補助、または公費による援助を求め、あるいはそれを受ける社会教育団体は、政党もしくは、その候補者、政綱、イデオロギーを支持または反対する政治活動に従事してはならず、その施設が同一または同様な条件で、反対側にも使用させるのでなければその施設をかかる目的のために他のものに使用させてはならない。

ニ　第七章四節チの規定は、社会教育に関する補助金に準用する。

第七章　学校教育法

第四節　政府教育補助金

チ　政府教育補助金は、私立学校または、いかなる有給の役員、若しくは事務主任者を、雇用する私的団体または直接、間接に利潤を目的とする活動に従事する私的団体には、交付してはならない。

ホ　地方教育委員会の関係する社会教育団体の設立及び廃止は、中央委員会に報告しなければならない。

第十節　公民館

イ　公民館は、公民館諮詢委員と協議の上、教育長の推せんに基き、市町村教育委員会によつて任命された舘長が直接管理しなければならない。

ロ　公民舘の効果的運営に必要なその他の職員は、当該市町村教育委員会が、教育長の推せんによつて任命しなければならない。

第十一節　公民舘諮詢委員会

イ　公民舘には、諮詢委員会を置かなければならない。その職務は、公民舘活動について舘長に助言進言をすることがある。かかる助言進言は、委員会自体の動議として、または、舘長の質疑に対する応答としてなさなければならない。

ロ　公民舘諮詢委員会は、地方教育委員会によつて次の者の中から任命しなければならない。

1　当該地方教育区内の学校長

2　当該地方教育区内に事務所を有し、教育、学術、文化、産業、労仂、社会福祉にたずさわる適当な地域団体及びその他の関係機関の代表者。かかる団体はそれぞれの方法により、その代表者を選ばなければならない。

3　学識経験者

ハ　委員の人員、任期等は、市町村教育委員会規則により定めなければならない。

ニ　当該市町村教育区内の市町村の長及びその他の職員並に市町村議会議員は、委員に任命される資格を有する。

第十二節　名称使用の制限

「公民舘」の名称または他のそれにまぎらわしい類似の名称は、地方教育委員会によつて運営されていない集会所、あるいは同様な施設にはこれを用いてはならない。この規定に反する個人、集団、団体または法人の監督者は、法廷において有罪と認められた場合は、五万円以下の罰金刑に処せられる。

◎一九五七年・中央教育委員会規則第三号

公民舘設置規則

(定　義)

第一条　公民舘とは教育法(一九五七年米国民政府布令第一六五号)第十四章第一節に規定する社会教育活動にあてがわれる市町村教育区により運営される施設をいう。

(公民舘の事業)

第二条　公民舘は、予算の範囲において又は法規に違反しない限り、左の活動のために使用される。

一　成人学級

二　講座シリーズ

三　討論、講習会、展示会、公開討論会

四　図書、記録、模型等のライブラリー

五　体育及びレクリエーションに関する集会

(公民館の設置)

第三条 教育区が公民館を設置しようとするときは、区委員会規則で公民館の設置及び管理に関する事項を定めなければならない。

2 教育区が、公民館を設置又は廃止したときは、その旨を別紙様式により中央教育委員会に報告しなければならない。

(禁止活動)

第四条 公民館は、左の活動に使用されてはならない。

一 特定の政治候補者政党及び政策綱領の為の催し

二 他の宗教及び宗教団体にも同様な機会を与えず或は特定の宗派及び宗教団体に使用されること。

三 幼稚園として使用されること。

第五条 建物は建築基準法(一九五二年立法第六五号)により、暴風に耐えるものでなければならない。

2 従来の公民館を市町村教育委員会が所轄する場合は、一八〇日以内に前項の基準に達するようにしなければならない。

附 則

本規則は、公布の日から施行する。

(様式の甲)

公民館設置報告

一 公民館名
二 所在地
三 戸数と人口
四 設置年月日
五 職員名
六 運営委員名
　一号委員名
　二号委員名
　三号委員名
七 建物
八 事業
　1 定期講座
　2 成人学級
　3 討論会、講習会、講演会、実習会、展示会等
　4 体育レクリエーション
　5 その他
九 施設
　1 産業振興のため
　2 文化教養のため
　3 厚生娯楽のため
　4 その他
一〇 経費
　1 収入
　2 支出
　　事業費
　　備品費
　　その他

右報告いたします。

年 月 日

村 区教育委員会 印

中央教育委員会 殿

(様式の乙)

公民館廃止報告

一 廃止年月日
二 廃止の事由
三 処分方法
四 その他参考事項

右報告いたします。

年 月 日

市町村教育委員会 印

中央教育委員会 殿

◎一九五七年・中央教育委員会規則第四十一号

公民館、学校施設使用講座費等補助基準

第一条 教育法第十四章の規程により、政府は市町村教育委員会又は社会教育団体に対し、予算の範囲内において左の各号に掲げる経費の一部を補助することができる。

一 公民館が開設する定期講座に要する経費

二 公民館に備えつける図書、その他教育用器具器材購入に要する経費

三 学校及びその他施設を利用して行う更新再教育講座、特別又は一般教養講座、社会学級、成人学級等に要する経費

四 体育及びレクリエーション施設、体力、健康検査等に要する経費

五 社会教育団体指導者養成に要する経費

六 各種の競技会及び展示会に要する経費

七 その他社会教育振興に要する経費

第二条 前条各号に掲げる補助金の交付を申請しようとするものは申請書に必要な書類を添えて文教局長に提出しなければならない。

2 前項の申請書様式一、二、三はそれぞれ別記のとおりとする。

第三条 文教局長は補助金交付の申請があった時は、書類の審査及び必要に応じて行う現地調査等により、当該申請が法令及び予算の定めるところに違反しないかどうかを調査し、補助金交付の決定をしなければならない。

第四条 補助金の交付をうけたものは、左に掲げる事項について別紙様式四、五、六による報告書を当該年度の六月末日までに文教局長に提出しなければならない。

一 公民館補助に関する報告書

二 講座、事業補助に関する報告書

三 映写用燃料補助に関する報告書

（様式一）

公民館補助金交付申請書

記載事項／公民館名	定期講座開設日数	同上の本教育委員会予算額	図書その他教育用器具器材購入費	同上の本教育委員会予算額	備考
	日	／	円	／	
	日	／	円	／	
	日	／	円	／	
計	日	円	円	円	

公民館、学校施設使用講座費等補助基準により補助を申請します。

年　月　日

申請者　教育委員会　印

文教局長殿

（様式二）

講座事業費補助金交付申請書

講座事業名	開設場所	開設期間	講座事業内容	総時間数（回数）	教育委員会予算額	備考
		自　月　日 至　月　日				
計		／	／	時間 回	円	

公民館、学校施設使用講座費等補助基準により補助を申請します。

年　月　日

申請者　教育委員会　印

（社会教育団体長）

文教局長殿

（様式三）

映写用燃料費補助金交付申請書

未点燈部落数	本年度上映予定回数	教育委員会予算額	備考
計			

公民館、学校施設使用講座費等補助基準により補助金を申請します。

年　月　日

申請者　教育委員会　印

（社会教育団体長）

文教局長殿

（様式四）

公民館補助に関する報告書

公民館名	定期講座開設日数	図書その他教育用器具器材購入費	備考

右報告致します。

年　月　日

教育委員会　印

文教局長殿

（様式五）

講座事業費補助に関する報告書

講座事業名	開設場所	開設期間	講座事業内容	総時間数（回数）	教育委員会決算額	備考
		自　月　日 至　月　日				
計				時間（回）	円	

右報告致します。

年　月　日

教育委員会
（社会教育団体長）　印

文教局長殿

（様式六）

映写用燃料補助に関する報告書

講座事業名	上映場所	上映回数	上映時間数	備考

右報告致します。

年　月　日

教育委員会
（社会教育団体長）　印

文教局長殿

◎一九五七年・中央教育委員会規則第四十二号

一九五八年度社会教育補助金割当方式

社会教育補助金の割当は、社会教育機関、団体及び講座、講習会等を一単位としてこれを構成する人口に按分し、次の一、二、四、五項の通り割り当てるものとする。

一、成人学級講座講師手当補助金

1　予算額を講座総数で除し、これを当該教育委員会の講座数に乗じたものと、予算額を時間総点数で除し、これを当該教育委員会の時間点数に乗じたものを加えたものの二分の一を補助額とする。

2　時間点数とは当該年度予定時間及び過年度実施時間数四八時間を一点とし、それに四八時間を増す毎に一点を加えたものを当該教育委員会の時間点数とする。

3　特別講座は指定した市町村教育委員会に対し、講師手当として一人六〇〇円、平均二人分を補助する。

二、社会教育研修講師手当補助金

1　市町村別青年会、婦人会幹部講習会の講師手当として各々に一人二〇〇円の三人分宛を補助する。

2　連合委員会の行う地区別、PTA、レクリエーション、婦人会、青年会の研修会の講師手当として各々一人二〇〇円の六人分を当該連合教育委員会を構成する市町村教育委員会分担金として補助する。

3　青年体力健康検査実施を指定した市町村教育委員会に対し、検査員二〇〇円の一〇人分、医師五〇〇円の二人分、看護婦二〇〇円の三人分、レントゲン技術員二〇〇円の二人分を補助する。

三、視聴覚教育燃料補助金

未点灯部落への補助を原則とし、予算額を未点灯部落数で除したものに当該市町村教育委員会の未点灯部落数を乗じたものをその市町村教育委員会への補助額とする。

四、公民館施設及び運営補助金

1　公民館予算の施設費一〇、〇〇〇円を一点として一〇、〇〇〇円を増す毎に一点を加えたものをその公民館の点数として按分し、当該教育委員会の

公民館数分をその委員会の補助額とする。

2　公民館講座日数十八日を一点とし、十八日を増す毎に一点を加えたものをその公民館の点数として按分し、当該教育委員会の公民館数分をその委員会の補助額とする。

五、新生活運動講師手当補助金

成人学級講座講師手当割当方式に準ずる。

六、競技場建設補助金

指定した競技場の属する市町村教育委員会に対し、予算の範囲内で指定した工事の総工費の八五%以内を補助する。

七、研究奨励補助金

1　研究指定補助

青年会運営研究指定　一〇カ所
一カ所　五、〇〇〇円以内を補助する。

婦人会運営研究指定　一〇カ所
一ケ所　五、〇〇〇円以内を補助する。

PTA運営研究指定　五カ所
一ケ所　五、〇〇〇円以内を補助する。

公民館運営研究指定　一二カ所
一ケ所　一〇、〇〇〇円以内を補助する。

新生活運動運営研究指定　三カ所
一ケ所　一〇、〇〇〇円以内を補助する。

2　本土研修派遣補助

青年会　一人　10、000円以内を補助する。
婦人会　〃　〃
PTA　〃　〃
国体　〃　〃
公民館　〃　〃
新生活運動　〃　〃

◎一九五七年・中央教育委員会規則第四十三号

各種学校設置規則

第一章　総則

（目的）

第一条　教育法（一九五七年米国民政府布令第百六十五号以下「法」という。）第十三章に規定する各種学校に関しては法に定めるもののほかこの規定の定めるところによる。

（意義）

第二条　法第十三章第一節に規定する各種学校とは、一以上の教科若しくは技術又はこれら双方を教授する教育施設であつて教員と生徒を有するものをいう。

（水準の維持、向上）

第三条　各種学校は、この規則の定めるところによることはもとよりその水準の維持、向上を図ることに努めなければならない。

（修業期間）

第四条　各種学校の修業期間は三月以上とする。

（授業時数）

第五条　各種学校の時数は、一週六時間を最低として定めるものとする。

（生徒数）

第六条　各種学校の収容定員は、教員数、施設及び地域社会の実情を考慮してその数を定めるものとする。

2　各種学校の同時に授業を行う生徒数は次のとおりとする。

一　実習を要する授業においては、五十人以内を標準とする。

二　実習を要しない授業においては、教室の面積が一人当り一・三平方米（〇・四坪）を下らず必要な種類及び数の校具、教具その他の施設が教育上支障のない場合に限り一〇〇人までとすることができる。ただし、既設の各種学校は、一九六二年三月末日までは、一人当り一平方米（〇・三坪）とする。

（入学資格の明示）

第七条　各種学校は、課程に応じ、一定の入学資格を定め学則に記載するほか広告しなければならない。

（校長）

第八条　各種学校の校長は、教育に関する識見を有するもの、又は当該教科に関し、専門的知識技術を有するものでなければならない。

（教員）

第九条　各種学校には、課程及び生徒数に応じて学級数以上の教員を置かねばならない。

2　各種学校の教員は左の各号の一に該当するものでなければならない。

一　大学に二年以上在学して六十二単位以上修得したもの

二　教育職員の普通免許状を有するもの

三　各種学校課程を一年以上修得し、その業務に一年以上従事したもの

四　当該学校の教科に関する免許状を有するもの

第十条　各種学校の教員は、つねに専門の知識、技術、技能等の向上に努めなければならない。

（位置及び施設、設備）

第十一条　各種学校の位置は、教育上及び保健衛生上、適切な環境に定めなければならない。

第十二条　各種学校の校舎の面積は、同時に授業を行う生徒一人当り一・七平方米（〇・五坪）以上とし、既設の学校は、一九六二年三月末日までは一・三平方米（〇・四坪）とする。ただし、左の基準を下ることはできない。

生徒数（人）	校舎面積（平方米）
一〇～二〇	三三（一〇坪）
二一～五〇	（二五坪）

2　校舎には、最低教室、管理室、便所等の施設を備えなければならない。

3　各種学校は、関係法規に準じ課程に応じ実習場、その他必要な施設を備えなければならない。

4　校地、校舎、その他の施設は、教育上支障のない場合に限り、その一部は、他の各種学校等の施設を使用することができる。

第十三条　各種学校は、課程及び生徒数に応じ必要な種類及び数の校具、教具、図書その他の設備を備えなければならない。

その基準については、左のとおりである。

一、和洋裁

品名	区分	区分に対する数量
示範台	五〇人につき	一
生徒用裁縫台	五人〃	一
生徒用腰掛いす	一人〃	各一
仮縫室用机	五〇人〃	一
仕上台	五人〃	一

品目	区分	区分に対する数量
鏡	五〇人〃	一
ミシン	一〇人〃	一
ミシン腰掛	一〇人〃	一
人台（子供用、婦人用）	五〇人〃	一
アイロン	二〇人〃	一

二、タイプ

英文タイプ	一人につき	一
和文タイプ	一人〃	一
机、いす	一人〃	各一

三、簿記

簿記用黒板	五〇人につき	一
机、いす	一人〃	各一
帳簿見本	五〇人〃	一揃

四、珠算

教授用ソロバン	五〇人につき	一
ストップウオッチ	五〇人〃	一

五、自動車

車輛	一〇人につき	一
コース用敷地		三三〇〇平方米（一、〇〇〇坪）

六、舞踊

電蓄若しくはピアノ、三味線	五〇人につき	一

七、教養

黒板	五〇人につき	一
机、いす	一人〃	各一

八、編物

机、いす	一人につき	各一
編物器	一人〃	一

九、音楽

ピアノ	一〇人につき	一
五線板	五〇人〃	一
メトロノーム	五〇人〃	一
鏡	五〇人〃	一

2　前項の設備は、学習最低の基準であつて、かつ、補充し、改善されなければならない。

3　夜間において授業を行う各種学校は、適当な照明設備を備えなければならない。その照明度については、左のとおりとする。

イ　製図室、図書室、裁縫室　五〇ルクス以上
ロ　普通教室、実験室　五〇～一〇〇
ハ　出入口、廊下、階段、便所　一〇～二〇
ニ　集会室、講堂　二〇～五〇

（名称）

第十四条　各種学校の名称は、各種学校として適当であるとともに課程にふさわしいものでなければならない。

（標示）

第十五条　各種学校は、設置の認可を受けたあと校名

を標示する場合は、文教局認可という語句を用いることができる。

（各種学校の経営）

第十六条　各種学校の経営は、その設置者が学校教育以外の事業を行う場合には、その事業の経営と区別して行わなければならない。

第二章　設置廃止

（学校の設置、変更等の認可申請）

第十七条　各種学校設置の認可を受けようとする者は、左の事項を記載した書類に校地、校舎、運動場寄宿舎等の図面を添え中央教育委員会（以下「中央委員会」という。）に申請しなければならない。

一　目的

二　名称

三　位置

四　学則

五　経費及び維持方法

六　学校開設の時期

2　前項第一号から第五号までの変更は中央委員会の認可を受けなければならない。

（学則必要記載事項）

第十八条　前条の学則中には少くとも左の事項を記載しなければならない。

一　修業年限、学年及び授業を行わない日に関する事項

二　部科及び課程の組織に関する事項

三　教育課程及び授業日時数に関する事項

四　学習の評価及び課程修了の認定に関する事項

五　収容定員及び職員組織に関する事項

六　入学、退学、卒業に関する事項

七　授業料、入学料、その他の費用徴収に関する事項

八　賞罰に関する事項

九　寄宿舎に関する事項

（校地校舎等の拡張等の認可）

第十九条　校地を増減し、又は校舎、運動場、寄宿舎等の増改築をしようとするときは、設置者において、その図面を添え中央委員会の認可をうけなければならない。

（学校の廃止の認可申請）

第二十条　各種学校を廃止しようとするものは、廃止の事由及び生徒の処置方法を具し、中央委員会の認可を受けなければならない。

（学級編制の届出）

第二十一条　学級編制の届出は届出書に、各課程ごとの各学級別生徒数を記載した書類を添えなければならない。

第三章　雑則

（校長、教員の届出）

第二十二条　各種学校が校長及び教員を定め文教局長に届け出るに当つては、その履歴書を添えなければならない。

（表簿）

第二十三条　各種学校において備えなければならない表簿は概ね次のとおりとし、その表簿については文教局長の指導をうけるものとする。

一　学校に関係ある法令

二　学則、日課表、学校沿革誌、学校日誌

三　職員名簿、履歴書、出勤簿並びに担任学科及び時間表

四　学校の指導要録に準ずるもの、出席簿

五　課程終了の認定及び入学考査に関する表簿

六　図書、機械器具、標本、模型等の教具の目録

附　則

この規則は公布の日から施行する。

社会教育講座運営規則

（目　的）

第一条　教育法（一九五七年米国民政府布令第百六十五号）第十四章の規定に基く政府補助金による講座はこの規則によつて運営しなければならない。

（開設の条件）

第二条　講座の開設には、次の各号に掲げる条件をそなえたものでなければならない。

一、受講者が三十人以上であること。ただし地理的条件等の時別の事情のある場合は二十人以上三十人迄とすることができる。

二、開設期間は一年間とする。

三、学習時間数が年間四十八時間以上であること。

四、学習が継続的に行われること。ただし当該地方の実情により、その継続が困難であると認められる期間についてはこの限りでない。

（学習課題の設定）

第三条　学習課題の設定については、次のような生活に則する実際的諸問題の内から選ばなければならない。

一、衣食住、家計、家族計画について検討を加え、生活を豊かにするためにどのように合理化をはかり生活設計をたてるかを学び実践すること。

二、職業、副業等の知識と技術を身につけること。
三、好ましい家族関係をつくり、明るい家庭にすること。
四、保健につとめ、健康な体で適正に仂き衛生的環境をつくること。
五、子供を正しく理解し、丈夫に育て、よい教育環境をつくること。
六、徳性を涵養し、社会道義の高揚に努めること。
七、世の中のしくみや、動きをよく知り民主々義の技術を身につけ、社会の福祉増進に協力し社会人として正しい行動をすること。
八、体育レクリエーションの生活化をはかるとともに余暇の善用につとめること。

（公　示）

第四条　教育委員会は、講座の開設を決定したときは次の各号に掲げる事項を公示しなければならない。
一、講座名
二、実施責任者
三、開設場所
四、開設期間
五、学習内容
六、学習総時間数
七、その他必要な事項

（報　告）

第五条　教育委員会が講座を開設したときは、別紙第一号様式により、講座を廃止したときは、別紙第二号様式により文教局長に報告しなければならない。

附　則

この規則は、公布の日から施行し、一九五七年七月一日より適用する。

（第一号様式）

講座開設報告書

講座名	場所	開設期間	学習内容	総時間数	備考

右報告いたします

年　月　日

○○教育委員会㊞

文教局長殿

（第二号様式）

講座廃止報告書

廃止年月日	
廃止の事由	
その他参考事項	
備考	

右報告いたします

年　月　日

○○教育委員会㊞

文教局長殿

後がき

一、社会教育と学校教育は教育の二大分野で車の両輪のようなものだといはれているが、実際には社会教育は学校教育に比らべて非常におくれている。
　その原因はいろ〳〵あるだろうが、一日も早く立派な車の両輪にするため、皆のチエと力をかりようという考えで、特集されたのである。
二、編集に当つては分担して行はれている社会教育の仕事を各係が大ざつぱにつまみ上げたものであるから、つまみ残の中に大切なものが沢山あると思うがこれは次の機会にゆずることにした。
三、編集のまずさは、勉強のまずさからくると思う。まずいところがあちらこちらにあるが、うんと勉強して次は立派なものを出したいと考えている。
四、しかし編集のための期間が短かい上に、資料も十分整はなかつたにかかわらず、ここまでこぎつけたことは課員の一心同体的産物として、編集子は頭の下がる思いで一パイである。

文教時報（才三六号）（非売品）
一九五七年十一月一日　印刷
一九五七年十一月十日　発行
発行所　琉球政府文教局　社会教育課
印刷所　新光社　那覇市十一区九組　電話六八〇番

八月のできごと

一日　産業安全週間、教員夏期講習（前期）始まる。高等弁務官モーア中将慶良間島視察、帰省学生会（於那覇市役所）。

二日　改正所得税法公布、市町村交付税法公布。土地連合会臨時総会（於教育会館ホール）会長に桑江朝幸氏再選。

三日　立法院労組夏期ボーナス要求公務員大会（於教育会館ホール）。昭和バス労組スト決行全線にわたりバス運行停止

四日　那覇市議会議員選挙。民主党顧問松岡政保土地問題解決の促進を図るため本土に派遣。

五日　那覇市議選開票議長不信任派一七名、信任派一二名、中間派一名当選。昭和バス労組スト解除全線運行開始。

六日　糸満で父子焼け死ぬ。高嶺で母娘水死。沖縄教職員会は責任ある文部省検定済の教科書の中に沖縄の地位に関して大きな誤りのあることを重視し、六日文部省に同教科書の検定取消を要請するとともに発行者の三省堂に対して「発行を停止してもらう」よう文書で要請した。

七日　立法院土地特別委員会非公開のまま土地問題の処理について検討。米国防総省、在日マリン隊を近い将来沖縄に移動させると発表。

一一日　沖縄タイムス社主催文化講座、講師東京学芸大教授野上象子氏、東京教育大教授石井庄司氏。旧盆エイサー大会（於波の上ローラースケート場）

一三日　夏期講座前期終了。第五十一回（臨時）中央教育委員会（認定教科書目録の決定、文教局組織規則、単位給補助金交付規則、単位登録料補助金交付規則、教育職員採用に関する契約規則、教育職員免許状の一時効力停止に関する規則、補助金交付に要する公立小学校の及び中学校の学級数及び教員数の算定の方式、学校伝染病予防規則、研究教員の休暇並びに補充教員に関する規則等を可決。

大学入学資格検定試験（十三日～十六日）

一四日　教育長定例会（於名護教育長事務所）

一五日　夏期講座後期開始。第十二回目の終戦記念日。軍用地連合会桑江、池原正副会長は当間主席赤嶺法務局長、久貝同次長、島袋土地課長等と会見、ナイキ基地建設に伴う新規接収や第三海兵隊の移住による仮キャンプ敷地の黙認耕作打切りなど当面の軍用地問題の対策について会談。

一六日　在日第三海兵師団沖縄移駐開始。中央教育委員会で高等学校設置基準、幼稚園設置基準可決。生活苦から母子心中（於中城村久場崎海岸）

一七日　立法院沖縄財団調査委員会は沖縄財団の内容について公聴会（於委員会室）。本土琉球学生父兄会総会（於岸本ビル）。

一九日　中央教育委員会で教育法施行規則、政府立学校校地校舎の使用に関する規則を可決。

二〇日　南米移民百二十四名、チャレンカ号で出発。立法院文教社会委員、民政府デイフエンダーフアー教育部長、ハークネス同係官と教育法案について協議（於民政府会議室）。

二一日　文教局では文部省視学官高山政雄氏を囲んで教育行政問題について話会い。中央教育委員会で各種学校規則可決。当間主席は土地連受任者協議会の質問に対し文書による回答を行う。

二二日　軍民合同によるナイキ基地視察（民政府ビリングスリー氏、琉球政府側神村副主席）。大島沖遭難疎開学童の十三回忌法要（於小桜塔前）

二三日　高嶺明達氏、藤山外相に沖縄問題について建言。立法院「原水爆等核兵器の製造、実験使用禁止と核兵器基地の建設中止」の要請決議。沖青連、文教局共催による青年会中央幹部研修会（於政府移民訓練所）。第三回全日本中学校放送陸上競技沖縄大会（於工業高校）。

二四日　南部忠平氏（毎日新聞社運動部長）来島。防犯協会各地区警察署共催による第一回沖縄少年水泳大会（於首里淡水プール）。

二五日　第十八選挙区の立法院議員特別選挙。日本高校選抜陸上競技選手団（団長高田通氏）一行二十三名来島。沖縄新教育者連盟結成総会（於教育会館）。

二六日　第十八選挙区立法院議員補選に宮良寛才氏当選。米下院軍事委員ウイリアム・G・ブレイ議員（インディアナ州選出）夫人とともに来島。

二七日　教育長研修会（二七日～三一日まで於琉大）立法院文教社会委員会、教育立法案について公聴会。日本高校陸上競技団の招待試合（於嘉手納中校グラウンド）。モーア高等弁務官「那覇港域の訴願期間再延長しない」と声明発表。

二八日　沖青連の招きによる日青協代表松原善省氏ら六名来島。琉球新報社主催全琉中校バレーボール大会（於那覇高校）。アジア舞踊の権威榊原帰逸氏、高弟榊原えい子さんの実演と講演会（タイムス社三階ホール）。

二九日　文教局主催榊原帰逸氏と榊原えい子さんの舞踊講習会。日本高校選抜陸上団招待試合（於名護グラウンド）民政府教育部長デイフエンダーフアー氏送別会（於琉球ホテル）。民政府立法院議員の増俸案を拒否。

三一日　夏期講座後期終了。モーア高等弁務官バージャー准将らを伴つて伊是名、伊平屋両島を視察した。

37

文教時報

琉球　1958

文敎局研究調査課

NO. 37

文教時報 37号

目次

◆巻頭言……………………………文教局長 眞栄田義見…（1）

◆＝法的にみた＝
児童生徒の懲戒と体罰について………知念繁…（2）

教育法

◇教育基本法（第一号）……………………………………………（5）

◇教育委員会法（第二号）…………………………………………（6）

◇学校教育法（第三号）……………………………………………（18）

◇社会教育法（第四号）……………………………………………（25）

◆琉球列島米国民政府布令第165号と
民立法教育法の相異点…………………………学校教育課…（29）

◆抜萃◆

◇懲戒は教育的考慮で………………………………文部広報より…（35）

◇体罰について………………………………………文部広報より…（35）

◇秩序と体罰……………………………………初等教育資料より…（37）

資料

◇環境緑化の教育計画と実施要領…………大庭正一…（38）

はじめに……………………………………………………………………（38）

学校における緑化活動……………………………………………………（39）

環境緑化の具体的目標……………………………………………………（40）

環境緑化の教育計画………………………………………………………（41）

特別教育活動における教育計画…………………………………………（44）

環境緑化活動の実施要領…………………………………………………（45）

年間計画について…………………………………………………………（46）

資料とその解説……………………………………………………………（47）

教育四法の民立法を祝しその成長を期待する

文教局長　眞栄田義見

教育四法の民立法が成立した。法の内容の教育的立場からの批判は別にして、民自体の意志が立法機関を通して、成立したという点で大きな喜びを感ずるものである。

戦後の空白と、どうにもならない無力と、たよりない不安が、やつとアメリカに支えられて、ヨチ〳〵歩きをしたのであるが、それから十三年も年をかさねると沖縄も大きく成長したものである。一人歩きしたいという、自らの主体性の自覚が各方面に現れて来つつあるが、この四法の成立によつて、教育の主体性の回復が出来たという点において歴史的な意義をもつと思うのである。

法の運用は人にありとよく言われている。どんな立派な法でも運用する人の心がけによつて法の精神の実現についてのうまい、まずいがでてくるわけである。その意味では行政の衝に当る者も、現場の直接教育の技術的担当者も十分に気をくばつて立派な運営をしたいものである。

殊に新立法には教員の自主性と人間への信頼、その良識への信頼から教育行為と運営の規制面において、日本の教育法に比べて、大きな寛容性をもつているのである。もし、その寛容どいう広い道を、めい〳〵が勝手に歩くと、教育という大事な仕事に大きな穴があいて了うのである。その穴があかないために上下関係の監督という形をとるよりか、人間の自主と責任とに期待するのである。まことに人間信頼という大きな温い人間関係に期待しているわけである。

しかし、布令一六五号のいい所が之には欠けている所もあるのである。之については民政官も主席も自主的立場からの改正に期待すると、民立法署名と同時に談話が発表されていたが、私もまた之からの実施と経験に徴してその改正を必要とするのではないかと思うのである。

たとえばどちらかと言えば、沖縄のお互は殊に知識人は、筋を通すという理論的立場に立つて、そして余りにもその理論を背負つて立つ現実という足場を無視する。弱い足場に理論の目指す重い荷物を背負わす傾向がある。その理論と現実の距離が短い間はまだいいのである。理論と現実との距離が離れ過ぎて、なお理論に固執し、筋を立てようとすると、現実の立つている足場を押しつぶすのである。おしつぶされて改めて足場を見つめてなおしたのが最近の日本の教育法である。

沖縄においても、たとえば、主席の行政権から独立し過ぎる時、行政の上からも、財政の上からもどうなるか深く考うべきである。

とまれ、教育四法の民立法を祝すると共に、その大きな自主的成長を期待するものである。

—法的にみた—

児童生徒の懲戒と体罰について

文教局学校教育課　知念　繁

一、懲戒に関する法規

教育法第七章第九節に

「イ、いかなる学校においても体罰を加えてはならない。

ロ、校長及び教員は中央委員会の規定にしたがい必要な場合、生徒を体罰以外の方法で懲戒処分に処することができる。

ハ、他の学生の品行及び福利に害のある行為をなす学生に出席停止をさせることができる」

とあり、中央教育委員会規則第十号「学生懲戒規則」第二条に

「懲戒は、譴責、謹慎、停学及び退学とする。ただし、退学は義務教育学校においては、これを課してはならない。」

同第七条に

「退学は左の各号の一に該当する者に対してのみ行い、保護者の出席を求め、校長並に関係職員から訓戒を与え退学の勧告をなし、応じないときは除籍する。除籍された者は復校することはできない。

一、性行不良で改善の見込がないと認められる者

二、学力劣等で成果の見込がないと認められる者

三、正当の理由がなくて、出席常でない者

四、学校の秩序を乱し、その他学生としての本分に反した者

と定めている。

二、懲戒の教育的意味

社会通常の制裁は、法令規則に違反する行為をした者に対して不利益又は苦痛を加える措置を意味するが、学校教育法にいう懲戒は、児童生徒の教育の目的に副うことを強制する意味において、目的にそわない児童生徒の行為を教育的に規制するための措置である。

規則第一条に「この規定は、学生の非行を予防し、又は反省させるために設ける。」となつている。

（註、教育法及びその関係規則において「学生」とは、児童、生徒を総称している）

児童生徒にとつては、学校の教育方法に順応することが、原則的に学習上の利益なのであつて、児童の行状が、かかる学習上の利益を受くべきものと背離する場合に、これに順応せしめるために、その児童の性質行状に適応した措置を取つてこれを反省奮発せしめるために行う心理上の措置である。従つて児童生徒の懲戒は教育的意味では不利益を加えるものであつてはならない。

三、懲戒としての退学

しかし、学校の教育能力にも限度がある。欠陥があれば別であるが、正常に運営されている学校において、生徒の行為が、この学校の教育能力を超えている場合には、もはやその生徒はその学校の利用者たる権利を抛棄したものと考えられる。その行為の原因が先天的体質に基くものであれ、後天的な習慣に基くものであれ、その学校での就学は不適当であり退学するのが妥当であろう。前掲の規則第七条の一号二号はこの場合を予想したものと思われる。

同条三号は利用者たる生徒が、利用すべき権利を十分に使用せず自ら権利を抛棄する場合であり、四号も学校を正常に利用する権利を棄てるものである。

右の一号三号四号の場合、自ら不利益を招くのみならず、学校という社会を構成する他の生徒等の教育進行をさまだけ、品行及び福利に害を及ぼし、学校社会全体に不利益を与える意味がある。これもまた学校から排除されるべき理となるのである。

右の退学は、学校の利用者たる地位であれば、年令上の区別があるべきではないが、義務教育学校の生徒は、年少で、未だ法律上の責任を十分に有せず、且つ教育上から見ても、その陶治性の欠如の程度が退学に価するものか否かを、にわかに判断し難く、むしろ教育方法を児童らの状況に順応さす方が適当であると考えられるので、退学を禁止するのである。

法的には、甲の学校を退学せしめても、乙の学校に在籍せしめられれば、転学親権者の義務も、教育委

員会の義務もつくされるので、教育上の意義が十分あれば、このような退学をさせることは出来よう。法の最終的意義は、いずれの学校にも就学せしめないような退学を禁止すると解すべきであろう。

四、その他の懲戒手段

通常の学校では、とうてい集団的教育をなし難いような反社会的児童があれば児童福祉法によつて、福祉事務所、または児童相談所に通告し、罪を犯した者は家庭裁判所に通告しなければならない。

五七年十月一日に公布された少年法（立法第七十八号）（ただし、この立法は、公布の日から一年をこえない期間内において施行期日を規則で定めることになつている）

第四条に

　次に掲げる少年は、家庭裁判所の審判に付する。

（少年とは、二十才に満たない者をいう）

　一、罪を犯した少年

　二、十四才に満たないで刑罰法令に触れる行為をした少年

　三、次に掲げる事由があつて、その性格又は環境に照して、将来、罪を犯し、又は刑罰法令に触れる行為をするおそれのある少年

　　イ、保護者の正当な監督に服しない性癖のあること。

　　ロ、正当の理由がなく、家庭に寄り附かないこと。

　　ハ、犯罪性のある人若しくは不道徳な人と交際し、又はいかがわしい場所に出入すること。

　　ニ、自己又は他人の徳性を害する行為をする性癖のあること。

　２、家庭裁判所は、前項二号に掲げる少年及び同項第三号に掲げる少年で十四才に満たない者については、行政主席又は児童相談所長から送致を受けたときに限り、これを審判に付することができる。

と規定されている。即ち、罪を犯した少年は、直接、家庭裁判に付されるが、問題は十四才に満たない少年にして、刑罰法令に触れる行為をした者、あるいはその人の性格や環境等に照して、将来、罪を犯し、又は刑罰法令に触れる行為をするおそれがあつて、これを家庭裁判の審判に付すべき少年を発見した者は、これを家庭裁判所に通告しなければならない。また警察官や保護者は、罪を犯した少年や、または性格や環境から将来罪を犯し、あるいは刑罰法令に触れる行為をなすおそれのある少年について、直接これを家庭裁判所に送致し、又は通告するよりも、先ず児童福祉法による措置にゆだねるのが適当であると認めるときは、その少年を直接児童相談所に通告することができる。なお、行政主席または児童相談所長は、児童福祉法の適用がある少年について、たまたま、その行動の自由を制限し、またはその自由を奪うような強制的措置を必要とするときは、特に規定されてある場合を除き、これを家庭裁判所に送致しなければならない。（少年法第六条）

このように、罪を犯し、また将来罪を犯すおそれのある少年等に対しては、児童福祉法二五条乃至二七条に規定する措置を受けて、必要があれば同法四九条の教護院（教護院は、不良行為をなし、又はなすおそれのある児童を入院させて、これを教護することを目的とする施設である。）現在沖縄では、首里の沖縄実務学園がそれである。ここに入所せしめ、また少年法四条に当る措置に任せ、必要があれば少年院に収容される。

教護院、少年院では主として矯正教育を目的として教育法による教育を行い、その卒業証書は、通常の学校長が授与する卒業証書と同等の効力を有する。

五、懲戒の範囲と条件

このように児童に与える懲戒は、児童または学校社会集団の教育上の利益を促進すべき性質のものではあるが、必ずしも児童に対し、利益の感を与えるものではなく、たとえば出校停止のような自由の制限や、謹慎あるいは戒告などのような自由感の制限を加えるものである。又訓戒あるいは「立たせる」などは自由や自由感の制限など精神的苦痛の外に、肉体的苦痛を加える所の事実上の制裁である。このような規定的制裁としての懲戒、あるいは事実上の制裁が、業務上の行為として認められる範囲は、

㈠　制裁者が校長、教員であり、且つ、当該児童の教育を担当すべき職務権限を有するものであること。

㈡　当該児童の教育及び学校の教育上の必要に基く理由であること。

㈢　教育法及びそれに基く規則の範囲内であること。

㈣　体罰の程度に到らないこと。

㈤　職務権限の行使下であること。

㈥　当該児童の行為が、その学校の教育上からみて反省を求めるに足るものであること。

であつて、右以外の条件の場合には、いかなる制裁

も、職務行為としても又は私的行為としても、公法上及び刑事上の責任を有するものである。

六、体罰

教育法第七章第九節により校長及び教員は教育上必要と認める場合には児童生徒を懲戒することができるが、特に体罰は禁止されている。懲戒の内容を肉体的なものと精神的なものとに分類すると、その肉体的な苦痛を内容とする懲戒を体罰と解するのが通常である。今、かりにある教員に対して悪意ある児童又はその父兄が、その教員が手を以て肩あるいは頭を押した行為を誇張して、肩あるいは頭を殴打したと訴えたとする。

体罰は、前述したように肉体的に著しい苦痛を与える制裁であるので、その行為の動機、行為者の心理状態の昂奮程度、肉体に加えた力及び速力の程度が、常識上暴力とみなされるものであるか否か、児童の受けた肉体的苦痛が、衝撃的であるか否か、また苦痛感が存続的であるか否か、というような点が問題である。具体的にいえば、なぐる、ける、たたく、倒すに当る行為は体罰に属する。この外、長時間炎天下や寒風中に直立させたり、放課後教室に残留させて用便にも出ることを許さないというように肉体的苦痛を与える懲戒をも含んでいる。然し特定の懲戒が体罰であるかどうかということを予め一般的な標準で決めることは困難であり、被罰者の性行や非行の性質、年令、健康、場所的時間的環境等いろいろな条件を総合的に考察して判断するより外にない。

又、懲戒として授業に遅刻した児童を一定時間教室に入れないことは、義務教育の趣旨にかんがみ、許されないが、授業中学習を怠り、他の児童の学習を妨げるような生徒に対して、一定時間退去させて、教室の秩序を維持し、他の児童の学習上の妨害を排除するという意味において、その行為をやめさせるために教室外に退去させることは許されるが、懲戒としては許されない。

懲戒として不当な差別待遇又は児童の酷使になるようなことになつて体罰の類似行為になつてはならない。体罰であるか否か疑わしいような程度の行為は体罰と判定しないのが至当であるが、このような行為はつつしむべきと考えるべきものであろう。

しかし体罰類似行為及び体罰については、その原因となる周囲の事情によつて、情状を酌量すべきものが多い。

（一九五七、一一、二八）

一、水

自ら活動して　他を仂かしむるは
水なり
常に己が進路を求めてやまざるは
水なり
障害に逢ひ　激しくその勢を百倍
し得るは水なり
自ら潔ふして　他の汚を洗ひ
清濁併せ容るの量あるは　水なり
洋々として大洋を充て　発しては
蒸気となり　雲となり　雨となり
雪と變じ　霰と化し
漱つては玲瓏たる鏡となり
而もその性を失はざるは水なり

教育法

目次

立法

○教育基本法（第一号）
○教育委員会法（第二号）
○学校教育法（第三号）
○社会教育法（第四号）

立法

立法院の議決した教育基本法に署名し、ここに公布する。

一九五八年一月十日

行政主席　当間重剛

○立法第一号

教育基本法

われらは、日本国民として人類普遍の原理に基き、民主的で文化的な国家及び社会を建設して、世界の平和と人類の福祉に貢献しなければならない。この理想の実現は、根本において教育の力にまつべきものである。

われらは、個人の尊厳を重んじ、真理と平和を希求する人間の育成を期するとともに、普遍的にしてしかも個性ゆたかな文化の創造をめざす教育を普及徹底しなければならない。

ここに、以上の理念に則り、教育の目的を明示して教育の基本を確立するため、この立法を制定する。

（教育の目的）

第一条　教育は、人格の完成をめざし、平和的、民主的な国家及び社会の形成者として、真理と正義を愛し、個人の価値をたつとび、勤労と責任を重んじ、自主的精神に充ちた心身ともに健康な国民の育成を期して行わなければならない。

（教育の方針）

第二条　教育の目的は、あらゆる機会に、あらゆる場所において実現されなければならない。この目的を達成するためには、学問の自由を尊重し、実際生活に即し、自発的精神を養い、自他の敬愛と協力によつて、文化の創造と発展に貢献するように努めなければならない。

（教育の機会均等）

第三条　すべて住民は、ひとしく、その能力に応ずる教育を受ける機会を与えられなければならないものであつて、人類、信条、性別、社会的身分、経済的地位又は門地によつて、教育上差別されない。

2　琉球政府（以下「政府」という。）及び地方教育区は、能力があるにもかかわらず、経済的理由によつて修学困難な者に対して、奨学の方法を講じなければならない。

（義務教育）

第四条　住民は、その保護する子女に、九年の普通教育を受けさせる義務を負う。

2　政府又は地方教育区の設置する学校における義務教育については、授業料は、これを徴収しない。

（男女共学）

第五条　男女は、互に敬重し、協力し合わなければならないものであつて、教育上男女の共学は、認められなければならない。

（学校教育）

第六条　法令に定める学校は、公の性質をもつものであつて、政府又は地方教育区のほか、法令に定める法人のみが、これを設置することができる。

2　法令に定める学校の教員は、全体の奉仕者であつて、自己の使命を自覚し、その職責の遂行に努めなければならない。このためには、教員の身分は、尊重され、その待遇の適正が、期せられなければならない。

（社会教育）

第七条　家庭教育及び勤労の場所その他社会において行われる教育は、政府及び地方教育区によつて奨励されなければならない。

2　政府及び地方教育区は、図書館、博物館、公民館等の施設の設置、学校の施設の利用その他適当な方法によつて教育の目的の実現に努めなければならない。

（政治教育）

第八条　良識ある公民たるに必要な政治的教養は、教育上これを尊重しなければならない。

2　法令に定める学校は、特定の政党を支持し、又はこれに反対するための政治教育その他政治的活動をしてはならない。

（宗教教育）

第九条　宗教に対する寛容の態度及び宗教の社会生活における地位は、教育上これを尊重しなければならない。

2　政府及び地方教育区が設置する学校は、特定の宗教のための宗教教育その他宗教的活動をしてはならない。

（教育行政）

第十条　教育は、不当な支配に服することなく、住民全体に対し直接に責任を負つて行われるべきものである。

2　教育行政は、この自覚のもとに、教育の目的を遂行するに必要な諸条件の整備確立を目標として行われなければならない。

（補　則）

第十一条　この立法に掲げる諸条項を実施するために必要がある場合には、適当な立法が制定されなければならない。

附　則

この立法は、一九五八年四月一日から施行する。

立法院の議決した教育委員会法に署名し、ここに公布する。

一九五八年一月十日

行政主席　当間重剛

〇立法第二号

教育委員会法

第一編　総　則

（この立法の目的）

第一条　この立法は、教育が不当な支配に服することなく、住民全体に対し直接に責任を負つて行われるべきであるという自覚のもとに、公正な民意により琉球の実情に即した教育行政を行うために、地方教育区及び教育委員会を設け、教育本来の目的を達成することを目的とする。

（地方教育区及び教育委員会）

第二条　地方教育区とは、教育区及び連合教育区（以下「連合区」という。）をいう。

2　政府、連合区及び教育区にそれぞれ中央教育委員会（以下「中央委員会」という。）、連合教育区教育委員会（以下「連合区委員会」という。）及び教育区教育委員会（以下「区委員会」という。）を設置する。

（政府及び地方教育区の事務）

第三条　政府及び地方教育区は、法令の定めるところにより、教育、学術及び文化（以下「教育」という。）に関する事務を処理する。

（教育委員会の組織、権限及び職務）

第四条　教育委員会の組織、権限及び職務は、この立法の定めるところによる。

（教育委員会の規則制定権）

第五条　教育委員会は、法令に違反しない限りにおいて、その権限に属する事務に関し、教育委員会規則を制定することができる。

2　教育委員会規則その他教育委員会の定める規程で公表を要するものは、一定の公告式により、これを公布しなければならない。

3　前項の公告式は、教育委員会規則でこれを定め、公布のための署名、公布の方法、施行期日その他必要な事項を規定しなければならない。

4　中央委員会、連合区委員会及び区委員会の制定する規則は、それぞれ中央教育委員会規則（以下「中央委員会規則」という。）、連合教育区教育委員会規則（以下「連合区委員会規則」という。）及び教育区教育委員会規則（以下「区委員会規則」という。）という。

（委任の禁止）

第六条　教育委員会は、その委員の一人又は一部の委員に行政上の職務を行うことを委任することはできない。

（経費の負担）

第七条　中央委員会、連合区委員会及び区委員会に要する経費は、それぞれ政府、連合区及び教育区の負担とする。

第二編　地方教育区

第一章　通　則

（地方教育区の法人格）

第八条　地方教育区は、法人とする。

（住民の意義及び権利義務）

第九条　地方教育区の区域内に住所を有する者は、当該地方教育区の住民とする。

2　住民は、この立法の定めるところにより、その属

する地方教育区の財産及び営造物を共有する権利を有し、その負担を分任する義務を負う。

第二章　教育区

第一節　通則

（教育区の区域及び名称）

第十条　教育区の区域は、市町村の区域とする。

2　教育区の名称は、従来の例による。

（教育区の廃置分合及び境界の変更）

第十一条　教育区は、市町村が市町村自治法（一九五三年立法第一号）第二条の規定により廃置分合し、又は境界を変更した場合には、当該市町村と同様に廃置分合し、又は境界を変更するものとする。

2　前項の場合において財産処分を必要とするときは関係教育区の区委員会が協議してこれを定める。その協議が調わないときは、関係教育区の意見を徴して、中央委員会が、これを定める。

3　第一項の規定により教育区が合併する際、合併関係教育区の区委員会の委員で、当該合併教育区の委員の被選挙権を有することとなる者は、その任期中引き続き、合併教育区の委員会の委員として在任する。この場合において、教育区合併の際に当該合併教育区の委員会の委員である者の数が、第十二条第一号の規定による定数をこえるときは、同条同項の規定にかかわらず、当該数をもつて、当該合併教育区の委員会の委員の定数とし、委員に欠員が生じ、又は委員がすべてなくなつたときは、これに応じてその定数は、同条同項の規定による定数に至るまで減少するものとする。

4　合併教育区は、合併関係教育区の相互の間に、教育税の賦課に関し著しい不均衡があり、その全地域にわたつて、均一の課税をすることが著しく困難と認められる特別の事情がある場合においては、教育区合併の行われた日の属する年度及びこれにつづく一箇年度に限り、不均衡の程度を限度として、不均一の課税をすることができる。

第二節　教育区教育委員会

第一款　組織

（委員）

第十二条　区委員会は、五人の委員でこれを組織する。ただし、人口十万人以上の教育区の区委員会の委員は、七人とする。

2　前項に規定する委員は、選挙による。ただし、補充委員は、区委員会が選任するものとする。

（任期）

第十三条　選挙による委員の任期は、第二項に規定する場合のほか、四年とする。ただし、後任委員が就任するまで在任するものとする。

2　第十四条の規定により補充委員の後任委員及び任期満了により選挙される委員の数が、七人、六人、五人、四人又は三人の場合の委員の任期は、次の各号の定めるところによる。

一、七人の場合は、得票数の多い者の順で四人は四年、三人は二年

二、六人の場合は、得票数の多い者の順で三人は四年、三人は二年

三、五人の場合は、得票数の多い者の順で三人は四年、二人は二年

四、四人の場合は、得票数の多い者の順で二人は四年、二人は二年

五、三人の場合は、得票数の多い者の順で二人は四年、一人は二年

3　前項の場合において、得票数が同数の場合又は無投票当選による場合は、抽せんにより、これを定める。

4　第二十条の規定により選任された委員の任期は、次の最初の選挙により選挙された委員が就任する日までの前日までとする。

5　第一項及び第二項に規定する委員の任期は、選挙の日から起算する。

第二款　選挙及び直接請求

（選挙権及び被選挙権）

第十四条　改正市町村議会議員及び市町村長選挙法（一九五〇年琉球列島米国軍政本部布令第十七号）（以下「市町村議会議員選挙法」という。）第二条又は第三条の規定による選挙権又は被選挙権を有する者は、区委員会の委員の選挙権又は被選挙権を有する。

（欠格事由）

第十五条　次の各号の一に該当する者は、区委員会の委員となることはできない。

一　禁治産者、準禁治産者又は破産者で復権を得ない者

二　禁錮以上の刑に処せられた者

三　受刑中の者及び執行猶予中の者

（半数交代制）

第十六条　委員の選挙は、隔年毎の三月中に行わなければならない。

2　前項に規定する選挙においては、委員の定数が七人の場合は、原則として四人及び三人、五人の場合は、原則として三人及び二人を隔年毎に交互に改選する。

（選挙区）

第十七条　区委員会の委員の選挙は、教育区の区域内において行う。

（選挙事務）

第十八条　区委員会の委員の選挙に関する事務は、市町村の選挙管理委員会がこれを管理する。

（選挙人名簿）

第十九条　区委員会の委員の選挙は、市町村議会議員選挙法第十七条に規定する選挙人名簿により、これを行う。

（委員の選任）

第二十条　区委員会の委員に欠員を生じた場合は、当該委員会において、委員の被選挙権を有する者のうちから、三十日以内に、補充委員を選任する。

2　当選の資格を失い又は当選無効になつた場合において、当選人を定めることができないときは、区委員会において、委員の被選挙権を有する者のうちから、すみやかに補充委員を選任する。

（準用規定）

第二十一条　区委員会の委員の選挙については、この立法又はこれに基く中央委員会規則に別段の定がある場合を除いては、市町村議会議員の選挙の例による。

（解職の請求）

第二十二条　区委員会の委員の選挙権を有する者は、委員の解職の請求をすることができる。

2　前項に規定する委員の解職の請求に関しては、市町村議会の議員の解職の請求の例による。

第三款　職務権限

（教育区の統括及び代表）

第二十三条　区委員会は、当該教育区を統括し、これを代表する。

（区委員会の所管）

第二十四条　区委員会は、当該教育区の設置する学校その他の教育機関を所管する。

（区委員会の事務）

第二十五条　区委員会は、当該教育区の教育に関する事務を処理するために、教育長の助言と推せんを得て次に掲げる事務を行う。

一、教育区の政策を設定することによつて所管する学校及びその他の教育機関の一般統括に関すること。
二、教育区の資金使途を決定し、その支払を承認すること。
三、教育区の教育職員及びその他の職員の任免その他の人事に関すること。
四、教育財産の取得、管理及び処分に関すること。
五、教育目的のための基本財産及び積立金穀の管理及び処分に関すること。
六、区委員会の規則の制定又は改廃に関すること。
七、教育区の歳入歳出の予算の編成に関すること。
八、学校その他の教育機関の設置、管理及び廃止に関すること。
九、文教局長の認可を得て、その管轄する学校の教育課程の制定及び教科内容に関すること。
十、社会教育に関すること。
十一、中央委員会の編集した教科用図書目録から教科用図書を採択すること。
十二、教育事務のための契約に関すること。
十三、校長、教員その他の教育職員の研修に関すること。
十四、校長、教員その他の教育職員並びに生徒、児童及び幼児の保健、福利及び厚生に関すること。
十五、学校の保健計画の企画及び実施に関すること。
十六、学校環境の衛生管理に関すること。
十七、学校その他教育機関の敷地の設定及び変更並びに校舎その他の建物の営繕、保全の計画に関すること。
十八、所管学校の年中行事の認可に関すること。
十九、証書及び公文書類を保管すること。
二〇、学校給食に関すること。

2　区委員会は、前項に規定する事務を除くほか、法令によりその権限に属する事務を管理し及び執行する。

第四款　会　議

（委員長及び副委員長）

第二十六条　区委員会は、委員のうちから委員長及び副委員長各一人を選挙しなければならない。

2　委員長及び副委員長の任期は、一年とする。ただし、再選することができる。

3　委員長は、区委員会の会議を主宰する。

4　副委員長は、委員長を補佐し、委員長に事故があるとき又は委員長が欠けたときは、その職務を行う。

（会議の招集）

第二十七条　区委員会の会議は、委員長が、これを招

集する。ただし、選挙後の最初の会議は、教育長が招集しなければならない。

2 委員二人以上の者から書面で会議に付議すべき件を示して臨時会の招集を請求したときは、委員長は、これを招集しなければならない。

3 会議開催の場所及び日時は、会議に付議すべき事件とともに委員長が、あらかじめこれを告示しなければならない。

4 区委員会の会議の招集は、開会の日前七日までに、これを告示しなければならない。ただし、急施を要する場合は、この限りでない。

（定例会及び臨時会）

第二十八条 区委員会の会議は、定例会及び臨時会とする。

2 定例会は、一年に少くとも六回これを招集しなければならない。

3 臨時会は、必要がある場合において、その事件に限り、これを招集する。

4 会議招集告示後に急施を要する事件があるときは、前第三項及び前項の規定にかかわらず、直ちに、これを会議に付議することができる。

（会議の定足数）

第二十九条 区委員会の会議は、定数の過半数が出席しなければ、これを開くことができない。

（会議の公開）

第三十条 区委員会の会議は、これを公開する。ただし、委員の発議により出席委員の三分の二以上の多数で議決したときは、秘密会を開くことができる。

2 前項の委員の発議は、討論を行わないでその可否を決しなければならない。

（議決の方法）

第三十一条 区委員会の議事は、出席委員の過半数でこれを決する。

（議事参与の制限）

第三十二条 区委員会の委員は、自己又は配偶者若しくは三親等以内の親族の一身上に関する事件について、その議事に参与することができない。ただし、会議に出席し、発言することができる。

（会議録）

第三十三条 区委員会の会議の次第は、すべて会議録に記載しなければならない。

2 前項の会議録について必要な事項は、区委員会規則で、これを定める。

（会議規則等）

第三十四条 区委員会は、会議規則及び傍聴人規則を設けなければならない。

2 この立法に別段の定がある場合を除いては、区委員会の会議に関する事項は、会議規則でこれを定めることができる。

第五款　事務局及び会計監査委員

（事務局）

第三十五条 区委員会の職務に属する事務を処理させるために、区委員会に事務局を置く。

2 事務局に常勤又は非常勤の会計係を置く。

3 前項の会計係のほか、必要な常勤又は非常勤の職員を置くことができる。

4 前二項の職員は、教育長の推せんを得て、区委員会が任命する。

5 第二項及び第三項の職員の定数は、区委員会規則でこれを定める。

（職員の事務）

第三十六条 会計係は、教育区の出納その他の会計事務を掌る。

2 前条第三項の職員は、区委員会の事務に従事する。

（監査委員の設置及び定数）

第三十七条 教育区に、区委員会規則で会計監査委員（以下「監査委員」という。）を置く。

2 監査委員の定数は、二人以上四人以内とする。

（任命、兼職の禁止及退職）

第三十八条 監査委員は、区委員会が学識経験を有する者のうちから任命する。

2 監査委員は、区委員会の委員又は職員を兼ねることができない。

3 監査委員は、退職しようとするときは、区委員会の承認を得なければならない。

（任期）

第三十九条 監査委員の任期は、一年とする。

（職務）

第四十条 監査委員は、教育区の出納を監査する。

2 監査委員は、毎会計年度少くとも二回期日を定めて前項の規定による監査をしなければならない。

3 監査委員は、前項に定める場合を除くほか、必要があると認めるときは、何時でも監査することができる。

4 監査委員は、監査の結果を公表しなければならない。

第三節　給与

（委員等の報酬及び費用の弁償）

第四十一条　教育区は当該区委員会の委員、監査委員、市町村の選挙管理委員、選挙の実施に関する事務に従事する者並びに第三十五条第二項及び第三項に規定する非常勤の職員に対し、報酬を支給しなければならない。ただし、給料は支給しない。

2　前項に規定する者は、職務を行うために要する費用の弁償を受けることができる。

3　区委員会の委員に関しては、前二項に規定する報酬及び費用弁償の額は、当該市町村議員のそれをこえてはならない。

（常勤職員の給料、旅費及び退職金）

第四十二条　教育区は、第三十五条第二項及び第三項に規定する常勤の職員に対し、給料及び旅費を支給しなければならない。

2　前項の職員は、退職金を受けることができる。

（委任規定）

第四十三条　前二条に規定する報酬、費用弁償、給料、旅費及び退職金の額並びに支給方法は、区委員会規則でこれを定める。

第四節　財　産

第一款　財産

（基本財産、特別基本財産、積立金穀）

第四十四条　教育区は、学校その他教育機関のためにする財産を基本財産として維持することができる。

2　教育区は、特定の目的のためにする特別の基本財産を設け又は金穀等を積み立てることができる。

第二款　収入

（教育税）

第四十五条　教育区は、この立法の定めるところにより、教育税を賦課徴収することができる。

（納税義務者）

第四十六条　教育税は、その教育区と区域を同じくする市町村の市町村税の納税義務者に対し、その年度の市町村税額を課税標準としてこれを課する。

（賦課徴収の委任）

第四十七条　教育区は、第四十五条に規定する教育税の賦課徴収を市町村に委任する。

2　市町村は、前項の委任がある場合は、教育税を徴収し、当該区委員会の指定する期日までに、その会計係に納入しなければならない。

（準用規定）

第四十八条　教育税の賦課、徴収、督促及び滞納処分については、市町村税法（一九五四年立法第六十四号）の例による。ただし、市町村税法に基く条例については、この限りでない。

（教育区債）

第四十九条　教育区は、公聴会の承認を経て、教育区債を起すことができる。

2　教育区債を起すにつき、公聴会の承認を経るときは、併せて起債の方法、利息の定率及び償還の方法について承認を経なければならない。

3　教育区が、教育区債を起し、並びに起債の方法、利息の定率及び償還の方法を変更しようとするときは、中央委員会の許可を受けなければならない。

4　教育区債は、次の各号に掲げる事業の財源としてのみこれを起債することができる。

一　教育区の行う建築に要する経費の財源とする場合

二　学校設備に要する経費の財源とする場合

三　校地を買収するために要する経費の財源とする場合

（一時借入金）

第五十条　区委員会は、予算内の支出をするため、公聴会の承認を経て、一時の借入をすることができる。

2　前項に規定する借入金は、その会計年度内の収入をもつて償還しなければならない。

（委任規定）

第五十一条　教育税の賦課、徴収、賦課期及び納期その他必要な事項は、当該市町村の条例でこれを定める。ただし、教育税の課税率は、教育区の歳入予算のうち教育税による予算額を教育区に納入できるように定めなければならない。

第三款　支出

（経費の支弁）

第五十二条　教育区は、その必要な経費及び法令により教育区の負担に属する経費を支弁する義務を負う。

（経費の支出）

第五十三条　予算の議決があつたときは、区委員会は、直ちにその写を教育長及び会計係に交付しなければならない。

2　会計係は、区委員会の命令がなければ支出することができない。命令を受けても支出の予算がなく、かつ、財務に関する規定により支出することができない場合も、また、同様とする。

（支払金の時効）

第五十四条　教育区の支払金の時効については、政府

の支払金の時効による。

第四款　予算

（予算及び会計年度）
第五十五条　区委員会は、毎会計年度歳入歳出予算を調製し、年度開始前に、公聴会を開き、その意見を聞くものとする。
2　教育区の会計年度は、政府の会計年度による。
3　予算を公聴会に提出するときは、委員会は、併せて財産表、予算説明その他財政状態の説明資料を提出しなければならない。
（予算追加又は更正、暫定予算）
第五十六条　区委員会は、既定予算につき公聴会を開き、その意見を聞いて既定予算の追加又は更正することができる。
2　区委員会は、必要に応じて一会計年度中の一定期間内にかかる暫定予算につき公聴会を開き、その意見を聞いて、これを編成することができる。
3　前項の暫定予算は、当該会計年度の予算が成立したときは、その効力を失うものとし、その暫定予算に基く支出又は債務の負担があるときは、その支出又は債務の負担は、これを当該会計年度の予算に基く支出又は債務の負担とみなす。
（継続費）
第五十七条　教育区の経費をもつて支弁する事件で、数年を期してその経費を支出すべきものは、公聴会を開き、その意見を聞いて、その年期間各年度の支出額を定め、継続費とすることができる。
（予算費）
第五十八条　区委員会は、予算外の支出又は予算超過の支出に充てるため、予備費を設けなければならない。
2　特別会計には、予備費を設けないことができる。
（特別会計）
第五十九条　区委員会は、公聴会にはかつて特別会計を設けることができる。
（公聴会）
第六十条　教育区における公聴会は、当該教育区の教育委員の選挙権を有する者で構成しなければならない。
（公聴会の開催）
第六十一条　公聴会は、区委員会が、これを開催する。
2　区委員会は、公聴会開催の日時及び場所を公聴会に付すべき事件とともに、開催の日前五日までにこれを告示しなければならない。
（委任規定）
第六十二条　この立法及びこれに基く中央委員会規則に規定するもののほか、公聴会に関し必要な事項は区委員会規則で、これを定める。

第五款　出納及び決算

（出納の決算）
第六十三条　教育区の出納は、年二回例日を定めて監査委員が、これを検査しなければならない。ただし必要があるときは、臨時に検査することができる。
2　監査委員は、検査の結果を区委員会に報告しなければならない。
（出納の閉さ）
第六十四条　教育区の出納は、翌年度の八月三十一日をもつて閉さする。
（決算）
第六十五条　決算は、証書類と併せて会計係からこれを区委員会に提出しなければならない。この場合において、会計係は、出納閉さ後一箇月以内にこれをしなければならない。
2　区委員会は、決算及び証書類を監査委員の審査に付しその意見を付けて、公聴会の認定に付さなければならない。
3　決算は、その認定に関する公聴会の記録とともに、文教局長に報告し、かつ、その要領を告示しなければならない。

第六款　補則

（財務監視）
第六十六条　文教局長は、必要があるときは、教育区につき財務に関係のある事務の報告をさせ、書類帳簿を徴し、又は実地について財務に関係のある事務を視察し、若しくは出納を検閲することができる。
（競争入札）
第六十七条　教育区は、立法又は中央委員会規則に特別の定がある場合を除くほか、財産の売却及び貸与、工事の請負並びに物件、労力その他の供給は、競争入札に付さなければならない。ただし、臨時急施を要するとき、又は入札の価格が入札に要する経費に比較して得失相償わないときは、この限りでない。
（維持及び修繕費の積立）
第六十八条　区委員会は、毎会計年度予算に、学校建物の維持及び修繕費とし建物一坪当り二百五十円を下らない額を計上しなければならない。この項目に計上された予算額のうち、当該予算年度内に支出されなかつた残額は、学校建物の改築のための積立基金に繰り入れなければならない。

（仮校舎建築資金借入の禁止）

第六十九条　教育区は、仮校舎を建築するために資金を借りることはできない。

（財政状況の報告）

第七十条　区委員会は、区委員会規則の定めるところにより、毎年二回以上予算の使用の状況、収入の状況並びに財産、教育区債及び一時借入金の現在高その他財政に関する事項を説明する文書を作成し、これを住民に公表しなければならない。

（市町村職員の賠償責任）

第七十一条　市町村の職員は、故意又は重大な過失により、教育税の査定、賦課又は納入を怠つたときは、それによつて生じた損害を賠償する責任を負う。

（会計係等の賠償責任）

第七十二条　教育区の会計係その他の職員が、法令の規定に基いて保管する現金又は物品を亡失又はき損した場合における賠償については、市町村の出納職員等の賠償の例による。

第三章　連合教育区

第一節　通　則

（設置）

第七十三条　教育区は、教育の指導と管理を一層有効にし、教育の事務を能率的に処理し及び高等学校その他の学校を設置するため、その協議により規約を定め、中央委員会の認可を得て、連合区を設置することができる。

（規約の規定事項）

第七十四条　連合区の規約には、次に掲げる事項について規定を設けなければならない。

一　連合区の名称
二　連合区を組織する教育区
三　連合区の共同処理する事務
四　連合区の事務局の位置
五　連合区の経費の支弁の方法

（規約の変更）

第七十五条　連合区は、規約を変更しようとするときは、関係教育区の協議により、中央委員会の認可を受けなければならない。

（解散）

第七十六条　連合区を解散しようとするときは、関係教育区の協議により、中央委員会の認可を受けなければならない。

（財産処分）

第七十七条　前二条の場合において、財産処分を必要とするときは、関係教育区の協議により、若しくは関係教育区と連合区との協議により又は連合区委員会の議決によりこれを定める。

（経費の分賦の異議）

第七十八条　連合区の経費の分賦に関し、違法又は錯誤があると認めるときは、教育区は、その告示を受けた日から三十日以内に連合区委員会に異議の申立をすることができる。

2　前項の異議の申立があつたときは、連合区委員会は、その申立を受けた日から三十日以内に、これを決定しなければならない。

（教育事務の委託）

第七十九条　連合区は、特別の事由があるときは、関係連合区の協議により規約を定め、高等学校の生徒の全部又は一部の教育事務を他の連合区に委託することができる。

2　前項の委託については、学校教育法（一九五八年立法第三号）第三十二条第二項から第五項までの規定を準用する。

（準用規定）

第八十条　連合区については、法令に特別の定のある場合を除くほか、教育区に関する規定を準用する。

第二節　連合教育区教育委員会

第一款　組織及び会議

（委　員）

第八十一条　連合区委員会の委員は、五人を下らない数とし、所属する区委員会の委員のうちから、各々一人を区委員会においてこれを選挙する。ただし、所属する教育区が、四区以下の場合は、各区委員会の選挙する委員の数は、その教育区の人口に比例して定めるものとする。

2　前項の規定にかかわらず、十万人をこえる人口を有する教育区は、当該連合委員会に少くとも三人を選挙により参加させなければならない。

（任期）

第八十二条　連合区委員会の委員の任期は、それぞれの区委員会の委員の任期中とする。

第二款　教育長及び事務局

（教育長及び教育次長）

第八十三条　地方委員会（区委員会及び連合委員会をいう。以下同じ。）に教育長を置く。

2　連合区委員会の教育長は当該連合区を構成する教育区の区委員会の教育長を兼任するものとする。

3　連合区委員会に、教育次長を置くことができる。

4　教育長及び教育次長は、教員、校長及び教育長免許令（一九五四年琉球列島米国民政府布令第百三十四号）の定める教育長の免許を有する者のうちから連合区委員会が、中央委員会規則の定めるところにより、当該連合区を構成する教育区の区委員会と協議して、これを選任する。

（教育長及び教育次長の任期）

第八十四条　教育長及び教育次長は、六年間同一地方教育区に在任した場合は、それ以後十年を経過しない限り、当該地方教育区に教育長又は教育次長として六年をこえて在任することができない。

2　教育次長が同一地方教育区において教育長に選任された場合は、通算して六年をこえて当該教育区に在任することはできない。

（教育長の職務）

第八十五条　教育長は、その属する地方委員会の指揮監督を受け、当該地方委員会の処理するすべての教育事務を掌る。

2　教育長は、その属する地方委員会の行うすべての教育事務につき、助言し、推せんすることができる。

3　教育長は、その属する地方委員会の事務局を総括し、及びその職員を指揮監督する。

4　教育長は、自己の身分取扱についての議事が行われるとき又はやむを得ない事由がある場合を除くほか、地方委員会のすべての会議に出席しなければならない。この場合、教育長は、議事について発言することができるが、選挙及び議決に加わることはできない。

5　教育長は、その事務の執行に関し、地方委員会の所轄地域の教育に関し、必要な報告及び資料を中央委員会並びに地方委員会に提出しなければならない。

（教育次長の職務）

第八十六条　教育次長は、教育長を補佐し、教育長に事故があるとき又は教育長が欠けたときは、その職務を行う。

（事務局）

第八十七条　連合区委員会の職務権限に関する事務を処理させるため、連合区委員会に事務局を置く。

（事務局の職員）

第八十八条　事務局には、指導主事、会計係その他必要な職員を置く。

2　前項に規定する職員は、教育長の推せんにより当該委員会が、これを任命する。

3　事務局に属する職員（教育長及び教育次長を含む。）の定数は、当該委員会が、これを定める。

（指導主事の職務）

第八十九条　指導主事は、校長及び教員に助言と指導を与える。ただし、命令及び監督をしてはならない。

（教育長の報酬、給料等）

第九十条　第四十二条の規定は、教育長及び教育次長若しくは第八十八条第一項に規定する職員で、常勤の者に、第四十一条の規定は、第八十八条第一項に規定する職員で、非常勤の職員に、これを準用する。

2　前項に規定する職員の報酬、費用弁償、給料、旅費及び退職金の額並びに支給の方法は、連合区委員会規則でこれを定める。

第三編　中央教育委員会

第一章　組織

（定数）

第九十一条　中央委員会は選挙された十一人の委員で、これを組織する。

（任期）

第九十二条　中央委員会の委員の任期は、四年とする。ただし、補充委員の任期は、前任者の残任期間とする。

2　前項に規定する委員の任期は、選挙の日から、これを起算する。

（委員の報酬及び費用弁償）

第九十三条　政府は、中央委員会の委員に対し報酬を支給しなければならない。ただし、給料は支給しない。

2　委員は、職務を行うために要する費用の弁償を受けることができる。

3　前二項の規定する報酬及び費用弁償の額は、立法院議員のそれをこえてはならない。

4　報酬及び費用弁償の額並びにその支給方法は中央委員会規則で定める。

第二章　選挙

（選挙権及び被選挙権）

第九十四条　立法院議員の被選挙権を有する者は、中央委員会の委員の被選挙権を有する。

2　区委員会の委員は、中央委員会の委員の選挙権を有する。

（半数交代制）
第九十五条　中央委員会の委員は、隔年毎の十二月中に、六人及び五人を交互に改選する。
（選挙区等）
第九十六条　中央委員会の委員の選挙区及び各選挙区において選挙すべき委員の数は、別表で定める。
（選挙事務）
第九十七条　中央委員会の委員の選挙に関する事務は、教育長がこれを管理する。
2　選挙区の区域内を管轄する教育長が二人以上あるときは、文教局長は、当該教育長の意見を聴取して、選挙に関する事務を管理する教育長を定める。
（候補者）
第九十八条　中央委員会の委員の候補者になろうとする者は、選挙の期日の公示があつた日から十日以内に、その旨前条に規定する教育長（以下この章において「教育長」という。）に届け出なければならない。
（選挙期日）
第九十九条　中央委員会の委員の任期満了による通常選挙は、委員の任期満了の日前三十日以内に行う。
2　補充選挙は、これを行うべき事由が生じた日から四十日以内に、これを行う。
（選挙期日の公示）
第百条　選挙の期日は、少くとも二十日前に公示しなければならない。
（補充選挙）
第百一条　中央委員会の委員について、次の各号に掲げる事由の一が生じた場合には、補充選挙を行う。
一　委員が、その職を辞したとき。
二　委員が、死亡したとき。
三　委員が、被選挙権を喪失したとき。
四　委員が、兼職禁止の職についたとき。
（集会）
第百二条　選挙人は、教育長が選挙の日前七日までに通知した日時及び場所に集会しなければならない。
2　天災その他避けることのできない事故により集会することができないときは、教育長は、更に期日を定めて投票を行わせなければならない。ただし、その期日は、少くとも五日前に公示しなければならない。
3　集会した選挙人が、総選挙人の三分の二に達した後、教育長は、委員の選挙を行う。
（投票）
第百三条　投票は、無記名で行い、一人一票に限る。
2　投票は、投票箱に投入する。
3　現在選挙人が、投票を終つたときは、教育長は、投票箱の閉さを宣告する。この宣告があつた後は、投票することはできない。
（投票の点検）
第百四条　投票が終つたときは、教育長は、二人の立会人立会の上、当該連合区委員会事務局の職員をして、直ちに投票を点検させる。
2　前項の開票立会人は、教育長が、集会した選挙人に諮り選挙人のうちから選任する。
（選挙結果の報告）
第百五条　投票の点検が終つたときは、教育長は、選挙の結果を報告する。
（当選人の決定）
第百六条　投票の最多数を得た者を当選人とする。ただし、投票数が同じときは、抽せんでこれを定める。
（当選人の報告）
第百七条　教育長は、当選人が決定したときは、すみやかに、文教局長に報告しなければならない。
（当選人の辞退）
第百八条　当選人が当選を辞したときは、更にその選挙を行う。
（選挙疑義の決定）
第百九条　すべて選挙に関する疑義は文教局長が、これを決する。

第三章　監務権限

（中央委員会の所管）
第百十条　中央委員会は、政府の設置する学校その他教育機関を所管する。
（中央委員会の事務）
第百十一条　中央委員会は、政府の教育に関する事務を処理するため、文教局長の助言と推せんを得て、次に掲げる事務を行う。
一、教育政策を設定すること。
二、教育課程の基準を設定すること。
三、政府立の学校その他の教育機関の用に供し、又は用に供するものと決定した財産（以下「教育財産」という。）の取得、管理及び処分に関すること。
四、教育目的のための基本財産、特別基本財産及び積立金穀の管理に関すること。
五、文教局長の任免について、行政主席に推せん又は勧告すること。

六、文教局及び政府立の学校その他教育機関の職員の任免その他の人事に関すること。
七、文教局の部課、附属機関及び支分部局に関すること。
八、文教局長の提出する教育予算の見積を承認すること。
九、教育に関する立法案を行政主席に提出すること。
十、法令に基く規則の制定又は改廃に関すること。
十一、学校が使用する教科用図書目録を編集すること。
十二、政府立の学校以外の学校の設置、廃止、移転の基準を定めること。
十三、社会教育に関する基準に関すること。
十四、教員及び児童生徒の身体検査の基準及び規則制定に関すること。
十五、学校環境の衛生管理に関すること。
十六、学校給食に関すること。
十七、教育に関する法人に関すること。
十八、校長、教員その他の教育職員の研修に関すること。

2 中央委員会は、前項に規定する事務を除くほか、法令によりその権限に属する事務を行う。

(教育補助金の配分)

第百十二条 中央委員会は、政府立及び公立の学校の別なく教育の機会を平等にもたらすように各地方教育区に公平に政府補助金（以下「教育補助金」という。）の全割当額又は建築資金の割当額を適正に配分する責任を有する。

(教育補助金交付基準)

第百十三条 中央委員会は、前条に規定する教育補助金の交付の基準を定める場合は、児童、生徒及び教員数並びに各地方教育区の財政能力その他の合理的基準を考慮に入れなければならない。

(教科用図書目録の編集)

第百十四条 中央委員会は、学校が使用する教科用図書を採択し又は地方委員会に推せんするために、文部省検定の図書のうちからそれらの図書目録を編集しなければならない。

2 前項の図書目録を編集するため、中央委員会に教科用図書目録編集委員会を置く。

3 前項の委員会の委員は、小学校、中学校、高等学校及び文教局の職員のうちから、文教局長の推せんにより中央委員会が任命する。

4 前項に規定する委員の任期は、三年をこえることはできない。

5 第二項に規定する委員会について必要な事項は、中央委員会が、これを定める。

(高等学校の移管)

第百十五条 中央委員会は、関係地方教育区と協議して、政府の設置する高等学校を地方教育区に、又は地方教育区の設置する高等学校を政府に移管することができる。

第四章 会議

(会議の招集)

第百十六条 中央委員会の会議は、委員長が、これを招集する。ただし、選挙の後の最初の会議は、文教局長が招集しなければならない。

2 中央委員会の会議の招集は、開会の日前十四日までに、これを告示しなければならない。ただし、急施を要する場合は、この限りでない。

(準用規定)

第百十七条 第二十六条、第二十七条第二項若しくは第三項及び第二十八条から第三十四条までの規定は、この章にこれを準用する。

第五章 財務

(才入才出予算の見積)

第百十八条 文教局長は、毎会計年度教育予算の見積を作成し、中央委員会の承認を得、これを政府における予算の統合調整に供するため、行政主席に送付しなければならない。

(才出見積の減額)

第百十九条 行政主席は、毎会計年度才入才出予算を作成するに当つて、教育予算の才出見積を減額しようとするときは、あらかじめ中央委員会の意見を求めなければならない。

(同前)

第百二十条 行政主席は、教育予算の才出見積を減額した場合においては、教育予算の才出見積について、その詳細を才入才出予算に付記するとともに、立法院が、教育予算の才出額を修正する場合における必要な財源についても明記しなければならない。

(予算の追加又は更正、暫定予算の調製)

第百二十一条 既定の教育予算を追加し、更正し、又は暫定予算を調製する場合においては、前三条の例による。

(教育機関の廃止)

第百二十二条 政府立の学校その他の教育機関が廃止

された場合には、中央委員会は、当該教育機関の使用する教育財産の廃止後の用途について、あらかじめ、行政主席と協議するものとする。

（特殊教育諸学校の運営の責任）

第百二十三条　学校教育法（一九五八年立法第三号）第六章に規定する特殊教育諸学校を運営維持することは、中央委員会の責任とし、その予算は、教育予算に計上しなければならない。

第四編　文教局

（文教局長の職務）

第百二十四条　文教局長は、中央委員会の執行者及び幹事を努めるものとする。

2　第八十五条第二項及び第四項は、文教局長の職務について準用する。

第百二十五条　文教局長は、教育分野を絶えず調査し、教育の向上発展に資すると思われる報告又は勧告を中央委員会に対して行わなければならない。

2　文教局長は、中央委員会の求めに応じ、教育目的完遂に役立つと認める研究調査を行い、その結果を報告するものとする。

第百二十六条　文教局長は、第百三十三条第三項の規定により行政主席の委任を受けた場合には、中央委員会の方針及び規則にしたがつてこれを行わなければならない。

（会議録の公開及保管）

第百二十七条　文教局長は、中央委員会の会議録を各週毎に適当な期間中公衆の閲覧に供するため、中央委員会規則にしたがつて公開し、安全に保管しなければならない。

（文教局の部課等）

第百二十八条　文教局には、中央委員会規則の定めるところにより、必要な部課及附属機関を置く。ただし、教育の調査及び統計に関する部課並びに教育の指導に関する部課は、これを置かなければならない。

（文教局の教職員）

第百二十九条　文教局に指導主事、教科用図書の採択、教科内容及びその取扱、学校保健、建築その他の事項に関する事務又は技術に従事する必要な事務職員及び技術職員その他の職員を置く。

2　前項の職員は、文教局長の推せんにより中央委員会が任命する。

第百三十条　教科用図書の採択、教科内容及びその他特殊な事務又は技術に従事する事務職員又は技術職員には、教員をもつてこれに充てることができる。ただし、その期間中は教員の職務を行わないことができる。

第五編　雑則

（報告書の提出）

第百三十一条　中央委員会は、地方委員会に対し、その所轄区域の教育に関する年報その他の報告書を提出させることができる。

2　立法に別段の定がある場合の外、中央委員会又は文教局長は、地方委員会に対して行政上及び運営上指揮監督してはならない。

（地方委員会の処理する政府事務の指揮監督）

第百三十二条　地方委員会が、政府の機関として処理する行政事務については、中央委員会の指揮監督を受ける。

（事務の委任及び臨時代理）

第百三十三条　教育委員会は、教育委員会規則の定めるところにより、次の各号に掲げる事務を文教局長又は教育長に委任し又はこれを臨時代理させることができる。

一、九十日をこえない期間の職員補充をすること。

二、昇給に関すること

三、七日をこえない出張にすること。

四、財産及び特別資金の日常管理に関すること。

五、委員会の規則及び指令にしたがつて予算を執行すること。

六、緊急の際における十日をこえない休暇を与えること。

2　文教局長又は教育長は、前項の規定により、委任された事務の一部を学校その他の教育機関の長に委任し、又はこれをして臨時に代理させることができる。

3　行政主席は、教育のための割当資金の請求の権限を、文教局長に委任することができる。

（文教局長及び教育長の代理執行）

第百三十四条　委員がすべて欠けた場合は、中央委員会の行う職務は、文教局長が、地方委員会の行う職務は教育長が、これを行う。

2　前項の規定による処理については、文教局長及び教育長は、最初の会議において、これを当該教育委員会に報告し、会議録に記載しなければならない。

（文教局長代理及び教育長代理）

第百三十五条　中央委員会の委員がすべて欠け、更に文教局長も欠けた場合には、行政主席は、文教局長

代理を任命する。

2　連合区委員会のすべての委員及び教育長が欠け、更にその教育次長も欠けた場合には、中央委員会は、当該地区の教育長代理を命ずる。

3　第一項の文教局代理及び前項の教育長代理は、当該教育委員会の最初の会議まで在任する。

（教育補助金の対象）

第百三十六条　政府は、第七条の規定にかかわらず地方教育区に義務教育に要する経費のうち、校舎の建築費及び教育職員給与費の全額を補助しなければならない。

2　政府は、次の各号に掲げる経費に対し地方教育補助金を交付することができる。

一、高等学校の校舎建築及び教育職員給与

二、出産休暇、結核休暇及び研究のための休暇をうけた教育職員の補充教員の給与

三、教育職員の大学単位追加修得に伴う単位手当

四、教育職員の賞与

五、校舎の維持及び修繕費

六、その他地方教育区の教育に要する経費

（単位手当及び賞与）

第百三十七条　教育職員はすべて、大学単位追加修得による単位手当及び賞与を支給されなければならない。

2　地方教育区の教育職員の賞与は、政府公務員の賞与に準じて支給するものとする。

（学校の保健）

第百三十八条　教育委員会は、学校身体検査、精密検診その他の事項に関し、中央委員会規則で定める基準に従い、行政主席に対し、保健所の協力を求めるものとする。

2　保健所は、学校環境の衛生、学校の保健に関する資料の提出その他の事項に関し、法令で定める基準に従い、教育委員会に助言と援助を与えるものとする。

（建築の実施）

第百三十九条　中央委員会は、政府立の学校その他の教育機関の建築の実施を、工務交通局長に原則として委任するものとする。

2　政府立の学校その他の教育機関の建築の計画及び実施については、工務交通局長は、中央委員会の意見を聞いて、これをなさなければならない。

（委員の兼職禁止）

第百四十条　立法院議員、市町村議会の議員、常勤の政府公務員、市町村職員（市町村の長を除く。）、地方教育委員会の職員、公立学校の職員及びその就任について立法院又は市町村議会の選挙、議決又は同意を必要とする政府公務員及び市町村職員は、教育委員会の委員を兼ねることができない。

2　中央委員会の委員と区委員会の委員とは、これを兼ねることができない。

（秘密を守る義務）

第百四十一条　教育委員会の委員は、職務上知ることのできた秘密を漏らしてはならない。その職を退いた後においても同様とする。

2　前項の規定に違反した者は、一万円以下の罰金に処する。

（施行規定）

第百四十二条　この立法施行に関し必要な事項は、中央委員会規則でこれを定める。

附　則

1　この立法は、一九五八年四月一日から施行する。

2　この立法による中央委員会の委員の第一回の選挙は、次に定めるところにより、一九五八年十二月中に行う。

選挙区	選挙委員数
北部地区	二人
中部地区	三人
南部地区	一人
都市地区	一人

3　前項の場合において、北部地区及び中部地区選出の委員の中最低得票者各一名は、任期二年とする。ただし、最低得票数が同数の場合又は無投票当選の場合は、抽せんにより、これを定める。

4　この立法施行の際現にその職にある中央委員会の委員のうち一九五八年に任期が満了する委員は、一九五八年十二月の選挙による委員が就任するまで、一九六〇年に任期が満了する委員は、一九六〇年十二月の選挙による委員が就任するまで在任する。

5　この立法の定める区委員会の委員の第一回の選挙は、一九五九年三月中に行うものとする。ただし、この立法施行の際現にその職にある区委員会の委員で、一九五八年に任期が満了する委員は、一九五八年三月の選挙による委員が就任するまで、一九六〇年以後に任期が満了する委員は、一九六一年三月に施行される選挙により選挙された委員が就任するまで在任する。

6　この立法施行の際、現に存する教育区は、この立法による教育区とみなす。

7　琉球大学については、別に立法されるまでは、

なお、従来の例による。

8　第二十一条の規定により、区委員会の委員の選挙について市町村議会議員選挙法が準用される場合には、「議会」とあるのは、「区委員会」と「議員」とあるのは、「委員」と読み替えるものとする。

9　この立法施行の際、現にその職にある文教局長、文教局次長その他の文教局職員及び区委員会の職員は、それぞれこの立法に基く相当の機関及び職員となり同一性をもつて存続するものとする。

10　この立法施行の際、現にその職にある教育長、教育次長及び教育長事務所の職員は、それぞれ現にある級及び現に受ける号俸に相当する給料をもつて、当該連合区の教育長、教育次長又は事務局の職員に任用されるものとする。

別表

選挙区

北部地区　国頭教育区、大宜味教育区、東教育区、羽地教育区、屋我地教育区、今帰仁教育区、上本部教育区、本部教育区、屋部教育区、名護教育区、恩納教育区、宜野座教育区、金武教育区、伊江教育区、伊平屋教育区、伊是名教育区

委員数（二人）

中部地区　石川教育区、美里教育区、与那城教育区、勝連教育区、具志川教育区、コザ教育区、読谷教育区、嘉手納教育区、北谷教育区、中城教育区　宜野湾教育区、西原教育区、浦添教育区

委員数（三人）

南部地区　豊見城教育区、糸満教育区、兼城教育区、三和教育区、高嶺教育区、東平風教育区、具志頭教育区、玉城教育区、知念教育区、佐敷教育区、与那原教育区、大里教育区、南風原教育区、仲里教育区、具志川教育区（久米島）、渡嘉敷教育区、座間味教育区、粟国教育区、渡名喜教育区、南大東教育区、北大東教育区

委員数（二人）

都市地区　那覇教育区、真和志教育区

委員数（二人）

宮古地区　平良教育区、城辺教育区、下地教育区、上野教育区、伊良部教育区、多良間教育区

委員数（一人）

八重山地区　石垣教育区、大浜教育区、竹富教育区、与那国教育区

委員数（一人）

立法院の議決した学校教育法に署名し、ここに公布する。

一九五八年一月十日

行政主席　当間重剛

○立法第三号

学校教育法

第一章　総則

（学校の範囲）

第一条　この立法で学校とは、小学校、中学校、高等学校、大学、盲学校、ろう学校、養護学校及び幼稚園とする。

（学校の設置者）

第二条　学校は、琉球政府（以下「政府」という）、地方教育区（教育区及び連合教育区をいう。以下同じ。）及び民法（明治二十九年法律第八十九号）第三十四条に規定する財団法人（以下「財団法人」という。）のみが、これを設置することができる。

2　この立法で、公立学校とは、政府が設置する学校を、公立学校とは、地方教育区の設置する学校を、私立学校とは、財団法人の設置する学校をいう。

（設置基準）

第三条　学校を設置しようとする者は、学校の種類に応じ、中央教育委員会（以下「中央委員会」という。）の定める設備、編成その他の設置基準に従い、これを設置しなければならない。

（設置廃止等の認可）

第四条　政府立学校のほか、この立法によつて設置する学校（大学の学部又は大学院についても同様とする。）の設置廃止、設置者の変更その他中央委員会の規則で定める事項は、中央委員会の認可を受けなければならない。

（学校の管理、経費の負担）

第五条　学校の設置者は、その設置する学校を管理し、法令に特別の定のある場合を除いては、その学校の経費を負担する。

（授業料その他の費用）

第六条　学校においては、授業料その他の費用を徴収することができる。ただし、政府立又は公立の小学校及び中学校又はこれらに準ずる盲学校、ろう学校及び養護学校における義務教育については、これら

を徴収することができない。

2　政府立又は公立の学校における授業料その他の費用に関する事項は、政府立学校においては、中央委員会が、公立学校においては、中央委員会の認可を得て設置者がこれを定める。

3　政府立又は公立学校の教育に関連した目的のための寄附金の募集は、中央委員会の認可を得た後でなければ、これを行うことはできない。

(校長、教員)

第七条　学校には、校長及び相当数の教員を置かなければならない。

(校長の任期)

第八条　校長は、校長として同一学校に五年をこえて継続的に勤務することはできない。

2　校長は、第三項の場合を除いては、同一教育区に通算して十年をこえて勤務することはできない。

3　通算して十年以上勤務した校長は、その後五年を経ずして校長として、また同一教育区に戻ることはできない。

4　通算して十年未満、校長として勤務した教育区には、校長としていつでもまた戻り、十年から、以前校長として勤務した年数を差し引いた期間勤務することができる。ただし、同一学校に戻つて勤務するときは、その期間は、半減されるものとする。

(校長、教員及び学校看護婦の資格)

第九条　校長、教員及び学校看護婦の資格に関する事項は、別に法令で定めるもののほか、中央委員会がこれを定める。

(校長、教員及び学校看護婦の欠格事由)

第十条　次の各号の一に該当する者は、校長、教員又は学校看護婦となることができない。

一、禁治産者及び準禁治産者

二、禁錮以上の刑に処せられた者

三、免許状取上げの処分を受け、二年を経過しない者

四、政府を暴力破壊することを主張する政党その他の団体を結成し、又はこれに加入した者

(私立学校の校長届出義務)

第十一条　私立学校は、校長を定め、中央委員会に届出なければならない。

(学生、生徒等の懲戒)

第十二条　校長及び教員は、教育上必要があると認めるときは、政府立学校においては、中央委員会の定めるところにより、公立学校及び私立学校においては、設置者が中央委員会の認可を得て規定した規則に従い、学生、生徒及び児童に懲戒を加えることができる。ただし、体罰を加えることはできない。

(身体検査、衛生養護施設)

第十三条　学校においては、学生、生徒、児童及び幼児並びに職員の健康増進をはかるため、身体検査を行い、及び適当な衛生養護の施設を設けなければならない。

2　身体検査及び衛生養護の施設に関する事項は、中央委員会がこれを定める

(学校閉さ命令)

第十四条　次の各号の一に該当する場合においては、学校の閉さを命ずる事ができる。

一、法令の規定に故意に違反したとき。

二、法令の規定により、中央委員会のなした命令に違反したとき。

三、六箇月以上授業を行わなかつたとき。

(設備授業等の変更命令)

第十五条　学校が、設備、授業その他の事項について、法令の規定又は中央委員会の定める規程に違反したときは、中央委員会は、その変更を命ずることができる

(私立学校の届出義務)

第十六条　私立学校は、毎会計年度の開始前に収支予算を毎会計年度の終了後二個月以内に収支決算を中央委員会に届け出なければならない

2　収支予算に重大な変更を加えようとするときも、また同様とする。

(子女使用者の義務)

第十七條　子女を使用する者は、その使用によつて、子女が、義務 教育を受けることを妨 げてはならない。

第二章　小学校

(目的)

第十八条　小学校は、心身の発達に応じて、初等普通教育を施すことを目的とする。

(目標)

第十九条　小学校における教育については、前条の目的を実現するために、次の各号に掲げる目標の達成に努めなければならない。

一、学校内外の社会生活の経験に基き、人間相互の関係について、正しい理解と協同、自主及び自律の精神を養うこと。

二、郷土及び国家の現状と伝統について正しい理解に導き、進んで国際協調の精神を養うこと。

三、日常生活に必要な衣、食、住、産業について、基礎的な理解と技能を養うこと。
四、日常生活に必要な国語を、正しく理解し、使用する能力を養うこと。
五、日常生活に必要な数量的な関係を正しく理解し、処理する能力を養うこと。
六、日常生活における自然現象を、科学的に観察し、処理する能力を養うこと。
七、健康、安全で幸福な生活のために必要な習慣を養い心身の調和的発達を図ること。
八、生活を明るく豊かにする音楽、美術、文芸等について、基礎的な理解と技能を養うこと。

（修業年限）
第二十条　小学校の修業年限は、六年とする。

（学級在籍）
第二十一条　小学校の一学級の在籍は、五十人を標準とする。

（教科）
第二十二条　小学校の教科に関する基本的な事項は、第十八条及び第十九条の規定に従い、中央委員会がこれを定める。

（教科用図書教材）
第二十三条　小学校においては、中央委員会の定めるところにより、教科用図書目録のうちの教科用図書を使用しなければならない。
2　前項の教科用図書以外の図書、その他教材で有益適切なものは、これを使用することができる。

（就学させる義務）
第二十四条　保護者（子女に対して親権を行う者、親権を行う者のないときは、後見人又は後見人の職務を行う者をいう。以下同じ。）は、子女の満六歳に達した日の翌日以後における最初の学年の初から、満十二歳に達した日の属する学年の終りまで、これを小学校又は盲学校、ろう学校若しくは養護学校に就学させる義務を負う。
2　前項の義務履行の督促その他の義務に関し必要な事項は、中央委員会規則でこれを定める。

（就学義務の猶予又は免除）
第二十五条　前条の規定によつて、保護者が就学させなければならない子女（以下「学令児童」という。）で病弱、発育不完全その他やむを得ない事由のため、就学困難と認められる者の保護者に対しては、区教育委員会（以下「区委員会」という。）は、中央委員会の定める規程により、中央委員会の認可を受けて、前条第一項に規定する義務を猶予又は免除することができる。

（就学援助）
第二十六条　経済的な理由によつて、就学困難と認められる学令児童の保護者に対しては、政府、地方教育区及び市町村は、必要な援助を与えなければならない。

（児童の出席停止）
第二十七条　小学校の管理機関は、伝染病にかかり、若しくはそのおそれのある児童又は性行不良であつて他の児童の教育に妨げがあると認める児童があるときは、その保護者に対して、児童の出席停止を命ずることができる。

（学令未満子女の入学禁止）
第二十八条　学令に達しない子女は、これを小学校に入学させることができない。

（校長、教諭その他の職員）
第二十九条　小学校には、校長、教諭、看護婦及び事務職員を置かなければならない。ただし特別の事情のあるときは、学校看護婦及び事務職員を置かないことができる。
2　小学校には、校長を補佐し校務を処理させるため、に、教頭を置くことができる。
3　前項の教頭は、教諭の中からこれを命ずる。
4　小学校には、第一項のほか、臨時教授許可証所持者その他必要な職員を置くことができる。
5　校長は、校務及び児童の教育を掌り、所属職員を監督する。
6　教諭及び臨時教授許可証所持者は、児童の教育を掌る。
7　学校看護婦は、児童の養護を掌る。
8　事務職員は、事務に従事する

（小学校設置義務）
第三十条　教育区は、その区域内にある学令児童を就学させるに必要な小学校を設置しなければならない。

（連合教育区の設置する小学校）
第三十一条　教育区が、前条の規定によることを不適当と認めるときは、教育委員会法（一九五八年立法第二号）第七十三条に規定する連合教育区が小学校を設置することができる。

（教育事務の委託）
第三十二条　教育区が、前二条の規定によることを不可能又は不適当と認めるときは、関係地方教育区の協議により規約を定め、小学校の設置に代え、学令児童の全部又は一部の教育事務を、他の教育区又は

連合教育区に委託することができる。

2　前項の規定により委託した事務を変更し、又は事務の委託を廃止しようとするときは、関係地方教育区は、同項の例により、協議してこれを行わなければならない。

3　前二項の場合において地方教育区は、事務の管理及び執行につき連絡調整を図るため協議により規約を定め、関係地方教育区の協議会を設けなければならない。

4　関係教育区は、協議会を設けたときは、その旨及び規約を告示するとともに、中央委員会に届け出なければならない。

5　第一項から第三項までに定める規約の規定事項並びに協議会の組織その他必要な事項は、中央教育委員会規則（以下「中央委員会規則」という。）で定める。

（補助）

第三十三条　教育区が、前二条の規定による負担に堪えないと中央委員会が認めるときは、政府、その教育区に対して、必要な補助を与えなければならない。

（私立小学校の所管）

第三十四条　私立の小学校は、中央委員会の所管に属する。

第三章　中学校

（目的）

第三十五条　中学校は、小学校における教育の基礎の上に、心身の発達に応じて、中等普通教育を施すことを目的とする

（目標）

第三十六条　中学校における教育については、前条の目的を実現するために、次の各号に掲げる目標の達成に努めなければならない。

一、小学校における教育の目標をなお充分に達成して、国家及び社会の形成者として必要な資質を養うこと。

二、社会に必要な職業についての基礎的な知識と技能、勤労を重んずる態度及び個性に応じて将来の進路を選択する能力を養うこと。

三、学校内外における社会的活動を促進し、その感情を正しく導き、公正な判断力を養うこと。

（修業年限）

第三十七条　中学校の修業年限は、三年とする。

（教科）

第三十八条　中学校の教科に関する基本的な事項は、第三十五条及び第三十六条の規定に従い、中央委員会が、これを定める。

（就学させる義務）

第三十九条　保護者は、子女が小学校の課程を修了した日の翌日以後における最初の学年の初から、満十五歳に達した日の属する学年の終りまで、これを、中学校又は盲学校、ろう学校若しくは養護学校に就学させる義務を負う。

2　前項の規定によつて保護者が就学させなければならない子女は、これを学令生徒と称する。

（準用規定）

第四十条　第二十一条、第二十三条、第二十四第二項、第二十五条から第二十七条まで及び第二十九条から第三十四条までの規定は、中学校にこれを準用する。

第四章　高等学校

（目的）

第四十一条　高等学校は中学校における教育の基礎の上に、心身の発達に応じて、高等普通教育及び専門教育を施すことを目的とする。

（目標）

第四十二条　高等学校における教育については、前条の目的を実現するために、次の各号に掲げる目標の達成に努めなければならない。

一、中学校における教育の成果をさらに発展拡充させて、国定及び社会の有為な形成者として必要な資質を養うこと。

二、社会において果さなければならない使命の自覚に基き、個性に応じて将来の進路を決定させ、一般的な教養を高め、専門的な技能に習熟させること。

三、社会について、広く深い理解と健全な批判力を養い個性の確立に努めること。

（学科及び教科）

第四十三条　高等学校の学科及び教科に関する事項は、前二条の規定に従い、中央委員会が、これを定める。

（定時制の課程）

第四十四条　高等学校には、通常の課程のほか、夜間その他特別の時間又は時期において、授業を行う課程（以下「定時制の課程」という。）を置くことができる。

（修業年限）

第四十五条　高等学校の修業年限は、三年とする。ただし、定時制の課程を置く場合は、その修業年限

は、四年以上とする。

（学級在籍）

第四十六条　高等学校の一学級の在籍は、四十人を標準とする。

（入学資格）

第四十七条　高等学校に入学することのできる者は、中学校若しくはこれに準ずる学校を卒業した者又は中央委員会の定めるところにより、これと同等以上の学力があると認められた者とする。

（入学、退学、転学等）

第四十八条　高等学校に関する入学、退学、転学その他必要な事項は、中央委員会が、これを定める。

（校長、教諭その他の職員）

第四十九条　高等学校には、校長、教頭、教諭及び事務職員を置かなければならない。

2　高等学校には、前項のほか、臨時教授許可証所持者、学校看護婦その他必要な職員を置くことができる。

3　教頭は、校長を補佐し、校務を処理する。

（準用規定）

第五十条　第二十三条、第二十九条第三項及び第五項から第八項まで、並びに第三十四条の規定は、高等学校に、これを準用する。

第五章　大　学

（目的）

第五十一条　大学は、学術の中心として、広く知識を授けるとともに、深く専門の学芸を教授研究し、知的、道徳的及び応用的能力を展開させることを目的とする。

（学部）

第五十二条　大学には、数個の学部を置く。ただし、特別の必要がある場合においては、単に一個の学部を置くものを大学とすることができる。

（夜間において授業を行う学部）

第五十三条　大学には、夜間において授業を行う学部を置くことができる。

（修業年限）

第五十四条　大学の修業年限は、四年とする。ただし、特別の専門事項を教授研究する学部及び前条の学部については、その修業年限は、四年をこえるものとすることができる。

2　医学又は歯学の学部において医学又は歯学を履修する課程については、前項本文の規定にかかわらず、その修業年限は、六年以上とし、四年の専門の課程とこれに進学するための二年以上の課程とする。

3　特別の事情のあるときは、中央委員会の定めるところにより、医学若しくは歯学の学部に、前項の規定にかかわらず、同項に規定する専門の課程のみを置き、又は医学若しくは歯学の学部以外の学部に同項に規定する二年以上の課程を置くことができる。

（入学資格）

第五十五条　大学に入学することのできる者は、高等学校を卒業した者若しくは通常の課程による十二年の学校教育を修了した者（通常の課程以外の課程によりこれに相当する学校教育を修了した者を含む。）又は中央委員会の定めるところにより、これと同等以上の学力があると認められた者とする。

2　前条第二項に規定する専門の課程に進学することのできる者は、同項に規定する二年以上の課程を修了した者又は中央委員会の定めるところにより、これと同等以上の学力があると認められた者とする。

（専攻科及び別科）

第五十六条　大学には、専攻科及び別科を置くことができる。

2　大学の専攻科は、大学を卒業した者又は中央委員会の定めるところにより、これと同等以上の学力があると認められた者に対して、精深な程度において、特別の事項を教授し、その研究を指導することを目的とし、その修業年限は、一年以上とする。

3　大学の別科は、前条に規定する入学資格を有する者に対して、簡易な程度において、特別の技能教育を施すことを目的とし、その修業年限は、一年以上とする。

（学長、教授その他の職員）

第五十七条　大学には、学長、教授、助教授、講師及び事務職員を置かなければならない。

2　大学には、前項のほか、助手、技術職員その他必要な職員を置くことができる。

3　学長は、校務を掌り所属職員を統督する。

4　教授は、学生を教授し、その研究を指導し、又は研究に従事する。

5　助教授は、教授に準ずる職務に従事する。

6　講師は、教授又は助教授に準ずる職務に従事する。

7　助手は、教授及び助教授の職務を助ける。

8　技術職員は、技術に従事する。

（教授会）

第五十八条　大学には、重要な事項を審議するため、教授会を置かなければならない。

2　教授会の組織には、助教授その他の職員を加える

ことができる。

（研究施設の附置）

第五十九条　大学には、研究所その他の研究施設を附置することができる。

（大学院の設置）

第六十条　大学には、大学院を置くことができる。

（学士）

第六十一条　大学に四年以上在学し、一定の試験を受け、これに合格した者は、学士と称することができる。

2　学士に関する事項は、中央委員会がこれを定める。

（私立大学の所轄）

第六十二条　私立の大学は、中央委員会の所轄とする。

（大学院の目的）

第六十三条　大学院は、学術の理論及び応用を教授研究し、その深奥を究めて、文化の進展に寄与することを目的とする。

（研究科）

第六十四条　大学院には、数個の研究科を置くことを常例とする。ただし、特別の必要がある場合においては、単に一個の研究科を置くものを大学院とすることができる。

（大学院の入学資格）

第六十五条　大学院に入学できる者は、第五十六条第二項に規定するものとする。

（学位）

第六十六条　大学院を置く大学は、中央委員会の定めるところにより、博士その他の学位を授与することができる。

（名誉教授）

第六十七条　大学は、大学に学長、教授、助教授又は講師として多年勤務した者であつて、教育上又は学術上特に功績のあつた者に対し、当該大学の定めるところにより、名誉教授の称号を授与することができる。

（普及講座）

第六十八条　大学においては、普及事業及び普及講座の施設を設けることができる。

2　普及事業及び普及講座に関し必要な事項は、中央委員会が、これを定める。

（通信教育）

第六十九条　大学は、通信による教育を行うことができる。

2　通信による教育に関し必要な事項は、中央委員会規則で定めるもののほか、当該大学の管理機関がこれを定める。

（短期大学）

第七十条　大学の修業年限は、当分の間第五十四条の規定にかかわらず、中央委員会の認可を受けて、二年又は三年とすることができる。

2　前項の大学は、短期大学と称する。

3　第一項の大学には、第六十条の規定は、これを適用しない。

（短期大学の修業年限の通算）

第七十一条　前条に規定する大学を卒業した者は、第五十四条に規定する大学に入学する場合には、その卒業した大学における修業年限を、中央委員会の定める基準により入学した大学の修業年限は通算することができる。

（準用規定）

第七十二条　第二十九条第八項の規定は、大学に、これを準用する。

第六章　特殊教育

（盲、ろう、養護学校の目的）

第七十三条　盲学校、ろう学校又は養護学校は、それぞれ盲者、ろう者、又は精神薄弱、身体不自由その他心身に故障のある者に対して、幼稚園、小学校又は高等学校に準ずる教育を施し、併せてその欠陥を補うために必要な知識技能を授けることを目的とする。

（盲、ろう、養護学校の部別）

第七十四条　盲学校、ろう学校及び養護学校には、小学部及び中学部を置かなければならない。ただし、特別の必要のある場合においては、その一のみを置くことができる。

2　盲学校、ろう学校及び養護学校には、幼稚部及び高等部を置くことができる。

（教科等）

第七十五条　盲学校、ろう学校及び養護学校の小学部及び中学部の教科、高等部の学科及び教科又は幼稚部の保育内容は、小学校、中学校、高等学校又は幼稚園に準じて、中央委員会が、これを定める。

（設置義務）

第七十六条　政府は、学令児童及び学令生徒の中、盲者、ろう者又は精神薄弱、身体不自由その他心身に故障のある者を就学させるに必要な盲学校、ろう学校又は養護学校を設置しなければならない。

（特殊学級）

第七十七条　小学校、中学校及び高等学校には、次の各号の一に該当する児童及び生徒のために、特殊学級を置くことができる。

一、性格異常者
二、精神薄弱者
三、ろう者及び難聴者
四、盲者及び弱視者
五、言語不自由者
六、その他の不具者
七、身体虚弱者

2　前項に掲げる学校は、疾病により療養中の児童及び生徒に対して、特殊学級を設け、又は教員を派遣して、教育を行うことができる。

（準用規定）

第七十八条　第二十条、第二十三条、第二十八条、第二十九条（第四十条及び第五十条において準用する場合を含む。）第三十四条、第三十七条、第四十五条から第四十九条まで、第八十二条及び第八十三条の規定は、盲学校、ろう学校及び養護学校に、これを準用する。

第七章　幼稚園

（目的）

第七十九条　幼稚園は、幼児を保育し、適当な環境を与えて、その心身の発達を助長することを目的とする。

（目標）

第八十条　幼稚園は、前条の目的を実現するために、次の各号に掲げる目標の達成に努めなければならない。

一、健康、安全で幸福な生活のために必要な日常の習慣を養い、身体諸機能の調和的発達を図ること。
二、園内において、集団生活を経験させ、喜んでこれに参加する態度と協同、自主及び自律の精神の芽生えを養うこと。
三、身辺の社会生活及び事象に対する正しい理解と態度の芽生えを養うこと。
四、言語の使い方を正しく導き、童話、絵本等に対する興味を養うこと。
五、音楽、遊戯、絵画その他の方法により、創作的表現に対する興味を養うこと。

（保育内容）

第八十一条　幼稚園の保育内容に関する事項は、前二条の規定に従い、中央委員会が、これを定める。

（入園資格）

第八十二条　幼稚園に入園することのできる者は、満三歳から、小学校の就学の始期に達するまでの幼児とする。

（園長、教諭その他の職員）

第八十三条　幼稚園には、園長及び教諭を置かなければならない。

2　園長は、園務を掌り、所属職員を監督する。

3　教諭及び臨時教授許可証所持者は、幼児の保育を掌る。

（準用規定）

第八十四条　第二十九条第四項、第三十四条及び第四十六条の規定は、幼稚園に、これを準用する。

第八章　雑則

（各種学校）

第八十五条　第一条に掲げるもの以外のもので、学校教育に類する教育（当該教育を行うにつき他の立法に特別の規定があるものを除く。）を行うものは、これを各種学校とする。

2　各種学校その他第一条に掲げるもの以外の教育施設は、第一条に掲げる学校の名称を用いてはならない。

3　第四条から第七条まで、第十条から第十五条まで及び第三十四条の規定は、各種学校に、これを準用する。

4　前項のほか、各種学校に関し必要な事項は、中央委員会が、これを定める。

（各種学校設置の勧告等）

第八十六条　中央委員会は、学校又は各種学校以外のものが各種学校の教育を行うものと認める場合においては、関係者に対して、一定の期間内に各種学校設置の認可を申請すべき旨を勧告することができる。ただし、その期間は、一月を下ることができない。

2　中央委員会は、前項の関係者が、同項の規定による勧告に従わず引き続き各種学校の教育を行つているとき、又は同項の規定による勧告に従つて各種学校設置の認可を申請したが、その認可が得られなかつた場合において引き続き各種学校の教育を行つているときは当該関係者に対して、当該教育をやめるべき旨を命ずることができる。

（学校施設の社会教育への利用）

第八十七条　学校教育上支障のない限り、学校の施設を社会教育その他公共のために、利用させることができる。

（施行規定）

第八十八条　この立法に規定するするもののほか、こ

の立法施行のため必要な事項は、中央委員会が、これを定める。

第九章　罰　則

（学校閉さ命令違反の罪）

第八十九条　第十四条の規定（第八十五条第三項において準用する場合を含む。）による閉さ命令又は第八十六条第二項の規定による命令に違反した者は、これを六箇月以下の懲役若しくは禁錮又は四千円以下の罰金に処する。

（子女使用の義務違反の罪）

第九十条　第十七条の規定に違反した者は、これを一千円以下の罰金に処する。

（保護者の就学義務違反の罪）

第九十一条　第二十四条第一項又は第三十九条第一項の規定による義務履行の督促を受け、なお履行しない者は、これを四百円以下の罰金に処する。

（学校の名称使用違反の罪）

第九十二条　第八十五条第二項の規定に違反した者は、これを二千円以下の罰金に処する。

附　則

1　この立法は、一九五八年四月一日から施行する。

2　この立法施行前にした教育法（一九五七年布令第百六十五号）に違反する行為に対する罰則の適用については、なお従前の例による。

3　この立法施行の際、現に存する従前の規定による学校は、それぞれの立法によつて設置された学校とみなす。

4　この立法施行の際、現にその職にある校長で五年未満校長として勤務した者は、十年の任期制限にかかわらず満五年に達するまで、同一学校に継続勤務することができる。

5　琉球大学については、別に立法がなされるまでは、なお従前の例による。

立法院の議決した社会教育法に署名し、ここに公布する。

一九五八年一月十日

行政主席　当　間　重　剛

○立法第四号

社会教育法

第一章　総　則

（この立法の目的）

第一条　この立法は、教育基本法（一九五八年立法第一号）の精神に則り、社会教育に関する政府及び地方教育区（教育区及び連合教育区をいう。以下同じ。）の任務を明らかにすることを目的とする。

（社会教育の定義）

第二条　この立法で「社会教育」とは、学校教育法（一九五八年立法第三号）に基き、学校の教育課程として行われる教育活動を除き、主として青少年及び成人に対して行われる組織的な教育活動（体育及びレクリエーションの活動を含む。）をいう。

（政府及び地方教育区の任務）

第三条　政府及び地方教育区は、この立法及び他の法令の定めるところにより、社会教育の奨励に必要な施設の設置及び運営、集会の開催、資料の作成、頒布その他の方法により、すべての住民があらゆる機会、あらゆる場所を利用して、自ら実際生活に即する文化的教養を高め得るような環境を醸成するように努めなければならない。

（政府の地方教育区に対する援助）

第四条　前条の任務を達成するために、政府は、この立法及び他の法令の定めるところにより、地方教育区に対し、予算の範囲内において、財政的援助並びに物資の提供及びそのあつ旋を行う。

（地方教育委員会の事務）

第五条　地方教育区の教育委員会（以下「地方委員会」という。）は、社会教育に関し、当該地方の必要に応じ、予算の範囲内において、次の事務を行う。ただし、連合教育区の教育委員会については、第二号及び第三号は、これを適用しない。

一、社会教育に必要な援助を行うこと。

二、社会教育委員の委嘱に関すること。

三、公民館の設置及び管理に関すること。

四、所管に属する図書館、博物館その他社会教育に関する施設の設置及び管理に関すること。

五、青年学級の開設及び運営に関すること。

六、所管に属する学校の行う社会教育のための講座の開設及びその奨励に関すること。

七、講座の開設及び討論会、講習会、展示会その他集会の開催並びにこれらの奨励に関すること。

八、職業教育及び産業に関する科学技術指導のための集会の開催及びその奨励に関すること。

九、生活の科学化の指導のための集会の開催及びその奨励に関すること。

十、運動会、競技会その他体育指導のための集会の開催及びその奨励に関すること。

十一、音楽、演劇、美術その他芸術の発表会等の開

催及びその奨励に関すること。

十二、一般公衆に対する社会教育資料の刊行配布に関すること。

十三、視覚聴覚教育、体育及びレクレーションに必要な設備、器材及び資料の提供に関すること。

十四、情報の交換及び調査研究に関すること。

十五、その他第三条の任務を達成するために必要な事務

(中央教育委員会の事務)

第六条 中央教育委員会(以下「中央委員会」という。)は、社会教育に関し、予算の範囲内において、前条各号の事務(第二号、第三号及び第五号の事務を除く。)その他法令によりその職務権限に属する事務を行う。

(文教局長の事務)

第七条 文教局長は、社会教育に関し、次の事務を行う。

一、法人の設置する公民館の設置及び廃止の届出に関すること。

二、社会教育を行う者の研修に必要な施設の設置及び運営、講習会の開催、資料の配布等に関すること。

三、社会教育に関する施設の設置及び運営に必要な物資の提供及びそのあつ旋に関すること。

四、地方委員会との連絡に関すること。

五、青年学級の奨励に関すること。

六、その他法令によりその職務権限に属する事項

(教育委員会と市町村の長との関係)

第八条 市町村の長は、その所掌事項に関する必要なこう報宣伝で、視覚聴覚教育の手段を利用しその他教育の施設及び手段によることを適当とするものにつき、教育委員会に対し、その実施を依頼し、又は実施の協力を求めることができる。

2 前項の規定は、他の行政庁がその所掌に関する必要なこう報宣伝につき、教育委員会に対し、その実施を依頼し、又は実施の協力を求める場合に準用する。

第九条 教育委員会は、社会教育に関する事務を行うために必要があるときは、当該市町村の長及び関係行政庁に対し、必要な資料の提供その他の協力を求めることができる。

(図書館及び博物館)

第十条 図書館及び博物館は、社会教育のための機関とする。

2 図書館及び博物館に関し、必要な事項は、別に立法をもつて定める。

第二章 社会教育主事及び社会教育主事補

(社会教育主事又は社会教育主事補の設置)

第十一条 文教局及び連合教育区教育委員会事務局に社会教育主事を置く。

2 教育区の教育委員会(以下「区委員会」という。)に社会教育主事又は社会教育主事補を置くことができる。

(社会教育主事及び社会教育主事補の職務)

第十二条 社会教育主事は、社会教育を行う者に、専門的技術的な助言と指導を与える。ただし、命令及び監督をしてはならない。

2 社会教育主事補は、社会教育主事の職務を助ける。

(社会教育主事及び社会教育主事補の資格及び免許)

第十三条 社会教育主事及び社会教育主事補の資格及び免許に関し必要な事項は、別に立法をもつて定める。

第三章 社会教育関係団体

(社会教育関係団体の定義)

第十四条 この立法で「社会教育関係団体」とは、法人であると否とを問わず、公の支配に属しない団体で社会教育に関する事業を行うことを主たる目的とするものをいう。

(文教局長及び教育委員会との関係)

第十五条 文教局長及び教育委員会は、社会教育関係団体の求めに応じ、これに対し、専門的技術的指導又は助言を与えることができる。

2 文教局長及び教育委員会は、社会教育関係団体の求めに応じ、これに対し、社会教育に関する事業に必要な物資の確保につき援助を行う。

(政府及び地方教育区との関係)

第十六条 政府及び地方教育区は、社会教育関係団体に対し、いかなる方法によつても、不当に統制的支配を及ぼし、又はその事業に干渉を加えてはならない。

第十七条 政府及び地方公共団体(教育区、連合教育区及び市町村をいう。以下同じ。)は、社会教育関係団体に対し、補助金を与えてはならない。ただし、社会教育上特に必要な事業に対しては、この限りでない。

第十八条 文教局長及び教育委員会は、社会教育関係団体に対し、指導資料の作成及び調査研究のために必要な報告を求めることができる。

第四章　社会教育委員

（社会教育委員の構成）

第十九条　教育区に社会教育委員を置くことができる。

2　社会教育委員は、次の各号に掲げるもののうちから、区委員会が委嘱する。

一、当該教育区の区域内に設置された各学校の長

二、当該教育区の区域内に事務所を有する各社会教育関係団体において選挙その他の方法により推薦された当該団体の代表者

三、学識経験者

3　前項に規定する委員の委嘱は、同項各号に掲げる者につき教育長が作成して提出する候補者名簿により行うものとする。

4　教育委員会は、前項の規定により提出された候補者名簿が不適当であると認めるときは、教育長に対し、その再提出を命ずることができる。

（社会教育委員と公民館運営審議会委員との関係）

第二十条　公民館を設置する教育区にあつては、社会教育委員は、第三十二条に規定する公民館運営審議会の委員をもつて充てることができる。

（社会教育委員の職務）

第二十一条　社会教育委員は、社会教育に関し、教育長を経て教育委員会に助言するため、次の職務を行う。

一、社会教育に関する諸計画を立案すること。

二、定時又は臨時に会議を開き、教育委員会の諮問に応じ、これに対して、意見を述べること。

三、前二号の職務を行つたために必要な研究調査を行うこと。

2　社会教育委員は、教育委員会の会議に出席して社会教育に関し意見を述べることができる。

（社会教育委員の定数等）

第二十二条　社会教育委員の定数、任期その他必要な事項は、当該区委員会規則で定める。

第五章　公民館

（目的）

第二十三条　公民館は、教育区その他一定区域内の住民のために、実際生活に即する教育、学術及び文化に関する各種の事業を行い、もつて住民の教養の向上、健康の増進、情操の純化を図り生活文化の振興、社会福祉の増進に寄与することを目的とする。

（公民館の設置者）

第二十四条　公民館は、教育区が設置する。

2　前項の場合を除くほか、公民館設置の目的をもつて民法第三十四条の規定により設立する法人（この章中以下「法人」という。）でなければ設置することができない。

（公民館の事業）

第二十五条　公民館は、第二十三条の目的達成のため、おおむね、次の事業を行う。ただし、この法律及び他の法令によつて禁じられたものは、この限りでない。

一、青年学級を実施すること。

二、定期講座を開設すること。

三、討論会、講演会、講習会、実習会、展示会等を開催すること。

四、図書、記録、模型、資料等を備え、その利用を図ること。

五、体育、レクリエーション等に関する集会を開催すること。

六、各種の団体、機関等の連絡を図ること。

七、その施設を住民の集会その他公共的利用に供すること。

（公民館の運営方針）

第二十六条　公民館は、次の行為を行つてはならない。

一、もつぱら営利を目的として事業を行い、特定の営利事業に公民館の名称を利用させその他営利事業を援助すること。

二、特定の政党の利害に関する事業を行い、又は公私の選挙に関し、特定の候補者を支持すること。

2　教育区の設置する公民館は、特定の宗教を支持し、又は特定の教派、宗派若しくは教団を支援してはならない。

（公民館の設置）

第二十七条　教育区が公民館を設置しようとするときは、区教育委員会規則（以下「区委員会規則」という。）で、公民館の設置及び管理に関する事項を定めなければならない。

第二十八条　教育区が、公民館を設置、又は廃止したときは、その旨を文教局長に報告しなければならない。

2　前項の報告に必要な事項は、中央教育委員会規則（以下「中央委員会規則」という。）で定める。

第二十九条　法人の設置する公民館の設置及び廃止並びに設置者の変更はあらかじめ、文教局長に届け出なければならない。

2　前項の届出に必要な事項は、中央委員会規則で定

める。

（公民館の職員）

第三十条　公民館に館長を置き、その他必要な職員を置くことができる。

2　館長は、公民館の行う各種の事業の企画実施その他必要な事務を行い、所属職員を監督する。

第三十一条　教育区の設置する公民館の館長その他必要な職員は、教育長の推薦により、当該区委員会が任命する。

2　前項の規定による館長の任命に関しては、区委員会は、あらかじめ、第三十二条に規定する公民館運営審議会の意見を聞かなければならない。

（公民館運営審議会）

第三十二条　公民館に公民館運営審議会を置く。

2　公民館運営審議会は、館長の諮問に応じ、公民館における各種の事業の企画実施につき調査審議するものとする。

第三十三条　教育区の設置する公民館運営審議会の委員は、次の各号に掲げる者のうちから、区委員会が委嘱する。

一、当該教育区の区域内に設置された各学校の長

二、当該教育区の区域内に事務所を有する教育、学術、文化、産業、労働、社会事業等に関する団体又は機関で、第二十三条の目的達成に協力するものを代表する者

三、学識経験者

2　前項第二号に掲げる委員の委嘱は、それぞれの団体又は機関において選挙その他の方法により推薦された者について行うものとする。

3　第一項第三号に掲げる委員には、市町村の長若しくはその補助機関たる職員又は市町村議会の議員を委嘱することができる。

4　第一項の公民館運営審議会の委員の定数、任期その他必要な事項は、区委員会規則で定める。

第三十四条　法人の設置する公民館にあつては、公民館運営審議会の委員は、その役員をもつて充てるものとする。

（特別基本財産）

第三十五条　公民館を設置する教育区にあつては、公民館の維持運営のために、特別の基本財産又は積立金を設けることができる。

（特別会計）

第三十六条　公民館を設置する教育区にあつては、公民館の維持運営のために、特別会計を設けることができる。

2　前項の規定による特別会計の設置に関し必要な事項は区委員会規則で定める。

（公民館補助その他の援助）

第三十七条　政府は、公民館を設置する教育区に対し、予算の定めるところに従い、その施設及び運営に要する経費の補助その他必要な援助補助する場合のを行う。

第三十八条　前条の規定により政府が補助する場合の補助金の交付は、公民館を設置する教育区の次の各号の経費の前年度における精算額を基準として行うものとする。

一、公民館における基本的事業に要する経費

二、公民館に備えつける図書その他の教養設備に要する経費

2　前項各号の経費の範囲その他補助金の交付に関し必要な事項は、中央委員会規則で定める。

第三十九条　政府の補助金を受けた教育区は、次に掲げる場合においては、その受けた補助金を政府に返還しなければならない。

一、公民館がこの立法若しくはこの立法に基く中央委員会規則又はこれらに基づいてした処分に違反したとき。

二、公民館がその事業の全部若しくは一部を廃止し、又は第二十三条に掲げる目的以外の用途に利用されるようになつたとき。

三、補助金交付の条件に違反したとき。

四、虚偽の方法で補助金の交付を受けたとき。

（公民館の指導）

第四十条　政府は、公民館の運営その他に関し、その求めに応じて必要な指導及び助言を与えることができる。

（公民館の事業又は行為の停止）

第四十一条　公民館が第二十六条の規定に違反する行為を行つたときは、中央委員会は、その事業又は行為の停止を命ずることができる。

（罰則）

第四十二条　前条の規定による公民館の事業又は行為の停止命令に違反する行為をした者は、一年以下の懲役若しくは禁錮又は一万円以下の罰金に処する。

第六章　学校施設の利用

（適用範囲）

第四十三条　社会教育のためにする政府立又は公立の学校（この章中以下「学校」という。）の施設の利用に関しては、この章の定めるところによる。

（学校施設の利用）

第四十四条　学校の管理機関は、学校教育上支障がな

いと認める限り、その管理する学校の施設を社会教育のために利用に供するように努めなければならない。

2　前項において「学校の管理機関」とは、政府立学校にあつては中央委員会、公立学校にあつては地方委員会をいう。

（学校施設利用の許可）

第四十五条　社会教育のために学校の施設を利用しようとする者は、当該学校の管理機関の許可を受けなければならない。

2　前項の規定により、学校の管理機関が学校施設の利用を許可しようとするときは、あらかじめ、学校の長の意見を聞かなければならない。

第四十六条　政府又は地方公共団体が社会教育のために、学校の施設を利用しようとするときは、前条の規定にかかわらず、当該学校の管理機関と協議するものとする。

第四十七条　第四十五条の規定による学校施設の利用が一時的である場合には、学校の管理機関は、同条第一項の許可に関する権限を学校の長に委任することができる。

2　前項の権限の委任その他学校施設の利用に関し必要な事項は、学校の管理機関が定める。

（社会教育の講座）

第四十八条　学校の管理機関は、それぞれの管理に属する学校に対し、その教員組織及び学校の施設の状況に応じ、文化講座、専門講座、夏期講座、青年学級講座、社会学級講座等学校施設の利用による社会教育のための開設を求めることができる。

2　文化講座は、成人の一般教養に関し、専門講座は、成人の専門的学術知識に関し、夏期講座は、夏期休暇中、成人の一般的教養又は専門的学術知識に関し、それぞれ大学又は高等学校において開設する

3　青年学級講座は、勤労に従事し、又は従事しようとする青年に対し、実際生活に必要な職業又は家事に従事する知識及び技能を習得させ並びにその一般教養を向上させるため、小学校、中学校又は高等学校において開設する。

4　社会学級講座は、成人の一般的教養に関し小学校又は中学校において開設する。

5　第一項に規定する講座を担当する講師の報酬その他必要な経費は、予算の範囲内において、政府又は地方教育区が負担する。

第七章　雑　則

（施行規定）

第四十九条　この立法の施行に関し必要な事項は、中央委員会規則で定める。

附則

1　この立法は、一九五八年四月一日から施行する。

2　図書館、博物館に関する立法が施行されるまでの間、図書館、博物館に関しては、なお従前の例による。

民立法（四法）と布令（一六五号）との比較

民立法（教育四法）	教育法（布令一六五号）
一、立法手続き	一、立法手続き
○法律	○布令
立法院議会―審議―可決	琉球列島米国民政府―
―行政主席署名（軍承認）	―副長官署名
―公布（五八、一、一〇）	―公布（五七、三、一）
―施行（五八、四、一）	―施行（五七、三、一）
二、形式、法体系	二、形式、法体系
1　教育基本法、教育委員会法	1　上記四法の総合法
2　学校教育法、社会教育法の四法 別々の単独法	2　一章―十六章
3　各法毎に編、章、節、款、条、項、号、 一連番号の条文形式	各章毎に節イロハ……

民立法

3　教育委員会における順序
区→連→中→文教局
（地方から中央へ）

三、内容

A　教育基本法
。理想的理論的内容
。日本国民の明文化

B　教育委員会法
1、教育区
。区域　市町村の区域
。廃置分合、境界変更は市町村のこれと同時に自動的に行う
。委員　五―七人
補充委員選任
。任期　四年
。半数交替　―得票数によつて定める
。選挙（隔年毎三月中に）
第一回選挙……五九年三月
第二回〃……六一年三月
五八年任期満了者は五九年三月まで
単独に選挙
。選挙法
市町村議員選挙法

教育法

3　〃
文―中―地
（中央から地方へ）

A　教育基本原理
。現実即応的内容

B　教育委員会
1、市町村教育区
。区域　市町村と同一
（布令発効の日現在）
。廃置分合
自動的でない
。委員　五―七
補充委員任命
。任期　四年
。残任期間の長短によつてきめる
。議員　　教委
五三年
五五年 \/ 五七年
五四年
五六年 \/ 五八年
議員選挙と同日に
。選挙法
（同上）

2、区委員会
。職務権限
。教育職員の研修
。教職員、児童生徒の保健福利厚生
。学校の保健計画
。衛生管理
。学校敷地の設定変更
。建物の営繕、保全
。学校の年中行事
。学校給食
。会議　　六回（定例）
会議規則できめる
。議決の方法
出席委員の過半数で
。給与（区教委員、職員の）
報酬と費用弁償
（しなければならない）
（受けることができる）
市町村議員のこれをこえてはならない
常勤の職員は退職金を受けることができる。
会計係は出納、会計事務に従事する
。「財務」の節を特設してある
。教育税
納税義務者
市町村税の納税者
課税―市町村税額を標準

2、区委員会
。職務権限
教育職員の現職教育
。会議　　六回（定例）
（同上）
。委員の多数決で
。給与
日当と費用弁償することができる。
……と同じでなくてはならない
会計係は出納、会計事務給料の一部でも不払遅延をゆるさない
。教育税
市町村の一般租税の一部として
総予算―補助金―教育税
課税―比例配分

徴収、督促、滞納処分
市町村税の例による、
賦課徴収の委任
　市町村に委任
　委員会の指定する期日まで
　に会計係に納入
市町村職員の賠償責任
　査定　賦課納入を怠ったと
　き損害を賠償する責任
会計係の賠償責任
　市町村の出納職員の例
。教育区債
。一時借入金ー年度の収入で償還
　建築
　設備
　校地購入
。経費の支出
・会計係は区委員会の命令に
　よって支出
・支出の予算がなければ支出
　できない
。予算
　公聴会　　五日前告示
　予算追加更正　暫定予算
。出納　決算
　監査ー監査委員（二回）
　出納の閉さ　八月三十一日
　決算
　決算の報告（文教局長）
。財務監視

市町村の一般租税と同時に同じ
方法で徴収
　収納と同時に会計に繰入れる
市町村長の責任
　収納監督の責任
会計係の責務
　市町村の職員と同様に
。教育区、公債の発行
。借入金
　校地購入
　校舎建築
　（十五年で償還）
。経費の支出
。会計係は教委の規則にしたが
　ってのみ支出
。必要に応じて引出すことがで
　きる
。予算及び会計諸事項
　公聴会　　三日前告示
　予算案の形式
。出納　決算
〃
〃
〃
〃
。監査の権限（文教局長）

文教局長（財務についての）の
検閲
。競争入札
　但し書（価格が低い時）
。校舎の修繕費
　一坪　二百五〇円
。財政状況の報告
　年二回以上　住民に公表
　予算使用の状況
　収入の状況
　財産　教育区責
　一時借入金の現在高
　その他財政に関する事項
3、連合教育区
教育区は協議により規約を定めて
設置
高等学校その他の学校を設置
。解散
　中教委の認可
。教育長　次長
　任期　　六年
　職務　　　（同じ）
　事務局
　　職員の定数は委員会で定める
。指導主事の任期なし
。連合区に対して政府補助金が
　直接交付できる
4、中央教育委員会
。政府に設置する

（政府補助金）経理事務の監査
。競争入札
。校舎の修繕費
　一坪　二五〇円
3、連合教育委員会
二以上の教育区が連合し構成
一層効果的な教育運営
。教育長
　任期　　六年
　職務
　事務所（教育長事務所）
　　文教局の支分部局としない
。指導主事の任期　　三年
。連合区には直接できない
　教育区を通して
4、中央教育委員会
。政府に設置
　文教局の構成の一つ

。委員　十一人
区教育委員の間接選挙

選挙区	員数
北部地区	三人
中部〃	三人
南部〃（久米島）	二人
都市〃	二人
宮古〃	一人
八重山〃	一人

。選挙（隔年十二月中に）
第一回選挙　五八年十二月
北部二…中一人（最低得票者）
中部三…中一人〉二ケ年
南部一
都市一
計　七人
第二回……六〇年十二月
半数交替　六〜五
選挙人―区教委
被選挙権―立法議員の
選挙事務―教育長
教育長が二人以上の場合選挙事務責任者は文教局長が定める
公示………二〇日前
選挙期日
。通常選挙…任期満了の日前
三十日以内に
。補充選挙（欠員を生じたとき）　四〇日以内
選挙人の集会
七日前までに通知
三分の二に達した後、投票
選挙疑義の決定はすべて文教局長が決する。
。職務権限
（布令と殆ど同じ）
「教育政策の設定」
。高等学校の移管
政府立を↓公立へ
公立を↓政府立へ
。会議
定例年　六回
十四日前　告示
会議の招集
委員長が
選挙後の最初は文教局長が
5、文教局
（構成はない）
（行政組織法）
。文教局長の職務
八十五条二項準用
（教育長の職務）
文教局長は、中央委員会の行うすべての教育事務につき助言し、推せんすることができる。
。文教局の部課の設置

。委員　七人
行政主席の任命

六回　奇数月に
〃
会議の招集
議長が
5、文教局は、中教委、文教局長行政職員をもつて構成
。文教局長の権限
免許状の一時効力停止

。文教局の教職員
持殊な事務、技術に従事する職員は、教員をもつてあてることができる。

6、雑則

。委任、臨時代理

（一—六まで同じ）

文教局長、教育長は、前項に規定された事務の一部を学校の長、教育機関の長に委任し、または臨時に代理させることができる

。教育補助金の対象

地方教育区に対して交付

義務教育　校舎建築費
　　　　　教職員給与費　全額　ねばならない

できる
高校校舎、教員給与、産休、結休、研休の補充教員の給与
大学単位手当
賞与（政府公務員に準じて）
校舎の維持、修繕費
その他、地方教育区の教育に要する経費

C　学校教育法

1、学校の範囲

小、中、高、大、盲、ろう、養護、幼稚園

。権限の委員

〃

。教育補助金

市町村教育区に対して交付。

義務教育—
　校舎建築費
その他
　退職手当
　公務災害補償

（教育特例法的性格）

C　学校教育法

1、学校の種別

小、中、高、盲、ろう、養護、懲治院、幼稚園

2、学校の設置者

私立学校—財団法人の設置

（その他は布令と同じ）

3、授業料その他の費用

（布令と殆ど同じ）

（寄付金の募集も同じ）

4、校長の任期

（布令と同じ）

この立法施行の際、五年未満の校長は十年の制限にかかわらず、同一校に五年に満つまでは勤務できる。

5、学校の閉さ命令（中教委が）

6、設備授業等の変更命令

（中教委）

7私立学校の届出義務

。最低授業時間数の制限なし

。免許状の一時効力停止がなし

。教師のつかない自習の規定なし

。学校教育職員の身分に関する規定がない。（平等の権利）

。政治活動の禁止

基本法「第八条政治教育」の2項に

「2　法令に定める学校は特定の政党を……政治活動をしてはならない。」

とだけしかない。

。教員の契約制なし

2、学校の設置者

私立学校—私法人の設置

3、授業料

…父兄からも教育税以外いかなる費用も…ならない。

4任期の制限

↑（布令発行の時と同様なうたい方）

学校の閉鎖

文教局長の勧告に基き中教委が…

。最低授業時間数

中、高校、二五時間

四種類以上

八百七十五生徒時間

。教師のつかない自習は認めない

（小校）

。平等の権利

公立学校教職員は、政府立学校職員及び政府公務員に準ずる。

。政府立学校職員は、政府公務員である

。政治活動は、公務員に準じて禁止している。

。校舎校地の使用は書面による許

。社会教育のための学校施設の
利用の許可
。教員の休暇の制限なし
。集会の制限なし
△小学校
目標
二、「国家」を挿入してある。
その他は布令と同じ
。児童の出席停止（伝染病、性行不良）
△一学級 小ー五十人を標準
〃 中ー五十人 〃
〃 高 四十人 〃
〃 幼ー四十人 〃
△中学校
目標
一ー三 「国家」
△高等学校
目標
一ー三 「国家」
△学校職員
校長
教頭 ⎡小中は置くことができる。
⎣高は置かなければならない。
教諭の中から任命する。
教諭

可制
。制限あり
。制限あり
△小学校
〃
。出席停止と雇用停止
（性行不良、伝染病）
四十人以下とする。但し二年間
（五十人）
四十人 〃 （五十人）
三十五人ー十五人 （四十人）
二十五人ー四十人（助手）
△中学校
目的
一ー四
四、道徳的指導、判断力、
社会活動の助長
△高等学校
目的
一ー四
△学校関係職員
教頭なし
書面による雇用契約
教職有資格者名簿

事務職員 ⎡小中できる
⎣高 ねばならない。
学校看護婦（おくことができる）
臨時教授許可証所持者
その他の職員
契約制なし
△大学が新に加えられた。
△特殊教育
△幼稚園
△各種学校
雑則中に入っている。
D社会教育法
1、定義
学校の教育課程として行われる教育活動を除き、主として青少年及び成人に対して行われる組織的な教育活動をいう。
2、地方教育委員会の事務
一ー十五
3、中教委会の事務
4、文教局長の事務（特設）
一ー六
5、教育委員会と市町村長との関係
6、図書館、博物館
（別の立法で定める）
7、社会教育主事、同主事補
文教局、連区ー社主事
教育区ー社主事、主事補
8、社会教育委員
9、公民館運営審議会
10、公民館
11、社会教育の講座

△布令は大学の項なし
△心身障害児童の教育
△幼稚園
△各種学校十三章として
社会教育
定義
（詳細に定義してある。）
2、地方教育区の権限
一ー七
3、中央委員の権限
地域社会の協力
（定義の中に含まれている）
文教局、地方教育区に
社会教育主事、同主事補
社会教育諮詢委員会
公民館諮詢委員会
公民館
（定義中に含まれている）

懲戒は教育的配慮で（文部広報より）

暴力事件根絶に局長通達

最近、全国的に教職員の児童生徒に対する体罰事件、生徒どうしおよび生徒の先生に対する暴行事件があいついで発生しているので、文部省では、七月十六日、学校での暴力事件の根絶をはかるため、次のような初中局長通達を関係各方面へ発した。

◇

学校での暴力事件があいついで発生していることは、まことに遺憾である。このことは、学校での規律のゆるみ、指導の不徹底に起因する点があると思われるので、学校は特に次の事項に留意し、いつさいの暴力行為の根絶に努めるよう格段の配慮をされるようお願いする。

一、教職員は、常にみずからの人格の向上に努め、愛情をもつて適切な指導を行うとともに、厳正な態度をもつて学校秩序の維持を図らなければならない。

二、児童生徒に対する懲戒は、教育上の必要に基いてなされるものであつて、真に教育的な配慮をもつて慎重適確にすべきである。いやしくも一時の感情に支配されて、軽率な処分をするようなことがあつてはならない。

三、体罰は、法律により厳に禁止されているところである。教職員は児童生徒の指導にあたり、いかなる場合でも体罰を用いてはならない。

（参考）

▽学校教育法第十一条

▽同法施行規則第十三条

▽児童懲戒権の限界について（昭和二十三年十二月二十二日調査二発第十八号法務庁調査意見長官通達）

▽生徒に対する体罰禁止に関する教師の心得（昭和二十四年八月二十二日法務庁発表）

▽中学校、高等学校における運動部の指導について（昭和三十二年五月十六日文初中第二七五号文部省初等中等教育局長通達）

体罰について（文部広報より）

学校における暴力事件の根絶について通達が出された。それによると、懲戒は教育上の必要に基いてなされるものであり真に教育的な配慮をもつて慎重適確になされるべきであり、体罰はいかなる場合でも用いてはならないとされている。次にこの通達に参考としてあげられた資料について説明しよう。

法務庁発表に見る　児童懲戒の限界

学校教育法第十一条

学校教育法第十一条では「校長および教員は教育上必要があると認めるときは、監督庁の定めるところにより、学生・生徒および児童に懲戒を加えることができる。ただし、体罰を加えることはできない。」となつている。

そしてこの「監督庁の定め」は学校教育法施行規則で次のように定められている。

第十三条　懲戒は、学校がこれを行う。ただし、退学は、市町村立の小学校および中学校以外の学校において、左の各号の一に該当するもの（都道府県立の盲学校およびろう学校の義務教育を受けるものを除く。）に対してのみこれを行うことができる。

一　性行不良で改善の見込がないと認められる者。

二　学力劣等で成業の見込がないと認められる者。

三　正当の理由がなくて出席が常でない者。

四　学校の秩序を乱し、その他学生または生徒としての本分に反した者。

児童戒権の限界

児童懲戒権の限界については、昭和二十三年十二月二十二日、調査二発第一八号法務庁法務調査意見長官通達で、大要次のような点が明らかにされている。

学校教育法第十一条にいう「体罰」とは、懲戒の内容が身体的性質のものである場合を意味する。

(1)　身体に対する侵害を内容とする懲戒―なぐる、けるの類―がこれに該当することはいうまでもないが、さらに

(2)　被罰者に肉体的苦痛を与えるような懲戒もまたこれに該当する。たとえば、端座、直立等特定の姿勢を長時間にわたつて保持させるというような懲戒は、体罰の一種と解せられる。

しかし(2)の意味の「体罰」に該当するかどうかは、機械的に制定することはできない。児童の年令・健康、場所的、時間的、環境等種々の考え合わせて肉体的苦痛の有無を判定しなければならない。

なおこの意見では放課後学童を教室内に残す場合、授業に遅刻した学童に対してある時間内、教室にはいらせない場合等が、懲戒の手段として許されるかどうかも明らかにされているが、この点については、さらに昭和二十四年八月二日付法務府発表の「生徒に対する体罰禁止に関する教師の心得」で見ると、大要次のようになつている。

生徒に対する体罰禁止に関する教師の心得

この発表は、当時児童生徒に対する体罰問題がやかましく、教師の児童懲戒権がどの程度まで認められるかについて、宇都宮少年保護観察所で法務当局と研究の結果、明らかにされたもので、次の七条からなつている。

(1)　用便に行かせなかつたり、食事時間が過ぎても教室に留め置くことは、肉体的苦痛を伴うから体罰となり、学校教育法に違反する。

(2)　遅刻した生徒を教室に入れず、授業を受けさせないことは、たとえ短時間でも義務教育では許されない

(3)　授業時間中怠けたり、騒いだからといつて、生徒を教室外に出すことは許されない。教室内に立たせることは、体罰にならないかぎり懲戒権内として認めてよい。

(4)　人の物を盗んだり、こわしたりした場合など、こらしめる意味で体罰にならない程度に放課後残してもさしつかえない。

(5)　盗みの場合など、その生徒や証人を放課後尋問することはよいが、自白や供述を強制してはならない

(6)　遅刻や怠けたことによつてそうじ当番などの回数を多くするのはさしつかえないが、不当な差別待遇や酷使はいけない。

(7)　遅刻防止のための合同登校はかまわないが、軍事教練的色彩を帯びないように注意すること。

第五五回中教委だより（自一月十三日　至一月十八日）

◈主なる審議結果の概要

◈教育法（民政府布令一六五号）第三章八節の規定により、議長副議長の選挙を行つた結果、議長に伊礼委員、副議長に砂川委員が再選された。

◈予算編成方針について審議し、更に継続審議することに決定。

◈公立学校校舎建築割当の一部変更、ならびに追加割当を原案どおり可決。

◈政府立高等学校授業料減免認可を申請どおり決定。

◈宜野座高校ならびに八重山高校の入学料及び授業料徴収規則を申請どおり、それぞれ認可した。

◈与那城中校ならびに勝連中校、平敷屋中校、南原中校廃止認可申請について各々申請どおり廃止することを認可

◈与勝中学校設置を申請どおり認可

◈あげな小学校設置を申請どおり認可

◈各種学校設置を申請どおり認可

◈教育課程審議会規則の一部を改正する規則を原案どおり可決

◈小学校ならび、中学校設置基準の一部を改正する規則を原案どおり可決

◈教育統計調査規則について、第十二条中「報告書を作成せしめなければならない。」とあるを「報告書を作成しなければならない」と修正し、その他は原案どおり可決

秩序と体罰（初等教育資料より）

鳥巣通明

近ごろ、教師の生徒に対する暴力沙汰、生徒相互間のリンチなど、悲しむべき事件が続発しているが、特に、教え子をなぐつて死に至らしめた芝中事件は、人々に大きな衝撃をあたえた。あまりにもいたましいできごとに直面して、世論が「学校秩序の維持」を説き、学校における規律のゆるみは教師の指導力低下にその原因があると明言し、教職員の人格の向上と懲戒に際しての慎重適確な配慮を要望したこと、教職員自身また率直に自省して「体罰等の排除」に真剣にのり出していることは周知の事実であろう。

児童生徒に対する指導力が問題となる時、私はいつも次の言葉を思い出す。

「教師として生徒をつかむには、人格と学識においてすぐれていなければならない。腕力の強いことをその条件に教える人々もないではないが、私はとらない。若い教師は教材の研究をじゅうぶんにするとともに、生徒にとつて親しい先輩になるよう心がけることがたいせつである。」これは、大学を出たばかりで赴任した私に対して、すでに故人になられた関西のある高校長の訓諭であつた。もう二十五年あまり前のことであるが、眼鏡を片手にじゅんじゅんと語られた温容は今もまのあたりに浮んでくる。

人格と学識が教師として望ましい条件であることはとりたてていうまでもない。私が老校長の語をここにもち出したのは、若い教師の心構えとして、いかなる場合にも腕力をさけ、また単に講義や訓戒をする人としてではなく生徒にとつて先輩―生徒がらくに何でも話すことのできる教師であれ、と求めた点を指摘したいからである。教師と個々の生徒を、ともに学ぶ者として、友人として結びつけることが生徒指導の要請である、とこの校長は洞察していた。そうすることによつて生徒の行動の観察診断が可能になり、彼らの実態を把握できるばかりでなく、生徒のほうでもこの教師なら安心して語ることができるという信頼感が生れる。教える者と教えられる者との間に人間としての同情と理解が高められる、いわゆる親和関係が樹立される、と期待していたのである。

教育のいとなみにおいてこの相互信頼の念ほどたいせつなものはない。校長と教員、そして生徒、学校集団を構成する全員が互に信頼し合う時、学園は尊敬と愛情に結ばれ、ここに正しい意味での秩序が確立される。説得と協力、命令と服従の関係がすこしの抵抗もなく成立するからである。それを欠く場合を考えてみるがよい。学校内部は不信と猜疑のふんい気につつまれ、外見上いかに見事な教育計画がたてられるにしても、その指導がゆがんだ性格になることは云うまでもないであろう。信頼にうらづけられない、威圧と強制による秩序は、みせかけの一時的なものにすぎず、常に破綻の危機にさらされるものであるものである。

私がはじめて赴任したのは旧制高校であつた。しかし老校長の教えは小・中学校教師にもあてはまると思う。児童・生徒はたしかに年少であるが、彼らは彼らなりに問題をもつている。教師はそれに対してあたたかい愛と同情を注ぐべきであろう。また、誰であつたか「児童は教師の聴診器である」と云つたが、幼いなりに教師の行動を評価するするどい能力をもつている。教師は常にこのことを反省し自らの行為をつつしまねばならない。体罰は法律の禁ずるところでもある。いかに弁解しようとも短気で衝動的な行動に出る者は教師としては失格者と認むべきであろう。

（初等中等教育局視学官）

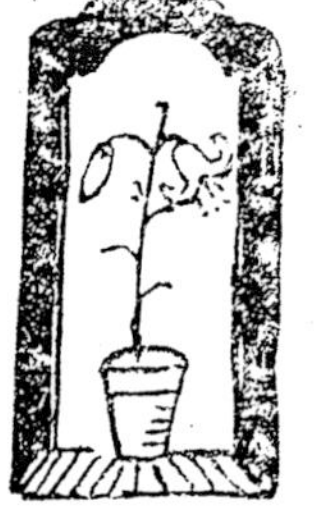

資料編 小学校 中学校 高等学校

環境緑化の教育計画と実施要領

大庭正一

目次

△はじめに
△学校における緑化活動
I、趣旨
II、学校における緑化活動の性格
(1) 学校植林
(2) 環境緑化
III、学校教育における緑化活動の位置
IV、実施要領
(1) 方針 (2) 対象学校
(3) 実施目標および時期
(4) 緑化面積
(イ) 学校植林
(ロ) 環境緑化
(5) 学校植林及環境緑化の管理
(6) 作業 (7) その他
△環境緑化の具体的目標
。理解の目標
。技能の目標
。態度の目標
△環境緑化の教育計画
小学校
(イ) 理科における計画
(ロ) 社会科における計画
(ハ) 算数における計画
(ニ) 家庭における計画
(ホ) 国語、図工、保健体育における計画
中学校、高等学校
(イ) 理科における計画
(ロ) 社会科における計画
(ハ) 職家における計画
△特別教育活動における教育計画
小学校
(イ) 理科の場合
(ロ) 算数科の場合
中学校、高等学校
△環境緑化活動の実施要領
(1) 校庭の植樹
(2) 教材園
(3) 花壇
△年間計画について
△資料とその解説
(1) 園芸
(2) 草花の作り方

はじめに

緑の自然がわれわれ人間生活にどれほど深い関係にあるかは、改めていう必要はあるまい。文化が進めば進むほど、生活環境に緑を要求してやまない。しかしその反面、樹木が切り倒されたあとを顧みられなかったり、公園の樹木や芝生が踏みにじられたり、学校の庭木が生徒や児童によつて折り取られたりしている事実は、あまりに多く見受けられるところである。環境緑化の活動が教育の一環として正しく取り上げられることになれば、このような事実は、しだいにあとをたつであろう。なぜなら、環境緑化活動が学校教育で正しく取り上げられると、児童生徒に自然を愛護する豊かな感情が芽ばえてくるであろう。

そこで環境緑化の活動を児童生徒に行わせるように、教育的な計画をする必要が痛感される。ここに経済局林務課長仲宗根嘉三郎、呉屋済仁氏、多和田真淳氏の御指導御協力の下に環境緑化の資料を提供していただき吾々の環境緑化の教育計画に役立たせていただいたことに感謝いたします。

学校における緑化活動

1 趣旨

みどりの学園運動は、従来森林資源の確保と国土保全のための全体的見地から、学校が教育の一環としてこの運動に協力してきたのであるが、このたび新たな構想のもとに、学校における緑化活動として計画するものである。したがつて都市ならびに農山村における小学校、中学校および高等学校のいずれの学校においても、この要項によつて実施されることが望ましい。

2 学校における緑化活動の性格

学校における児童生徒を対象とする緑化活動は、次の二つに分けられる。

(1) 学校植林

学校植林とは、学校教育の一環として、学校林を経営管理するものである。この場合学校林を経営管理することと自体は、学校の財政上の見地からも考慮されるところであろうが、なにより大切なことは、このことが学校における学習活動として実施されなければならないということである。

(2) 環境緑化

環境緑化とは、学校教育の立場において、学校、家庭およびその地域の公園街路等に樹木を植え、これを育ててゆくことである。

3 学校教育における緑化活動の位置

緑化活動は、学校教育における一つの教科として取り上げて学習するのではなく、各教科の中で、または特別教育活動において行われるものである。したがつてその計画を立てるにあたつては、これに関連をもつ各教科において、じゆうぶん学習成果があがるように計画する。そのためには、当該学校における緑化活動の教育的全体計画が必要となつてくる。

4 実施要領

学校における緑化活動の実施要領は、次のとおりでありたい。

(1) 方 針

(イ) 学校は、市町村と協力して、学校植林および環境緑化を計画し、これを実施してほしい。

(ロ) 文教局は経済局の協力を得てこの活動の趣旨によつて、当該市町村における実施計画について指導助言することが望ましい。

(ハ) 市町村は、当該市町村の学校に対し、学校植林の可能なものにはつとめて適地をあつ旋するとともに、実施計画について、指導助言する。

(2) 対象学校

全島の小学校、中学校および高等学校を対象とする。ただし、学校植林は、実施可能な学校のみとし小学校においては五～六学年を対象とする。

(3) 実施目標および時期

緑化活動は、学校教育上から恒久的なものであるがこのうち学校植林については、一応一九五五年～一九六〇年に至る五ケ年計画の線に沿うて計画して実施する。

(4) 緑化面積

(イ) 学校植林

植林面積は、全島にわたり毎年二〇〇四町歩を目標とし、それぞれの地方の事情に応じた適当な時期に実施するものとする。

(ロ) 環境緑化

これについての目標は、具体的には定めないが、校庭等の緑化を図るとともに、できるかぎり各学校の校地内に植物見本園または花壇等を設けるようにする。

(5) 学校植林および環境緑化の管理

学校植林および環境緑化の管理については、学校長の責任において、当該学校の教職員および児童生徒が協力してこれにあたる。

(6) 作 業

作業の方法およびその量については、学習活動として行われるのであるから、じゆうぶん留意しなければならない。

(7) その他

苗木については、経済局林務課、営林所および森林組合等の指導の下に、今後学校において育苗し、自給するとともに、学校相互で交換することがよいと考えられる。

環境緑化の具体的目標

△理解（知識）の目標

1、家や学校や地域社会に樹木や花壇や芝生などがあつて、四季それぞれの変化があり、また天候や気象との関係で互に調和の保たれていることは、わたくしたちの心を休め楽しませてくれることを知らせる。

2、家庭や校庭や町にある樹木は、風雨を防いだり夏日陰を作つたりしてくれる。だから家や学校や町の道には木や草を植えなければならないことを知らせる。

3、樹木や草は、風によるほこりを防ぐばかりでなく同化作用によつて空気を清浄にしてくれる。

4、木を植えたり、花壇を造つたりすることは楽しいことである。

5、木でも草でも土地の性質によつて、好ききらいのあることがわかる。

6、木でも草でも日陰に堪えるもの（陰樹）とひなたを好むもの（陽樹）がある。

7、種子をまいたり、苗を育てたり、肥料をやつたりすることや、また木を植えたり、整えたり、害虫を駆除したりすることは、季節によつて、適当な時にやらなければならない。

8、どんな木をどこに植えれば、どのように役立つかを知る。たとえば、街路、校庭、村の堤、神社や仏閣の境内、家庭の庭等。

9、苗の育て方、植木の植え方、よい花の咲かせ方などがわかる。

10、木でも草でも冬は寒さに弱いもの、夏には暑さをきらうものがあるから寒暑を防いでやらなければならない。

11、草花は種子をまいて育てるものと、球根によるものとがあつて、それぞれ育て方や種子の採り方が異なる。

12、樹木も種子をまいて苗を作つたり、さし木やつぎ木のようにしてふやすもの、草花でも根分けやさし木のようにしてふやすものがある。

13、草花を育てるには土ごしらえが大切で、肥料もやらなければならない。

14、樹木や草花の世話は、友だちと一しよに仲よくやると、いつそう楽しいことがわかる。土に親しむことは、日光浴にもなり、よい空気を吸うので、からだにもよいことがわかる。

15、花壇を造つたり、種子をまいたり、木を植えたり枝を切つたりするには用具がいる。仕事にあたつては、用具の使い方を知り、そのあと始末をよくすることが大切であることがわかる。

16、何ごともみずから進んで計画し、工夫し実行すると、いつそう楽しいことがわかる。

△技能の目標

技能の目標は理解の目標と密接な関係がある。おもなものをあげると、次のようなものが考えられる。

1、よい種子を選ぶことができる。

2、花壇の設計を考えて、これに種子をまいたり、間引きをしたり、肥料をやつたり、移植をしたりすることができる。

3、苗木を作つたり、木を正しく植えることができる。

4、木や草花の害虫を見分けて、駆除することができる。

5、枝のせん定ができる。また草花等に支柱をたてることができる。

6、さし木やつぎ木ができる。

7、球根の掘取りやしまい方、種子の採り方ができる。

8、用具を正しく使い、またあと始末がよくできる。

△態度の目標

環境緑化の学習活動によつて、どんな態度が養われるだろうか。種々の理解や行動から次のような態度が養われる。

1、緑の自然に対して興味と関心をもつ。

2、校庭や家庭にくふうして木を植えたり、花壇を造つたりする態度ができる。

3、学校や公園や町の木や草を愛育する態度を養う。

4、緑の木を通じて、学校や町や村を愛する態度を養う。

5、庭を作つたり木や草を植えたりする作業を通じて勤労、協力、責任を尊ぶ態度が養われる。

6、緑化活動の学習を通じて、自然や自然物の状態を科学的に観察する態度が養われる。

7、用具をたいせつにし、材料を科学的に使用する態度ができる。

環境緑化の教育計畫

緑化活動に関する教育計画は前に述べたように、全般的な学校教育計画の一環をなすものである。したがつてな、環境緑化の教育計画も、教科活動と特別教育活動の両方面から考案する必要がある。

(1) 教科活動における教育計画

教科活動における環境緑化の計画は、いうまでもなく、各教科の学習内容と関連するわけだが、この学習内容からみて密接に関係する教科と、そうでない教科とがある。そこでここでは、特に関係の深いものを例示的に掲げて参考に供するにとどめる。環境緑化活動の性質上、最も密接に関係する教科は理科である。そしてこれに次ぐものは、社会科、職業、家庭科であるが、図工や、国語や、場合によつては保健体育もかなりの関係がある。また算数（数学）にも関連性があるばかりでなく、新しい教育の理念からすると、いつそう興味ある領域として取り上げられるかもしれない。

小学校

(イ) 理科における計画

地方の事情により、具体的には相当の開きがあるかもしれないが、一例として次の表のようなものが考えられる。それぞれの学校は、具体的な年間の教育計画を作らなければならない。

△ 理科における計画

学年	題目	環境緑化活動の指導目標
一年	・種子まき、花の一生 ・木の葉、木の実 ・記念の木	○入学記念の木の植え方 ○花の種子のまき方 ○木の葉、木の実 ○シャベルの使い方、かん水のしかた
二年	・種子まき、苗植え、球根植えと手入れ ・種でふえる植物、草花の一生、へちま ・落葉と季節　・植物の冬越し ・季節だより	○種まき苗植、手入れ（春、秋） ○花の育て方（間引き施肥） ○種採り
三年	・花暦　・植物の育ち方とふえ方 ・押葉つくり（さし木株分け） ・季節による植物の変化 ・種まき、球根植え、手入れ	○葉壇作り苗の育て方 ○球根の保存
四年	・四季の変化 ・いね、あさがお栽培 ・紅葉、落葉 ・栽培暦 ・植物の標本作り ・植物の育ち方、ふえ方（種の散り方） ・草木の冬越し　・植物観察、分類等	○苗木の植え方 ○花壇造り ○栽培 ○木の管理 ○害虫駆除のしかた
五年		○植木のせん定 ○いけがき、せん定 ○低学年の花壇の世話 ○肥料作り ○用具の管理
六年	・根、茎、葉のつくり ・呼吸作用、同化作用 ・植物の分布	○植木のせん定　○植物園管理 ○低学年の花壇の世話 ○肥料作り　○用具の管理

(ロ)　社会科における計画

社会科は、児童や生徒をとりまく社会の機能を理解し、社会人としてこの社会をよりよくしようとする態度や、能力を養うことを目的とする教科である。したがつて児童生徒をとりまく学校や家庭や地域社会のよりよい生活を考えるとき環境の緑化活動は社会科と相当深い関連をもつことがわかる。環境緑化と深い関連をもつ社会科単元をあげると次のようなものがある。

○小学校低学年では
　わたくしたちの学校。学校の近所

○三、四年では
　わたくしたちの村、町

○五、六年では
　国土の自然と愛護、よい町。生活のくふう。いなかの生活と都会の生活。

小学校低学年では、たとえば、単元「わたくしたちの学校」で、学校の環境を調べさせて、校庭の木や草がわたくしたちの生活に深い関係のあることを理解させ、これを愛育する方法を知らせる

三、四年では、次第に経験の範囲も広まるので、児童の生活する町や村の街路樹や公園などを愛護するよう指導する。

高学年になつては、都市と農村との比較から農村では緑の自然に恵まれているが、都市では緑の環境が大いに要求されていることをわからせる。さらに国土保全のためには緑化が重要であることを理解させる。この場合社会科では理解することで問題が解決されたとしている場合が多いが緑化活動はその発展として、実際に緑化活動に参加するところまで進むべきである。

(ハ)　算数における計画

生活経験学習としての算数科の教育計画と環境緑化活動とは、相当関連が深い。たとえば次のような点が考えられる。

○低学年では木の数を数えたり、木の葉遊びをしたり（図形の初歩）草花並べ等、学校の木や草やまたは木の実を材料として、数的生活経験が具体的に行われる。

○三、四年学年にはいると、そのほかに、量的な学習と図形的な学習がたくさんはいつてくる。まず容積関係の学習では、草や木に与える水の量に結びつけて生活化することができるし、「草花の植え方」学習などでは、いろいろの形がくふうされ応用され実用化されることができる。それに長さの学習も当然関係する。花壇を造り、支柱を与える、そうしたことが数学的に学習されるのは、生活算数の立場から見て望ましいことである。

○五、六年になるといつそう重要な学習内容として関係してくる。たとえばいろいろの形の面積や容積体積に関係したこと、さらには縮図縮尺のことなど、校庭や学校園を、測量したり作つたりしている間に問題が発見され、解決されて、真の算数の目標が達せられる。こうして、とかく生活から離れがちな算数教育の欠陥も補うことができるであろう。

(ニ)　家庭における計画

家庭生活を豊かにすることを目ざした飼育栽培の単元があるが、学校における飼育栽培の学習経験を次のように家庭にまで延長する。

○家の庭に花壇を作つて、草花を栽培する。

○学校で育てた苗木や草花を家庭に持つて行つて育てる。（この反対のこともありうる。）

○住宅について考えさせる。健康で文化的な住宅には庭木やいけがきが必要であつて、よく手入れを行わなければならない。

○家庭は孤立するのでなく、近所や地域の社会の関連において存在することを知らせる。こどもの遊び場所（公園、神社、仏閣など）自然的な環境の重要であることを理解させる。

(ホ)　国語、図工、保健体育における計画

これらの教科の学習計画の中で、環境緑化活動が重要な役割を演ずることがある。たとえば学校の植物園は国語の中に現れる植物名に内容を与えてくれることもあるし、緑化活動は児童の生活作文として現れることもあろう。なお、ほかの教科においてもそれぞれ環境緑化活動と関連するものが多い。

中学校

中学校では、小学校の場合よりもいつそう計画が密で具体的でなければならない。それは教科別色彩が濃厚だからである。次は中学校における環境緑化活動の教育計画の例である。

(イ)　理科における計画

単元「生物はどこでどのように生育するか。」

指導目標

○身のまわりのいろいろな生物の外形、構造、機能習性について知る。

。身のまわりの動物や植物に興味をもち、そこから問題を見つけ出す態度を養う。

。有用な動植物を集めたり、ふやしたりする方法を理解する。

。生物を愛育する態度を養う。

。動植物を飼育栽培する技能を身につける。

。生物資源を保護したり、ふやしたりする態度を身につける。

学習活動

。学校や家庭の木の種類や効用などについて従来の経験をもとにして話し合う。さらに代表的な庭木について、その構造を教室で教える。
。校庭でさし木や株分けなどを行い、その成長を測定する。
。教科書または参考書を読んで次のことを調べる
A いろいろな庭木の効用について
B 秋に植物の紅葉するのはなぜか
C いろいろな庭木の効用について。
•学校園の運営計画を立て、実施する方法を討議する。

指導上の注意

二月中旬は愛林日で、緑の週間が計画されている

(ロ) 社会科における計画

単元「天然資源をいっそう有効に利用するには、どんなに心がけたらよいか」

指導目標

。天然資源が、われわれの生活にどれほど大切であるかを知る。特に現在の社会、戦後の沖縄ではその愛護の必要などを理解する。
。資源の愛護は、積極的に価値を見つけだしていくことが必要であることを理解し、日常生活において、あらゆる資源を愛護する態度と習慣を養う
。社会は天然資源を愛護するために努力していることを理解し、これに協力する態度を養う
。森林資源を愛護するためには、わたくしたちはどんな努力をしなければならないかを理解させる。

学習活動

。わたくしたちの不注意から、天然資源を無意識にこわしたりつかいはたしていることはないかについて考えさせる。

。山での火気の取扱の注意を考えさせる。

。木製品、用紙の有効な利用について考えさせる。

。森林の濫伐と火災は森林面積の急速な減少をひき起し、将来の不安を招くことを考えさせる。

。濫伐を慎むこと、伐採と同時に植林を行うことは森林資源を保護し、後世に繁栄をもたらすゆえんであることを考えさせる。

。近年の台風による災害は、一に森林濫伐の結果であるなど、現在および将来のよりよい生活のために、どんな努力を払わなければならないかについて考えさせ、発表や討論をさせる。

。郷土における森林資源の保護の現状と改善策に関して討論させる。

(ハ) 職業、家庭科における計画

単元〃学校の清掃と変化〃

指導目標

。花作りを学習し、美に対する情操を養う。

。いろいろな苗木を仕立てじょうずに栽培して管理する技能を養う。

。植物を育てることによつて、生物を愛護する習慣や態度を養う。

。他人と協力しながら楽しく仕事をする態度を養う。

学習活動

。庭や花壇を造るとき、どんな苗木や、花を植えたらよいか話し合う。

。自分たちの学校を美しくするにはどうしたらよいかについて討議する。

。草花の種類や品種について説明する
。種子まきから移植までについてその季節ごとに実際にそれを行い。どうしたら最もよく生育するかを理解する。

。おもな草花や庭木について、その性質を調べて発表する。

。肥料はどんなものがよいか、いろいろな肥料を与えて、植物の生育状態を観察し、植物の最も必要な肥料その施肥期を見いだす。

。なお栽培ができたら次のことについて調べる。

A 芽は完全に出たか。

B 苗は順調に発育したか。

C 虫害、病害に侵されるようなことはなかったか。

。さし芽による草花のふやし方について実習してみる。

高等学校

高等学校は、小、中学校の基礎の上に、教育計画が立てられなければならない。特に高校は各種の課程を

異にする学校の特質があり、全日制、定時制等の区別もあり、一律にできないのはもちろんで、学校の性格に応じ土地の事情に即して、それぞれ緑化活動の教育計画が立てられるべきは当然である。

社会、理科、職業、家庭その他の教科において、環境緑化に関連する諸項目の指導がたいせつである。たとえば理科生物に環境の改善の項があるが、前節の目標を実現する好伯の題材である。さらに住民の健康と緑化との重要性を説き、都市における環境の悪化から守るため、衛生都市を建設しなければならないことを説明する。さらに緑化活動に関する年間教育計画を樹立すべきである。また理科教育のためにも簡易温室、フレーム等の設備をもち、栽培管理のほか各種の実験に供するよう計画するとよい。

特別教育活動における教育計画

環境緑化活動のおもな内容は、生物関係であるから季節の影響を受けたり、偶発的な現象に左右されることが多く、生物を継続的に観察したり、手入れをしなければならず、多少なれた技術を必要とする。そこで環境緑化活動は、教科の範囲だけではじゅうぶんに成果があがらないから、自然、特活の学習活動を必要とする。小学校では教科外活動といい、中学校、高等学校では特別教育活動といっているが、元来この活動には、好みを同じくする生徒や児童が、グループを作つて協力じつつ豊かな個性を伸ばそうとするクラブ活動の領域と、協同社会のためにサービスをする奉仕活動の領域とがあつて、いずれも環境緑化活動によい機会を与えるものである。そしてこの緑化活動は、飼育栽培に関するグループとして組織され運営され、教科における学習と相まつて、その成果が期待される。

ましてこの環境緑化の活動は、学校だけでなく、家庭や地域社会にまで領域を広げられなければならないので、特活から期待されるところが、大きいといわなければならない。特活としての環境緑化活動の特色を列挙すれば次のようなものがある。

。飼育栽培のメンバーとして年次計画（環境緑化の目標に即して）に参加し、自主的に学習計画を立てる。

。自主的に立てた計画を積極的に実行する。

。特に行事的なものに対する主動者となる。たとえば緑の週間とか植樹祭とか、その他の記念行事において。

。教科学習の場を円滑に構成したり、又は教科学習を整理発展させることができる。

。用具や材料を整えたり管理したりする。

。グループ活動の成果を全体に奉仕できるようにする。

。偶発の現象に対処して、適切な活動をする。

以上のことは、小学校から高等学校まで共通するがなお学校の種別や土地の事情によつて、計画の内容に相当の開きが生ずることはいうまでもない。さらに高等学校では普通課程の高等学校と職業課程の高等学校また同一の学校でも学年の相違に応じて、内容や取扱に程度の差がある。したがつて、それぞれの情況に即して学習指導の計画が立てられなければならない。

小学校

小学校における環境緑化の計画では次のようなこと考えるべきである。

。学級や学校のクラブ活動組織に栽培班を設ける。

。学級は学級の範囲に属する学習活動の範囲を、学校は学校全体の学習作業の領域を定めなければならない。

。いずれも年間の運営計画を立て、種類的に責任をもつて、学習活動が進められるように指導する。

。学校班は全体について考え、たとえば一年生の「記念の木」の植樹の準備をしたり、あるいは低学年の学級花壇の準備や肥料の準備をしたり、その他各学年学級の緑化学習に奉仕するよう指導する。

。特に環境緑化には各種の用具が必要であるが、これらの管理や手入れもまたこの班のたいせつな活動の事項である。

このようにしてつりあいのとれた系統的な環境緑化の活動が行われるならば、所期の教育目標が達成されるであろう。

次に、各教科の学習の発展としての教科外における緑化活動の例をあげて参考とする

(イ)　理科の場合

パインや茶の実をまいて苗を育てたり、またさし木によつて育てられた苗木を校庭ばかりでなく家庭や地

域社会の適当な所に植えることは、理科の学習の発展として有意義なものではなかろうか。入学記念に苗木を学校に植えさせ、卒業の際これを活用することはその例である。なお〃種子採り〃を学習した場合、これを保存して学校や家庭にまき付けるように指導することも好ましいことである。〃季節だより〃と緑化活動は最も関係の深いものである。

(ロ) 算数科の場合

図形の学習、計量の学習については、花壇造りというような単元学習を設定するとすれば、実生活に即した学習とすることができるであろう

中学校

小学校の環境緑化活動は、教科学習の発展としての特活学習という形で行われる点に特色があるといえるのに対し、中学校の環境緑化活動は、生徒会の活動計画におりこまれて、ある程度生徒たちの自主的な計画と運営とにおいて展開される点に特色が出てよいであろう。しかし、小学校と同様、クラブ活動や奉仕活動として行われる面があることはいうまでもなく、小学校時代に行われてきたことを基礎にして計画を立てていくことが望ましい。そこで中学校では、学校を楽しく住みよい生活の場とするための生徒会やクラブ活動の一環として、たとえば草花の栽培、庭木の手入れ花壇の設営を行い、草花や樹木についての知識を与え生物を愛育する態度を養うとともに、協力、友情、責任、望ましい社会性を伸ばす機会とすることが、望ましい。したがつて環境緑化の活動にあたつては、次のような点に注意すべきである。

。各種草花の栽培(できればフレームなどによる栽培)をし、どんな花が最も作りやすいか、またわたくしたちの庭などに植える草花や樹木にはどんな種類のものが一番上手に作れるか、しかも病虫害に強いかなどについて研究し発表させる。

•どうしたら花や樹木によつて校庭や町を美しくすることができるかを研究させる。

。樹木や草花と人間生活との関係について研究し発表させる。

。指導上の注意としては、季節ごとに適当な指導をすることはもとより大切であるが、単なる技術の修得にとどまらず環境緑化の実践を通して生活環境をよりよいものに改善していこうとする。自治活動が、身につくように指導すべきである。

高等学校

高等学校においては、教科内の教育活動は非常に制限されることが多い。校庭の美化も社会環境の緑化も学校全体の共鳴を得なければ実施は容易でない。しかし特活の中には草花班、造園班等のクラブ組織による活動が多い。また生徒会の問題として、学校園の美化計画を取り上げ、さらには地域社会の緑化計画に参加して、青年らしい新鮮な企画と実践をもつて寄与することも望ましいことである。

環境緑化活動の実施要領

全島の各学校に校舎の新築が米軍の協力財政のもとで進められている。このような状態で、校舎はできてもじゆうぶんな教育環境は望めるものではないが、なんらかの方法によつて、児童に生徒に精神的なうるおいを与えるため、学校内の環境の整備を行いたい。

(1) 校庭の植樹

校舎の新築された学校では校庭の緑化を計画する際中学校、高等学校はもとより小学校でも程度の差はあろうが、児童や生徒で植樹の計画を立てて作業に参加する。

とかく今まで児童や生徒をお客さまにしたきらいがあつたため、植えた木は踏みつけられたり折られたりして成長を妨げられてきた。新しい教育は、児童や生徒に主役をつとめさせ、どんな所にどんな木を植えたらよいか。どうすればよく育つか、こうしたことは児童会や生徒会では大切な活動として取り上げられる問題である。さらに植樹の目的をはつきりさせ、学校の木はあくまで児童や生徒のよりよい学校生活を営むたすけになるように考えさせる。夏の日蔭として校庭や教室に涼しさを与えるもの、風雨を防ぐための植樹、教材資料としての植樹等、それぞれの目的を明確にして樹種を選ぶ。植樹の適期や樹種の特長、さらに植え穴の深さと大きさなどを考へ木をいかに愛育するかを生徒や児童に理解させる。したがつて根もとを踏んだりさわつたりやたらに給水をすることも木の生育にはよくないことなど、小学校では特によく理解させる。

(2) 教材園

都市と農山村とは、教材園、植物園等のつくり方や、その規模に非常な差異があろうが

(イ) 植物の分類を主とした植物園

(ロ) 植物の生活を主としたもので、薬用、有毒、救荒植物などを植える植物園

(ハ) 実験実習のため短期間に研究しようとする植物園

(ニ) 園芸を主とする植物園

(ホ) 建築、薪炭、工業用材から牧草に至る生産を主とする植物園

(ヘ) 生態を主とする自然植物園

以上のように理想的な植物園を望むことは所によつて不可能なことであるが、少しの空地でも工夫すれば、当面にはまにあうものもできよう。さらに樹種をなるべく多く集め、配置を考え、日照と乾湿や高木や低木や、常緑樹と落葉樹との取り合わせ等を考慮することが大切なことである。

(3) 花　壇

観賞用として花壇を造る場合は、四季を通じて花が見られるように工夫するほか、花壇の形や広さを児童や生徒の活動につごうよく計画すること、なお、まき付や植付に際しては成長した時の花のたけを考えることが大切で、日照の妨げにならないようにする。たとえば縁取りになるものは低いもの、段々にたけが高くなるようにする。また切花用の花壇は別に造つたほうがよい。こうしたことは児童や生徒の学習において、指導するとよい

(4) 月々観賞出来る樹木の植えつけと配列

四季に咲く草花の外に一年を通じて花が咲き観賞出来るように樹木の植つけと配列をくふうする。なお果樹類も取り入れることが望ましい。

年間計画について

草花樹木の種類によつて、作業の時期と方法に相違があるし、また地域別に気候の差があることなどによつて一概にいうことはできないが、一例として月ごとの作業の概略を示すと次のようである。

月	項　目	備　考
一～二月	果樹のせん定	
三～四月	(イ)さし木庭木の移植 (ロ)球根の分球及び植付 (ハ)種まき（一般草木） (ニ)つぎ木 (ホ)さし木 (ヘ)病虫害駆除	移植の時期は春秋二期あるが、一般には春植が安全である。 移植については庭木の場合根まわしをする。植付法支柱の立て方等の知識がなくてはならない。 方法はいろいろある。
五～六月	(イ)芝ふの手入れ (ロ)庭木の摘心整形 (ハ)常緑広葉樹おび竹類の移植 (ニ)常緑広葉樹のさし木 (ホ)せん根と巻根 (ヘ)花木せん定 (ト)球根の堀下げ貯蔵 (チ)生垣刈込	枝の疎大になるのを防ぎ花実を多くつけさせる。 開花終了後実施
七～八月	(イ)せん定、刈込 (ロ)幹巻	五～六月に同じ 移植後の松、かえで、その他の老木の皮焼けを防ぐため、わら粘土などで幹を巻く。
九～一〇月	(イ)種まき (ロ)移植 (ハ)庭木の整姿 (ニ)球根植付 (ホ)害虫駆除	草木の中にばらまきにした方がよいものが多い。 秋植球根（ヒヤシンス、チユリツプ、すいせん）
一一～一二月	(ト)種まき	秋播の種（しゆろ、かし、南天、かえで等）

環境緑化に必要な用具

最少限度の用具として左記のものが必要である。用具の取扱についての指導は最も大切な学習内容である。

品目	数量
唐くわ	三
三本くわ	三
耕作くわ	六
移植ごて	二〇
せん定はさみ	二
長柄はさみ	二
肥料だめ	二
用水おけ	一
噴霧器	一
施肥用具	三組
じょうろ	三
各種ふるい	三組

資料編集者
経済局林務課　仲宗根　嘉三郎
〃　呉屋　済仁
〃　多和田　真淳
文教局指導課　玉城　深二郎
〃　大庭　正一

むすび

校庭の設計にあたつて最も大切なことは次の点である。

(イ) 過大な計画を立てないこと、校庭内の空地と緑地の均衡を保たせなければ、せつかく植えられた花木もいためつけられる結果となる。

(ロ) 単純なものであること。単純で、しかもゆとりのあることは美的効果をあげると同時に、校庭の維持、管理をも容易にすることがである。

(ハ) 秩序が保たれていること。建造物その他の施設がその用に応じて適当な大きさ、位置に秩序よく配置されていることは便利ということばかりでなく、利用者の精神的効果にも大きな影響を与える。

校庭緑化にあたつては、以上のようなことを考えて校舎等の建造物や運動場その他の施設の大きさ、配置等によりいろいろくふうして、前庭、中庭、後庭、小使室、便所、ごみ捨場等を美化緑化活動の場にしてほしい。

資料とその解説

園芸

庭園樹木に就て

庭園に樹木を植えることは其の目的にいろいろある。例えば防風防火のため或は美観を添えるため、区画を立てるためなどがある。彼の大邸宅、神社仏閣の如く大樹木で防風防火に備えるなど、実に先年帝都大震火災に際し有名なる浅草観音殿堂が其のまま焼失しないで残つたのは大樹木による実例である。然し庭園に植える樹木には又観葉樹木、観実樹木、観花樹木があるので植えようとする場合は其の目的と樹木の種類とを考察することは勿論である。

1、庭園樹木の移植

樹木を外から取り寄せ庭園に植込む場合、或は庭園内に甲処から乙処に移植しようとする等の場合、注意すべきことは第一は其の季節である。其の原則としては一般に其の生長が止んでいるとき、即ち春の始め若しくは秋に行うべきものである。落葉樹類、灌木類は秋十月上旬から十一月上旬までの間又は春三月彼岸前後がよく、常緑樹は季節を異にするが、カシ、シヒの如き春、四、五月頃、又は十月頃、椿、山茶花の類は入梅中、寒を恐れる性質をもつているのでなるべく春季植替を行うのがよろし。樹木を植込もうとするには必ず速に其の操作を終了することが、第一の主眼である。去れば移植しようとする場合は先づ植込むべき場所に植穴を掘り、そして後移植すべき樹木を掘り取り植込むのがよろし。植穴は目的の樹木の根の見込みより少し大き目に掘り底部を平にし中央部を少し高く、若し底部の土質が上部の土質より悪い場合は上部の土地を底部に入れ、こうして適当に植込む。植込む前根を切り取ることもあるが、種類によつて根の発育の不良なものは切り取らないのがよろし。尚掘取の際根に損傷を与えたときは其の部はなるべく鋭利な刃物で平目に切り滑かになして置く。そうでなければ其の処から腐敗菌が浸入して遂に根付かないことがある。

植込に際してはなるべく四方に拡げ八分程土を被うた後其の樹を少しく引き上げ二、三度揺り動かし根の周囲に細土を充分に行き渡らしめ、残りの土を加え根元の周囲を踏みつける。凡てこの植込には深植することを避けるべきである。其の標準は従来地中にあつた処迄を最限度とすれば差支えない。

要するに樹木を植込む秘訣は穴を深く掘り根を充分に拡げ揺りながら、浅く植えることにある。植込後は

普通灌水し、支柱を立て風のために動揺しない様緊と支え置くことが肝要である。

　庭園樹として栽植する植物は他の果樹、盆栽類のように土を吟味して植える必要はないが、其の種類により各種の持性があるから土質に対し必ず好悪を有することは勿論である。庭園樹として移植する場合も或る程度迄は考慮を要する。即ち乾燥地、水湿地、日蔭地、陽地、清涼地、等に対し各樹木の性質を考察することは最も必要な条項である。

　其の他庭園地に栽植する場合は可成其の風致をして自然的ならしめる様高い庭地には山地性の植物を栽植し水辺にはソナレサツキのような湿地性のものを栽植し又季節により夏日は緑蔭を作るため冬季は風防のため夫々其の目的に添う樹木を栽植し、又大木の間には小木（即ち下木）を植え、常緑樹の間には花木類、陰樹は陰地に、陽樹は日当のよい処に植える等各其の樹木の性質を知つて庭園と樹木の調和を計る事が、肝要である。

庭園樹木の手入

　庭園樹の手入は樹木の発育に必要なのみならず風致上是非行うべき条件である。即ち庭樹の手入として主要なものは冗枝を切つて樹形を整え、或は古葉を摘し去り、或は防寒の手当等を行うようにする。其の中にも重なるものは冗枝を切り樹形を整うもので、これを剪枝又は刈込みと称している。

　剪枝法　庭園樹には年々剪枝すべきものと時々剪枝すべきものとがある。例えば濶葉常緑樹の多くは剪枝しないで自立に生長せしめて天然の風致を保たしめるものであるが、時々は樹姿を乱すような冗枝又は枯枝を生じない時は剪枝する必要がある。

　又多くの樹枝の中には他枝を圧し独り勢力がよく伸長するものもある。之を徒長枝といつて、其の儘放置するときは他の軟弱な枝を、衰弱せしめ、終に樹容、枝振等を乱すばかりでなく、苗木類にあつては徒長枝の為に花を着けることが少ないから如何なる種類の樹木でも徒長枝は必ず切り去るべきである。

　又樹枝が徒らに密生しても唯外観を損するばかりでなく空気の流通を防げ枯枝を生じ易く又害虫を招き易いものであるから樹木の性質によるのであるが、余りに密生している枝は成るべく透し切る必要がある。又樹木の種類によつて花芽又は葉芽の発生を促進せしめるため剪枝する必要がある。

　要するに剪枝の操作は左の各条項の為めに行うものと見てよろし。

一、樹形、枝振を整える為に行うこと。
一、徒長枝、寒生枝を剪枝すること。
一、葉芽、花芽の発育のため剪枝すること。

剪枝の時期

　通常樹木の休眠期即ち晩秋若しくは早春に行うものと、其の剪枝のときにたまたま切り口から水分が浸入し終に樹木をして腐敗枯死せしめることがある。晩秋に行うものは其の切り口は癒へ易い利益があるが、時に寒気の為め寒さの害にかかる恐れがあるから、寒地に於てはなるべく早春に行う事が安全な方法である。

　時に樹木の性質により入梅中或は夏の土用中に行うものもある。枝を切るには鋭利な鋏或は鋭刀を用い、枝の節若しくは親枝に添うて近く斜に上部より切り去るのがよい。大きいものは鋸で切り直ちに切口を鋭利なる刀で平滑に削り置くことが肝要である。

庭園樹木繁殖植替手入季節一覧表

花木類

植物名	繁殖法及季節	植替季節	手入季節
アジサイ	挿木（春）根分	随時	―
ウメ	切接（春）	秋	五、六月
カイドウ	挿木（春）	二、九月	六月
コウシンバラ	挿木（春、入梅秋）	春、秋	―
クチナシ	挿木（入梅）実生	春、入梅	春
キヨウチクトウ	挿木（八十八夜入梅）	春　入梅	冬
コデマリ	〃（春）切接、取木	春	春
サクラ	切接（春）	秋、早春	秋、早春
ザクロ	挿木　取木（入梅）	四月	五月
サザンクワ	挿木（入梅）	入梅	春
サルスベリ	呼接　取木（四月末）	四月末	―
ツツジ	挿木（入梅）根分（四月入梅）	春、秋　入梅	春
ツバキ	挿木（入梅八十八夜）呼接（入梅）	入梅	春
ニワウメ	実生、株分、切接	春秋	春
ハギ	根分（春）	秋	秋末
ビヨウヤナギ	挿木（春）	早春	春
フヨウ	根分（八十八夜）挿木（秋）	植替を忌む	冬
ヤマブキ	根分（早春）	十一月	春
マンリヨウ	実生（春）	入梅	冬
ムクゲ	挿木（春）	春秋　入梅	入梅土用
モクセイ	取木（春）挿木	三、四月	春
モモ	切接（春）	秋、春	四月

広葉樹類

植物名	繁殖法及季節	植替季節	手入季節
アオキ	実生、挿木（三、四月）	入梅	春
カシ	実生（春）挿木	四、五、十月	春、夏土用
クチナシ	挿木（入梅）実生	春、入梅	春
キョウチクトウ	挿木（入梅）取木	春、入梅	春
サカキ	挿木（入梅）	春、秋・入梅	冬
サンゴジュ	実生、挿木（入梅）	春、入梅	早春
ソテツ	株分（一、二月）	春、入梅	冬
タイサンボク	切接（春）	〃	〃
ツゲ	挿木（〃中）	—	—
ツツジ類	挿木（入梅）	実生・春・秋	入梅
トベラ	実生、挿木	四月、入梅	早春
ナギ	〃	〃	春
ナンテン	〃	春、入梅	夏
ヒヒラギナンテン	実生（春）根分	春、入梅	〃
マサキ	挿木（入梅中）	四月	〃
マンリョウ	実生（春）	入梅	—
モッコク	実生、接木	四月、入梅	夏土用
モクセイ	取木（春）挿木	三、四月	春
モチノキ	実生、挿木	四月、入梅	早春
ユーカリ	実生、挿木（入梅）	入梅	—
ユヅリハ	実生（春）挿木	春、秋	入梅、早春

常緑樹類

植物名	繁殖法及季節	植替季節	手入季節
ハイビャクシン	挿木（春）	四、五月秋	春
ヒノキ	挿木（春、入梅）実生	春、秋	春、秋
ヒバ類	挿木（春、入梅）	春、秋	春、秋
ビャクシン	挿木（八十八夜）	四、五月	秋、春
マキ	〃（六月）実生	四月	七月
マツ	実生、割接（三月）	三、四、十月	春、秋

落葉観葉樹類

植物名	繁殖法及季節	植替季節	手入季節
エンジュ	実生（春）	春、秋	春、秋
ケヤキ	〃	秋	二、三月、秋
センダン	〃	—	春、秋
チャンチン	〃（春）	—	春
アラギリ	実生（春）根伏	三月	—
アカメガシワ	〃	春、秋	—
イチヂク	挿木（春）	〃	—
イチヨウ	〃（入梅）接木	三月、入梅	—
バショウ	根分（春）	—	春
フヨウ	実生（〃）	—	春、秋
ポプラ	挿木（春）	—	〃 〃
ムクロジ	実生	—	〃 〃
ホホノキ	〃	—	〃 〃
ユリノキ	〃	—	〃 〃

樹木開花期

和名	開花期
桜（ヒガンザクラ、カンヒザクラ）	一月〜二月
桃	二〜三月
デイゴ	三〜四月
クチナシ	四〜五月
サンゴジュ	四〜五月
ゲッキツ	六〜七月
ヒギリ	五〜八月
オオハマボウ	八月
サルスベリ	六〜十月
キョウチクトウ	四〜十月
キバナキョウチクトウ	〃
ザクロ	五〜九月
ホウオウボク	十一月
フヨウ	〃
ツバキ	十一月
サンダンクワ	五〜十一月
ショウジョウボク	十二月
イカダカズラ	秋、冬
ムクゲ	五〜十月
キアサガオ	七〜十一月
クミスクチン	四〜十月
フヂ	四〜六月

園芸培養法

一、培養土の作り方

培養土は大抵調合したものを用いることがよいけれども、俄作りのものは花の生育が不充分であるから、今年使用しようとするには必ず前年中に用意し積み重ねて置くことが大切である。普通腐葉土、腐熟した堆肥等を用意し使用する時に調合する。其の調合の分量は花の種類によつて一定しないけれども普通草花の場合は壌土を土台とし、之れに腐葉、川砂又は腐熟したる堆肥等を加えて配合しようとするには各篩にかけてよく混ぜ合せ、之れを手に握つて湿り加減を検し、余り軽くサパサパした場合は壌土を加え、粘気が過ぎる場合は腐葉を加え腐葉の必要ない場合は川砂を多くして水はけを良くするよう、其の土質によつて適宜混合するなり、或は心土藁落葉、堆肥等を交互に積み重ね、上の上より時々水肥をかけ秋から春に亘つて充分に腐熟せしめ使用することがある。

この場合には可成肥料とし適当な米糠、油粕をも共に積込み腐熟せしめると特別に元肥を入れる必要はない。

二、肥料の施方

草花を栽培するについて必要な肥料成分は窒素、燐酸、加里、石灰、苦土、硫酸及び鉄の七成分にして凡ての草花は其の内一を欠くが、この七成分を欠いた時は少しも発育しない。

以上七成分の内、石灰、苦土、硫酸、鉄分等は通常土中に含有せられるもので充分であるが、窒素、燐酸、加里の三成分は土中に含有せられる量が少ないばかりでなく草花は殊にこの三成分を必要とするものであるから人為的に之れを補給する必要がある。之れ施肥の必要なる理由である。要するに施肥は各草花の性質に応じ右三成分を適当な割合に配合し適当な分量を適当な時期に適当の方法により行うべきものである。主要三成分の内窒素は俗に葉肥といつて主として葉、茎を肥すために必要であるから、最も多量に施すべきものである。燐酸は茎及び葉を丈夫にし花を着け結実に密接なる関係を有するもので俗に之を実肥と称している。加里は花の色沢、花香を良くし草花の組織を丈夫にし燐酸と共に病害虫に対し抵抗力を増加するものである。

三、普通に使用する肥料

草花栽培用としての肥料につき主なる種類をあげると

(イ) 下肥　新しいものは窒素分が尿素の形で含有せられ反つて有害であるから十数日間蓄をなし肥料分の逃げ去らないようにして成熟せしめ使用する。

(ロ) 家畜糞　下肥と同様に取扱う。

(ハ) 厩肥　家畜によつて差異がある。馬糞は保温力が高く醗酵及び腐敗し易いために花壇用として最も多く使用せられる。

(ニ) 堆肥、厩肥等と同様であるが、之は落葉、雑草等種々のものを混じ使用するもので窒素肥料として効あるのみならず保温力強く、発育を助け土を軟にし空気の流通をよくする等学理的にも有効なる肥料である。

(ホ) 「油粕」菜種粕、大豆粕、落花生粕等あるが一般に使用せられるものは菜種粕である。使用に際しては約五倍の水に混じ夏季は一週間冬季三、四週間を経過してから後用いるものである。粉のまま使用する場合は土に混じ充分醗酵せしめたる後使用するのがよろしい。

(ヘ) 魚肥、乾鰮、鰮〆粕、荒粕等之等は窒素及び燐酸に富んでいるが、加里に乏しい欠点と脂肪のために分解の遅き傾がある。故に本品は草木灰を混じ腐敗を速め同時に加里を補足し使用するものとす。本肥料はすいれんのような水生物の肥料として重要なるものである。

(ト) 糠は唯一の燐酸肥料として古くより使用せらるるものであるが、肥効遅き故に元肥として使用せられることが多い。但し其の効を速めようとするには堆肥と混ずるか、或は尿を注ぎ堆積腐敗を行い或は水を加え暖所に醗酵せしめてから使用する。

(チ) 家禽糞、鶏、鳩の糞は殊に窒素を含有するけれども本品は尿酸塩の形によつて存在するからして充分に醗酵せしめた上使用するのが肝要である。尚本肥は比較的長期間肥効を保つ持徴がある。

(リ) 骨粉　燐酸を主成分とし窒素分、加里分に乏しきものであるからそれ等を補い施すのがよろし。

(ヌ) 石灰　本品はそれ自身が営養肥料として吸収せられるものでなく単に地中に含まれたる肥料分を植物に吸形し容易ならしめる力を有する。それで石灰を施すことの多きときは遂には　地となる恐れがある。故に本品を施さないと其の土質が有機分を多量に含有している酸性のものなるか、或は鉱物質により酸性になつた土質等に施せば其の土

質を中性とし植物の発育を盛にする。要するに植物は中性或は微に「アルカリ」性の地中に於て最もよく発育するものであるから石灰を施すことも必要なことである。

(ル) 硫酸アンモニア、下肥と同様な効果を有する。但し余り多いときは葉、茎等のみ伸長し軟弱なるものを生ずるようになる。

(ヲ) 過燐酸石灰は最も普通に使用せられ、速効性の便利あるばかりでなく花及び果実を充実させ健康な草花を作るものとして重要視される。但し本肥料は直接に種子又は若芽に触れるときは酸のために傷められることがあるから使用の際注意を要すべきものである。

四、施肥

普通草花用植物は苗の植付に際し元肥として充分に腐熟した堆肥、油粕、灰等を土に混ぜたものを配合して施す。但し種を播く場合は決して肥料を施してはならない。施肥は反つて種子に有害なるものである。苗植付後は花を開く迄時々施肥する必要があるが、多すぎないことが肝要である。この施肥即ち追肥はよく腐熟したるものを用いること、勿論であるが又速効性のものを使用することが必要である。施肥は晴天よりは温暖なる曇天を選び、若し砂土に施肥する場合は成るべく他の場合より薄いものを数回行うことが得策である。観賞用としての草本の施肥は普通一年に三回とし、第一回は秋の末葉の落ち初むる頃から春季発芽する迄とす。この施肥は花物の場合は元肥となるものであるから、厩肥、油粕、魚肥、骨粉、過燐酸石灰下肥等を適宜配合し使用する。第二回は梅雨の頃に藁灰、下肥等を使用する。第三回は秋の彼岸頃に第二回のものと同様にする。施肥の場合は根元から離して普通幹の直径の七八倍位の周囲を輪状に掘り其の中に施し土を被うのが望ましい。

五、播種

先ず適当の熟期に採集した品質優良、発芽力の旺盛なるものを選定し苗床、若しくは植木鉢に播種すると大抵二週間乃至十日間で発芽する。播種後発芽迄は水分が絶えないよう時々灌水するがよい。但し余り多すぎるときは腐敗のため発芽しないこともあるので、苗床又は播鉢は最初から水はけをよくし置くことが必要である。この際種子に徹底的に水分を与えるには播種前種子を一昼夜水に浸し置くのもよいが、この水分によつて種子は膨脹するが、尚種皮の破れにくいものもある。例えば朝顔の如く一度水に浸し膨脹せしめた後種皮に傷を付けるときは直に発芽する。

播種季節は温室又は温床では常に同様の境遇を与え得るものであるから何時でも差支へないけれども、普通露地に行うには春と秋との彼岸頃即ち華氏六十五度の気温を有する時が最も適期である。春播は普通三月下旬より四月頃で遅くとも五月中に相当成育する程度にし、秋播は九月頃から十月迄に行い成るべく暖い内に相当抵抗力を有するよう成長せしめ置く様にすることが肝要である。又多くの草花類には春播、秋蒔、春秋何れにもよいものとの三区分あるが、春秋何れもよいものは秋季播種する方が丈夫な苗が得られる。

(1) 床蒔　一般に移植し得るものは苗床に播種し相当の大きさに達する迄には苗を仕立て目的の庭地或は鉢に植える方が良い結果を得られる。苗床は露地の「フレーム」を使用するものと醸熱材料を踏み込温度を上昇せしめるものとの二種類あるが、簡便にするには茄子の栽培による苗床の一部を利用してもよろしい。

(2) 鉢蒔、貴重なる種子又は微細なる種子を播種する場合或は適当なる苗床を作ることの出来ない場合には普通鉢蒔きを行う。鉢蒔に使用する鉢は円形方形どちらでもよろし。深浅どちらも差支へはないが、凡て排水の充分に行い得るものを撰ばなければならない。浅き鉢であれば其の儘、深き場合は底部に小石或は瓦の砕片を入れ、その上に篩ひ残の荒き土を入れ更に小粒の土を敷き軽く圧し付けたる上に篩を以て蒔き土を平均に約一寸位程になるまで篩ひ込み、其の上を板にて軽く圧しつけたる後種子を蒔付ける。蒔き終りたる時は軽き蒔土を篩ひかけ、普通底部より水を浸み込ましめるか、或は霧吹きに霧を吹きかけたる後硝子若しくは新聞紙を以て上を覆い雨に当らない場所に置き、発芽しようとする時其の覆を取り除くなり。「フレーム」又は温室を有する場合は其の所に入れて保護を加えれば結果は良好である。

鉢播後数日にして発芽した時は藁等の邪魔物を除き風通を良くし、余り強き光線に当てないように注意し、こうして適宜の灌水を行い（水分過多の時は伸び過ぐる害がある。芽は伸長し竹の「ピンセット」にて挟み得るようになつた時これを一本宛同じ鉢内に植え替え此の際発育の悪いものは取捨てるように

し強健なもののみを残す。この植替は強健なる苗には行う必要はないが、弱いものは根際より腐敗し枯死し易きものなれば、この植え替えによれば細根を殖やし、伸び過を防いで、丈を低くし形を整え、花付きをよくする等の利益があるから、少しく手数を要するけれども勉めて度数多く植え替えるのが将来有望なる作業です。

六、移植と手入

苗床或は鉢に種子を蒔き発芽後は度々移植を行い苗を強健にし愈々園地又は目的のケ所に移植する。一般に草花は移植に際し多少細き根を傷めるものであるから、自然移植後に土水の水分を吸収する力が衰えるものである。

然るに上部の茎及び落は少しも傷められない為葉面から水を蒸散すると、地中から水分を吸い上げる量と平均を保つことができないようになるから大抵移植後茎葉の萎れるのが通例である。されば其の根が多く傷められない場合は暫時にして新しい根のために旧の有様に返るものであるけれども其の根の傷みが甚だしく萎れ方の甚しい時はそのまま枯死することもある。それで少しく大きくなつた草花を移植する場合等には殊更に水分蒸散の量を少くする様注意する必要がある。さて苗を移植しようとするには先ず苗床の上に湿気を与え、苗の根にはなるべく土を十分に着けて掘り出し移植するのであるが、種類により根が丈夫で発生し易いものは反つて根の先三分の二位を切り取つて移植すればやがて新しき細根を生じ、其の後の成績は良好である。

移植を行うときは成るべく曇天で風のなき日を選ぶべきであるが、若しも晴天の日に行うとする時は暮方に行うのがよろし。移植し終つた時はよく苗の根元を圧えて土の毛細管作用を強め、水分の吸収に便利のようにし、苗の種類によつて根元を覆うだけでなく時に日覆を施す必要がある。

七、花木の移植

花木類を移植しようとするには通常其の茎葉の活動しない休眠期に行うのがよいけれども常緑樹の如きは比較的空気中に水分を含み、枝葉の発散作用の緩やかなる梅雨期に行うことがよろし。

一般に花木類を移植するには直根を短く切り、取扱いに便にし一方枝及び葉を切つて根と枝葉との均等を考慮して移植すれば其の切り去られたる根は左右に細根を生じ養分及び水分の吸収を旺盛ならしめる。

大木となりたる花木を移植する場合は根廻と称し直根は勿論その周囲に出でたる細根を幹の直径の約二三倍乃至三四倍位のところから切り廻しその儘土を覆い、秋季移植しようとする場合はその年の春、春季に移植しようとする場合は秋に、この根廻を行い、放置すればやがて多数の細根を出すからして之を叮寧に掘り出し移植すれば必ず根付くものである。根廻を行う場合枝葉を切り縮むること勿論であるが、又風当り等の心配あるときは支えをなし置くのがよろしい。本方法は普通松等に行う方法で山地から平地に移植する場合必要なる作業である。

八、種子の採集

種子は販売品を購入するよりは自己に採取する方播種に際し最も安全なものであるから可成自分で採取するのがよろしい。

先ず適当なる親木を選び種子採取用として特に通風日光に注意し開花の数を相当に制限し、普通の草花より少しく肥料を多く与え、莢を生ずるようになれば、過燐酸石灰を水肥に混ずるか或は水と共に施すのがよろし。果実が適当に熟した時茎の下方から毎日少しづつ採取する。

採取した種子はよく陰乾して水分を除去して置く。乾燥に際し注意すべきことは必ず光線の直射を避け、そして乾燥後は「パラフイン」紙のような水分を少し悪き紙の袋に入れ、冬は暖い所、夏は涼しい処に入れ保存して置く。

九、接木と挿木法

接木は或る砧木に他の優良種の枝を接合せ、之れを成長せしめる方法で本方法によると果実を要する樹木のような砧木を自然に成長せしめ、結実せしめるには長年月を要するけれども一朝他の結実しつつある樹木の枝を接木として使用する時は僅の年月で結実するようになる柿の如く砧木と渋い種類でも之れに甘味種の接木をすると甘き果実を結び、密柑等はからたちのような砧木に優良の密柑を接木すると優良の果実を生ずる利益がある。元来接木の方法は甚だ困難であると考へ植木屋の力に依頼するものが多いようであるが、決して困難なるものではない。何人にも接木を行おうとする際には必ず左の注意準備作業を完全に行い、そして後実際に望み特に注意すべき条項を守り行うと百発百中決して素人、玄人の区別を必要とすることはない。

普通準備操作として所謂玄人たる植木屋の必ず行う

方法は之に要する小刀を研磨することである。本方法は一種の消毒方法と、接合しようとする砧木と接穂の切口を完全にしてその密着を計るものであるから素人にも必ず本方法を怠つてはならない。

本方法にして不完全ならば如何に砧木が有勢であつても又接穂の優良なるものと雖も不結果を来すものである。

小刀は必ず全部銹を有せない様研きすまし尚一層完全にせんがため研き上げたる小刀は必ず無水アルコールの中に挿入し数分の後引き出し清潔な水でよく洗い清むることである。之れが準備操作の秘決である。

かくて直に砧木の切開に着手し次に接穂を手早く切りて接合す、此の間の操作を急速にすることは研磨に次ぐ第二の必要なる条項である。接木の期節は大抵春の彼岸頃がよく、砧木は実生の四五年生のものが適当である。

以下接木方法につき少しく記述すると、

(イ) 切接、接木の方法は種々の方法があるが一般に行われるものを切接法とする。

先ず同種又は同系統の砧木を選び、この砧木を五、六寸の処にて垂平に切り、「注意鋸で切つた面は必ず小刀で以て叮寧に削り粗面のない様にすること」然る後皮と身との間を竪に割り、之れに接穂を斜面に削り、砧木の身と皮の間の青き部分と、接穂の削り面と身と皮の間の青き部分とを密着せしめ打藁の柔いもので縮り。㈠接き終つたものは直に植え込んで日光の直射を防ぎ置く、㈡砧木を移植することの出来ない場合には高接の如く藁で掩を作りその中に砂を入れて穂先のみを出し尚日光の直射を防いで置く。之れによつても穂先から芽を生ずる様になつたならば接木の成功を証するもので土用を過ぎると覆砂を除く。接穂は三寸内外とし遠近に拘らず之れを親木から切り取る場合瞬時も早く水分を供給することを必要とする。普通行われる方法は大根を切つたものに挿入して置く。

(ロ) 呼接法

本方法は接合しようとする樹木は何れも切り放すことなく双方の枝を撓めその接合部を何れも同様に皮から身を少し削る様に削り前注意事項により互に密接せしめ上から柔き藁縄で縛つて置く。本方法は接木法中最も成功し安き方法である。

(ハ) 根接法

根接法は砧木とすべき木の太根を取り、その先端を斜に削り一方に接穂とすべき枝の下部を切り接に於て砧木の削り方のように剝ぎその部に太根の先端を挿入し、打藁でその上を堅く結び置く方法である。本方法は廃物の根を利用し得るもので熟練家が盛に行つている方法である。

その他接木法には割接、鞍接、そぎ接、舌接、高接、抜接、丁字芽接法等種々の方法があるが、左に図示すると

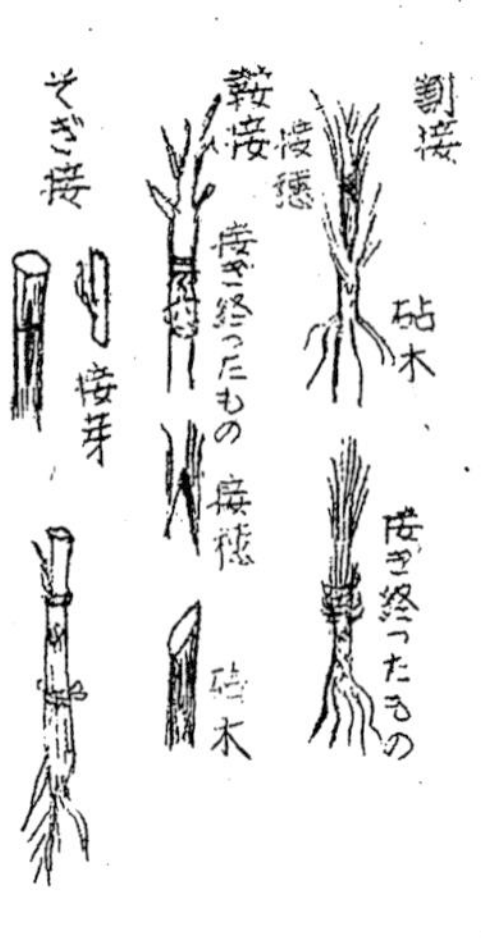

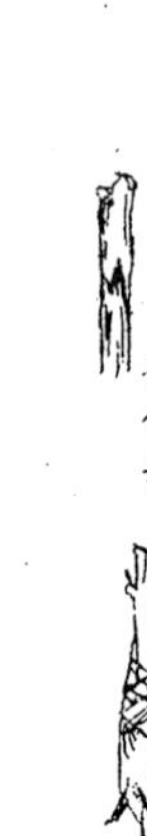

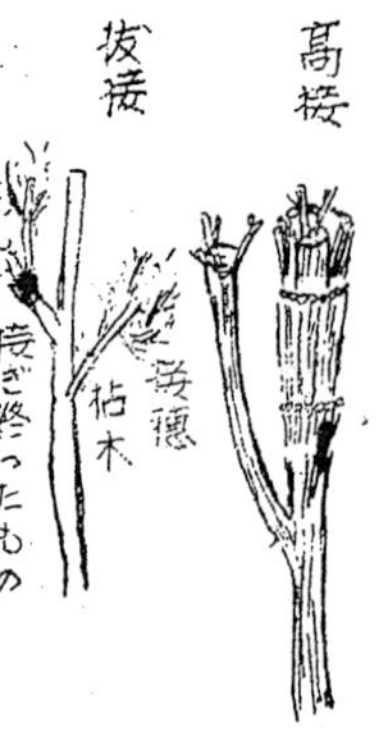

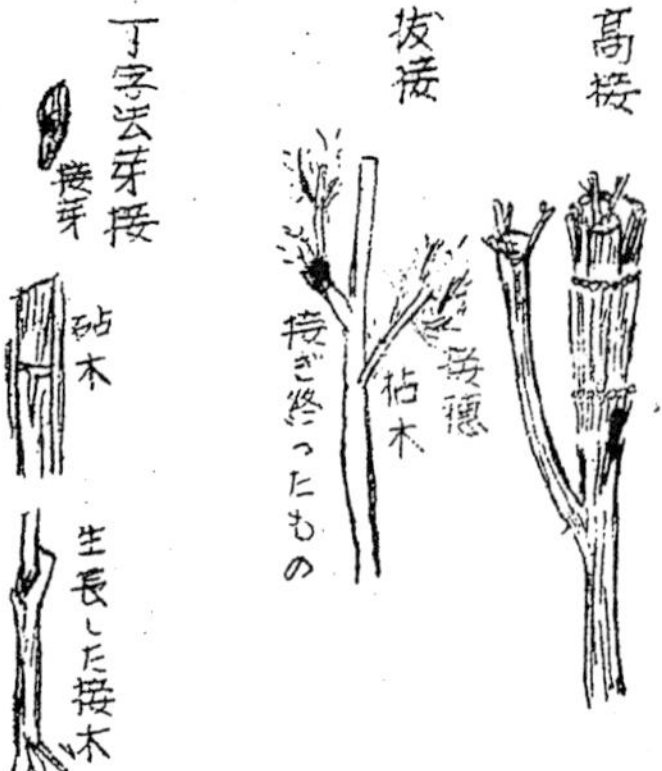

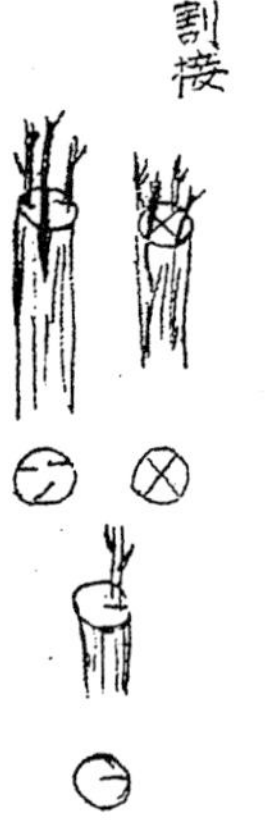

要するに接木の方法は砧木の皮を剥ぎ接穂の肉と密接せしめ、砧木の勢を接穂に分つものであるから㈠砧木の選択 ㈡接穂及び挿木の損傷を防ぐこと ㈢晴天の日を選び行うこと ㈣ 接穂を親木より切り取る前必ず親木に肥料を施さないこと ㈤ 双方の樹木に大差なきものを選ぶこと ㈥ 五年以上の砧木はなるべく用いないこと ㈦ 同種或は同系統の木を選ぶこと ㈧ 使用の小刀は極めて鋭利であること（特に消毒方法を行うことを秘訣とす）等の注意要項により操作を行うと成功し得らるるものである。

尚接穂終了後は縛り方を堅くすること、雨水の浸入を防ぎ置くこと、動揺しない様注意することも注意すべき条項の一である。

挿木法

園芸上一貴品若しくは優良なる種類を繁殖せしめるとき行う方法で、葉、芽、枝、根等を土中に挿入しこれから根を発生せしめやがて独立の一枝物とす。

挿木は草本、木本何れにも行われる方法で葉を挿すものを葉挿、根を挿すものを根挿、枝を挿すものを枝挿、芽を挿すを芽挿と云う。従来ここで行われる挿木に飴挿、撞木挿、肉挿、挾挿、芽挿などがある。即ち飴挿は一名玉挿と称し挿穂の先端に粘土を練りて丸めたものを付け苗床に植付ける方法が多く、南天、千年木、藤等に行われ、撞木挿は前年の枝と今年の枝を連続したまま切り取り挿木するもので葡萄等に行われる。肉挿は挿穂の下部を縦に割り粘土を塗り固め陰地に挿方で椿、山茶花の如き根の発生の宜しくないものに行われる。挾挿は挿穂の下部を縦に割りこれに粘土の小さい球を挾んで挿す方法で椿等に行われる芋挿は芋に穂を差込んだまま植える方法である。

葉挿は砂又は砂質土に葉を挿し根を出さしめる方法で菊、秋梅裳の繁殖に行われる。芽挿は一芽を有する枝の一部を挿す方法で葡萄、無花果等に行われる、根挿は根を五六寸の長さに切り上端の少しく地上に出づる様埋め置く方法で林檎、海裳、李等に行われる。

その他草挿と称し花蕾を有する茎葉を細砂と細土を混じた土に挿して鉢植とし、最初は陰地に置き根の出たころ温暖な処に移す。泥挿といって日陰の地を掘り水を灌いで捏ね泥濘の稍々固つた時新梢を適宜に切って挿し日覆をなして置く方法がある。本方法は杉の苗木を仕立てるのに行われる。畑挿といって日当りのよい畑を掘り一尺計りに切つた挿穂の下端を斜に削り四五寸の深さに挿し込む方法がある。本方法は桜、梅、ばら等の苗木を仕立てるのに行われる。又横挿一名梯子伏といって床地に東西の溝を設け一尺八寸計りに切つたる穂の両端を土中に溝を横ぎって挿し中央三寸計りを地上に露し落葉で以て覆い置く方法がある。本法は葡萄、桑等に行われる。尚鉢挿と称するものがある。本方法は大小二箇の鉢を重ね、他の大きな鉢に土を盛り、これに穂を挿し、中の小さいものは素焼の鉢を用い、この中に水を入れて置くときはこの素焼鉢から水分滲出し絶えず土壌を湿すからして細限の発生を促し遂に根を生ずに至るものである。

以上列記した方法は何れも春に行うことがよろし、土質は粘土質で湿気を含み、温暖な所を選ぶべきである。尚挿木を行おうとするには風なく雨後の俄日和でない日を選び、なるべく日出前に勢力の旺盛な枝を挿す様にすることが肝要である。

株分と枝取

㈠ 株分、株分は通常桜草、花菖蒲、菊等の宿根三十本に行うもので春に開花するものは秋の彼岸、夏に開花するものは春の彼岸等に行うこと。株分は頗る簡単な繁殖方法で単に親株の側に生じた新株を手若しくは苗床小刀で親株を傷めない様切り離し之れを鉢若しくは苗床に移植する。この際挿木の頃に説明したと同様根の十分に張るまでは肥料分を施さない。唯水分の欠乏せない様、又強き日光に当てない様に注意しなければならない。

㈡ 枝取、本方法は枝を切り取ることなく単に枝を撓めて土中に埋め置きその部分に根の生ずる迄親木から養分を受けしめて置く。こうして愈々根を生じ独立せしめ差支ない程度になつたとき親木から切離し鉢又は苗床に移植する。

つつじ、ぼけの如く、丈の低い灌木類は盛り採法と称し春に株の周囲にある土を上げ、多くの枝の下部を埋めて置くときは遂に根を生ずるようになるからして之を一つ一つに切り離し移植する。又高採りといって高き木から採る場合は分取しようとする枝を鉢又は竹筒で両方から挾みその中に土を入れ水分を供給し根の生ずるようになつて枝から切り離し移植する。本法はざくろ等に適用せられる。

草花の作り方

種子の蒔方

スイートピー、立藤（ルーピン）、虞美人草（ヒナゲシ）等の様に移植を忌る類は花園へ直播をなし移植を忌わない、金盛花、百日草の類は床播して苗を仕立てる。種子が小さい金魚草や特に保護を要する桜草（プリムラ、）シネラリヤの類は鉢播にする。

箱播は四寸位の浅い箱の底に沢山の小穴を設け荒い土を五分位に入れてから床土を三寸位入れる。

床土 は割合軽くて細かい土を用い、床面を平らにならし板切れで浅い条を切つて蒔く。

覆土 は蒔いた種子の太さの約二倍位の厚さに篩で通した砂をかける。

発芽迄は藁で床面を被い乾燥せぬ様に **灌水** に注意する、発芽后は直ちに日覆を除いて徒長せしめぬ様にする。本葉二～三枚の時三×二寸の距離に植替をなし細根が充分出来た(本葉四～五枚の時)花園に植込む。

バラの挿木法

普通床挿か箱、鉢挿が行われている。わずかの場合は箱挿か鉢挿が便利である。

挿木に用いる土は排水がよく、腐敗し易い有機物等を含まずバクテリヤの繁殖の危険が少なく保水力に富む細かい砂を用いる。挿木の時期は春季に行い挿穂は春挿の場合は去年の枝を用い秋挿は今春出た枝で成長の止つた枝（貯蔵養分を茎に充分蓄積している枝）を用いる。

挿穂は三～四寸（三～五芽を付）の長さに鋭利なナイフで斜に切り穂が乾燥せぬ中に三×二寸の距離に先端一二～寸芽出して斜に丁寧に挿す。

灌水は過湿になると腐敗するから注意を要す。

発根（二十日～三十日）次第肥料分の含まれた培養土を用いて鉢植か又は床に植付けて苗を仕立てる。

春播

普通名	繁殖法	繁殖期	開花期	花の色	草丈	用途	備考
けいとう	床播 直播	三、四月	六～十一月	紅赤 黄 樺	六〇～九〇糎	花壇 切花	花壇の中央、境栽等によし
はげいとう	床 直播	〃	八～十一月	紅、赤、黄	一米内外	〃 〃	観葉、寄植とす
千日草	〃 〃	〃	六～八月	紫、白、桃	三〇～六〇糎	花壇 縁植	夏季に於て成育良好なり
松葉牡丹	床、直挿木	〃	〃	黄、白、紅、赤、紋	二〇	花壇、鉢植、境栽	高温、多湿を好み乾燥に耐える
ほうせんくわ	〃 〃	〃	五～七月	赤、淡紅、紅、紋	三〇	花壇 縁植	栽培容易殆んど周年開花す
ひまわり	直播	四、六月	六～八月	黄	一米内外	花壇 境栽	花壇の中央又は後方へ植える、背景寄植として趣多し
ひめひまわり	床播、株分	播種三、四月 株分九、十月	四～七月	〃	六〇～九〇糎	花壇 切花	主として株分により繁殖す。初夏の切花として良好なり
百日草	床、直播	三、四月	五～七月	赤、紅、桃その各色	三〇～四〇	花壇 切花	八重咲、一重咲の別あり、大輪にして優良なものあり。
きんけいぎく	〃 〃	三、四月(九、十月)	五～八月(三～五)	黄	六〇	〃 〃	性強健にして栽培容易
夕顔	〃 〃	三、四月	五～八月	白	蔓性	垣作、鉢植	
朝顔	〃 〃	〃	六～八月	各色	〃	〃 〃	
コスモス	〃 〃 挿木	四、五月(九、十月)	九～十月(三～五)	白、紅、淡紫	九〇～一、五米	花壇、切花、境栽	周年栽培に適す丈を低く作らんとせば摘芯を要す、八重咲、丁字咲等あり

普通名	繁殖法	繁殖期	開花期	花の色	草丈	用途	備考
まんじゆぎく	床、直播、挿木	三、四月(周年)	五～八月 周年	黄、橙黄	六〇～九〇	花壇、縁植	
つくばねそう	〃 〃	三、四月(九、十月)	五～七月(十一～三)	赤、紅、紫、桃色、紋	三〇～五〇	〃 境栽	八重咲、一重咲、狂等あり、
日日草	床播、挿木	三、四月	六～八月	白、淡紅	三〇～五〇糎	花壇、切花、縁植	花期長く殆ど周年栽培に適す
るがうそう	〃 直播	〃	六～十月	紅	蔓性	垣根、アーチ作、境栽	蔓性にしてよく繁茂す、花は極く小なれども形面白く葉との対照妙なり
ゼラニユム	挿木	〃	周年(五～七)	紅、桃色、その他各色	二〇～三〇	鉢植、切花	
ダリヤ	株分、挿木、床播	九～三月	十一～六月	各色	六〇～九〇	花壇、切花 鉢植	
カラヂウム	株分	二、三月	五～八月	白、紅の斑入あり	二〇～三〇	鉢植	葉を観賞す

秋播

普通名	繁殖法	繁殖期	開花期	花の色	草丈	用途	備考
三色菫	床、直播	九、十月	二～五月	黄、白、紫、紋	一〇～二〇	縁植、花壇、鉢植	肥沃の土地を好む
カーネーション	鉢植、挿木	〃 〃	一～五月	白、赤、藍、紋その他	三〇～五〇	花壇、鉢植、切花	良花を得るには九月頃挿芽によるを可とす、卓上装飾用として適当
せきちく	床播、挿木	〃 〃	二～五月	赤、白、紅、肉色其他	二〇～四〇	花壇、鉢植、切花	分岐多く叢生す
のぼりふぢ	直播	〃 〃	三～五月	黄、紫	五〇～九〇	〃 境栽 切花	直播すべし、移植を忌む
フロックス	床、直播	〃 〃	二～五月	各色	三〇～五〇	切花 鉢植	スター、ドラモンヂー二種あり花壇に植えて美なり
ちどりそう	〃 〃	〃 〃	三～六月	紫、淡紅、白	五〇～九〇	〃 〃 境栽	栽培容易にして花期長し
マーガレット	挿木	十月	三～五月	白	三〇～四〇	〃 〃 〃 鉢植	赤土に挿木し後本植するを可とす
金魚草	床、直播	九、十月	四～五月	白、黄紫、紅、淡紅、紋その他	三〇～九〇	花壇、切花	栽培容易なり
サルビヤ	床播 挿木	〃 〃	周年 二、三、十一月	赤、紫、黄	六〇～九〇	〃 〃 境栽	性強健にして栽培容易なり
たちあふい	床、直播、挿木	九、十月	三～六月	紅、淡紅	一～二米	花壇、切花、寄植	特に花壇の中央寄植等に適す
矢車草	床、直播	〃 〃	四～五月	藍、白、灰、淡紅	五〇～九〇糎	花壇、切花	肥料多いときは発病腐敗するもの多し
かすみそう	〃 〃	〃 〃	三～五月	白	三〇～五〇	〃 〃 寄植	栽培容易にして花期長し
スイートピー	直播	〃 〃	十一、十二月	各色	一～二米	〃 〃 垣根	肥沃なる土地を好む
金蓮花	床、直播	〃 〃	二～五月	樺、黄	蔓性	花壇、鉢植 垣根作り	矯正種あり、
ヒナ菊	〃 〃 株分	〃 〃	〃 〃	白、淡黄	一〇～二〇糎	縁取、切花、鉢植	栽培容易なり
美女桜	〃 〃 挿木	〃 〃	三～六月	紅、淡紅、紫その他	三〇～六〇	花壇、切花	繁茂性なるを以て適宜摘枝すべし

天人菊	床、直挿、株分	九―十月（三、四）	三―六月（五〜八）	樺黄、黄	三〇〜七〇	花壇、切花	花期長し
かいざいく	床、直播	〃（二、三）	四〜七月	白、黄、赤、淡紅	五〇〜九〇	〃 〃	
アスター	床播	九―十月	三〜四月	白、紫、紅	二〇〜六〇	〃 〃 鉢植	三寸アスターは十二月頃より開花す
わすれなそう	〃	〃 〃	三〜五月	紫	二〇〜三〇	〃 〃 〃	鉢植として観賞する花は余り美ならざるも多く若人向にもてはやさるを以て有名なり
ガーベラ	床播、株分	〃 〃	周年	橙、黄色	二〇〜五〇	花壇、切花	切花とし特に長く観賞することを得
きんせんくわ	〃 直播	〃 〃	二〜五月	黄、橙黄	三〇〜五〇	〃 〃	一重咲、八重咲あり
はなびしそう	〃	〃 〃	三〜五月	白、紅、黄クリーム色	三〇〜四〇	〃 〃 鉢植	移植を忌む
ひなげし	〃	〃 〃	〃 〃	紅	三〇〜六〇	花壇	〃
ジャスターデジー	床播、株分	〃 〃	四〜六月	白	三〇〜五〇	〃 切花	
アマリリス	分球、鉢植	周年	三〜五月	紅、紋、桃、樺	五〇〜六〇糎	花壇、切花、鉢植	種子により繁殖する中は開花迄二、三年を要し変種を得らる
水仙	〃	九、十月	一〜三月	白、黄	一五〜四〇	鉢植、縁取	肥沃なる土地を好む
フリージア	〃	〃 〃	二〜四月	各色	三〇	花壇、切花、鉢植	
百合	〃、株芽 播種	九月	四〜六月	白その他	六〇〜九〇	〃 〃 〃	
グラジオラス	分球	十、十二月	三〜六月	各色	〃 〃	〃 〃	排水良好にして肥沃なる土壌は良花を産す

花ことば

芙容……美
日向葵……敬慕
ヒナ菊……無心
ムクゲ……信仰
千鳥草……浮薄
ダリヤ……軽浮
ケシ……慰籍
オジキソウ……鋭敏、落胆、意気地なし
ブッソウゲ……美は常に新なり

百日草……友情の心配
睡蓮……心の純潔
金蓮花……戦捷記念
雁来紅……初めて愛情
ペチニア……君ありて吾が身和らぐ
ベゴニア……不格好
プリムラ……少年悲嘆
ツツジ……節制
金盛花……悲哀

百日紅……雄弁
黄菊……ナオザリノ愛
朝顔……矯飾愛情
ボタン……富貴、壮麗
ハギ……思案
マツバボタン……可憐無邪気
サンシキスミレ……私ノコトヲ考エテ下サイ
クマスダレ……純心ノ愛
ワスレナグサ……私ヲ忘レテ下サイ

＝九月のできごと＝

一日　中央高校（私立高校）入学式

三日　文教局並びに琉大の招きで来島した夏季講座本土講師団帰京

四日　琉大では民政府教育部長を辞めるディフェンダーファ氏に対し名誉学位ドクター・オブ・ヒューマニティを贈呈

五日　文化財保護委員任命（真栄田義見、山里永吉、山田有幹、仲座久雄、城間朝教の五氏）

首里校長に琉球育英会副会長阿波根直政氏を決定

六日　第二学期始る、真和志松川小学校入学式

七日　民政府教育部長を辞任したディフェンダーファー氏帰国

九日　中央教育委員会で学校関係の寄附金募集に関する議案可決

一〇日　中央教育委員会、公立学校備品補助金の額の算定に関する方式、外四議案可決

一一日　中央教育委員会文教局組織規則可決（これによつて文教局に庶務、学校教育、施設、研究調査、職業教育、社会教育、保健体育の七課をおくことになつた。）

一四日　米政府の新国務次官クリシスヤン・A・ハーター氏来島　琉球育英会副会長に阿波根朝次氏決定

一五日　少年護郷隊の碑除幕式（於名護小学校前森）

第二回全島定時制高校陸上競技大会（於首里高校）

一七日　米大統領特使J・P・リチャーズ氏空路来島

一八日　立法院文教社会委員会はバージャー民政官を訪れ教育法について協力を要請す。

二〇日　南米移民七三名オランダ船ボイズベン号で出發。

初の商業視察団アメリカへ出発

二一　移民の父当山久三翁の遺骨がアメリへ引揚のため同翁の追悼会（於金武村）

二二日　第四回全琉小、中、高校音楽コンクール（於タイムス社ホール）一位、久茂地小校、首里中校、那覇高校

二四日　那覇市久茂地広場前の一号線道路上でトラック、ジープの四重追突事故発生

立法院土地特別委員会「軍用地問題解決に関する要請決議」採択

二五日　立法院本会議に於て教育四法（教育基本法、教育委員会法、学校教育法、社会教育法）三回目の可決

二六日　台風フェイ来襲、平均風速四七米、瞬間風速六一米

二七日　文部省主催の学力調査（理科と社会、小学校六年、中学校三年）

第十回立法院定例議会閉会、可決百十七件、審議未了二件再議による否決一件

モーア弁務官美里、具志川、金武、宜野座、名護町における台風被害状況視察、

二九日　沖縄タイムス主催文教局後援第五回全琉写生大会

高体連主催、文教局、体協後援第六回高校水泳選手権大会（於首里プール）沖縄柔道連盟主催第五回全島高校柔道大会（於牧志ウガン角力場）

那覇商業高校主催第五回中校珠算競技大会（於那覇商業）

＝十月のできごと＝

一日　台風フェイによる永久校舎被害状況発表全壊八十一教室　半壊一七教室　二八日までに文教局に報告のあつたもの（沖縄タイムス発表）

二日　千葉大学森桂一教授美術講習のため来島

文教局機構改革に伴う課長人事発表、学校教育課長中山興真、職業教育課長比嘉信光、社会教育課長山川宗英、施設課長兼保健体育課長佐久本嗣善、研究調査課長喜久山添采

四日　国体派遣陸上チーム記録会（於首里高校）

当間主席、モーア高等弁務官を訪問し、台風フェイの被害状況を報告するとともに災害複旧に対する軍の援助を要望した。

五日　民政府は五日、新教育部長にボーナー・M・クロフォード博士が着任したと発表

七日　全琉定例教育長会議（於八重山）

九日　中華民国貿易考察団と琉球側との貿易懇談会（於教育会館ホール）

一〇日　辺野古の軍工事十日午後十一時を期し中止

一二日　琉大臨時卒業式（卒業生七名）

辺野古基地工事の再開をDE隊長フィリー大佐発表

一四日　民政府教育部長ボーナ・Mクロフォード氏、真栄田文教局長と工業、水産高校の職業教育の状況視察

二〇日　全琉児童生徒美術書道展（於沖縄タイムスホール）

二一日　民政府機構改革、二一日から実施、財政部、経済開発部新設日本々土からマリン隊移駐開始

沖縄の台風フェイの被害に対し米赤十字社より救援

物資届く

米海軍作戦部長パーク大将、第九海兵連隊の移動演習参観のため来島

二二日　オランダ船チンヤダネ号で南米移民ボリビア二百十四名ブラジル四十一名アルゼンチン二十五名出発

南方同胞援護会主催による沖縄小笠原戦没者第十三回忌慰霊大法要（於東京都中央区築地本願寺）琉球政府から主席代理宮里内政局長、立法院議長与儀達敏氏出席

二四日　与儀立法院議長岸首相を訪問、土地問題の打開、戦争協力者に対する援護拡大、土地問題から派生して沖縄の産業開発への援助、移民問題などについて訴う。

二五日　全琉高校長会（於商業高校）

二七日　全島定時制高校連絡協議会（於普天間高校）

二八日　鹿児島大学調査団一行十六名琉球の天然資源調査のため来島

与儀立法院議長、沖縄の教育権返還について松永文部大臣と会見

二九日　第九回文教審議会、高等学校の職業教育（課程設置）と定員について審議（教育会館ホール）

三一日　官房長比嘉秀伝、社会局長山川泰邦退職

瀬長那覇市長、五八年度予算案を専決処分に付す

＝十一月のできごと＝

一日　官房長知念朝功、社会局長伊豆見元俊氏発令

教育長定例会（於那覇教育長事務所）高等学校の職業教育計画について文教局、連合教育委員会議長、教育長との協議会（於上山中校）

四日　護佐丸五百年祭（於中城々内護佐丸の墓地）

五日　文教審議会終る。全島高校長、教頭連絡会から「高校に理科実験助手を配置してほしい」と文教局に陳情

六日　米海軍次官キャリソン・ノートン及びハワイの米太平洋総司令部陸軍司令官ホワイト大将来島

八日　公立高等学校の職業に関する設置について連合教育委員会（教育長、教育委員及び高校長）と文教局との協議会（於商業高校）

九日　沖縄教職員会主催教育関係戦没者慰霊祭（於教育会館ホール）文教審議会「高等学校の職業に関する課程設置」の答申書を主席に提出

一〇日　全島一般陸上競技大会（於普天間競技場）

一一日　中央教育委員会「教育に関する寄附金募集認可基準」可決

一二日　ブラジル呼寄移民九九名（二十世帯）発つ。

中央教育委員会、前原高校移転認可、各種学校の設置認可

一三日　中央教育委員会高等学校の教育課程設置、一九五八年度の入学者定員、入学者選抜法など可決

一四日　中央教育委員および真栄田文教局長八重山視察

一五日　沖縄タイムス社主催第四回新人芸能祭

一六日　宜野座、石川地区小学校指導技術研修会（十六日～十八日）

一九日　当間主席はバージャー首席民政官との連絡会議において外人事件について民政府、琉球政府の共同対策樹立を提案

二〇日　当間主席就任一周年十大政策を発表

高校陸上競技大会（於普天間競技場）

糸満地区校長研修会（二〇日～二二日）

二一日　ブラジル移民二三世帯（四八名）オランダ船ルイス号で出発

二三日　文教局、沖縄音楽協会共催全琉学校音楽コンクール（於タイムスホール）

高校選抜問題作成始る

二四日　第四回教職員地区対抗陸上競技大会（於工業高校）コザ地区優勝

二五日　普天間警察署新発足（首里警察署を廃し移転）

二三日付で市町村自治法の改正布令（高等弁務官布令二号）琉球政府章典改正八号公布　市町村議会議員及び市町村長選挙法改正七号公布、これにより瀬長那覇市長に対する不信任案は可決され市長の椅子を去る。那覇市長代理に政府情報課長東江誠忠氏選任

三〇日　国費、私費学生選抜試験

一九五八年一月一一日　印刷
一九五八年一月三〇日　発行

文教時報（第三七号）
（非売品）

発行所　琉球政府文教局
研究調査課

印刷所　旭堂印刷所
那覇市四区八組
（電話六五五）

文教時報

NO.38

38

1958

琉球

文教局研究調査課

文 教 時 報 No.38

目　　次

◆巻　頭　言

◆生物研究会のあゆみ……………………………… 玉代勢　孝　雄…1

◆稲の民俗史 ……………………………………… 饒平名 浩太郎…2

◆研究する学園

○ しりけんいもりの尾の再生についての観察 …………………… 宮　城　幸　三 / 平　良　盛　市…9

○ 蝶を主とした昆虫の生態…………………… 瀬　底　　勝…10

○ 蠅の死因と化学薬品に対する抵抗性……… 宮　城　弘　光…17

○ アフリカマイマイについて………………… 平　田　義　弘…20

○ 血液型について……………………………… 安　里　為　任…25

○ 淡水魚の呼吸について……………………… 泉　　朝　　興…29

○ ミミズの再生について……………………… 玉　元　武　一…32

○ トラフカクイカについて…………………… 日　越　博　信…33

○ 球根類の染色体について……………… 善国幸子　松川和子…38

○ 石川近郊に於ける鱗翅目の分布状態と出現期…知　念　包　徳…39

○ 花　粉……………………………………… 島　袋　邦　尚…44

○ 読谷村における植物分布…………………… 沢　岻　安　喜…54

○ 炭酸同化作用と光の関係…………………… 大　　山　　隆…56

○ 人の遺伝 ………………… 下門陽子 仲宗根房子 渡久地政子…60

○ シダの前葉体形成と養分…………………… 中　里　正　次…63

随　想

四十年のへき地教育を顧みて……………………入伊泊　清　光…64

抜　萃

各国の道徳教育の現状 ……………………… 初等教育資料より…66

研究する学園

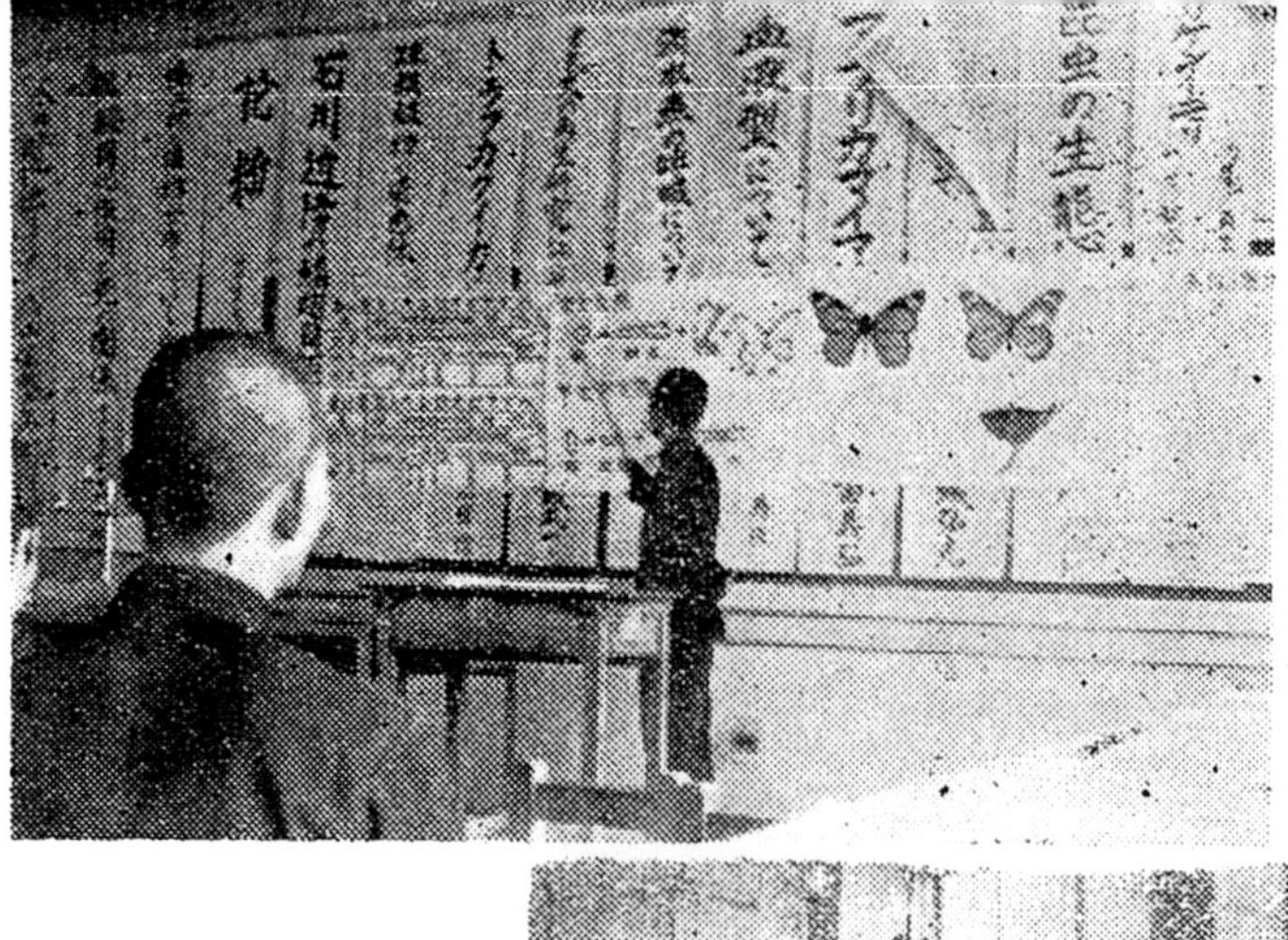

← 昆虫の変態の説明
＝全島高校生による生物研究発表会（一）

→ 実験室で学習する会員達

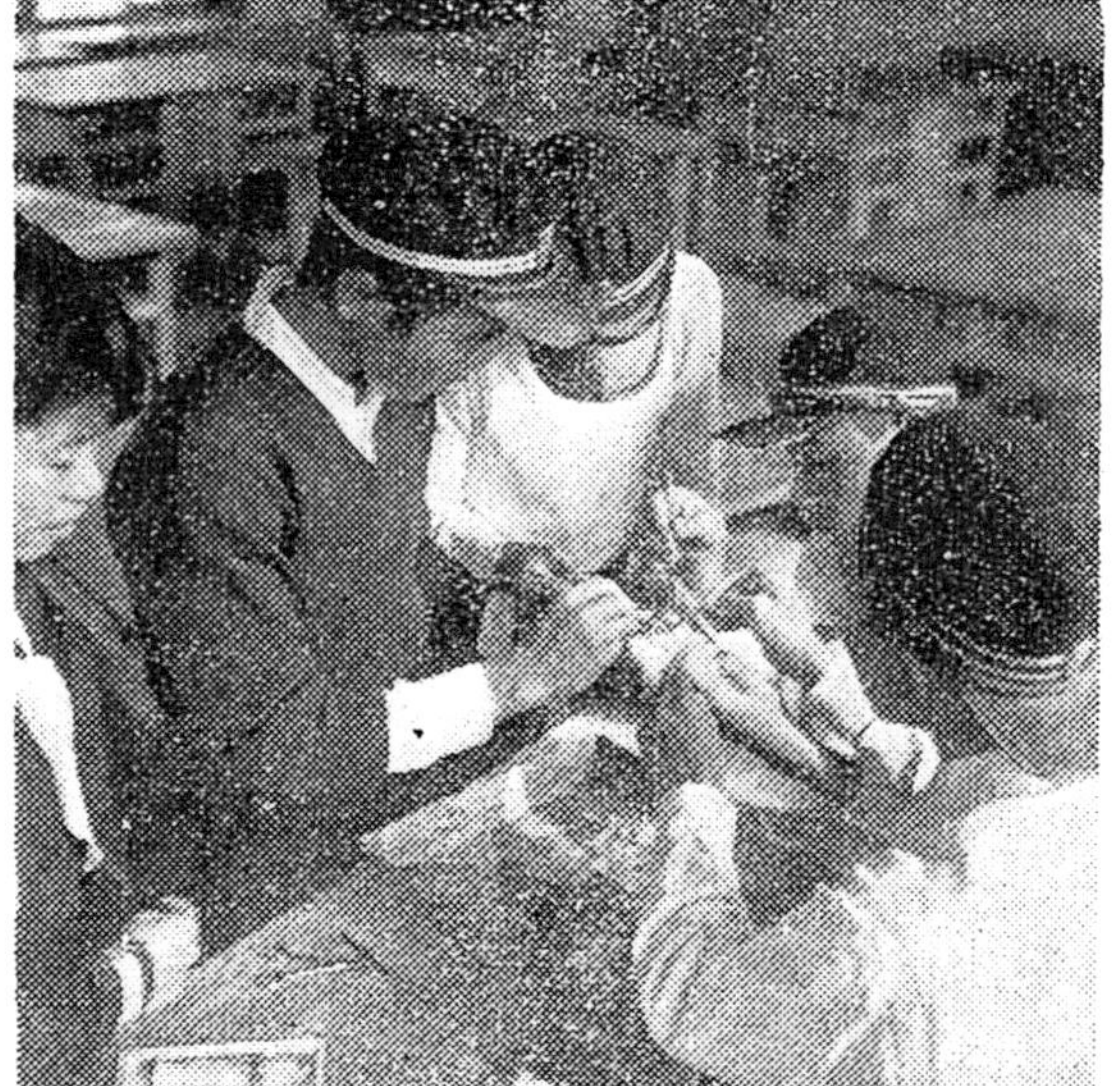

← モルモットの解剖実験中の会員達

→ 名護試験所＝植物を採集する会員達

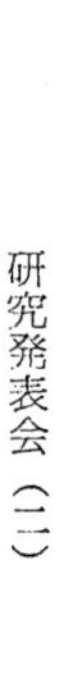
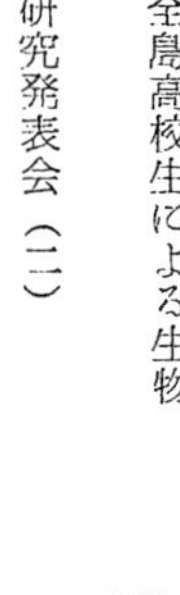

← トラフカクイカについて
＝全島高校生による生物
研究発表会（二）

→ 生物展示会の状況

← 葉の形態図表＝展示会の一部

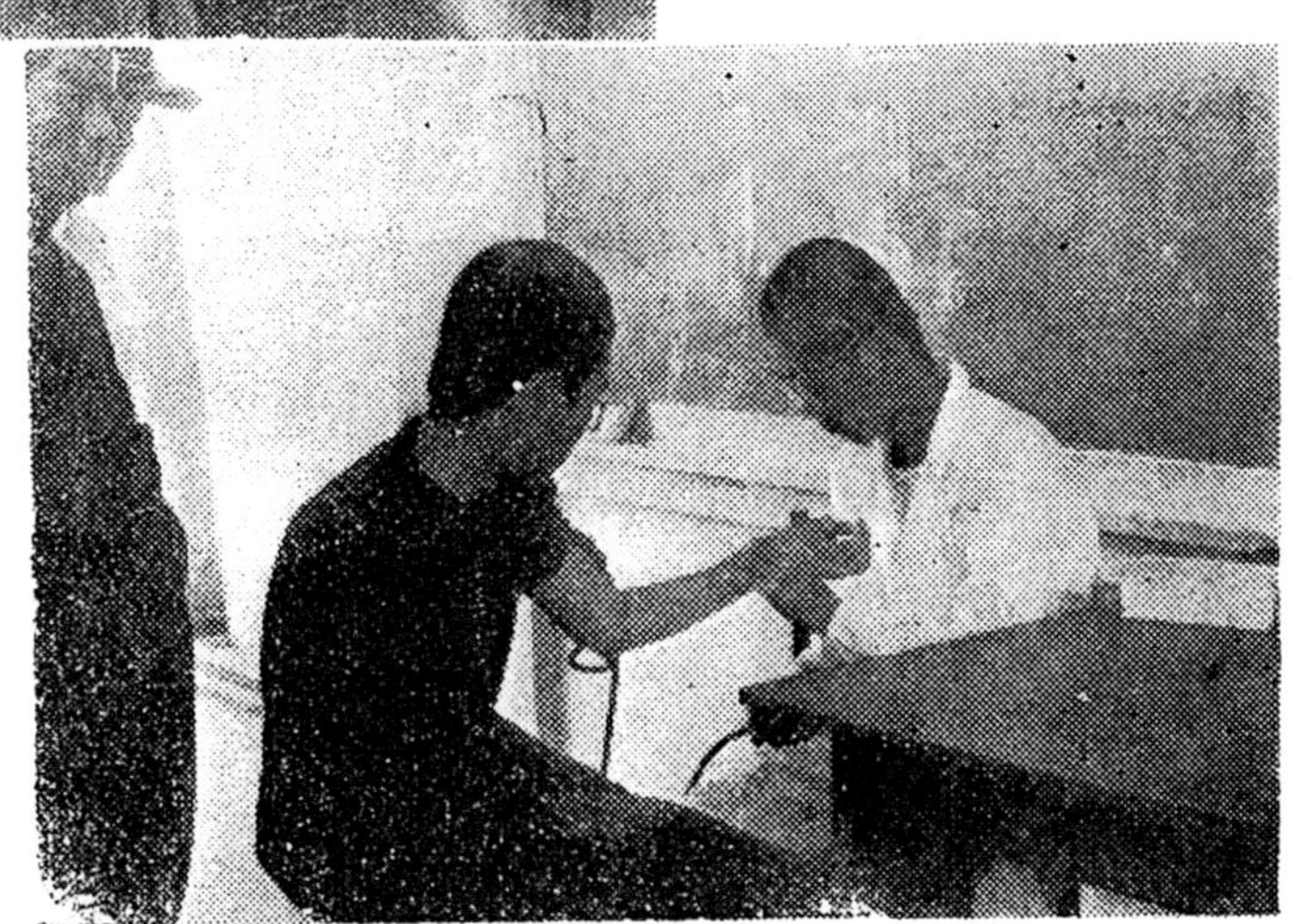

→ 生徒による血圧測定実験

巻頭言

萠芽

比嘉信光

沖縄生物教育研究会の第二回研究発表に出席して愉快な一日を過ごした。
それは発表が
一、研究テーマを生活環境から取り上げてある。
二、研究方法が適切で論証の進め方も適確である。
三、研究中の標本がそろえてある。
四、内容も高等学校程度であつた。
五、研究が長年（三ケ年か二ケ年）の継続であつた。
六、研究テーマが生徒の興味に立脚し、自主的であつた。
七、発表者の態度が研究者らしいつゝましさと自信にあふれていたからである。

正しきもの、
全力を尽したもの、
つゝましきもの、
求める者は、
美しい。

新教育の芽はこゝにもすこやかに伸びている。
新しい芽をたゆまず伸ばそうではないか。

（職業教育課長）

生物研究会のあゆみ

沖縄生物研究会長　玉代勢孝雄

一九五二年各高等学校の生物科担任が集り、沖縄生物教育研究会を組織して以来、教材の研究や、採集会および生徒の採集標本の展示会を毎年行つてきましたが、各方面の協力により其の成果は年々充実向上してきました。次に生徒による生物の生理、生態、遺伝に関する研究発表会を昨年一月十三日開催しましたが、研究テーマが郷土と結びつき、研究のすゝめ方、研究の態度、論証のまとめ方など極めて学術的であり、かつ生活と直結した研究の成果は沖縄の生物教育に前進のきざしをみせてくれました。今年も一月十二日名護高校で第二回の研究発表会をもち、十五名の生徒がそれぞれ発表したのでありますが研究の広さ、深さに格段の進歩がみられたことは、同好の士とともに喜びにたえません。

当研究会は毎年四月に総会で行事の反省および方針、教材研究の打合せ等を行つています。

行事の主なるものは
一、毎年一月に研究発表会
二、九月に生徒の標本展示会
三、各地区で適当な時期に採集会
四、毎年十一月に標本鑑定会
五、その他…………となつています。

なお小学校、中学校の生物教材の参考資料として「沖縄の生物」掛図を編集し第一集を昨年発刊しましたが、これは第五集まで発刊を予定しています。

また高校生徒の利用に供するために沖縄植物採集便覧を昨年五月に発刊し、今年は動物採集便覧を発行する予定で現在準備中であります。

それに来年の七月に、日本生物教育全国大会を沖縄で開催する運びとなつておりますので、生物教育発展のため一層の努力を誓い、先輩各位の御指導と御援助を切望いたします。

稲の民俗史（一）

＝（小四単元「くらしのうつりかわり」資料）＝

饒平名浩太郎

国史にあらわれた稲作については、紀元前二世紀頃弥生式文化時代に伝来されたであろうということになつていて、その前の時代即縄紋式文化時代には稲の伝来に就ての確認は未だ見出されないから、弥生式時代に稲作が始つたものと考えられている。その証左として弥生式文化時代には、

一、その竪穴住居跡から籾や、米粒の炭化したものが発見された。

二、弥生式土器に稲籾の圧痕が残つている。

三、弥生時代の竪穴は縄紋時代のそれに比して低地に発見されることが多い、これは水田と関係がある。

四、登呂の水田遺跡発見によつて、いよいよ稲作が確実になつた。

五、鋤、鍬田下駄のような木製器具や、一種の穂摘具と見られる石庖丁のような農具関係のものが発見された。

六、銅釈に米臼の絵が表わされている。

七、米を蒸したとすべきこしき土器がある。

等の証拠があげられているが、後藤守一教授はこれから民族の渡来に言及して、稲作を携げて直ちに弥生式文化民族が渡来したのだという考え方は問題だ、寧ろ、稲作の渡来によつて新文化が生れるに至つたと見たいといわれる。そうなると稲作の渡来以前に、日本人は定住していて、縄紋式文化を生み出していたものと考えねばならぬ。この稲作に就ての弥生時代の証拠の外に、この島に民族学、民俗学的な証拠資料が得られれば、案外これが日本全体の稲作問題のキメ手になるかも知れない。稲の伝来に就ては南方伝来説と北方伝来説がある。安藤博士は、稲の原産地をインド、中国南部、インドシナとし、日本の稲作は南方民族が北九州南鮮に移り、伝来したものとし、その時代を紀元前一世紀頃と考えた。この研究を裏づけるような事を安田徳太郎氏は戦後「人間の歴史」に発表された。即ち日本の稲作に就て(日本人の起原)チベット・ビルマ族が紀元前二世紀頃にインドシナや中国南部から、日本列島にはじめて稲と水田耕作を持ち込んで、これが豊葦原の瑞穂国の土台になつたと説べ、栽培植物の名まえが民族移動のキメ手として大切であることを説明された。玉利喜造博士は又南方伝来説を奉じて、天照大神が葦原中国の保食神から、五穀の種子を将来したとし、高天原とは大隅の南端佐多村の高原地、中つ国とはその対岸の薩南阿多の地であるとし、南方から黒潮にのつて漂着した人々によつて伝来されたものと考えられた。

田中節三郎教授はウルチを紀元前一〇〇〇年頃書かれた東インドの阿闍波章陀経の中にある梵語ウリヒーに等しくインドから渡来したものとされた。考古学の鳥居龍蔵博士は日本々土特に西日本に多く出土する銅釈に書かれた風俗画の米舂は、南支苗族の銅鼓に類似していて、稲作も南支地方から伝えられたものであろうとした。西村真次氏は田中教授の考えから、インドシナ説を奉じ、菅菊太郎氏は、稲の伝播を南方から台湾沖縄を経て薩南に上陸したものとし、新村出博士はイザナギ、イザナミは、タガログ語に似ているところから南方渡来を示唆された。一方北方説では浜田秀男教授が、北支の稲が朝鮮を経て日本にきたとし、朝鮮には漢の武帝が山東から、楽浪三郡に出兵した頃に稲種子を朝鮮に移したものだとした。小野武夫教授も弥生民族が支那大陸から朝鮮を経て、日本の北九州に上陸したことを発表され、喜田貞吉教授は銅釈を秦人のもたらしたものとし、弥生式民族は北アジアの原人であるとされた。

アマミキヨがもたらしたという稲が、南方文化の要素をもつていることは、稲作伝来の南方説と関連していると思われる点が多い。あまみきよの伝説がいざなみいざなぎの物語と同一の縁を引くものであれば、沖縄の稲作は、日本々土と同じく同一の筋道をとおつて、南方から伝来し日本々土よりも早く稲作が行われたに違いない。稲作について民俗学で考えられ、これまで研究された資料を纒めてみると、

一、日本に渡つた稲作が、相当高度のものであつたこと。

二、稲作に伴う信仰が、日本人の信仰生活の根底をなしていること。

従つて稲作の技術を身につけたものが渡来してきて日本人の先祖になつたと思われること。

三、稲作が日本型稲の分布地より発原したこと。

四、田植以前の様式として直播法があつたこと。そして四世紀頃から田植様式の発達があつたこと。」

柳田国男氏は古代中国で頗る珍重された宝貝の一種が、中国に近い琉球でとれることから、宝貝を求めて琉球に渡つた中国の人々が、稲作をも伝えただろうと推測された。それをうらづけるものとして、琉球、あま美大島などの南島ばかりでなく、コミ又はクメという地名が沖縄から日本々土の各地にちらばつており、それが米に関係があると考え、古代の久米部も又米を祭る行事に特別に縁のある部族ではなかろうかと暗示をなげている。」ところが数年前直良信夫氏が東京都江古田の植物化石から一万年余り前と思われる稲のもみを一粒発見したという報告をなし、それは今も台湾などに野生しているものと同一系統のものと見られるが、或は日本にももともと稲が野生していたのではないかという強い疑が生れた。それを食べたかどうかは別として、その茎は早くから利用されていたらしい。しかしながら日本に稲が野生していたかどうかということについては気候学的に、又民族学的に、地質学的にも今後研究が続けられるであろうし、今のところ南方から島づたいに稲が入つたであろうということが最も有力な説明であるらしい。又九州から種子島にかけては今でも赤米を作つているが、もともとそれには種の魂をまつる儀礼が伴つていたのではなかろうか。そして今でもハレの日にアズキを入れた赤飯を炊く習わしがあるのは、赤い米を信仰儀式用と考えたならわしと何かつながりを思わせるものがある。これらのことから南方系の赤米をもつた人々が南から島づたいに或は大陸の海岸づたいにやつて来たのではなかろうか、そしてそれには田植を行う稲作法が伴つたのではないか。

宮古、八重山など南の島の人は南の海の果てへ寄せる心が大きく故里の島をすてて、南波照間という島へ移住したという古い伝説もあり、又八重山では南方から来るマヤの神をもてなす信仰があるが、台湾のツオー族にも見られる信仰といわれている。馬淵東一教授は南方民族の研究によつて、稲作が南方伝来であることを考えられた。氏は今日稲は世界の温熱帯の広い地域で栽培されていて、原産地は確定できないが東南アジアマレー諸地域が原産地であろう。

飛地としてマダガスカルの陸稲がある。この島のホヴア族の稲作は古い祖先がこの島に携えてきた。この祖先はどこから入つたか、恐らくインド洋六、〇〇〇粁の波濤をのり切つたと思われるが、彼等はマライシアの稲作農耕の生活様式と、その文化をこの島に持つてきた。又タナラ族は十一月から翌年四月までを収穫期とするが、収穫も根刈りをせず、小さなナイフで穂首のところを切り取つている。これはインドネシアと同じことだ。」伊良部島では陸稲を収穫するのに穂首の所を小さな（粟刈ヅザラ）で切り取つている。水稲の栽培がいつごろ南島に伝わつたか、南支那から稲の伝わつた道すじが、琉球の南の島々であつたか、また日本々土からもたらされたかについては色々な説明が加えられているが、血縁集団でつくつた村々は、泉や川に沿つた平地に水田を設け、そして水田に近く、日あたりのよいしかも風水害をさけられる、小高いところに住所が群がつて構えられるようになつた。このような血縁集団の村作りが水田を平地に仕立て始めたのは島尻の東海岸知念、玉城あたりであろうといわれているが、この地域には西海岸の漁業部落であつた糸満の人々が、マキヨで共同でとつた魚の余分を笊に入れて東の米産地まででかけ「米とも粟ともかへやびいん」と歩いたものだ。それは余程後世までも続けられていて、おもろそうしの巻十旅歌の双紙に、

「いちなはのとよみ浦、あま歓よわる美らや、
あらさきのとよみ浦、今日の吉かる日に、
けおの輝ける日に、小米や卸ちへ、
あら米やおろちへ、」

とあるように船でも余剰魚を東海岸まで運んで米その他の農産物と交換をしていた。

上古あまみきよが儀来河内から稲種子をもつてきて、玉城村の人に稲作の方法を教え、これに、米之子という名を給うたという伝承があるが、いづれにしても稲が外来の人々によつて伝来されたことは疑えないことである。受水走水はあまみきよが始めて稲作をした場所といわれ、その由来記によると、稲ミシキヨマ（初穂祭）のときに王が玉城に行幸される由来を

「あまみきよがぎらいかないから稲をもたらし、百名村の人に稲作の方法を教え、溝小まし田に苗代をこしらえ、稲をまいてから百日目に苗をとり、浜川裏原の親田と高ましのかまの田に稲植初めをした。それで行幸のときには、この田の稲穂を御祭されるようになつた。」とあつてアマミキヨが稲を伝来したことになつているが、アマミキヨについては袋中上人の琉球神道記、向象賢の中山世鑑、蔡鐸の中山世譜に記すところは多少の相違がある。即ち神道記によるとアマミキヨ、シネリキヨから直ちに人類が蕃殖したことになつており、中山世鑑ではアマミキヨ、シネリキヨは同一

柱と唱え、世譜では二柱としている。これは伝承時代の語部たちによつて誤り伝えられたものが、そのまま記録されたに違いない。とにかく沖縄の稲の伝来は直ちに民族移動の大きなキメ手となると考えられている。

○ 稲作の伝承

西表島は南東部に古見という美地があり、古から稲作をなし、それを基底として文化が展開していた。そこに流れている川の名は古見川、水源の山を古見岳と呼んでいたから、島全体ももと古見島と呼ばれていた。それが近世になつてから幾度かの災害に見まわれて人は死に絶え又離散し尽した。もつと悲しいことにはマラリヤが蔓延して村ごと亡びたものも多く、他から移住させても死んでしまうという悲惨な歴史を幾百年も繰り返した。そのために古見の島の歴史は埋れてしまつた。宮古の四島の主が古見の主といわれて西表に造船監督として、仲宗根豊見親の命で派遣駐在をした頃は、とにもかくにも美しい文化が展開していたといわれていたから、稲作の人々も可成に住んでいたと思われる。日本書紀には信覚、球美の南島の人々が来朝したことになつているが、信覚が石垣島のことであるといわれているから、球美もその隣島であつて、久米島のことではなかつただろう。これがその通りならば古見の島の東南隅の入江に発達した稲作中心の文化は、それ程久しいものであつた。ところが古見島が悲惨な歴史の中に埋れてしまつたので隣りの石垣島に栄えた稲作文化は、現在でも古風を伝えているという。ところが東恩納教授によると、西表は古見と呼ばれる前には、所乃（そない）、即ち後世の租納が島名であつたから以上の考えは疑わしいといわれている。

石垣島の稲作の伝来は、上古アンナン（アレシン）という国からタルファイ、マルファイという兄妹が稲の種子をもつて八重山に移住し、登野城の後方クバトン原に住家を構え、兄は田地を開拓して稲作を始め、妹は収稲した稲籾を磨りはぎ、白米（イニ）に為（ナシ）し、米飯のたき方を教え、それから八重山の稲作が始つたという伝承である。そのために八重山では稲作神事や祭事が祭祀の中心であり、主位を占めており、人頭税が課せられたときでも、八重山で米貢、宮古では粟貢と規定せられた程であるから、当時の八重山で稲作がさかんに行われたことはうなづけよう。

ところがアンナンから移住したというタルファイ、マルファイの兄妹が八重山に移住するには、きつと或る大きな国内の事件がなければなるまい。漂着したというにしても、アンナンから八重山まで二五〇〇粁の間の波濤の中を最後まで、稲種子を持つてこなければなかつたであろうし、更に八重山の所在が南方人の間に果して知られていたであろうかという疑問である。もしも南支の福州から渡るにすれば、僅々五〇〇粁の距離しかない。その上南支から貝貨を求めて渡り歩いた商人の行きさきがあつただろうと考えられているので、アンナンから大陸づたいに南支の福州に渡つた人々が戦乱のために再び温雅の地八重山へと渡りついたものに相違ない。宮古島の大浦村村立始めという大浦田主は福州生れといわれている。彼等と同行の者が八重山への上陸となつたのではないだろうか。

大浦だすなかるだす豊見親よ、
唐の島、福州島生り、
戦さ島ふあり島やりば、
居らりげく立たりげくにやーんにば、
船がまばみそがまばおけ、
布や張り苫や張り被うし、
布巻ば糸巻ば積上げ、
唐がみばすびがみば積上げ、
寝ん筵寝ん畳つみやぎ、
臥す枕にん枕積みやぎ、
南風ぬ和風ぬ押すたりや、
風たどりうりたどり出し、
夜くみ明日ぬ朝んな、
大浦湾ながる湾びやり着き、
野火たち煙立ち見りば……

大浦田主渡来の年代を天順成化の頃（十五世紀中頃）であろうと、稲村賢敷氏は考証されたが、この考証が正しければ宮古の稲作は、余程後れて十五世紀に始つたと見られるが、言語学や民俗学の立場からすれば、宮古にはこれよりも以前に沖縄島と前後して始つたと考えられる節が多い。稲作文化と関連する伝承は、このアヤグの中に謡われるすびがみである。すびがみは唐がみの系語であるが、すびは宝貝のことであるから宝かめ即ち南蕃かめのことで、宝貝が宮古にその価値が知られていたものに違いない。中国ではある時代に宝貝の尊重ということが驚くべき程度に上つている。宝貝を君主から賞賜せられたのを記念するために大きな銅器にそれを鋳刻して、保存した程重視されていた。それでは宝貝をどこから求めたのであろうか。宝貝の産地は印度洋上の溜山群島からフイリピン附近に産するが、距離的に考えても日本の方がずつと近く宮古、八重山を始め沖縄諸島まで、広く産し（黒潮の関係）中国文化帯のために非常に宝貝を供給し易い地域

である。或は稲作日本人の最初の漂着地をずつと南方と見る手掛りの一つと認められるのはそのためである。しかも宝貝は華南一帯には十三、四世紀まで補助貨として便用され、遠くは殷周の時代から使用されている。この時代には宝貝は西方山地帯の玉類と比較される程貴重なものであつたが、長い間には価値が低くなつて補助貨の程度に零落してしまつた。宮古の宝貝は八重干瀬の浅瀬地帯でとれ、ここは貝類の採集地として名高く、那覇の市場で買われるのもここから採つてきたものが多い。この宝貝が那覇に送られ、或は直接宮古、八重山の船に積込まれて華南地方に入ったではないだろうか。宮古の船が元の延祐四年十月（一三一七年）十月シンガポール行く途中、温州の永嘉県に漂着しているのであるから、十四世紀頃から南方への行き来があり、南支とは勿論さかんに航海をつづけていたものと思われる。

即ち一三一七年六月十七日晩無舵の小船一隻が永嘉県の海島に漂流、十四人の中、五人は青黄色の服を着、九人は白衣を着ていた。言葉が通じないので十月中書省に報告し、漸く海外婆羅公管下密牙古人民が凡六十余人、大小二つの船でサレート方面に行こうとして漂着したものであることが判つた。婆羅は李朝録にある朝鮮の源民が、成化十三年報告した南羅と通ずるもので、宮古の保良のこと、宮古の事を保良宮古といつたようである（藤田豊八博士）同博士は更に該記事の中にある「有旨命発住泉南、候有人往彼帯回本国」とある文句によつて、泉州と琉球少くとも宮古島との間に相当の往来があつたことを認めておられる。即ち彼等によつて宝貝が積まれ稲が伝来されたと考えることも可能である。

○稲作とシラ

中代から幾度か政治の手を分ち、疎隔の生活を続けていたのに拘らず、南島の人々は今に至るまで言語信仰のくさぐさの古風に、本土を争われぬ一致を遺している。稲の産屋を意味する言葉が明らかに痕づけられることである。宮古は近世幾度かの地変があり、又住民の闘争も激しかつたためか、耕田の跡が移り動き、稲作は稍衰えて居る上に土地が水利にかけ水の欠乏などで稲作はおちぶれ、文献や口碑も伝う所が少ない。しかしシラという言葉に広く稲が作られていたことを物語つている。人間の産屋をシラといい、産屋の穢れをシラフジョウといつているが、もともとシラという語は、オシラ（農神）から出た語である。スダテイン（育てる）、シデイン（人の生れることから卵のかえることまで）、スデミヅ（産井の水）、スデガフー（大いなる喜悦）、ストネル（大きくする）等もすべてこのシラの類語であるが、八重山でもシラといい、宮古ではシラ・フサジラという語は草を積上げた所の意に用いられて、国頭地区のマジンと同義語である。元々稲を刈つて積上げたシラも水の少ないこの地方では、稲の栽培が少なくなり、他の穀物（粟やキビ麦）に代つてしまうと、雑草を刈り集め高くつみ上げてフサジラというようになつた。このような例は麦粉をユニクという例にも見られる。もとユニクは米粉であつたし、農神の霊にお供えする大事な供物であつた。「新穀の初祭にお供えしたユニクを進めたために、宮古の真氏の夫は妻に悪口し、ユニクを抛げつけた罰で、穀霊に見放され乞食におちぶれる。幾年か後になつて再縁した妻の門に立ち食を乞うたが、ゆくりなくも妻を見て驚きの余り死んでしまう。妻はこれを夫の長者に見せまいとして、台所の甕に埋葬する。」こういう大事な供物のユニクも米の不足から次第に麦粉で代用するようになる。宮古ではこうして麦粉がユニクとなつて、永く米粉の代用をつとめるようになつたものである。旅栄えの神に助けてもらうために、老母が手づから作つて送るユニクを島の若い旅人たちは、行先のお土産に、きつと小さな袋につめて出かけたものだ。それも次第に生活のわずらわしさから遠ざけられ忘れ去られようとしている。それでも遠い祖々たちから教えられた穀霊えの感謝祭には、必ずユニクをそなえるという習わしを忘れなかつた。

芋が伝来しない以前は陳侃使録に述べられているように、琉球一円は米が依然主食であり、これに粟やキビ、麦等の雑穀を利用したので、水の少ない宮古の島々の生活は一入苦しいのであつたに違いないし、主食の稲も粟やキビの畑作も、天候や自然に強く支配されており、その豊作を神霊の力に頼ろうとするのは、今日よりもはるかに大きかつた。ずつと後世になつて、人口が増加してからも、宮古の地域では稲作のできる比嘉や長間の水の豊かな地方では、悪疫のマラリヤにもめげず、村立、島立を幾度か行つたが、村ごと亡んでしまつた悲惨な歴史も残されている。雍正以後は当局としても沃野を放棄することを大変惜しんで、移民計画を立てて人口の過剰な池間、久松、大神などから開拓移民をしばしば送つたが矢張悲劇がその後もくり返えされている。

一、池間から島出ぬ村立ぬありむていさ、他の上てど余所の上てど、ばや思たりそが、ばんが上どやりゆたりよ主がなす。

二、池間の主んなばあやなうふしぬが見たりが、
如何ふしぬが見らいたりが主がなす、生す子の如くみやり子の如思まいたむど、ニゾ兄かなす夫婦よ
三、ニゾ兄と居い染りばなんな、
ばたん染いばなんな、長間島んかい島出すさまいばゆ、村出すさまいばゆ主がなす。
四、ばがいかばうぃゆんばいでだら、長間島一あり井ぬ、水ぬゆ潮んなり塩水んなり出でばどゆ。
五、ゆぬ池間んがい、離り島んかい吾や来でよ。
長間島やあていやぐみ島、やりやむぬ
吾が行かば居りそんばいでだから、かなす夫婦ゆ。」

○受水走水の伝承

琉球の古代人はてだの子孫(日の子)と信じていた。それで子孫から見ると、先祖のいます国は即ち浄土であつた。それが儀来河内であり、ここから豊饒も幸福も神によつてもたらされたのである。稲も儀来河内からアマミクが伝えたということになつているが、ここを東方海上にある楽園と考えているのはどういうことだろうか。伊波普猷氏は久高島のクワイニャについてニライカナイを次のように考えられた。

「にらいどにおしよけて、かないどにおしよけて、のろがすぢせんどうしやうれ、主がすぢせんどうしやうれ
きみがおすぢおんつかいおがま、
しゆうがおすぢ、みおんつかいをがま。」

とあるように巫女を媒介として、君をおがむことによつて、それぞれのすぢを拝むことになるので「人は巫女を媒介として、あがるいの大神を拝むことによつて極楽世界を観念したのであるから、儀来河内を東方にあると混同したまでである。」これがまたアマミ族の発祥地の方向と一致している。この考え方は、日本信仰で浄土と祖国を一つにして高天原という異郷を考えたのと同じ行き方である。にるやの神はたまたま太陽神にも通ずるのであるから、にるやの神を拝むことは太陽神を拝むことと同じことであつた。にるやの大神をおもろでは次のように歌つている。

「にるやとよむ大ぬし、かなやとよむわかぬし、
にるやせじみおやせ、あかぐちやがはねて、
ぜるままがはねて、にるやぎやめとうちへ
かなやぎやめとうちへ、にるやせじあらぎやめ、
かなやせじあらぎやめ、しよりもりふさい、
またまもりふさい、大ぬしすまぶれ、わかぬしすまぶれ」

海の彼方の楽土からニルヤ大主を招請して、王の御台所造営の祝福を乞うおもろである。その順序は聞得大君以下の神女たちが火の神に祈る。火の神は願意を受納して、これをニルヤ大主に通ずる。ニルヤではこれに感応して吉日を選び、アマニコが首里城さして歩んでくる。アマミコは東海岸のアヤコ浜に上陸する。更にサイファお嶽に行く、そのために王は心朗らかになる。ニルヤ大主の守護によつて王は永遠に栄えようという。

アマミクが儀来河内から稲を招来したということを、日本々土のアマミ族の渡来によつて稲作始つたのだという説明は「東方の楽園、幸福をもたらした浄土と、アマミ族の発祥地の方向と一致していることや、東方太陽神との関連から考えられたものではないだろうか。」玉城の稲の伝承は、南方から鶯が喰えて来て落した稲苗から生じたものとしたり、久高島に漂着した五穀の種子の入つた白い壷に、稲の種子が入つてないので、アマミクが天に祈り、ワシが使者となつてニライカナイから稲穂を三〇〇日目に三本持つてきたといつて、鷲の功徳を讃えている。東南アジアの田植習俗に似ていると思われる。

御穂田の田植行事によると、農民が田植えの装束をして頭上にミチヂという米の粉でつくつた団子をのせ稲苗を植え始める前に、お花と神酒を供え、稲苗を植え終るとクエーナを歌う。

アマミクが始る蒲田原巡て、泉口さとて、縦溝割いあけて、横溝割いなち、畦片づけて、桝の型いして、定高もうるち、角たかもうるち、クンチヤ田もきぢうけて、ヨンチヤ田もまはいして、夏水につけて、冬水にうるち、百十日なりば、しぢしぢ引きわきて、ちが目型挿し植えて、しの田原持ち下ち、桝の型さし植えて、植えて三日巡たりば白鬚さしとて、三月なりば南風も吹き、四月がなりばしだら南風も吹ちやぎて、しぢしぢとむい立ちゆん、五月がなりば北風が吹きば、南のあぶし枕、六月がなりば、大豊なり、ちちしかまいん、頼で刈や刈い乾ち、ゆぶくいや持ち上げて、大兄や算とて、あんざりや読みかぞえ、あんざりの好みのあまみ酒くん飲ち、大兄の好みのからみ酒くんのまち五また御倉も積ち余ち、六また御倉積み余ちあまち、大まぢんいいしやい拝みさびんどうすうらい、さあほかもらち、たぼり、ゆからりゆからり。」

仲原善忠氏はこのクエーナについて、稲作が直播からすすんで田植えする段階に進んだ、初めの状況を歌つたものとされ、この水の豊かな地方が、沖縄稲作の発祥地であろうと考えられた。五また御倉、六またお倉

というのは高倉のことで、稲を貯えるために設けられたもの。床は地上から五、六尺で、壁は外方に傾斜し、板又は竹の網代を組み、屋根は茅ぶきで宝珠形両開きの板戸も傾斜面を作り門をさし、そこに梯子をかけて上り下りする。

宇野円空氏のマライシアの稲作儀式を見ると、スマトラからセレベスにかけては、夫婦稲に花輪をかけて、神の恵みを乞うという儀礼を行う。シアク州では稲魂を子供と同じように添寝をする。八重山の垣島では旧八月種取りの夜、紅白の餅をつくりクバの葉をしいてシラ（マズン）の上におく風がある。かなり夜更けての行事で、翌朝子供たちがさがし出して取るのだが、子供たちはそれを大臈がきて、子供たちのためにシラの上へおとしていくと信じていた。シラは即ち神聖なものと見られている。稲が神聖なものだということは稲穂祭りのおもろに歌われたとおりで、

　しねりこがうざししよ、此たしまおれたれ、
　ほうばなとてぬきあげば、ちりさびはつけるな、
　ほうざきとてぬきあげば、かうさびもつけるな、

即穂花が咲き出れば塵泥もつかぬ、自種やなびき畦枕といつた精神で、稲の穂がいよいよ出た、何とぞ塵や泥土にまみれぬ様成熟させて給れ、稲穂は風になびき畔を枕にする程豊かに実るように、という心で稲の初穂をささげる程に、風雨鳥虫の害にあわさぬよう見守り給へ」と祈る心を表現したもので、いかに稲の成育に関心がよせられたかがうかがえるのである。

真和志市がまだ農村であつたころの稲の種まき行事の古謡にも、

　干乾もしちやどう
　六つ股倉積込んで、八つ股倉積込んで、
　まずんまでしちんどう。

とあり、種子取りの時に謡われるアマーオエダーのチラシにも、

　「白銀臼なかい、黄金軸立てて、気張てすれよ、
　をないのちや、しきよま、戴らさや。」

とあり、稲作の種まきも収獲も、種子取りも、およそ稲作に関する限りは、すべて神聖なものとして信じられていた。琉球国由来記二月の条には、

自古二月麦の、みしきよまの時隔年一次行幸千久高島有御祭礼也。」四月の条には自古四月稲ノミシキヨマの時隔年一次行幸千知念及玉城有御祭礼也。」尚真王御宇至康熙十二年癸丑改而遣当役有御祭礼也。」とあつて稲穂祭には国王自ら稲の発祥地知念玉城に行幸し神聖な祭礼を行う習わしであつた。

この神聖な行事には神の来臨を乞うのであるが、神は常在ではなく、何れかから迎えられる。田植の始めに迎える神は田の神であり、これを農神と呼んでいる。即ち田植はもともと村の共同作業で行われ、その指揮者は田の神祭りの司祭者であつたから、サオリの行事はハレの神事であつた。それで、家でも餅をつくつて田の神に供える。とくに田の湧水の場所に神を降す水口祭には、鄭重な祭式が行われるのである。安田の水口祭は田の神を水口に迎える初田植のとき、ノロが神人以下を伴い堰口を祭ることにしている。各家では地頭以下御馳走を用意して田の神を迎え、この祭神楽歌が奏せられるのである。

　北風から吹きば、南風の畦枕し、
　南風から吹きば、北風のあぶし枕し、
　うしなびき、なびき、うまちうたびみそーり

安田の田祝は村全体で行われ、各戸一人宛が酒と御重を用意して、国立、村立初めの根元七軒の家に集り、その家の家長と部落民の代表が、各所在田の水源地を祭つた後で、盛大な祝宴をはつた。そのための経費として田祝田をその家に与えることにしている。田祝の日は部落全体の休日でこれを腰うつくいという。

○ コメと久米

玉城百名の最初の稲作地伝説をもつ名家の名を米之子といい、又米須、米洲という地名や家名があり、八重山でも古見という稲作地がある。これはすべて稲作に関連のあることばと思われるが、西南海上の久米島と稲作とどういう関係にあるだろうか、久米島は古くから稲作地として知られ、生産と輸出をさかんに行つたものである。続日本紀によると球美、海東紀に九米、陳侃録では古米に作られ、続日本紀の和銅七年の条には「太朝臣遠健治等、率南島あま美信覚球美等島人五十二人至自南島」。とあり、霊亀元年の五月にも又信覚球美等が来朝して方物を献じている程、古くから本土との交渉も行われていたもので、この島が又八重山との関係を古くからもつていたものである。

　おもとだけ　つかさこ
　くものしま　おわちへ
　よなおしぎや　おわちへ

とおもろさうしにあるのはその交渉を物語るものである。ことによつたら久米島がコメの島として知られ、慶良間が粟の島といわれていたように、久米島はコメの島といわれていないながら、コメという語を用いる場合が最初は限定せられていて、容易に口にしなかつた一種の忌み言葉即ち信仰用儀礼用のものとして島の名もいわれなかつたのではないだろうか、あま美大島にも

古美という地があり、古い稲作に伴う信仰行事が残つているが、久米の間に或は共通の地名の原因があるのではないか。久米という語は古代の久米部にも共通なものがあつたのではないだろうか。久米部は勇敢な武人であり、皇室のためには食饌の御料を調達する任務大をもつていた。河内の久米田の池、久米田寺という古に蹟も、稲作民族の開発した地域と推定されている。い嘗祭のとき行われる久米舞は、久米部の後裔がこれの奉仕したものだ。このときの曲が久米歌であろうとわれている。従つて久米というのは米を祭るのに関係ある信仰的な意味でもあり、米を取扱つていた人々であろう。この人々はイネとヨネという言葉を使つていた。彼等はイニに関する限り必ずオコモリ（尊い意味……コモつて尊くなる）をした。テダのことをテダクモイと使いノロをもノロクモイと使つた。即ちクモイは尊い殿や様以上の言葉らしい形跡をもつていた。親雲上は親にクモイを附けた役名で、この形跡などからクメは大変特殊なふだん口にしない言葉という意味があつたのである。

三十六姓が渡来してきて定住したところを、久米村と呼び、明朝の末頃からクニンダと呼ばれるようになつたが、彼等の移住当時は唐営と称えていた。

「久米という地名の出典については知られていないが、いにしえ久米村人自らはその地をチユーミーフー（朱明府）と呼んでいたから、チユーミを久米としたのではないだろうか。現に久米人の伝えでは、世禄（地扶持）を支給されていたので「久しい米」の意味から出たのだろうと伝えている。（久米村記）もともとれも附会の説と思われるが朱明に久米をあてたのは、或はそんなことかも知れない。この辺は久茂地川の水が深く入り込んで内兼久附近では小湾入をなしているが、その辺の風景が彼等の故郷であるびん江の下流とよく似ているために彼等は呉江と命名していた程であるから、本来彼等自らその地を選んで居住したものであつた（東恩納教授）

伊波普猷氏はこの地の入江が、もと久米島船の碇泊地であつたところから、久米と名づけられたのであろうといわれた。いづれにしても久米村が久米島と関係があつたであろうと思われることは、那覇が未だ浮島の状態から充分発達せず久茂地川の深い河流で地離の船が、容易に出入ができていた頃、対岸の低地に稲田が作られていたことは想像されることで、久米島の人々は遠い船旅でたどりついた那覇の船着附近の稲田を見て、故郷を偲んだのではないだろうか、そうしてこの地を久米といつたのではないか。

八重山御嶽由来記によると、神代の昔三柱の女神がやまとから沖縄に渡り、姉神は首里弁の嶽に御住居し、妹神二柱は久米島に渡り、東嶽と西嶽に住まれたが、二番の姉神は自分の住む山が妹神の住む山より卑いのを厭つて、八重山に移られ、オモト嶽に住み八重山の守護神になつたという。この神話の構成から見ると、首里、久米島、八重山の関係を説明していると思われる。ことによつたら久米島には八重山から稲が入つたのではないか。若しこれが事実とすれば古見と球美は関連がなければならない。宮古では古見、球美をコムといつている。コムはこもる、こめるに通ずる。そうなるとオコモリということになつて、神聖な忌み言葉となるかも知れない。従つて稲作に関する南島の伝承は依然として南方伝来を裏づけるような気がする。人間の生活にとつて欠くことのできない幸福の源泉であつた米が、南方から伝来されたものであれば、未だ見ぬ未知なる世界への限りない神秘感といつたものが、このようなことを考えさせたのではないだろうか。

久米島の稲はまた宮古島との関連がある狩俣村尻立御嶽の伝説によると、

「久米島の人兄妹二人が箱船に入れられて流され、狩俣の浜についた。その母は二人の身の上を悲しみ、どの島にでもたどり着いたら、作物の種子を蒔いて、生活が出来るようにと思つて、米、粟の種子と農具を箱に入れてあつたので、二人は狩俣の浜に漂着して後、種子を蒔いて農業を励んだ」

とあつて久米島はやはり米の島であつたことを伝えている。この島でも依然稲は神のもたらしたものと信仰され、それは春の始め穀物の種子を持つた神が、高い空からお降りなされるものと信じている。ムナフカという神はこのように高い空の神聖な場所から天降りされるので九月中の乙卯の日から三日間は人馬も畑に出ないという習わしであつた。新嘗際のような稲作儀礼のおこる背景には、このように稲穀に対する強い感謝の念があつたと思うのである。従つて稲作から得られる収穫物を年貢として貢納した人々は納税そのものを一つのお茶と考えていた。

各地で行われる束取祭りはこれを物語るものではないだろうか。田名の束取祭り（穎稲を神に献納する祭）は六月二十日頃行われる。その日は地頭は早くからアシャゲの庭に出て、その組の家々から捧納する一束宛の稲を集めておく。いよいよ儀式が始ると各神人が並んで、最初に田名所の地頭がその組の稲束を田名の子に捧げる、田名の子はこれを受けとつて「田名の比屋さい田名所の東、うんにゆかいへえり」と謡いながら田名のノロに捧げる、それから順次各組の稲束を神に献上する。こうして納められた稲は、シキヨマ祭の神饌に用いられるのである。

（一九五七、一〇、）

＝研究する学園＝

しりけんいもりの尾の再生についての観察

辺土名高等学校
（報告者）第一学年　宮城幸三
（協同観察）　平良盛市

一　はじめに

一般に生物界においては体の一部を失えばその部分を新しく再形成される現象が広くみとめられる。

私達は、和名〃**しりけんいもり**〃の尾を切除して飼育し、どの様な形で切つた部分から新しい尾が出来るかと観察してみた。最も簡単な観察記録であるがまとめただけでも発表してみたい。その前に、再生に関する定義および種類を文献で調べてみたのでこれも述べてみよう。

二　再生の定義と種類

生物が体の一部を喪失した場合にこれを新生する働きを再生 Regeneration という。

再生の機構を問題にしないで、形態調節の現象としてその様式を分類すると次の種類がある。

◎同態再生、（喪失せる器官が同一種類の器官を発生する場合）

⑴完全再生（例）カタツムリの殼を破つた場合

⑵部分再生（例）トカゲの尾の再生尾はもとの尾より小さくなる。

⑶過剰再生（例）ミミズの後方を切除した場合には環節の数が多くなる。

◎異態再生

⑴異種再生（喪失せる器官と再生する器官とが異る（例）テキスト199 pageより、エビの眼柄を切つた後に、触角が出来る。

私達の実験では、同態再生の部分再生である

三　観察記録

①使用した器具　アクアリウム、定規、コンパス、水温計

②使用した動物　学名　Triturus ensicauda (Hallowell)
和名　しりけんいもり

③記録　実験期間　一九五七年十一月十二日～十二月二十七日　水温十五c°～二一c°

「成長の状態」

切　尾	7 日 後	14 日 後	21 日 後	28 日 後	35 日 後	42 日 後	45 日 後
○	1.1mm	2.2mm	3.3mm	4.4mm	5.4mm	6.5mm	7 mm

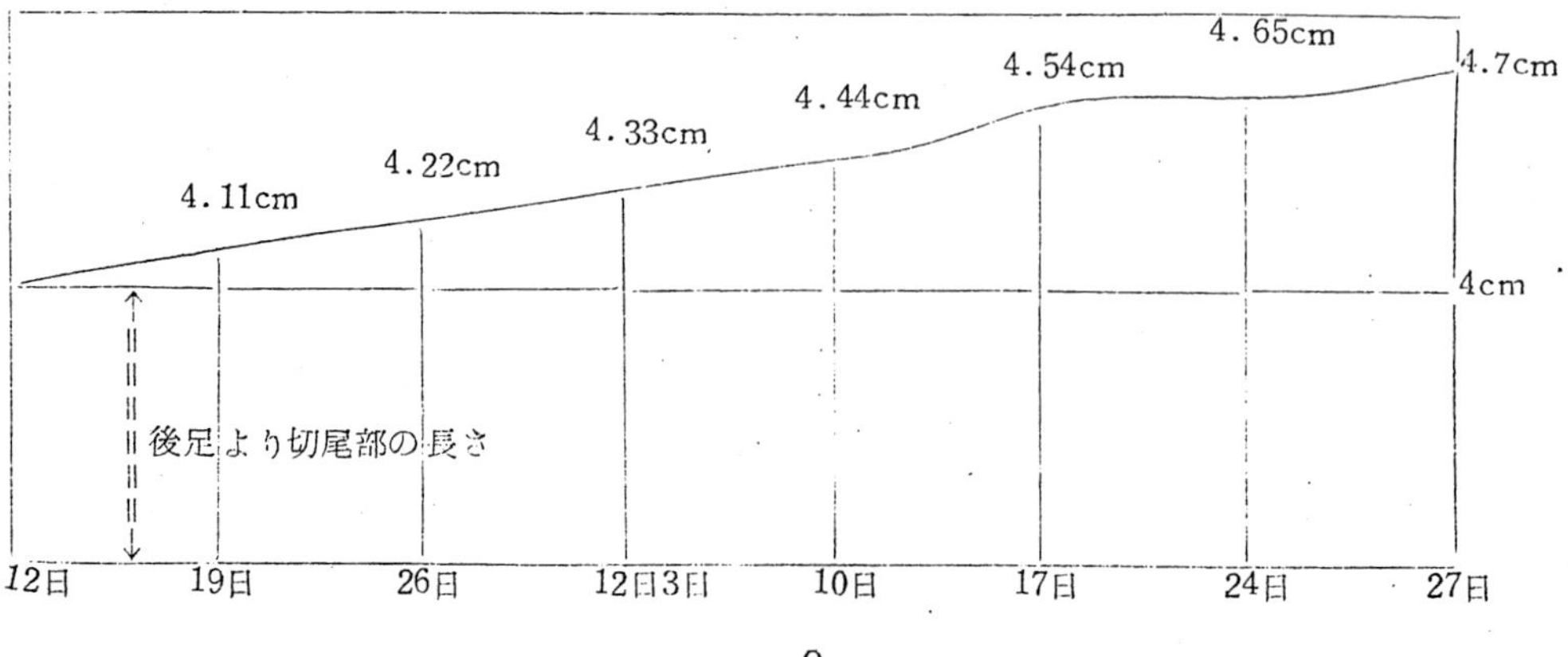

4.11cm
4.22cm
4.33cm
4.44cm
4.54cm
4.65cm
4.7cm
4cm
後足より切尾部の長さ
12日　19日　26日　12日3日　10日　17日　24日　27日

「外部よりの観察」

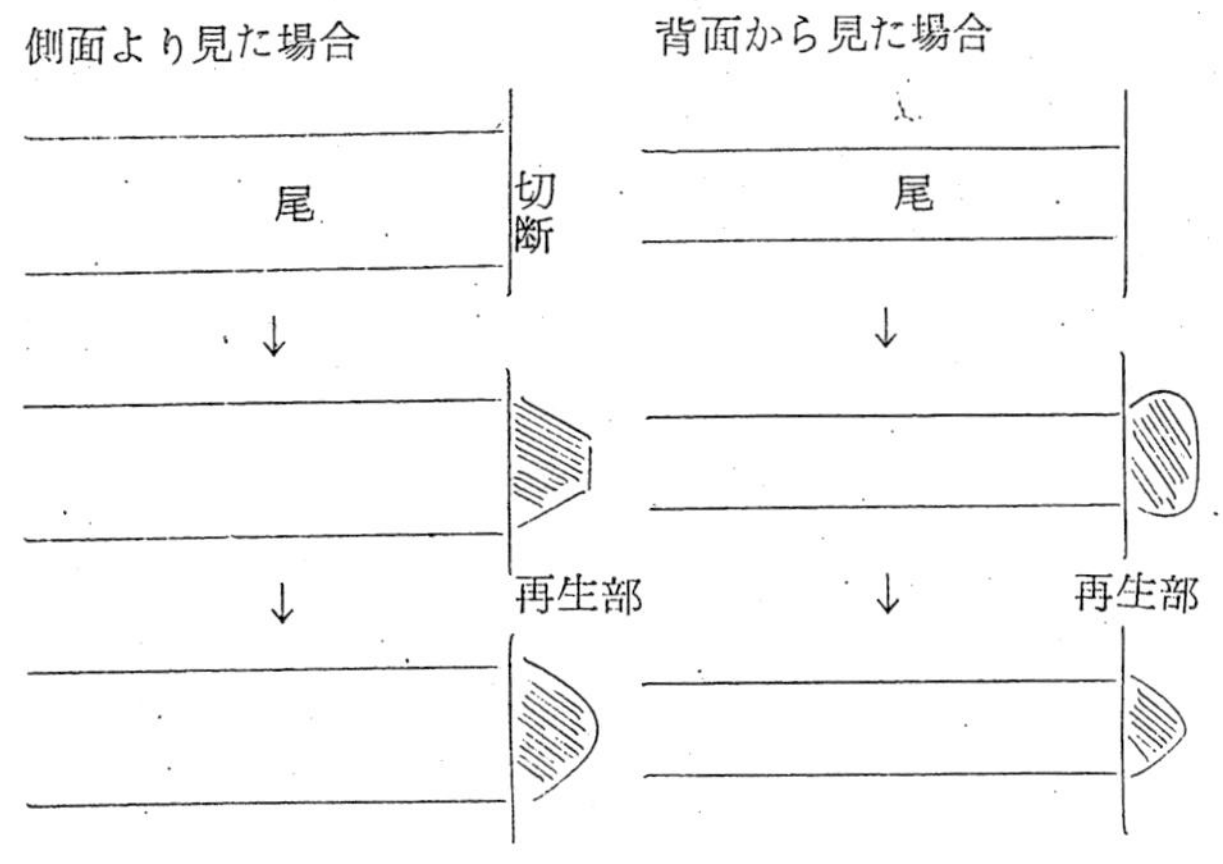

側面より見た場合　　背面から見た場合

尾　切断　再生部

四　むすび

以上が私たちの文献による勉強と観察記録報告であるが決して実験結果は良いといえない。始めての経験であつて大変勉強になつたと思う。

実験中の飼は、ミミズ、アミ藻等を使用した。夏期の良い条件では大体において、約二ケ月で再生が完了するといわれるが、今回の実験は水温も下り（15°c～21°c）で、冬期に入り冬眠に入る時期であるために、成長（再生の）が遅れたと思われる。

今度、実験を行う時には、初夏のよい条件で行おうと思う。

参考文献
「生物学」井上清恒著

＝　＝　＝　＝　＝　＝　＝　＝

―蝶を主とした―
昆虫の生態

那覇高校第三学年
瀬底　勝

昆虫は動物中一番種類の多いもので、その種類数約六八万五千九百と言われ我が日本に於いても、四万種を下らないとされて居る。それだけに今まで幾多の人々によつて研究されて来た、実際現在でも多くの昆虫愛好家によつて深く研究されている。我々もまた、物心ついた頃から蝶やトンボ、蟬と親しんで来た。それにもかゝわらず、我々一般人は昆虫をあまり知らな過ぎた。現在アメリカやイギリスでは、八万二千三百九拾四種、二万二千種と最後の一種までくわしく調べられているのに、日本や琉球では、万の位さえ推定である。そこで一般の方々にすこしなりとも、昆虫を知つてもろう為、ここに私が三年間の昆虫採集体験から昆虫の生態について簡単にのべてみよう。

昆虫の種類

上でも述べた様に、世界の昆虫総種類数は、約六八万五千九百種とされて、日本や琉球ではおゝよその推定のみである。それで次に二、三の推定方法を示そう。

まずイギリスの全昆虫数がわかつているので、これを用いて次の式を考えよう。

イギリスの全昆虫種類数……20024種……a
その内の蝶だけの種類数……58種……b
琉球の全昆虫種類数……x種……a'
その内の蝶だけの種類数……90（余）5種……b'

これより次の式が成り立つ

$$a : b = a' : b' \quad \therefore \frac{a \times b'}{b} = a'\ (x)$$

これに上の数を代入すると

$$20024 : 58 = x : 95 \quad \therefore x = 33,000$$（種）となり

3万3千種で、英国のそれをはるかに上回つている。

また土地面積で割出すと次の様に成る。

イギリスの総面積……………………230000 k m2
琉球の総面積……………………………240 k m2

イギリスの全昆虫種類数………………20024種
琉球の全昆虫種類数………………………x 種

次の式を解くと

230000：240＝20024：x　　x＝21,739（種）

また同じ様に，世界の昆虫種類数を用いて，面積から割り出すと，

世界の総面積…………………150000000 k m2
琉球の総面積……………………………240 k m2

世界の昆虫総種類数…………………685900種
琉球の総昆虫種類数………………………x 種

次の式を解くと

150000000・240＝685900：x

x＝109744（種）

と成り、前者も後者も、どだい考える方がちがつている。こういうふうに色々の方法を使つてどれも適用出来なかつた。それで琉球の昆虫のだいたいの数を述べるだけでとどめておこう。琉球の昆虫種類数は約3千前後程ではないだろうか。（私の推定で各種目の種類数に未発見分を加えた。）

気候と個体数の変化

以上の事から考えても、気候や地質学的相異が多いに関係している事がわかる。琉球とイギリスを見た場合、琉球が亜熱帯区にあるのに対し、イギリスは温帯に属する。また歴史的に見ると、イギリスが琉球より氷河時代が長かつた事、以上の事から現在の昆虫の分布に変化が出て来て、面積に対する昆虫数は琉球の方が高いまた同じ琉球内に於いても、気候変化で夏型が出たり、春型が出たりする。さらにその前後の気候の激変に関係して、個体数に変化が起る。

次にこの関係と見られる事を採集旅行で見受たので表に示そう。

第　一　表

採集年月日	採集者数	種類数	個体数	一日目天気	二日目天気	気候条件
一九五五年七月二八～二九日	一九	四三	二〇〇〇	雨後曇り	晴れ	—
一九五六年七月二二～二三日	二四	二七	七五〇	晴れ	晴れ	五月頃より旱ばつ
一九五七年七月二六～二七日	一八	三三	九〇〇	晴れ	晴れ	六月頃より旱ばつ
一九五七年一二月二六～二七日	二種	一八	一〇〇	雨	晴れ	例年より温か

上の表はいずれも本部町の伊野波、並里、伊豆味、今帰仁村の、仲宗根、謝名、諸次、兼次、今泊間を二日ずつ採集したもので、一九五五年は雨に降られて、採集物が危ぶまれたが、今までの旅行中一番成績が好かつたが、一九五六年は、五月頃から起つた旱ばつで昆虫の生活に欠く事の出来ない食草が枯れてしまい、個体数がぐつと減つたので一人宛て二日で三二匹程であつた。一九五七年は天気は良かつたが、昨年の様に六月頃からまた旱ばつが起つたので、昆虫の個体数はあまり変らず一人宛て、四五匹と成つている処が五七年の冬が温いので初の冬期採集旅行に行つたが、夏よりも採集は多かつた。しかも一日目は一日中雨に降りこめられたと言うのに、二人で、一〇〇匹も採集している。これは興味を引いたので今後はこの方も力を入れてみたい。

周期的に現われる昆虫

琉球では昆虫は一年中見うけられるが、中でも七月の中旬頃が、一番個体数が多く、一月二月頃が一番少ない時であろう。一年を通して昆虫と接していると中に、一年越や二年越に多くいることが見られる。次にリュウキュウジャコウアゲハ（Menelaides alcinous loochtothus Rothschild）を例にして述べよう。

一九五五年七月三〇日午後一時、今帰仁村謝名の今帰

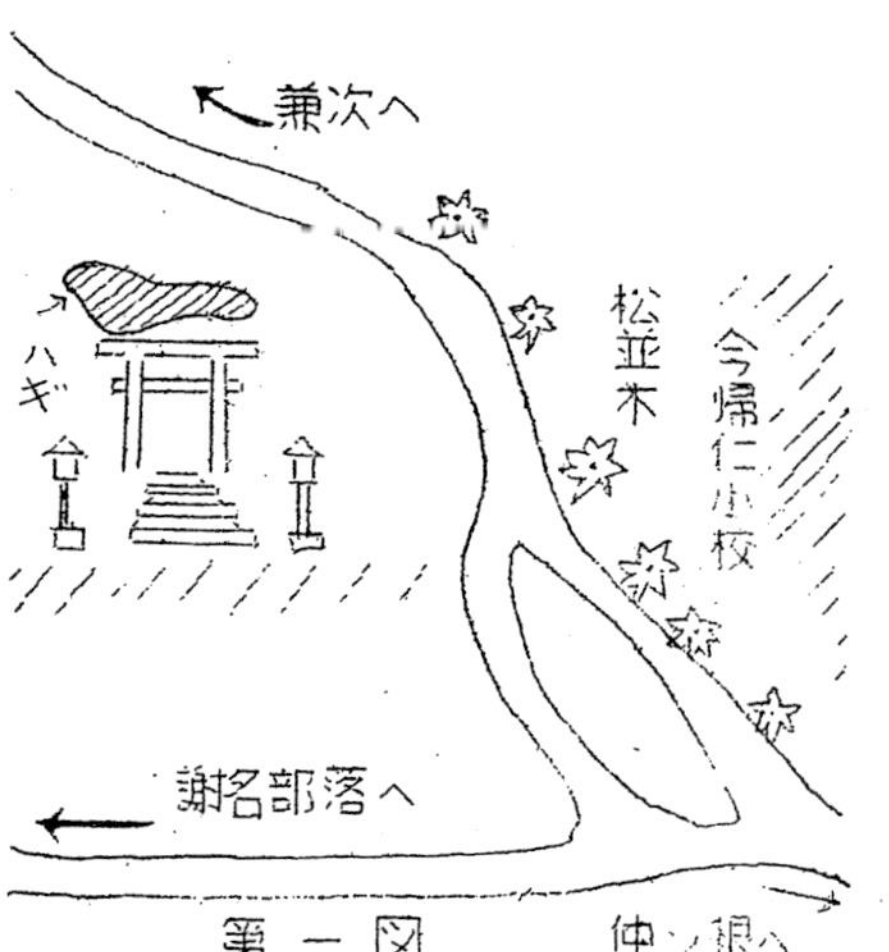

第一図

仁小学校前の戦没者を祭つてあるお宮裏にあるハギ科の植物に群集するリユウキユウジヤコウアゲハを一八四（雌一一、雄七）を採集、一九五六年七月二三日午後二時同地より、リユウキユウジヤコウアゲハ一匹（雄）、シロオビアゲハ（Papilio polytes Linhe）二匹（雄）アオスジアゲハ（Graphwn sarpeden sornedonides F.）一匹（雌）を採集したのみである。翌一九五七年七月三〇日午前一〇時また同場所を訪ずれ、リユウキユウジヤコウアゲハを一昨年同様、二〇匹（雌六、雄一四）も採集した。以上の様に一年越に沢山出る。この種の昆虫は他にも色々いる。またこの頃現れた金武のテングチョウ（Libythea ealtis celtoicles Fruhstorter）、個体数の減つて来る、シロオビアゲハ、ツマベニチョウ（Aporia hippiajaponica Matsumura）等を表にしてみよう。

第二表 一年越と見られる種類（五六年少）A表

昆虫名	採集地	五五年七月	五六年七月	五七年七月
リユウキユウジヤコウアゲハ	今帰仁村謝名	一八匹	一匹	二〇匹
〃 〃	本部町伊豆味	九匹	〇匹	七匹
※オオゴマダラ	今帰仁村	四八匹	四匹	一三匹
※イシガケチョウ	本部半島	三〇匹	五匹	一六匹
※モンキアゲハ	本部半島	二〇匹	四匹	一一匹

第三表 一年越と見られる種類（五六年多）B表

昆虫名	採際地	五五年七月	五六年七月	五七年七月
クロアゲハ	本部半島	一匹	一二匹	二匹
※コノハチョウ	尾羽岳	三匹	一六匹	〇匹
ルリタテハ	本部半島	二匹	九匹	二匹

次第に多くなつて来る。又は二年越と見られる種類

昆虫名	採集地	五五年	五六年	五七年

※印は那覇高生物クラブ員による採集物、他は発表者採集によるもの。

今の処、第四表と第五表はこのままの調子で進んで行くのか、それとも二年三年越しに多く発生するのかわからない。それも今後の研究としよう。また第四表のムモンタテハモドキ（Precis almana Linneus）は、近項急に増えて、今まで珍しかつたのが今では普通一般化してしまつた。

以上の様に昆虫の多くはある周期をもつて発生する事がわかる。

昆虫の変態

卵 幼虫初期 幼虫後期 蛹 成虫

第二図

昆虫の発生過程には次の二通りがある。

完全変態

これは蝶や蛾の様に、卵…幼虫…蛹→成虫の四代から成つている変態の一つ。上の図は完全変態でシロオビアゲハ（Papilio polytes Linne）の発生過程である。この間に五回の脱皮をする。

第四表※

※メスアカムラサキ	琉球	○匹	四匹	八匹
※ムモンタテハ	琉球	○匹	一匹	二四匹
※アサギマダラ	中城公園	五匹	一一匹	六八匹
※モンキチョウ	那覇市内	二匹	五匹	二三匹

次第に減つて来る。又は、二年越と見られる種類

不完全変態

これは、バツタやイナゴ、蟬、トンボ等の発生方法で卵→幼虫→生虫の三段階をへた変態法である。

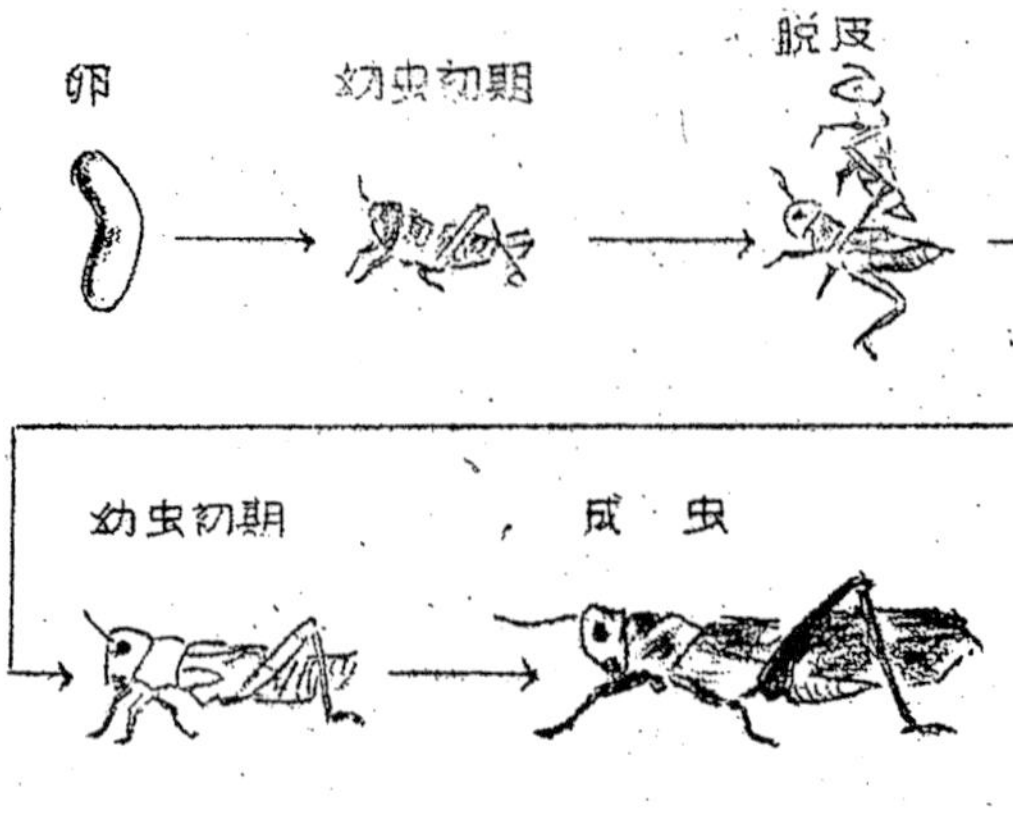

脱皮

卵

幼虫初期

幼虫初期

成虫

第三図

以上の様に数回の脱皮の後、成虫となる。現在の処これらの不完全変態の昆虫については、実験観察をしていないので、はつきりした論は進めえない。

第五表

昆虫名	採集地	五五年七月	五六年七月	五七年七月
シロオビアゲハ	本部半島	四七匹	二六匹	一八匹
ツマグロヒョウモン	本部半島	一三匹	六匹	一匹
ツマベニ	今帰仁村兼次	三九匹	六匹	二匹
ウラナミシロチョウ	本部半島	一〇匹	二匹	○匹

それで今一度完全変態のシロオビアゲハについてくわしく述べておこう。当実験観察は私の庭にある九年母の木（40cm—四本）に、産卵したものを材料として使用した。なお今回は、春に発生するものと、夏に発生するものを、比較しながら進める。

一九五六年三月一六日午後五時頃、ミカンの木に、とまつて羽ばたきしては飛び、なかなか、去らないので気をつけて見ていると、十数分も過ぎた頃やつと用がすんだように、飛び去つたので、九年母を調べた処、六個ヵ所に一つずつの卵を発見した。これを成虫になるまで調べたのが、次の表である。この方は生長き良く、春の若芽を食べて三六日目に成虫となつた。

一九五六年八月二三日産卵（三個）したけれど、二日目に蟻にやられて、九月三日友より八個の卵をもらい、同庭のミカンに放つ。

この様に前のより時間数も減つて三四日目に成虫になり、小型で中には、二、三の変りものが出た。この時はすでに若葉がなく、幼虫は、かたい葉を食べるのに、時間がかゝつた。幼虫がかえつた時は、変らないが、時間が過ぎるにつれて体長が短いのが目につくようになつた。幼虫の初期には、二粍程しか異わなかつたものが、後期に入つてからは一そう変り、一八粍も

第五表

春発生のもの	卵	幼虫前期	幼虫後期	蛹	成虫
期間	九〇時間	二六〇時間	二四〇時間	二六五時間	
体長	一粍	二、五〜二七粍	二八〜五五粍	四〇粍	開羽九五粍
脱皮	孵化	第一第二第三	第四	第五	

異り、蛹の時には一〇粍の相異があり、成虫に成つた時は開羽の長さが、三〇粍も、相異が生じている。また、前に述べた様に、二、三の変りものが、出たので次に示しておこう。

正常型 春に発生したもの

異常型 夏の終りに発生したもの

第４図

昆虫と天敵

あらゆる昆虫は、天敵を恐れて、自己を護るのに色々の工夫を、こらしている。たとえば蟻は外敵から身を護る為に、集団生活を営なんでいるし、カメムシは外敵からおそわれると、死んだまねをし、また、保護色や警戒色をこらしたり、擬態等もこの為である。けれど昆虫同志で殺し合をしている場合が少くない。たとえば、カゲロウの幼虫の、アリジゴクは、蟻を、蟻は蝶や蛾の幼虫や卵を、カマキリがハエや蟬を主食としている例や、ダニ類が蟬や蝶に寄生したりしている。また人類は、ツバメやキツツキ等を益鳥として保護している。こう言う、外敵からのがれる為に、昆虫は、色々の方法をとつている。次にこれをしめそう。

第六表

夏発生のもの	卵	幼虫前期	幼虫後期	蛹	成虫
期間	七〇時間	二七〇時間	二四〇時間	二四〇時間	
体長	一粍	二～二五粍	二六～三七粍	三〇粍	開張六五粍
脱皮	孵化	第一 第二	第三 第四	第五	

第七表

昆虫名	体色	背景
クワガタムシ	黒、焦茶、茶	カジマル、フクギ、クヌギ
アブラゼミ	焦茶、茶	センダン、モクマオウ、マツ
カミキリ	灰色、橙、茶	古材木、薪木、ミカン
バツタ イナゴ	緑、橙、茶	雑草（カヤツリ草）ススキ
コノマチヨウ	黒緑色、茶緑色	ウラジロ、雑草、木のしげみ
カマキリ	緑、黄緑	常緑樹（ガジマル）
シモフリガ	灰、茶の斑、	雑草のしげみ、樹皮

共生

これは、外敵から身を守るというわけではないが、共生同生活の中に入るので、ついでに述べておこうと思う。共生生活は、相互の利害関係として、相利共生と片利共生との二つに別れる。

相利共生(Symbiosis)これは、お互に利を伴つて同居するもので、昆虫同志のものは、一般によく知られているものとして、アリマキと蟻の同居である。昆虫以外のものとしては、ワニと、ワニ鳥の様なものがある。昆虫の類では仲間同志の集団生活はあるが、この例は少ない。

片利共生(**Commensalism**)片方の利のみで、多くは、寄生の形で、存在するもので、昆虫同志では先

に述べた様に、蜱とダニがある。これもあまりいない。しかし片方が昆虫だけのものには、人間等の様な一般動物（哺乳類）に寄生する。ダニ、ノミ、シラミ等である。

保護色

(Protecting colour) 眼の柄中にあるサイナス線、脳、第二連合等を、刺戟する事によつて、自己の体色を背景の色彩と同じものにして、身を守る方法でこの種の昆虫は沢山いる。たとえば、セミ、カミキリ、クワガタムシ等が樹皮に似た色彩を持ち、コノママチョウ (Malanitis leda iomene C.)
ヒメジャノメ (Mycalesis gotama Moore) 等がしげみの影へ、身をひそめるのが、これである。これらをわかりやすく表に表わすと第七表の通り
となり、この種は数多く蛾の仲間の多くはこれに属する。

警戒色

(Warning colour) 一般にあでやかな色をして、保護色とは反対に、背景とはつきり区別出来る様にして、かえつて、外敵を警戒させて、身を守るもので、一般にこの種のものは、悪臭や悪味、毒液を有している。これ等を表にまとめると（第八表参照）
みな、はでな色をして、身を守つている。蝶や蛾の幼虫は、ほとんどこの種であると思う。

擬態

(Mimicry) 自己の体色ばかりでなく、形まで、背景や外敵の嫌うものに化けて、外敵を欺く。代表的なものに、コノハチョウ (Kallima inachus eucekca Fruhstorter) がある。この種のものは昆虫を選ぶ者に大きな興味を与えて呉れる。次に、これ等を表にまとめる。（第九表参照）

第八表

昆虫名	体色	外敵に対する武器
ハチ類	茶、黄、青の目立つ色	毒液を有する。
ハンミョウ	青色、茶色、赤色	固い口器を有す。
アカギカメムシ	橙色に青の斑点	味は、苦い
アオクサカメムシ　アオドウガネ	緑色、黄緑	悪い臭を発なつ
ナナホシキンカメ　ミヤコキンカメ	金緑色	甲が固く、悪臭を発なち、味は苦い
タマムシ類	青色、金緑色、赤色、赤銅	味は苦い
アゲハの幼虫	黄緑	悪臭のある黄色の肉角を出す

第九表

昆虫名	体色、形	背景
コノハチョウ、コノハムシ、アケビコノハ	枯れ葉（うす茶）	緑葉樹（クヌギミカン）の葉
イシガケチョウ	白色系の石垣	緑葉樹カヤの繁み、石垣
ナナフシ	草の茎（緑茶色）	雑草エノ木、岩面
スジグロカバマダラ	カバマダラ（橙黒線）	〃
ツマグロヒョウモン雌	カバマダラ（橙黒線）	〃
メスアカムラサキ雌	カバマダラ（小型）	〃

以上の事をくわしく述べると、スジグロカバマダラ (Danaus genutia Cramer)、ツマグロヒョウモン（雌Argyreus hyqerbius 1.) メスアカムラサキ（雌 Hypolimnas misippuS Linne) 等は、カバマダラ (Danais chrysippus Lihncus) が悪臭を出して外敵からのがれるのを、似ねて、自己の身を、外敵から誤る。これと同じ様に、トラカミキリが、クロツノイキリバチに、プタリスが不味なメトナ蝶に（生物より）化けている。また、イシガケチョウ (Cyrestis thyoclomas mabello) が、石垣に、ルリタテハ (Kaniska canace ishima Eruhstrter) がミカンの樹皮にそれぞれ擬態である。

スジグロカバマダラ

カバマダラ

コノハチヨウ
頭を下にしてとまる。

第五図

右図のコノハチョウが枯れ枝にとまる。と言う事を小中校の理科教材の中に見たが、今だかつて、枯れ枝にとまつているのを見た事がない。

以上で、だいたい天敵を欺く方法を述べたが、この他、天敵から、おそわれた時、本能的な働きで、天敵を欺く場合がある。たとえば、イナゴやバッタが草原へ飛び下りると、ただちに、草の根本へ身を、ひそめること。

クワガタ類が外敵に、おそわれると、木から落ちて、雑草や落葉の下に隠れる様、コノハチョウの飛び方が木の葉が散る様に、角のある飛び方であること。セミが外敵をのがれて飛び発つ時に小便をする事、カメムシ類が擬死（Death miniory）を行う事、等がこの種のものである。

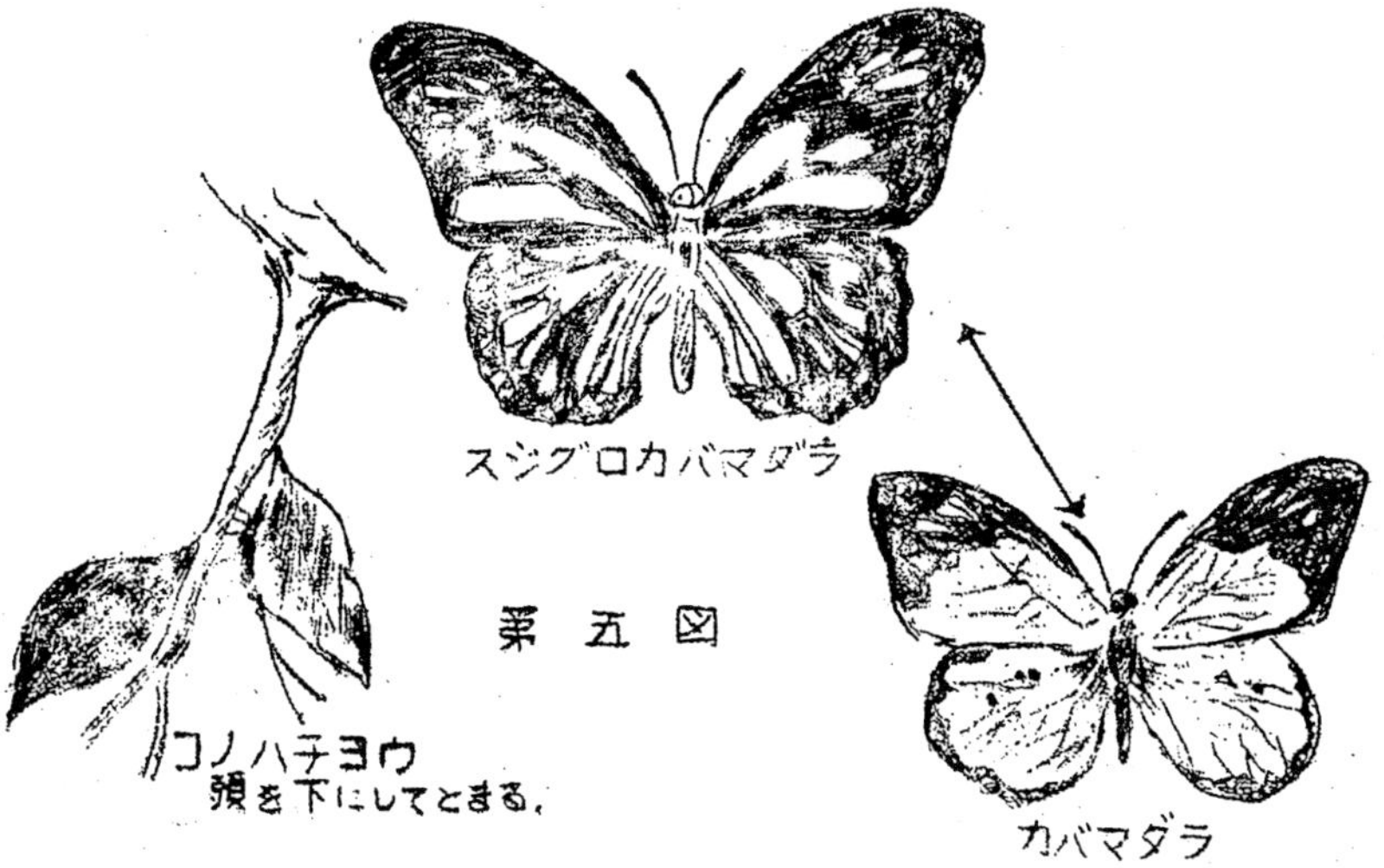

食草

人間にとつて、衣、食、住はかくことの出来ない、生活の三要素であるように、昆虫にとつても、食草は、必要かくべからざる物である。これが、不足する事によつて、個体数が減つたり、変りものが、出たりする。それで次に少しばかり食草を調べて見よう。

第十表

昆虫名	食草	昆虫名	食草
シロオビアゲハ	ミカン、サルカケミカン	オオスカシバ	幼虫はクチナシの葉
モンキアゲハ	ミカン、サルカケミカン	ナナフシ	ニエの葉
モンシロチョウ	アブラナ、ダイコン	アケビコノハ	幼虫は、アケビ
タテハモドキ	リユウキユウアイ	タケトラカミキリ	竹を主食とする
メスアカムラサキ	スベリヒユ	クワカミキリ	クワ　ヤナギ
ツマグロヒヨウモン	幼虫はすみれの葉	コバネイナゴ	イネを主食とす
チャバネセセリ	幼虫は、稲、稚	ウバタマムシ	幼虫は松の本部

また、発生する場所が変る事によつて、食草としての植物が、有る、ないに関係して、他の植物を食草としている場合が、しばしばある。次に例を上げる。（第十一表参照）

これ等の事から以前にも、述べた様に、食草と個体数には、深い関係があり切りはなして、考える事はむずかしい。今一つの例を上げると、一九五六年頃から、北部の、パイン業が発達し、岩山が使用される様になり、ここに産する、サルカケミカンが少くなりその結果、これを食草とする昆虫が減つて来ている。

雌雄の見分け方

雌雄の見分け方は、色々な困難があるので粗野になりがちであるので、今すこし研究してほしい。こゝに二、三の昆虫の雌雄の見分け方を、書いてみよう。ツマベニ（Hebomoia glaucippe liukinenss F.）、メスアカムラサキ（Hypolimnas msippus Lirnaeus）等は容意に雌雄を見方ける事が出来るが、シロオビアゲハやアサギマダラ、アオスジアゲハは、困難である。シロオビアゲハ、雌、雄のはつきりした物の外に

第十一表

昆虫名	日本本土に於ける食草	琉球での食草
モンキチョウ	ウマゴヤシ、カラスエンドウ、ミヤコクサ	シナガワハギ
ヤマトシジミ	カタバミ	カタバミノシナガワハキ（主）
イシガケチョウ	イチジク、イヌビワ	オオバイヌビワ
タイワンカブトムシ	台湾では甘蔗類である。	ビロウ（八重山）

雌型の雄と、雄型の雌が有り、後翅の紋を見て、雌雄を下す。アサギマダラは、後翅の、内側に、発香線の黒紋の有る方は、雄で、ない方が雌である。アオスジアゲは、後翅の内縁にある毛が白い方を、雄、黒い方を雌と定めれば良い。

終りに以上でだいたい昆虫の生態について、述べたつもりであるが、これは実に初歩であり、まだまだ、個態変異や、生活史や、習性等、書いて見ると、きりがないので、後はまた機会をみて述べる事にする。三年そこそこでは、昆虫を学なんだとは、言えないが、小さい時から昆虫が好きであつたので、こゝに体験から、少しばかり述べる気になつた。みなさんに、すこしでも参考になれば幸に思います。また、疑問点、御意見がありましたら、うれしく思う者であります。最後に、那覇高の生物クラブの皆さん、それに御指導下さつた。諸氏に深く感謝します。

終り

（一九五八年一月一二日）

参考文献

蟬の研究……（昭和七年発行）……加藤正世
生物学大系…（第七巻、生態）……中山書店
作物保護……平塚直秀
生物……吉岡俊亮
日本昆虫図鑑……北隆館
日本植物図鑑……牧野富太郎
原色日本昆虫図鑑（上・下）……保育社
原色新蝶類図鑑……山川黙
原色千種昆虫図譜……三省堂
上続図譜……三省堂
新昆虫（五七年一月号～一二月号末で）…北隆館
安座間先生の沖縄の昆虫カードより
琉球要覧　琉球政府主席官房情報課

蠅の死因と化學薬品に対する抵抗性

コザ高等学校第二学年

宮城弘光

一、まえがき

a、内容も幼稚で研究と言える研究でもありませんがしばらくの間のべさせていただきます。その前に去年の首里高校のジョウジョウバエについて研究発表して下さつた方に敬意を表わすものであります。扨て私はジョウジョウバエよりも私達と身近かで密接な関係のあるハエについて研究を試みました。

目的は化学薬品による蠅の抵抗性についてであります。私達の周囲を見まわして特に目のつくものに、なぜ保健所、病院或は外人住宅の窓にカナアミを張りめぐらしてあるかということです、それはいう迄もなく、ハエその他の病原菌媒介昆虫を防ぐためだと思います。そこで私達がいくら駆除してもつきない之等のハエは一体どれ位の抵抗力をもち更にどういうようにすればそれらを易く、此の地球上から駆除することが出来るか。

そのために、ハエが死ぬということは（殺虫剤によつて）ハエのどこの部分がおかされて生命に異常を来すかということを知らなければいけないと思います。

b、研究発端のヒント

農村の家庭で酒にういて延びた蝿が灰皿へ捨てら

れ、灰皿の中で動き出した。
灰は蝿か、灰の成分と蝿

順　序

一、アルコール成分との較差
二、沖縄島産酒類との較差
三、殺虫剤との比較見当
四、総合的なまとめ

此の事から化学薬品に対して、蝿が死ぬということは気門がふさがれて呼吸困難のためか、それとも嗅覚器官の神経を通じて生命に異状を来たすのか、此の二つの問題に注目することに致しました。今からのべる実験はその両者についてであります実験に使用した蝿はイエバエ科のイエバエ (**Musca domestica Linne**) であります。

実　験

薬品各種市販殺虫剤アルコール・キシレン。

a　ハエが直接薬品にひたり、気門がふさがれるのをさけるために器の底に薬品を入れ、中間に細い目の金網をはりその金網の上にハエを置き実験する（市販の殺虫剤、アルコール、その他薬品を使つて試みた。仮死状態、或は死に到る時間は異るが皆死んでしまつた。

b　次に無臭である、水の中へ気門のある腹部を全部つけても容易に死にいたりません。之は気門がふさがつてもすぐ死にはせない証拠といえましよう。

c　次に触角をアルコールランプで熱した針で破壊して薬品の中へ入れました所、そのまゝ触角のあるハエよりも仮死にいたる迄の時間が倍もかかるということです。

例を上げますと

普通の蝿　二五％　アルコール
仮死の状態になる迄の時間　平均八分
触角を破壊した時のハエの場合　二五％アルコール　平均三〇分

此の結果は触角が破壊されたゝめ嗅覚器官が正常な働きを失つたため嗅覚神経を通しての生命がおかされる度が小さくなつたものと考えられます。

b　更に確実性を増すために頭部をローソクの中につつこんで触覚の働きをゼロにして今までに挙げた薬品の中へ入れてみました所、長時間たつても死に至りませんでした。此の事は死因と嗅覚器官との関係を更に深くしたものと思います。

以上の結果は（四つの）死因が気門の閉鎖によるよりは触角を通しての嗅覚神経によつて生命がおかされる原因の方が大きいと考えられます。

実験B　濃度とハエの死ぬ遅速及び抵抗力を調べる実験

前にのべましたように、ハエが化学薬品に対して死ぬ原因は嗅覚器官を通して生命に異状をきたすそれが大きいとのべました。ではアルコールを使つて濃度を異にしたらハエの死ぬ遅速はどのように変るだろうか更にハエのアルコールに対する抵抗力の実験を試みました。ハエをアルコールの中へ入れて仮死する迄の時間と、その仮死状態になつたハエを木灰の中へ入れ、生きかえるまでの時間の結果をのべましよう。但し表の時間は各濃度一〇匹についての平均値を出したものです。

アルコール溶液	仮死状態になる迄の時間	木灰の中へ入れて生きかえるまでの時間
二〇％	四〇分	一分二〇秒
二五％	八〃	一〃三〇〃
三〇％	五〃二〇秒	一分　六〃
四〇％	一〃一五〃	二分　〇〃
六〇％	〇〃三三〃	一二〃三〇〃
八〇％	〇〃二三〃	五〇〃（但し動くのみ）

以上の結果は濃度が高くなければなるほど仮死状態に至る時間が短くなり、又逆に、生きかえるまでの時間が長くなるということを示し、やはり嗅覚を通しての影きようが、大きいということがこのことからも言えます。

アルコールから取り出したハエをそのまゝ放置しておきますと生きかえらないのに木灰の中へ入れたハエが生きかえるということは木灰に特別な化学作用があるはずですが、それは、今後の研究にしたいとおもいます。

次は研究的にハエがアルコールに対する抵抗を試み、比のことから市販の酒の濃度を実験してみますと次のようになりました。

(但し、時間は各酒類に一〇匹宛用いて行つた平均値です)

	仮死の状態になる迄の時間
泡盛（糸満丸平）	三分三〇秒
玉友　〃	三分四〇秒
白鷺　〃	二分四二秒
日の丸ワイン	八分四五秒

そこで第二第三表と比較して見ると之等の酒は約二五％～三五％のアルコールを含んでいることが判ります。

（但し之は厳密の保証の限りでありません）
試みに市販されている殺虫剤の抵抗力を比較してみた結果は次の通りです。

	液名	死に至るまでの時間
1	ワイパア	平均一一秒
2	キンチョール	〃九〃
3	アース	〃一三〃
4	フマキラー	〃一一〃
5	バルサンゾール	〃一〇〃

之から見るとキンチョールの方が殺虫力は大きいことが判りました。それから之等の殺虫剤の中へ入れて延びた蝿を木灰の中へ入れても生き返らないということは木灰の作用にも限りがあるのではないかと思われます。亦キンチョールに入れて、のびた蝿をアルコールに入れ、更に木灰に入れても生き返らないことがわかりました。

次にハエの発生生態について参考までに記しておきます。

ハエの雌雄の鑑別の方法は一般に雌は大きく雄は小さい、又両眼の間隔が接近しているか、そうでないかによつても区別でき、もしくは腹部をおさえて、尻から針のような突起つまり産卵管を出すか、出さないかによつても区別します。
つまり、雄の場合両眼の距離は接近していますが、雌の場合はひかくてきひろい。又腹部をおさえた場合産卵管を出すものは言うまでもなく雌で、出さないものは雄であります。

次に種類は日本昆虫図鑑によりますと三四六種類です。繁殖はイエバエの場合一回の産卵数が約一二〇〜一三〇コといわれ此等の卵が蛆になる迄の時間は五〜六時間かゝり五〜六日で蛹になり二回脱皮して土の中へもぐつて、早い場合は十〜十二日で成体となると言われます。そこで一匹の雌から生ずるハエの数を計算してみますと。

一ピキの雌雄→{雄 六〇／雌 六〇}→{雄 三六〇〇／雌 三六〇〇}→……→{雄 二一六〇〇〇／雌 二一六〇〇〇}

となり恐るべき数になります。

結び

(1) ハエの生命と化学薬品（殺虫液）との関係に於いては臭覚を通しての方が生命に異状をおこさせる度が強いと考えられる、そして濃度が高ければ高い程効力が大きい。

(2) 灰は語源からしてハエに通ずるが、ハエの生命をよみがえらせる立場から灰は或る何かの大きな力があると考えられ、今後のよき研究対象である。

(3) 尚蛇足ではあるが金をつかつての駆除は前にのべましたが、簡単な研究は今後も継続したいとおもいます、キンバエの蛆の発生はタバコの吸いがらを入れて駆除することがわかつているからです。

最后に、私のこの小さな研究に対して、ハエの採集等で援助をして下さつたクラブ員の皆様に厚くお礼を申し上げます。

人間も動物である

○人間は哺乳動物で靈長類に属する
○人間の知能は生存競争を有利にする
○人類は一人一人みな違いがある
○人間は社会の一員である
○人間はしばしば生物社会の自然の平衡をくつがえす
○人間は環境の物的条件を左右する
○人間はまわりの動植物をいくらか支配する
○人間はその目的にかなつた新しい型の動植物をつくる

コロンビア大学教授　GS・クレイグ著
「科学の教室」より

アフリカマイマイについて

知念高等学校三年
平田義弘

研究材料

アフリカマイマイ（方言名＝食用チンナン、マギーチンナン）Achatina fulica Boudich

動　機

前の発表（去年）にも述べました様に、地区内や沖縄の陸産貝類の採集、分類、分布、分布、等を調べ始めていたが、沖縄で一番繁殖が早く、大型で農作物にも大害を与え、蝸牛中もっともおそるべき動物、アフリカマイマイについて調べようと思い観察記録したものを〃その２〃として発表致します。

前（その１）の中間発表のまとめ

アフリカマイマイは今から二八～一九年（一九三九年頃代用食として台湾より移入されたもので、初めは珍しい蝸牛として愛玩用として飼育され、次々に普及され、当時孵化して一ケ月ぐらいのものを五銭～十銭で売買されて各地にひろがり各家庭の軒下等に、メーメン箱に飼育されていたようです。

それから戦争になつたので飼育していたアフリカマイマイは逃げ出して、沖縄南部を中心に急速な大繁殖をして、遂に現在では中部―北部の恩納村までも分布するようになつた。

産卵は日光のあまり当らないじめじめした地や、柔らかく空気の流通がよい所にヒラミレモンの果実の大きさ程の穴をほり、その中に一〇〇～三〇〇個ぐらいの黄色い卵をうむ、およそ二十日ぐらい経てから孵化して幼貝となり、半透明で非常に薄い殻を持ち、成長するにつれて茶色～コゲ茶色の縞ガ殻の表面につき、次第に濃さを増してくる。成貝になると、殻長は一四～一六cmにもなる。戦時中、台湾や沖縄南部では毎日の食糧が十分ないため野山に繁殖しているアフリカマイマイを食用に供した。

そのアフリカマイマイを水平と四〇度位の傾斜をなすガラス板にはわすと、左側に進んで行く。それは左の殻が重いためではないかと思う、又光に対して負の方に進む性質がある。

卵のアルコール標本の失敗、殻の一部を切りとつて再び殻を作る様子の観察などを発表しました。

分布の大要

原産地は東アフリカであるが、世界的には相当広範囲に分布しているようである。すなわち、マダガスカル、インド、セイロン、マライ、フイリツピン、ニューギニヤ、南洋群島、台湾、沖縄、奄美大島、徳の島まで分布し温熱帯区に適していることがわかります。

アフリカマイマイの一般的な説明

そのアフリカマイマイは、螺塔は高く、ヘソは閉じている。成長脈は細く螺層はやく七回巻き、殻は厚く強い。農作物に大害を与える動物で非常に乾燥をきらう動物で日中や乾天気が続いた時には、岩かげや土の中、或いは落葉の下などにかくれてしまつて、姿を見せません、又長期間、この様な環境がつづくと殻口にうすい不透明（白色）な被まくをして乾燥をふせぐ。蝸牛類は普通はもつぱら夜間に活動するが、降雨がつゞいたり温度としつ度が高くなると日中でも、はいまわり食物をあさる、

加害率の多い農作物は、ウリ科、ナス科、ヒルガオ科、十字科、キク科、マメ科植物に多く、アフリカマイマイは大食家で、又くされものも好むが数日間食を与えないと、植物のほとんどを食べてしまう、

分類学上の位置は、軟体動物門、腹足綱、眼柄目、アフリカマイマイ超科、アフリカマイマイ科、(ACHATINADAE) アフリカマイマイ属 (Achatina Lamarck. 1799)

アフリカマイマイ亜属 (Lissachatina. Bequaert. 1950)

アフリカマイマイ種 (Achatina Fulica Bowdich. 1822)

産卵について

アフリカマイマイが交尾してから二十日までの間には体内に卵が三～四コある。

三十日間程すぎると産卵しますが、その時に産卵状況を見るにはそのアフリカマイマイの殻径の大きさより、わずかに大きくした細長いはこを作り、その中に砂と少量の土をまぜて、水分をふくませ、両方のかべはガラス、上方のフタは空気の流通をよくし、その中

に飼育しておくと卵をうむ。

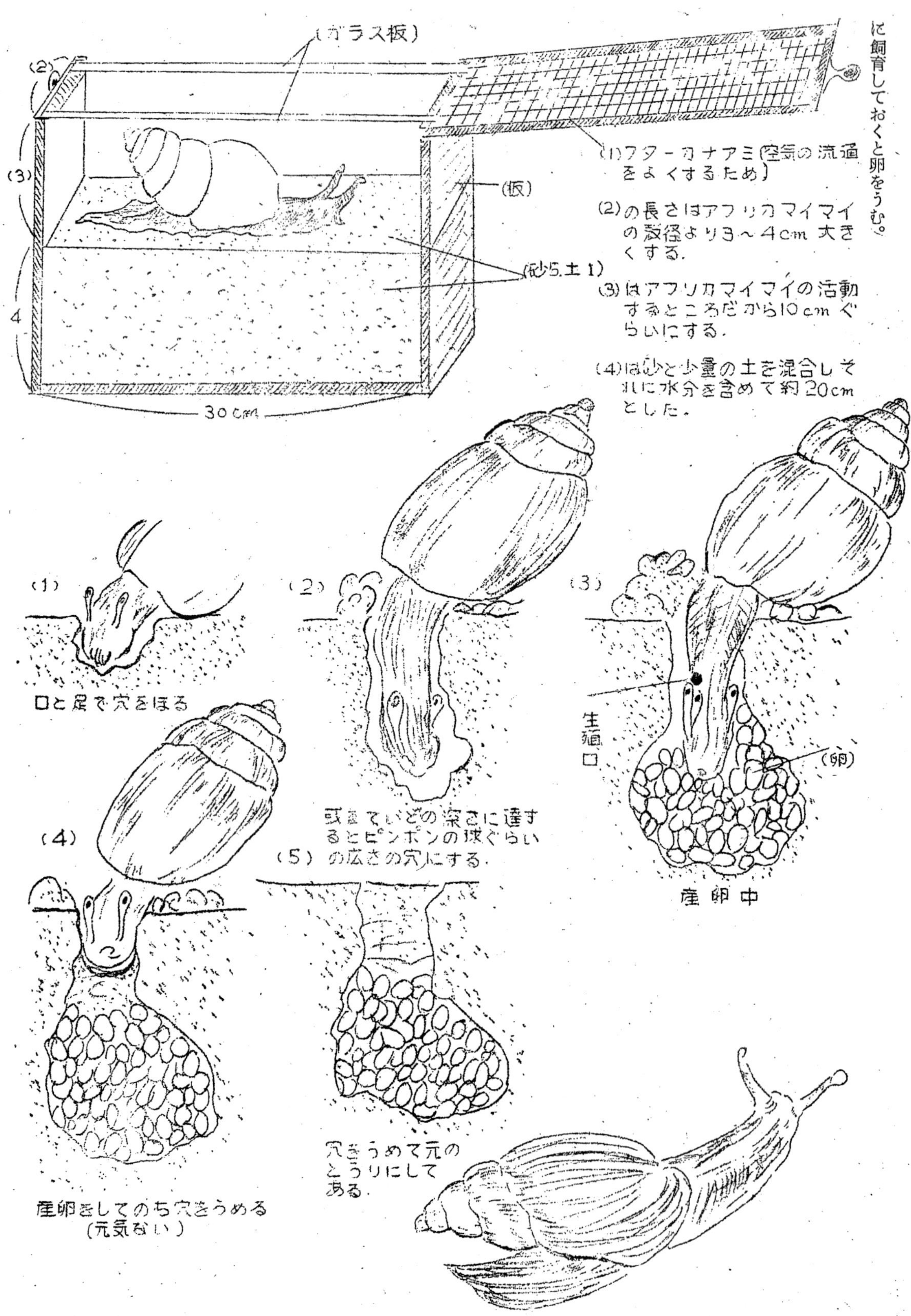

(ガラス板)
(2)
(3)
4
30cm
(板)
(砂5.土1)
(1)フタ－カナアミ(空気の流通をよくするため)
(2)の長さはアフリカマイマイの殻径より3～4cm大きくする.
(3)はアフリカマイマイの活動するところだから10cmぐらいにする.
(4)は砂と少量の土を混合しそれに水分を含めて約20cmとした.
(1)
口と足で穴をほる
(2)
或るていどの深さに達するとピンポンの球ぐらいの広さの穴にする.
(3)
生殖口
(卵)
産卵中
(4)
産卵をしてのち穴をうめる(元気ない)
(5)
穴をうめて元のとうりにしてある.

産卵後は元気がなく、穴をうめたあと約三時間ぐらい、じつとうごかずやすんでいる。その後、ゆつくり動き初めてはいまわる。
普通箱の中では自然の状態より悪くおよそ七〇～一五〇個ぐらい産卵する。
一九五七年七月二七日
一一三コの卵の孵化を観察しました。

産卵数七〇～一五〇　一一三コの卵（全部）
- フ化して成長するもの…………一〇二コ……九〇・二六五%
- フ化後死んだもの………………八コ………七・〇〇七%
- 小形の卵がフ化せずそのまま……三コ……二・六五四%

産卵する時に特に小形の卵が二～三個まじる時がある。それは全然フ化しない、又卵をかわいた所においたり、水分の多いところにおいてもフ化しない。それからフ化二ケ年後からは産卵することができて、一年平均一回で約七〇～一五〇前後うみます。

それから考えて、アフリカマイマイ一匹から十ケ年後にはどのくらいの数になるかを考えてみると、今かりに一匹の親から五ケ年目までにふえていく数を計算の上（実際は死ぬものや食害されるものもあるからこれよりは少い）で一匹から一回に平均一〇〇コづつうむとして考えるとおよそ、二百五万五百匹という数になる、だから十ケ年後の数を計算すると天文学的な数字になつてしまうでしよう。

しかし、これには天敵として、沖縄では、ハブ、マングース、ネズミ類等、又現在では農家のブタの飼料として相当数捕獲しているので、又台風とか日照、大雨の時に死ぬから、そんなにまでは繁殖は早くない。

アフリカでは、ゴナキシス、キブウエチエンシスという蝸牛がいて、そのかたつむりがアフリカマイマイを食うさうである。

駆除法について

駆除の方法は現在、この蝸牛によくきくのは、あまりないといわれる。

そこで金がかゝらないで駆除できる方法は、現在では集団的駆除法である、これは部隊や村が一体となつて集団的に協同で一匹一匹生け取りをしていく方法で、生け取つたものを次にのべる用途で応用すれば一石二鳥である。これを実施するときは春の雨期の夜か又は朝方が最も活動するので、その時にやると効果があがるだろう。マイマイの活動期は三月より十月までで、不活動期は十一月より二月までである。四季を通じてその活動状況を次のグラフでみると春と夏はやや、同じく九九%と九八%秋からはだんだん冬眠にうつる。そして冬になるとほとんど冬眠するが雨天の時等は時々食物をあさりにおき出してくる。

1957年中の結果

(%) 100 90 80 70 60 50 40 30 20 10
春 98%
夏 99%
秋 7%
冬 5%

重量組成について

私は重量パーセントを出すときには必ず冬眠して殻口に一まいの白色の膜を出している時の重量を基準として計つた。又、膜をしていないアフリカマイマイは水分の含有量の変化がはなはだしいので、又殻口は二まいの膜をはる時もあるがその数は少ない。そして雨天になつても、なかなか活動がおそく、それに対して一枚のまくをしているアフリカマイマイは湿気があると、すぐ活動する、それから石灰分の多い地方から採集したものと、それの少い地方から採集したものでは重量パーセントも大きさも異る、石灰分の多いところのものは殻は厚く大型で、少い地方のものはうすく肉質の部分は多い。

	体重16.39グラムの重量パーセント	
水分	13.6 g	83.4%
殻	1.6 g	9.8〃
肉質部	1.1g	6.7〃

上の表から見てわかるように大部分であり肉質が一番少い。この分析は学校の生徒の作製した空気乾燥器を用いて水分と肉の成分を分析計算しました。

光と走性について

アフリカマイマイの目を切りとつて、それをはわせると、思うようにうごくことはできない。又負の走光性をしめすこともわかる。例へば次の図のように左目だけを切ると、切られた側は光を感じないので、切られた目の方を内側にしてぐるぐる同じところをはいまわる。

次の実験ではアフリカマイマイについてのものをのべたが、私が実験し観察した所では、沖縄での普通種蝸牛全部が同じような結果が得られた。例をあげると

A　左目を切られて左がわに回転運動をする。

B　右目を切ると右まわりをする。

アフリカマイマイ、パンダナマイマイ、シエリマイマイ、ヤンバルマイマイ、オキナワウスカワマイマイ、トウガタホソマイマイ、オオカサマイマイ、アマノヤマタカマイマイ、オキナワヤマタカマイマイ、イトマンケマイマイ等、以上のカタツムリについて実けんした結果皆同じであつた、それからおしてその他の種でも同じだらうと思います。

乾燥期と湿度の高い時の粘液の出方

乾燥期には活動するのも少いし、又にぶいが、その時々はいまわるアフリカマイマイは粘液を節約して活動し、又、反対に湿度の高い時には、体内にも水分が多いので、粘液は非常に多量に出して、活動もはげしい。普通のかたつむりでも同じ結果が見られる。

A＝乾燥期にはいまわるアフリカマイマイで、その時の粘液は、ねばり強く濃い。

（A図）

B＝雨期、湿度の高い時に活動するもので、体内に水分を多く含み粘液も十分出してはいまわる粘液はねばりも少く、殆んど水分である。

（B図）

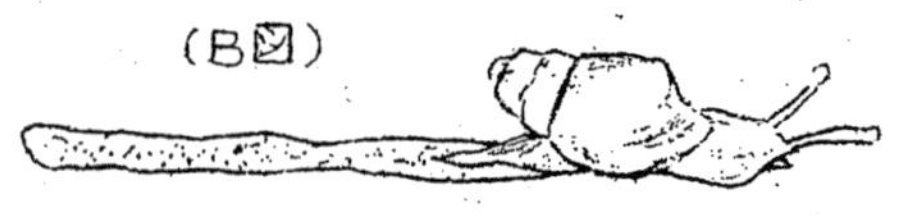

アフリカマイマイの解剖について

蝸牛の解剖はなかなかむつかしい、カタツムリの種類によつて生殖器は異なり、生殖器は種類によつて発達しているものも又あまり発達していないものもあるアフリカマイマイは大形であるため解剖はしやすい方である。解剖の方法には二通りあるが私は次のような方法を用いました。

一、採集してきたアフリカマイマイを水で洗う。次に解剖皿と解剖器それに脱脂綿を準備する。

二、解剖皿に入れて款を少しづつ割つて裸にする。

三、頭部からゆつくりメスを入れて解剖する。

それから殻の方は図のように真二つに切ると中の構造がわかる。人間の骨かくに名称があるように、このカタツムリの殻にも名称がつけられている。

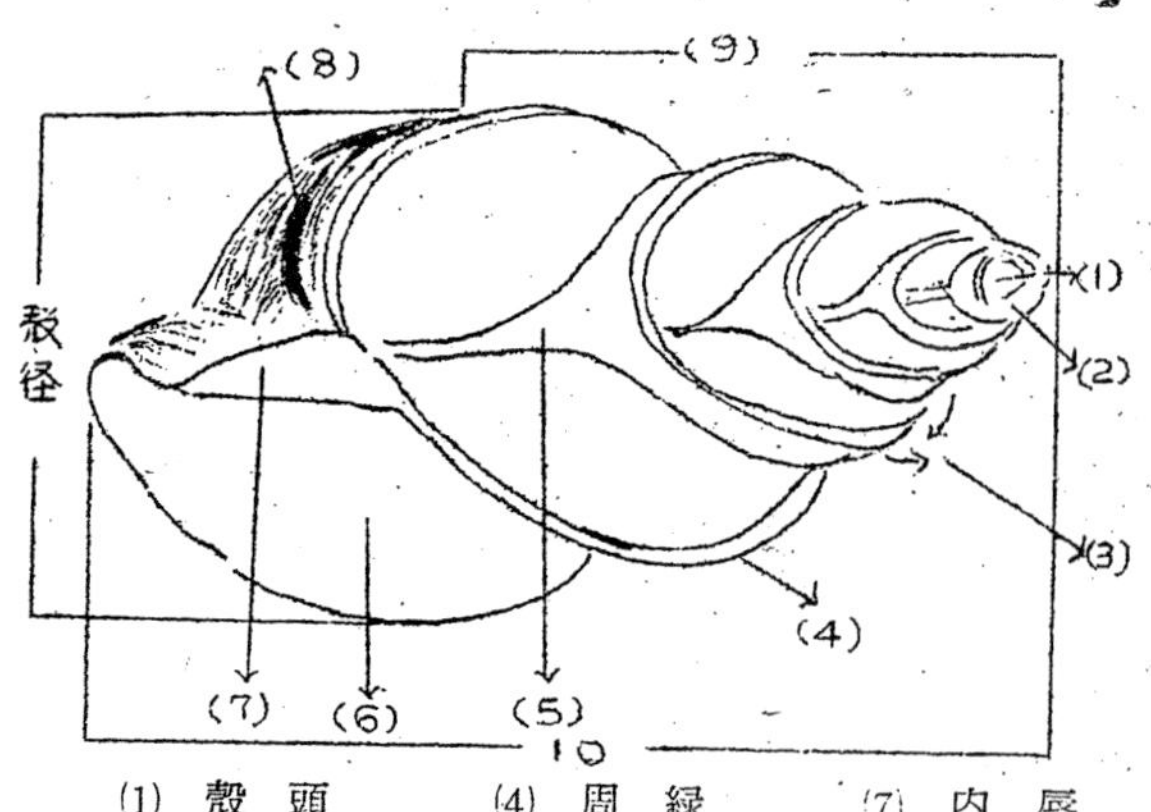

(1) 殻頭　(4) 周縁　(7) 内唇
(2) 胎殻　(5) じくしん　(8) 成長脈
(3) 縫合　(6) 殻口　(9) 螺塔
(10) 殻高

殻についているキチン質と殻の重量パーセントをしらべて見たら次のようになりました。先づアフリカマイマイの殻一・六gを濃塩酸にとかし、のこるのがキチン質であるから、それを水で洗い空気乾燥器に入れて、乾燥させてから重量を計算し〇・〇二gが、キチン質であることを知つた。

	重量パーセント (1.6g)	
殻（キチン質を除く）	1.58g	98.75%
キチン質	0.02g	1.25%

又濃塩酸にとけた殻を蒸発皿に入れて水分を蒸発させると、白い結晶(塩化カルシユウム$CaCL_2$)ができて、潮解性をしめし、空気中にほつておくと水分を吸収して、又水分をのぞくと再びもとの結晶になる。

生殖器

かたつむり類で分類する時一番重要なものは、生殖器の構造であり、殻の形質である。アフリカマイマイは生殖器は発達しているので解剖もしやすい、アフリカマイマイの生殖器を分類すると次の三つに分類される。

蝸牛は普通夜中に交尾するが交尾時間は短いものでは二分間ぐらいから、雨天の時などのように一日中も交尾している時がある。このように一般的に他の動物よりは長時間にわたる。

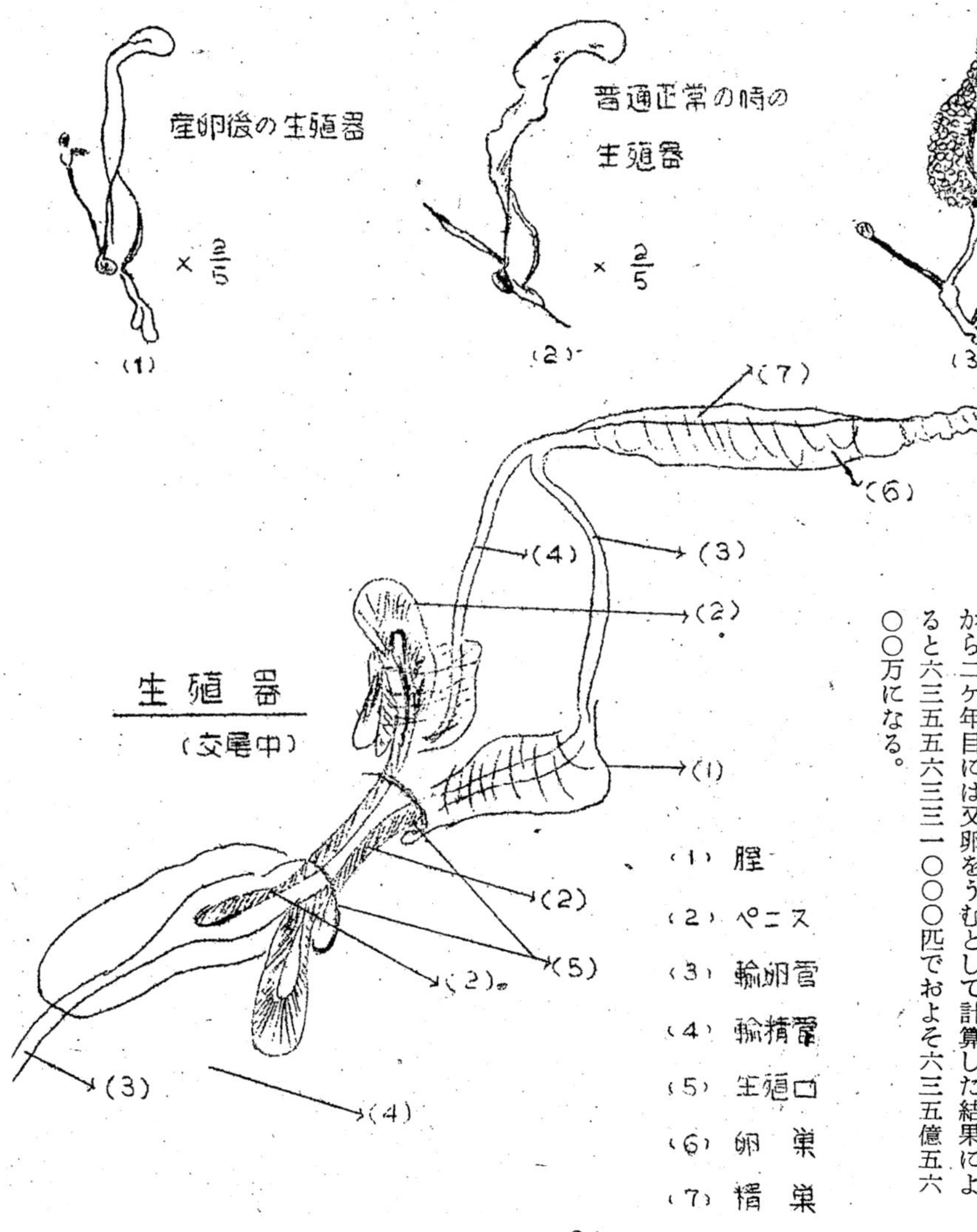

十ケ年間に産卵する理論数

一匹の産卵中の親から十ケ年間にどれだけのマイマイがふえるだろうかと言うことを理論的に計算して見たら次のようになつた。但し一匹から一〇〇個づつうむとする（実さいは一〇〇〜一五〇うむ）又孵化してから二ケ年目には又卵をうむとして計算した結果によると六三五五六三三一〇〇〇匹でおよそ六三五億五六〇〇万になる。

血液型について

那覇高校三学年
安　里　爲　任

序　今日、血液型の研究ほど一般的であり、且つ応用されつつあるものは他に例がないであろう。特に現在では輸血が盛んに叫ばれており、血液銀行まで設立されようとしている。又血液型は或る事件において犯人の捜査にも応用されている。このように血液型は医学界、或は法医学界に偉大な役割をはたしている。以前から血液型と気質との間には密接な関係があるといわれており、今日に至つても尚、この説がとなえられている。よく世間で〃O型の人は意志が強くて、政治家向きだ〃とか〃A型の人はデリケートな神経の持主である〃とか或はB型の人は派手好きで、おしやべりだ、などと云われているが、私がこの実験を思い立つた理由は、このような言葉の取沙汰について、一体それは科学的論拠があるのだろうか、又あるとしたらどの程度の確実性があるか、又我々日本人は、血液型の分布でいうと、湖南型（人類係数一・六）に属すると云われているが、それは確かであるか、ということを確める為に、実際に五〇〇名について血液型の検査を行い、その結果を整理してみた。尚、この実験は、一九五七年一月と十月の二回にわたつて展示会を利用して行つた。又この実験に使用した血清は那覇保健所から分けていただいたものである。

実験器具

注射針、ピンセット、ハサミ、スライド（血清皿）ビーカー、シャーレー、硝子棒、脱脂綿、ガーゼ、

薬品

血清（抗A、抗B）、消毒用アルコール

氣質調査方法

気質と血液型との関係を調べる方法として、まず対象とする人の気質について、その人が自分の性質に適していると思われるものに、〇印を付けてもらつた。調査様式は次の通り。

性別、　男、　女　　　血液型（　）型

次の性質のうちあなたの性質に最も適しているものを〇印でかこんでください。

イ、意志が強い方
　落着いている方
　精神力が強い方
　きかぬ気の方
　感情にとらわれない方
　自信が強い方

ロ、あつさりしている方
　気軽な方
　物事を長くは気にしない方
　快活によく談ずる方
　事をだすに派手な方
　刺激にすぐ反応する方

ハ、内気な方
　おとなしい方
　用心深い方
　取越苦労をする方
　遠慮深い方
　深く感動する方

ニ、これらの性質のうちでロの性質でもなく、ハの性質でもなく、その中間の性質の方

（注）私が参考に使用した、田中義磨氏の〃遺伝学〃に依ると、イの性質はO型の人で、ロはB型、ハはA型、ニはAB型の人のそれぞれの性質である。

検査方法

まづ標準血清として、A型の血清（抗B）と、B型の血清（A）とを準備し、それを各々スライド上の二ケ所に滴下する。次に被術者の耳（この個所が一番神経が鈍く大して痛みを感じないし、又比較的大きな傷でもすぐに治り易い為である。）を注射針の傾部で極く僅かに切り、そこから少量の血を採取し、これをガラス棒で、スライド上の各々の血清の中に混入し、スライド振動させていると、上等の血清であると、約一五秒以内で、凝集反応が起る。これによつて血液型を区別することができる。

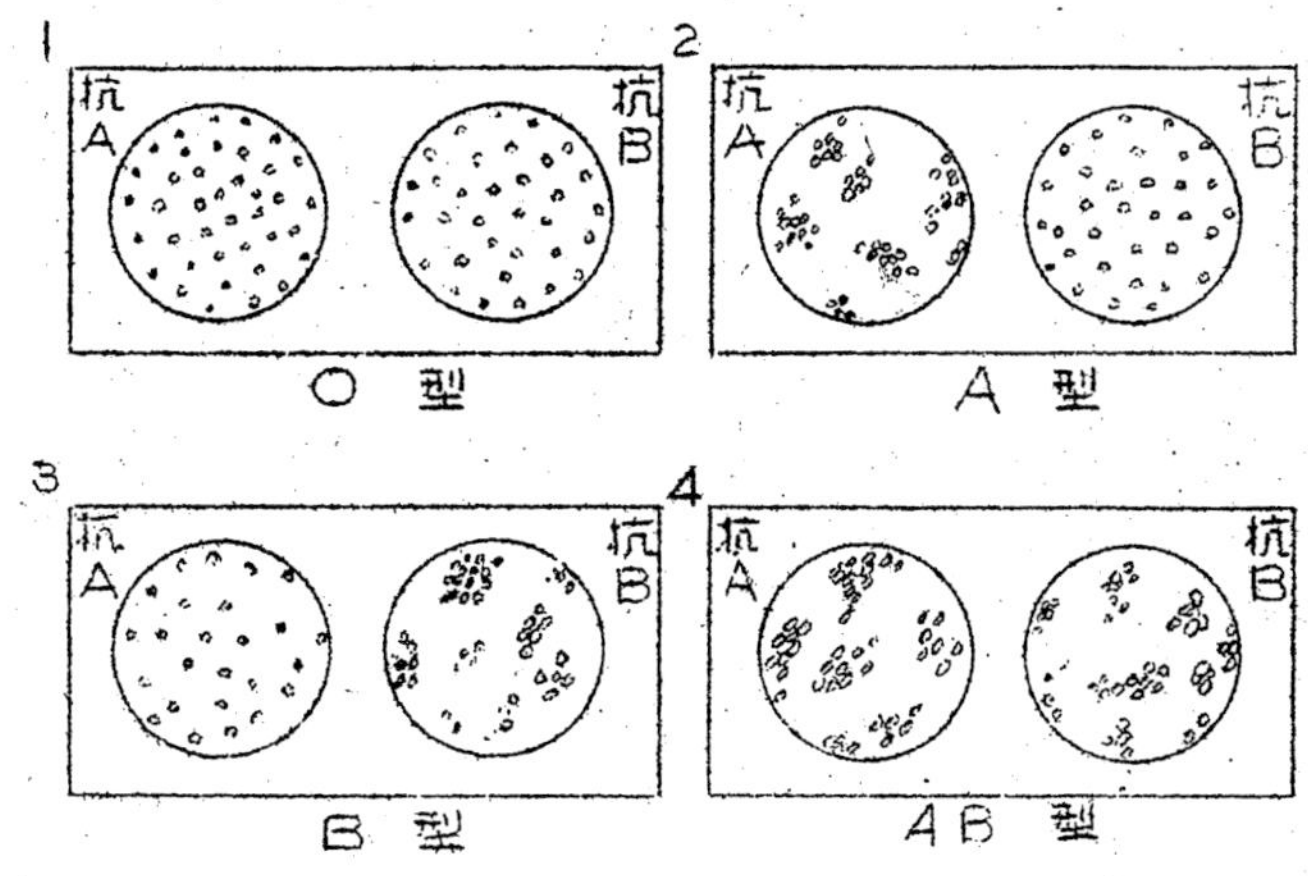

一、血液＋抗A ｝……全々凝集しない……O型
　　〃＋抗B ｝
二、〃＋抗A……十分凝集する。…｝A型
　　〃＋抗B……全々凝集しない。｝
三、〃＋抗A……〃…｝B型
　　〃＋抗B……十分凝集する。…｝
四、〃＋抗A……｝AB型
　　〃＋抗B……〃…｝

結局、この反応によつて、抗AはA型及びAB型の血球を凝集させ、抗Bは、B型及びAB型の血球を凝集させる。そして、O型の血球は、抗A、抗Bのいずれにも凝集せず、AB型の血球は、その両方の血清に凝集反応が表われる。これらのことをわかりやすく説明すること、次の様な表になる。

（第一表）

血液型	血　清	血　球
O	A、B及びAB型の血球を凝集させる。	どの型の血清によつても凝集しない。
A	B、及びAB型の血球を凝集させる。	O、及びB型の血清によつて凝集する
B	A、及びAB型の血球を凝集させる。	O、及びA型の血清によつて凝集する
AB	どの型の血球をも凝集させる。	O、A及びB型の血清によつて凝集する。

（第2表）

血液型	O型	A型	B型	AB型
凝集原（赤血球中）	なし	A	B	A、B
凝集素（血清中）	A、B	B	A	なし

（注）A血清（抗A）……はB型の血清　　B血清（抗B）……はA型の血清

而して、血球が凝集するのは、血球中に特異の凝集原が存在し、血清中に特異の凝集素が含まれているためである。いま、A型血液の血球中にある凝集原をA、Aに応ずる凝集素Aとし、B凝集原に対する凝集をBで表わすと、各血液型の血液に含まれている凝集原と凝集素との関係は第二表のようになる。

検査結果

検査の結果、O型は、男一〇九名、女五三名、性別無記入のもの四名で、計一六六名、A型は、男一〇二名、女八一名、性別無記入のもの二名で、計、一八五名、B型は男五八名、女四三名、計一〇一名、AB型は、男三四名、女一三名、性別無記入が一名で、計四八名である。

したがつて、A型が一ばん多く、次にO型、B型、AB型の順になつている。又、男では、O型が一番多く、女では、A型が一番多い、つまり、理論上では、男子は一般に気質調査様式の(イ)に相当し、女子は、それの(ハ)に相当する。次にこれらのことを表であらわしてみよう。

血液型検査統計表

第一回　一九五七年一月
男子、一八一名
女子、一一三名
計　二九四名

第二回　一九五七年十月
男子、一二二名
女子、　七七名
性別無記入七名
計　二〇六名

（3表）O型

性別＼性質	イ（O）	ロ（B）	ハ（A）	ニ（AB）	無記入	計
男子	16	23	53	15	2	109
女子	8	18	19	8	0	53
性別無記入		3		1		4
計	24	44	72	24	2	166

（4表）A型

性別＼性質	イ	ロ	ハ	ニ	無記入	計
男子	12	24	52	12	2	102
女子	13	23	31	14	0	81
性別無記入			1	1		2
計	25	47	84	27	2	185

（5表）B型

性別＼性質	イ（O）	ロ（B）	ハ（A）	ニ（AB）	無記入	計
男子	5	23	24	6	0	58
女子	3	19	13	7	1	43
性別無記入						0
計	8	42	37	13	1	101

（6表）AB型

性別＼性質	イ	ロ	ハ	ニ	無記入	計
男子	3	9	14	7	1	34
女子	1	3	6	3	0	13
性別無記入		1				1
計	4	13	20	10	1	48

上記の表をグラフで表わしてみると、次のようになる。○でかこんであるのは、その血液型に適すべき性質

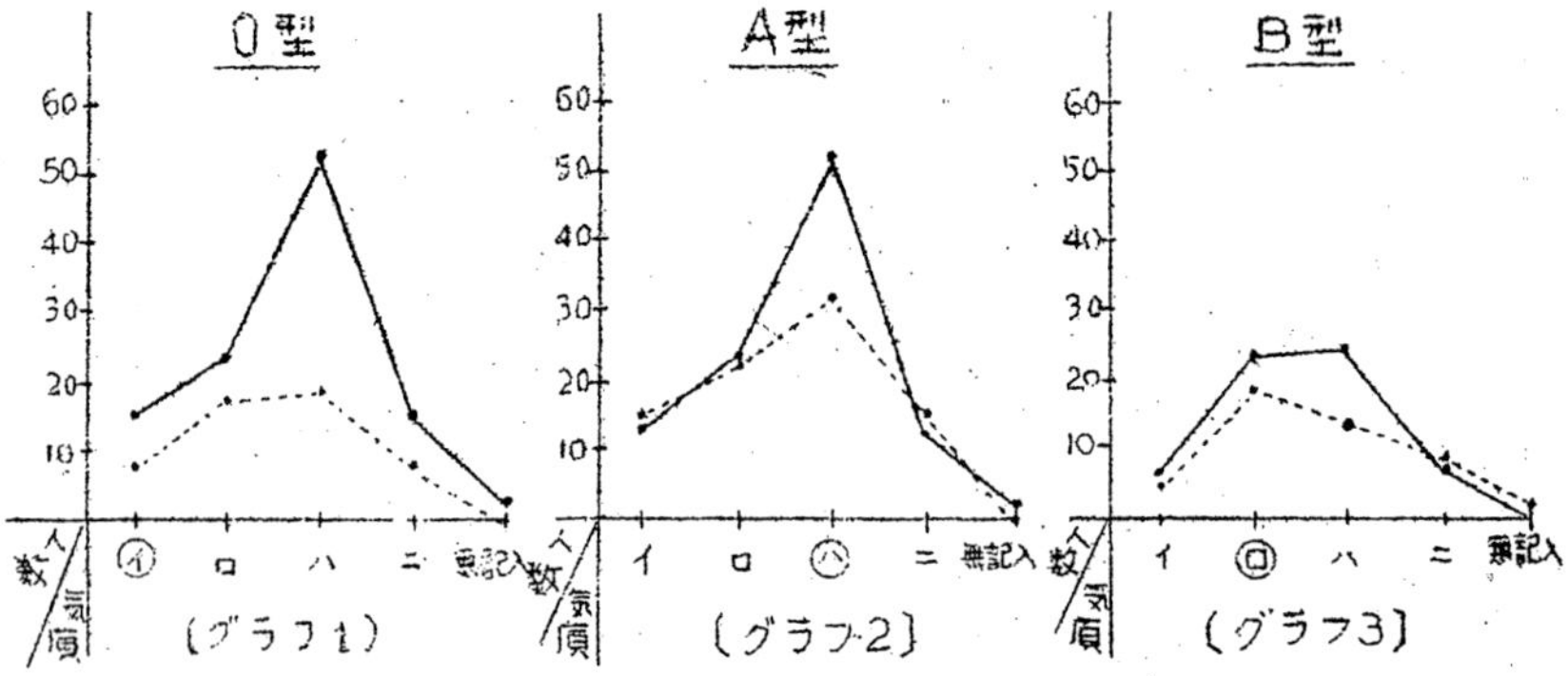

B型

（グラフ3）

A型

（グラフ2）

O型

（グラフ1）

これらのグラフをみてわかるように、血液型と気質とは一致しない。又、この四つのグラフは、大体似通った形をしている、すなわち、ハの性質が一番多く、次にロ、イ、ニの順となっている。

血液型比較グラフ

合計　男子　女子

（グラフ5）

AB型

（グラフ4）

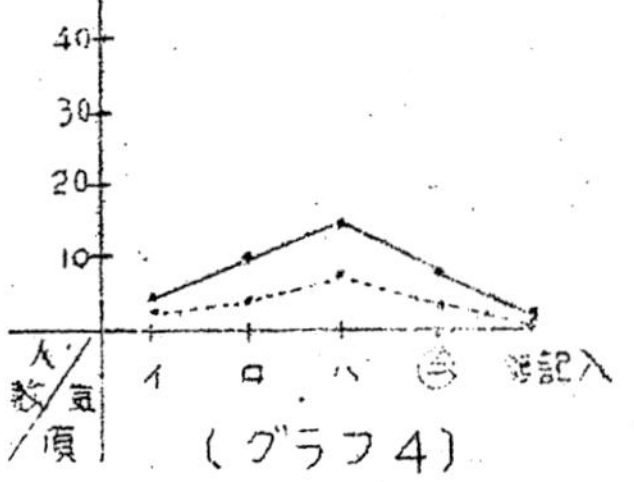

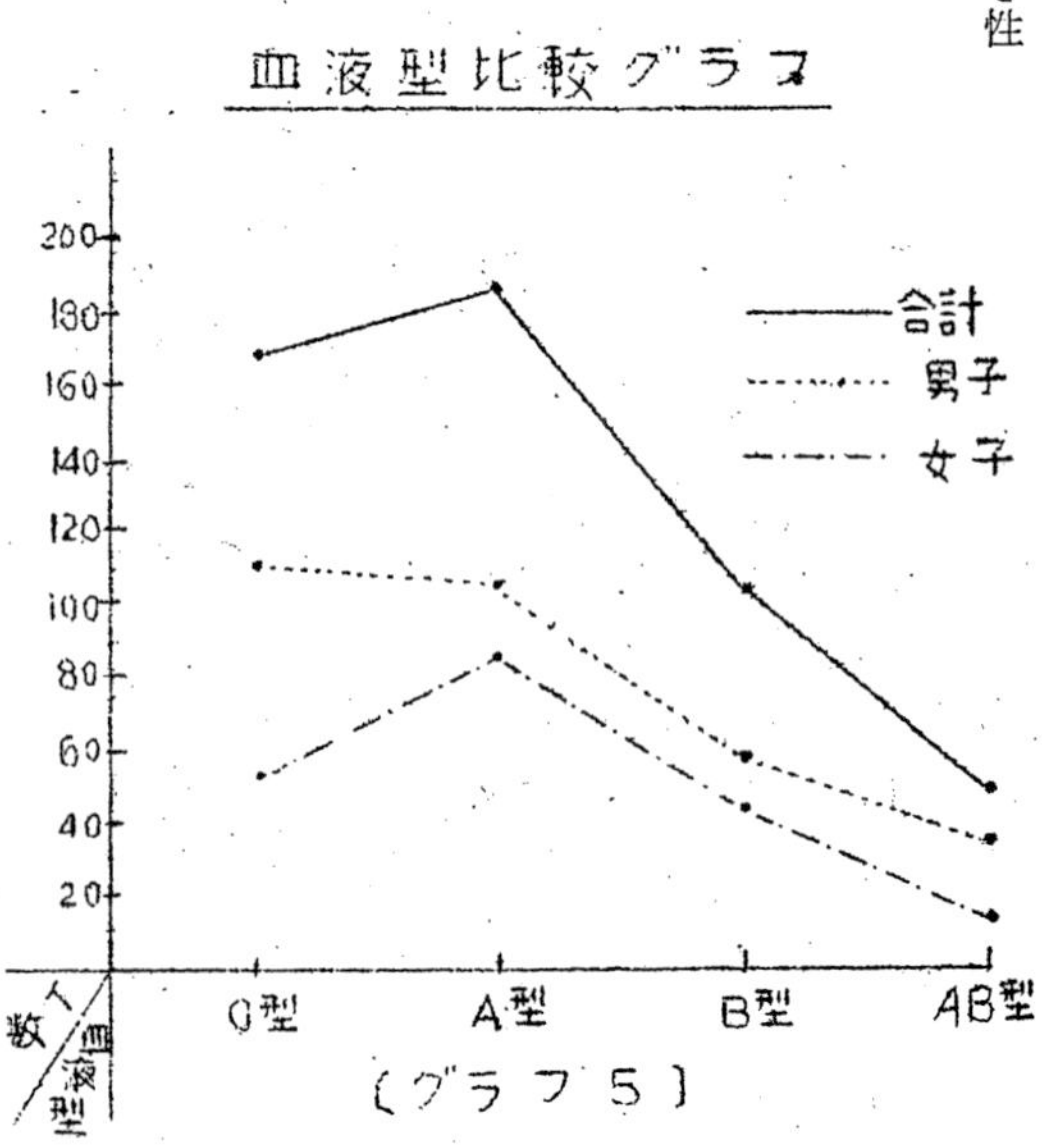

前ページのグラフ五を、パーセンテージで表わすと、次のような円グラフになる。

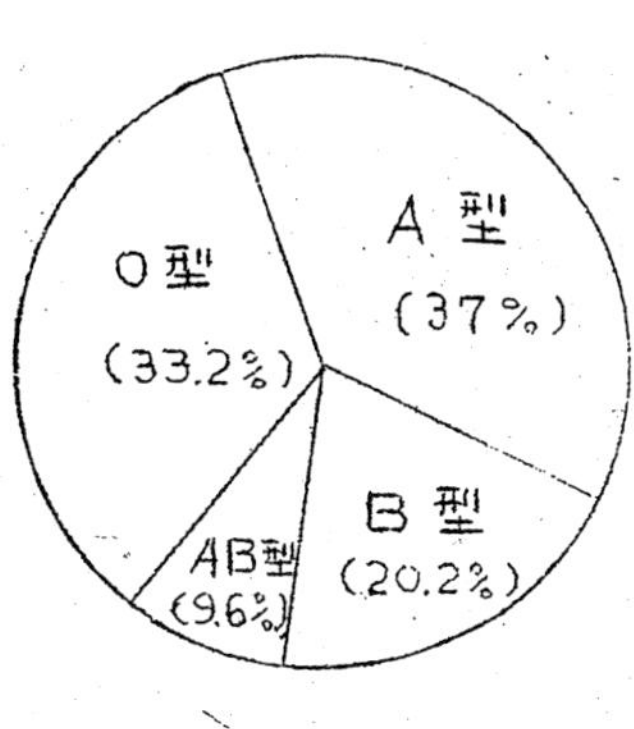

血液型の分布

各種血液型は、国により、民族により、また地方により、かなりの変異がある、これを簡単に表わすために私の使用した参考書物は、

$$\frac{A\%+AB\%}{B\%+AB\%} = \text{人種係数}$$

を計算し、これに基いて、世界の人種を、次のように区分している。

一、欧州型（二・〇〜四・五）
　欧州人の大部分（ドイツ系ユダヤ人を含む）

二、中間型（一・三〜一・五）
　アラビヤ人、トルコ人、ロシヤ人、スペイン系ユダヤ人

三、湖南型（一・六）
　日本人、南部支那人（湖南省）、ハンガリー人、ルーマニヤ系ユダヤ人

〇、印度満州型（〇・六〜一・二）
　朝鮮人、満州人、北部支那人

五、アフリカ南アジア型（〇・三〜一・四）
　黒人、マダガスカル人、スマトラ人、ジャワ人

六、太平洋アメリカ型（〇・八〜一〇・〇）
　アメリカ印度人、オーストラリヤ人、アイスランド土人、フイリツピン土人、

（注）（　）内の数字は、人種係数

これに基いて、私の実験した結果で、人種係数を求めると、A型、三七％B型、二〇、二％、AB型、九・六％であるから、

$$\frac{37+9.6}{20.2+9.6} = 1.563783……$$

故に、四捨五入して、約一・六となる、これは、湖南型に属することを証明している。湖南型には、我々日本人は勿論、その他、南部支那人、ルーマニヤ系ユダヤ人、ハンガリー人等が属していることは、前にも述べた通りである。

結論

以上の結果、この実験に於ては、血液型によつて気質を判定することはできない。しかしながら、ここで対象とする人が、自分の本当の性質を知らないのか、或はそれを書いてくれなかつたのではなかろうか。又気質として、調査様式の(ハ)に多くかたよつているのは私の見界では、この性質が一般に好まれているか、又はそれに憧れているのではないかと思う。

又、人種係数で湖南型に属することが証明されたことはうれしく思う。つまり、我々沖縄人は、血液型からみても、日本人系に属するわけである。

反省

この実験は、前後二回にわたり、展示会を利用して行つたものであるが、予想以上に被検者が多く、非常に混乱した為に、多少間違つた判定をしたのも生じているものと思う。この実験で悩んだことは、器具類其の他、特に血清の不足である。私は標準血清として、兎の血清と、人の血清を使用した。第一回目は幸、那覇保健所で分けてもらえたが、二回目はそれがもらえずやむを得ず、生物クラブ諸君の血液を提供してもらつて血清を作つたわけである。

とにかく、この実験に於て、私が血液型について、の幾分かの知識を得たことを喜ぶと同時に、今後一層深く研究して行きたいと思う。

淡水魚の呼吸について

首里高等学校二学年
泉 朝 興

序

生物の生活に必要なエネルギーは外界から取り入れた物質を体内で同化しそれを再び酸化分解してその時生ずるエネルギーを利用するのである。この様に同化作用によつて作つた体物質を分解してエネルギーを出すことを異化作用又は呼吸作用と云う。

その時必要とする酸素は普通呼吸器官を通して取り入れられるがその運動を呼吸運動又はガス交換と云う。その呼吸運動を通して体内で行われている呼吸作用を我々は推察することが出来る。

すなわち呼吸作用が激しくなれば呼吸運動も自然と激しくなり又呼吸作用がかんまんになれば自然に呼吸運動もにぶくなるのである。

呼吸器官には色々な種類があるがエラは水に棲む動物の呼吸器で魚類甲殻類軟体動物の大部分はこのエラで水中に溶けている酸素に取り入れるのである。エラには糸状のもの葉状のもの羽状のものクシ状のもの等があるが、そのいずれも表面積が大で血液と外界とのガス交換がたやすく出来る様になつている。陸上に棲む脊稚動物は肺でガス交換を行つている。普通人間では一分間に一七～一八回呼吸運動をしている呼吸作用は周囲の温度とも関係している事が知られているが私はその関係を淡水魚類を使つて測定する事にした。

大論

魚類の呼吸運動のしくみはまず咽頭の床が下げられるとその部分は隠圧となり水は口と呼吸孔から入りこむ。次に両方の孔をとじて咽頭内がせばめられると水はおし出されてエラをぬけエラ孔から外にふき出る。この時エラの外室はひろげられてエラ孔はとじているからここも隠圧となり水は内室から外室へ出ることになるが内室へはエラ糸の抵抗であまりもどらないのである。

使用した器具

1、ビーカー（五〇〇cc）
2、試験管（底を割つて用いる。）
3、殺虫管（底を割つて用いる）
4、シャレー
5、水 層
6、ヒーター
7、水温計
8、チユーブ（ガラス管）

材 料

キンギョ（リユウキン）二四 体長七・五糎 八糎
タツプミノ 十数四 体長二・五～三・〇糎
テレピヤ 二四 体長一三・五～一四・五糎

観察法

1、水温と下げるには、氷を用いました。
2、観察しようとする水温には三分間～五分間入れてから観察をはじめる。
3、一回観察を終つたものは三〇分以上飼育用水層に入れてから再び実験には使用する。
4、観察時間は
。タツプミノ（二分間）
。テレピヤ（十分間）
。キンギヨ（五分間）

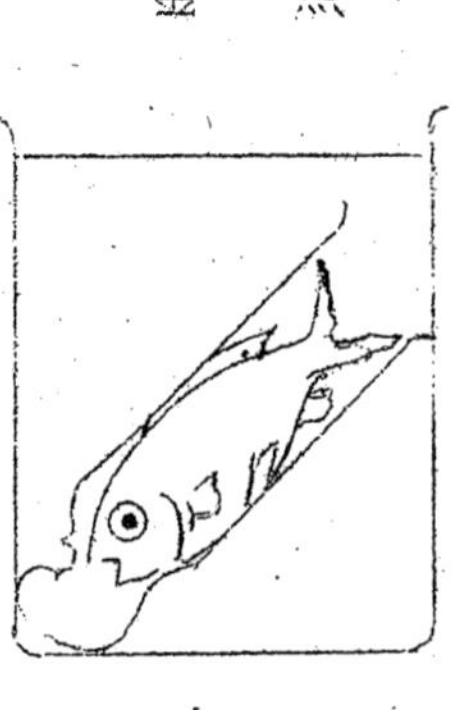

タツプミノ

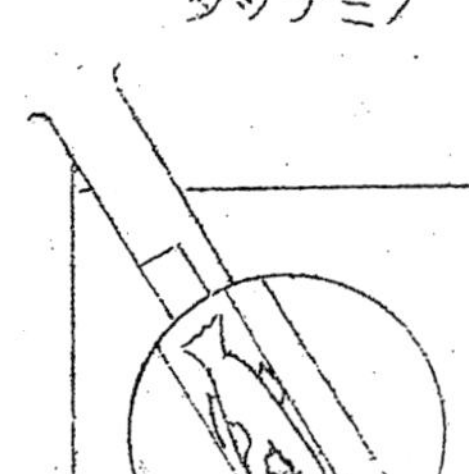

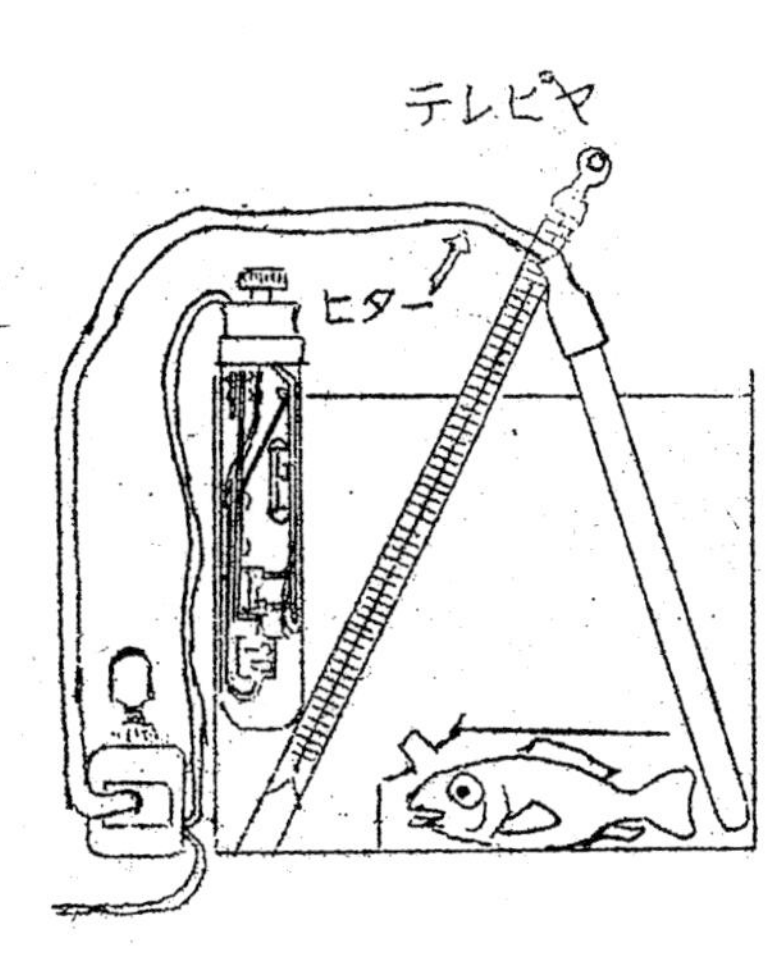

以上の様な方法で観察した結果次の様な資料が得られる。

（各表は一分間の呼吸回数である。）

第 1 表

温度C° ＼ 月	1	2	3	4	5	6	7	8	9	10	平均
5	43	46	43	42	41	48	50	50	52	45	46
10	64	68	72	71	75	59	60	58	50	57	63
15	111	114	107	105	107	117	115	106	107	107	109
20	139	138	129	144	121	134	137	149	141	155	135
25	165	158	155	162	161	159	170	161	160	160	161
30	200	163	201	182	170	129	193	118	190	192	174
35	測定不能　4～6間にストップ										
40	45秒でストップ										

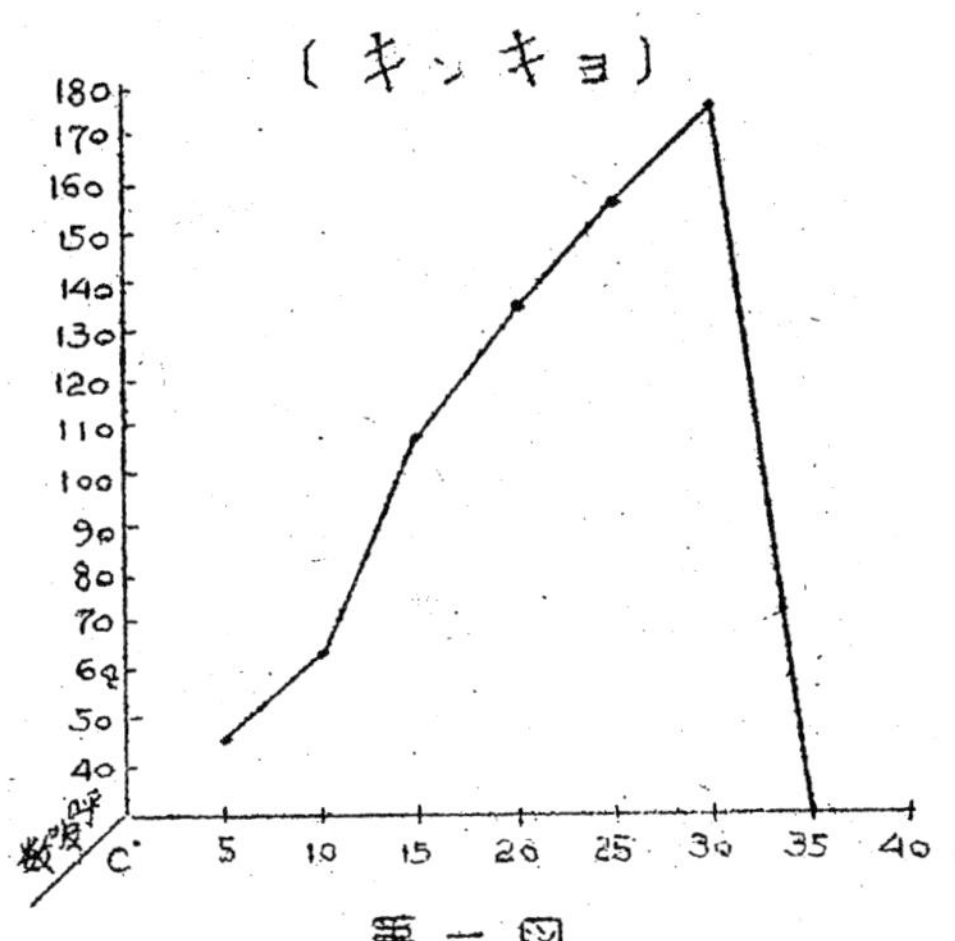

第一図

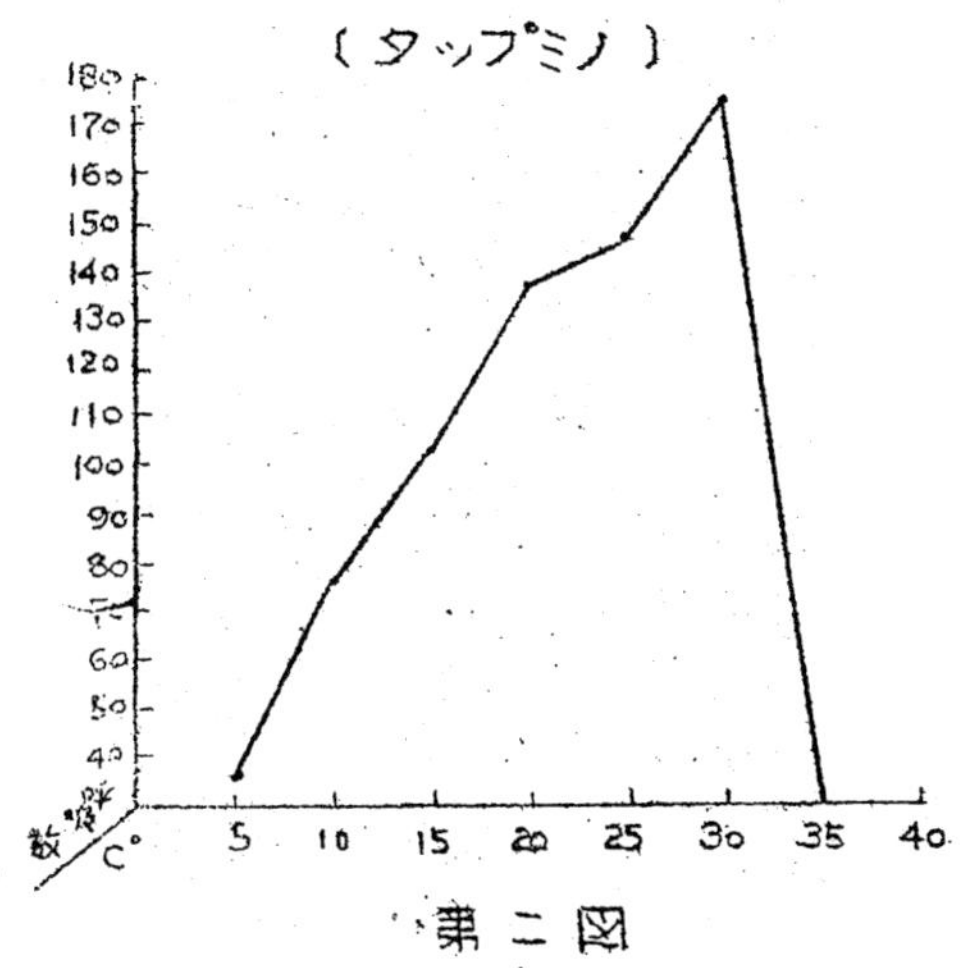

第二図

第 2 表

温度C ＼ 呼吸回数	1	2	3	4	5	6	7	8	9	10	平　均
5	29	30	31	38	29	30	31	40	40	40	38
10	76	75	83	86	100	88	64	60	70	77	78
15	98	100	98	99	104	102	110	110	112	100	103
20	130	135	137	140	137	142	142	141	143	137	138
25	109	140	135	152	148	155	165	155	142	132	146
30	200	163	201	183	170	129	118	190	192	193	173,8
35	測定不能　4～6分間にストップ										
40	10～20秒間にストップ										

〔テレピヤ〕

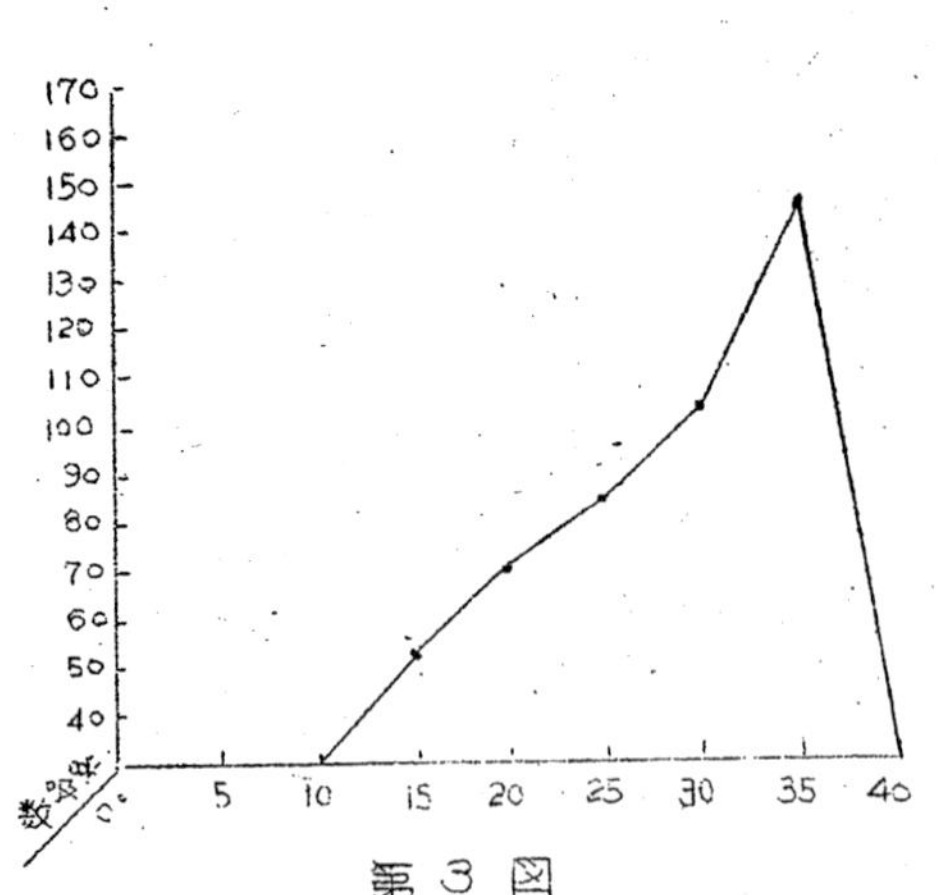

第3図

第 3 表

温度＼呼吸	1	2	3	4	5	6	7	8	9	10	平均
5											○
10	測定不能										○
15	52	52	51	52	52	52	52	54	53	53	52
20	69	64	69	73	74	73	72	71	72	69	70
25	66	73	75	77	75	88	94	94	105	103	85
30	96	108	97	103	105	99	105	103	105	109	103
35	129	148	150	143	153	155	154	140	150	147	146
40		測定不能									

3種の総合平均

第 4 表

キンギョ	46	63	109	135	161	173		
タツプミノ	44	77	103	138	146	174		
テレピヤ	0	0	52	70	85	103	146	15
温度	5	10	15	20	25	30	35	40

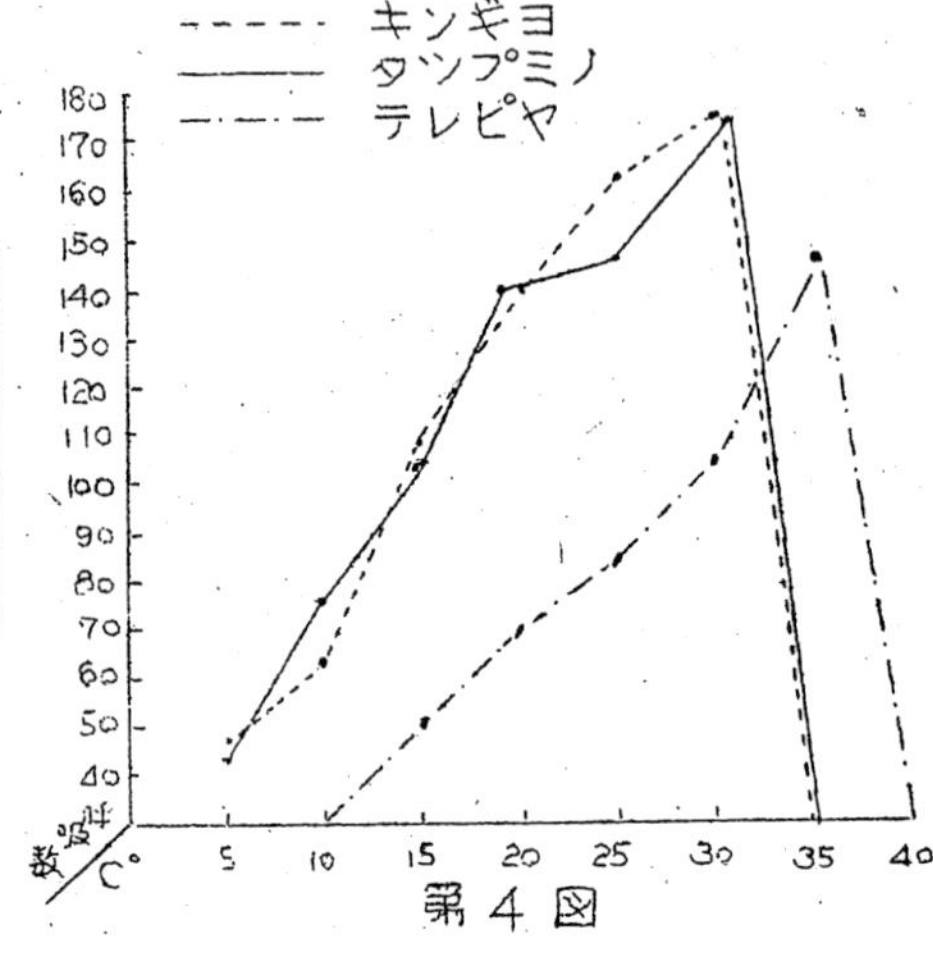

第4図

まとめ

以上の実験の結果魚類では、一般に水温が上昇していくにしたがつて呼吸も激しくなり、又水温が下がれば自然に呼吸運動もおそくなる。それは温度が上昇するにしたがつて魚類の体内に於ける呼吸作用が激しくなる事をもの語るもので、これより自然環境の中で彼らの生活している水温変化が彼らに及ぼす影響を想像する事が出来る。すなわち、彼らには生活にもつとも適した最適温と云うのがあり、その温度より上昇すれば、彼等は、静止していても体内では激しく運動している時と同じ状態となる事が知られる、そうすると、この様な状態が長く続くと云う事は、ひいては彼等の生活をおびやかす事にもなる。それぞれの魚類には適応出来る温度の範囲があつて、その適応度によつて彼等の地球上に於ける分布の大きな要因となる。この様な観点から上の三種の魚をながめた場合、大体次の様な事が考えられる。すなわちキン魚ではかなり低い温度にもたえ得る事が出来るが三十度あたりからでは、ほとんど生活が不可能な状態となる又、タツプミノもキン魚とやや同様な事が知られる。従つてこれらが自然界で生活出来る範囲と云うものは、三〇度以下水温を保ち得る環境にのみかぎられている。しかし、低温では五度までも呼吸は持続する事が出来るが、しかしこの様な状態ではたして、どのくらい生命を持続し得るかについては残念ながら資料を得る事が出来なかつた。したがつて、彼等の実際適応出来る温度の範囲と云うものは、もつとせまくなる事が予想される一方テレピヤを見ると一〇度から呼吸運動を始め三五度で呼吸運動がとまつた。

その事からテレピヤは低温に対しては弱く高い温度に

はかなり強い適応を示し得る魚だと云う事がわかる。又現在彼等が主に熱帯地方に棲息していると云う理由も充分理解が出来る。

又第四のグラフが示している様に魚によつて程度の差こそあれ氷の温度と、へい行して呼吸も増減すると云う事は四季の変化による気温の変化が彼等の生理にも直接影響を与え、それに対する彼等の適応の様子がその種独特の生態を生んだものだと想像される以上二、三種の魚類の呼吸を調べて来ましたが実験している中に問題が大き過ぎる事を感じ又今日までに充分なる結論を見出す事が出来なかつた事を残念に思い今後もその実験を続けもつと多くのデータを集めて行きたいと思います。

最後にこの研究を進めるに当つて色々と御指導して下さつた諸先生方に深く感謝致しますと共に労を惜まず協力して下さつた、クラブ員諸君に敬意を表します。

一九五八年一月九日

参考書

生物精義……………………高　岡　　実

生物の研究…………………沼野井春雄著

生物学………………………

ミミズの再生について

中部農林高等学校第三学年　玉　元　武　一

一、自己紹介

私は中部農林高等学校三年生で生物クラブの部長をつとめております玉元武一です。只今からミミズの再生の研究と題して発表致します。

二、其の研究を選んだ動機と目的

私がその研究を選んだ動機としましては私はいつも畑仕事をする時、鍬の刀でたち切られるミミズをよく見る事が多い、その時ミミズが再生しているのを見る事があつた。

それから私はいつもそれを考え何節からでも再生能力をもつかという事と環帯その他内臓の形成が完全に行われるかという事である。

三、ミミズについて

(イ) 分類学的位置

ミミズは環形動物の貧毛綱に属し、環形動物の特長としては、体が細長く、一定の巾の環節から出来ている。

(ロ) 形　態

外形……体が細長く、環節（体節）という多数の節から成つていて、各環節のまん中には強い小さな先がはえている。

口は前端、肛門は後端の節にある。

前端から一四、一五、一六節にあたる所に巾の広い首輪の様な節がある、これが環帯というもので雌雄生殖器の部分にあたる。

この環帯の腹部の前の方一四節住の所にあながある、これが雌雄門（産卵孔）である。

第一八節の所に二対の孔がある。これが雄性門（精孔）である

内形……(1) 消化器と血管……消化器は最前端の口から後端の肛門までに、口から咽頭（三〜五節）咽頭から胃（八〜十）から後腸（一四）となつて袋の様なものがつらなつている。

食物は土と一諸に口に入れて消化器で吸収される。

血管系ー心臓は胃と腸との間に三対ある。

血管は消化器の上下を通り上の方を背行血管、下の方を腹血管という。血液は背行血管では後方から前方へ腹血管では前方から後方へ流れている。

この二つの血管は消化器をとりまく血管によつて連なつている血液は高等動物のようにヘモグロビンをもつていて鮮紅色をしている。しかし、ミミズのヘモグロビンは血しよう中にとけているので高等動物とはこの点がいちぢるしくちがう。

(ハ) 神経と生殖器管

胸は三節目の所にあり神経は腹部神経となつて後部を通つている。それには各節ごとに神経細胞の集まつた神経節というふくらみがある、そこから神経繊維　が出て休壁中にはつている。

生殖器管は一二節の方には精栄一三節とは卵栄があつてそれぞれは輸卵管輸精管を通して雌性門、雄性門に出ている。

その他には前部のキチン膜がありその下にある表皮からキチン質が分泌されて出来ている。又その下には筋アという縦に走る筋肉と環状に表皮の下側をうら打する筋肉とがありこの二種の筋肉の収縮によつてうごめき運動が行われる。

再生について

生物体には極性というものがある。ミミズの場合は頭のあつた所には頭が出来て尾のあつた所には尾が出来元の様な体になる、これは極性があるからである。再生の種類は生理再生（毛がむけかわる事）と修後再生（失なつた部分が出来る。）の二つがある。

再生実験方法

私が行なつた再生実験法を簡単に説明しますと、まず材料として深さの浅い、ジュース箱を利用してその箱を四つに区切りそれを二箱準備いたします。次はミミズの採集とともに、そこの土をその箱に入れます。その場合ミミズは属殖質の多い壌土に多いですから一ケ所から簡単に採集出来ます。

次にミミズを適当な長さいわゆる何節からというふうに切断して入れ毎日土が乾燥しないように水を少しずつかけます。

次に私が行なつたのを書いてみましよう。

一、環帯つきで頭部を大きく切断したのが三匹生きている。

二、環帯をつけず尾をつけたのが三匹生きている。

三、環帯　　つきで大きく切断したのを三匹生きている。

四、環帯をつけず両端を切断したのが三匹生きている。

五、環帯つきで大きく両端を切断したのが三匹生きている。

六、頭をつけて十節位より切断したのが三匹生きている。

七、環帯つけず尾の近くから八節位で尾をつけず三匹生きている。

八、環帯つけず中央部の方から六節位より尾をつけず三匹生きている。

結果……こうした実験がどうなつたかと申しますとどこを切つても六節以上あれば再生の可能力をもつ事になります、その前にも実験をしたことがありますがその時は五節以下は皆死んでしまつたのであります。

今度の場合は期間が短かかつたため環帯の形成　を見る事は出来ませんでしたが完全に形成が出来るんじやないかと思います。

以上は研究中間発表の様でしたがミミズの再生の研究についての発表を終ります。

トラフカクイカについて

首里高等学校

日越博信

我々の周囲を眺めて見た場合、蚊というものはものすごく深山棲息している。しかしその多くは皆人畜の血を吸い、或いは恐ろしい伝染病を媒介すると云う事実はすべての人々が知つていて、又公衆衛生の面でも大いに注目されている。現在色々な伝染病の研究又はその予防が相当な進歩をしているのに比べると、蚊の生物学的考察は現在その問題の一部がやつと解明された程度で、その行動や生理に関する研究は、まだほんの手をつけただけの事らしい。

蚊の研究は先づ一九世紀の末に、英人ロスとイタリアのグラッシーによつて蚊がマラリアを媒介する事が証明され今世紀の始めに米国軍医達がキューバで黄熱病の媒介蚊をつきとめて以来、蚊の研究は急に盛んになつた。一九三〇年前後から欧州方面でいよいよ盛んになり、形態上で区別のつかない種類のものでも、病気の媒介性や習性などの非常に違つたものが見つかりその結果、蚊の習性や生理についての学問が著しく研究されるようになつてきた。日本でも昭和十年頃、伝染病研究所の三田村、山田両博士等によつて蚊が日本脳炎を媒介する事を証明した。

現在世界で知られている蚊の種類はおよそ一五〇〇種もある。その数も年々増加しているが同種の蚊が地球

上の各地或に分布していると云う事は少なくある限られた地方だけに集中しているものが多い。日本本土でも五十種ほど分布していると云われている。

その数多くいる蚊の中で、少しでも多くその蚊の習性やボウフラ等について知りたいと云う欲望から、昨年はボウフラの酸に対する抵抗力について実験して実際にP・H・三・二と云う強酸の水溶液の中で飼育する事に成功し、色々の水のP・Hを調べて比較した。その結果酸のみから考えると、ボウフラは自然の状態で殆んどいかなる水たまりにも生活出来ると云う事が考えられ、又ある程度までは同じP・Hに於て温度が高くなり、令（とし）が多くなるに従つて抵抗力が強くなるということを発表したが今度は特にトラフカクイカを中心として約一年位自分の実験観察してきた事を不完全ながらそれをまとめて発表したいと思う。

私は実験材料として主にトラフカクイカを使用したがこれは蚊の中でも特種なものである。このトラフカクイカは広範囲に分布していて日本でも北海道から九州まで分布しているが実際にこの蚊のボウフラを見出して問題にした人は特種な専門家を除いては殆んど居ない様である。沖縄でも恐らく今までにこの蚊について問題になつたのは殆んどないのではなかろうか。私がこれを見出したのは本当に偶然であつた。普通のボウフラと同様に採集して飼育し、観察していると意外な事を発見した。即ちその幼虫は他の蚊の幼虫を食うのである。そして色々と文献を調べて見ると成虫になつても他の蚊の様には人畜に害を与えないという事が分つたのでこの蚊に好感を持ち実験観察を進める事にした。

※ トラフカクイカはオオカ族（Meiashiniai）に属し、学名は、

Luczia tuseana Voyax Edwayds，

暗褐色に黄白彩のある大形種であり、吻は暗褐色で中央部に黄褐の帯論を有している。胸背は暗赤褐と黄白の狭曲鱗を装い、雄は前方中央部に三個の斑点、後に一対の短従線を形成している。腹背、脚は黒褐色である。雌体長七mm翅長五・七mmである。

◎形態的特徴

◎卵＝卵の産み方は種類によつて異なる卵の産み方はイエカ類と同じで二、三〇〇個を縦に立て各々くつつけて舟状にして水面にうかべているがその舟の形がイエカ類とちよつと違つている。

トラフカクイカの卵の形

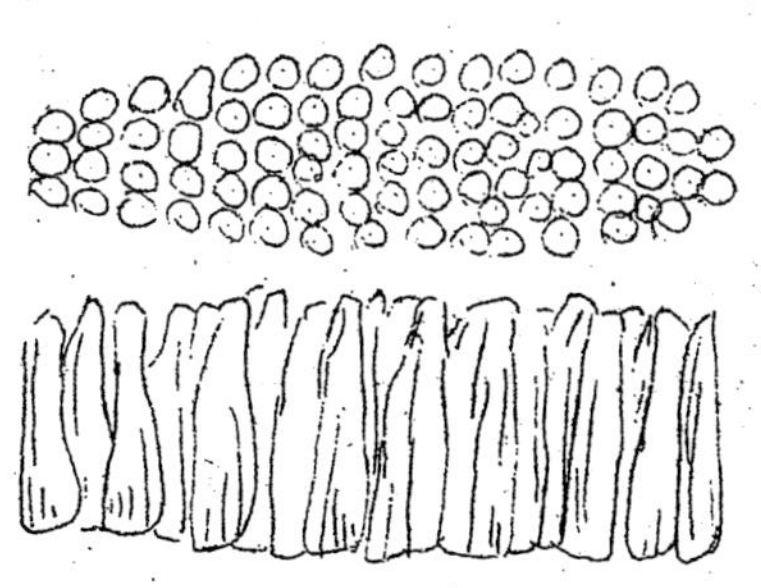

イエカの卵の形

舟は細長くイエカ類は真中がふくらみ側にゆくにつれて小さくなつている。卵一個一個の大きさは殆んど同じ大きさである。

アカイエカとトラフカクイカの卵の大きさ、舟の大きさを比較したのを次の表（第一表）に示した。

第一表

	1度産卵数	卵1個の長さ直径		卵舟の長さ	卵舟の幅	色
アカイエカ	300〜400	250m	172〜170m	4〜5mm	1〜2mm	灰褐色
トラフカクイカ	200〜250	〃	〃	3〜8mm	1mm	黒褐色

◎幼虫＝トラフカクイカの幼虫の第一の特徴は他の蚊の幼虫を食う事である。大きさも他のボウフラと比べて大きく、色に於いても異つている。この蚊のボウフラは頭部、腸を除けば、白つぽくすきとうつているがアカイエカのボウフラはやゝ褐色である。又これ等のボウフラは頭の先端にはけのような形をした一対の毛の束があり、これで水流を起し流れに依つて集まる微生物を補食する。しかしトラフカクイカのボウフラにはそのはけの様な物がない。とがつたかぎ状のものが有り、他種のボウフラを捕える。

下の図はアカイエカとトラフカクイカとのボウフラの頭部と胸部を示したものである。触角がアカイエカに対して短い。

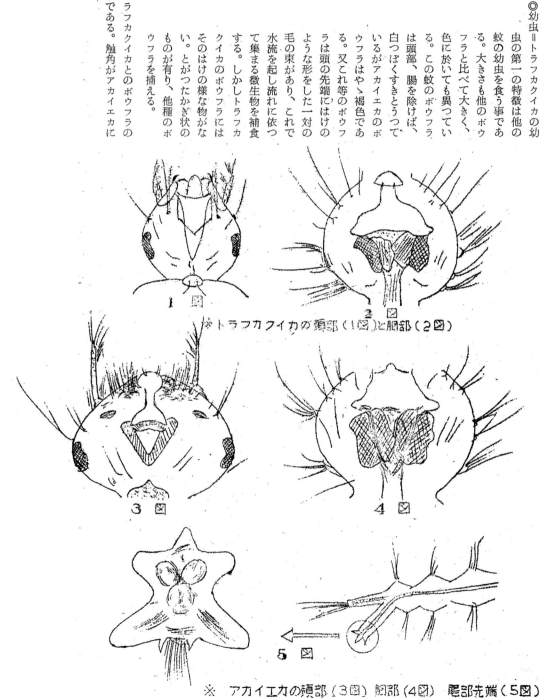

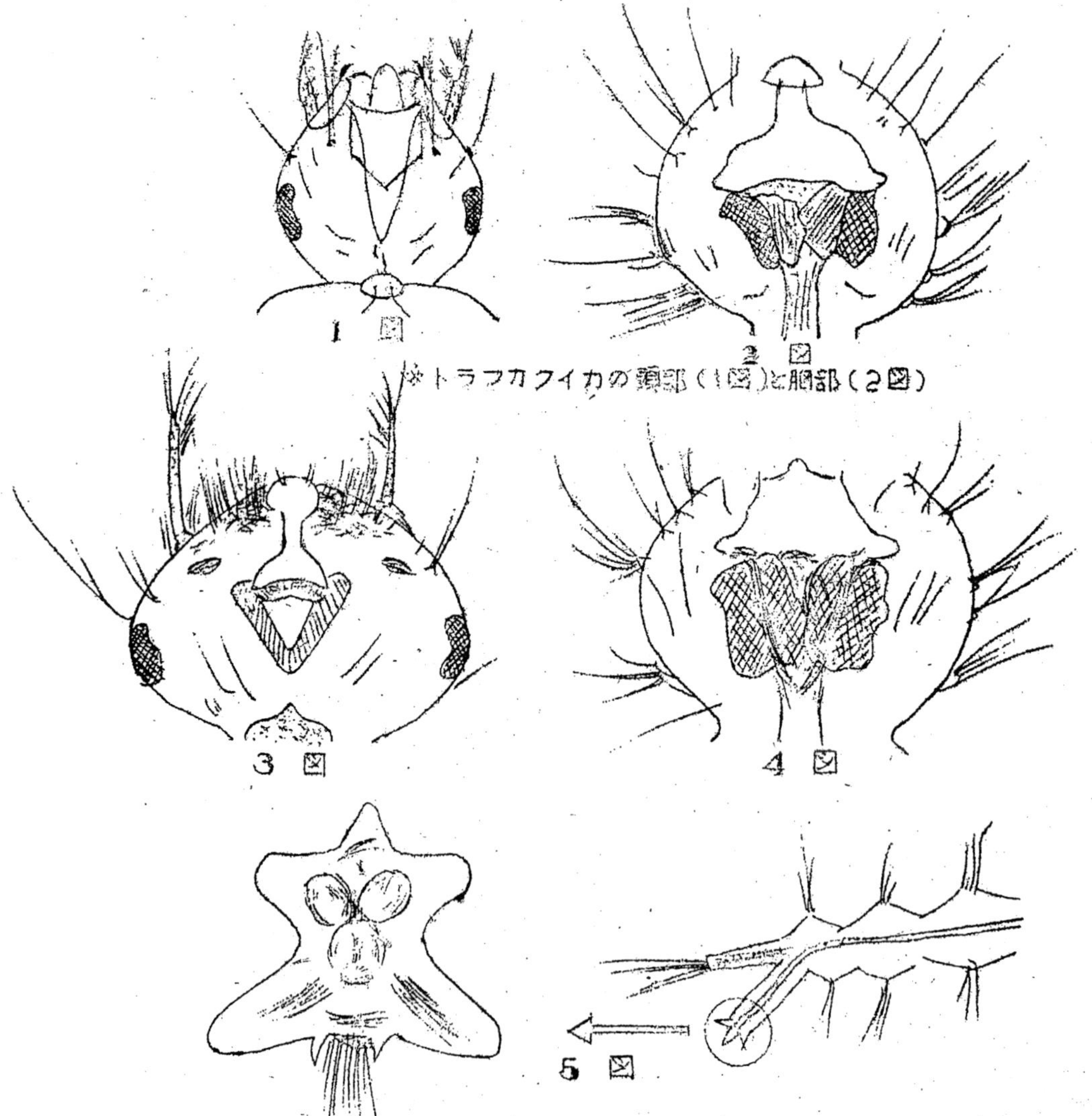

※トラフカクイカの頭部（1図）と胸部（2図）

※ アカイエカの頭部（3図） 胸部（4図） 尾部先端（5図）

他のボウフラを補食するには自分は静止しておいて、身近にすれ違うものをすばやくとらえ、自らこれを追つかけて補える様な事はしない。

蚊は孵化後四回の脱皮で成虫になるが孵化直後を第一令虫、脱皮して第二令虫となる。三、四令虫となり蛹になり最後の脱皮で成虫になるが、その幼虫時代における大きさがだいぶ異つている。イエカのボウフラの大きさは頭幅によつて普通区別している。しかし一令虫は頭部に孵化する時、卵殻を割る突起をもつていてすぐ区別する事が出来る。

アカイエカとトラフカクイカの頭部の比較（第一）

第２表

令（とし）	トラフカクイカ	アカイエカ
第一令虫	258 u	273～325 u
第二令虫	464 u	382～455 u
第三令虫	1125～1176 u	637～819 u
第四令虫	1456～1512 u	1092～1274 u

上図からわかる様に二令虫までは殆んどアカイエカと変りはないが三令虫から急に変り非常に大きくなつている。

虫＝前述の通りオオカ族に属するものであるが、吸血せずハマダラカやアカイエカの如くマラリヤや日本脳炎を媒介する心配がない。蚊が吸血するのは産卵の為に必要な蛋白質源として行う場合が多い。しかしトラフカクイカは吸血せずに産卵する事が出来る。それで何らかの方法でエネルギー源を取らねばならぬ、どういうものを栄養分としているかは残念なことに発見する事は出来なかつたが飼育箱に於いてリンゴや糖液で十日位飼育したが産卵させる事には至らなかつた。左図はトラフカクイカとアカイエカの吻の先端を比較したものであるがそれからだいたい見当がつく様にやわらかい木や木根に吻をつきさして樹液を吸つて生活していると考えられる。

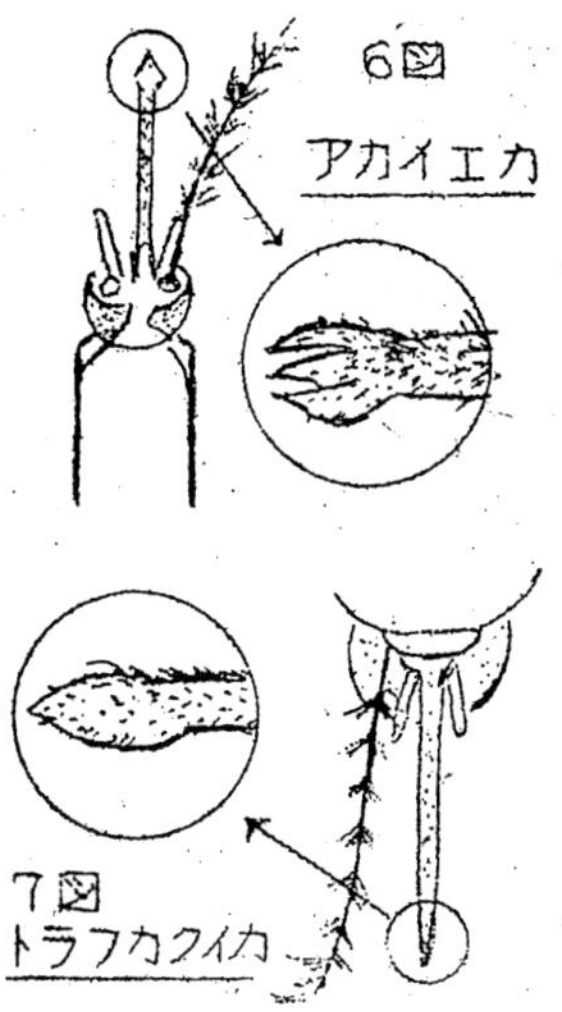

6図 アカイエカ

7図 トラフカクイカ

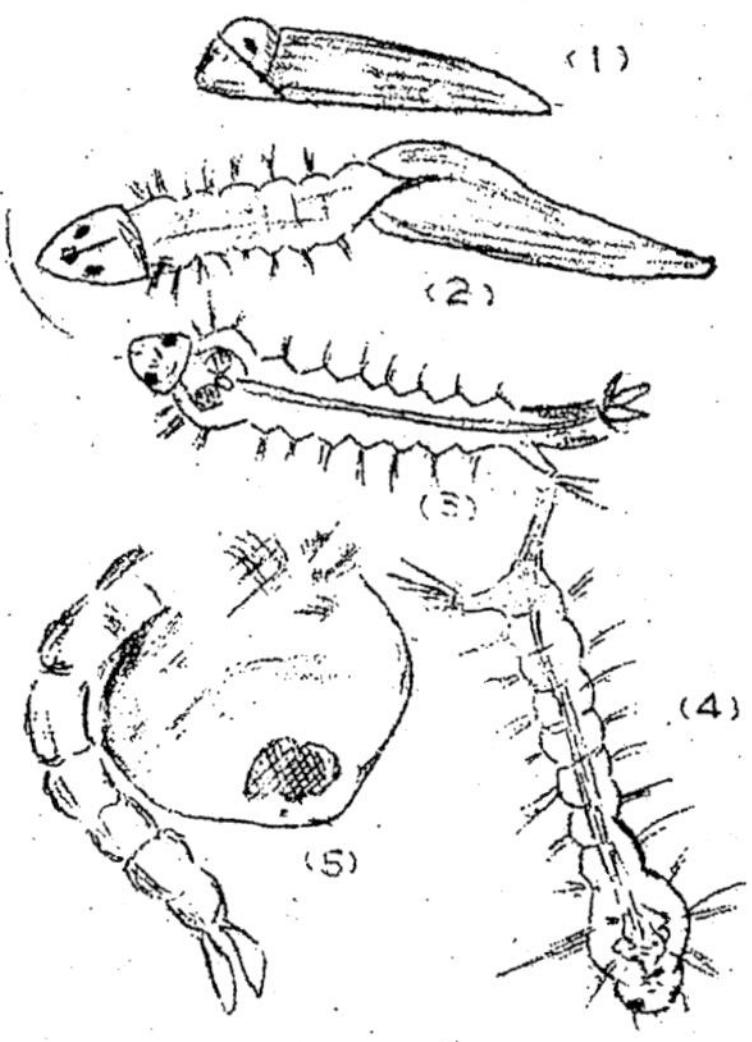

(1) (2) (3) (4) (5)

トラフカクイカの成長速度は他の蚊と殆んど同じである。前述のとおり孵化後四回の脱皮で成虫になるが左図は速度表

ネツタイイエカとの比較

第三表

		第２令虫	第３令虫	第４令虫	蛹	成　虫
ネツタイイエカ	常　温（18°～23c°）	孵化後 2～3日	12～15日	３週間	32日	35～37日
	30°c	孵化後 2日	6日	12日	15日	18日
トラフカクイカ	常　温（18°～20°c）	2日	4日～8日	12～16日		

一般に蚊の雌雄の見分け方は頭部にある触角や触鬚で見分ける。雌は雄に比べて触鬚は非常に短かく、毛がない、又触角はほゞ同じ長さである。雄にては毛が非常に長くふさふさしているが雌ではそれほどでもない。

※生　態

◎発生時期＝トラフカクイカは日本本土では晩夏から秋にかけた範囲では十二月の中旬頃から発生しきて三、四、五月と多くなつてきて六月頃から減りだし、八月の上旬頃から見えなくなつてくる。

他の蚊が暑い時に活動するのにこの蚊は日本で云えば寒くなりつゝある時に活動する。アカイエカは四、五月より晩秋まで主に活動するが一年中、殆んど発生している。人家附近の樹蔭に多く見ら

れ、デング熱を媒介すると云われている。ヒトスジシマカも沖縄では殆んど年中見られるが特に五、六、七月と真夏になるに従つて多くなる。

沖縄では水溜に行けばいつでもボウフラを見出すことが出来る。それで特に春三、四、五、六月頃蚊がどつと発生するその時このトラフカクイカはおゝいに活動する事が出来る。又この発生時期から見て殆んどこの蚊はいつでも他種のボウフラを食つて生活しているので恐しい伝染病を媒介する他種のボウフラを滅亡さすに一役かつている。

○棲息場所＝私がこの蚊のボウフラを発見したのは首里高校内の池からであるが、それ以外の場所からは見つけ出す事は出来なかつた。それで色々と実験してみるとこのボウフラはよくマラリヤを媒介すると云われているシナハマダラカの発生する沼等のすみきつた水にも生きながらえる事が出来又、アカイエカが発生する汚い溝、下水、くさつた水にも生活し、又、水道水の中にもすんで生長し、他のボウフラを食べる事がわかつた。

・トラフカクイカの補食量と時間との関係

・補食量は食われるボウフラの種類には関係はない。

・少ない時で五～六匹一日に補食し、
多い時で一五～二〇匹位を一匹のボウフラで補食する。しかしこの数も補食する方とされる方の大きさに依つて異なるが右の数は自分とほゞ同じ大きさの場合の時である。又補食する方は自分より大きなものはめつたに食べない。

右の数からトラフカクイカのボウフラ一匹で孵化してから蛹になるまで他種のボウフラを三〇〇～四五〇匹は補食する事が出来る。しかし彼等は同じものだけを入れていると友ぐいをし、或は他のものと入れていても友ぐいする場合がある。

※結論

以上述べてきた様に、この蚊は広範囲に分布し、成虫は吸血せずして、子孫を増す事ができ、吸血しないので種々の伝染病を媒介する心配がない。

又、幼虫は他種のボウフラを補食し、補食量は水温によつて殆んど関係がなく、同大に於て一日一匹で

・少ない時で五～七匹
・多い時で一五～二〇匹は食つているので、成虫になるまで他種のボウフラを三〇〇～四五〇匹位は食つているものと考えられる。

又、最も大切な事はそのボウフラの餌となる他種のボウフラの発生との関係であるが、前述の如くこの蚊は沖縄では十二月頃から七月頃までは活動し、アカイエカは殆んど一年中活動しているが春と秋に特に多く発生し、又デング熱の媒介種で知られている。

ヒトスジシマカも沖縄では殆んど年中見られる。

それでこの蚊のボウフラはいつでも上の種々のボウフラを補食する事が出来、又くさつたドブ水の様なものから水道水に到るあらゆる蚊のボウフラが生活する事ができる場所に於いてこの蚊のボウフラは同じように生活する事が出来る。

以上の条件で、幼虫は他種のボウフラを補食し成虫は吸血しないと、云う事実からこの蚊は我々人間にとつて最も重要な役虫の一つであると云える。トラフカクイカは残念な事に他種の蚊が年中生活しているのに対し、この蚊の活動期間はブランクになつている時の真夏から初秋に多数にアカイエカ等が発生する。それで何らかの研究、方法でもつて活動期にブランクのない様にする事が出来たら我々が悩んでいる日本脳炎やアラリヤ、デング熱その他蚊によつて伝染される病気を事前に予防出来夏もカヤをつらず安心して休む事が出来るのではないかと思う。


私が満一ヶ年半とつくんできた蚊の観察も未完成のまゝで学校を去らなければならない事は何か心残りが致します。その間色々と御指導して下つた諸先生方、並に御協力下さつたクラブ員に感謝しつゝ私の研究発表を終ります。

球根類の染色体について

首里高等学校一年
善國幸子
松川和子

始めに

生物の授業で私達は幾度か染色体について学びましたが実際に自分達の手で、それを観察したことがなかつたので、あの小さい細胞の中にその様な細い染色体があるということに対して疑問さえ持つていましたが、幸い先生から簡単な方法によつて、プレパラートを作り観察する事が出来るということを聞いて、本当に染色体が見られるか、どうか、その方法によつて調べて見ることにしました。ところで、染色体は普通細胞が分裂する時に、現われるものである。細胞分裂が行われる時、先ず核分裂が行われるが、その時核は形を変えて、染色体となるのである。普通その染色体を調べるには、分裂中期の状態を観察するのが適当である。その時の染色体の数や、形は生物の種類によつて一定している。以下、私が実際に観察したことを発表して見たいと思います。

材料

材料の選撰には色々考えて見ましたが、球根類を集めて、それを発根させ、その新しい根の生長点附近の細胞を見ることが一番便利であることを聞いていましたので、その方法を採用する事にしました。

方法

シャーレヤービーカー、三角フラスコ等に水を入れ上記の材料が、水に浸たる様にしておいて、一週間ぐらい放置して、それ等を発根させる。

二、それ等を根の先端の方から約五米ぐらいの所で切り取る。

三、切り取つた材料を一規定の塩酸の入つたビーカに入れ、それがやわらかくなる程度にそれを温ためる。普通の材料では、三〇秒間ぐらいが適当である。

四、温めた材料を水洗する。それは、材料の組織中にしみ込んでいる塩酸を取り除かないと染色の邪魔になるから、出来るだけそれを行う方が良い。

五、水洗いした材料をピンセットで取り、スライドグラスの上にのせて、その上酢酸カーミンを十分に滴下し、軽くアルコールランプの焔の上を通す

六、カバーグラスをかぶせて、上からゆつくり押してゆく。十分に押しつぶされたら、カバーグラスの周囲にしみ出た染色液を吸取り紙で吸取る。

以上の様な方法で観察した結果下図の様な型と数が分りました。

結び

染色体を見るにはなかなか容易でなく材料はたくさん集めてどれもみな実験はして見ましたが、下図の種類しか実験には成功しませんでした、この六種類でさえも、失敗に失敗を重ねてようやく成功したものです。

このように染色体を研究してきますと今迄同じ様に見えた植物でもそれが区別しかねる場合はこの様に観察することによつて、それ等の植物を区別する一つの証明にもなるわけです。以上述べました通り、この研究には未だ々々、未熟でありますので今後ともこれ等について研究を重ねて行きたいと思います。

最後にこの研究に当つていろいろと御指導をして下さいました諸先生方並びにクラブ員の皆様方に深く感謝するとともに今後とも御指導の程をお願い致します。

参考文献　VO一、一一　NO三　一九五七
遺伝　自然の探究（教科書）
生物の実験方法

石川近郊に於る鱗翅目の分布状態と出現期

石川高校二年
知花包徳

A、序論

学校内に於て生物に関する多種多様な理論的知識を今迄身につけ生物に於ける諸現象又生物の機能について新たな目で生物を観察する事が出来た事は実に悦ばしい事であるが然し単なる文献や書物に依る理論ばかりでなく自分自から生物の生活の中にとつくんで実際彼等の諸活動諸問題を探究する事は最も大切な事と思う。

その意味で私は私が過去三ケ年間伊波城跡を中心とする石川近郊（石川市、金武村、恩納村）に於て採集観察した鱗翅目全体で四八種についての研究発表を試みる。

その内訳

一、蝶亜目（Rhopalocera）

アゲハチョウ科　八種
タラハチョウ科　十〃
ジャノメチョウ科　三〃
マダラチョウ科　四〃
テングチョウ科　一〃
シロチョウ科　五〃
シバミチョウ科　四〃
セーリチョウ科　四〃

二、蛾亜目（Heterocera）

ヤマヽユガ科　一種
マラダガ科　二〃
イカリモンガ科　一〃
ヤガ科　一〃
シロスジヒトリモドキ　※キイビヒトリモドキ
モンシロモドキ　キオビエラシャク
クロツバメ　キマエコノハ

B、研究材料

鱗翅目について

鱗翅目は分類学上「節足動物門」「昆虫綱」に属し更に同脈亜目（Hononcure）と異翅亜目（Heteroneura）とに分ける。

鱗翅目は膜質の二対の翅を有し体翅共に鱗粉或は鱗毛で被れる。口器は吸収に通ずる。

雌雄の区別法は雄では通常尾端に一対の把握器があるが雌では尾端は尖つていて腹部がふくらんでいる。（例アゲハチョウ科）

又種類に依つては雌雄の翅のはん紋や色調を著しく異にし、一見して区別されるものもある。（例メスアカムラサキ）

尚本目は総べて完全変態をなす。

又鱗翅目（蝶亜目の「科」の特徴として次の事がいえると思われる。

すなわちアゲハチョウ科の卵は球型で幼虫は驚いた際に悪臭を発敵する肉角があり、アゲハチョウ科の多くの幼虫はみかん類を食害する。

主に食樹に帯蛹となる。又沖縄に於けるパピリオ属の大部分は蛹道がある。シセチョウ科の卵はトックリ型で多くの幼虫は豆類を食する。

主に食樹に帯蛹となる。

タテハチョウは卵は球形、垂蛹となる。

タテハチョウ科が木にとまる時は必ず頭部を下の方へ向けて止まる。ジャノメチョウ科は殆んど陰地性である。ヘビの目の様な紋を有するテングチョウ科は飛ぶのはおそい上に、一寸飛んですぐとまる食樹に垂蛹となる。

No.	科名及種名	分布	出現期（成虫）	幼虫の食草と産卵態	備考
1	シロオビアゲハ アゲハチョウ科	石川近郊に普通に見られる。	殆んど年中出現	ヘンルーダ科のニラミレモンやサルカケミカンの若バのハ裏に一個ずつ	沖縄に最も普通に見られ、主に仏桑華の花に飛来する雌の成虫に二種の異型があり一つは外観は同型である。

No.	科名及種名	分布	出現期（成虫）	幼虫の食草と産卵態	備考
2	アゲハチョウ科 ナガサキアゲハ	伊波城跡、金武村、恩納村。	五月上旬－八月下旬	シロオニアゲハと同	食樹に帯蛹となる。成虫は好んで仏桑華の花に飛来。蝶道がある。
3	アゲハチョウ科 モンキアゲハ	恩納村、金武村、伊波城跡	五月上旬－八月下旬	シロオビアゲハと同	成虫は仏桑華の花に飛来する。又水溜りにも舞いおりて吸水する。食じゆに帯蛹となる。木種も蝶道がある。
4	アゲハチョウ科 アゲハ	金武村、伊波城跡（伊波に於ては稀）	四月－八月	シロオビアゲハと同じと思われる。	金武村に於て、春型が少からず、見られるが、それ以後のものすなわち夏型は少い。
5	アゲハチョウ科 クロアゲハ	伊波城跡、金武村	五月上旬－八月下旬	シロオビアゲハと同	主に食樹は帯蛹となる。成虫は殆んど仏桑華の花に集る。木種も蝶道があるものと思われる。
6	アゲハチョウ科 カラスアゲハ	金武村、伊波城跡に於ても稀ながら見られる	五月上旬－九月	ヒラミレモン	八月下旬には雄の完全な夏型が少からず見られる。仏桑華の花に飛来蝶道を行交い路上の水溜りに集まる。
7	アゲハチョウ科 アオスジアゲハ（クロタイマイ）	石川近郊に普通に見られる。	三月下旬－十一月まで見られるが特に六－七月に多い。	クスノキ科のクスノキ若バの裏に一個ずつ産卵	食樹のハ裏に帯蛹となる。成虫は盛んに飛びまわる。路上に吸水する際花に静止する時は羽を閉じる。
8	ジメユウアゲハ アゲハチョウ科	伊波城跡、金武村、恩納村山目。	三月下旬－十一月	ウマノスズクサ科のウマノスズクサ	いろいろな花に集まる。ゆるやかに飛ぶ。蛹は食草、その附近の草木に帯蛹となる。
9	シロチョウ科 ツヤベニチョウ	金武村、伊波城跡	四月－十一月まで出現するが特に六－七月下旬に普通に見られる。	フウチョウソウ科のキヨボク、一個ずつ産卵	幼虫は習性としてさわると頭部をもたげる。その姿はヘビに似る尚もつつくと草色の液を吹きかける、蛹は食樹の附近の草木にも見られるが主に食樹のハ裏に帯蛹として見られる。
10	シロチョウ科 ウラナミシロチョウ	金武村、伊波城跡一帯	五月上旬－八月	マメ科のハブソウ	産卵の為ハブ草に飛来する。又－ヘチマ等の花にも集まる、食草のハ裏に帯蛹となる。
11	シロチョウ科 ウスキシロチョウ	金武村、伊波城跡一帯	五月－八月	恐らくハブソウと見られる	飛ぶのが早く捕獲困難
12	シロチョウ科 モンキチョウ（オッネンチョウ）	伊波城跡一帯	十月より六月まで見られるが特に二－四月の間は普通に見られる。	マメ科のウマゴヤシ	六月以後に出現するものは一般に大型で色は鮮かである。

13	シロチョウ科 キチョウ	石川近郊に普通	年中見られるが夏に最も多く出現	恐らくマメ科のハギを食草としていると見られる	金武村屋嘉に於ては五月頃大型のキチョウが出現する。
14	テングチョウ科 テングチョウ	金武村金武	五ー六月までは少からず見られる。	リュウキュウクロウメモドキ	幼虫は食樹のハ裏に帯蛹として見られるが小さく木のハと同色なので見つけにくい。飛ぶのはおそく。その上一寸飛んですぐ止まるので容易に捕獲出来る。
15	シジミチョウ科 オキナワシジミ	石川近郊に普通に見られる。	年中見られる（二月頃は少くなる。	モンカタバミ科のカタバミ、ハ裏に一個ずつ産卵	産卵の為カタバミに飛来する。
16	シジミチョウ科 シラナミシジミ	伊波城跡一帯 真栄田	一月中旬ー十一月	豆類	産卵の為豆畑に飛来する。
17	シジミチョウ科 ウラナミシジミ	金武村金武	五月ー九月	恐らくモクタチバナ	本島内に於ては分布は金武村を再限とするものと思われる、六月頃好んでフクギの花に飛来する。
18	シジミチョウ科 ムラサキツバメ	伊波城跡	五月に採集	マテバシイ	地理的分布？
19	セヽリチョウ科 チヤパイセヽリ	石川近郊に普通	年中見られる。	チイ科のクテヤガラ、一個ずつ産卵	いろいろな花に集まる。
20	セヽリチョウ科 オキナワクロセヽリ	金武村金武	五月上旬ー八月	月桃	習性として蔭地を好み樹蔭に良く現われる。
21	マヽリチョウ科 オヽシロモンセヽリ	金武村金武、伊波城跡	五月ー八月		習性として蔭地を好み午後六時頃盛んに飛びまわる。
22	セヽリチョウ科 オヽイチモンジセヽリ	伊波城跡、金武村金武	五月八月		飛ぶのは極めて早く一度飛びたつても又元に引返して元の所へ止まると云う習性がある、海岸に打上げられた藻にも集まる。
23	マダラチョウ科 アサギマタラ	伊波城跡、恩納村山田 金武村	十月ー五月	スズイモ科のサクラタン	蛹は食草の附近の草木に見られるが主に食草のハ裏に帯蛹として見られる。幼虫も成虫の様に体にまだらがある。二〜四月までの間は最も多く見られる。五月から六月の間に出現するものは一般に小型。
24	マダラチョウ科 リユウキユウアサギマダラ	伊波城跡	十一月ー五月	恐らくサクラタン、カモメヅルと思われる。	マダラチョウ科特有のゆるやかに舞い花におとずれる。個体数はアサギマダラより少い。

No.	科名及種名	分布	出現期（成虫）	幼虫の食草と産卵態	備考
25	マダラチョウ科 オヽゴマダラ	伊波城跡、恩納村山田	四月ー十一月		幼虫は頭部に一対の触角を有し体の色は黒に赤点がある。科の?を食草としその附近の草木に帯蛹となる。蛹は金色に光り美事なものである。飛ぶのはおそく容易に捕獲出来る。
26	マダラチョウ科 カバマダラ	石川	八月に採集	カモメヅル、イヌマキ、アダン	本種はツマグロヒョウモンの雌に似ており飛んでいるものは良く間違う。
27	マダラチョウ科 スジグロカバマダラ	金武村金武、伊波城跡一帯	五月ー八月	カモメヅル	本種もツマグロヒョウモンの雌に似ておりよく間違う。いろいろな草の花に集まる。
28	タテハチョウ科 アカタテハ	金武村、伊波城	九月上旬ー四月	イラクサチシのヤブマオの若バの裏に一個ずつ産卵	幼虫は習性として食草を二つに折り袋状とし中にひそむ、その附近の草木に垂蛹となる。
29	タテハチョウ科 ヒメアカタテハ	伊波城跡、金武村	九月上旬ー四月	アカタテハと同じ	アカタテハと混棲する。個体数はアカタテハより少ない。
30	タテハチョウ科 ルリタテハ	伊波城跡、金武村	三月ー八月	サルトリイバラ	三月頃に出現する成虫は殆んど雌である。フクギの花や糖密に集まる。樹液に集まつたものは一度飛び去つても又引返して止まる。
31	タテハチョウ科 イシガキチョウ	伊波城跡、金武村金武	四月ー八月	オヽイタビ、イヌビワを食草としている物と思われる。	五、六月頃最も多く出現し樹の花に群集する。又水溜りにも集まる驚ろくと飛び立ち翅を開いたままハ裏に止まると云う習性がある。
32	タテハチョウ科 タテハモドキ	石川近郊普通	三月下旬ー九月	クマツヅラ科のイハダレソウ若バの表に一個ずつ産卵	幼虫の食草としてリユウキユウアイ。オギノツメ等があげられているが私が調べた結果はイワダレソウを食草としている、附近の草木に垂蛹となる。
33	タテハチョウ科 ムモンタテハモドキ	石川近郊	十月ー四月		タテハモドキの冬型と云われる。十月から十一月に出現するものは翅の色は濃いが十二月より四月の間に出現するものは色は薄い。
34	タテハチョウ科 アオタテハモドキ	年末見られるが特に六月ー八月に多く出現	伊波城跡一帯、恩納村真栄田岬	附近に食草（クロウキヨウアイ）のない事、イロダレソウのはえている所に必ず出現する事から指して本種もイハダレソウを食草とすると思われる	タテハモドキと混棲する。草の花や獣糞に集まる。
35	タテハチョウ科 リユウキユウムラサキ	金武村金武（少い）	六月ー八月	リユウキユウアイ ガジユマル スベリニユ、サツマイモ	本島全体に分布している様であるが、個体数は少い。金武にも見られるがやはりその例にもれない。

36	タテハチョウ科 コノハチョウ	伊波城跡伊芸岳、恩納村恩納岳	五月中旬ー八月下旬	キツネノマゴ科のリユウキユウアイ又卵は形大きさ共シロオビアゲハの卵に似る。	コノハチョウの周年経過は気象に影響される。成虫は糖密に集まる。サクラダン等のハ裏に垂蛹となる。
37	タテハチョウ科 フタオチョウ	金武村金武	六月ー八月中旬	樹	習性として午前中から午後四時までの間はなかなか見られないが日没近くの四時頃から七時までの間に高い樹の梢上を盛んに飛びまわる、分布は金武村を再限とするものと思われる。
38	ジヤノメチヨウ科 ウスイロコクマ	金武村、伊波城跡一帯	五月ー八月	サトウキビ	成虫はサツマイモの煮たもの等にも集まる。冬出現するものは翅の色はうすい。
39	ジヤノメチヨウ科 リユウキユウヒメジヤノメ	石川近郊普通	年中見られる。	ススキ類と思われる。	蔭地性を好んで木の間を飛びまわる。
40	ジヤノメチヨウ科 ウラチミジヤノメ	石川岳	五月ー十一月	ススキ類	石川近郊以外では名ゴ岳に産する沖縄では今迄知られてなかつたものと思われる
41	ヤママユガ科 シンジユサン	伊波城跡	八月中旬ー十月	ヘンルーダ科のサルカケミカン、一枚に五及至十個ずつ一例に産卵	九月頃産卵された卵は次の年に孵化する？五月頃幼虫が見られ五～六月に孵化するが、八月中旬内には蛹化しない。ガの習性として燈火に集まる。
42	マダラガ科 シロシタサツマニシキ	伊波城跡、恩納岳、伊芸岳	八月下旬より（金湾に於いては四月から出現すると云う）十月		山奥の谷川にそつて産する本種が伊波城跡にも産する事は伊波城跡が谷川の条件を備えている事（谷川に産する本種の食事があると云う）を示すものと思う。
43	マダラガ科 サツマニシキ	伊波城跡	十月下旬に採集		

「花粉」

首里高等学校
島袋邦尚

序

庭園や野山に咲き乱れる種々の花は、いつたい誰に向つてあの誘惑の手をさしのべているのであろう。私達に向つてであろうか。?いや、そうではないらしい。何故なら人間がこれらの花園を訪れても、花自身が得られる利益はさしてなさそうである。

むしろ人間の手に摘まれて後捨てられることでもなれば、花にとつては実に迷惑千万ということであろう。花園には私達より先に昆虫が訪れる。虫達は体、足に花粉をつけて花から花へと飛回る。花粉が柱頭につくと種子が出来る。種子が出来れば子孫がふえる。こう考えると、虫達こそ花にとつて大切なお客さんでありあの美しい誘惑の手も、これらの虫達に向つてさしのべられていると考えられる。

私は去年〃ホウセンカの花粉管の考察〃を発表したが、その時同じ植物の花粉でも培養基（蔗糖寒天板）の蔗糖の濃度と温度の変化は花粉管の出方やその伸長速度を左右する事を発表した。つまりある種（A）の花が咲く時はその時の外気の温度がその花粉にとつて花粉管の出芽、伸長に最も適した時期であり、又その花の柱頭はその花粉の花粉管出芽に最も適した状態であるが故に、たとえ他の種（B）の花粉と混つて（A）の柱頭についたとしても、他の種(B)の花粉は花粉管が出芽しないか、又は伸長の速度がおそてく（A）の花の花粉管においこされてしまうことが推測された。今回の発表は私が二年間に渡つて観察した八九種の花粉の形態について発表したいと思います。

諸論

I、花粉の出来方

通常花粉が出来る時は一個の花粉母細胞は連続して二回の細胞分裂を行うので結局一個の花粉母細胞から四個の花粉が出来ることになる、この連続して二回行われる分裂の中のいずれかの分裂で二nの染色体がnに半減し、他の分裂の時は体細胞分裂と同じような分裂の仕方で分裂が行われるので一個の二nの花粉母細胞が四個のnの細胞即ち花粉となるのである。花のオシベの葯の中にはたくさんの花粉母細胞があつてそれぞれの花粉母細胞が四個の花粉をつくる。

即ち葯の中には花粉母細胞の四倍の数の花粉が出来てくることになる。

花粉母細胞の分裂の仕方は植物の種類によつて違つている。花粉母細胞の核が二つに分れた後、すぐにその間に細胞膜が形成されるもの、これをかりにX型と呼ぶことにする。次に花粉母細胞の核が二つに分裂した後もその間に膜はすぐには形成されずに二つの核がそれぞれもう一度分裂して、核が四個になつた後各々その核を囲んで膜が形成される。即ち此の場合の花粉母細胞の分れ方は球が一時に四等分されるように行われる。これをY型とする。単子葉植物の花粉は一般に前者即ちX型が多く、双子葉植物の花粉は後者即ちY型に属するものが多いといわれている。

次の図はX型とY型の花粉の出来方を示している。

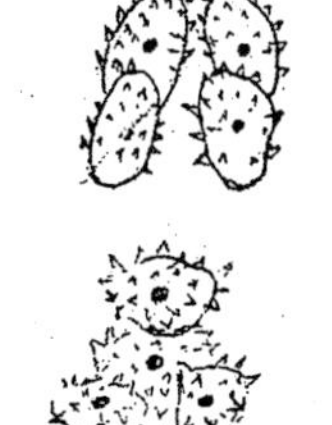

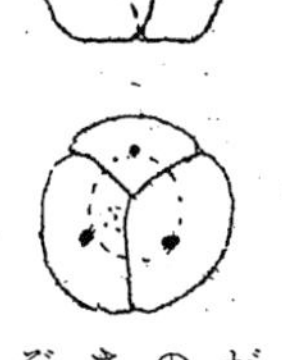
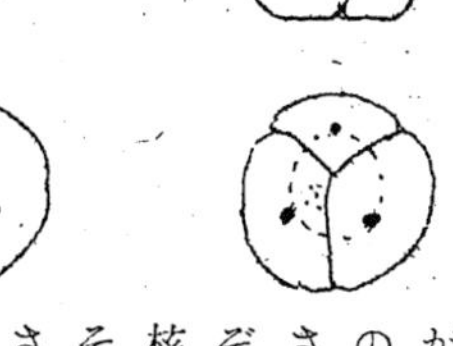

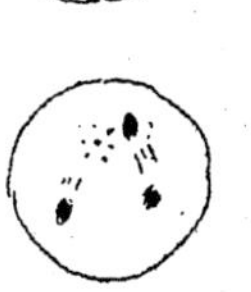
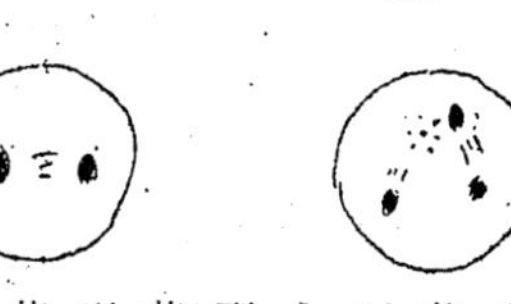

花粉の出来方の代表的な二型（上段・X型・下段Y型）植物によつては、多くの花粉が集つて塊をなしているものも見られる。

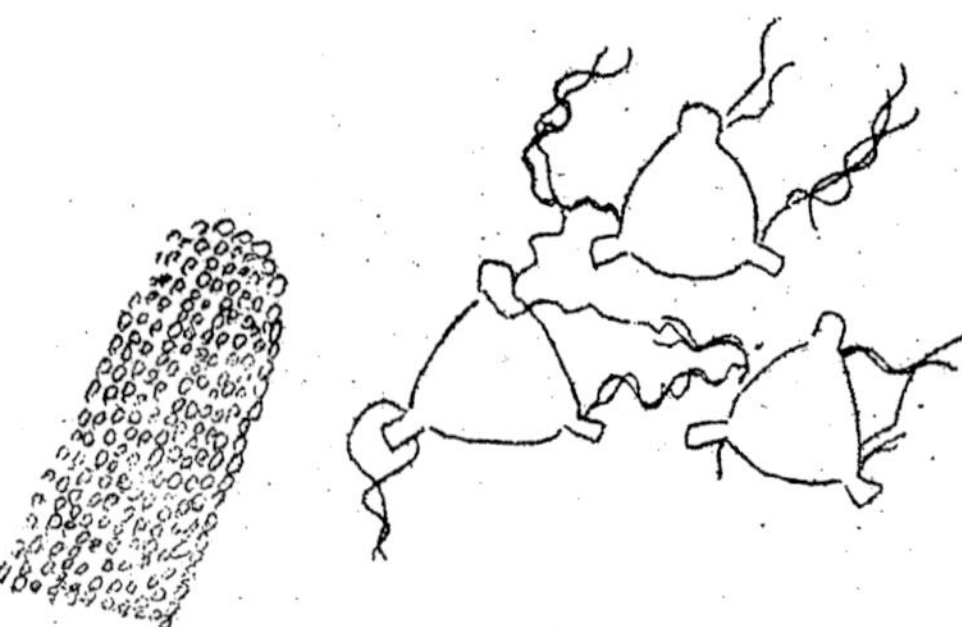

（ランの花粉塊）　（マツヨイグサの花粉塊）

Ⅱ、花粉の色

花粉の色は花びらの色と一致しないことが多い、又葯の色とも一致しないこともある。通常は黄色又は透明である。

そのほか、橙色（キク科）、クリーム色（サクラソウ科）、赤色（ゼラニウム、ヤマユリ）、紺（チューリップ）、紫色（ペチユニテ）等が見られる。

これらの色はいずれも外膜の外側に付着しているので、アルコールで簡単に除くことが出来る。これらの色は虫を集めるのに役立つ。

花粉のいろいろ
（基本型）

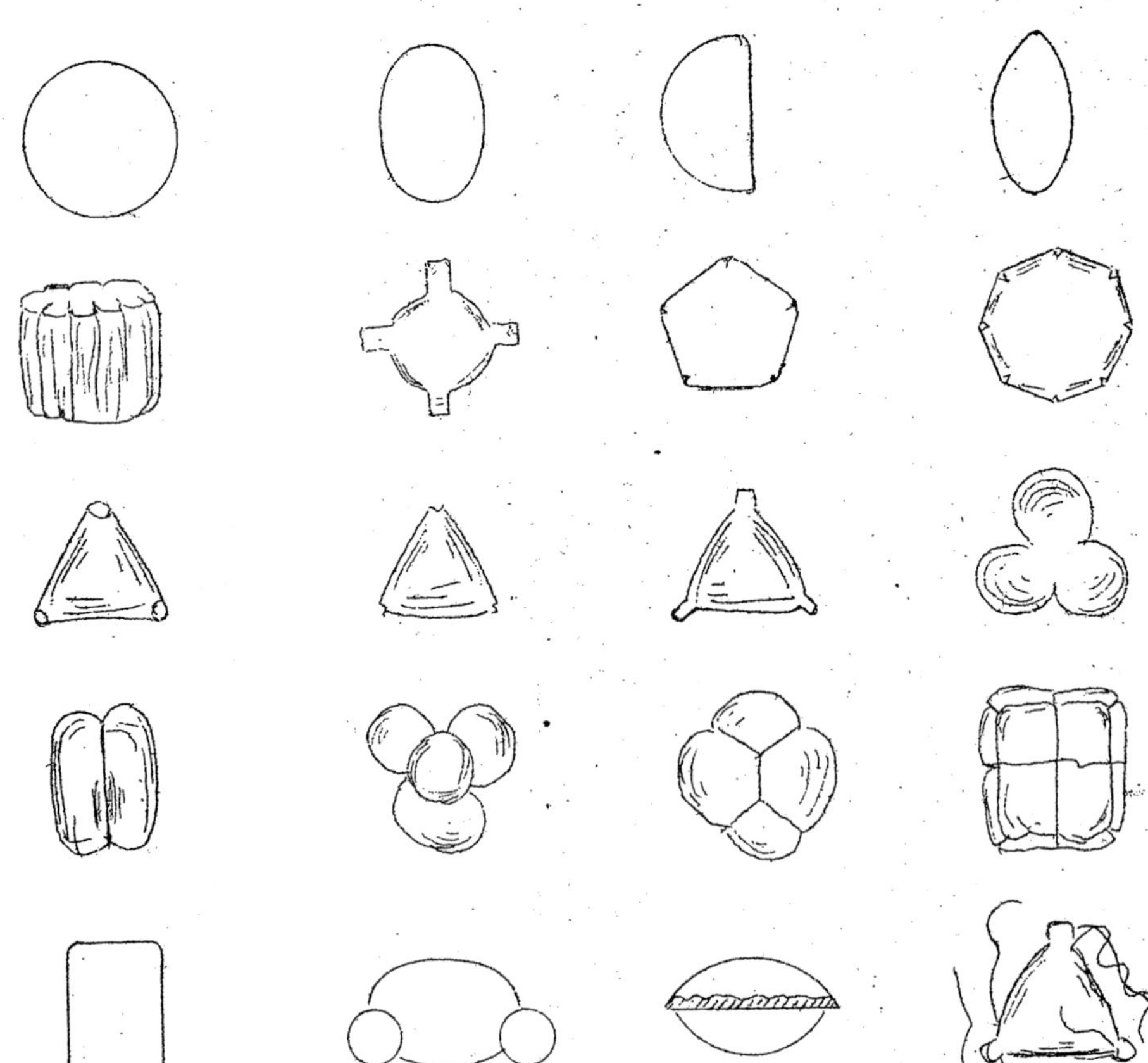

Ⅲ、花粉の形と大きさ

花が科属によって独特の形態をもっているのと同様に花粉もそれぞれ特徴をもっている。おおよその外形から見ると、次のようなタイプに分けることが出来る。

。花粉の形

球型

キク科ーキク、シロバナセンダングサ、キンセンカ、フキ、ヒマワリ、ダーリア
ホモノ科ーチガヤ、ネズミノオ、ササキビ、エノコログサ、スズメノコビエ、スズメノヒエ、コブナグサ、ジユズダマ、アブラススキ、
ヒルガオ科ーノアサガオ、サツマイモ、ヒルガオ、
アブラナ科ーアブラナ、
クマツヅラ科ーイボタクサギ、
タコノキ科ーアダン、
スギ科ースギ
ソテツ科ーソテツ、
モクセイ科ーネズミモチ
クサトベラ科ークサトベラ
マメ科ーダイズ、ヌスビトハギ、ナタマメ、タンキリマメ
バラ科ーバラ
アオイ科ーブツソウゲ、オオハマボウ
サクラ科ーサクラ
カンナ科ーカンナ
タデ科ーツルソバ
ゴマノハグサ科ーキンギョソウ
ナス科ーヤコウボク
ウリ科ーカボチヤ
キキョウ科ーキキョウ
トケイソウ科ートケイウリ
トウダイグサ科ーヒトツバハギ、
ミツバウツギ科ーゴンズイ
オオバコ科ーオオバコ
オシロイバナ科ーオシロイバナ

楕円型

ホモノ科ートウモロコシ、ナルコビエ
マメ科ーデイゴ、ナンキンマメ、シナガワハギ
カラスノエンドウ
クワ科ークワ
タデ科ーソバ、ギシギシ
ヒガンバナ科ーハマオモト、タマスダレ
アヤメ科ーアイリス、ヒオウギ
ユリ科ーチユウリツプ、カンゾウ
ゴマノハグサ科ーハナチヨウジ
ソテツ科ーソテツ
ニガキ科ーニガキ
ミズキ科ーアオキ
ヘンリウダ科ーゲツキツ
ナス科ークコ
シユロ科ークロツグ
ウリ科ーニガウリ
ミズアオイ科ーホテイアオイ
サトイモ科ーオランダカイウ
リンドウ科ーリンドウ
ミソハギ科ーサルスベリ
スイカズラ科ーサンゴジユ、ソクズ
ゴマ科ーナンバンギセル
トウダイグサ科ーシマニシキソウ、コミカンソウ、トウダイグサ、ヒトツバハギ

角柱型

マメ科ーエンドウ、オジギソウ
スミレ科ーサンシキスミレ、スミレ
クマツヅラ科ーシチヘンゲ
ザクロ科ーザクロ
ツユクサ科ーツユクサ
ツリフネソウ科ーホウセンカ
アカバナ科ーマツヨイグサ
スイカズラ科ーサンゴジユ
ゴマ科ーマゴ

附属物

アカバナ科ーマツヨイグサ

。花粉の大きさ

花粉の大きさは、ミクロメーターで測定する。同種の花粉でも個体ごとにかなり広い変異を示すので花粉の大きさで分けることは困難であるが植物の種類によっておおよその大きさが決つている。

長経（u）	花粉名
十以下	オジギソウ

十～二〇	クワ、アブラナ、アダン、シマニシキソウ、ヒトツバハギ、オオバコ、サクラ
二〇～三〇	コミカンソウ、ササキビ、エノコログサ、ソテツ、シナガワハギ、ヌスビトハギ、タンキリマメ、ハナチヨウジ、キキヨウ、ソクズ、シロバナセンダングサ、ザクロ、ナンバンギセル、スミレ、クロツグ、リンドウ、アブラナ、ヒマワリ、キンギヨソウ、ホウセンカ、サクラ、クワ、バラ、クコ、
三〇～四〇	キク、サクラ、ツルソバ、フキ、ゲツキツ、クコ、ソバ、ヤコウボク、シチヘンゲ、チガヤ、ナンバンギゼル、スギ、センリヨウ、ギシギシ、ナンキンマメ、カラスノエンドウ、タンキリマメ、ニガキ、ゴンズイ、ネズミモチ、サンゴジユ、ダーリヤ、ネズミノオ、ササキビ、スズメノヒエ、スズメノコビエ、コブナグサ、アブラスキ、クサトベラ、
四〇～五〇	アオキ、クサトベラ、ツユクサ、デイゴ、クサギ、ヒオウギ、ソバ、ゲッキツ、バラ、サクラ、カンナ
五〇～七〇	ハマオモト、サンシキスミレ、ニガウリ、タマスダレ、ホテイアオイ、オランダカイウ、トケイウリ、ゴマ、ヒルガオ、ツユクサ、ナタマメ、ナルコビエ、ジユズダマ
七〇～一〇〇	ジユズダマ、カボチヤ、リカリ、サンシキスミレ、ダイヅ、トウモロコシ、カンナ、サツマイモ、
一〇〇以上	ブツソウゲ、キンセンカ、ノアサガオ、マツヨイグサ、トウモロコシ、カボチヤ、オウハマボウ、カンゾウ、オシロイバナ

VI、外膜の模様

花粉の表面の不規則な肥厚によってその外膜にはさまざまな模様が形成されている。平滑なもの、刺状、網目、指紋、線状、これらが組合されて、さらに復雑なものなどがあってその模様は様々である。

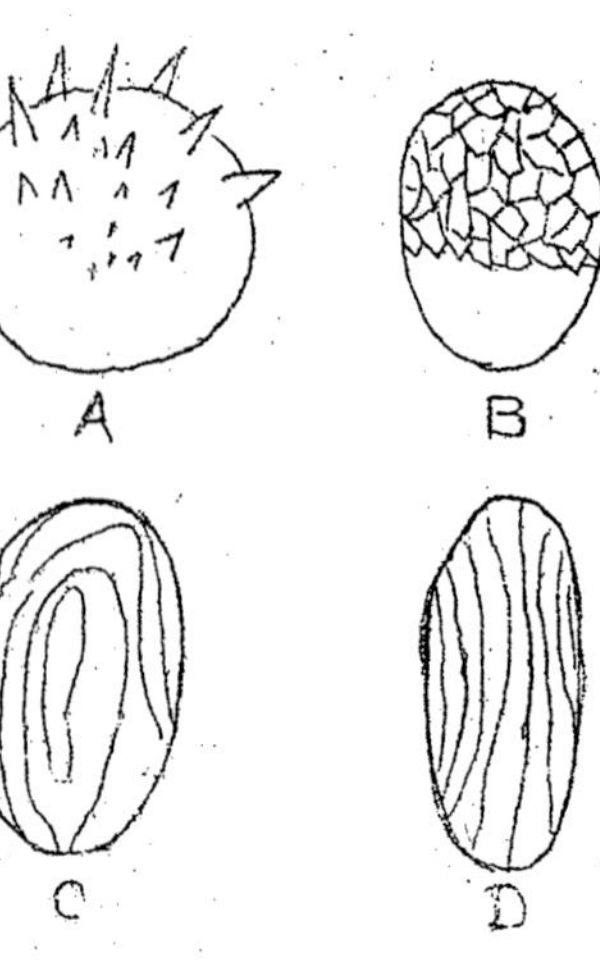

外膜の模様は植物の種属によってほぼ一定しているので、それは花粉を分類するうえに外形、大きさとともに重要な基準の一つとなる。

○外膜の模様

一、刺状（右図のA）

キク、シロバナセンダングサ、キンセンカ、フキ、ヒマワリ、ダーリア、ブツソウゲ、オウハマボウ、カンナ、ノアサガオ、サツマイモ、ヒルガオ、ハマオモト、チユウリツプ、クロツグ、カボチヤ、ホテイアオイ、イボタクサギ、クサギ、アダン、キキヨウ、ナンバンギセル、ゴマ、スギ、アオイ、オオバコ、ツユクサ、オシロイバナ。

二、網目（前図のB）

トウモロコシ、チガヤ、ネズミノオ、ササキビ、エノコログザ、スズメノコビエ、スズメノヒエ、ナルコビエ、コブナグサ、ジユズダマ、アブラスキ、ダイズ、デイゴ、オジギソウ、ナンキンマメ、シナガワハギ、ヌスビトハギ、カラスノエンドウ、ナタマメ、タンキリマメ、ホウセンカ、バラ、クワ、ツルソバ、ソバ、ギシギシ、アブラナ、ヒオウギ、カンゾウ、キンギヨソウ、タマスダレ、サンシキスミレ、マツヨイグサ、ヤコウボク、ニガウリ、オランダカイウ、シチヘンゲ、サルスベリ、ソクズ、サンゴジユ、ザクロ、トケイウリ、ソテツ、センリヨウ、ニガキ、シマニシキソウ、コミカンソウ、トウダイグサ、ヒトツバハギ、ゴンズイ、ネズミモチ、クサトベラ

三、指紋状（前図のC）

サクラ

四、線状（前図のD）

リンドウ、クコ

V、発芽装置

花粉の種類によって花粉管の発芽する場所やその数がほぼ一定している。そこは外膜の一部が欠けたり薄くなったりして発芽がしやすくなっている所で、そこを特に発芽装置と呼んでいる。発芽装置のまったくないものもあるが、発芽装置には発芽溝（細い溝となっているもの）、発芽孔（完全に外膜を欠いていて孔となっているもの）、のほか、溝の中に孔を持つものなどがある。これらの発芽装置の違いが又、花粉を分類するうえの大切な基準の一つとなる。

発芽装置のいろいろ

(1)、発芽孔（下図はフタをもっている）(2)、発芽溝、(3)溝中の孔

これらの発芽装置は花粉の表面に不規則に存在しているものではなく、花粉の周囲にだいたい規則正しく配列されている。

○発芽溝と発芽孔とについてその数から分けてみると次の通りである。

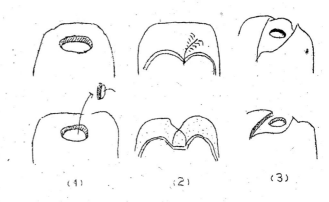

	数	花粉名
発芽孔	一	トウモロコシ、チガヤ、ネズミノオ、ササキビ、エノコログサ、スズメノコビエ、スズメノヒエ、コブナグサ、ジュズダマ、スギ、アブラススキ
	二	クワ
	三	デイゴ、マツヨイグサ、ニガウリ
	四	ニガウリ

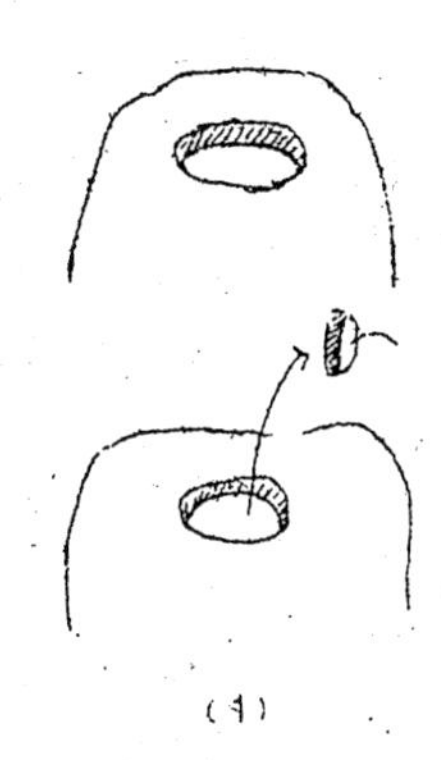
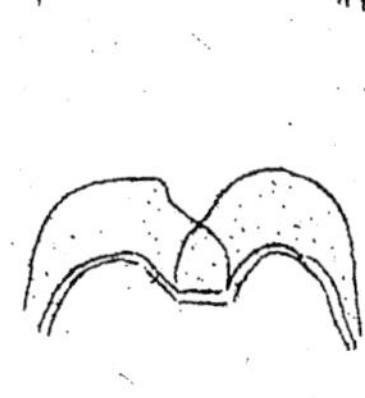
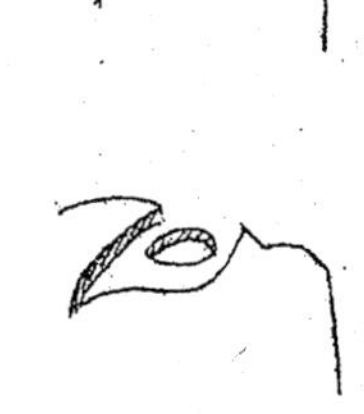

(1)　(2)　(3)

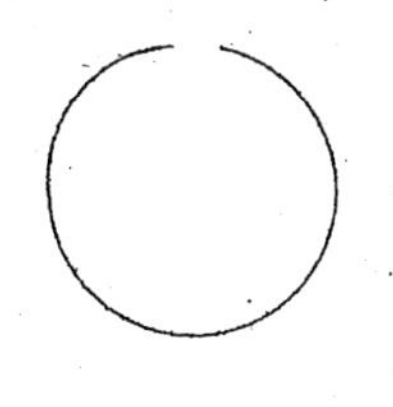
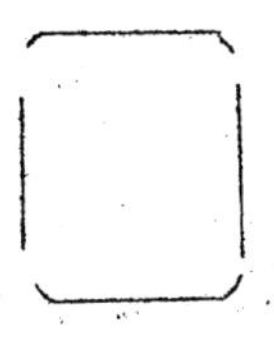
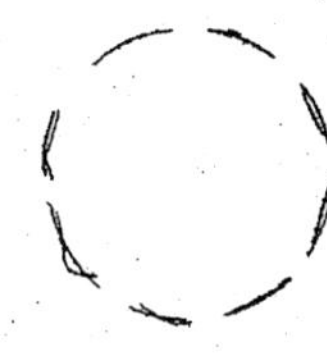

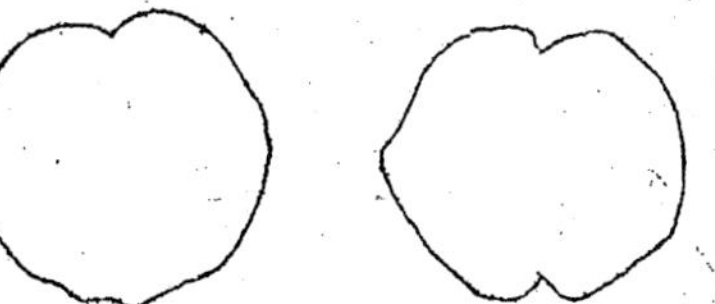
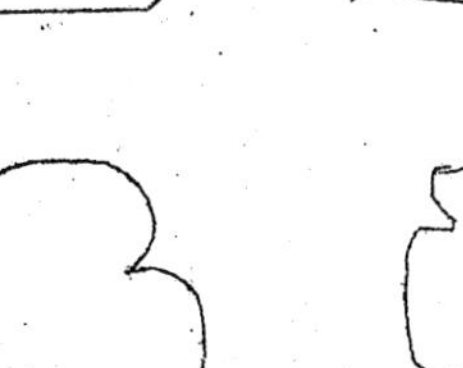
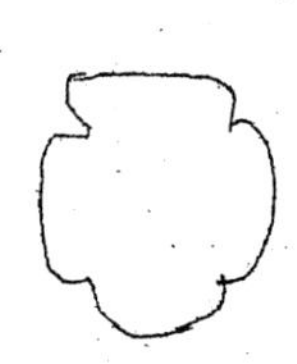

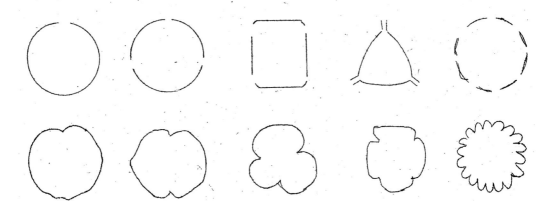

発芽装置の位置（花粉の断面）

上列は発芽孔、下列は発芽溝

	多数	ノアサガオ、サツマイモ、ヒルガオ、カボチャ、オオバコ、オシロイバナ
発芽溝	一	タマスダレ、ヒオウギ、カンゾウ
	二	ハマオモト、ホテイアオイ、サクラ
	三	アブラナ、チユウリツプ、ハナチヨウジ、クロツグ、クサギ、ナンバンギセル、サクラ
	四	ゲツキツ、ゴマ、ホウセンカ、サクラ
	六	ダーリア
	多数	ホウセンカ、ゴマ
溝孔粒	三	キク、フキ、ヒマワリ、ダイズ、エンドウ、ナンキンマメ、カラスノエンドウ、ヌスビトハギ、ナタマメ、タンキリマメ、バラ、ツルソバ、ソバ、ギシギシ、キンギヨソウ、スミレ、クコ、ヤコウボク、シチヘンゲ、リンドウ、ソクズ、サンゴジユ、ザクロ、ニガキ、トウダイグザ、ヒトツバハギ、ゴンズイ、アオキ、ネズミモチ、クサトベラ
	四	シロバナセンダングサ、キク、ソバ、ギシギシ、サンシキスミレ、ネズミモチ
	五	サンシキスミレ
	六	トケイウリ、コミカンソウ
無口粒		カンナ、センリヨウ

科	植物名	発芽装置	模様	(u) 大きさ	型 赤道観像
キク	キク	三―四溝孔粒	刺状	二五~四〇×二五~四〇	球
	シロバナセンダングサ	四 溝孔粒	小刺	二八~二九×二八~二九	〃
	キンセンカ	多数散孔粒	刺状	一三〇~一四五×一三〇~一四五	〃
	フキ	三 溝孔粒	〃	三三~三四×三四~三五	〃
	ヒマワリ	〃	〃	二六~二七、五×二七、五~二九	〃
	ダーリア	六 類散溝粒	〃	三七~四〇×三七~四〇	〃
ホモノ	トウモロコシ	単口粒	細網状	八三×一〇〇~一一六	楕円
	チガヤ	〃	〃	三三×三三	球
	ネズミノオ	〃	〃	三二~三三×三二~三三	〃
	ササキビ	〃	〃	三七~四〇×三七~四〇	〃
	エノコログサ	〃	〃	二六~二八×二六~二八	〃
	スズメノコビエ	〃	〃	三八~四一×三七~三八	〃
	スズメノヒエ	〃	〃	三八~四一×三六~三八	〃
	ナルコビエ	〃	〃	五八~六三×五五~六七	楕円
	コブナグサ	〃	〃	三六~三八×三六~三八	球
	ジュズダマ	〃	〃	六三~七八×六三~七八	〃
	アブラススキ	〃	〃	三二~三五×三二~三五	〃
マメ	ダイズ	三 溝孔粒	〃	一〇〇×一〇〇	〃
	エンドウ	〃	〃	三八×六〇	柱
	デイゴ	三 孔孔粒	網状	四二~四四×四五~四七	楕円
	オジギソウ	四 集粒	細網状	八~九×八~九	柱
	ナンキンマメ	三 溝孔粒	〃	三二、五~三六×三三~三二、五	楕円
	シナガワハギ	〃	〃	二四~二八×一七~二三	〃

マメ	カラスノエンドウ	〃	小網状	三五〜四一×二四、五〜二八、五	〃
	ヌスビトハギ	〃	細網状	二五、五〜二七、五×二五、五〜二七、五	球
	ナタマメ	三　溝孔粒	小網状	五一〜五九×五一〜五九	球
	タシキリマス	〃	網　状	二五〜二六、五×二七、五〜三三	〃
ツリフネソウ	ホウセンカ	孔が四コ又は外数	〃	二一×二三〜四八	柱
バラ	バラ	三　溝孔粒	細網状	三〇〜四六、六×三〇〜四六、六	球
アオイ	ブッソウゲ	多数類散孔粒	刺　状	一五一、五×一八六、四	楕円
	オウハマボウ	〃	〃	一〇五×一〇五	球
サクラ	サクラ	二−三−四溝孔	指紋状	二〇〜二五×二〇〜二五	〃
カンナ	カンナ	無口粒	刺　状	七二〜七九×七二〜七九	〃
クワ	クワ	赤道上二孔型	細網状	一七、五〜一九×一九〜二一	楕円
タデ	ツルソバ	三　溝孔粒	網　状	三七〜三九×三七、五〜三九	球
	ソバ	三−四溝孔粒	〃	三〇〜三五×四〇〜五〇	楕円
	ギシギシ	〃	細網状	三五〜三六×三七、五〜四〇	〃
ヒルガオ	ノアサガオ	多数散孔粒	刺　状	一一五〜一三五×一一五〜一三五	球
	サツマイモ	〃	〃	九四〜一〇〇×九四〜一〇〇	〃
	ヒルガオ	散孔粒	小　刺	六八×六八	〃
ヒガンバナ	ハマオモト	二　長口粒	〃	五三五、×五六、五	楕円
	タマスダレ	一　長口粒	小網状	三五×五〇〜六七、五	〃
アブラナ	アブラナ	三　溝　粒	細網状	一二〜三〇×一二〜三〇	球
アヤメ	アイリス				楕円
	ヒオウギ	一　長口粒	網　状	四〇〜五〇×五〇〜八五	〃
ユリ	チユウリップ	三　長口粒	小　刺	六八×八一	〃
	カンゾウ	一　長口粒	細網状	八七、五×一五七、五	〃
ゴマノハグサ	キンギョソウ	三　溝孔粒	〃	二七×二七	球

科	植物名	発芽装置	模様	(u) 大きさ	型
スミレ	ハナチヨウジ	三　溝粒	線状	一四×二六	楕円
	サンシキスミレ	四ー五溝孔粒	細網状	三〇~四七×六五~九〇	柱
	スミレ	三　溝孔粒	〃	二八×二八	〃
アカバナ	マツヨイグサ	三　孔孔粒	細網状 粘着糸	七五×一三五~一五〇	角 附層物
ヘンリユウダ	ゲツキツ	四　溝粒		一二×四〇~四四	楕円
ナス	クコ	三　溝孔粒	線状紋	一五~一八×二五~三六	〃
	ヤコウボク	〃	網状	三五×三五	球
シユロ	クロツグ	三ー四溝粒	刺状	一四×二四~三〇	楕円
ウリ	カボチヤ	多数散孔粒	〃	八七~一一〇×八七~一一〇	球
	ニガウリ	三ー四孔粒	細網状	三六~四五×五二~六五	楕円
ミズアオイ	ホテイアオイ	二　長口粒	小網状	二八×七〇	〃
サトイモ	オランダカイウ		細網状	二六×五二、五	〃
クマツヅラ	イボタクサギ		小刺	一六×一六	球
	シチヘンゲ	三　溝孔粒	細網状	三〇×三七	柱
	クサギ	三　溝粒	小刺状	四四×五一	楕円
タコノキ	アダン		〃	一六×一六	球
リンドウ	リンドウ	三　溝孔粒	線状	二三×三〇	楕円
ミソハギ	サルスベリ	〃	細網状	二七×三五	〃
キキヨウ	キキヨウ	五ー六溝粒	小刺状	三〇×三〇	球
スイカズラ	ソクズ	三　溝孔粒	小網状	一五×二五~二八	楕円
	サンゴジユ	〃	網状	三二~三四×三二~三四	球
ザクロ	ザクロ	〃	細網状	一六×三〇	柱
トケイソウ	トケイウリ	六　溝孔粒	網状	七〇×七〇	球

科	植物	発芽口	表面	大きさ	形
ゴマ	ナンバンギゼル	三 溝孔粒	小刺状	一〇～二九×二九～三五	楕円
	ゴマ	四 多数散粒	〃	六〇×四三	柱
スギ	スギ	単口突出型	〃	三三×三八	球
ソテツ	ソテツ	一 長口粒	小網状	二一～二二×二一～二三、五	〃
センリョウ	センリョウ	無口粒	網 状	三二～三六×三二～三六	〃
ニガキ	ニガキ	三 溝孔粒	小網状	三一～三二、五×二六、五～三〇	楕円
トウダイグサ	シマニシキソウ	〃	細網状	一八～一九×一七～一八	〃
	コミカンソウ	六 溝孔粒	〃	二一～二二×一七～一八	〃
	トウダイグサ	三 溝孔粒	〃	四一～四三×四三～四五、五	〃
	ヒトツバハギ	〃	小網状	一七～一八×一九～一九、五	〃
ミツバウツギ	ゴンズイ	〃	〃	三一～三四×三二～三六、五	球
ミズキ	アオキ	〃	刺 状	三九～四〇×四三～四六	楕円
モクセイ	ネズミモチ	三－四溝孔粒	網 状	三六～三七、五×三七、五～三九	球
クサトベラ	クサトベラ	三 溝孔粒	小網状	四〇～四一、五×三七、五～三九	〃
オオバコ	オオバコ	散孔粒	小刺状	二〇×二〇	〃
ツユクサ	ツユクサ	一長口粒	〃	四〇～五〇	柱
オシロイバナ	オシロイバナ	散孔粒	刺 状	一一〇～一五〇×一一〇～一五〇	球

Ⅰ、花粉は花粉母細胞が若い葯の中で連続して二回の細胞分裂を行つて出来る。故に実際の花粉の数は花粉母細胞の約四倍の数である。分裂の仕方には核が二分裂した後、すぐにその間に細胞膜が形成されるX型と、細胞膜の形成されないY型の二つがあり、単子葉植物の花粉は一般に前者X型が多く、双子葉植物の花粉は一般に後者Y型に属するものが多いといわれている。

Ⅱ、花粉の色は花びらや葯の色と一致しないことが多い。通常は黄色又は透明である。これらの色は虫を集めるのに役立つ様に思われる。

Ⅲ、花粉は主に球型、楕円型、角柱型、付属物を有するもの等、種々のタイプを持つている。

Ⅳ、花粉の表面の不規則な肥厚によつて、その外膜には平滑なもの、刺状、網目、指紋状、線状などの模様があるが、主として網目が多い。

Ⅵ、風媒花粉

一般に風媒花粉は乾燥して軽く、小型で美しい色もなく、形も単調なものが多い。

Ⅶ、虫媒花粉

一般に虫媒花粉は虫がはこびやすいように、花粉の表面に粘液をもつもの、外膜が複雑で美しい色や香り、甘い蜜をもつている。

要約

V、花粉の種類によつて花粉管の発芽する場所やその数がほぼ一定している。花粉管の発芽する場所を発芽装置と呼び、細い溝となつている。発芽装置を発芽溝、完全に外膜を欠いて孔となつている。発芽装置を発芽孔と呼ぶ。又溝の中に孔をもつ発芽装置の溝孔粒などがある。発芽装置の種類から分けてみると三個の溝孔粒を持つものが最も多い。

VI、花粉は自己移動力を持たないので、何かの力を借りなければならない。したがつて受粉する時には風虫、水、などの力を利用する。それらの力を利用する花粉はそれぞれ独特の型、色をもつている。

これで私が二年間に渡り観察したことについて書きましたがもとより勉強途上にある未完成のもので、しかも学業の合間に趣味として研究を続けているものですから、充分ではありませんが私のこの観察に対し御指導下さつた諸先生方及びクラブ員に感謝しつつ私の観察発表に終止符を打つことにします。

参考文献
岩波洋造著（花粉）
幾瀬マサ著（日本植物の花粉）

読谷村に於ける植物分布

読谷高等学校 三年 澤岻安喜

ホウライムラサキ（クマツヅラ科）
沖縄植物採集便覧て中頭の山地にあつて珍種とされている植物であるが座喜味川の東側に位置する谷間の樹林の中に多く分布している。他の地域では余り見られない。

オキナキワジノオ（ウラボシ科）
ホウライムラサキと同じく国頭や西表に分布すると便覧に記されてある本村の座喜味部落に見られる。

リユウキユウチク（ホモノ科）
喜名、座喜味、牧原の本校茶園に多く分布する。

ソクシンラン（ユリ科）
喜名部落の山地に当る西方に多く分布している。

ミズワラビ（ミズワラビ科）
村役所近くの水田（高志保区）座喜味、喜名の水田に分布

ヘラオモダカ（オモダカ科）
喜名部落の一号線東側の水田、伊良皆、高志保等の水田及湿地に分布する。

ハクサンボク（スイカズラ科）
国頭辺には多く見られるありふれた植物だが本村で喜名部落北側に見られる

ハナヤスリ（ハナワラビ科）
村役所の西側及高志保の西に当る米軍が使用した飛行場の滑走路沿いに分布している特にチガヤやハイキビと共に生存している。

タヌキアヤモ（タヌキアヤメ科）
喜名部落の谷間の湿地に見られる。

オホタニワタリ（ウラボシ科）
長浜部落の南側のソテツ群落のソテツの茎に附着

オキナワキヨウチクトウ（キヨウチクトウ科）
北寄比謝川の上流俗称神川附近に見られる。

イソヤマアオキ（ツヅラフジ科）
ホルトノカズラ
読谷村南部に位置する大湾部落及古堅部落の東側の比謝川沿い、又牧原、喜名等に多く分布している。

イボタクサギ（クマツヅラ科）
比謝川の河口（渡具知部落）から上流に沿つて比謝橋の附近までの両岸に分布している。

オキナワセンニンソウ（ウマノアシガタ科）
比謝川上流の牧原の地城。大湾部落の南及古堅部落の南に多く分布している。

テンニンカ（テンニンカ科）
一号線沿いの喜名部落の北方の山地（古世層）の陽あたりよい土地に多く生ずるもので座喜味部落にかけて分布している。

リユウキユウアケボノソウ（リンドウ科）
テンニンカと同じく、喜名部落の北方の山地の斜面に自生し、ススキ、コシダ等の下方（陰地）の地に生えている。

コシダ（ウラジロ科）
読谷村役所の所在地の波平部落から東方の親志、座

喜味、喜名、牧原、比謝川の上流に分布する。

クロツグ（シユロ科）

大湾部落や古堅、伊良皆、喜名、及比謝川部落（旧）等の木本性樹木の繁茂している処に多く分布する。

オオバウマノスズクサ（ウマノスズクサ科）

一六号線沿いの読高西側に位置する楚辺部落の東側の丘のアダン、クロイゲに巻きついて自生している。

ムラサキオモト（ツユクサ科）

家庭の方に栽植されているものもあるが特に残波岬近くの長浜部落の南側の丘のアダンの陰に自生し群叢をなしている。

リユウキユウアオキ（アカネ科）

陰地植物で樹林の中に多く見られ、大湾部落、比謝波平、瀬名波部落に多く分布する。

ホソバキンゴジカ（アオイ科）

帰化植物で大湾部落、瀬名波、座喜味部落では道路沿いに自生し、牧原で川近くの湿地に多く分布す。

エノキアオイ

陽地植物で主に草原に多く分布するも村内各地によく見られる。

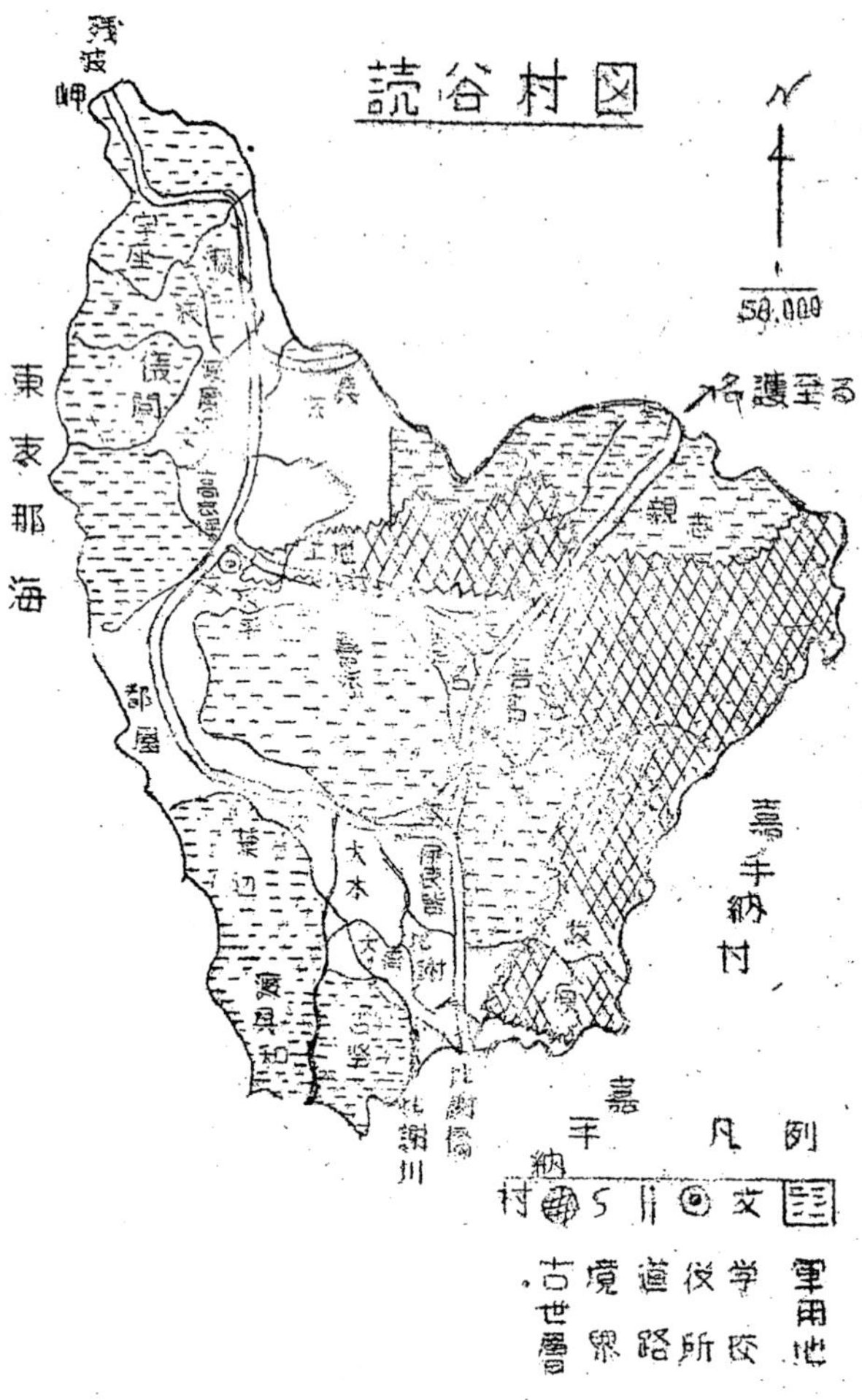

読谷村図

凡例
軍用地
文 学校
◎ 役所
道路
境界
古世層

クロヨナ（マメ科）

比謝川と古堅部落一帯に多く分布している。

オキナワテイカカズラ（キヨウチクトウ科）

本校後方の丘、及比謝橋（区名）牧原、古堅部落の岩上に多く分布している。

シマコガネギク（キク科）

牧原、大湾東原、喜名東原、座喜味部落等の地層に多く稀に伊良皆、大木あたりの原野にも分布する。

スジヒトツバ（ウラボシ科）

喜名部落の北方の山地の樹林の繁つた谷間に分布している

オオマツバガヤ（ホモノ科）

喜名、座喜味の地域内の山の頂に多く分布している。

ツルグミ（グミ科）

村内各地に点点として見られるが特に牧原、喜名、大湾、古堅部落の方には多く分布する。

アカメガシワ（トウダイクサ科）

本校後の丘や都屋（西方）等草原の中に分布している喜名北方の谷間にも見られる。

ホソバノウナギズカミ（タデ科）

喜名小学校の後方の湿地、座喜味の湿地及高志保区の畑に自生し南部及北方海岸近くには少ない。

コモウセンゴケ（イシモチソウ科）

喜名部落、波平部落、高志保や座喜味及牧原の本校茶園の周辺に分布する。

サンゴジユ（スイカズラ科）

読谷村内の各部落に分布するも特に比謝部落大湾部落に多く分布する。

ヒヨウタンカズラ（アカネ科）

喜名部落の北側の山地のみに分布している植物

クロカヤ（ホモノ科）

ヒヨウタンカズラと同じく村内でも特定の場所即ち喜名部落一帯にしか分布していない。

リユウキユウタチツボスミレ（スミレ科）

ツル性の感しを与えるスミレでコスミレとは随分違うもので、特に波平の宅地の垣（どて）や道路沿いに自生又座喜味及喜名の湿地等に分布する。

リユウビンタイ（リユウビンタイ科）

名護丘に多く見られる植物だが本村では喜名部落の西側の最端の谷間の木の繁つた処に分布している。

コンロンカ（アカネ科）

喜名部落と座喜味部落の中間に位置する谷間の木の繁つた湿地帯に多く自生している。

ヤマビワソウ（イワタバコ科）

コンロンカと同じ地域に分布するものでリユウキユウチクや樹木の陰に多く自生している。

オキナワイモネガラ（ラン科）

喜名の北方に当る荒地に生えていてチガヤの中に見られるもので花の咲く時期には発見し易いのが特徴である。

シバニツケイ（クスノキ科）

喜名部落の北方山中の斜面に見られる。

ミミズバイ（ハイノキ科）

仝上

オキナワクレミノ（ウコギ科）

分布は仝上。

これはあま美大島、沖永良部、徳之島、沖縄の原産

サカキカズラ（キヨウチクトウ科）

北寄比謝川上流河畔の一部に見られる。

ハマニンドウ（スイカズラ科）

比謝川畔の岩上に生育す。

クロイゲ（クロウメモドキ科）

読谷各地の珊瑚石灰岩上に見られる。

コオルウメ（スイカズラ科）

大湾部落、波平、座喜味部落の屋敷林中、読谷飛行場南西の珊瑚礁土壌に自生す。

ハリツルマサキ（ニシキギ科）

比謝川畔線上の珊瑚石灰岩上に育成する。

ギヨボク（フウチヨウソウ科）

比謝川畔寄の盆地に見られる。

モンパノ科（ムラサキ科）

楚辺の海岸辺に見られる。

ソナレムグラ（アカネ科）

楚辺、渡具知部落の海浜岩上に見られる。

オキナワマツバボタン（スベリヒユ科）

楚辺海岸上に自生する。

モエジマシダ（ウラボシ科）

伊良皆、楚辺部隊の石粉採窟場跡の日当りの良い所に多い。

モモタマナ（シクシン科）

北寄比謝川、矼の上流約三〇〇米の墓地に一本、都屋部落北側の墓地に一本生えている。

不明（キク科）

高志保部落の北西ポーロ飛行場、伊良皆部落の採石場跡の堆土上に多く見られる。

此の植物は茎の高さ六〇糎もなり分岐旺盛である。

茎は非常に折れ易い。茎葉共に一粍位の毛を有している。茎は緑褐色を呈し葉は対生で葉柄を有している。

葉縁は不定形鋸歯状、花は黄色で舌状花、管状花からなり五糎の冠毛をもつている。

花びらは約四糎総包は緑色で毛を有し実は二糎有毛

バクチのキ（バラ科）

古堅部落の東南方の谷間に見られる。

オオバカラスムギ？（ウリ科）

仝右

炭酸同化作用と光の関係

首里高校二年　大山　隆

序

植物は一般に炭酸同化作用によつて無機物から有機物を形成している。

それは植物が葉の気孔や皮目を通して吸収された炭酸ガスと根によつて吸収された水とが葉緑体の媒助によつて光化学的に化合して有機物の合成が行われるので

ある。

この炭酸同化作用には光、温度、炭酸ガス、その他いろいろな要因が働いている事がわかつているが、私は光と炭酸同化作用の関係を調べることにした。

それは自然界の光の変化により同化作用が如何に変化するかを知りたい為に次の様な装置によつて実験を行つた。

(a)

一、材料
ヤナギモ　ひるむしろ科
学名　Potamogeton Crispus L.

二、用具硝子瓶(一～二リットル)コルク栓、試験管、支持台、ストップウオッチ、電球（二〇w、四〇w、六〇w、一〇〇w、いずれも一〇〇vのもの）

三、材料選定理由
実験を始めた頃はマツモの一種、Heterochordaria sp. を用いたのであるがマツモはワット数が大きくなると気泡の出方が計算するのに不確実な状態になり実験を中止した。そこで茎が太く、気泡の計算をし易い材料をと思つてテストした結果、ヤナギモを利用することにした。尚このヤナギモは先端から一五米の長さのもので葉の枚数が十～一五枚の程度で茎の太さは略一定したものを用いた。

四、実験法の大要
硝子瓶の中に約八分目位の水を入れ、水草（ヤナギモ）の切口を上にして切口から発生する気泡を捕集出来る様な装置（a）を作り、一定個数（十個）の気泡の発生する時間を調べた。尚水温は一四～一六Cの範囲に於いて実験を行つた。

五、実験順序
イ、水草（ヤナギモ）を水中で切り、切口を上にして水を入れた大きな器に入れる。
ロ、試験管の中に水を入れ材料をコルク栓の穴の中にさし込み、そのコルク栓をもつて試験管のふたをする（大きな器の中で操作する。）
ハ、これを上記の瓶の中に入れ試験管と共に出し、更にこの試験管を支持台に固定する。
ニ、これを暗室の中に入れ電球をつける。この場合に電球のW数及光源と材料との距離に注意した。そして気泡が順調に出る様になつてから、ストップウオッチをおし、気泡が十個出るのに要した時間を測定した（この場合W数は小さい方から始め、距離は大きい方から調べた）

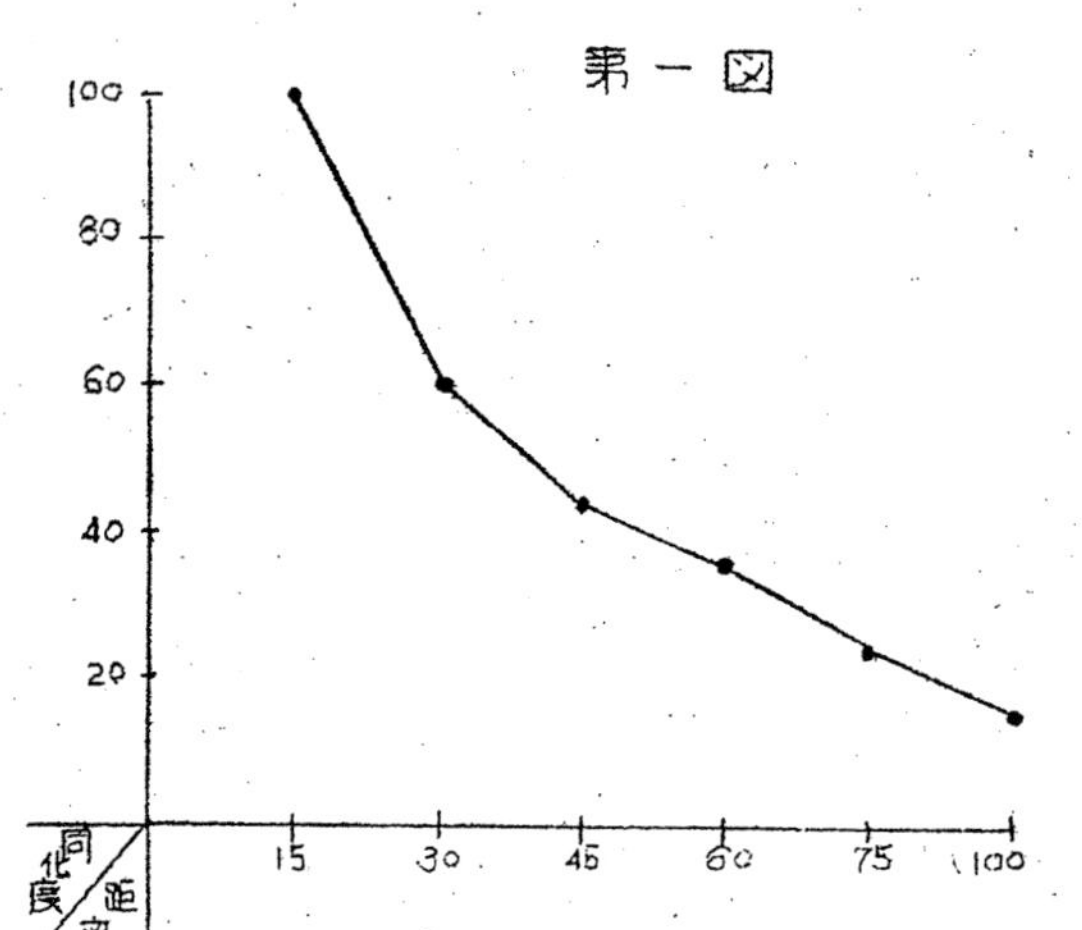

第一図

第一表

100w							
光源からの距離	10気泡出るのに要した時間（秒）						同化度（100Wの光源より15 cmの場合を100とする）
	A	B	C	D	E	平均	
15cm	15	12	5	65	5	20.4	100
30cm	18	17	8	120	7	34	60
45cm	27	25	11	154	17	46.8	43.6
60cm	40	32	15	198	23	61.6	33.1
75cm	55	40	21	284	41	88.2	23.1
100cm	73	46	32	480	80	142.2	15.1

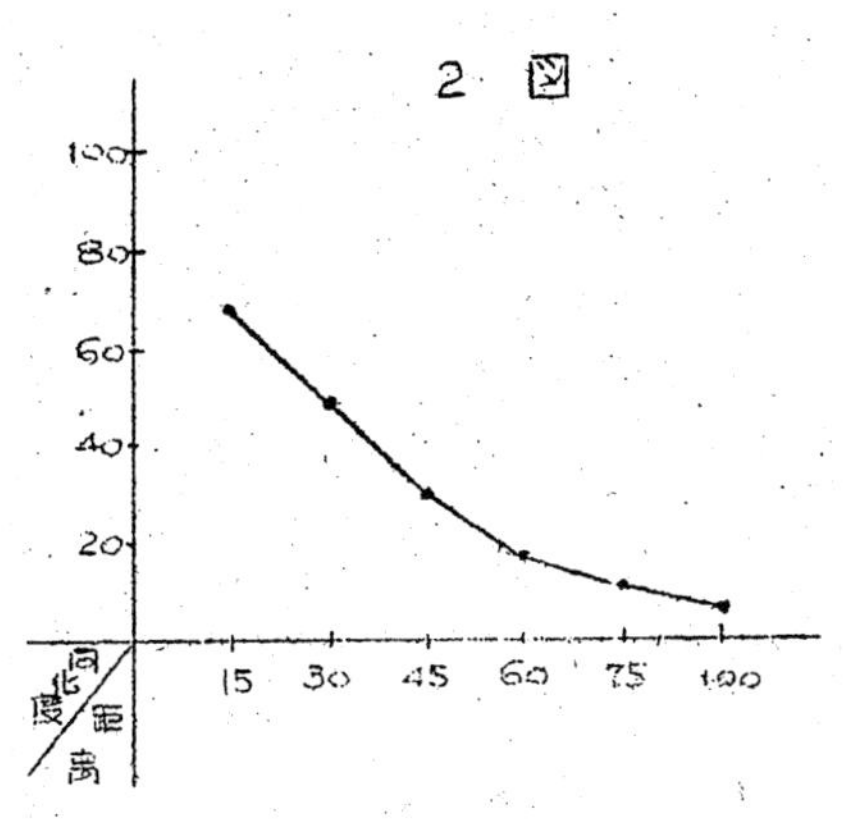

第二表

60W							
光源からの距離	10気泡出るに要した時間(秒)						同化度(100Wの光源より15cmの場合を100とする)
	A	B	C	D	E	平均	
15cm	17	16	7	102	8	30	68
30cm	28	26	10	131	13	41.6	49
45cm	47	35	20	214	22	67.6	30.2
60cm	66	41	26	400	48	116.2	17.8
75cm	105	45	35	656	74	182.1	11.2
100cm	131	50	59	1291	210	340.8	6

第三表

40W							
光源からの距離	10気泡出るに要した時間(秒)						同化度(100Wの光源15cmの場合を100とする)
	A	B	C	D	E	平均	
15cm	115	21	8	118	15	55.4	36.8
30cm	215	40	18	176	51	100	20.4
45cm	292	50	32	440	142	191.2	10.7
60cm	365	54	49	980	215	332.6	6.1
75cm	459	58	67	1969	331	576.8	3
100cm	526	56	110	∞	451	∞	2

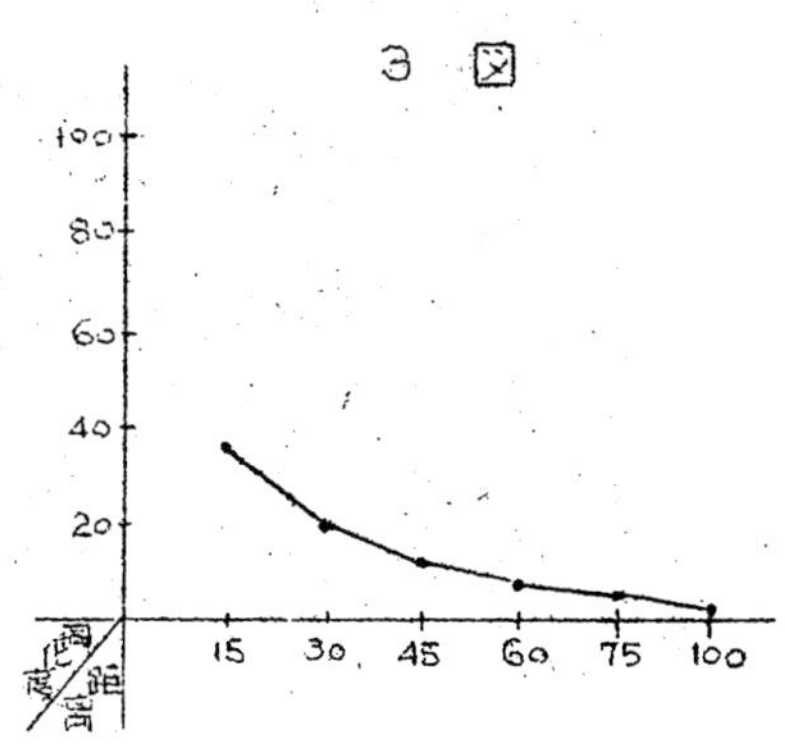

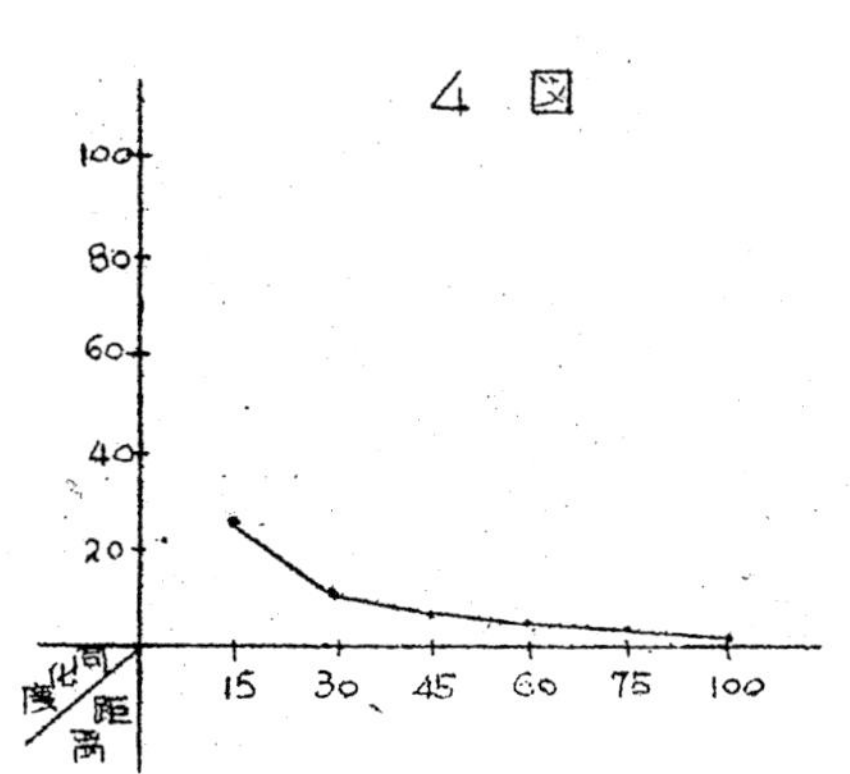

第四表

20W							
光源からの距離	10気泡出るに要した時間(秒)						同化度(100Wの光源より150cmの場合を100とする)
	A	B	C	D	E	平均	
15	186	25	11	178	21	83.2	24.5
30	365	40	35	539	72	210.2	9.7
45	469	51	68	1140	222	390	5.2
60	488	57	96	2154	400	639	3.2
75	526	65	118	∞	500	∞	2
100	552	72	144	∞	545	∞	1

第五表

W数 (100V)	各距離の同化度　(100Wの光源より15cmの場合100とする)					
	15cm	30cm	45cm	60cm	75cm	100
100	100	60	43.6	33.1	23.1	15.1
60	68	49	30.2	17.8	11.2	6
40	36.8	20.4	10.7	6.1	3	2
20	24.5	9.7	5.2	3.2	2	1

第六表

W数 (100V)	100Wの各距離の同化度を10としたWとの対比						平均
	15cm	30cm	45cm	60cm	75cm	100cm	
100	10	10	10	10	10	10	10
60	6.8	8.2	6.9	5.4	4.8	4	5.1
40	3.7	3.5	2.3	2.1	1.6	1.6	2.5
20	2.5	1.6	1.2	1	0.9	0.8	1.3

第七表

W数 (100V)	各Wの15cmの同化度を10として距離との対比					
	15cm	30cm	45cm	60cm	75cm	100cm
100	10	6	4.4	3.3	2.3	1.5
60	10	5.7	4.4	2.6	1.6	0.9
40	10	5.5	2.9	1.6	0.82	0.5
20	10	4	2.1	1.3	0.8	0.4

六、考　察

第一表及び第一図から第四表及び第四図までは実験結果の資料ですから説明はいらないと思う。したがつて第五表から説明しますとこれはすべての場合の同化度を表わしたものであるが一見しただけでは何も関係がない様に見える。しかしこれを第六表第七表の様にまとめるとほぼその関係が明らかになる。すなわち第六表は一〇〇wのすべての距離を十とした場合の同化度に対する各ワットと同化度の比である。それはワット数が二分の一となると同化度も略々二分の一となる。又第七表は各々のワット数の一五糎の同化度を十としたときのそれぞれの対比である。この場合距離が二倍になるとだいたい同化度は二分の一となることがわかる。この事から第六表七表の間には一定の比例関係が導き出される。

W数が二分の一となると同化度はほぼ二分の一になり

W数一定で距離が二倍となると同化度はほぼ二分の一になる。

以上のことに従つて自然界における光と炭酸同化作用の関係を考えて見ると地球と太陽との距離は一定である。がしかし、曇天、晴天或いは雨天などと照度に変化がある。そこで物理的公式にもとずいて照度が四分の一になると同化度は二分の一になることを考えねばならない。

この事実をとおして考えられることは晴天の日の正午の野外に於ける照度が一三万ルクスといわれている。尚一〇〇Wで一米離れた所の照度が二五〇ルクスである。

したがつて野外の照度は一〇〇Wで一米の照度の五二〇倍となる。故に野生のヤナギモは正午晴天の時一五

糎位の長さでその同化度は約三四四・三となり同化量は略々一〇〇Wで一米の場合の二三・八倍となる。この様にして植物の炭酸同化作用と光の間に密接な関係があることがわかる。

所で今我々が言つている晴天、曇天、或いは雨天という気象的変化は単に我々の生活々動に変化をもたらすだけであるが、植物にとつては曇天及び雨天は非常なくせ者である。なぜならば照度が四分の一に減ずると同化量は二分の一に減ずるからだ。同化量が減ると植物の体力は維持するエネルギーが少なくなる。この様な事柄からもし、曇天、雨天が長い間続くと植物自体の体力が維持できなくなり、引いては、光が減ずる事は植物自体にとつて致命的な要因になる。

この様にして考えると植物から多量のエネルギーを得ている我々人間を含めた全ての動物にとつて間接的に光が大きた恩恵を与えている事を今さらながら知らされるのである。

一九五八年一月九日

人の遺伝

北山高校一年
下門陽子
仲宗根房子
渡久地政子

一、論題　人類の遺伝形質

二、発表者　下門陽子　仲宗根房子

三、諸論

授業で人類の遺伝に就いて学んだので興味を持ち自分の家系を中心に友人関係を頼つて色々の遺伝形質を調べたのでその紹介をしたいと思います。

四、材料と研究法

A　材料

今帰仁、上本部、本部の家系

B　研究法

直接調査法と併用法

五、研究実績

別表

六、結論

この研究から只優性、劣性というだけがおぼろにわかるだけである数学を利用して観察結果の吟味法があるがその理論が未だ研究してないので二年、三年になりこれらを調べたいと思います。

七、参考書料

人類を主とした遺伝学、駒井卓、昭和二七年
日本人を主とした人間の遺伝　〃　昭和二六年、先生の書料

いざり

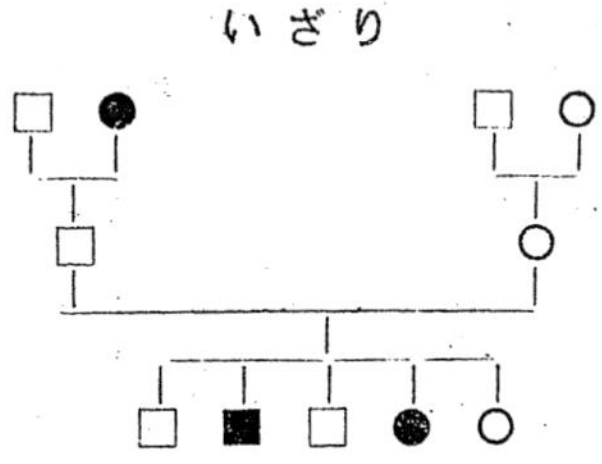

つんぼ

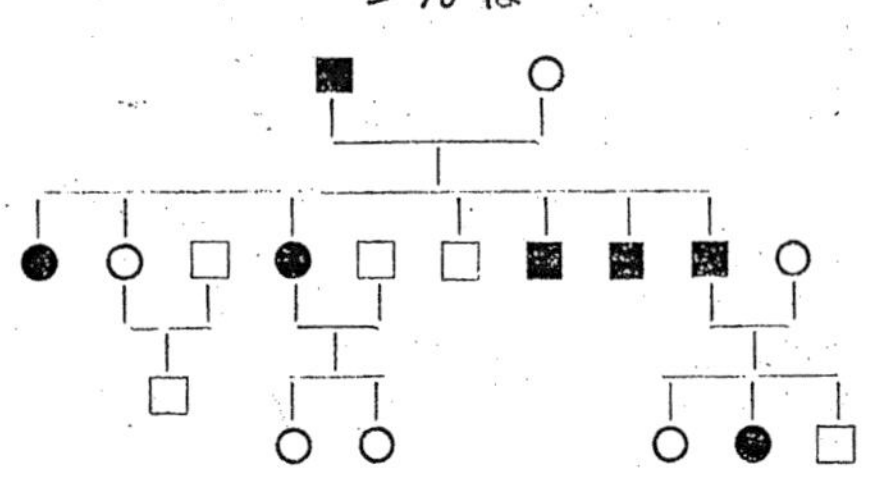

狂　人

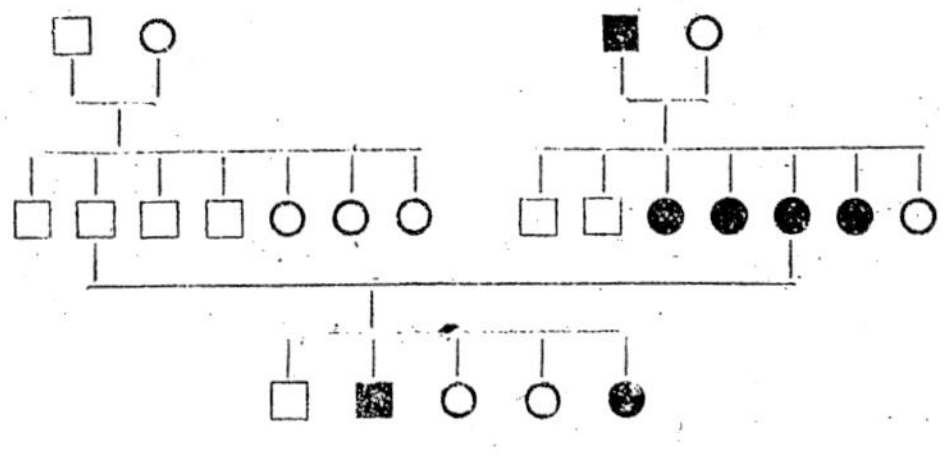

小指の奇

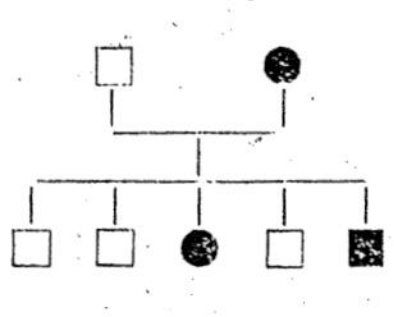

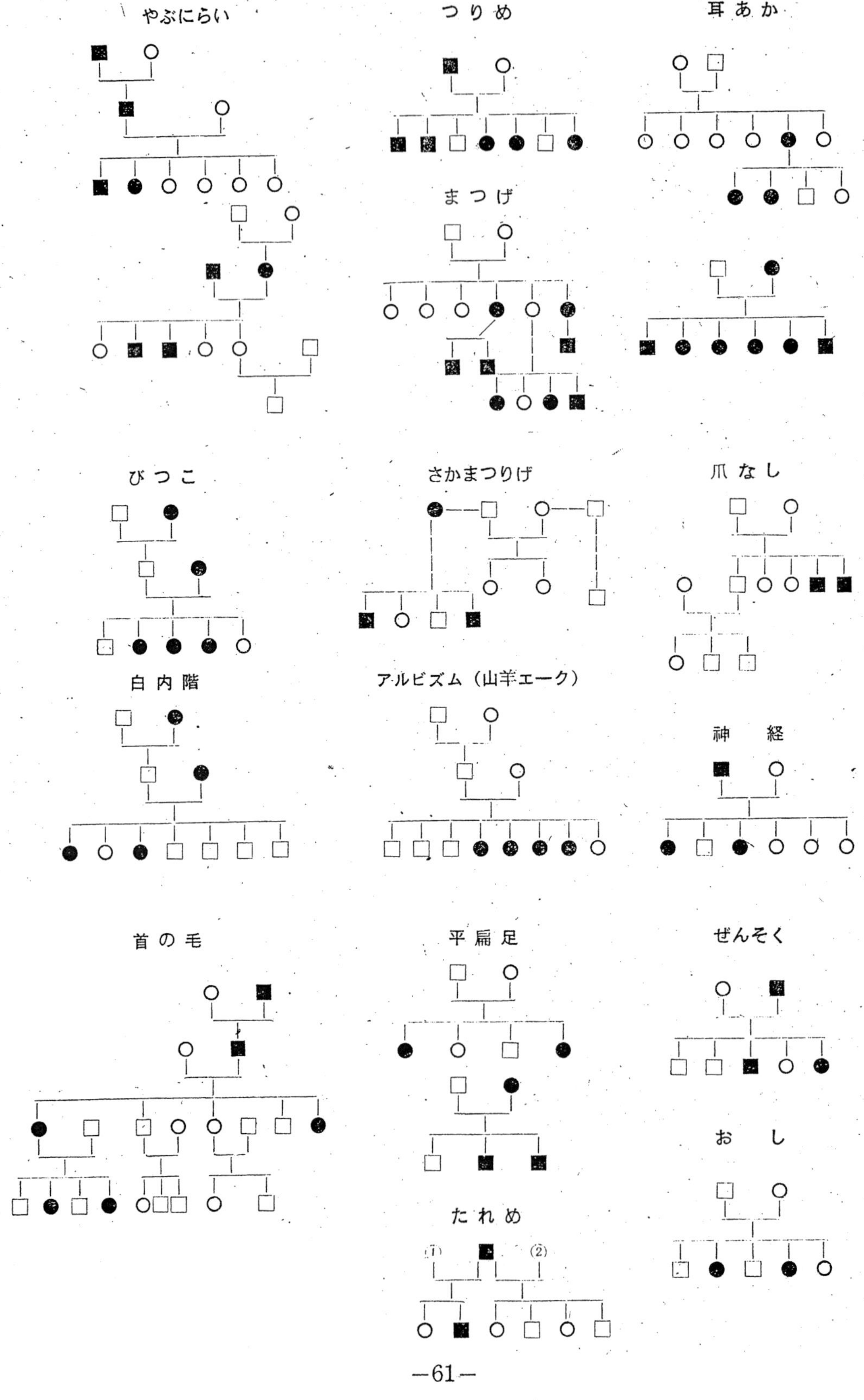

やぶにらい
つりめ
耳あか
まつげ
びつこ
さかまつりげ
爪なし
白内障
アルビズム（山羊エーク）
神　経
首の毛
平扁足
ぜんそく
おし
たれめ
(1)
(2)

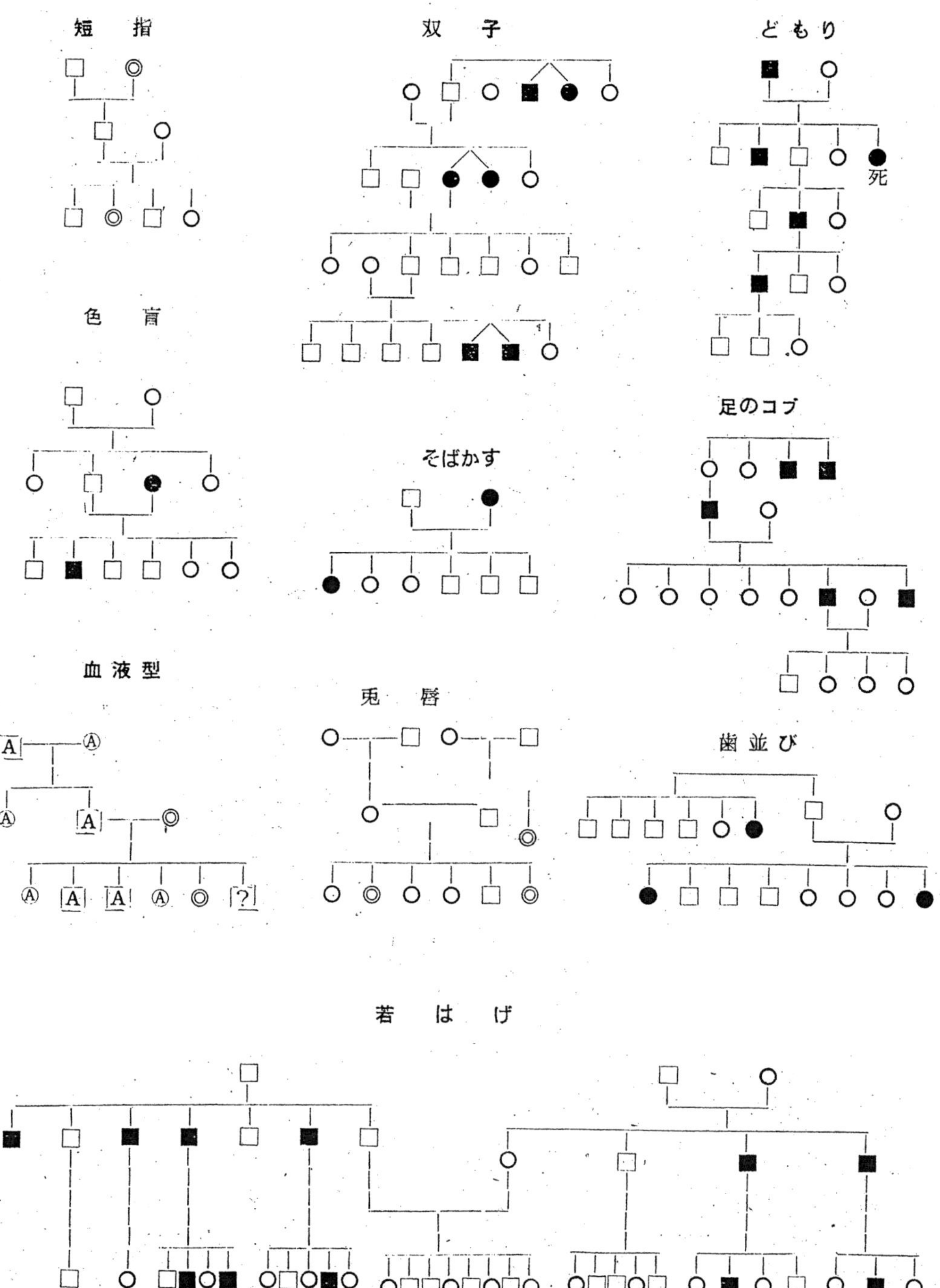

短　指
双　子
どもり
死
色　盲
そばかす
足のコブ
血液型
A
兎　唇
歯並び
?
若　は　げ

シダの前葉体形成と養分

北山高校二年　中　里　正　次

一、論　題　シダの前葉体形成と養分

二、発表者　中　里　正　次

三、諸　論

夏休みも終る頃、先生から植物研究雑誌Vol, 29No.7を見せていただいた所川崎次男氏（都立大）のヘゴの発生についての実験があつた。氏は Mayer 氏液を利用して温度の異なる条件で（A, 5°～10°C B, 20°～30°C）実験した所Aの場合は私が教科書でならつた前葉体とは異なる糸状体が出来たとあつだので私は温度はBをとり天水を利用（養分ない）して前葉体の形成を観察してみた。

四、材料と研究法

材料＜ケホシダ／ホシダ

研究方法―シャーレに脱脂綿をしき天水で湿めらしてその上に胞子を播いて観察する。

五、研究実績

全形―単一細胞が縦に連続、ホシダは枝分するがケホシダには見られない。

細胞―発芽後一～二ケ月前葉体（糸状）は五～七個の細胞からなり先は細くなり、多くの葉緑体を有する。

仮根―無色透明、仮根の出る場所に主に細細胞の端と中央部に出る。

核―不明

造卵器及び造精器―また生じていない。

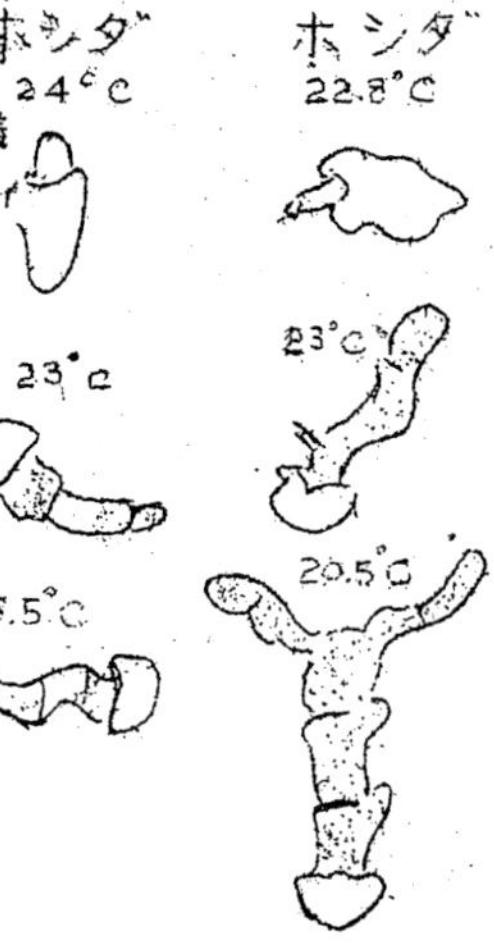

六、論　議

実験結果を見ると栄養状態が悪いと前葉体形成の異状な形（糸状）が出来たがそれに養分を与えると、どのように変化するか、又 Mayer 氏液を使用すると果してハート型の前葉体が出来るかどうか。この二つの問題は今後の実験に回し発生と環境について勉強したいと思います。

（糸状体―普通に細胞の頃、横に分裂するが縦にのみ分裂している。）

七、文献―植物研究雑誌Vo 1, 29 No.7

人工衛星の歴史

○ソ連人工衛星第一号

昭和三十二年十月四日発射された。モスクワ放送によれば十二月二日までに地球の周りを八百九十回、回つたことは判つたが、その後大気圏に突入しアラスカに落ちた模様である。ソ連は残がいの返還を求めているが、米は捜査したが見当らず、アラスカのは流星だと云つている。

○ソ連人工衛星第二号

ソ連は革命四十周年祭を前に十一月三日人工衛星第二号打上げに成功した。これには実験用としてライカという犬をのせた。犬は数日間生きていたが、その後安楽死をとげたものと思われる。十五日科学アカデミー会員の発表によると犬を助け出す設備はなかつたとのこと。これは救出設備の重さが衛星本来の使命の妨害になることを恐れ、はじめからその設備はしてなかつた。

○米の人工衛星は失敗

アメリカの人工衛星は十二月六日フロリダ州カナベラで打上げられたが、ロケットに点火後二秒にして第一段ロケット・モーターが推進力を失つた。この一度上昇しかけたロケットは発射台に戻り、海の方に倒れて爆発した。幸い死傷者はなかつた。アメリカのバンガード・ロケットはソ連のそれにくらべるとはるかに規模が小さく僅か直経十五センチのものであつた。

○米の人工衛星第一号は順調

昭和三十三年二月一日発射した米国の人工衛星第一号について米空軍当局は次の点を明らかにした。人工衛星と最終ロケットは引続き行動をともにし、一つの単位として地球を回転するよう設計されている。しかし人工衛星は回収できるように設計されていない。

（時事週報より）

随想

四十年の僻地教育を省みて

八重山西表網取校
入伊泊清光

一、赴任当時の思出

西表尋常小学校代用教員を命ぜられ現在勤務している網取校に赴任したのは西暦一九一七年(大正六年)七月二十五日でした。当時の網取という所は戸数十八戸学童は十五人の小部落であつて八重山郡下でマラリヤの病源地として世人からきらわれておりました。其の上大正三年当時一村であつた八重山村が石垣、大浜、竹富、与那国の四ケ村に分村したので離島から成る竹富村は財政窮乏のため網取分校は廃校となり児童は教育を受ける事も出来ず暗夜に道をうしない苦境におち入り悲歎していましたが部落の有志たちは常会をひらき多大の犠牲をはらい私立学校の形式で教員を傭い児童教育を継続し其の間手をかえ、品をかえ其の筋へ歎願し、ようやく大正六年(西歴一九一七年)七月二十五日西表尋常小学校の仮教場として認可になると同時に辞令を受け赴任しましたが当時の網取部落は前記の通りマラリヤの病源地として恐れられ部落内の道路は狭く樹木はうつそうとして繁茂し雨が降ると道路は水がたまり、二、三日もじめじめして蚊は夜昼の区別なく侵入しマラリヤの病菌を媒介し患者は続出し児童は早引ちこく病欠が多く出席率は毎月七十%以下を示し学業の成績は不良。勿論衛生思想は話しのはにもならない程度でした雑貨店もない所で日用品や学用品を求めるには七海里もはなれた祖納部落に行かなければ求められないのでエンピツやノート其の他の学用品の不足な児童には自分の持つているエンピツを二分三分して使わしたり紙のない子どもには自家用の紙を与えて勉強させた事は何回あつたでしようか。

思えば気の毒な至りでした。自分も当時の高等小学校を出たばかりの愚者で教師としての資格は勿論実力も不充分でしたので不明な所は一人で小舟に乗つて七海里の海上を渡り本校である西表校に校長を訪問し教を受けて帰校し授業を進めた事は何回あつたでしようか学歴もない自分が小一から小六までをまとめて一学級をなしている復式学級をいかに経営して行くか一時間の授業をいかに終えて来たか今更考えても考えられない。

学科の進度はおくれる学年末に間に合はないので昼は低学年に力を入れ夜は自家に黒板を備えて高学年を集めて午後七時から十時まで勉強させてようやく一ケ年の授業を終えた事は何回あつたでしようか。其の上自分も昼夜のつかれでマラリヤとの戦いに敗れ二ケ月も入院した事も四十年の間に何回あつたでしようか。マラリヤは蚊によつて媒介されるので蚊を防ぐ事が何より急務なる事を考え部落民と協議し、屋敷内の樹木は一丈以下枝をおとし風の流通をよくし朝夕各自の庭や部落内の道路の清掃をなし、蚊を幾分か駆除する事も出来ましたが、これで多年の病菌は体内に潜伏し時々発生して人命を取る事は前となんのかわりもない。

たしか大正九年だつたと思う故宮島医学博士が当時の県会議員野添勇吉氏を同伴網取においでになつて、児童の身体検査をなされ脾ぞうの検診をなされ、毎月の出席百分率をごらんになり又日々の出席簿をごらんになつて早引、病欠の多いのに一驚され早速近くの水田中にいるボーフラを採集され児童に衛生のお話しをなされ衛生思想を換気なさいました。お帰りになる時、「今度帰京したら政府に八重山のマラリヤの実情を訴え、沖縄県の宝庫である八重山郡開発のためマラリヤ撲滅の急務なるを力説し其の実現に努力するから頑張れ」との激励のおことばをたまわりました

其の翌年（大正十年）八重山郡マラリヤ予防班が誕生し力強く発足し網取にマラリヤ予防監吏の詰所がおかれ撲滅に力をつくして下さつたおかげで今では西部西表の各部落中明るい小ぎれいなほがらかな住みよい部落となり琉球政府から数回に渉り表彰されるようになりました。

嗚呼四十年間かかる所で児童と共に泣き共に笑い校庭で戯れ遊んで着物をやぶつて泣いている子供も木かげによんで着物のやぶれを縫うてやつたり、夜昼と休みなしに授業を進め、尚自分の不明な所は一人で小船を

あやつり、七海里の海を渡り本校に出て校長から教を受け帰校して児童と共に勉強したりして来た過去を思う時、及ばずながら教育者として立つた以上かかる僻地　瘠の地に配置されたのも自分の試練のために天が授けて下さつた真の天職だと思い、都市の学校に配置されようが僻地の学校に配置されようが、教育道にかわりはない人の大切な宝である幼児をあづかつたからはどこまでも責任の重大なる事を認識し、教え子と苦楽を共に疏食をくい水を飲み寝食を共にし教え導く所に真の教育は効果がある。自分が四十年間教え子と談笑し或いは泣いたりして歩ゆんで来た行路をつくづく思い見るとき、走馬燈の如く次から次へと湧出て来る行路の有様は今尚私に何物かを教えているような気がする、この四十年間における私の教育は、「教育の第一義は愛にあり」これが私の教育哲学ともいうべき標語であつた。

二、僻地（農村）教育

農村といつても地域的に一がいにはいわれないが私は現在の四十年間勤続した農村部落の教育について過去の計画の一端をのべて見たい。

交通が不便なので常に文化的恩恵から忘れ去れている所で、井戸の中の蛙見たような苦しい教育道を歩みつつ、つくづく感じた事は、

(1)、一般に農村の子供は都市の子どもに比べて素質が劣つている

(2)、学業成績がわるい

これは何故であるか。先天の素質に依存するのであるか父は後天の環境の結果であるか私は永年この事になやんでいた。思うにこれは後天環境の結果ではないかと思つた。海路による交通不便な所で今でも、しばしば文化的恩恵から忘れらんれしと年ているまして四十昔はどうであつたか、筆舌でのべつくす事は出来ない。

(1)、親は教育に無関心無理解である。

(2)、子どもは家庭において過重な労働の負担がおわされる事がある。

(3)、知性を刺戟する文化財がない。

そこで第一に知性を刺戟する文化財を蒐集しようとしても、これ又経済が許さないほどに農村の子どもは教育の悲劇を負はされ伸びるべきものも無惨にひしがれているような気がする。私は思う農村教育の不振は農村という地域より農家という環境にあるんじゃないか農村教育に待つ外ない、そこで月一回、母の会を催し講習会見たような事をやつて見た

(1)、家庭の真意義

(2)、家庭を中心としての母

(3)、家庭は自然教育の場

(4)、家庭は苦楽を共にする場所

(5)、家庭教育の根本精神

(6)、一人の賢母は千人の教師にまさる

(7)、母は実物にして子どもは鏡なり

以上の項目につき時々話合を持ち、家庭教育に重大なる事を力説し、親たちも家庭教育に関心を持ち理解心も日々強くなり、子どもの教育もだんだん良くなり毎年農校高校に百％の成績で進学生を送り出す事が出来た。

嗚呼四十年間僻地に押込められて、一年から六年まで復式学校の経営に苦しみなやんできた過去を思う時私のように僻地になやんでいられる諸先生方に同情すると共に諸先生方の御建康を祈りつゝ筆をおさめます。

＝国語問答＝

「腕づく」か「腕ずく」か

問「腕ずく」のずくは何の意味ですか。そしてそれは「ずく」ですか。「づく」ですか。

答「腕ずくで来い」というような文句の中でその「腕ずく」ということばの意味はわかりますがその中の「ずく」というのはどういうことかちよつとわからなくなつています。そういうふうに、だれでもすぐにわからないような場合にはすべて「ず」に書けばよいのです。

「あまつさえ」か「あまっさえ」か

問「あまつさえ」は「あまりさえ」の音便であるから「あまっさえ」というのが正しいと思いますがどうですか。

答おっしゃるとおりに、もとは「アマッサエ」と発音していたと思われますが（古い書物には「あまさへ」と書いた例があります。）、明治以来、東京語ではかなのとおりに「アマツサエ」と発音していますから、現代語としては「アマツサエ」でもよいかと思われます。

（文部広報より）

各国の道徳教育の現状

（初等教育資料より）

＝資＝料＝

アメリカ合衆国

西欧諸国では宗教を離れては一国の道徳問題を語ることができないという通念がある。

アメリカにおいても道徳の基盤が宗教にあるという考えが、多くの人々の不動の信念となつていてこの国をキリスト教国と考えており、公教育と宗教の分離が建前となつている今日でも、キリスト教の道徳原理によらない世俗的な道徳教育というものは、本来中心点を欠いたふじゆうぶんのものという考え方が有力である。そして、キリスト教のモラルを基盤にして道徳教育を、特定教科としてではなく、学校のカリキユラム全体を通して効果的に押し進めるべきだという要望が強くあらわれている。

州教育法と道徳教育

アメリカは宗教教育が公立学校の生徒にまつたく与えられていないというわけではない。宗派的な色彩を持つ宗教教育こそ法律的に禁じられているが、宗教的な儀式が学校で行われている例は珍しくなく、また「注解」なしのバイブル リーディングであれば、法律もこれを禁止していない。それどころか、この「注解」なしのバイブル リーディングを学校に義務づけている州が一部にある。

宗派的な宗教教育にしても、学校の施設の中で、また公の資金によつてこれを行うことは、憲法に違反する行為として禁じられているが、一部の州では、教育委員会が特に教会側と協定を結んで、一週間のうちの一定時間を、児童・生徒の希望者が教会その他の場所で宗教教育を受ける時間としてとつておくように取りきめているところがある。

ここで注目されることは、このバイブル リーディングも教会での宗教教育も、道徳教育という名目で行われていることである。アメリカの学校当局の干与する宗教教育はおもにこの二つの形式によつて行われているということができる。

しかし、特に宗教以外の手段を媒介とする道徳教育が公立学校でまつたく行われていないわけではない。

州によつては、公立学校が道徳教育を実施することを教育法によつて義務づけているところがある。

州教育法において、道徳教育についてどのように規定しているか、一、二の州について例示しておこう。

。ニユーヨーク州教育法

第八百一条　愛国心、公民精神および合衆国憲法についての教育

1、国を愛する公民としての、奉仕と義務の精神を高めるために、また平時および戦時における公民としての義務をみたすために、不可欠な道徳的・知的資質を州内の子女に植えつけるために、ニユーヨーク州教育委員会は、州内のあらゆる学校の守るべきものとして、愛国心と公民精神についての教授計画を規定しなければならない。州内の各都市および各学区の教育委員会は、所轄の学校に雇用される教員が、この教育を行うことを要求しなければならない。

前項の学校に就学する八才以上の児童・生徒はすべて、かかる教育を受けなければならない。

さらにこの規定の第二項には、私立学校においても同様の計画を規定すること。かつ、その科目を全児童・生徒に学ばせることを規定している。

。ミネソタ州教育法

第一三一——一四条、道徳教育

すべて公立学校の教員は、道徳および生理衛生の教育ならびに、麻酔薬・興奮剤の影響についての教育を行わなければならない

以上二つの州についての紹介ではあるが、少なくともだいたいの傾向はうかがわれよう。ただ、地方の教育委員会はその所管する学校に適用する規則を、州法に違反しない範囲で設けることができるから、道徳教育について州法に明文をかかげていない諸州の場合でも、地方教育委員会が道徳教育について規定を設けることはありうるわけである。

教育政策委員会の勧告

これまで述べた範囲から、アメリカ国内の一般的事情をうかがうならば、道徳教科というようなもの

は、広く採用されていないが、宗教心、道徳心の高揚をめざした教育は公立学校において広く積極的な形でおし進められていると見ることもできない。事実、近年アメリカ国内には公立学校における宗教精神の喪失、はなはだしくは、反宗教的性格の強化を非難する声がしきりに起つているほか、青少年犯罪の増加に関連して、宗教的な教育、道徳教育に公立学校は本腰を入れるべきだという声も強い。

一九五〇年にアメリカの教育政策委員会が「公立学校における道徳的精神的諸価値」と題する報告書を発表したのも、このような事情と関連している。この報告書は道徳教育に対するアメリカの有力な教育指導者の標準的な意見を代表したものとみられるがその中で、

「公立学校は、道徳的・精神的価値を教えこむうえにきわめて重要な役割を占めるものである。こうした価値は他のいつさいの教育目標の基盤になるものであつて、道徳的・精神的諸価値を吹きこむことのない教育は目標なしの教育である。アメリカ人が今までになく多様で複雑な道義上の決定を下すべく義務づけられている今日、そのような価値の持つ重要性はきわめて大きい。」と述べている。

なお、同委員会はこれらの精神的道徳諸価値を教えこむ方法として、「教科全体のうちに道徳教育を反映させる」という手段をとることを主張し、特定科目の設置を主張していない。

さらにこの報告書は、道徳教育は、これを学校にのみまかせてはならないとも説き、家庭やコミュティの機関がこの方向の責任を学校とともに分けあつていくならば、」アメリカの青少年の道徳的・精神的資質の実質的な改善は期して待つべきであろう」と論じている。

イ ギ リ ス

古来、イギリスの学校制度は、おもに教会の事業とし発達してきたのであつて、前世紀の後半までは国内の学校の大半が教会に設置・維持されていたほどであつた。

今世紀にはいつて、公の行政当局が学校の設置・維持・助成に大きく乗り出すようになつてからも、これら教会立の学校に対しては、教育内容面に干渉を加えることなく、その教育事業を助成するという方針がとられてきた。私立学校の多くがその教育経費の財源を全面的に公費に仰いでいる今日においても、宗派的な宗教教育を認められている私立学校があるほか、公立学校でも毎朝の礼拝と超宗派的宗教教育が義務とされているのである。これはアメリカの制度と著しく異なる点で、アメリカにおいて宗派を離れた宗教教育というものが実を結ばなかつたのに対し、イギリスにおいて、超宗派的な宗教教育が実を結んでいるのは特徴的といえる。

イギリスの場合も、行政当局も一般人も、キリスト教の原理を国民の倫理道徳の基盤としてひとしく認めており、宗教以外の原理による世俗的な道徳教育が必要だという考えはあまり見られない。

教会立学校はもとより公立学校においても宗教教育が道徳訓練として与えられるという現行の制度には、一般国民もだいたい満足し、これに反対する強い意見はほとんど起つていないようである。

もちろん、宗教教育だけが、学校における道徳的訓練の唯一のものであるわけでもなく、スポーツその他学校生活全体が児童・生徒の人格形成を目ざしているともいえるが、前記の宗教教育以外には独立した道徳科目は存在せず、道徳教科としての地位はこの宗教教育によつて占められているものと考えることができる。

教育法と道徳教育

一九四四年の教育法は、その第二五条において、「県立学校および有志団体立学校における宗教教育に関する一般規程」をかかげ、これらの学校に対し集団礼拝と宗教教育の実施を義務づけている。この集団礼拝は、学校施設の関係で実行不可能の場合は別として、全校児童が集まつていつせいにこれを行うことと規定している。

学校における集団礼拝と宗教教育は、このように学校に対して義務づけられているが、児童・生徒の側から見るならば必しも一律に強制されるものではなく、保護者がこどもの就学する学校での礼拝や宗教教育を免除されるよう要求する場合には、これに参加しなくてもよいことを法律は規定している。

県立学校、すなわち、地方教育当局の設置する学校では、「協定教授要目」に従つた超宗派的なキリスト教教育が施される。

有志団体立学校には、補助学校と特別協定学校ならびに管理学校があるが、そのうち前二者ではその学校の定款に従つた宗派教育が施される。ただし、こどもに特定宗派の宗教教育ではなく、協定教授要目に従つた宗教教育を望む保護者があれば、特にその希望どおりの教育を学校がそのこどもに対して与えることになつている。

次に管理学校では、県立学校の場合と同じく、協定教授要目によつて宗教教育を行うことが規定されている。しかし、宗教礼拝から宗派性を排除すべき規定はなく、また、学校の定款に従つた宗派教育をこどもに対して宗派教育を施してよいことになつている。その時間は一週二時限以内と限定され、この教育を施す教員も学校の設置者側代表の同意を得て地方教育当局がこれを任命することになつている。

協定教授要目の内容

県立学校や管理学校における協定教授要目による宗教教育は、勅任視学官の視察を受けることになつている。一九四四年教育法においては、個々の学校で行うべき宗教教育の宗派性あるいは超宗派性について規定しただけであり、協定教授要目についてもこれを作成する委員会の構成を規定しただけで、その内容についてはなにも規定を設けていない。

協定教授要目は、地方教育当局が特に委員会を任命して作成するもので、全国一律の基準のようなものは存在しないが、ただそれぞれの要目に次のような項目が共通に含まれている。

(1)聖書全般に対する理解、(2)特に福音書に対する詳細な知識、③キリストの生活と教訓、(4)キリスト教の諸宗派のすべてが、信仰上の最も重要な要素とみなすところの真理、(5)教会、僧職、聖典礼について新約の述べていることに対する知識、⑥一世紀から二〇世紀に至るキリスト教会の発達史、(7)キリストの教えを日常の個人生活、社会生活に適用する方法。

教員は右のような内容を中心とした要目に沿つて児童・生徒の年令・素質・理解力に応じた教育を行うわけであるが、その教授法については、教員に大幅の自由が与えられている。

学校における宗教教育が、カリキュラム全体のなかでも重要な位置を占めていることは、イギリスの大学入学資格試験であるG・C・Eが宗教科目を試験科目の中に含み、これを重視していることによつても知られる。児童・生徒の道徳教育、個人の人格形成の中核をなす教育としての意味合いから重視されているわけである。キリスト教道徳を基礎とした教育が行われるのは宗教教育を通じてだけではなく学校教育全体がそうした教育を目ざしていることはすでに述べたとおりであり、イギリスの学校教育の主目標が人格教育にあるとされているゆえんである。

中央教育諮問会議の勧告

イギリスの文部大臣の諮問機関である中央教育諮問会議は、一九四七年に「学校と生活」と題する報告書を発表し、イギリスの当面する各種の教育問題について、文部大臣に勧告を行つた。そのなかで、「道徳的要素」と題し、道徳教育についての有識者の有力な見解を次のように述べている。

「社会の急速な変動は、人々の間に困惑をもたらした。個人の価値は主張されていても、普通人一般の生活は理想の実現からしだいに遠ざかつてゆくように見受けられる。

一般にひとしく受け入れられた信念と基準の破壊が、混乱を増大させている。このため、個人がそれだけ余分に緊張をきたすようになつている。伝統的な徳目は今なお広く受け入れられているにしても、これを青少年に勧める根拠については意見が分れる。

古くからの古典的、キリスト教的伝統に対する科学思想の侵害、これが現代の道徳的混迷のおもな原因となつてきた。

生きた伝統というものは、常に新たに吟味されてゆくものである。道徳的資源を動員することにより善い基準を維持するとともに、増大する必要をみたすというのが教育の任務である。個人の責任観念を育てることにより、自由の抑圧を図るもろもろの影響力に対抗して自由を守るよう個人の本能を強化すること、ここに教育の任務の核心がある。」

フランス

西ヨーロッパの多くの国々では、公立小・中学校の教育に宗教教育が教科として取り上げられ、それとの関連のもとに道徳教育が与えられているが、フランスでは、公立学校では宗教教育は禁じられている。もちろん禁止されているのは一宗一派にかたよつた宗教教育であつて、宗教的情操は別につちかわれねばならないことになつている。

したがつて現在のフランスの道徳教育は、一応宗教教育から切り離され、宗教教育はもつぱら家庭の責任において行われることになつている。木曜日が学校の休業日となつていて、その日は家庭において宗教教育を行われる。

「道徳教育の目的は、めいめいのこどもを〃正しい人間〃に育成するところにあるが、何が正しいかの基準、つまり、〃低くいやしいもの〃と〃高く尊いもの〃との判別には、ある一つの社会に住むかぎり、キリスト教であろうとなかろうと、根本的なら

がいのあろうはずがない。道徳教育は、この共通の地盤の上に立つて行われるものである。公立学校であろうと宗教学校であろうと、児童・生徒の指導に当つては、大多数の家庭での自然の行動の延長線の上で指導するほかはない。つまり、教師は父兄に代るものではなく、父兄の努力に力をそえるものでなければならない。このような見地に立つてこそ、学校は、異なつた信仰をもつあらゆる家庭のこどもをいつしよにして教育できるのである」と当時の「訓令」では説明している。

道徳教育の内容と方法

学校教育における他の諸教科がそれぞれ有益な知識や能力のある独特の面を伸ばすことを目的とするのに対して、道徳教育は、一個の人間としての全体的な発達—つまり、心情と知能と良心の全体的な発達を目的とするものである。単に道徳の知識を授けることが問題ではなく、それが行動に生かされることが第一に要求される。しかもここで対象となるのは年長者でなく幼少の児童・生徒である。したがつて単なる訓示やお説教や講義はほとんど役にたたずより直接的にこどもたちの感情に訴え、強い印象を与えなければならない。その意味で一宗一派にかたよつた宗教教育は学校で禁じられているが、家庭での宗教教育とも密接に連絡を保つて教育が行われなければならない。

また「道徳科」という一つの教科が立てられているが、それだけが道徳教育の全責任を負うものではなく、全教科の協力の下に行われ「道徳科」はその中心核の役割を果すべきものである。（この点については、一九五五——五六年度の初めに、文部省機関誌に発表された文部大臣の「教師への手紙」でも特に強調されている。）

道徳教育の右のような役割と特質から、週間に割当てられた授業時間数も、中学年のころまでは、週一回あるいは二回にまとめることはしないで、毎日十五分ずつをなるべくその日の課業の始めにあてることが望ましいとされている。ただし、上級学年になれば、かなり知的に取り扱つてさしつかえないことになり、まとまつた時間もほしくなるので、「道徳」と「公民」とに分けて、おのおの毎週一時間をあてるような形もとられている。

各級別の道徳科の授業内容としては、次のようなものがあげられている。

準備級(第一学年)……簡単な講話（学年始めは登校の注意や学校でのきまり等）、道徳的物語（古い教授要目では、ラ・フオンテーヌの寓話や、アンデルセンの物語などが教材例として示されていた）、偉人の生涯から得た例話。

初級（第二・三学年）……物語、読本、学校生活でのできごとなどから引例して、うち解けた話し合いをし、すでに身につけた良い習慣を確実にし、さらにいつそう発展させること。（教師用参考書として市販されている手引書の中では、毎月の指導案として、第二・三学年で同じ問題を扱い、たとえば「清潔」の問題で、第二学年では洗面その他の日常の習慣をとりあげ、第三学年にはそれを清潔と健康との関係にまで発展させて指導するように示している。）

中級（第四・五学年）……講話と話合い。これには多くの場合、節制、誠実、質素、親切、勇気、寛容などの個人的・社会道徳の実践に生徒を導き、勤労愛、協力と団結の精神、約束の尊重、他人の理解家族および祖国への義務の精神と態度を養うのに役だつような読書を行わせる。（前記の指導書では一〇—一二月に個人的道徳、一月に家族、二—三月に社会生活における義務、四月に勤労、五月に自然と芸術、六月に祖国を教材としてあげている。ここでも四・五学年は同じテーマを取り上げ、五学年ではいつそう発展させた取扱いをするように示されている。）

完成級（第六・八学年）……教授要目を定めた省令では「道徳および公民生活初歩」として次の十項が列挙されているだけであるが、前記の指導書では「道徳」と「公民」とに分けて後者では、社会の構成や自治体の機能が取り扱われるようになつている。

⑴良心、人間的権威　⑵個人生活における主要な義務、人格の育成　⑶家族生活および社会生活における主要な義務　⑷愛国心、正義と相互扶助　⑸各種の労働の尊重　⑹行政的組織体および文化的・精神的・職業的・社会的生活の中心としての市町村、集団生活に関連した村の組織と活動についての具体的な学習　⑺最も日常的諸契約や労働法規についての簡単かつ具体的な概念　⑻フランスの政治、行政および司法組織の初歩　⑼公民生活、その権利と義務　⑽諸国民の間の関係(国際的な連帯関係、通商協定、文化交流そのほか、阻害因としてのファシズムや民族主義も取り上げる)

以上がフランスの道徳教育の概観であるがそれを担当する教師は、現在道徳的価値の基準をいずれにおくべきかなやんでいるようである。これはフラン

スのみならず現在のいずれの国においても同様であると思われるが、新しい道徳価値の基準の設定こそ道徳教育の振興に大きく役だつであろう。

ソヴエト連邦

ソ連の道徳教育の特長を要訳してみると次のように理解される。

1　それは共産主義道徳教育といわれ、キリスト教諸国などがキリスト教を道徳の中心に置いているのとは反対に、道徳教育は反宗教的・科学的共産主義世界観の確信づけに始まり、共産主義的に規律ある生活に慣熟し、共産主義社会の完成に献身する人格を養成することを目標としている。

2　ソヴエトの国民教育の目的は搾取制度をなくし共産主義社会の強化と完成に役だつ全面的に発達した成員を養成するということであつて、その全面発達の教育のために相互に有機的に結びついた五つの部分、知識教育、道徳教育、体育、美育および総合技術教育（ポリテニズム）が行われる。共産主義道徳教育は独立には教えられず他の四つの教育と密接に各個に結合して教えられている。

3　学校においての道徳教育で第一に重視されるのはソヴエト愛国心および民族的な誇り、社会主義の祖国、レーニン、スターリンの党に対する無条件の信服であるとされ、次に規律、労働に対する社会主義的な態度、集団主義、義務と名誉の感情およびソヴエト人の風格を特長づけているといわれる道徳的品質だとされる。

4　これらの共産主義道徳は、教師により全教育活動すなわち課業の過程、ソヴエト教育の特長である課外、校外作業活動を通じて、生徒の成長発達や個性に応じて、説得、説明、強制、処罰、奨励の方法により、また教師の威信や範例をもつて教えられるが、近来はとくに家庭との連系、さらに青少年の間の共産党の前衛であるコムソモール（共産青少年同盟）やピオネール（赤色少年団）の模範的活動によつて推進される。

道徳教育だけを行う科目や課外作業は効果がないとされている。

しかし、教育大臣は「学生の道徳教育はただ計画的に順序だてて行うことによつて始めて効果がある。無味乾燥なお説教や一つ一つの行為を分析しているのでは根本的な解決をもたらさない。この問題は学校の生活をきちんと規律だつたものとし、生徒の集団とかれらの社会に有益な労働の組織によつてはじめて解決できる」といつている。

生徒守則

ソ連における現在の道徳教育においては、自覚的規律教育ということが重視されている。これは、単純に教師の命令に服従するということから始まり、自分で望んでやるようになり、求めないで任務を完成し、何をなすべきか、何をなすべからざるかを識別し、社会に対する責任を深刻に認識するというように逐次教育されて高度の道徳的品性となるものであるとされている。この規律教育を重視することによつて道徳教育の成果を高めている。ロシア共和国では一九五一年に「学校の規律を強化することについて」という命令を出し、学校や地方の国民教育部が最近生徒の思想教育問題をゆるがせにし、授業や課外作業をなおざりにし、若干の学校では教育省が確認した「生徒守則」が守られていないし、はなはだしきは忘れているものさえあるとして、生徒に厳格にこれを守ることを要求している。

その生徒守則は、次に示すとおりである。

生徒守則

すべての生徒は次の如き義務がある。

一、教養のある文化的な市民となり、かつ、ソヴエトの祖国にできうるかぎりの利益をもたらすために忍耐強く、根気強く知識を身につけること。

二、熱心に学び、きちんと授業に出て、学校の授業開始に遅れないこと。

三、学校長と教師の命令に絶対に従うこと。

四、必要な教科書と筆記用具をもつて登校すること。教師がくるまでに授業に必要なものを準備すること。

五、学校の中ではきれいに髪を解かし、さつぱりした身なりをすること。

六、教室の自分の席をきれいにきちんとしておくこと。

七、鐘がなつたら直ちに教室にはいり、自分の席につくこと。

八、授業中にはひじをついたり、ねそべつたりしないできちんとすわること。教師の説明と生徒の答を注意して聞くこと、話をしたり、関係のない問題に注意を向けないこと。

九、教師や学校長が教室にはいるとき、および教室から出るときには起立して送迎する。

一〇、教師に対して答える際には起立し、身体をまつすぐにし、教師の許可があつてはじめて着

抜萃欄

席する。答えたり教師に質問したりするときには手をあげる。

一一、次の授業のために教師に課せられたことを日記あるいは特別な帳面に記入し、かつこの書込みを父兄に見せること。宿題は全部自分でやること。

一二、学校長と教師には敬意を払うこと。道で教師や学校長に出あつた際には、礼儀正しいおじぎによるあいさつをすること。この際、男の子は帽子をとること。

一三、年上の者には尊敬を払うこと。学校内、路上および公共の場所では節制をもつてしかも礼儀にかなうようにふるまうこと。

一四、悪ばのことばや粗野な表現を使わないこと。喫煙しないこと。カルタで金や物をかけないこと。

一五、学校の財産を守ること。自分の品、同志の品を注意深く取り扱うこと。

一六、老人、幼児、弱い者、病人に対して親切、ていねいであり、かれらに道や席をゆずり、あらゆる援助をすること。

一七、親の言うことを聞き、かれらの手助けをし、弟や妹のめんどうを見ること。

一八、部屋を清潔にし、衣類やはきもの、寝具をきちんと保存すること。

一九、生徒証を所持し、注意深く保存し、他人に渡さず教師や校長の要請に応じて提示すること。

二〇、自分の学校およびクラスの名誉を自分自身のものとして重んじること。

規則を破つた生徒は退学に及ぶ罰を負う。

この守則はあらゆるタイプの学校の全生徒が守る義務があり、こどもが学校に入学した最初の日から理解しやすい形で教えられ、上級になるに従つて自覚的に守るように教育されるものである。そしてこの規則は、学習上の義務と規律を決めているだけでなく、生徒の周囲の人たちや物に対しての態度を規定した倫理基準を含んでいる。すなわち道徳的のしつけがこれによつてまず行われる。この守則に従つて、生徒たちは学校の生活でかれらが正確に行動する平常の練習をしなければならない。そうして、生徒たちは文明行為の習慣を獲得し、学友と年長者に対する同情ある態度をもつことができ、はじめて礼儀あり謙そんと公共物をたいせつにする習慣を養うことができると言つている。

この生徒守則や規律の問題はまずロシヤ語の時間、読本の時間の中で教師から物語られるわけであるが、愛国主義の教育などは高学年では特に歴史・地理・ソ連憲法はもちろん、数学や自然科学でも、ソヴエトの偉大な科学者や発明に関連して教えられる。

いろいろの科目において、その時々の共産党の要求する課題を実現する方向を生徒に確信させ、行動への習慣づけを行うこと、これが共産主義道徳教育といわれるものであろう。

中華人民共和国（中共）

中共はソ連の教育をほとんどそのまま受けついでいる。中共当局が道徳教育――政治思想教育をどのように考えているか要訳すると次のとおりである。

1　学校では全面発展の教育を貫徹しなければならない。――今後の学校教育は政治思想教育を強化し、また系統的な科学知識の教育を重視し同時に体育、衛生教育に注意しなければならない。

2　政治思想教育の任務は、社会主義の政治方向を樹立し、弁証唯物論世界観の基礎と共産主義の道徳を培養することである。このために学校においては、労働階級の思想的指導地位を強化し、社会主義思想を増強し、徹底的に資産階級の思想を批判し、封建的、買弁的、ファッシズム的思想の残さいを粛清しなければならない。

3　政治思想教育は、学生の現在もつている思想状況に基き引続いて「祖国を愛する、人民を愛する、労働を愛する、科学を愛する、公共財物を愛する」という国民公徳の培養に努力し、さらに集団主義の精神ならびに自覚的規律と緊張、勇敢、謙そん、誠実、節倹、質ぼく等の品性の培養に注意しなければならない。現在は特に愛国主義教育、労働教育と自覚的規律教育を強化しなければならない。

4　愛国主義教育については、学生の祖国に対する熱愛と祖国の社会主義建設事業に献身する願望を培養し、国家観念を強化し、個人の利益を国家利益に服従させる観念を養成しなければならない。愛国主義教育を行うと同時に国際主義の精神を培養することに注意しなければならない。

5　労働教育については、学生に労働の社会主義的意識をうえつけ、労働を光栄の仕事と考え、労働を熱愛し、労働に対して自覚的積極的な態度をとるようにさせる。肉体労働を軽視し、労働者農民

を軽視する誤つた思想を正す。学校教育中では講義に適当にできるだけの、また、教育に意義のある肉体労働を行わせる。

6　自覚的規律教育については学生に学習の自覚性と積極性を養成し、自覚的に学校規則を遵守し、教師を尊敬し、学校資財を愛護し、学校秩序を擁護し、集団の利益を尊重しさらに社会秩序と国家の法律を遵守する思想を養成しなければならない。現在若干の学校では規律弛緩の現象がみられるが必ず克服しなければならない。

7　政治思想教育はおもに教師が各教科の教授と各種の課外活動において行う。それゆえ、青年の特長に基き正面から積極的に社会主義思想で学生を武装させなければならない。説得は政治思想教育の基本方法である。学生の優良行為に対しては表彰鼓舞し、学生の思想錯誤行為に対してはそのままに放任してはならない。また簡単に粗暴な方法で処理してはならない。遵々として善導し、適当な批評を加えてその学生の改善の努力を助けなければならない。もし適当な処罰を必要とする時は教育的補助の方法をとつて懲罰主義の偏向に陥つてはならない。新民主々義青年団と少年先鋒隊は学校の行う政治思想教育に協力しなければならない。

生徒守則

一九五五年二月に初めて「小学生守則」、同五月に「中学生守則」が教育部により制定、発令された。この守則とともに守則を実施することについての指示がおのおの出されているが、これによると守則は、それぞれ小・中学生の学習規律と日常生活の行為の準則であつて、これによつて、各学校は生徒に共産主義道徳教育を行い、生徒に良好な品性と習慣を養うように指示している。

小学生守則は次のとおりである（中学生守則もこれとだいたい同様）

小学生守則

一、身体が良く、学科の成績が良く、品行が良いひとりのりっぱな生徒になるように努めること。

二、国旗を尊敬し、人民領袖を敬愛すること。

三、校長、教師の教導にしたがい、自分の学校、クラスの名誉を守ること。

四、時間に間に合うように登校し、授業を受けること。遅刻したり、早退したり、かつてに欠席したりしないこと。

五、登校の時には必要な教科書と学用品を忘れずに持つてくること。授業開始前に必要な品物をちゃんと準備しておくこと。

六、授業中はきちんと静かに、姿勢正しくなければならない。教室を離れる時はまず教師の許可を求めること。

七、授業中はよい授業ができるように熱心に教師の講義と学友の問答を聞くこと。かつてに話をしたり別な事をしないこと。

八、授業中、問題に答えまたは問題を提出する時はまず手をあげること。教師が発言を許したら起立して言うこと。教師がすわることを認めたら坐ること。

九、いつも心がけて教師の指定する課外作業を正しく行うこと。

一〇、積極的に当番になること。努めて課外活動に参加すること。

一一、校長、教師を尊敬すること。始業・終業の時には教師に礼をすること。校外で校長、教師に会つた時も礼をすること。

一二、学友と友愛団結し互に助け合うこと。

一三、登校と帰宅の時には路上で道草をしたりしないで危険の発生を避けること。

一四、父母を敬愛し、兄弟姉妹を愛護し、自分でできることは自分でして父母の手助けをすること。

一五、老人を尊敬すること。老人、こども、病人、身体の不自由な人に対しては道を譲り、座を譲り、できるかぎりの援助をすること。

一六、他人に対しては礼儀正しくしなければならない。人をののしらないこと。またけんかしないこと。公共場所では騒がしくしないこと。他人の仕事、学習と睡眠を邪魔しないこと。

一七、うそをいわないこと。人をあざむかないこと。とばくをしないこと。他人の持物をひそかに私しないこと。自分や他人に有害な事をやらないこと。

一八、公共財物を愛護すること。いす・机・門・窓・垣・壁・地面その他ものをこわしたり、よごしたりしないこと

一九、定時に食事をし、休息をし、睡眠をすること。いつも遊戯し、運動し、身体を鍛錬すること。

二〇、身体、飲食、服装、用品、寝台と住所はすべて清潔・衛生を保持すること。公共場所でも清潔・衛生に注意すること。

（本稿の資料は主として文部省調査局「各国の道徳教育」によつた。篠沢）

－十二月のできごと－

二日　コザ連合教育区の教育長に稲嶺盛康氏決定

六日　定時制高校の校長、主事会（於北農校）

兼次小中校実験学校発表会

八日　高校英語弁論大会（於琉大図書館）

全島教育長会議（於宜野座教育長事務所）

一〇日　佐敷中校実験学校発表会

文化財保護委員、伊平屋、伊是名の文化財調査

一三日　那覇連合教育委員会で首里、那覇両高校の学区制廃止を決定

一五日　立法院臨時議会開幕

一六日　立法院本会議で「真和志市を廃止し、その区域を那覇市に編入することについて」を万場一致で可決

一七日　那覇、真和志合併人口十九万の大那覇市誕生

文教局主催全琉社会教育主事研修会

一八日　農林高校実習隊（沖縄本島三農校）八重山開拓へ出発

文部省の北岡建二調査局長沖縄の教育事情視察のため来島

一九日　立法院臨時議会閉会

二〇日　東風平中校実験学校（職業家庭科）発表会

二一日　文部省の北岡調査局長、林部事務官と文教局との懇談会（於文教局）

二三日　大田政作氏の行政副主席任命（於ライカム高等弁務官室）

二六日　教職員冬季講座（一月五日まで）

二七日　文教局主催全琉児童生徒作品展（二九日まで於大道小学校）

二九日　琉球育英会国費、自費学生第一次合格者を発表

－一九五八年一月のできごと－

四日　屋良会長ら教職員会の代表者は民政府クロフォード教育部長と会見、教育四法案を承認してもらうよう要望

七日　教育四法案（教育基本法、教育委員会法、学校教育法、社会教育法）をモーア高等弁務官によって承認

八日　当間主席教育四法案について署名（一九五八年四月一日より施行）

全島教育長定例会（於前原教育長事務所）

一〇日　沖縄各区教育委員協会総会（於教育会館ホール）教育法公布に感謝決議

一二日　第二回高校生生物研究発表会（名護高校）

那覇市長選挙の日

一三日　那覇市長選挙開票兼次佐一（三五、四九一）（当選）平良辰雄（三四、五〇七）

第五十五回定例中央教育委員会、議長伊礼肇、副議長砂川恵敷選出

一五日　中央教育委員会小学校と中学校の設置基準の一部改正

教育統計調査規則可決、教育課程審議会規則の一部改正

一九五八年度競技場建設補助金の割当可決

高等学校長教頭連絡会（於沖縄水産高校）

一六日　高校入学志願書の受付始る

一七日　沖縄教職員会の第四次教育研究中央集会（一九日まで、於教育会館）

広島大学長森戸辰男氏、同大学補導部長平塚錦平氏来島

一八日　文化財保護委員会田名文書など十三件を重要文化財に指定

九日　広島大学長森戸辰男氏は沖縄教職員会の第四次教育研究集会で「教育改革の反省と展望」と題する特別講演（於グランド・オリオン）

二二日　政府法制審議会発足（委員十二名発令）

二三日　広島大学補導部長平塚錦平氏を囲み高校カウンセラーと中校補導主任と補導について懇談会（於教育会館）

二五日　那覇高校安里芳郎教諭は二五日沖縄上空を通過した人工衛星第二号の撮影に成功

琉球政府、南連共催全琉戦没者慰霊祭（於那覇市識名霊園）

沖縄PTA連合と日本童話協会沖縄支部共催による第八回全沖縄童話、お話、弁論大会（二六日まで於普天間小校）

第五回学校農業クラブ全島大会（於北農校）

二六日　沖縄婦人連合会主催婦人週間中央大会（於那覇市国映館）

夜九時三十八分ごろ二一・五米の突風起る

二七日　文化財保護委員会勝連村平安名部落で「死別のおもろ」調査

二八日　稲田小学校実験学校発表「国語科における学習指導をどのようにするか」

三〇日　文教局五八学年度前期研究教員三十一名内定発表

一九五八年二月一日印刷
一九五八年二月一九日発行

文教時報（第三八号）（非売品）

発行所　琉球政府文教局　研究調査課

印刷所　旭堂印刷所　那覇市四区八組　（電話六五五）

文教時報

NO.39

39

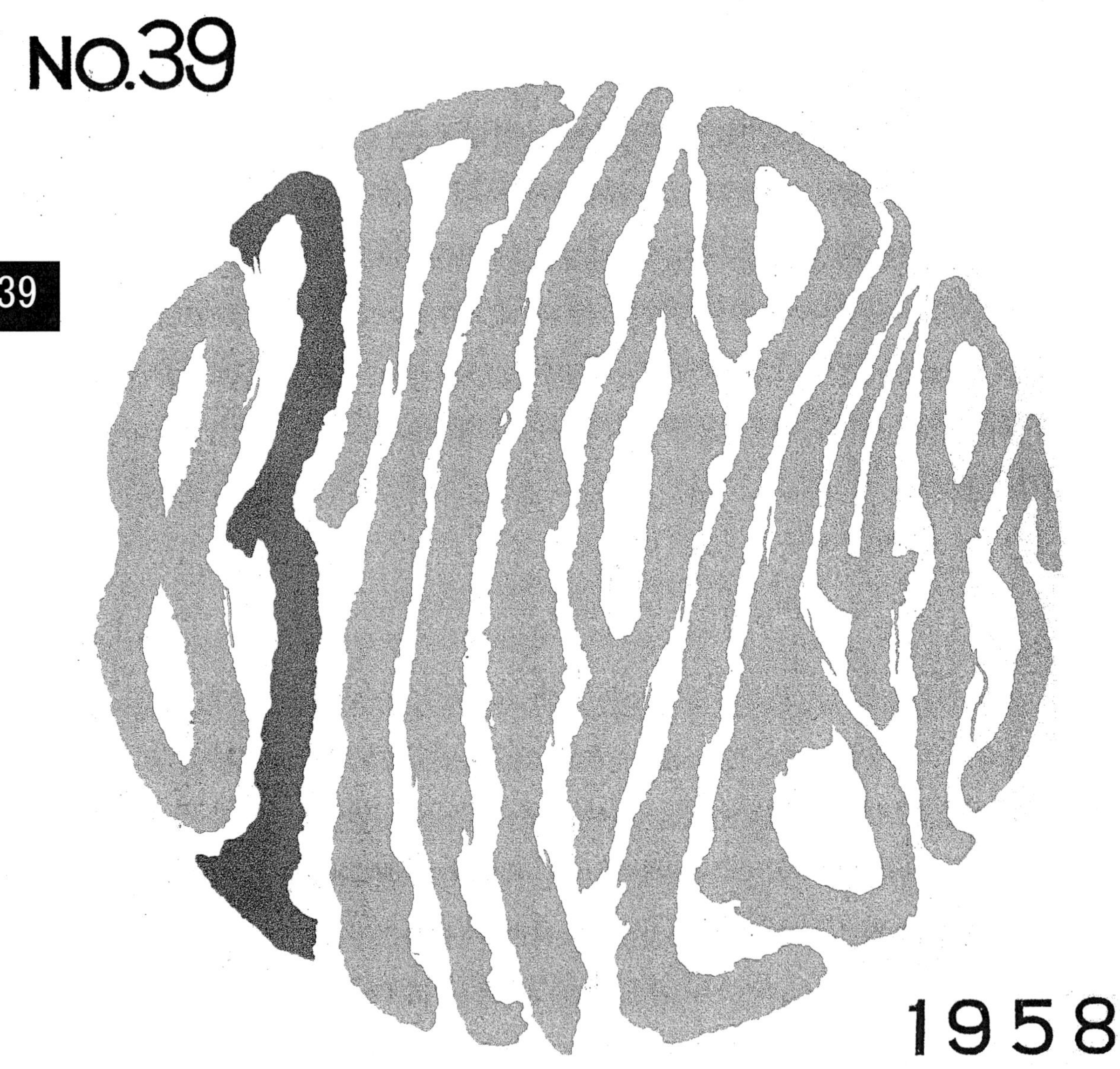

1958

琉球 文教局研究調査課

文教時報　No.39

目　次

○はち巻して50点……………………………………………中　山　興　眞…1

○教員異動方針についての助言案…………………………文　　教　　局…3

実験学校・研究校の発表の中から

◈生徒指導のための教育調査……………………与那原中学校…4

◈社会科指導における道徳教育…………………塩屋小・中学校…18

実践記録

○單元、私達の学校……………………………宮　城　園　子…21

○社会科のグループ学習の場に
おける道徳教育………宮　城　敬　子…22

○主題、民主的な生徒を育てるのに
社会科でどのように指導してきたか…宮城松一…26

◈職業指導＝個人の理解と個人資料の活用……津　堅　中　学　校…30

◈とおもろこしの調理について…………………岸　本　公　子…36

◈粘土工作を指導して……………………………宮　平　初　枝…40

◈ホーム、ルームにおける小集団指導…………下　地　恵　一…42

私の意見

○道徳教育について………………………………仲　間　智　秀…46

抜　　萃

○沖繩の教育を視察して
（文部広報より）………北　岡　健　二…49

○学年当初の学級編成上の問題（初等教育資料より）古簱安好…52

◈中央教育委員会だより………………………………………………55

◈二月のできごと………………………………………………………56

はち巻して五〇点

(一) がくげいかいに出してください

学級の出しものが決り、人選もすみ、毎日の放課後はけいこでにぎやかになりました。がくげいかいの日も近ずいたある日のことです。残つてけいこに加わる必要のない男の子と受持の教師との間に次のような会談の場が出現しました。

「先生、ぼくもがくげいかいに出してください。」

「がくげいかいに出たいの。」

「はい。」

「あなたは、おけいこしていないからこの次にね。」

「ぼくおぼえています。」

「でもね、こんどはもうきまつてしまつたから来年出してあげるからがまんしてね。」

「ぼく来年は転校するんです。」

「……。」

この子は、正選手の練習中傍聴的存在としての自己の立場を守りながら、毎日練習をしていたのであります。そうしていつの間にかその努力はある程度の演技技術を会得し、自信となり、出たい気持はおさえ難く、とうとう訴えとなつたのであります。これは小学校二年生です。高学年になつたらもう訴えますまい。訴える気力を失うのです。でもこの子は、舞台にあこがれるすべての子の代表をつとめたのではないでしょうか。一つの行事の執行中に、子供の心情に明暗の差異を作る恐ろしさを考えましょう。

(二) 先生がおこつたら

二年生の子に作文をさせました。自由選題です。

先生がおこつたらぼくはおこります。

先生がおこつたらぼくはわじります。

たつた二行のこの作文、詩を読む感じはしませんか。おこりますとわじりますで同一の心情を二回くり返していますが、おこりますでは弱く、わじりますでなくては満足できないのです。それはそれとして、教師のおこり方とその回数、その場が想像されます。

(三) わたくしがかわろう

去る三月十五日でした。愛楽園内の保育寮を訪問しました。ここで保育されている子は、父または母が癩患でありながらかんせんしていない子供たちです。三才児から中学生までいます。どの子も清潔で、人なつっこく素直で明かるく、行き届いた保護と指導でよく躾けられて可愛い子供たちばかりでありました。感心して寮母さんと話し合つているうちに、つぎつぎと子供たちはひとりひとり来てあいさつをしました。その中でことしから幼稚園に上るという可愛い女の子が、指を口の中に入れたり、体はかくして笑顔だけを出したりして部屋の入口でもじもじして内には入ろうとしません。寮母さんは、世の母たちがするように、手をかえ、品をかえしていろいろの呼びかけでこの子にあいさつの催促を試みました。その間に外の子たちはみんな済んでしまいました。残つたこの小さい子はやりたい意志は十分持ちながらなおもじもじを続けていました。そして、「お母さん（寮母のこと）がニッポンにつれていかないから。」といいます。「つれてつてあげるからごあいさつなさい。」「ごあいさつわすれたかな。そうだ、このおみやげのお菓子ねえさんたちにあげようか。」などくり返しましたが、この偉大なる幼児、依然としてそれには伏しません。その時でした。小学校の二年生というこの子の先輩が心配して「かあさん、わたくしがかわりにやります。」と救助に出たのです。一室は大爆笑です。しかしこの二つの表情には何のひびきも反応もおこりませんでした。あいさつは一つの行事としてのおとなたちの形式主義を子供たちは見事に受け取っていたのです

(四) はち巻しての五〇点でも

去る夏季講座の講師として来島されたある先生のお話しです。先生には特殊学級

に入れている末の子がありました。この子、テストの答案はいつも0をもらっていたそうです。その度に、「おとうさん、またマルもらったよ。」と勇敢に父親である先生のところへ持って来たそうです。「あゝそうか。よかつた。」と先生はげきれいしつゝ見守つておられたそうです。そして、時には「おかあさんにもおみせ。」とやると、「おかあさんにおこられる。」といつて実行に移しません。ある日のこと、先生が帰宅されると、この子、手拭を水に湿してはち巻している。そうして机に向つて一生けんめいの態。「〇〇ちやん、どうした。」ときくと、「おとうさん、ぼくイィンになつたよ。」と満足の顔はかがやいていた。受持の教師にそのことをきくと、実はその子は学友の出席調べ、机の並びの係という役割を与えられていたのです。幾日かの後「おとうさん、これ。」と示された答案は五〇点でありました。「これはよかつた。おかあさんにも見てもらいなさい。こんどはほめてもらえるぞ。」となつて「おかあさん、五〇点だよ。」と差し出した。受け取つたお母さん「なあんだ、五〇点か。お隣の〇〇さんは七五点よ。」と母は例の通り。0点から五〇点への向上よりも依然として、数量がその上位にあるばかりに七五点を守つていた方がまだよいと安心する世の親たち様。はち巻は泣きませんか。

(五)　百点が十名なら

これは指導主事がある学校から拾つて来た話です。その学校の子供が百点貰つたよろこびを母につげました。母は大よろこんでから、「百点の子は何人ですか。」とききました。「十名。」と答えたら「なーんだ、十名もいたのか。」で先のよろこびは取り消しになつたそうです。この種の母は九十点でも八十点でも、またそれ以下でも、それが自分の子供だけで他の子供がそれ以下なら、自分の子供を含めての全員が百点であるよりもうれしいにちがいありません。いくら競争の国でも子供の成長の基準を相対比較にのみ求めていては平和は逃げていくでしょう。

(六)　0点から二十点でも！

ある男教師の訴えであります。

「いつも0点ばかりとつていた子が、三学期頃から二十点の域まで向上しましたが、指導要録や通信票には依然として1にしか該当しません。これでよいか。」と訴え「こうだつたら私たちには教師はつとまりません。」と嘆き、まことに痛烈な内省と悲想極まる態度でありました。五段階に悩む子供と親が幾十万人いることでしよう。この真剣な教師の悩みが、これからの子供と親の悩みを解決し、今後の教育評価の改善に立向う根本的態度となることを念願しています。

(七)　権威の錯覚

二人中の一位と十人中の一位も一位で二人中のビリも十人中のビリもまたビリに変りはないという話しがある。その権威についてもよく話題となる。

学級の組の名称にも権威があるとか。二組より一組、B組よりA組、竹組より松組、ロ組よりイ組というように、数や符号の序列がそのまゝ権威の序列とする錯覚である。

子供はなぜこの標語や符号に等しい名称に誇りと失逐を感ずるのか。若しそうだとすれば級数の多いほど差もひどくなることになる。しかしこの現象はきくところによると子供だけでもないそうだ。

学級編成と担任配置に際して、無言の思惑や目に見えない何らかの波動が学校内に生ずるとすれば、それは上述に属する権威の錯覚である。

また、学校の大小や地理的位置に権威を感ずることはないだろうか。規模の大を誇つたり、町や村の中心部を尊重したりすることであるが、そのもの自体にそのまゝ権威というものが生じて来るものではないだろう。大きい学校に就職して得意になつても、中心部の学校に転じて栄進と心得てもその人の価値が学校によつて高められたのではないだろう。価値や権威は依然としてその人から生じて来るものではないか。もとより人の真価を十分に活用し発揮できる為めの条件は具備されなければならないし、人によつて異る場合もある。

小校、中校、高校の校種にも権威の上下をつけて喜んだり、悲しんだり、あきらめたりするようだ。学級も学校も自己の能力というものを考えて安心していられるところからその人の権威は生れはしないか。自己の権威を他に求めたりすると錯覚のとりことなろう。

＜学校教育課長　中山興真＞

教員異動方針についての助言案

全琉教育長会（五八・三・五日）における協議事項

一、教員異動方針について

一、一般方針

1、人事の刷新をはかり人事行政の適正を期するため、全琉的視野に立つて、広域交流の異動を行う。

2、学校の実態を検討し、適材を適所に配置して、教育の能率増進をはかる。

3、地域及び学校における教員組織の不均衡を是正し、教育の機会均等の実をあげる。

4、免許状相当の学校に配置して組織の強化をはかる。

5、同一校十年以上の勤務者は、原則として異動する。

6、近親者の同一校勤務をさける。

二、異動要領

1、無資格教員の有資格教員への切換え

2、免許状相当学校への配置

3 上級免許を優先し、専門教科の単位数を考慮する。

4 学校長の意見を聴して、学校経営上、免許教科の編在を是正する。

5 学校長の意見を聴して、担任教科及び時間数等により、併任を考慮する。

6 資格、俸給額、性別、年令等の均衡をはかるよう考慮する。

三、採用の順位

1 有資格者

イ、現職者

。高校助教諭

。小中校助教諭

。現該当校教諭

ロ、新卒

。奨学生

。契約学生（国費を含む）

。一般卒業者（小一、中一、高二、免許所持者は小中校へ）

ハ、現職以外の有資格者

2、無資格者

イ、他の免許状所持者

例（小免で中高校に勤務している者）

ロ、学歴経験を有する者

ハ、其の他の者（高校卒業以上）

備考

1、新卒を採用した分は報告する。

2 無資格採用の場合は、臨時教授許可証の交を受けてからなす。

二、公立小中学校の教頭について

1 教頭は教諭の中から校長の意見をきいて、教育長の選考によつて委員会が任命する。

2、教頭は校長を補佐し、校長の職務執行に支障を生じた時は、その職務を代行する。

3、教頭の待遇は、職階制の適用がなされるまで、教諭としての待遇による。

4、教頭の置かれる学校規模（別に基準は設けない）

5 教頭の資格条件

一、免許状　年数

一普　三年

二普　八年

二、勤務成績優秀なもの

6 教頭当該学校勤務中に限る。

7 併置校の場合、両校に置くことが出来る。

☆—☆—☆—☆

☆—☆—☆—☆

実験学校・研究校の発表の中から

生徒指導のための教育調査

与那原中学校

1 はしがき

望ましい人間形成の現代教育において、教育効果をあげるには、何といつても児童生徒をよく知ることであり、それは教育の凡ゆる角度からその実態を把握して、各個人差に即応した指導対策が研究され実践に移されて始めて教育効果もあがると思う。

そこには適切なカリキュラムの編成、指導方法の技術的研究、正しい評価等の問題が考察されると思う。殊に評価の問題は前二者と常に表裏一体となつて教育的反省の資料となるもので、最も重要視さるべき教育の要素であるが、ややもすると無関心で軽視されがちである。

それは評価が神ならぬ人間が同じ対等の人間を評定することで、目に見えない困難な問題が多いからで、従つて誰しも、ややつこしい先入感で精神的にも労力的にも幾多の抵抗を感じている。

今回当校が実験学校を引き受けて、このとつつきにくい問題をテーマに取り上げた事はそれこそ盲蛇におじずの感がせないでもないが、生徒の望ましい人間形成を思うた時に敢えて勇を鼓して職員一体となつて研究考察に手をつけたわけである。

このテーマは問題が問題だけに、勿論おいそれと一時的に解決される安易のものでなくそれこそ牛の歩みの如く一歩前進の気持で考えて来た。従つて今回の発表は未だその緒についた一歩に過ぎない程度のものである。当校としては、この発表を契機に先生方の御指導助言によつて、この問題をもつと深く掘り下げて、考察対策をやつてみたいと思う。又今後残された問題の多い事は勿論のことで、いつまでも尽きない状態である。

このささやかな当校の今までの研究の歩みに依つていささかなりとも教育的に示唆する所があるとするならば幸いこの上ないことであり、今後先生方の御協力を念願してやまない次第である。

2 テーマ設定の理由

われわれの教育は一人一人の生徒に焦点をあてたものであり、一人一人の生命に向けられているものであつて、学級はそのための手段にすぎない。そして学級を中心とした指導プログラムは、いわゆる学校カリキュラムとして全体カリキュラムで計画されているが、これを実際に展開するためには、あくまで一人一人をみつめた個人カリキュラムを考えて指導しなければならない。そのためにはどうしても一人一人を絶えず観察し、その生徒をより正しく知る必要がある。正しく知る為には感情や偏見又は勘等に依らずに、より客観的なより科学的な方法に依らねばならない。即ち一人一人の生徒を正しく診断し治療して、より望ましい人間像へと指導することこそ教育の仕事であると思う。

本校においても、どのようにして正しく子供を知るかについて、一昨年頃より絶えず職員間で話し合いがなされた。例えば生徒の学習面では、その生徒はどの教科に特に欠陥があるか、どの程度理解したか、どの程度成績が向上したか等、性格や行動の面では、何故そのような行動をしたか、性格的にどのような面に欠陥があるか等、多くの問題を持ちつゝも、之等の問題が面倒な統計法を操るものであるとして、実際には真剣に取組まれなかつた。幸に実験学校に指定されたので、常に悩んでいる之等の問題と取組み研究すべきである。又全職員が共通の問題であり、より切実な問題である。

以上のことから当校は「生徒指導のための教育調査」というテーマを設定し、この研究を進めていくことになつた。

3 研究経過

1 研究方針

テーマ設定の理由にも述べてある通り、教育評価を研究してみようという総意によつて昨年四月文教局指定の実験学校を引き受けた。ところが当初は「教育評価とはどういうものか、評価の用具はどのようなものがあり、どのように操作したらよいか」ということも

（研究計画）

月別	研究活動	理解事項	予想される研究問題
4	研究計画の樹立	評価の機能と特質 評価研究の重要性	現在までの評価は正しく行われていたか
5	自作テストの実施 ゲスフーテスト	良き評価用具の条件、妥当性、信頼度、問題作成 結果の処理解釈について 社会的行動は場面によつて規定される。◎テストの方法	テストの信頼度を高めるにはどうしたらよいか
6	知能テストの実施 自作テスト（学力）の実施 社会的距離尺度測定ソシオグラムの作成	知能に関する理論 テストの方法 知能との相関について 相関係数について 交友関係と学級経営の諸問題について	教師と生徒との評価の一致度はどのような程度であるか
7	自作テストの実施 観察記録	行動見本の誤謬 観察者の誤謬 日記、自叙伝について	観察者の誤謬を排除するにはどうしたらよいか
9	基準学力テスト 品等尺度の構成	テストの実施法 知能テストの相関について 品等法の原理 質問紙法面接法事例研究法について	
10	適応性診断テスト 向性検査	テスト法 結果の処理解釈	
11	社会検査 クレペリン内田精神作業検査	テスト法と結果の処理解釈 テスト法と結果の処理解釈	
12	臨床的精神診断法 ロールシャッハ検査	テスト法と結果の処理解釈	
1	家庭環境診断テスト 職業適性検査 まとめ	テスト法と結果の処理解釈	
2	今まで行つて来た資料の整理と結論の算出	これからの評価はどのような方法でなければならないか	

分らない実情であつた。そこで話し合によつて研究方針を次のように打ち出した。

○第一年次は教育評価に使われる諸種の用具の操作技術を習得すると共に評価の理論を研究する。第二年次において、テーマの第一義的な目的である診断と治療をなし生徒指導の実際に役立てる。

第一年次の研究方針に対しては、研究の領域をしぼつて掘り下げて研究した方がよくないか、評価のための評価になりはしないか等の意見も出たが、全職員が科学的な測定に基いて適確な指導をするためには、一応評価の用具の操作になれ理論も研究した方がよいとの結論を得てこの方針通り進めることにした。しかし生徒指導は日常なされていることであるし、評価の結果が利用されることは論をまたないので第一年次の方針は原則的なものである。

2 研究計画

このような方針をもとにして研究計画を上表のように樹てた。

3 研究組織

評価の分野にもとずいて、次のような研究組織をつくり、グループ別の研修を活発にもつた。

校長
　｜
企画運営委員会
　├ 家庭環境班　富川　安泉　上原
　├ 学習　〃　喜名　上江洲　光一
　├ 性格　〃　金城　新里　辺土名　我如古
　└ 適性　〃　桃原　繁　宮平
　　身体状況　我如古

4　歩み

研究計画書にもられた諸種のテストを実施してきたが、評価には処理、解釈、利用に基礎的な統計の知識と技術が必要となつてくるので抵抗を感じた。然し評価の各分野から科学的な測定をし診断の資料をととのえる事により病根をさぐりあてることは教育者にとつて興味ぶかい。当初の研究方針により発展して診断までの事例をつくり得たが、来年度は指導票を利用して治療（生徒指導）の研究をしていく予定である。

事例　1

T子の劣等感

I　問題点

T子は中学一年の優秀な生徒でHR室長にも選ばれ級友の信頼があつた。無口で発表を好まず、やゝ内向的な面が見られたが、向性検査の結果、超内向性を示し、特に劣等感を抱いていることがわかつた。

II　事例史

一、行動集録　ここでT子の事例史をふりかえつて先ず小学校以来の指導録から摘記する

小学三年　（TT記）
- 貧しい友人に雨カツパを与えてやつた。
- あまり発表しない

小学四年　（AS記）
- 一ケ年間級長を勤めてよくクラスの面倒を見た

小学五年　（SS記）
- 無口であまり笑わない
- お人好しで級友も多く皆から好かれている。

小学六年　（UT記）
- すなおなよい子であるが、神経質なところがある。

中学一年　（YG記）
- 一学期末の日曜日、女生徒だけ中城公園への遠足の帰りはバスで帰つたがT子外二名の生徒は歩いて帰つた。
- 二学期に生活綴方調査（私のなやみ）について綴つてあつたが未提出
- 三学期の初め座席変更のためY子と口論した。

二、知能テスト

昭和三二年七月に行つた教研式知能テストの学級分布によると（累積グラフ）

1人　1人　10人　17人　12人
(五)　(四)　(三)　(二)　(一)

T子は偏差値では学級の上位を占めている。知能は普通の上位に位し、学級中でも第三位で知能による劣等感を抱くとは考えられない。

三、フレンドシップの変遷

友人関係の変遷を見るため三二年四月、三三年一月の二回の調査結果を見ると

三二年四月

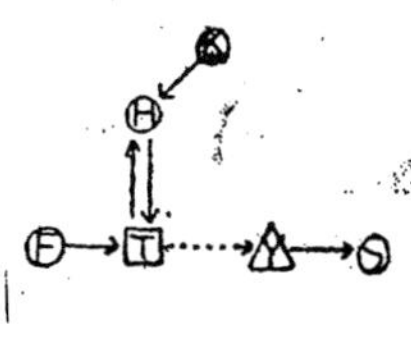

Y子とS子に友人が集つているが略す

T子はY子が好きであつた

三三年一月

Y子は多くの友人をもち級の中心人物でY子に集つている友人は成績の優秀な者が多い。

右のソシオグラムに見られるT子の友人関係の特徴を摘記すると次のようなことが考えられる

彼女をとりまく友人は少く主として性格の優しい人、寛容性のある人となつている。

特に注意を要する点は次の二つである

①、多くの友人を持つていない。

②、より積極性のあるY子との関係が離れている。

III　T子の現状

一、標準検査の結果

T子の知能検査の結果は次表のとおりである。

暦年令　一三才二ケ月

(1)　知能検査（教研式学年別知能検査）

テスト	絵分類	絵合	反転図形	同類図形	記憶	B式計	同義語反対語	把握関係	乱文	累類語	計算	A式計	総計
満点	20	20	20	20	／	98	24	18	15	20	15	92	190
得点	13	12	11	6	6	48	6	10	4	12	5	35	83

偏差値　54　指数　106　評価段階　3

学級平均偏差値　39.3

学級の平均偏差値は39.3でT子の場合は54でずつと上位にある。

(2)　道徳性診断テスト（田研式）

テスト	自己	家庭	友人	社会	道徳性偏差値
T子	90	60	90	90	60	
学級平均	45.6	45.8	42.9	48.4	45.4	

道徳的思考は学級中で上位にある

(3)　診断性向性検査（田研式）

テスト	社会的向性	思考的向性	劣等感	神経質	感情変異性	一般向性変差値
T子	32	40	20	37	37	33.2
学級平均	49.6	47.9	51.4	52.7	52.5	50.8

向性偏差値の学級平均は五〇、八で外向性の者が二七人で級の六〇％、内向性の者が一八人で級の四〇％に当つている。こうした学級の中でT子の向性偏差値は三三、二で超内向性を示している。特に劣等感をもつている。それで劣等感は何から生じたものであるか、適応性診断テストに依つて調べて見ると次表の通りである。

(4)　適応性診断テスト（野間教育研究所案）

項目 %ile	異常傾向	神経質感情	自尊傾向	退行的傾向	自己統制	社会的技術	統卒性	家庭関係	学校関係	近隣関係	総合適応
T子	25	1	50	40	45	85	20	65	70	35	35

上の表からT子は極端な統卒性に欠けている。学級の選挙に依つてH・R長に選出されたが学級を統卒することが出来ず、又神経質であるが為に細い事に神経を使い、それから劣等感が生れたものと考えられる。

二　身体状況と出席

(1)　健康記録

病歴　なし

血色　よし　偏食あり（お汁嫌い、卵を好む）

ツベリクリン反応　陰性、睡眠時間　八時間～九時間　月経　初潮まだなし　頭痛腹痛なし

体重三二、二〇瓩、身長一四二・八糎、身長体重ともに学級平均よりもやゝ高い、体重と身長との均合いはやゝやせ型である。運動は進んでやる方ではない。

特別に優れた能力はもつていない。（家庭訪問録、身体検査表による）

(2)　出席状況（三三年一月現在出席簿による）

小学校六ケ年間を皆出席で通している。

月別	4	5	6	7	9	10	11	12
遅刻	0	0	0	2	1	2	2	2
欠席	0	0	0	0	0	0	0	0

二学期の遅刻は朝の勉強及び家庭の手伝い、始業時間の関係による

(3)　学習成績

T子の三二年二学期に於ける学業成績は次表の通りである。

国語	習字	社会	数学	理科	音楽	図工	保・体	職・家	珠算	英語
4	5	4	5	5	4	4	4	4	4	5
理解力あり	伸び伸びして力強い	作図よい		几帳面である		デッサンよし				理解力よい

右の表でうかがえることは総体的にすぐれている。

(4)　教師・級友による行動の評価

三二年三月にまとめられた性格行動の記録（教師に依る）と三二年六月における級友の行動評価を次にかかげる。

	自主性	正義感	責任感	根気強さ	健康安全	礼儀	協調	指導	公共心
教師に依る	A	B	A	A	A	B	A	A	B
級友に依る	A	A	B	B	A	A	A	A	B

（ゲス・フーテスト）

三二年六月の級友の行動評価で目立つているのは、自分で計画している人(7)いつも身なりがさつぱりし

ている人(9)他人の気持をよくわかつてくれる人(7)であり、次に公共物を大切にする人(2)約束を守る人(2)となつている。

T子の性格行動としてはおとなしさと自主性が皆に認められて居り、積極的な公共心とかの面は見られていない。

VI 環境

一 家庭の背景

(1) 家庭の成員の素描

父は四五才で製材所の労務者で、明朗でこだわりのない人、尋常高等小学校卒であるが、部落では人前に出て部落の仕事を積極的にやるようなことはない。母は四一才で尋常小学校卒で丸顔で従順な素質の人である。従つて人に温和な感じを与え、いつもにこにこしている。子供については熱心でPTAの会合にもよく出席なさる。姉は高校一年でおとなしく明朗で人に好感を与える。弟は小学校四年でわりにおとなしく姉の言うことはよくきき成績も上位の方である。妹小学校二年生は普通並であまり積極的な行動は見られない。妹（五才）は食欲はあまり進まず身体は弱い方である。末の弟は誕生をすぎたばかりである。

T子の家庭での生活は単調で、通学は毎日一五分程度歩いている。

(2) 家庭の雰囲気

○住 宅

戦災にあい新しい敷地に移り住む

室数 三、子供の勉強室としては裏（北側）の室を使用している

○規律方面

父は母を「母ちゃん」母は父を「お父さん」と呼ぶ。父母や姉はT子を「Tちゃん」と呼んでいる。昼間は母と五才の妹と弟の三名が在宅食事の席は決つている。起床就寝の時間は決つている。規律正しい生活がうかがわれている。

○衛生方面

住居は陽当りの良い方ではない。風呂は銭湯で四日一回ぐらい行く。洗たくの行きとどいたものを着けて、サッパリしている。ふとんの干し方もよくたびたび行つている。

○信仰方面

特定な宗教を信仰していない。

○交際方面

親戚へは何かにつけてよく出かける。近所のつき合いは一寸したことでも知らし合い深くつき合つている。

○教養娯楽面

よく家族揃つてラジオを聴く、特別揃つて映画見学に行くことはない。家計簿はつけていない。毎月決つて新聞、雑誌はとつていない。

(3) T子に対する家庭

普通程度の家庭で、子供の教育についてはわりに熱心でPTAには母親が参加している。父母のこだわらない性格上からもよく父母から子へ子から父母へ学校の事情がよく語られているようである。

父母のT子に対する第一の要求は素直である。家庭環境診断テスト（田研式）によると次の表のとおりである。

	粗点	%ile
家庭の一般状態	52	60
子供の施設状態	0	50
文化的状態	13	1
家庭の雰囲気	51	40
両親の教育関心	17	50
		合計 201
環境%ile		402

右の表から考察するとT子は文化的状態に恵まれていないが家庭の一般的状態、子供の施設（静的環境）もよく、両親の教育的関心、家庭の雰囲気の良き動的環境に於て育てられていることがわかる

二 交友関係

学級の中でT子はどんな位置を占めているか。

(1) フレンドシップソシオグラム

6頁中の(三の㈠)でT子が多くの友をもつていないとなつている。三三年一月の学級全体の中で占めているT子の位置は次のとおりである。

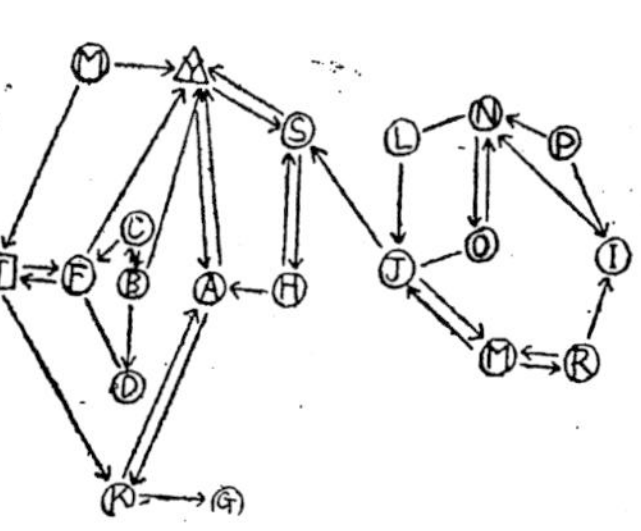

ソシオグラムによつてT子が多くの友人をもつていないことがわかる。学級の多くの人はむしろY子に集中していることがわかる。T子とY

子の仲立としてのF子M子は性格的にも学力の面でも弱いので、T子とY子を結びつける仲立としては弱わすぎるように見える。

(2) 学級の背景

Ⓐ この学級にはどんな子供たちが集つたか。

診断性向性検査（田研式）

テスト	社会的向性	思考的向性	劣等感	神経質	感情変異性	一般性偏差値
学級平均	49.6	49.7	51.4	52.7	52.5	50.8

この学級の性格は向性検査から見ると、一般向性は普通で思考向性はやゝ低く劣等感は全体的には抱いていない。外向性は二七人で六〇％を示している。

B 級の中心人物の考察及びフレンドシップの変遷

学級で現実的にどんなリーダーが中心になつているかソシオグラム、知能検査、向性検査等から考察して見ると、ここにY子が浮び出て来る。Y子の知能偏差値六四・五で学年最上位を示し向性偏差値は四七・七で普通であるが劣等感は六五で優越感は多分にしているものと考えられる。

T子とY子の関係を見ると次の通りである。

・Y子のT子観（三三年一月調、原文のまま、（ ）は教師の註

あまり遊ばないのでわからない。（よい点）

学級のことで私達が何か言うとすぐ顔をふくらす。

・T子のY子観

とてもいじわるです。

他人を目下に見ているようです。

他人のことにけちをつけます。

親切そうな所もあります。

よく他人と口げんかします。

決められたことはよく守る。

友達は勉強の良くできる（成績の良い）人が多い。

責任をよく果します。

けんかしたらいつまでもおこつて口を聞きません。

以上の事から考察すると、二学期に於いて座席変更時にY子とT子の意見のくい違いが原因で離れたものと考えられる。

C 教師の観察

この学級に対する教師の観察を概括してみると次のようである。

落着きがない。素直に努力する方である。個性のはつきりした子供は少い。

V T子に対する解釈

諸標準テストの結果より考察すると、T子の劣等感は、家庭環境、知能身体的状況から来たものでなくT子の持つ極端な神経質的性格と学級内における友人関係に原因しているものと思われる。特にH・R室長として選ばれたが適応性検査の結果は統率力二〇％となつていてH・Rを統率して行くことに困難を感じ、そこからS子の劣等感が生まれたものと解釈される。

VI T子に対する今後の処置

H・R室長としての責任を持たせず、むしろH・Rの一員として大いに活躍してもろう面の仕事を与えることが望ましい。

Y子との関係を調節するには、新学年度のH・R編成で考慮するか、T子を通じてお互に理解を深めさせ協力し合う方向に指導する必要がする。

事例 2

S君の不適応

1 問題点

1 提出理由 学校生活のきまりを守らず、教科担任の教師より絶えず注意を受けている。早引、欠課が多く、注意散慢で学習意欲が乏しく、学力低下の一途をたどりつつある。

2 現在までの指導経過（担任教師指導記録より）

事実	解釈と処置
三二年四月 。入学して一週間にもなるのに手ぶらで登校する。洋服もみすぼらしい	。何か理由があると思つたのと生徒がよくなれていないのではないかと思い挨拶だけしてそつと通つた。
(登校時) 。殆んど毎日の様に午後からそつと逃げて席を空ける。掃除当番もやらない。	。友達の話しによると、弁当を持つて来ないで、スクラップを蒐めてパンに代える時もある。
。教科書も持たずに登校する。	。六年の時教科書を注文することが出来なかつたと言つている。古い教科書で使用できるものを与えてやつた。
。新しいカバンに新しい服を着て得意	・問うて見ると姉に買つて貰つたと言う。人並に揃える

顔で坐っている。	ことができたのでうれしかったにちがいない。
•級友のY君に私は愛隣園に入りたいと語っている。	。家庭訪問の時に兄嫁の姉は「不良児で困るから愛隣園に入れたい」と語っていたのでS君を呼んで聞いて見るとよろこんでハイと言った。 愛隣園に入るには欠課もしないで掃除当番を忘れない良い子にならないと駄目だということを話す。
。授業中無断で海辺にある小船に乗って（Y君を乗せて）遊ぶ 職員室では平然としていたがH・Rではうつむいていた。	。生徒は自習させ早速海辺に行きよびもどす。 舟主はおこって学校に来たので詫びた。 午後のH・Rの時間に危険予防と生命の尊さについて全体に話す。 愛隣園に入れる相談の為に家庭訪問をしたら姉は「伯父が面倒を見る」とのことでそれが本人にもよいということを話す
五月 。午後の欠課が少なくなる 。掃除をしていた	。よい子になったとほめてやる。
十月 。S君が女性徒の鉛筆をとった靴を投げて乱暴したと女生徒が抗議してきた。	。女生徒にS君は両親が居ないからあんた達とはちがう。だから皆で可愛がってやろうじゃないかと話す 翌日T子とM子が放課後ノートと鉛筆をS君に上げるようにと持ってたので翌日それをS君にやった。
。ノート、鉛筆をもらってよろこぶ	。フニトに賞印があったので作文の賞だと思っているらしい（友達の話に依る）
十一月 。教卓の花瓶の花がちぎられている。 調べたら「僕がやった」と答えた。	。全体的に注意した
。「先生僕はお母さんに線香をたきに行った方がよいかね」とききに来た	。大変よいから行きなさいとすゝめた。
十二月 。机間を通る女生徒を、足を出してころばそうとしたら、女生徒は「なんね」と言ったらS君は「僕に反抗するか」と言った	。女生徒から他の男生徒と同等に取扱われたのでS君は反抗されてうれしかったのではなかろうか

II 参考資料

一 知能テスト 教研式学年別知能検査

	知能偏差値	評価段階
S君	……二九	一
学級平均	……三七	

学級としては二の段階である

二 健康及び身体状況

身長	149.6
体重	36
胸囲	720
座高	76
栄養	可
背柱	正
視力	右1.2左1.2
聴力	正
鼻咽喉	異状なし
皮フ	なし
う歯	なし
ツ反応	（ー）
その他	口角呉

三 学習状況

学習成績（中学一年学級）劣等児　名の中の一人

全教科基礎力に乏しく、小学三、四年の学力しかなく、授業中質問もなく問題を与えてやっても乗って来ない。学習時間中友達と雑談し、漫画をあさったり、文具品をいじったりして遊ぶことあり

出席状況　一学期午後欠課二八回、二学期午後欠課三回、欠席一学期二学期で二日

四 性格

(1) 田研式診断性向性検査

	偏差値
A（社会的向性）	42
B（思考的向性）	53
C（劣　等　感）	35
D（神　経　質）	47
E（感情変異性）	53
（一般向性偏差値）	46

一般向性は普通である。劣等感が見られるが思考的面では外向性を示し自説を固執することはなく現実的

(2) 田研式道徳性診断テスト

	粗点	1	10	20	30	40	50	60	70	80	90	99
A（自己）	(2)	○										
B（家庭）	[illegible]	○										
C（友人）	(4)	○										
D（社会）	(5)	○										

S君の道徳性偏差値及びプロフィールを見ると一%ileを示し、あまり反応していないと考えられる。それでS君の反応した問題をとり上げて見ると

問題一　今度町にサーカスが来ました一郎さんと三郎さんと四郎は、それぞれお母さんに「つれて行つて下さい」と頼みましたがどのお母さんも「今度はつれて行つてあげられない」といいました

(イ)　(ロ)　(ハ)
省略

。(ニ)四郎さんは「つれて行つてくれないから、お母さんのこまることをしてやる」といいました。

問題六　秋子さんは毎日午後お母さんと約束して学校の復習をすることになつています。今日はお母さんがいません　だから

(イ)省略
。(ロ)一人で復習します
(ハ)お母さんが帰つてくるまで友だちの家でまつています

註　(ハ)に記入してからけして(ロ)に記入している

問題二〇　先生がむずかしいやつかいな問題を出しました。先生は「みんなできればよいが」といいました

(イ)　(ロ)　省略
。(ハ)三郎さんは遊んでしまつて問題をやりませんでした。

問題二三　太郎さんは算数がきらいです算数に対していろいろの宿題がでました。

(イ)　太郎さんはやらないでほつておきます
(ロ)　以下　省略

項目＼段階	ひとと親しむ	ひとを尊敬する	ひとの立場をとり入れる	ひとと協力する	仕事を熱心にする	責任を重んずる	持久力がある	計画工夫する	自制心がある	自分で判断する	正義感がある	正しく批判する	安定感がある	指導力がある	態度が明るい	礼儀が正しい	きまりを理解して守る	探求心がある	美への関心をもつ	衛生に注意する	勤労を喜ぶ	物を大事にする
段階	−1	−1	0	−1	−2	−1	−2	−2	−1	−1	0	−2	−1	−2	0	−1	−1	−2	−1	−1	−1	−1

その他	興味	特技	指導を要する行動	時に参考になる行動の経験の記録（校内）	時に参考になる行動の経験の記録（校外）	所見
なし	まんがをよく読む	なし	授業中よく席をはなれて、いたずらする	いたずら多く席をはなれる	年少者との遊びよくやる　家事の手伝いをよくする	孤児で兄夫婦に養われている。やりたい放題で協調態度に乏しい。

以上の問題に反応している。問題一、六については両親がいない為にかえつて反感を抱いて居るように見られ、S君は両親の愛情に飢えているように考察される。問題二〇、二三に於いては反応した項目と実際面の行動と一致しているように思われる。この行動は教科に対して意欲がない事がうかがわれる。

(3)　三二年三月（小六）に於ける教師による性格行動の評価は上の表の通りである。

五　家庭の背景

(1)　家庭生活環境の推移

父はS君が幼少の頃病死、当時の家族は母兄（異母兄弟）姉の四人家族であつた。母はS君が小学校一年の時交通事故で死亡す。その後兄を中心に生活をしS君三年の為住居移転（兄の仕事の関係で那覇に移転）再び四年の時与那原に帰る兄嫁の病気の為生活が苦しくなる。兄嫁の姉の宅に厄介になる（小学六年まで）

(2)　現在の状況

中学一年の五月頃父方の伯父に引取られて現在に至る。S君の姉は女中奉公、兄は那覇で陶工として働きS君の援助をするし伯父の宅も家族が多い為生活は苦しい。伯父はS君の姉がS君に愛隣園に入園させたいとの意向に反対して自分で引取つて養つている。わりに義理固い気質をもつている。

(3)　家庭環境診断テスト（田研式）

次表のテストに依ると殆んど一%ileで家庭的環境は悪い。特にE（両親の教育的関心）に於いて反応していない。それは両親が居ない為にむしろ反抗的態度で手をつけなかつたであろう。

	粗点	%ile
家庭の一般状態	30	1
子供のための施設	4	1
文化的状態	11	1
家庭の一般的雰囲気	19	1
両親の教育的関心	0	0
	/	合計4
環境%ile	/	合計÷5=0.8

(4) 学校内に於ける交反関係

学級でのS君のソシオグラムを取つて見ると次のようになつている。（一部分を示す）

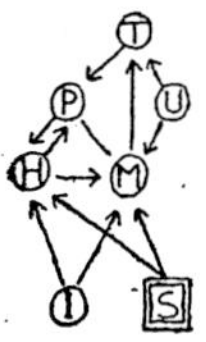

即ちS君は誰からも相手にされていなくなつている姿が痛しく描き出されている。S君の好きなM君H君はどちらも成績が上位で優しい親切な性格である。

ゲス・フーテストに依ると自分の意見を尊重する(2)仕事は最後までやりとげる(2)失敗しても他人のせいにしない(3)となつて居りその他の一五項目に対しては殆んど認められていない。

III 診断

一 家庭でも学校でも無視されていた為に、それを欠課や学習態度の不面目、花びんの花をちぎる等のゆがんだ形で発散させようとしている。従つて彼の生活には安定感の乏しい感がする。

二 S君の能力は二の段階にあるが気分的にも集団と一諸にやつていけなくなつて現実逃避的な行動が多くあらわれる

三 両親がなく家庭的にも逆境にある為愛情に飢えてすさんでいる。

IV S君に対する今後の処置

。彼が好きであるM君とH君は共に成績がよく親切で優しい性格である。H君とM君を通して彼を友達と同様に仲間入りをさせてもらうように頼む。

。女生徒はS君から逃げ廻らずに他の男生徒と同様に話しかけるようにしむける。

。教師全員によく理解してもらい常に関心を持つようにお願いする。

4 生徒指導票と通知票について

はじめに

「生徒指導のための教育調査」というテーマを設定して私どもがこの問題と取っ組んで調査研究を進めていつたとき、すぐ考えたことは生徒指導の為の補助簿（後に生徒指導票と呼んだ）の問題であつた。

私どもの調査研究が単なる調査のための調査に終るのでなしにあくまでもテーマ設定の本来の目的を達する為でありその結果は良かれ悪しかれ一つの形をもつものにまとまつたものとしてこれを手がかりにすることによつて、より的確な生徒指導を行うことが出来るのであろうということである。ということは現行の指導要録に帰一するとかそれを改善利用するとかいうことではなしに生徒指導の為の補助簿としての性格をもつものを工夫創作するということである。この問題について私どもの学校では約一年間十数度の研修会を持ち昨年来一応の方向を見出し得た。その結果形式的には生徒指導要録と似通つたところも多いがその意図や目的においてはいろいろいちじるしく異なるものであることを確認したことをあらかじめことわつておいて以下私どもの研究の一つの過程としての生徒指導票及び通知票についての報告として要点を紹介して皆さんの御批判を仰ぎたいと思う。

補助簿（生徒指導）はなぜ必要か

現行の生徒指導要録はあくまで要録である。従つて、それには圧縮さるべき本来のものをもつている。

指導要録は法的な公簿であると同時に生徒個々の指導のための原簿である。私どもは指導要録のもつこうした性格のうち後者の性格をもつと掘り下げて日々の教育に実質的に役立たしめるものとしてどのようなものが考えられるかということから出発して一つの形式をもつた補助簿を製作しようとしたのである。だから補助簿（生徒指導の必要な理由も次のように要約することが出来よう。）

(1) 指導要録の証明原簿的性格の強化による不完を補う。

(2) 指導要録そのものの本来の基本的な性格そのものの補助

(3) 連絡簿作製記入の根拠、資料を完全にし整備する

(4) 生徒の全体的理解と個性の把握を容易にし的確な生徒指導に資す

どのような補助簿がよいか

前提の必要をみたすものとして望ましい補助簿が考えられるとすればどのような条件を備えなければならないかということが問題として浮び上つて来た。この問題に対する私どもの見解は一応次のようにまとめる

ことが出来る。

(1) 累加記録であること

指導要録のような一年を単位とした所謂累加記録でなしに累加ということを日々の記録の積み重ねまで細かく、くわしくすることを考え実行する必要があろう。

(2) 詳細な記録であること

同じことがらを数回記入するというよりも、生徒のあらゆる面について評価する記録にしたい。

(3) 生徒の全体的理解と個性の把握が容易にできるものであること。評価の本質から考えて全人的な理解把握、個性伸張への手がかりとなるものをつかみたい。

(4) 実用的であること

記入に時間と労力の多くを要しない。保管に便利であること。誰が見てもわかり易いものでありたい。

以上の条件をおさえた上で具体的な形式を考えたときに、まず指導票に盛られる内容は何と何とを項目にあげるべきかということが問題として浮び上つた。この問に対して私どもの場合は、まず基本的には指導要録の各項目に拠つているが細いところは四つの研究グループ即ち環境グループ、性格グループ、学習グループ、適性グループで研究された結果に基いておのおの個性特色を持つ形式と順序が創意工夫された。特に指導票全般に亘り静的な面よりも動的な面が多く取り上げられたことは特色の一つといえよう。次に全体としての形式であるが、私どもの研修会でもしばしば論じられ回を重ねて来たが結局望ましい形式として次のように編集方針にしぼられた。

指導票編集の一般的方針

生徒一人につき一部を作製する形式で三年間の累加記録であり、個人全体的把握と個性の理解に便で、かつ、在学期間の成長発達を全体としてつかむことが出来なお卒業後の指導にも資することが出来る長所をもつものであること。

以上今まで述べて来た指導票の必要性、条件、形式が一応検討され、別表のようなものが出来たのが本年一月上旬である。こうして私どもの学校の生徒指導票は出来た。

記入と利用

補助簿に備えられるべき条件の項でも述べたように日々の記録の積み重ねであるので随時にこれが記入される。（各項目の細部の記入要領省略）この指導票が生徒の全体的把握と個性の理解に便で今後の生徒指導に当つて或る程度の自信を持つて的確な指導がなされるであろうことは実際に調査記入に当つたホームルーム担任の口を揃えていうところである。しかしそういうことは指導票が生徒指導上絶対的なものであるとか、完成されたものであるという意味でなく、あくまでも私どもの一年に亘るささやかな研究の結果（今後も継続される研究の課程の一部でしかないが）から得た試案であることをここで付言しておく。

以上生徒指導票についての要点を述べて来たが、最後に私達の学校で作製した生徒指導票試案をかかげて報告の補いとしたい。

組立ては四ページ続きの用紙となつている。

各ページの組立ては次のようになつている。（編集印刷の手ちがいから実際はそうなつていない。

P一　主として環境の記録。（ほかに標題その他必要事項）

P二　学習の記録

P三　性格に関する記録

P四　進路指導に関する記録

なお参考までに生徒指導票の見本をかかげて説明不充分の償いとしたい。（別紙生徒指導票見本参照）

通知票について

適切な診断があつて適切な薬がもられるように教育も子供の能力や学習の状態や特性などがよりはつきりわからなければ教師も父兄も生徒の指導がうまくいかないことは論をまたない。さきに報告した「生徒指導票」が作られても、それが学校だけのものでなしに生徒の教育に参加しているし、また参加すべきである家庭との緊密な連絡に使われることによつて、一層教育の効果をあげることが出来る。学校と家庭、教師と父兄とを児童を中心としてつなぐものとして通知票が考えられるが果して私どもの学校で用いられて来た従来の通知票（しばしば改善されて来た）が良くその機能を果しているかということを検討し、望ましい通知票を目指して進む一課程として現行の通知票の改善に手をつけた。

通知票のあり方

通知票の果すべき機能から考えて望ましい通知票はどんなものかということが私どもの研修会でまで論議された問題であつた。この問に答えるものとして私どもは小見山栄一著「通知票の範例と解説（よい通知票をもつ為に）」の中にかかられた通知票の新しい傾向望ましい通知票の内容の中から現在の私どもの研究段階において現行の通知票をよりよくしていく為に最も

NO

1957年度

通知票

与那原中学校

学校長	新垣庸一
学級担任	
学年級	第　学年　組
生徒氏名	

○学校の教育について御理解と御協力を願う意味でお目にかけます。
○お子供に優劣をつけようとするのではなくその力に応じて正しく伸ばす手がかりにしていただきたいのです。
○この通知票をよくごらんになつて、お子様をはげましていただきたいのです。

学習のようす

	一学期 評定	一学期 所見	二学期 評定	二学期 所見	三学期 評定	三学期 所見
国語						
習字						
社会						
数学						
理科						
音楽						
図工						
保体						
職家						
珠算						
英語						
特別教育活動 クラブ活動						
特別教育活動 ホームルーム活動						
特別教育活動 生徒会活動						
特別教育活動 その他						

努力のようす

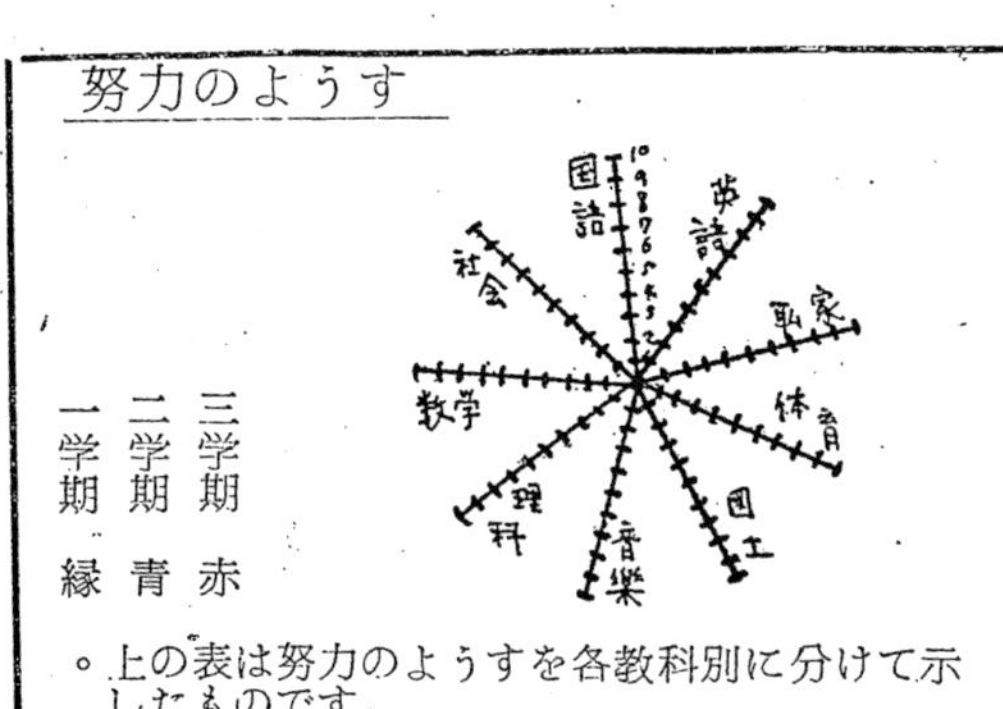

一学期 緑
二学期 青
三学期 赤

○上の表は努力のようすを各教科別に分けて示したものです。
○この多角が大きいほど努力もたといえます。
○一番へこんでいる場合はその教科の努力が足りないのです。

出欠状況				
学期				
授業日数				
出席日数				
病欠				
事故欠				
忌引				
遅刻				
早引				
欠課時数				
その他				
所見				

身体状況	
身長	Cm
体重	Kg
胸囲	Cm
座高	Cm
ツベルクリン反応	
備考	

認印 学期	一	二	三
担任			
保護者			

通信欄	
家庭から学校へ	
	一学期
	二学期
	三学期

修了証書

本校第　学年の課程を終了したことを証す

一九五八年三月　日

与那原中学校長　新垣庸一

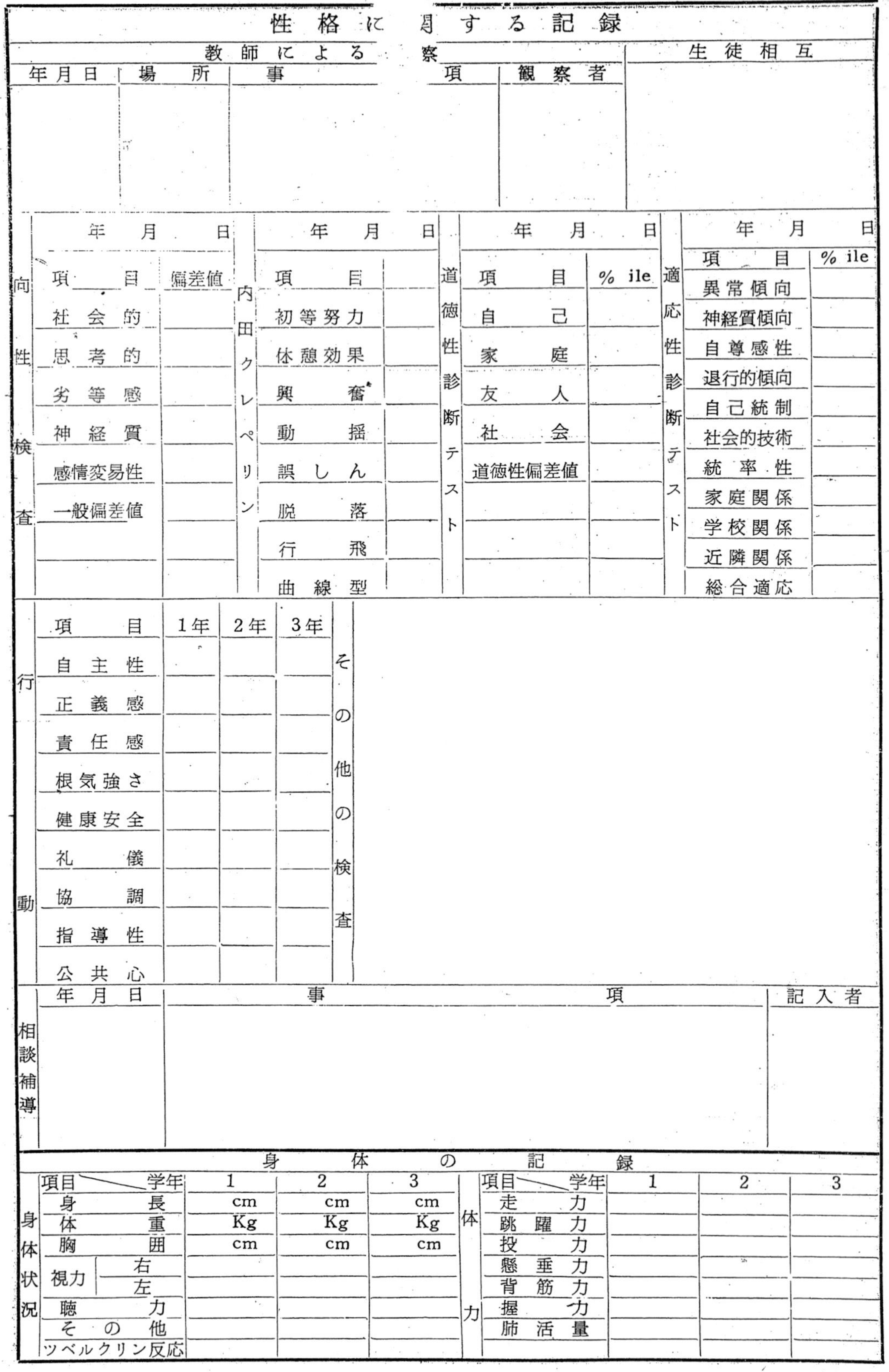

性格に関する記録

教師による観察				生徒相互
年月日	場所	事項	観察者	

向性検査		内田クレペリン		道徳性診断テスト		適応性診断テスト	
年　月　日		年　月　日		年　月　日		年　月　日	
項目	偏差値	項目		項目	% ile	項目	% ile
社会的		初等努力		自己		異常傾向	
思考的		休憩効果		家庭		神経質傾向	
劣等感		興奮		友人		自尊感性	
神経質		動揺		社会		退行的傾向	
感情変易性		誤しん		道徳性偏差値		自己統制	
一般偏差値		脱落				社会的技術	
		行飛				統率性	
		曲線型				家庭関係	
						学校関係	
						近隣関係	
						総合適応	

行動 項目	1年	2年	3年	その他の検査
自主性				
正義感				
責任感				
根気強さ				
健康安全				
礼儀				
協調				
指導性				
公共心				

相談補導 年月日	事項	記入者

身体の記録

身体状況 項目＼学年	1	2	3	体力 項目＼学年	1	2	3
身長	cm	cm	cm	走力			
体重	Kg	Kg	Kg	跳躍力			
胸囲	cm	cm	cm	投力			
視力 右				懸垂力			
視力 左				背筋力			
聴力				握力			
その他				肺活量			
ツベルクリン反応							

学習の記録

教科＼学年 評価	1 評定	1	2 評定	2	3 評定	3
国語		言語への関心 意識 聞く・話す 読解 作文 書く		言語への関心 意識 聞く・話す 読解 作文 書く		言語への関心 意識 聞く・話す 読解 作文 書く
社会		社会への関心 思考 知識 技能 道徳的な判断		社会への関心 思考 知識 技能 道徳的な判断		社会への関心 思考 知識 技能 道徳的な判断
数学		数学への関心 数学的な洞察 論理的な思考 技能 数学の応用創意		数学への関心 数学的な洞察 論理的な思考 技能 数学の応用創意		数学への関心 数学的な洞察 論理的な思考 技能 数学の応用創意
理科		自然への関心 論理的な思考 実験観察の技能 知識・理解 原理の応用創意		自然への関心 論理的な思考 実験観察の技能 知識・理解 原理の応用創意		自然への関心 論理的な思考 実験観察の技能 知識・理解 原理の応用創意
音楽		表現（歌唱 器楽 創作） 鑑賞 理解		表現（歌唱 器楽 創作） 鑑賞 理解		表現（歌唱 器楽 創作） 鑑賞 理解
図工		表現（描画 工作 図案） 鑑賞 理解		表現（描画 工作 図案） 鑑賞 理解		表現（描画 工作 図案） 鑑賞 理解
保体		健康安全への関心 運動の技能 理解 協力的な態度		健康安全への関心 運動の技能 理解 協力的な態度		健康安全への関心 運動の技能 理解 協力的な態度
職家		技能 知識理解 能力 態度習慣		技能 知識理解 能力 態度習慣		技能 知識理解 能力 態度習慣
英語		英語への興味関心 聞く・話す 読解 書く		英語への興味関心 聞く・話す 読解 書く		英語への興味関心 聞く・話す 読解 書く
備考						
学習態度及び興味						

標準検査の記録

学年	検査年月日	検査の名称	結果	検査者
一年				
二年				
三年				

成就状況

教科	偏差値	成就	成就状況プロフイール
国語			
社会			
数学			
理科			
英語			
音楽			
図工			
保体			
職家			

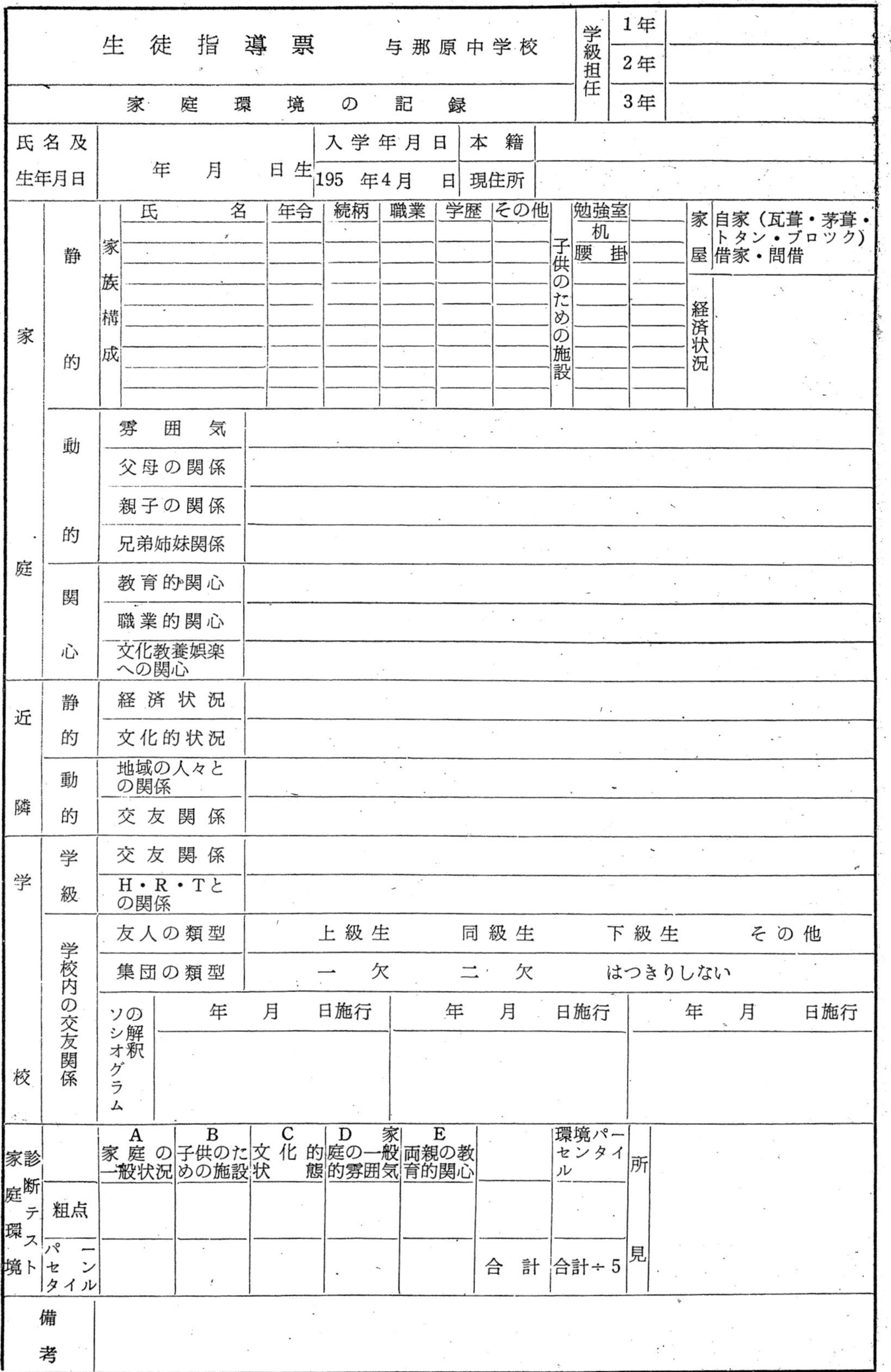

生　徒　指　導　票　　与那原中学校		学級担任	1年	
			2年	
家　庭　環　境　の　記　録			3年	

氏名及生年月日	年　月　日生	入学年月日	195　年4月　日	本籍	
				現住所	

			氏名	年令	続柄	職業	学歴	その他	子供のための施設	勉強室		家屋	自家（瓦葺・茅葺・トタン・ブロック）借家・間借
家庭	静的	家族構成								机		経済状況	
										腰掛			
	動的	雰囲気											
		父母の関係											
		親子の関係											
		兄弟姉妹関係											
	関心	教育的関心											
		職業的関心											
		文化教養娯楽への関心											
近隣	静的	経済状況											
		文化的状況											
	動的	地域の人々との関係											
		交友関係											
学校	学級	交友関係											
		H・R・Tとの関係											
	学校内の交友関係	友人の類型	上級生	同級生	下級生	その他							
		集団の類型	一欠	二欠	はっきりしない								
		ソシオグラムの解釈	年　月　日施行	年　月　日施行	年　月　日施行								

家庭環境診断テスト		A 家庭の一般状況	B 子供のための施設	C 文化的状態	D 家庭の一般的雰囲気	E 両親の教育的関心		環境パーセンタイル	所見
	粗点								
	パーセンタイル						合計	合計÷5	

備考	

進路指導に関する記録	知能検査	名称	年月日	SD	IQ	段階	特殊技能		趣味	

知能検査プロフィール

テスト	満点	得点	
			6 7 8 9 10 11 12 13 14 15 16 17 18 19 20 21 22 23 24
1 絵分類	20		6 8 10 12 14 16
2 絵合	20		5 6 8 10 12 14 16 18 20
3 反転図形	20		1 2 4 6 10 12 14
4 同類図形	20		5 6 8 10 12 14 16 18
5 記憶	／		5 6 8 10 12 14 16 18
B式計	98		20 30 40 50 60 70 80
6 同義語反対語	24		1 2 4 6 8 10 12 14 16 18 20 22
7 関係把握	18		1 2 4 6 8 10 12 14 16
8 乱文	15		1 2 4 6 8 10 12 14
9 異類語	20		1 2 4 6 8 10 12 14 16
10 計算	15		1 2 4 6 8 10 12 14 16
A式計	92		10 20 30 40 50 60 70 80
総点	190		20 30 40 50 60 70 80 90 100 110 120 130 140 150 160 170
			6 7 8 9 10 11 12 13 14 15 16 17 18 19 20 21 22 23 24
			知能偏差値　知能指数　評価段階　精神年齢（生活年齢に共用）

特活の記録	1年		2年		3年	

職業適性検査	性能		性能点	職業適性器具検査	検査名	性能点	職業興味テスト	興味の領域	%
	G	知能			1 名称比較検査			対人的社会	
	V	言語			2 算術検査			自然的	
	N	数的			3 語い検査			機械的	
	S	空間			4 犯準検査			実業的	
	P	形態			5 型盤検査			芸能的	
	Q	言記			6 捧さし検査			研究的	
	A	共応			7 球拾い検査			興味の型	
	T	動連			8 型態検査			言語的	
	E	指先			9 速度検査			技能的	
	M	手先						計算的	
	検査年月日	年　月　日			検査年月日	年　月　日		興味の水準	
								検査年月日	年　月　日

適性群	1	2	3	4	5	6	7	8	9	10
	11	12	13	14	15	16	17	18	19	20

本人の希望	就職	職業名		就職地		家族の意向	
		1	2	1	2		
	進学	学校名		課程名			
		1	2	1	2		

本人に適する針路	就職		進学		学校の所見	
	産業別		学校名			
	職種		課程			
	就職地		所在地			

相談の記録	年　月　日	
	年　月　日	
	年　月　日	
卒業後の動向		

適当と思うものを一、二とり上げて一応改善利用してみよう。そしてその結果を見て徐々に望ましいものに近ずけていこうというのが一致した見解であった。そこで私どもが通知票改善の要点として取り上げたものを要約すると次のようになろう。

(1) 教師が児童生徒の学力や身体を測定した結果をたんに通告するよりはかれらの伸びつつある姿を報告する方向にもつていきたい。

(2) 結果として学力や能力の記述にとどまることなしに原因や課程も理解されるようなものでありたい。

(3) 学年の平均や他の児童生徒との比較に終る事なしに自己の学習成績との比較による発達に重点をおくべきであり、又それが示されるものでありたい。

(4) 教科の評語だけでなしに分析的目標を示し、それぞれ評価するものでありたい。

(5) 生徒や父兄に親しみ易いものにしようという意図から工夫されたものでありたい。

(6) 評語で学業成績を示すことがらより一層生徒の指導に役立つ記述にしたい。

(7) 父兄はもちろん児童生徒たちにも理解できるような記述や様式にしたい。

以上の観点に立つて一応作られたものが別表に示した通知票である。そして本年度二学期からこの通知票が使用されてきた。

形式と内容

以下改正通知票と従来使われた通知票とを比較対照しながらいちじるしく変つた点をとりあげて形式と内容に触れてみよう。

。全体としての形式は四ページ続きの形式をとつた。

このことは従来と変りはない。

。通知票と指導方針を示して。

第一頁では従来の通知票に示された表題学年、生徒名の外に特に通知票が児童生徒のためのものであることを知らせるために通知票の見方、利用の仕方を説明した。

第二ページでは学習のようすを示した。

学習のようすを具体的に生徒個々の指導に直接役立たしめるために教科毎の相対的評定欄の外に所見欄を出来るだけ大きくとつて父兄や児童にもかかわり易い記述をすることとして、できるだけ学習のはげみになるように心がけた。従来のものでは教科の分析的目標と評定を示しただけになつていた。

第三ページでは学習の努力のようすを示した。

このことは改正通知票の大きな特色といえよう。他との相対的比較（評定）や個人の得意不得意（所見）を知らせることにとどまらないで個人の能力にふさわしい努力を払つたかどうかを評定し、多角形式に各教科に対する努力度を示した。

第四ページは通信欄と修了証書としたことは従来とちがいない。

以上の点が従来の通知票といちじるしく異る点である。なお説明不充分の補いとして指導票の場合と同様に通知票の見本をかかげておく。

私どもの研究途上、特に問題となつたことがらといささか他と異なると思われる点のみをあげましたので理論的根拠及び一般通念として基本的に認められることがらについては割愛しました。

米ソ人工衛星の比較

	米国第一号（円筒型）	ソ連第一号（球型）	ソ連第二号（円スイ型）
打上げ月日	一九五八年一月三一日	一九五七年一〇月四日	一九五七年一一月三日
大きさ（寸ンチ）	円筒の径 一五・二四 長さ 二〇三	球の径 五八	長さ 四九五
重さ（キログラム）	約一四	八三・六	五〇八・三
近地点（キロ）	三七〇	二四〇〜二七〇	二四〇〜二七〇
遠地点（キロ）	三三〇〇	九〇〇〜九五〇	一七〇〇
赤道面と軌道面との角度	三五度	六五度	六五度
初速（毎秒）	約八・五キロ	約八キロ	八キロ以上
一周目の周期	一時間三五分	一時間三六分一三秒	一時間四三分四三秒
地球一周毎の経度のズレ	約二八度	約二四度	約二六度
一昼夜に地球をまわる回数	約一三回	約一五回	約一四回
電源	水銀電池と太陽電池（推定）	水銀電池	水銀電池
送信出力	六〇ミリワットと一〇ミリワット	一―一〇ワット（推定）	一―一〇ワット（推定）
周波数（メガサイクル）	一〇八・〇三 一〇八・〇〇	二〇、〇〇五 四〇、〇〇二	二〇、〇〇五 四〇、〇〇二
寿命	三〜六カ月	三カ月	第一号より長命
積載生物	ナシ	ナシ	ライカ犬
無線遠隔測定の要目（測定器械）	宇宙線、流星ジン、温度	温度、気圧	温度、気圧、宇宙線、太陽エックス線、心電図

本校社会科指導における道徳教育

塩屋小・中学校

一、社会科に期待する道徳教育

民主的な社会生活を営んでいくために必要な自主自律的な積極性のある生活態度を育成していくためには、どうしてもその基盤に人間生活、社会生活の実態を正しく理解し、よりよい社会生活を形成していくためには、自分はどのように行動したらよいかということを広い社会的な視野から適確にとらえることができるようになつていなければならない。現代の社会生活は非常に広い領域にわたつて、それぞれ複雑なつながりを持ち、しかもそれぞれが互に構造的な系列をもつて密接に形成されている。このような広い領域にわたつて深い関連をもつている現代社会に正しく適応していくためには、広い社会的視野から常に問題に対決し行動を決定していくことが必要欠くことのできないことになつてくる。社会的に眼が開けていないと、自分が善意をもつて考え行動したとしても、それが思わぬところで反社会的な行為となつて現われてくるということが少くない。社会科指導の目標は児童の社会的視野を広げ、人間生活、社会生活に対する正しい理解を得させて社会における自分の立場や使命を正しく自覚させ、自分の属する社会に正しく適応し、その社会を進歩向上させていく自主自律的な積極性ある生活態度を養うところにある。道徳教育に対して社会科が他の教科とちがつた特別の使命を負つていることは、社会科がめざすところと道徳教育の目標と照応してみれば自ら明らかである。道徳教育はいうまでもなく他のすべての教科の学習の際にも、またほかの学校生活のあらゆる機会、あらゆる場面において常になさるべきであるが、社会科が道徳教育に対して占める位置は他の教科に比して常にその中心的な位置にあるということがいえる。社会科の指導がどのようになされるかということは道徳教育がどのように計画され実践されるかということに深い関係を持つている。

二、社会科教育の方針

(1) 児童生徒の生活実態と家庭環境との関係において調査し、考察して具体的な方針をたてる。

(2) 実態調査は直ちに必要なものを選んで行いその結果を十二分に活用する。

(3) 本村や本学区の歴史的、地理的、社会的現状を総合的に調査考究し今後の方向を考察してその方向にふさわしい指導方針をたてる。

(4) 農村の封建性の由来を明らかにし、学校教育が社会教育とマッチして合理的創造的にものを考える力を養う。

(5) 学級生徒会、学校生徒会、調査委員会、週番勤務、部落生徒会や補導委員会等の機会において児童生徒と生活を共にし、又児童生徒の生活の中に入つて、できるだけ具体的な指導をする。

(6) 団体生活の目的が最大多数の最大幸福にあることを自覚し、それに反しない限りにおいて児童生徒の特性、特長を発揮させ、個性を重んじ楽しく明るく生活するように指導する。

(7) 日本の国際的地位や現在の沖縄のおかれている地位を明らかにし新憲法の趣旨の徹底につとめ国際的平和な精神を培う。

(8) 指導にあつては父兄を始め全区民の協力をもとめ全学区全村学校の実を挙げる。特に児童生徒の不良化防止に協力をもとめる。

(9) 社会科の教育にあたつては先ず教師相互の民主的態度が大切なので校内の徹底的民主化をはかる。

三、道徳教育計画

各学年各単元毎に次のような形成により道徳的内容系列表を作成し社会科に於ける道徳指導の基準とする。

月	単元	時間	目標	学習内容	道徳内容

学習の展開を現場の実践に適したものとするために

(1) 一つの学習理論や学習形態を固執しないこと

(2) 子供の発達段階と素材のもつ質とに適合した学習形態を探究することを基本的態度として次の点に努

力する。

(イ) 実践的に習慣形成をはかる学習
(ロ) 社会生活のための事実をみつめさせる学習
(ハ) 社会生活の中にある問題を意識させる学習
(ニ) 基本的要素的知識技能を体系化する学習
(ホ) 社会生活の中にある問題を追求させる学習

次に道徳指導の系列表については単元の目標は主として文部省の改訂社会科の目標の諸点と文教局から出された基準教育課程を参考にし、それに私達の教育的批判を加味して個々の目標を通じて形成する意識や態度を明記して学習指導の展開の全体的把握と道徳指導の方向づけを意図した。道徳内容については、学習を進めていくとき必然的に習得さるべき要素としておさえ発達段階を考えつゝ学習活動時の指導を通じて自然のうちに集団の倫理などの道徳的知見が体得されるように考えた。

道徳内容系列表　別冊―省略

四、社会科における道徳指導上の留意点

(1) カリキユラムについて

　カリキユラムを構成する場合には社会的人間倫理がすべての活動や経験を貫ぬいていなければならない。なまのままの社会を対象として学習するのであるからそこには生命があり、問題があり、深刻さがあり又げんしゆくなものである。カリキユラムを構成し展開するにはあくまでも生きた社会に忠実でなければならない。そこで単に事実を事実として受け取るばかりでなく、その現実の底にあるもの或いは現実的な課題をとらえなければならない。つまりかゝる現象かゝる事実をそのまま受け取り、そこから望ましい姿あるべき姿を見出していくのである。この望ましい姿あるべき姿がそれこそ社会的人間倫理の具体的表現にほかならない。カリキユラムの構成も展開もこのような姿にひきしめられることが望ましい。

(2) 社会科の目標や単元の目標をしつかりつかむこと

　例えば「お店」という単元はどの子供も商人にするために設けられていたのではない。指導要領補説では「お店」については「わからせることによつて社会の人々の生活上の協力を理解させることを主要目的とする」とある。要する「お店」では相互依存関係を理解し、物の上手な買い方が目標になると思う。私達はこの単元によつて児童をどのように育てようとするか、どんな道徳的生長を望もうとするかをはつきりつかんでいなければならない。

(3) 考える社会であること

　経験することは考えることを否定しているわけではないが直観が単なる直観にとどまつているかぎりそこからは深さはでてこない。直観と考えることが結びついているときに始めて地についた社会科といえるのである。少くとも考えることによつて落ち着いた行動が望まれようし、又自分で考えることによつて始めて自律的な人間になり得る。とにかく考えることは創造性自主性を培うものである。

(4) 社会的や封建に対する鋭い感覚を養い社会正義の実現をめざすこと

　社会的矛盾は足もとを真面目に見つめることによつてつかむことができる。今日明日の生活に困るものがあると思うと反面非常に富裕な生活を営んでいるものもある。児童自身の生活においてもまた同様なことがいえる。しかしこうした社会的矛盾は、子供自身には何の罪もなくなんの非もない。ただこうした社会的矛盾を見逃すことなく、望ましい感覚を養成しその解決の方途を見出す指導を忘れてはならない。さらにまた人権を無視するもの、封建的なもの、反民主的なものに対してはあくまでもこれを排除する人間が要請される。

(5) 教材に感動的なものを具備すること

　社会科といえば見学したり、ごつこをしたり、物を作つたり話し合つたりグラフを作つたり、地図や年表を書いたりだけにとどまらず、人間の偉大な業蹟の裏には常に何かについての感激が動機となつている。こうしたことから先人の伝記や適当な説話を豊富に準備しておくようにする。

(6) 社会的行動の良習慣を養うこと

　これは一面「しつけ」ということができる。自発性が新教育に強調されているが手放しの自発性が横行したり、しつけられるべきことまで放置されている姿をよく見かける。他律より自律が望ましいことは当然であるが自律の不可能なまた自律性の低い児童は他律的な方法によつて指導されなければならない。

五、社会における道徳指導の方法

　社会科においてなされる道徳教育は、社会科独自の目標をねらつて学習されることそれ自体が道徳教育であるが、道徳教育という観点にたつて学習活動を通して「如何なる道徳性を身につけるか」を意識することができる。それで社会科に於ける道徳指導には次の二面が考えられる。

(1) 社会科の本質的立場に立つて指導し主として精神的な面から内面にう

(ロ) **学習活動中に身につけるべく学習活動過程の工夫による指導によつて得しめる。**

(1) については、学習にあたつては常に児童の身近な問題ととりくんでこれを解決するためあらゆる価値経験を積むように配慮する。

(2) については教育課程を次の形式によつて指導する。

単元目標	学習内容	特に道徳的に留意すべき事項	評価資料

学習内容は社会科の本質的内容であると同時に又道徳性啓培の契機も多分に含まれているのだから現段階においては特に抽出して具体的に蔭の形においてごく自然にこれが留意指導に当る。

六、学習活動の場に於ける道徳教育

(1) **グループ学習の場合**

この場合は社会的な人間を育てようとするところに意義があるので自己の短所を人の長所でおぎない、自己の長所をもつて他人の短所を助け、協同と責任と平等性による、よりよい人間関係を体得し、よりよい社社を建設する素地を養うとするのがそのねらいで特に次のような道徳的評価を重要視する。

イ、民主的に運営されたかどうか
ロ、協力して学習したかどうか
ハ、各自の責任を果したかどうか
ニ、友情的であつたかどうか
ホ、共同のものを大切にしたかどうか

(2) **一斉指導の場合**

この場合は説話や例話等の感動性に富む教材を多く準備すると共に学級全体の雰囲気の指導も亦大切なものとなつてくるが、かたいわくの中に児童生徒をはめこむのではなく、あくまであたたかい人間的な雰囲気の中に道徳的成長を期すべきであるので級の交友状態をしつかりつかむことによつて明るい方向と方策をつかむようにする。さらに学級全体学校全体における自分の位置、それに伴う責任と自覚とを育てるようにし個人的なものはできるだけさけて共通性のある問題をとりあげるようにする。

(3) **個別指導の場合**

道徳教育は個別指導によつて最も偉大な効果を発揮するものであるから何でも話し合える関係にならなければならない。児童を見つめる目が深ければ深いだけ児童を知ることが深ければ深いほど信頼感が強くなるものでありそこからよりよい道徳教育がなされていくのである。児童の性格のゆがみをよくみきわめて適切な個別指導を行い児童相互の交友関係を見つめてよくその状態を把握する。

(4) **討議の場合**

討議は主張、意見、思想や感情の相異つた人々が多数参加するのであるから、そこには自ら討議を可能にし効果あらしめるための道徳性が要請される。建設的な意見が出た場合は適当な機会にほめてやる。又破壊的な意見に対しては静かに反省を求めるようにする。意見が対立した場合には感情に走らず冷静に判断させ、あくまでも自分の納得のいかないことに賛成させてはならない。自主的であること、自己に忠実であることの尊さや、そうすることによつて社会が進展することを理解させる。しかし反面あくまでも人の意見を忠実に聞きとることを指導し寛容と協力と解決への積極性によつて正しい討論が展開されるよう指導する。

(5) **見学や訪問の場合**

いわゆる現場学習として生きた姿そのものを学びとらせようとするのがねらいである。

(イ) 見学先や訪問先への連絡
いきなり訪問することは先方に迷惑をかけるばかりでなく見学の効果も半減する。高学年にもなれば数人の代表を先に派遣して見学の目的、学習の状況、主なる質問事項等を詳しく先方に連絡し依頼しておく。

(ロ) 見学の目的やその方法がどの児童にも理解されていなければならない。

(ハ) 見学中の態度
社会の人々は執務中であること、わたしたちのためにわざ〳〵見学の便を計つてくれていること、見学先の品物には許可なく手をふれないこと、静かに見学して執務のじやまにならないようにすること。交通のきまりを守ること。

(ニ) 見学後のあり方
お礼の手紙を出す、見学記を送る。

(6) **劇化指導の場合**

劇という一つの立体的な表現活動をすることによつて、児童は行動においても情緒においても非常に意義ある体験を持つことができる。したがつてそこにも道徳指導の多くの面を見出すことができる演劇はみんなの協力によつてつくりあげる創造活動でもあるので役に対する態度を指導することによつて端役でもいかに大切な部面をになつているかが理解され、児童相互の人格尊重の心情を育てるようにする。

(7) **図表、模型等製作指導の場合**

(イ) 一つのものを作りあげるためには長時間と努力が必要である。いやになつて途中でやめたり準備や調査が不充分なために不正確なものがつくられ

たりしないようにする。

(ロ) 計画性と持続性をもたせるようにする。

児童の計画性は苦心して作り上げる場合に養われるのであるからすぐに教師や親たちにたよらないではじめから自主的な計画をたてることを指導し完成するまでやりぬく努力も適当に励ましつゝ育てゝいく。

(ハ) 資料の大切さを理解させる

一見して理解される図表や模型はまことに便利であるが、またこうした図表をつくるためにどんなに多くの人々の労力と苦心がはらわれているかを体験を通して理解させる。

(8) **実験、観察、測定等作業指導の場合**

(イ) 科学的態度（合理性、正確性、綿密性）について指導する。

(ロ) 持久力、継続力を養うこと、最後まで続け結論を出すところまで行くように方法を考えたり、はげましたり興味と関心がはなれないように配慮する。

(ハ) 正しい器具の扱い方を知ること

正しい使用法を知ることは一つの作法であり道徳指導の最低の基礎的な部面である。

(9) **諸記録の整理保存の場合**

児童は常に新しいものに向つて活発に動いていく。数時間をついやし苦心して作りあげた作品を大切に分類して保存する態度を養う。時々展覧会を催して一学期又一単元の業績をふりかえり互いに批評し、はげまし賞賛してやつて目録をつくらせたり、保存箱を考察してお互に工夫させたりする指導をする。作品に対しては他人の製作品に敬意をはらう態度を養う。展覧会や掲示された友達の成績物に対してはこわしたりよごしたりすることはもちろん鋲がとれていたらすぐになおすような態度やていねいに取り扱う態度は徹底した習慣化にしたい。

実践記録

単元 私たちの学校

小一 宮城園子

目標

家庭を離れて、学校という新しい集団生活に入つた児童は喜こびの反面さまざまの不安や困難に当面する。それでできるだけ早い機会にその不安や困難をとりのぞくことが大切である。

。学校集団の一員として行動の仕方や気持のもち方を自然に育てる。

。学校では先生をはじめいろいろな人々がそれぞれの仕事を通してわたしたちの世話をしてくれ、毎日楽しい学校生活が送れるように気を配つてくれる。

。学校ではいろいろな施設や用具があるがそれを上手に使うことによつて私達のくらしを安全で楽しくすることができる。

。学校生活は自分一人ではなく大ぜいの人たちの生活であるから自分自身の身のまわりの始末を上手にし、他人に迷惑をかけないようにすることが大切である。

。私達は自分の持物ばかりでなく、教室にあるみんなで使ういろいろな道具も整頓するようにつとめなければならない。

。学校では私達の生活を楽しくするために動物や植物が飼育栽培されている。

小単元 みんなで使う道具はどのように使つたらよいか

目標 学校生活できまりを知り共同で使うものは大切にしなければならないことを理解し便所や水道の使用が上手にできるようにする。

単元	学習活動と内容	道徳指導内容	指導上の留意点
みんなで使う道具はどのように使つたらよいか	便所の位置と上手な使い方 。大小便所の使用をけいこする 。どうすれば気持よく使用することができるかについて話し合う。 水道の位置と上手な使い方 。水道で水のみ、手洗のけいこをする。 。水道の上手な使い方について話し合う。	。順番ではいる。 。ノックをしてからはいる。 。使用後ふたをしめ、戸をきちんとしめる。 。手を洗う。 。順番を待つて使用する。 。必要以上に水を出さない。 。ガランをしつかりしめる。	。集団生活の不安や困難を早い機会に適切な方法で取除くことに指導の重点をおく。 。親切ていねいな個別指導が大切である。 。始業前や休み時間もつとめて子供と生活を共にする。

△取扱いについて教師の留意点

一、早く学校になれさせ不安をもたせないようにすること。
二、具体的に行動を通してしつけること。
三、躾けられたこと大切なことは身につくまでくり返すこと。
四、よくばらないで少しづつ積み重ねるようにすること。
五、充分時間をかけてやること。

△施設指導の実際にあたつて

一、順番を守る。
二、約束を守る。
三、例外を認めない。
四、全部の子供が出来るように心がけてやることが大切である。

△便所の使い方の指導

全員廊下へ並べ便所へ連れて便所の位置、自分の学級の場所を教える。おしつこやりたい人ひとりやらせてみる。次に先生がやつて先にやつた子とちがうところを話させる。「トントン戸をたたいた」「手を洗つた」といつたりします。

「そう、いいところに気がつきました」「誰か中に入つているのにあけてしまうといけないのでトントンと戸をたたいてからしましよう」私はこのとき「いるかい」といいながら戸をたたくようにさせます。中にいる人はまた「トントン」たたきながら「いますよ」とへんじをするのですと教えます。みんなわかつたら二人ずつ交替で実際に動作をさせ練習させます。

△水道の使い方

これは外の学級や学年と一しょに使うようになりますので入学当初にしつかり指導する。水道のじや口をあけはなしにしたり、必要以上に水を多く使つたり順番がまてなくてけんかをしないように、やはり全員をつれて行き、順番に並ばせて、じや口のねじり方、必要なだけ出してとめる要領をひとりひとりやらせる。

△低学年の躾け指導

入学当初躾け指導は時間がかかつても現場ですること。その後守れなかつたらその場でやりなおして、どの子にもやらせて経験させること。低学年の躾けは具体的に行動的実践を通して実際の場にそくして、くり返して徹底させます。その場で「実際に」「くり返す」「つづける」の三つが大切である。

社会科のグループ学習の場における道徳教育

小五　宮城敬子

一、道徳教育の立場から考えられるグループ学習の意義と価値について

学習の場に於ける道徳教育は各単元のわくの中にあるのではなく、各単元に共通な性格をもつものといえると思います。社会科学習で理解されたことが実践されるという生きた道徳教育の場と思います。児童の個々の活動や経験の累積が児童の人間形成に積極的な意味をもつものとすれば、その活動の一こま一こまを民主的に行動させるによつて、始めて民主的な人となり得ることと思います。

学習の場における道徳教育はその学習形態によつて個人的にも集団的にも民主的態度を養う上から、いろいろな道徳的観点が見出せると思います。

学習形態というものは劃一的なものではなく、その学習内容、学習している児童の状態、資料、施設、設備、地域社会の環境条件などを考えた上で決定されることでありますが「ごつこ学習」「グループ学習」「現場学習」「話し合い」「講義学習」「視聴覚学習」「調査活動」「構成活動」と多くの学習形態は、同一単元又は一時間の学習の中でもいくつか折り込まれていくのが普通であります。

このような学習形態の中で個人的、集団社会性が培われていくことと思います。

その中でも小社会の望ましい態度を経験させるに、特にグループ学習は強調されてきた一つだとされています。それは共同の目標のもとで何人かが協力して仕事をするという活動は民主的社会人育成に幾多の要素を含んでいるからでありましよう。そこで私は五年の児童の心理的、身体的道徳的発達から見て学習形態の中のグループ学習を多く経験させることにつとめ、その中で特に協調性、責任、寛容な態度を

養うことを目的として関心をよせて参りました。

二、グループ編成について

グループ学習は方法、手段であるよりも、目的内容であると考えられる。つまりグループの中で協同するそれぞれの児童が個性を生かして、もちまえを発揮する。自分の責任を果す、人に迷惑をかけない等民主社会の道徳が養われるのでグループは自然のまゝの姿、すなわち、異質、異性の児童が相互に助け合い、話し合える小社会の姿がのぞましいと思います。そこで私は男十三人、女十四人の児童を異質異性で交友関係、性格、部落、リーダーを考慮にいれグループを編成することに致しました。しかしグループは固定的でなく時によつては研究問題に同じ興味をもつもの同志が集る場合も考えられることは当然のことですが、私は殆んど固定したグループを取り扱つて参りました。

三、グループ学習の進め方

(1) **まず単元のどの位置でグループ学習を取り扱うかという点では**

単元全体の学習内容を見通し、グループで分担出来るもの、分担したが能率的であるもの、資料の得られるものなどを考えてグループ学習を実施しました。

単元のはじめに行つて次への発展を望む場合もあり発展段階で取り扱われる場合もあります。学習問題が選定されると次は

(2) **全体計画立案の段階**

学習問題に対して、どんなことをどういう方法で研究するかについて充分時間をかけて話し合い、研究全体のねらいと各グループの任務や仕事について全員に徹底させるように致しました。

グループ分担に当つては希望が一問題にかたよるとか、又グループ成員が異つた希望があつたりする場合も多々ありますが、そのような場合には相談の上で決定することにつとめて参りました。

分担されると、各グループではリーダーを選び、これからの計画、各自の分担等を行います。その場における私は各グループでリーダーがボス的行動におちいりはしないか、各人の分担が適切になされているか、能力の低い子の分担に気を配りグループの動きを観察し、時にはグループの一員となつてグループの計画を助けて参りました。グループ内の計画が終ると次は、

(3) **学習活動の段階**

その場における私の留意したことは、特にこの研究活動の中で社会性を育ててやることに着眼して参りました。

児童の活動を常に観察していますと、協力し合つて楽しく作業をなしていることも少くはありませんが、その場には実に非社会的な行いや言葉が現れて参ります。次にあげるのは私のクラスでグループ学習のはじめの頃の一例であります。

「僕の組のA君は自分勝手なことをするからいやだ」

「私のグループ長はもんくたれだ、あの組のグループ長はよいからあの組に行きたい」

「B君は何も出来ない、君はグループにはいないのと同じだよ」

「これ、鳥ながしやろうか、仕事やれといつてもすぐうつぶせになつてふくれる」

「君やつて来たか、又忘れたといいなさいひや」

等と、とり上げると実に驚くほどの非社会的言動がふりまかれます。このような、児童の中には「グループでするより個人、個人の方がよい」という声もありましたが、そこに指導のねらいのあることを自覚して、問題を起しているグループの一員となつて、なぜこのようになつたか、どうすればよいかを個人の立場、団体の立場から考えさせ、話し合わせて行動の反省もうながしてやりました。

仕事に困難している子、最後までなしとげない子、グループでよくけんかをおこす子等にとつては放課後個人指導を行い、仕事を手伝わせて完成の喜びを与えたりグループでの働きの大切なこと、グループの一員としてかけがえのない一員であること等を話し聞かせ、グループでの望ましい態度へと指導致しました。又リーダーを集めてグループ内の調整をはかるように指示してやることにもつとめました。学級全体では学習後反省会をもち、各グループの活動中の出来ごとを話し合い、そこに非社会的問題のあつた場合は全体にはかり、その場でとるべき態度等についてみんなに見当させたり又よくなつたグループの方法等を報告し合つて次第に望ましい行動の実践へと、はかつて参りました。

(4) **学習結果のまとめの段階**

では最後に私がグループ学習を取り扱つての反省をさせていただきます。まず学習のようすの立場から

学年はじめの頃男女の仲が悪く学級内のトラブルはしきりで学級会活動も協力することができない。毎月のように口論さわぎで全く困つてしまいました。その状態に直面して私はグループ学習の中で個人的、集団的に望ましい態度を育てて行くことが出来ないかと思いたつたわけですが、とかくこの期の児童は性的分離がはつきりし、異性に対して嫌悪な段階になつているので、あのような状態が現われたことだと思います。最初のグループの中では前にも申し上げた通りで又反省会においても互いにけんかごしになるということもしばしばでした。しかし現在に至つては反省会等で次のような話し合いもなされるようになりました。

「僕の組のA君は道具のかたづけだけしているのでいつしよに作ることもよいと思います」。

と或グループが云つたのに対してあちこちからいろんな意見が出てきます。「かたづけも大切な仕事だと思います」又或る子は「A君の出来る仕事をさせたらよいと思います。僕の組でもB子さんは失敗するかと心配して仕事をやりたがらなかつたそうですが、色ぬりの責任を与えてみんなB子さんがしあげをしました。先生も「こんなに上手に出来て」とほめていましたよ」等と話し合つている状態です。又国語学習で「劇」があつて九人一組で三組に合れて演ずることになりましたが、その際全く教師の手を借りずにグループごとに、この役はBさんがいいね声も大きいし、覚えもいいからなどと仲良く話し合いながら適切な配役をしているのです。その中には一人の不満足者もなさそうで、自分の役のセリフを覚えるのに一生懸命で、特に能力の低い子は組の児童に助けられながら、自分の役を覚えるのに精を出していました。演じ方も各グループごとの工夫で、とても愉快な、けつさくな劇の発表会ができました。

このような歩みの中でいつの間にか特に男女間で遊びも共にするように仲良くなつたことと、能力の低い子が活気づいてきたことです。無口で一人しよんぼり学校生活をおくつていた女児が居りますが、今では他の児童とかわりなく明るくなつています。それもグループの中で助けられ、自分というものを認めてきたのではないかと思います。

私の考えていることはこのような歩みでグループ学習を取り扱つたわけですが、それは道徳面に主眼を置いた方法でありますのでグループ学習というそのものの意義、目的にかなつたグループ学習の計画の立て方、進め方、結果のまとめ方であつたかはこれからの私の研究課題だと思つて居ります。

次にグループ学習を行わしめるには先ず充分な資料を準備してやることはどなたも御承知のことと思います。単元の中で、これはグループ学習にした方が、と思つても資料不備のため、また一斉指導に終る場合も少くありませんでした。グループ学習にはまず図書館の充実だと思います。学習の場における道徳教育は問題解決学習の過程にあるのですから、その過程において児童がどのような行動をとつたか、その場でどのような社会性が養われたかということにあると思います。そこで私はその場の児童の観察と適切な指導が最も大切だと思います。

単元「わが国の農業」

（グループ学習の実践記録）

学習問題　「どうすれば主食の生産を増すことができるか」

分節単元「わが国の農業生産について」の中の学習問題で「米の生産高と需要高」の学習から発展してきたものである。そこでこの学習問題解決として次のような知識、理解、技能、態度を養成する。

a　耕地の開発や土地改良は日本の重要課題であることを理解する。

b　肥料や薬品研究、農耕技術、品種改良など多方面の科学的な研究が必要であることを理解する。

c　日本の農業について今後ますます深い研究と食糧増産への熱意を抱かせる。

d　グループ学習の場で民主的な態度が養われる。

(一) 学習展開

A　導入の段階、全体計画立案の段階

復習として米の生産高と需要高について話し合わせ、そこで

(a)「どうすれば増産できるか」「増産の敵は何か」と発問をなし、問題を発見させ、発表したものから次のようにまとめた。問題を見出させるためには暗示をしたり、まとめの場合も教

師が中心となつた。
一、いろいろな災害
二、農業の技術
三、土地改良、農地改発
(b) 一、二、三のことについてどんなことをどのような方法で研究するかを話し合う。
その結果
。研究方法はグループ学習にして三グループで分担する。
。調べる主なことは
一、災害
。害によつてどれほど生産高がわるくなるか
。冷害、旱害とはどんな災害か
。害はどう防いでいるか
。病害、虫害にはどんなものがあつて、どのような薬があるか。
二、農業技術
。農機具の利用状態
。機械と動物、人との比較
。外国と比べる
。どんな肥料があるか
。品種改良されたもの
三、土地改良と農地開発
。土地改良とはどうするのか
。農地利用の様子
。開発の様子
以上のように全体計画をして後、グループを編成し研究分担を

一の問題—A、Bグループ
二の問題—C、Dグループ
三の問題—E、Fグループ
} ときめグループごとにリーダーをおく。

研究時間は三時間、発表会を二時間と予定し、全体計画はノートに記す。

B 学習活動の段階

一、教師の留意点、社会性の育成
。グループ内の個人並びに全体の協力
。能力の低い子供に多く指導助言を与える
。理解の徹底のためグループの連絡をはかる
。資料の指示をしてやる
。班の目あてにそらないようにする
。わからないことをただ参考書から写すことをさける。
。グラフ、統計、地図の見方、作り方をその場で指導する
二、児童はグループごとにリーダーを中心に各自の分担などをたてて話し合う。
三、計画にしたがつて各グループは研究を進める。
学習百科大辞典、教科書、学習年鑑、地図帳、雑誌の附録などを利用し、他のグループの資料が見当つた場合は互いに教えあつて少い資料を有効に活用させている。

その場において児童は互いに助け合つたり又非社会的な行動が現われる、その場において私は道徳指導をなし社会性を育てて参りました。

(具体例は省略)
四、研究したことを持ちよつて発表の準備をする。

C 学習結果のまとめ方

(a) 発表会(作品や発表内容は省略)
発表の時の態度、聞き手の態度、発表者へ質問された時のグループの心構え等についてあらかじめ話し合う。

一グループの研究発表後は話し合いをなし、全体への理解を深めた。

発表者の助力者となつて安定感を持たすことにつとめグループ全体への賞讃を与えた。
(b) 整理
各グループ研究で未解決のものは教師が準備して、全体で解決していく方法をとり、
㈠ 各グループの学習結果も各自研究ノートに記録するようにした。
㈡ 学習の結果どういうことが考えられたか、作文にする。
次にあげてあることは児童の作文からとり出した一部である。
一、農作物の病虫害も科学の研究で防ぐようになつた
農業に科学をとり入れることが大切だと思います。
二、いろんな研究によつて一反当りの収穫も増えてきた。
三、農薬や肥料の研究で収穫が多くなつた。
四、外国よりも機械を使つているのが少いので多く使つて生産を高めたい。
五、わが国は科学の研究と開発をして国をゆたかにしなければならない。
※学習の内容の中でも児童はこのように愛国心

が養われているのである。

D 反省会

一、グループ内で協力したか
二、助け合つたか、仲良くしたか
三、他のグループとはどうであつたか

等で自己及びグループ評価をさせた。

主題　民主的な生徒を育てるのに社会科でどのように指導して来たか

中学校　宮　城　松　一

一、去年の歩み

本校の教育目標。

。平和的民主的な国家及び社会の形成者としての資質を養う。

。郷土の復興発展に寄与する人を養う。

自ら進んで行う生徒
みんなと協力する生徒
与えられた事に対して責任を果す生徒
よろこんで働く生徒
郷土や学校を愛する生徒

この目標に近づくために全教科は勿論特に社会において道徳的態度、道徳意識及び判断、道徳的心情及び情緒の陶冶に向つて去年中職員生徒及び父兄も進んで参りましたが、道徳教育はあまりにも広く道徳意識を習慣化さすまでは一朝一夕ではとうてい出来るものではなく道徳教育は職員と生徒の根気くらべみたいなもので一つの点が良くなつたかと思えば、今まで良かつたと思われたことが一部には又悪くなるという具合でシーソーゲームを演じているようなものでした。そして去年の学年末の田中式道徳診断テストによる生徒の道徳性の実態は次のような結果でありました。

事項／項目	生徒判断	生徒行動実態			父兄の観察		
		はい	いいえ	不明	良い	悪い	不明
自主性	72.5	52.8	33.4	14	47.9	24.5	27.7
正義感	56.3	45.5	27.7	26.8	38.8	28.5	23.6
責任感	56.5	52.5	19.5	28.0	55.5	20.1	24.5
根気強さ	40.2	51.0	32.0	17.0	34.0	28.1	37.9
健康安全	50.6	53.0	37.5	9.5	61.0	20.4	18.6
礼儀	48.5	38.5	32.0	29.5	22.0	41.6	36.1
協調性	32.0	34.1	30.1	35.8	46.4	13.1	40.5
公共性	53.0	58.7	12.0	29.3	56.6	16.2	27.2
指導性	54.5	41.5	28.5	30.0	35.8	19.6	44.6

右の表からしますと根気強さと協調心の判断テストが悪く行動の面でやはり協調心の方が悪く、父兄の目から見た生徒の道徳的行動からすれば礼儀があまりよくない結果になつて居ります。

二、なやみ

このようにして一ケ年は過ぎ社会科における道徳教育という研究テーマで研究発表会をいたしましたが、職員会や週番委員会でいつても「何とかならないものだろうか」と問題になることは

。放課後どこかの教室の窓があいている。
。運動場や教室内外の清掃を忘れて帰つていることもある。
。運動用具は運動場にほつたらかされている。
。図書室では本が整理されてない。
。掃除用具が整頓されてない。

父兄からは

。近頃の子供は礼儀知らずだ。口のきき方（敬語）を知らぬ
。口ばかり達者で働く事をいやがる
。実行力に乏しい

とかなりきびしい言葉を耳にする。そういえば学習もぱつとしないようだ。発表もあまりしない。予習どころか宿題さえも満足にやつてこない。どこを見ても自主性がない。積極性が足りない。無責任だ。「何とかならないものだろうか」過去一ケ年山のものとも海のものとも知らない社会科における道徳教育という過重負担な課題をひつさげて道徳教育の理想ばつかりにあけくれた吾々の目からすれば青年期の何となく乱暴がしてみたくなつたり、我儘をしてみたくなつたり、反抗したくなつたり、他を否定し他

に反抗し、他を嘲笑するといつた、いわゆる反抗期にある中学生の行動は欠点だらけであるとも考えられ、自分等の指導のつたなさをなげきなやんで来たのであります。

三、今年の方針

いろいろの教育問題の中でも道徳教育に関する課題は難解中の難問題でありまして、この解決策は全国の教育者の均しく至難事としているのは明らかな事実でありまして日本政府としても文部大臣を始め政府要路者は勿論一般社会においてもその刷新が叫ばれ昭和三三年四月から一週間一時間修身科の復活さえ実施される現状であります。

私達は去年道徳教育の効果があがらないのになやんで来たのでありますが、日本でも私達と同じなやみを持つているのでありまして、道徳教育が一朝一夕に効果のあがるものではないと自分で自分をはげましつつ今年の方針を考えたのであります。

人間の行為というものはその人をとりまいている生活現実に働きかける時に行為は成立する。この現実をどう割り切つて行つたらよいかという行為の選択を自らにしいられている。人間は自らの意識を働かせ、行為の仕方を自ら選択し現実を考えて行くそこに行為というものが成り立つのであります。どういう方向に沿つて現実を割切つて行つたらよいかについてまどいなやむその時、何等かの形でああすべきかこうすべきかという規範意識、こうするのがよいか、ああするのが悪いか、という善悪の価値意識を自ら働かせて行為を選択し現実に処して行く。このようにわれわれの行為が成り立つ前提には自らの意識において行為の仕方をきめるという働きがあります。行為選択に当つて働く価値意識、規範意識を通常道徳といわれています。われわれの道徳意識がわれわれの行為を生み大きくは社会の慣習制度をつくり出しているといえましよう。

そこで道徳意識のないところに善悪の判断及行為はおこりえないと考えまして全教科は勿論特に社会科の全単元を通じて道徳的内容の系列表を作整し、暗暗裡の中に道徳意識を強く深く植えつけようと計画致しました。戦前の修身科のように徳目の解説で※

※なく道徳教育の為めに社会科の教科が一緒にくつついているのではなく、あくまで社会科の指導が主目的であるという事は勿論であります。又は社会科の目標そのものがみな道徳的なものでありますので、社会科の目標を達成するように努力することそれ自体は道徳教育であると考えます。

四、単元例

社会科における道徳教育は全学年全単元において行われるのでありますが中学校三年の一例をあげて指導の一例と致します。

単元	学習内容	道徳的内容	指導上の留意点
今日の政治はわれわれの生活にどのようにむすびついているか	㈠ 政治とはどんなことか	公共の福祉	○政治の主人公はどこまでも国民自身である事に気付かせる
	㈡ 生活につながる政治と法律	自由 平和 責任	○政治は生活につながり政治は法律に結ばれている事の理解
	㈢ 昔の政治と今の政治	民主主義の理想と原理	○よい政治の原則をはつきりつかませ政治の動きを常に原則に照して見つめさせるように指導する

この単元の取扱いは政治というものは生活のすみずみまでつながる事を具体的事例を生徒から豊富に取り出して話し合う事によつて問題解決への方向に導いて行くようにしました。例へば農村の貧困の問題、教育の普及、生活の向上、私達の学校や設備の問題、税金の問題、映画館の入場税、道路や橋の工事、食糧対策等々、犯罪対策、災害対策、海にかこまれていながら魚が輸入されている現状、第二次大戦が天皇のもとで一部の軍人や政治家が国民の知らない中にかつてな政治をして戦争になり国民を不幸にした事実このような生活の経験から政治が自分の生活と直接関係の深い事を理解させ、政治は行政主席や立法院議員などといつた特別の人々のするものだとする考えをすてて政治に関心をもたせるようにした。

政治のやり方が正しくなければどうなるだろう。政

治家が自分の利益や一部の人々の利益だけを考えていたらどうなるだろうかということを考えさせ話し合うことによつて一般住民が苦労して納めた税金も住民多数の必要な学校や道路、その他いろいろな物資をととのえるために使われずに一部の人々の利益にだけ国のお金は使われて多数の住民の暮しはいつこうに楽にならないことになり民主々義原則に反※

※することを理解させる。そういうことからだんだん単元を発展させて政治の単元において人間の尊厳を守ることが民主政治の根本であり民主々義の基本的要素は「基本的人権」「自由、平和、責任」「寛容、協力」「公共の福祉」「問題の平和解決」などにあることを理解させていきました。

単元	学習内容	道徳的内容	指導上の留意点
農村にはどのような問題があるか	(一) 農村の問題はどのようにして生れたか (二) 日本、郷土の農業の問題点にはどのようなことがあるか (三) 農村問題の解決策 (四) 今後の農村問題	農村の民主化、 相互依存 生活改善 都市や村の役割を認識して偏見や先入観の除去 世界的視野を広める 経済の自立と勤労精神	。日本の経済自立や民主化のためには農山漁村の問題を考えてあることを理解させる 。農村と都市の問題を取り扱う場合にはたえず両者は密接な関係をもち相互扶助によつて問題解決が可能であることを気付かせ偏見や先入観を持たせないようにする 。生活の貧困の原因を広く社会的な立場からとりあげる

社会問題の単元をやつて行くと必ず農村問題を考えなければいけない。農村の実態をほり下げて行くと貧困という問題にぶっつかつて行く。将来職業を持つためには百姓になるよりも都会に出て、はなやかな生活をした方がよいというのもいまして、いわゆる農業という大多数の父兄の職業からさけようとする傾向を生徒は多分に持つている。

そこでそういう矛盾をどのように解決して行くか、農村の貧困ということになれば当然子供達は将来楽な生活をしたい。そのためには都会へ行つて一生懸命働いた方が楽だという考えも当然おこつてくると思います。ただ単に農村に対する偏見や都市に対する先入観から都市にあこがれるということでなく両者がどのように結びついているかを理解させどうしたら貧困からぬけきることが出来るかという考え方、感じ方、見方、そういうものをうえつけるのが大切であると思います。自分が今考えている都会へのあこがれというものがいいことであるか、悪いことであるかということ、つまりただ単に農村はいやだということだけで都会にあこがれるというだけならばほんとうの解決にならない。

農村問題を解決するには生活の改善、農村の民主化、科学的なものの考え方、或いは世界的視野を広めて移民による国際親善の精神の啓培、そういうことを考えさせていけばやはりそこに道徳的なものがあると思います。

5　本学年末実態調査

以上の単元は一例にすぎませんが本年二月始めの道徳診断テストの結果を申し上げますと次のようになつております。

道徳診断テスト（判断）　男 86　女 92　計 178

寛容		従順		社交		親切		公共性		正直		協調		礼儀		勤労		根気強さ		責任感		正義感		自主性		
女	男	女	男	女	男	女	男	女	男	女	男	女	男	女	男	女	男	女	男	女	男	女	男	女	男	
2	3	9	12	1	7	13	12	3	5	85	75	13	12	1	3	1	5	11	17	0	2	88	77	1	3	イ
88	77	80	68	89	72	76	68	13	16	3	5	61	37	5	12	87	79	71	47	3	8	4	5	85	73	ロ
2	6	3	6	2	7	3	6	76	65	4	6	18	37	86	71	4	2	10	22	89	76	0	4	6	10	ハ
ロ		ロ		ロ		ロ		ハ		イ		ロ		ハ		ロ		ロ		ハ		イ		ロ		正答
92		83		83		80		79		89		55		88		93		66		92		92		88		%

表の結果からしますと全体的に見た場合道徳意識は良く善悪正邪の判断は良いことになっていると思います。問題となる点は協調心と根気強さに欠けているのは今後特に我々が注意して指導しなければならないことだと考えます。次に行動の実態調査の結果を申しますと次のようになっています。

行　動　調　査（生徒）　男 84 女 85 計 169

段階	自主性		正義感		責任		根気強さ		勤労		礼儀		協調		正直		公共性		親切		社交		従順		寛容	
	男	女	男	女	男	女	男	女	男	女	男	女	男	女	男	女	男	女	男	女	男	女	男	女	男	女
5	2	0	12	5	15	15	8	9	7	9	6	8	7	13	11	10	12	10	6	5	12	10	6	8	13	17
4	16	21	25	28	36	42	23	34	28	43	38	30	21	29	29	27	34	50	38	51	34	44	40	48	40	40
3	55	61	35	38	29	27	45	37	41	32	30	42	46	41	40	48	27	24	31	25	26	29	31	25	23	27
2	9	1	11	14	4	0	7	3	5	0	8	7	10	2	3	0	8	1	8	3	11	1	7	4	6	1
1	2	1	1	0	0	1	1	2	3	1	2	0	0	0	1	0	3	0	1	1	1	1	0	0	2	0

教師から見た生徒の行動の調査

段階	自主性		正義感		責任		根気強さ		勤労		礼儀		協調		正直		公共性		親切		社交		従順		寛容	
	男	女	男	女	男	女	男	女	男	女	男	女	男	女	男	女	男	女	男	女	男	女	男	女	男	女
5	1	2	10	4	15	19	7	6	7	9	4	11	15	22	13	18	6	13	15	17	13	16	8	9	16	24
4	18	27	32	16	36	34	24	25	31	45	32	32	28	29	27	40	29	42	40	50	34	42	34	47	33	33
3	39	44	32	43	24	27	33	37	30	29	27	32	31	31	32	27	31	23	20	17	31	22	31	26	27	26
2	24	11	11	22	8	4	20	17	13	2	16	10	10	5	7	0	12	2	11	3	6	5	10	3	7	2
1	2	3	1	2	0	0	0	0	0	0	5	0	0	0	1	0	2	0	0	0	0	0	2	0	1	0

行動の自己の診断での問題になるのは男女とも自主性が足りない。正義感に男女とも問題点があり、礼儀の面にも問題点があるように思われます。教師から見た生徒の行動の実態と生徒の自己診断の大きな差が出ているのは自主性、正義感、根気強さ、礼儀の問題であります。

全体からながめた場合教師と生徒との自己診断にあまり差のないことは調査がやや正確にでき、今後の我々に教えるものがあると思います。

道徳意識はだいたいよいのでありますが行動の面にあらわれない原因を調査した結果、良いことは知りながら実行にうつさないのは、人に笑われると考えている生徒が多いことであります。次に忘れるという生徒の多い事です。こういうことから考えてみますと正義感に乏しくもっと勇気のある生徒を育てなければいけないと考えます。

6、反省

これまで私の社会科における道徳教育の指導の一例や道徳診断テストの結果をかいつまんで話して参りましたが、道徳教育があまり効果のあがらないのは何か、道徳教育をはばむものはないだろうかといろいろ考えます時に、そこに大きいな障碍になるものがあると思います。一つは家庭環境だと考えます。例えば汗水を流して働くことは価値のある人間のやることではない。ネクタイをしめ背広を着て歩いている人間がえらい人だとするような人間尊重ということに合致しないようなことが往々にして社会の人々に云われているので、学校での道徳的な理解や心情が家庭及び社会でうちこわされて行く例が往々にあるのであります。さらに地域社会に目を向け生徒達を無責任につつんでいる地域社会の中にどのような道徳教育をはばむものがあるだろうか、社会はどの程度に生徒達の道徳教育をむしばみつつあるかをあらゆる角度からながめてみますと、

一、家庭においては

経済上の問題、家庭構成上の問題（両親の不和）親と子の時代差、家庭の教育程度と教育への関心

二、地域社会においては

映画放送の影響、諸出版物の影響、子供の娯楽施設設備の不足、大人の道徳観念不足による影響等があげられます。

以上のような他にも子供の道徳教育をはばむものが考えられますが要は生徒に根気まけするのではなく教師は道徳的信念をけん持して道徳教育に専念しなければならないと思います。又一方環境の浄化も合せて考えて行くことは勿論であります。

道徳教育は社会科を通じてのみ行われるということは大きいな誤りでありまして道徳教育の目標に向つて全教科の指導並びに特活その他の生活指導の全分野が一体となつてその任務を荷ない、効果のあがるのをあせることなく、根気よく続けていかねばならないと思います。すなわち道徳教育に関する項目も授業一時間で直接明日の問題解決の原動力となるものもあろうし卒業後何年か経過して実行に移されるものもあるにちがいありません。長い目で見て結果を急いではなりません。全教科一丸となつて「考える態度」「道理に対する尊敬の態度」「実行する体力」を強力におしすすめてのみ社会科における道徳教育が可能であり育てられると思います。「終」

職業指導＝個人の理解と個人資料の活用＝

津堅小学校

一 研究主題

職業指導（個人の理解と個人資料の活用）

二 研究主題設定の理由

1、本校卒業生の動向及び一般の職業種別を概観した場合その大部分が一定の職業を持続せず景気の変動を追つて一時的に職業を転々と従事するところから常に職業生活に不安がつきまとつている。そこで本人の適性などは十分に考慮が払われていないのが現状なので学校としてはより科学的に生徒その進路を発見させてやりたいと考える。

2、進路については父兄の無自覚な進路決定によりわざわいされるところが多く、特に父兄の生徒の進路決定に対する啓発を必要とする。

3、経済的に恵まれない半農半漁の島で政府の方針である職業教育を反省し乏しい中にも施設設備の合理的充実を期さねばならない。

4、中学校の教育は職業についての基礎的な知識と技能、勤労を重んずる態度及び個性に応じて将来の進路を選択する能力を養うことに重点がおかれているのでこの目標を達成し生徒の将来の幸福を願うと共に他面においては近代的な科学的生産人として地域社会の進展に貢献し得るような有為の人材を育成しなければならない。そこで職業指導に関する実際的研究を深めようとするものである。

1 職業指導の基本的諸問題の研究
2 本校職業の指導の問題点のは握
3 職業指導に必要な基礎調査と研究
4 職業指導に必要な施設設備の充実

四 研究組織

校長
｜
職務会
｜
職業指導主任
｜
情報係　調査係　相談　あっせん係
｜
HRT ― 各教科担任
｜
生徒

職業安定所
PTA
園芸組合
漁業協同組合
同窓会

五 個人を理解する為の資料

。知能面
田中B式知能テスト
教師作製テスト

。情意面
向性検査（田研式）
職業興味テスト（田研式）
職業適性検査（労働省）

。調査
家庭環境調査
進路希望調査
職業観の調査

自叙伝
事例研究
自己分析
行動の記録
○身体面
身体検査
体力テスト

六 情報提供

一年
1 進路学習の心構
2 学校生活と将来の職業との関係
3 職業の意義
4 卒業生の進路状況
5 将来の職業又は学校のきめ方

二年
1 学校生活と将来の職業との関係
2 卒業生の進路状況
3 職業又は学校のきめ方
4 上級学校と将来の職業について
5 上級学校の詳細
6 各種学校及訓練施設の詳細
7 育英制度
8 特殊生徒と将来の職業

三年
1 卒業生の進路状況
2 求人申込状況
3 就職上特に必要な労働法規
4 上級学校の詳細
5 勤労青年と教育施設
6 就職進学の準備と心構
7 職業安定所の内容
8 其の他新聞記事

進路指導単元一覧表

学年	月	単元
一年	4	中学生活をどのように送つたらよいか
	5	クラブ活動のえらび方
	6	自分の進路を考えよう。
	7 9	郷土の職業を知ろう
	10 11	職業とはどんなものか
	12 1	学校と職業
	2 3	一年間の学校生活で興味をもつたものは何か
二年	4	学校の進路計画
	5	職業と個性はどのような関係があるか
	6 7	上級学校と養成機関はどのようになつているか
	12 1	卒業生の動向はどうなつているか
	2 3	進路の見通しをたてよう
三年	4 5	適性な進路を決定しよう
	7 8	中学生の職場について考えて見よう
	9 10	労働法規はどのように守られているか
	11	就職の手続きを研究しよう
	12 1	どのようにすれば成功出来るか
	2	勤労者はどのようにして自己の研修につとめているか
	3	それぞれの人生へ

学習計画(第一学年)

月	単元	目標	学習活動	備考
4	中学校生活をどのように送つたらよいか	1 中学校生活が将来の進路決定に重要な時期であることを自覚させる 2 進路学習の意義を理解させる	1 中学校生活と私達の立場について ○中学校の教科や一日の生活が将来どのように役立つか ○社会に出る最低の学校であると共に三年後には自己の進路を決定しなければならない事を自覚させる ○中学校に入学しての感想文を書かせる 2 進路の勉強のあり方について ○進路学習の時間 ○進路学習のための情報資料 ○進路指導のための先生方の任務分担 ○将来の希望を考えてみる	進路希望調査 指導票の作成

5	6	7、9
クラブ活動のえらび方	自分の進路を考えよう	
1 クラブ活動の意義と重要性について理解させる 2 クラブ活動における個性の把握につとめ進路指導の手がかりを求める 3 クラブを選ぶことによつて選択能力をつける	1 何故自分の進路を考えることが必要かを理解させ積極的に相談するふんい気をつくる 又各種の情報を利用したり見たりする機会を多くする	1 自己の進路を考える上に地域の職業や産業はどんな役割を果すかを理解させる
1 クラブ活動の意義について ○他教科と比較してみる ○個性の進展に関係がある 2 本校のクラブ活動の組織について 3 クラブ活動の状況について 4 クラブの選択の方法 ○活動状況をみる ○先輩からきく ○家の人に相談してみる ○先生にも相談してみる ○進路の選択に関係が深い 5 クラブをきめる よく考える自分できめる	1 各種の検査を実施し個人資料を集める 2 生徒にも父兄にも一年の時より進路について充分考える様に仕向ける 3 情報、資料、補導所、職業安定所卒業生の動向資料をよく調べたり聞いたりする	1 自分の家族の職業について調査させる 2 学級全員の家の職業を分類してみる
本校のクラブ組織	知能テスト 向性のテスト 職業興味テスト	村公報 琉球要覧

	10、11	1、2
郷土の職業を知ろう	職業とはどんなものか	学校と職業
2 郷土の実態より自分の家の職業や自分はどう進むべきかを考えさせる 3 調査により職業の種類を知る	1 職業についての個人的社会的な意義を理解させる 2 職業の変遷とそれに対して労働条件の変遷を理解さす現代における職業の特色について知らせる 3 職業の分類のしかたと多くの職業の種類について理解させる	1 学校での生活か将来の職業にどのような関係をもつているかを理解させる
3 夏休み中の課題として職業調査をさせる 4 地域の水産業の型態や規模はどんな状態であるかを知らせそれを改善し向上させるにはどうしたらよいかを学習する	1 職業と個人との関係について ○職業と生活設計との関係 ○職業について個人を生している ○勤労の満足 2 職業と社会との関係 ○職業の社会的意義 ○産業と職業社会 3 昔の職業と今の職業 4 職業の分類 大分類　中間分類　小分類、	1 中学校の学習と職業との関係について ○わざをみがくことが出来る ○いろいろな仕事をしてみる 2 学校制度はどのようになつているか ○昔の学校 ○今の学校制度 ○高校の課程と職業との関係
	職業辞典	

第二学年

2、3	4	5 6 7	
一年間の学校生活で興味をもつものは何か	学校の進路計画	職業と個性はどのような関係があるか	
・興味をもった学校生活について話し合わせ職業との関連を考えさせる	1 二年になつて自分の進路を見つめると共に学校の進路計画について理解させる 2 学校の進路計画に進んで協力したり実践に参加する態度を養う 3 学校の生活全部が自分の進路を考えるに必要であることを理解させる	1 自分の特徴を知る 2 職業の要求する種々の適性について理解する 3 職業をえらぶ方法を理解する	1 学校や養成機関の内容を理解させる 2 地域の上級学校や養成機関の各種を知る 3 中学校修了後に就
1・教科で最も興味をもつたものは何の教科でどんなところであつたか 2 クラブ活動ではどうであつたか 3 最も得意とする仕事不得意とする仕事は何か 4 自分の興味のある職業はどんなものがあるかを挙げてみる 5 進路の学習の反省をかいてみる	1 本年度は三年生になつて迷うことなく進路を決定する為の一年であることについて話し合う ○より正しいより深い自己分析の出来るようにする ○学校の計画は自分の進路に対してどんな役割を果しているかを知らせ計画遂行に充分協力するようにする ○教科学習は勿論学校生活全分野が自分の方向を決定していることを研究する	1 適材適所について 2 どんな仕事がふさわしいか ○私たちの心については 性格はどうか 何が好きか 適性をしらべる 頭のはたらき 何を満足に思うか ○私たちの体については 丈夫か 体力のちがい 五感のはたらき 音声 ○私達の勉強について 学力 技能や技術をもつているか 知識や経験はあるか ○私達の家庭事情について 3 適性を調べるにはどんな方法があるか 適性と興味テスト 人柄のテストのいろいろ 4 事例について話し合う 5 職業は適性を要求している ○商業 ○サービス業 ○電気関係の職業	1 上級学校進学の意義について ○学校を出ることは職業をきめること ○学校の種類と職業関係 2 上級学校を調べよう 3 働きながら選ぶ方法
興味調査	年間計画表	身体不適職一覧表職業適性検査	卒業生の進学状況

	9、10、11	12、1	3、2
	上級学校と養成機関はどのようになつているか	卒業生の動向はどうなつているか	進路の見通しをたてよう
	職する者のためには定時制や通信教育制度があり昼間の学校と同様資格が与えられることを理解させる	1 就職者 家事従事者、進学者、未就職者の現況を知る 2 進路決定の重要性を理解する	1 二年を終るに当り自分の進路に見通しをたてさせる 2 進学か就職か自家就職がはつきりさせる 3 本年一年の学習により正しい自己分析
	。定時制高校について 。通信教育について 。青年学校について 。育英制度について 4 特殊学校にどんなものがあるか	1 昨年度本校卒業の動向について話し合う 。進学者（コース別） 。就職者（就職方法） 。家事従事者（理由） 。未就職者（理由） 2 全琉の中学校卒業生の進路状況はどうか 3 卒業生との文通してみよう 4 返事について発表し合う 。卒業生は自分の選定した進路に対してどう思つているか 。自分の予想と実際はどんなか	1 自己分析の意味の話をきく 2 自己分析をしてみる 3 学校本人家庭三者一体となり進路の見通しをたてさせる 4 進路学習の反省として作文をおいてみよう
		年度別（本校）卒業生の進路状況 全琉就職状況	各自の諸検査結果

	第三学年	4、5	7
		適性な進路を決定しよう	中学生の職場について考えてみよう
をさせ一応進路を見定めて三年に進むようにさせる		1 本年は自己の進路を決定する年であることを理解する 2 あらゆる資料情報と家庭条件自己分析の結果に基いて考えさせる 3 職業の将来と進路選定の関係を理解させる	1 全琉にどんな職場があるかそしてその実態はどんなであるかを認識させる 2 職場はどんなことを考え期待しているであろうか。
		1 産業経済の見方把え方 2 最近の雇用の傾向経済の動向卒業生の状況を調べる 3 免許を必要とする職業 4 身体状況から見て適当でない職業 5 自叙伝を書く 6 相談する	1 自分達の進む職場はどんな職場か研究しよう 規模、職種別、施設、給与条件資格 2 縁故就職にはどんな不利な点やよい点があるだろうか 3 各事業主は中学校生にどんな態度や心構えを要求しているかを研究する 4 卒業生より職場の声を聞く

9、10	11	12、1
労働法規はどのように守られているか	就職の手続きを研究しよう	どのようにすれば成功出来るか
1 労働者はどのように保護されているかを理解する	1 就職の方法にどんな方法があるかを理解する 2 安定所の活動と組織を理解する	1 成功の要因を分析し自分が将来においてどのように努力しなければならないかを知る
1 労働組合について 2 労働法規について 3 災害保償について	1 本校卒業生はどんな方法で就職しているか 。縁故就職 。学校であつせん 。安定所 2 就職の仕方のいろいろ 。安定所、学校、縁故、新聞広告等の就職の仕方についての長所短所 。手続としてどんな書類が必要か又書いてみる 3 安定所、補導所の内容について 4 安定所員の話をきく	1 成功の意義について 。仕事に自分を生かす 2 成功には人がらが大切である 。工夫創造の出来る人 。色々なことに興味がもてる人 。自分のことをよく知つている人 。実行力のある人

	2	3
	勤労者はどのようにして自己の研修につとめているか	それぞれの人生へ
	1 自己を向上させるためには余暇の有効な利用が大切であることを理解させる 2 余暇の利用法にはどんな方法があるかを理解させる	1 三年の終りに当つてそれぞれの進学就職も決定し又自家就業者の心構えもできそれぞれ人生への第一歩を真剣に考える態度をやしなう
。まとめる力のある人 。働く態度の出来た人 。自己分析をしてみる	1 職業的一般教養の必要性について 。余暇利用 2 余暇の利用法にはどんな方法があるか 。公民館活動 。青年学級 。読書（図書館） 。通信教育 。高校定時制 。講習会、婦人会、青年会	1 自分達の選んだ進路は果して適性であるかを反省する 2 自分の門出する職場や学校はどんな期待や受入れ態勢を考えているかを考えてみる 又自分達はどんなに構えても社会に入つて行つたらよいかを反省する 3 社会の考え方や社会人としての生き方、そのむつかしさ等について卒業生や就職者や父兄有志をまねいてきいてみる

とうもろこしの調理研究

岸本公子

一、題目を選んだ理由

私がとうもろこし調理研究を始めたのは、先ず題目のとうもろこしといえば、私の村（屋部村）において、二、三年前までは種子が大変少なく珍らしいものとされ、未熟なものを蒸たり、焼いたりして大切に利用されていましたが、しかし最近では、農村でも、学校でも、養鶏がさかんになるにつれて、飼料として栽培されるようになり、又、本校の場合に於いては定時制の給食用としても、大量の粉が入つてまいりました。

私の村においても、そうとう量の粉が出まわつていますが、その調理法があまり知らないため、食用としては「まずい」。といわれており、定時制の先生方からも、良い調理法はないものかと聞かれた事もありました。（そこで考えました事は）特に農村では、子供のおやつを、と思つても都市のように、簡単に求める事が出来ません。そこで私は、子供にふさわしいおやつはつくれないものかといろ〳〵考えてみました。農村では自分らが作つた生産物を対象として生活して居りますので、特に農業学校で家庭科を学んでいる私にとつて最もよい研究だと思い、先生に相談してみたところ、先生もお喜びになつて、「ぜひやつてほしい」。という、お言葉に励まされ、それを研究実施してみる事になりました。

◇実習計画

a 実態調査

(1) 沖縄でとうもろこしはどのくらい栽培されているか調査

(2) 島内産と製粉されている輸入品との用途別調査

(3) どんな品種が沖縄で栽培されているか

b 調理研究と実施

(1) 輸入品を利用しての調理研究

(2) 学校で製粉した島内産粉の利用

(3) 定時制への給食実施（輸入粉利用）。

(4) カロリー算出（働く人にも適するか）。

c 結果の反省

d 教師の批評

◇実習記録

先ず調理実習に移る前の調査として、とうもろこしについて調べてみました。

(1) とうもろこしといつても品種がいくつもありますが、主に、もち、うるち、に分ける事が出来ます。琉球統計報告の調べをみましても、とうもろこしの用途は普及していないらしく、はつきりした数字が出ず、その他、雑穀何パーセントとされているのからみましても、現在、沖縄ではどこが主な生産地か、又はどのくらいの量が生産されているか知る事が出来ませんでした。ところで、私の地域では、ちよつとした土地を利用しまして畑のまわりなどに栽培されており、又山間部落などの狭い土地でも、多く栽培されております。

◎そのとうもろこしの利用状況をグラフで表わしますと第一図のようです。

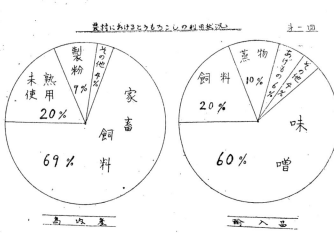

農村におけるとうもろこしの利用状況　第一図

輸入品：味噌 60%、飼料 20%、菓物 10%、あげもの 6%、その他 4%

島内産：家畜飼料 69%、未熟使用 20%、製粉 7%、その他 4%

△島内産ー普通家庭で栽培されているもの

△輸入品ー現在出まわつている粉

グラフでもわかりますように、島内産が主に家畜の飼料となつており、輸入粉では味噌が主な用途とな

つております。

(2) 次に穀類と比較してみますと とうもろこしの成分は胚乳、胚芽、表皮からなつています。(第一表別紙参照)

とのもろこしの成分

第一表

部類	種実構成	蛋白質	脂肪	可溶性無窒素物	繊維	灰分
胚乳	八五	一三・〇	一五	八五・〇	〇・七	〇・七
胚芽	八	一九・五	三六・七	四一・二	二・六	一〇・〇
種皮	七	六・五	一・六	七・四四	一六・二	一・三

食品学の書物によりますと、とうもろこしは雑穀類であり主成分をなしているのが、米や、小麦粉などと同じように炭水化物で、栄養的には蛋白質が主で、白米に欠乏するビタミンB_1やAのカロチンなどが含まれている事を第二図の結果によつて知る事が出来ました。

(3) 次にとうもろこしの利用はどのようにされているか、第二表の示すように、コンオイルや、コンシロツプなどがとれますが現在の沖縄ではそこまでの利用はまだ〳〵です。第三表は第二表の利用図をみてもわかりますように、又学校の製粉機で実際に製粉をやつてみましたが、粉にするのには大変簡単です。そのようにして得られた粉を農家では味噌に使用していますが、実験してみたところ、大変良い使用法だという事を知りました。その他にも考えてみればその用途は広いものです。

第二図

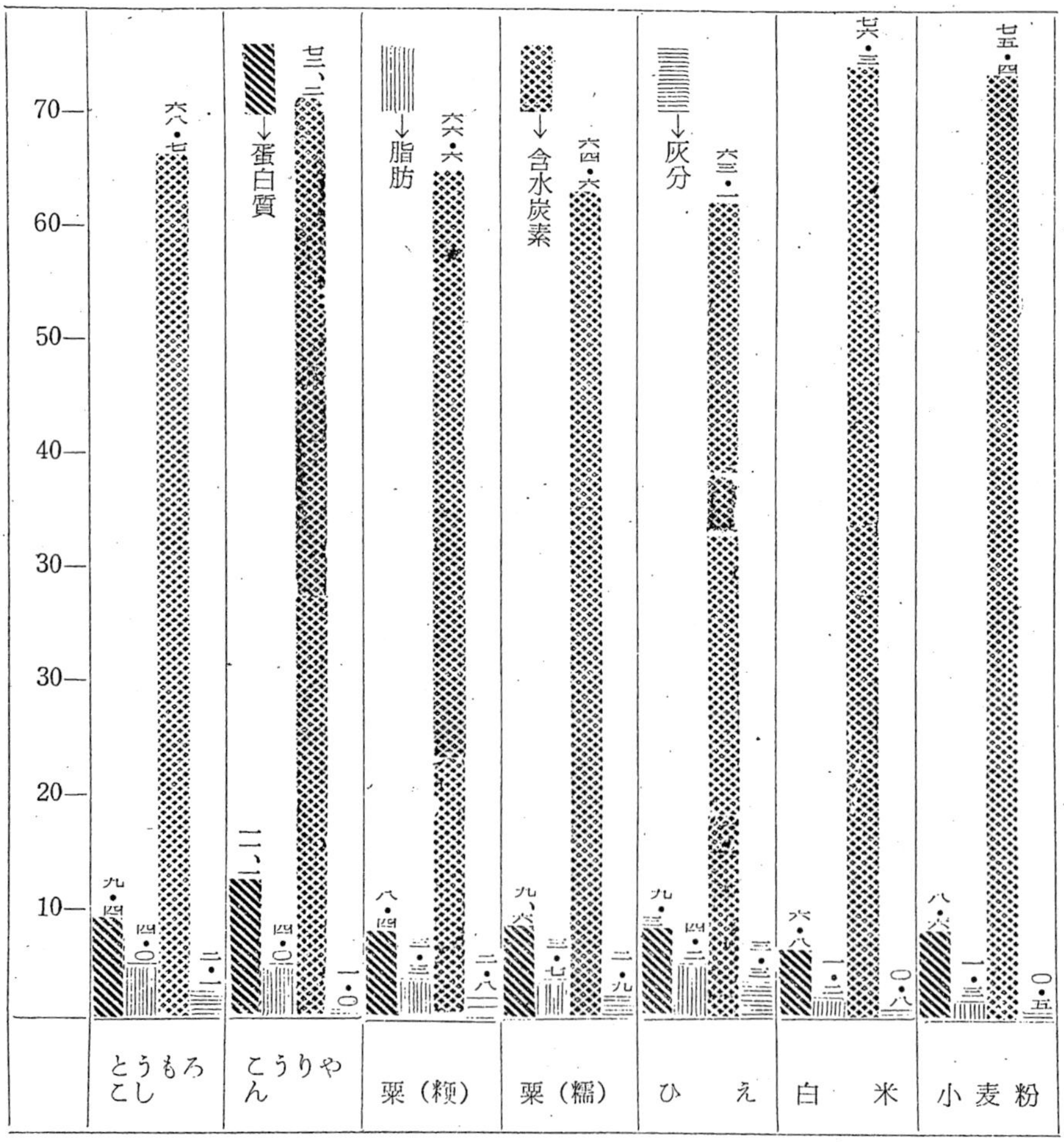

	蛋白質	脂肪	含水炭素	灰分
とうもろこし	九・四	四・〇	六八・七	二・一
こうりやん	一二、二	四・〇	七三、二	一・〇
粟(粳)	八・四	三・三	六六・六	二・八
粟(糯)	九、六	三・七	六四・六	二・九
ひえ	九・三	四・二	六三・一	三・三
白米	六・八	一・三	七六・三	〇・八
小麦粉	八・六	一・三	七五・四	〇・五

とうもろこし

第二表

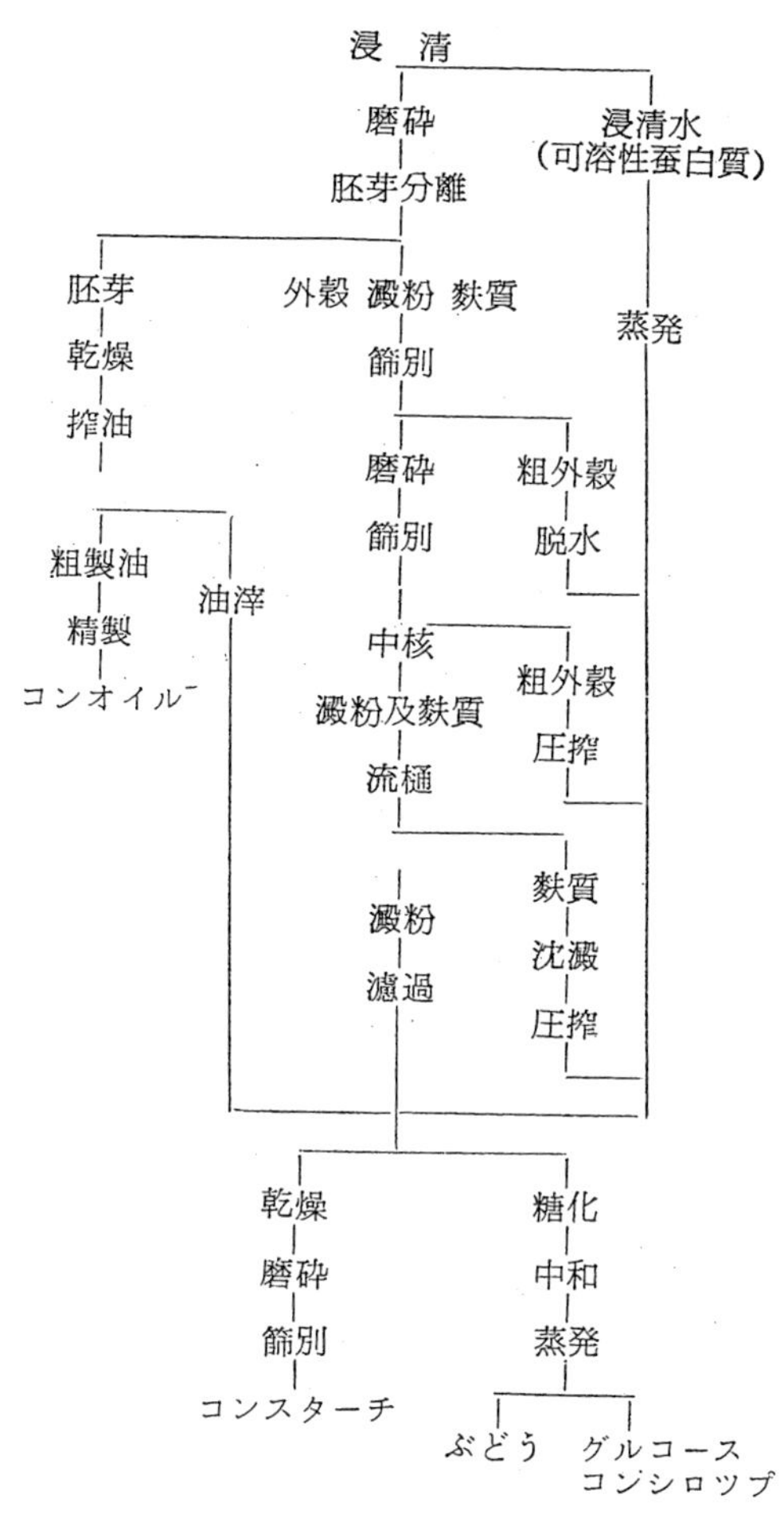

とうもろこしの調理利用

第三表

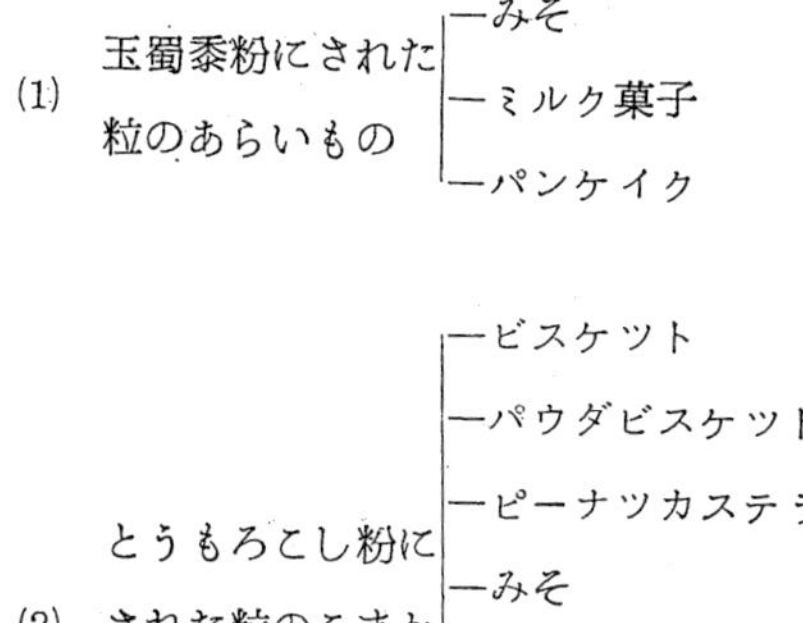

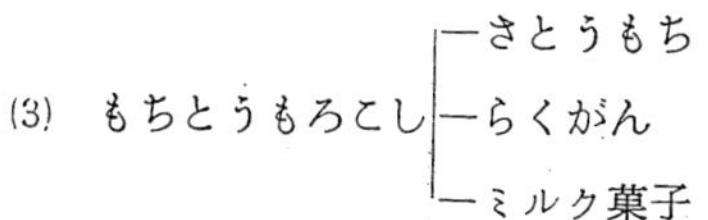

(4) 末熟とうもろこし
―むして食用にする
―焼いて食用にする
―

△調理研究

。おやつとしての最初の実験は小麦粉を主にしてとうもろこしを混ぜる程度にしました。そこで大成功しましたので次に小麦粉をへらし、とうもろこし粉を中心に、粒のあらいもの、細いもの、もちとうもろこしを利用し第三表のような各類のお菓子を作りました。中でも、ケイクと北農サラサは特に良かつた。

では二三の調理を図で説明いたします。

※調理実習記号参考にして下さい。第四表

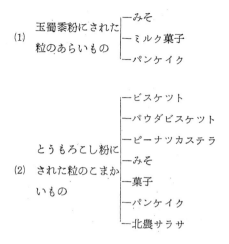

食物実習符号

記号	意味	記号	意味
平行線	強火	(旗形)	切る
	中火	＋	材料や調味料を加える
	弱火	レ	鍋を火にかける
点線	蒸付け 余熱	ト	火からおろすこと
B.P	ふっとう点	(斜線の四角)	仕事
カップ	200cc	(渦巻)	皮なぎ
大さじ 小さじ	15cc 5cc	↗	次にすること
		M	まぜる

第四表

「とうもろこし」ケイク定時制の給食として実施してみましたら大好評を得ました。第三図を見てもわかりますように小麦粉一の割合にとうもろこし粉が三です。

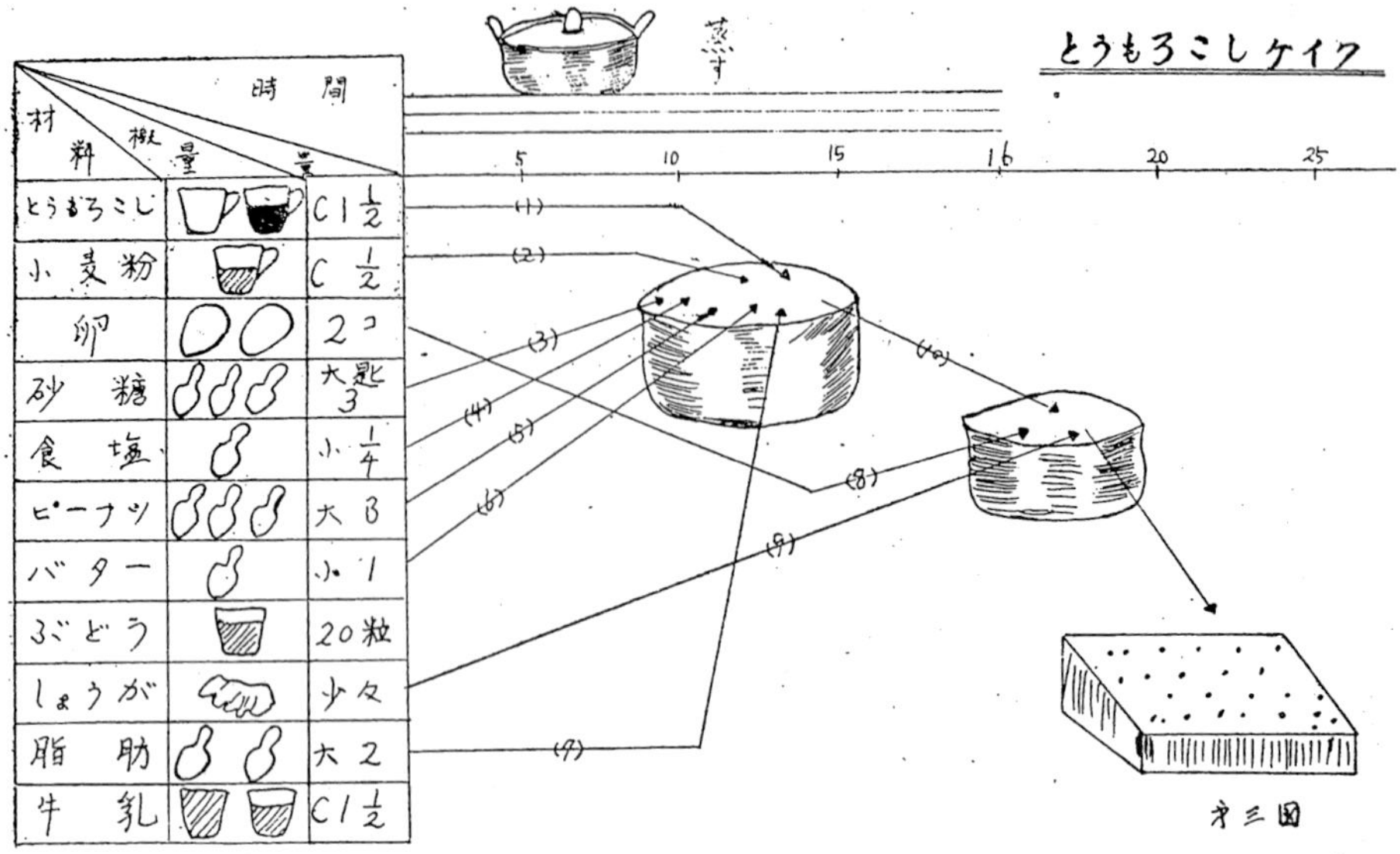

「とうもろこし」カステラ　第四図

とうもろこしと小麦粉の割合が一対一ふわ〳〵してやわらかくおやつにてきしている。

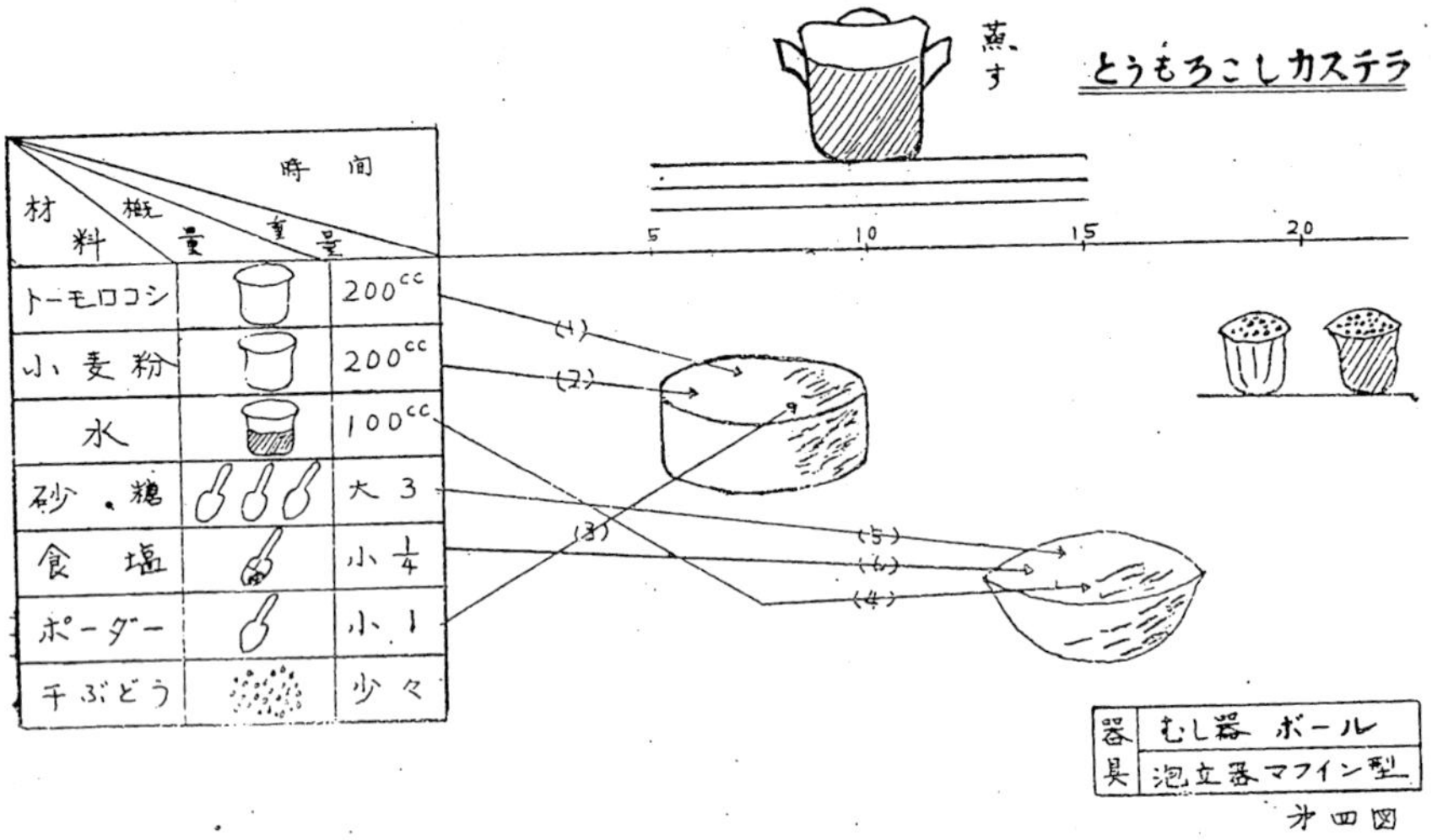

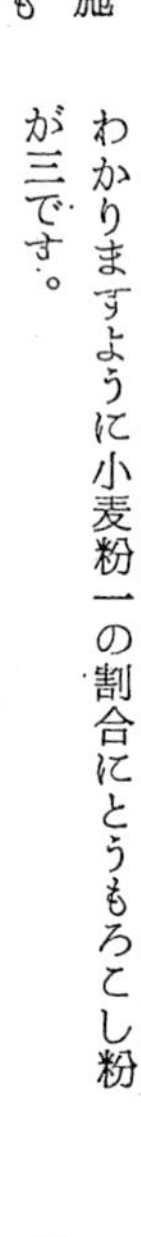

次に特によかつたこの「北農サラサ」について説明いたしましよう。第五図

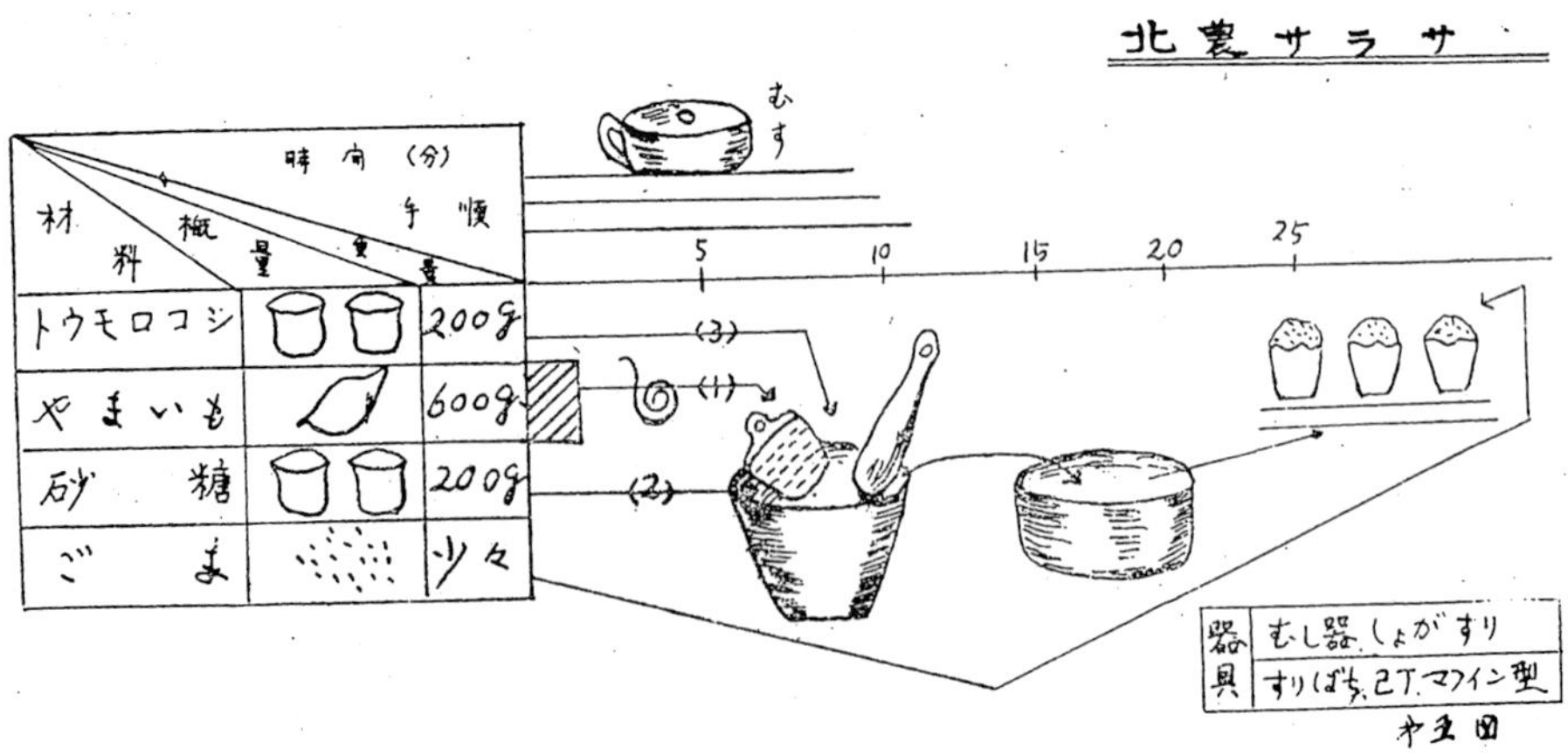

とうもろこしケイク

材料	概量	量
とうもろこし		C $1\frac{1}{2}$
小麦粉		C $\frac{1}{2}$
卵		2コ
砂糖		大匙3
食塩		小 $\frac{1}{4}$
ピーナツ		大3
バター		小1
ぶどう		20粒
しょうが		少々
脂肪		大2
牛乳		C $1\frac{1}{2}$

第三図

とうもろこしカステラ

材料	概量	重量
トーモロコシ		200cc
小麦粉		200cc
水		100cc
砂糖		大3
食塩		小 $\frac{1}{4}$
ポーダー		小1
干ぶどう		少々

器具	
むし器	ボール
泡立器	マフイン型

第四図

北農サラサ

材料	概量	重量
トウモロコシ		200g
やまいも		600g
砂糖		200g
ごま		少々

器具	
むし器	しょがすり
すりばち	2T. マフイン型

第五図

山いもはこれからさき、たくさん取れますので、実験した中でも一番簡単で農村、都会をとわず材料を求める事がたやすく出来、経済的で、美しく、嗜好に適し、手軽に出来ますので、客用といたしましても、幼児のおやつといたしましても大変喜ばれるものです。△この料理の特長といたしましては、今までの実験とは異なり、小麦粉や、ふくらし粉（ベーキングパウダー）を使わないということです。

北農サラサの作り方

(1) やまいもは皮をむき、しようがすりですりつぶします。

(2) すつたやまいもをすりばちに入れ、砂糖を加えてさらに、良くすりつぶす。

(3) それにとうもろこしをふりつつまぜます。

(4) それをあり合せの型に入れて強火で十五分間蒸します。

注意

。皮をむいたいもを空気にふれますと色が悪くなりますので、時間を、おく時は水の中に浸しておくようにいたします。

。やまいもは良くねるほどふくれますので、十分にすりつぶす。

△第五図によつて出来たこのサラサを、四cm角の七つをいただけば、普通成人のカロリーが一日二千四百カロリー必要といたしますので、栄養は別でカロリーだけは成人一日分の熱量に達します。特に農村や、農林学校などで働く人達にとつては最適のおやつです。

反省

この私の研究はここで、まだ／＼十分だとはいえませんですが、先生方の絶えざる助言と又クラブ員の心からの協力によりまして、一応の成果を得る事ができました。実験中に作つたものを試食してもらつたり、又定時制の給食にも、実施を行い、大好評を得たり、学校の調理実習でもやり、皆がそれを作るのに成功しているのを見ると、なんともいえない嬉さでした。今後も、もつと研究が進むと、クラブ話動の一つとして、農村へも普及したいと考えています。

なお、今後も先生方の御指導のもとに一層の研究を加えていきたいと思います。

粘土工作を指導して

眞喜屋小学校　宮平初枝

私がこれまで歩んできた図工を考えて見ると、描画表現が時に重んぜられたきた憾みがある、しかもそれ事体、充分な計画ももたず反省もなく、助言指導らしい事もせずお座形なものでしかなかつた様だ、したがつて身辺にあるいろいろな材料（各種の素材）をとり入れて、子供達がよろこぶ学習や興味ある活動をさせるにはいたらなかつたようである。粘土は持ち運びや、保存もやつかいで身のまわりがよごれやすいし、やつてはみたいがめんどうだと、子供達に対してほんとうに不親切な指導者であつた。

去つた五月の職員研修のとき初めて粘土をねつて、土のかたさや作り方の基礎的なものからと職員は童心にかえつて日のくれるのも忘れ作る喜びを満喫することができた。じかに粘土に触れてみてはじめてわかる心地よさあの触感、子供等の行動意欲をいやが上にも促がす感じ、しかも他材と違い曲つた形、丸い形、それに長ければつまんでとれるし又短かければつぎたしてもやれる、この様に材料の抵抗を感じることなく、意のまゝに自由に自分の好きな形は変えられる魅力が充分にあるので伸びのびとした気持で学習活動ができる素材であり、他人のまねすることなく、個性を生かして立体表現ができる材料だと思う。

これまで粘土による表現活動の分野もよく知らなかつたし、又粘土ならいたるところにしかも豊富にあるだろうくらいに考えていた。

初めの中は粘り気のないもので手びねりをして満足していた、しかし経験を重ねていく中に、わるい粘土は作品が乾いた時、素焼にする場合、折角の作品がこわれるので程よい土でなければならないことなど児童自から理解したようである。土付きのよしあしで作品に及ぼす影響も大きいので思うまゝの使用にたえ、指跡を現わすことのできる粘土であれば作る喜びも大きいといつても、最近では粘土をしらべ、材料を得るのにかけまわるのも楽しみだというようになつた。

不純物の多い粘土を使用したときは、これを取り去りしつかり練り上げるまでには努力もつき果してしまい折角盛り上つた創作意欲は半減し楽しいはずの活動も削がれてしまうので、良質の粘土を選択すること、表現に充分な量を考えて準備すること、予備の粘土を準備すること等が大事かと思つている。尚、児童彫塑の要素は粘土のかたさにあるといわれているが、かた過ぎ、やわらかすぎてもいやになつてしまうので、何時でもつかえるように保管しておくことが教師として果さねばならない大切な仕事であり又その点よく工夫すべきであろう。

六年生にもなると作品に対する関心も高まり、自己の作品を批判し、自分のものはつまらないとか、いろいろつくつてみたいが表現がむつかしいとか、とくに女生徒の方からは、あせりの声が多く、男生徒の中には、中途半端で投げ出すものもいるやらで、教師は常に目をはなせず、助言をしたりげき励してやつたりして完成させていくのに随分困つたこともあつた。

日常よく見ている牛や馬でも、いざ表現をするとなると形がよくわからないというのは、物をよくみるという所謂観察の態度が出来ていないためである、したがつて表現のゆきづまりがくる、こうなると表現にも自由性が欠けて、独創的な面がなくなつてくる。この様な子供達には、単に技術面だけでなく、個々の児童の着想や、工夫したところ、少しでも努力したところを激励したり、いつでも同じものしか作れない子でも変つたものを作つた時はほめて、自分の作品に対する誇りを失わせないよう努力することが大事である。時には一歩進んだ子どもの近くに席をとらせ、製作過程を見せたり、話合いをしたりして表現意欲を換起させること、又は、うつわやその他のとう器などの鑑賞をきせることによつてうまく指導していけるのではないだろうか。

粘土彫塑では全体のかたまり、立体感、動きが大事だといわれているが児童の作品の中にどこか感動ある作品をあげ、所謂概念的な作品と比較させることにより、表現活動に熱中し、美しいものを作つてみたい、描いてみたいという意欲もでてくるものと思う。そうすれば自分や他人の作品にも関心をもち、同時に作品を大切にする習慣をつけていくことも容易にできるのではないかと思つている。

人物を表現する場合、顔が偏平な作品が多い、こんな作品は立体表現の作品として良いできばえだとはいえないと思つている、立体的に対象をしつかりとらえさせるにはどうしたらよいかといろいろ考えた結果、スケッチをさせてから製作させることにした。いろいろなものを正面、側面からスケッチさせて下絵を作ることによつて全体の形をとらえることができ、無理なく動きや構造も理解して、自分の作ろうとするかたまりがより一層美しく表現できる基礎になつていたようである。細かいところを誠実に観察する力と表現する力もまだまだだが、ひまさえあれば何かを描いているこの頃の児童をみてほんとうにたのもしくなる、こういう生活があつて感動も生れその感動を表現するという態度も培われていくものと思う。殊に私の学級の実態からみて、行動や学習の面なども粗野で、やりつぱなしのところが多いので、指先でなく全身全霊を打ち込んで最後まで根気強く工夫していく心が大事だと話し合い仕事をすすめて来た為、今では誠実な作品もふえて来た。作品には概念的なものや平面的なものも未だかなりありはするが、全体のかたまりの練習をしてその美しさ、面白さに心をむけていくのも楽しい遊びとして興味あるものであつた。尚、生き生きとした活動ができるように計画表（作るものを決定、材料、道具、スケッチ）を作らせるとか、感想文（作業中どんなところに苦心したか。まじめに根気強く、工夫したかどうか）などに作る喜びをかかせることもよい反省となり次の作業への心構への作る良い結果をみて来たと思つている。

最後にAさんの学習活動の変化を記して私の指導の反省をしてみたい。

四月に転校して来たAさんはことに作文の表現力は級友を感銘させていた。しかし、図工の時間になると描くこともこわごわ、作ることになると一層抵抗を感じているようであつた。材料集めをさせたところ、只申し訳にもつてきたAさんは友達の集めてきた針金、ガラスのかけら、卵のから等のいろいろな材料をみて、こんなもの材料になるだろうかと首をかしげているばかりで、一学期中はほとんど図工の時間は何もせず当惑そうにすわつているばかりであつたが二学期になつてから、友達が楽しく学習している雰囲気に心を動かされ何一つ考えていなかつた自分を反省したといつている。その中、級友に励まされAさんも次第に勇気がわいて、図工の勉強が自分にもわかるような気がしてとても楽しくなつたと、にこにこしてきた。

感受性の強いAさんはいろいろとできた作品をみて、皆の考えは面白いねとか、教室の窓から外に目を転じては海や山の色もいろいろだねとか、自然の美しさをしみじみと語るようになつた。

又あなたがみたこと感じたことを上手に作文にま

とめていくように、絵や工作も丁度同じだと、話してやると、Aさんの学習態度はますます生き生きとしてきた。できるだけ話し相手になつたり、作品をほめてやつたり、鑑賞をいつしよにすること等によつて描くもの、作るものの内容もはつきりして、次はこんなものを使つて何をつくつてみるんだと、新しいものに対する興味と自信をもつようになつてきたが特にタイムス作品展の入賞が拍車をかけ描くことにも一層自信をもつようになつてきた。

Aさんの作文に

「近頃は図工の時間がまち遠しい、今日は針金で構成してみたい、そう思うと何かしら心がわくわくしてくる。もう引目なんかちつとも感じていない、心の中では自分の進歩をじまんしている。しかしこれだけできればいいかというとそうではない、頂上まではまだ遠い、一気に登るということはむつかしい、これからもよくよく考えていくらかの谷を登つていかねばならない。

しかしそう語る自分は、もともと中途半端な人間だが、でもここまで私を育ててくださつた先生のご苦労を考えるとなんでもない、この芽をこれから花を咲かせていくことは、私にとつて大事な仕事である。

忍耐はにがいがしかしその実は甘いということばをしつかり胸にこれからも努力していきたいと思う。」

図工学習を通して自分を成長させていこうというAさんのこの気持を非常に嬉しく思つている。

私が図工教育を通して抱いているさゝやかな念願がAさんによつてかなえられたような気がする。これまでの歩みに大きなよろこびと自信を抱くようになつた。子供達の成長に重要な意味をもつ図工学習の充実に邁進したい。

ホームルームにおける集団指導

福嶺中校(研究校)　下地恵一

(1) 小集団指導のねらい

集団における人間関係のあり方を究明することによつて相手の立場に立つて物事が考えられたり、相手の言い分をよくきいてやれるような互に人を尊重する生活態度や何事もお互の協力によつて解決したり小さなことでもみんなの考えで決定していくような生活態度また他人に支えられて生きていることを忘れず他に奉仕することに喜びのもてるような生活態度を養うにある。

第一に友達のなやみや願いを認め合い何でも話し合い相談できるような暖かい学級の雰囲気をつくることである。第二に真実なことは真実として認め合いながらも民主的在り方における価値観に照らしてはきびしく批判し合い共同な目標達成にむかつて学級集団を向上させていくような共同建設意欲を高めていくことである。

(2) 小集団の編成

奉仕班の組織は本校では生徒会の組織に一致するようにしている。併しH、Rに弾力性を持たせて更に必要な班を設置してよい。

◇三年一組で話し合つてつくつた小集団の基準

① 生活グループ、奉仕グループは同一にする。

② グループ学習などでもできるだけこのグループが当る。

①②は組織の単一化と小集団の活動領域の拡大をねらつた。

③ 男女別々に六組のグループをつくることにした。

④ 身体の発育、学業成績と知能、性格興味等において異質であること。

◇編成の手順

① リーダー役を男女各六名選出した。

② このリーダー役と先生と一緒に原案をつくることにした。

③ 各グループは性格上学習上ならびに運動競技等の上からバランスのとれるグループにした。

④ 問題生徒には性格的に健康で成績のよい生徒を配置して指導されるようにする。

⑤ 各グループが反目したり排他的にならないようにするためにリーダーの友人関係を注意して

グループ間の和がとれるように配置する。

⑥ 問題のない生徒は機械的に配当する

⑦ 草案を全体会議にかけ問題点を修正してみんなが納得した上で決定した。しかし希望のすべてが入れられるものではないことを認識させ他人の意見にも素直にしたがえるようにする。編成された集団は次のようになつている。

(3) ホーム・ルーム運営

日課

イ 教室内の清掃美化

ロ 朝のショートタイム 一日の学校生活の出発、朝のあいさつ、各生活グループからの生活報告と出席状況報告、一日の行事、学習予定の伝達

ハ 昼の時間 ミルク給食校内放送の聴取と中食

ニ 帰りのショートタイム 一日の学校生活のまとめ、一日の主な反省、学校からの伝達の徹底 グループノート提出、帰りのあいさつ

ホ 放課後 清掃グループ農業作業、個別相談、教科補充

(4) 生活グループの実際活動

グループノートは始めに名簿、氏名、生年月日、住所、得意学科、長所、短所興味を記入してある。

① グループ座談会と反省会（復習テストの成績をよくするには如何にするか）

D君 全員朝早く来て話し合いながら勉強する。

司会 無駄話は云わんで真剣になつて話し合う。

A君 わからないところは教えてあげること。

◇ホーム、ルーム週案と組織

週行事予定表

曜	全校行事	ホーム、ルーム行事 昼	ホーム、ルーム行事 放課後
月	合同体操	会食	復習テスト
火	クラブ活動		
水		体容検査保健係	グループ面接
木	ロング ホームルーム	会食	グループ面接
金	専門委員会	はきもの、服装検査、生活態度係	個人面接
土	学校生徒議会 生徒集会	教室内外の美化 美化係	週反省日記提出

ホーム・ルール組織

正副ホーム・ルーム長
｜
運営協議会

グループ	班	内容
生活グループ	奉仕班	奉仕班の活動内容
金星グループ	生活態度班	遊びの指導 忘れ物拾い物の保管
水星グループ	生産班	各グループ農園管理協同組合との連絡
松竹グループ	学習班	ホームルームの学習計画復習テスト予告
真珠グループ	美化班	ホームルーム内外の美化清掃用具取揃え
夜明グループ	図書班	学校図書部との連絡 読書調査
清水グループ	出席班	出席調査 出席ボの整理

C君 参考書も協同して使つた方がよい。

A君 休み時間も席を離れないで勉強する。

T君 若しグルーの平均点よりも二〇点下がつた場合は農園を耕す。

※復習テストの反省

グループが協力して勉強しなかつたため特に英語の場合は成績が悪い。

しかし数学は協力して勉強したため他のグループに比較して非常に成績がよかつた。だから今後はグループが協力して一生けん命勉強したいと思います。

※参考

復習テストはグループ勝負で学習係の計画のもとに行われていますが、このグループは十二月には二位になつています。各科の平均成績は次のようになつています。社会科七〇点、国語五七点、数学六七点、理科三九点、英語七点

教師のメモ

点数の悪い生徒に作業をさせることはいけない。罰の意味で働かせることは働くことをいやがらせる原因になります。勉強のおくれた仲間に対してもつと思いやりがあつてほしい。仲良く勉強してもらいたい。皆さんの話し合いにもありますようにもつともつと助け合つて良い成績をあげるように念じています。

② グループノートの利用

グループの力で欠席がちな生徒を学校に出した例

真珠グループ員の話し合い。（一月十四日）

M子さんが学校を欠席しないようにするにはどうしたらよいか。

伍子　M子さんの家に行つて理由をきいて見る必要がある。

節子　友達に学校に行こうと誘うようにさせた方がよい。

涼子　先生がM子さんの家に行つて学校に来るように云われたら来ると思います。

和子　グループの全員でM子さんの家までいつて学校に出すようにする。

久子　グループ員が全部いつておとうさんやおかあさんに卒業も近いので卒業まではまじめに学校に出すように話したらくると思います。

グループノートから　一月十五日　京子

M子さんは欠席が多いので必ずグループ員として学校にだすようにつとめることが必要である。仕事が忙しいようでしたら父母によく話をいいきかせて私たちの力でM子さんを出すようにしよう。

㊋ グループ員の力で出すようにしようという考え方を先生も支持します。

手紙でも出すようにして下さい。

一月二〇日　和子

私たちのグループつて本当におもしろい。しかしM子さんが来ないことは残念なことです。この前もグループ長が来るようにと手紙を出しても来ないので先生がM子さんの家までいつたらと思う。

一月二二日　節子

M子さんの欠席理由

M子さんはこれまでは無駄口を出すとすぐ学校を休むくせがある。今度もそうである。だけど今はお手紙をやつてもこないので不思議に思います。が一回は先生がいつたらどうでしょうか。私は次のような手紙を出しました。

M子さんへの手紙

M子さんはいやなことを書いて学校までも休んでいるのね。私はM子さんがそんなことをかいてもM子さんを悪く思つたのはその日だけです。それをいつまでも気にしていけません。それだけにどうして学校を休むのですか。私たちのグループ員はM子さんが来ないのでさびしがつていますから明日からは学校を休まないで下さい。お願いします。M子さんごめんね。

M子さん、私の態度が悪かつたためにこんなことになりました。今からは信じ合つて仲の良い友達になることを望んでいます。かえすがえすも学校を休まないようにお願いします。

㊋ 手紙の効果もなかつたので真珠グループとの話し合いをした。

話し合い

教師　M子さんが休んでからどの位になりますか

久子　M子さんは道で会つて病気だつたといつていました。

節子　手紙を出しても返事がないので困つています。

教師　そんならどんな方法をとつたら学校にくるようになるでしようか。

京子　お見舞しながら全員いつてみたらどうでしようか。

節子　M子さんは自分を悪く思つているのです。

教師　あなたをにくいとでもはつきりいつたのですか。

節子　はい、この前もにくいからあんなことを書いたといつていました。

久子　私にも節子さんを好かないといつていました。

教師　それには理由があると思うが？

節子　後で他のグループから来たからだそうです。

教師　それではいかんなあ。今まで一緒に三年間も生活してきているし、みんな親しくならんと。節子さんも自分から進んで親しくなるようにつとめなさい。

節子　それで手紙も出したんです。私は仲は悪くないと思つていたんです。

和子　先生、グループ員を代表して二三人行つて見たらどうでしよう。

教師　私もそう思うが誰がいくことにしますか。

京子　グループ長の伍子さん仲良くする意味で節子さん。同部落の久子さん三人にしたらどうでしようか。

教師　私も賛成だが三人はどうですか。（三人共賛成する。）

※　M子さんは知能は劣の方で成績も劣である。そのために手紙を出してもそれに対しての返事も思うようにかけない。日頃は無口だがかげではブツブツ不平をこぼすこともある。話しかけたら喜んで話には応じますので彼の欠点のかげ口をなくするようにつとめている。家庭は生活程度は中位である。

兄貴は水高にも出しているがM子は成績が悪いの

で家事手伝をさせた方がよいという無理解なところがありますので通信や家庭訪問をして理解を深めていきたい。

M子さんや両親は三人の友達に動かされて翌日からまじめに学校にでています。

一月二〇日　透

私は武本君に対して可愛そうだと思います。何故ならば武本君はみんなからあだなを云われて泣きそうになることが度々あります。それで武本君のあだなを云わないようにグループ員は考えるべきだと思う。

一月二一日　和也

武本君は他人からあだなを云われて可愛そうだといつているが武本君はあまり冗談を受けないのでみんながいたずらしてあだなをいつても逃げまわつています。

それで武本君はみんながあだ名をいつても自分の愛称だと思つておこらずにみんなと冗談もし、どんなことでもして遊べばみんなあだなをいわなくなると思います。

一月二二日　武本

和也君と透君が私のあだなについてかいておりますがあだなをいわれるといやな感じがしますので反抗したくなります。これまで冗談をしたこともあります。

(教)武本君はあだなをいわれると反抗したくなるというがすぐ反抗するのはいけないと思いますのでどうしたらみんなからあだなを言われなくなるかを工夫したらよいと思います。和也君は武本君はあだ名を云われても愛称だと思つて冗談してあそべばあだ名を言わなくなるというが武本君や残りのグループ員はどんな意見でしようか。

一月二五日　徒員

武本君は勿論気持悪く思つている事と思います。何故なら言われる毎に気持悪そうな表情とそれに対するしかえしの言葉をいいます。誰がもあだなをいわれると気持悪い事だろうと思います。愛称だと思いなさいといつてもやはりいわれた後の気持はあまりよい味はしないと思いますのでできるだけグループ員としてはいわないようにつとめた方がよいと思います。他のグループのことは知りませんがみんなで話し合つてあだなはできるだけなくすようにした方がよいと思います。グループ内ではあだなはあまりきこえません。武本君もまた朗らかになり前よりは仇名をいつてもあまり感じないような表情です。

おわりに

ホームルームにおける生活指導の方法をできるだけ多く研究実践して子供達と共に悩む先生方の生活指導の手がかりになればと言う私の願いはあまりにも大きい夢だつた。自分のホームルームで次々に起る問題をどう解決して行くかと言う事にさえ迷つているのである。

自分であさり出した傷をどう治療すれば良いだろうか?子供達は十人十色の悩みをもつているそういう事実をどうとらえて指導すれば良いだろうかと云う方法さえわからないのである。そして人間の力には限度があると云う事を今更のように悟つています。しかし私は教育に対する或る一つの信念だけは持つています。それは子供を愛すると言う事です。「愛は知るより始まる」「子供を知り子供から学ぶ」ためには子供と共に生きる教師でありたい。

子供の中にとびこみ遊びの中や話し合いの中、日誌やグループノートからのひとりひとりの生活や問題をとらえる事には出来たがその問題をどう解決していくかは今後の私に与えられた課題である。

研究領域を広げ過ぎたために深く掘り下げて研究する事が出来ないで皆様の前にこれと云うものを示す事が出来なかつた事を申訳なく思つております。

これからの生活指導をどうやらねばいけないか生活指導の中で道徳教育をどうもり込んで行くべきか私は真剣に考えています。研究は今後も継続して行き今度の罪ほろぼしを致す覚悟であります。

本土では来年度から道徳教育も特設される事になりましたが我々はこれにどうたいしよしていくか。

私は本土との教育のつながりは必要だが模倣であつてはいけないと思います。沖縄は沖縄としての地域性に立脚し道徳教育に対する新しい感覚を持つべきである…と考えている。

教育は結果を急いではいけません。血のにじむ様な過程こそ真の教育の堅実な歩みと云えるのである。生徒と共にあつて魂のふれ会う所に教育として喜びと誇りを感ずるのである。決して弱音を吐くべきでない。教育は生徒との根気勝負である。

私の意見

道徳教育について

美崎小学校　仲間智秀

道徳!! それは、人々が人間として（動物としてでなく）、人間社会（人類社会）に処していく為に人間性（動物性から脱して）持ちつづけていこうとする意志と、その現われとしての行為をいう。

金沢庄三郎先生の広辞林は、「正善なる意志によつて、正善なる行為をなすこと」と定義してあり、

平凡社の大百科事典は「人間は日常の生活においてただ本能的、衝動的に行為しているのではない。自己の行為、品質について善悪、正不正の評価を下し、善および正をなし、悪および不正をなすまいとしている。これは我々が自己のあるべき姿についての観念即ち理想を持つことから起る。かくの如く人生全体に関する理想から自己の行為を律してゆくのが道徳である」と解説している。

此の頃、道徳教育強化の問題にからんで、道徳教育の時間特設は是か否か、教科目として設定することは是か否かについて教師も父母も、社会でも新聞雑誌でも、政府も学者も真剣に批判検討論説が行われている。正に教育現場段階の重要事項でもあり、確に教育運営と教育活動が大きな「曲り角」に来たということを如実に物語つていることと痛感する。

私は今日までに、私が拝見、拝聞した論説や批判に対して、私なりの感じ方で愚見を申し述べることにする。

私たちは戦前までの教育を旧教育として強く反省もし、批判検討も加えつゝ戦後に新教育と銘打つて十三ケ年間も教育しつづけて来た。その十三ケ年間の教育実績が今日の大きな「曲り角」でもある。

私たちは十三ケ年間の新教育実践中に離島民族的鈌陥（世界の離島である日本人的鈌陥）に禍され、舶来尊大思想によつて、失うべからざるものまで失つてはいなかつたでしょうか。

戦後における地球表面の時間的近接感と世界文化交流が超スピード化された今日において、人類の福祉と幸福は如何にあるべきか、更に人類社会の理想像に向つて私は如何にあるべきか、は已に十三ケ年間の教育を行じつゝ検討もされ、教育現場ではほぼ信念づいているべきのが昨今だと信ずる。

そこにおいて、道徳教育のために新に教科目（修身科とか道徳科とか）を設定した所で旧教育に見たような修身教育の性格を具えるとも考えられないし、その教科を通じて道徳教育を施行する場合、昔の修身教育式の教育が行われるとも考えられない。更に道徳教育の為の時間特設については、現在のまゝでは捨ておけないから起つた問題であり、時間特設は当然あるべきことであり、教育現段階への社会要求だとも考えられる。

文部省では道徳教育の実施運営は教師の教育技術に期待するという方向にいきつゝある。教育現場の私たち自身、改めて過去の自分を反省し、社会の現状を見つめ、育てつゝある一人一人の子供の顔を見合せながら、これからの教育活動、特に道徳教育に対する信念と自尊を持たねばならないし、更に社会の実状は道徳の進歩向上に対してすべての人々が協同の責任を果さねばならず、教育現場だけの努力に委せていては焼石に水の効果しかないことは申すまでもないことではあるが、学校における道徳教育に対する社会の要求は充分に理解し、之に応ずることが必要でもあり、教育活動の大きな「曲り角」を自覚し、国家社会に責任を負う教育の目的にそうよう、一般と研究努力を重ねなければならない。

ここで私はいろいろな事例をあげながら道徳教育について考えて見ることにする。

※日本から招いて現職教育に当つていただいた或る講師が、「沖縄の青少年には、自らにある（或は沖縄にある）よさを自覚していない」と述べておられ

た。

劣等感でしょう。自己卑下感でしょう。舶来尊大感でしょう。この一件で、如何に指導者の頭の中には世界人類的教養とか、国際人的襟度とかがあつても、子供たちの頭の中から恐怖感を除くことはできない。芸能品や文化財等、他から取り上げられて初めて優秀だと自覚するのではおそい。勿論子供の心の中には琉球の各種文化に対して見識は浅くても、広島長崎と共に人類平和を全世界に絶叫する、最も強烈な条件と資格を私たち沖縄人が持つていることを自負させる位は、今日までの十三ケ年間の教育で道徳的に教育されているべきであり、十三ケ年間の教育運争と教育活動に、この世界平和と人類福祉への教育が如何に取扱われ、如何なる教育足跡を残して来たかが問題となる。世界平和への呼びかけは、我々沖縄人の持つ、世界最高の厳然たる一票であることを正しく自覚に乗せ、その上に教育を積んでいけばよい道徳教育となる。

※或る高等学校長が一女学生の死（十代の自殺）に直面して「死んでからその霊前に焼香する。父母にわびながら慰撫激励をする。それがあの子の復活には何の役にも立たない。何故に生きている内に此の子が死を選ぶ程の苦悩を持つていることについて自分は知らなかつたか」と告白していることを教育雑誌で読んだ。

※更に「学園の暴力」に関して「それは生徒会の自主活動から発生したもので、学校当局で今まで知らなかつた」と弁じている記事を見たことがある。

右二件からして、私たちはもつと近く、深く生徒児童の実体に触れなければならぬ。生徒児童個人の中にあることでも亦生徒社会の中にあることでも、それが育てゝある子供等のものである限りすべて教師である大人が自分のものとして取り上げなければならぬ、他が関与しなくてもよい程に彼達の自主活動や自己判断に責任が負わされるなら、彼等はすでに成人していることになり、学校に居て生徒である必要はなくなるはずである。カウンセラーが置かれてからカウンセリングがあるようでは道徳教育科が特設されなければ道徳教育はないとも言える。直面した煩悶に対して、あつさり死をもつて解決せず、勘え忍んで解決打開する勇敢性と堅忍性を育成することも道徳教育であり、自分以上に不偶不幸の者はないとばかり考えがちの青年期を乗り切り得る思想を培うのも道徳教育である。

又生徒社会での中心人物やリーダー等が権力者的意識を持つて、自己中心的に恩意し、団体の名において事を処することが、封建社会の遺物を多分に持つている大人のまねごとであると、学生意識を高め、民主的な事の処し方に補導することも大事な道徳教育である。

※次に小学校を終えて中学に進学したばかりの四月、五月頃によく起る問題に、母校小学校を乱す、荒すなどの事件があり、他の小学校から来た者と相対立してけんか沙汰を起す等のことがある。

まだ中学生になりきつていない入学当時だから、子供達に母校への愛着が多分にあり、帰り道、母校訪問をすることは当然であるが、訪問エチケットとか、あいさつ語などは持ち合わさないので教室の片すみでごそごそするのが普通である。通りがかりの母校の先生方のまなざしに「卒業生が来た」という愛情のこもつた表情が感じられるなら幸だが、冷眼を受けたり、「いたずらしてはいけないぞ、すぐ帰れ」などと冷いことばを受けて幾時間か過している間に、落書をする、机腰掛が乱れる。掲示物を汚す等の無意識行動（時には故意に）して数々のいたずらを残して帰る。翌日の職員室で「中学生だ」、「中学の奴等だ」という話題が持ちあがる、六ケ年間教え育てたわが子である。

昨日までのわが子が明日から他人の子になるはずもなし、訪問のことば、あいさつ礼法などを充分に持ち合わさないのが子供であり、入学当初では中学生云々と、怒つてばかりいても仕方はない。やさしいことばで迎えてやることも道徳教育の場であり、冷いまなざしを受けることは童心や徳性破壊にもなる。

昔は遠足等で他の学校の側を通ると直ちに、「角力とるか」の投げ声から石合戦に発展したのが普通であつたが、此の頃ではそういう風景は見られない。新教育の実があがつたとも考えられるが、子供はまだ人間性完成の域には遠いので時には本能的に或は衝動的に対立行動することがある。入学当初において、「起り得る問題」として入学式の日から道徳教育が知識としてでなく実践として取扱われておれば他校対立さわぎはなくてすむことになる。

隣校中で小さい学校からの新入生が恐怖心と卑屈感を持つて三ケ年間通すことも入学式当時の道徳教育で解消できる問題である。

※時折、学校内では突発的行動として起る事件がある。「カバンをかくす。けがが起る。小刀をぬすむ等々」……。

その都度この小事件を、如何に処置していくかが道徳教育の抜け穴にもなる。行動中に教師の顔を見たとたんに「悪事だ」と気がつくのが子供であり、直ちに現

行児はにげてしまうことが間々ある。近くに居た子に「誰だつたか」と聞くと同級生、同部落生でありながら「知りません」と答えるのが子供である。先生よりも、子供社会の中にある「後のたゝり」が気になるからであろう。

子供は教育途上にあり、育成されて一人前に成人するので、その間には多分に本能的衝動的に行動する動物性の面がある。これを教師が教育者的良識からではなく、時には教師の自己満足や感情移入的立場で、罵詈、罵倒したり、嘲笑皮肉をまじえて訓戒することがある。子供は恐怖心から服従の意志表示にするが、直ちに相手の子供への復しゆう心理が動いて来る。

子供の悪さをその親も知らず、更に相手の子供や親等から許される所まで持つていかねば完全に良心が解放されて明快な気持になり切らないものであり、悪の中に居り、悪がいつまでも心の奥に残つていることが如何に不快であり、苦痛であるかを充分体験させるよう、手ぎわよく愛情をこめてほぐしてやることがそのまゝ道徳教育である。教師だけで、学校内だけで処置して事件解決がすんだ等と考えては大事な道徳教育の機会を失い、徳目式の道徳知識を与えたことになる。

以上数件の事例によつて申し述べましたが結局私たち人間は自己の行為や品性について善悪や正不正の評価を下し、人生全体に関する理想から、更に人類全体に関する理想によつて自己の行為を律してゆくのであり、自己を律し得る所が人間性であり、生れたばかりの自然人に多分に動物性が残存内在しているので、それに磨きをかけて、よりよき人間性へ近づけしめるのが教育であり、特に道徳教育の持つ役割である。

あらゆる文化品も原料（原材）精製加工されて次第にその品価が高くなるように（失礼な例え方ではあるが）生れたまゝの子供は次代の文化社会に人生を持つ成人への原料（原材）だとも考えられるので補導育成を受けて、自己のあるべき姿に対して理想を持ち得る人前の成人になる。その補導育成がそのまゝで各教科の教育でもあり、道徳教育でもある。

学校以外の社会組織の中に人間性育成の場としての施設があり、道徳教育は当然の形態として学校以前に又は学校外で担当されているなら免角だが、私たちの持つ社会組織の現状では特に学校で道徳教育を取り上げて施行し、他の教科を通じても全人的教養を高めつゝ総括的に道徳心の啓培や行為品性の陶冶並にその充実に教育力を注ぐべきだと信ずる。

道徳教育の方法は各々一人一人の教師の技倆才能に委されつゝあることを考え、よき教育技能の修得と発揮の為に一層の責任を痛感するが故に愚見を申し述べました。

御批判と御啓発をお願いします。

以上

沖縄の教育を視察して

戦争の悲惨な犠牲の中から立ち上がつた沖縄は、いま米軍の占領下にありながら、教育の復興に大きな努力を払つている。これは最近現地を視察した本省北岡調査局長の手記であるが、沖縄の教育を進めるためにさらに内地との交流の必要が強く感ぜられるようである。

調査局長　北　岡　健　二

▽はじめに

十二月十八日の夜嘉手納飛行場に着いて、二十四日十五時に同飛行場を離陸するという短い旅行であつたが、それだけにまた忙しい旅行であつた。視察した施設は、小学校四、中学校三、高等学校四、大学一、公民館一、博物館一。

地域では、那覇、首里のほか南部中部の各地で、この間、内地留学生の父兄会二、教職員への講義三、戦時中宮崎に疎開した学童の関係者との懇談会一のほか、政府首脳との懇談、文教局・琉球育英会との協議を数回行つた。沖縄側は、二十六日までの計画を立てていたので、計画変更に苦労したようであつたが、車の中で話し合つたりして、少ない時間を活用することができた。

▽独立の財政権もつ教委

沖縄は昭和二十年以来米軍の占領にあるが、その政治は、完全な軍政から、民政府による行政、さらに高等弁務官のもとにおける自治へと移つてきていて立法院・行政府の三権分立がとられているが、教育の関係でいえば、

琉球大学は政府予算を受け入れる大学管理委員会が管理にあたつており、行政府の文教局は、十二の高等学校を設置経営するとともに教育委員会の設置する高等学校（二四）・中学校・小学校などの学校教育ならびに社会教育の指導・助成にあたつている。全国は市町村の区域に市町村とは別人格の教育区が設けられ、それぞれに市町村教育委員会があつて、独立の財政権をもち教育行政を行つているが、高等学校設置管理のため地区ごとに連合教育区を形成し、ここに教育長が置かれて地区内教育委員会の教育長を兼ねている。このように地方分権の色彩は濃いが、教育費総額の負担区分は、政府八二・三%、地方九・一%、私費八・六%で、教員給与と施設の経費は政府が全額を負担している。

▽熱望かなつた新教育法

沖縄の教育行政は、現在は布令の規定に従つて行われていて、立法院の可決した法律に基くものではないが、学制、教育内容・教員免許など全体として内地の法令と同一といつてよく、教科書も内地の教科書を使用している。昭和三十二年三月の布令改正によつて、教員は契約によつて任用され、同一校同一地区に引き続き在職する年数に制限が加えられることになり、また、一学級の定員は四十名以内を厳守することに定められたので、大きな波乱を起したが、十一月には、立法院は、教育基本・教育委員会・学校教育・社会教育の四法を三たび可決し、本年にはいつて、米国側の承認が得られたので、本年四月からは、これら民立法による教育法が適用されることになり、教員の契約制や四十名の学級定員もある部分は改められることになつた。このことは、当面の教育界の混乱を救うばかりでなく、沖縄住民の熱望の一部がかなえられたものであつた。

▽復興を物語る校舎

沖縄の整備された道路を新型のハイヤーでゆつくり飛ばしながら目についたものは、新しい校舎であつた。立ち寄つて詳しく見て回ると、一つの学校の建物が幾種類かの構造様式からなりたつている。わら屋根木造、トタンぶき木造、れんが造、木造かわら屋根、鉄筋コンクリート造のうち三種ぐらいで一校の校舎を構成している。聞いて見ると、この様式は戦後校舎復興の時期を物語るもので、戦争直後にはわらぶきの馬小屋校舎であつた（これは米軍の命令によるものであつて、住家もすべてわらぶきの同一規格のものに限られた）のが、木造・れんがまた

はブロックの第二、第三期を経て、今日は全部鉄筋になつているとのことである。古いものは教室に使わないで、宿直室、便所、ミルク給食の処理場、畜舎物置などにしている。しかし、昨年三月の新布令以後、学級定員厳守のためふたたび仮教室に衣替えさせられたものが見いだされた。沖縄では戦禍を免れた教室は五百六十二室にすぎなかつたが、三十二年初に四千七百六十八教室まで復旧し、復旧率は小中学校で九一%、高校で八〇%をそれぞれこえるに至り、現在はより高い基準に向かつてさらに建築を進めている。校舎のために払つている努力は、三十一年度には教育費の三〇・九%（内地は一四・一%）にもおよぶことによつて知ることができる。にもかかわらず、現在は講堂間仕切り教室、特別教室の普通教室併用を行つており、一部には二部教育や複式学級が行われている。複式学級というのは一学級を四十名に押える結果、はみ出したこどもを二学年集めて一学級を作るのであつて、二部教授を避ける非常手段ではあろうが内地では相像できないことであつた。

▽設備の充実はこれから

わたくしは校舎を見ながら昭和二十二年、二十三年ごろの内地の学校を思い浮べた。そして教室の中を見ると、机・腰掛はそまつな木材で、新築の鉄筋の明るい壁や窓にそぐわぬ古びた色をしている。しかも何か寒々とした感じである。気をつけてみると教室内に物が無さすぎるのである。展示物・教具・書架・戸だな・飼育水そう・植木ばちや花いけ・学級文庫などが少ないのである。それから、いろいろな学校を回つているうちに、上の学校ほどよいこと、同じ程度の学校でもたいへん差があること、全体として見れば量が足りなくて目下充足のスタートを切つたところであることに気がついた。たとえば、政府立の北部農林高校では、これからすえつけにかかるりつぱなかんづめ機械一式、醸造機械一式、びんづめ機械一式を見たし、首里高校では内地寄贈の顕微鏡十三台をもとにして整備中の理科実験器具や、教師と生徒の手になるりつぱな生物の標本を見た。ある西海岸の中学校は小学校と併設の小さい学校であつたが全部手製の理科の実験室を整備していた。小学校では五十人分の工具がそろつており、また校長室に一そろいの理科教具がそろつていた。

それにかかわらず、糸満小学校で白ありに床板を食われたため、砂を敷きつめてまにあわせているようなやり方、当然あるべきものがまだないにもかかわらず、それが通常化して、その上になにもかもが営まれている状態、換言すれば、基準に達していない状態が当然視されているとでもいうべき状態にあるように感じられる。名護の小学校は珍しく戦禍を免れた学校であるが、木造の老朽校舎から、鉄筋校舎に移つていた。この学校にも教具や学級文庫はない。校長は、焼け残つた校舎の中には満足な備品は残つていなかつたと語つたが、十二年前に備品零から立ち上がつた沖縄の学校は校舎の建設に追われているうちに、教室内の整備の必要とその基準とを忘れてしまつたのではないだろうか。そういえば、ラジオが全家庭の八〇%近くまで普及しているといわれるある学区でも、家庭で勉強机を与えられているこどもは数えるほどしかないという。

▽叫ばれる指導的教員受入れ

基準との隔たりは、教具や教室設備ばかりでなく、教員の面にも著しい。沖縄の教員は免許状についてみると次のような構成になる。（内地の中高は教科別統計だから比較できない）

免許状種別	小学校		中学校		高等学校	
	沖縄	内地	沖縄	内地	沖縄	内地
一級普通	二一、八%	一九、八%	三三、〇%		七、〇%	
二級普通	五三、九	五七、八	四四、三		六六、〇	
仮	二四、〇	一二、六	一五、四		一三、二	
臨時	一〇、三	九、八	一五、三		一四、八	

沖縄では教員の養成は琉球大学が主力である。卒業者の教職への進出は次のとおりであるが、これでは需要を満たし得ないので、政府は一年の教員養成施設を三つも設けている。それでもたとえば八重山では、無資格教員が四〇%にも及ぶといわれている。沖縄の人材不足は教育界だけの問題ではないが教育界では、内地との教員交流が過去十二年間行われていないこと、激戦地の影響から三十以上五十以下の年齢層が絶対数で著しくないこと、しかも学制改革で教員数の増加が必要であることなどによつて質の低下が激しくしかも琉球大学にしても、文教局にしても独力で急速に質の向上を実現する力は備え

就職先	三〇年度	三一年度
高校	一〇四名	九一名
中学校	二一	五八
小学校	五三	〇

ていなかつた。ここに、内地研修教員や内地から研修会講師団の招請が大きな役割を果して来た理由があるが、さらに指導的教員や現場教員の受入れによる職員構成の改善の必要が叫ばれ、また教員の交流を促進することによつて、学校差を縮めることの必要が訴えられている。

▽まだ低い学力水準

内地と同様の規定で行つた学力調査の結果は左表のとおりである。

第一の点は、中・高では昨年の社会科理科の成績が一昨年の国語数学よりは良かつたと認められるのに対し、小学校のほうはよくなつたとは認めがたく内地の全国平均成績との差はより大きくなつていることである。第二の点は、ことしの高等学校の理科の成績が内地の全国平均に近接していることであり、第三点は全日制と、定時制の高等学校を比較すると、沖縄の定時制高校は総体的に内地の水準に近接していることである。

琉球政府の文教局では、さらに問題別に成績の比較をしたが、それによると問題ごとの正答率の傾向は、内地と大差のないことがわかるとともに、特定の問題、たとえば沖縄のこどもたちが、日常直接経験できない気象その他の自然現象、生物・鉄道・産業などに関する問題は誤答が多くなり、それが特に小学校で著しいことが指摘され、また小・中学校の理科を通じて実験観察による学習が必要と考えられる事項についての誤答が目だつているといわれる。しかし高等学校では、このような沖縄の特殊事情による誤答傾向といつたものは、見られないようである。

学力調査の結果注意されることは、沖縄的誤答よりも、むしろ各問題別の成績がおおむね一定の差をもつて内地のそれに劣るということである。

著しい復興にもかかわらず、学力の水準はまだ低いのである。これを向上させるためには、高い水準を実際に知り、それを目標にすることがたいせつである。滞在中高校野球の新人戦を見たが、数日後には九州の高校選抜チームの遠征を迎えることになつていて、各チームとも張り切つてはいたけれども、わざの不足と層の薄さが目についた。知花公民館での話では国民体育大会への参加のために、公民館にスパイクなどをそろえて練習しているとのことであり、国体における成績も毎年何点かは取つているとのことであつた。高校野球も、夏の甲子園を目ざして九州大会に参加するようになつてから、熱がはいつてきたとのことである。学校教育についても、各学校の内部に高い教育水準が体得され、目標とされそこへの努力が起さなければならない。沖縄に対する教育協力は、教員の内地研修、内地留学生の採用夏季講習への講師派遣などが行われているが、個々の学校の中に内地の教育水準を意識させるような方向に向かつていつそうの展開が必要である。それは内地と沖縄との政治的一体性に一歩を進めながら、教員および生徒、さらには生徒父兄について内地との交流を発展させることである。

教科	小学校			中学校			全日高校			定時高校		
	沖縄	内地	差	沖縄	内地	差	沖縄	内地	差	沖縄	内地	差
国語	三四・六	四四・八	△一〇・二	三七・三	四八・三	△一一・〇	五〇・七	六二・一	△一一・四	四五・一	四九・二	△四・一
数学	一八・七	三一・四	△一三・七	二七・一	四一・八	△一四・七	二〇・一	三二・七	△一二・六	九・三	一六・五	△七・二
社会科	三四・六	五四・九	△二〇・三	四一・一	五四・八	△一三・七	三八・八	四七・九	△九・一	三一・〇三	七・九	△六・九
理科	三四・四	五一・〇	△一六・六	四〇・一	四九・〇	△八・九						
物理							二四・二	三三・四	△九・二	一五・八	二一・六	△五・八
化学							四一・三	三九・四	△一・九	二五・四	二七・〇	△一・六
生物							三二・八	三七・一	△四・三	二七・六	三〇・三	△二・七

（文部広報より）

学年当初の学級編成上の問題

（初等教育資料より）

古　籏　安　好

一、なぜ学級編成を行うか

学年初めには、教師も子どもも、教育の道具立てや気分になにか変化があることを望んでいるものである。その一つに新たな学級の編成がある。

では、なぜ学級の編成が行われるのか。そこには行財政的な理由があるのはもちろんだが、教育的な理由があるはずである。次にいくつかあげてみよう。

1　われわれは、あらゆる子どもに平等に教育の機会を与えなければならない。ところが、前年度までに、教師の指導能力その他の原因によつて、恵まれた学級と貧しい学級と生じることがある。教育の比較的恵まれない学級を救つてやらなければならない。ここに編成がえが企てられることがある。

2　学級編成のし方には、いろいろな型がある。そしてある型は、他の型よりも子どもの発達にいつそう効果的であると考えられる場合、より効果的な型を意図して組がえされる。もつともこのような場合、一つの型の優れていることの科学的根拠がじゆうぶんでないことが多い。

3　同一学年内の学級間にもさまざまの理由があつて、実際かなりの能力差や学力差、つまり学級平均やひろがりの差ができてくるものである。この不均衡を平均化するために、組がえされることがある。このなかには、教師の能力差を組がえによつて補う意味も蔵されているだろう。

4　一つの学級に、ある傾向の子ども、特に手に負えない子どもが偏在している場合、教師の管理や教育の効果の面から、編成が考えられることもあろう。

5　われわれには、学習の終末（学期末や学年末）において、子どもの学習成績は、ほぼ同じ水準になければならない、という思想がある。そこでそのような同じ水準に達しうると予測される子どもたちを、一つの学級に編成すべきであると考えるのである。つまり同じ程度の能力にある等質学級を編成するのがよいというのである。

以上のような意図による学級編成の教育的効果や心理学的意義は、簡単でないのだが、学級編成は、あんがい手軽に行われる傾向がないわけではない。

二、なにを拠りどころとして編成するか

さて、本質的には、われわれは、子どもの学習の場を少しでもよいものにしようとして、あえて学級編成のさまざまな企図を試みるのである。この場合、編成の根拠となしうる変数にはどのようなものがあるだろうか。まず考えなければならないことである。これについて、タアネイ（A. H. Turney）は、次のような分類を試みている。

＜1　身体的発達＞
①生活年令　②身体的成熟　③生理的成熟　④健康　⑤身長　⑥体重　⑦解剖学的年令

＜2　知能＞
⑧知能検査の結果　a粗点　b精神年令　c知能指数〔IQ〕（注、知能偏差値も考えられる）、⑨教師の評価（一人の教師または数人の平均）a学習能力について　b子どもの所属するグループ　⑩可能な学級進度

＜3　学力＞
⑪学力検査の結果　a教育年令　b成就指数　c教科年令　d一教科または数教科のテストの粗点
⑫教師の評点　⑬学級における順位

＜4　動機づけ＞
⑭勤勉、熱心などの特性の評定や判断　⑮成就指数また同様な指数（⑪をみよ）⑯学級における順位（⑬をみよ、

＜5　社会的要因＞
⑰社会的年令や成熟　⑱家庭環境。

＜6　特殊能力と興味＞
⑲診断テストやレディネス・テストの結果　⑳特殊能力テスト（音楽のような）

＜7　特殊な障害＞
㉑視聴覚の欠陥　㉒身体障害　㉓言語欠陥

以上あげた基準には、一見重複もある。タアネイはみずから、素質的能力の証拠と動機づけの程度との混同を指摘している。しかしながら、基本的には、上の七つの観点でおよそ尽きていると思う。以

下、これら七つの基準について簡単に問題点を指摘しておこう。

1　生活年令や身体的成熟は、基本的な基準である。平均的な子どもの能力は、年令とともに増大する、といわなければならないからである。だが、現実には同じ年令水準の子ども間には大きな偏差があつて極端な身体発達や健康状況の子どもは考慮しなければならない。

2　子どもの学習能力は、およそ一般知能において測定される。知能とは何か。ここで説明する余白はないが、それは学習する能力であろう。だが、知能はさまざまな学習状況で要求される能力の総本を示していない。とくに機械的な、技術的な教科の特殊能力には関係が少ない、と考えられている。

3　子どもの現に獲得している学力は、標準テストや教師の評価によつてとらえられる。とくに客観的な標準テストは、教師の点数のさけがたい主観性を救つてくれるだろう。しかしながら、子どもの現在の学力にいろんな要因があつて、子どものなかには、自分の可能的な能力の極限まで発達させていないものが少なくない。たとえば、過度の劣等感のために学力がつかない子、勉強の方法がまずいため潜在的な学習能力を現わしえない子、こういう子どもも少なくない。」

4　熱心さというような動機づけの評価には、実際的には三つのアプローチがある。①教師の評定、②学力と能力との関係をみる。これは成就指数や成就値によつて知られる。③学力の評価、これは動機づけと能力の混合である。かくて動機づけの評価には、理論的には過去の学力よりも動機づけの指数と精神能力の指数を用いるのがよいということになる。しかし、問題は、熱心さの程度を予想することでなくて、それを発達させることでなければならない。

5　社会的要因のみで、学級編成しようとするものはおそらくなかろうが、無視されてはならないことである。一般的にいつて、子どもの社会的適応を阻害しないような配慮は、学級編成にあたつても大切なことである。

6　特殊能力は一つの基準とみられるが、それは、真の能力であるが、狭い特殊な領域における異常な興味のために発達したものかは考えなければならない。子どもの興味は動揺し易いものであるから、現在の興味は、基準には適当でない。

7　特殊な障害や欠陥をもつ特殊児童のためには、できる限りの必要な矯正的、医療的な療法を講じるような条件を作り出さなければならない。教師のがわの事情や指導技能の程度も考慮に入れて編成されなければならない。むろん特殊学級の編成がのぞまれる。

以上、七つの基準についてみたが、それらは、学級編成にあたつては、多かれ少かれ考慮されなければならないことで、これらのどれもまつたく無視することはいけないと思う。いくつかをおもな基準にして学級を編成することはやむをえないことである。

三、どのような編成のしかたがあるか

実際には、どのような編成のしかたが、子どもの学習の場を効果的に形づくることができるだろうか。

1、まず学級の人員が問題になるだろう。この問題は、いろんな角度から論議のまとになつている。神戸市の一調査によると、十七、六坪の新木筋では、収容数基準四四人、可能限度五四人となつていて、教育上理想的な収容人員よりもむしろ教育上支障のない限度が問題となつている。だが、一学級の望ましい児童数は、基本的な問題である。一般にわれわれの社会では理想的に考えられた理想的な人数よりも過大になる傾向がある。かつて大塚三七雄の昭和二四年の調査で、三は六―四〇人を理想とする教師が四八%あつた。これを段階別にみると、小学校一―四年では三五人、五―六年では四五人、中学校では五〇人を理想としている。アメリカの一報告(New York Society of the Experimental Study of Education, 1943)では、教師一人に対し三一人の児童がもつとも適正であるとされている。

ともあれ、現実には平均的にいつて、これら理想的基準よりいちじるしくかけ離れているのではないかと思う。

しかしながら、学級人員の問題はまた、能力別編成の場合考慮の余地のあることであるように考えられる。たとえば、ある学年人員一三〇人あつて、これを三学級編成にしようとする場合、平均より低い能力の学級は、三五人、平均の学級は五〇人、平均より上の能力の学級は、四五人とする。およそ、七―九―八の比率をもつて組分けする、というのである。この考えは、平均の学級は、平均上または下の学級よりも人数を多くするというのである。研究されるべき問題であろう。

2、現代の教育上の一つの問題は、個人差に応ずる教育というのである。学級編成上からは、これは、個々の子どもをできるだけ、じゆうぶんに発達させうる状態のもとで、ともに勉強し、ともに進歩しうる子どもたちを一つに集めようとすることになる。こうした考え方のもとでは次のような方法があげられるようである。

A、等質学級を編成する。学習能力や学力に基づいて同じ学年内にいくつかの等質学級をつくるのである。

B、同一年令のものと、一時的にともに学習し、ともに進歩しえない子どものために、適応学級のようなものを作つて、そこで診断的・治療的・集約的な指導をして、あとで正規の学級にもどすようにする。

C、精神薄弱児や優秀児その他のため特殊学級をつくる。

D、一学級内に、教師がいくつかの組分けをして、児童のなしうる学習作業の質と量を与えうる仕組みをくふうする。

E、体育・音楽・図工のように特別教室で行うような活動のための組分けをも用いる。

これらの方策には、それぞれ一長一短を生じ易いもので、われわれは、その効果や欠陥について、つねに評価することと実験的な研究を怠つてはならない。この点について、コーネル（E. L. Cornell）が、能力別編成の効果に関してあげているものが参考になる。次のようである。

⑴アカデイミツクな適応に対する効果（学力の水準学習の進歩）

⑵学習の質（永続性、正確さ、転移、能力との関係）

⑶知的特質と思考の習慣（探求の意欲、判断の正確さ、他人の意見）に対する寛容さ、生活場面に自己の知識を適用する能力、知的に統一されるようになること）

⑷社会的および行動的特徴（協力、社会的良心、責任、独立心、社会的寛容）

⑸情緒的、人格的及び性格的特性

⑹健康

⑺創造的生産および創造的活動に対する効果。

ともあれ、能力別編成は、同一学年内のある基本的個人差の範囲を狭め、学習上の適応をいつそうよくしているとみられる。しかし同時に、学級内に、特殊な目的のための一時的なまたは補助的な組分けを作ることが必要である。

しかしながら、能力別編成に伴なう欠陥も指摘されている。たとえば、これはある種の知的な身分体系を発達させる傾向がある、といわれる。だが、これは能力別編成に本質的なものかどうかはにわかに断定できない。コーネルは、文献的研究の結果、能力別編成の効果は、編成の目的、能力の水準、社会的経済的水準、地域社会の型、また学校の組織やカリキユラムの型などによつてちがつてくると結論している。重要な点において言いうることは、能力別編成だけでは何ら価値がないもので、それに応ずる教育課程や教え方などが同時に改善させなければならないということである。こういう事情のもとでは、この学級編成は、子どもの社会的参加を助長するだろう。あまり能力のちがつた子どもたちは、お互いに集団をつくらないものである。

四、どのような学級編成の型がよいか

最後に、以上述べてきたところをまとめながら、望ましい学級編成の型を示唆してみたいと思う。これらの型には、教師の編成上の動機づけても問題になるので、この点を考慮に入れながら、いくつかの型をみてみよう。

1　学級均衡化型

多くの教師は、担任する学級の全体としての能力や学力が、他の学級と同じ水準にあることを願つている傾向がある。このため、学級と学級との均衡化への方向をねらつて学級を組織しようとする。これには、①抽せんや氏名のイロハ順などの方法によつて、能力と学力を偶然にならす方法、②テストその他の方法によつて、能力と学力が各学級ほぼ均等でありうるようにする方法が含まれる。

この型の効果は、教師の人格や能力によつて、事実は、不均衡という結果を生ずる傾向にあることである。

2　身体的等質型

この多くみられる型は、生活年令（月）のできるだけ接近したものを一つの学級に編成する方法である。これに身体的諸条件を加味することもできるだろう。

しかしながら、生活年令は、身体的成熟の信頼しうる指標ではないし、まして精神的能力を、これによつて予測しうるものでもない。したがつてこの型では、学力や能力の面からは、ほとんど完全な異質型となるものである。

抜　萃

3　学習能力別型

いわゆる能力別編成は、上にあげたものよりは、いつそう等質的になる型であるが、ここでも厳密には、学習能力は等質でありえない。それは、かなり広いひろがりをもつものである。

4　社会的適応能力別型

通学区や交友関係による編成、あるいは社会的成熟度による編成の型である。これも学習能力の点からは異質型となるだろう。

かくて、けつきよく、学力や知能あるいは身体的、社会的成熟の等質的な学級か、それらの異質的な学級か二つに一つ選ばなければならない。前者では、それに応ずる適正な教育課程や指導方法が備えられなければならない。後者では、とくに前に述べたように学級内で個人差や能力別に応ずる方策が確立されなければならない。因習的なあるいは便宜的な異質型もともに学習の場を改善するものではない。

（福島大学教授）

第五六回（定例）中教委だより

（自　三月十日　至　三月十一日）

主なる事項

◦委員長および副委員長の選挙

教育委員会法（一九五八年立法第二号）第百十七条の規定に依り、選挙を行つた結果、現議長伊礼肇を委員長に現副議長砂川恵敷を副委員長に全員一致で推せん決定した

◦文教局組織規則原案どおり可決

◦文教局処務規程の一部を改正する規程を原案どおり可決

◦文教局委任規則を原案どおり可決

◦政府立および公立の小学校、中学校における費用徴収等に関する規則を原案どおり可決

◦教育に関する寄附金募集に関する規則を次のとおり一部を修正し可決、第十一条中の「募集が著しく困難となり」を削除する。

◦教育に関する寄付金募集認可基準を原案どおり可決

◦単位手当および単位登録の補助金交付規則を原案どおり可決

◦公立学校教育職員のへき地勤務手当補助金交付に関する規則を原案どおり可決

◦社会教育法施行規則を原案どおり可決

◦社会教育のための講座ならびに事業等に関する補助金交付規則を原案どおり可決

◦各種学校設置を申請どおり認可

◦教育統計調査規則を原案どおり可決

◦政府立学校入学料および授業料徴収規則を原案どおり可決

◦公立学校の授業料等の徴収規則認可の基準可決

◦泊小学校設置を申請どおり認可

◦宗教法人首里バプテスト教会立「光の子幼稚園」設置を申請どおり認可

◦定時制高等学校の廃止を申請どおり認可

◦定時制課程の設置を申請どおり認可

◦政府立高等学校学則を原案どおり可決

◦七日以上の期間にわたる職員の出張命令ならびに命令変更について原案どおり可決

〃二月のできごと〃

一日　先島―那覇間無線電話開通

二日　那覇市会議員補充選挙投票日（旧真和志のみ）

津堅島沖で明石山丸が第三日振丸へ追突、第三日振丸沈没船員三名消息絶つ。

三日　工交局長安里芳雄、経済局長瀬長浩退職、後任工交局長に新里善福、経済局長に西銘順治を任命

四日　義務教育学力テスト実施（五日まで全琉中校三年）

七日　午前一時ごろから降り出した豪雨のため各地で浸水被害続出（坪当り三石七斗六升）

第六回全島定時制高校長主事会（於糸満高校）

十日　本土同胞が贈つた供養桜の苗三千三百余本到着

教育長定例会（於知念地区教育長事務所）

十三日　アラレ降る最低気温八・三度、今冬最低の記録、政府局長会議で一億余円の予算執行保留について決定

十四日　本土新聞界代表十名、台湾視察の帰途CAT機で来島

真壽屋小校図工科研究発表会

十五日　第三回全琉音楽祭（於タイムス・ホール、十六日まで）

土地総連一括払阻止について立法院議員と懇談（於沖縄会館）

十六日　沖縄社会党結党大会（於遊園地劇場）

インドネシアのスカルノ大統領は東京から帰国の途中沖縄に立寄る。

十七日　宮古地方庁長に玉木玄教民、八重山地方庁長に仲本信幸氏を起用

十八日　バージャー首席民政官当間主席に書簡を送り適当な「売春禁止法」を制定するよう強調した。

十九日　南方同胞援護会事務局長吉田嗣延氏来島

旧正

二一日　宮里勝内政局長退職、後任局長に山内康司任命発令

二三日　高校入学合格者発表始る

二四日　立法院議員総選挙告示、立候補届出の受付開始

津堅中学校「職業教育について」実験学校発表会

二七日　ライカム情報部発表「米陸軍長官ウィルバー・M・ブラッカー氏は一九五八年六月一日付でジェイムス・E・モーア中将を米陸軍省作戦本部参謀次長に任命した。またブラッカー長官はモーア中将の後任に現在人事参謀長をつとめている　ロナルド・P・ブース中将を五月一日付で任命したが、同時にブース中将は国務長官や大統領の承認をえて、国防長官ネイル、マクエルロイ氏から高等弁務官にも任命された。」

二八日　具志川村田場小学校、文教局指定による国語研究発表会を開く、研究テーマは「皆読指導」

浦添村仲西中学校、那覇教育長指定による体育科研究会発表会開く、

宮古上野中学校理科教育について実験学校発表会

教育委員会法（一九五八年立法第二号）に基き、五八年四月一日から左の名称を次のように改める。

旧	新	例
市町村教育区	教育区	那覇教育区
連合教育区	連合教育区	那覇連合教育区 那覇教育区立　開南小学校 那覇連合教育区立那覇高等学校
市町村教育委員会	区教育委員会	那覇区教育委員会
連合教育委員会	連合区教育委員会	那覇連合区教育委員会
教育長事務所	事務局	
	区教育委員会事務局	那覇区教育委員会事務局
地区教育長事務所	連合区教育委員会事務局	那覇連合区教育委員会事務局

投稿案内

一、教育に関する論説、実践記録、研究発表、特別教育に関する活動、我が校の歩み、社会教育活動、P・T・A活動の状況、その他　（原稿用紙四〇〇字詰一〇枚以内）

一、短歌、俳句、川柳（五首以上）

一、随筆、詩、その他

※原稿は用紙（四百字詰）五枚以内

一、原稿は毎月十日締切り

一、原稿の取捨は当課に一任願います（御了承の程を）

一、原稿は御返し致しません。

一宛先文教局研究調査課係

一九五八年三月一九日　印刷
一九五八年三月三〇日　発行

文教時報（第三十九号）（非売品）

発行所　琉球政府文教局 研究調査課

印刷所　旭堂印刷所　那覇市四区八組 電話六五五番

教員、校長の人事異動に伴う辞令様式の例示

a　採用の場合

　　　　　　　　　　　氏名

小（中・高）学校教諭（校長）に任ずる
○級○号俸（　　　円）を給する
○○教育区（連合教育区）立○○小（中・高）学校勤務を命ずる

　　年　　月　　日

　　　　　　　　　○○区（連合区）教育委員会

b　併置（小・中）の校長の兼耺の場合

　　　　　　　　　　　氏名

中学校長に任ずる
○級○号俸（　　　円）を職する
○○教育区立○○中学校勤務を命ずる
兼ねて○○教育区立○○小学校勤務を命ずる

　　年　　月　　日

　　　　　　　　　○○区教育委員会

c　教諭の兼耺（同時発令）の場合

　　　　　　　　　　　氏名

中学校教諭に任ずる
○級○号俸（　　　円）を給する
○○教育区立○○中学校勤務を命ずる
兼ねて○○教育区立○○小学校勤務を命ずる

　　年　　月　　日

　　　　　　　　　○○区教育委員会

d　教諭の兼耺（異日発令）の場合

　　　　　○○教育区立○○中学校教諭
　　　　　　　　　　　氏名

○○教育区立○○小学校兼務を命ずる

　　年　　月　　日

　　　　　　　　　○○区教育委員会

e　校長事務取扱または事務代理（同時発令）の場合

　　　　　　　　　　　氏名

小学校教諭に任ずる
○級○号俸（　　　円）を給する
校長事務取扱（代理）を命ずる
○○教育区立○○小学校勤務を任ずる

　　年　　月　　日

　　　　　　　　　○○区教育委員会

f　同前（異日発令）の場合

　　　　　○○教育区立○○小学校教諭
　　　　　　　　　　　氏名

○○教育区立○○小学校校長事務取扱（代理）を命ずる

　　年　　月　　日

　　　　　　　　　○○区教育委員会

g　退耺（免耺）の場合

　　　　　○○教育区立○○中学校教諭
　　　　　　　　　　　氏名

願いにより本職を免ずる

　　年　　月　　日

　　　　　　　　　○○区教育委員会

h　解耺の場合

　　　　　○○教育区立○○中学校長
　　　　　　　　　　　氏名

○○教育区立○○小学校勤務（校長事務代理）を解く

　　年　　月　　日

　　　　　　　　　○○区教育委員会

文教時報

NO.41

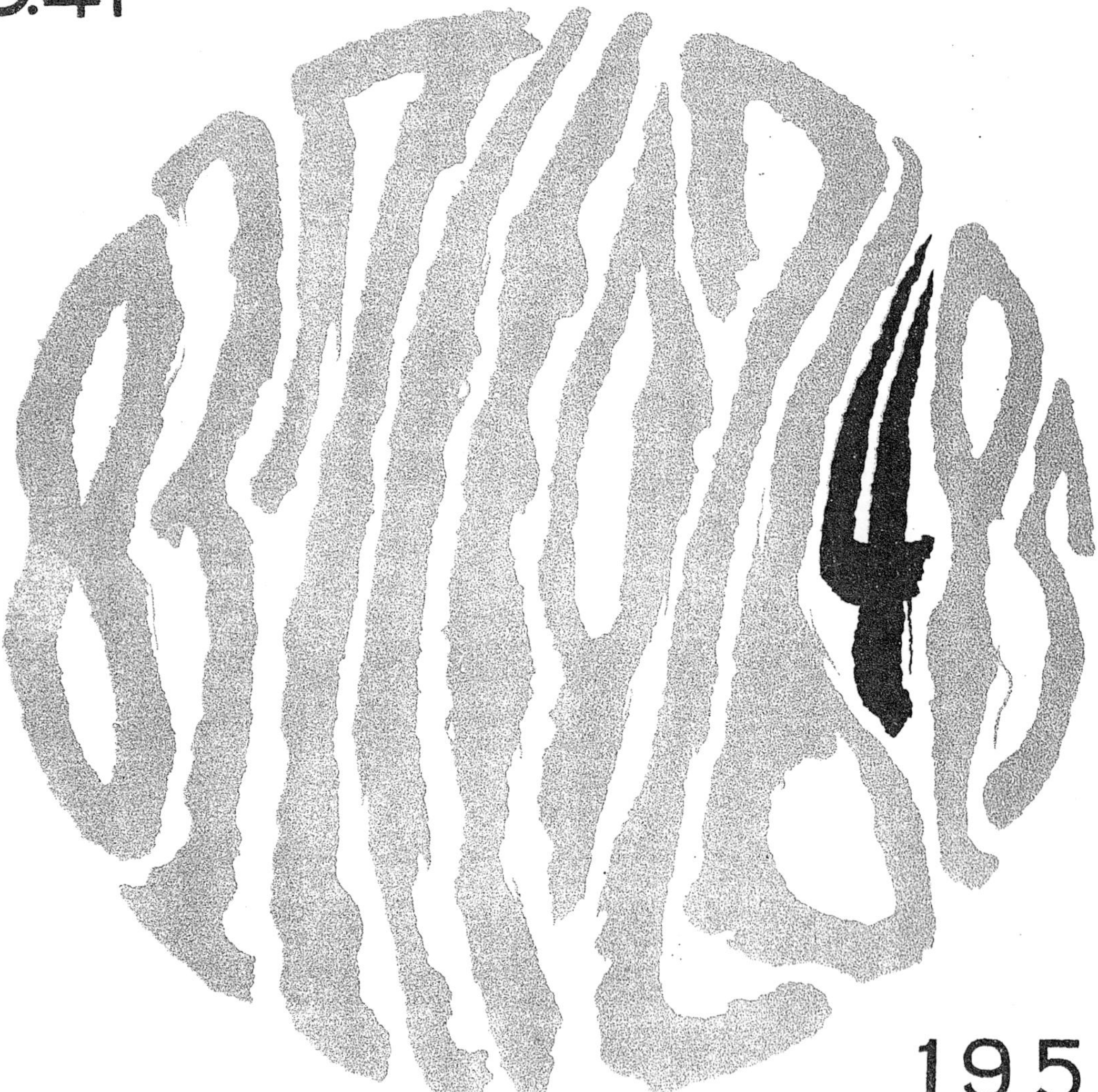

1958

琉球　文教局研究調査課

文 教 時 報 第41号

目 次

◻新任のあいさつ……………………………………………小波蔵 政 光(1)

◻離任のことば……………………………………………真栄田 義 見(2)

研究教員―研究録から

○能力別指導の実際…………………………………………国 場 幸 喜(3)

○職業家庭科の計画と実践………………………………砂 川 徳 市(13)

子供の記録

○ぼくの記録ノート……………………………………………大 城 恵 次(30)

人のねうちと私たち

○記錄ノートをふりかえつて…………………………津 波 和 子(31)

○人 間 の 尊 さ……………………………………………玉 城 時 枝(31)

◻小学校、中学校の道徳教育強化について…………文 教 局(32)

抜 萃

○公立義務教育学校の学級編成及び
教職員定数の標準に関する法律案……………………(34)

○時間配当の結論（教育課程審議会中等部会）…………………(38)

私の意見

○水産高校の実習船の使命と建造について………玉 城 盛 正(40)

◻知能検査および義務教育学力測定…………………研 究 調 査 課(43)

◻琉球育英会調査資料……………………………………琉 球 育 英 会(48)

◎中教委だより……………………………………………文 教 局(55)

◎三月のできごと…………………………………………………………(56)

就任のことば

文教局長　小波藏政光

今回、民立法による教育四法が実施される記念すべき第一歩に当りまして、弱輩の小生が文教局長の重責に任命されましたのは、ひとえに皆々様方の御推薦御支援の賜と深く感謝致します。

文教局次長在任中は各方面の御指導御援助によりまして、大過なく気持よく働かせていただきましたが、十分に皆様方の御要望に応えるだけの事を為す事が出来なかつたのを残念に思います。

文教局は政府の他の各局とは異なる特殊な使命や機構をもつていると考えます。それに今回は民立法による教育四法の整備や運営という難関と共に、政府才入の縮減という悪条件の下での文教予算の確保という難問題に直面しているのであります。尚又政界や立法院には小党分立等の複雑な事情がありますのでこのような危機に直面して琉球の教育を守り、一日も早く本土の水準に追い付く為の秘策や手腕も持つていないので、この重責を果せるか不安に思いますが、各方面の皆様からの御推薦や御激励がありましたので、全力を尽して当つて砕けようという気持であります。

第一線に立つ校長、教員、その他の職員、児童生徒の皆さんや地方教育委員会の皆様、それに教職員会やPTA会、父兄母姉の方々や全住民と出来るだけ協力して、皆でこの困難な道を切り抜けたいのであります。琉球の教育は特に全住民の問題であると考えられますので各方面の皆様方の御指導、御援助を御願する次第であります。又米国側とも出来るだけ十分に話し合つて、相互の理解を一層深めて、御指導御援助を得たいと考えます。

いつ日本に復帰しても恥ずかしくない国民―欲を言えば模範的な国民―になれるように、児童生徒教育者の総力の向上こそは、重要な根本的課題であると考えます。その為には、職業教育、科学教育、保健体育、社会教育、僻地教育等の振興や、教育行政の民主化、教員の優遇、教育施設の充実等の問題が二歩も三歩も推進されなければならないと思います。

現下の情勢では特に教育の中立性が強調されなければならないと考えます。教育が不当な支配に服することなく、住民全体に対し直接に責任を負つて行われるべきであるという自覚を、十分自覚する事が肝要でありましよう。法に定められた教育のこの自主性や中立性を十分に守り、大巾な自主性を与えられた中央教育委員会の職務権限が果されるように、我々文教局職員も専門的研修を重ねて、努力したいと考えます。教育専門家として十分な助言と推薦を為し得る為には、文教局の全職員は勿論、教育長、校長、教員その他のそれぞれの分野の専門的研究の深い方々の御意見を広く集めて、教育行政に参加出来るように委員会や審議会等の御協力を得ると同時に又、個人的な御意見や御要望も広く求める事が必要であると思います。

平時に於てでも教育という大事業は極めて重要且困難でありますが、殊に我が琉球の現状においては、この重要性と困難性は限りないものと思われますので教育諸問題の解決促進は全住民の根本課題でありまして、当事者や教育関係の各団体は勿論、全住民一丸となつて進まなければ到底教育の進展は望めないと思います。

教育が文化の発展創造であるならば、教育に直接携わる各位には特に先見の的を養う事が要望されますし、又教育者の技術は随時随所に創造される芸術的作品であるとも言えますので、日々不断の研修が教育者に最も大切なものであります。教育は結局人の問題、教師の問題であると言われます。教師の教育愛、教育熱こそは努力を産み、工夫を産み、力を産み出して教育効果を上げる最大の要因であると考えます。そこで教師各位が喜んで職務に専念し熱を上げることが出来るような客観的諸条件の整備確立こそは、私達に与えられた最大の仕事であると考えます。

科学や文化や社会や世界の進歩は日進月歩であり、又最近は著しい長足の進歩発展が見られますが、その原動力は勿論人であり教育であります。この文明文化を自分自身に消化すること及びそれを次代を背負う青少年に伝達すること―更にそれを発展させより高いものを創造する力を養うこと―が教育という仕事でありますので、自己教育、家庭教育、学校教育、社会教育の各方面に亘つて教育者は勿論全住民の御理解、御尽力、御協力を切にお願いする次第であります。

離任にあたって

眞栄田義見

ふり返つて見ると、もう満五ヶ年にもなつている。就任当時は相当の抱負を持つて、此の重責についたわけだが、さて、その抱負がどれ位実現したかとなると功罪勘定表でも作つて見ると、差引何が残るかと云う事になるようだ。

それでも、五ヶ年の時間の上に、文教局や委員会と、教職員六千名との仕事がプラスされると、此の五ヶ年間には実に目まぐるしい変化があつたのである。

その変化の上に、いくらかの仕事も積み上げられたようである。

文教局や委員会という、まことに沖縄教育界のすぐれた人達の集つた組織の上にいると、だまつてその上にあぐらをかいていても、相当の仕事がなされるのである。

まして、その上に六千教員の教職員会活動からする所の援護射撃が、いよいよ局の仕事をバック・アップしてくれたのでそういつたものの総和が、此の五ヶ年間に教育界の進歩となつたようである。

私は、就任当初にも教育の向上発展は現場の努力だけに負うものである。

文教局は、現場に於いて最高の教育運営が出来る最良の条件を造る仕事をするものである。と云うたと思うのであるが、退任するに当つて、又、此の言葉を思い出すと共に、教育の振興は現場にかかるものであると再び強調して、現場の教職員の皆様への期待を大きくするものである。

さて、戦前と戦後では、世界が大分変つて力づくでは世の中が通らないという事になつて来ているようである。筋の通つた理性の上に平和と文化を追求して、人間としての幸福を実現するというような考え方が世界を支配して行くようである。

世界の平和と幸福のために、吾々の習慣や社会的伝統や権力のあり方、経済のくみ立て等がどうあらねばならないか、それ等のものが合理的に組み立てられなければならないという風な考え方が、今や世界を支配しつゝある。

こういう時代にあつては、どんな人間を作らねばならないか、そういう人間を作る教師はどうあらねばならないか、という事は今後の沖縄教育の大きな課題である。

民立法が成立した、日本国民を育てるんだと、観念的に力みかえつただけでは、新しい世界の舞台に立つ日本国民は造れない筈である。

日本国民とはどんな内容を持つた人間像であるか、日本本土の教育は今どんな人間を目標にしているか、深く思いを致さねばならない。

今までの現場の教育活動を十分に知つている自分は、こういう新しい時代の沖縄という事点において何がなされなければならないかという十分な自信で、確実な仕事がなされるものと深く現場の皆様への期待を大きくするものである。

しかして沖縄の教育は、今までよりももつと困難な事がたくさん有るのではないかと思う。

教育行政のエキスパートであり、着実な仕事をする小波蔵局長は、六千教職員の援助によつて、これ等の問題を解決して、沖縄教育の新しい通路を切り開いて行くと思うのである。

委員会や六千教員の皆様の努力の総和に依つて躍進する沖縄教育を予想し、そして皆様の御発展を祈つて別れのごあいさつと致します。（前文教局長）

数学教育における
能力別指導の実際

伊野波中学校
國　場　幸　喜

能力別指導の実際

1. 動機として

私の配置された学校では毎年学期始めに全教科にわたつて学力測定（教師作製テスト）が施行されその結果その一ヶ年の指導の指針、カリキユラムが立案されるようになつている。今年も去る5月に施行した測定の結果は種々の立場から検討され、生徒の実態を科学的に客観的に把握されたが、その結果、数学科の成績は他の教科に比較してあまり良いものではなかつたことは本校の数学部研究班の先生方の評価である。概して基礎的内容を充分理解していない所から初歩の段階に欠陥が多いことは見逃せない。それでその欠陥除去をいかにするか、いろいろ論議され結論として能力別指導をやつてみてはということになつた。その上私が沖縄から数学科学習というテーマをもつて来たことも加えて考慮された。そして中学3年の2クラスを解体して能力別指導をすることに決定されたことは私自身感謝している次第である。それで5月終りになつてその準備に取りかゝり施行された学力測定（数学科）を資料に能力別学級編成を試みたのである。その組編成も上中下と成績の序列によつて大別し上位組をC組、中位組をB組、下位組をA組と仮称して学級を決めそこで3年11学級中2学年を解体して先のＡＢＣ組にわけそのＡ組（下位組）を私が担当して6月—9月まで指導したのである。その期間中の一単元の指導を取り挙げてＡ組の指導の実際を申し上げて今後の御指導を仰ぎたい。

2. 組編成の類型

学力測定の結果5段階評価の評点1．2の生徒5人をＡ組とし、数学科の時間だけを移動式学級編成をして他教科は自然学級で学習するようにした。

3. 編成の資料と基準

普段の成績に学力測定の結果から数学科の甚しく劣つた者の等質群を作り、数学的基礎能力の理解と計算力の習熟に主眼を注いで編成した。

4. 編成の組替え

此の学級は基礎的段階の学習が不充分であるため、長期にわたる指導が必要とされるので3～4ヶ月の期間をとつた。その期間のとり方にも厳密に云えば疑問があるがテストケースとしての最初の案通り実施した。

5. Ａクラスの実態

(1) 心理的観点から見た実態

この組の生徒は元来数学に興味を持たず学習態度も自主的でない者が多数で心理的な心象も多岐的であることがよく察知出来た。教室内の学習態度に落着きがなく実に喧騒な雰囲気である。一方内向的な劣等感の強いものも多数いる。その内向的な生徒にはより以上学習の効果を阻害される環境であることは云うまでもない。内気で劣等感の強い者は必然的に引込み勝ちになり自己感情意志の表示が抑制されて意欲が外に向けられず精神的に圧迫感を感じている。劣等感は他人との相対的な比較から生ずるものであることは申すまでもない。自分は数学の成績は常に他人に劣る。他の生徒はさほど苦労もなく楽に問題の解決も出来るが自分は出来ないという、自分と他人との比較が益々劣等感を強くし、更にＡクラスに編成されたという自分の体面上のプライドを傷つけられたことも大きなブレーキとなつて感情の上に表われた。一方男子に多く見受けられるが自己の劣等性を見せまいと狂暴的に又反抗的な態度をとつて外見を飾る自己欺瞞に出る生徒もいる。又知能偏差値も低く教育年令の著しく低い問題児と思われる類もいてまさに雑居組と云つてもよい学級である。学業不振、生精薄児の混じりの異質の集りとも云いかねない。7月3日ある程度進度も進んだ時期を見計らつてアンケートを取つて調査した結果を示すと、次の通りである。

① 能力別学級編成について

賛成　6人　　やつてよい　15人　　反対　16人

② 反対者の意見として

普通学級と進度が揃わないでテストに困る　(8人)
教科内容に興味が湧かない　(2人)
教室のやかましさで勉強できない　(6人)

この結果からして未だ充分能力別に編成された目的を理解していない点はまずい所があつた。しかし全学年共通の中間終末テストによつて成績段階が相対的に評価されるのでテスト実施期間は常に生徒達の落着きを乱すことが何といつても一番大きい原因のようである。

(2)　学業成績から見た実態

先にも述べた通り組編成の資料として使われた学期始めの学力測定の結果 5段階法の評点1、2の集りで事実上該当学年の学習経験は持つて居らず取り残され勝ちな不幸な生徒達である 。それで数学科に興味を失つた者であることで判る。

(3)　知能テストからみた実態

新田中B式知能検査を 6月下旬に行つた結果を示すと

27人（8人流感の為欠席）

偏差値	品等段階	評価段階	人数	%
24 以下	最劣	−2	5	18
25 〜 34	劣			
35 〜 44	中ノ下	−1	6	21
45 〜 54	中	0	16	57
55 〜 64	中ノ上	+1	1	3
65 〜 74	優	+2	0	0
75 以上				

表の結果最劣・劣に相当するものが39%中の57%中の上に相当するものが1人で3%ある。その中最劣・劣の段階に入る5人の中には特別学級に収容しなければならない者もいるし全然数学に対する意欲を喪失している者もいる。又中の段階にいる16人の中にも学習意欲がなく素行上問題としい取扱われる生徒が女生徒2人と男生徒2人実に多種多様な集りであることはこれでも推察できる。

他の生徒も後天的に数学嫌いになつた者が多数である。

中の上の段階に位する1人は男子で家庭的にあまりよい環境とは云えない。その家庭環境にあつて極度の学習不熱心さが成績の低下を示したものと思われた。このクラスの実態を見たとき私は心秘かに「これでは手のつけようがない」と思つた。でもこれが能力別学級を編成した意義があるものと思えば努力しないわけにもゆくまい。先ずおぼろげながら指導の方針が頭に浮んだ。申すまでもなくこの学級は元来劣等感がつよく基礎的知識の理解が不充分であるので生徒の安定感を計り学級の教室内に於ける学習の場を作ると共に基礎知識の習得が重視されねばならない。更に個人的につまずきを診断してその治療に主力を注ぐため次のような診断をした。

(4)　診断テスト

テスト問題が数学的全分野にわたつて作られたがその点は疑わしい所もあるだろうが弁別度も高く誤答傾向を見る目的で作られた。それで大体のつまずきは知るものと思われる。

テスト 1（整数）

①　次の数を漢字で書きなさ　21,2020　6,6745,6253
②　次の数を算用数字でかきなさい　千三百五十二　一億五三百万
③　次の計算をしなさい

$$\begin{array}{r}2057\\143\\+\ 975\\\hline\end{array}\qquad\begin{array}{r}2008\\-\ 709\\\hline\end{array}\qquad\begin{array}{r}789\\\times 467\\\hline\end{array}\qquad 18\overline{)846}$$

④　次の式を計算しなさい　$10-2\times3=$　$10-(5-3)=$
$6\div2\times3=$　$18-2\times6\div(8-6)=$

ねらい
1. 大きい数観念がついているか
2. 整数四則のかんたんな算法が出るか
3. 繰り上り繰り下りの操作の理解はどうか
4. 記号の使用に充分なれているか理解しているか

テスト 2（分数）

①　次の分数は帯分数に　帯分数は仮分数になおしなさい

$\frac{8}{5}$　$\frac{60}{30}$　$\frac{35}{16}$　$3\frac{3}{4}$

② 次の分数を約分してできるだけかんたんな数にしなさい

$\frac{4}{12}$　　$\frac{40}{60}$　　$\frac{75}{125}$　　$\frac{128}{420}$

③ 次の（　）の中の二つの分数を同じ分母にしなさい

$(\frac{1}{3}\cdot\frac{1}{2})$　$(\frac{1}{2}\cdot\frac{2}{3}\cdot\frac{4}{3})$　$(2\frac{5}{6}\cdot 1\frac{3}{4})$

④ 次の分数を加えてその答をできるだけかんたんにしてだしない

$\frac{1}{3}+\frac{1}{4}$　　$\frac{5}{7}+\frac{3}{4}$　　$\frac{1}{2}+\frac{2}{3}+\frac{1}{6}$　　$1\frac{2}{3}+3\frac{1}{4}$

⑤ 次のひきざんをしなさい

$\frac{1}{3}-\frac{1}{6}$　　$\frac{5}{8}-\frac{1}{4}$　　$3-2\frac{2}{5}$　　$3\frac{1}{3}-2\frac{1}{2}$

⑥ 次のかけざんをしなさい

$\frac{2}{3}\times 6$　　$\frac{5}{12}\times\frac{3}{10}$　　$1\frac{1}{2}\times 2\frac{1}{3}$　　$2\frac{1}{2}\times 8\times 1.2$

⑦ 次のわりざんをしなさい

$9\div\frac{1}{3}$　　$\frac{7}{15}\div\frac{1}{10}$　　$2\frac{4}{5}\div 1\frac{2}{3}$　　$2.5\div 5\div 1\frac{1}{3}$

ねらい
1. 分数の意義が理解できたか
2. 変形約分通分が出来るか（相等関係）
3. 分数四則の計算技術がついたか

テスト　3（正の数・負の数）

① 次の数を大き順にならべなさい

5.　　−4.　　0.　　−1.　　$\frac{1}{2}$　　−0.01　　0.2

② 次の数を下の数直線の上に目盛つてみよう

+5　　−3　　−0.5　　$1\frac{1}{3}$　　$-\frac{5}{4}$　　$\frac{2}{3}$

0

③ 次の計算をしなさい

$(+8)+(+20)=$　　$0+(-4)=$　　$(-5)+(-8)=$

$(-3)+(-2)+(+5)=$　　$(-\frac{1}{2})+(+\frac{1}{2})=$　　$(+7)-(-4)=$

$(-8)-(-8)=$　　$(-7.5)-(+3.5)=$　　$3-4-(-5)=$

$(+1\frac{1}{2})-(-1\frac{1}{4})=$　　$(-3)\times 0=$　　$(-6)\times(+3)=$

$(-2)\times(-5)\times(-4)=$　　$(-1.5)\times 4=$　　$(-\frac{5}{6})\times(+\frac{3}{5})=$

$(-18)\div(+3)=$　　$(-24)\div(-4)=$　　$0\div(-5)=$

$(-5.1)\div(1.7)=$　　$(-12)\div(-\frac{1}{3})=$　　$(-6)^2\div(-4)^2=$

$4\div(-7)\times 0=$　　$0.37-0.7\times 0.8=$　　$(-8)+(-2)+4-(-2)=$

$36\div\{4-(-5)\times 2\}=$

ねらい
1. 負数概念が身についたか（正・負の関係）
2. 数直線上に数をとることが出来るか
3. 計算四則の理解と技能がついたか
4. 累乗括孤の使用になれているか

テスト　4

① 次の式をかんたんにしなさい

$a+a+2a-3a=$　　$2a-3b-4a+b=$　　$3a\times 5b=$

$4a^2\div 6ab=$　　$a\times a\times b\times b=$　　$a^3\cdot b^3=$

② 次の式のかつこをはずしてかんたんにしなさい

$2a+(3+a)=$　　$a-(2a-5a)=$　　$2(a+b)-2(a-d)=$

③ 次の式の値を求めなさい

$a=1$　　$b=-2$ のとき　　$2a-3b$の値

$x=2$　　$y=3$ のとき　　$\frac{x\times y}{2}$の値

④ 次の方程式の根を求めなさい

$x+4=5$　　$x-7=-4$　　$-6+x=5$　　$2x-4=x-3$

$x+4=\frac{1}{2}$　　$\frac{x}{2}=16$　　$\frac{3}{4}x=12$　　$x-5=0$

$\frac{x}{3}-4=\frac{x}{2}$

ねらい
1. 文字式の計算ができるか
2. 指数計算はできるか
3. 括孤の用法
4. 代入のし方かんたんな方程式の解法ができるか

5. 文字と数字との関係

以上のように整数・分数・正・負の数・方程式の計算法がどの程度出来るかと云う計算技能を中心に理解度も診断するようにした

(5) 診断テストの結果

綜合的結果の分析

其の 1 各分野の得点段階の分布状況

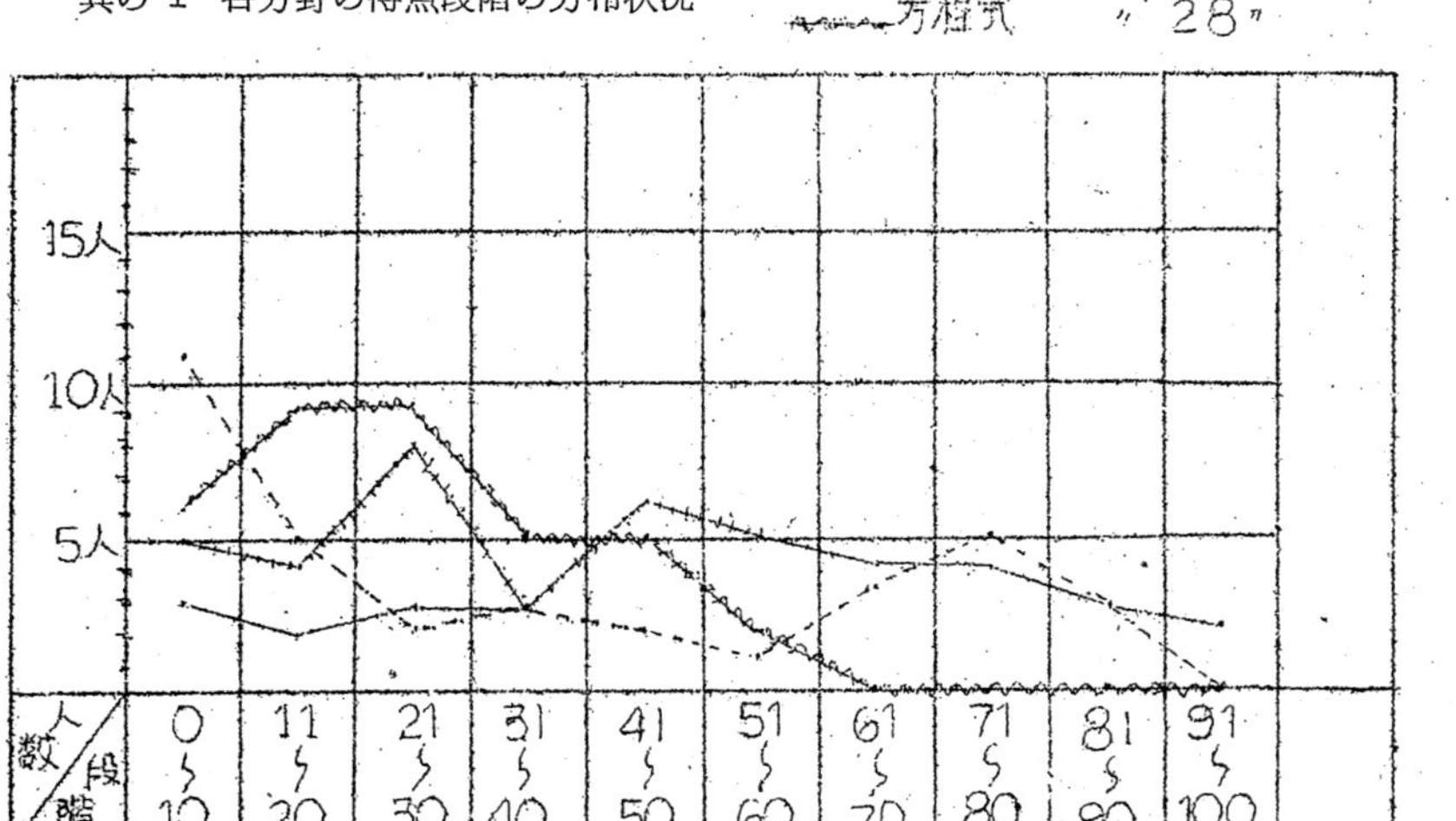

〔註〕得点段階の点数は各テスト共に正確度に換算して（100点満点）示すその結果0以上40未満の段階に位置する生徒がどの分野にも相当数いるし50〜100の段階の生徒も幾人かいる。このように各段階に分布してこのAクラスの数学的知識計算能力にも能力差が判然としていることがわかる。テスト問題をごくかんたんに課題したにもかゝわらずあまりよい平均を示していない所を見ると学級全体の数学的能力の実態は他学級と比較して甚しく劣つていると云わねばならぬ特に分数に問題点があり次に正・負の数方程式の順に分布状態が下位に集つている。

〔註〕もとより上記の分布状況を示す頻数グラフは各々違う教材を取扱つて相互の関係は比較できない。単元の進むにつれて課題の難易があることで分数と方程式はその点数からは比べられない。唯どの内容に生徒の力が脱逸度が多いかを見るためである。

其の 2 各テストの誤答傾向

整　数

番号	問　　題	誤答率	誤　答　例
1	212020	47%	
	664556253	38	
2	千三五十二	15	
	一億五千三百万	47	
3	2057＋143＋965	9	
	2008−709	32	1601.309の答多く 繰下不充分
	785×467	47	繰上り計算不確実
	846÷18	41	算法あいまい
4	10−2×3	32	
	10−（5−3）	27	記号混合の時の記号の使用が不充分
	6÷2×3	44	
	18−2×6÷（8−6）	59	

大きい数に対する概念が充分理解されず四桁区切りでよむと云う習慣がついていない中には三桁区切りをしているが読違いがある。その時はしいて桁区切りをしなくとも読み易い方法で正確に読む態度がよい。次に記号使用があいまいな者が多くその理解が充分でない除法はこのクラスに於ては相当抵抗のあることがわかつた

分　数（1・2番省略）

番号	問題	誤答率	誤答例
3	$(\frac{1}{3} \cdot \frac{1}{2})$	51%	$\frac{4}{12}+\frac{3}{12}=\frac{11}{12}$
	$(\frac{1}{2} \cdot \frac{2}{3} \cdot \frac{3}{4})$	63	234の*LCM* 不充分
	$(2\frac{5}{6} \cdot 1\frac{3}{4})$	74	
4	$\frac{1}{3}+\frac{1}{4}$	49	$\frac{2}{7}$ } 通分をしない
	$\frac{5}{7}+\frac{3}{4}$	54	$\frac{8}{11}$ }
	$\frac{1}{2}+\frac{2}{3}+\frac{1}{6}$	60	
	$1\frac{2}{3}+3\frac{1}{4}$	71	$4\frac{3}{7}$
5	$\frac{1}{3}-\frac{1}{6}$	49	
	$\frac{5}{6}-\frac{1}{4}$	57	
	$3-2\frac{2}{5}$	66	$1\frac{2}{5}$ 整数と分数の関係
	$3\frac{1}{3}-2\frac{1}{2}$	63	$1\frac{2}{3}$
6	$\frac{2}{3}\times 6$	54	} 帯分数が抵抗大又算法のわからぬ者相当数有る
	$\frac{5}{12}\times\frac{3}{10}$	71	}
	$1\frac{1}{2}\times 2\frac{1}{3}$	74	}

番号	問題	誤率	誤答例
7	$2\frac{1}{2}\times 8\times 1.2$	86	
	$9\div\frac{1}{3}$	80	} $\frac{9}{3}=3$ の如く除数の逆数をかけることが不充分
	$\frac{7}{15}\div\frac{1}{10}$	77	}
	$2\frac{4}{5}\div 1\frac{2}{3}$	86	}
	$2.5\div 5\div 1\frac{1}{3}$	97	}

分数は中学校に於ける数学内容の中最も抵抗を感ずるもので出来る生徒の中にもその意味を充分理解出来ずに機械的に計算を繰返しているものが大多数である。Aクラスの大部分はこの分数に停滞している有様である。

同分母の加減程度がやつとで乗除法になるに従つて誤答者が多い又LCM・GCMの求め方が全然わからず遂に手もつけられぬ者もいる。加減法では通分が出来ない者が殆んど、乗法では約分を忘れる帯分数になるとその算法がわからず除法は被除数、除数の操作をこうすれば良かつたと暗記して本当に理解していない。

正・負の数

番号	問題	誤答率	誤答例
1	数の大小	61%	} 概　念
2	数を直線上に目盛る	71	}
3	(+8) + (20)	23	} 加　法
	0+ (−4)	51	}
	(−5) + (−8)	57	}

番号	問　　題	誤答率	誤　答　率
	$(-3)+(-2)+(+5)$	83	加　法
	$(-\frac{1}{2})+(+\frac{1}{2})$	74	
	$(+7)-(-4)$	74	減法の規則を覚えていない者が多い $-(-b)=+b$の理解がない
	$(-8)-(-8)$	37	
	$(-7.5)-(+3.5)$	94	
	$3-4-(-5)$	80	
	$(+1\frac{1}{2})-(-1\frac{1}{4})$	89	
	$(-3)\times 0$	46	
	$(-6)\times(+3)$	37	乗法・分数形式がわからない
	$(-2)\times(-5)\times(-4)$	40	
	$(-1.5)\times 4$	60	
	$(-\frac{5}{6})\times(+\frac{3}{5})$	74	
	$(-18)\div(+3)$	34	除　法
	$(-24)\div(-4)$	57	
	$0\div(-5)$	49	
	$(-5.1)\div(+1.7)$	71	
	$(-12)\div(-\frac{1}{3})$	94	
	$(-6)^2\div(-4)^2$	89	
	$4\div(-7)\times 0$	71	混　合　式
	$0.37-0.7\times 0.8$	89	
	$(-8)\times(-2)\div 4-(-2)$	83	
	$36\div 4\{-(-5)\times 2\}$	100	

正負の数の数観念が61%もついていない。加法の簡単なものは出来るが正負の符号についての観念が充分でない生徒が多い。例えば$(+5)+(-3)=+8$とするが如き符号の性質が充分理解されないのではないか。減法に於いては尚一層誤謬が多い。小数混りの式にも94%と殆んど小数の計算が出来ないのには驚いた。分数計算は74%以上、小数は71%以上符号で誤つたのが20%理解しないのが40%其の他30%と云う実態

方程式　文字計算

番号	問　　題	誤　率	誤　答　例
1	$a+a+2a-3a$	54	
	$2a-3b-4a+b$	83	
	$3a\times 5b$	11	
	$4a^2\div 6ab$	83	
	$a^3\cdot a^2$	54	
2	$2a+(3+c)$	86	括孤のはずし方が不充分
	$a-(2a-5)$	84	
	$2(a+b)-2(a-d)$	86	
3	$2a-3b$の値	86	
	$\frac{x\times y}{2}$の値	57	
4	$x+4=5$	37	特質の性質 1. $a+b=c+b$ 2. $a-b=c-b$ 3. $ab=cb$ 4. $\frac{a}{b}=\frac{c}{b}$ が不充分
	$x-7=-4$	57	
	$-6+x=5$	60	
	$2x-4=x-3$	61	
	$x+4=\frac{1}{2}$	94	
	$\frac{x}{2}=16$	71	
	$\frac{3}{4}x=12$	38	

番号	問　　題	誤率	誤答例
	$x-5=0$	54	
	$\frac{x}{3}-4=\frac{x}{2}$	91	
	$a\times a\times b\times b$	46	

文字と数字の関係不充分文字式の2aは2a×と云う観念が果してついているかうたがわしいものがいる。例えばa+a=a2と云うように a×aとa+a の違いが多い。方程式は等式の性質を殆んど理解せず専ら機械的な計算法で解決しようとする。又符号の変化を考えずにやつている誤答者が多い

個人別結果の分析

調査の方法を分数の一部について記述すると次の表の通りになる

内　容（分数）　　月　　日　　HR　　年　　組

生徒番号	変形	約分	通分	加法	減法	乗法	除法	得点	判定
1	×	×	×	×	×	×	×	4	A
2	○	×	×	○	×	△	×	35	B
3	×	×	×	×	×	×	×	9	A
4	○	○	○	○	○	×	×	65	B
5	×	△	×	×	×	×	×	4	A
6	○	○	○	○	○	×	×	70	B
7	○	△	×	×	×	×	×	11	A
8	×	○	△	△	○	○	×	57	B
9	×	△	×	×	×	×	×	4	A
10	○	○	○	△	○	△	×	65	B
11	×	×	×	×	×	×	×	0	A
12	○	○	×	○	○	○	△	74	C
13	×	×	×	○	×	×	×	26	A
14	○	○	○	○	○	○	○	85	C
15	○	○	○	○	○	○	○	83	C
16	○	△	×	×	×	×	×	17	A
17	×	×	×	×	×	×	×	4	A
18	○	○	×	×	×	×	×	15	A
19	×	×	×	×	×	×	×	9	A
20	×	×	×	△	×	×	×	24	A
21	○	×	×	×	△	×	△	33	B
22	○	○	○	○	○	○	×	74	C
23	○	○	○	○	△	×	×	48	B
24	○	△	○	○	△	×	×	50	B
25	○	×	×	×	×	×	×	13	A
26	○	×	×	×	×	×	×	7	A
27	×	×	×	×	×	×	×	2	A
28	○	△	○	○	○	△	○	83	C
29	×	×	×	×	×	×	×	2	A
30	○	△	×	×	×	×	×	17	A
31	×	×	×	×	×	×	×	2	A
32	○	△	○	○	○	○	×	72	C
33	△	○	○	○	○	○	×	74	C
34	○	△	○	○	○	○	×	74	C
35	○	×	○	△	△	×	×	35	B

×	13	15	21	17	19	24	30
△	1	9	1	4	4	3	2
○	21	11	13	17	12	8	3

診断テストの結果は驚くべき実態を示している。分数教材に殆んど坐礁していることは指導上特に留意しなければならない。個人別結果の分析を見ても、約分、通分の分らないものが50％程度乗除法の算法の不充分な者は70％もいる状態である。このように一単元を見渡しても基礎的知識、技能が低下し学習指導の面から取残され勝ちな生徒たちである。その指導も自ら遅進生指導という特色のある方法でなければならない。それで次にその指導の計画方法を述べると

6.　Aクラスの指導と計画と方法

a　指　導　の　方　針

Aクラスの実態を心理的・能力的面から考察した時劣等感が強く一面粗暴で反抗的態度をとり学習態度に問題化される者又極端に引込み勝ちな憶病者、成績も不振生として自他共に是認している者と種々おり、一般に学習意欲が薄く関心もあるとは云えない学級である以上　①心理的劣等感、能力的 技術 的な問題点 をのぞき②明るく興味をもつて学習する態度の養成　の二点がAクラスの指導方対として当然考えられる。その方針に基いて指導する際留意点として次の様にかゝげた。

(1)　安心して学習出来る環境の造成　　　（場の造成）
(2)　解決の喜びを与えて劣等感を除く　　（興　味）
(3)　基礎知識の理解と計算技能をつける　（基礎能力）
(4)　学習意欲の昂揚と動機つけ　　　　　（態　度）

以上の目安のもとに指導されるが結果として或る一つの項目に帰着することと思うつまり「如何にして数学を楽しむようになるか」と云うことが問題になる。

数学を楽しむとは適当な動機づけと問題解決の成功の喜びをあたえることに依つて生れるものではないかと思う。

b　指　導　の　計　画

全学年共通のカリキユラユによる学習は困難であるので特別に基礎知識を主体とする　カリキユラムによつて学習されるように作製したその内容も数量的内容を中心に学習意欲に張りが出たところで学年共通のカリキユラムに移す意図である。

月別配当を次の通り立案した

月	週	指導事項	時間	指導内容
5	3 4	診断テスト・組編成準備	8	テスト・誤答質問調査
6	1 2 3	分　数	10	• 基礎的段階の復習通分四則等 • ドリル
6 7	4 1 2	正の数 負の数	12	• 加減法の法則 • 乗除法の法則 • 四則
7 9	3 4 1 2	文字式 方程式	16～22	• 数と文字 • 計算の規則（交換結合分配） • 等式の性質

各単元の時間配当は上表の通り決め総時間46 時間から50時間の基礎段階を3ケ月の長期にわたつて習得するようにした。次に単元の学習過程を分数教材に例をとつて示すと

学 習 過 程　　　（10時間取扱い）

学習内容	時間	形態
1　分数のいろいろ　　例 $\frac{3}{5} < \frac{1}{5} \times 3$、$3 \div 5$ • 分数の意味について話合う • 分数の種類 • 分数の変形 • 約分について知る　（既約分数）	1	一　齊
2　分数の大小・通 • 同分母の分数の大小 • 異分母の分数の大小 • 通分の理解 • LCM・GCMについて知る	2	一　齊 能力別
3　分数の加法・減法 ○同分母のとき ○異分母のとき ○帯分数のとき ○複雑な式も出来るようにする（小数混り）	2	一　齊 能力別

学　習　内　容	時間	形　態
4　分数の乗法 ・分数×整数「…の3分2」を「…の$\frac{2}{3}$倍のように分数倍 ・分数×分数 ・帯分数・その他の分数	2	一　齊 能力別
5　分数の除法 ・整数÷分数 ・分数÷分数 ・逆　数	2	〃
6　事実問題 ・分数も割合の一つとして取扱う教材である以上全体の或る部分を表していると云う全体の数を頭に入れてやる ・立式練習とドリル	1	個　別

C　指導の方法

Aクラスの指導は(a)に述べた通り場の造成、興味の喚起　基礎知識、態度の四点に留意し、元来数学科には取り残された遅進生である以上その実態に伴う指導が望ましいことは云うまでもないが、さて遅進生指導はどうあるべきかについて私見を述べてみることにしよう。

遅進生指導は

○　解決可能な問題によつて解決の成功の喜びを与え

○　不断の継続的学習を行うことによつて効果があがるものである。

このような平易な指導の中にも案外興味を喚起し学習に張りが出るものであることが実際の指導から知つた。特に分数教材で停滞していることが数学を嫌い、学習意欲を喪失した原因ではないかと思われた。しかし分数は中学一年の教材で最早このクラス（中学三年）には精神的発達からあまりよい教材でなかつたように思われた。つまり分数教材を取扱う時期の問題であるが、いきなり方程式に入つてゆつくりと分数にもふれた方がよい様に思つた。それで教材に真剣味がなかつたそれでいてあまり理解していない。

分数、小数、文字式の基礎的知識の理解こそこの学級では急務であるのでそれで毎時間 5分程度をドリルに当て簡単な問題3～5題を解くことにより導入し興味をもつて授業に臨む態度を意識したいうちに養つたのでかなりの効果があつた感じがする。

毎時間の指導に当つても常に次の根本的方法を忘れずにやつた。

○導　入…　5分程度計算ドリル　簡単な事実問題を本時の目標に関係ずけて板書し一齊に解き検討も一齊にする。

○展　開…　診断テストの結果能力差にかなりの巾があるので便宜的にＡＢＣグループに分けてプリント教科書を中心に学習、しかし比較的等質化されているので一齊指導も加味し教材の進度の能率化を計る

○まとめ…　本時中特に記憶を要する箇所の説明宿題5 題程度を課す。

○評　価…　特別に評価のためにテストは毎時行わない。

次に生徒の自己評価によつて自己の発達向上をながめつつ学習する喜びを与えることも遅進生指導にはなくてはならぬ方法と云わねばならぬ。その観点に立つて次の表を作製したえず喜びをあたえた。

努力グラフ　　　氏名（　　　　　　　）

成績グラフ										
100										
90										
80										
70										
60										
50										
40										
30										
20										
10										
回　数	1	2	3	4	5	…	…	…	…	…
得　点										
内　容										
誤謬傾向										

誤謬傾向は慣れない中は茫然として答案を注意深く見ることなくその誤謬箇所も見ないまゝにただ点数にとらわれがちであるので注意してどこが違つたかを一応簡単に記録しておくようにした。

そのようなことによつて自分の学習のあとをかえりみるよろこびを与え意欲の昂揚につとめた。

7. 評価と反省

(1) 評　　価

此の学級の指導が果して効果があつたかと云うことが問題にされるがつまりどの程度数学に興味を持つたかと云うことが評価の基準となるその基準に対してその指導の結果を先ず興味の面から見ると

○　「もつとむずかしい問題をやつて下さい」と云うその言葉の裏には基礎的な理解は出来たと思う。そして次の段階に進もうとする学習意欲が昂揚したのではないか

○　10月に入つて普通学級に編成替えされた下位組の生徒が全学年共通のカリキュラムの学習単元に困難を感じたであろう。「先生又A学級に替えて下さい」と訴えている所を見るとAクラスに於いては能力相応の問題の解決に喜びを感じたのではないかそれで少しでも解決出来る学習がしたいと云う意欲のあることを感ずる。

このように学習意欲が昂揚したことは数学に興味を覚えたその発露として「…して下さい」と云うような言葉として表われたのではないかと思う次にどの程度数済されたかそれを次の表で見ると

整　　数

問　　題	誤答率 前	誤答率 後
785×467	47%	20%
6÷2×3	44%	11%
18−2×6÷(8−6)	59%	23%

分　　数

問　　題	誤答率 前	誤答率 後
$\frac{1}{2}\cdot\frac{2}{3}\cdot\frac{3}{4}$の通分	63%	43%
$3-2\frac{2}{4}$	66%	42%
$1\frac{1}{2}\times2\frac{1}{3}$	74%	31%

上の表は診断テストを前後に同じくテストしてその結果を誤答率で示したものであるが、その表から多少生徒の力にも向上したことはたしかであるがしかし未だ充分にその基礎知識を応用するということは途遠い感じがしないでもない。その成績からは指導に効果があつたとは厳密に云えないだらう。概観して生徒の学習に活気があふれ数学の時間のみでも自分のわかるものを更に上位に進もうとする意欲が感じられたことは私として喜びに堪えない。

(2) 今後にのこされた問題

能力別指導を実施して特に悩みの多かつた点について述べると

① 精薄又は素行不良と思われた生徒と一緒に指導することは学習の向上を目的とする能力別指導においてはかなり苦労が多かつた。精薄児・素行不良児は別に学級を特設する必要はないか。

② 能力別学級編成における生徒の成績の評価をどうするかと云う問題で実際この学級ではその期間中の成績の評価は学年一連の相対的5段階評価をしたのでテストは必然的に同一のもので施行された。そのテストの範囲で下位組（Aクラス）の学級は常に不利な立場にありその度毎に学習に動揺があつた。それを絶対的評価にしてはどうか。もとよりこれは現在施行された指導要録の評価方法から来るものと思われるが、その点改める必要はないか。

③ 心理的劣等感、優越感もその学級内に於いては心配することはないがこれも配慮しなければならぬ問題である。

④ 教師の負担は全然なくすることは野暴な考え方であるがいかに軽減するかということに気を配る必要がある。教育効果を最高度にあげるには「教育は零である。熱である」と云われるがその方法を考えないでは近代社会に相応する人とは云えない。だから能力別指導も教師の負担を犠牲にしては効果があがるものでなく又経続的でない。そのよりよき方法を絶えず研究することも大きな問題点となるであろ。

おわりに

いろいろと能力別指導について記述いたしましたが最近日本数学研究大会（秋田大会）でもその指導が多いに重要視せられ、数学の指導内容が高度化すればする程能力に応ずる指導が大切であることが必要であります。

私もその指導の在り方について実際に経験してその労多くしてあまり効果が裏切られがちであることを知りました。しかし教師の周到な計画のもとに着実に行えば決して落胆する結果はあり得ないことを今一度考えたい。浅学ながら実践のあとを記してこの方面の研究の先生方の御協力を得てより一層合理的な指導をしたいと思います。

職業家庭科の計画と実践

第十二回琉球派遣研究教員　砂川徳市

配属校　千葉県松戸市立小金中学校

勤務先　沖縄宮古地区　城辺中学校

目　次

初めに

一　産業教育の必要性に就いて

二　職業家庭科の変遷とその内容のあらまし

三　職業家庭科と産業教育との関係

四　千葉県に於ける職業家庭科の基準について

五　新指導要領によるカリキユウラムの改訂へ検討

六　職業家庭科教育に於ける問題点と其の対策

七　職業指導に就いて

終りに

初めに

中学校創立と共に、新しい教科として職業家庭科が特設されてから十年を経過した。

其の間に於て、指導要領の改訂や地域社会の要求により、其の変遷も大きかつた。其の度に係教師は、如何にしてこの教科を一般教科と同様に、正常化し進展させるか、なやみ続けて来た。教師の中にはわずらわしいこの教科より逃避せんとする傾向もあり、父兄も又、職業家庭科教育軽視の傾向にあつて、この教科の不振を倍加して来た。然し乍ら中学校卒業生の大半が就職する現状と、社会の技術機械の進歩を省みる時、心ある人々は職業教育の必要と重要性を痛感して来たわけであります。

社会の必要と要求は、昭和二十七年に産業教育振興法として現われ、それによつて国家補助が少い乍らも支出され、この教科の振興が着々と進展しつゝある事は、喜ばしい事である。沖縄に於ても、科学産業振興五ヶ年計画が立案実施され、施設々備の充実は期されつゝあるが、職業教育を行うに当り、尚次のような沢山の問題点があり、果して日本々土に於ては如何にしてこの教育が実践され成果をおさめているか？実際現場に於て見聞し、学び度い、そして共に歩みつゝある又なやんでいる同僚と共にこの問題を解決し、そして教育の効果を些かでも挙げ得、沖縄将来の斯道の教育を正常に前進させる事が出来るならば幸に存ずる次第であります。

1　施設々備の問題を如何に解決するか

2　係教師の不可能な技術を如何にするか

3　他教科とのかけ持で過重負担（特に一群の場合肉体的重労働による疲労）を如何にするか

4　実習地（一群関係）が広面積の場合如何にこれを経営するか

5　生徒に趣味を持たせるには如何にしたらよいか（特に一群の場合）

6　其他

一、産業教育の必要性について

終戦後日本は文化国家の建設、平和的民主国家への発展を目ざして全力を尽してその目的達成に努力してきた。教育も「アメリカ」の視察団の助言により改革が行われ六、三、三、制が実施され中学校に於ても新らしく職業家庭科が設置され現在に至つている。

然し乍ら我々が考えており実現を期そうとする文化国家、平和的民主国家は思うように進捗しているとは言い得ない。その実現を期すためには先ず産業を興し国民の経済生活を豊にする事である、産業興らず国民の経済生活が不安では文化も進まず平和な国家も望まれない。産業の振興をはかりひいては国民の経済生活を豊にするためには根本に於て産業教育の振興をはからなければならない。然し乍ら教育改革が行なわれ六、三、三、制が実施され中学校に於ても職業家庭科が設置されたにもかゝわらず産業教育は一向進展せず普通教科に比べて見劣りのする現状である。その理由としては

一、普通課程は重視され産業に関する課程は軽視される傾向にある。

二、施設設備の不備

三、産業教育に対して有能な教員組織をかく

四、立法上又は行政府から産業教育を振興させる何等の方途も講じられなかつたこと

等其他沢山の問題がある。然るにこれ等の問題のそこを流れるものは、長い間の封建社会に培われ支配階

級がもつていた思想の残さいがいまも尚現在社会を支配していると言う事実によるのでなかろうか。即ち一般教養がその価値に於て専門的、職業的、産業的、教養より高いものであると言う偏見にとらわれているからである。

此のような現状にもかかわらず中学校卒業生の多くが就職する現状を見逃してはならない更にして昭和二七年度産業振興法が施行され中学校に於ても産業教育振興のため着々と研究を進め施設々備の充実と相まして生産技術教育にまい進している事はたのもしい限りである。教育が現代社会と結びつきしよう来社会の形成者、社会の改造者としての基礎を築いていく時文化国家、平和的民主国家への発展はあると思う。

其処に於て近代社会を支えていく科学的生産人の教育こそ今日の教育の目ざす所であり科学教育生産教育の必要なるゆえんである。

二、職業家庭科の変遷とその内容のあらまし

(一) 実業教育時代（昭和二二年度）

農、工、商、水、家に別れて学習指導要科が出たが教科書は一冊ずつ別々に刊行され一般教育的な面と職業教育的な面とが述べられているが実状は国民学校高等科の教育内容の延長と考えられる。

(二) 全教科対象トライアウト時代（昭和二三年度）

幾種類もの実習を試みに行う過程に於て適性を発見させようとする見方で全教科を対象に生徒希望をとつて学期交替学年交替をくずして幾つかのコースを設定して適性を発展しそれに合つた就職の指導を行う事にねらいがあつたと思われる。

(三) 職業科対象のトライアウト時代（昭和二四年度）

トライアウト全盛時代でこのとし五月は教科課程が改生され「職業」「家庭」として平行して年間（一〇五―一四〇）時間の配当に変り同年一二月に職業家庭科として一つの教科として発足した。

(四) 単元構成による職業教育時代（昭和二五年度）

トライアウトの欠陥を補うため

1 単元を構成すること。
2 教育課程を各学年共男子コース、女子コース分ける。
3 教育内容は一年は四分類六こう目、二年は二分類四こう目、三年は二分類四こう目、の中から選出すること。

(五) 生活経験単元による教育時代（昭和二六年度）

文部省の職業家庭科の研究指定校が指定され学習指導要領を忠実に取り入れた教育計画の具体化に努力し各校共身のまわりの生活経験から「カリキユウラム」をつくり教科書は参考書同様に使用されるにいたり此の年教科書の展示会があつた。

(六) 職業家庭科による産業教育時代（昭和二七年度）

職業教育振興法並に実業教育費国庫補助法が制定、文部省の産業教育指定校として国と市から一五万円ずつ計三十万円の補助をうけた時代であり教育目標が検討させた基礎的な事こうを定めて仕事の整理をした。

(七) 普通教育の一環として全体構造に立つ産業教育時代（昭和二八年度）

職業科の中心目標を生徒がしよう来「有能な科学的生産人」となるための基礎淘やにおくべきであると規定した。そしてその教育は次の諸点に重点を置くこととした。

1 生産に役立つ仕事をする事の重要さを理解せしめる。
2 どの職業にも必要とされる現代産業の科学化と関連する基礎的な知識及び技能を養う。
3 現代産業。家庭生活についての社会的な知識理解を深める。
4 勤労を重んじ働く態度を養う。
5 生産を科学的に進める能力を養う。

(八) 一般教科としての職業家庭科（昭和二九年度）

全体構造としての概念に基づく生産人の育成を目ざしたが全教科でどのような具体的目標又は例を見出したらよいか実際上は宙にういていた。其処で最低必修としての職業科の性格、目標を見い出し代表的な仕事を見つけ他教科との関連を考がえようとした。

具体的な目標

1 産業教育の本質と職業家庭科との関連を明確にする。
2 職業家庭科の教科内容選定の基準を明らかにする。
3 産業、教育に於ける職業家庭科の性格と目標を明確にする。
4 職業家庭科の教科構成を明らかにする。
5 職業家庭科の教育内容の性格を明確にする。
6 現代主要産業を分析し共通する「基礎的技術」を抽出する。
7 中学校職業家庭科の代表的仕事の抽出と性格づけ。
8 職業家庭科の技術的知識、管理的知識、社会的

経済的知識、の根拠を明らかにし其の内容を明確にする。

9 職業家庭科に於ける「共通態度」の根拠とその内容を明らかにする。

10 職業家庭科の教育法の明示。

11 職業家庭科の教育計画の根拠と其の実際の明示
カリキュラム構成の原理基礎と手順構成の実際

12 職業家庭科の学習指導の原理と其の実際。

(九) 技能教育に関する意見

中学校学習指導要領昭和三二年度版の改訂が昭和三一年五月に刊行された。この年十一月九日日本経営社団体連盟から「新時代の要請に対する技術教育に関する意見」を政府並に国会へ提出科学技術振興の基盤は幼小年に於ける理科教育、職業教育の徹底にあるので小学校並に中学校に於けるこれらの教育は積極的に推進しこれがかく充をはかるべきであると意見している。

三 職業家庭科と産業教育との関係

1 中学校に於ける産業教育は普通一般教育であって全教科、全教育活動を通して行なわれなければならない。その中で職業家庭科は科学的知識、理論に基づいた実習を技術を通して行なうと言う点で其の中心的役割を果す必修の普通教科である。したがつて、進学する生徒も就職する生徒も将来幸福な生活を営むために一般教養として産業教育は必要欠くべからざるものである。決して産業界に入る生徒のためのみの準備教育ではない。

2 国力の主な要素は産業経済の発展の程度、科学の発展の程度等であるから産業教育や科学教育の振興は日本民族の繁栄と幸福に寄与する事が大きい。産業教育の発展は人間生活の幸福を作り社会を進歩させる原動力である。故に産業教育は合理的実際的なものを尊重し理論や知識の段階にとどまらず生活を科学化し合理化し実際化しようとする素地を養りとするものである。

3 産業教育の中核をなすものは職業家庭科であり其の目標の中に「基礎的な技術を習得させ勤労と責任を重んずる態度を養い将来の進路の選択の能力を養う」とあるがこれが日々の実践こそ誠に重要でありそのためにはそれに必要な設備と計画に万全を尽すと共に教師の研修が必要である。

以上職業家庭科と産業教育について述べたが中学校では専門の職業人の養成をするのでなくそれ以前の「人」を形成するのである。

即ち「将来幸福になれる人間」に重みをつけて教育するのである。どんな人間かと言えば其の時の社会に対する理解が出来其の社会に奉仕出来るそして自己も社会もうまく発展していくように生きて行ける人である。其のためには個人としての教養を積むと共に職業を通して社会に貢献出来る人にならなければならない。つまりあらゆる人に当時の社会への理解が必要となつて来た。

産業教育に於ては現在の社会を大きく動かしている産業経済の理解や科学技術、生活技術に就いて其の必要性を重視していく心構えが必要である。

四 指導計画の基準

1 各生徒が生活に於ける基礎的な技術を習得し、基本的な生活々動を経験すると共にこれ等に関する社会的、経済的な知識、理解や態度、習慣を一体として身につけるように計画する。

2 必修教科としてのこの教科の学習に於ては、各生徒が第四群を除き各群に就いて少なくとも「三五」時間学ぶものとする。この場合には内容の組織(指導要領)の表の各群の備考欄に○印のつけてある項目について学ぶものとする。

3 必修教科としてのこの教科の時間のうち、前項の学習にあてた残りの時間については「内容の組織」の表のすべての項目の中から、性別や環境等を考慮して選ぶ。この場合には第一群から第五群までのうち二群以上にわたるものとする。なお女子向きの計画に就いては第五群を主とする事が出来る。

4 選択教科としてのこの教科の学習に於ては、生徒の興味や必要等を考慮して計画する。

△内容の組織と指導計画の基準について(千葉県に於ける)

1 職業家庭科が一般教養である性格からすれば六群二二分野五二項目は扱うことが理想と考えられるが、又一方実践的な活動を通じて学習するということの教科の基本的性格や、限られた時間数からすれば当然各群の取扱に比重をつけて重点的に学習させる必要がある。女子は一般に五群を主として地域性や特性を生かし第二、三群を又は第一、第三群を加えて計画を立てる事が考えられるし、農村男子は第一群を中心に第二、第三群を関連させて扱う事になろうし、都市男子向としては第二、第三群を中心として立案する事になろう。

2 第一から五群までの項目は、主として実践的活動

を学習の根幹としているので、第四群は地域により取扱い第四群に関係なき地域は第一群、第五群の食生活や調理の項目と関連させる程度でよい。

3　第六群は、実践的活動を根幹とする学習の背景となるものであつて、職業家庭生活に関する社会的、経済的な知識、理解である。したがつて、なるべく第一、二、三、五、群とかみ合わせて単元を構成することが望ましい。然しやむを得ない場合は適切な時期に於て独立して扱つてもよい。要は実践的活動のうらづけとして男女共一様に身につけさせることが大切である。

4　共通必修と共通外必修は次のように配分してある。

学年	共通必修	計
1	70	70
2	70	70
8	35	105
計	175	共通外必修

（一週四時間の場合）

年学	共通必修	計
1	70	35
2	70	35
3	35	75
許	175	共通外必修

（一週三時間の場合）

共通必修の教育計画表

学　習　内　容　（指導要領より選択）
3，4，5，13，14，17，　（指指要領の番号）
2，3，4，6，8，9，11，12，13，
1，2，3，4，5，6，8，9，
1，2，3，4，5，6，8，10，
1，4，6，8，9，10，11，
1，2，3，4，5，6，
1，2，3，4，5，6，7，8，9，
1，2，3，4，5，
(1) ア、イ、ウ、エ、オ、2，3，4，5，6，
(1) ア、イ、2，3，
1，2，(3) ア、5，6，7，
(1) ア、イ、ウ、エ、(5)
1，2，3，4，
1，2，3，
1，2，3，4，
1，2，3，4，
1，2，3，4，
1，2，3，

共通必修の教育計画表

群	分野	項目	一年	時間	二年	時間	三年	時間	
第一群	栽培	農園 園芸	花　造園	20	花　造園	15			35
第二群	製図	機械製図	製図の基礎	15				15	35
	機械	整備修理			自転車、ミシン	10		10	
	電気	保守修理			電気器具 電気スタンド アイロン	10		10	
第三群	経営	売買			仕入れと販売	10		10	35
		きん融					きん融と保険	10	
	簿記	帳記	現きん収支の記帳及必要性	5	売買の記帳及決算記帳の必要性と原理	10		15	
第五群	食物	食生活	食物と栄養せつ取基準	7			(5)(6)食生活の改善	2	
		調理	主食と副食 活生食改善	14					
	被服	衣生活	身だしなみ １２３４５９７	4			衣生活の改善	2	
	住居	住生活					すまいの改善 １２３４５６７	2	
第六群	産業と職業	産業とその特色	産業分類とその内容と特色	5	主な産業の内容とその特色	5		10	
		職業とその特色			職業分類、主な職業の内容特色	5	職業の内容特色、産業と職業の関係	6	
	職業と選職	学校と職業			学校の体形と特色、教育と職業との関係	2			
		個性と職業				3			
	職業生活	能率と安全					職業生活と能率健康安全	7	
		職業生活と適進					職教と失業 職業生活の充実	2	

男子　A（例）

群	第一群		選二群		第三群		第四群		第五群		第六群	
	共	選	共	選	共	選	共	選	共	選	共	選
一年	20		15	30	5	40			25		5	
二年	15		30	35	20	35					15	
三年				35	10	50			10		15	
計	35		35	120	35	125			35		35	

男　子　B（例）

群	第一群		第二群		第三群		第四群		第五群		第六群	
	共	選	共	選	共	選	共	選	共	選	共	選
一　年	20	30	15	20	5	20			25		5	
二　年	15	40	20	15	20	15					15	
三　年		15		45	10	45			10		15	
計	35	85	35	80	35	80			35		35	

男　子　C（例）

群	第一群		第二群		第三群		第四群		第五群		第六群	
	共	選	共	選	共	選	共	選	共	選	共	選
一　年	20	30	15	20	5	20			25		5	
二　年	15	45	20	15	20	10					15	
三　年		30		45	10	30			10		15	
計	35	105	35	80	35	60			35		35	

女　子　A（例）

群	第一群		第二群		第三群		第四群		第五群		第六群	
	共	選	共	選	共	選	共	選	共	選	共	選
一　年	20		15		5	10			25	60	5	
二　年	15		20		20					70	15	
三　年				15	10	10			10	80	15	
計	35		35	15	35	20			35	210	35	

女　子　B（例）

群	第一群		第二群		第三群		第四群		第五群		第六群	
	共	選	共	選	共	選	共	選	共	選	共	選
一　年	20	15	15		5	10			25	45	5	
二　年	15		20		20					70	15	
三　年					10	10			10	90	15	
計	35	15	35		35	20			35	210	35	

職家教育計画の例 （男子、女子A案）

学年	男女	区分	学習内容（4月～3月、第1週～第35週）	時間数 一群	二群	三群	五群	五群	六群	計
第一学年	男子	共通	園芸（花造園）10 / 機械製図（製図の基礎）15 / 園芸（花造園）10 / 衣生活 4 / 食生活 7 / 調理 14 / 記帳 5 / 産業とその特色 5	20	15	5		25	5	70
第一学年	男子	選択	しゆ算 8 / 印刷事務（印刷）10 / 木材加工（箱類）8 / 金属加工（ちりとり）12 / しゆ算 17 / 記帳 5 / 機械製作電気スタンド 10		30	40				70
第一学年	女子	共通	園芸（花造園）10 / 機械製図（製図の基礎）15 / 園芸（花造園）10 / 衣生活 4 / 食生活 7 / 調理 14 / 記帳 5 / 産業とその特色 5	20	15	5		25	5	70
第一学年	女子	選択	被服製作（ブラウス）25 / 被服製作（手芸）7 / 被服整理 8 / 被服製作（あみもの）8 / しゆ算 10 / 食生活 6 / 保育、家族 8			10		60		70
第二学年	男子	共通	園芸（野さい）11 / 売買（取引と関係書類）10 / 産業とその特色 5 / 園芸（野さい）4 / 整備修理（自転車）10 / 記帳 10 / 職業とその特色 5 / 保守修理（電気器具）10 / 個性 3 / 学校 2	15	20	20			15	70
第二学年	男子	選択	しゆ算 11 / 木材加工（腰掛）15 / 機械製図 10 / 文書作製処理 5 / 記帳 10 / 記帳（決算）5 / 計算器操作 4 / 金属加工（ブンチン）10		35	35				70
第二学年	女子	共通	園芸（野さい）11 / 売買（取引と関係書類）10 / 産業とその特色 5 / 園芸（野さい）4 / 整備修理（ミシン自転車）10 / 記帳 10 / 職業とその特色 5 / 保守修理（電気器具）10 / 個性 3 / 学校 2	15	20	20			15	70
第二学年	女子	選択	被服製作（単衣長着）25 / 調理 7 / 家事労働 6 / 家庭看護 6 / 被服整理 3 / 食生活 2 / 調理 7 / 被服製作（スカート）14						70	70
第三学年	男子	共通	衣生活、食生活（衣食住の改善）10 / 職業と其の特色 6 / 金融（金融機関と其の利用）10 / 能率と安全 7 / 職業と適応 2			10		10	15	35
第三学年	男子	選択	電気製図 7 / 機械製図（ラジオ）20 / 測量 8 / 建築製図（小住宅）10 / 経営組織 5 / 金融 5 / 記帳 20 / 財務諸表 10 / 印刷事務 5 / 税務 5 / 整備修理 10		55	50				105
第三学年	女子	共通	衣生活、食生活、住生活（衣食住の教善）10 / 職業と其の特色 6 / 金融（金融機関と其の利用）10 / 能率と安全 7 / 職業と適応 2			10		10	15	35
第三学年	女子	選択	家事労働 6 / 被服製作（ワンピース）16 / 食生活 4 / 調理 7 / 家庭経済 14 / 記帳 10 / 保育家族 6 / 被服製作（上衣編物）15 / 調理 7 / 住生活 5 / 電気製図 7 / 建築製図 8		15	10		80		105

職業家庭科の教育計画例（男子、女子B案）

学年	性別	区分	学習内容（月：4〜3、週：1〜35）と時間	一群	二群	三群	五群	六群
第一学年	男子	共通	園芸（花造園）10／機械製図（製図の基礎）15／園芸（花造園）10／衣食住 4／食生活 7／調理 14／記帳 5／産業とその特色 5	20	15	5	25	8
第一学年	男子	選択	しゆ算 7／農耕（いも）5／養鶏（にわとり）10／金属加工（ちりとり）12／農耕（いも）5／農耕（むぎ）7／木材加工（箱類）8／印刷事務（印刷）8／記帳 5／農耕（すき）3	30	20	20		
第一学年	女子	共通	園芸（花造園）10／機械製図（製図の基礎）15／園芸（花造図）10／衣食住 4／食生活 7／調理 14／記帳 5／産業とその特色 20	20	15	5	25	5
第一学年	女子	選択	被服製作（ブラウス）25／被服整理 8／園芸（野さい）5／被服製作（編物）8／しゆ算 10／農耕（すぎ）5／養ちく（うさぎ）5／保育家族 4	15		10	45	
第二学年	男子	共通	園芸（野さい）11／売買（取引と関係書類）10／産業とその特色 5／園芸（野さい）4／整備修理（自転車）10／記帳 10／職業とその特色 5／保守修理（電気器具）10／個性 3／学校 2	15	20	20		15
第二学年	男子	選択	しゆ算 5／農耕（いね）6／農耕（むぎ）7／コンクリート 5／園芸（野さい）8／養ちく（やぎ）5／農耕いね 4／機械製図 10／文書作製 3／記帳 7／加工つけものわら 5／園芸温床 5	40	15	15		
第二学年	女子	共通	園芸（野さい）11／売買（取引と関係書類）10／産業とその特色 5／園芸野さい 4／整備修理（自輪車）10／記帳 10／職業のその特色 5／保守修理電気器具 10／個性 3／学校 2	15	20	20		15
第二学年	女子	選択	被服製作（単衣長着）25／食生活 2／調理 7／被服製作（手芸）6／家族看護 6／被服修理 3／調整 7／被服製作（スカート）14					70
第三学年	男子	共通	衣生活、食生活、住生活（衣食住の改善）25／職業とその特色(1) 6／金融（金融機関とその利用）10／能率と安全 7／職業と適応 2			10	10	15
第三学年	男子	選択	電気製図 7／養ちく 5／造林 5／保守修理（ラジオ）10／測量 8／操作、運転、整備、修理（内燃機関）20／経営組織 5／金融 5／記帳 20／財務諸表 10／税務 5／加工 5					
第三学年	女子	共通	衣生活、食生活、住生活（衣食住の改善）10／職業とその特色(2) 6／金融（金融機関とその利用）10／能率と安全 7／職業と適応 2			10	10	15
第三学年	女子	選択	被服製作（ワンピース）16／食生活 7／調理 7／家庭経済 14／記帳 10／保育家族 10／被服製作（上衣あみもの）15／調理 7／家事労働 12／住生活 7			10	95	

職業家庭科教育計画の例　（男子C案）

学年	区分	内容（時間）													一群	二群	三群	四群	五群	六群	計
第一学年男子	共通	園芸（花造園）10	機械製図（製図の基礎）15	園芸（花造園）10	衣生活 4	食生活 7	調理 14	記帳 5	産業とその特色 5						20	15	5		25	5	70
第一学年男子	選択	しゆ算 7	農耕（いも）5	養ちく（鶏）10	金属加工（ちりとり）12	農耕 いも 5	農耕 むぎ 7	木材加工（箱類）8	印刷事務（印刷）8	記帳 5	農耕 むぎ 3				30	20	20				70
第二学年男子	共通	園芸（野さい）11	売買（取引と関係書類）10	産業とその特色 5	園芸 野さい 4	整備修理 自転車 10	記帳 10	職業と特色 5	保守修理 電気器具 10	個性 3	学校 2				15	20	20		15		70
第二学年男子	選択	しゆ算 5	農耕 いね 6	農耕 むぎ豆類 7	コンクリート 5	園芸 野さい 8	養ちく やぎ 5	農耕 いね 4	機械製図 10	加工 つけもの、わら 10	記帳 決算 5	園芸 温床 5			45	15	10				70
第三学年男子	共通	衣生活、食生活、住生活（衣食住の改善）10	農業とその特色(1) 6	金融（金融機関とその利用）10	能率と安全 7	職業と適応 2											10		10	15	35
第三学年男子	選択	電気製図 7	造林 5	保守修理 ラジオ モーター 10	測量 8	記帳 10	財務諸表 5	税務 5	経営組織 5	金融 5	園芸果樹 5	醸造加工 10	操作、運転、整備修理（内燃機関）20	養ちく 10	30	45	30				103

1　共通に学習させる内容は、共学形態をとる場合でも別学形態をとる場合にも便利なように配列した。

1　1、2年は年間を通して、週2時間の共通をあてたが、3年では35時間を共通にあてた。

3　学年末までに、一応仕事が終了出来るよう心がけた。

4　教員組織も考慮に入れ、10月第一週を指導者交替の時間として計画した。

職業家庭科教育計画の例 （その2）

月：4（週1～3）、5（4～7）、6（8～11）、7（12～13）、9（14～17）、10（18～21）、11（22～24）、12（25～27）、1（28～30）、2（31～33）、3（34～35）

学年	区分	学習内容（週 1～35 の順）
第一学年	共通2	園芸（花造園）11 / 機械製図 製図の基礎 15 / 園芸 草花造園 9 / 記帳 5 / 食生活 7 / 調理 14 / 衣生活 4 / 産業とその特色 5
	男選択2	農耕 いね むぎ 8 / 養さく（鶏）10 / 木材加工（箱類）8 / 印刷事務 8 / しゆ算 5 / 農耕 いも、むぎ 8 / しゆ算 2 / 記帳 5 / 金属加工 ちりとり 12 / 農耕 4
	女選択2	被服製作（ブラウス）25 / 被服整理 3 / 保育家族 6 / つゆ算 5 / 被服製作（あみもの）8 / 被服製作手芸 7 / しゆ算 5 / 食生活 6 / 被服整理 5
第二学年	共通2	園芸（野さい）6 / 売買（取引と関係書類）10 / 記帳 10 / 個性 3 / 園芸 野さい 5 / 整備修理 自転車、ミシン 10 / 産業とその特色 5 / 職業とその特色 5 / 保守修理 電気、器具 10 / 園芸 4 / 学校 2
	男選択2	園芸 野さい 7 / コンクリート 5 / 農耕 いね 6 / 文書事務 3 / しゆ算 5 / 記帳 7 / 農耕 いね 4 / 農耕 むぎ 7 / 機械製図 10 / 加工 5 / 養ちく やぎ 5 / 園芸 温床 6
	女選択2	被服製作（単衣、長着）25 / 被服整理 3 / 家事労働 6 / 食生活 2 / 調理 4 / 被服製作 スカート 14 / 家族看護 6 / 調理 10
第三学年	共通1	金融 10 / 衣生活 2 / 食生活 2 / 住生活の改善 6 / 能率と安全 7 / 職業とその特色 6 / 適応 2
	男選択3	造林 5 / 養ちく 5 / 加工 5 / 電気製図 7 / 保守修理ラジオ 10 / 操作運転、整備修理 内燃機関 20 / 測量 8 / 経営組織 5 / 記帳 20 / 財務諸表 10 / 金融 5 / 税務 5
	共通女1	金融 10 / 衣生活2 / 食生活2 / 衣食住の改善 9 / 能率と安全 7 / 職業とその特色 6 / 適応 2
	女選択3	家事労働 6 / 被服製作（ワンピース）16 / 食生活 4 / 調理 14 / 被服製作（上被）15 / 家庭経済 14 / 住生活 5 / 保育家族 6 / 電気製図 7 / 建築製図 8 / 記帳 10

時間数

学年	性別	区分	一群	二群	三群	四群	五群	六群	計
第一学年	男子	共通	20	15	5		25	5	70
		選択	30	20	20				70
	女子	共通	20	15	5		25	5	70
		選択		10			60		70
第二学年	男子	共通	15	20	20			15	70
		選択	40	15	15				70
	女子	共通	15	20	20			15	70
		選択					70		70
第三学年	男子	共通			10		10	15	35
		選択	15	45	45				105
	女子	共通			10		10	15	35
		選択		15	10		80		105

五　新指導要領によるカリキュラムの改訂と検討

1　カリキュラム構成の態度

(1)　教育計画立案の態度（基本的）

職業家庭科は中学校教育の重要な一部を担当する教科であり、普通教育の一般教養を与える教科である。したがつてこの教科は、かつての職業教育のように徒弟教育をしたり、又特定の職業への準備教育や職業指導を目的とした教育であつてはならない。そしてこの実践形態ももう目的労働だけを強制し、ぎ善的労働精神を養おうとすものであつてはならない。あらゆる教科の統一体として学校教育、人間教育の中かく的作用をなすものでなければならない。そのためには性別やかん境、進路の如何によつて相違の甚だしいものであつてはならない。そして常にすべての生徒に対する学習を主体として進めてゆくべきものである。この教科の教育計画は、この確認の上に立てられなければならない。

次にこの教科は義務教育の中で、産業並に職業生活、家庭生活について、社会的、経済的意義の理解を与える事を目的として、生産技術の基本を学習させ、それを通して共働的な労働の訓練と、科学的、技術的、実践的な態度を養うものである。この目的を明確に把握した上で教育計画を立てなければならない。教育計画を立てるに当つて、基本的に考慮すべき事をあげると次の通りである。

イ　第一に考慮しなければならない事は、中学校のすべての教科の原理を基礎に持つていなければならない。この基礎の上に立つて一般的な生産技術の教科として、生産技術の体形と技術学の体形が規定され、これ等についての知識の体形が規定されて、教科の自立的な体形を確立しなければならない。

ロ　教育はいうまでもなく、人間の自然成長的な形成の過程ではなく、人間の意図的、計画的な形成の過程である。従つて職業家庭科に於ては、過去、現在の産業や生産技術をうけつぎ発展させるために、いままでの生産技術、科学、生産の組織の成果を体形的な方法で生徒に習得させるように教育計画を立てなければならない。

ハ　産業並に職業生活の社会的、経済的意義を理解させるこの教科は、職業生活、家庭生活の中にひそむ客観的な技術、労働の組織等の現代的な意義を理解させるために、現代の重要産業とその組織や生産技術、国民生活を技術的な方法で、生徒が容易に理解出来るよう計画を立てなければならない。

ニ　職業家庭科は、生徒に技術的な経験を与え技術的な能力を習得させ、社会的、経済的な問題の処理の能力を与えるものであるから、単に仕事の経験をさせたり生産を行わせたりするものであつてはならない。経験は科学的合理的な側面を持ち発展への過程でなければならない。これは生産についての体形的な知識系統的な技術の学習なしには一歩も前進させる事は出来ない。生産の一般的な法則を理解し技術が一般的な法則のどのような適用であるかを理解させ、問題を探究発見させ解決させるよう計画せねばならない。

ホ　生徒の知的、身体的な発達段階に応じた教育内容を選定し、生徒が直面している現実の生活と将来の産業経済や国民生活の発展向上に関連あるものを、生産の基礎となる科学的原理や法則を適用し、生産の知識についての理解をより深く習得しようとする態度や習慣を十分に養つてやるような教育計画を立てなければならない。

以上記述したような観点に立つて教育計画を立てるためには、次のような観点に立つて、教育内容を選定しなければならない。

(2)　教育内容選定の基本的観点現在の日本教育の目指ず人間像を科学的生産人として、青少年を育成していく時に、その教育内容ほどのような基本的視点に立つて選ぶべきかを明確におさえなければならない。

イ　教育内容選定に当つては、戦後教育に現われたような身近な地域社会主義に拘泥せず国民的課題にてらして選定すべきである。国民的課題をどう考えるかは極めて困難であるが、われ々日本人の誰もが希求してやまない共通の課題は、次の通りであると考える。

国民経済の基本的課題（国土の開発、産業の再編成、生産の振興、輸出の増大）

国民生活の基本的課題（生活の安定、生活の民主化、生活の合理化、生活の科学化）

ロ　現代の産業や生活の現実を客観的にとらえ、

美化し、理想化しようとする意慾を振起させる内容を選定すべきである。

ハ　産業社会に必要な基礎的能力を習得するのに欠く事の出来ない、基本的典けい的な要素作業と技術的知識を含む内容を選定すべきである。

ニ　現代及将来の産業、国民生活、国民経済すべてを通じて、共通に必要な知識と能力を習得するために、ミニマムエッセンシャルズを選定しなければならない。そして選定したミニムムエッセンシャルジの教育内容をすべての生徒に習得させるよう計画すべきである。

(3)　基本的な学習領域「分野」決定の観点

選び出された教育内容から、生徒が将来如何なる教養につくにしても、共通の基礎的能力として、習得しなければならない技術と技術的知識の領域「基本的分野」を選定しなければならない。これを選ぶ場合に考慮しなければならない点は次のようである。

イ　日本の現在及将来の産業を育成するのに必要ないろいろな技術の内いくつかに共通して必要な技術及基礎になつている技術

ロ　国民生活、家庭生活の改善向上に役立つ技術の基礎となるもの

ハ　自然科学及技術学の原理、社会科学の法則が典けい的に応用されているもの

ニ　生徒の心身の発達段階に応じて適当のもの

ホ　実際に使われる頻度数の高いもの

ヘ　代表的、基礎的技術の内、施設々備、職員組織、教師の能力を考慮して指導可能なもの

(4)　学習内容「項目」の選定の基準

次に選び出された基本的学習領域ごとに、技術の最小必要基準、知識の最小必要基準を定め、それを中かくとして教育計画を立てなければならない。

(5)　学習内容配列の基準学習内容が選定されその配列を如何にするかは目的達成上大きな問題である。学年的な縦の系列（系統性）と各項域間の横の関係（統合性）のあり方を十分考慮しなければならない。したがつて、この系統性統合性の一般的な規準によつて学習内容を配列する場合どのような形をとるべきかは、教育実践の過程に於てうみ出して行くべきものである。

次に系統的、統合的な配列の一般的な基準と考えられるものをあげてみると

イ　体系的、論理的に配列しないと内容が把握しにくく、能力が身につき難いもの

ロ　生徒の心身の発達状況に応じて配列する

ハ　生徒の興味の発達段階に応じて配列する

ニ　季節や年中行事と関連して配列する

ホ　地域の社会生活に応じて、内容、学年を考慮して配列する

ヘ　どの能力は、どの段階でとりあげたら、最も効果的にのばす事が出来るか、基礎能力の中には、ある時期に集中的にとりあげ学習した方がより効果的に伸びるようなものはないか

このような基準にそつて系統的配列をすべきである。次に統合性のあり方は、生徒の能力と興味に応じて機能的に行われるよう考えなければならない。

2　具体的な指導計画

(1)　プロジェクトの選定

学習内容の最小必要基準が定められると、次に教育内容の三要素である技術及技能、技術的知識、社会的経済的知識理解を統一する「媒かい」であり「手段であり」「指導単位」であるプロジェクトを選定しなければならない。基本的、典型的なプロジェクトを選定するには次の点を考慮しなければならない。

イ　基礎的技術と知識を豊富に含み、系統的に学習出来るもの

ロ　日本の産業経済や国民生活の改善や発展向上に関係あるもの

ハ　既に学習した経験を基礎とし、心身の発達の段階に適したもの

ニ　他教科と密接な関係を持ち、それを理論的基礎に持ち、それを具体的にするようなもの

ホ　生徒の生活環境や生活経験から求められるもの

ヘ　学校の施設々備と教師の能力を考慮し適したもの

以上の諸条件をみたしたプロジェクトの中から代表的なものを少数選んで、総合的な作業を実践させ、技術的な知識を系統的に習得させる。

(2)　共通必修、選択必修

共通必修、選択必修は、教育内容選定までの課程として考えられるもので、地域性、性別又は専門的内容を前提としたり、内容の難易より考えられるものではない。そうでない場合は、地域主義や生活経験単元主義や専門的職業教育推進の傾向に走り、中学校に於ける一般普通教育としての内容と

はなり得ない。

(3) 選択職業家庭

選択職、家科は必修職、家科の発展的なものではあるが、選択生徒の能力や将来の職業及興味や必要等を考慮して適切な分野や項目を採択し計画すべきである。特に中学校を学校教育の最終とする生徒には、勤労の基本的態度を確立し、工夫創造の能力を培う技能の練磨を興味深く意慾的に行えるような指導が必要である。

3 カリキュラムの実践

(1) 学習指導法に就いて

職、家科の性格が、主として実践活動を通して学習するものであると強調しているので、これを指導するには他の教科と異つて相当技術も必要であり、施設々備も必要である。又指導形態も単一特定な形態はあり得ない。教育素材や施設設備、生徒の経験や能力等によつて様様な形態が適当に組合わされて、利用されて初めて効果的な学習がなされるのである。然しこの科の特質上よく使われる指導法は、問題解決法やプロジェクト法である。生徒の生活環境の中から近代産業を達成するのに必要な、基本的な問題をちゆう出し生徒の反省的な思考に訴えて計画的に解決させていつたり、又実践的な問題を物質的な材料を使つて身体的作業によつて解決させ、その活動に伴つて客観的なものを得る方法である。このような方法以外に問答法や講義法も取入れなければ学習効果を充分にあげる事は出来ない。記憶の再生を目的とする問答法は、職業家庭科の学習と切り離す事は出来ない。他教科によつて習得した原理原則等を、教師の質問によつて再生させ、又生徒の思考を刺激し、知的活動を盛にし自発的な創造的活動が育成される。特に学習の動機づけのためには、問答法が取り上げられるべきである。講義法は実験や経験或は、見学調査等による学習活動では発見出来ないものや、発見に長時間を要する知識に説明や講義によつて与えるのが能率でもあり効果的でもある。これ等の指導法以外にこの教科の特質から、ホームプエジエクト法を重視しなければならない。

以上記述した方法が適宜ずい所ずい所で取り上げられる事によつて、学習が系統化され統合化されて学習の効果が上るのであるから、これらの指導法には十分な研究と工夫がなされなければならない。

3 指導上留意すべき点

イ 問題意識を起させ問題をはつきり把握させる。

必要性も興味もない所には、学習意慾も起らないので、問題を意識させ把握させる事がかぎである。問題をはつきり把握する事によつて必要性や興味が起り実践するようになる。第一群のように長期にわたつて学習するものにとつては、特に大切である。又生徒に経験の豊富な場合には漠然と実習させたのでは学習を嫌うようになつてしまう。このように実践活動を主とするものは「知性」が大切であり「考えて働く」態度が必要である。何を考えさせるかは、教師がはつきりした見解を持つていなければならない。

ロ 問題が生徒の発達段階に適応する

問題を生徒に把握させるのにも発達段階を考慮しなければならないし、如何に基本的な技術といいながらも、生徒の知的、身体的な発達段階を無視したものではいけない。やゝもすると高過ぎたり低過ぎたりし易いものがある。生徒の心理状態を十分研究し、それに適合するよう問題を選択決定しなければならない。

ハ 内容の近代化を工夫する

教育内容のとらえ方と大いに関係があり、そしてこれを生かす指導法も大いに工夫しなければならない点であるが、然し近代化という事を余り重く考えると、施設設備も近代化されなければならないという事になり、何も出来なくなつてしまう。内容の近代化と共に指導法の近代化が必要である。例を栽培学習であげれば、従来は慣行的な方法で栽培する事やトライアウト的な考えに重点を置きがちであり、結果のみに捉われ易かつた。然しよく考えてみると、そのような事も大切であるが、それよりもそれまでの過程が重視されなければならない。自然の影響をうけ長期にわたつて管理しなければならないので、勢い指導上にも困難を来し、学習にも影響を及ぼしてきがちであるが、この間に於ける植物の成長の仕方、気候や日照時の関係、土質や肥料の問題、病ちゆうに対する薬剤の撒布のし方、開花と結実の関係、労働量と収量の関係等をしつかり押えこれに近代化の科学を応用する事が大切である。又労働技術の面から機械を使う事も大切である。原理原則を無視したり、現代産業の進む方向と矛盾したりしている点はないか、今一度反省してみる必要がある。

ニ ドリルの必要と工夫の改善

この二つの事は全く相反するような事であるが、矛盾はしていないと考える。技術や技能は一、二

回の学習では決して習得出来ない。数多く練習を重ねて始めて身につくものである。そこで、この事が反復練習に終るなら徒弟教育と何ら変る所がない。批判的に考える事が出来るような余地を持たせた指導が必要である。このようなドリルが必ずや工夫改善する態度を生み、技術の中から新法則の発見が行われ、更にこの新法則を技術化するという事が考えられて来る。

ホ　評価の工夫

評価の観点方法もいろいろあるが、教師だけの評価では不十分になるのが当然である。評価も指導の方法として工夫されなければならない。主観的な表面的な評価でなく質、量、価値というように多方面から行い、教師の評価ばかりでなく、生徒自身の評価を重要視しなければならない。

六　職業教育に於ける問題点と其の対策

1　職業家庭科教育の有り方

現在我々が求める此の教育は過去に於ける実業教育のように特定のものに対する技術教育でもなく、又以前の職業科のように、単に職業指導教育であつてはならない。実践形態ももう目的労働だけを強制しこれによつて偽善的労働精神を養おうとするものであつてはならない。各教科の基礎の上に立つて其のとう一体として学校教育、人間教育の中かく的作用をなすものでなければならない。其のためには決して性別やかん境によつて相違の甚だしいものであつてはならない。常にすべての生徒に対する学習を主体として行なわなければならない。即ち此の教育は

イ　人間教育の中かく的存在として常に実践学習を通して生徒に体得させる教育であること

ロ　一般普通教育として性別やかん境にとらわれず基本的なものは平等に課する。

ハ　科学性、合理性を考慮して課すべきで単に労働力を提供するに終らぬこと。

ニ　実践を主体とするがそれに関連する知識理解を尊重すること。

ホ　個性を生かす教育であり個性を伸長するのに貢献するための教育であること。

ヘ　指導計画は地域性にのみにとらわれたり其の時代の社会相にのみとらわれずに常に広い視野に立つてなければならない。

ト　他教科の中特に社会科、理科、図工科とは切り離すことの出来ない関係がある。

以上のような見地で此の教育を実践し今日に至つているわけであるが幾多の反省の資料を与え問題を残している。

2　実践上の問題点と対策

イ　基礎的技術とは何か

学習指導要領によると殆どの項目に「・・の基礎的技術を習得させ・・」と明示されている。其の次に内容の分類と仕事が出ているが、基礎の限界を何処におくかが問題となつてくる。新指導書では「基礎的技術とは、自然科学的基礎の明確なもので我が国の主な生産分野に於ける技術の基礎をなし、又我々の日常生活を科学化、合理化する上に役立つようなものである。たとえば、家庭電器器具の取扱や帳簿の記入等がこれである。此等の技術は我々のふだんの生活に必要なばかりでなくそれが将来の職業生活の基礎となるのである。」と述べている。然らば各分野にわたつて細かく基礎技術なるものを取上げてあるかと言えばまだそれまではふれていない。然も学習内容には基礎的技術を習得するのに反した相当程度の高い技術が折りこまれている。

ロ　教師の問題

1　職業家庭科の免状を持つた教師が少い。

2　職業家庭科の担当であれば、一応全分野、全項目に就いて指導出来なければならないが、過去の教育に育つたものが大半を占めているので全分野の指導は出来ない。（一群関係は多く特に二群関係少い）

3　職業家庭科は他教科とのだき合せ的に指導されている。

対　策

a　大学に於て職業家庭科教師を（一群から六群までたん当出来るもの）大量生産する。

b　現職教師の研修計画をじゆ立し実技の向上をはかる。

c　職員組織を適正にする（分担して受持つ）

d　篤農家又は技術的に優秀な現場人の指導を受け常に研究努力して行く。

ハ　施設々備の問題

a　学校の熱意によつて市町村当局に当る。

b　学校長の深い理解と高い認識と全職員の協力を得て地域社会に当る。

c　担任教師の熱意によつて自から生み出すと共に其の実績を上げて信頼を受け地域社会の協力を得る。

d 地域社会にある設備の利用。
e 既設々備の保全活用に留意する。
f 施設々備基準を法制化して補助金の増額を要望する。

施設々備に当つては

a 常に一般的に共通をするような施設中心に充実する。
b 地域にみとらわれず各群同等の比重をもつて充実する。
c 特定の教師のみが生かす事の出来る施設設備でなくすべての教師が生かす事の出来る施設設備であること。
d カリキユラムに則した設備を整えるように進める。
e 購入前に其の確実な管理法を研究し出来るだけ生徒に自主管理をさせる。
f 施設々備導入後の様相を考え設計されること
g 自作可能な設備は生徒の手で作らせる。

一 他教科との関連の問題

一般普通教育としての中学校が学科担任制を取つている事はそれぞれの部門での学力向上には多いに効果はあるが各教科が他教科を無視して自己の属する部門にのみ重点を置いていたら生徒に与えられた知識はばらばらのものとなり統一的な人間形成の教育としてはむしろマイナスの面が多いのではないだろうか。更に個々の教師が自己のが城にとじこもつていたら教師相互の信頼と協力も得られずこれが又、生徒教育上の障害となつてくるのではなかろうか。特に職業家庭科は一部教師の努力で効果の上るものではない。総ての教師の協力によつて成果が上るものである。

ホ 指導上の問題点

a 生徒数が多すぎる。
b 学習時間が不足するため説明が不徹底に終る。
c 説明をよく聞かないため実習の能率が上らない。
d 生徒の結果だけに陥り過程を重視しない。
e 学習時間が一時間ずつで習学は困難である。
f 一―二回の実習では技術の習得は困難である。
g 準備や後始末の時間が不足する。
h 服装が整わない。
i 施設々備が不足している。

七 職業指導に就いて

学校に於ける職業指導は個人資料、職業、学校情報、啓発的経験及び相談を通して生徒が自から将来の進路を選択、計画し就職又は進学して更に其の後の生活によく適応し進歩する能力を伸長する様に教師が教育の一かんとして、組織的、継続的に指導する過程である。

1 学校に於ける職業指導の性格

a 個々の生徒が自から将来の進路の選択決定をし其の後の生活に適応し進歩するのに必要な能力を伸長するに関して主として教師の行う指導活動である。
b 職業指導は特別活動の領域に於て、並に教科、科目と関連させ又は適切な機会を設けて行う指導活動である。
c 各学校が適切な指導計画を立てこれを教育活動の一かんとして、職業指導主事を中心とする全教職員のもとに組織的、継続的に行う指導活動である。

2 目標

a 個々の各人の個性、かん境を理解させ又は教師が理解する。
b 個々の生徒に学校又は職業に関する情報を得させる。
c 進路に関する相談の機会を与え、これを指導する。
d 啓発的経験に関する計画を立て其の活用を図る。
e 進学就職希望者の指導援助をする。
f 補導する。

3 学校教育に於るけ職業指導の必要性

職業指導は個人に対する選職から補導までの一連の援助活動であるから此の趣旨の援助活動の行なわれるのは学校でなければならない。それは学校では組織的、計画的に実施出来る」「全生徒を対象として指導する事が出来又資料が充分ある」からである。単に「学校教育に於る職業指導でなく「学校教育としての職業指導」としての地位をしめなければならない。生徒に対し職業選択上必要なインフオメーションを与え職業の準備をし就職させる事を援助し又就職後の補導をする事は生徒に社会科や数学を教えると同様本当の教育的サービスである。然もかゝるサービスは普通の教育に比べ生徒生涯に於ける満足すべき社会えの寄与に関しはるかに大きな意味を持つ。職業指導は組織的教育に於て欠く事の出来ない

部分であつてつけ加えられたものではない。即ち職業指導は従来の授業を主とした教育活動に対し従属的関係にあるのでなく諸教科の授業や学習と共に教育活動の一部を構成するものである。教育活動と一体的な関係にある。

4 職業指導の内容

A 組織

校長
├─ 職員会議
進路指導委員会 ─ 外部団体
├─ H、R、T
├─ 各教科担任教師
├─ 職家科担任教師
├─ クラブ活動担任教師
├─ 生徒指導担任教師
生徒

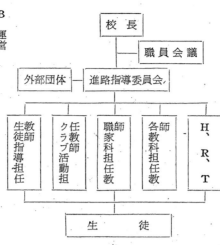

B 運営

イ 計画

a 職業指導の管理
b 組織、分担事務の計画
c 施設々備に関する計画
d 外部関係機関との連絡
e 年次計画の立案、運営、記録、評価、
f 職業指導に関する評価
g 諸検査、調査研究の立案実施、
h 宣伝、解説展示、等の立案実施

ロ 職業情報の収集と提供

a 新聞、雑誌、ラジオの記事の収集、整理
b 講話、見学等による情報の提供
c 他の公私の機関からの情報の収集
d 上級学校に関する情報の収集整理
e 職業分析の立案、実施
f 幻燈、録音、えい画、ポスター、広告、絵画、写真、等の視聴覚材料による情報の収集提供、整理

ハ 個人に就いての資料

a 知能検査　b 職業興味調査
c 職業適性検査　d 学力検査
e 性格検査　f 希望調査
g 身体の記録、体力測定
h 家庭環境調査　i 自己分析
j 個性観察の記録　k 進路指導の立案、記入、整理、保管、利用
l 自叙伝、日記、其の他の整理、利用

ニ 職業に関する啓発的経験

a 教科学習による経験
b 職場実習　c 其の他の経験（クラブ、団体、家庭等）

ホ 相談

a 進学、就職の相談　b アルバイトの相談

ヘ 求人開拓

a 求人開拓　b 求職受付　c 文書の作製　d 進学、就職の手続、方法、面接指導　e 斡旋

5 面接と相談

相談は文書等による外は面接によつて行なわれるのが多い。

面接は他からの援助を要する問題の解決を個人と個人の間で発見しようとする努力である

△ 相談員の面接に於ける技術

イ 面接の前に個人に就いての資料や情報を集め研究し検討しておく
ロ なれるまではしばらくの時間をおく
ハ どんな所から話しはじめるかの技術を相手によつて決める
ニ 一般から特殊へ、明確な事からあいまいな事へと話が進む様に仕向ける
ホ あらゆる問題にふれて見て其の中どれを解決しようかを決める
ヘ 必要ならば来談しやを勇気づけたり、自負心をもたせたり本気にさせたりする
ト 相手にまじめな関心を寄せる
チ 相手の言う事を事実の通りであると一応は認めてかゝる
リ 議論したり、説得したりしない
ヌ 他人のうわさ話をしたり、秘密をあばいたりしない
ル ちよつと尋ねたり、それまで言つた事の要点をまとめたりする
ヲ 相手の質問に対して簡明直さいに答える
ワ 同情的な態度でありすぎたり恩にきせる様な態度をとらない
カ 相手が自分で勇気を出すよう仕向ける
ヨ 指図したり示ししたりしない
タ 相手の最重要だと思つている事に就いて、いつ頃から気がついたと言う様なたずね方をする
レ 検査の結果等を話す。相手のむだな緊張感をもみほぐす
ソ 相手に自分で何とかしなければならないと言う気持を起させる
ツ 自分で話したい事を話し度い通りに話させる
ネ 対等の立場で話させる

6　職業指導の年間計画（例小金中学校）

	一年			二年			三年		
	検査、情報	相談	自己分析	検査、情報	相談	自己分析	検査、情報	相談	自己分析
4	環境調査 身体検査	個別こん談 環境について	作文 中学生になつて	環境調査 身体検査 進路希望調査		プリント 自己に就いて	環境調査 身体検査 進路希望調査		プリント 自己に就いて
5	知能テスト 進路希望調査		作文 私の歴史 私の将来について	体力測定 職業興味テスト 経営の仕事	進学 相談	作文 私の将来 に就いて	体力測定 職業興味テスト 知能テスト 労働市場のようす	進路 相談	(プリント) 自己に就いて
6	職業興味テスト 中学生と進路		作文 私の友達。	職業講話 人々のために 先輩の進路		作文 父母の職業に就いて思う	職業適性検査 職業講話 自分を知ろう		作文 私の将来 について
7	職場調査 学力テスト 職業適性検査			学力テスト 職業調査 進学校調査 先輩の進路		作文 友達について	学力テスト 学校調査 職場調査 クレペリン		(プリント) 性格について
8	職場調査 （実地）		夏休みの 生活記録	職業実地調査 職業見学		夏休みの 生活記録	職場見学 卒業生との懇談		(プリント) 私の能力について
9	身体検査 進路の選び方		作文 私の家の 歴史	身体検査 進路を決める には		(プリント) 自己の性格について	身体検査 進学の手続 就職の手続		夏休み生活　記録 作文 卒業生の職業に就いて思う
10	体力テスト 性格テスト		体力テスト 性格テスト	体力測定 性格テスト 進路を決めるには		(プリント) 能力について	体力測定		
11	クレペリン 進路の選び方			クレペリン 職業人ざ談会 進路の研究			職業講話 職業人の歩み（研究） 職業人の座談会		作文 私の友達
12	学力テスト 職業調査 進路の選び方		作文 父母の歩み	学力テスト 進路の研究		作文 父母の歩み	学力テスト 職業人座談会		
1	進路の選び方 芸能の仕事		(プリント) 自分の能力に就いて	職業調査 進学するまで		作文 家の歴史	就職の斡旋 卒業に当つて		
2	戸外で働く 教養を生かして 科学に生きる		作文 私の心	職業人の研究 （個人研究） 進路の研究		作文 私の心	進学の手続 就職の手続 就職先の訪問 卒業後の計画		作文 私の中学校生活の歩み
3	学力テスト 技能を生かして		作文 一年の生活を省みて	学力テスト 学年末の反省		作文 一年を省りみて	学力テスト 卒業後の計画		作文 卒業に当つて

（33頁に続く）

子供の記録

赤エンピツ

稲田小学校　S・I生

―休み時間の職員室―

○学習時に演説しすぎて、お茶をがぶがぶのみ、次の演説の時間の準備にそなえなければならない場所である。
○指導に余り一生懸命なりすぎて、感情がたかぶり、いらいらしている神経をしずめるために、紫煙をくゆらして、夢の世界で悦に入る場所である。
○うるさい子どもたちのいる教室という牢獄から解放され、愉快な世間話に花をさかせる、のどかな場所である。

この赤エンピツは、こういう職員室からは、決して生まれてこない。

子どもたちは教師のどういう教育活動によってすなおに伸びていくか。また書くことの喜びはどこで、どうして育てられるか。脚下照顧、われわれの教育活動を省ることから始められなければならないと思う。

この赤エンピツの教育活動は、学校生活の「休み時間」という、短かい時の流れを生かしたものである。赤エンピツが子どもたちの学習活動に、如何に影響したか子どもたちは次の作文ではっきり語っている。

ぼくの記録ノート

六年　大城恵次

今ぼくの記録ノートは六十さつあります。ぼくはいつのまにこれだけ書いたかわかりません。それではそのノートについての歴史を申し上げて見ましよう。

ぼくは、四年のころから詩や作文は書いていました。しかしぼくは長い作文というものが大きらいでした。しかしどうにかして楽しい思い出、かなしい思い出などを文にのこしたくてたまりません。そのころぼくはその学校にはおりませんでした。それで稲田校の四年生が記録ノートを書いているのはまだ知っていませんでした。ぼくは詩を書いていたのですが、あまりよく生れません。たまに書いているだけのものであつた。

稲田校ではノートを作つて、書いていたようです。今そのころを思い出すとぼくはふかいねむりについているようなものでした。そしてぼくは四年の三学期ごろ詩を書くノートを作つていました。前の学校の四年生ではたぶんぼくだけしか持つていなかつたでしよう。そのノートに時々書いておりました。

五年になつて稲田校に来て始めてみんなが書いて来るのを知り、それからいつしようけんめいやりました。始めはあまりかかなかつたがだんだん書くようになりました。書いて後とても楽しみが待つていました。それは赤いぺん字を読むのが一ばん楽しいものです。にこにこわらつてぺん字を読む。ある時はしぶい顔でも見ます。赤いぺん字はどんなにいそがしくてもそれだけはすぐ読んだ。あのころ、もう一つの楽しみがありました。それは帳面が積ることです。ノートを積らそう積らそうと書くのではない。気にしないうちにだんだんつもつて来る。

六年になつてからは五年の時よりずつとはりきりました。いつのまにか何十さつとつもつて来ました。朝など先生のテーブルの上に早くおくのがきようそうでとても面白い。六年になつてもぺんの赤字は楽しみだといつています。またぺんの赤い字が多く書いてあるのも、文に二重丸があるのもぼくらのじまんです。ぼくたちがこうしてこん気づよくかいてきたのはきつと先生の赤字のためだと思います。もし先生がぺん字をかかなければ…………。今ならそうでもありません。けれども前ならぺん字がないからつまらなくなつてやめたことだろう。しかし今となればぼくらの勉強のためなのでやめない決心です。そのノートを書いていると、心が何んだかはればれとして来る。それからだんだん童話も書くようになりました。童話を書くのも楽しいことです。前は長い文がきらいであつたが今はなぜかとつてもすきです。それは童話にでなくても長い文にはつきりと自分の思うことがかけるからです。ぼくらのノートをぱらぱらあけるとおもしろい音がする。

記録ノートは自然のぼくらのたましいがうえこんである。ぼくはその古くなつているちようめんが新しい物よりしたしみがわいてくる。どんなにノートが古くなつてもかえないつもりです。ほかの人がぼくの文をまねればその文は、その文のたましいにかんげきがでない。新しいノートに書きかえると、わるい所があるのでそれをなおす。それから古いのから新しいのにかえると、かきうつしたものは古いものよりその時のかんじが出ない。その時のようすを、わすれてこうでなかつたがなと思いなおすからです。

記録ノートをふりかえって

六年　津波和子

この三年間、ふりかえって見よ、この三年間には私の記録ノートがたくさん書いてある。

四年生の時からの記録ノートを、いちいちめくって見た。六年生の記録ノートをくらべて見ると、まったくちがう。その文といったら大へんおかしい、たてに書いて見たり横に書いたりそれはもうさまざまである。ときどきは、先生から、大へんほめられた。その時は大へんうれしくなり、又記録ノートを先生に見せた。ある時は先生から「もっと考えなさい」と書いてあった。私はもうあきれてしまい記録ノートを書くのをやめた。ほかの人はいつも先生に記録ノートを見せている。私はうらやましくなり又記録ノートを書き始めた。そして先生に記録ノートを見てもらった。その時からは、この記録ノートを書くのがいちばん楽しみだった。

今日は「先生からなんと書いてあるかな」と思いながら「ほめられているのかな」と一まい一まいめくって見た。見ると「和子さんよく書きました。今から続けてください」と書いてある。その時はその赤いペン字が、私をはげましてくれるようだった。

その時からはいくらこんなにうちかっても文を書くのがすきになって来た。文を作ろう作ろうとしたんではいけない。思いついたままに、ふでがすすむままに書くのが始めてりっぱな文として生まれて来るのだ。

私達は新しい知しきをもとめてなおもいっそう記録ノートの文をよくして行くことをちかいます。

人間の尊さ

六年　玉城時枝

二十数おくの人間が生きているこのちきゅう上を見おろすといろいろな人が集まってくらしをたてています。足のふじゆうな人、めがふじゆうではたらけない人もどんなに多いことだろう。

こじきだからといってふめつけにすることはゆるされないと思う。一人一人の人間を又目のふじゆうな人たち、みにくい体つきの人々であってもどこまでもくずものではない人間として生まれてきたものには必ず良心があるものだ。良心がないというものはないはずだ。けいさつから心を入れかえてこの世の中に出てきたのによその人がへんな目で見る。するとけいさつから出てきた人は又わるい心をおこしてわるいことをする。このようなことが、私達一ぱんでも耳にすることがある。私達人間は個人個人を大事にしなければいけない。アメリカの国でずっと前から個人個人を大切にする習慣がついていたのだが日本にはそんなことはなかったのだ。今になってみんしゆしゆぎ時代になったのに人ばかりを大事にしてないで自分を大事にするとともに他の人も大事にする。それがほんとうのみんしゆしゆぎです。

この人間の世界はどの国でもそんな国であってほしいのです。

人のねうちと私たち

六年　大城恵次

ぼくは、この文をよんでほんとうの人のねうちはどこにあるだろうかを考えて見た。ごかいをされるのは本にもあるように実にいやな事であります。

ぼくも今までこのごかいのためにいく人かの友だちを失なって来た。ほんとの人間はごかいをうけず又、ごかいをされない人であると思います。ぼくのだいたいはまず自分のやる事をかんたんに「こうだろう。」思って人にペラペラしゃべったりせず物事をやるにはなんでもふかくたしかめ気をくばってやれば、まちがいもすくなく人にごかいされる事はないと思います。又人のした事をしっかりたしかめずに人をうたがい、ごかいをする人になるようではほんとうに気のせまい人間ではないでしょうか。ぼくも今までそんな事がたびたびありましたが、その事をおしえられて今までのおこないがはずかしくてなりません。ぼくはそれをなるべく実行したいと思います。又世間にはよくある事ですが自分でないようなものをそう見られたいとそれを気にしている人が多いと思います。

それは金物をメッキしたものとにているような物です。メッキされた物は中はさびをしているが上だけがきれいにひかっているが、自分でないものをみられようとする人はこのメッキされたものとにています。しかしこの世の中はそんな人だけかというとまったくそうではありません。みなりはわるくても正しく美くしい心があればいいのです。そういう人は、芭しょうとにています。はしようも周囲はぼろでひとかわ〳〵むけば美くしいものがあります。そうなってこそ人のねうちがあるのです。

小学校 中学校の道徳教育の強化について

文教局

一、道徳教育はあらゆる教科・教科外・その他教育活動の全体を通じて行われるべきであるとの原則は今後も堅持する。

二、特に社会科は教科としての特質上、道徳教育に寄与するところが大きいから、その具体的取扱いを研究して一層の効果をあげるよう努力しなければならない。

三、しかしながら、道徳教育の現状は必ずしもこれで充分であるとはいえないので、ここにその強化策を取りあげることにした。

四、各教科はそれぞれのねらいがあるため、直接、道徳の問題を取り上げて指導することには自ら限界が存する。

五、そこで児童生徒の生活を道徳的視点から取り上げ直接これを指導の対象とすることが必要となつてくる。

六、それには各教科の時間とは別に一つのまとまつた特定の時間を必要とする。

七、その時間を今までの特別教育活動の中に位置ずけることが現段階においてはもつとも適当と思う。

八、それは今までの特別教育活動の果した実績の上に立つて、道徳教育の確かな歩みを下から積み上げて行こうと意図したからである。

九、特に小学校の学級会、中学校のホームルームには本来道徳教育にとつて重要な生活指導の機能が含まれていたのであるが、従来どちらかといえば管理経営的な自治活動に重点がおかれ、生活指導の機能が充分に行われていなかつたように思われる。

十、そこで学級会やホームルームの機能である管理経営的な児童生徒の自ら行う活動と、教師の計画によつて行う生活指導とを二分して別々の時間に行うことがのぞましい。

十一、このような考え方に立つて、従来の特別教育活動のために割り当てられた時間の配分は次のようにすることが適当である。

1、週当り特別教育活動の時間数

小学校	一、二年	二時間
〃	三年以上	三時間
中学校		三時間

2、この時間の細かい割りふりを次のようにする。

(イ) クラブ活動に必要な時間　一時間

(ロ) 学級活動（従来の学級会　ホームルームの自治活動）に必要な時間　一時間

(ハ) 生活指導に必要な時間　一時間

ただし小学校一、二年においては、(イ)(ロ)を一しよにして一時間として総合的に取扱う。

3、なお全校的な規模において行う児童会、生徒会の活動は正規外の時間に行うようにする。

4、(ハ)の時間の指導は従来のホーム・ルームの担任教師が当る。

十二、生活指導のために割り当てられた時間の指導内容や指導法については、児童生徒の現実の生活を基盤にして、文部省の道徳教育に関する通達や手引書（発行予定）を参考にする。

なお、指導法については今までの学級会やホームルームの中で熱心な教師たちが試みたすぐれた方法を採用して、より確かなものにすることがのぞましい。

十三、道徳教育の実をあげるためには学級集団におけるのぞましい人間関係の樹立に努力することが大切である。分裂した学級社会の中ではどのようなうるわしい徳目も単なる見せかけのものになつてしまうであろう。

このような意味において、生活指導の時間はもちろん、それ以外の特別教育活動の時間においても絶えず民主的集団を育てることに努力する必要がある。特に学級活動の時間はホームルームの精神を生かし、家庭的なあたたかい雰囲気を築き上げるよう教師の積極的な指導と援助が必要である。

文部省教育課程審議会の答申

小中学校の道徳教育の特設時間について

一、趣旨　現在道徳教育は、社会科をはじめ各教科、その他教育活動の全体を通じて行われているが、その実情は必ずしも所期の効果をあげているとはいえ

ない。今後もこの学校教育の全体を通じて行うという方針は変更しないが、現状を反省しその欠陥を是正し、すすんでその徹底強化をはかるために新たに道徳教育のための時間を特設する。

特設時間における道徳教育は児童生徒の発達に応じ、日常生活の基本的行動様式の理解、道徳的心情と道徳的判断力の育成に努め、他の時間における指導と相まつて道徳的実践力の涵養を図る。

なお、この時間の指導に当つては児童の心身の発達に応じて、なるべく具体的な生活に即し、広く読物、視聴覚的方法の利用等、種々の工夫をこらし、道徳的判断力の涵養につとめると共に、道徳的心情の育成をはかり、単なる徳目の暗記や注入に陥ることのないように留意する。

二、指導目標

(1) 日常生活の基本的な行動様式を理解させ、これを身につけるように導く。

(2) 個性の伸長を助け、生活態度を確立するように導く。

(3) 道徳的心情を高め、正邪善悪を判断する能力を養う。

(4) 国家社会の成員として必要な道徳的態度と実践的意欲を高める。

三、指導法　特設時間においては下記のような指導法を適宜使用する。

(1) 日常生活上の問題の利用

学級・学校・家庭・近隣生活における児童の具体的問題の中から適当なものを取り上げ、その解決のための話合いなどを通じて道徳的判断力や実践意欲を高める。

(2) 読物の利用

伝記、古典（中学）物語、文学作品（中学）生活記録、詩などの読物の中から適切な教材を選択し、教師が話して聞かせたり、児童に読ませたりそれについて感想を話し合つたり、感想文を書かせるなどを通じて道徳的行為について理解させ、かつその心情に訴えて感銘を与える。

(3) 教師の説話

適切な例話や教師の体験、談話等を興味深く話してやることによつて道徳的な理解を得させ、道徳的判断力を養い実践意欲を喚起する。

(4) 社会的なできごとの利用

日々の新聞やラジオの報道等の中から適切な教材となるものを選択しそれについての感想発表などを通じて道徳的判断力や実践意欲を高める。

(5) 視聴覚教材の利用

映画、演劇、紙芝居（小学校）ラジオ、テレビ、録音教材などの中から適切な教材を選択し、集団視聴の後、感想発表等を通じて道徳的行為について理解させ、かつその心情に訴えて感銘を与える。

(6) 実践活動

健康・安全の保持・環境の美化・公共物の使い方を具体的に理解させるために必要な実践活動を行わせ、道徳的実践力を養う。

(7) 研究、作業

生徒に適した問題について、調査研究または作業等の実践活動を行わせ、道徳的判断力や実践力を養う。

---

7 終りに （二十九頁より続く）

簡単に本土の職業家庭科の現状にふれて参りましたが、各県共、産業振興法による研究発表会が盛に行われ、その施設々備は充実し、映画、スライド、テープコーダーつきの、すばらしい発表ぶりは、参加者のどぎもを抜くものがあつた。それと共に生徒が、家ちくをかい、機械の組立分解、操作運転をし、製図をしてそれによつて製作し、嬉々として趣味を生かし、真けんに仕事に取組んでいる状況は、中学校が義務教育であり大衆のための教育である事を、思わせます。

然し反面、産業振興法の適用を受けていない学校の施設々備は、不充分であり幾多の問題点を持つて居り今後の努力に待つものが多い。

要するに、科学産業技術教育の振興がさけばれ、それに並行し、産業界のオートメーション化が着々進みつゝある近代社会に於て、それを支えて行く人間の育成こそ今後日本の大きな課題であろう。

中学校の職業家庭科が、産業並に職業生活、家庭生活についての、社会的、経済的な知識を得させ基礎的な技術を習得させ、科学的、能率的に実践する態度、習慣工夫創造の能力を養う目標を持つ。即ち、科学的生産人を育成する目標を持つ以上、社会の要求と必要からしても、其の基礎をなす教科として今後大いに重点が置かれなければならない。

幸にして各県共、斯道の教育に重点が置かれ、施設設備の充実、現職教育等に拍車がかけられ尚、職業補導所が設備され科学技術センターの計画等が、進められつゝある事は喜ばしい限りである。

我々も日本ゝ土の長所を取入れこれを教育に生かし、そして沖縄将来発展のため、子供達の育成に精進致し度いと堅く決意するものであります。

公立義務教育諸学校の学級編制及び教職員定数の標準に関する法律案

（この法律の目的）

第一条　この法律は、公立の義務教育諸学校に関し、学級規模と教職員の配置の適正化を図るため、学級編制及び教職員定数の標準について必要な事項を定めもつて義務教育水準の向上に資することを目的とする。

（定　義）

第二条　この法律において「義務教育諸学校」とは学校教育法（昭和二十二年法律第二十六号）に規定する小学校、中学校又は盲学校若しくはろう学校の小学部若しくは中学部をいう。

2　この法律において「教職員」とは、校長（盲学校又はろう学校の小学部又は中学部にあつては、当該部の属する盲学校又はろう学校の校長とする。）教諭、助教諭、養護助教諭、講師（常時勤務の者に限る。）寮母及び事務職員（地方自治法（昭和二十二年法律第六十七号）第百七十二条第一項に規定する吏員に相当する者。）をいう。

（学級編制の標準）

第三条　公立の義務教育諸学校の学級は、同学年の児童又は生徒で編成するものとする。ただし当該義務教育諸学校の児童又は生徒の数が著しく少いかその他特別の事情がある場合においては、数学年児童又は生徒を一学級に編制することができる。

2　各都道府県ごとの、公立の小学校又は中学校の一学級の児童又は生徒の数の基準は、次の表の上欄に掲げる学校の種類及び同表の中欄に掲げる学校編制の区分に応じ、同表の下欄に掲げる数を標準として、都道府県の教育委員会が定める。ただし同学年の児童又は生徒を四以下の学級に編制する場合の一学級の児童又は生徒の数の基準は、別に政令で定める数を標準として、都道府県の教育委員会が定める。

学校の種類	学級編制の区分	一学級の児童又は生徒の数
小学校	同学年の児童で編制する学級	五十人
	二又は三の学年の児童で編制する学級	三十五人
	四又は五の学年の児童で編制する学級	三十人
	すべての学年の児童で編制する学級	二十人
	学校教育法第七十五条に規定する特殊学級	十五人
中学校	同学年の生徒で編制する学級	五十人
	二の学年の生徒で編制する学級	三十五人
	すべての学年の生徒で編制する学級	三十人
	学校教育法第七十五条に規定する特殊学級	十五人

3　各都道府県ごとの、公立の盲学校又はろう学校の小学部又は中学部の一学級の児童又は生徒の数の基準は、十人を標準として、都道府県の教育委員会が定める。

（学級編制の基準についての文部大臣の意見の聴取）

第四条　都道府県の教育委員会は前条第二項又は第三項の規定により公立の義務教育諸学校の一学級の児童又は生徒の数の基準を定めるに当り当該義務教育諸学校の学級編制の区分に応ずる同条第二項の表の下欄に掲げる数又は同条第三項に規定する数に五人を加えた数（同条第二項ただし書きの規定により別に政令で定める数を標準とする場合にあつては、政令で定める数）をこえる数によろうとするときには、毎学年、当該基準についてあらかじめ文部大臣の意見をきかなければならない

（学級編制）

第五条　公立の義務教育諸学校の学級編制は、第三条第二項若しくは第三項又は前条の規定により都道府県の教育委員会が定めた基準に従い、当該学校を設置する地方公共団体の教育委員会が行う。

（学級編制についての都道府県の教育委員会の認可）

第六条　市町村の教育委員会は、毎年、当該市町村の設置する義務教育諸学校に係る前条の学級編制について、あらかじめ都道府県の教育委員会の認可を受けなければならない。認可を受けた学級編制の変更についてもまた同様とする。

（教職員定数の標準）

第七条　各都道府県ごとの、公立の小学校に置くべき教職員の総数（以下「小学校教職員定数」という。）は、次の各号に定めるところにより算定した数の合計数を標準とする。

一、学級総数に一を乗じて得た数

二、次の表の上欄に掲げる学校規模ごとの学校数に当該学校規模に応ずる同表の下欄に掲げる数を乗じて得た数

学校規模	乗ずる数
六学級から十七学級までの学校	二
十八学校級から三十一学級までの学校	四
三十一学級から三十二学級までの学校	五
三十三学級から五十四学級までの学校	六
五十五学級以上の学校	七

三、五学級以下の学校の総数に政令で定める数を乗じて得た数

四、児童総数に千五百分の一を乗じて得た数（一未満の端数を生じたときは、一に切り上げる。）

第八条　各都道府県ごとの、公立の中学校に置くべき教職員の総数（以上「中学校教職員定数」という。）は、次の各号に定めるところにより算定した数の合計数を標準とする。

一、学級総数に三分の四を乗じて得た数（一未満の端数を生じたときは、一に切り上げる。）

二、次の表の上欄に掲げる学校規模ごとの学校数に当該学校規模に応ずる同表の下欄に掲げる数を乗じて得た数

学校規模	乗ずる数
二学級以下の学校	一
三学級から八学級までの学校	二
九学級から二十学級までの学校	三
二十一学級以上の学校	四

三、生徒総数に二千分の一を乗じて得た数（一未満の端数を生じたときは、一に切り上げる。）

第九条　各都道府県ごとの、公立の盲学校及びろう学校の小学部及び中学部に置くべき教職員の総数（以下「盲学校ろう学校教職員定数」という。）は、次の各号に定めるところにより算定した数の合計数を標準とする。

一　学級総数に二を乗じて得た数

二　小学部又は中学部ごとの学級総数に、小学部にあつては一を、中学部にあつては三分の四を乗じて得た数（一未満の端数を生じたときは一に切り上げる。）

三　次の表の上欄に掲げる小学部又は中学部ごとに、同表の中欄に掲げる部の規模ごとの部の数に当該部の規模に応ずる同表の下欄に掲げる数を乗じて得た数

部の別	部の規模	乗ずる数
小学部	三学級から五学級までの部	一
	六学級から十七学級までの部	二
	十八学級以上の部	三
中学部	二学級以下の部	一
	三学級から二十学級までの部	二
	二十一学級以上の部	三

四　寄宿舎に寄宿する児童及び生徒の総数に七分の一を乗じて得た数（一未満の端数を生じたときは、一に切り上げる。）

第十条　前三条の規定による小学校教職員定数、中学校教職員定数及び盲学校ろう学校教職員定数（以上「教職員定数」と総称する。）には、次の各号に掲げる者に係るものを含まないものとする。

一　休職者

二　女子教育職員の産前産後の休暇中における学校教育の正常な実施の確保に関する法律（昭和三十年法律第百二十五号）第四条の規定により臨時的に任用されるもの

（文部大臣の勧告）

第十一条　文部大臣は、公立の義務教育諸学校に置かれている教職員の総数が教職員定数を著しく下る都道府県があるときは、あらかじめ自治庁長官に通知して、当該都道府県に対し、教職員の増員について必要な勧告をすることができる。

（政令への委任）

第十二条　この法律に特別の定があるもののほかこの法律の実施のための手続その他その執行について必要な事項は、政令で定める。

附　則

（施行期日）

1　この法律は、公布の日から施行する。

（学級編制の標準に関する経過措置）

2　この法律の施行の際、現に公立の小学校又は中学校の学級編制の認可に当り一学級の児童又は生徒の数について第三条第二項の表の下欄に掲げる数（同項ただし書の規定により別に政令で定める数を標準とする場合にあつては、その数）をこえる数を基準としている都道府県に係る一学級の児童又は生徒の数の標準については、当分の間、同

項の規定にかかわらず、児童又は生徒の数の減少及び学校施設の整備の状況を考慮して政令で定めるところにより暫定的にその標準となるべき数を定めるものとする。この場合における第四条の規定の適用についての必要な読替は、政令で定める。

（教職員定数の標準に関する経過措置）

3 この法律の施行の際、現に公立の小学校又は中学校に置かれている教職員の総数（第十条各号に掲げる者に係るものを除く以下「現員」という。）が第七条若しくは第八条又は次項の規定により算定した数（以下「定数」という。）に満たない都道府県の小学校教職員定数又は中学校教職員定数については、引き続き現員が定数に満たない間に限り、第七条及び第八条並びに次項の規定にかかわらず、定数に対する現員の充足の程度及び学級数の増加の状況を考慮して政令で定めるところにより、暫定的にその標準となるべき数を定めるものとする。

（小学校教職員定数の標準に関する特例）

4 公立の小学校の同学年の児童で編制する学級のうちに、一学級の児童の数が五十五人をこえるものがある場合においては、当分の間、当該都道府県の小県校教職員定数は、第七条の規定にかかわらず、同条の規定により算定した数に政令で定める数を加えた数を標準とするものとする。

学級編制と教職員定数

＝法案の解説＝

義務教育水準の向上目ざす

法案の趣旨

義務教育は、国民の基礎的教育であり、国民のすべてに対してその一定水準が保障されなければならない。

義務教育の一定水準というと、まずこの教育課程など教育の内容面についての必要な基準の整備があげられるが、究極的には教師の児童、生徒に対する働きかけにまつわけである。そこで、教師が受け持つべき生徒数の多寡が重要な問題となるわけである。これが一定水準を下るという事態になると、義務教育水準の維持向上を期待することは困難である。

そこで、今日この法案によつて、学級編制および教職員配置についての統一的な標準を定め、これによつて義務教育水準の全国的な維持向上を図ることになつた。

すでに学級編制についての標準とか必要な教職員の配置などは、学校教育法またはその施行規則などで定めてあり、この法律案は原則としてそれらの規定を踏襲している。ただ、学校教育法関係の法令では、その規定が抽象的で、具体的にこれを適用する場合問題が生ずる。

すなわち、学級編制でいうと、同学年の児童または生徒を一学級に編成する場合の規定としては、五十人以下となつているが、単級や複式の学級については、なんら標準となるべき数を定めていない。また教員数についても、小学校で一学級に一人以上の教諭を置かなければならないというような規定があるが、これなどもばく然としていて具体性がない。

したがつてこの法案でこれらの点をできるだけ、具体的かつ詳細に規定することを目的とした。

しかし、この法案に規定した標準は、現在の学級編制および教職員配置の現状その他国および地方財政の事情からみて、まず実現可能な範囲の目標を定めたもので、これをもつて恒久的な理想像であるとは考えていない。また、そのような規定とすることが困難であるので、中には学校教育法や同法施行規則に定めているものとは若干異なつた点もある。たとえば、養護教員を予定した算定方法が、一校一人に及ばないというような点がそれである。

要するにこの法案は、学校教育法ならびに同法施行規則に規定する精神に沿いながら、漸次理想的な教育条件の実現に努めることを念頭に置いて、実情に即した標準を定めようとするものである。

法案のおもな内容

この法案はおおむね次の三つの柱で構成されている。

一、学級編制の標準を定めたこと

現在一学級五十一人以上を収容する学級いわゆる〃すし詰学級〃は小・中学校を通じ総学級数の三分の一に相当する約十四万学級に上つている。これらの学級での教育については、教師に負担が加わるばかりでなく、児童、生徒の指導も困難となるので、教育効果を向上させる上にいろいろ支障をきたしている。このような点にかんがみ、学級規模を適正化し、教育効果の向上を図るため、学校の種類に応じ、学級編制の標準を法定するとともに、学級編成に関する所要の手続を定めている。

二、都道府県ごとの教職員の定数についてその標準を定めたこと

すなわち、小学校では学級担任を中学校では教科担任をたてまえとし、また算定にあたつては主として実学級数を基礎として、都道府県ごとに必要な教職員定数の総わくを定め、教職員配置の適正化を図つている。

三、経過措置

前項の標準を一挙に実施することになると、学校施設の整備その他について急激な負担を伴うこととなるので、標準に達していない都道府県については、児童・生徒数の減少、学校施設の整備などの状況を考慮して暫定的な標準を定め漸次標準に達するよう経過措置を設けている。

以下、条を追つて簡単に解説をしよう。

まず第一条は、この法律の目的をうたい、公立の義務教育諸学校に関し、学級規模と教職員の配置の適正化を図り、義務教育水準の維持向上に資する趣旨を明かにしている。

第二条は、この法律における「義務教育諸学校」および「教職員」について定義してある。この教職員の範囲は、市町村立学校職員給与負担法第一条に掲げる教職員の範囲と同様である。

第三条から第六条までは、学級編制の標準に関する規定である。

第三条は、公立の義務教育諸学校の種類に応じ、一学級に編制すべき児童・生徒の数について標準となるべき数を定め、都道府県ごとのこれらの学校の一学級の児童・生徒数の基準　、この数を標準として都道府県の教育委員会が定めることになつている。

第四条では、都道府県の教育委員会が学級編制の基準を定めるにあたり、法律に定めた標準数に五人を加えた数によろうとする場合などには、文部大臣の意見を聞かなければならないことになつている。これは、特別の事情がないかぎり、標準数を越える学級編制の基準を定めることを制限した意図によるものである。また、具体的な学級編制は、学校の設置者である地方公共団体の教育委員会が行うこととし、市町村立の義務教育諸学校の学級編制については、市町村の教育委員会が、毎学年都道府県の教育委員会の認可を受けなければならないこととしている。これは従来の取扱とほぼ同様である。

なお、この法律に定めた学級編制の標準となるべき数については、教育上の見地、学級編制の実態などを考慮して規定された。

第七条から第十条までは、教職員定数の標準に関する規定である。これは、都道府県ごとの公立義務教育諸学校に置くべき教職員の総数すなわち教職員の定数について、小・中学校ならびに盲学校・ろう学校の小学部および中学部ごとに、その標準となるべき数を定めたものである。

したがつて、休職者および女子教職員の産前産後の休暇中における学校教育の正常な実施の確保に関する法律第四条の規定によつて、臨時的に任用されるものは含まないことになつている。なお、これらの教職員の定数は、各学校ごとの配置基準または職種別のわくを示したものではなく、都道府県ごとの置くべき教職員の総数の標準を示したものである。したがつて、各学校ごとの配置は、都道府県で実情に即して行われるべきものである。

また、各条ごとに定められたこれらの数値は、現在都道府県教育委員会で行われている教員配当基準などを考慮して定めたものである。

次に第十一条では、文部大臣は公立の義務教育諸学校に置かれている教職員の総数が、教職員定数を著しく下る都道府県があるときは、あらかじめ自治庁長官に通知して、教職員の増員について必要な勧告をすることができることになつている。これは、教職員定数の確保を期する趣旨にほかならない。

次に、付則では、この法律は公布の日から施行することとしている。このほか、学級編制の標準に関しては、いわゆる「すし詰学級」の現況にかんがみ、当分の間、児童・生徒の減少および学校施設の整備の状況を考慮して、暫定的に標準となるべき数を定め、漸次その改善を図ることになつている。また、教職員定数についても、公立の小学校または中学校の教職員の現員が標準数に満たない都道府県については、教職員定数に対する充実の程度および学級数の増加の状況を考慮して、暫定的に標準となるべき数を定め、漸次その充足を図るようになつている。

なお、公立小学校の学級編制にあたり、一学級の児童数五十五人を越える学級がある場合には、当分の間、その学級数に一定数を乗じて得た数を加えた数を標準とすることになつている。その趣旨は、これらの学級に対しては実際上教員数を若干増加して配置する必要があると認められるからである。

時間配当に結論

教育課程審議会中等部会

「理科」・「数学」をふやす

今月中旬には文相へ答申

三月一日本省で開かれた教育課程審議会の中等部会（会長日高第四郎氏）は、中学校の「教科別の時間配当」と「特別教育活動」についての改訂方針をまとめた。また、同日の初等部会（会長村上俊亮氏）は、小学校の「教科外活動」の改訂方針を決めた。同審議会は今月中旬までに小学校の時間配当の改訂方針の出るのを待ち、初等・中等両部会の合同会議を開き今月中旬に教育課程の改訂について松永文相へ答申する運びとなった。

道徳教育は週一時間

時間配当　中学校の教科、道徳および特別教育活動とその最低時間配当は下表のとおりである。

この表の時間数は、年間の最低を示し、一単位時間を五十分として表わしている。ただし、一単位時間を五十分未満として指導を行う場合は、年間を通じてその不足時間を補わなければならない。今回の改正で、「理科」・「数学」の時間が大巾にふえているのは注目される。

なお、時間配当の改正点のおもなものは次のとおり。

① 教科および道徳の週当り指導時間数は、三十二単位時間を標準とする。

② 選択教科の「その他の教科」は、音楽・美術またはこの表に掲げられていない教科で、学校において特に教科として課すことが必要と認められたものをいう。

③ 選択教科の履修については、

(イ) 学校は、選択教科の欄に掲げられている教科について、その一以上をすべての生徒に毎学年百五時間以上履修させなければならない。

(ロ) 選択教科を履修させる場合、少なくとも一教科の時間数は、年間七十時間以上（外国語の場合は、百五時間以上）とする。

(ハ) 前記(ロ)に加えて、さらに農業・工業・商業・水産または家庭のうち一以上を履修させる場合は、その年間最低時間数を三十五時間とすることができる。

④ 特別教育活動に配当した時間数は、学級活動（仮称）にあてる時間数の最低を示したものである。

⑤ 第三学年における選択教科の運営は、

(イ) 前記②の「その他の教科」のほかに、選択教科として数学を年間七十時間以上設け、卒業後、数学を引き続いて学習する必要のある者に履修させることが望ましい。この場合、必修教科の数学の時間と合わせ、一貫した教育を行うことができる。

(ロ) 外国語については、卒業後引き続いて外国語を学習する必要のある者には、年間百七十五時間以上履修させることが望ましい。

(ハ) 卒業後就職する者、または家事に従事する者については、地域の事情または、生徒の必要に即して、農業・工業・商業・水産または家庭を選択履修させることが望ましい。

(ニ) 音楽または美術については必修の時間だけでなく、選択の時間を設け、生徒が必要に応じて履修できるようにすることが望ましい。

⑥ 道徳（仮称）は、年間三十五時間（週当り一時間）以上を実施するものとするが、私立学校においては、「宗教」をもってこれにかえることができる。

中学校の教科・道徳および特別教育活動とその最低時間配当について

	教科	1学年	2学年	3学年
必修教科	国語	175(5)	140(4)	175(5)
	社会	140(4)	175(5)	140(4)
	数学	140(4)	140(4)	105(3)
	理科	140(4)	140(4)	140(4)
	音楽	70(2)	70(2)	35(1)
	美術	70(2)	35(1)	35(1)
	保健体育	105(3)	105(3)	105(3)
	技術	105(3)	105(3)	105(3)
	小計	945(27)	910(26)	840(24)
	選択教科の時間数	105(3)	105(3)	105(3)
選択教科	外国語	105(3)	105(3)	105(3)
	農業,工業,商業 水産又は家庭	70(2)	70(2)	70(2)
	その他の教科	35(1)	35(1)	35(1)
	道徳（仮称）	35(1)	35(1)	35(1)
	特別教育活動	35(1)	35(1)	35(1)
	年間総時数	1,120(32)	1,120(32)	1,120(32)

—— （抜 萃 欄） ——

特活の領域を明示

中学校の特別教育活動

① 特別教育活動のおもな領域は、次のとおり。
(1) 生徒会活動
(2) クラブ活動
(3) 学級活動（仮称）
(4) 全校または学年の集会活動

② 学級活動（仮称）は、これを毎学年三十五時間以上実施するものとし、主として次のような指導を行う。
(1) 学級としての諸問題の話合い処理。
(2) 進路指導。
(3) 健康指導。
(4) レクリエーション。

③ 学級活動（仮称）のうち、進路指導（進路情報を含む）については、毎学年計画的に実施し、その卒業までの実施時間数は四十時間以上とする。

小学校の時間配当
発達段階に即して
―學習能率を高める―
八月の初等部会で結論

教育課程審議会の初等部会は、三月八日、小学校における各教科・道徳の時間配当について審議し、下表のような結論を出した。

新しい時間配当を現行のものと比較すると、児童の発達段階に即し学習能率を高める点で非常に大きな考慮が払われており、次の諸点で特色が見られる。

1 家庭・幼稚園との連繋を重視

小学校第一学年では、無理なく学校生活への導入ができるよう考慮された。たとえば音楽・図画・工作といった表現活動の時間は他の学年よりも多くなっている。

2 国語・算数の基礎学力の強化

国語・算数の時間は、全般的に多くなっており、特に国語については低学年・中学年において大巾に増加されている。これは国語・算数といった基礎的教科の指導を小学校段階において、特に強化しようとする改訂の基本方針に基くものである。

3 能率的な指導時間配当

児童心身の発達と各教科の特性を考慮して、能率的な教育が行われるように考慮した。

たとえば、社会・理科・算数などは、発達段階を考慮して三年生から増加し、逆に国語は低・中学年で強化することとし、二年生は週九時間で最も多くなっている。

4 教科別・学年別に最低の指導時間数を明示

現行のものは、国語と算数で年間総時間数の四五%から四〇%まで、社会と理科で二〇%から三〇%といったぐあいに二教科を抱き合わせ、また二個学年ずつくくつて同じ比率を示している。このため地域差・学校差があまりにありすぎたので、今度は学年別・教科別に指導時間数の最低を示した。

教育課程を四分類

小学校の教科外活動

① 小学校の教育課程は、「教科」、「特設時間における道徳」、「特別教育活動」および「学校行事その他」を含むものとする。

② 「特別教育活動」は、児童会・クラブ活動など児童の自発的、自治的活動を中心とし、個性の伸長社会性の育成を目標とする指導領域をさすものとする。その指導領域の種類・範囲を明らかにすること

③ 「特別教育活動」は、児童の発達段階に応じ、地域・学校の事情などをじゆうぶん考慮して、これを行うものとする。

④ 「学校行事その他」は、儀式、運動会、学芸会遠足、学校給食などの指導領域を含むものとしその指導領域の種類・範囲ならびにその教育上の要点を明らかにすること。

（付）この表に掲げる最低指導時間数を確保するために必要な年間の最低指導日数についても、適切な措置を講ずること。

小学校における教科・道徳の時間配当

	学　年	1	2	3	4	5	6
教科	国語	238(7)	315(9)	280(8)	280(8)	245(7)	245(7)
	社会	68(2)	70(2)	105(3)	140(4)	140(4)	140(4)
	算数	102(3)	140(4)	175(5)	210(6)	210(6)	210(6)
	理科	68(2)	70(2)	105(3)	105(3)	140(4)	140(4)
	音楽	102(3)	70(2)	70(2)	70(2)	70(2)	70(2)
	図画工作	102(3)	70(2)	70(2)	70(2)	70(2)	70(2)
	家庭	—	—	—	—	70(2)	70(2)
	体育	102(3)	105(3)	105(3)	105(3)	105(3)	105(3)
道徳		34(1)	35(1)	35(1)	35(1)	35(1)	35(1)
	計	816(24)	875(25)	945(27)	1,015(29)	1,085(31)	1,085(31)

備考

1、本表の時間数は年間の指導時間数の最低を示し、（かつこ内は週当り指導時間数の平均を示す）、1単位時間を45分として表わしたものである。
2、1単位時間を45分未満として指導を行う場合は年間を通じて、その不足時間を補わなければならない。
3、特別教育活動は、本表に掲げる指導時間数のほかに時間を設けて行うものとする。
4、私立学校において宗教教育の時間を特設する場合においては、その時間をもつて道徳の時間にかえることができる。

私の意見

水産高校 実習船の使命と建造について

沖水高校　玉城盛正

一、水産高等学校における実習船のあり方

本土では現在四七の水産高等学校（高校水産課程も含む）があつて、各水産高等学校が競つて大型実習船を持ち又持とうとしている。国家財政あるいは地方財政の苦しい際に大きな犠牲を払わし、実習船を保有することに努力しており、産業教育振興法によつて、昭和二七年度から国庫負担の裏付けがなされている。水産教育機関においてこのようないわば無理算段して実習船を建造する理由はどこにあるのだろうか。

水産に関する大学高校の学生生徒には海技免状の受験に対する乗船履歴短縮の特典が開かれている。これがため、各水産高校では航海運用は勿論、舶用機関その他の関係教科目の所定の単位と在学中に、大学では五〇〇屯以上、水産高校では二〇〇屯以上の実習船による乗船実習が要求されている。（大学では甲種航海士又は機関士で一～六ケ月、水産高校では乙種航海士又は機関士で一～三ケ月）。このため各学校では大型実習船を必要とせざるを得ない。しかし水産実習船には単に海技免状取得上の法的な理由だけでなく次のような重大使命が考えられる。

すなわち、水産実習船の使命は、海という変化きわまりない大自然を相手に船に生命をたくする人命と財産とを守るため、正確にして安全な航海の基礎を習得し海の生物をとるという複雑にして困難な仕事に対する能力を養いすぐれた漁業技術を身につける素地を養成するのである。すなわち実習船は水産の綜合された実技教育の場を漁場へ移したのである。

漁業科の性格は、漁場を探つて漁場へ船を運航して漁撈をし、機関科は、船長の意図するように最も能率的にエンヂンを操作して船に安泰をもたらしめ、無線通信系の生徒は海上気象や潮流波浪に対する情報をキャッチしつつ、進んで相手漁船による豊漁場の暗号を察知して漁撈長の目となる任務を果し、製造科は漁獲されたものを冷凍冷蔵によつ鮮度を保持しつつ処理加工して市販する使命が負されて居り、増殖系は、海洋資源の保持と増殖をはかりつつ適度の漁獲に留意しなければならない。

この様に一貫された作業分野におかれているので生徒は常に海を知り、船を知り、水産業を身につける仕上げの場が実習船であり、しかも船内生活は徹底した共同生活体であつて、一人の異端者、一人の無責任者があつても事故の原因となり、生命財産は危険にさらされる。特に海上生活における幹部の責任は常に人命と直結している。船長、機関長、漁撈長、無線局長、航海士、機関士等の言動には常に責任がある。一人の無能、無責任な船長、漁撈長、機関長等によつて数十人の生命を奪い、事業を失敗に帰せしむる例はいくらもある。天象、気象、海象の変きわまりない海上において船舶を操縦し、漁撈する技術というものは一朝一夕にして習得できるものではない。漁船にとつて時化の多い海洋が重要漁場である例が多いし、荒天の多い季節が主要漁期であるのが普通である。自然の脅威を知つて、なおかつ戦いを挑み、これを征服して目的を達成する。そのためには最新式科学装備（ジャイロコンパス、方探、ロダン、無線器等）を操作する優秀な技術と不撓不屈の敢闘精神と困苦欠乏に堪えうの忍耐力とが必要であつて、昔から海上生活者の玉言に「細心にして大胆」と言いう精神に徹するためには、幾多身を以て生死の境を乗り越えた者にして、はじめてよくなし得るものである。

ものの観方にはいろいろあろうが水産高校では生徒に対して慣海性の重要さを力説している。それと同様に農林高校は山の中か野原の真中に建てた校舎で教育された方がより効果があると思う。

しからば東京の真中にある東大から多くのすぐれた農学博士が輩出しているのは何の教育によるものかと応酬されることがあるだろうが、大学とか学術研究所とか水産研究所等はいうまでもなく学術の研究調査を主体においている。水産高校の教育目的は業界の要求する中堅技術者（乙一、乙二の海技資格と同時に漁撈長）の養成という明確な目的である。これに反して調査船の場合は学校教育とは根本的に異つてくると思うが、人間は十人十色で物を観がちだから一笑にふしがたい所がある。実例をあげると水産業の実態も知らな

い或る要職の官人が二〇〇屯の実習船ではマグロ延縄を主体にして漁撈をやると、延縄一〇ぱちでは十分であろうとか、又ドック入りをして朽ちた部分を張りかえ白ペンキでごまかした現在の実習船三〇屯（木造老朽船）に対して一三〇〇名の生徒（沖水八二〇名、宮古水四八〇名）を収容し得る実習船はこれで十分だろうと、運営の方法を堂々と放言されたことがあるが素人は強いものである。

水産系の学科には、漁業学、航海学、船舶運用学、漁船工学、海洋化学、水産動植物学、水産製造学等とその他いろいろあろうが、それぞれ水産と関連ある研究テーマをもつて調査研究を行い、もつぱら調査研究に使用したいものが大学や水産研究所の調査船の使命であろう。然し現在業界は新しい知識と技術を身につけた水産高校の若い卒業生を要求している。学校はそれに応えて産業界に貢献する人材を養成するのが教育のねらいであり、職業教育を主体とすべきであつて、決して少数の学者や調査研究の為のものではない。従って実習船の目的も前に述べたように、教室において履修した教科内容を各実習教室で実験実習によつて基礎づけられたものを綜合仕上げする訓練の場に重点を置くべきであつて、教員の調査研究等は、実習船の立場からは第二義的である。まして水産と縁遠い仕事のために優先使用し生徒の実習を犠牲にすることは邪道と考えられるし、水路部、海洋気象台、水産研究所の調査船、観測船と水産高校の実習船とはおのずから一線を画されている等である。

以上のようにくりかえすと実習船は教室の延長であり、水産に関する科目を綜合させた実験実習の場であり人間形成を加えて生徒の総仕上げの場である。現在の実習船では年間常に同一漁撈に従事し、収入、予算に追われ、船内では向う鉢巻に褌姿で、およそ教育訓練とは離れすぎた漁夫のまねごと教育方法を余儀なくされていることは一考を要するものである。これは現在の実習船が、それとしての規格装備なきためやむを得ない実状である。実習船による教育は一、二名の教官が乗組員と遊離して生徒の教育を実施しても決して効果のあがるものではない。乗組員全員が、学校なり、教員なりの教育方針を体し、その方向に一致協力してこそ、はじめて教育の成果があるものである。万一実習船内で教育などをはなれ、我関せずとして、利益追求のみに余念がないのでは、生徒はただ労動の提供であり、漁夫の助手的存在にすぎない哀れな存在となる。（現在までの委託実習の傾向）まして生徒を邪魔物扱いにするような事実があるとすれば悲劇であろう。海技免許について運輸省は水産大学卒業者で甲種の海技国家試験を受ける者の特典として乗船履歴を短縮する特典を与えているが、その条件の一つとして五〇〇屯以上の実習船により必ず遠洋区域へ航海することを要求している。五〇〇屯であれば必要装備を設け四〇名位までの学生を乗せて遠洋区域へ航海して訓練も出来るし危険もあるまいということであろう。水産高校の実習船は二〇〇屯以上として、乙一、乙二の海技免許の考慮がなされるように実習船運営委員会と運輸省の間に話し合いがすすめられていると聞いている（琉球船の海技免許試験は運輸省によって行われる）

以上の教育的な立場から実習船の大きさは三〇〇屯級の船であらゆる近代的な装備を備えたいわゆる重装備の船でなければならない。すなわち船内において教育効果の最もあがる生徒の収容数は三〇名が限度でせいぜい二五名位である。航続力や所要の船内設備等を考慮すれば三〇〇屯級で生徒収容数二〇名が限度であろう。現在の各課程別の生徒数を書くと、

	漁業科	機関科	製造増殖科	無線通信科	合計
	沖水（宮水）	沖水（宮水）	沖水（宮水）	沖水（宮水）	沖水（宮水）
一年	八〇（四〇）	八〇（四〇）	八〇（八〇）	四〇（〇）	二八〇（一六〇）
二年	八〇（八〇）	八〇（〇）	八〇（八〇）	四〇（〇）	二八〇（一六〇）
三年	八〇（八〇）	八〇（〇）	八〇（八〇）	四〇（〇）	二八〇（一六〇）
計	二四〇（二〇〇）	二四〇（四〇）	二四〇（二四〇）	一二〇（〇）	八四〇（四八〇）
					総計　一三二〇

現在海技免状をめざすコース、一クラス四〇名を定員とすれば漁業科で十一クラス、機関科で七クラス、無線通信科で三クラスでこれの乗船実習計画をたてると（一～三月の乗船実習として）三〇〇屯級が二隻～三隻必要となるが財政的に今会計年度での実現は困難であろう。その他に海技免許状とは直接関係はないが製造課程増殖コースの生徒も海と何らかの関係を持ち冷凍技術士の免許の立場から、又水産動植物を知り調査研究の手段方法を習得する上からも短期間の乗船が望ましいのである。水産高校では一校につき三〇〇屯級一隻、八〇屯級一隻が、三〇屯級一隻が必要となろう。又本土の各水産高校は大小三隻は持っている。上

記のように水産高校の実習船のあり方について述べたが、要するに実習船による教育目標とするところは水産の職業に関する教科の実験実習と人間的訓練とを行うカリキュラムの綜合仕上げの場である。

二、現実習船についての問題点

1、水産業を主体産業としなければならぬ琉球の立場から水産研究所に一五〇屯以上の調査船として水産教育の振興をはかるために、沖水校、宮水校にそれぞれ二〇〇屯級一隻、八〇屯級一隻、三〇屯級一隻の調査船実習船がそれぞれ必要である。

2、現在の実習船では生徒の実習訓練は出来ない。その理由は、

(イ) 船令がきている。本造船の船令は五～八年といわれているが、本船は八年を過ぎた老朽船で肋骨までよろめき強波に堪えかねる。生命を犯されるような誠に危険な老朽船である。

(ロ) 三〇屯で老朽船となっているので、航海区域が沿岸区域に制限され、生徒が上級海技免許状の取得必要条件が不備である。

(ハ) 最新科学装備がないため水産業の要求に応じ得ない。

例えば、焼玉エンヂンでさばづり、まち一本づりの漁場に持っていくのに不適当であり、デイーゼルエンヂンにかえなくてはならない。

(ニ) 現在の生徒数と実習船の屯数との隘路は上記に示された数字により明らかである。

3、実習船は完成教育の場である。現在学校に実験実習設備として製氷機械、冷凍、冷蔵室、機関実習室無線実習室等職業教育充実費によって四〇〇万円の実習施設をしてあるがそれぞれの能力は二〇〇屯設備以上の実習船を仮想しての年次計画としての施設であって二〇〇屯の実習船が得られなければ綜合実習はおろか、これらの施設も一機械の部品にしかすぎない。

4、装備された大型実習船がないために学校の使命とする水産人の育成ができず卒業生が陸上の仕事を求める安易な傾向がある。

5、業界では大型化している。それに対して資金面ではそれを助成していく仕組になっているがその反面現在の実習船では旧態依然として古い装備のもとで実習を余儀なくされており新しい甲板、機関、無線冷凍等の技術を身につけ卒業と同時にそれを操作しうる人物の養成が急務であると業界から学校に要望されている。

6、実習船の性格と調査船の性格とは自ら異なる。

運営の一例。四五年前は三重県、静岡県、神奈川県では大型、中型、小型の三船を実習船、調査船として併用していたが、その調査目的と実習船の性格との相異によって教育効果があげられずにそれぞれの立場で船を持つようになった。それらの問題を解決するために全国水産高等学校実習船運営協議会ができた（文部省の資料による）

7、業界の実態からの要求

漁法が科学装備に移っていて琉球近海から鹿児島市場へ揚げられるさばの水揚量は三〇〇〇万斤、鯨二〇〇頭以上遠洋マグロも多額にのぼっているという琉球ではこれらの漁撈技術者が少ないために目の前でこのような資源を持ち去られて加工され缶詰として逆輸入してくるのが琉球の現状である。この漁法を身につけさせ漁場を探知させる技術者の早期養成が業者の声として学校に問題をなげている。その解決には大型実習船の早期建造が急務である。

以上のように最近まち一本づりの四二隻の中魚探を持つものがふえてくる傾向になり、さば船にしろ、まぐろ船にしろ漁業無線によって漁場を探知するようになり魚探によって魚を探索し、水揚げがました反面技術導入による費用は莫大なものであるといわれている。そして琉球水産業の振興のために一日も早く実習船を建造してやって業界に応える人物を水産高校にゆだねなければならない。又調査とか会社の経営の場合にはやり損ねても再調査とか作りかえでうめ合せがつくが日々成長している人間を対象としている教育の営みはし損じてから、やりなおしをするというわけにはいかない。ぼやぼやしていると三年間を手ぶらで卒業させないとも限らないから何をさしおいても実習船の建造は優先すべきである。

知能検査及び義務教育学力測定　研究調査課

一、知能検査

1、種類　教研式団体知能検査

2、検査対象　小学校六年、中学校三年全員

3、期日一九五七年五月七日全琉一齊に実施

4、検査の結

検査の結果を小学校9,550人、中学校15,088人について、偏希値区分によつてまとめたものが左の表である。

知能偏差値分配表小学校　6年（全琉）　1957年度

知能段階	偏差値区間	中間値	人数(F)	人数%		D	FD	FD^2
最劣	9	7.5	88	0.82	1	−6	−528	3168
	10~14	12.5	106	1.1		−5	−530	2650
	15~19	17.5	338	3.5		−4	−1352	5408
	20~24	22.5	970	10.1		−3	−2910	8730
劣	25~29	27.5	1064	11.1	6	−2	−2128	4256
	30~34	32.5	1393	14.6		−1	−1393	1393
中ノ下	35~39	37.5	1644	17.2	24	0	0	0
	40~44	42.5	1494	15.6		1	1494	1494
中	45~49	47.5	1219	12.8	38	2	2438	4876
	50~54	52.5	651	6.8		3	1953	5859
中ノ上	55~59	57.5	389	4.1	24	4	1556	6224
	60~64	62.5	136	1.4		5	680	3400
優	65~69	67.5	46	0.5	6	6	276	1656
	70~74	72.5	10	0.1		7	70	490
最優	75~79	77.5	2	0.02	1	8	16	128
	80~84	82.5	0					
	85~89	87.5	0					
	90~94	92.5	0					
	95~100	97.5						
合計			N 9550人				ΣFD −358	ΣFD^2 49732

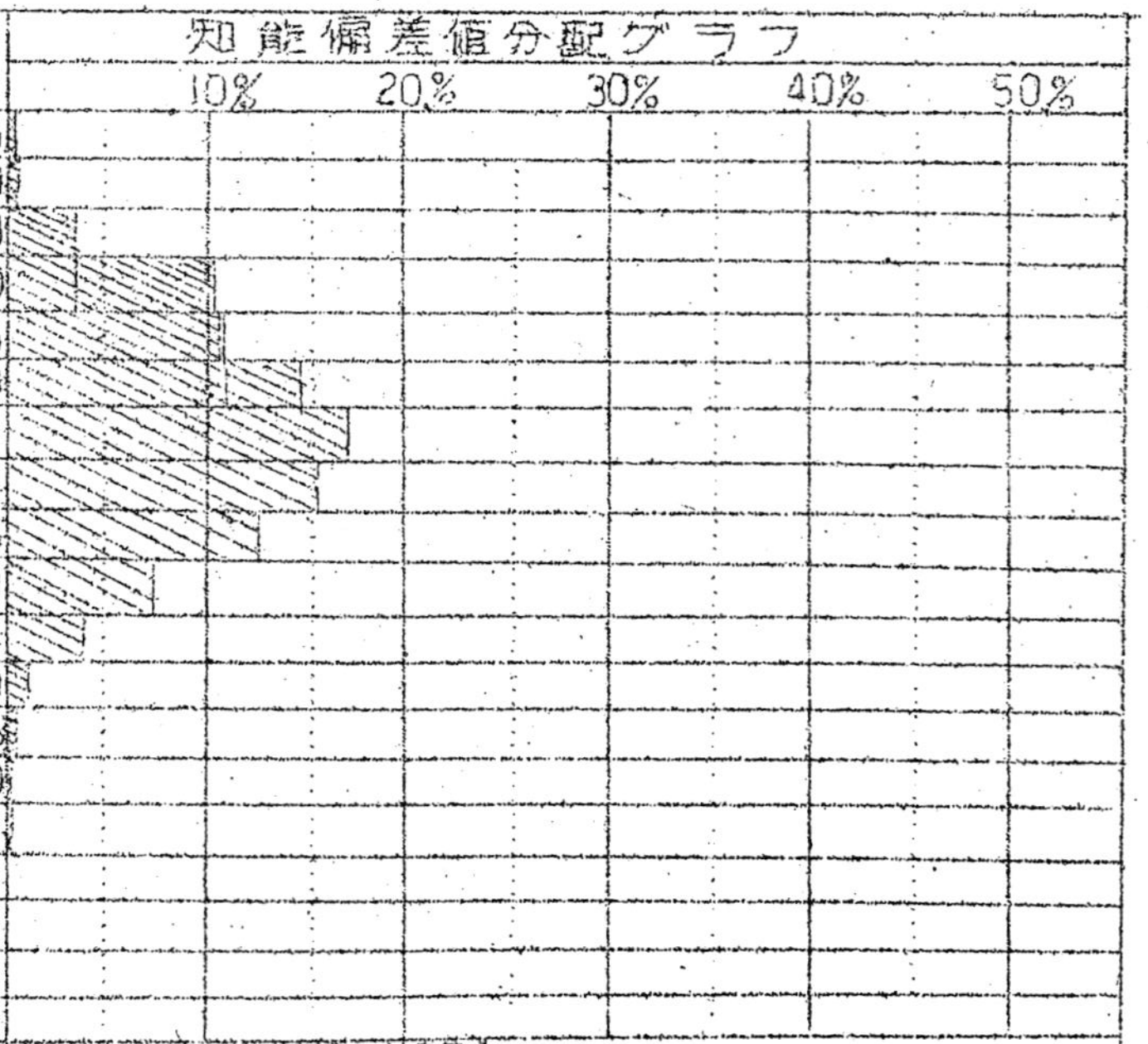

$M = A.M(37.5) + \frac{\Sigma FD(-358)}{N(9550)} \times 5 = 37.3$

$SD = \frac{5}{N(9550)} \sqrt{N(9550) \times \Sigma FD^2(49732) - \{\Sigma FD(-358)\}^2} = 11.4$

知能偏差値分配表 中学校 3年（全琉）1957年度

知能段階	偏差値区間	中間値	人数(F)	人数%		D	FD	FD²
最劣	5~9	7.5	4	0.03	1	−6	−24	144
	10~14	12.5	18	0.1		−5	−90	450
	15~19	17.5	121	0.8		−4	−484	1936
	20~24	22.5	678	4.5		−3	−2034	6102
劣	25~29	27.5	1369	9.1	6	−2	−2738	5476
	30~34	32.5	2353	15.6		−1	−2353	2353
中ノ下	35~39	37.5	3088	20.5	24	0	0	0
	40~44	42.5	2865	19.0		1	2865	2865
中	45~49	47.5	2059	13.6	38	2	4118	8236
	50~54	52.5	1214	8.1		3	3642	10926
中ノ上	55~59	57.5	736	4.9	24	4	2944	11776
	60~64	62.5	385	2.6		5	1925	9625
優	65~69	67.5	156	1.0	6	6	936	5616
	70~74	72.5	32	0.2		7	224	1568
最優	75~79	77.5	9	0.1	1	8	72	576
	80~84	82.5	0	0		9	0	0
	85~89	87.5	1	0.01		10	10	100
	90~94	92.5						
	95~100	97.5						
合計			N 15088人				ΣFD 9013	ΣFD² 67.749

知能偏差値分配グラフ

10% 20% 30% 40% 50%

$$M = A.M(37.5) + \frac{\Sigma FD(9013)}{N(15088)} \times 5 = 40.1$$

$$S.D = \frac{5}{N(15088)} \sqrt{N(15088) \times \Sigma FD^2(67749) - \{\Sigma FD(9013)\}^2} = 10.2$$

二、義務教育学力測定

1957学年度の義務教育学力測定は2月4日、5日の両日各中学校において全琉一齊に午前10時より中学校第三学年全員と高等学校入学希望の過年度卒業者を対象に実施された。

その結果を各地区別、各教科別に平均点であらわしたのが次の表である。

義務教育学力テスト成績　(1957年度)

地区名	教							科				
	人員	国語	社会	数学	理科	音楽	図工	保•体	職家	英語	平均	正答率
H	1,178	16.9	14.4	12.6	12.1	10.1	19.3	14.9	12.3	12.5	13.9	% 46.3
G	1,150	17.2	14.3	13.4	12.6	11.3	19.5	16.1	12.1	14.6	14.6	48.6
F	3,310	20.4	16.3	15.8	14.2	13.1	20.4	17.1	14.6	15.8	16.4	54.7
E	898	18.0	14.9	12.8	12.9	11.0	18.6	15.5	12.8	13.8	14.5	48.2
D	857	19.4	15.4	14.0	13.3	15.0	19.0	16.7	12.8	14.3	15.5	51.8
C	604	18.0	14.7	11.9	11.8	10.7	19.8	15.3	12.0	13.0	14.1	47.1
B	1,149	16.8	13.4	11.3	11.6	10.8	17.7	15.0	11.3	12.3	13.3	44.5
A	450	16.9	13.9	10.8	11.7	10.0	18.1	15.4	11.8	12.2	13.4	44.8
I	330	17.8	15.3	12.2	13.5	12.5	17.8	15.4	12.6	12.3	14.4	47.9
J	1,990	17.4	14,9	12.5	12.5	12.4	19.3	16.0	12.6	12.5	14.4	48.2
K	519	18.1	15.1	13.1	13.4	12.5	18.8	16.4	13.8	13.4	15.0	49.9
L	328	16.0	13.7	11.4	12.5	10.6	19.3	13.7	11.0	12.1	13.4	44.6
M	1,407	15.4	13.1	11.7	11.4	9.5	17.7	13.3	11.8	12.9	13.0	43.4
N	908	16.8	14.3	12.8	12.6	11.8	19.8	15.7	13.1	12.7	14.4	48.0
平均	15,078	17.9	14.8	13.2	12.8	11.8	19.2	15.7	12.8	13.6	14.6	48.8

次に各地区別、教科別平均プロフィールを示すと次の通りである。

地区別平均プロフィール

地区別	平均得点
H	13.9
G	14.6
F	16.4
E	14.5
D	15.5
C	14.1
B	13.3
A	13.4
I	14.4
J	14.4
K	15.0
L	13.4
M	13.0
N	14.4
平均	14.6

教科別平均プロフィール（全琉）

教科	平均得点
国語	17.9
社会	14.8
数学	13.2
理科	12.8
音楽	11.8
図工	19.2
保体	15.7
職家	12.8
英語	13.6
平均	14.6

義務教育学力テストは一教科30点満点で9教科実施した。

この表は1957年度における中学校第三学年に在学するもので、全教科を（9教科）受験したもの15,078人について調査したもので、したがつて高等学校入学希望の過年度卒業者は含まれない。

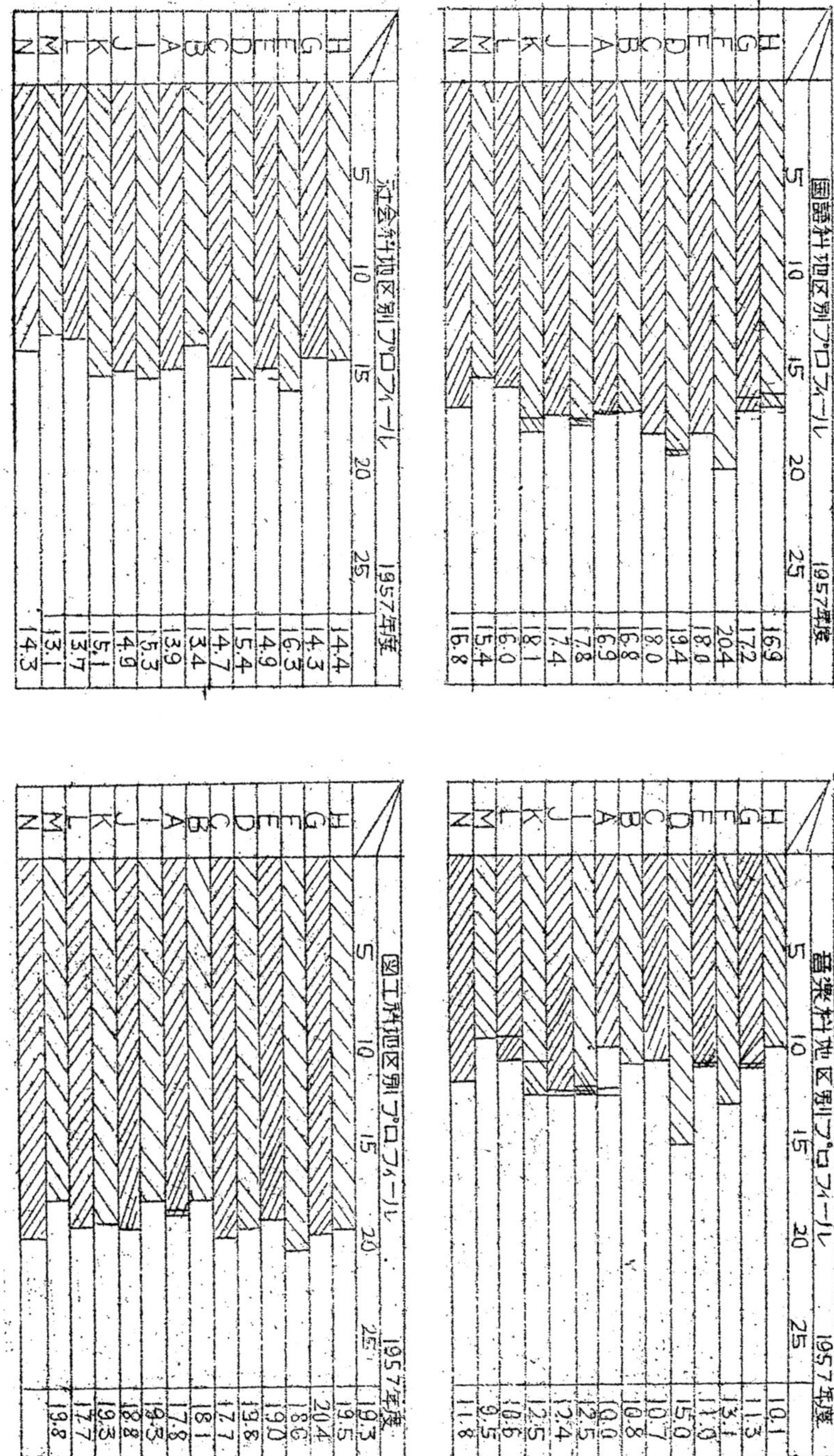

国語科地区別プロフィール
1957年度
H G F E D C B A I J K L M N
16.9 17.2 20.4 18.0 19.4 18.0 16.8 16.9 17.8 17.4 18.1 16.0 15.4 16.8
社会科地区別プロフィール
1957年度
H G F E D C B A I J K L M N
14.4 14.3 16.3 14.9 15.4 14.7 13.4 13.9 15.3 14.9 15.1 13.7 13.1 14.3
音楽科地区別プロフィール
1957年度
H G F E D C B A I J K L M N
10.1 11.3 13.4 11.0 15.0 10.7 10.8 10.0 12.5 12.4 12.5 10.6 9.5 11.8
図工科地区別プロフィール
1957年度
H G F E D C B A I J K L M N
19.3 19.5 20.4 18.6 19.0 19.8 17.7 18.1 17.8 19.3 18.8 19.3 17.7 19.8
5 10 15 20 25

数学科地区別プロフィール　1957年度

地区	数値
H	12.6
G	13.4
F	15.8
E	12.8
D	14.0
C	11.9
B	11.3
A	10.8
I	12.2
J	12.5
K	13.1
L	11.4
M	11.7
N	12.8

保体地区別プロフィール　1957年度

地区	数値
H	14.9
G	16.1
F	17.1
E	15.5
D	16.7
C	15.3
B	15.0
A	15.4
I	15.4
J	16.0
K	16.4
L	13.7
M	13.3
N	15.7

理科地区別プロフィール　1957年度

地区	数値
H	12.1
G	12.6
F	14.2
E	12.9
D	13.3
C	11.8
B	11.6
A	11.7
I	13.5
J	12.5
K	13.4
L	12.5
M	11.4
N	12.6

職業家庭科地区別プロフィール　1957年度

地区	数値
H	12.3
G	12.1
F	14.6
E	12.8
D	12.8
C	12.0
B	11.3
A	11.8
I	12.6
J	12.6
K	13.8
L	11.0
M	11.8
N	13.1

英語科地区別プロフィール　1957年度

地区	数値
H	12.5
G	14.6
F	15.8
E	13.8
D	14.3
C	13.0
B	12.3
A	12.2
I	12.3
J	12.5
K	13.4
L	12.1
M	12.9
N	12.7

琉球育英会調査資料（1957年度）

琉　球　育　英　会

育英計畫資料について

国自費留学生制度設定の主旨か「………琉球復興を促進させるための人材を養成することを目的とする…………」（募集要項）に在る以上、その計画は郷土社会の現状とその要求に立脚しなければならない事は多言を要せず明かであると想います。育英制度の運営当事者か、郷土の現状とその要求をどう考えているか、問題の捉え方に間違いはないだろうか。

識者の御批判を得て穏健妥当な立場に立つて育英事業を運営して行き度いと思いますので、皆様の御批判を頂き度いと存じます。

この資料は国自費留学生の専門別割当交渉の参考資料として文部省に提出する為に、現在までに集め得た資料をまとめたもので、今後尚資料収集につとめて行く積りであります。

国費留学生と会社経済的背景

結　論

(イ) 国費留学生は農民及び俸給生活者の子弟が大部分をしめる。

(ロ) 農民及び俸給生活者等中産階層以下の者の生活には余り余裕はない。

(ハ) 国費留学生の約$\frac{1}{3}$は戦争犠牲者の子弟である。

(ニ) 中産階層及び戦争犠牲者の子弟の英才が国費留学生制度によつて救われて光明を見出している事がうかゞわれる。

資　料　I

(イ) 国費留学生（1期—5期）家庭の職業

農業	公務員	教員	会社員	軍作業	工員	以上小計	無職	小商工業	医者	計
四八	三六	三九	二一	八	五	一四七	一五	三七	三	二〇二

(ロ) 国費留学生の有無（3—5期）（1、2期は資料欠除）

	第3期	第4期	第5期	計	
両親有る者 父だけ有る者	36人 1	31人 1	31人 1	103人 2	105人
母だけ有る者 両親とも無い	10 2	16 3	16 1	39 6	45人
計	49	51	49	150	

（約$\frac{1}{3}$は父親がいない）

参考　高校の場合（母親だけの者＋両親のいない者の%）

普天間高校	43%
普天間小校 1、23年	7.7%
那覇高校	27%
糸満高校	33%
コザ高校	36%

(ハ) 国費生家族調査

	第3期	第4期	第5期	平均
兄弟（平均）	4.56人	4.86	4.61	4.67
祖父毒及叔父母	1.05	0.43	0.61	0.73

計　5.4人（除両親）

父母（平均）1.6

計　7.0人（平均家族数）

以上は育英会資料による。

資　料　II

(イ) 給与状況

内地及び琉球に於て師範学校を卒業して小中学校教員をしておる者の給与比較（琉球の場合は日円に換算）

他の職域も大体同様と思う。

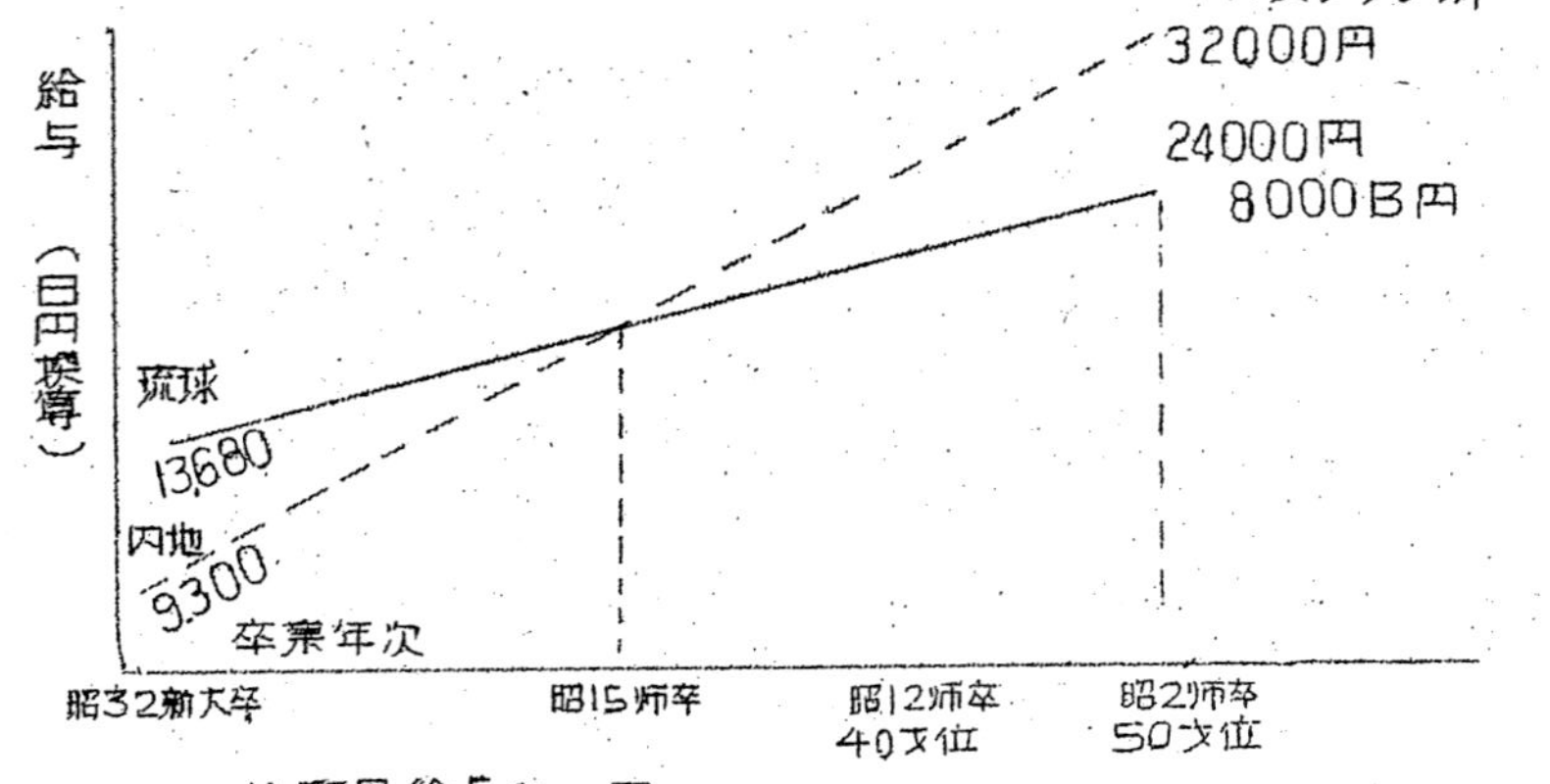

公務員給与ベース

(ロ) 生　活　費

物価指数（昭和9—11年期準）

内　地	沖　縄
350（日本国勢図会）	490（内地円換算）
物価は約 4割高	（企画統計費資料より換算）

食　費　一人当 月1,200円（琉球人事院資料）

所得税　内地の3倍弱（内地帰還者の実例）

上掲資料1 (ロ)の生徒の平均家族数 7人を大人は換算して5—6とすると食費だけで月6,000—7,200円

昭和2年師範卒中学校長月俸約9,000円（ベースアップ）

この収入では子弟を自力で内地留学させることは困難であろう。

国費琉球学生制度は之等中産階級出の英才はその素質を十分に伸ばす機会を与えている。

留学生制度が果しつゝある役割

終了生の社会的活動状況

政府現局長	1 人
前局長	1 人
現次長	1 人
前次長	1 人
琉大教官	25 人

公立医療機関　病院長　16人中 9人　外に薬務課長 1人　公衆衛生課長

公立病院医師の定員に対する比率は80%

経　済　局	13人
工　交　局	19人
法　務　局	9人
立　法　院	8人
司法部　中央巡裁首席判事	1人
高　校　教　員	38人
琉　　銀	18人
那覇市役所	6人（内 1人課長）

高校生に与えた影響（高校長へのアンケートによる）

高校生が前途に希望を持つようになつた。

（金は無くても努力さえすれば向上出来る）

勉強するようになつた。

村育英制度創立への刺激となつた。

社会の育英制度に対する関心が高くなつた。

市町村にも育英制度が次々に創設されつゝある。

民間商社が育英と自社幹部養成の為琉球育英会に委託生を置くようになつた

委託生現在数　7社　9人

給費額　一人月 30$

毎年 5.6人宛の計画

大浜奨学資金
アジア財団奨学金 } の創設

人物養成計画の資料

(一) 沖縄復興の為の当面の重要問題—育英計画の立脚点

(イ) 生産の拡大—消費経済から自立経済へ

(ロ) 移民事業の推進一過剰人口の対策

(ハ) 教育の充実

(ニ) 福祉施設の充実一医療、住宅託児所等

(二) 沖縄に於ける人材の要求は戦前より大きくなつている。

その理由

(イ) 経済規模の拡大 { 軍要求 { 物資の動き / 作業員 } / 建設作業 / 新しい事業 }

(ロ) 行政規模の拡大 { 外関係 / 人及び物の出入国関係 / 戦前の国家行政事務 / 経済規模の拡大による }

(ハ) 人物の自給自足一技術者公務員商業、教師、商船、医者等に於て戦前は内地が可成り居つた。

(三) 人材養成上の隘路

(1) 資料I、IIによつてうかゞえるように知能の素質の最すぐれた青少年の母体が中産階級であるが、此の中産階級の生活に子弟を内地留学させるだけの生活の余裕がない。又優秀な子弟の家庭に戦争犠牲家族が多い。

(2) 児童生徒の学力低下が未回復

その原因は

(イ) 戦中戦後の混乱が大きくその影響が児童生徒の学力の上に未だに大きく残つている。

(ロ) 戦争による破壊が大きかつたゞけに学校の施設設備が未だ十分整備されていない。

(ハ) 戦死者が多つた事、内地出身教員の引揚、教員養成の立おくれ等による教員組織の不十分

(3) 学力低下の未回復の為優秀な大学への入学が困難に対して国、自留学生制度が大いに役立つている。

戦後国際収支（$） 琉球統計年鑑

	収入			支払		
	円売上	外国からの送金	輸出	輸入	その他の収入	年末外貨残高
1953	51,204,900	691,515	8,876,358	61,401.300	515,682	26,542,450
1954	49,840,398	572,639	10,038,947	60,704,934	2,007,728	28,297,228
1955	54,014,365	756,617	17,691,623	67,353,949	2,170,319	35,576,205
1956						

主要輸入品 （1953年）

食糧品	4.0%
衣料履物	13.6%
建築資材	10·3%
車輪及部品	6.0%
種類清涼飲料炊事	5.2%
生産用原料資材設備その他	3.7%

（琉球政府経済振興第一次五ケ年計画による）

主要輸出品 （1955年） （$）．

品目	$
黒糖	5,543,181
分密糖	1,426,886
屑鉄	3,829,144
泡盛	110,626
貝殻	613,306
海人草	259,302
パイン缶	124,535

（琉球統計年鑑）

消費経済より自立経済の強く叫ばれる所以である。

戦後の事業傾向

すでに実績をあげつゝあるもの

製粉	石油輸入販売会社	地元資本による商船運船造船
製めん	近代的土建業	生命保険
製菓	発電量の増加(8万KW)（戦前約3000KW）	火災海上保険
肥料（配合及び化成）	液体酸素製造	食糧輸入、貯蔵、販売会社
パイン缶詰	沿岸漁業より近海及び遠洋漁業への転換及び漁獲物の冷凍	航空事業の経営
飼料製造	黒糖の分密糖への切換	航空事業の経営（先島航空）
養鶏業	味ソ醤油の自活化	ラジオ放送
ダム建設による水田の拡張	バス自動車交通の発達	海底屑鉄採取
近代設備による製紙		
製塩		

創業期の事業

捕鯨（近海）　紡績工場　ビール製造工場

計画中の事業

セメント製造場　拓植公園　拓植会社　バガス利用工業

ガス会社　電々公社　（石油精製工場）？

専門別所要人員の把握の仕方

行政当局の意見を聞く

業界首脳者の意見を聞く

各種統計を参考にする

理論的把握の工夫

所要人員（理論的把握）
- 不足補充
  - 所要人員の不足補充（欠員）
  - 代用者との更替（潜在欠員）
- 消耗補充
  - 死亡、隠退等に対する
  - 補　充
- 拡大補充
  - 経済規模の拡大
  - 行政規模の拡大
  - 人口増大に対する補充

(1) 医療関係

人口と医師数

	人　口	医師数	医師一人に対する人口	
日本（国勢図会）	8927万人	94,000人	949人	1955年
沖縄（社会局）	82万人	249	3200人	1957年

差当りの目標を人口2000人に就き医師一人とす（医政課）

累年医師数の推移（社会局医政課）

医師数累年移動調（社会局）（外人医者を除く）

	1953	1954	1955	1956	1957
医　師	179人	197	210	222	247
歯科医	55	55	57	56	61
薬剤師	45	41	43	49	58

医療関係者数（日本、昭和30　日本国勢図会）

	医　師	歯科医	薬剤師
日本現員	94.0千人	31.1千人	52.4千人
$\frac{1}{110}$	854 人	282	470人
沖縄現員	247	61	58
医政課目標	410	132	80

$\frac{1}{110}$の欄は日本の現員に日琉の人口比率を乗じた数

但し現実の目標数に就いては経済状態も考慮しなければならない。薬剤師に就いては産業の規模も考慮に入れねばなるまい（製薬業等）

医師需要数の理論的把握

不足補充

必要数　現員　医学生現員×0.9

410人−247−122＝41人（5ヶ年間に之を0とするものとして年間8人）(イ)

消耗補充$\frac{現員}{平均活動年数} = \frac{247}{30} = 8$ 人 (ロ)

拡大補充$\frac{20,000}{2,000} = 10$ (ハ)

合計　10+8+8＝26人（之だけの卒業生を得るには之の1割増の入学28.9人必要）

現員数＝必要数であると仮定した場合

不足補充＝0

消耗補充 $\frac{410}{30}=12$

拡大補充 $\frac{20,000}{2,000}=10$

合計　0+12+10=22人（1割増で24人）

(2) 高級船員

高級船員の現員調査（その会社調）

	航海士	機関士	無線	事務長	計
琉海	41人	36人	15人	4人	96人
沖縄汽船					10人

船員の平均活動年数を25年と見れば年間消耗 4人

拡大補充関係　琉海に於て現在2550噸級の貨物船二隻を近い将来に於て建造しようとしている。

沖縄汽船は1200屯貨物船を発注。

優秀な船員の海外流出もある。

現在の船員の質の向上も話題に上つているようである。

政府工交局海運課に船舶検査職の7級俸(大学新卒初任級）以上の職員定員17人あり、これには送船技術者商船関係技術者を要す。現在は之等の内大学卒業は一人。

(3) 水産物の輸入状況（鮮魚、冷凍、塩蔵、缶詰等）

1953	1954	1955	琉球統計年鑑
2,1016億万円	2,1498万円	2,5458万円	

之を自給するには 100屯漁船30隻を要するという。（琉水社にて）

琉水社木造130屯鉄船300屯を発注計画。

水産高校200屯鉄船を近く建造予定。

30隻の100屯船に大学出を一人ずつ乗せるとして30人年間3人を送るとして10年間を要す。

(4) 移植民関係資料

耕地 1Km2当り人口（労働局資料による）1550年

沖縄	日本	英	スイス	伊	米	オーストラリア	加
2,000人	1,375人	982人	925人	360人	112人	57人	38人

移民計画（政府移民課及び移民協会）

拓植公団を設立、拓植会社を助成

資金　6億万円

年間　3000人を南米に送出

この輸送には一万屯三隻の年間運航を要す

要員　スペイン語ポルトガル語の勘能なるもの

機械化農業の技術指導者

農産加工　園芸　畜産の技術指導者

移民官

移民団長　医者等

(5) 教育関係

(イ) 琉太卒の就職動向

	高学校	中校	小校
56年	104人	21	53
57年	91	58	

大学卒は未だ中小には余りついてないようである。

(ロ) 教員組織の比較（沖縄及び宮崎県の職員録による）

宮崎市一流の某中学校の場合

旧専大学卒	師範青師卒	助教より昇格旧中卒
18人	17人	1人

那覇一流の某中校の場合

旧専大学	師範及び専攻科卒	教員成所（文教、沖外名護教訓その他卒）
2人	25人	16人

(ハ) 小学校職員組織比較

	旧中卒	師卒	新大	旧専短大	その他（講習科、沖外、教訓文教等）	計
宮崎某一流小校	1	38	2	1	0	40
那覇中心地某一流小校	6	12		3	16	37

1959.6月現在職員録による

(ニ) 高校無資格教員の現状　　教職員会編職員録

	数学	英語	国語	社会	理科	体育	農	家	商
無資格	20人	15人	13人	8人	8人	32人	24人	19人	14人
実員	88.7	99.0	102.7	10.24	89.7	65.6	39.6	54.9	46.9

(ホ) 職業教育拡充による教員の新規需要数

商業　工業　農業　水産　家庭（集計未了）

(ヘ) 職業教員充実に対する文教局企画

本土教員を現職のまゝ一時招へい

教員志望者への育英資金の支給

(ト) 高校教員の新卒採用状況

	琉大卒	留学生卒	その他内地大学卒	内地卒中理科系卒
1956年	106人	21人	4人	?
1957年	91人	15人	35人	2

学力水準の低いのは必しも学生のみの責任とはいえないのではなかろうか。郷土復興のために人材が各方面に必要なこと、英才の母体、中産階級及び戦争遺児群でこの階層に生活の余裕がないことゝ合せて国自費生制度の撤廃を時期尚早とする所以である。

政府機関に就いての調査

1. 公務員総数（立法院及び裁判所を除く）

1956年11月30日現在　　総数　　7,105人

上記の内7級俸（大学新卒初任級）以上　　3,373人

1956年11月30日に至る一年間の退職者

7級俸以上　　159人

平均年間消耗率　$\frac{159}{3373}$—0.047強

2. 職種別定員（6級俸以上短大卒初任給）

主要技術職関係

農林経済職	51人	機械職	30人		
農業土木職	32人	船舶検査職	17人	船舶管理職	4人
農務職	121人	海難審判職	4人		
蚕糸職	26人	電波監視職	7人	電気通信管理職	4人
林務職	52人	通信機械職	55人	電気通信現業管理職	9人
農芸化学職	10人	通信施設職	37人		
畜産職	66人	郵政監察職	4人	郵政現業管理職	85人
水産職	27人	建築職	32人		
鉱工職	11人	土木職	67人		
計測職	11人	電気職	14人	輸送管理職	18人

3. 主要一般関係　6級俸（短大卒初任給）以上

一般事務職	520人	主税業務職	174人
一般行政管理職	32人	税関業務職	86人
内務管理職	35人	統計職	78人
財務管理職	36人	一般経済職	9人
金融管理職	7人		
商業管理職	10人		
出入管理職	44人		

大学卒専攻学部別の新規需要推定数（日本）

文部省調査局

年度	計	法文経	教育	理学	工学	農学	医学	家政その他
昭和30年	106,500	49,200	20,000	2,600	17,200	4,500	9,300	3,600
〃 31年	108,300	50,100	20,000	2,900	17,600	4,500	9,400	3,700
〃 32年	110,700	51,200	21,000	2,700	17,700	4,700	9,400	3,800
〃 33年	106,000	50,800	17,000	2,600	18,000	4,200	9,100	3,800
〃 34年	107,700	51,600	18,000	2.300	18,400	4,300	9,200	3,900
〃 35年	109,700	52,800	18,000	2,700	18,900	4,400	9,400	4,000
合計	648,900	305,800	114,000	15,900	107,800	26,000	56,00	22,800

上記の推定は5人以上の就業者を有する作業場の調査から大学卒者数を求め之に年間消耗率をかけて消耗補充数を算出し、産業5ヶ年計画によつて拡大補充数を推計して出来上つたものだが、内地のように比較的安定した社会に於てはそれでよかろうが、沖縄のように戦後一切が無に帰した中から戦前の水準を乗り越えて急テンポで近代化しつゝある社会に於ては、不足補充、特に潜在欠員の補充が相当重要であると思われるが、この潜在欠員の把握は仲々困難で、その為沖縄に於ける新規需要数の把握は日本内地のそれよりも困難である。尚戦場に於ける職種別就業人員の調査は、目下企画統計局の仕事として進行中である産業五ヶ年計画の修正も同局に於て進行中であるので、上記文部省推計に準ずべきものは、この企画統計局調査の完成を待たねばならない。

日琉経済諸元の比較

(イ) 人口　内地　9200万人　(1957年)　内地に対する沖縄の比　約$\frac{1}{110}$
　　　　沖縄　82万人

(ロ) 国民総所得　内地　65,745億円（1955年日本国勢図会）
　　　　沖縄　422億円（1955年琉球政府企画統計局資料より日本円に換算）　$\frac{1}{100}$より小さいか　$\frac{1}{200}$よりは大

(ハ) 一人当り国民所得　内地　73,622円（1955年日本国勢図会）
　　　　沖縄　53,100円（1955年企画統計局資料による）
　　　　沖縄は内地の$\frac{1}{2}$

(ニ) 政府予算　日本　18,558億円（国家予算＋府県予算）31年
　　　　沖縄　102億円（1958年琉球政府予算を日円に換算）
　　　　$\frac{1}{100}$よりは小さいか$\frac{1}{200}$よりは大

註　比較対象としての日本政府予算に府県予算を加えたのは現在の琉球政府動行政内容は内地に於ける国家行政と府県行政を包括しているからである。日本予算中義ム教育費国庫負担額と地方交付金計二千六百億が政府及び府県の予算中に二重計上されていると思われる点。
日本予算中の防衛費約千四百億円が在琉球米軍の費用に対応する点はここでは不問に付した。

(ホ) 外貨残高　日本　8億弗
　　　　沖縄　4500万弗（1957年）沖縄は日本の約$\frac{1}{18}$

(ヘ) 発電能力　日本　1300万KW（1957年3月完成予定）
　　　　沖縄　9.5KW（1858年1政府電力課にて調査）
　　　　$\frac{1}{100}$よりは小さいが$\frac{1}{200}$よりは大

以上の資料から琉球の経済規模は、日本内地のそれの$\frac{1}{100}$よりは小さく$\frac{1}{200}$よりは大きいと云て大差なかろうと思う。

上記文部省の推計中昭和35年（1960）の推計数からその$\frac{1}{100}$規模と$\frac{1}{200}$規模を算出すると

昭35年(1960)大卒需要推計（日本）	計 人 109,700	法経 人 52,800	教育 人 18,000	理学 人 2,700	工学 人 18,900	農学 人 4,400	医学 人 9,400	家政その他 人 4,000
$\frac{1}{100}$	1,097	528	180	27	189	44	94	40
$\frac{1}{150}$	730	350	120	18	135	29	62	26
$\frac{1}{200}$	548	264	90	13	94	22	47	20

この調査では学校教育に従事する者は調査の対象となつていない。従つてこの表中の教育欄の需要は学校以外に於ける需要と解される。

尚文部省でこの調査推計を公表した後産業界からは規模が小さ過ぎるとの批評を受けたとのことである（文部省調査局長談）この試算に於て$\frac{1}{200}$の欄を見ても可成り大きな数となり殊に法経、工学が多くの人が常識的に考えているであろう数字より可成り大きいと思われるか、沖縄の産業がしつかりした基盤の上に立つて他地域との自由競争に堪え得る為には、之を目標に進む必要があるのではなかろうか。識者の一考を煩わしたい問題である。

第五十七回（臨時）中央教育委員会だより

自　三月二十七日
至　四月　十　日

主なる事項

中央教育委員会会議規則（可決）
中央教育委員会傍聴人規則（可決）
中央教育委員会公告式規則（〃）
教育補助金交付規程（〃）
幼稚園設置基準（〃）
小学校設置基準（〃）
中学校設置基準（〃）
高等学校設置基準（〃）
学校教育法施行規則（〃）
校舎建築に関する基準（〃）
公立学校教科書補助金割当基準（〃）
公立学校教育職員の公務災害補償のための補助金交付規則（〃）
公立学校備品補助金割当基準（〃）
各種学校設置規則（〃）
学校身体検査規則（〃）
学校伝染病予防規則（〃）
学校の保健に関する保健所の協力等の基準（〃）
結核性疾患教員の休暇並びに補充教員に関する規則（〃）
学校基本調査要項（〃）
学校衛生統計調査要項（〃）
公立学校教育職員の給料補助金交付に関する規則（可決）
公立学校教育職員の旅費補助金割当基準（〃）
公立学校職員の退職手当補助金交付に関する規則（〃）
研究教員の休暇並びに補充教員に関する規則（〃）
女子教員の出産休暇並びに補充教員に関する規則（〃）
教科書目録編集委員会規則（〃）
教科書目録編集委員の手当を定める件（〃）
教育課程審議会規則（〃）
学校教育課程の基準（〃）
補助金交付に要する公立小学校及び中学校の学級数及び教員数の算定の基準（〃）
公立高等学校学則の一部改正認可申請（認可）
政府立高等学校生徒懲戒規則（可決）
伊江小学校西分校廃止認可申請（保留）
西小学校設置認可申請（保留）
宮城小学校桃原分校廃止認可申請（認可）
桃原小学校設置認可申請（〃）
公立学校校舎建築追加割当（可決）
職員人事（〃）
出張命令の変更並びに出張命令（〃）
一九五九会計年度文教局予算見積について（〃）
短期大学設置基準（可決）
財団法人嘉数学園立沖縄短期大学設置認可申請（認可）

協議題

○私立屋嘉小中学校設置者の変更の認可申請について
○教育職員免許法について
○教育職員免許法施行法について
○教育公務員特例法について
○教育区公務員法について
○私立学校法について
○教育委員会法の一部改正について
○第三回アジア競技大会聖火リレーに要する経費の補助についての陳情

陳情の処理について

件名	陳情者名（名称）	摘要
校舎建築陳情について	与那国教育委員	久良部小校腐朽校舎八教室の改築
校舎改築陳情	宮古連合教育委員会	宮古高校残存校舎二八一・五坪の改築
職員事務室備品室建築お願いについて	宮古稲沖小校長	永久建築十四坪押入設備、電燈水道施設
便所改築請願	仲里村美崎小学校長	フェイ被害復旧費として五万円
校舎改築陳情	竹富小学校長	竹富小学校腐朽校舎四教室の改築
校舎割当増加について	各定時制高校長	職員室、給食室、倉庫、炊事室
照明施設について	各定時制高校長	屋外レクレーション用照明
公立高校寄宿舎建築費補助金予算計上についての要請	教育長協会長	
校舎割当申請	屋我地教育委員会	屋我地小校二教室図書室
改築陳情について	石垣教育委員会	石垣中学校四教室

三月のできごと

二日　沖縄教職員会定期総会
三日　血液銀行開所式
上本部村謝花小学校文教局指定家庭科研究発表会
四日　外人美術展(於沖縄タイムス ホール五日まで)
琉大入学試験(六日まで)
琉大文理学部卒業生内間妙子さんが久米島で苔類の新種発見「コロレジニア、ウチマ」と命名さる。
五日　コザ中学校理科実験学校中間発表会
全琉教育長会議(六日まで)教員異動方針決める。
伯国移民四七名発つ。
六日　与那原中校実験学校「生徒指導のための教育調査」発表会
七日　糸満沖上空で米空軍双発輸送機正面衝突
金武小学校実験学校発表会「豊かな心を養う学校環境と教育活動」
八日　ミルク給食について小中学校及び定時制高校、教育長の各代表等と文教局との懇談会(於保健体育課)
一〇日　中教委正副委員長再選文教局組織規則、政府立及び公立の小学校及び中学校の費用徴収規則可決
名護小学校七十五周年記念式典
一一日　今朝九時二七分ごろ石垣島附近に震度五度の強い地震発生、先島で死傷四、家屋半壊
一三日　文教局第四回琉大研修教員二十人選考決定
一四日　文化財保護委員会首里城正殿前ボン鐘外五件を特別重要文化財に指定
一七日、立法院議員総選挙結果判明(社大九、無所属八、民主七、民連五)
一八日　英語講習会(於琉大、二七日まで)
一九日　沖縄教職員会高校選抜対策委員会
南米へ二百四十七人の移民団発つ。(ボリビアへ二百二十一人ブラジル一五人アルゼンチン十一人)
二〇日　第三期賃金審議会委員辞令交付式ならびに第一回総会開く。
二一日　琉球気象台では二十一日あさ五時三〇分からひる三時四五分までに降った二三・六ミリの雨から八百九十九カウントの放射能を検出
二二日　仲原善忠氏の「現代の歴史の見方について」講習会(於那覇高校)文教局小中校の道徳教育について局内会議
教職員会新里事務局長、喜屋武次長ら副主席を訪れ教育予算の増額について要請
二三日　沖縄タイムス社主催「沖展」十周年記念展(於壺屋小校二七日まで)
五十年振りのハワイの宮城観光団(団長宮城伊栄氏)三九人来島
二四日　第一回春の中校野球開幕
台風フエイの被害に対するアメリカからの救援米(六千五百トン)の引渡式
名護連合教育委員会教員異動発令
二五日　世界一周観光団三百八十五名をのせたオランダ船スタデンダム号(三万四千二百九十四屯)那覇商港に巨体を接岸、ハワイからの郷土訪問団第二陣球陽観光団(団長島清氏)到着
全島高校(定時制)主事会(於首里高校)
二六日　全官公労代表、知念官房長と労働条件の改善について団体交渉
二七日　臨時中央教育委員会、幼稚園、小学校、中学校、高等学校設置基準、学校教育法施所規則等を可決
社大党安里委員長、平良書記長土地問題折衝のため上京
沖縄教職員会第一回婦人部中央大会(於那覇劇場)
二八日　中教委会は校舎建築に関する基準、各種学校設置規則　学校身体検査規則等を可決
二九日　上京中の沖縄社会大衆党安里委員長、平良書記長は岸首相、愛知官房長官を訪ね、沖縄の軍用地問題解決のため政府の協力を要請した。
二九日　沖青連総会で「沖青連」を「沖青協」と改めた
三〇日　守礼門復元御木吏式、「国頭サバクイ」の歌に合せて行われた。
三一日　沖縄教職員会ではP、T、A、現場教師、中教委、婦人教師　校長、教育長、地方教委、文教局の各代表らを集めて新年度教育予算獲得について協議した。
北中城村代表約三十人、嘉手納村代表約十人当間主席らと会見、一括払阻止を訴えた。

文教時報(第四十一號)　(非売品)
一九五八年四月十五日　印刷
一九五八年四月三十日　発行
発行所　琉球政府文教局 研究調査課
印刷所　ひかり印刷所
那覇市三区十二組
(電話一五七番)

文教時報

NO.42

42

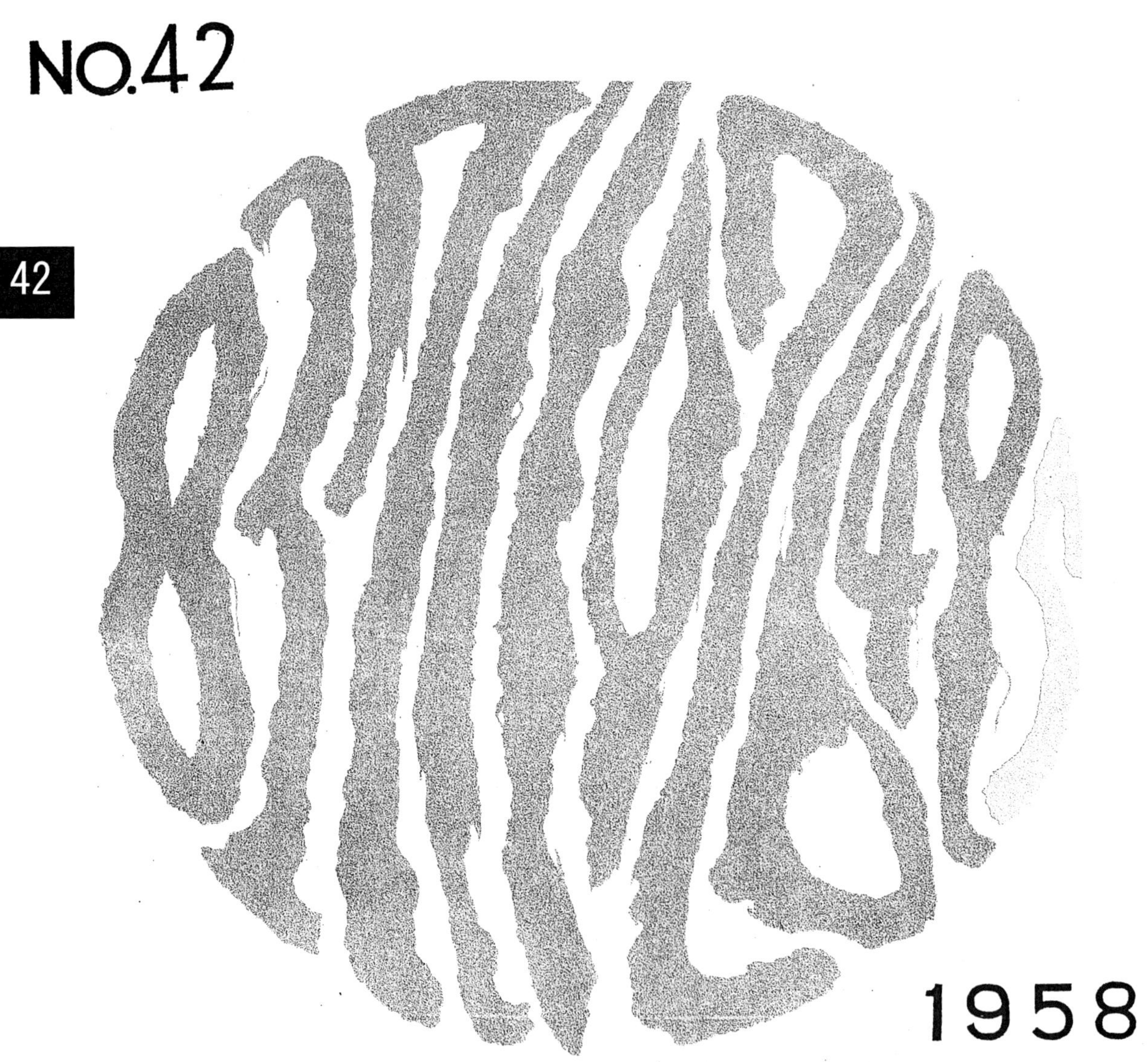

1958

琉球 文教局研究調査課

文 教 時 報 第42号

＝目　次＝

◈ あ い さ つ……………………………………阿波根 朝 次（1）

◈ 就任のあいさつ……………………………………喜屋武 真 栄（2）

特　集　道 徳 教 育

新しい道徳指導の在り方　（座談会）

井坂先生を囲んで……………………………………………（5）

○ 道徳教育における生活指導の役割……………安 里 盛 市（16）

○ 社会科における道徳教育…………………………中 山 興 健（17）

○ 小学校における生活指導…………………………慶田盛 正 光（29）

抜　萃

○ 小学校・中学校　教育課程の改善……………………文部広報より（39）

○ 文部省　内藤初中局長説明要旨……………………………（46）

◈ 連合教育委員会事務局めぐり

那覇、知念、糸満、宜野座、普天間……………………（47）

◈ ことしの学力調査…………………………………………（15）

◈ 資料かながきする文字……………………………………（15）

◈ 本年度の実験学校…………………………………………（53）

◈ 次 号 予 告…………………………………………………（54）

◈ あ と が き…………………………………………………（54）

◈ 四月のできごと……………………………………………（55）

ごあいさつ

阿波根朝次

昭年十七年に郷里を出て、十八年の夏休みにやつとの事で帰省できましたが、翌年からは時局の関係で帰省不能になり、それ以来十五年間故郷を留守にしまして、昨年九月、琉球育英会に席を得て帰郷致しましたが、去る三月末日、思いもかけず文教局に入れとの事で、私としましては育英会に入つたばかりであり、又役人になるなどとは考えても見なかつた事であり、何よりも、その任でない事をよく知つていますので再三お断わり致しましたが周囲からの、たつての御すゝめを受けて意を決して文教局入りをお引き受け致した次第であります。何分突然の事とて局へ入りましても分らない事ばかりで、之から一生懸命勉強しなければと考えておりますが次から次へとやつて来る即事的な問題に追われて思うようには勉強がはかどらず困つておりますが、幸に新局長は頭脳、実行力、経験と三拍子揃つた最適任者でありますので、その事を頼みに、あせらず、ゆつくり構えて勉強して行き度いと考えております。

勉強すべき問題は山程あると思われますが「学んで思わざればくらく、思うて学ばざれば、あやうし」との教えもありますので、文字の上で学ぶだけでなく広く江湖の教えを受けて行かねばならないと考えていますので広く皆様の御指導をお願い致す次第であります。

今春から教育四法が民立法によつて実施されましたが、与えられた琉球の特殊な環境の中で、此法にうたわれた「日本国民」の教育を最大限に進めて行くには、どうすればよいか。

文教局は内地の県教委の外に文部省の性格をも持つていますので法制の整備も大きな仕事になつています。又戦後、校舎の復旧は急速に実現されつゝはありますが、之を内地の規準に比べた時、又その中に入れる可き内容設備の面まで考えると、この面における文教局の仕事も当分軽くはならんと思われます。

一方聡員の経済生活を内地のそれと比べる時決して楽では無いと思いますが、まして先般立法院で行われた高等弁務官のメツセージで指摘された「退聡年金制度の必要」まで考えた時、絶対額の少ない政府財政の中で、教育財政確立の道をどこに見付けて行くか困難な課題であります。

苦しい経済生活であり、不足な設備であり、一方生徒の例を見れば、或高等学校では全校生徒の約四〇%が、父若しくは両親共に無い者である事に思いいたる時、若い世代の中に、戦争の爪跡は未だ消えたとは申されません。之等の諸条件を考えた場合、児童生徒の学力水準が内地のそれに及ばぬのも又止むを得ない面がありますが、併し、それだからと云つて我々教師が、手を拱いておられる問題ではありません、何とかして我々の勉強と努力で、いつ日本に復帰しても恥ずかしくない水準に押し進めなければならんと思います。又若い世代に希望を持たせ、道徳教育を強化するにはどうすればよいか、聡業的訓練を充実して産業の振興、経済の自立に貢献し得る人材を多数輩出せしめる方途如何。

之等の問題は、すべて皆様と共々に研究し、解決を計つて行かねばならぬ問題だと存じます。

郷里に帰つて感じます事は、先輩、知友諸兄、又かつて師範学校に在聡中、共に学んだ、当時の生徒諸氏が陰に陽に御支援を惜まれない事に感謝の念を禁じ得ないと共に、仕事のしよさ、居心地のよさを感じておりますが、一面又その上にアグラをかゝぬ事を自戒の念としなければならぬと考えておりますので、今後とも御鞭韃の程をひとえに御願い致す次第でございます。

（文教局次長）

就任のあいさつ

喜屋武真栄

(一) 教職員の皆様へ

教職員の皆様には新しい学年を迎えられ一ケ年間の教育計画を樹立なさる等定めし、てんや、わんやの御繁忙でありましよう。然し終戦十三年、始めて、住民の手によつて制定された教育民立法の実施によつてすべり出した新学年であるだけに、希望と明るさに満ち、満ちた新学期の学園であることを想い愉快に堪えません。

屋良先生を専任会長に迎えて発足しました沖縄教職員会に、私が教育部長と政経部長を兼ねて赴任し、お世話になりましたのは、一九五二年の四月一日でありました。

それから今日まで、「全会員の強固な団結によつて、会員の経済的地位、社会的地位の向上をはかり、教育諸問題を自主的に解決して文化社会の建設に寄与する」という。沖縄教職員会の目的を実現していくために、会活動に関係してから今年の三月末で丁度満六年を経過しました。歳月の流れは誠に矢のように早いものだとしみじみ感じさせられます。其の間、皆様方と、

(一) 民意による教育関係諸法規を早期に立法させるために
(二) 教育復興の裏付としての教育財政を確立するために
(三) 教育を守り抜くための生活権を確保するために
(四) 会員意識をたかめて組織の強化と団結をはかるために
(五) 学力向上を目指すための教育研究活動を推進するために
(六) 子供たちの幸せを守り抜く態勢を強化するために
(七) 対外的連絡ていけいを緊密にして、教育諸問題を解決していくために、等々………。

教職員会時代、いろいろと皆様方の御協力を得て問題解決のために微力を傾けて参りました。然し乍ら省みて、御期待に添うようなことをなし得なかつたことを深く恥じ、誠に申しわけなく思つております。

けれども会員の皆々様には、心から親しくおつき合いをいただき、又公的にも絶大なる御協力を下さいましたことに対して深甚の敬意と謝意を表します。ほんとにお世話になりました。いま過ぎ越し六ケ年の足跡をかえりみまして、誠に誠に感慨深いものであります。

其の間に味い得た数々の苦しみも、喜びも、怒りも、私にとつては、尊い体験として生涯忘れ去ることのできない想出となるばかりでなく恐らく、このことは、これからの私を絶えず鞭打つてくれる道標となり、はげましてくれる心の灯となることでありましよう。

さて今度参ります保健体育課は、健康教育の重要性がいよいよ比重を加えてきた今日、その時代の必然的要求から設置された課であり、学校体育と社会体育とそれに学校保健面も加わりますので、その使命は誠に重大であり、その分野は実に広いのであります。

その使命と重要性の比重の大きいのに反して、現状は施設、備品も、誠に貧弱をきわめ、あまつさえ、後進性を多分にもつている。沖縄の保健体育を開拓し、常道にのせ前進させていくには、ちよつとや、そつとの努力では、到底困難であると思われます。そしてこれからなさねばならないいろいろの問題があまりにも数多く伏在しています。今後ますます皆様方の御協力を得て一つ一つ実現していきたいと念じておりますので何卒よろしく御協力の程お願いします。

そして、互に理解と信頼の上に立つて、沖縄の教育を守るという共通の広場に立つて、生気はつらつとした、沖縄教育の建設を目指し、日本国民として、平和的、民主的な国家及び社会の形成者として、真理と正義を愛し、個人の価値をたつとび、勤労と責任を重んじ、自主的精神に充ちた、心身ともに健康で明朗な文化人を育成するための教育を押し進めて行きたいと念じております。

教職員の皆々様、何卒変りない同志愛、友情を賜わりますよう重ねてお願い申上げます。

(二) 攻めるも守るも

私が沖縄教職員会の事務局次長から文教局の保健体育課に転出することに対しては、現場の教職員の間には賛否両論がありました。又外部の観方もいろいろあつたようであります。然し、その観方に対しては人それぞれの観方にお任せすることにしましよう。

これまで体育の道を歩み、体育を熱愛し、健康の重要性を力説してきた私にとつては、まさに「故里に帰つた」心境であると告白しよう。

私を知り、私を信じて下さる方はきつと私のこの気持を十分知つていただけると信じます。そして、又これまで、文教局と教職員会の対立という誤解を抱いてきた人々に対じて、私の今回の文教局入りがそれらの誤解を解き、安定感を与え得ているとすれば私の望外のよろこびとするところであります。

今日この頃道行く、先輩知友にお会いしますと、手を握り、肩を叩いて励まして下さいます。そして、こんどは、今までの「攻める」立場から「守る」立場にかわりましたので、「苦しい立場に立たされるかも知れないがしつかり頑張つてもらいたい」と、激励と祝意をこめたごあいさつを受けておもはゆい思いをさせられています。そこで私は思うのです。

「攻める」ことも沖縄の教育を守り、子供たちの幸せを願う心からであり、「守る」ことも亦沖縄の教育を守り、子供たちの幸せを守るためであるなら、攻められつつ、又守りつつ、沖縄の教育復興を共々に推進していきたい。然しそのためには、文教局と教職員会が互に理解と信頼の上に立つて、沖縄の教育を守り、子供たちの幸せを守り抜いていくという共通の目的に立つているということを常に自覚し合つて、その意識の上に立つた攻守の中からこそ真に生気はつらつとした沖縄の教育を建設し、健康で明朗な日本国民を育成するための教育を推進していく力は生み出せると信じます。その総力を結集して沖縄の教育を前進させて行きたいものだと念じております。

理解と信頼の上に立つて、互に立場を尊重しつつ、攻めたり攻められたりする姿はまさしく、スポーツマンシップであり、フエアの精神であり、それは「美しき斗争」そのものであります。この情熱と必勝の斗魂なくして沖縄の教育を前進させることは、困難であると思います。真に理解と信頼の上に立つて、沖縄の教育をいささかでも前進させて行こうとする積極的熱意に対しては、よもや第三者からとやかく言われ、社会の人々から、文教局と教職員会の対立だとか、犬猿の間柄だと観るような皮相的観方はあたらないどころか、そのようなすきは微ぢんも見出させないであろう。

然しながら又馴れ合いということは絶対に禁物であると考えます。安っぽい妥協や馴れ合いからはボスが生れ、事大主義者が生れるからである。われわれが教育

者として然も今日の沖縄の教育者として、堅持すべきバックボーンは、自主性であり、批判精神であり、そして協調精神ではないでしようか、いかなる苦境に立たされようともその筋を貫き、節を屈げず教育者としての節操を全うすべきではないでしようか、「至誠天に通ずる」というが、天にも通ずる至誠ならば、必らず人間同志にも通ずるものであると信じているからである。

教職員の皆さんに申上げたいことは「教職員会」という団体は会目的にも明確に示されている通り、会員の団結を固くして、沖縄の教育諸問題や、会員自体の諸問題を自らの力で解決していくために、自主的に組織し、自主的に活動する民主団体であつて、決して行政当局の御用団体でもなければ、翼賛団体でもないという自覚を一人一人がもつてもらいたい。然し又それは常に反対的立場にあるということではない。又その心境はまさに「和而不同」でなければならない。

そして、文教当局も亦教育の中立性の基本理念に立つて常に親心をもつて、自主的民主団体の育成強化に努めねばならないであろう。そのことは、真に沖縄の教育を健全明朗ならしめ前進させることであつて、決して後退させるものではないと信ずるからである。

(三) 溜る水は腐るという

易きにつくのは世の習いとか安易を求めるのは、凡人の常であるといわれているが、お前も、今までの民主団体から、役人生活に転ずるが、「役人」という権力にあぐらをかいて官僚風を吹かしてはいけないよ、環境というものは恐ろしいもので、長いこと役人生活をしていくと、つい意識すると、しないとにかかわらず非民主的な官僚型になつてしまいがちだから……と。私のこのたびの転出に対して、心からさとして下さつた、先輩の御忠告を、心から有難く思つた。そして夢忘れることなく、肝に銘じて絶えず自己反省を忘れずにいたい。そして職場の民主化をはかるために職員が一体となつてチームワークをいよいよ固めていきたいと念じ心に誓つてちやくちやく実行に移していきたい。

凡そ教育界における沈滞を打破し、教育界を明朗にし、生気はつらつたるものにしていくために、人事の交流は絶対に必要であろう。然し乍らそれは単なる機械的な、権力による人事交流ではなく、真に教育の成果を期待するに足る人事の交流刷新でなければならない。そのためには、今日まで、人事交流を阻んでいる諸条件を検討し解決するということを忘れてはならないであろう。

布令百六十五号による校長先生方の任期の制限による大異動は、まさに戦後の沖縄教育界に投じた大波紋であつた。省みて、個人的には問題もあつたであろうが、教育の機会均等や、更に沖縄教育の明朗化や気分刷新という大局的立場からみたとき、「功罪相半ば」ということよりも、「功」のほうに比重が見出せるのではないだろうか。特殊の人は別として、「おのおのその処を得さしめ、人心をして倦まざらしめんことを要す」ともあるが、転任ということは、真に自己発見の機会でもあると信ずる。「溜る水は腐る」といい、又「安易を求めるは凡人の常」ということが真であるならば、沖縄の教育を前進させ、明朗化し、そして自己発見の好機たらしめるためにも、私はそれを肯定して、喜んで就任したい。

（保健体育課長）

小学校
中学校「道徳」実施要綱を利用しながら

新しい道徳指導の在り方について

◁井坂先生を囲んで▷

とき　一九五八年五月二七日
ところ　沖縄教耺員会共催会ホテル
ひと　東京教育大学助教授　井坂行男

（開南小）赤嶺貞義
（玉城小）前川守皎
（座安小）赤嶺茂
（北中城中）安里永誠
（上山中）与儀利夫
（局長）小波蔵政光
（保健体育課長）喜屋武真栄
（学校教育課長）中山興真
「司会」（研究調査課長）喜久山添采
（主事）安里盛市
宮里栄一
石川亀盛
与那嶺進
金城順一
親泊輝昌
徳山清長
登川正雄

実施要綱ができるまでのいきさつ
時間特設は道徳教育の手段

司会　井坂先生を囲んで道徳指導の在り方について座談会を開くことに致します。お話合いの順序として最初に井坂先生に道徳教育の時間が特設されるようになつたいきさつについてお話をいただき、二番目に「道徳実施要綱」をお造りになつた先生に編纂の御苦心とか留意された点についてお話願い、受け取つた側の皆さんから疑問点なり出していただいて先生の御指導をお願いしたい。最後に、道徳教育を実施するに当つて必要な具体的な問題についていてお話合いをお願いしたい、以上三つの点で話をすゝめたらと考えていますが、いかがですか。

全員　いいですね

司会　では、井坂先生、時間特設までのいきさつについてお願いします。

井坂　それはかなり長い歴史があります。御存知のように戦争後どこの国でもそうですが、青少年の非行が多く目立つてきました。その根源の一つは矢張り道義或は道義心が地に陥ちたという事で、それをたておすためには矢張り犯罪を追つかけるだけでは駄目で青少年の生活の指針になるものを与える事が大切であつて、このことは決して教育関係者だけでなく青少年の非行を憂うる人々によつて無言のうちに国家の将来を考え、道徳教育を何とかしなければという社会の要求になつてきたと思うのです。

そういう事をいつ具体化するかということでしたがつて歴代の文部大臣が苦心したのは、道徳教育はどうするかということでした。国家の将来の再建のために道徳教育は必要じやないか、内容は別ですよ、青少年をこのまゝにしては心配だという声やこのまゝではけないという要望の中にそれを具体化することに苦心したのが歴代の文部大臣だつた訳です。一番有名なのは天野さんで矢張り信念をおもちで所謂「国民にバツクボーンが必要だ。」若し国でやるべきじやないといつたらぼく個人でもやるといつた方で大臣をおやめになつてからお出しになつたのが国民実践要綱というもの、まとまつたものでしたのです。その時は政治とか政策とかいうにおいはなかつた。まあ、天野さんの人柄や立場にもよりましようが、天野さん流に比較的年をとつた上の世代の立場から考えられたという事ですね。その辺までは「天野流のゆき方では困る」という程の反対でして、政治的な理由はなかつたように思うのです。が、その後、大達さんあたりから政党大臣としての傾向がでてきましたが、はつきりと政党から出て例えば安藤社会料といわれるようになつて来たのですね。或る政党の文教政策と結びついてきたこのことは純粋な昭和二五、六年頃までの青少年の道義をこのまゝにしていいのかという心配と違いまして、道徳教育を特定の政策の中におりこんで道徳について古い世代の人達が大人の道徳に目をむけないで子供の方にばかり目をむけて道徳教育を考えているといつた、いわば年寄りが子供にむかつてだけ要求するといつた道徳というものが理論じやなくて無意識にその人達にあると思うのです。同時にこのことは或る政党がそれ以外の人達に求める道徳として、政党の文教政策の道徳教育としてすすめられていくのですね。この度の文教政策の推進を具体的にいいます

と、松永さんが文部大臣として当つたわけです。

松永さん自身でもいわれているように「私は自民党の代弁者なんだ自分の考えは少しもないんだ。」だから松永声明というのは去年の四月から今年の四月までに随分変つています。昭和三十年の社会科の改訂を通して、又特活でも道徳教育は行われるので特別に考えることはいらないといつておきながら、それから二年たつて昭和三十二年の始めから何か特殊なものを設けなければいけないと一部から声が出ておつたのですね。そのことが昭和三十三年になつて松永さんが九州において文部大臣談話の形でどうも修身のようなものが必要なんだという言葉で言い表わされたのですね、この言葉にも綾があるのですよ。「……のようなもの」「……といつたもの」で新聞社はこれを伝えて「修身が……」とわざわざ刺戟的に書くのでしよう。私はそれは素直に正しく理解してあげなければいけないと思うのです。今の時代に教育者として又社会の人々の誰も昔の修身教育のようなものをまともにやろうと考えている人はいないでしよう。ジヤナリズムもかえつてそれをゆがめていることは事実です。

司会 まあそれをきつかけにして三十三年度の教育課程審議会が道徳教育についてはつきりした方法を考えるように答申したのですね。

井坂 えゝそうです。三十二年度の特設はいらないというのに対して特設することがはつきりと決められた訳です。この三十三年を迎える以前に文部省自身予備研究をしておつたようで教育課程審議会のメンバーに反対の主張者もいないところへ、お膳立よろしく諮問してきたわけですからね、実をいうとそこから問題は既に始つているのですよ。

道徳教育をするということ自体には誰も賛成ですよ、それがどういう形でやるかという事が問題なんですね。私は特設に対して全面的にどういう特設にも反対だという態度をとらないのですから協力したのです。教育的にみて、今までの教育の逆コースにならないように、今までの教育の土台となるように、私は当然、委員の皆がそう思つたのでした。

親泊 政党と委員会とは具体的に考えている内容の点では違つているが手段としては一つだつたわけですね。

井坂 全く政府自身としても特設せねば済まされない事態に内部からなつていたのです。そこで具体的な指導をする事が必要だつたわけで、それは修身科ではないのです。委員として私共はそれが教科になつてはいけないと考えているのです。時間がおかれるという事は一向さしつかえないのです。クラブの中からその時間があつたつていいと思います。しかし子供はこれをやらなければいけないということはないのです。かなり子供は自由なのです。

政府が、国民の世論に応えるという事は事実です。問題は実はその中味ですよ。国民が今の青少年をそのままにしていいのかという事は誰だつて心配ですよ、それが或る形で或る内容を或る方向へもつていく事が問題なのです。

先程も申上げたように審議会へ出すまでに文部省自体かなり準備していた事は事実で道徳教育をこうやればーといつた所まで突込んだ形で用意されていたのですからね、しかし教科といつた形まで、いかなかつたところに国民の常識なり批判なりが動かした大きな力があつたと思うのです。矢張り世論というのは大切だと思いますね。

実施要綱の見方

安里 文部省の実施要綱が出る前と出てからとでそれに反対をした人の考えが変つたかどうかというかという事でお話願います。

井坂 矢張り出てみたら文部省の考えてることより要綱の方が教育の線に近い訳です。特に強調したい事は小学校と中学校とは考え方において相当に違うのですよ。道徳教育そのものは違わないのですよ。反響としては、これならたいした事ない。これならとうにやつていたんだ、これでは特設の意味がないじやないか。という考え方と、これじや矢張り危い、現場をしばつていくんじやないか。この程度なら修身じやないとか。もう少しぴしつとしたものが出ると思つていた。等いろいろあると思います。

それはねその学校はどういう事をやていたかによるんですよ。生活指導や社会科で道徳教育はやれるんだという学校がありますが、しかし、生活指導面ではぜろから一〇〇に至るまでいろいろあるんですよ。比較的よくやつているのは全体として二〇パーセントもないといわれています。大部分の学校はある程度まで関心を高めねばならないし、レベルをあげねばならない。文部省はそれをまじめに考えているのですよ。社会科でやるという事でも知的の面が主で生活にもとずく道徳としては考えられてない。ここがこれまでの急所ですよ。だから第一段階としては道徳教育は生活指導で大きく打出されねばならないのです。

それで例えば「第一課正直」と教室で一時間正直の話を聞かされて教室を出たとたん嘘ついたという道徳的知識を覚えてから実践にうつるということにならないよう苦心しているのですよ。

司会　道徳実施要綱をお造りになる時の留意点とか参考になる点についてお話をどうぞ。先ほどのお話の小中学校問題からでも

井坂　まゝ、うち明け話でもしましようかね。三、四回目かの教育課程審議会で道徳教育特設の議題がとりあげられた訳ですが、その時にはもう特設必要だという線で出ていますからね。議論もあつたのですが、結局文部省の考えている通りになつた特設といつても文部省は矢張教育全般で道徳教育をやるんだと考えている。しかし少しまとまつたものをおきたい。組織が必要だと考えそれが小学校に見られる四つの道徳目標になつたのです。正しくは目標と呼べるものではないですが。文部省は各都道府県でやつている道徳教育の重点を調査し整理したものを主な領域でまとめたものその柱ようなものがここに出ているのです。これまで強調していた価値、目標、徳目を裸で出せないのでこの四つの柱として出したのです。この中味にはおよそ望ましいと考えられた徳目ならたいていあがつている訳です。小学校側の委員は文部省の出した資料といつたものに比較的忠実で指導内容の中に大体それを出しているのです。それで割に徳目を並べたという印象を受けますが、中学校の方は四つの柱を一応認め尊重しながらも根本的にそれを検討した終果、四つの柱は不合理だという事になつたのです。例えば道徳的な心情とか正邪善悪を判断する能力とかいうもの、創造的な生活態度というものは個性的だがそういう個性的なものがあるんですからね、柱の一つは、「日常生活の基本的行動様式」でしつけの面ですね、それが道徳教育の一面ですね。このしつけも近代的しつけで古い意味のしつけとは違んですよ。二は正邪善悪を判断する能力として狭い意味の道徳教育の面ですね。要するに青少年に何が悪いかという判断の基準を与える。三は立案者の言によると生活指導的なものを考えたというのです。しかし実はこれは逆なんですね、四は社会科でやれる事なんですね。道徳教育全体を考えてみて戦後の道徳教育で倫理的価値と合わせてみると四をとるわけにはいかないというのです。

石川　中学校の方はどうでしようか。

井坂　小学校とは根本的に違つて基礎から組立てゝいつたのですから徳目なんていうのが出てこないのですね。勇気、忍耐、勤勉、工夫、創造、自主、独立というとみんなもつともだ、大切だというのです。しかしこれだけが価値があるのなら泥坊だつて同じですよ。いい泥坊になろうとするならこれらはみんな必要ですよ、だからその一つをとつてもそのことが自分を高め、社会を高め、社会の共存生活をすすめていくというところにあるのです。つまりきれいごとを余り並べますと現実の生活はいろんな価値が葛藤して判断に苦しむのは何かいいか悪いかではなくその中には矢張りいいことも悪いこともいくつもあるし、それをひつぱる力もいくつもあるのですね、それ等が同時に働く時どつちへ向つていくか、どつちへ向いて判断するかが大切でただ観念的にきれいごとも並べたのでは、教室の中ではえらく見えるのですが一歩出ると反抗的になることだつてあるのですからね。

与那嶺　先程の四つの柱の不合理といわれた考え方が今のお話で一層はつきりしているように思いますね。

井坂　まあそういう訳ですから中学校の方は割と徳目が出てくる基礎になる生活態度、生活の構え、生活の方向といつしよに徳目というか、倫理価値を位置づけているのですよ。小学校と徳目に対する考え方の違うのはもう一つの点では道徳教育は誰がきめようところすべきだという道徳は強制的な計画が、すべきだという考えとしてあるのですね、それで是非というのは人が人にすべき拘束をもつことはできないのじやないか、おれもやるからみんなもこう「しようじやないか」という呼びかけであり願いであるのですね。「レット・アス」という呼びかけですよ。そういう道徳に対する考え方の角度の違いですね。内容は「……すべき」であつたつて「レットアス」であつたつてそんなに違うものじやないですよ。例えば「……すべき」の立場から仕事に一生懸命する。その仕事というのは世の中や自分のためになる仕事なんですが、それは「レット・アス」の場合でも矢張り同じですよ。しかし教育の態度から考えますと別ですよ。「……すべき」だという所から道徳をといていきますと、どうしても先生は一応のいて子供に要求するあの道徳、徳目が教育の内容の対象になつたりする可能性がある。ところが「レット・アス」はまあ先生も生徒も一緒になつて理想的な人間を追究しながら如何に生きるかを共に考え、共に喜び、楽しむことなんですから昔の修身をもつ

たほどわれわれにとつて苦しくないじゃないか。先生が問違つた場合、「あゝ問違つた。本当に悪かつた。自分も其の点気がつかなかつた」と言える先生が人間的で先生の立場も安心してすゝめられるのではないか。中学校の場合、基本的な発想のし方が小学校とそのように違つているのですよ。道徳律や道徳的価値いわゆる徳目だけ教えるだけではいまの教育は正しく行われているとはいえないですね。

それが確実に身につくためにはいろんな現実の問題にぶつかつたり先生も共に苦しんだり共に語り合うのが本当の在り方じゃないかと思うのです。先生も子共に親しまれつつ道徳教育をするのでなければ

親泊 それは師弟同行という事ですか。

井坂 いや総べての先生が道徳教育をやるとしたらそういう以外にないじゃないですか。これは委員の仲間で出た話ですが「共にやつてみてその実行につとゆる共通の課題といつたら何か思い出さないかね」とある委員がいつたら、もう一人の委員が「えゝ思い出したよ。教育勅語だ、その最後のところに（みなその徳を一にせんことをこいねごう）というのがあつたでしよう。あれとそつくりだ」ということになつたんです。

その勅語の末尾は「なんじらこれつとめよ」と書いてないですね。天皇も道徳の前に低頭している訳ですよ。こういつても今度の道徳教育とこの時代の勅語とは何にも関係づけて考えられていませんから、誤解しないで下さい。

自分は普通の人間だという自覚に立つて道徳教育をやるとみんなこうなるのじゃないですかね。

繰返えしますが、勅語の中味を言つているのじゃないですよ。先生はおとなだから社会というのは難しいのだからといつて嘘ついて平気でいて子供にお前等嘘つくなよとはいえないでしよう。

実施要綱の受けとめ方

司会 それではこの辺で話題を次にすゝめたいと思います。実施要綱を現場で受けとつてみてお感じになつたことや、四月から僅かですがお使いになつてみて困つたこと未解決の問題、要綱の問題点等についてどうぞ。

井坂 今年の三月までおやりになつた事と四月からやられたのとはそう違わないと思いますが、どうですかね。

与儀 私もそう思います。

安里（永） 中学の方の内容は社会科でやつている事とそう変りはないのじゃないか、三年で社会一般の政治経済総ゆる機会総ゆる内容によつて地域社会の問題、子供達の問題、国際問題等がおこつてくる場合には民主社会の学習内容ですから道徳的なものと関連させてやれたと思つています。しかし一、二年は内容的に分科の傾向を辿つているので、一、二年ではやろうにも十分やれないのです。道徳的指導の機会が非常に少なくなつてくるのですね。矢張り教科の知的な内容が主になるのですから他の教科なら一層そのことがはつきりしてきます。ホームルームでは何かプログラムをもたないといけませんが、それを順を追つていくのもおかしい。教師はいろいろの仕事におわれて結局ひとりで準備から一切できないのですね。そういつた意味からどうしても要綱によつて学校でプログラムをもち適当な時機にやらなければならないと考えます。

沖縄ではそれ以前の問題もあるのじゃないですか。道徳とは何ぞやとか、民主的人間形成についてもつと深く追究する必要があるかと思いますが。

井坂 今のお話の御参考までに、中学校の方の内容の大きな1、2、3とあるでしよう。道徳というのはこういう生活をし、こういう物の考え方をし、勿論これだけでなく現実の生活の中でこういう方向へ生活をしていかなければいけないでしよう。だから民主的な道徳とは何でしようと議論したつて、道徳は縦の道徳から横の道徳までいろいろあるでしよう。だから先ず現実の生活でどうすべきかという時にこういう方向へ向きこういう考え方で生活をするという事が道徳的生活であり道徳的高まりなんです。どうも徳目、徳ではないのですよ徳目の数とか徳目の体系とか徳目をあげないと道徳教育をしたように思えないという観念があるようですね。ところが道徳とは同じ生活をしていても色々あるのですね。

例えば親子が今晩のおかずを何にするか話合つたとします。互いに相手の主張をききます。自分は暫らく食べてないから好きなものが欲しいと主張しても互い納得で決める時に我漫することも必要になるかも知れません。ゆずる事もあるでしよう。この時徳目がでてくるのですよ。今の場合寛容とか忍耐とかのような生活行動や考え方を整理する手段として徳目が考えられますが徳目は整理の手段であつてそれをまつ向から出して説明し、そうなれという直接の対象になるようなものではないというのが基本的な考え

方ですね。寛容とか親切とか、お互い人を尊重し親しむ気があれば身につく人間としての行動は、その一つ一つの具体的な例をとりあげていくと限りがないですね。

「道徳とは何か」と改つて倫理学者のように難しく考えるだけではね。

赤嶺（貞）　今のお話をお伺いしまして同じものを帰納的に扱うというのですか。修身はどちらかというと演繹的でしたが……。

井坂　きちつと分類できないのですが、どつちかといえば、それは帰納的な傾向があるのでしよう。しかし直ぐに又経験主義とは言えないのですよ、何でもどちらかと割切ることはできないですね。矢張り帰納の中に演繹があるのですよ。経験とか観念とか決めるのでなく一つの行動場面における倫理的価値というのはたくさんの要素を含んでいるのです。どつちかといえば帰納的だといえる訳です。

井坂　どうですか、卒直にいつてホーム・ルームとか学級会を中心として子供の全人教育、人間教育をやつていた学校だつたら、あんまり新しいことではなくこんな事ならやつていたんだといつた印象をもたれたと思うのですよ。しかし本土においては残念ながらそうでない所が多いんです。これからもで不十分の所は力をいれてやつていただきたいです。よくガイダンスとは任意的偶発的でガイダンスに任せておけないというのですが、ガイダンスの中でも一貫してモラルがあるわけですよ。それだけ裸にしてやるから一方できつく要求する人は不満なんですね。もつとはつきり善悪の基準を備えようというのですね。いろいろな場合を考えて帰納的傾向だとか何とかもつていつたりすると余り満足しない。やつていることを実際に見せるとあゝ成程、と頷く人もいますが教育者全体が同じ方向へ向くかというとそうではないのですね。

時間特設の趣旨

安里　従来のホーム・ルームの在り方ですね。これは実際には、ゼロから百まであると思うのです。私共指導者の立場に立つ者として何とかしなければならんと思つていた点は、ホーム・ルームは管理的、経営的な面がその中心になつて、形に現われない肝心なガイダンスの面がどうも比重を占めていない。もう少しガイダンス的な面を十分仂かせていかねばという立場から指導にも当つた訳です。殊にこの面の実験学校の研究の結果からは子供達の悩みといつたものまで迫つていけるなと満足を感じたのですが、部分的成功でもつと系統的、計画的にしたいと思いつゝも完全なのができなかつた訳です。中学校の実施要綱から、我々がこう何かもがいていたのに方向を与えてくれたように感じました。

井坂　いや、それは鋭い洞察力ですよ。

安里　まあ、そういう訳で、取組んだ学校としては従来と別に変つたものが出たという印象を受けなかつたと思うのです。座安小の赤嶺先生どうですか。

赤嶺（茂）　そうですね二年ばかりささやかな研究を続けたのですが、今お話のような感じで私も同感です。

井坂　私はね、道徳教育を決して安易なものにしようとは思わないのです。しかし他の教育のいろいろな方向や技能としつくり一体となつていない道徳教育なんて矢張り昔の修身教育と同じみたいで内容の如何を問わず遊離して効果がないと思います。大体全体の教育の体勢に有機的にかみ合つているという事が大切だと思います。それには矢張りこれで満足だといつた教育をしている所はどこにもないと思うんです。殊に道徳教育になると不満足な点が多いと思うしいつもつとめるべき大切な目標だとも思います。それにはどの学校もある程度この位ならといつたものがあつていいと思います。

教育課程審議会ではホーム・ルームはのこす。小学校も特活という名前に改めるという根本方針を決めました。何をやるかと申しますと、集団生活に直接関係のある問題それを処理したり考えたり結局その中で実践的集団生活の中から道徳教育もあるし集団生活自身の問題の処理という現実問題もあるのです。共同社会生活のためのいろんな訓練がそれなんですが、それがどういう点でどういう方向にむかわなければいけないかという時にこういうのがあると自信が持てるわけですね。結局総ゆる学校生活、家庭生活、学習の場に何か問題はないか、つかつているものはないか。それを導くために教師はどういう援助をしたらよいか、どういう方向へもつていつたらよいか、それは或る場合には本を読ませてよいでしよう。偉人の伝記もよいでしよう。放送を通してもよいでしよう。これは国語の時間でも扱えるというが言語の指導で足りないですよ、だからそういつた内容的な指導、人間教育の時間を持ちたいと思つた国語の先生は特設時間でやればよいのです。特設というのは主に時間の特設であつて特設の為に特別の内容を特設したものではない。要綱にあげて

ある内容は裸であるのじゃなく、学校生活の中に、家庭生活の中にあるのです。ですから関運したものなら、家庭から学校へもつてくるかも分りません。その時にそれを中間段階で道徳性一つの、人格の道徳性の統合へと援助してやるのです。人格というばあい道徳的人格の道徳は一つですよ、それが分裂すると正常の人間ではないのです。ですから道徳教育は正しくは完全な統合体の人格にまでいく中間なんです。独立して自分で判断して大体社会生活でも間違いのない安心して任せられる人間、それを造るためにいろんな現実の素材や場において今のように教師が意図的に与える資料もあっていいと思います。又反対に聞いてやることもあるでしょう。

子供と先生とが本だとか何だとかを頼りにしないで直接とつくんでいく、現実の問題を掘り下げていくのですね。その時この方法ではその目的が達せられるんだというのでいろいろの視覚的教材がつかわれるのですね。教師はこんな場合、教材を一辺自分なりに子供達の現実に向けて濾過しこなしてつかわないといけませんよ、修身復活に反対している先生が口では何とか言いながやつている事が修身みたいな事をやつているのを何辺も見ているんですよ。

道得教育を推進するために

社会環境が問題

徳山　校内生徒会活動などでたとえやつても社会が壊すことが大きいんじゃないか、綿密な計画をたてて折角身についたことでも社会に出ると相当な抵抗をうけねばならない。そういう面に対する現場の仂き、又文部省としましてもそういう父兄に対して社会の協力を如何にして求めようとするか、何か参考になる事でもありましたら。

井坂　これは教育の根本問題ですね。学校でやれる道徳教育というのはどんなにやつても家庭や社会に比べると微々たるものですね。だからこの事は特殊な方法としてはございません。とに角長い教育的運動で社会自体を教育的に高めていく事そしてその反面暴力をゆるさない。社会の浄化運動をおこし、断乎として最後まで暴力をゆるさない。社会の決意が必要ですね。社会これはやつぱり民衆でないといけません。民衆に裏づけられないと特殊な非常に効果のある方法は一つとしてないでしょう。これは随分苦心しています。或る人はよく生活指導では効果があがらなかつたというのですが、それは中々決められませんし、あがらなかつたといつてぜろときめつけるのは正しくないでしょう。私自身大いに効果があつたと思います。

又社会の中にだつて矢張り育てるものがあると思います。民衆の声なんてかなり妥当なものがあるのですよ。世論も大分妥当になつたと思います。或る一つの学校が勝手なことをやつていると世論がそれを是正しようとしますし、道徳教育はとんでもない教科みたいに考えられていたものがだんだん改められてせいぜい時間特設するところまできたというのは矢張り国民の世論があつたからです。勿論専門家や先生だけでなく父兄の声もかなりこういう形にする力にはなりましたがね。それは非常に長い道です。長いけど矢張りこつちの方へ向いていかねばならないですよ。今の御質問に対してこうやればよいと鮮かにその方法をあげる人はまずいなと思います。

安里　先生は、先程時間の特設であつてそのために内容をもつてくるんじゃないとおつしやつたのですが、中学校の場合にはホームルームがあつて今の道徳指導が含まれるのですが、小学校の学級会になるとホームルームと違い、内面的な道徳指導はやりにくかろうと思うのです。石川地区の熱心な女の先生の例ですが五年生の指導をしている時個人的な生活の適応の問題にぶつかつたのです。日記を書かしておりますが、その中にその児だけでなく受け持つ子達の共通な悩みじゃないかということに気がついたのですが、その事で特別の時間を今のわくじやとれない、とうとう学級経営の時間を利用してやつた。その研究会の時今日ののは学級会と銘打つていながら学級会じゃないんじゃないか、集団生活の問題ではなく寧ろ家庭生活における親と子の人間関係の調整問題じゃなかろうか、という議論が出た訳です。そんな時その時間のもつていき場が不明瞭なんですね。あの時は問題が大事なことですから学級会であろうと何であろうとやるべきだと話合つた訳です。

井坂　えゝそうです。ホームルーム独自の問題をやつていてもですよ、そこにいろいろな事がからまつてきてここで挙げているような事が扱われてもそれを止めるという先生がいたらそれはどうかしていると思うんですよ。そういうことこそ本当の教育ですよ。例えば水を飲むのに三年生ぐらいの子供が並んでいる所へ一人の乳暴者が来て突きとばした。たまたまそれが問題となつたとしたら、学級会で水を飲む時は並ぶようにしましょう。と議決するより、突きとばした行為やそんなことやられた子供の気持は

どうなんだと、秩序とか順序とかでどっちが大切かと当然学級より個々の生活の面にもつてきて解決を迫ることがこんな場合いいと思うのです。

学級会自身にも特色があるんですが先生がうんと柔軟になつていなければならないんですね。例えば社会科の時人類の共存を説きながらどうしてこう人間が戦争を止めないんだという問題が出たとします。そこへある子が、私はこういう本を読んだんですがといつたらその話をもつとさせて、社会科の勉強を別の時間にやつていいと思うのです。それは社会科からの特設時間であつていいのじやないですか。ただ教科全体のバランスや狙いを失わないようにし一応教科の区分やどういう事をどういう場面でやるという考えはもつておかねばと思います。特に人間に関する問題ですからね。道徳教育は私はそういう教育の機会を逃さないようにする事が大切だと思うのです。

道徳教育を具体化するために

登川　小学校の学校全体計画のもとに学級担任は指導するとありますが、一体学校全体の計画というのはどういう性格のものですか、実施要綱の精神といいますか考え方や内容は一応理解出来ましたが、学校という規模で年間の計画という事前の操作は一種の拘束性を帯びているように聞えますが。

井坂　えゝ、それは中学にも入れた言葉ですが、それは何も学校全体の枠を造るという意味ではなく、年間の学校の行事などを全部入れて、学校全体の計画を土台として考える必要があるといつているんです。

登川　それは一応のめやすとして考えていいわけですね。例えば小学校の低、中、高学年別に主題例があるのですが、それを全部やらねばという意味合いは少しもなく具体的事実をどうみつめるかという時の資料とするのですね。

井坂　えゝ、そうです。ただどうやつたらいいかという事になると特に徳目をまつ向から出すと徳目主義に陥るから「こういうふうにやつたら如何ですか」という程度に出ているだけです。例えば「順番を守る」というのはかなりはつきり出ていますが、「夏の食べ物」などはその中にはいろいろな範疇がある訳です。

登川　先生、話をもう一歩進めて学校計画のたて方学級担任の立場上特に配慮すべき点を、中学側の要綱の末尾にあります東京都案のを通してお話願います。若しゆるされればその案の御批判も。

井坂　いや批判というより、実は私も東京都の委員なんですよ。私自身も参加していますからね……。これは或る学校の例なんです。東京都がこんなのをいくつか集めてつくつたのです。ここに掲げたのだけでは問題ですが、集めた計画案は大ざつぱに分けて、A、BCの三つに分けられました。これはそのA案に当る訳です。A案は大都会の案の一例ですねBC案は都市を離れた郊外農村といつた所ですね。B案は月毎に一単元、指導の便宜上これを題目にわつていつたのです。C案は一ケ月に二つの主題をとり主題を更にこまかに分けています。文部省でもそれらのものを随分検討したのですよ。九月頃出る学習導指要領の中にA、B、C三案が出るかと思います。案を造る時は季節や行事や地域社会との結びつきを考慮することですね。

道徳教育の評価は必要
特設時間のおき方

徳山　評価をしないという事について指導要録と関連づけた意図でもありますか。

井坂　えゝ、あります。いわゆる教科のような意味での五段階評価をしない。本当の評価は個別的な記述をとつてどこにどういう特長や問題があるかをはつきりさせる事にあるでしよう。それが行動の記録の一部には関係をもつてくるでしよう。しかし段階づけの意味の個別的評価をしない。ですから個別的な記録の意味が中心で評定しない訳です。それを個別的な特色を書くところへお書きになればよいのです。それから評価と評定とは違います。評定とは尺度を用意しているもので、評価とは個別的な記述を含むのですが、このことからは評価のない所には指導はないと考えていいわけです。あくまでも個々の子供の問題点や特性を（行動の記録とも関係あるのですが）みるごとが一つ、いま一つは非価値な面、ひつこみじあん等はいい悪いじやなく個人の道徳的な特質になるのですね。この両面から見ることですよ。よその子供と比較しちや困りますよ。例えば忍耐のいい子と機敏性のある子とを比べることはできないでしよう。道徳的ということは一般的人間的基本的な資質をいう訳ですから個々の子供の特質をはつきりと描き出す評価がいい訳ですよ。

赤嶺（貞）　先生、時間の問題ですが、小学校で毎朝相談の時間というので十分ずつ話合つているのですが、こで道徳指導は予定通りできません。三年以上

は土曜日の四時限目に児童会これに朝会一時間、そんなのを寄せ集めますと大体時間は足りるのです。ところが、二十五分位がてごろでこまぎれは望ましくないと書いてあります。気やすめみたいに要は内容だといつておざなりにやられることが考えられますし、指導例のように四十五分程度とつて児童会や朝会等のようなもののを当てることも考えられますが。

井坂 それは矢張り相談の時間とか朝会とかをかえずにおいていくことです。細分することは指導目標からみて不適当でしょう。全体の総時数にプラス一と考えてもいいと思います。プラス一も低学年では二十五分位を二度でもよいし上級では四十五分程度を一時限おいていいわけです。

赤嶺（貞） 実際には金集めなどで……

井坂 その時間をとつて特設と考えることは妥当でないでしょう。

赤嶺（貞） ある偶発事項に対してもこれまで矢張り一時間や二時間をとつていましたがね。

井坂 それと同じようなねらいと考えていいんですよ。

赤峯（貞） 矢張り全体プラス特設の時間ですね。

井坂 教育課程の改訂の手続上からいくと今のことは昭和三十七年度になるんです。現在は特活の枠からということです。特活は実情はぜろから八時間位までもあるんですね。掃除であろうと給食であろうと特活に入れる所と特別に含めない所とあつて、やつている事が同じでも時間の計算は違うのです。特活かどうかという規定は難しいが先生方は良識があつていいと思うのです。その実施している事実が生活指導の精神がいかされればそれぞれ特活の中に含めてよいでしょう。それこそ教育計画全体ですよ。特に小学校の低学年が問題だと思います。特設の時間に何をやるかという事です。社会科、理科などははつきり分れているといえない低学年での特設は随分研究を必要とした問題ですね。案を見ると一応やれそうですがね。内容は社会科でも理科でも同様にやれることです。

低学年の指導が問題

金城 低学年で気づくことですが、例えばきれいな手については理科でもあるわけですね。この場合、道徳時間を特設して指導する場合、指導の内容ですね、各教科のどこでどれをやるか具体的に示す考えが文部省にありますか。

井坂 考えはないですよ、文部省は考えてなかつたんですよ、今までこれはどこかでやつていた事なんですよ。今更時間を特設してやることなんかないんです。低学年では内容とか実践とかあつてはじめて特設はやれるしより高い段階において扱えるんです。低学年では総べての教科が一緒に平行しながらすすめられるのです。だから、私見としては特設して固定しようとする事には問題があると考えるのです。

登川 低学年では社会科が殊に困るのじやないかと思われます。

井坂 その点随分苦心しているようです。小学校の第四領域や中学校の第三領域辺りでは社会科でやるという事を認め、社会科の場合は社会の構造とか、発達とか、かなり知的なものを考えたのです。しかし矢張りそれは無理ですね。世界の国々と仲よくしようという事などこの実践面なんてないですよ、観念的ですよ、態度は必要なんですがそれさえも社会科でやれる事です。せいぜい道徳教育でやれる事は隣近所、学校生活集団である村や町の生活ですね。これを超えるものは知的抽象性といつて教科の面に入れるべきですね。ですから分類する時奇妙な現象をおこすわけです。

沖縄における道徳教育の現況

司会 文教局の先生方が実際に各校をおまわりになつてどうですか。

金城 大半の学校は要綱が出てからこういう線での道徳教育の時間を特設して実施しているというところ

まで行つてないじやないですか。
　従来の特活の分野において苦心してきた立場と違い道徳を時間特設してやるところまではね。

井坂　それは本土でも大体そうです。

登川　趣旨の所に三十三年度においてはとあるのですが。

井坂　三十四年に変るという意味じやありません。教育課程審議委員会が教育という全体の枠を決め全体計画の中に位置づける考え方が先ず三十三年度は、このようにこの位という事です。

登川　これまで右余曲折し、社会科でも改悪云々と騒がれた事からみてこれから先更に後退するといつた心配もあるかどうか。

井坂　この場合は、教育課程全体との関係から法的に臨時措置が施された訳ですよ。

赤嶺（貞）　文部省から九月頃出される指導要領に道徳教育はどのように出るのですか、これまで御聞きした要綱とはどういう具合いになるのですか。

井坂　要綱と大差ないですよ、若干の修正はあるでしょう。趣旨、指導目標、指導内容それにもう少し加わるでしょう。全体として今度出る時には法的な拘束性をもたすという事ですね。義務教育に関する事ですから参考案なのかサジエツヨンなのか分らないようなものでなく義務づけなれたものとなるわけで、最小限のものを法的なものとすることでしよう。残りの部分は指導書として参考資料として出されることになつています。指導要領の性格が変るという全体的な動きの中に御理解をしていただかないとーいわば、そのトツプをうけたまわつたのが道徳教育ですよ。

赤嶺（貞）　この前四枚ほどプリントの資料をいただきました。次いで要綱ですが御親切にありがとうございました。これは全部同じ活字で私達に迫るものですからその重点がどこにあるかぱつとして分らないのです。現場では井坂先生のような方に直接御指導いただくことができたらとそれまちのようですね。

井坂　私もそのために大いにやりたいと思います。これについてはお役に立てば幸せです。

金城　この問題については井坂先生とも御相談して六月三日から六月一杯各地区毎に講習会をやる予定です。

金城　私達現場を廻つてみて特設賛否両論あると思います。先生方とお話合いるをす場合に例えば従来の社会科におけるところの道徳教育、特設における道徳教育などから総べての教師でやれるという可能性の問題と現実やつていかどうかという事とが非常に混同しているようです。やれるという事が現実もやつている事とのいりまじつている実状からガイダンス的な面が不振なのではないかと思います。そういう面を強化していくという立場で特設という事を暫らくひかえて考えていいきたい。

司会　安里先生これまでの文教局のとつた指導について。

安里　現場指導で感じたことは先程井坂先生のお話のように要綱の受けとり方は現場の実施状況によつて大部違うというお言葉その通りだと思います。従来ホームルームにおいてたしかにガイダンスの面に弱点がある。何とか強化しなければならんとやつて、やつと効果があらわれてくる頃は時間が足りないという声が聞えるのです。熱心にホーム・ルームを追究した学校はもつと時間が欲しい訳です。これが特設の要求にかわつた向もあるです。そんな学校は特設といつても今までなかつたものに新しいものを加えたのでなく、もつていた容器の中に充分実をいれる考えであり、又一方容器をちやんと揃えることに苦心していた訳です。この実情、従来の生活指導の実績をふまえて、広くこの充実を念願して簡単なあのプリントで通達しておいた訳です。所がその内容については、まだ研究しなければならないものだから急いで実施要綱の説明会を持たなかつたところで、幸い井坂先生がおみえになつたのでこの際各地区にその計画のたて方や指導のし方について研究の機会をもつ事にしました。

実践する子供が狙い
生活指導との関係

金城　小学校では主題の参考例が出ていますね。中学校では指導の内容ですね。これをここまでもつてくるまでに小中校各委員の民主社会における道徳の価値体系とかについてお話合いがなされたかどうか。

井坂　えゝ、それはやりましたよ。それこそ現実の問題から論理学的な価値観の問題等いろいろありましたよ。古代からの歴史的な過程も辿りましたよ。

安里　道徳教育の在り方について現場の先生方は充分把握されておらんのじやないか。小学校で一例をとつてみますと、いろいろ伝記とか文学的な読み物を通じて学習展開しておられるが、理解させてそれが実践するところまでこなければ意味がない。突つ込みが足らないのじやないかと思います。実践力を高めるための留意点について先生の方から。

井坂　いろいろな方法があるかと思います。例えば集団の雰囲気をつくることもこの一つでしよう。又余り難しいことではなくて子供が或る事をやれたという成功感と課題を与えて味わせる。余り高すぎますと観念性と具体性とが分離をおこしますからね。例えば正直ということでも宿題をしてこなかつた事情を正直に言えれば、まずい点はまずいとしてもそのいい面はほめてやることもある訳ですね。子供の現実の場面でどつちに向いてつとめたかをよく察知してやることですね。正直について更に申上げますと徳目であらわさないで自分に対して誠実に自分のやろうとした事をつとめるという態度を具体的な場面で積み上げていくという。だから正直というのは対人関係ばかりでなく対自己関係を中心にすることが大切なんですね。先生の関係でも先生にだけは言えるようにする。いえないことやいえない子は感想文の形で書かしてもよい訳です。

安里　この実施要綱は内味はわれわれが今まで考えていた生活指導だというふうに受けとつている訳ですが、生活指導については人によつていろいろの違いが出てくるんです。その意味で生活指導について先生からお話願います。どうもしつけばつかりが……。

井坂　ま、甚だ巾の広い概念と非常に積極的な面とで生活指導とは何ぞやと言いますとね、自己実現ですよ。人間の持つている力を社会的目的のために実現することなんですよ。今のように生活指導が人によつてはしつけとコントロールの面のみに考えられていることは誤まりですね。ある行動様式を身につける事は極く一番下の基礎のところでやるんですね。しつけというのが誤解されているんです。要綱の行動様式のところでもはじめ何といおうか苦労したんです。生活指導でも要綱を立体的にみて社会生活のために望ましい行動の形を身につけるという事が入つているのです。しかし要綱に入つているのはそれが最低限に要求されるものなんです。実際は生活指導はうんと積極的な意味をもつています。自分で自分の力をよりよく出してしかもその方向は我儘や私利私欲じやなくて社会的な考慮が中に入つている社会的考慮を加えた自己試練これが生活指導なんですよ。

も一歩すゝめると勉強のできるように雰囲気をもつていくことや集団の生活がうまくできるように態度や実際の技術を身につけるという事や逆に社会生活で人を不愉快にしたりぶちこわしたりすることをおさえる力を養つていくことです。生活指導が人間的に扱つていくのだから、効果は本当に身についてしかもより速くなければいけないという事です。内面的におさえつけるという事は手段であつてやがては自分で自分をおさえつける一人前の人としてのしつけの立体性をみないといけませんね。しつけの一番必要な時期を忘れているのです。入学以前のです。基本的な個人生活のしつけを大体学校でやろうとしている事はなげかわしいですね。あいさつなんて入学前のしつけでしよう。なぜあいさつなんかするかなんて理窟を生活指導やホームルームで言つたつて何も根拠はありませんよ。あいさつをすることぐらい少さい時から矢張りしつけておくものですね。しつけは一番どこで強調されるべきかその時と場を忘れているのです。これは社会の方向をそこへむけて高めなければならないですね。

マスコミの影響
道徳教育と読本の利用

前川　道徳教育を実施するに当つて読本をどうするかについてお話願います。

井坂　私自身の考えとしては児童、生徒に一人一冊特定の本を与えることは避けた方がよいという事です。折角先生と人間的な触れ合いをしてね共に悩み共に喜び考える所が一番尊いものなんです。だから与えるなら多くしかも一番かちかちのものからやわ

らかいものまで巾のあるものがよくなる。べく読まして子供から質問があるまで知らんふりをしておいてやるやり方が安全だと思います。私自身も本を書いていますが、この種の本はなるべく少く売れるという事が望ましいのです。私の場合生活指導でやれるんだという事を実際的に具体的に立論しようと思つて書きました。だから読本式に何頁からかななどとやられたらおしまいですね。特に本県ではそういう事をやつていただきたくない。売れないけど各学校一冊宛はわたつて先生方に読まれ、研究されているというのが願いです。

安里　安心しました。読本の方で問題があると思つて一応文書で教科書を直接子供へ与える事はひかえたがよかろうと助言しておきました。

司会　教師は必要なんですね。

井坂　そうです。教師はなるべく多くのものを研究しておいた方がいいと思います。

徳山　映画と漫画ですがね、本土の場合い何ですかどうも子供にはよくない面もありますが。

井坂　こちらと同じことですよ。これは社会ですよ。社会の商業文化の非教育性なんですよ。これはなくしていくために世論、いわゆる民衆の力をかりなくちやいけません。その中で一番先頭に立つのが教師です。漫画の中にこんな漫画があるんだ、こんなのでなければ、と教師が積極的にそこまでかじをとつてやらないと矢張りうまくはいかない。これを官憲がやりますと危いですよ。官庁がやるといい効果を一つ残すために悪い効果を三つも四つも残すのですからね。」

司会　長時間ほんとにご苦労様でした。

ことしの学力調査　九月二十五日実施

ことしの学力調査は九月二十五日全国いつせいに国・公立の小・中・高校生に実施することになつた。この調査は一昨年国語・数学昨年理科・社会について実施し、ことしで三回目。ことしの調査では、これまでに実施された四教科以外から、小・中・高それぞれ次の諸教科について実施されるが、この種の調査でははじめての試みとして、音楽・英語の両教科について放送も利用される。

△目的　省略

△調査する教科および学年

○小学校＝音楽、図画工作、家庭、教科以外の活動（第六学年）

○中学校＝英語（第三学年）職業・家庭（第二学年）

○高等学校＝英語、保健、体育、全日制（第三学年）定時制（第四学年）

△調査対象校は小・中・高ともに無作為抽出によつて選出する。

△問題作成の基本方針

(1) 問題作成のねらい

イ　教育目標に対する現在の学力の到達程度を全国的に明らかにする。

ロ　数年後にもこの種調査の結果と比較できるような問題とする。

(2) 出題の範囲

出題の範囲は、各教科においてできるかぎり広い領域が含まれるようにし、知識・理解を見るとともに、問題作成にあたつては、できるかぎり技術・能力の程度も測れるようにする。

(3) 問題の程度

学習指導要領を基準とする。

(4) 問題の難易度および結果に対する期待度を明らかにする。

＜ 資料•かながきする文字 ＞

※当用漢字一八五〇字は、かなり広い範囲で日常大した不便を感じない。ただし、かなですむもの、あて字の漢字などはすべてかなにすることが根本的な態度である。

※当用漢字から除かれてかながきされるようになつたいくつかの例をあげよう。

◉代名詞はほとんど除かれている。

●僕、俺、吾、之、此、其、斯、誰など廃止された。

●わずかに君、我、私、彼が残つているけれどもこれも、代名詞としてはすべてかなを用いる。

●君……クンという音読、主君の意味のきみ、●我……がという音読や、我を忘れるというような使いかたのとき。

●私……私事・私用の意味のわたくし、という音読。彼…ひという音読の場合だけに漢字を用いてもよい。

◉副詞・連体詞・接続詞・感動詞・助詞の類の漢字はほとんど削除されている。

●恰、些、聊、愈、蓋、頗、頓、甚、殆、尤、驟、於、或、仍、尚、意、乍、迄など。

●これら四つの品詞は、音読しないかぎりかなを原則とする。

◉現代では外来語のあて字以外には用いないような漢字は、もちろん省かれている。

●釦、襯、頁など。油母頁岩の場合は特殊的すぎる。

◉外来のものの単位を示すために新造した漢字は廃止

●粴、瓱、瓩、粁、吋、呎など。

（五四頁へ続く）

道徳教育における生活指導の役割

安里盛市

「生活指導」という用語ほど、多岐にわたつて使われている言葉はない。使う人、使う場面によつて、同じ用語がいろいろな意味に使われているのである。「しつけ」「訓育」等と同意語に使われたり、「特別教育活動」即「生活指導」だというふうに使われたり、あるいは、われわれが生活していく場合の物の見方、感じ方、考え方を指導するのが生活指導だというふうに考えられたりされている。

いずれにしても、これが教育の領域や内容を示すというよりも、むしろ教育の一つの機能として捉えている点においては共通するところがあるようである。そこで教育の他の一つの機能としての学習指導との関連を考えることによつて生活指導の機能を一層明らかにしていきたい。

学習指導は教育者が被教育者に、ある一定の知識、技能、態度なりを一般的な形で授ける営みであり、生活指導はこの一般的な形で護得した知識、技能、態度なりをひとりひとりの子供の個性や現実の生活に即して身につけさせる営みであると解したい。

この学習指導と生活指導との関連は道徳教育について考える場合にもそのまゝ成立するようである。すなわち広く道徳教育という場合、その中には学習指導として捉えられる側面と、生活指導として捉えられる側面とがふくまれているということである。

道徳内容とか、道徳的価値を一般的な形で習得させる学習指導としての道徳教育であり、これに対して道徳的価値を行動的、個性的にひとりひとりの子どもの身につけさせる営みが生活指導としての道徳教育だと考えられているようである。

道徳教育は、この両方の面から考えていくことが大切であつて、そのどちらかの一方だけで解決のつくものではないのであるが、ここでは主として生活指導の立場から考えてみたい。

われわれの指導する子どもの中には、両親が揃つている子、片親のない子、金持の家に生れた子、貧困にいたみつけられた子、理解ある親を持つ子、無理解な親に苦しんでいる子がいる。これらひとりひとりの子どもの立場を大事にし、それぞれの子どもなりの個性に即して現実の生活に対する適応を図ろうとするのが生活指導の立場であり、それは何よりもひとりひとりの子どもの現実の生活を大切にする営みである。

「友だちは仲良くしなければならない。」―これを観念的に口説いたり、時代的にへだたりのある歴史上の人物を真似させようとしたりすることだけでは、彼等の現実に営んでいる友人関係の改善には大して役に立つとは思われない。それよりは、彼等が現実に営んでいる学級生活の中にひそむ人間関係のひずみに着目させ、それを彼等なりに考えさせ、その中から人間としての生き方を探らせることによつてこそ、生活に生きて働く道徳性が養われるものだと思う。

生活指導は子どもの現実の生活を大切にすることから出発するのであるが、それは単に彼等の現実の生活をうまく処理するという以上の問題をふくんでいるのである。それは子ども達が現実の生活問題を処理する営みを通して生活に対する、あるいは人間の生き方についての物の見方、感じ方、考え方を深めていくということである。生活指導が単なる「しつけ」や「訓育」に留まつたり、特別教育活動の生活活動だけにおわつてはならないゆえんがある。子ども達の行動の背後にあたつて、しかもそれを支えている原動力というべき物の見方、感じ方、考え方を現実の生活の事実に即して深めていく生活指導の営みこそ、道徳教育にとつての大きな魅力ともいうべきである。

現今やかましく論じられている道徳教育問題の解決のいとぐちを私は、まずこゝに求めたい。

道徳教育といえば、何かしら日常的でない特別仕立てのものを持つて来なければ承知しないというような考え方はどうかと思う。

生活を離れて道徳はなく、子供の生活に対する適応を図ることなくして道徳教育は実を結ぶ筈がない。この生活に対する適応の問題を取り扱うのが生活指導の本領であり、それ故に生活指導の道徳教育に果す役割の重要性も存するのである。

さてこのような意味における生活指導が、現在の学校教育の中で、どのように行われるべきであろうか。

もちろん生活指導は学習指導とともに、あらゆる教科、教科外、その他教育活動の全体を通して行われるべきである。とりわけ中学校のホームルームはこの生活適応の問題を取り扱う唯一の場ともいうべきである。

教育のあらゆる機会を通じて行う生活指導は、やゝもすると偶発的な問題の処理のみに終つて、その生活の事実を通して深く自己を見つめ、人間の生き方についてじつくりと考えさせる余裕を持ち得ない場合が多いのである。そこでどうしても各教科を通じて行う生活指導の外に、子ども達の具体的な生活事実の処理をこえて、その背後にひそむ物の見方、感じ方、考え方を指導する時間が必要となつてくるのである。この要請にこたえてくれるのが現在のホームルームである。

「戦後十年、ホームルームがこの生活指導の本質に沿つて運営されていたとするならば、今日論じられている道徳教育の問題はもつと違つた角度から取り上げられていたに違いない。残念なことに、今までのホームルームはこの要請に充分にこたえてくれたとは云えないのではなかろうか。」

そこで、このホームルームの指導をいま一度出発点に立ちかえつて、本来あるべき生活指導の場として再出発させることこそ、道徳教育にとつて着手すべき第一の仕事ではなかろうか。すでにわれわれ沖縄の教育界にもこのことに気づいたすぐれた教師たちの手によつて注目すべき実践が展開されているのである。豊見城中校に於ける安富祖安江先生のホーム・ルーム指導宮森小学校の浦崎律子先生の日記による生活指導、福嶺中校の下地恵一先生のホーム・ルーム指導、平良第一小学校の池村正義先生の学級会において試みた方法等、何れも子どもの現実の生活を深く見つめ、その中から具体的な問題を取り上げ、集団思考を通してひとりひとりの子どもの持つ物の見方、感じ方、考え方を確めつつ、これを更に深めていこうと意図したものである。これは生活指導の方法として日本本土においてもきわめてすぐれたものとして高く評価されているのである。

しかしながらこれらの方法が一の教師だけのものでなしに全教師のものとして一般化し、しかも確実な方法となるためには、なお多くの研究を要すべき問題がある。

子どもの現実の生活から問題を取り上げるといつても、それが、何らの計画性もなく、その時その時によつて、偶然的なもののみを取り上げるだけに終るとするならば、全人として人間形成の上に大きな欠陥が生ずるであろう。こゝに生活指導の計画化ということが重要視されてくるのである。

次に強調されなければならないのは教師の指導性の強化でなければならない。

生活指導の本質が生活の単なる現実的処理だけでなく、もつと根源的な人間性の理解や、人間行動の在り方の追究にあるとするならば、決して子どもまかせの話し合いに終つてはならないということが云えるのである。教師は単に生活指導の技術面だけでなく、深く人生の意義とか、世界観とかいつた方面の教養を身につけ、確固とした指導理念をもつて当らなければならない。

以上のような生活指導観に立つて、ホーム・ルームの計画的指導に当るならば、道徳教育の成果も必ずや実を結ぶようになるであろう。

（学校教育課主事）

社会科における道徳教育

配属校　横浜国立大附属横浜小学校
勤務校　宜野座小学校
中山　興　健

目次

一、道徳教育について
二、道徳教育指導目標について
三、道徳指導の場
四、教科学習における道徳教育
五、社会科における道徳教育
六、社会科における道徳教育の場
七、実践記録

一　道徳教育について

戦後社会の生活が混乱し、道義が頽廃し、特に青少年犯罪が年々増加の傾向にある。これは世界各国共通の事であるけれども、特に日本は敗戦という精神的虚脱と経済的危機、道徳観の相違という特異性があるため、道徳的混乱をまねき各層から道徳教育の振興が論ぜられて来ている。

天野文部大臣による道徳教育の手引書、国民実践要領などを出し二十六年の指導要領の改訂により、社会科における道徳教育の観点ということを打出しました。三十年にも指導要領が改訂され、道徳教育を大きく取上げこれを強化しようとしている。今度また教育課程

（研究教員）

審議会は道徳教育特設問題を整理した文部省案を了承し、文部省は「小中校の道徳教育の特設時間について」と発表して、いよいよ四月から実施しようという運びになつた。

道徳教育の重要性は誰しも考え、どんな内容をどのように指導したらよいかは今までもたびたび論議の的になつた。新しい道徳は社会科で行うか或いは全教科でかと論議され、「学校教育の全面において」ということになつて、各学校でも、それぞれに計画をたてて実践されてきたのであるが、学校によつては綿密な計画の下に指導し効果を挙げてきているが、一般的には現実に困難な点が多かったように思う。それは指導計画が十分にたてられず、たてたにしても形式立な計画のみに終つてしまつたのではなかろうか。しかし道徳教育に力を入れてないということではない。道徳教育がややもするとその場その場でのみの指導に終つたことが多かつたのではなかろうか。その場その場における指導も事実を通しての指導であるので良い指導法であることはいうまでもないが、子供達の生活の中で指導しなければならない場は数多いと思うが、教師の目にふれたり問題になる事はその一部に過ぎないし、また目にふれたにしろそれをいちいち指導することは困難なことと思う。一つの事柄が問題になると例えば言葉使いが悪くなつたように思うとこのことが問題になつて全職員がこれに力を入れ週訓などに取上げて指導するけれども一時は良くなるがまたもとにもどるというふうなことを繰返して来たのではあるまいか。こういうことから今一度考え指導計画を系統的に綿密にたてて指導する必要があるのではなかろうか。そのためにはいままでの「教育の全面において」指導がなされることは当然の事であるけれども、特設時間があつてもよいのではなかろうか。しかしこれにはいろいろな問題があると思う。まず第一に教師自身の問題である。教師はたえず新しい道徳についての研究をつづけると共に、社会の実態を認識し児童のさまざまな生活の場における行動の観察をつづけなければならないと思う。これは特設時間を設けない場合でもそうであるけれども道徳指導の時間を設けるには特に考えなければならないことである。次に指導基準の設定や指導計画については地域の共同研究によつて設定し計画をたてるべきで、これに国家として細い面まで介入しないように、また政治的に利用されたりしないように、内容についてはよく検討しなければならない。次に大きな問題として指導法の問題である。子供達が喜んで飛び込んでこられるように十分な研究がなされなければかえってない方がよくなるおそれがあると思う。またこの時間を設けることによつて道徳指導はこの時間のみに重点をおき過ぎたりするようなことがあつたら逆効果になると思う。どこまでも「学校教育の全面において」指導がなされなければ実が結ばない。

二　道徳教育指導目標について

文部省発表の「道徳教育の手引要綱」には道徳教育の根本目標として「民主的な社会を形成し、その進展に貢献することが出きる。自主的、自律的で積極性をもつた人間を育てる」こととある。

この根本目標を達成するためには「具体的にどのような人間を育てていくべきか」ということを鮮明にするため、憲法、教育基本法、学者の意見などを基にして地域的に現状に即し児童の心身の発達を考え、児童の生活の実態の上にたち設定しなければならない。これについては学校、地域の先生方と一緒に研究してその基準となるべきものをたてていきたい。

三　道徳指導の場

指導目標によりどのような場で指導したらよいかを考えると大きくわけて次の様な場が考えられる。

○学校生活
- 教科学習
- 教科外学習
- 学校生活の場

○校外家庭生活

道徳教育は学校のみでその目的を達成することは、とうてい出来るものではない。児童の生活の場の多くは、学校以外であり、家庭社会の環境が道徳教育におよぼす影響は特に大きいものである。児童は入学前すでに道徳に関して道徳的心情、習慣、観念すべてにわたつて影響をうけて、子供ながらにある一つの型が出来ていて、入学後も、家庭、社会の影響をうけて発達していくのだから、児童生徒の道徳的生長をはばむ家庭や社会の諸条件に目をむけ。家庭社会と連携のもとにその改善に力を盡すことは大きな課題である。

このような相当広範囲にまたがるけれども、学校教育においても教育全面というといろいろな場があるがそれでその場に適した計画なり指導がなされそれが一体となつて、はじめて道徳教育の効果をあげることが出来るのではないだろうか。

四　教科学習における道徳教育

学校生活における教科学習の時間は大きい、それに

（研究教員）

それぞれの教科は計画的系統的な指導がなされている。その中で道徳的指導をどのような内容のものを指導するかもあわせて計画がなされ指導し単にゆきあたりばつたりの指導に終らぬ様に考慮すべきである。各教科の究極の目標は「民主的社会人の育成」にあるので教科の学習がその基になるように指導されることは当然である。各教科で学んだ知識、技能、態度が人間性を育てる媒介となり、人間性の中に知識がとけ込んで行かなくてはならない。しかしあまりにも道徳教育のみに心をうばわれ指導がなされると、各教科の独自の目標を充すことが出来なくなる。充たすことが出来ないと根本目標を達成することは困難である。だから各教科で独自の目標を達成することを先決として、その中で道徳指導がなされなければならないと思う。道徳指導のみを振りまわすと真の道徳指導にはならないであろう。

五　社会科における道徳指導

社会科は道徳教育のみをする教科ではないが、その中には道徳教育のために必要な内容や指導の場が多く含まれている。指導要領の中に、社会科の目標として「社会科は児童に社会生活を正しく理解させ、同時に社会の進展に貢献する態度や能力を身につけさせる。」すなわち児童に社会生活を正しく理解させ、その中における自己の立場を自覚させることによつて、かれらが自分たちの社会に正しく適応し、その社会を進歩向上させていくことが出来るようになることをめざしているとのべている。だから社会科で育てる態度は民主的社会生活における社会の一員としての生活態度を育成していくことである。社会の進展に貢献出来るような実践力を身につけるためには、実践に先だつて自己の行為を決定する知的な仂き、道徳的判断力を陶冶しなければならない。いかなる行為においても、いかなる方向に向つて行つてよいかという知的な思考の仂きが必要である。理解の伴わない実践はその場限りのものに終つてしまい価値がうすらいでいく、知的な仂きを正しい方向に導くためには社会生活を正しく理解していかなければならない。しかし知的な面のみを強調すると徳目の観念的理解にとどまつて形式的実践に走ることになり意味のないものになる。だから感情の裏づけなくしては力のある理解や実践は望めない。また理解のみに終つて実践に移されないような指導では道徳指導の意味をなさない。だから社会科に於ける指導を他教科、教科外学校生活の場に於ける指導が一体となつてはじめて道徳教育の意義がある指導要領の社会科に於ける道徳指導の観点の中に「社会科は社会生活に対する正しい理解を得させることによつて児童の正しい判断力の基礎を養い望ましい態度や心情の裏づけをしていくという使命をになつている。」とのべてある。

六　社会科における道徳教育の場

社会科における道徳指導がどのような場でなされるだろうか。一つは単元の主題に関連した内容的な場面として、一つは学習活動の形態に即して指導される場があると思う。学習形態に即する指導は必ずしも社会科のみで行われるものではないが、共同学習の形態をとることの多い社会科では特にこの機会が多い。これらの学習形態での指導はどの教科でも指導されなければならないと思う。

1　単元の主題に関連した内容的な場面

社会科において指導する内容そのものが道徳的指導になるものが多い。設定された単元を学習することによつて、民主的な社会生活を営む上における道導観なり道徳的判断力が養われる。

学校、家庭、村、町、日本、世界というような集団生活のしかたが、その学年の発達段階によつて道徳的指導がなされる場があり、生産活動に従事する人、その他いろいろな仕事にたずさわる人々の苦労を学習することにより、そこに感謝の念が培われそれに対する協力の仕方、生産物の消費の態度などが一つの問題として解決しようとする所に児童の道徳的判断力が養われて行くと思う。

また単元そのものが子供の生活から取り出された。子供達の生活のあり方、子供会のあり方など、道徳指導を主体としたものがあり、その際どういう生活行動の仕方が、より道徳的であるかが学習される。

これらの学習をする際現在の社会に適応するような社会生活の仕方を理解させると共に常に現在の社会をよりよくしていくにはどうしたらよいかという態度を身につけさせることをおろそかにしてはならないと思う。

2　学習活動の場において

内容面から見て社会科では道徳的要素を含んだ単元が構成されているのでその指導にあたつては綿密な計画が必要である。

学習形態にはいろいろあるが次のようにわけて、そこではどういう指導がなされるだろうかということをぬき出して見た。

（研究教員）

○話し合いの活動

この活動では他人の話を終りまできき、相手の意見を尊重し、他人の意見を笑ったり恥かしめるような態度に出ず、他人の意見により自分の意見を深め、批判する態度が養われる機会が多い。

発言に際しては自信のある発言、また聞き手の身になつての発言の工夫常に協力的に建設的意見をのべ問題の中心をはずさないように心掛けるように指導の手をさしのべられる。すなわち、寛容の態度、率直で協力的建設的意見で自信にみちた勇気のある発言、他人の意見の尊重と自分の意見に対する責任、能率的な解決などの指導が考えられる。

○構成活動

この集団的活動の場でどのような態度が望ましいかということを具体的にその活動の中から身につけることが出来るよき道徳指導の場である。

互に協力し合つて、計画をたて、計画に従つて、他人の意見をよくきき、わがまま勝手なことをせず助け合つていかないとよい作品は出来ないし、また能力に応じた仕事を分担してやるので、おのずから責任をもつて遂行していくという生活態度が実践を通して育てられるよい場である。

○ごつこ遊び

これは子供の興味に即した活動で子供達の活動性に合い、進んでやる。その中にいろいろな道徳的態度が養われていく機会である。

計画をたてるにも、みんなの協力が問題になるし、役わりをきめるにもわがまま勝手なことは出来ず、能力に応じた役、また他人の個性をのばしてやるように心掛けがおこつてくる。集団で活動するのであるから、おのずから規律を守る態度や協力は必要となつてくる。その他話し合いや構成活動の中で指導が必要と思われる道徳的態度が集団の場で具体的実践を通じて養われる。

○調べ活動

これには図書、地図、年表、写真で調べたり統計図で調べたり、見学、面接によつて調べたりする活動が考えられるが、問題にぶつかった場合、それを解決しようとする態度が自然に養われ、また比較批判し、効果的に利用するという態度を身につけることが出来る活動である。

これらの利用にあたつては製作者の苦心を認め合い、大事に共同して使い他人に迷惑をかけないような態度、見学、面接に際しては礼儀作法やその人たちへの感謝の気持を育てるのによい機会である。

これらの活動はグループ活動になることが多いと思うが集団活動の中で互に人格、個性を尊重し合い協力し助け合つてはじめて学習の効果をあげることが出来ることはいうまでもない。集団はリーダーが必要であるし、そのリーダーの態度、リーダーを中心としての個々のあり方を指導するのによい機会である。

このような内容、機会をどのように指導したらよいかは綿密な計画の下に教師が自信にみちた指導がなされなければならないが、あまりにも計画にこだわりよい機会を逃がしたりまた説教的になつたら児童に道徳的心情をよびおこすことは出来ないと思う。

だから常に子供の個々の実態、社会の実状の上にたち、児童の道徳的意識の発達を考え実践していきたい。

協力、責任、寛容の問題にしても一年生には一年生なりに六年生には六年生なりに問題があり指導があると思う。小学校低学年では模倣習慣、暗示によつて善悪を判断し与えられたものを範として行動するといわれている。教師の言葉、動きそのものが児童にとつては範であり一つの権威となるのであるから教師の問題が出てくるが、児童に実際の場を見せ実際の場から取りあげられるものはそこに情意が仂き感動をもつて身につき、習慣化されていくものである。児童の正しい判断その過程をしつかり見つめて、よくほめ自信を持たせる。それが実践へのエネルギーになるよう指導がなされるべきである。

この一年間こちらへ来て学校や、家庭の環境もよくわからずまた学級の状態個々の子供の実態をつかめないままにわずか四、五ケ月の週三、四時間の社会科の時間だけを受け持つて、時間を過すのに精一ぱいであつたけれども、実践したそのままをのせ諸先生方の御批判をうけこれを基として帰郷後先生方と共に計画から実践へと研究を続けていきたいと思います。

七　実践記録

二年生と四年生を受持つたので二年生では「ゆうびんやさん」「近所の人々」四年生「水害と私たちの生活」の指導計画と実践の一部をそのまま書いてみたいと思います。

○二年生の道徳指導

この頃の児童は身近な生活の中で動的なことがらに対して興味をもち、はつきり対比されることがら

に対して気がつき問題をもつようになり、自己本位で欲求が強く生活領域がせまい時期である。だからその指導にあたつては高度な思考を伴なう学習はさけ身近におこる動的な事実について気づきそれから疑問をもたせ気をつけてみるようにし、他人の言葉に左右されないように気をつけ、はずかしがらずはっきりとものをいうように指導がなされなければならない。だからその学習には実践的経験を重んじ見学やごつこ、紙芝居、生活文をかくような動的な活動の中で指導をした方がよいのではなかろうか。

〇指導計画によつて指導する際

指導計画には道徳的要素のみをとり出したが、その他地理的、歴史的な要素も綜合して指導目標を達成するには当然であるが、道徳的要素のみを重要視しすぎて徳目教育にならぬ様に気をつけていきたい。

社会科学習の中で指導していきたい道徳的な要素を学年の発達段階に従ってとりあげたけれどその時その場にふさわしいものを重点的に児童の動きに応じて指導していきたい。

中心になる要素を予想し、徹底するように指導していきたい。

指導が実践に移されるように、その他の場における指導と連携を密にしていきたい。

単元　ゆうびんやさん

目標　いろいろな通信機関の仂きによつて私たちの日常生活は便利なものになつていることを理解させ通信の仕事にたずさわつている人々の仕事を理解しまたその労苦に気づかせこれらの人々への感謝と協力の態度を養い児童に実際に通信機関を利用出来る能力をあたえたい。

学習のめやすとなる問題	学習活動及内容	時数	気づかせわからせたいこと	道徳的要素
〇てがみはどんなときにくるか。	1　てがみはどんなときにくるか話しあう。 ・今までにどんなてがみがきたか。 ・自分がてがみをだした時はどんな時か。 ・もしてがみがなかつたら。	1	〇ゆうびんは遠くの人に用件を早く伝えることができる。 〇ゆうびんがなかつたら生活はどんなに不便になるか。	〇ゆうびんが私たちの生活を便利にしていることがわかる。 〇手がみをもらつたら返事をかく。
〇ゆうびんにはどんな種類があるか。	2　ゆうびんにはどんなものがあるかしらべる。 ・ゆうびん集めをする。 ・ゆうびんをそれぞれの種類によつてわける。 ・その出し方について話し合う。	2	〇ゆうびんには、はがき、封書、小包速達、書留などの種類があつてそれぞれその役目がある。	
〇ゆうびんはどのようにしてとどくか。	3　ゆうびんはどのようにしてとどくか調べる。 ・教科書を中心にしらべる。	3	〇ゆうびんがポストから相手の人にとどくまでの郵送経路	〇ゆうびんがとどくまでにはいろいろな人がこれにたずさわつている。 〇調べ活動、構成、活動の場において。

（研究教員）

（研究教員）

	・しらべたものを表にする。 4　ゆうびん局を見学する。 5　お礼のてがみをかく。	5	○ゆうびん局にはいろいろな仕事があつてそれぞれ仂いている。 ○手がみがはどういうふうにかいたら相手にとどくか。	・責任をもつて仕事をする。 ・互に協力する。 ・他人の意見をよくきく。 ・リーダーの態度 ｝その他その場で ○ゆうびん局の施設と仕事の理解とその利用の仕方 ○そこに仂いている人々の仕事を実際に見てその苦労に感謝する。 ○見学は礼儀正しく仕事のじゃまにならないように。 ○いき帰りの交通道徳をよく守る。 ○感謝の気持をよく表す。
○ゆうびんきよくやゆうびんやさんはどんな仕事をしているか。	6　ゆうびんごつこをする。 ・じゅんびとそうだん。 ・いろいろな道具をつくる。 ・ゆうびんごつこをする。 ・はんせいかいをする。 ・もう一度ごつこをする。	5	○郵便局の主な仕事は窓口で受付けたり切手をうる。 ○スタンプをおす。 ○あてさき別にわける。 ○ゆうびん車でおくる。 ○ゆうびん物をくばる仕事などがある。	○進んでごっこ遊びをする。 ○相談準備はみんなの協力が心要である。 ○集団活動での個人の動き。 ・きめられたことはよく守る。 ・わがまま勝手なことをしない。 ・他人の行動、意見をよく認め悪口などをいわない。
	7　ゆうびん局やゆうびんやさんの苦労について話し合う。	1	○郵便局やゆうびんやさんには目に見えないいろいろな苦心がある。	葉書や封書の書き方を知つて先方の人やこれを取扱う人に迷惑をかけないようにする。 見学やごつこにより実際に経験したことからゆうびんにたずさわる人々の苦労を知り感謝し迷惑をかけないように心掛ける。
○ゆうびんを正しく書くのにどうしたらよいか。	8　ゆうびんの正しい書き方について話し合う ・ゆうびんごつこで困つたこと。 ・はがきのかき方。 ・ふうしよのかき方。	2	○ゆうびんのかき方、宛名と自分の住所、氏名ははつきりかく。 ○料金にあつた切つてをはらないと相手やゆうびんきよくにめいわくをかける。	○話し合い活動で。 ・他人の意見を笑つたりしない。 ・自分の思つていることをよくしらべる。 ・発言はみんなによくわかるように。
	9　お友達にてがみをかこう	1		○手がみをやりとりすることにより友だちと仲よくする。

手紙はどんなときにくるか。ゆうびんにはどんな種類があるかを学習してゆうびんはどのようにしてとどくかの学習の場をとりあげてみたい。

ゆうびんの種類について児童に答えさせ、

師「きのうお勉強したことはよくわかっていますね。じゃあ、みんながおてがみを書いてポストに入れてそれがあて先にどうしてとどきますか。」

この発問に対してはほとんどの児童が教科書にあるものを家庭学習してきたようで本をみながら答えている。しかしこれではほんとの理解とは云えない。ゆうびん物の経路が教科書のみを通して覚えられたに過ぎず身についたものにはならない。

師「みんなよくお家でお勉強してきていますがもう一度みんなでよく調べてそれを絵にかいてみましょうか。」

絵にかくというと児童は喜んでもう自分は何がかきたいといっている。話し合いで六つのグループに別れてやることにし、早速相談がはじまった。ほとんどのグループが順調にリーダーをきめ仕事の分担を行い作業をはじめているのにBグループだけは何やらいいあってなかなか仕事をはじめようとしない。

A子「私はポストの絵をかく。ゆうびん自動車なんかかかない。」

B子「それは私がかきたいわ、私にかかせて。」

D君「僕は町のゆびんきよくをかこう」といって書くところもきめていないのにかきはじめようとしている。自分のかきたいものを主張してなかなかきまらないのである。リーダーは気が弱い子どもでどうしてきめたらよいかわからずまごまごしている。

(研究教員)

師「どうして仕事をはじめないの。」

S「先生A子さんとB子さんが自分がかきたいものをかくといってきまらないの。」

師「じゃあみんなでもう一ぺんきめなおしてみましょうね。誰がどの絵をかいたら一番よく出来るか考えてきめてもらいましょう。S君はしっかりして下さいよ。」

S君は責任を感じたらしく今度ははっきりした態度で進めていった。

S「ポストの絵は誰にしましょうか。」

F「A子さんがいいと思います。」

そうだ、いやだと口々に言っている。

H「A子さんがポストの絵が上手だからA子さんがいいわ。」………「じゃあA子さんにきめます。」

B子さんは不満そうな顔をしているけれどもみんなできめているので何とも言わない。それから簡単に仕事の分担がきまり、B子も一生懸命ゆうびん局のえをかきはじめた。

子供達は自分の意見のみを主張し他人のことはあまり考えようとしない。この場合でも他の組はもう仕事をはじめているので仕事をはやく進めさせるには教師がいってきめてしまった方がよいが、それでは相談の時間を設けた意味もなければ、また教師をたよろうとする気を起させるし、集団活動の場で協力の態度が養われないことになる。時間はかかるけれどももう一ぺん考えさせ決定させた。リーダーも教師の一ことで元気づきスムーズに進めて行くことが出来たのではないだろうか。このグループの作品の出来上りは他のグループよりおくれずに出来た。

各自の分担の仕事が終り、ひまな子があちこちに出てくると、

○「先生出来ました。」といかにも責任を果し、先生に見てもらいたくて得意そうな顔である。

一言ほめてやり、

△「もっときれいになるようにしてみましょう。」それでもしばらくすると「もうこれでいいでしょう先生」と次々にいってくる。

△「すんだら何をしようかね。」

○「ざつしをよんでいいですか。」

△「ほかの組のを見ていいですか。」等自分のグループの人は一生懸命やっているのに自分勝手なことをやろうとしている。

その時おとなしいY子さんはまだ出来ていない子のをもくもくと手伝っている。みんなにきこえるように、

△「Y子さんは手伝ってあげているの、いいね、みんなでやったらはやくできるね。」というと、

○「じゃあ僕も手伝おう。」と喜んで手伝いにかかった。

自己中心的傾向をもつ低学年の児童にその行動の指導の中に自然にみんなが協力すれば仕事の能率があがりおたがいに気持よくできるということが身についていくことと思う。

ゆうびんきよく見学のお礼のてがみから

ゆうびんきよくを見学してお礼のてがみをかころということになり、その中から子供達が感じたこと理解したことなどがあるのでそれをぬき出してみた。

○ゆうびんきよくのおじさんはいつもいそがしそうですね。このあいだはいそがしいところをみんなでみにいってすみませんでした。

（研究教員）

○いそがしいところをいろいろとおせわになってわるいと思いました。
○そんなに苦労するということを知りませんでした。
○ゆうびんきよくのおじさんのくろうは大へんですね。ぼくはゆうびんがはたらいてくれなかつたらみんなこまると思います。

ゆうびんきよくの人々の苦労がよくわかつたという文が相当多くそれに対する感謝の念がよくあらわれている。

○一日に三十万通くらいくるのでびつくりした。またまいごのゆうびんが二百通もあるなんて、それをさがすのに大変でしようね。
○あまりたくさんの道具があるのでびつくりしました。
○ゆうびんきよくのことがよくわかりました。
○ゆうびんごつこがうまく出来ると思います。
○区分けがはやいのでびつくりした。
○きかいでスタンプをおすところは手よりずつと早い。
○見学のかえりゆうびんごつこがしたくてすぐ○○君とふうとうをつくつた。
○見学をさせてもらつて勉強がよくできた。
○あてなをはつきり書いてからポストに入れるようにします。
○おとうさんやおかあさんにお話をしてあげてよろこんでくれた。
○ぼくが一番遠くまでてがみ出したのは九州の宮崎までです。
○その他、ゆうびんごつこの役割、ゆうびんの経路をかいたもの。
○ゆうびんきよくのおじさんがはがきが多いというのでおかあさんにきいたらはがきは文が少くて用件がたりるといわれた。
○まだききたいことがあるのでおともだちと一緒にききにきていいですか。

これらの文をみると、ゆうびんきよくの仂きをおどろきとめずらしいことでよくうけとつていつたと思われる。それにゆうびんのあてなのかき方など正確にかかないとどれほど迷惑がかかるということを知り、そういうことのないようにと気をつかつている。このお礼の手紙をよんでみんなで話し合いの時間をもちより一層理解を深め、次のゆうびんごつこが効果的に進められていつた。

ゆうびんごつこの計画

この単元は最初から子供が興味をもつて学習している。それも、ごつこ遊びがあるからである。ゆうびんきよくの見学がすんで、「さあゆうびんごつこをしようか。」というと子供達は、わあ、と喜びの声をあげて

○「ぼくはゆうびんやさんになるんだ。」
○「わたしは切手をうる人だ。」と思い思いの役についた気持で話し合つている。しばらく喜びを話し合わせ、「ではじめたいと思いますが、すぐできますか。」
○「先生ポストを作らなくちやあ。」
○「役をきめないとできません。」

ここで計画がたてられ準備が進められたのであるが、はやくゆうびんごつこをしたくてたまらないらしい。準備がまだ十分に出来ていないけれどゆうびんやの子供はカバンをさげてゆうびんやになつたつもりであるきまわつている。

○「先生もうはじめよう。」とみんながいうのでまだ不備の点はあつたけど、
○「準備はよくできていますか。」
○「はい」
○「それじやはじめますから自分の役のところについて下さい。」

子供達は大喜びでそれぞれの役に従つて仕事をはじめている。ゆうびんやさんなどポストばかりのぞいている。しばらくやつているうちにいろ／＼な問題が起つてきた。

○「先生○○君ははがきを二〇枚も一人で買つていくの。」
○「ゆうびんやさんはポストだけあけてみているの。」
○「切手やはがきを一ぺんにみんな買いにくるのでこまるの。」
「○○君はゆうびんきよくの中へ入つてくるのでじやまでこまります。」
○「スタンプを私におさせないの。」

子供達は教師の所へうつたえにきて、うまくゆうびんごつこが出来ない状態になつたので、

○「どうです、うまくできますか。」
○「出来ない」誰さんがの連発
○「どうしてできないのでしようね。」とひき出してみると誰さんが誰さんからだんだんと意見がまとまり、結局準備が不十分であつたことゝきまりをきめる必要があることに気づき、計画は十分にたてなくてはならないこと、集団活動をやる場合にはきまりが必要であり、きまりをよく守つて、わがまま勝手なことをしないでみんなで楽しくやつていくことなどを話し合つた。

低学年では自己中心主義で自己反省はむずかしい時期であるけれども、子供達も実際にやつてみて困難に

ぶつかつたのであるから真剣に考え不備な点をなおしていつた。具体的な場において集団活動の中における態度が事実を通して理解でき、次への実践の基になり、次のごつこ遊びがうまく運んでいつた。

ゆうびんごつこの反省

ごつこ遊びがすんでもおもしろかつたからもう一ぺんしようといつているので、どんなことがうれしかつたのときくと。

○返事がきたとき　○ゆうびんやさんがゆうびんをもつてきてくれたとき　○みんなと仲よく出来たこと　○ぼくのてがみがまちがいなくついたとき　○ゆうびんきよくはいそがしいので　○たくさんポストにてがみがはいつていたとき

この学習で返事がきた時のうれしさ手紙のやりとりによる楽しさを味わい、手紙の便利を自然に気づいていくだろう。てがみにより友達どうし親しみをましたということも見のがせないものである。

困つたことについて

○さし出人の名前がかいてないとき、かえそうと思つてもかえせない。

○あて名がまちがつたのがおおくてくばるのに困つた。

○字がきたなくてよめないとき。

○誰に出したかわからないとき。

○わけるとまいごのゆうびんがあるのでこまつた。

この反省をもとにしてゆうびんやさんやゆうびんきよくの人々の苦心のことを話し合い、その人たちへの感謝の念をおこさせ、また手紙を出す時他人に迷惑をかけないように心掛けることの大切なことを実際活動を通して身近に理解出来たと思う。

（研　究　教　員）

いけないと思つたこと

○おてがみにへんなことをかいてきたこと。

○自分勝手にはがきをとつたり、おつりをとつたりしたこと。

○村のゆうびんやさんが町のポストをのぞいてはがきをもつていつたこと。

○一度かつたはがきをかえしにきたこと。

○てがみがきたので僕の机の上に入れておいたらゆうびんやさんがとつていつてしまつたこと。

○五円切手しかはつてない人がいたこと。

○一人スタンプをおして私にあまりおさせなかつたこと。

この問題から、自分勝手なことをしたり、きまりを守らないと、その人はいいかも知れないが他の人に迷惑をかけることになり、みんなが楽しく出来ないことを再度、具体的な話し合いで納得のいくように指導した。

以上のような学習活動をぬき出してみたが、ここに書いたことのみを指導したのではない。あまりにもこういう点のみを考え過ぎ、例えばゆうびんやさん、ゆうびんのくばり方、切手やはがきの買い方などいちいち指導したのではのびのびとした学習は出来ないばかりか、ややもすると社会科の学習が生活指導だけに終つてしまうおそれがある。どこまでもその単元の目標をしつかりつかみ指導にあたらねばならないと思う。

単　元　きんじよの人々

近所で遊んでいるとき、おもしろかつたこと、つまらなかつたこと困つたことなどを話し合い

師「けんかしたことがありますか。」　児「はい」

△「どんなときですかお話してごらんなさい。」

○「私がとなりの一年生のM子さんと遊んでいるとき私はまりつきがしたいといつたけどM子ちやんはおにんぎよ遊びをするといつてきかないの、私はおにんぎよあそびはつまらないのでむりにまりつきをしてあそぼうよといつたけど、どうしてもきかないのでしまいにはけんかになつたの、それで私はじやあ遊んであげないK子ちやんとあそんでくるといつたらM子ちやんはなきだしたの。」

○「わあい一年生を泣かしたの先生、○○子さんがわるいや。」

△「なぜわるいの○○さんは自分がやりたいと思つたことを言つただけじやないの。」

○「でも悪いよ先生」　○「あそんでやらないというもの。」

○「M子ちやんは一年生だから○○さんMちやんのいうとうりにあそんであげた方がいいわ。」

○「そうです、そうです。」

△「○○さんどうですか。」

○「私が悪かつたと思います。」

△「いつでも自分より年下の子とあそぶときはその子のいうとうりにすると自分のやりたいことが出来ないじやないの。」

しばらくだまつていたけど、

○「そんなことありません、二人ともよいことがあります。」

○「いつもやらないで年下の子とよく相談して仲よく遊ぶようにしたらよいと思います。」

最初は簡単に事を解決しようとしているけどちよつと問題を出すと、それについて考えようとする態度がみられ、自己中心の中にも他人のことを考えようとす

（研究教員）

る態度、問題を解決しようとする態度が芽生えてきている。

○「みんなが仲よくあそぶにはどうしたらよいか書いてみましようね」と紙をくばつていたら、突然大声で泣き出した子がいた。

気が強くてよくけんかをする○子をいたずらつ子のX君がなかせたのだ。今仲よくするにはどうしたらよいかを学習しているとき、この問題が起つたので○子に事情をきいてみると泣きながらX君がぶつたのだという、X君ははじめ○子さんがぶつたのといい、誰がわるいかわからない。そこで「二人のいうことをみんなにきいてもらいましよう」とX君から言つてもらつた。

X「かみは二枚づつだろうと僕がいうと○さんが一枚だわといつたので二枚だよといつたら、おこつて一枚だよというので二枚だよといつた。おこつてしたしきで僕の手をぶつたのでげんこであたまをぶつたら泣いたの。」

○「ちがうわ、さいしよ一枚だわといつたら二枚だよといつて私のかみをぶつたのそれで私も手をぶつてやつたの、そしたら、げんこつでつよくあたまをぶつたの。」

X「はじめぶつたんじやなくてあくびをしたのでそれがかたにあたつたんです。」

笑声、みんないいわけだと思つている。

その時○子とX君のとなりにいた△子が「先生ちがいます。

師「△子さんいつてごらん。」

△「X君はあくびをするまねをしてかたをかるくぶつたんです。

師「みんなはどう思いますか。」

X君が悪いという子が多く、最初にぶつたから当然X君が悪く泣いた○子に同情をよせている様子であり、X君はそれでも何か不満そうである。

師「X君何かいうことがある。」小さい声で

X「○子さんが強くぶつたのでいたかつたからつよくぶつたんです。」

○「先生僕は二人とも悪いと思います。最初にぶつたX君は悪いけど○子さんもちよつとぶたれておこつてしまつてつよくぶつからいけないと思います。」

みんなだまつているけど、そうだなあというような顔付になつている。X君も心の奥では自分のいい分がとおつたと思つて喜んでいることだろう。

子供達の判断は他人の意見に左右されがちで今こつちかと思うともうこつちに賛成している。この子供達に起つた事柄を通じて、正と悪の正しい判断力の土台を納得のいくように指導してやらねばならないと思つた。

この問題でも正しいと思うことはどこまでも主張してよいが、他人のいつていることがまちがつているにしろ人をなぐつたりするようなことがないよう気をつけようということを話してやつた。

席につくと二人とも仲なおりをしようね。ごめんねといいあいなごやかな雰囲気にかえり一人一人の顔を見ると何となくえみが出た。

単元　水害と私たちの生活（四年）

目標	我が国は毎年水害によつて多くの損害を受けていて昔から水害とたたかつてきている。それにもかかわらず水害の被害額は急上昇をきたしている事実に目をむけこの原因をよく考えこれに対する対策をたて、すこしでも私たちの生活を水害から守る様みんなで力を合わせ日常生活の改善と水害への正しい目を開かせていきたい。			
学習のめやすとなる問題	学習活動及内容	時数	気づかせわからせたいこと	道徳的要素
○水害つてどんなにおそろしいことだろう。	1 水害の様子についてしらべる。 ・おそろしい水害の写真や話などを中心にしてみんなで話し合う。 ・水害地を地図の上でしらべる。		○水害と人命、家屋はかい、田畑の流失との関係を知る。 ○日本では水害の中では台風によるのが一番多い。	○水害のおそろしさを知ることによりどうしてこんなに起るだろうかという疑問をもつ態度。

〇水害はどうしておこるだろうか。

〇水害は防げないものだろうか。

〇水害の幻灯をみたい。

〇水害地の人たちをなぐさめたい。

・水害と台風の関係についてしらべよう。
・水害の損害についてしらべよう。
明治、大正、昭和、前後
・横浜、神奈川県の損害についてしらべる。

2 水害の原因についてしらべる。
・水害の原因について話し合う。
・台風の進路についてしらべる。
・日本の地形についてしらべる。
・堤防の現状はどうか。
・植林の実状はどうか。
・日本の気候の特色。

※ このようなことをグループ別に研究しその原因を綜合してみる。

3 水害をどうして防いでいるかをしらべる。
・台風にそなえることについて。
・台風との戦いについて。
・ダム建設植林の仕事。
・日本の地形について。
・昔の人の業跡について。
・綜合国土開発計画について。

4 「水害と私たちの生活」の幻灯をみる。

5 水害地の人たちが暖い見舞の方法について話し合う。
・どんな方法でどういう見舞をしたらよろこばれるか。

〇日本では災害の中では水害がもっとも多い。
〇水害の損害は終戦後激増したこと。
〇資料グラフを見ていろいろ考えることができる。
〇水害の原因は天災でなく人災であることに気づかせたい。
〇雨量図のよみ方。
〇日本の河川の特長を知る。
〇日本の地形の大要を知る。
〇日本の堤防の現状と国の予算との関係と国の熱意についての関係を考えさせたい。
〇水害防止対策にはいろいろと苦心していること。
〇水害防止には昔から大ぜいの人たちが苦心していること。
〇緑の週間の意義を知る
〇国土開発計画のねらうところを理解する。
〇水害地の人々への暖い心づかいができそれを実行するように心掛ける。

〇原因をつきとめることにより水害を防ぐ対策はないだろうか、また現在どのようにしているかといったことを考えようとする問題解決的態度。

〇グループ活動において
・みんなで協力して学習の効果をあげる。
・能力に応じた仕事の分担。
・リーダーは意見をよくききそれに従って指導する。
〇水害を防ぐためにいろいろな人が仂いていることがわかり感謝すると共に協力出来ることは進んでやる。

〇山林愛護の必要性がわかり樹木を愛護する態度ができる。

〇みんなが幸福になるためには多くの人々の長い期間にわたる協力と努力と忍耐が必要である。

〇昔の人が治水に苦労したことを知り先人への感謝の心を持つ。

〇国土開発のねらいをまっとうするにはみんなの協力が必要である。

〇困ったときにはみんなでなぐさめ助け合わねばならない。

〇お見舞の仕方を知る。

（研究教員）

四年生になると低学年の自己中心で身近なことしか関心を持たないことから進んで行動の範囲がひろがり対比のしかたも一つのまとまつたものを対比するようになり、そのことがらに対して特色を発見しようとする。町や村ひろくは県、郷土の問題に対して現状から問題点を見出し「なぜだろう」と原因をつきとめようとし、彼等なりの解決策を考えようとする態度が見られる。

ここで他にたよらないで進んで事実についてしらべ、くらべて質問する探究的態度と批判的芽を養うように導き、発言に際しては自分の思つていることを勇気を出して自信に満ちた態度でやるよう考えなければならない。

生活綴方的表現も学習の中におりこんで指導したかつたのであるが最初のことでそこまでは出来なかつた。

水害は防げないものだろうか

水害のおそろしさ、水害の原因などを学習して水害の対策についての学習

△「日本は水害が多く、戦後は急激にふえてきたことを勉強してきたが、このような被害を少くするにはどんなことをしたらよいでしよう。」

これに対して水害の原因を学習しているので次々と意見がでた。

○「はげ山をなくする。」

△「どんなにしてなくしますか。」

○「山に木を植えます。」

○「木をやたらに切らないようにする。」

○「ダムを作る。」

△「なぜかそのわけまでいつて下さい。」

○「大雨が降つた時一ぺんに水が流れないようにダムをつくる。」

○「大水のとき水があふれないように堤防を強くする。」

○「ていぼうがこわれないように川をまつすぐにしたり、川ぞこを深くしたりする。」

○「急流のところはゆるやかに流れるようになおす。」

○「台風の進路がはつきりわかるように測候所をたくさんつくる。」

○「木をどんどん植えて一ぺんに水が流れないようにする。」

○「くみあいを作つてみんなで力をあわせて、水害をくいとめる。」

○「台風の進路をかえたり、なくしたりするように水素爆弾を使う。」

笑声、「そんなことが出来るか。」

○「今は出来ないかも知れないが、将来出来るかも知れません。」

まじめになつてみんなにいつている。

△「○○君の意見はいい意見ですね。そういうふうにできたらよいでしようね。戦争なんかに水爆を使わないでそういうものに使えたらよいでしようね。」

みんなは今まで学習して来た。はげ山のできていくありさま、日本の気候の特長、堤防の復旧状況から考えてもつともなことを発表しているがこれだけでは何かしらそういうことが今にもすぐ出来るようで、もう少しつつ込んで考えさせようとし、

△「みんないい意見をいつてもらいましたが、山に木を植えたり、堤防をなおしたり、川の流れをなおしたりするにはどうしたらできますか。」

○「みんなで力をあわせてやればよいと思います。」

△「堤防の復旧の有様を見てまだまだ出来ていないのですが力をあわさないから出来上つていないのですか。」しばらく考えている。

○「いいえ力をあわせていると思います。」

△「力をあわせているのになぜ出来あがらないのですか。」

○「出来ない先にまた水害があつてこわされてしまうからです。」

△「こわれないようになおしたり、こわれないうちになおしたらよいのですがね。」

ほとんどの子がそうだなあという顔付をしているが、手をあげるのがいなかつた。しばらくして、

○「先生これは予算がないから出来ないと思います。」

○「予算つてなんですか。」

予算の簡単な説明

○「お金を沢山復旧に使つたらすぐ出来ると思います。」

○「そしたら他のものは出来なくなるのじやないのですか。」

○「お金がないといつていますが、あると思います。あの………何とかいう人が国の金を沢山自分一人で使つたということをお父さんにききましたがそういう金をそれにまわしたらよいと思います。」

この討議は二、三人しか発言せず他の子はだまつていて、むずかしい事と思つたがそういうものに気づかせるだけでもよいと思い。

△「そういうように国のお金を一人で使うとみんながこまることになりますね。」

○「水害で沢山の損をしているからそれからなおした方がよいと思います。」
△「そうですねそれじゃ予算は誰がきめると思いますか。」
○「議員さんがきめます。」
　ここで国会議員は国民の選挙によってきめられ、みんなが幸福になるように、みんなのことをよく考える人をえらばねばならないことを話し合い、また国の予算はみんなのためになることに使われていて復旧工事のうまくいかないのはいろいろな原因のあることを話した。

　四年の学習では無理なことかも知れないが子供達がそういう面まで考えていたので社会に対する目を開かせるきっかけともなると思い進めた。

研究レポ

小学校における生活指導

配属校　東京都文京区誠之小学校
勤務校　八重山小浜小学校
慶田盛正光
（研究教員）

目次

一、まえがき
二、生活指導についての考え方
三、よりよき実践のために
四、個人理解のために
五、むすび

一、まえがき

　現在ほど生活指導の重要性が叫ばれていることはないにもかかわらず、その生活指導がどのようなものであるかについては、必ずしも共通な理解に立っているとは考えられない。

　生活指導は子どもの教育に対してどのような役割を果すべきなのか、端的には生活指導によって、子どもがどうなることを期待しているかについての見解も大きな開きがある。或人は「今の子どもの行儀作法は全くなっていない。それは子どもの自主性や自由を尊重しすぎた新教育の弊害である。とくに自主性の伸長を中心の原理としたガイダンスの責任である。だから最早ガイダンスの時代でなく、生活指導によって、もっと子ども達の行動をひきしめて規律ある行動を育てるべきである。」と言って生活指導に対して自主性尊重の行きすぎブレーキの役割を果させようとしている。又地方では、「今の子どもたちの不幸や、問題行動の原因の多くは、子ども自身の内にあるのではなく、環境の側にあるのではないか、子どもをとりまき、その正常にして健全な発達に対してのぞましくない、いろいろな悪影響から子どもを守り、子どもの内にひそむ汚れのない発達の力を十分伸ばしてやることが大切である。そのためには子ども達自らの目で社会を眺め、これに対処していく力を養わなくてはならない。むしろ今こそ自主性が尊重されるべきときではないか。その任務は生活指導に課されているものである。」このように生活指導の任務、目標は、そしてその効果についての期待は共通の土台に立っていないことは明らかである。そしてこれら見解のくいちがいはその方法、技術についての理解実践のくいちがいを生ずることは当然であろう。

　現実には多種多様な形態で生活指導は実践されている。これというきめ手はないし、又あり得ない。しかしその実践は常に具体的な生活の場と、条件によって制約された形態をとるものであり、その具体的な諸条件を土台としてこそ、生活指導たりうるのではなかろうか。

　教科の学習の成果については、一年よりは二年、二年よりは三年と、はっきりした進歩が見られるのに対して、子どもの行動のし方や、性格は必ずしものぞましい発達を示しているとは限らない。「日常生活における実践が効果的に習慣づけられるためには、いかなる指導の計画が考えられるか、そして可能な限り子どもの個性を伸ばし、より豊かな社会性を培うには、いかなる方法技術が必要であろうか。日頃の教師としての心構えや指導の計画や実践について考えることにした。

二、生活指導についての考え方

　生活指導といっても、その範囲は非常に広いし、意味づけも、さまざまであって、現在必ずしも一定して用いられていない。学者の生活指導についての考え方を引用すると、

○文部省視学官　高山政男氏　文部時報　三二年六月号

日本の過去における生活指導の系譜の上に立つて、戦後生徒指導として展開された、ものの上に、アメリカにおけるガイダンスの科学性と技術をとり入れ、今日学校教育において展開されつつあるものが生活指導である。

○東大教授　沢田慶輔氏　文部省著　三一年生活指導研究協議会集録

生活指導は、子どもひとりひとりの個性をよく理解し、又子ども自身にも社会との関連において、自分というものを良く理解させ、社会的自我が十分実現できるように援助を与えることである。自我の実現が個人的よろこびをもたらすとともに、社会的福祉に寄与するところがあるように、個体と環境との体制が調整されることを援助することである。

○東京教育大学教授　井坂行男氏　文部省著　三一年生活指導研究協議会集録

生活指導は人間を育てる科学であり、方法である。その人間が決して知能や知識だけの人間でなく、豊かな感情や高いモラルや健康な心身をもつ人間であると考えられる限り、それは「全人教育」の理論であり方法である。

○東大助教授　宮坂哲文氏　明治図書講座　学校教育「生活指導」

生活指導とは生き方についての指導だといつてよい。子ども達一人、一人に、いかに生きるかの生き方を学びとらせて行くことだと言えよう。この子どもの「生き方」とは次の三つの視点からとらえられる。

1　教師が小どもの「生き方」を用意していて、それをまだ染められていない白紙の子どもに与えるというのではなく、むしろ逆に、ひとりひとりの子どもが既に、のつぴきならぬ生育の歴史と現在の生活環境によつて、さまざまな形で、さまざまないろあいで身につけているものとしてとらえられねばならない。そのような子ども達が現に営んでいる、それぞれの具体的な生き方を前提として、はじめて生活指導というものが考えられてくる。

2　「生き方」とは具体的な行動のし方であると同時に、その行動のし方を生み出し、又それを支えている物の見方、考え方、感じ方をも大きく含めたものである。

3　「生き方」が毎日、毎日の生活の流れの中でゆれ動いている。個人的、特殊的ないし主観的生き方をさして言われるものである。とくに、この視点がはつきり確認されねばならないのは教科の学習場面である。

○お茶の水大学助教授　宮田丈夫氏　教育時報　東京都教育庁編

「生き方の、すじ道が対人関係ないし、仲間関係の中でつけられている。指導の手は児童生徒個人ごとに向けられている。

以上の意味づけから実践の現場としての立場を考えると一応次のような考え方をとることができると思う。

「子ども一人、一人を正しく理解し、この個人の内にひそむ伸びんとする力を、個性に応じ、指導、助言し、問題をよりよく解決して行くための態度や、能力を養い、さまざまな場における判断力や実践力を身につけさせるような「全人格の形成」をはかる。そのためには正しい実態把握の上に学級づくりを通して、一人一人の子どもに望ましい生活習慣をつけさせて、社会に正しく適応できるようにするとともに、進んで環境を改善しようとする意欲や実践力を育てることである。」

三、よりよき実践のために

生活指導は子ども達の全生活を対象とし、あらゆる場をとらえて指導しなければならないと言われるが現実の問題としてはそこには限界があるように思う。そこで校内生活を主とした指導について述べたい。

具体的な実践の適用される方法技術を一つの系統として図示すると、

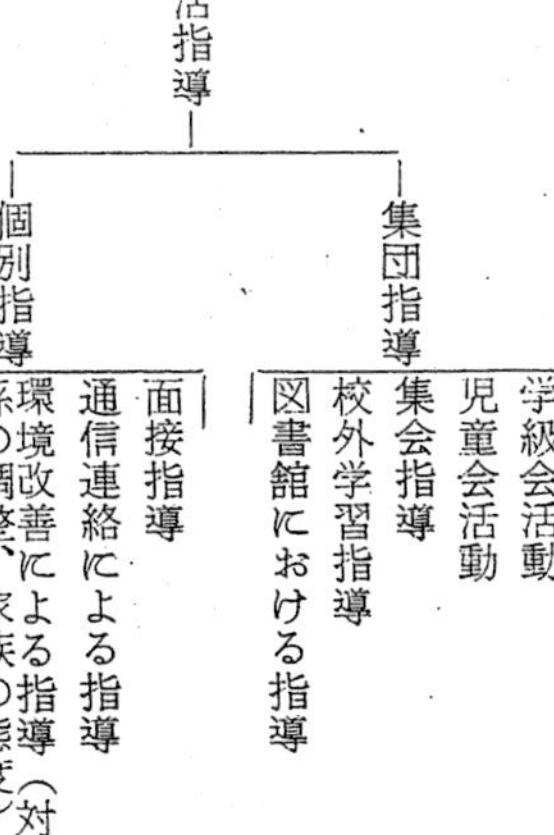

右の考え方は、誠之小学校の生活指導研究部会で話し合われたものである。日常実践している生活指導の具体的な部分は、全体の関係から見て、どの位置を占め、どの領域を受けもつているかを明確に認識する必要から考えられたものである。しかし、このような機

構や系統に生命をふきこむものは教師の人生観であり、こどもに対する愛情と教育に対する熱意と技術、こどもの意欲、教師とこども、こども同志の信頼と理解にあるのではなかろうか。

※ 指導の機会（別紙）

実践の一こま

○朝の話合い、帰りの反省

1 朝の話合い

イ みんなと気持よく朝の挨拶をする。

ロ 健康状態を知る。

ハ 一日の目標を立てる。

ニ 一日の予定の伝達をする。

ホ 社会や世界の状勢を知る。

2 反省の時間

イ 一日の反省をする。

ロ 明日の予定をたてる。

学年、学級の独自な計画でこの時間を有効に使用しているが、低学年では担任が中心となり、高学年では委員や日直が司会者となつて運営している。とくにこの時間には、

1 話せない子を、この時間を通して話せるようにしたい。

2 友人相互の問題をみんなの手で処理したい。

3 一日の生活の中で、かくれた善行を知らせたい。

4 国内や世界のできごとに関心をもたせたい。

5 保健衛生に関心をもたせたい。

△一年生の教室で

朝のあいさつ、健康観察、出席調査、家庭よりの通信連絡の受理の後

イ 昨日お家であつたこと。

ロ みんなに知らせたい楽しかつたこと。

など教師が投げかけて、自由に発表させながら子ども自らの生活に目を向けさせると同時に、一日の学習のスタートとしての雰囲気をつくている。

△二年生の教室

当番によつて司会をすることもできるようになつている。

「お花の当番、用はありませんか。」

「忘れ物の当番、用はありませんか。」

「みんなは、用はありませんか。」

等の司会、指名などは二年生でも毎日の当番によつて司会している。

内容としては、お手伝い活動を通しての問題の話し合い。困つた問題の話し合い。こども会を楽しくするためのプログラムについての話し合い、等教師の適切な指導によつて、できるようになつている。

児童会という組織活動に入る前の指導として、二年、三年の指導はとくに重要だと思う。

※上学年では、新聞、ラジオのニュースの発表等をしており、国内、国外の問題に関心をもつような方法もとられている。

○学級児童会

学級児童会月曜日の最終時間を学級児童会のために特設している。（四年生以上）週の生活目標について、自分達の問題として、それはどのような問題か、しつかり守るためには、どういう点に注意すればよいかについて、又は学校児童会より出された問題、学級より学校児童会へ提案する問題について、有効な集団思考のために、小グループによる話し合いより全員での話し合い。又は「私はこのように考える。○○さんはどうですか。」と呼びかけ方法で問題を深めていくが、教師の指導助言によつて具体的な結論まで到達するようである。

尚、一人の困つているような問題についても、みんなの問題として学級集団を通して解決していく。勿論問題によつては、みんなに発表できないものもあるので、そういうものは個人指導によるが、そうでないものは、みんなの共通の問題として社会化の過程で解決しているようである。

○学級における生活指導の根本問題

1 学級経営の基礎（こどもの生活現実をどのようにとらえるか）

生活基本調査、交友調査、学習不適応児、小遣い、生活記録などによつて、どこまでも動的な実態把握が必要である。

2 具体的な考え方。

教師と子ども、同志が具体的な問題解決を媒介として育てる。

3 親の要求、子どもの要求のくいちがい。

親子協議会、通信、父母懇談会、家庭訪問。

4 長期休暇、学校行事に対する考え方（子どもの自主性を育てるために）

5 小集団活動（集団思考と集団行動）

6 役割活動（リーダーとフォロア）

7 学習活動（教科指導と生活指導の統一のために教科内容、学習形態、指導技術の研究）

8 自由と規律（自主性と責任）

○道徳の時間の特設について

四月から道徳の時間が特設されることになつた。その取扱い等の大綱が発表されているが、本来の生活指導の中核として考えられているもの、即ち「民主的な新しい生き方を現実の場に即して指導する」という考え方を基礎とし、一人、一人が異つた環境を持ち、条件を背負つていることを前提として、それぞれにあつた、立ち向い方を実践していくのでなければその成果は期せられないのではなかろうか。

社会の矛盾の中で毅然とした人間の生き方を考えさせたり、仲間と共に問題をきりひらいていこうとする態度を育てることから出発したいと考える。

四　個人理解のために

環境の変化、若しくは複雑ということが近代社会の特性である。単純な未開社会においては、それは自然への適応で十分であるが、近代社会は応用科学の驚くべき発達で職業は細かに専門化し、金融資本の機構は一定地域内の人口の稠密を来している。即ち環境の変化は賢明な選択をしなければ近代に生活するものの適応を困難ならしめて来ている。教育も異つた領域においての成功の可能性という点で個人、個人の間に大きな相違のあることを発見した。心理学は測定技術を応用することによつて、多くの個人の特性は大きな巾の分布を示す傾向のあることを知つた。複雑な環境と個人差の認識が高まつたために生活指導もそれぞれの環境に適応する問題と取組まなくてはならない。その個人の持つ可能性の発見が如何にして行われるべきであるかは最も深く考えられなければならぬことであるし、全体（集団）の指導のためにも忘れてはならないものである。個人を理解するための方法には現在多くのものが採用され適用されている。これらのものは個々の資料として断片的であり、領域も異る如く考えられるが、実は諸要素を含んだ密接な関連をなしている。これら雑多な諸要素から全体としての個々の子どもの発達像を得るものであり。それが統一され、そこに個人としての全体の適応を支配している要素を正しく強調しているものでなくてはならない。個々の子どもの持つ不適応問題はその個人の生活に支障を来すだけでなく、直ちに集団としての調整に影響するものである。個人と集団とが力学的に相関連して生活が営まれている関係上、個人的理解なくして集団指導も成立しないであろう。

その一　家　庭

家庭という背景であり現実は個人の生活の基盤を形成している。生れてから現在までの人格形成は主として家庭において行われている。家庭はその地域に属した、その社会の一単位に過ぎないが家庭の特殊性としての地域社会からの閉鎖性を問題として挙げなければならない。その地域がどのような性質をもつたものであるにせよ、一家庭はその地域の特殊性を離れても生活が可能である。その構成する家族の社会観や人生観、道徳観は全く別個に成育されることも可能である。この閉鎖性の持つ意義は、その家庭に育つた子どもが、その子どもの性格や人格として他から観られるものの中に映つている。子どもはその家庭のもつ特殊な眼鏡を通して、その社会を眺め、物事を実践している。小学校二年生までは特にこの傾向が強い。このため両親の業務、宗教、教育、健康、出生地、言語の遣い方、教養（新聞、ラジオ、雑誌、購入図書）、建築等はその事実を知ることが必要である。これらの基本的事実は直接、間接に他の問題を考える必要になる事項であるし、最少限把握しておかなくてはならないことである。

次に親子の関係について知ることが大切である。親子の心的関係は常に変化しているものであるのであるから、ある時の関係が長い期間持続するとは限らない。それは問題を通してすべて異つているとも考えられる。しかし親が子をどのように尊重するか、子どもは親をどのように敬愛するかは、その親子の常に交わされる心的関係を比較的長期間見つめることにより、また或種の問題を通して見ることにより、その傾向を把握できるものである。これはその親のもつている人格というものの現れであり、人生観を示すものであるから、このために子どもは親の人格によつて、その子どもらしさを形成されるということである。問題をもつ子ども達に接してみて、人間の心にある愛憎の極めて細やかな心情を理解することができる。攻撃的に行動する子どもは学級内では殆んど排斥される。この子どもについてみれば、親の厳格さが最大の原因である。また盗み、破壊、うそ、無気力、いぢわるをする子、計画の立たない子、実行力のない子、等は親の偏愛等が主な原因であるようである。また、物の整理のできない子、勉強をしない子、躾のできていない子等は両親の矛盾した教育観、意見の不一致である家庭である。また、長男、長女、末つ子に見られる無気力、依頼心は親の放任、過保護による躾からである。これらの何れも親は子どもを最のものとし、親の人生観によつて、子どもの将来の人となり姿を期待しているのである。これら両親のまじめな期待から出発している子どもへの教育が、何れも問題徴候として顕れている。

これはその個人としても問題であるばかりでなく集団としての適応も不適である。

　これらの原因となるものは親の期待に対して子どもがその期待の真意を理解し得ないところから出発している。理論的に成長した小学校高学年の児童にあつても、これらの真意が理解できないところのものは何であろうか。

○それは子どもの特性である対比の意識である。A・Kは不眠症に陥つた。親は子どもの不眠症ということで大変心配をして、早速病院を尋ねたのであるが、内科に行つても、レントゲンを撮つても、血液検査をしてもわからなかつた。数日してからこの問題のあることが担任教師に報告された。知的能力の高いA・Kとしてはむしろあり得ないと考えられる問題である。（知能偏差値、八〇）早速面接が行われたが容易に問題の所在は把握されない。第三回の面接に至つて漸く次のようなことが強く影響していることがわかつた。即ち「ぼくは八五点以下をとると叱られる。」ということだ。

○学期末に近づいて試験の回数が増した結果、親の期待も「もう五年生だから実力の程が知りたい。受験するにしても、しなくても現在の世の中では実力者が勝つのだ。」という考え方が仂いたようである。（父兄会から）

　ここで、A・Kの親について考えてみよう。A・Kの父親は海軍兵学校の恩賜の短剣組という秀才である。終戦後軍人を止めて翻訳を業としているが、その培われた人生観は実力者であることが第一であるという考え方である。しかし長男は父親の期待通りに進学できなかつた。母親はこのため父親との意見が常に相違している（父兄会）という。この期待がA・Kに向けられたわけである。即ち過大な期待と厳格な方針が父親から出されているにもかかわらず、母親との不一致の家庭生活が続けられており、この中にA・Kの学期末の生活が続けられたのである。A・Kとしては知的にも優秀であるが、試験が全部できるといつた自信は到底ない。これは学習した事柄の試験には自信があつても、標準テスト（各会社の教科書から出題されるために時には覚えのないものも出題されている）の実施の時が最も響くのである。そのため母親に来校して貰つて次の約束をした。

1　父親とよくテストの性格について話し合つて貰うこと。

2　テストを通信簿の成績としないから、テストの日には自由行動をしてもよいこと。

3　テストを診断的なものとしていただくこと。

この結果二日後には不眠症が治癒したことである。

この例はさまざまな問題を提出している。

1　心的障碍と結合していることである。

2　障碍の原因が単一ではないことである。
それから幾つかの原因を同時に包合している。
（原因の同時性）

3　両親の躾の型として、厳格、期待、不一致が過度にあらわれていること。

4　問題発見のための面接の重要性。

5　A・Kの友人関係から見た自己の幸福感。

6　兄弟間の愛憎。

7　級友間の異常な競争心。

これらの事項を通して考えられることは、「自分だけどうして、そのようにしなければならないのだろうか」ということである。友達の父は友達が結果的に悪くても、そう厳しく言わないのに、どうして自分だけには父がそう言うのだろう。また兄の時は余りそんなこと言わなかつたのに、自分にはそう言うのだろう。といつた対比意識が仂いている。このため直ちに親の期待は「どこにある」ということが素直に理解されないのではないか。

　即ち親の真意を子どもはどのように受取つているかということである。そこには教師にあつても言えることではなかろうか。

その二　知的能力

　個人の知的能力を理解することは、教育にあたつて直ちに学問的適性、又は学力として表れてくるから是非知つておかなければならないことである。これらの能力は生得的特質ではなく、生来の能力と訓練（学習）との結合であるということは一般に認められており、知能検査によつて標準から評定されている。その実施に当つては単に指数や偏差値を求めるのでは個人的理解に対しては大した意味を有しない。それは診断的に利用されることが大切である。診断的であればある程その指導は適確になされるものである。

1　鈴木ビネー知能検査

2　田中ビネー知能検査

3　武政ビネー知能検査

4　WISC　知能検査

以上は何れも個人テストして相当に高い信頼性をもつものであり、妥当性を有するものである。団体知能テストによつて見出された中の下以下の児童にあつては一応ビネーテストを実施してみる必要がある。少くとも言語的適性と数量的適性（非言語的適性）に対し

（研究教員）

て個々に得点が出るような方法がとられるべきである。知的能力の低いこどもに対して水準の高い読み物を与えても、それは困難を経験することは確実なことであるし、特に進学に際しては知的能力が学問的経験や適性を決定する。

したがつて、その障碍を来さないよう配慮すべきである。

その三　健　康

子どもの健康は子どもの生活を知る上に誠に重要なものとなる。健康であるか否かは生活が思い通りなされているか、どうかを決定する重要な要素である。それぞれの持つ要求が健康の度合によつて充たされない場合も多くあり得る。健康である子どもの問題よりも不健康である子どもの問題の方が、はるかに長期の治療を要する結果となつている。健康については累加的記録が必要となつてくるであろうし。また個々に対する面接は何よりの機会を与えている。例えば元気旺盛とか、倦怠とか、遺伝、不具または身体的不得手というような、子どもの健康と体の特徴については一般的に利用できるものが常に用意されなければならない。その上定期的に行われる身体検査の病歴記録には、より詳細な記録が残されなければならない。児童にあつては身体的に不健康な状態にありながら、自らがそれに気づいていない場合が多い。例えば目の悪い子どもが、教室内では前の方に座席を占めるように希望するけれども、他の処では何等困難の訴えをしないでいる。色神眼疾などに至つては殆んど困難だと訴えていない。むしろ自己の身体の悪さを友達にかくすことにのみとらわれて、自ら適した療法を求めていないことが多い。耳疾の場合も同様なことが見られるが担任教師は個々の子どもの健康について忘れがちになつている。身体の記録も病気も記録するときだけ参考にさせたり、とどめる時にのみ思い出させる健康管理であつてはならない。この点健康に関する記録は常時教師の身辺にあつて常に参考にできるように役立たせなくてはならない。月例に行われる体重測定も健康の大きな診断となつている。体重の増えていない子どもには、他に考えられる身体的徴候が秘められているものである。また現在実施されている給食については更に検討を加えられる問題が残されている。給食は健康としつけの両面に亘つて大きな役割を担つている。食事の指導がともするとしつけに片寄つたり、栄養に片寄つたり、それぞれの家庭や担任教師の考えや希望で実施されているとすれば、それはまことに子どもをして困惑に陥し入れているものであろう。両面とも同時に重要な意味を持つものであり、給食実施の意義も亦ここにあるといえる。食べない子、片寄つた食べ方をする子、何でも食べる子、速く食べる子、時間内に食べられない子、食べ終つた子に対する処置、食べる姿勢、非常にたくさんの問題を持つている。上級にあつては配分のしかた。給食についての心構え、食後の始末のしかた等、学年や性によつてもこれに対する指導領域が広い。

1 給食の当番は十名程度とする。
2 当番は事前によく手を洗う。
3 持ち物はなるべく二人で持つて運ぶ
4 髪の毛、服装をきちんとする。
5 公平な配分をする。
6 食べる時間は三〇分—四〇分とする。
7 食べる間は雑談をしない。立たない。
8 時間内で食べ終つた者は、静かに自分の席で待つ。
9 給食時間の半数を経過した時一巡する。この時食べ方のおそい者、食べられていない物について確める。
10、アレルギー体質の者については強制しない。
11 偏食と思われる子どもについては極力食べるようにする。比較的許容されている面があるが、これは事前に家庭と連絡して子どもの食事について一覧表を作成しておくとよい。
12 食器の返還は分担して交替で行う。
13 食前、食後の挨拶をする。
14 食べた物（本日の献立）名称、栄養等について話す。
15 一週の献立表を配布する。（別紙献立一覧表参照）。

また子どもの健康について次のような時に特に注意して見ることができる。

1 朝の挨拶（出欠調査をしながら）。
2 諸連絡の前（話し合いの時間の前）に昨日より今朝までの状況を聞く。
3 学習時間の最後、特に疲労の色が強く出ている子どもがいないか、どうか。
4 休み時間に外に出ることを嫌うか否か。
5 給食の食べ方。
6 清掃時間。

これらの時間は概括的に観察するのであるが、どんな場合でも気軽に担任教師に報告されるような雰囲気を学校内に持つことである。

その四　校外の経験

校内生活で問題が発見されなくても、校外において問題の発見や報告のある子どもが案外多いものである。環境を異にし行動の目的も校内生活より多岐に亘つているため、その経験もまた広くなつているので、問題の発生の多いのは当然かも知れない。校外にあつては生活の領域が拡大するので、容易に真実を理解することが困難であるから、質問紙法によるものと、面接によるものとに分けて調査することが大切である。

○質問紙法による項目

1 一日の生活時間はどのように組まれているか。
2 主に手伝いのできる仕事にはどんなものがあるか。
3 学習の時間はどのように仕組まれているか。
4 小遣いはどのように貰つているか、その額、もらい方、その遣い方。
5 集団に属しているか。
6 お休みはどのように過しているか。
7 読書はどのようになされているか、購入図書、読書時間、読書の場所。
8 主な遊び場と遊び方。
9 友人関係。
10 新聞、ラジオ、テレビの利用のし方。

○また季節的には

1 お休みの期間の生活表の作製（時間的）
2 旅行、買い物などのとき、交通機関の利用のしかた。
3 友だちの家の訪問、お客の接待。
4 通信、連絡のし方。
5 記録文、日記などの整理。
6 研究物のまとめ。

（研究教員）

等がある。

○面接においては

1 家族のこと
2 健康のこと
3 遊びとその場所
4 個人の不安、なやみ、要求
5 家事の手伝いのありさま

等がある。これらは全体的にも、また個人的にも聞いておかなくてはならない。少くとも一ケ月に一回は個人の校外経験について、その実態を知る機会を作らなければならない。校外での経験は、たとえそれが良いことがあつても非行と思われることであつても、時間的経過が長くなると問題は進展するものであるし、また喜びはうすらぐものである。非行も善行も共にその機会を得ていなければならない。このためには学校組織を通しての校外の組織が確立される必要がある。これらの指導は学校が当ることは勿論であるが、その地域に住む年長者との連絡が必要であり不断にその育成がなされなければならない。特に長期の休みの期間にあつては、この必要性も更に高まるのである。こどもの着想や、実行はたとえ善いことであつても、ともすると周囲の判断にかけ、無理を生じやすいものがある。

このため地域の指導者は、その地域の集団のプログラムを作製し、集団とその行動内容を把握しておかなければならない。

※校外生活指導の組織（誠之小学校の例）

1 学級の組織、日常の学習指導、学級児童会を通じて児童の校外生活上の課題取扱い。

2 児童会の地域班（学区域内、六班他に三班）全職員地域分担で指導にあたる。五年以上で構成し、児童会の機関を通じて、各地域の実態に応じた指導をする。四年以下は学年ごとの地域班別の組織を設けて指導する。

3 P・T・A校外補導部会
各地域班から二名宛の補導部委員と、地区担当教師によつて構成する。月一回の定例の会の外に随時、各地域のケースの発表に基ずいて、校外生活の研究と実践。

4 校外生活補導連絡協議会
必要に応じ年数回、上記の組織代表の他に、婦人団体、子供を守る会等参加。

その五　面　接（相談助言）

直接的な指導は大部分子どもとの面接においてなされている。集団にあつては容易に理解し得ない子どもの面接によつて、個人的に話し合うことにより更に探い問題にまで進むことが可能であるし、また集団としては言うことのできない特殊な問題も発見されることがある。不適応の状態にあることを自ら発見し、自己の問題について、より建設的に人生の真理に直面してよりよき適応する何ものかを面接に求めているとするなら誠に幸いである。それ故にこそ、その技術と方法とは教師にとつて重要なものと言わなければならないだろう。面接は問題の発見に止まることなく、進んで治療、助言に至るまでなされなければならないものである。単なる叱責や忠告のみに止まるのでは面接の意義も少い。何れにしてもそれは現在までの態度や行動を転換させるために援助する必要のある人との一連の直接的なものである。このため面接は比較的表面的に扱われている場合が多いが、それは人格の深層的な再

（研究教員）

体制化を目指す、一層強力であり、長期間に亘つて継続されるものでなければならない。三年生における意識調査の結果、教師からの注意（名前を呼ばれた時）に対して、八二パーセントは叱られたと意識している。問題行動が漸く発生するこの学年にあつては、たとえそれが教師の側として軽い意味での注意事項であるとの感覚であつても子どもの側にとつて、それが叱られたという意識で受取られているという事実は、簡単に面接している場合、教師も親も表面的だという証左ではなかろうか。面接の目的がその問題行動を通じて考えられる場合焦点は人間（子ども）自身であり、問題そのものではない。一つの特殊な問題を解決するのが目的でなく個人としての全体を援けて成長させ、現在の問題及び将来の問題に対してよりよく統合された方法で対抗できるようにするのが目的である。

面接の方法

一、指示的方法

来談者に対して指示的方法がとられるということは最も古くから行われている。現在でもこれらの方法は面接における大部分を占めるものであろう。指示する方法は問題をもつ者に話して聞かせることが主になつている。子ども自身、自分の行動が問題であると意識している場合は非常に少く、問題はむしろ周囲の者によつて発見されていることが多い。そしてこれらの問題はその人格の特性を具体的な場面において再現し、連続している場合が多い。同一子どもが、同じ傾向の問題を常に起しているという事実や報告を観たり、聞いたりする。多くの場合これに対してとられている方法は禁止である。或は忠告である「してはいけない」「こうしなさい」的なことばが問題の再発を防ぐことにはならない。瞬間的な行動の停止はあつても、それらは単時間を経て再び経験されている。その度ごとに忠告や注意がくり返されても問題が発生してくるところのものは何であろうか。それは理性、知性と呼ばれている。思考過程から見ればそれらは制止しなければならないことがわかつていても、行動が、その理性、知性の決定に従えないところに問題の困難さがある。そしてこれらの子どもは何回となく忠告され注意されいる。同一の言葉を何回も聞き乍らそれが行動と結びつかない。いわゆる「いくら言つてもわからない」の型になつている。それが教師であり、親であり、友人であり、その他周囲の者の本人を諌める方法であるが、果してこれらの方法が適確に問題を解決する手段となつているだろうか。こう考えてみると次のようなことが結論される。

(イ) 知的能力の低い子どもにとつては比較的有効である。

(ロ) 知的能力が普通以上の子どもにあつては、次に述べる方法より効果がない。

(ハ) 指示する者の主観によつて子どもをその方向に向けようとするが、それは必ずしも問題の解決をする方向とは一致しない。

(ニ) 面接者の感情が強く移される。

(ホ) 指示者が積極的であるけれども、子どもが自ら積極的になつていないことが多い。

(ヘ) 指示者は指示についての了解を求め易いので期待する解答を求めて安心し易い。

これに対して

非指示的方法がある。

指示的方法とは逆な立場から行われるこの面接の方法は最近急速に教育界に吸収されてきている。この方法においては「自分の問題をすつかり打明ける」ということが前者と比較して顕著な相異であろう。こどもをして洞察と自己理解を増大させることにより、自己自身の態度や感情を一層是認せしめるような手段を強調している。子どもの反応を是認し、これを援助しながら子どもがそれらについて語るように励ましてやるものである。教師は子どもと話す主題の内容を反履し鮮明にすることによつて、更にその目的を達成することができる。このためには面接者（教師）の主観や指示や一切行われないことが望ましいのであつて、早く結果を求めようとすることは避けなければならない。

(イ) 面接者は忍耐強く、愛情をもつて子どもの言葉に耳を傾けるべきである。実際には一時間の面接によつて数語しか語らない場合もあるし、長時間を要しないと最初のことばのでない子どもも珍しくない。

(ロ) 面接者はいかなる種類の権限をも誇つてはならない。このためには教師即面接者という関係は事実上余り有効ではない。担任教師は学級の異る子どもの面接において、むしろ効果を挙げることができる。

(ハ) 面接者は助言や、道徳的訓戒を与えてはいけない。

(ニ) 面接者は来談した子どもと論議してはいけない。たとえ子どもが嘘をついていると直ちに判断されても、それを是正しようとしたり、追求することはよくない。これは面接の経過から見れば、むしろ自らのよい反省となるものである。

(ホ) 面接者は次のような場合にのみ尋ねたり発問してもよい。

a 相手をして発言させようとする場合。

b　面接者との関係について感ずるような来談者自身の懸念や心配をときほぐす場合。

c　考えや感情を正確に報告したことに対して賞讃する場合。

d　除外または、ゆるがせにされたような話題に論議を向けようとした場合。

以上のことは特に配慮すべき事項であるが、これを実現するためには、面接者と子どもの間に厚い親和性を構成しなければならない。多少でも子どもが面接者に対して不安や疑いを抱いているとすれば、直ちに自己の問題について積極的に自己洞察をする努力を失うであろう。信頼と親しみの雰囲気が、この両者の間に早急に作られなければならない。また注意すべき条件としては記録がある。記録は直接に子どもの前でする場合も考えられるが、多くはテープ・レコーダーに納め、面接が終つてからその経過を些細に検討しながら記録するとよい。その時の感情が再現されることは、問題の性質を明らかにする点でもある。

その六　人格性の領域の観方と考え方

今まで述べたことは間接的には人格性に関係したが、それらのおのおのが作用し合つて、個人の人格性を形成するのに役立つ諸性質の複合体をより直接に対象とすることは重要である。現在までに多くの諸教師が人格性の発達に寄せられなければならないということはすべての教師に意見の一致を見ているが、すべての教師に満足できるような人格的特徴のリストをあげることは不可能であろう。そのいくつかのものについては一致しているが多少異つたものとならざるを得ない。それは人格性の構成要素が如何に多岐に亘つているかを示すものである。しかし人格性の発達について

（研究教員）

関心を傾け、何がその要因であり、如何なる場合の行為が、阻害の原因であるかを個々の者にとつて異つた立場から定めることは妥当なことではない。ここに基準を設けて、それが客観的に是認されるものでなければならない。このために行動を通して記述されたものについて次のような観点が考えられるのではなかろうか。

一、責任と信頼

1　責任と才幹（引き受けたことは何でもやりとげ、大変積極的である。そのやり方も工夫創意を示す。）

2　良心的（外的強制がなくとも割当てられたことはするが、その範囲以上のことはしない。）

3　一般に信頼できる（普通には自分で決めたことや他から割当てられたことはするが、時には注意や強制が必要である。）

4　特別な場合は信頼できる（特別興味のあることには高い持続性をもつが、他のことになるとやらない。）

5　当にならない（事がらがそれ程困難であつたり持続的なものでないのにかかわらず、常に強制や、かんとく指導を受けないと仕事が遂行できない。）

6　無責任（絶えず導かれていながらも仕事を完全にすることができない。）

二、創造と想像

1　一般的に（何事にも活発な想像と創意とを以つて臨むので独創的なものをつくつたり、他の者に対して寄与する。）

2　特殊的（多くのものではないが、ある者に対しては明らかに創意と工夫が常になされている。）

3　有望（ある物に対してその創意や想像がなされ、それがその集団に対して創意を寄与していると思われる事実をもつている。）

4　制限内で（ある時には大へん意欲に燃えて努力するが、それが一般に仕事の完成にはそれ程強い影響を与えるほど高くはないもの。）

5　摸倣（自己の創意によるのではなくて、他人の創意や想像のようすを知り仕事をする。この場合い他人の着想を利用する能力をもつている。）

6　想像力がない（創造や想像の形跡が行動の中に見られないもの。）

三、探究心

1　一般的に（すべての知的刺戟に首尾一貫して強い関心を示し、様々な資料を有益に利用することができる。）

2　特殊的（特殊な問題や、ある問題の中の特殊な事柄に対して積極的であり、それらのことは有効に役立てる。）

3　制限内で（問題が示されたり、限られた領域のことに関して探究する。）

4　指示されて（ある部分を指示されたり、計画が明細に説明されるとできるが、これが行われなければ行動しない。）

5　反応しない（研究の方法や、そのことに対してその意義を理解することなく、他の者の方法をも利用する能力に欠ける。）

四、ゆとり

1　識見（新しい考えを歓迎するが、そのままとびつかないで、何か有効な証拠が得られるまでは判定や実行をさしひかえる。）

（研究教員）

2 寛　容（反対の立場や、意見をもつ者の考えも聞くことができ、一つのことにとらわれて直ちに判定しない。）

3 受動的（何でも受け入れるが、自分の確信をもつていない。時間が経過したり、それが実行できなくなると直ちに放棄する。）

4 窮　屈（先入観念に支配されており意見が問違つていても変えようとしない。）

5 挾　量（自分のやり方に抵触すると憤る。）

五、社会的関心

1 一般的関心（常に諸種の行事や機会に関心をもち、その関心を実行に移す。）

2 選択された関心（特定のことには関心を示すが他のことに対しては重要性を認めないで追随的である。）

3 個人的（自己の利益になることについては関心が高いが、集団として受ける利益に対しては積極的でない。）

4 活動的でない（知つていると思われるが発言がない。または関心については発言するが実行に移すことができない。）

5 無関心（共通の善に対しては関心を示さない。他の者がやつているのをみてもその意義を見出せない。）

六、情緒的反応

1 考えに対して（反対の考えを知ることによつてかえつて鼓舞され積極的になる。相手の考えを理解し協力していくことができる。）

2 困難に対して（困難なこと、反対のことなどであつても回避することなく自から実行に移して行く。これに対して怒つたり、放棄したり、問題を変更したり、悲しんだりしない。）

3 理想に対して（個人的にも社会的（学級学校として）にも、その目標とすることを忘れず努力をする。集団の統制のために、その目標が達成を妨げられても絶えず理くつをいわず努力する。）

4 美に対して（自然物を愛する、動植物に対して関心をもち常に身のまわりのことに注意し自ら快感を持つて生活の場を構成しようとする。）

5 秩序に対して（組織や班の生活に対し、またその仕事、事業のあり方などに、どこまでも育てようとする協力的な意欲を示す。）

七、指　導　性

1 影響力がある（かれの意見は学級や班に対して強い影響力をもち、常に集団の意見や活動のもとをつくる。）

2 影響力を及ぼす（前者のような強い影響力はないけれども時折、仲間の意見、活動、または理想に影響を及ぼす意見をのべたり行動をする。）

3 一貫性がない（不一致）（特殊な能力を必要としたり、経験したことのあることに対しては集団の指導ができるが、自ら他のことに対してやろうとしない。）

4 協力的（具体的に影響を与えていないがみんなの考え方には逆行しないで協力する。）

5 受動的（近い友人や、強い力を持つ者にのみひきずられる。確信を持つた指導がなし得ない。）

以上のような観点から見られるというのではなくて、観られたものが前述の項に当ててみてどのようなところに位置するか見定めることである。項目によつて子どもを観ることはその項目の取り上げ方によつて観た子どもであり、他の部分に着眼していないことになろう。またそれは項目を決定した者の人格という狭い観察眼から出ているものである。人格性の構成が人によつて一致していないのも意見の相違を見ると全くこれから出発している。子どもの行動は直接の境遇（環境）によつて変つてくる。たとえ同一の子どもであつても条件が変れば著しく変つた行動を示すものである。しかしそこにはその子どもの人格の異つた面を表出していることだけであつて、基本的に構成されているその子どもの人格性には変りがない。条件が異れば異つた人格を示すのでなく、人格の一部の表れていなかつた面を示しているに過ぎない。Aは教室ではおとなしく、服従的であるが運動場に出た休み時間は極めて支配的に権力をう振舞ようなことがあり、Dは金銭的には潔癖であるが、テストの時には「カンニング」をするといつた不正直である場合がある。このように所によつて人格性が変つた形であらわれる。しかし人間としての特質から一般的に明確にされた実態を抽出することは可能である。その抽出されたものを人格の構成要素とすることができる。しかしこれは単なる個人の行動の追究ではなく、より多人数としての行動の様式から考えられている。即ち人格性は社会的境遇における個人の行動の総体である。

人格性検査

人格性を見定めるために人格性検査があり、これが実施に当つて、それぞれの問題を発見する事ができるが、この得点は必ずしも場面における直接の行動ではあり得ないのでその参考としては適当であると思われる。

（四六頁へつづく）

小学校 中学校 教育課程の改善

教育課程審議会（会長日高第四郎氏）では、三月十五日から本省で総会を開き「小学校・中学校教育課程の改善」について最終的結論を出し、同日松永文相に答申した。同審議会は、昨年九月十四日から審議をかさねること二十数回、慎重審議の結果結論に到達したもの。本省ではこの答申に基いて、教材等調査研究会で新指導要領の作成に着手し、八月中には新指導要領を完成する予定。そして、新指導要領による現場での実施は、小学校は昭和三十六年度から、中学校は三十七年度からとなつている。答申全文は次のとおり。

教育水準を高める

教育課程審議会の答申（全文）

一、基本方針

最近における文化、科学、産業などの急速な進展に即応して国民生活の向上を図り、かつ、独立国家として国際社会に新しい地歩を確保するためには、国民の教育水準を一段と高めなければならない。

このため、小学校および中学校の教育においては、教育基本法の精神に則り、児童生徒の心身の発達に応じ、それぞれの教育目標の達成にいつそう努力するとともに、特に、道徳教育の徹底、基礎学力の充実および科学技術教育の向上を図ることを主眼とし、中学校においては、さらに、必要のあるものに対しては職業または家庭に関する教育を強化することを考慮して、次の方針により教育課程の改訂を行う必要がある。

(1) 道徳教育の徹底については学校の教育活動全体を通じて行うという従来の方針は変更しないが、さらに、その徹底を期するため、新たに「道徳」の時間を設け、毎学年、毎週継続してまとまった指導を行うこと。

(2) 基礎学力の充実については、特に、小学校における国語科および算数科の内容を充実し、その指導時間数を増加すること。

(3) 科学技術教育の向上については、小学校・中学校を通じて算数科・数学科・理科およびその他の関係教科の内容を充実し、特に、中学校においては、数学科および理科の指導時間を増加し、かつ、技術科を新たに設けて、科学技術に関する指導を強化すること。

(4) 中学校においては、義務教育の最終段階にあるという立場を明確にし、第三学年において、教科の指導時間数にいつそうの幅をもたせ、生徒の進路・特性に応ずる指導をじゅうぶんに行うことができるようにすること。

(5) 以上のほか、小学校および中学校の各教科その他の教育活動は、次の方針に基いて、その改善を図り、教育効果を高めるようにいつそう努力すること。

(イ) 教科およびその他の教育活動の目標、内容の配列に当つては、小学校・中学校間の関連をいつそう密にし、学年の児童生徒の発達段階に即して一貫性をもたせること。なお、小学校低学年においては、家庭・幼稚園などにおける教育との関連をじゆうぶんに考慮すること。

(ロ) 各教科間の不要の重複をさけ、目標、内容を精選して、基本的事項の学習に重点をおくとともに、各学年における指導の要点を明確にし、教育の能率化を図ること。

(6) なお、小学校および中学校の教育課程の国家的な最低基準を明確にし、年間における指導時間数を明示し、義務教育水準の維持向上を図ること。

二、小学校教育課程の改訂方針

小学校の教育課程は、「教科」、「道徳」、「特別教育活動」および「学校行事その他」を含むものとし、それぞれ、次の方針に基いて改訂することが必要である。

(1) 教　科

(イ) 国　語　科

① 国語の学習指導については、聞くこと、話すこと、読むこと、書くことのすべてにわたり学年の児童の発達段階に応じ、発展的、系統的な取り扱いについて研究し、その充実、強化を図ること。そのため、国語科の指導時間数を、現行より増加すること。

② 国語学習の全般、特に読解力の学習については、他教科における学習との関連をじゅうぶんに考慮し、内容の精選充実を図り基礎的学習を重視すること。

③ 作文能力の一般的水準を高めるために、適当な措置を講じ、その充実強化を図ること。

④ 教育漢字の学年配当およびかたかな学習の強化について、さらに研究を進め、その実現を図るとともに、文字学習の徹底を期すること。
なお、表記法の統一は、学習指導の上からも重要な問題であるから、その解決に努めること。

⑤ 毛筆習字の学習は、だいたい現行どおりとし、その指導時間数および内容については、国語科の指導目標に照らしてその程度を示すこと。

⑥ ローマ字学習は、国語学習の一環として、第四学年以上においてすべての児童に対し文字・語および簡単な文章の読み書きを行うこと。なお、単独のローマ字教科書は使用しないで国語教科書の中でこれを取り扱うこと。
また、ローマ字学習は、中学校においても継続させることが望ましいこと。

(ロ) 社会科

① 社会科の目標・内容については「道徳」との関連を考慮し、学年の児童発達段階に即して発展的・効果的な指導が行われるよう再検討を加えること。

② 低学年の内容は、特に「道徳」との関連をじゅうぶん考慮し、その取り扱い方について細心のくふうをすること。

③ 中学年は、高学年への移行的段階として、児童の発達段階および社会科の全体構造の上からみて、再検討を加えること。

④ 高学年においては、地理・歴史について基礎的な理解を得させるため、その内容、指導方法を再検討すること。

(ハ) 算数科

① 算数の基礎能力をいっそう向上させるために、小数・分数の四則を小学校で一応完成するなどその内容の充実、整備を図り、また、その基礎的な知識・技能の習熟・概念・原理の理解についても、じゅうぶんな指導が行われるようにすること。そのため算数科の指導時間数を、現行よりも増加すること。

② 生活経験や他教科との関連を考慮するとともに、各学年における目標を明確にし、かつ、内容の系統化を図ること。

③ 特に、計量や図形については、実測その他具体的な操作による指導を強化し、数量や図形についての具体的理解をいっそう深めるようにすること。

(ニ) 理科

① 目標をいっそう明確にするとともに、学年の児童発達段階に応じ、他教科との関連をじゅうぶんに考慮して、その内容をいっそう精選し、基礎的なものを学習させるようにすること。

② 観察・実験の指導をいっそう重視し、科学的な見方、考え方をつちかうよう、特に留意すること。

③ 低学年においては、特に自然観察を重んじ、自然現象や製作物に対する児童の興味や関心を養い、また、自然愛護の態度を養成するよう、いっそうくふうすること。

④ 高学年においては、その発達段階に応じ、自然現象についての原理的理解を与えるとともに科学的態度や能力の基礎をつちかうこと。

⑤ 理科の学習指導にあたつては、特別教育活動や地域的事情との関連についてもじゅうぶん考慮を払うこと。

⑥ 教員については、理科の全領域にわたつて、その学力の向上を図ること。

⑦ 施設・設備の整備充実と、その適切な運営を図ること。

(ホ) 音楽科

① 音楽の学習は、鑑賞や表現の各領域にわたり、学年の児童発達段階に応じ、発展的・系統的に指導すること。

② 低学年は、特に、音楽学習にとつて重要な基礎的段階をなすものであるから、その指導の内容・方法の改善充実を図ること。

③ 各学年の目標をいつそう明らかにするとともに、内容の精選充実と、その標準化を図り、著しい地域差、学校差を取り除くようにすること。

④ 学校における音楽指導は、社会音楽との関連をもじゅうぶんに考慮し、児童の音楽的情操をつちかい、鑑賞力を高めるようにすること。

⑤ 教師は、すべて音楽指導の能力を備えていなければならないから教員養成と現職教育の強化徹底を図ること。なお、この教科の性格上専科教員をおき得るように措置することが望ましいこと。

⑥ 施設・設備の充実と、その適切な運営を図るこ

と。

(ヘ)　図画工作科

①　指導の目標と内容を、いっそう明らかにするとともに、学年の児童発達段階に応ずる指導の要点を示し、美術的な面と技術的な面との統一調和を図るようにすること。また、工作教育の不振の現状についてはその改善充実を図ること。

②　児童の自由な表現活動とともに基礎的学習を重んじ、創造的・実践的態度や基礎的技能をつちかうように指導すること。

③　他教科との関連をじゅうぶんに考慮して、内容の重複をさけること。

④　図画工作に関する教師の指導力を高めるため、教員養成と現職教員の徹底を図ること。

⑤　施設・設備の充実と、その適切な運営を図ること。

(ト)　家庭科

①　家庭科は、衣食住の技能を中心とし、家庭生活についての理解を深め、実践的態度を養うこと。

②　目標と内容を明確にし、男女共通の基礎的理解・能力を高めるとともに、性別の相違についてもじゅうぶん考慮を払うこと。

③　社会科・理科・図画工作科など他教科との関連を明らかにして目標・内容の重複をさけ、家庭科の充実を期すること。

④　教員養成、現職教員の強化を図ること。

⑤　施設・設備の充実と、その適切な運営を図ること。

(チ)　体育科

①　目標をいっそう明らかにし、学年の児童発達段階に応じて、内容の精選充実を図るとともに、指導の程度を示すこと。

②　体育科においては、集団活動とその安全、秩序に必要な基礎的指導を強化し、また、体育学習全般の能率を高めるために、望ましい基準とその取り扱い方を示すこと。

③　体育科における保健学習については、各学年を通じて、健康、安全の習慣の育成に努めるとともに、特に高学年においては保健に関する初歩的理解を得させるよう、その内容を充実し、これを明示すること。

④　体育に関する教師の指導力を高めるため、教員養成と現職教育の強化を図ること。

⑤　施設、設備の充実と、その適切な運営を図ること。

(2)　**道　徳**

①　「道徳」の時間は、毎学年、毎週一時間以上とし、従来の意味における教科としては取り扱わないこと。

②　その指導については、これまでの「教科以外の活動」など、その他必要な事項をじゅうぶんに考慮し、学年の児童発達段階に応じた方法を講ずるようにすること。

③　「道徳」の目標・内容等については、教育基本法の精神に則り本審議会の意見に基いて、教材等調査研究会において慎重に研究するものとすること。なおその際、別紙の基本的要項(一)を参考とすること。

(3)　**特別教育活動**

①　「特別教育活動」は、児童会・クラブ活動等児童の自発的・自治的活動を中心とし、個性の伸長、社会性の育成を目標とする指導領域をさすものとし、その指導領域の種類・範囲を明らかにすること。

②　「特別教育活動」は、児童の発達段階に応じ、地域・学校の事情等をじゅうぶん考慮して、これを行うものとすること。

(4)　**学校行事その他**

「学校行事その他」は、儀式、学芸会、運動会、遠足、学校給食等の指導領域を含むものとし、その指導領域の種類、範囲ならびにその教育上の要点を明らかにすること。

(5)　**教科・道徳の時間配当**

小学校における「教科」および「道徳」の時間配当については、別表のとおりとすること。

別　表

小学校における教科・道徳の最低時間配当

	学年	1	2	3	4	5	6
教科	国語	238 (7)	315 (9)	280 (8)	280 (8)	245 (7)	245 (7)
	社会	68 (2)	70 (2)	105 (3)	140 (4)	140 (4)	140 (4)
	算数	102 (3)	140 (4)	175 (5)	210 (6)	210 (6)	210 (6)
	理科	68 (2)	70 (2)	105 (3)	105 (3)	140 (4)	140 (4)
	音楽	102 (3)	70 (2)	70 (2)	70 (2)	70 (2)	70 (2)
	図画工作	102 (3)	70 (2)	70 (2)	70 (2)	70 (2)	70 (2)
	家庭					70 (2)	70 (2)
	体育	102 (3)	105 (3)	105 (3)	105 (3)	105 (3)	105 (3)
	道徳	34 (1)	35 (1)	35 (1)	35 (1)	35 (1)	35 (1)
	計	**816** (24)	**875** (25)	**945** (27)	**1015** (29)	**1085** (31)	**1085** (31)

備　考

一、本表の時間数は年間の指導時間数の最低を示し、（かつこ内は週当り指導時間数の平均を示す。）一単位時間を四十五分として表わしたものである。

二、一単位時間を四十五分未満として指導を行う場合は、年間を通じて、その不足時間を補わなければならない。

三、特別教育活動は、本表に掲げる指導時間数のほかに時間を設けて行うものとする。

四、私立学校において宗教教育の時間を特設する場合においては、その時間にかえることができる。

（付）この表に掲げる最低指導時間数を確保するために必要な年間の最低指導日数についても、適切な措置を講ずること。

三、中学校教育課程の改訂方針

中学校の教育課程は「教科」、「道徳」、「特別教育活動」および「学校行事その他」を含むものとし「教科」はこれを「必修教科」と「選択教科」に分け、それぞれ次の方針に基いて改訂することが必要である。

(1) 必修教科

(イ) 国語科

① 国語教育の趣旨、学習領域、程度等を明確にし、かたよりのない学習が行われるようにすること。

② 教材ならびに学習活動を精選し基礎的本質的な学習に力を注ぐようにすること。

③ 読解力をいつそう高め、文章を正確に理解させるように努めること。

④ ことばを尊重する意識を高め、正確な表現力を養い、特に作文および書写の指導を充実すること。

⑤ 毛筆習字については、現行どおり国語科の中において取扱うこととするが、その範囲、程度を明らかにすること。

⑥ ローマ字学習については、将来慎重に研究すること。

(ロ) 社会科

① 社会科を地理、歴史、政治・経済・社会の三分野に分けて学習させる立場をとること。ただし、総合的に取扱う立場なども認めること。この場合、分野とは教育的区分であつて、理論的、学問的体系を意味しないこと。

② 義務教育としての一貫性を考慮し、小学校社会科との関連を密にし、内容を精選し、むだな重複を省いて学習効果をあげること。

③ 内容の学年別配当を明らかにし学習にいつそうの系統性をもたせること。

④ 歴史学習においては、国民としての自覚と責任感をつちかうとともに、民族的偏見を避け、世界におけるわが国の立場を正しく理解させることにいつそう留意すること。

⑤ 近代史の取扱を再検討し、地理的分野や政治経済社会的分野とのむだな重複をさけ、指導内容を精選すること。

⑥ 道徳教育については「道徳」の時間の指導との関連を密にしその進展に資するよう配慮すること。

⑦ 学習指導要領の作成にあたつては、目標、内容を精選して指導の重点を明確に示し、基本的事項の指導が徹底するようにすること。ただし、その取扱にはゆとりをじゆうぶん認め、内容をいつそう豊富にすることなどにつき裁量の余地を認めること。

(ハ) 数学科

① 小学校算数科の内容の再編成の上に立つていつそう系統性をもたせ、内容の充実をはかること。

② 基本的理解や技能がじゆうぶん身につくようにするとともに実測・実習等を重視し、実践的な活用の能力を高めること。

③ 生徒の能力の特性に応ずる学習および高学年においては生徒の進路の差に応ずる学習ができるようにすること。

(ニ) 理　科

① 内容を精選し、基本的事項がじゆうぶん指導できるようにするとともに実験、観察の指導をいつそう重視し、科学技術振興の基礎となる知識・技能・態度を身につけるようにすること。

② 内容に系統性をもたせ、二分野たとえば「物理、化学的内容を主とするもの」と「生物、地学的内容を主とするもの」を設け物理、化学的内容の学習に今までより重点をおくこと。

(ホ) 音楽科

① 内容を整理し、生徒の興味関心の程度や変声期等の変化に応ずる指導がよくできるように各学年の指導の重点を明らかにすること。

② 第三学年において、生徒の進路特性に応ずる教

育の必要上、教育課程に弾力性をもたせるため音楽の週当り必修時間を一時間とするが、さらに選択の時間において履修することもできるようにすること。

③ 音楽教育の効果を高めるため、教員養成と現職教育の強化徹底を図るとともに、音楽専門の教員をじゅうぶん配置しうるよう措置することが望ましいこと。

(ヘ) 美術科

① 現行の図画工作を改めて「美術科とし、その内容を芸術性創造性を主体とした表現や鑑賞活動に関するものとし、生産的技術に関する部分は「技術科」を新設してここで取扱う事とすること。

② 教科の再編成に応じ、かつ生徒の進路特性に即して教育課程に弾力性をもたせるため、美術科の第二学年および第三学年における週当り必修時間を一時間とするが、さらに選択の時間において履修することができるようにすること。

(ト) 保健体育科

① 運動種目を精選し、学年の生徒発達段階および性別に応じてその程度と内容の重点を明示すること。

② 保健学習と体育学習との指導時間数の割合は現行どおりとし、両者の関連性をいっそう緊密にしその学習効果を高めること。

③ とくに保健学習については、理科および新たに設ける技術科との関連についていっそう調整を図りそれぞれ分担を明らかにすること。

(チ) 技術科

① 現行の職業、家庭科（必修）を改め、これと図画工作科において取扱われてきた生産的技術に関する部分と合せて技術を編成すること。

② 内容に二系統を設け、男女向には工的内容を中心とする系列、女子向には家庭的内容を中心とする系統を学習させること。

③ 理科との関連において内容を精選し、系統的学習ができるようにすること。

④ 技術科教育の効果を高めるため教員養成と現職教育の強化徹底を図り、施設設備の整備に努める必要があること。

(2) **選択教科**

(イ) 農業科、工業科、商業科、水産科および家庭科

① 現行の選択教科としての職業・家庭科を改めて農業科・工業科・商業科・水産科・家庭科とし、必要に応じて、そのうち一以上を履修させるようにすること。職業生活または家庭生活への準備的な教養について、その基礎的なものを身につけさせるようにすること。

② 第三学年においては、生徒の進路に応じ、必要とする者のために現行よりもさらに多くの時間数を充当できるようにすること。

(ロ) 外国語科

① 現行どおり各学年とも選択教科とすること。

(ハ) 以上のほか、**選択教科は、数学科・音学科・美術科**（(1)の(ハ)、(ホ)、(ヘ)および(5)の備考10参照）および(「その他の教科」(5)の備考7参照)とすること。

(3) **道　徳**

① 道徳の時間は、毎学年、毎週一時間以上とし従来の意味における教科としては取扱わないこと。

② 道徳の目標、内容等については、教育基本法の精神に則り、別紙(2)「道徳教育の基本方針」に基き、教材等調査研究会において、慎重に研究するものとすること。

(4) **特別教育活動**

① 特別教育活動の主な領域は、次のとおりとすること。

(イ) 生徒会活動

(ロ) クラブ活動

(ハ) 学級活動

(ニ) 全校または学年の集会活動

② 学級活動は、これを毎学年三五時間以上実施するものとし、主として次のような指導を行うこと。

(イ) 学級としての諸問題の話合処理

(ロ) 進路指導

(ハ) 健康指導

(ニ) レクリエーション

③ 学級活動のうち、進路指導（進路情報を含む。）については、毎学年計画的に実施し、その卒業までの実施時間数は四〇時間以上とすること。

(5) **教科、道徳および特別教育活動の時間配当**

中学校における教科、道徳および特別教育活動の最低時間配当については、別紙のとおりとする。

【備　考】

1 本表の数字は、年間の最低単位時間数を示したものである。この場合、一単位時間は五〇分として現わしたものである。

2 一単位時間を五〇分未満として指導を行う場合は、年間を通じてその不足時間を補わなければならない。

3 かつこ内の数字は、週当り指導時間数の平均を

示したものである。

4　学校においては、各教科、道徳および特別教育活動についてその表に示す以上の時間数を履修させなければならない。ただし、生徒の負担が過重にならないように週当り総時間数を定めること。

5　教科および道徳にあてる週当りの総時間数は、同一学年のすべての生徒について、これと同一とする。

6　全校および道徳の指導にあてる週当り平均時間数（特別教育活動に当る時間数を含まない）は、三二単位時間を標準とする。

7　選択教科の「その他の教科」は、この表に掲げられていない教科で、学校において特に教科として課することが必要と認められたものをいう。

8　選択教科の履修について

(イ)　学校は選択教科の欄にかかげられている教科について、その一以上をすべての生徒に毎学年一〇五時間以上履修させなければならない。

(ロ)　選択教科を履修させる時間は少くとも一教科について、年間七〇時間以上（外国語科については一〇五時間以上）とする。

(ハ)　右記(ロ)による履修する選択教科のほかに、さらに農業科、工業科、商業科、水産課または家庭科のうち一以上を選択履修させる場合は、この表の規定にかかわらずこれらの教科についてその年間最低時間数を三十五時間とすることができる。

9　特別教育活動の欄に掲げた時間数は、特別教育活動のうち学級活動にある時間数の最低を示したものである。

10　第三学年における選択教科の履修については左記の要領によるものとする。

(イ)　卒業後数学を引き続いて学習する必要ある者に対しては、選択教科として数学科を年間七〇時間以上履修させることが望ましい。この場合、必修教科の数学科の時間と合せ一貫した教育を行うことができる。

(ロ)　外国語科については卒業後引き続いて外国語科を学習する必要ある者には、年間一七五時間以上履修させることが望ましい。

(ハ)　卒業後就職する者または家事に従事する者については地域の事情または生徒の必要に即して、農業科、工業科、商業科、水産科または家庭科のいずれか一以上を一四〇時間以上選択履修させることが望ましい。

(ニ)　音楽科または美術科については、必修の時間だけでなく、選択の時間を設け、生徒が必要に応じて履修できるようにすることが望ましい。

11　私立学校においては、宗教をもつて、道徳にかえることができる。

(付)　この表に掲げる最低の指導時間数を確保するために必要な年間の最低指導日数についても適切な措置を講ずること。

別表

中学校の教科、道徳および特別教育活動とその最低時間配当

教科等		1学年	2学年	3学年
必修教科	国語	175 (5)	140 (4)	175 (5)
	社会	140 (4)	175 (5)	140 (4)
	数学	140 (4)	140 (4)	105) (3)
	理科	140 (4)	140 (4)	140 (4)
	音楽	70 (2)	70 (2)	35 (1)
	美術	70 (2)	35 (1)	35 (1)
	保健体育	105 (3)	105 (3)	105 (3)
	技術	105 (3)	105 (3)	105 (3)
必修教科の時間数		945 (27)	910 (26)	840 (24)
選択教科	外国語	105 (3)	105 (3)	105 (3)
	農業	70 (2)	70 (2)	70 (2)
	工業	70 (2)	70 (2)	70 (2)
	商業	70 (2)	70 (2)	70 (2)
	水産	70 (2)	70 (2)	70 (2)
	家庭	70 (2)	70 (2)	70 (2)
	数学			
	音楽	35 (1)	35 (1)	35 (1)
	美術	35 (1)	35 (1)	35 (1)
	その他の教科	35 (1)	35 (1)	35 (1)
選択教科の時間数		105 (3)	105 (3)	105 (3)
道徳		35 (1)	35 (1)	35 (1)
特別教育活動		35 (1)	35 (1)	35 (1)
年間総時間数		1,120 (32)	1,120 (32)	1,120 (32)

（抜　萃　欄）

別紙(1)

道徳教育の特設時間について

1　趣旨

現在道徳教育は、社会科をはじめ各教科その他教育活動の全体を通じて行われているが、その実情は必ずしも所期の効果をあげているとはいえない。

今後もこの学校教育の全体を通じて行うという方針は変更しないが、現状を反省し、その欠陥を是正し、すすんでその徹底強化をはかるために、新たに道徳教育のための時間を特設する。

特設時間における道徳教育は児童生徒の発達に応じ、日常生活の基本的な行動様式の理解、道徳的心情と道徳的判断力の育成に努め、他の時間における指導と相まつて、道徳的実践力の涵養を図る。

なおこの時間の指導に当つては、児童生徒の心身の発達に応じ、なるべく具体的な生活に即し、広く読物、視聴覚的方法の利用等、種々のくふうをこらし、道徳的判断力の涵養につとめるとともに、道徳的心情の育成をはかり、単なる徳目の暗記や注入に陥ることのないように留意する。

2　指導目標

(1)　日常生活の基本的な行動様式を理解させ、これを身につけさせるように導く。

(2)　個性の伸長を助け、生活態度が確立するように導く。

(3)　道徳的心情を高め、正邪善悪を判断する能力を養う。

(4)　国家・社会の成員として、必要な道徳的態度と実践的意欲を高める。

3　指導法

特設時間においては、左記のような指導法を適宜便用する。

(1)　日常生活上の問題の利用

学級、学校、家庭、近隣生活における児童の具体的問題の中から、適当なものを取り上げ、その解決のための話合いなどを通じて、道徳的判断力や実践意欲を高める。

(2)　読物の利用

伝記、古典（中学）、物語、文学作品（中学）、生活記録、詩などの中から適切な教材を選択し、教師が話して聞かせたり、感想文を書かせることなどを通じて、道徳的行為について理解させ、かつその心情に訴えて感銘を与える。

(3)　教師の説話

適切な例話や教師の体験談等を興味深く話してやることによつて、道徳的な理解を得させ、道徳的判断力を養い、実践意欲を喚起する。

(4)　社会的なできごとの利用

日々の新聞やラジオの報道等のなかから適切な教材となるものを選択し、それについての感想発表などを通じて、道徳的判断力や実践意欲を高める。

(5)　視聴覚教材の利用

映画、演劇、紙芝居（小学）、ラジオ、テレビ録音教材などの中から適切な教材を選択し、集団視聴の後、感想発表等を通じて道徳的行為について理解させ、かつその心情に訴えて感銘を与える。

(6)　実践活動

健康・安全の保持、環境の美化、公共物の使い方等を具体的に理解させるために必要な実践活動を行わせ、道徳的実践力を養う。

(7)　研究・作業

生徒に適した問題について、調査研究または作業等の実践的活動を行わせ、道徳的判断力や実践力を養う。

道徳教育の基本的方針

われわれは、さきの大戦争の結果、あらゆる方面において莫大にして深刻悲惨な損失と犠牲を被つたが、そのうちにあたつて意外にも貴重な宝を一つ獲得した。それは人間尊重の普遍的原理とその国民的自覚である。これこそ新日本の建設と育成の指導原理にほかならない。

(1)　教育基本法は、かかる精神の必要欠くべからざる骨格を規定した法律であるが、その思想的背景の構造に、人間尊重の精神と、それに基く共同体の倫理ということができるであろう。

(2)　かかる価値判断の系譜を教育の実践に適用するためには、まず教育者の側においてその意味内容をよく研究理解し、わが国の歴史的伝統を、新しい角度から批判検討して、その優れたものは堅持し発展させると共に、欠けているものは率直に承認して補う道を講じ、民主的な日本にふさわしい社会的ふん囲気を醸成するために、いつそう目覚的に努力する必要がある。

(3)　上述の価値判断の原理を基準として、道徳教育の目標、その教育内容の選択を誤らないようにしなければならない。そうしてその教育内容をゆたかにするためには、日常生活の個人的社会的経験から生きた資料を選ぶと共に、広く東西古今の古典的源泉等

からも汲とるべきである。

(4) 詳細な教育目標および教育内容の選択、配列、取扱い等に関しては、教材等調査研究会において慎重に審議すべきである。

昔の修身教育にならぬよう

文部省内藤初中局長説明要旨

この度の「道徳」教育の要旨は、むかしの修身教育とまつたく変つた目標をもち、指導の方法も変つている。この点に指導されるかたは十分注意して、**むかしの修身教育にならぬよう**とり扱つていただきたい。

その第一は、**教科書を使わないこと**である。教科書に偏しないで、広く教材を求めて指導することになつている。

これは、他の教科と異なる点で、「道徳」だけは、教科書を作成する期間がいらないから四月からでも実施することができるわけでもある。一部では「道徳」だけ四月から実施することについて誤解されている向きもあるが、われわれは**純教育的配慮から**やつているもので、誤解のないようにしていただきたい。

第二に、「道徳」の時間における指導は、義務教育に携わる**すべての教師が行う**こととし、**中学校でも**、「道徳」だけを担任する特別の教師を養成しないことである。

第三は、一般の教科と同じような五・四・三・二・一といつたような**成績評価をしない**ことである。しかし**児童生徒の性格や特性、態度などについては記録を詳細にし**、個々のこどもについて、はつきりした指導の目標を立てゝ、指導を徹底していただきたい。

第四は**指導の方法**についても、昔のような方法ではなく、**生活に即して考えられたい**。指導理念や目標をはつきりと教師が腹の中にもつて、週一時間の特設時間だけに限定せず、**広く家庭、社会をも通じて人間教育を行つてゆく**というように考えていただきたい。

実施の状況および指導要領の完成をまつて施行規則にもはつきり特殊な教科としての「道徳」を位置づけたいが、まだその段階に至つていないので、暫定的に通達によつたものである。教育委員会はこの通達に準拠して教育課程の編成に当つていただき、各学校で行う「道徳」の時間の指導について十分指導を願いたい。

（三八頁から続く）

るが直ちにその子どもの人格性を表現しているとは思われない。このためこれによつて出た傾向は更に面接や観察によつて確められるべきであり長時間に亘つて参考にすべき資料である。しかしテストにおける二つの重要な利用は、

1 子ども自身に、自分の人格性の特徴を批判的に評価するよう刺戟することができる。

2 相談や面接に当つて子どもとの間に相談の出発として利用できることである。

五　むすび

生活指導は、「土台から育てる指導」「土台を育てる指導」だといわれる。そして個人的には自己統製性を育てる指導活動であり、集団的には子どもの仲間の間に彼等の生活を律する横の権威をつくつていく能力を育てる指導だと思う。即ち外から権威を以て迫る指導でなく、彼等の生活を彼等の力で律することのできる力を育てる指導だと考える。そのような場に応じての正しい判断力を育てる指導こそが、真に彼等の今後に生きて仂くものであることを確信するからこそ、子どもの考えを大事にし、土台である子供のありのままを把握する手だてから生活指導は出発すると思うのである。私が個人理解に生活指導の焦点をおき、彼等の行動や活動様態の上に生活指導の全体構造を画きたいと願うのはここに基因するわけである。

誠之小学校のA教師は、子どもの自由な発想を重ずるの余り、六年生の子どもの作業の結果の批判のみに指導の重点をおいたという。ところが、先生の最も信頼をおいている成績も上位の女の子の作文に

「それなら先生は、はじめから教えて下さればいいのに……」

という文章を見出して、自分が子どもの実態把握にうとく余りに要求の過大であつたことを深く反省したという。教師の独走が非常に危険なことを物語るよい例だと考える。子どもを信頼し過ぎることも、そして子どもを軽蔑することも、生活指導を学ぶわれわれのとるところではない。

生活指導の今後に課せられた問題は、子どものありさまと真剣にとりくんだ現場教師の真面目な実践活動の記録の集積の上に具体的な実践計画をいかに組織し、いかに社会化して、現場に共通なものにするかにあると思うのである。

連合教育委員会事務局めぐり

那覇連合区

一九五八年度努力目標について

教育長　阿波根　朝松

教育努力目標の設定は、五三年以来続けている。この努力目標も見ようによつては、余り変りばえがしないとも言える。しかし教育は百年の大計であるので、変り方が派手過ぎては反つて逆効果である。不易の中に流行を求める程度が本筋であろう。その流行を適度に織りこんで清新さを出そうと苦心した。

五八年度の重点目標を取り上げて説明を加えておきたい。

行財政の面では、先ず第一に教育諸法規を整備して教育運営の合理化を計ることにした。百年の大計である教育を発展させるためには、教育そのものに自立性を持たさなければならないし教育の自立性は教育行政と財政の自立性にまたなければならない。行財政の強化を計るためには、法規の整備が是非必要になつてくる。それはまた、新教育法や教育公務員法などの制定に呼応するものである。那覇と真和志が合併して大那覇市が出現したことも特記すべき事実である。延長二里にわたり、人口二十万を擁し、二万屯の商船を横づけできる主港と副港、日々十数機の飛行機を発着させる空港、数百台のバスを呑吐するターミナルなどを持つ壮大な国際都市である。これを財政的に見た場合には幾多の難問題をはらんでいるので、その立て直しのために渾身の努力を傾ける決心である。

教育税の完全徴収に向つて全力を注がなければならないことも必然である。

五ケ年、十ケ年後における学校建設綜合計画も完成させたい。大那覇市としては現在の学校敷地の外に小中校七校、高校一校の新敷地が是非必要である。

その外、道徳教育を如何にすべきか、時間特設はどうあるべきか、特設の時間と生活指導をどう結びつけるか、教科教室と図書館の運営をどう推進するか、职業教育はどうすべきか、健康教育はそれで良いか、資質の向上と生活保障は如何にすべきか、学校施設を急速に整備したい。

これらの難問題を共々にとつくんで解決しようと思う。

教育努力目標

一、教育行財政の強化向上

1　教育諸法規の整備と運営の合理化
2　都市合併による行財政の調整
3　教育税の完納
4　政府及び市村補助金の増額促進

二、教育綜合計画の確立とその実現

1　学校の増設促進
2　幼稚園敷地の獲得とその基準化
3　適正なる学校敷地の獲得
4　学校配置の適正化

三、学校の組織運営の合理化

1　綜合的五ケ年計画の樹立（校地校舎、施設設備教員組織、教育内容）
2　学校運営計画の確立
3　教員組織の適正と強化
4　事務の能率化
5　行事の合理化

四、施設設備の充実

1　永久校舎の完成
2　特別教室と附属建物の整備
3　図書館の充実
4　校地校舎の美化緑化
5　校具教具の整備

五、道徳教育の振興

1　自律的な人間の育成
2　実践力の涵養
3　社会の一員としての自覚にたつて行動し得る人間の育成
4　辛抱強くやり抜いて行くことが出来る人間の育成
5　家族道徳の反省
6　環境の浄化

六、進路指導の強化

1　职業教育の徹底
2　技術教育の重視
3　進学の適性化

4 職業指導の強化

七、健康教育の強化

1 学校給食の確立

2 保健衛生設備の充実

八、学習指導の改善

1 自主的学習態度の養成（勉強の仕方の指導）

2 カリキュラムの改善と指導の工夫

3 教材研究と指導計画の工夫

4 指導の個別化

5 学習の共同化

6 教室経営の工夫

7 評価法の研究

九、生活指導の徹底

1 安全教育の強化と輪禍の防止

2 不良化の防止（ガイダンスの強化特に常欠児アルバイト児童の指導）

3 校外生徒会の育成強化

4 教室施設の工夫

十、教師の資質の向上

1 教師としての自覚と勤務の厳正

2 研究図書の整備

3 共同研究のための組織の育成

4 個人研究の奨励

5 教育視察と研修会の参加

6 地域のあらゆる機関や人的資源の活用

十一、待遇の改善

1 社会保障制度の推進

2 俸給その他諸給与の確立

3 身分保証制度の確立

十二、社会教育の振興

1 生産増強と職業技術教育の振興

2 生活の民主化と合理化

3 余暇の善用と品位ある趣味の涵養

4 道義の高揚

5 P・T・Aの自主的運営活動

6 公民館の設置奨励

7 部落図書館の充実

8 成人学級の強化

知念連合区

教育方針

一九五八学年度

教育基本法学校教育法に従い、特に左記事項の養成につとめる。

一、積極性をそだてる。

二、元気溌剌、すぐ反応する態度を養う。

三、協調的精神を養う。

一、知念連合区本学年度努力目標

(一) 学校運営

1 学校運営組織の合理化

イ 人間関係の確立

ロ 協仂体制の確立

ハ 現職教育の徹底

ニ 一校一研究（一人一研究）

(二) 学習指導

1 学習指導法改善

イ 教材研究を充分にし、その指導、重点を摑むこと

ロ 児童生徒の学習意欲を昂揚し、全児童（生徒）の学習活動を活発にする

2 学級経営の合理化

イ 開放された豊かな人間関係を育てる

ロ 教科の年間、週間、配当表の作製

ハ 教室環境の整備

(三) 生徒指導

1 生徒指導の組織の確立、実践の強化

イ 生活会活動

ロ クラブ活動

ハ 学級活動

ニ 生活指導

ホ 保健安全教育の計画実施

ヘ あいさつの徹底―共通語

ト 選職指導

(四) 環境の構成

1 学校環境の衛生的管理及整美

2 学校図書館の充実

3 施設々備の充実管理

(五) 学校と地域社会

1 部落PTAの育成

2 母親学級等の育成

区教育委員会との連繋

一 教育課程と教科内容

二 社会教育

三 教員の研修

四 教員、生徒の保健、安全、福利、厚生

五 学校の保健計画

六 環境の衛生管理

七 校舎の営繕保全の計画

八 学校の一年中行事

十　学校給食

二、社会教育

一　公民館の設置促進運営指導

二　部落ＰＴＡの育成

三　母親学級の育成

三、教育の研修

一　校内現職教育の強化

二　一人一研究　一校一研究、研究グループの助成

三　同好会（理科、音楽、職家、美術、体育）の助成

四　講習会、講演会の開催

五　他校の視察、参観

四、教育職員並びに生徒児童の保健、安全、福利、厚生

A　保健、安全

一　建物、教室、運動場

1　校舎配置（通風、採光、音響）

2　教室（照明設備、カーテン、黒板、机腰掛座席、換気装置）

3　火災予防の設備（化学薬品の措置管理、宿直室その他）

4　危険防止の措置（校舎屋上、二階、体育施設、ガラス片、水難、交通）

5　衛生室の設備

6　飲料水の給水設備

7　排水設備

8　手洗設備（各教室、便所）

9　三層便所の設置又は汲み取り人夫

10　塵埃処理場の設備

11　手洗用消毒液の準備

二　健康的な学校生活

1　適正な時間配当（年間、週、一日）

2　一日の授業時間の長さ

3　特活の分量、内容、時間

4　宿題の分量

5　安全と事故防止のため運動場、校舎施設々備の欠陥、危険に絶えず注意を払う。

三　保健教育

1　保健カリキュラムの作製

B　福利厚生

一　教　師

1　赴任旅費の支給

2　日直宿直費の正当支給（看守制度）

3　慶弔費

4　旅費支給額の統一

5　転退職者の記念品費

二　生徒児童（学校教育法第二十六条就学援助―市町村補助）

1　貧困救済生徒児童に対する援助

イ　修学旅行、遠足

ロ　集団検診

ハ　検便、駆虫

2　長欠児の対策

3　補習学級（傍聴生の措置）

五、学校保健の企画、実施

一　学校環境

1　児童生徒の発育に即した施設

イ　運動場の区画（低学年用）

ロ　便所（大便所、小便所の数、換気装置）

2　水質検査

3　排　水

二　学校生活

1　健康的な学校生活

三　保健事業

1　集団検診

2　検便駆虫

2　トラコーマ治療、皮膚病

4　急救薬品の充実

5　身体検査（校医任命）

6　公看の活用

四　健康教育

1　カリキュラム作製

五　体　育

1　発達即応の保健と体育

2　施設用具の充実

六　学校保健委員会の結成

七　保健所の協力要請（委員会法第一三八条）

六、学校環境の衛生管理

一　校地、校舎の排水管理

二　便所の消毒、汲出、手洗

三　給食施設

1　食器用具の消毒（煮沸）

2　食器棚の防鼠防蠅の設備（金網）

3　食糧倉庫の防鼠設備

四　塵埃防止のための教室用具の整備清掃用具（シュロ、足拭き、泥拭き）

五　塵埃防止のための運動場、中庭の植芝

六　防暑のための植樹

七　通風採光を考慮しての校舎配置

八　給水設備の完備と水質検査、消毒

九 宿直用具の完備
1 各個人別の敷布、掛布、枕おい
2 日光消毒
一〇 伝染病予防のための消毒

七、**敷地の設定変更校舎その他の建物の営繕、保全の計画**
一 小学校、中学校、高校の設置基準による校地、校舎、運動場の確保
二 校舎その他の建物の永久配置計画
三 暴風対策
四 破損の早急修理
五 校舎周辺の排水施設
六 保清の徹底
七 白蟻駆除

八、**学校の年中行事の許可**
一 行事の合理化（授業を割かないように）

九、**学校給食**
一 学校給食費の増額
1 庸人給料
2 薪炭費
3 用具費（消毒費セツケン、その他も含む）
4 施設の改善費
二 完全給食への考慮
1 施設の改善、拡張

糸満連合区

教育の努力目標
一九五八年度

一、**教育行財政の強化**
(1) 教育諸規制制定とその効果的運営
(2) 教育税の完納
(3) 補助金の増額促進
(4) 僻地教育の振興……僻地教育振興法立法促進

二、**学校運営について**
(1) 新教育法の理解とその精神の滲透
(2) 学校運営の綜合的計画の樹立
(a) 校地、校舎の合理的計画
(b) 施設、設備、備品……充実、管理、活用
(c) 教育内容
(3) 学校教育における協力体制の確立
(4) 学校行事の教育的運営
(5) 事務の能率化
(6) 反省評価の計画的実施

三、**道徳教育の振興**
(1) 道徳教育の研究促進（道徳教育実施要綱）
(2) 教科のなかにある道徳教育
(3) 生活（学校、家庭、社会のなかにある 〃
(4) 指導する時間のもち方

四、**職業教育の強化**
(1) 職業教育施設充実の合理的計画とその実践
(2) 教育課程の改善工夫
(3) 技術教育の重視
(4) 進学の適切な指導
(5) 職業指導の強化

五 **科学教育の重視**
(1) 算数教育の充実強化
(2) 理科教育の施設の充実……合理的計画、管理、活用

六、**健康教育の強化**
1 保健衛生に対する関心を深める
2 施設、設備の充実
3 親の関心協力促進
4 健康生活の実践力強化

七、**学習指導の工夫改善**
1 自発的学習態度の育成
2 教材研究と指導計画の工夫
3 学習指導の機会均等
4 学習指導の能率化
5 図書館の充実と活用

八、**生活指導への努力**
1 H・Rと学級経営の活動重視
2 児童会、生徒会の活動活発化
3 校外生徒会の育成……組織活動の強化、親の協力
4 道徳的態度の啓培

九、**教師の研修強化**
1 基礎的な研究と技術の習得
2 共同研究の活発化……校内、隣校、同好会
3 道徳教育に対する能度の確立

一〇、**社会教育の振興**
1 新生活運動の促進
2 公民館の設置奨励……その活動の促進
3 各種団体（婦人会、青年会、PTA）活動強化
4 各種団体幹部研修会の開催
5 成人学級青年学級等の強化
6 部落図書館の充実
7 活動の方向
(a) 時間生活の重視 (b) 民主化……集会活動等
(c) 合理化 (d) 実践力の強化

(e) 道義の高揚　(f) 余暇の善用

宜野座連合区

本年度の努力点

1 学力の向上
イ 授業時数の確保
ロ 教師の指導力の強化
ハ 学習環境の整備
ニ 児童生徒の学習意欲の造成

2 職業教育充実
イ 仂く態度の養成
ロ 教具の整備
ハ 手足を動かす教育の仕方
ニ 技術の習得

3 保健体育の強化
イ 給食の実施と体位向上
ロ 施設の充実
ハ 体育と明朗性

4 道徳教育の育成
イ 内容について
ロ 実施計画
ハ 指導方法

5 学校環境の美化

本年度の指導計画

一、四月に学校長会において努力目標を設定する。
二、五月教頭会において、努力目標について討議を行い各学校の具体案をつくる。
三、六月以降各学校別に実施の状況を調べ助言す。
四、二月努力目標について実績を調査し、反省する。
イ 研究校の紹介は各学校から資料をあつめつゝある。
ロ 地区内の研究成果のあがつた学校紹介も同様

普天間連合区

学級経営について

東　俊三郎

一、小(中)学校教育の目標(民立法……教育基本法)
二、学校経営の方針(学校長の)
三、実態調査(指導要録……改善する要がある)

A 児童
(1) 身体方面
発育、栄養、疾病、運動能力、健康度(A・B・C・D)感覚器官、その他要注意児童
(2) 知能テスト ╲
(3) 学業成績テスト ╱ 基礎調査 ↑前学年の基礎的なもの
(4) 特殊児童……身体的・精神的

B 家庭状況
両親の有無、兄弟姉妹、生活程度、文化施設(新聞、ラジオ、その他)教育に対する関心度
両親の職業や教育程度、子供のための設備

C 社会環境
特に住所の周辺の状態、友人関係

四、学級経営の方針(学校経営方針を具体化して)……教師の人生観
五、学級経営の計画

A 本年度の努力事項
(1) 児童(生徒)の学力向上……基礎調査の上に立つて
カリキュラム、教科書等の研究
学習指導の計画案(単元展開案等)
テスト実施とその処理
ドリル学習(器械的に陥り過ぎないように)学習指導の工夫、研究、反省、教室経営
} 実践記録としてまとめる
(2) 健康、安全教育
身体検査とその処理(グラフ等つくる)
体育の保健の計画と設備
安全教育
整理整頓と保清
(3) 生活指導(校内、校外)
ホームルーム
クラブ活動
児童会(校内、校外)
道徳教育
賞　罰

六、学級経営の実際
(1) 学習指導……考える学習
国語…きく、よむ、はなす、かくを一体として
おそい　会話のまずさ　作文力の貧弱
算数
社会 } ……問題意識、問題発見、条件、仮定
理科　(仮想)実験(検証)発見(解決)発展
職家　教科書の使い方に注意
←小中校で学科の時間、実習の時間とわけてよいか

音楽
体育 }……基礎指導が充分なされていない
図工

(2) 健康安全の教育

身体検査の結果利用（発育比較のグラフ、家庭との連絡治療等）

正課時の体育指導法（主眼点、指導法の工夫、体力に応じて）

休憩時の遊びの指導、郊外での遊び、カリキュラム活用

安全教育

身体の清潔

(3) 生活指導

しつけ、道徳的判断力と批判力、民主的社会生活の訓練

自由のはきちがい

特活のあり方（ホームルーム）クラブ活動、生徒会のあり方）

教師の道徳教育観（倫理観）

世相―文化断層（文化変容）

(4) 教室経営……動的立体的に（静的、平面的に対し）

机、腰掛……体にあっているか、一人がけか二人がけか、配列の仕方（距離、グループ、学習形式と机の向、管理中のせいとん、前後のあきま

黒板（黒板ふき、むち）

種類、色、構造、広さ、高さ、かゝげ方、使い方（正面は学習にだけ）

教卓、教だん、戸だな

掲示物

学習資料の種類と掲げ方

年代表、地図、掛図（額、花）学習参考資料

展示物や施設―模型、標本、観察台、飼育栽培の施設

成績物の展示の仕方

鏡

通風、彩光、カーテン、温度計

背面黒板―学習計画、通知、注意事項

子供の携帯品の処理

保清保全（掃除用具、掃除の仕方及び後始末）

(5) 視聴覚教育施設

行事計画

(6) 家庭との連携及家庭訪問、家庭通信、学校新聞等

(7) 学級担任として、教師としての研究修養

その他

むすび「総べて児童生徒発達段階に即して」

「個性を尊重してのびのびと育てる」

教師の努力と愛情と研究で

△ 教室経営審査要領（普天間地区）（58・6）

一、組分

第一班……大山小校、普天間小校、宜野湾小校、普天間中校、宜野湾中校、大山中校、
第二班……嘉数小校、津覇小校、中城小校、嘉数中校、中城中校
第三班……北中城小校、北谷小校、北玉小校、北中城中校、北谷中校
} 各班とも小校一校、中校一校を選出

二、第一次審査の審査員（六月十七日午前十時）

各校長・教頭当る。

三 第二次審査の審査員（六月一七日午前十時）

各村教耺員会正副会長、教育長、東

四 採点その他

(1) 審査の時の学校順（道順）は各班で決定する。

(2) 採点は教室は三〇点満点で各項三点宛
経営も同じ } 計六〇点

教室の得点数と経営の得点数の計で優秀校を決定し小校一校、中校一校を六月十八日迄に各班から教育長に報告する。

(3) 各班から選出された学校について第二次審査を行い、小校若干校、中校若干校を選出し地区の教室経営優秀校として表彰する。

一 教室と教室用具の審査項目（各項三点宛計三〇点）

（小・中学校）

(1) 教室の配置は、能率上、衛生上、風致上、学年

等配慮が充分なされているか。

(2) 教室の安全、保清、利用状況はどうか。

教室の中或は周辺に危険なものはないか、又破損はないか。

清掃はよいか、又清掃用具も整備され、適当なところに整理されているか。

通風、彩光に注意が払われているか（窓の開閉、カーテン、電灯、手洗、消毒器、痰つぼ等の設備）靴箱の設備等

(3) 机、腰掛の整備、管理、配列の状況はよいか。

(4) 学級札（体裁）黒板広さ、高さ、色、種類、位置、数量等）黒板拭、チョーク箱

教鞭……設備管理の状況はよいか。

(5) 教卓、教だん、戸棚等の設備はよいか。

(6) 額、花さし、姿見等の設備があるか。

(7) 子供の携帯品の整理施設（ロッカー等）があるか。

(8) 特別教室があるか、又その経営状況はよいか。

(9) 教室用具の配置と整理整頓はよいか。

(10) その他教育上有効な施設設備があるか。

二 経営の審査項目（各項三点宛 計三〇点）

（小・中学校）

(1) 天井、壁、柱、展示板等よく利用されているか（柱……身長計）

(2) 掲示物と掲示の仕方（配置、位置、高さ、種類 教育効果等）

年表、地図、図表、各種グラフ、時限表、校訓 級訓、努力事項、学習計画表、図形、方向図、絵画、絵葉書、写真額、花挿、姿勢図、五十音表、漢字表、九々表、数図、新聞、成績品、其の他各教科の資料、模型……（自作か他作か）

(3) 通風彩光や美をさまたげず、すっきり経営されているか。

(4) 能率的に便利に効果的に立体的に経営されているか。

(5) 子供の学習活動を誘発し、且つ学習に資するに足る資料が準備されているか。

(6) 飼育、栽培（観察台、観察、温度計、湿度計、気圧計及其の記録を含めて）の状況

(7) 児童と教師の努力と創意によって生れた文化環境としての教室であるか。

(8) いき〳〵として無理と無駄がなく、子供の学習に伴って、資料其の他が、次々に展開するようになっているか（児童の学習活動と相関的な動きを持つ教室）

(9) 聴視覚教育がよくなされるように施設された教室

(10) 生活指導がよくなされている教室

学級日誌、児童（生徒）会記録、クラブ活動記録、各係の分担と記録等）

【実験学校紹介】

一九五八年度実験学校・研究学校は、左の通り決まりました。

実験学校

教育委員会	教育長	学校名	研究領域
三和	糸満	真壁小	生活指導
玉城	知念	玉城小	道徳教育
与那原	知念	与那原中	教育評価
那覇	那覇	那覇中	都心地区における耺家教育
美里	コザ	北美小	健康教育
コザ連合	コザ	コザ高	耺業課程の研究
読谷	読・嘉	読谷小	理科教育
与那城	前原	平安座中	巧技の指導
金武	宜野座	金武小	学校経営
今帰仁	名護	今帰仁小	算数教育
国頭	辺土名	奥中	純農村における耺家教育
平良	宮古	池間中	漁村における耺家教育
下地	宮古	下地小	健康教育

研究学校

教育委員会	教育長	学校名	研究領域
兼城	糸満	兼城小	小学校理科教育生物教材の取扱い
南風原	知念	南風原小	施設用具の管理活用
真和志	那覇	安謝中	国語教育
真和志	那覇	真和志中	図工教育
美里	コザ	美里中	英語教育
コザ	コザ	コザ小	健康教育
前原連合	前原	前原高	高校における一般耺業課程
恩納	石川	山田中	耺家教育
宜野座	宜野座	宜野座小	社会科教育
宜野座	宜野座	宜野座中	図工教育
本部	本部	本部中	社会科教育
名護	名護	名護中	英語教育
久米島連合	久米島	久米島高	農業クラブ

更に追加される学校名と研究領域を次号でお知らせします。

次号予告（四三号）

▲特集 **保健体育**▼

○学校保健体育の諸問題
○学校身体検査の実施と結果の処理
○沖縄の児童生徒の栄養状態について
○学校体育の現状について
○水泳の安全指導について
○巧技指導について
○我が校の学校給食（小校）（中校）（高校）
○学校保健衛生環境について
○体育においてこのましい人間関係の育成
○聖火リレーについて
（論文） 沖縄における民族意識の発達
（地教委めぐり） （前、石、読嘉、宜、名、辺）
（お便り） 研究教員だより

＝原稿募集＝

本学年度は次のように特集することにしました。つとめて教職員各位の実践記録や論文等を掲載することにしておりますので投稿規程御諒承の上多数応募してください。

四月 既刊
五月 道得教育
六月 保健体育
七月 夏季施設・僻地教育
八月 運動会・特殊教育
九月 新年度の教育計画
一〇月 夏季講習とその反省
一一月 地域社会と教育
一二月 実験学校研究紹介
一月 高校入試・迎春
二月 進学指導・行事と教育
三月 本学年度の反省と来年度への展望

投稿規程

一、文体随意（論文・記録・統計・図表・文芸・いずれでも可）原則として当用漢字、新仮名づかい使用のこと。
二、投稿用紙は四〇〇字詰原稿用紙使用五枚以内 写真も歓迎。
三、原稿は毎号前月の五日までに。
四、原稿の取扱は当課一任原稿は一切戻しません。
五、宛先は文教局研究調査課広報係

（十五頁から続く）

◎動植物の名称を示す漢字は、次にあげるほかは除かれた。
●牛、馬、犬、豚、羊、象、鶏、鯨、蚕、蚊、松、柳、桑、梅、桜、菊、桃、竹、稲、米、麦、芋
◎道具の名称も、漢字が廃止されたのが多い。
●釜、皿、膳、鍋、箸、鎌、鋏、鋸、錐など除かれた。
◎このほか字形のむつかしいもの鑵、轟、爵、餐など使用範囲のせまいもの、挨、拶、綺、嘩などは除かれている。

＝あ＝と＝が＝き＝

※〝道徳教育の強化〟は、新学年度早々一大旋風の如く舞い込んできた。幾らか予報はあつたが矢張り来てみて一層脚下を丹念に顧みねばという気がする。
※今や何人も道徳教育の必要を否定する人はあるまい。寧ろどのような考えでどのような内容をどう指導するかが問題の焦点になつてきたといえよう。
※海をへだて、国は一つ、本土の同志は時間を特設した。生みの悩みに加えて育ての苦しみと真向ろから対決している。書肆の棚に毎日の様に「道徳」の二字がふえていくのを見てもその事が容易に頷かれる。
※本誌は幸に米島中の教育大の井坂先生に親しく道徳教育の望ましい姿についてお話をしていただくことができた。限りない教育の仕事、休みなく続く営みに対してその方向を考えるにふさわしい内容のお話が得られたと思う。
※座談会の席上、井坂先生より中学校道徳指導計画案を御提供いただいた。次号へ掲載する予定。
※道徳教育こそ教育の最上のものであると思い今後もこの問題ととつ組みたい。現場の先生方から尊い実践の記録や主張が多くいただけるよう望みたい。
※本土へ研修のため行かれた研究教員の諸氏から、幾通もお便りをいただいた。本誌に間に合わなかつたので次号へまわします。
※なお本誌について御高見や率直な御批判を賜りたい。

（M・N）

一九五八年五月二十日印刷
一九五八年六月 十日発行
文教時報（第四十二号）（非売品）
発行所 琉球政府文教局 研究調査課
印刷所 中丸印刷所

四月のできごと

一日　琉球政府創立六周年記念日（公休日）
改正所得税法実施。
社大党安里委員長、平良書記長、藤山外相及びマッカーサー駐日大使に土地問題について会見。

二日　新学期始まる。
中央教育委員会一九五九会計年度予算見積額十億円可決

三日　中央教育委員会文教局長真栄田義見氏の辞任を承認、小波蔵政光氏の文教局長推薦を決議。
五八年度校舎建築の追加割当。

四日　上京中の社大党安里委員長同平良書記長帰島

五日　中央教委「沖縄短期大学の設立を認可した。
文教局長に小波蔵政光氏（文教局次長）が任命された。
文教次長に阿波根朝次（育英会副会長）任命。
高等弁務官布令第五号「教育法（布令第百六十五号）の廃止」を公布。
東洋一の陸軍病院落成式（於キャンプ桑江）

六日　第一回タイムス駅伝。
ハワイから郷土訪問観光団第三陣（団長宮里昌平氏）六七人来島。

七日　立法院第十二回定例議会開会、議長安里積千代、副議長長嶺秋夫選出

八日　韓国文化親善使節団（団長孔鎮恒）一行二七三人来島。

九日　全島定例教育長会（於辺土名連合教育委員会事務局）

一一日　高等弁務官は「いままで軍票（MPC）を使用していたすべての米軍人軍属とその家族はこんご米本国の通貨を使用する」と発表した
立法院本会議でモーアー高等弁務官から新しい議会に対するメッセージがおくられた。
モーアー高等弁務官は「一括払は高等弁務官の権限で中止するようDEに命令した。」と言明。

一三日　琉大の研修教員（高校カウンセラー）（十九氏決る。

一四日　中国のオペラ歌劇団五五親善公演のため来島

一五日　辺土名教育長に宮城定蔵氏再任
沖縄繊維スト支援労仂者総決起大会（於久茂地広場）

一六日　税制調査のため米国政府のニューウエル・キャンベルとシャーウッド・M・フイン博士の両氏来島。

一七日　文化財保護委員会中城村伊集の打花鼓（たあふあくう）等の無形文化財指定。
読谷都屋沖で沈船爆発行方不明（四〇人）
立法院渡日代表団（長嶺秋夫、平良良松、山川泰邦、）上京。

一八日　ミシガン州立大学学長T・A・ハンナ博士、T・H・ハミルトン副学長来島。
全島高校長教頭連絡会（於那覇商業高校）
バーシヤー首席民政官伊良部村の地震被害者へ七〇万円贈る。

一九日　ハワイ郷土観光団（団長嘉数トミ）一五人来島。
今世紀最後の金環食
産業開発青年隊三七人、呼寄移民三五人、ロイヤル船ルイズ号で南米へ出発。

二一日　極東視察中のトルコのアドナン首相那覇空港に立寄る。
立法院三代表沖縄問題解決のため岸首相に会見。

二二日　第三回アジア大会聖火歓迎式典（於政府前広場）。
全琉高校長研修会（二五日まで、於商業高校）。
モーアー高等弁務官謝恩送別会（於国映館）

二三日　アジア大会聖火リレー第一日目、政府前出発ー久志村嘉陽着。
渡日した立法院三代表（長嶺秋夫、平良良松山川泰邦）帰る。
駐ベトナム韓国大使チヨオイ・ダク・シン氏来島。

二四日　聖火リレー第二日目久志村嘉陽出発ー政府前着。
高校長研修会で井坂行男助教授（東京教育大学）「高校におけるガイダンスについて」の講義と研究討論。

二五日　工交局次長に新城新一氏任命。
聖火本土へ発つ。

二七日　米国ロックフエラー財団J・E・ハラー博士（農業部長）とR・F・チヤンドラー博士（同副部長）来島。

二八日　国頭村北国小学校でブランコが倒れ二年生事故死。